# 甲骨周金文正形注音簡釋彙編

黃 鞏 粱 編 著

文史哲出版社印行

國家圖書館出版品預行編目資料

甲骨周金文正形注音簡釋彙編 / 黃鞏梁編
著. -- 初版. -- 臺北市：文史哲, 民 95
頁： 公分
含索引
ISBN 957-549-651-5(平裝)

1. 甲骨文 - 文字 - 字典 2.金石 - 文字 - 字典

792.204 95001452

# 甲骨周金文正形注音簡釋彙編

編著者：黃 鞏 梁
出版者：文 史 哲 出 版 社
http://www.lapen.com.tw
登記證字號：行政院新聞局版臺業字 五三三七號
發行人：彭 正 雄
發行所：文 史 哲 出 版 社
印刷者：文 史 哲 出 版 社
臺北市羅斯福路一段七十二巷四號
郵政劃撥帳號：一六一八〇一七五
電話886-2-23511028・傳真886-2-23965656
實價新臺幣九六〇元
中華民國九十五年(2006)二月初版



ISBN 957-549-651-5

# 序

我國歷史文化悠久，文字創造演進，源遠流長，據通鑑漢紀卷四十九記載，黃帝時史官倉頡，仰觀天象二爻，俯察鳥獸形跡，創造象形文字，至今已近五千年，周宣王時，史官史籀作大篆十五篇，降及秦始皇帝時，李斯、趙高等作小篆隸書，秦以後又有行書、草書問世，我國文字源流，大致如此。

本書所稱甲骨文係指商代占卜和祭祀所用之文字，刻於龜甲或獸骨的象形字，又稱殷墟文字，係指周代人習慣將歌功頌德勉勵世人之文字（大篆）刻於金屬鐘鼎盤盂或石碑上稱金石文，有關文字系統著作，東漢許愼說文解字，蔡邕文解字註，及近世諸前輩甲骨金石著作甚多。

黃君鞏梁籍江西臨川，出身書香門第，家學淵源，其先祖父鴻圖公爲清代進士，淵博多才，黃君幼年親聽教誨，奠定深厚文化基礎，休官後有志於甲骨金文之彙整，曾經以廿五年之歲月，嘔心瀝血完成「甲骨、金文正形、注音、簡釋彙編」一書，甲骨、金文近四千字，都四十萬言，堪稱鉅著，有益於中華傳統文化傳承與發揚光大，厥功至偉，書成囑余寫序忝爲多年袍澤老友，義不容辭，敬書短文及俚句，共襄盛舉，詩曰：

一、甲骨金文鉅著香，廿年心血費思量，書成應許開懷笑，未向人生虛一槍。

二、君家與我爲袍澤，道義交情四十年，可敬柏台賢御史，敢誇包拯比清廉。

廬江黃朝儀

# 自序

自幼承先祖父鴻圖公親授四書五經，兼習書法，因此涉獵甲骨、周金文字，從辨識、審美、臨摹到設計布局，愛之惜之，進而滋生發揚光大之願，成書廣傳之志，惜自大陸來台之際，烽火滿天，痛失多年蒐集收藏之珍貴書籍資料，直至民國五十八年起，陸續購得甲骨文集，周金文集，籀範等，如獲至寶，乃於民國六十九年退伍後，著手寫作，因甲骨文周金文字之精美，獨具特色，故必須逐字臨摹，以保存其優美之字形，費時最多，本書區分正楷、甲骨文、周金文，每字以國語注音、並加簡釋（簡釋內容多節錄於正中形音義大字典），頗具參考價值，以供同好者共研發揮。

甲骨文、周金文字具有應用、藝術兩者功能，爲我國古代文化之精華，亟待發揚光大，作者自幼學習，耳聞目染，略具心得，居於「整理文化遺產」之願，而潛心達成宿願，然則商、周文字多用於卜詞祭祀，應用文字不廣，故而效法先賢依各字之部首，偏旁，從今溯古，以不失其結構、精義，本義而增補，以強化應用之功，不敢自是，敬祈先進學者教正，俾能發揚國粹，復興中華文化，以彰先賢之遺德。堪自慰也！

中華民國九十四年歲次乙酉臨川黃翬梁自序

# 甲骨、周金、文字正形、注音、簡釋彙編　部首索引

# 甲骨、周金、文字正形、注音、簡釋彙編 筆畫總檢字表

| 字 | 部首 | 頁 |
| --- | --- | --- |
| **一畫** | | |
| 一 | 部一 | 〇一 |
| 丨 | 部丨 | 〇五 |
| 丶 | 部丶 | 〇七 |
| 丿 | 部丿 | 〇七 |
| 乙 | 部乙 | 一〇 |
| 亅 | 部亅 | 一二 |
| **二畫** | | |
| 二 | 部一 | 〇一 |
| 七 | | 〇一 |
| 丁 | | 〇一 |
| 丩 | 部亅 | 〇五 |
| 九 | 部乙 | 一〇 |
| 乜 | | |
| 了 | 部亅 | 一一 |
| 亠 | 部亠 | 一二 |
| 人 | 部人 | 一八 |
| 儿 | 部儿 | 三三 |
| 入 | 部入 | 三五 |
| 八 | 部八 | 三六 |
| 冂 | 部冂 | 三九 |
| 冖 | 部冖 | 四〇 |
| 冫 | 部冫 | 四一 |
| 几 | 部几 | 四二 |
| 凵 | 部凵 | 四三 |
| 刀 | 部刀 | 四四 |
| 刁 | | |
| 力 | 部力 | 四八 |
| 勹 | 部勹 | 五一 |
| 匕 | 部匕 | 五二 |
| 匚 | 部匚 | 五三 |
| 匸 | 部匸 | 五三 |
| 十 | 部十 | 五四 |
| 卜 | 部卜 | 五六 |
| 卩 | 部卩 | 五七 |
| 厂 | 部厂 | 五八 |
| 厶 | 部厶 | 六〇 |
| 又 | 部又 | 六一 |
| **三畫** | | |
| 三 | 部一 | 〇一 |
| 上 | | 〇一 |
| 下 | | 〇一 |
| 丈 | | 〇一 |
| 于 | | 〇一 |
| 亍 | | 〇二 |
| 丌 | | 〇二 |
| 万 | 部一 | |
| 个 | 部亅 | |
| 丫 | | 〇五 |
| 丸 | 部丶 | 〇七 |
| 乃 | 部丿 | 〇七 |
| 乂 | | 〇八 |
| 久 | | 〇八 |
| 千 | | 〇八 |
| 乞 | 部乙 | 一〇 |
| 也 | | 一一 |
| 小 | 部亅 | 一一 |
| 才 | | 一二 |
| 亡 | 部亠 | 一三 |
| 兀 | 部儿 | 三三 |
| 凡 | 部几 | 四三 |
| 刃 | 部刀 | 四四 |
| 勺 | 部勹 | 五一 |
| 叉 | 部又 | 六一 |
| 口 | 部口 | 六二 |
| 囗 | 部口 | 七三 |
| 土 | 部土 | 七五 |
| 士 | 部士 | 八〇 |
| 夂 | 部夂 | |
| 夊 | 部夊 | 八二 |
| 夕 | 部夕 | 八二 |
| 大 | 部大 | 八三 |
| 女 | 部女 | 八六 |
| 子 | 部子 | 九二 |
| 孑 | | 九一 |
| 孓 | | 九〇 |
| 宀 | 部宀 | 九四 |
| 寸 | 部寸 | 一〇一 |
| 尢 | 部尢 | 一〇三 |
| 尸 | 部尸 | 一〇三 |
| 山 | 部山 | 一〇五 |
| 川 | 部川 | 一〇九 |
| 工 | 部工 | 一〇九 |
| 己 | 部己 | 一一〇 |
| 已 | | 一一〇 |
| 巳 | | 一一〇 |
| 巾 | 部巾 | 一一一 |
| 干 | 部干 | 一一三 |
| 幺 | 部幺 | 一一四 |
| 广 | 部广 | 一一四 |
| 廴 | 部廴 | 一一九 |
| 廾 | 部廾 | 一一九 |
| 弋 | 部弋 | 一二〇 |
| 弓 | 部弓 | 一二三 |
| 彐 | 部彐 | 一二四 |
| 彡 | 部彡 | 一二四 |
| 彳 | 部彳 | 一二六 |
| **四畫** | | |
| 与 | 部一 | 〇二 |
| 五 | | 〇二 |
| 不 | | 〇二 |
| 云 | | 〇二 |
| 井 | | 〇二 |
| 丑 | | 〇二 |
| 互 | | 〇二 |
| 丐 | | 〇二 |
| 丏 | | 〃 |
| 中 | 部丨 | 〇六 |
| 丰 | | 〇六 |
| 丯 | | 〇五 |
| 之 | 部丶 | 〇七 |
| 丹 | | 〇七 |
| 少 | 部丿 | 〇八 |
| 午 | | 〇八 |
| 升 | | 〇八 |
| 尹 | | 〇八 |
| 及 | | 〇八 |
| 乇 | 部乙 | 一一 |
| 予 | 部亅 | 一二 |
| 牙 | | 一二 |
| 六 | 部亠 | 一三 |
| 今 | 部人 | 一八 |
| 仁 | | 一八 |
| 介 | | 一八 |
| 仇 | | 一八 |
| 仍 | | 一八 |
| 化 | | 一八 |
| 仂 | | |
| 仃 | | |
| 仉 | | |
| 什 | | |
| 仆 | | |
| 从 | | 二八 |
| 元 | 部儿 | 三三 |
| 允 | | 三三 |
| 父 | 部八 | 三六 |
| 公 | | 三六 |
| 兮 | | 三六 |
| 分 | | 三六 |
| 内 | 部冂 | 三五 |
| 亢 | 部儿 | |
| 凶 | 部凵 | 四三 |
| 切 | 部刀 | 四四 |
| 刈 | | 四四 |
| 勿 | 部勹 | 五一 |
| 匀 | | 五一 |
| 勼 | | 五一 |
| 匹 | 部匚 | 五三 |
| 支 | 部十 | 五四 |
| 卅 | | 五四 |
| 卞 | 部卜 | 五六 |
| 反 | 部厂 | 五九 |
| 仄 | | 五九 |
| 厄 | | 五九 |
| 友 | 部又 | 六一 |
| 壬 | 部士 | 八〇 |
| 天 | 部大 | 八三 |
| 太 | | 八三 |
| 夫 | | 八三 |
| 夭 | | 八三 |
| 孔 | 部子 | 九三 |
| 尤 | 部尢 | 一〇三 |
| 尺 | 部尸 | 一〇三 |
| 巴 | 部己 | 一一〇 |
| 幻 | 部幺 | 一一四 |
| 廿 | 部廾 | 一一九 |
| 弌 | 部弋 | 一二一 |
| 弔 | 部弓 | 一二三 |
| 引 | | 一二三 |
| 心 | 部心 | 一三九 |
| 戈 | 部戈 | 一五一 |
| 戶 | 部戶 | 一五五 |
| 手 | 部手 | 一五五 |
| 扎 | | 一五六 |
| 攴 | 部攴 | 一六九 |
| 文 | 部文 | 一七二 |
| 斗 | 部斗 | 一七三 |
| 斤 | 部斤 | 一七四 |
| 方 | 部方 | 一七五 |
| 无 | 部无 | 一七六 |
| 日 | 部日 | 一七六 |
| 曰 | 部曰 | 一八三 |
| 月 | 部月 | 一八四 |
| 木 | 部木 | 一八六 |
| 欠 | 部欠 | 二〇〇 |
| 止 | 部止 | 二〇二 |
| 歹 | 部歹 | 二〇三 |
| 殳 | 部殳 | 二〇五 |
| 毋 | 部毋 | 二〇六 |
| 毌 | | 二〇六 |
| 比 | 部比 | 二〇七 |
| 毛 | 部毛 | 二〇七 |
| 氏 | 部氏 | 二〇八 |
| 气 | 部气 | 二〇九 |
| 水 | 部水 | 二〇九 |
| 火 | 部火 | 二三二 |
| 爪 | 部爪 | 二三八 |
| 爿 | 部爿 | 二四〇 |
| 片 | 部片 | 二四〇 |
| 牛 | 部牛 | 二四一 |
| 犬 | 部犬 | 二四三 |
| 辶 | 部辶 | 二四八 |
| 王 | 部玉 | 二五八 |
| **五畫** | | |
| 且 | 部一 | 〇三 |
| 世 | | 〇三 |
| 丙 | | 〇三 |
| 丘 | | 〇三 |
| 丕 | | 〇三 |
| 由 | 部丨 | 〇六 |
| 甲 | | 〇六 |
| 申 | | 〇六 |
| 丱 | | |
| 丫 | | |
| 主 | 部丶 | 〇七 |
| 永 | | 〇七 |
| 交 | 部丿 | 〇九 |
| 乏 | | 〇九 |
| 乎 | | 〇九 |
| 乍 | | 〇九 |
| 市 | 部亠 | 一三 |
| 玄 | | 一三 |
| 仕 | 部人 | 一九 |
| 他 | | 一九 |
| 仗 | | 一九 |
| 付 | | 一九 |
| 仙 | | 一九 |
| 代 | | 一九 |
| 令 | | 一九 |
| 以 | | 一九 |
| 兄 | 部儿 | 三四 |
| 只 | 部八 | 三六 |
| 冉 | 部冂 | 三九 |
| 册 | | 四〇 |
| 冬 | 部冫 | 四一 |
| 出 | 部凵 | 四三 |
| 凸 | | 四五 |
| 凹 | | 四五 |
| 刊 | 部刀 | 四四 |
| 功 | 部力 | 四八 |
| 加 | | 四八 |
| 另 | | 四七 |
| 包 | 部勹 | 五一 |
| 句 | | 五一 |
| 北 | 部匕 | 五二 |

匜 五三　叵　古（十部）五四　半 五四　卌 五五　占（卜部）五七　卡　卮（卩部）五七　卯 五七　印 五七　去（厶部）六〇　台 六〇　弁 六〇　召（口部）六三　叩 六三　叫 六三　可 六三　史 六三　右 六三　司 六三　叮　叱　叭　叶　四（口部）七三　囚 七三　外（夕部）八二

央（大部）八四　失 八四　夯　奴（女部）　奶　孕（子部）九三　宁（宀部）九四　它 九四　宂 九四　宄 九四　尼（尸部）一〇三　尻　左（工部）一〇九　巨 一一〇　巧 一一〇　布（巾部）一一一　平（干部）一一三　幼（幺部）一一四　甘（廿部）一二〇　式（弋部）一二二　弗（弓部）一二三　弘 一二三　必（心部）一四〇　戊（戈部）一五二　戉 一五二　打（手部）一五六　扑 一五六

扔 一五六　扒　斥（斤部）一七四　旦（日部）一七六　本（木部）一八六　未 一八六　末 一八六　札 一八六　朮　正（止部）二〇二　毋（毋部）　民（氏部）二〇八　氏 二〇八　汁（水部）二〇九　氾 二〇九　汀 二〇九　犯（犬部）二四三　玉（玉部）二五八　瓜（瓜部）二六三　瓦（瓦部）二六三　生（生部）二六四　用（用部）二六四　甩　田（田部）二六五　疋（疋部）二六七　疒（疒部）二六七　癶（癶部）二七〇

白（白部）二七一　皮（皮部）二七二　皿（皿部）二七二　目（目部）二七五　罒（罒部）二七八　矛（矛部）二八〇　矢（矢部）二八一　石（石部）二八二　朩（示部）　示 二八五　内（内部）二八八　禾（禾部）二八九　穴（穴部）二九三　立（立部）二九六

## 六畫

而（一部）〇三　再 〇三　吏 〇三　至 〇三　夷 〇四　百 〇四　丞 〇四　丟 〃　亙 〇四　亘 〇四　年（丿部）〇九　自 〇九

仰（人部）一九　仲 一九　休 二〇　任 二〇　仿 二〇　件 二〇　份 〃　伊 二〇　伍 二〇　伏 二〇　伐 二〇　伙 〃　合 二〇　企 二一　伉　仳　伕 二一　伎 二一　价　仵 二一　伋　充（儿部）三四　先 三四　光 三四　兆 三四　兇 三四　全（入部）三六

吐 六四　向 六四　后 六四　回（口部）七三　因 七四　在（土部）七五　地 七五　圭 七六　多（夕部）八二　舛 八三　尖（大部）八四　好（女部）八六　如 八六　妄 八六　妃 八六　存（子部）九三　守（宀部）九四　安 九四　宅 九四　字 九五　宇 九五　寺（寸部）一〇二　屺（山部）一〇五　州（川部）一〇九　帆（巾部）一一一

忖（心部）　忙 一四〇　戍（戈部）一五二　戎 一五二　戌 一五二　式（弋部）一二一　弎 一二一　弛（弓部）一二三　行（彳部）一二六　阡（阝部）一三四　收（攴部）一六九　攷 一六九　旨（日部）一七七　早 一七七　旭 一七七　曲（曰部）一八三　曳 一八三　有（月部）一八四　朱（木部）一八七　朽 一八七　朵 一八七　次（欠部）二〇〇　此（止部）二〇二　死（歹部）二〇三　汝（水部）二〇九

池 二一〇　汛　汕 二一〇　汐 二一〇　汙 二一〇　汜 二一〇　江 二〇九　汗 二一〇　灰（火部）二三三　牝（牛部）二四一　老（耂部）二四七　考 二四七　竹（竹部）二九八　米（米部）三〇五　糸（糸部）三〇八　缶（缶部）三二二　羽（羽部）三二三　羊（羊部）三二四　耒（耒部）三二六　耳（耳部）三二六　聿（聿部）三二八　肉（肉部）三二九　肌 三二九　肋 三二九　臣（臣部）三三六　臼（臼部）三三七　舌（舌部）三三八

舟（舟部）三三八　艮（艮部）三三九　色（色部）三四〇　艸（艸部）三四〇　艾 三四〇　虍（虍部）三六〇　虫（虫部）三六二　血（血部）三六八　衣（衣部）三六八　襾（襾部）三七二　西 三七二

## 七畫

更（一部）〇四　串（丨部）〇六　求（亅部）一二　亨（乚部）一三　伯（人部）二一　估 二一　伴 二一　伸 二一　伺 二一　似 二一　佃 二一　但 二二　佈 二二　位 二二

低 二二　住 二二　佐 二二　佑 二二　何 二二　余 二二　佛 二二　作 二二　伶 二二　攸 二二　佇 二二　佚 二二　佗 二三　克（儿部）三四　尭 三四　兑 三四　兵（八部）三七　罕（冖部）四〇　甸（勹部）五二　匣（匚部）五三　医（匸部）五四　卣（卜部）五七　卵（卩部）五八　卲 五八　矣（厶部）六一　君（口部）六四

吳 六四　呈 六五　邑 六五　吝 六五　吞 六五　吟 六五　杏 六五　否 六五　含 六五　吻 六五　吸 六五　吹 六六　吾 六六　告 六六　吠 六六　呂 六六　吶 六六　（囗部）困 七四　囮 七四　（土部）坐 七六　均 七六　址 七六　坎 七六　坏 七六　（夊部）夆 八二　（大部）夾 八四

（女部）妙 八六　妒 八七　妨 八六　妖 八六　妓 八七　妊 八七　妣 八七　（宀部）宋 九五　完 九五　宏 九五　牢 九五　（尢部）尨 一〇三　（尸部）局 一〇四　尾 一〇四　尿 一〇四　（山部）岌 一〇六　岐 一〇六　（工部）巫 一一〇　（巾部）希 一一一　（广部）序 一一四　庇 一一四　（廴部）廷 一一九　（廾部）弄 一二〇　（弋部）忒 一二二　（弓部）弟 一二三　（彡部）形 一二五

（彳部）役 一二六　彷 一二六　（阝部）邦 一三〇　邪 一三〇　那 一三〇　（阝部）防 一三四　阱 一三四　阪 一三四　（心部）志 一四〇　忌 一四〇　忍 一四〇　忘 一四〇　忱 一四一　忤 一四一　（戈部）我 一五二　成 一五三　戒 一五三　（手部）扶 一五六　批 一五六　技 一五七　把 一五七　抑 一五七　折 一五七　抗 一五七　投 一五七　抒 一五七

（攴部）改 一六九　攻 一六九　孜 一六九　（日部）旱 一七七　（木部）李 一八七　村 一八七　材 一八七　杖 一八七　杜 一八七　束 一八七　杞 一八七　杉 一八八　杇 一八七　（止部）步 二〇二　（毋部）每 二〇七　（水部）汪 二一〇　沙 二一〇　沒 二一〇　沈 二一〇　沐 二一一　沖 二一一　汲 二一一　汽 二一一　沃 二一一　汰 二一一　沛 二一一

沁 二一一　沚 二一一　沔 二一二　汭 二一二　（火部）災 二二二　灼 二二二　灸 二二二　（爿部）壯 二四〇　妝 二四〇　（牛部）牡 二四一　（犬部）狂 二四三　狄 二四三　（老部）孝 二四七　（辵部）迅 二四八　巡 二四八　迄 二四八　迂 二四九　（玉部）玖 二五八　（用部）甫 二六五　甬 二六五　（田部）男 二六五　（疒部）疔 二六七　（白部）皂 二七一　（禾部）私 二八九　秀 二八九　（穴部）究 二九三

（糸部）系 三〇八　（肉部）育 三二九　肚 三二九　肝 三三〇　肖 三三〇　肛 三三〇　肘 三三〇　肓 三三〇　（艮部）良 三四〇　（艸部）芋 三四〇　芒 三四一　芍 三四一　芎 三四一　芃 三四一　芊 三四一　（見部）見 三七三　（角部）角 三七四　（言部）言 三七五　（谷部）谷 三八九　（豆部）豆 三八九　（豕部）豕 三九〇　（豸部）豸 三九一　（貝部）貝 三九二　（赤部）赤 三九七　（走部）走 三九八　（足部）足 三九九　（身部）身 四〇三

（車部）車 四〇四　（辛部）辛 四〇七　（辰部）辰 四〇八　（酉部）酉 四〇八　（釆部）釆 四一二　（里部）里 四一二

## 八畫

（部）兩 〇四　些 〃〃　並 〇四　亞 〇四　（丿部）乖 一〇　秉 一〇　（乙部）乳 一一　（亅部）事 一二　隶 一二　（亠部）享 一三　京 一四　卒 一四　夜 一四　（人部）佳 二三　佩 二四　使 二四　侍 二四　供 二四　依 二四　命 二四　舍 二四

侈 二四　侃 二五　佼 二五　侔 二五　（儿部）兒 三五　免 三五　兕 三五　兔 三五　（八部）爸 三七　斧 三七　其 三七　具 三七　典 三七　（冂部）罔 四〇　冏 四〇　（凵部）函 四四　（刀部）到 四五　制 四五　刻 四五　刷 四五　利 四六　刺 四六　券 四六　（力部）劾 四九　（勹部）匋 五二　（十部）直 五五　卑 五五　卓 五五

阜 五五　協 五五　（卜部）卦 五七　（卩部）卷 五八　卹 五八　（厂部）厓 五九　（又部）叔 六二　取 六二　受 六二　（口部）周 六六　呼 六六　味 六六　咎 六七　咀 六七　呻 六七　咄 六七　（囗部）固 七四　（土部）坤 七六　坦 七六　坡 七六　坪 七六　（大部）奇 八四　奈 八四　奄 八四　（女部）始 八七　姓 八七　姑 八七　妹 八七

妻 八七　姊 八八　姐 八八　妾 八八　（子部）季 九三　孤 九三　孥 九三　（宀部）宗 九五　定 九五　宜 九五　官 九六　宙 九六　宛 九六　宓 九六　宕 九六　（尸部）居 一〇四　屆 一〇四　屈 一〇四　（山部）岳 一〇六　岸 一〇六　岱 一〇六　岷 一〇六　（巾部）帛 一一一　帖 一一一　帚 一一一　帑 一一一　（干部）幸 一一三

十畫

寳 一〇〇　（寸部）對 一〇三　（巾部）幔 一一二　（广部）腐 一一七　廓 一一七　廏 一一七　廑 一一七　（弋部）鳶 一二一　（彡部）彰 一二六　（彳部）徹 一二九　（阝部）鄙 一三三　鄞 一三三　（阝部）際 一三八　隙 一三九　障 一三九　（心部）慈 一四八　態 一四八　愬 一四九　慢 一四九　慣 一四九　慘 一四九　慨 一四九　慊 一四九　（戈部）戩 一五四　（手部）摘 一六五　摧 一六四　摸 一六四　摺 一六五

摶 一六五　（斗部）斠 一七三　（斤部）斲 一七四　（方部）旗 一七六　（日部）暢 一八二　（木部）榮 一九七　構 一九七　榜 一九七　槍 一九七　槐 一九七　槁 一九七　榛 一九七　（欠部）歌 二〇一　歉 二〇一　（歹部）殞 二〇四　（殳部）毅 二〇六　（气部）氳 二〇九　（水部）漢 二一四　滿 二一四　滾 二一四　滴 二一四　漁 二一四　演 二一四　漱 二一五　漂 二一五　漆 二一五　漏 二一五　漸 二一五

滯 二一五　漫 二一五　漲 二一五　漠 二一五　漑 二一五　漬 二一六　滌 二一六　漩 二一六　滸 二一六　漕 二一六　漉 二一六　潢 二一六　漣 二一六　漪 二一七　漓 二一六　滹 二一六　（火部）熙 二三五　熊 二三五　熏 二三六　熒 二三六　（犬部）獃 二四五　獄 二四六　（辶部）遠 二五五　遙 二五五　遣 二五五　遞 二五五　遜 二五五　遘 二五五

遝 二五六　（玉部）瑣 二六一　瑤 二六一　瑪 二六一　瑰 二六一　（瓦部）甄 二六四　（疋部）疑 二六七　（疒部）瘍 二六九　瘧 二六九　瘖 二六九　（皿部）盡 二七四　監 二七四　（目部）睹 二七七　睽 二七七　睿 二七七　（罒部）罰 二七九　署 二八〇　（石部）碣 二八三　（示部）福 二八七　禍 二八七　禋 二八七　（禾部）種 二九一　稱 二九一　（立部）端 二九六　竭 二九七　（竹部）算 三〇〇　管 三〇〇　箋 三〇一

箏 三〇一　箕 三〇一　（米部）精 三〇六　粹 三〇七　（糸部）綱 三一三　綜 三一三　綠 三一三　維 三一三　綢 三一三　網 三一三　綴 三一三　緊 三一四　綿 三一四　綣 三一四　綸 三一四　綻 三一四　綽 三一四　綾 三一四　綬 三一四　綰 三一四　綵 三一四　綹 三一五　綦 三一五　（羽部）翡 三二二　翠 三二二　翟 三二三　（耳部）聚 三二七　（聿部）肇 三二九

（肉部）腿 三三四　膀 三三四　（臣部）臧 三三七　（舟部）艋 三三九　（艸部）蒙 三五二　蓋 三五二　夢 三五二　蓄 三五二　墓 三五二　幕 三五二　蒼 三五二　蒸 三五二　蒲 三五二　蓑 三五三　蒿 三五三　蒐 三五三　蒔 三五三　蒺 三五三　蒡 三五三　蓁 三五三　蓐 三五三　蒻 三五三　（虫部）蜘 三六四　蜩 三六四　蜻 三六四　蜿 三六四　蜴 三六四　蜥 三六五

蜚 三六五　（衣部）製 三七一　裸 三七一　裨 三七一　裼 三七一　（角部）觫 三七五　（言部）說 三八〇　語 三八〇　認 三八一　誌 三八一　誓 三八一　誤 三八一　誦 三八一　誠 三八一　誨 三八一　誘 三八一　誕 三八二　誣 三八二　誥 三八二　誖 三八二　（豕部）豨 三九〇　（豸部）貌 三九一　貍 三九二　（貝部）賑 三九五　（赤部）赫 三九七　（走部）趙 三九八　（車部）輔 四〇五

輕 四〇五　（辛部）辣 四〇七　（酉部）酸 四一〇　酷 四一〇　（金部）銀 四一五　銅 四一五　銓 四一五　銘 四一六　銑 四一六　銃 四一六　銖 四一六　鉻 四一六　（門部）聞 四二二　閣 四二二　閨 四二二　閥 四二三　閤 四二三　（隹部）雌 四二五　（雨部）需 四二八　（尚部）嘗 四三一　裳 四三一　（車部）幹 四三一　斡 四三二　（革部）鞅 四三三　鞋 四三三　靶 四三三　（音部）韶 四三五

（頁部）領 四三七　頗 四三七　（風部）颱 四三九　（食部）飽 四四一　飼 四四一　飾 四四一　（馬部）駁 四四六　（髟部）髦 四五一　髮 四五一　（鬼部）魂 四五三　魁 四五三　（鳥部）鳴 四五九　（鹿部）麈 四六三　（麻部）麽 四六五　（鼻部）鼻 四七〇

## 十五畫

（亠部）褒 一七　（人部）儀 三二　價 三二　僻 三二　（冫部）凜 四二　（刀部）劈 四七　劇 四七　劍 四八　劉 四八　劊 四八　（厂部）厲 六〇

（口部）噓 七二　（士部）增 七九　墳 七九　墮 八〇　墜 七九　（夊部）憂 八二　（大部）奭 八五　樊 八五　（女部）嬉 九二　嬈 九二　嬌 九二　（宀部）審 一〇〇　寫 一〇〇　寬 一〇〇　寮 一〇〇　（尸部）層 一〇五　（巾部）幣 一一二　幟 一一二　幡 一一三　（幺部）幾 一一四　（广部）廟 一一七　廚 一一七　廣 一一七　廠 一一八　廢 一一八　慶 一一八　廩 一一八

彈 一二三（部弓） 影 一二六（部彡） 德 一二九（部彳） 徵 一二九 衝 一二九 鄰 一三三（部阝） 鄭 一三三 鄧 一三三 鄱 一三三 鄲 一三四 慧 一四九（部心） 慰 一四九 慙 一四九 憐 一五〇 憤 一五〇 憔 一五〇 憚 一五〇 憮 一五〇 戮 一五四（部戈） 撫 一六五（部手） 撕 一六五 撞 一六五 撤 一六五 播 一六五 撲 一六五 撇 一六五 撙 一六六

撮 一六六 撰 一六六 撩 一六六 敵 一七二（部攴） 數 一七二 敷 一七二 暫 一八二（部日） 暴 一八二 膝 三三四（部月） 樂 一九七（部木） 樓 一九七 概 一九八 模 一九八 樣 一九八 標 一九八 歎 二〇一（部欠） 歐 二〇一 毅 二〇六（部殳） 穀 二〇六 毆 二〇六 氂 二〇八（部毛） 潑 二二七 潔 二二七 潮 二二七 潦 二二七 潰 二二七 潛 二二七

澀 二二七 潤 二二七 潭 二二八 澆 二二八 澄 二二八 澇 潘 二二八 澗 二二八 潸 二二八 潯 二二八 熱 二三六（部火） 熟 二三六 熬 二三六 牖 二四一（部片） 適 二五六（部辵） 遲 二五六 遮 二五六 遨 二五六 瑩 二六一（部玉） 璃 二六二 璋 二六二 瑾 二六二 璇 二六二 瘟 二六九（部疒） 瘠 二六九 瘦 二六九 瘧 二六九 瘢 二六九

魄 二七二（部白） 皚 二七二 皺 二七二（部皮） 盤 二七四（部皿） 瞎 二七七（部目） 罵 二八〇（部网） 罷 二八〇 確 二八三（部石） 磅 二八三 磊 二八三 磐 二八四 稻 二九一（部禾） 稽 二九二 稾 二九二 稗 二九二 黎 二九二 稼 二九二 稷 二九二 窮 二九五（部穴） 窯 二九五 節 三〇一（部竹） 範 三〇一 箱 三〇一 箸 三〇一 箭 三〇一 篇 三〇一 篆 三〇二

箴 三〇二 篁 三〇二 糊 三〇七（部米） 緒 三一五（部糸） 線 三一五 緘 三一五 緝 三一五 緣 三一五 締 三一五 編 三一五 緯 三一五 緩 三一六 練 三一六 緞 三一六 緬 三一六 緗 三一六 暮 三五四（部艸） 慕 三五四 摹 三五四 蔗 三五四 蔑 三五四 蔡 三五四 蔣 三五四 蓬 三五四 蔥 三五四 蔭 三五五 蔓 三五五 華 三五五

蔦 三五五 蔟 三五五 慮 三六一（部虍） 膚 三六一 號 三六一 蝦 三六五（部虫） 蝙 三六五 蝠 三六五 蝌 三六五 蝮 三六五 複 三七一（部衣） 論 三八二（部言） 誰 三八二 請 三八二 調 三八二 諒 三八二 誼 三八三 諂 三八三 諄 三八三 諉 三八三 豌 三八九（部豆） 豎 三八九 賢 三九五（部貝） 賜 三九五 賤 三九六 賦 三九六 賣 三九六

質 三九六 賠 三九六 賚 三九六 趣 三九九（部走） 趟 三九九 踏 四〇〇（部足） 踐 四〇〇 踢 四〇一 踝 四〇一 踣 四〇一 輝 四〇五（部車） 輩 四〇五 輪 四〇五 輛 四〇六 輜 四〇五 輟 四〇六 輦 四〇六 醉 四一〇（部酉） 醃 四一〇 鋒 四一六（部金） 鋪 四一六 鋤 四一六 鋁 四一六 銼 四一六 閱 四二三（部門） 震 四二八（部雨） 霆 四二八 霄 四二八

靚 四三〇（部青） 靠 四三〇（部非） 賞 四三一（部尙） 鞍 四三三（部革） 鞋 四三三 鞏 四三三 頡 四三七（部頁） 養 四四一（部食） 餉 四四一 蝕 四四二 餂 四四二 餈 四四二 駐 四四六（部馬） 駕 四四六 駛 四四六 駟 四四六 駒 四四六 駝 四四六 駑 四四七 駙 四四七 駘 四四七 骷 四五〇（部骨） 髮 四五一（部髟） 髫 四五一 髳 四五一 鬅 四五一 鬧 四五二（部鬥）

魅 四五四（部鬼） 魴 四五五（部魚） 魦 四五五 鴉 四五九（部鳥） 鴇 四五九 鳷 四五九 鴆 四五九 麃 四六三（部鹿） 麪 四六四（部麥） 麩 四六四 黹 四七〇 魔 四六五（部麻） 摩 四六五 鼐 四五四（部鼎） 鼏 四五五

## 十六畫

嬴 一七（部亠） 儒 三二（部人） 儔 三二 儕 三二 興 三八（部八） 冀 三九 冪 四一（部冖） 凝 四二（部冫） 劓 四八（部刀） 勳 五〇（部力）

曆 六〇（部厂） 歷 六〇 叡 六二（部又） 器 七二（部口） 嘴 七二 噴 七二 噪 七二 嘯 七三 噱 七二 壁 八〇（部土） 壇 八〇 墾 八〇 奮 八五（部大） 嬖 九二（部女） 嬙 九二 嬗 九二 學 九三（部子） 憲 一〇一（部宀） 寰 一〇一 導 一〇三（部寸） 廩 一一八（部广） 彊 一二三（部弓） 衛 一三〇（部彳） 衡 一三〇 徼 一三〇 隨 一三九（部阝） 險 一三九

隧 一三九　（心部）憩 一五〇　懊 一五〇　（戈部）戰 一五四　（手部）擁 一六六　擅 一六六　擇 一六六　操 一六六　擔 一六七　據 一六七　擄 一六七　擒 一六七　（日部）曉 一八二　曇 一八二　瞰 一八二　（木部）樹 一九八　樵 一九八　橋 一九八　樸 一九八　橫 一九八　橘 一九八　橙 一九九　橡 一九九　樽 一九九　橛 一九九　（水部）澡 二二八　濃 二二八

濁 二二八　激 二二八　澤 二二九　澱 二二九　澳 二二九　澮 二二九　濂 二二九　澧 二二九　濆 二二九　（火部）燕 二三六　燈 二三六　燒 二三六　熹 二三七　熾 二三七　燎 二三七　燐 二三七　燉 二三七　燔 二三七　（犬部）獨 二四六　（辵部）導 二五六　遷 二五六　選 二五六　遺 二五六　遴 二五七　遼 二五七　適 二五七　（玉部）璞 二六二

璣 二六二　璜 二六二　（瓜部）瓢 二六三　（瓦部）甍 二六四　（疒部）瘴 二六九　（皿部）盥 二七四　盦 二七四　（目部）瞢 二七七　（网部）罹 二八〇　（石部）磚 二八四　磧 二八四　磬 二八四　（示部）禦 二八七　（禾部）積 二九二　穆 二九二　穅 二九二　（穴部）窺 二九五　（至部）臻 二九八　（竹部）築 三〇二　篦 三〇二　篤 三〇二　篡 三〇二　篪 三〇二　篝 三〇二　（米部）糖 三〇七　（糸部）縣 三一六　縛 三一六

縊 三一六　緻 三一六　縈 三一六　縞 三一七　縕 三一七　（羽部）翱 三二三　翮 三二三　（耒部）耨 三二六　（肉部）膳 三三五　膩 三三五　（舟部）艘 三三九　（艸部）蕩 三五五　蔽 三五五　蕃 三五五　蕙 三五五　蕊 三五五　蕈 三五六　蕎 三五六　蕢 三五六　蕪 三五六　蕁 三五六　（虍部）盧 三六一　（虫部）螢 三六五　螟 三六五　螗 三六五　（衣部）褫 三七一　褘 三七一

（見部）親 三七三　（言部）諸 三八三　謀 三八三　諭 三八三　謂 三八三　諫 三八三　諷 三八三　諜 三八四　諺 三八四　謔 三八四　諡 三八四　諾 三八四　諱 三八四　諦 三八四　諳 三八四　謁 三八四　諠 三八五　諤 三八五　謅 三八五　諶 三八五　（豕部）豫 三九一　豬 三九一　（豸部）貓 三九二　（貝部）賴 三九六　（赤部）赬 三九八　（足部）蹄 四〇一　踰 四〇一　踵 四〇一

蹂 四〇一　踹 四〇一　踴 四〇二　踶 四〇一　（車部）輯 四〇六　輸 四〇六　輳 四〇六　輶 四〇六　（辛部）辨 四〇七　（酉部）醒 四一〇　醍 四一〇　（金部）鋼 四一七　錢 四一七　錯 四一七　錄 四一七　錦 四一七　錫 四一七　錐 四一七　錘 四一八　鋸 四一八　錠 四一八　錚 四一八　錧 四一八　錞 四一八　（門部）閹 四二三　閭 四二三　閻 四二三

（隹部）雕 四二六　（雨部）霍 四二八　霖 四二八　霎 四二八　霓 四二八　（青部）靜 四三〇　靛 四三〇　（韋部）韓 四三二　（頁部）頭 四三七　頸 四三七　頻 四三七　頤 四三七　頷 四三七　頴 四三八　（食部）餐 四四二　餞 四四二　餘 四四二　餒 四四二　餔 四四二　餗 四四三　（馬部）駭 四四七　駱 四四七　（骨部）骸 四五〇　骼 四五〇　（髟部）髻 四五一　髭 四五一　（鬥部）鬨 四五二　（鬲部）融 四五三

（魚部）鮑 四五五　穌 四五五　（鳥部）鴨 四五九　鴛 四五九　鴣 四五九　鴦 四五九　鴒 四六〇　鴝 四六〇　鴕 四六〇　（鹿部）麇 四六三　（麻部）磨 四六五　（黑部）默 四六五　黔 四六六　黕 四六六　（黽部）黿 四六七　（鼎部）鼐 四五五　（齒部）齔 四七〇　（龍部）龍 四七一

## 十七畫

（丨部）舉 〇六　（亠部）齋 一七　襄 一七　褻 一七　（人部）償 三三　優 三三　儈 三三　（八部）輿 三九

翼 三九　冀 三九　（凵部）幽 四四　（力部）勵 五〇　（口部）嚇 七二　嚏 七三　（土部）壑 八〇　壙 八〇　（女部）嬰 九二　嬪 九二　（子部）孺 九四　（宀部）賽 一〇一　蹇 一〇一　謇 一〇一　（山部）嶺 一〇九　嶼 一〇九　（巾部）幫 一一三　幬 一一三　（广部）應 一一八　膺 一一八　（彳部）徽 一三〇　（阜部）隱 一三九　隰 一三九　（心部）懇 一五〇　懋 一五一　懥 一五一　（戈部）戲 一五四

戴 一五四　（手部）擊 一六六　擘 一六七　擎 一六七　擬 一六七　擢 一六七　擣 一六八　（攴部）斂 一七二　（日部）曖 一八三　（木部）檢 一九九　檀 一九九　（歹部）殭 二〇五　殮 二〇四　（殳部）轂 二〇六　（毛部）氈 二〇八　（水部）濟 二二九　濤 二二九　濫 二二九　濠 二二九　濯 二三〇　濱 二三〇　濘 二三〇　濬 二三〇　濛 二三〇　濡 二三〇　濩 二三〇　（火部）營 二三七

燭 二三七
燬 二三七
爿部 牆 二四〇
犬部 獲 二四六
弓部 彌 一二四
辵部 還 二五七
避 二五七
邀 二五七
遽 二五七
邁 二五七
邂 二五八
玉部 環 二六二
疒部 療 二六九
癌 二七〇
白部 皤 二七二
皿部 盪 二七四
目部 瞭 二七七
瞥 二七八
瞳 二七八
矢部 矯 二八一
石部 磷 二八四
示部 禪 二八八
禧 二八八
禾部 穗 二九三
竹部 箋 三〇二
篳 三〇三
簏 三〇三
簪 三〇三
簋 三〇三
米部 糟 三〇七
糠 三〇七
糝 三〇七
糸部 總 三一七
縮 三一七
縱 三一七
繁 三一七
縫 三一七
績 三一七
繆 三一七
縵 三一八
縶 三一八
繇 三一八
縞 三一八
缶部 罄 三二一
罅 三二二
羽部 翳 三二三
羊部 羲 三二五
耳部 聲 三二七
聯 三二八
聰 三二八
聳 三二八
肉部 臉 三三五
膽 三三五
臀 三三五
臂 三三五
臆 三三五
膿 三三五
膾 三三六
臣部 臨 三三七
艮部 艱 三四〇
艸部 薄 三五六
薪 三五六
薦 三五六
薇 三五七
薔 三五七
薛 三五七
薨 三五七
薊 三五七
薜 三五七
虍部 虧 三六二
虫部 蟋 三六六
螫 三六六
螯 三六六
螽 三六六
蟄 三六六
蟆 三六六
蟊 三六六
衣部 褸 三七一
見部 覬 三七四
覲 三七四
角部 觳 三七五
言部 講 三八五
謠 三八五
謙 三八五
謝 三八五
謗 三八五
謚 三八六
謖 三八六
謟 三八六
谷部 谿 三八九
豁 三八九
豸部 貔 三九二
貝部 購 三九六
賻 三九六
賸 三九七
足部 蹈 四〇二
蹏 四〇二
蹉 四〇二
蹊 四〇二
蹌 四〇二
車部 轄 四〇六
酉部 醜 四一一
金部 鍾 四一八
鍰 四一八
門部 闊 四二三
闌 四二三
闇 四二三
隹部 雖 四二六
雨部 霜 四二八
霞 四二九
車部 韓 四三二
革部 鞠 四三三
鞞 四三三
韋部 韔 四三四
風部 颶 四三九
颺 四四〇
食部 館 四四三
餅 四四三
餞 四四三
餡 四四三
馬部 駿 四四七
騁 四四七
騂 四四七
魚部 鮮 四五六
鮪 四五六
鮭 四五六
鮚 四五六
鮝 四五六
鳥部 鴻 四六〇
鴿 四六〇
鴐 四六〇
鹿部 麋 四六三
麥部 麯 四六四
黑部 點 四六六
黛 四六六
黜 四六六
黝 四六六
黹部 黻 四六七
黽部 黿 四六七
鼠部 鼢 四六九
鼻部 鼾 四七〇
龜部 龜 四七二

## 十八畫

又部 叢 六二
口部 囂 七二
巾部 歸 一一三
手部 擴 一六七
擺 一六七
擾 一六八
攴部 斃 一七二
斤部 斷 一七五
日部 曜 一八二
曛 一八二
月部 朦 一八六
欠部 歟 二〇一
歹部 殯 二〇五
水部 瀑 二三〇
瀋 二三〇
瀆 二三〇
濼 二三一
瀉 二三一
火部 燼 二三七
爪部 爵 二三九
犬部 獵 二四六
辵部 邇 二五八
邈 二五八
邃 二五八
玉部 璧 二六二
田部 壘 二六七
疒部 癘 二七〇
目部 瞻 二七八
瞽 二七八
瞿 二七八
石部 礎 二八四
示部 禮 二八八
禾部 穢 二九三
穡 二九三
穴部 竄 二九五
竅 二九五
竹部 簡 三〇三
簫 三〇三
簟 三〇三
簧 三〇三
簣 三〇四
簞 三〇四
簠 三〇四
米部 糧 三〇七
糸部 繕 三一八
繞 三一八
繙 三一八
繚 三一八
繡 三一八
織 三一八
繐 三一九
繒 三一九
羽部 翻 三二三
翹 三二三
耳部 職 三二八
聶 三二八
聵 三二八
肉部 臍 三三六
臏 三三六
臼部 舊 三三七
艸部 藉 三五七
藏 三五七
藍 三五七
薯 三五八
薰 三五八
薺 三五八
薙 三五八
虍部 虩 三六二
虫部 蟬 三六六
蟠 三六六
蟒 三六六
蟫 三六七
衣部 襌 三七一
襾部 覆 三七三
見部 覲 三七四
角部 觴 三七五
言部 謹 三八六
謨 三八六
謫 三八六
謬 三八六
豆部 豐 三九〇
貝部 贅 三九七
贄 三九七
足部 蹙 四〇二
身部 軀 四〇四
車部 轉 四〇六
轍 四〇六
轆 四〇六
酉部 醫 四一一
醬 四一一
金部 鎗 四一九
鎮 四一九
鎬 四一九
鎛 四一九
門部 闖 四二四
闕 四二四
闔 四二四
隹部 雞 四二六
雙 四二六
雜 四二六
雛 四二六
革部 鞭 四三四
鞦 四三四
鞫 四三四
頁部 題 四三八
顏 四三八
額 四三八
顓 四三八
食部 餮 四四三
餳 四四三
香部 馥 四四五
馬部 騎 四四七
騏 四四八
騅 四四八
骨部 髀 四五〇
髟部 鬆 四五一
門部 鬩 四五二
鬼部 魏 四五四
魍 四五四
魎 四五四
魋 四五四
魚部 鯉 四五六
鳥部 鵑 四六〇
鵝 四六〇
鵠 四六一
鵓 四六一

| 楷 | 甲文 | 金文 |
|---|---|---|
| 一 ㄧ | | |
| （同字異體）弌（一古字）壹（一大寫） | （指事）甲文一金文一略同从一橫畫本義作「數之始也」解（見廣韻）即最初之第一位數名一字僅一橫畫爲見而知其爲一者泛指事物之最初僅見而無偶者爲一數目之第一位曰一「天一地二」（易・繫辭）至上之道曰一指示代稱統一 | |
| 二 ㄦˋ | | |
| （同字異體）弍（古二字）貳（二大寫） | （指事）甲文二金文二略同从一附一一與一相耦爲二其本義作「地之數也」解（見說文許箸）古以一指天故以二爲地之數二即最初之偶數名最初之偶數曰二分歧曰二成雙成對二京（東京西京）二酉（大酉小酉）第二位二品二更二等 | |
| 七 ㄑㄧ | | |
| | （指事）甲文七與現行十字略同惟中直特短以示區別金文七林義光氏以爲「實卽『切』之古文（象所切之物『一』其切痕」中直正下交於一便是十此右斜象有微陰斜出乃不足於十本義作「陽之正也从一微陰从中斜出也」解（見說文許箸） | |
| 丁 ㄉㄧㄥ | | |
| | （象形）（會意）甲文丁與金文丁略同金文丁虛或實無殊林義光氏以爲「朱駿聲云鐕也象形今俗以釘爲之」故丁實釘之初文本義作「夏時萬物皆丁實」解（見說文許箸）就是到了夏季天地間萬物都巳外表如丁（釘）之壯天干名民丁男丁 | |

| 楷 | 甲文 | 金文 |
|---|---|---|
| 三 ㄙㄢ 音散 ㄙㄢˋ | | |
| | （指事）甲文三金文三略同本義作「天地人之道」解（見說文許箸）是指天地人爲世間之最大者而言故從三個一以指其事數目名「二與一爲三」三個三公三皇三秦三桓三晉三島三傑三國三才三心三光三多三苗三長三教三更三鼓等 | |
| 上 ㄕㄤˋ | | |
| ㄕㄤˇ | （指事）甲文上第一字从一（稍短）在一（稍長）上長一是指地卽平面短一是指物故物在地面爲上甲文上第二字其下一長橫稍向上仰以示與「一」之二有別金文上第二字與以其上部「屈曲象陽氣」故上作「高」解主人曰上上方上位 | |
| 下 ㄒㄧㄚˋ | | |
| ㄒㄧㄚˇ | （指事）甲文下第一字从一（稍短）在一（稍長）下長一是指地卽平面短一是指物故物在地底爲下甲文下第二字取相反形明示下與上爲相對之意金文下與甲文下略同本義作「底」解（見說文許箸）凡下之至盡處必至底下屬臣庶曰下 | |
| 丈 ㄓㄤˋ | | |
| ㄓㄤˇ | （會意）甲文丈字　金文丈从又十又卽手十象尺以手持尺爲丈故丈之本義作「十尺」解（見說文許箸）古代以八寸爲尺十尺爲丈所以人長八尺稱爲丈夫並爲男子巳冠（年二十）之稱對一般尊長之敬稱老丈世丈姑丈姻丈姨丈稱岳父爲丈人 | |
| 于 ㄩˊ | | |

楷 | 甲文 | 金文

ㄒㄩ

（象形）（指事）（會意）甲文于金文于略同林義光氏以為「本義當為紆曲」古作亐（陳猷金）作于（盂鼎散盤）二象從直丨象紆曲以二之直見丨之曲也或作𢀖（周公敦）本義作「於」解（見說文釋例）「於」是象人口吐氣于卽「吁」古文

亍 ㄔㄨˋ

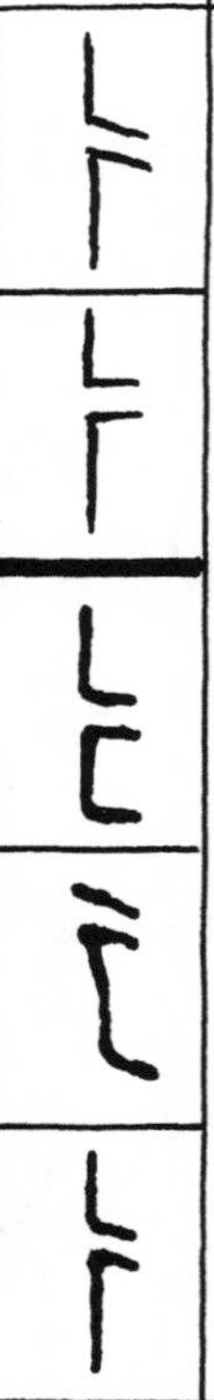

（指事）甲文亍金文亍為行字偏旁亍從反彳彳音辟作小步解亦卽微步而行今本義作「步止」解（見說文許箸）就是由進而止的意思進時中止「澤馬亍阜」（左思·魏都賦）彳亍小步詳彳字下（連文異義）左步為彳右步為亍

丌 ㄐㄧˋ

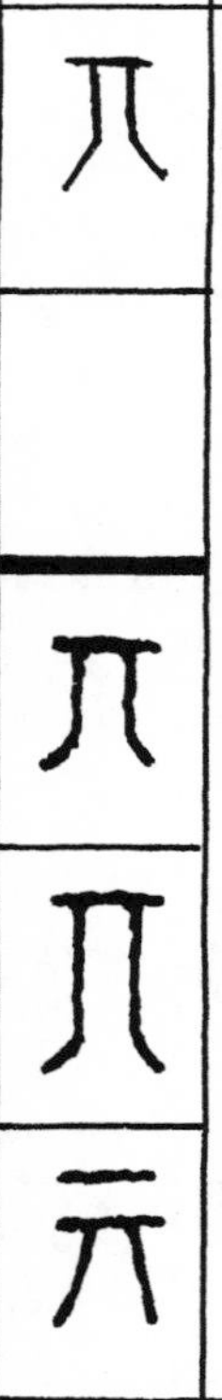

（指事）甲文丌字與金文丌下象薦物之丌其上一橫丁佛言氏以為「象物形」卽示此為薦物者下面兩直向左右微分示平置於地之足上頭一橫示承薦物之平面其本義作「下基」解（見說文許箸）就是承薦物品使其得安穩之器具置物之底座

五 ㄨˇ

（象形）（指事）甲文金文五略同亦有形異金文五第一字象數之假象與一二三四同金文五第二字為五字之別體甲文×為五之古文本義作「五數」解（見說文徐箋）就是四與六中間的數名數名四加一之數為五五金五官五味五胡五穀

不 ㄅㄨˋ

音缶ㄈㄡˋ
音彼ㄅㄧˇ

（象形）（指事）甲文不羅振玉氏以為「象花不（古丕字卽胚）形花不為不之本誼（義）許君（說文）訓為鳥飛不下來失其旨矣」金文不與甲文不略同本義作「鳥飛上翔不下來」解（見說文許箸）反語詞不亦亦也不有有也不寧寧也

云 ㄩㄣˊ

（象形）（會意）甲文云金文云略同从二借二（卽古文上）以示天下象雲氣回轉與下散上欽之形本義作「山川氣」解（見部首訂）就是山川濕氣所生而浮行空中的雲氣云本為雲之古文云為：言論動作之稱云云：衆多為云云

井 ㄐㄧㄥˇ

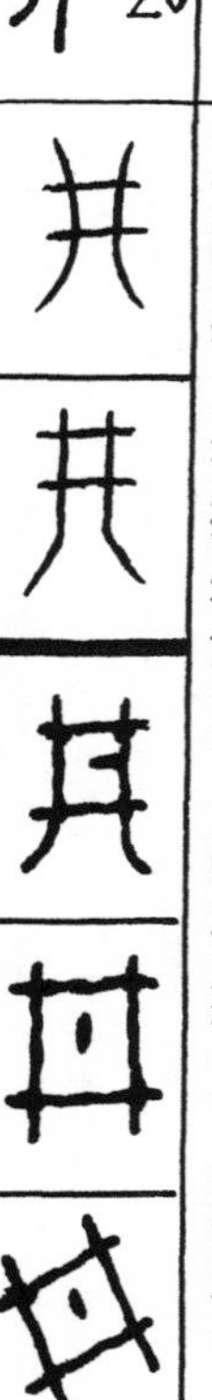

（象形）甲文井象井有構韓（井上四角木欄）之形知此卽井金文井有與甲文同形者井外象其欄杆內象在井中汲水的汲器本義作「所以汲也」解（見急就篇顏注）就是指鑿地而成供人取水應用的井掘地汲水之穴曰井井井：整齊貌

丑 ㄔㄡˇ

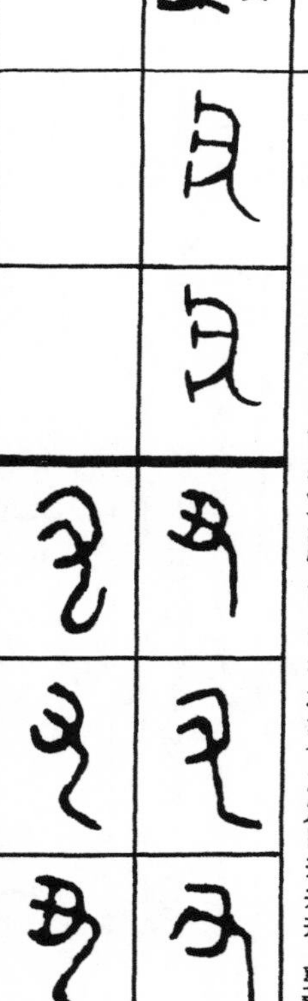

（象形）（會意）甲文丑李敬齋氏以為「持而拗之从𠬪（卽手）象形」金文丑饒烱氏以為「从又从己（古文紀）說文曰『紐也』本義作「紐」解（見說文許箸）地支名居十二地支中之第二位時辰名夜一時至三時為丑時丑旦丑脚

互 ㄏㄨˋ

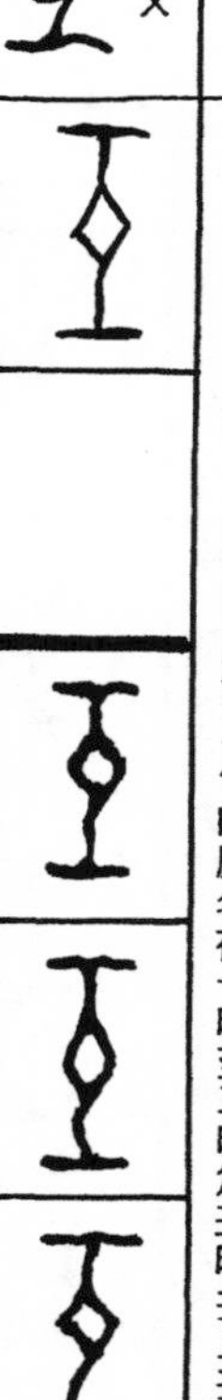

（象形）甲文金文互字略同亙本義作「紐繩器」解（見說文義證）上下略似工字象器之架中之ㄅ一說象絞紐之繩一說象人手所推握處今屠家懸肉架古謂之互今用為障礙以禁止人通行之拒馬彼此相合交互回互互助互相互信互勉

丐 ㄍㄞˋ

（會意）甲文丐金文丐略同丐从亡人會意本義作「亡人為匄」解（見說文徐箋）離家逃亡在外之人名之曰匄引申此意則逃亡者常在他鄉乞食求助故訓「乞」訓「求」今引申義行而本義泯又俗字作丐乞食之人曰丐乞求沾丐

| 楷 | 甲文 | 金文 | 文 |
|---|---|---|---|

**丏** ㄍㄞˋ

（會意）甲文丏金文丏略同丏从亡人會意 本義作「亡人爲匃」解（見說文徐箋）離家逃亡在外之人 名之曰匃惟引申此意則逃亡者常在他鄉乞食求助故訓「乞」訓「求」引申其義爲泯又俗字作丐爲今所行者乞食之人曰丐

**且** ㄑㄧㄝˇ

（象形）甲文且與金文且略同金文且阮元氏以爲「且即古祖字也」高鴻縉氏以爲「合字本意爲祖廟只象祖廟之形。 ㅡ上象廟宇左右兩牆中二橫爲棞限下則基地也商周皆借爲祖宗之祖至戰國時或加示爲義符作祖。」

**世** ㄕˋ

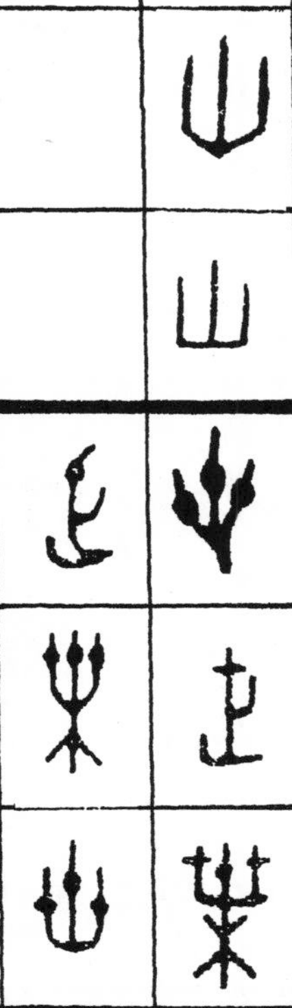

（象形）（會意）（形聲）甲文世字金文世林義光氏以爲「當爲枼之古文象莖及葉之形草木之葉重累百疊故引伸爲世代之世字亦作枼从卅而曳長之本義作「三十年爲一世」解（見說文段注）代曰世朝代曰世時代曰世古世今世

**丙** ㄅㄧㄥˇ

（象形）（會意）甲文丙于省吾氏以爲「象物之安安亦謂之䟄……即今俗所稱物之底座丙之形上象平面可置物下象左右足與古文㕯下象足形者同」金文丙第一字與甲文丙略同金文丙象火燃於门內而光熱外灼即「炳」字之古文。

**丘** ㄑㄧㄡ

（象形）（會意）甲文丘象小山旁高中低之形其下之一爲地與山字小異山乃中央最高丘乃四方高而中央下金文丘多與甲文同古以人爲之高土曰京天然之高土曰丘丘之本義作「土之高」解（見說文許箸）就是高的土阜 小阜曰丘、

**丕** ㄆㄧ

（象形）（形聲）甲文金文丕字略同第一字爲「不」字重文 不象萼蒂形即今所謂之蓓蕾不从一不聲本義作「大」解（見說文許箸）大有獨一無二乎與倫比的意味故从一或从二也姓仲虺之後有丕氏偉大丕命丕訓丕業丕構丕闡丕緒

**而** ㄦˊ

（象形）甲文而象口下鬚形金文而林義光氏以爲即「莔屬之芝栭（莔）……皆以仰者爲芝覆者爲栭（莔）則而者下垂也象下垂之形鬚亦下垂故引伸爲鬚毛下垂形本義作「頰毛」解（見說文徐箋）汝你代第二人稱 夫差而忘越王之殺而父乎

**再** ㄗㄞˋ

（會意）甲文再字 金文再引自鐘鼎字原其取義不詳 再从一冓省乃以冓字摺疊觀之則一在上而冓之半爲冉本義作「一舉而二」解（見說文句讀）是二者相重疊的意思

**吏** ㄌㄧˋ

（會意）（形聲）甲文吏字 金文吏从一从史又从史聲一示始終不一與執法如一吏示概如史官之秉事實與尚秉直服公職也秉實務尚秉直而執一不二者爲吏其本義作「治人者」解（見說文許箸）就是一般官員之稱

**至** ㄓˋ

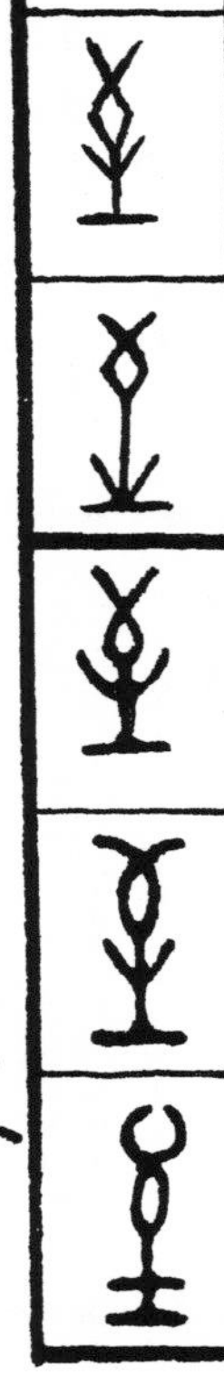

| 楷 | 甲文 | 金文 | 文 |
| --- | --- | --- | --- |

（指事）（象形）甲文至與金文至略同。金文至林義光氏以為「古矢或作↥則↧者矢之倒文從矢射一一象正鵠矢著於鵠有至之象」至↧象鳥飛從高處逕下之形一象地面指從高至下而言故本義作「鳥飛從高下至地」解（見說文許箸）

## 夷 一ˊ 音姨

（會意）（形聲）甲文夷金文夷略同从大从弓李敬齋氏以為「𢏚（↥射鳥箭）繳（乙用以繫箭生絲縷）射也以矢上有繳會意矢亦聲」善用弓矢之東方人稱夷故夷之本義作「東方之人」解（見說文段注）東方種族之稱東夷徐夷淮夷

## 百 ㄅㄞˇ ㄅㄛˊ

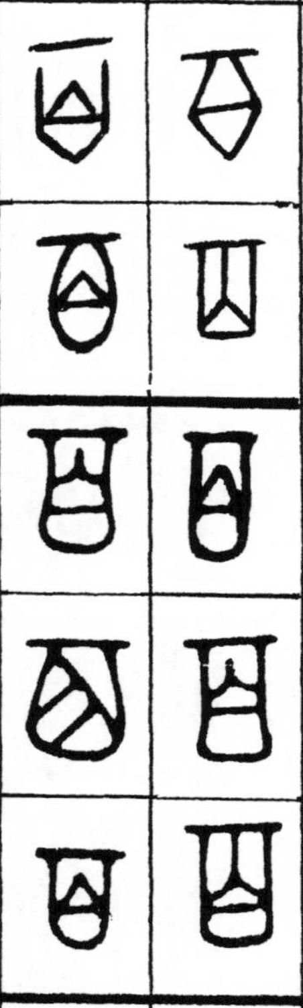

（象形）（會意）甲文百金文百彼此形略近林義光氏以為「古作㔾（兮田盤）當為白（與自同象人鼻）之或體∧∧皆象（鼻）薄膜虛起形變作百作𦣻（多父盤）」其本義作「十十」解（見說文句讀）是十與十自乘之數名

## 丞 ㄔㄥˊ

（會意）甲文丞象人陷阱中有拯救之意陷入者在下而拯救者在上故上作拯救者之雙手以會意其本義即拯救之拯林義光氏以為「卩即人字从人在凵上从廾象人登山時須扶翼之意」其本義作「翊」解（見說文許箸）甲文金文同，即輔佐之意

## 亙 ㄍㄣˋ ㄍㄥˋ

（會意）（形聲）甲文亙為「恆」字重文李敬齋氏以為「衡也月之上弦平如衡也从月工聲並以見上弦月平之形」金文亙第一字林義光氏取自「伯晨鼎」「絚」字偏旁以為「亙竟也本義作「竟」解（見說文許箸）從時間此端溯至彼端為亙

| 楷 | 甲文 | 金文 | 文 |
| --- | --- | --- | --- |

## 亘 ㄒㄩㄢ

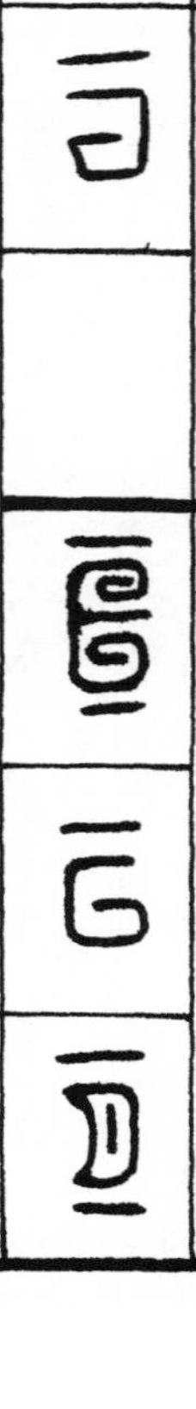

（象形）（會意）甲文亘徵省仍與金文亘略同金文亘林義光氏以為「當為垣之古文象亘牆繚繞之形」从二从回（古文回）二示上下回示往復本義作「求回」解（見說文段注）是輾轉求物的意思宣本字即宣布之宣

## 更 ㄍㄥ ㄍㄥˋ

（形聲）（會意）甲文金文更略同从攴丙聲本義作「改」解（見說文許箸）是變革的意思變革不論主動被動都重振作強起故从攴按丙與炳為古今字含有明灼意味故更从丙聲一夜的五分之一曰更初更至五更絲戍曰更役民遣戍於邊境之稱

## 兩 ㄌㄧㄤˇ

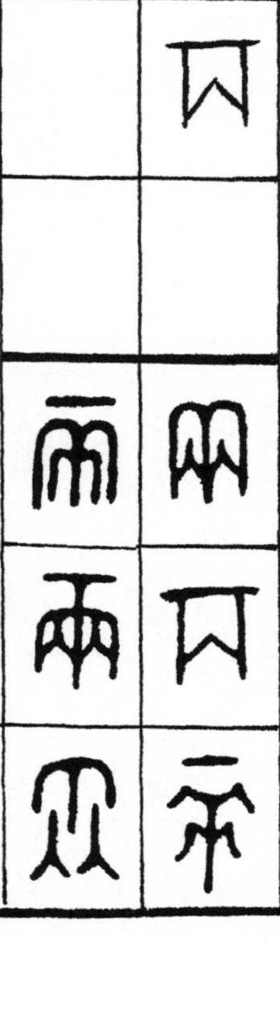

（象形）（會意）甲文兩字與金文兩略同象置物之底座與金文丙字略同最初丙兩或為一字林義光氏以為「古作㒳（大敦）作㒳（敓敦）从二丙相合象二物相合各有邊際也本義作「平分」解（見說文許箸）衡名以十錢為一兩

## 並 ㄅㄧㄥˋ

（會意）（象形）甲文並金文並略同从二立立象人正面直立地上之形今二人比肩而立故其本義作「併」解（見說文許箸）是齊集於一處的意思併表狀態「萬物並育而不相害」（禮・中庸）又如：「聖人參於天地並於思神」（禮・禮運）

## 亞 一ㄚˋ

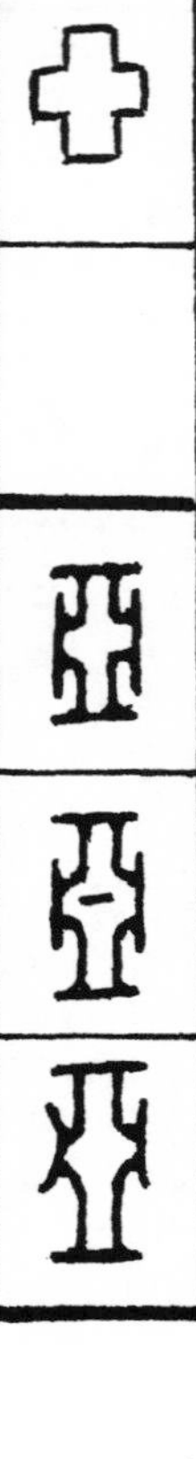

| 楷 | 甲文 | 金文 | 文 |
|---|---|---|---|

音鴉 ㄧㄚ

（象形）（指事）甲文亞羅振玉氏以爲「此作亞與古金文同爾雅兩壻相謂曰亞正謂相類次也」金文亞林義光氏以爲篆作𠀂亞亦或作🄰（析子鼎）則亞當爲庌之古文廡也象形亞庌古同音」本義作「醜」解（見說文許箸）

面 ㄇㄧㄢˋ

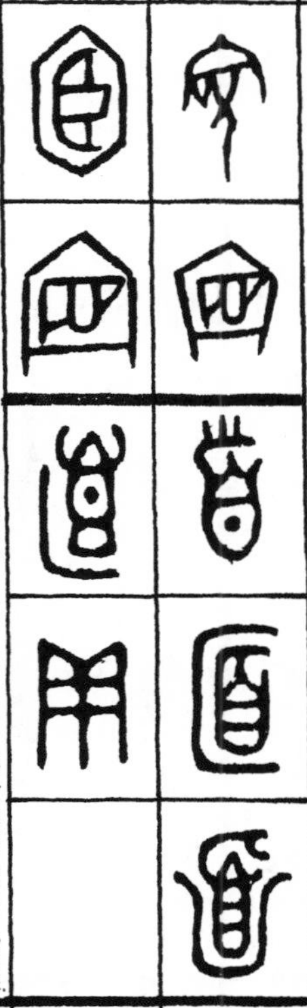

（象形）甲文面从目加〇乃遠處所視目有反光易見〇即其輪廓以此象人面形金文面其上三直象髮下象鼻口及面部輪廓形即古面字面从𦣻𦣻即首外加囗正以示面之輪廓本義作「顏前」解（見說文徐箋）即面目顏面之稱部份地位方向曰面

亟 音棘 ㄐㄧˊ　音器 ㄑㄧˋ

（會意）甲文亟从人在二之中二即天地人在天地間應積極當有所作爲故含「敏疾」意金文亟林義光氏以爲「亟急也象人在隘中被追驚呼二象隘从又持人與及字同意从口驚呼之象字从攴與从又同意」本義作「敏疾」解（見說文許箸）

晝 ㄓㄡˋ

（象形）（會意）甲文𣅀商承祚氏以爲「象日光散四射之狀後世將此字所从之口引長之而作𠘧上又增聿形誼（義）全晦」蓋於此知𣅀即有日光可見之時金文𣅀字與甲文略同其本義作「日之出入與夜爲界」解（見說文許箸）

畫 ㄏㄨㄚˋ

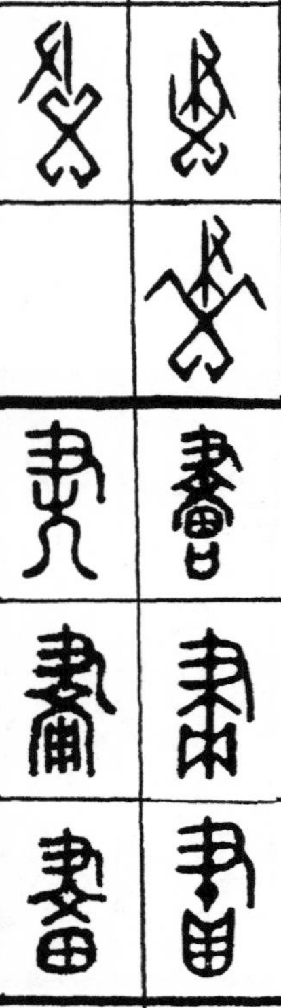

（象形）（會意）甲文𦘔上象手執筆下象所繪之圖形此即爲𦘔王國維氏以爲「此疑劃字」朱芳圃氏以爲「實古規字」金文𦘔吳大澂氏以爲「从聿从爻從周爻交也象手執筆爲𦘔故其本義作「畍分」解（見說文徐箋）就是劃開的意思

爾 ㄦˇ

（象形）（形聲）甲文爾字　金文爾林義光氏以爲「𤔔檷之古文絡絲架也象形下象絲之糾繞易繫于金柅（垢卦）以柅爲之」爾从冂从㸚尒聲本指「𪛕爾」一詞而言𪛕爾之本義作「𪛕爾猶靡麗也」解（見說文徐箋）爾曹：汝等爾𢝊意同

丨 音袞 ㄍㄨㄣˇ

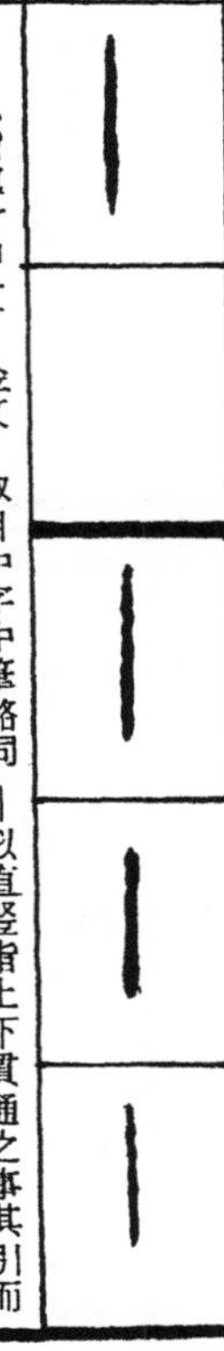

（指導）甲文丨金文丨取自中字中筆略同丨以直豎指上下貫通之事其引而上行讀若囟（音信）如丄屮等字是其引而下行讀若退如丅巾等字是故丨之本義作「上下通」解（見說文許箸）直筆爲丨向下直引俗亦稱之爲直

丩 音鳩 ㄐㄧㄡ

（象形）（指事）甲文丩金文丩略同丩象瓜瓠之蔓藤遇物則相與牽附纏繞上引之形而含交互鉤連之意本義作「相糾繚」解（見說文釋例）就是此物與彼物相纏繞的意思相糾繚義與「糾」同丩左上爲一短直兩點爲斗形似音近而義迴別

丫 ㄧㄚ

（指事）甲文丫字　金文丫上指其歧出下示其幹本義作「物之歧頭」解（見集韻）是指草木之枝叉向上歧出者而言俗則凡分歧上出之物皆曰丫．分歧而上出之物曰丫　叉丫樹丫　丫頭：幼女頭梳雙髻如丫故稱丫頭舊稱婢女爲丫頭或丫環

楷 / 甲文 / 金文

中 ㄓㄨㄥ

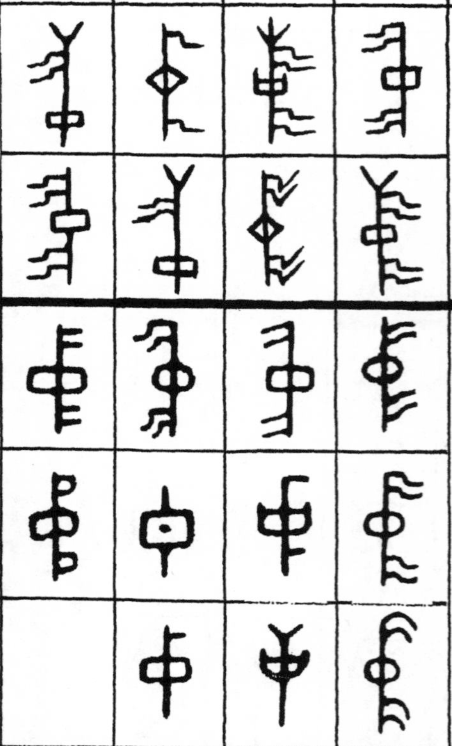

（指事）甲文中金文中略同其斿或一或二或三其偃或左或右相若卜辭凡中正字皆作𠁩从𠃌从𠂆伯仲字皆作中無斿形史字所从中作𠁦三形判然不相混淆 其本義作「內」解（見說文段注）是不上不下不左不右而入居其中的意思

丰 ㄈㄥ 音峯

（象形）（指事）甲文丰字 金文丰林義光氏以爲「象草盛形下象其根蟠結」丰從生上下達生从屮音徹象草木幼苗出土上象艸木上長之意根貫入地 根深則上盛故丰之本義作「艸盛丰丰」解（見說文許箸）就是形容艸類豐盛之狀的字

由 ㄧㄡˊ

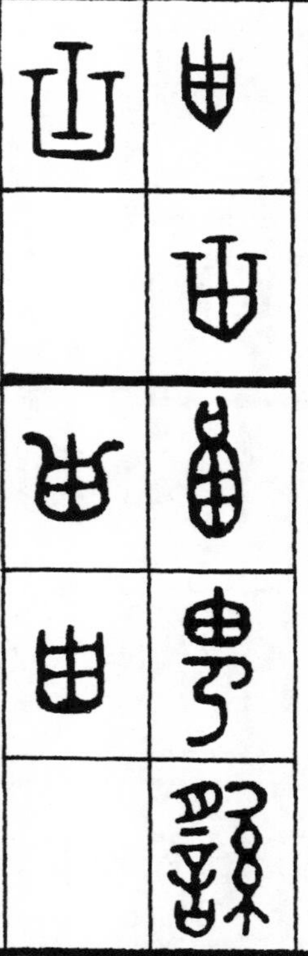

（象形）甲文由爲「甴」字重文甴爲「𦉼」屬亦象「𦉼」形王國維氏以爲「古『甴』『由』同音同義」金文與甲文略同象缶形大腹而斂口本義作「東楚名缶曰由」解（見說文許箸）是一種盛酒漿的瓦器原因曰由：由頭由緣因由事由來由，

楷 / 甲文 / 金文

甲 ㄐㄧㄚˇ

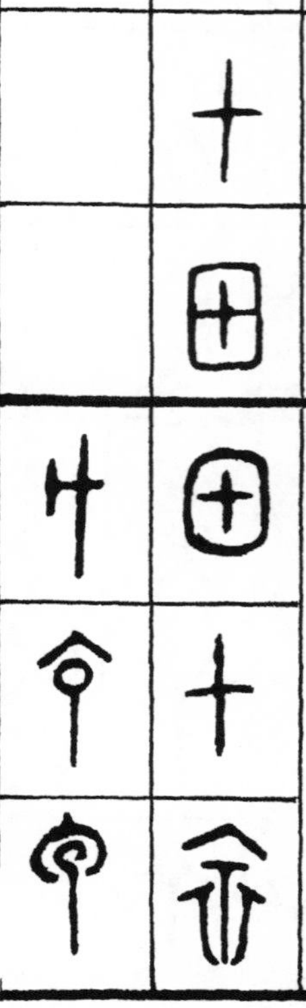

（象形）甲文甲第一字與金文甲第一字略同甲文甲第二字商承祚氏以爲「初以十（古甲字）嫌于數名之十（古七字中直短）加口作田初形全失不存古文面貌也」金文甲第一字林義光氏以爲 皮開裂也 本義作「木之孚甲」解

申 ㄕㄣ

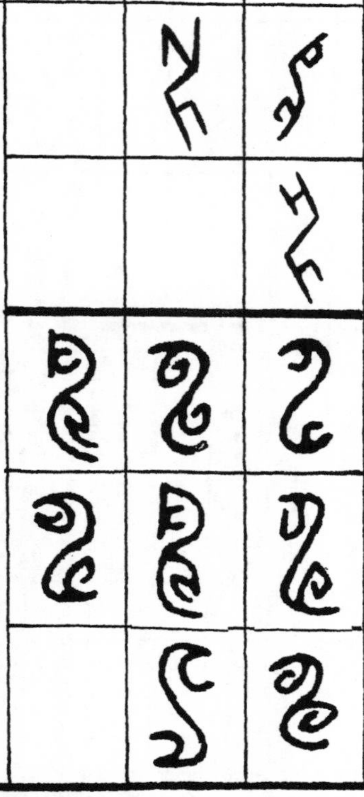

（象形）（指事）甲文申與金文申略同金文申林義光氏 以爲「實即伸之古文象詰詘將伸之形」高鴻縉氏以爲「𠃉字原象雲 中有閃電之形後（殷代已然）借爲地支之名久而成習周時作電以還其原地支之第九位 午後三至五時爲申時

串

（象形）甲文串象以丨從中穿物之形與金文串略同，象被穿物一說貝形从丨以貫之使其連在一起本義作「物相連貫」解（見正韻）言其從中穿貫之意或以爲串之古音古義與毌同毌說文作「穿物持之」解用以連貫他物者曰串串供串拐串貫

舉 ㄐㄩˇ

| 楷 | 甲文 | 金文 | 文 |
|---|---|---|---|
| | | | （象形）（形聲）（會意）甲文舉字　金文舉第一字吳大澂氏以爲「彝器中冈字觚爵觶所見尤多蓋商周閒酒器」金文舉第二字略象酒器形　金文舉第三字象四手並作之狀 以會二人對舉之意本義同作「對舉」解（見說文許箸） |
| 丶 ㄓㄨˇ ㄉㄧㄢˇ 音拄 音點 | | | （象形）甲文、取自主字在上之點金文、象火炷形其下所遺兩小點象甫墜之火花或餘燼本義作「古文主字鐙中火、也」解（見六書正譌）是火炷之炷的初文鐙中火炷叫做、即古主字 書法中指、爲點、（點）在永字八法中叫做「側」 |
| 丸 ㄨㄢˊ 音完 | | | （會意）甲文丸字　金文丸从反仄仄作「傾側而轉」解由於丸是正圓之物不能平立致反復的傾側不已所以丸之本義作「圓也傾側而轉者」解（見說文段注）乃圓轉者之稱小而圓之物曰丸艾丸彈丸藥丸蠟丸丸之一點在正中不在左撇在左爲丸 |
| 之 ㄓ | | | （會意）（指事）甲文之从止从一一示此地止古象足今取其行走之意離此而往即之羅振玉氏以爲之作「人所之也」解就是行而往的意思金文之从屮从一屮音徹象初生草木一象地草木滋長而直出地上 其本義作「出」解（見說文句讀） |
| 丹 | | | （象形）甲文丹與金文丹略同金文丹林義光氏以爲「古丹沙以析盛之『錫貝十朋又丹一析』是也析者截竹以盛物今鄉俗猶常用之口象析・象丹在其中」本義作「巴越之赤石」解（見說文許箸 乃指丹砂產於巴越（南越） |
| 主 ㄓㄨˇ | | | （象形）（形聲）甲文主从木古代燔木爲火此火之燃著處即主李敬齋氏以主即「燭也古者束木爲燭故从火在木上」金文主其大之丶即火炷其小之兩丨即火花第三字與甲文略同 故本義作「鐙中火主」解（見說文句讀）基督耶穌曰主 |
| 永 ㄩㄥˇ | | | （象形）（會意）甲文永金文永略同永象水長流相會之形本義作「水長」解（見說文繫傳）就是長的水流之稱惟徐灝氏以爲「永字象形近於泛設當是反『𠂢』爲永『𠂢』象水分流反之則爲合流爲長」久遠長遠的「萬世永賴」 |
| 丿 ㄆㄧㄝˇ 音撆 | | | （象形）甲文丿即取自又字偏旁金文丿取自少字偏旁均 象左引之形本義作「右戾」解（見說 文許著）是指自右向左曲而言段玉裁氏以爲「音義略同撆 書家八法謂之掠」饒烱氏以爲「即撇之古文」書法 從右向左斜下叫做「撇」 |
| 乃 ㄋㄞˇ | | | |

楷 甲文 金文

乂 一ㄟ

（指事）甲文乃金文乃略同乃象氣上出時不能直伸遂有屈曲之形以見氣之難出更以此而見詞難之意本義作「曳詞之難也」解（見說文段注）是指詞難直達故曳其言而轉之以足其意的意思爾汝你代第二人稱：乃父乃兄乃祖．

（會意）（象形）甲文乂與金文乂字略同从丿从乀丿爲向左去乀爲向右去左右去之爲乂故本義作「芟艸」解（見說文段注）乃割除雜艸之意惟徐鍇氏以爲「乂象刈艸之刀形」所見亦是並引參證．才德過人之稱「俊乂在位」（書．皐陶謨）

久 ㄐ一ㄡˇ

（指事）甲文久字與金文久略同左上象人右下象相止使不得進之貌本義作「遲久」解（見部首訂）乃滯留難進之意惟孔廣居氏以爲「久長也從𠂊加乀象人有後；人有後久意也」長時期表時間久仰久別久違時常永恆曰久「不息則久」（禮 中庸）

千 ㄑ一ㄢ

（會意）（指事）甲文千从一人李敬齋氏以爲「古代伸拇指爲百指自身爲千故千从一人」金文千林義光氏以爲「千身古音近當即身之省文ㄗ亦象人形固可省爲乁也」人詩以百歲爲率故十人（之詩）爲千本義作「十百」解

少 ㄕㄠ 音哨 ㄕㄠ

（會意）（形聲）甲文少葉玉森氏以爲「小……契作⺌蓋象細小如雨點形……又有作⺌者……篆文之少卽由⺌演變後盤形沙之沙作𣲡古本無少字」金文少从⺌小亦以小聲丿音𠂆乃劃分之意微小之物爲少其本義作「不多」解（見通訓定聲）

楷 甲文 金文

午 ㄨˇ

（象形）（指事）甲文午與金文午略同金文午字象杵形其下卽杵頭中之．或上之∧乃用以持而操作之把手實爲杵之古文午从丁母（貫）一一指受貫之物丁示貫物之器本義作「母」解（見通訓定聲）母卽貫是强而直通到底之意

升 ㄕㄥ

（象形）甲文升字金文升从斗上象受物之器下象其柄林義光氏以爲「升斗所象形同因加一畫爲別耳」升从斗右邊一筆象升旁耳形是指形似斗而有旁耳的量器本義作「十合」解（見說文段注）十合爲升十升爲斗古今制同

尹 一ㄣˇ 音引

（指事）（形聲）甲文尹羅振玉氏以爲「尹當作ㄗ从又从丨又手治之也丨上下通也治當通乎上下也丨亦聲」與金文略同从又丨又爲手而丨指其事以手握事爲治其本義作「治」解（見說文許箸）乃治理庶事之意

及 ㄐ一ˊ

| 楷 | 甲文 | 金文 |
|---|---|---|

（會意）甲文及从人从又象人前行而後有又（手）及之 金文及从又（手）持人有追及之意及从又从人又是指後人的手人指在前的人後面之人以手接觸於前人爲及其本義作「逮」解（見說文許箸）乃從後及前人逮達到 及門及格及笄及齡·

## 爻 音肴 一ㄠˊ

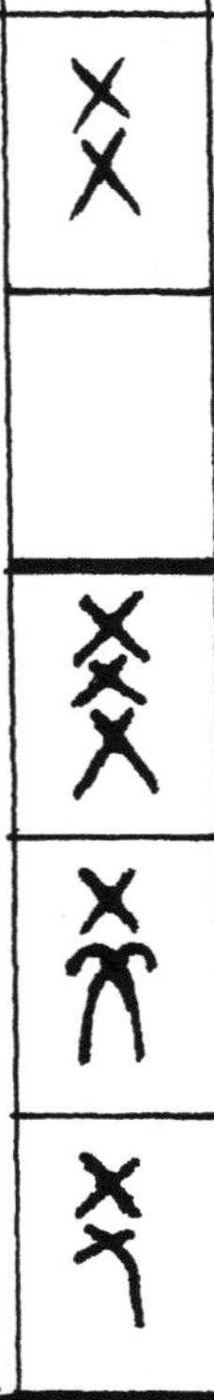

（會意）甲文爻與金文爻略同此所引从六畫相交與大澂氏以此卽古爻字爻从二乂乂爲古文五字在古以二五爲天地之數天地覆載萬物而極見錯雜故爻之本義作「交」解（見通訓定聲）是縱橫交錯的意思易經以六十四卦共三八四爻依象卜事·

## 乏 ㄈㄚˊ

（會意）甲文乏字 乏从反正本義作「容」解（見通訓定聲）古射禮正爲射之的卽今之靶乏爲唱獲者及持旌告獲者蔽以禦矢之具三禮圖云「乏一名容似今之屛風」通志謂「正以受矢乏以藏矢」反正（受矢）爲乏（藏矢）故作「容」解卽射時供執事者容身共用之具·

## 乎 ㄏㄨ

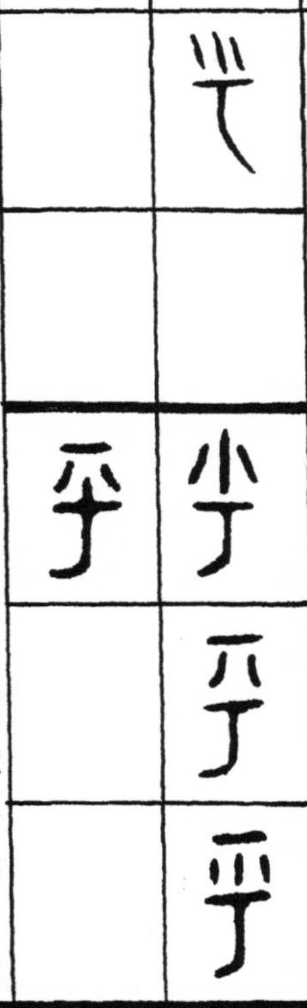

（會意）（指事）甲文乎省乎上一筆金文亦有作此形者 實爲乎省筆之文與金文乎略同金文乎林義光以爲「古以乎爲呼古呼字借爲語詞既久乃加口作呼 其本義作「語之餘也」解（見說文繫傳）用於疑問語以示意有未盡之詞·

## 乍 ㄓㄚˋ

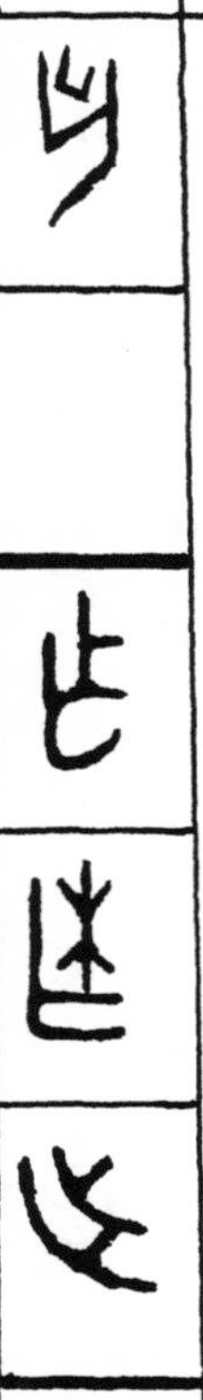

## 年 ㄋㄧㄢˊ

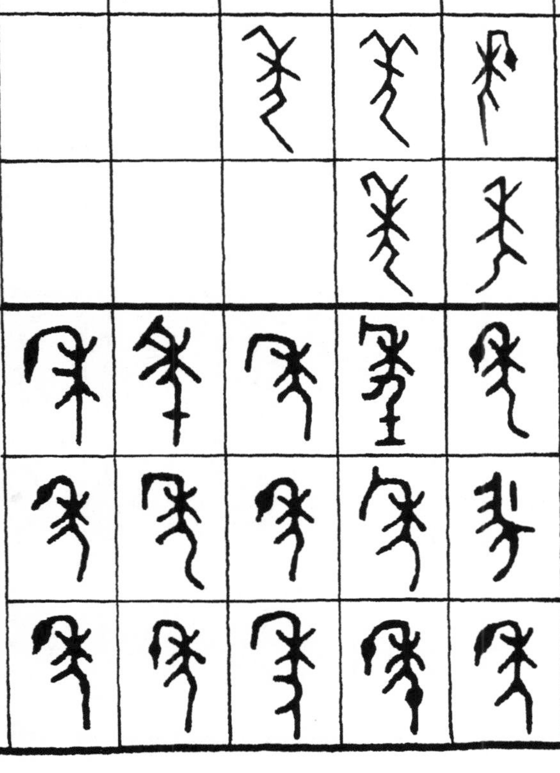

（會意）甲文乍李敬齋氏以爲「製造也昰侯敦作乍以木从 乚从匕象人坐而執具以工作之形」金文乍林 義光氏以爲「卽作之古文象興構之形」 其本義作「止亡詞也」解（見說文段注）忽表狀態乍行乍止乍晴乍雨乍寒乍熱·

（會意）（形聲）甲文年金文年略同从人从禾象禾熟而人刈其下一說乃人負禾而歸因謂之年 作「穀熟」解（見說文許箸）乃禾穀實熟之意故从禾又以千爲數之大者含有多意穀熟則禾多故年從千聲 穀熟收成稱年人之歲數曰年 年紀年華·

## 自 音字 ㄗˋ

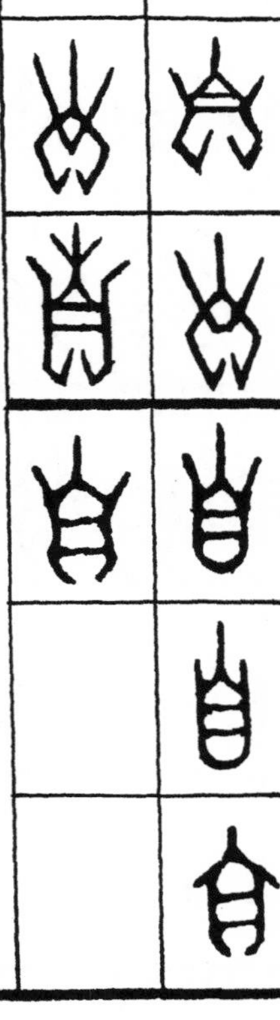

（象形）甲文自金文自略同自象鼻之形本義作「鼻」解（見說文徐箋）∪象鼻之全形中畫象其分理 惟其本義古罕見用今所行者爲別義 起源處曰自 「知風之自知微之顯可以入德矣」（禮·中庸）自力自大自用自伐自尼自助自治·

| 楷 | 甲文 | 金文 |
| --- | --- | --- |

## 乖 ㄍㄨㄞ

（會意）甲文乖字　金文乖从丫𠦝丫是羊角象曲而分歧之形狀𠦝乃古文分別之「別」字含有相背之意味分而相背爲乖其本義作「戾」解（見說文許箸）乃曲而相背之意聰明精巧曰乖對惬心稱意者呼乖亦呼乖乖・

## 秉 ㄅㄧㄥˇ

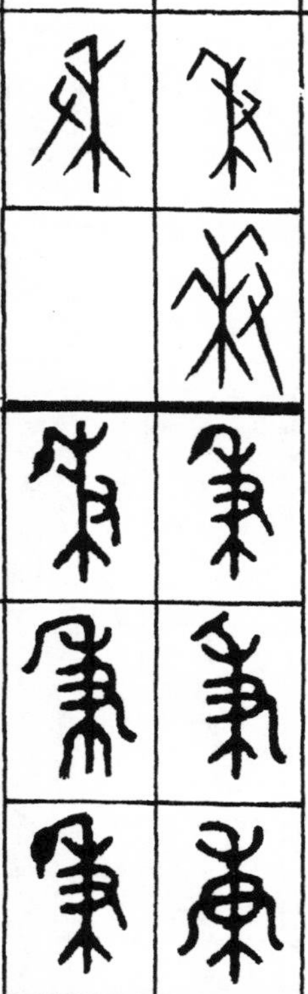

（會意）甲文秉金文秉略同秉从又持禾又卽手以手持禾爲秉本義作「禾束」解（見說文許箸）乃一把禾之稱量名古以十六斛爲一秉今以十公斛爲一公秉盈把之禾曰秉柄曰秉卽權柄如：「國子執齊秉」（左・哀十七年）・

## 垂 ㄔㄨㄟˊ

（象形）（指事）（形聲）甲文垂象花桒下垂之象以見低垂之意金文垂中直下之・象花或實垂字象枝葉倒垂上曲而折下𠆢象葉之低垂本義作「墮」解（見說文徐箋）其所指在示由上向下垂之意遠邊曰垂垂釣垂淚垂涎垂綸垂纓・

## 乘 ㄔㄥˊ 音成　ㄕㄥˋ 音賸

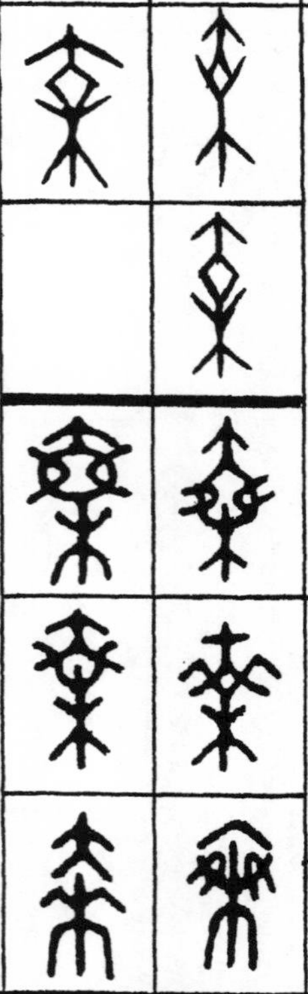

（象形）（指事）甲文乘李敬齋氏以爲「登而據之从大（人）在木上象形」金文乘林義光氏以爲「从大象人形象人在木上升高之義本義作「加於其上」解（見說文徐箋）乃加於他物上之意算法名稱之一卽四則中之「乘」法・

| 楷 | 甲文 | 金文 |
| --- | --- | --- |

## 舞 ㄨˇ 音武

（象形）（形聲）（會意）甲文舞爲無字重文李敬齋氏以爲卽「舞之初文从大（人）兩手持𣬛象形訛作𣞤變作無借爲有無字又加舛作舞」金文舞从辵無聲舞必往復周旋故从辵本義作「樂」解舞在古爲重大之禮儀・

## 乙 ㄧˇ

（指事）甲文乙金文乙略同乙象春時草木初生宛曲而仍强出之形春臨大地萬物皆解孚甲而出惟陽氣初生陰寒未盡草木苗芽呈宛曲而仍强出之狀本義作「軋」解（見釋名）乃草木强自抽軋上出之意天干名居十大干中之第二位・

## 九 ㄐㄧㄡˇ

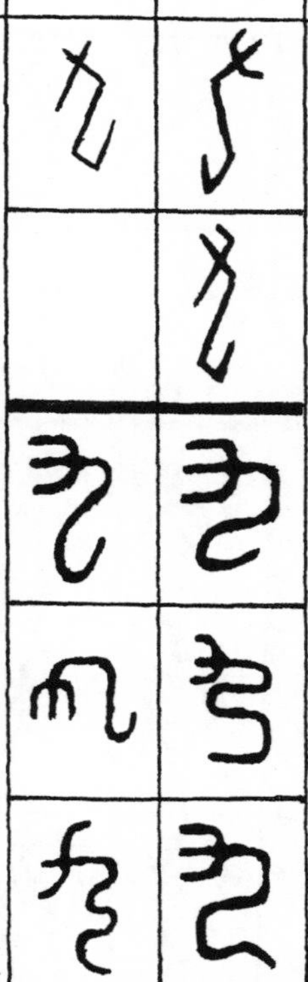

（象形）（指事）甲文九李敬齋氏以爲「丩也鈎也臂節丩曲故曰九象形借爲數字讀如韭」金文九林義光氏以爲「本義當爲曲九借爲數名故屈曲之義別以他字爲之」本義作「數之究也」解（見通訓定聲）九是單數中之最多者・

## 乞 ㄑㄧˇ

（指事）甲文乞（中橫稍短故與三異）金文乞爲气字重文略象雲氣在空中飄動之形其後字形訛變問省字之中筆作乞今气乞兩字並行而義各異本義作「求」解（見廣雅）乃求助於人之意乞人・乞兒：乞食的人意同乞丐・

楷 甲文 金文 楷 甲文 金文

## 也 ㄧㄝˇ

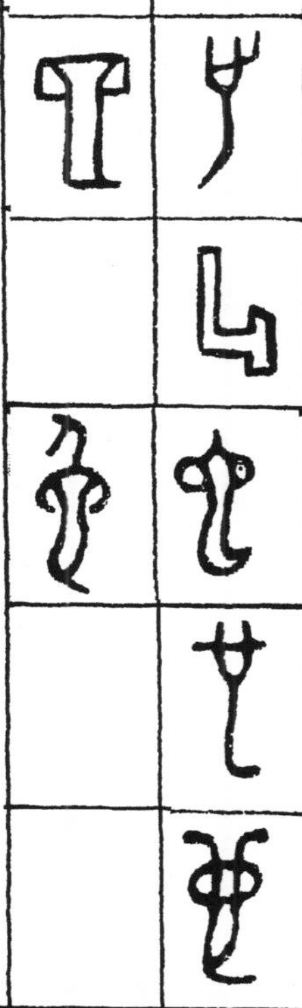

（會意）（象形）甲文金文略同吳善述氏以爲「从ㄝ古文口字本作ㄩ變作ㄝ下从乁乃乁之省乁音曳流也乃『也』字本義作「也古匜（沃盥器）」吳楚氏以爲「古它也二字通用它卽蛇象宛曲垂尾形也．

## 屯 音迍 ㄓㄨㄣ 音豚 ㄊㄨㄣˊ

（象形）（會意）甲文屯與金文屯略同金文屯于省吾氏以爲「古文字虛廓與填實同劃畫橫畫斜畫每無定格且亦相若屯爲純之初文一疋曰一純此象束畱之形」故本義作「難」解（見說文徐箋）受留難不得速長 卦名易經六十四卦之一．

## 乩 音雞 ㄐㄧ

（會意）甲文乩華石斧氏釋叶李敬齋氏以爲占叶一字金文乩字从口卜乃以口問卜而求決疑之意其本義作「卜以問疑」解（見說文許箸）占从口卜謂問卜也朱駿聲氏疑爲占之或體占卜製丁字形木栔懸木如錐在直端名爲乩．

## 乳 ㄖㄨˇ

（象形）（會意）甲文乳象母展兩臂抱子就乳之形金文 乳象母乳自乳孔出乳汁之形也从孚从乙孚从爪子乃指鳥伏卵時用爪反覆其卵以生雛而言乙同燕是一種候鳥此乃孚（孵）卵爲乳兼釋人之育子爲乳其本義作「人及鳥生子」解．

## 胤 ㄧㄣˋ

（會意）（形聲）甲文胤字與金文胤林義光氏以爲「从肉从八幺八分也幺繫也」乃骨肉雖分繫而血統不絕此卽謂之胤从肉从八从幺肉示子孫與雙親骨肉相似世繼重累不絕其本義作「子孫相承續」解（見說文許箸）乃子孫 相繼之意．

## 亂 ㄌㄨㄢˋ

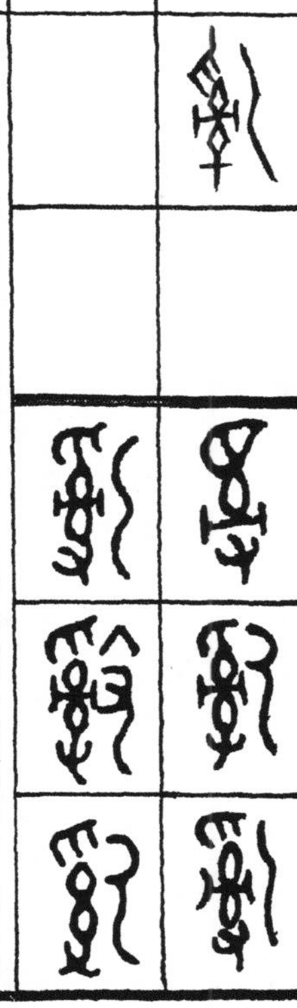

（象形）（會意）甲文亂金文亂略同李敬齋氏以爲「𤔔理絲也从8（絲）在工上兩手自上（ヨ）下（ㄓ）理之象形工卽壬（捘引之具）字加人作𤔔」中加橫畫示系聯復加乙作亂本義作「治」解（見說文徐箋）乃不治而使之治之意．

## 亅 音橛 ㄐㄩㄝ

（象形）甲文亅字闕金文亅象鈎形本義作「鈎逆者謂之亅」解（見說文句讀）乃釣魚用之倒鬚鈎倒掛鈎曰亅俗稱倒鬚鈎 書法中直而向左鈎之一筆曰亅在永字八法中直者名「努」曲者名「趯」俗則稱之爲「鈎」音亦讀「鈎」．

## 了 ㄌㄧㄠˇ

（指事）甲文了字闕金文了引自子字中筆了从子無臂本義作「尥」解（見通訓定聲）手之曲合於一處曰了脛之拘聚於一處曰尥（音了）了就是交合的意思子兩手交故不見臂惟其本義古罕見用 完畢結束了事了償了結了會了心願了．

## 小 ㄒㄧㄠˇ

（象形）（指事）甲文小高鴻縉氏以爲「象雨點形依葉玉森說托雨點之微小以寄微小之意」金文小林義光氏以爲「象物少之形小與少古同字」其本義作「物之微也」解（見部首訂）就是細微的意思小事略稱曰小姦佞佞人曰小．

楷　甲文　金文

**才** ㄘㄞˊ

（象形）甲文才一象地｜爲主莖其在一下｜旁者象根之鬚 金文才林義光氏以爲「从一｜地也↓艸木初生形・象種」上一長橫象地中一直象莖幹指莖雖由地出下一短橫象根本義作「草木之初」解（見說文許著）能生生不息者曰才・

**予** ㄩˊ 音余　ㄩˇ 音與

（象形）甲文予孫海波氏以爲「推予也象以手推環之形」金文予字與甲文略同予上面兩三角形相對形成交互之狀象此予彼受或彼予此受之意本義作「推予」解（見通訓定聲）乃以物相授受之意 我代第一人稱賜予同「與」・

**牙** ㄧㄚˊ

（象形）甲文牙字與金文牙象牙交互相錯而密合之形取 其橫視如牙象牙上下相錯之形在口中間平齊相對而小者爲齒在口兩旁尖銳相錯而大者爲牙本義作「壯齒」解（見說文段注）乃大齒之稱車輪有牙故世因稱車輿曰牙・

**求** ㄑㄧㄡˊ

（象形）（形聲）甲文求商承祚氏以爲「象裘形當爲裘之初字段先生（玉裁）曰『求之制毛在外』今觀卜辭與叉卣裘字毛正在外金文求 林義光氏以爲「象衣有毛又象手持之」按裘又从又聲略象裘形本義作「皮衣」解（見說文許箸）

**事** ㄕˋ

（會意）（形聲）甲文事其上作丫依金文事字解之有从旂省（省向右之游）之意餘與金文事略同金文事上爲旂中爲簡冊下爲手 本義作「職」解（見說文句讀）職本釋爲「記微」乃識的本字 職務曰事事務事業人事世事家事國事・

**隶** ㄉㄞˋ

（會意）甲文隶字闕金文隶从又从尾省（省尾爲尗）又卽手象以手持尾本義作「及」解（見說文許箸）是自後以手及前的意思隶逮古今字今逮字行而隶字罕用或謂隶爲「及」字及追及音義同「逮」・

**亠** 音頭 ㄊㄡˊ

（指事）甲文亠字與金文亠取自亢字偏旁義闕（見 字彙）乃僅作部首而無意義之字按訓頭指事亦通 數名舊式記帳用爲「六」音義同「六」

**亡** ㄨㄤˊ

| 楷 | 甲文 | 金文 |
|---|---|---|

故其本義作「逃」解（見說文許箸）乃去而難見之意。

（象形）（會意）甲文亡衞聚賢氏以爲「象瞎子持杖而行」金文亡爲甲文亡之變形與甲文亡略同小篆亡从入从乚乚音隱象牆隅可隱蔽處之形人於隱匿爲亡

**六** 音陸 ㄌㄨˋ 音溜 ㄌㄧㄡˋ

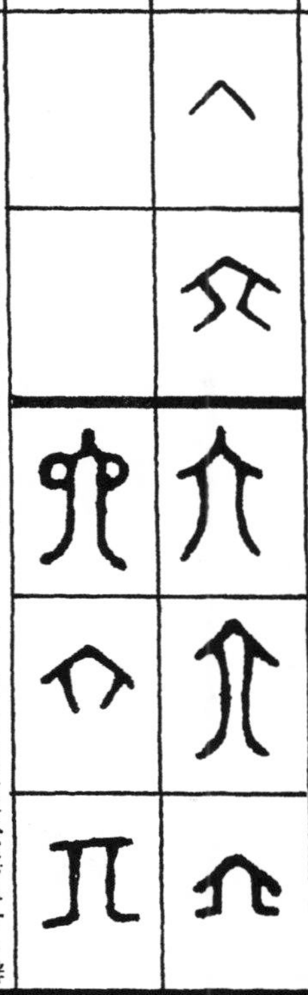

（會意）甲文六羅振玉氏以爲「六字作∧……前人不能定其爲六爲八今卜辭有自一至八順列諸數者得確定爲六字」金文六章炳麟氏以爲「六象六達之莊其地穹窿故上作∧覆之下作八者象甬道下丌（基）也」數名五加一之數爲六。

**市** ㄕˋ

（會意）（形聲）甲文市字與金文市林義光氏以爲「从八丂八分也丂引也買賣者分而引之㞢聲」市从冂从了从之省（省之下筆）聲冂音坰本作「郊坰」解了爲古文「及」字此乃指市爲買者賣者所集之處故其本義作「買賣之所」解。

**玄** ㄒㄩㄢˊ

（會意）甲文玄字與金文玄林義光氏以爲「象絲形本義當爲懸釋名『玄縣（懸）也如縣（懸）物在上也』縣（懸）之義爲虛故引伸爲玄妙玄虛之意色黯然而幽故其本義作「幽遠」解（見說文許箸）深奧微妙而廣大無邊之哲理曰玄。

**交** ㄐㄧㄠ

（象形）（會意）甲文交商承祚氏以爲「卜辭干支之貞多作亥與許書之交字同與金文交略同上从大大卽人下象兩足相交形本義作「交脛」解（見說文許箸）乃兩脛相交之意惟其本義古罕見用今所行者爲別義。

**亦** 一ˋ

（指事）甲文亦金文亦略同从大大象人正面直立形於其左右兩臂下各以一短筆指示其處卽亦其本義作「人之臂亦」解（見說文許箸）亦卽「臂腋」之腋」字亦假爲助詞後其本義爲後起之腋字所專故亦今行者爲別義。

**亥** ㄏㄞˋ

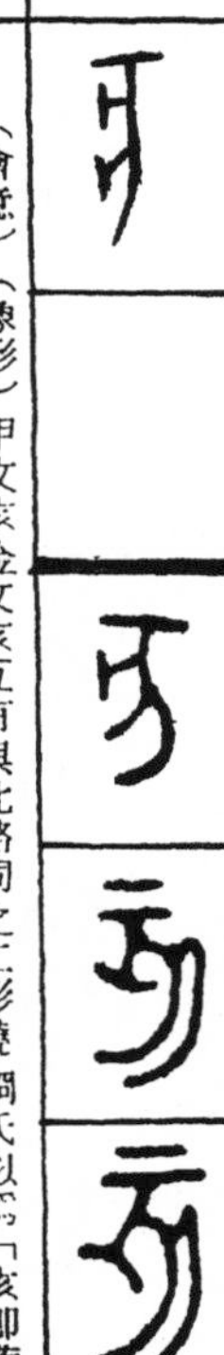

（會意）（象形）甲文亥金文亥互有與此略同之二形饒烱氏以爲「亥卽荄之本字下象草木根荄而歧下引皆象奇耦（偶）亂竄之形」其本義作「荄」解（見說文段注）地支名居十二地支之末位乙亥丁亥己亥辛亥癸亥。

**亨** ㄏㄥ

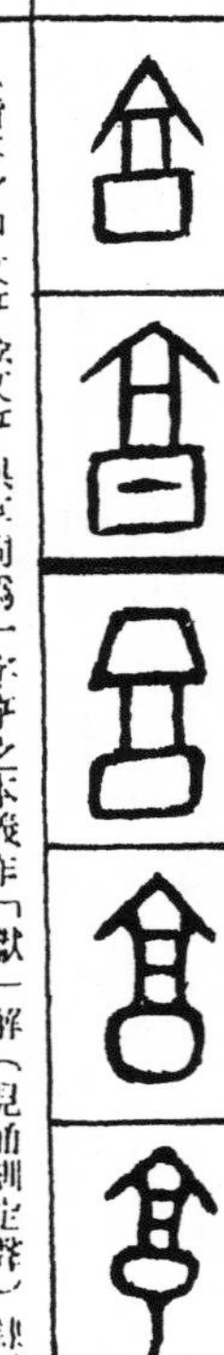

（指事）甲文亨金文亨與享同爲一字亨之本義作「獻」解（見通訓定聲）隸變作亨作享遂分爲二烹更爲晚出字惟此本義爲享字所專亨今所行者爲別義

（本字辨似）亨下从了不从子从子爲享亨享古通而今音義迥別。

**享** ㄒㄧㄤˇ

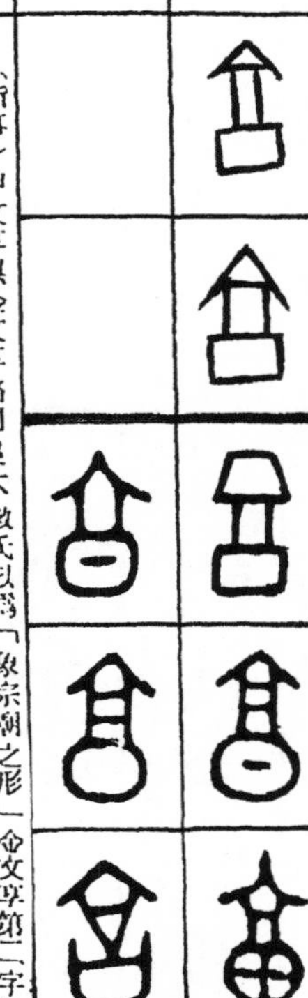

（指事）甲文享與金文享略同吳大澂氏以爲「象宗廟之形」金文享第二字林義光氏以爲「𠮛象孰熟物器形亼其蓋也」享上从高省（省高下口）豆（古作𣅀）之上半盛物處盛物於器中本義作「獻」解（見說文句讀）。

| 楷 | 甲文 | 金文 | 文 |
|---|---|---|---|

## 京 ㄐㄧㄥ

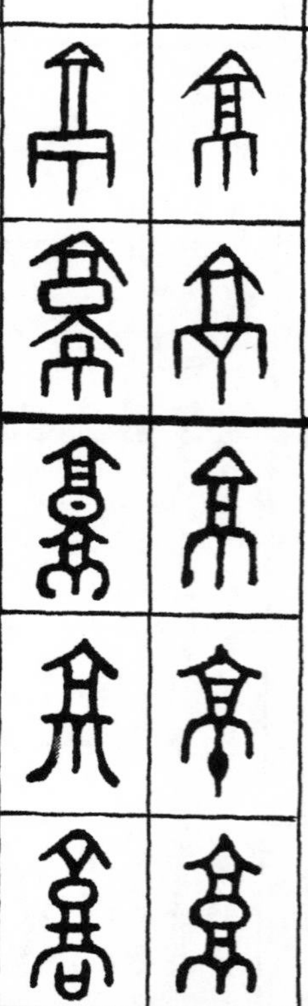

（指事）甲文京與金文京略同金文京其下之巾象「京」形其上从高省（省高爲亼或亼）此所指卽爲京从高省（省高下口）从丨（由下向上直引讀若囟）象其高出之形本義作「人所爲絕高丘」解（見通訓定聲）乃由人工所造之絕大高丘。

## 卒 ㄗㄨˊ

（指事）甲文卒孫海波氏以爲「从爻象文飾形爲卒之初文說文『隸人給事者爲卒卒衣有題識者』爻形蓋題識（標示明顯使之易識）也」金文卒字與甲文略同本義作「隸人給事者爲卒卒衣有題識者」解（見通訓定聲）供役事之人曰卒。

## 夜 ㄧㄝˋ

（形聲）（會意）甲文夜字與金文夜略同夜从夕亦省（省亦右一筆）聲本義作「天下休舍」解（見說文許箸）乃謂天下人至此時（入夕以後）咸休息故从夕又以亦爲腋之本字夕象月半見形半見之月則昏暗爲夜故夜从亦聲地球背日爲夜。

## 亮 ㄌㄧㄤˋ

（會意）甲文亮字闕从儿从高省（省高下口）儿爲人之古文奇字人高則所瞻者遠而所見者確故亮之本義作「明」解（見許文段注）乃形容所見甚遠甚確之意亮下作儿（古人字）不作几（几椅之几）俗有誤作几者失正。

## 帝 ㄉㄧˋ

| 楷 | 甲文 | 金文 | 文 |
|---|---|---|---|

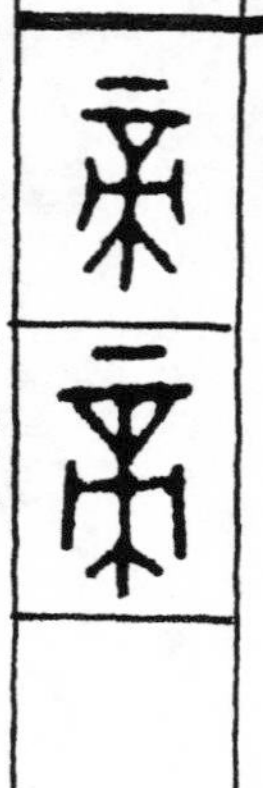

（象形）（會意）甲文帝與金文帝略同金文帝从不从工不乃花胚工示相界處卽此界以上爲花此界以下爲蒂故帝卽「蒂」之本字本義作「王天下之號」解（見說文許箸）乃人爵中之至尊者二爲古文上字帝有至高無上之意神尊曰帝上帝

## 哀 ㄞ

（形聲）（會意）甲文哀字與金文哀略同从口衣聲本義作「閔」解（見說文繫傳）閔爲憫之本字悲不自勝則有痛聲故从口又以悲哀者之聲如衣故哀从衣聲喪曰哀居喪中之憂傷曰哀體恤：哀愍哀憫哀憐哀哀：悲傷不已之意。

## 高 ㄍㄠ

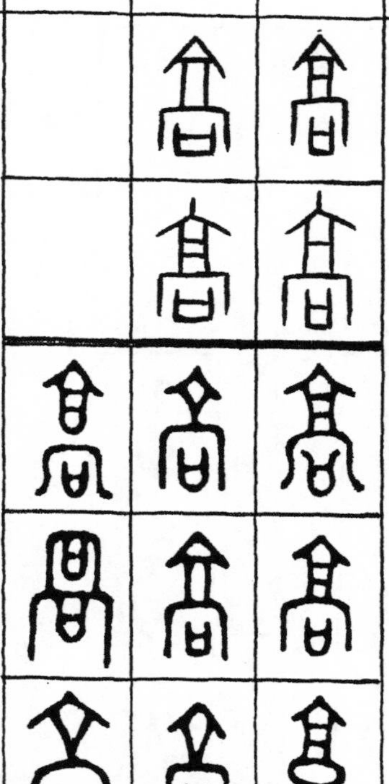

（指事）（會意）甲文高與金文高略同金文高林義光氏以爲「亼象台觀高形口象物在其下」高从冂口冂示界址古文作同口以其象台觀崇高聳立之意故本義作「崇」解（見說文釋例）超衆：高人高才高手高風高計高節高論高義高賢高壽

## 衰 ㄕㄨㄞ ㄙㄨㄛ ㄘㄨㄟ

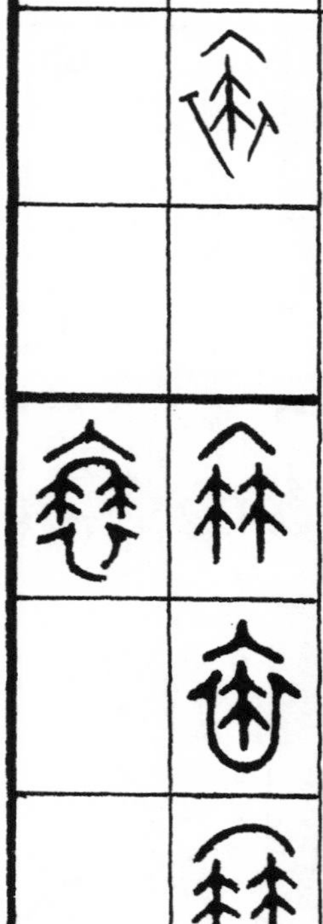

（象形）甲文蓑字與金文蓑象草雨衣形爲蓑之本字衰从衣中之𠦜象草一層一層依次編結形本義作「草雨衣」解（見說文許著）就是俗稱的蓑衣 弱曰衰 微弱不振「人之老也形益衰」（呂覽・玄有）草製雨衣名同「蓑」喪服生麻製同縗・

**衷** ㄓㄨㄥ

（形聲）（會意）甲文衷字與金文衷从衣中聲本義作「裏褻衣」解（見說文許箸）卽近身之衣故从衣又以中在上下之間近身之衣著於人身之中部故从中聲 心曰衷：苦衷私衷隱衷愚衷 善曰衷 中不偏頗 衷心衷情・

**畝** 音某 ㄇㄡˇ 音母 ㄇㄨˇ

（形聲）（會意）甲文畝金文畝略同 从田每聲李敬齋氏以爲「坵壠每每然如乳故謂之晦—母爲乳之本字每爲母之本字田畝似乳不似母親从母作晦爲正畝从田从十久聲本義作「百步爲畝」解（見說文段注）田地計算單位百平方公尺一公畝・

**亳** 音播 ㄅㄛˊ 音博 ㄅㄛˊ

（形聲）（會意）甲文亳金文亳略同从高本義作「京兆杜陵亭也」解（見說文句讀）惟林義光氏以爲「亳與乇不同音當爲殷湯所居邑名而製其本義不當爲亭名也」从京（省爲古）乇（省爲乇）省京乇 按林氏釋亳从京（殷都）从乇勝義・

**率** 音蟀 ㄕㄨㄞˋ 音帥 ㄕㄨㄞˋ 音律 ㄌㄩˋ

（象形）甲文率金文率略同率上下象竿柄中間象網左右各兩點乃其文飾本義作「捕鳥畢」解（見說文許箸）惟戴侗氏以爲「率大索也上下兩端象所用絞率者中象率旁象麻枲之餘又爲率帶之率別作繂」帶引統領將 仿效 直率 率眞・

**商** ㄕㄤ

| 楷 |
| --- |
| 甲文 |
| 金文 |
| 文 |

（形聲）（會意）甲文商與金文商略同金文商上从亠从二从冏章省聲（省章下早）本義作「從外知內」解（見說文許箸）是由外在之觀察而探索其內含實質之意古國名卽今陜西省商縣 朝代名湯既滅夏以商爲國號商品商港商埠商會・

**毫** 音豪 ㄏㄠˊ

（形聲）（會意）甲文毫字與陶文毫金文毫均爲豪字眞文說文繫傳以毫爲豪之俗字从毛从高省（省高下口）聲本義作「長銳毛」解（見集韻）卽細而堅之長毛故从毛又以高有長意故毫从高聲 衡法及度法之小數十絲曰毫・

**孰** ㄕㄨˊ

（象形）（會意）甲文孰字與金文孰从丮从享从女孰增女蓋取食飪爲婦職之意亦可知所主者爲孰卽食飪从丮从享丮音戟作「持用」解享音想爲「盛獻熟食之器」其本義作「食飪」解（見說文段注）已熟食物之稱同「熟」誰何人何故爲何・

**袞** ㄍㄨㄣˇ

（形聲）（會意）甲文袞字與金文袞从衣台聲本義作「天子服」解（見說文許箸）乃指帝王所著繡有蟠龍之禮服而言 兗衣繡龍 其上下邊角處多繡雲氣波濤以相益因有台之意故从台聲 袞袞：大水流貌同「滾滾」・得意貌・

**袤** 音貿 ㄇㄠˋ

（形聲）（會意）甲文袤字與金文袤从衣矛聲本義作「衣帶以上」解（見說文許箸）乃衣帶以上之衣故从衣又以矛爲長兵袤亦有長意故从矛聲惟其本義古罕見用今所行者爲別義 西北之長曰袤 橫長或周長皆謂之袤 袤讀茂不讀矛讀矛失正・

**就** ㄐㄧㄡˋ

| 楷 | 甲文 | 金文 |
|---|---|---|

（會意）甲文就字與金文就林義光氏以爲「與喬形聲義俱近當即同字从京ㄋ象曲形ㄋ亦九字九曲也」就从京从尤京爲「絕高之丘」尤乃示「異於凡品」故本義作「高」解（見說文義證）是就高以居的意思就裏：個中實情就來就走就做．

**棄** 音氣 ㄑㄧˋ

（會意）甲文棄象倒子在箕上以推棄之形義與金文棄同金文棄上爲𠫓（音育）即子字倒文其左右三點爲滴血乃示其未成嬰而當棄之意中从𠀠（古其字即箕）係用以盛棄者下从廾（左右手）本義作「捐」解（見說文許箸）乃舍絕之之意．

**稟** 音懍 ㄌㄧㄣˇ　音丙 ㄅㄧㄥˇ

（會意）甲文稟字與金文稟林義光氏以爲「古作𣆪（㐭彝器）从米出向或作此形（分仲鐘鐐字偏旁）从禾」即「倉㐭」之㐭的本字本義作「賜穀」解（見說文段注）就是貯待賙賑的糧穀．賜穀曰稟即通「廩」稟受稟承稟白稟告稟報稟請．

**裏** 音里 ㄌㄧˇ　音吏 ㄌㄧˋ

（形聲）（會意）甲文裏字與金文裏从衣里聲本義作「衣內」解（見說文許箸）乃指衣內與身體中間部份而言故从衣又惠士奇氏以里爲「里布」里布即布帛之一種製衣以護身取其貼身之意故从里聲心腹曰裏處所曰裏中曰裏．

**雍** 音邕 ㄩㄥ

（雝）

（形聲）（會意）甲文雝羅振玉氏以爲「从巛（即水）从口从隹古辟雝（雍）字有囿鳥之所止故从隹金文雝與甲文雝略同从隹邕聲本義作「雝渠」解（見說文許箸）乃名鶺鴒之鳥．已食之樂（音藥）曰雍 雍和．雍穆：和睦雍容：威儀貌．

**亶** 音疸 ㄉㄢˇ　音但 ㄉㄢˋ

（形聲）（會意）甲文亶字與金文亶與季良父簠之「亶」（良）略近汪立言氏以此爲古亶字亶从㐭旦聲本義作「多穀」解（見說文許箸）㐭即古「廩」字廩乃儲穀之所．

**裹** 音果 ㄍㄨㄛˇ

（形聲）（會意）甲文裹字與金文裹从衣果聲本義作「纏」解（見說文許箸）是將物纏束妥爲藏之於內以防散失之意故从衣又以果爲木實而內有所藏裹之意故从果聲．財貨曰裹 花房曰裹 草實曰裹 所包之物曰裹 裹物裹傷裹足．

**齊** ㄑㄧˊ

（象形）（會意）甲文齊象禾麥穗上平之形以見其齊之意金文齊其形爲求美觀而小變仍與甲文齊略同齊𠫓象禾麥形禾因地略見高低然禾麥之實長則略等故其本義作「禾麥吐穗上平」解（見通訓定聲）乃齊等平齊之意．限曰齊界限之稱．

**膏** ㄍㄠ

（形聲）（會意）甲文膏金文膏从肉从高省（省高下口）略同从肉高聲本義作「肥」解（見說文許箸）乃是脂肪特多之意故从肉又以高有厚多一義肥爲脂肪厚而多之現象故膏从高聲．脂肪曰膏 製成凝如濃脂之成藥曰膏 恩德曰膏．

| 楷 | 甲文 | 金文 |
| --- | --- | --- |

**豪** ㄏㄠˊ

（形聲）（會意）甲文豪字與金文豪从豕高聲本義作（見說文許箸）乃指毛筆管之一種野豕而言亦即俗稱之箭猪故从豕又以高有長意豪豕之毛銳而長故豪从高聲。細長如筓而端黑之猪毛曰豪。才德智能出衆者曰豪。德上千人者謂之豪。

**褒** ㄅㄠ

（形聲）（會意）甲文褒字與金文褒从衣采（古文孚）聲本義作「衣博裾」解（見說文句讀）裾乃衣之前襟前襟之特寬大者爲褒故褒从衣又以孚从爪子卽「孵」之本字。獎賞曰褒。嘉獎獎勵稱揚贊美。古國名亦稱有褒陜西省褒城縣東南。

**嬴** ㄧㄥˊ

（形聲）甲文嬴字與金文嬴王筠氏以爲「似是从舟能省聲」其左爲女中爲能字之省右爲舟（一釋爲凡）其連文爲秦嬴故知爲古嬴字本義作「姓」解（見說文許箸）春秋時代秦徐郯莒諸國皆嬴姓取勝同「贏」豐滿通「盈」有餘通「盈」。

**齋** ㄓㄞ

（形聲）（會意）甲文齋字與金文齋从辵齊聲汪立名氏以爲古齋字本義作「戒潔」解（見說許箸）乃祭祀前戒絕嗜欲使身心潔淨之意古經典齋多作齊並引參證。僧尼過午不食其未過午之膳食曰齋。素食亦曰齋。燕居之室曰齋。

**襄** ㄒㄧㄤ

（形聲）（會意）甲文襄字與金文襄李敬齋氏以爲「懷也从衣攘聲𠬞爲喧嚷本字加土（土）爲壤增𠂇（手）爲攘置之衣中以會意」本義作「解衣而耕」解（見說文段注）乃除去外衣以力田事之意。秦漢間侯國名。乘輿葬之事曰襄。

**褻** ㄒㄧㄝˋ

（形聲）（會意）甲文褻字與金文褻从衣埶聲本義作「私服」解（見說文許箸）乃私居時所著之衣就是今之睡衣故从衣又以埶爲古藝字乃耕耘樹植之意私服乃貼身之衣於已去外衣時見之故褻从埶聲。褻玩：狎玩放蕩不莊重。

**嬴** ㄧㄥˊ

（會意）甲文嬴字與金文迥別其取義不詳金文嬴左下爲貝字貝示財貨嬴音騾獸名乃多肉之獸財貨多爲嬴故其本義作「買有餘利」解（見說文段注）乃經商獲有餘利之意。嬴利賺得之曰嬴又利市曰嬴。餘財曰嬴。擔負：嬴三日之糧。

**齎** 音躋 ㄐㄧ

（形聲）（會意）甲文齎字與金文齎从韭齊聲本義作「醬屬」解（見一切經音義）乃醯醬所和細切物之一種以韭爲主故从韭又以齊有均匀一義齎乃韭與他菜緣合而成亦有使之均匀意故从齊聲。切齏蒜韭蔥等成細末和以醬醋之調味品曰齎

楷 甲文 金文 文

人 ㄖㄣˊ

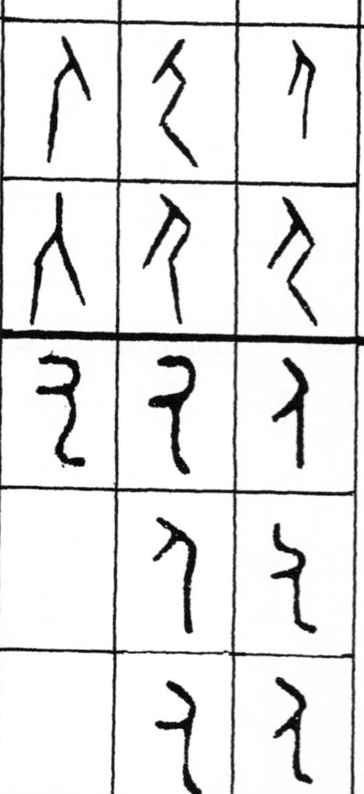

（象形）甲文人與金文人略同金文人象人側立形其頭背臂脛顯然可見象人側立屈身垂臂之形以其爲立故僅見一臂一脛本義作「天地之性最貴者也」解（見說文許著）貴乃高意天地之靈性以人所秉賦者較其他萬物爲最高故謂萬物之靈爲人·

今 ㄐㄧㄣ

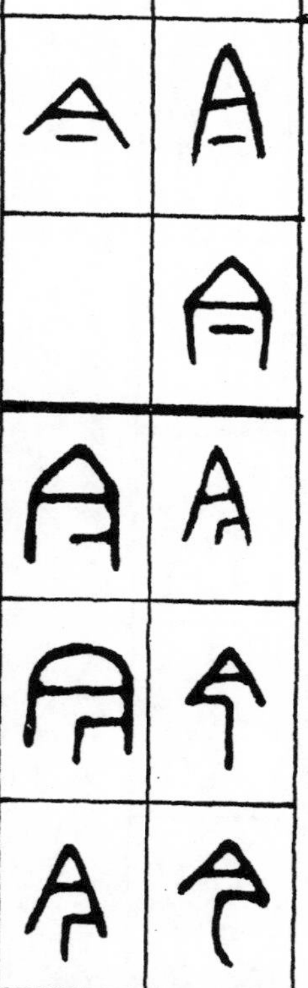

（會意）（形聲）甲文今與金文今略同金文今林義光氏以爲「即含之古文亼爲口之倒文亦口字今象口含物形含从今得聲今爲『是時』（說文）从稽留不進之義引伸」其本義作「是時」解（見說文段注）「今時」即衆以「是時」爲今·

仁 ㄖㄣˊ

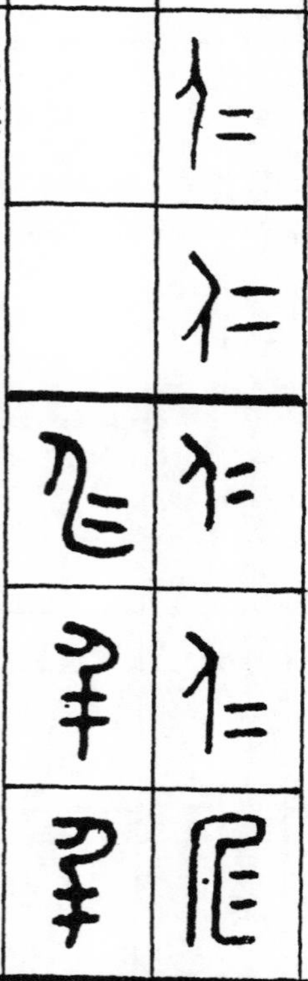

（會意）（形聲）甲文仁與金文仁略同金文仁林義光氏以爲「說文云『仁親也从人二』人二猶言人竺（二爲竺者）」故仁字从人二本義作「親」解（乃通訓定聲）相近相愛之意又二象天地蓋仁者天地生物之心而人得以生者」之意·

楷 甲文 金文 文

介 ㄐㄧㄝˋ

（象形）（會意）甲文介金文介羅振玉氏以爲「象人著介形介象聯革形」或从曰者聯革爲之介爲个字重文許印林丁佛言丁午諸氏均以此爲介字引證經典直謂介个實一字介从八从人八作分解人各守其本分爲介故其本義作「畫」解·

仇 ㄑㄧㄡˊ

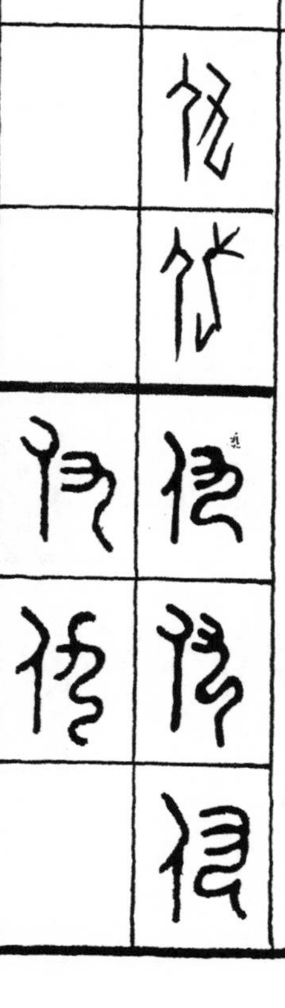

（形聲）（會意）甲文仇金文仇从人九聲本義作「讎」解（見說文許著）乃二人相對之意即俗稱之冤家對頭故从人又以數始於一而終於九九有極義仇則勢難兩立亦有極意故从九聲（同訓異義）讎敵·

仍 ㄖㄥˊ

（形聲）（會意）甲文——仍字闕金文仍从人乃聲本義作「因」解（見說文許著）是因襲其前者而用之之意因襲以爲用在人故从人又以乃爲繼事之辭故从乃聲姓有仍氏爲夏之諸侯其子孫以國爲氏·仍仍然：不得志貌·

化 ㄏㄨㄚˋ

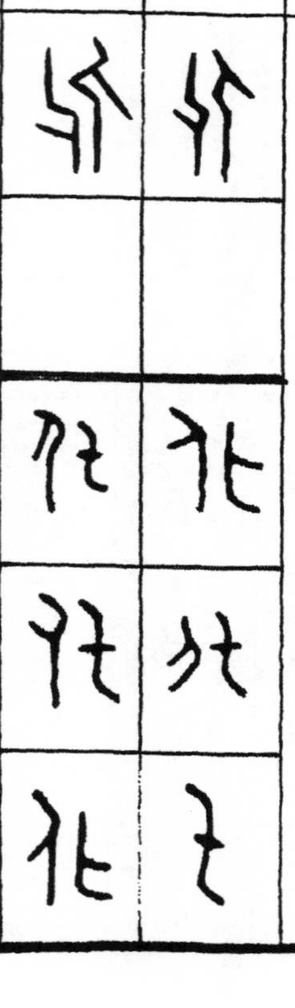

（會意）（形聲）甲文化从二人而一正一反如反覆引轉其形仍同以此足會變化之意金文化从匕从人亦从匕聲匕音化作「變化」解人受教而變化爲化故本義作「教行」解（見說文段注）凡以道業誨人以遠過遷善者謂之化·

楷 甲文 金文

## 仕 ㄕˋ

（會意）（形聲）甲文金文仕字从人从士亦从士聲士指讀書人在古之士須習六藝（禮、樂、射、御、書、數）尋經義（詩、書、易、禮、春秋）以爲將來服官之用故仕从人从士其本義作「學」解（見說文許箸）乃指學習爲官理政之事而言。

## 他 ㄊㄚ

（會意）（形聲）甲文他金文他爲它字頂文上从止（卽足）下象蛇形其文倂連象虫蛇盤身昂首拖尾之形本爲蛇教文作「異自它邦」其爲佗他之初文與甲文他同从人它聲本義作「負何（荷）」解（見說文許箸）人爲負荷物之意。

## 仗 ㄓㄤˋ

（形聲）（會意）甲文仗字與金文仗从人丈聲本義作「兵器」解（見集韻）乃概括干戈刀劍斧鉞等之總名衆兵器皆爲人所使用者故仗从人又以丈爲杖之省文杖係供人使用之物故仗从丈聲憑倚：仗勢 仗義 仗策仗旗儀衛曰仗。

## 付 ㄈㄨˋ

（會意）甲文付爲（及）字承文但王襄氏以爲「散盤『付』與此相同」遂釋爲付字金文付从人从又又卽手以手向人有相與之意付从寸从人手相通以寸（手）持物與人爲付故付之本義作「与」解（見說文句讀）與予相通卽授與相與之意。

## 仙 ㄒㄧㄢ

（會意）（形聲）甲文金文仙字略同从人从䙴亦从䙴聲䙴音千作升高解（見說文許箸）指人老不死且升天者而言古人以爲入山修道卽可不老不死故仙與僊同音同義而以仙爲僊之或體（見通訓定聲）今僊仙並行長生不老者曰仙。

楷 甲文 金文

## 代 ㄉㄞˋ

（形聲）（會意）甲文代與金文代略同从人弋聲本義作「更」解（見通訓定聲）乃以此易彼及以後續前之意以所指之主體爲人故代从人又以弋作橛解爲門臬別內外具有「外言不入於閫內言不出於閫」之意故代从弋聲以此易彼謂之代。

## 令 ㄌㄧㄥˋ

（會意）甲文令羅振玉氏以爲「古令从亼（音集三面聚合之意）人集衆人而命令之故古令與命爲一字一誼（義）」金文令林義光氏以爲「按卩卽人字从口在人上象口發號人跽伏以聽也」本義作「發號」解（見說文許箸）乃指假以號令之意。

## 以 ㄧˇ

（會意）甲文以李敬齋氏以爲「韓非曰『蒼頡作字自營爲厶（古私字）』金文林義光氏以爲「卽始之本字象物上端之形」从倒巳巳作「止」解倒巳就是「不止」「不止」就是要「行」「行」然後有「用」其本義作「用」解（見說文句讀）。

## 仰 ㄧㄤˇ

（會意）（形聲）甲文仰字與金文仰爲卬字承文毛公鼎「卬邵皇天」張運開氏以爲「假卬爲卬與仰通」李敬齋氏以爲「以手按人而人伏爲𢀳手去而人起爲𢀳𢀳立人本義作「望欲有所庶及」解（見說文許箸）乃企望高處舉首又作「舉」解。

## 仲 ㄓㄨㄥˋ

中

楷 | 甲文 | 金文 | 文

**休** ㄒㄧㄡ

（會意）（形聲）甲文仲羅振玉氏以爲「凡中正字皆作𠁩从口从㫃（亦有其他變形）伯仲字作中無斿形史（史）字所從之中作中三形不淆混」故知中爲伯仲之仲金文仲與甲文仲略同本義作「中」解（見說文許箸）適居中位每季第二月。

（會意）甲文休金文休略同从人依木人在操勞過甚時常倚傍樹木來減低疲乏休養精神故休之本義作「息止」解（見說文許箸）乃倚於木以暫息之意。叚曰休休假之稱。

**任** ㄖㄣˋ

（形聲）（會意）甲文任金文任略同人壬聲本義作「保」解（見說文繫傳）乃有所擔負之意擔負之主體在人故从人又以壬本作「負任」解从士从一士象器物一在其中因有負擔意壬任古今字任爲壬之累增字故从壬聲。

**仿** ㄈㄤˇ

（形聲）（會意）甲文金文仿字从人方聲本義作「相似」解（見說文許箸）乃指人所見不審而言故从人又以方取兩舟相並之形本作「並」解仿則亦有兩者相並而未易辨別之意故从方聲如仿佛：相似貌。

**件** ㄐㄧㄢˋ

（會意）甲文金文件字从人从牛牛大物故可分而分者爲人故从人从牛會意本義作「分」解（見說文繫傳）乃分解分割之意。惟臧侗氏以爲件當作「物別也」解，意以牛之爲物既被分割自各別而爲件說亦可通並引參證。

**伊**

（形聲）（會意）甲文伊金文伊略同伊从人尹聲本義作「水名」解（見廣韻）乃源出河南省盧氏縣熊耳山南流入洛之水名以伊水爲害頗甚經禹遲人力鑿伊闕水流暢通益人故从人又以尹本作「治」解禹治四水以伊爲先故伊从尹聲。

**伍** ㄨˇ

（會意）（形聲）甲文伍字金文伍略同从人五亦从五聲古以三人相訓訓之㕘三人相雜謂之參五人相雜謂之伍故本義作「相參伍」解（見說文繫傳）乃參雜錯綜之意古代軍制五人編組之單位曰伍「五人爲伍伍皆有長」（周禮・夏官）。

**伏** ㄈㄨˊ

（會意）甲文金文伏字从人从犬犬專爲人司守門戶常臥伏以伺候非常故本義作「司」解（見說文段注）與伺通乃犬伺外人而吠之之意逃匿歹徒曰伏。如「擿奸發伏如神」（漢書・趙廣漢傳）埋伏潛伏。

**伐** ㄈㄚˊ

（象形）（會意）甲文伐有與金文伐略同之形此所引者象人倒持戉（鉞斧）形審其上下文知其爲古伐字金文伐从戈从丮象人兩手執戈形足以見伐之意。从人執戈戈爲兵器人執戈有向對方進擊之意故本義作「擊」解（見說文許箸）。

**合** ㄏㄜˊ

（會意）甲文合與金文合略同金文合林義光氏以爲「按口象物形倒之爲亼亼口象」「物相合形」作「三合」解三口相同爲合故合之本義作「合口」解（見說文許箸）乃以此聲應彼聲之意配曰合配偶之稱交媾交合苟合私合訴合盛物之器曰合。

| 楷 | 甲文 | 金文 |
|---|---|---|

## 企 ㄑㄧˋ

（會意）甲文企金文企字从立人而特顯露其止止卽足乃象舉踵以望之意，从人止。止爲足之前部俗稱脚尖踵，爲足之後部俗稱脚跟止著力於前則踵起於後故企之本義作「舉踵」解，（見說文許箸）卽人著力於脚尖而脚跟離地之意，

## 伎 ㄐㄧˋ

（形聲）（會意）甲文與金文伎字从人支聲本義作「與」解（見說文段注）乃同黨者之稱故从人又以支在族內爲宗所從出乃同族內血統關係較爲親密之一系因有親黨之意故伎从支聲惟此本義古罕見用今所行者爲別義伎倆：卽技倆。

## 作 ㄨˇ

（形聲）（會意）甲文作字與金文作从人午聲本義作「偶敵」解（見玉篇）乃指人之偶敵而言故从人又以午有𢆉午卽違背一義偶敵乃彼此違背者，故作从午聲同牾曰作同「伍」作作：占之驗兆者；今謂之法醫。

## 伯 ㄅㄛˊ

（形聲）（會意）甲文伯金文伯略同均爲白字取文古以白通伯从人白聲本義作「長」解（見說文許箸）乃指人子之長與兄弟之長者而言以所指爲人故从人从白聲或以爲白象握拳而將大姆指豎起之形有居長最好等意頗合古意故伯从白聲。

## 估 ㄍㄨ ㄍㄨˇ ㄍㄨˋ

（形聲）（會意）甲文估字與金文估从人古聲本義作「專榷」解（見集韻）榷爲徵稅之法（卽今之專賣）估乃徵某種稅而估計其物價估从人又以古本作「故」解因有往事成例之意故估从古聲，所市之稅曰估一說卽貨品售價，評定貨物價格。

| 楷 | 甲文 | 金文 |
|---|---|---|

## 伴 ㄅㄢˇ

（形聲）（會意）甲文伴字與金文伴从人半聲本義作「侶」解（見廣韻）乃指人彼此相依而言，故从人，又以物之中分爲半，合則爲全；兩片相合則如人之結伴，故伴从半聲。

## 伸 ㄕㄣ

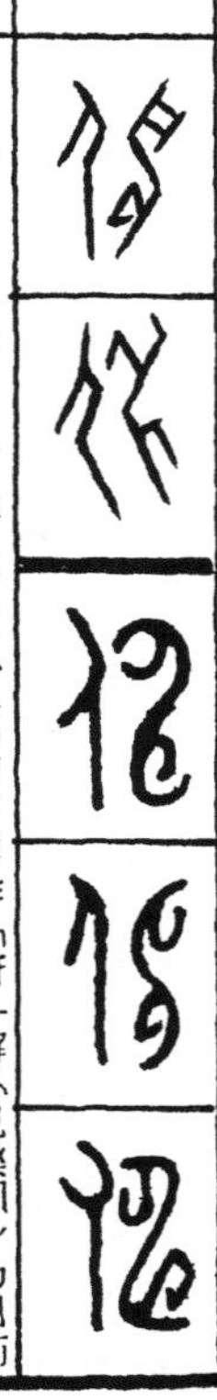

（形聲）（會意）甲文金文伸字从人申聲本義作「舒」解（見集韻）乃屈而得伸之意人體直立不屈屈必求伸故伸从人又以申本作「束身」解束身則身自伸直故伸从申聲伸在古作「申」作「信」今則三字互別。

## 伺 ㄙˋ

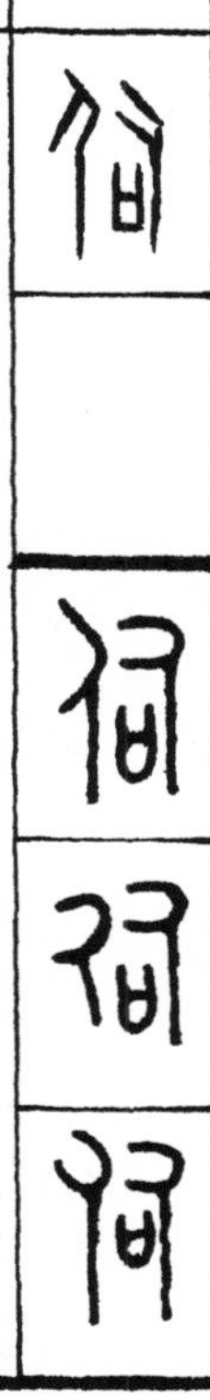

（形聲）（會意）甲文金文伺字从人司聲本義作「候望」解（見說文新附）乃指對人守候探望以察其意向而言故从人又以司本指臣之司事於外者而言伺亦探察之意故从司聲偵候暗中窺察通「覗」。

## 似 ㄙˋ

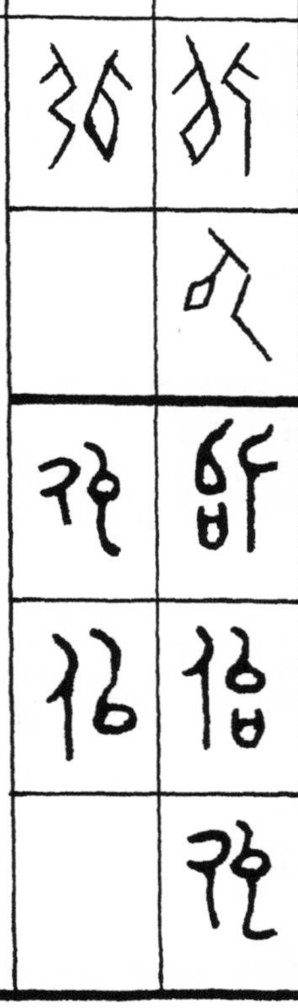

（形聲）（會意）甲文金文似右爲反人左爲台古台以相通知其爲似小篆似从人以聲本義作「象肖」解，（見說文許箸）最初乃指人之彼此相類相若而言故从人又以以有自從一義「象肖」必有所自故似从以聲。

## 佃 ㄉㄧㄢˋ

| 楷 | 甲文 | 金文 |
|---|---|---|

## 但 ㄉㄢˋ

（形聲）（會意）甲文但字與金文但从人且聲本義作「裼」解（見說文許箸）乃指人脫衣露體而言故从人又以且从日出地上一象地因有顯露其本體之意但爲人露體故从且聲惟此本義久爲袒字所奪但今所行者爲別義。

（形聲）（會意）甲文佃字與金文佃从人田聲本義作「治田」解（見通訓定聲）乃指耕田之人而言故从人又以必在田中始可種植穀物故佃从田聲 租他人田地耕種或爲他人傭耕之人曰佃。

## 佈 ㄅㄨˋ

（形聲）（會意）甲文佈字闕金文佈爲布字重文古以布通佈从人布聲本義作「徧（遍）」解（見廣韻）乃舉事件或意見大白於衆以便週知之意故从人又以布有散白一義布佈古今字佈爲布之累增字故从布聲

## 位 ㄨㄟˋ

（會意）甲文位金文位爲「立」字重文古以立通位从人立古代君臣相聚於朝堂之上各人所著之位皆上下左右咸有一定不可淩亂故位之本義作「列中廷之左右」解（見說文許箸）列班之處亦即當立之處此各人當立之處卽位。

## 低 ㄉㄧ

（會意）（形聲）甲文低字與金文从人氐、亦从氐聲氐从氏下著「一」卽地本作「至」解乃直及於地之意人俯身及地則體必下故低之本義作「不高」解（見說文許箸）乃形容人身體俯進之意。

## 住 ㄓㄨˋ

（形聲）（會意）甲文住字與金文住从人主聲本義作「止」解（見廣韻）乃指人有所止而言故从人又以主本作「燈中火炷」解，象火炷形亦有絕止一義在古用爲句讀號住遂取其絕止之義而从主聲 居處曰住。

## 佐 ㄗㄨㄛˇ

（形聲）（會意）甲文佐字金文佐字爲「左」字重文古以左爲佐从人左聲本義作「助」解（見廣韻）乃相助意人貴能助人又最需左助者故从人又以左本作「手相左助」解左爲佐之本字佐爲左之累增字故从左聲 副手曰佐助力曰佐。

## 佑 ㄧㄡˋ

（形聲）（會意）甲文佑字金文佑均爲右字重文古以右爲佑隸書佑从人右聲本義作「助」解（見廣韻）乃相助意乃指人之力强者有助於力弱者而言故从人又以右本作「手口相助」解右爲佑之本字佑爲右之累增字故从右聲

## 何 ㄏㄜˊ

（會意）（形聲）甲文何象人肩負耒耜之形以會肩荷之意金文何从人可聲本義作「儋（俗字作擔）」解（見說文許箸）乃指人之擔負物而言故以人負重則有急惟此本義久爲荷字所奪又江淮間謂何古音近隨音變有何姓。何人何物何處。

| 楷 | 甲文 | 金文 |
|---|---|---|

## 余 ㄩˊ

（會意）（形聲）甲文余與金文余略同金文余林義光氏以爲「余之本義爲賜予亦即予字之變體从口又八上爲倒口中象手形即又下从八甲文余與金文余乃省其八而成本義作「語之舒」解，（見說文許箸）春秋秦臣由余之後我予吾代第一人稱。

## 佛 ㄈㄨˊ

（形聲）（會意）甲文佛字與金文佛从人弗聲本義作「見不審」解（見說文許箸）乃指人對事物看不淸楚而言故从人又弗有不正而欲使正之意故从弗聲佛陀之略稱又作佛圖浮屠浮圖即佛教中之得道者稱釋迦牟尼曰佛佛然：興起貌。

## 作 ㄗㄨㄛˋ

（會意）甲文作爲乍字重文古以乍爲作李敬齋氏以爲「象人坐而執工具以工作之形」，足以見作之意金文作亦有與甲文作同形者从乍从攴攴音卜本作「小擊」解乍有「暫忽」之一義含有積極活動之意其本義作「起」解（見說文許箸）。

## 伶 ㄌㄧㄥˊ

（形聲）（會意）甲文伶字與金文伶从人令聲本義作「弄」解（見說文許箸）乃指被人玩弄之人而言故从人又以令有令言（巧言）令色（悅色）之意；伶爲工於巧言悅色以求維妙維肖而供人欣賞者故从令聲樂工曰伶俳優曰伶伶俐：聰明。

## 攸 ㄧㄡ

（形聲）（會意）甲文攸从亻从攴商承祚氏以省攸字亻攴中之丨謂「疑亦金文攸李敬齋氏以爲「从水伎聲伎即役本字」取其有引導之意本義取「水行攸攸」解（見六書故引說文唐本）處所曰攸攸攸：流遠貌攸然：疾走貌。

## 佇 ㄓㄨˋ

（形聲）（會意）甲文佇字與金文佇从人宁聲本義作「久立」解（見說文新附）乃指人長時間停留並有所期待而言故从人又以宁象貯積物之器亦有久藏之意故佇从宁聲期待等候虛襟以佇立貌。

## 佚 ㄧˋ

（形聲）（會意）甲文佚字與石文金文佚爲失字重文古以失通佚从人失聲本義作「逸民」解（見說文許箸）乃指隱居不仕之人而言故从人又以失作遺落意逸民少與世人往還爲社會罕見之人故佚从失聲過失曰佚失通「逸」逸佚同字。

## 佗 ㄊㄨㄛˊ

（形聲）（會意）甲文佗字與金文佗从人它聲本義作「人負物」解（見通訓定聲）乃人以背承物之意故从人又以它爲古蛇字蛇乃善行者人負物係有目的之行動故佗从它聲獸名古作「它」今字作「駝」「匈奴奇畜有橐佗」（史記．匈奴傳）

## 佳 音皆 ㄐㄧㄝ

楷 | 甲文 | 金文 | 楷 | 甲文 | 金文

音加 ㄐㄧㄚ

（形聲）（會意）甲文佳字與金文佳从人圭聲本義作「美」解（見集韻）乃指男女姿態之美而言故从人又以圭爲玉之優美而潔白者佳取其意故从圭聲（本字辨似）佳右作圭二土不作圭（四橫相等）作圭爲佳．

## 佩 ㄆㄟˋ

（會意）甲文佩字與金文佩其右上之月在小篆釋之爲凡貿象帶形其義仍與小佩从人凡巾佩爲人所用者故从人在古之人無不普遍用佩故从凡佩必有巾故从巾其本義作「大帶佩」解（見說文許箸）乃古人繫於大帶上之一種飾物．

## 使 ㄕˇ

（會意）（形聲）甲文使爲史字重文古以史通使石文使金文使从人吏亦从吏君命以役人所以受命者爲使令人者亦爲使本義作「令」解（見說文段注）乃已受令及能致令之吏人使者毋使之使讀狀不讀史俗有誤讀爲史者失正．

## 侍 ㄕˋ

（會意）（形聲）甲文侍字與金文侍从人从寺亦从寺聲古以寺爲朝廷官府人指在朝廷官府中服職之官吏官宦對國君上官接受命令故其本義作「承」解（見說文許箸）乃奉命惟謹之意服侍尊者長者之人曰侍小侍內侍女侍僕侍．

## 供 ㄍㄨㄥ

（形聲）（會意）甲文供字與金文供从人共聲本義作「設」解（見說文許箸）乃指有所施陳以爲人用而言故从人又以共取多人協力之意作「同」解有所施陳常需多人協力故供从共聲供奉物品曰供．

## 依 ㄧ 音衣

（形聲）（會意）甲文依从人在衣中會意金文依字从人衣聲本義作「倚」解（見說文許箸）乃依賴之意猶指人之親附而言故从人衣以會意恃曰依憑恃之稱廣雅釋詁「依恃也」倚依猶依依：柔弱貌思慕貌依依不忍離去貌．

## 命 ㄇㄧㄥˋ

（會意）甲文金文命爲令字重文古以令通命一說命令實爲一字林義光氏以爲「按諸彝器令命通用蓋本同字……（从）亼下復有口廳命者也」令乃發號之意有發令權者以口指揮人爲命故命之本義作「使」解（見說文許箸）．

## 舍 ㄕㄜˋ

（形聲）（象形）甲文舍字與小篆舍从亼中亼古集字中茅茨略同又亼象屋形下之口象屋基金文舍王筠氏以爲「从口余聲」本義作「客居」解（見通訓定聲）乃賓客所止息處之稱客館曰舍賓客息止之處旅舍官舍野舍宿舍敝舍寒舍精舍．

## 侈 ㄔˇ

楷 甲文 金文 文

（形聲）（會意）甲文侈字與金文侈爲多字重文古以多通侈从人多聲本義作「奢」解（見說文許箸）是形容人自多以陵人而言故从人又以多爲少之反而侈有過度張大之意故从多聲 奢曰侈：「多费謂之侈」行爲不正曰侈．

侃 音坎 ㄎㄢˇ

（會意）甲文侃字與金文侃从㐰从川㐰爲古信字信有篤實無欺之意川有選流不停之意人能篤實無欺無阻滯則其人足稱剛直故侃之本義作「剛直」解（見說文許箸）乃指人之剛毅正直而言侃侃：剛毅正直明爽貌侃侃而談．

佼 ㄐㄧㄠˇ

（形聲）（會意）甲文佼字與金文佼从人交聲本作「美好」解（見通訓定聲）乃指修美之人而言故从人又以交有兩者互合之意彼之實際品質與此之品評標準相投合始見美好故佼从交聲 美好者曰佼同「姣」佼佼：特別美好．

侔 ㄇㄡˊ

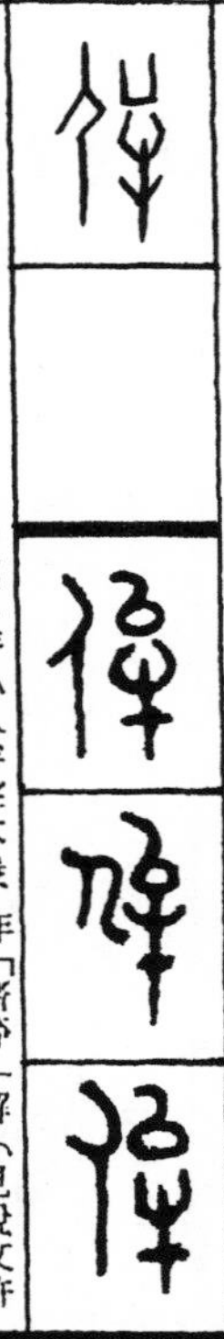

（形聲）（會意）甲文侔字與金文侔从人牟聲本義作「齊等」解（見說文許箸）乃指人彼此不相上下而言故从人又以牟有衆多義；人衆多貲齊等，故侔从牟聲。釋文『侔等也』」（周禮・冬官）。

侮 ㄨˇ

（形聲）（會意）甲文金文侮字略同，侮从人每聲本義作「傷」解（見說文校錄）乃指對他人輕慢陵迫使其內心感傷而言故从人每本作「艸盛上出」解凡侮人者盛氣凌人一如草之上出橫生故侮从每聲．輕慢曰侮侵陵曰侮．

侯 ㄏㄡˊ

楷 甲文 金文 文

（指事）（會意）甲文侯ㄏ象張布↑象矢矢集之處爲侯金文侯有與甲文同形侯从人从厂从矢厂象張布形矢在其下以示射者之標的，此爲人所射之的故从人本義作「春饗所射侯」解（見說文許箸）古代公侯伯子男五等爵中之第二位曰侯．

侵 ㄑㄧㄣ

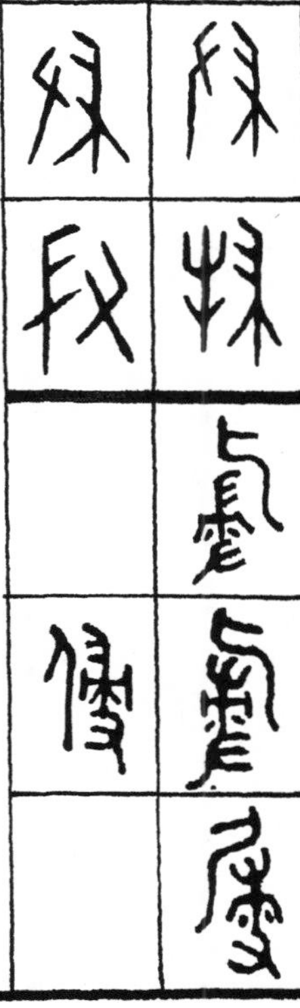

（會意）甲文侵字敬齋氏以爲「从右（手）持帚」金文侵林義光氏以爲「說文云『侵漸進也从人又持帚若埽（掃）之進又手也』按人與又不共持帚侵迫也象埽者（指人）持（指又）帚漸進侵迫人也」本義作「漸進」解（見說文許箸）．

侶 ㄌㄩˇ

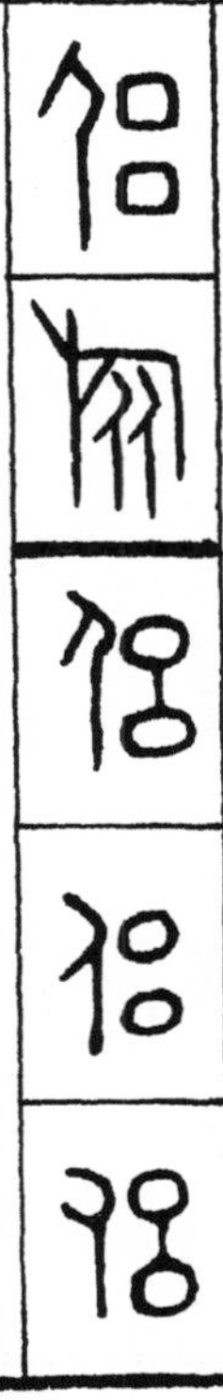

（形聲）（會意）甲文金文侶字从人呂聲本義作「伴侶」解（見玉篇）乃指同伴之人而言故从人又以呂，象脊椎骨之形足見其相繫連之意故侶从呂聲 同伴曰侶；良侶儔侶又「相與結侶」（王褒・四子講德論）．

便 ㄅㄧㄢˋ

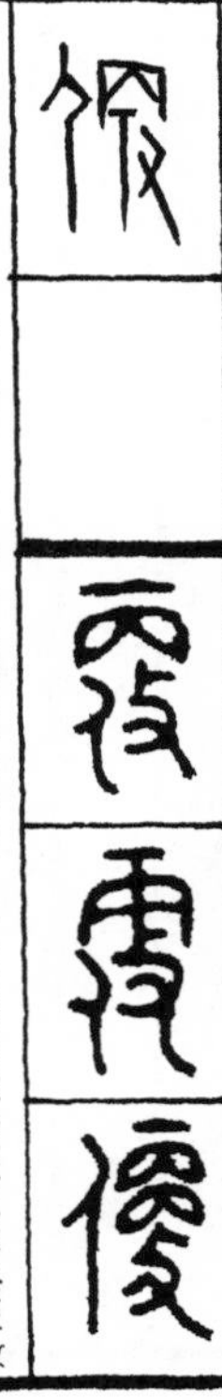

（會意）甲文便字與金文便从人从更更作改變解人有不便乃欲變更以求其便故其本義作「安」解（見說文許箸）乃順適之意 利曰便糞尿曰便大便小便便辟．便佞：便辟乃足恭體柔而不直之人便佞乃巧言而無閒見之實之人．

係 ㄒㄧˋ

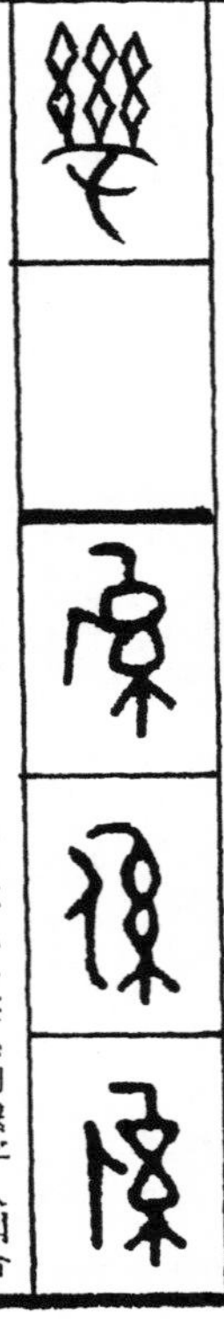

（會意）（形聲）甲文係字與金文係略同 从人从系亦从系聲系卽繫字人閑合衆縣而繫束之爲係故 其本義作「絜（縣之一端）束」解（見說文段注）乃网而束之之意 牽涉曰係 係 右从系不从糸俗有誤从糸者失正．

| 楷 | 甲文 | 金文 |
|---|---|---|

**促** ㄘㄨˋ

（形聲）（會意）甲文金文促字略同，从人足聲本義 作「迫」解（見說文許箸）乃自動與人接近之意，故从人又 以足有步行之意步行則前往相近故促从足聲，迫急促迫促急迫袤性態。

**俄** ㄜˊ

（形聲）（會意）甲文金文俄字从人我聲本義 作「行頃」解（見說文許箸）頃與傾通乃指人行步時之傾 側而言故从人又以我在說文本作「頃頓」解俄爲行時傾頓 故从我聲惟徐灝段氏以爲「俄傾須臾也行傾義同」說亦可 通並引參證。

**俊** ㄐㄩㄣˋ

（形聲）（會意）甲文俊字與金文俊从人夋聲本義作「材千人」解（見說文繫傳）乃指才識超過千人者而言 故从人又以夋爲行動敏疾貌村能超衆之人其言行敏捷殊異常人故俊从夋聲 美好俊美俊俏又「楷風神高邁容儀俊爽」。

**俗** ㄙㄨˊ

（形聲）（會意）甲文俗字與金文俗 从人谷聲本義作「習」解（見說文許箸）乃指聚居某一地方之人在生活方面之共同習尚習染而言人羣聚處生活相習日久自成風俗人羣的習慣及情欲之常曰俗，世曰俗，鄙野不文，凡庸不雅：俗士俗吏俗客。

**保** ㄅㄠˇ

（象形）（會意）甲文保與金文保略同金文保與大徵氏以爲「小兒衣也从人抱（負）子，象保衣之形」此字卽緥（其俗字作褓）之古文从人而有撫育以遂其成長之意故本義作「養」解（見通訓定聲）乃使之獲得安全生息之意。

**俟** ㄙˋ 音似

（形聲）甲文俟字與金文俟从人矣聲本義作「大」解（見說文許箸）乃形容人之壯大而言故从人惟此本義古罕見用今所行者爲別義：待等候：俟命俟時俟間俟機 俟俟：衆獸行貌「君命召不俟駕而行」（孟・萬章）。

**俘** ㄈㄨˊ

（會意）（指事）（形聲）甲文俘第一字从孚从爪子（卵）作反覆翻卵解第二字左爲正常人右爲跽人中之點爲跽人之血象受傷屈從常人之形卽被俘者金文俘从爪从十中兩手攫貝形又 从戈从爪含有以武力屈人之意此卽爲俘。

**俠**

（形聲）（會意）甲文俠字與金文俠从人夾聲本義作「挾負氣力以任事自雄」解（見說文徐箋）乃指不愛其軀而重私義之人 故从人又以夾从大从二人以會相輔之意遂作輔解主動輔助他人故从夾聲 俠从夾 左右爲人不从夾 左右爲入。

**信** ㄒㄧㄣˋ

（會意）甲文信字與金文信丁佛言氏以爲「信陵君左軍錢……右从人……乃信字反文」人言爲信从人言言爲心聲凡人說話要落實纔能見得人故信之本 義作「誠」解（見說文許箸）卽篤實不自欺欺人之意子有四教文行忠信（論・述而）

**俎** ㄗㄨˇ 音阻

（象形）（會意）（形聲）甲文俎上象肉下象几形置肉之几爲俎金文俎容庚氏以爲「象置肉於且上之形」知此即俎字俎从且聲省了肉字外廓之〈〉而言且即置肉之具用來敬享神祇故本義作「禮俎」解（見通訓定聲）俎豆：皆古時祭器・

## 修 ㄒㄧㄡ

（形聲）（會意）甲文修與金文修字形義迥別惟取義不明金文修爲攸字重文丁佛言氏以爲「攸古通修脩」修从彡攸聲本義作「飾」解（見說文許箸）乃指人使衣履整潔儀表雍容而言 賢德之人曰修學習研究、涵養：欲齊其家者先修其身大學。

## 俱 ㄐㄩˋ

（形聲）（會意）甲文俱字與金文俱从人具聲本義作「皆」解（見說文許箸）乃統指相與共事的人而言故从人又以具从貝省（省貝爲目）从廾乃雙手奉財貨以敬神有求豐足之意都同表範圍：一應俱全父母俱存而俱到事實俱在萬事俱備・

## 俯 ㄈㄨˇ

（會意）（形聲）甲文俯字與金文俯从人府聲本義作「低頭」解（見廣韻）是指人不把頭擡起而言故从人又以府官所居曰府諸屬吏對於上官常低頭致敬故俯取其低頭敬禮之意而从府聲・

## 俸 ㄈㄥˋ

（形聲）（會意）甲文俸字與金文俸爲奉字重文古以奉通俸隸書俸从人奉聲本義作「秩祿」解（見集韻）乃官吏依其職等所得之薪給故从人又以奉本作「承」解但亦有俸祿月俸之義奉爲俸之本字俸爲奉之累增字故从奉聲 官吏之薪給曰俸・

## 俾 ㄅㄧˇ 音碑 ㄅㄟ

（形聲）（會意）甲文俾字與金文俾爲陴字重文古以陴通俾从人卑聲本義作「益」解（見說文許箸）乃指對人有所幫助而言故从人又以卑作「執事者」解俾在益人是含有爲人執事之意故从卑聲 使：「俾爾昌而熾俾爾壽而富」（詩・魯頌）・

楷 甲文 金文

## 倉 ㄘㄤ

（象形）甲文倉上象屋舍其下爲禾爲木以示儲薪糧之處即倉金文倉林義光氏以爲「从亼▽象有重垣象中有列室形」乃示倉作積儲糧食下之口象倉形乃示其能防風雨蟲鼠之患本義作「穀藏」解（見說文許箸）即是屯儲穀物之處・

## 倍 ㄅㄟˋ

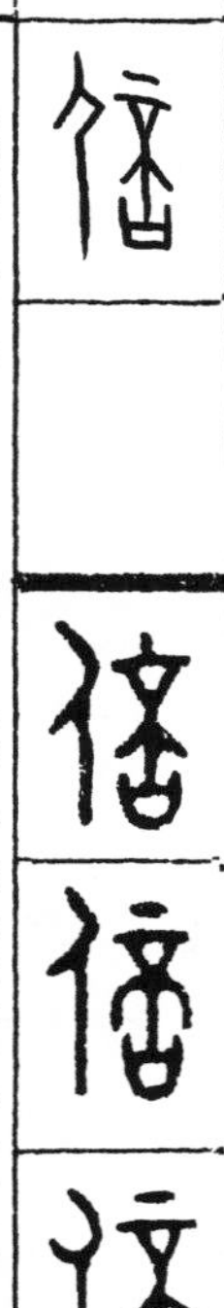

（形聲）（會意）甲文咅字與金文右文倍从人咅聲本義作「反」解（見說文許箸）乃指人之背離而言故从人又以咅即「匹」之本字有唾棄其人即反對之意故倍从咅聲 財物人事加等曰倍・

## 借 ㄐㄧㄝˋ

（形聲）（會意）甲文金文借字从人昔聲本義作「假」解（見說文許箸）乃指財物非己有而假之於人或 以己所有假人之意故从人又以昔本作「从殘肉日以晞之」解向人借在借人之所餘（殘）借與人在貸己之所餘（殘）故借从昔聲。

## 倒 ㄉㄠˇ

（形聲）（會意）甲文倒字與金文作「仆」解（見說文新附）乃指人跌仆倒地而言故从人又 以到本作至解至的含義是直達於地倒即仆地故从到聲 倒楣：亦作倒黴倒霉俗對事不順利稱倒楣「明季科舉不中撤去旗杆謂之倒楣」・

## 候 ㄏㄡˋ

（形聲）（會意）甲文金文候字略同从人矦聲本義作「望」解（見說文許箸）乃指人有所伺望而言故从人又以矦本作「射矦」（即射時之布靶設鵠於中備射）解含有伺望之意故候从矦聲哨所守望台曰候 等待 恭候問候訪候拜候親候・

楷 甲文 金文

**倚** ㄧˇ

（形聲）（會意）甲文倚字與金文倚从人奇聲本義作「依」解（見說文許箸）乃人與之近而托身相附之意故从人又以奇本作「異」解亦即不同之意倚必求健於已亦即與已不同者始可依之故从奇聲憑賴依附仗恃倚仗倚老賣老倚勢欺人。

**倦** ㄐㄩㄢˋ

（形聲）（會意）甲文倦字與金文倦从人卷聲本義作「疲」解（見說文許箸）乃指人勞頓而言故从人又以卷本作「膝曲」解膝曲則有略事喘息之意人當疲勞時常如此故倦从卷聲。

**倏** ㄕㄨˋ

（形聲）（會意）甲文倏字與金文倏从犬攸聲本義作「犬走疾」解（見說文段注）乃形容犬之奔跑甚速貌故从犬又以攸本作「水行攸攸」解含有水逝甚疾而水流甚遠的意味犬走疾則轉瞬即過而所去亦遠故倏从攸聲迅速倏逾匝月倏爾經年。

**倭** ㄨㄛ

（形聲）（會意）甲文倭字與金文倭从人委聲本義作「順貌」解（見說文許箸）乃形容人依附跟從之狀而言故从人又以委有隨和之意順乎人者必與人隨和故倭从委聲 惟此本義古罕見用今所行者爲別義 倭奴國：古時我國對日本之稱。

**倀** ㄔㄤ

（形聲）（會意）甲文金文倀字略同从人長聲本義作「狂」解（見說文許箸）乃指神經失常而狂行不知所之之人又以長本象髮長之形人狂則披髮無狀故倀从長聲長爲獸名其狀如禺狂人類似此獸故倀从長聲 役於虎以助虎食人之鬼曰倀。

楷 甲文 金文

**俶** ㄔㄨˋ 音惕 ㄊㄧˋ

（形聲）（會意）甲文俶字與金文俶爲叔字重文古以叔通俶 从人叔聲本義作「善」解（見說文許箸）乃指對人贊美而言故从人又以叔在古爲贊人之美稱（如范叔）整通「束」始初時起點俶儻：不羈貌俶通「倜」。

**偉** ㄨㄟˇ

（形聲）（會意）甲文偉字與金文偉从人韋聲本義作「奇」解（見說文許箸）乃指人有獨立特行而言故从人又以韋有相背之意偉爲奇異多與尋常有背故从韋聲偉人：對有豐功偉績者之美稱特別奇異「偉哉夫造物者又將奚以女爲」（莊）

**假** ㄐㄧㄚˇ

（形聲）（會意）甲文假字與金文假爲叚字重文古叚假 同字从人叚聲本義作「不眞」解（見說文許箸）乃形容內質與外形不一致的字人易不眞亦易造成事物之故假从人又以叚本作借解借來之物雖暫爲我所持用仍非眞。

**僞** ㄨㄟˋ

（形聲）（會意）甲文僞字與金文僞爲僞字反文从人爲聲本義作「詐」解（見說文許箸）乃指人之欺騙行爲而言故从人又以爲之本義作「母猴」解 此種母猴極似人而實非人僞乃人矯揉造作之表現故从爲聲 詐僞曰僞。

**偏** ㄆㄧㄢ

（形聲）（會意）甲文偏字與金文偏右爲扁字省文汪立名氏以此爲古偏字偏从人扁聲本義作「頗」解（見說文許箸）頗乃頭偏而不正之意形容人不平正又以扁从戶冊會意示門戶等第木牌懸於門之一側故偏从扁聲邊曰偏中之兩旁。

| 楷 | 甲文 | 金文 |
| --- | --- | --- |

**偕** ㄐㄧㄝ

（形聲）（會意）甲文偕字與金文偕从人皆聲本義作「俱」解（見說文許箸）乃指人互相共同行動而言故从人又以皆有同的意思故偕从皆聲。齊劃一同動，俱同行同一起表狀態 偕入偕亡偕出偕行偕作偕隱 偕偕：強盛貌。

**停** ㄊㄧㄥˊ

（形聲）（會意）甲文停字與金文停从人亭聲本義作「止」解（見說文新附）乃指人在行進中止於所到之處暫不前進而言故从人又以亭本爲便利行旅宿食之館舍含有止而休憩之意故停从亭聲 成曰停分全數爲若干分此分爲停。

**側** ㄘㄜˋ　音則 ㄗㄜˊ

（形聲）（會意）甲文側字與金文側吳大澂氏疑爲古側字丁佛言氏以爲即古側字从人則聲本義作「旁」解（見說文許箸）論旁常以人之位置作基準故从人又以則作「定物等差而加以劃分」解有使其同列並陳之意近身處曰側傍邊之處曰側。

**健** ㄐㄧㄢˋ

（形聲）（會意）甲文健字與金文健从人建聲本義作「伉」解（見說文許箸）增韻釋伉爲強有力者乃指品德智能體魄三方面均完美無缺之人本作「豎立」解人能豎立始見其強有力故健从建聲剛毅：「天行健君子以自強不息。」（易・乾）。

**偵** ㄓㄣ

（形聲）（會意）甲文偵字與金文偵从人貞聲本義作「問」解（見說文新附）乃人探訊事物當前實況或未來動向之意故从人又以貞本作卜問解偵在問明眞相故从貞聲偵邏：任暗中窺查與往復巡邏之人 偵伺：窺察。

**偶** ㄡˇ　音藕

（形聲）（會意）甲文偶字與金文偶右爲禺字異文从人禺聲本義作「桐人」解（見通訓定聲）是指木質或土質製的人像而言故从人又以禺爲猴屬亦極似人故偶从禺聲雕塑之人像曰偶 土偶木偶玩偶配偶 男女配合爲夫妻之稱。

**條** ㄊㄧㄠˊ

（形聲）（會意）甲文條于省吾氏以爲「上象木之枝條爲條之初文」金文條吳大澂氏以此爲古條字从木攸聲本義作「小枝」解（見說文許箸）乃指由樹身大枝生出之細枝而言故从木又以攸本作「水行攸攸」解含有細長之意味 條理曰條。

**偷** ㄊㄡ

（形聲）（會意）甲文偷字與金文偷从人俞聲本義作「盜」解（見玉篇）乃指盜竊之人而言故从人又以俞爲天然舟有相渡之意偷乃私以他人之財物濟己故偷从俞聲按 偷在說文解字作婾今偷字行而婾字罕用 盜竊之人曰偷。

**脩** ㄒㄧㄡ

（形聲）（會意）甲文脩字與金文脩从肉攸聲本義作「脯」解（見說文許箸）乃劃爲長形而施有薑桂之乾肉故从肉又以攸本作「水行攸攸」解含有長意脩爲形長而可久儲之乾肉故从攸聲脯曰脩已乾之長條肉。

**偃** ㄧㄢˇ

（形聲）（會意）甲文偃字與金文偃从文从㫃，丁佛言氏以此即古偃字从人㫃聲本義作「僵」解（見說文許箸）是指人倒地若臥而言故从人又以㫃作「隱匿」解乃目標不顯露之意故从㫃聲仆仰著倒下偃旗息鼓風行草偃 偃戈偃兵偃甲。

| 楷 | 甲文 | 金文 | 文 |
|---|---|---|---|

**偈** ㄐㄧㄝˊ　音氣 ㄑㄧˋ　音祭 ㄐㄧˋ

（形聲）（會意）甲文偈字與金文偈从人曷聲本義作「武貌」解（見玉篇）乃形容人武勇之狀貌故从人又以曷在爾雅有遏止一義故偈从曷聲疾貌「匪風發兮匪車偈兮」（詩・檜風）偈偈：用力貌；「又何偈偈乎揭仁義而行」（莊・天道）・

**傅** ㄈㄨˋ

（形聲）（會意）甲文傅字與金文傅爲輔字重文古以輔通傅从人尃聲本義作「相也」解（見說文許箸）相乃省視之意亦即予人以省視而輔導之意故从人又以尃从甫从寸爲主事者之意傅爲導人於正者故从尃聲 輔導者師傅太傅少傅・

**傍** ㄆㄤˊ

（形聲）（會意）甲文傍字與金文傍从人旁聲本義作「近」解（見說文許箸）乃形容人與人距離相近之狀故 从人又以旁有非「方之意彼爲此之傍而此亦爲彼之傍故傍从旁聲 偏側通「旁」倚靠近自側方通「旁」傍傍：奔走勤勞從事之貌・

**舒** ㄕㄨ

（形聲）（會意）甲文舒字與金文舒吳大澂氏以爲「从夫从舍」有人（夫）就舍傳展伸之義舒从予舍聲本義作「伸」解（見說文段注）乃開展之意予爲以物與人有伸手付物意故舒从舍聲古國名春秋時楚之與國伸伸展 舒舒：寬緩安舒・

**備** ㄅㄟˋ

（象形）（會意）（形聲）甲文備與金文備字略同金文備吳大澂氏以爲「盛矢之器」按口即古文宁字此象貯箭即盛矢器形又以葡从用从苟省（省苟中口）義作「具」解從甲文金文知其爲盛矢之器長兵曰備 預先具以待用曰備・

**傑** ㄐㄧㄝˊ

（形聲）（會意）甲文傑字與金文傑高田忠周疑用爲建木之樷以爲「此傑字之異文」傑从人桀聲本義作「才過萬人」解（見說文許箸）指才智超過萬人即才智出衆之人而言故傑从桀聲 非常有才能者曰傑 苗之先長而秀者曰傑・

**傘** ㄙㄢˇ

（形聲）（會意）甲文傘字與金文从糸散聲本義作「蓋」解（見說文許箸）乃用以禦雨蔽日而可卷舒之物第三字象人（中）張傘（上）以蓋蔽之形其左右之仌略象傘之垂幅本義作「蓋」解（見集韻）即遮日蔽雨之具繖傘同字・

**催** ㄘㄨㄟ

（形聲）（會意）甲文催字與金文催从人崔聲本義作「相迫」解（見說文繫傳）乃促使人行動迅速之意故从人又以崔作山之高大解有高山當前必令人覺其勢迫故催从崔聲 促使「郡縣逼迫催臣上道」（李密・陳情表）・

**傳** ㄔㄨㄢˊ

（形聲）（會意）甲文傳金文傳略同从人專聲本義作「遽」解（見說文許箸）又遽之本義作「傳」解所謂傳遽就是驛遞車馬爲古代政事之一乃以車騎遞送官府文書之意从人又以專作「六寸簿」解即古代官文書之稱 授教 傳法 傳教 傳道・

**債** ㄓㄞˋ

| 楷 | 甲文 | 金文 | 文 |
|---|---|---|---|

**債** ㄓㄞˋ

（會意）（形聲）甲文債字與金文債从人責亦从責聲已向人貸得財物人終必向己督責以促己清償故从人責會意本意作「債負」解（見說文新附）貸而未償本爲一種負擔故債也卽欠人財物之意負欠錢財曰債己負人或人負己皆稱之債．

**傷** ㄕㄤ

（形聲）（會意）甲文傷字與金文傷从人𥏻（昜之重文）聲本義作「創」解（見說文徐箋）是合受創於人與加創於人而言故从人又以𥏻卽昜有顯箸之意創常顯露在外易爲人見故傷从𥏻聲皮肉破損處曰傷毀損害創傷憂傷悲傷感傷．

**禽** ㄑㄧㄣˊ

（象形）（形聲）甲文禽字與金文禽上从今乃示取今之聲下象其形本義作「走獸之總名」解（見說文許箸）就是百獸之通稱惟爾雅謂「二足而羽謂之禽」乃今所行者古代泛稱獸類曰禽古代合稱鳥獸曰禽二足有羽者爲禽鳥類之總稱．

**僅** ㄐㄧㄣˇ 音謹 ㄐㄧㄣˋ

（形聲）（會意）甲文僅字與金文僅从人堇聲本義作「材（俗作纔）能」解（見說文段注）乃指人的力量止於此盡於此而言故从人又以堇在廣雅釋詁作少解僅乃多中見少之詞故从堇聲纔只表性態僅有僅能庶幾大概表性態．

**會** ㄏㄨㄟˋ

（會意）甲文會上下象可蓋合之器中之⊖象䆃穀在裏中爲被包含者段玉裁氏以爲「禮經器之蓋曰會爲其上下相合也」此从合⊖以會器物相合之義金文會林義蓋⊞之變从合从⊞會古閉字」其本義作「合」解（見說文許箸）．

**僉** ㄑㄧㄢ 音籤

（會意）甲文僉字與金文僉从吅从人从从亼音集作集合解吅音讙作驚呼（高聲之意）解从吅从从作相聽解集合多數人之意見大家都高聲以示贊同爲僉故僉之本義作「皆」解（見說文許箸）乃一同之意連枷曰僉農具名衆人之代稱．

**傲** ㄠˋ

（形聲）（會意）甲文傲字與金文石文傲从心敖聲本義作「倨」解（見說文許箸）是指人不注重禮節並對人輕視之事而言故从人又以敖从出放會意內有肆無忌憚之意放肆不講禮而矜慢在心爲傲故傲从敖聲．

**傾** ㄑㄧㄥ

（會意）（形聲）甲文傾字與金文石文傾从人从頃亦从頃聲頃作頭不正解是偏斜於一方的意思人之頭部不正爲傾其本義作「仄」解（見說文許箸）就是傾仄的意思朱駿聲氏以爲傾頃爲同字覆覆滅傾家蕩產．

**像** ㄒㄧㄤˋ

（會意）（形聲）甲文像字與金文像从人从象亦从象聲象在先民爲罕見之動物韓非子謂「人希（稀）見生象也而案（照）其圖以想其生故諸人之所以意想者皆謂之象」相肖者爲像故像之本義作「似」解（見說文段注）乃兩者相近似之意．

**僕** ㄆㄨˊ 音樸

音瀑 ㄆㄨˋ

| 楷 | 甲文 | 金文 |
|---|---|---|

（會意）（形聲）甲文僕左上𠙵即古金文之甾（借音緇，箝類）示糞棄之物；右上爲𠮷即古金文之辛，亦即罪人之稱；金文僕林義光氏以爲「从辛人（罪人）从廾（音余）廾舉也，舉甾箝僕役之事與卑同意」本義作「瀆業」解（見說文繫傳）。

## 僧 （音）思曾切

（形聲）（會意）甲文僧字與金文僧从人曾聲本義作「浮屠道人」解（見說文新附）浮屠即佛佗之異譯乃指信奉佛教的和尚而言故从人又以曾从囪（古窗字）从曰而上从八唐玄度著九經字樣梵語僧伽之略稱即和尚總曰僧。

## 僑 ㄑㄧㄠˊ

（形聲）（會意）甲文僑字與金文僑从人喬聲本義作「高」解（見說文許箸）乃形容比較高之人而言故从人又以喬本作「高而曲」解故从喬聲段玉裁氏以爲「僑與喬義略同寄居異地或他國之人曰僑僑人：寄居異地者。

## 僭 ㄐㄧㄢˋ

（形聲）（會意）甲文僭字與金文僭从人朁聲本義作「假」解，（見說文許箸）乃指人以下擬（同擬）上，故从人又以朁在方言乃何爲之意俗作怎生以下擬上者，必使人驚疑其果欲何爲故僭从朁聲，僭旨名義踰越位分者曰僭超越本分而比等之。

## 儀 ㄧˊ

（會意）（形聲）甲文儀金文儀爲義字重文古以義通儀从人義亦从義聲，義爲事之所宜人之裁判事物，欲其各得其宜必須具有準則，以爲衡斷故儀之本義作「度」解，（見說文許箸）乃人處世應事接物之標準態度、風範、軌範法則曰儀善曰儀禮曰儀。

## 價 ㄐㄧㄚˋ

（會意）（形聲）甲文價字與金文價从人賈，亦从賈聲古時之賈與賈均稱買人賈（買賣）時必討價還價故價之本義作「物直（值）」解（見說文新附）乃指買賣物之所值而言即俗所稱之物價或價值；價值曰價即物價通常以貨幣爲計算單位。

## 僻 音辟 ㄆㄧˋ

音貝 ㄅㄟˋ

（會意）（形聲）甲文金文僻字略同爲辟字重文从人从辟、亦从辟聲人指罪人本作「法」解，於此乃謂罪人將受法律制裁之意凡罪人則人皆避與交往而避之，故僻之本義作「避」解（見說文許箸）即躲開之意避躲開。

## 儒 ㄖㄨˊ

（形聲）（會意）甲文儒字與金文儒从人需聲本義作「學者之稱」解，（見說文徐箋）乃有道之士士亦人故从人又以需本作「須」解爲需要意學者乃人羣中所最需要者，故儒从需聲研究道學及有道術之人並稱大儒宋儒明儒漢儒。

## 儔 ㄔㄡˊ

（形聲）（會意）甲文金文儔字形同又从人，壽聲本義作「侶」解（見玉篇）是指同伴的人而言故从人又以壽每指高年之人而言其情誼更親故儔从壽聲一說壽作年久解伴侶以年久乃情投意合故儔从壽聲侶匹曰儔同儔匹相偶。

## 儕 音柴 ㄔㄞˊ

（形聲）（會意）甲文儕字與金文儕从人齊聲本義作「等輩」解（見說文許箸）乃指彼此略相齊等之衆人而言故从人又以齊有相平之意儕爲同輩相平之人故从齊聲人之等輩同者曰儕汝儕彼儕耦男女配合之意儕讀柴不讀濟有誤讀濟者失正。

楷　甲文　金文

**償** 音常 ㄔㄤˊ　音賞 ㄕㄤˇ　音尙 ㄕㄤˋ

（形聲）（會意）甲文償字與金文償爲賞字重文古以賞通償从人賞聲本義作「還」解（見說文許箸）是講彼此間清還所負之値故从人又以賞作嘉尙解還欠償有謝又嘉惠與受人嘉許之意故償从賞聲代價曰償還償債酬如願以償。

**優** 一ㄡ

（形聲）（會意）甲文優字與金文優从人憂聲本義作「饒」解（見說文許箸）乃指人在某一方面寬裕有餘之意故从人又以憂上从𦣻（即面）中从心下从夊（行遲貌）乃滿懷愁緒現之於面之意故从憂聲演戲者曰優優閒優雅優良優游。

**龠** 音月 ㄩㄝˋ

（象形）（會意）甲文龠下象編管並列之形上兩口示管頭之孔或以爲兩口各對一管含有吹意此所吹者卽龠金文龠與甲文龠略同从品侖品爲三口以示管之多孔侖本作「集合」解集數管以吹之樂器爲龠故龠作「樂之竹管」解（見說文句讀）。

**儼** 一ㄢˇ

（形聲）（會意）甲文儼字與金文儼爲「嚴」字重文古以嚴通儼从人嚴聲本義作「昂頭」解（見說文許箸）是指人的態度莊重而言因爲昂頭正所以表示莊重故从人又以嚴爲嚴肅而昂頭尤然故儼从嚴聲儼恪：嚴肅貌矜莊貌儼若：恭敬貌。

**龢** 音禾 ㄏㄜˊ　（和）

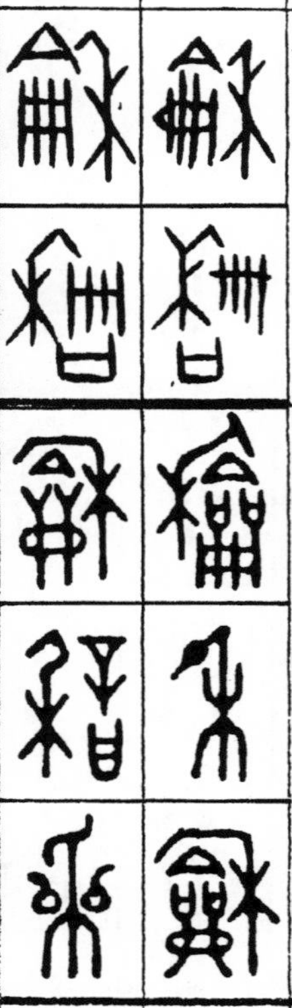

楷　甲文　金文

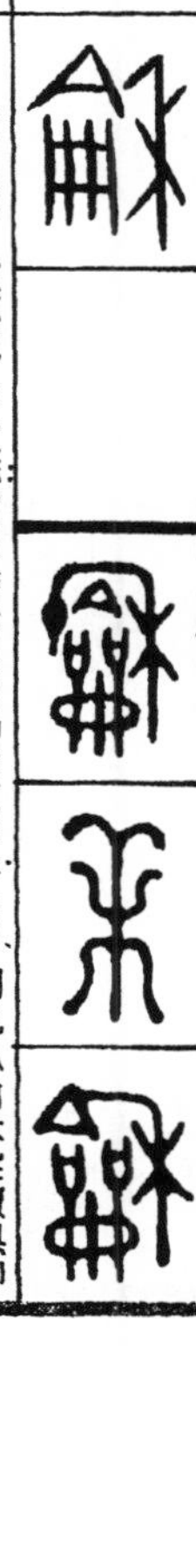

（會意）（形聲）甲文龢商承祚氏以爲「說文解字『龢、調也从龠禾聲讀與和同』此从龠省」金文龢其形不一此所引者林義光氏以爲「象手按龠形」从龠禾聲本義作「調」解（見說文許箸）經典多借和爲龢睦曰龢。

**儿** 音人 ㄖㄣˊ

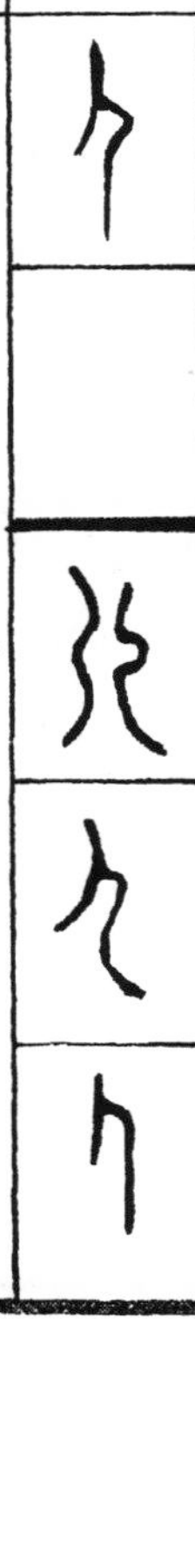

（象形）甲文儿字與金文儿左象人臂右象人脛脛特略詰詘（脛常詰屈）以示別於臂約略象人之形本義作「古文奇字『人』也」解（見說文許箸）奇字與正字形雖稍異而音義全同儿就是人「人」之古文奇字曰儿音義同「人」。

**兀** 音杌 ㄨˋ

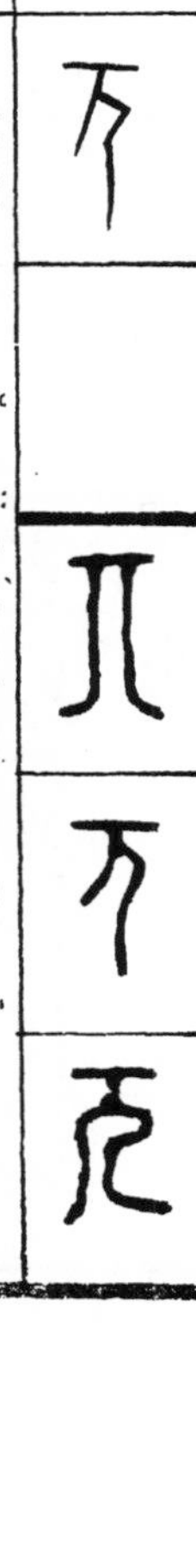

（指事）甲文兀字與金文兀从人一記其首處本義作「首」解（見文源）即人之頭徐灝林義光兩氏並引與兀元兩字形音義有關之諸字以析證兀爲元之同字極有見地兀的：此道意有所指兀那・兀誰：兀爲發聲詞冠他字上以加重其語氣。

**元** ㄩㄢˊ

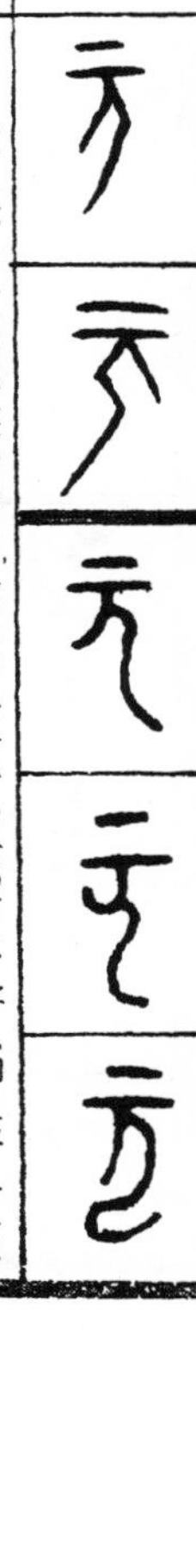

（會意）甲文元與金文元略同金文元从二从儿二爲古上字儿卽人字人之上爲元亦卽在人之上者爲首故作「首」解就是人的頭元从一从兀一爲數之始兀示高上含有無與倫比的意味故其本義作「始」解（見說文繫傳）乃初基之稱頭顱曰元。

**允** ㄩㄣˇ

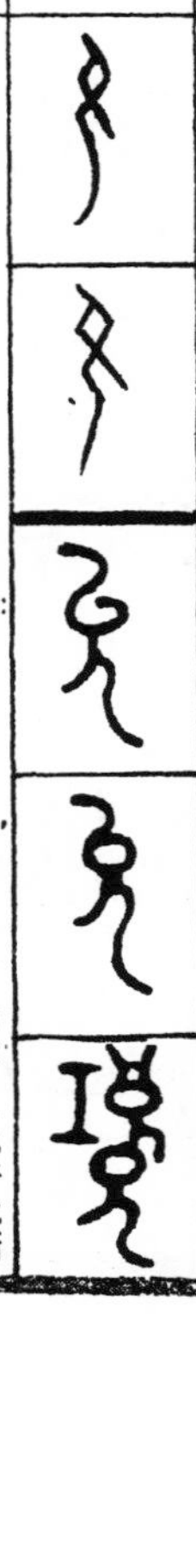

（象形）（會意）（形聲）甲文允象人點首之形以寓允許之意當以允許允諾爲本義金文允林義光氏以爲「進也古作𠔃𠔃象人上象其頭丨進而益上之形」此卽允之或體本義作「信」解（見說文許箸）人乃最貴守信者故从人以聲。

| 楷 | 注音 | 說解 |
|---|---|---|
| 兄 | ㄒㄩㄥ | （會意）甲文兄與金文兄字略同金文兄林義光氏以爲「象人哆口形兄飭教與『后』同意本義爲『滋長』」先生爲兄故从㞷（音荒）㞷先生二字省文也」兄之本義作「長」解，（見說文許箸）乃滋長之意兄弟：同胞手足男子之先生者爲兄． |
| 充 | ㄔㄨㄥ | （形聲）（會意）甲文充字與金文充从儿从育省（省育下月）聲儿卽古人字育子長大成人爲充故充之本義作「長」（音掌）解（見通訓定聲）乃指幼子之言故从儿惟此本義古罕見用今所行者爲別義． |
| 先 | ㄒㄧㄢ | （會意）甲文先與金文先略同金文先从人从之會意古之止相通人儿相若先从儿从之儿卽人字之㫒前往之在人上卽之人之上因有進居其前之意故本義作「前進」解（見說文段注）是急行以赴的意思．祖先曰先首要者曰先卽第一件事． |
| 光 | ㄍㄨㄤ | （會意）甲文光與金文光略同金文光林義光氏以爲「古者執燭以人从人持火」故以此見光明之意小篆光从火在人上火在人上則所照者廣且遠而所及者明，故其本義作「明」解（見說文許箸）乃明亮之稱光線曰光日光星光燈光電光． |
| 兆 | ㄓㄠˋ | （象形）甲文兆字與金文兆林義光氏以爲「象龜坼痕」並引欽器「兆（肇）」兆爲㸚字古文古灼龜視其裂痕之象以斷吉凶（詳卜字釋）此象坼裂之形灼龜處本義作「灼龜坼」解（見說文許箸）乃龜甲因被灼裂開而顯出之縱橫痕迹． |
| 兇 | ㄒㄩㄥ | （形聲）（會意）甲文兇字與金文兇从人在凶下凶象地有穴而交陷其中之形以見凶惡之意人在凶惡情况下必然悚懼故本義作「擾恐」解（見說文許箸）乃驚擾恐懼之意橫暴作惡之人曰兇殺害人之事曰兇兇惡兇狠兇悍兇猛兇橫． |
| 克 | ㄎㄜˋ | （會意）甲文克商承祚氏以爲「象人戴胄（卽今之鋼盔形）」蓋所指爲壯士能勝任艱鉅能克敵致果者遂作「勝」解金文克林義光氏以爲「象以肩任物形」蓋指上部之古字象微重物下象人肩以肩承重物有能勝任之意本義作「肩」解． |
| 禿 | 讀若突 ㄊㄨ | （象形）（會意）（形聲）甲文禿字與金文禿林義光氏以爲「木象髮稀疏形非禾字古作㕏（見𩠚父𩠚孝字从禿）」禿从儿上象禾秀之形又从秀聲本義作「無髮」解（見說文段注）乃指人頭禿無髮凡物落盡皆曰禿髮落不再長之病亦名禿． |
| 兌 | ㄉㄨㄟˋ | （會意）（形聲）甲文兌與金文兌略同，林義光氏以爲「从人口八八分也人笑故口分開」於此以會怡悅之意兌从儿台（古兗字）聲本義作「說」解（見說文許箸）儿卽「人」字「說」卽今之「悅」字六曰兌卦名易經八卦及六十四卦之一． |

| 楷 | 甲文 | 金文 |
|---|---|---|

## 兒 ㄦˊ

（象形）甲文兒金文兒略同，兒从儿卽人上象小兒頭囟（音信卽頂門俗稱腦蓋）未合之狀本義作「孺子」解（見說文許箸）乃俗稱之孩子；說會「男曰兒女曰嬰」實則兒爲男孩女孩之通稱，兒童曰兒十二歲以下男女之稱。

## 免 ㄇㄧㄢˇ

（象形）（會意）甲文免字與金文免从[illegible]从人容庚以此爲古免字其取義缺丁佛言氏以爲「免逸也从兔不見足」（指省兔右之點）會意本義作「兔逸」解（見說文段注）就是兔脫逃而去之意匿避脫逸「臨財毋苟得臨難毋苟免」（禮・曲禮）。

## 兕 ㄙˋ

（象形）甲文兕第一字金文兕，並同均略象兕獸之形字，商承祚氏以爲卽兕字之形故合四足而僅見其二，本義作「似野牛而青色其皮堅厚可以爲鎧」解（見說文句讀）野牛卽今水牛兕就是一種狀類水牛的獸古多謂其一角並引存疑。

## 兔 ㄊㄨˋ

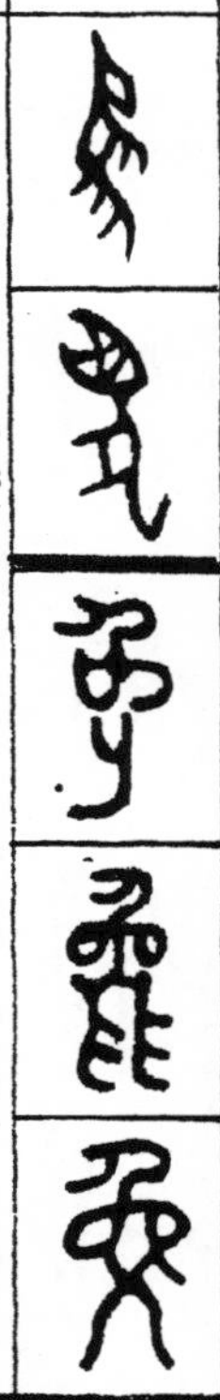

（象形）甲文兔羅振玉氏以爲「長耳而厥尾象兔形」石文兔象兔蹲踞形兔面向左而足向右稍屈右下爲尾兔好蹲踞與犬相同故僅見二足其本義作「兔獸」解（見說文段注）卽俗所稱之兔子。

## 兗 音演 ㄧㄢˇ

（形聲）甲文、兗字金文兗略同从水允聲本義作「水名」解（見說文句讀）水出河南東東坦王屋山（山屬今河南省濟源縣）而名濟水沇爲水名故从水今雖沇兗並行而沇字罕用，兗爲古九州之一與冀青徐揚荆豫梁雍合稱禹貢九州兗（兗俗字）

| 楷 | 甲文 | 金文 |
|---|---|---|

## 堯 ㄧㄠˊ

（會意）（形聲）甲文堯李敬齋氏以爲「物不穩也一曰高而搖也从垚塊在兀上會意兀亦聲」金文堯从二土而二人在其下有多土而高之意，堯从垚在兀上垚音堯作「土高」解復積累三土以象高形故堯之本義作「高」解（見說文許箸）。

## 兜 ㄉㄡ

（會意）（形聲）甲文金文兜字略同，从兒从卯亦从卯聲（見苗夔林義光二氏說）兒象人而白特箸其首()象兜鍪卽卯省卯爲鍪之古文著於人頭以蔽頭面者爲兜鍪本義作「首鎧」解（見說文許箸）今爲防護面具鋼盔等相類之軍品名。

## 兢 ㄐㄧㄥ

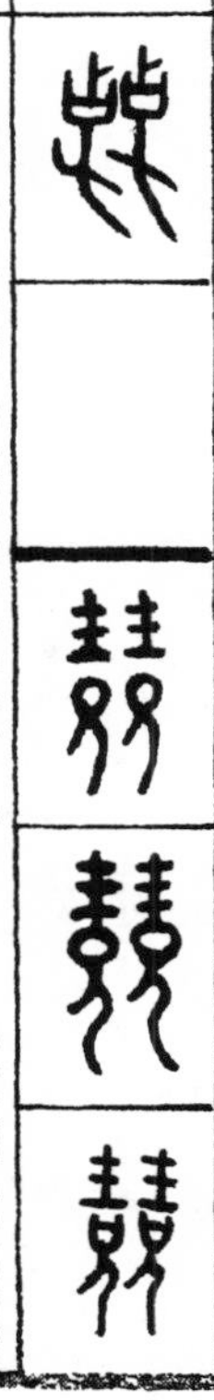

（會意）（形聲）甲文兢从二兄从二丰省（省丰爲卩）與金文兢从丰不省略同，金文兢从二丰二兄，俞樾氏以爲「丰象草生之散亂……兄之本義爲『滋長』」趙則古氏以爲「兢敬畏也从二人二人同處患害敬畏意也」兢戒兢畏兢懼。

## 入 ㄖㄨˋ

（象形）（會意）甲文入與金文入略同，金文入林義光氏以爲「象銳端之形形銳乃可入物也」入象草木根入地形丨示其榦八示其根本義作「內（音納）」解（見通訓定聲）是自上而下自土外而進至土中之意。

## 內 ㄋㄟˋ

（會意）甲文內與金文內略同，金文內林義光氏以爲「冂象屋形入其中爲內象」內从入冂冂爲古坰字，林外曰坰，是指遠界自遠而入於近自外而入於內本義作「入」解（見通訓定聲）就是納之以入的意思。

楷 甲文 金文

## 全 ㄑㄩㄢˊ

（會意）甲文全字與金文全其取義未詳丁佛言氏以此爲古全字，从入王入乃藏入王即玉玉爲寶貴之物必藏之，周密乃得始終完美而無缺損故其本義作「完」解（見說文斠詮）乃完美完整之意純玉曰全全家全功全國全勝全權；全部。

## 俞 ㄩˊ 音臾

（會意）（形聲）甲文俞右从舟左从亼◇亼爲集而◇爲空合有集木選擇而空其中以爲舟之意金文俞林義光氏以爲「从舟余省聲」（省余下數筆）从亼从舟从巜亼爲集作「會合」解巜作「水」解木空能浮行水上本義作「空中木爲舟」解。

## 八 ㄅㄚ

（指事）甲文八金文八略同，八：一向左去，一向右去象分別之形本義作「別」解（見說文許箸）是分開各去的意思，高鴻縉氏以爲「八之本意爲分，取假象分背之形，後世借爲八九之八久而不返，八之本義爲分所專今所行者爲別義。」

## 父 ㄈㄨˋ

（指事）甲文父與金文父略同商承祚氏以爲「从丨、疑象持炬形从又舉丨本義作「矩」解（見說文許箸）以爲「鞭扑不可廢於家刑罰不可廢於國家人有嚴君焉，父母之謂也。生我之人男曰父女曰母俗稱爸爸。

## 公 ㄍㄨㄥ

（形聲）（會意）甲文公與金文公略同金文公从八从口口爲古宮字即公从宮聲八作「分」解凡分物必求平正允當，公之義爲「平分」故从八，八作「背」解，是相反的意思厶爲古私字對物不據爲私有而適宜分人爲公故，其本義作「平分」解（見說文許箸）乃與人相分而無偏頗高低之意。

## 兮 ㄒㄧ

（指事）甲文兮與金文兮略同。金文兮林義光氏以爲「與稽同意當即鈎稽本字从八丂八分也丂引也凡稽覈者區分而紬引之故从八丂」兮从丂八丂音考示欲舒出之氣八象其發聲分而上揚故本義作「語所稽」解，乃語至此而稍停之意。

## 分 ㄈㄣ

（會意）甲文分金文分略同。从八从刀，八，象使之相別相背之形，刀示用以割而使別之器其本義作「別」解（見說文許箸）乃使物離開而各別爲一之意。數量名地（面）積名爲畝的十分之一，重量名爲兩的百分之一，名分曰分守分安分盡分。

## 只 ㄓˇ 音紙 ㄓ 音支

（象形）（會意）（指事）甲文只字與金文只林義光氏取聊膚盤俎字偏旁以爲「只爲『歧』之本字古作只从口象物形人象分歧形……爾雅『二達謂之歧』」爲兩歧之意本義作「語已詞」解（見說文句讀）乃於句末以示其意及此而止之字。

楷　甲文　金文

## 共 ㄍㄨㄥˋ

（會意）（形聲）甲文共字金文共上象器物形下象兩手合持供具之狀林義光氏以爲「共具也此爲共之本義」共从廾井井爲古「拱」字廾人竦手相並爲共本義作「同」解（見說文段注）王筠氏以爲「古文四手向上搴上之狀也」。

## 兵 ㄅㄧㄥ

（會意）（形聲）甲文兵金文兵略同，廾斤又从斤聲斤是武器廾爲古拱字取用兩手相持之意此兩手所持之武器曰兵故兵之本義作「械」解（見說文許箸）乃古時軍中殺敵諸般器械之總稱。

## 爸 ㄅㄚˋ

（會意）甲文爸字與金文爸从父巴聲本義作「父」解（見廣雅）就是父親的俗稱故从父又正字通以「夷語稱老者爲八八或巴巴」父對子女而言爲老者故爸从巴聲爸爸：子女對父之稱直稱某子女之父亦同。

## 斧 ㄈㄨˇ

（象形）（形聲）（會意）甲文斧與金文斧略同此所引象斧之形知其爲斧字从斤父聲本義作「斫」解（見說文許箸）就是砍人（兵器）劈物之具以其爲斤故从斤又以父本作「把」解有執持之意故斧从父聲伐木之具曰斧斧頭樵斧。

楷　甲文　金文

## 其 ㄑㄧˊ

（象形）甲文其羅振玉氏以爲「乃象𠀠形後叚而爲語詞（卜辭中諸其字亦然）其字形初但作𠀠（另有數形微異略）後增丌又加竹作箕」金文其爲箕字古文上象揚米去糠器下示其六人以兩手持而搖動者本義作「簸」解簸箕也。

## 具 ㄐㄩˋ

（會意）甲文具字金文具戴侗氏以爲「膳奚之饌具也凡盥食之禮奚定則賓諸鼎乃告具」此字象兩手奉鼎之形以見饌奚齊備之意从廾从貝義廾音拱作「竦手」解乃兩手敬奉財貨以備用爲具本義「供置」解置物備用的意思。

## 典 ㄉㄧㄢˇ

（會意）甲文典上示簡册下从兩手以承之由此可知册之重要者爲典與金文典略同.从册在丌上册指文書册籍將文書册籍庋藏在這種專用的器具上，此類文書册籍卽典，故典之本義作「五帝之書」解（見說文許箸）重要簡策曰典。

## 釜 ㄈㄨˇ

（形聲）甲文釜字與金文釜从缶（左）父聲（右）古之釜瓦質如缶故从缶从父聲从金父聲本義作「所以炊煮也」解（見急就篇顏注）是指化生爲熟的烹飪之器，以釜炊煮物時，常有咕嘟咕嘟之聲，咕嘟與父音近，故釜从父聲。

## 爹 ㄉㄧㄝ

楷　甲文　金文

爹（續）

（形聲）甲文爹字與金文爹从父多聲本義作「父」解（見廣雅）乃子女對父之俗稱故从父爹古音讀舵故知其从多聲子女稱父曰爹爹娘爹媽頌揚長官之稱爹爹：父親「太后回鑾上設龍筵沉腦燭后曰『兩爹爹每夜嘗設數百枝』」（避暑漫鈔）・

兼　ㄐㄧㄢ

（會意）甲文兼字與金文兼从又持秝秝音歷是指二禾并立而言又是手手持二禾爲兼本義作「并」解（見說文許箸）乃兩者俱得之意同時行兩事㘰兼差兼業兼職「窮則獨善其身達則兼善天下」（孟・盡心）・

真　ㄓㄣ

（會意）甲文眞字與金文眞从匕从目匕卽化有「變化」之意目具「辨識之功能」一說「道書」有「養生之道耳目爲先」所以从目乚爲古隱字又以人能變化其形而乘物上天者爲眞故眞之本義作「僊人變形而登天」解（見說文許箸）・

黃　ㄏㄨㄤ

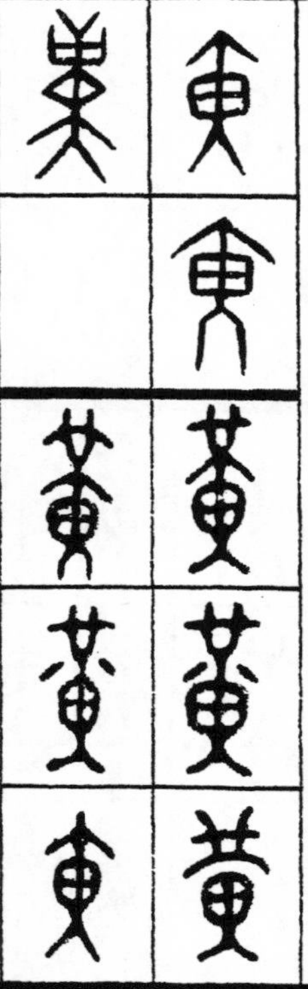

（象形）（會意）（形聲）甲文黃高鴻縉氏以爲「㼌像佩玉之形左右半璜各一；下其綾也後世借爲黃綠之黃久而不返乃另造璜字以還其原金文黃林義光氏以爲「炗象米穀可收形（與𡕢形近）束之秋禾之色黃也」本義作「地之色」解・

異　ㄧ　音肄

巽　ㄒㄩㄣ

（象形）（會意）甲文巽商承祚氏以爲「象人舉手自翼蔽形此翼蔽之翼之本字其誼（義）晦」形與金文巽略同林義光氏以爲「當爲『翼』之古文象頭尾及兩翼形」李敬齋氏以爲「戴也象大（立人）兩手左右輔翼之形作「分」解・

（形聲）（會意）甲文巽字與金文巽从丌𢀿聲本義作「具」解（見說文許箸）乃形容完備無缺之意丌音基爲安置器物備用之工具故巽从丌羅振玉林義光二氏釋其義爲順𢀿爲巽之本字爲𢀿之累增字故从𢀿聲卦名易八卦之一巽卦・

爺　ㄧㄝ

（形聲）（會意）甲文爺字與金文爺爲「耶」字重文古以耶通爺从父耶聲本義作「父」解（見玉篇）乃子女呼父之稱爲兒之最親者在呼父時易發此音古代卽以耶呼父故爺从耶子女稱父親曰爺稱祖父爲爺爺對人僕稱大爺少爺老太爺・

與　ㄩ　音語

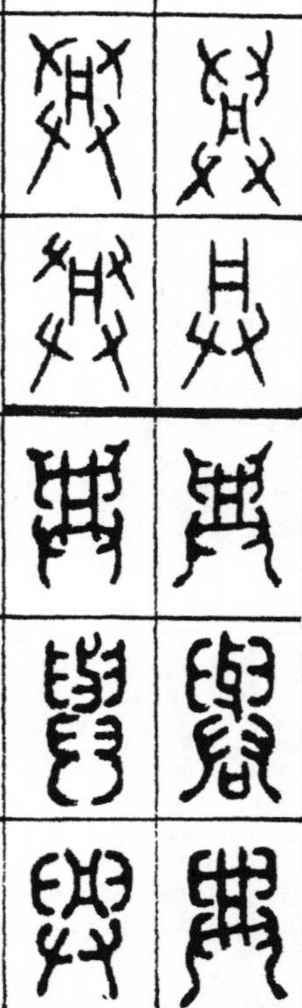

（會意）（形聲）甲文與羅振玉氏以爲『从𦥑（承槃・如舟）象二人（上二手下二手）相授受形知「與受」爲「與」之初誼（義）矣』金文與與甲文與略同林義光氏以爲「四手象二人交與丨（示）所與之物」故本義作「黨與」解・

興　ㄒㄧㄥ　音星

楷 甲文 金文

**興** 音性 ㄒㄧㄥ

（會意）甲文興與金文興略同，金文興中之𠂤爲盤○與品字所从之○同意，象物外爲四手，象其同時舉物之形，以會協力即起之意，人同心同力以共舉一事爲興，故其本義作「起」解（見說文許箸）是同力以舉之意，發動興工，興兵，興旺，興盛，興隆。

**冀** 音驥 ㄐㄧ

（形聲）（會意）甲文冀金文冀略同，从北，異聲，本義作「北方」解（見說文繫傳）古稱北方爲冀，故从北，又以異有不同一義，北方一切與中原不同，故冀从異聲，又以冀从北，北古背字，蓋從後仰望之義，古州名，與兗青徐揚荊豫梁雍爲貢九州；冀希同義。

**輿** 音余 ㄩ

（會意）（形聲）甲文輿羅振玉氏以爲「此象衆手造車之形，軾，較，軫，軹，轛，皆輿事，而（此）獨象輪（中之⊕）者，車之所以載者在輪，本義作「車輿」解（見說文許箸）乃指車上載人載物之處而言，車曰輿，轎曰輿，大地曰輿，取其爲車以載萬物之意。

**翼** 一

（象形）（形聲）甲文翼爲羽字重文，但唐蘭氏以爲「象羽翼之形，翼之本字也」，金文翼象人舉兩手以翼衞頭部之形，吳大澂氏以此爲古翼字，从羽，異聲，本義作「翅」解（見說文許箸）是指鳥之兩翅而言，鳥翅曰翼，蟲羽曰翼，蟬翼，魚鰓邊兩鬣曰翼。

**糞** 音奮 ㄈㄣ

（會意）甲文糞字有數形，此所引者上𠀠似米非米，象糞穢形，中从𠀠，即盛糞穢之器，下从廾，乃以雙手推棄之意，合此而言，即知其爲糞，金文糞字與甲文糞略同，从廾推𠀠而棄米會意，上从釆（音辨，非米字）指人之排洩物，本義作「糞除」解（見說文句讀）。

**龔** 音恭 ㄍㄨㄥ

（形聲）甲文龔，金文龔，略同，从共，龍聲，本義作「給」解（見通訓定聲）是奉之使足的意思，共有兩手奉上之意，故龔从共，又以龍有可隨意變化之意，給在順隨人意而滿足之，故龔从龍聲，姓，共氏之後避難加龍爲龔，共曰龔，同「共」字，肅敬通「恭」。

**黌** 音紅 ㄏㄨㄥ

（形聲）（會意）甲文黌字與金文黌从黃从學省（省學下子字）从黃聲，黃有正大高雅之意，學指肄習經史詩文之處，本義作「學」解（見說文義證）就是今日所稱的學校，學校通「橫」，學舍，講堂，教室，黌讀橫，俗又讀紅，但不讀學亦不讀黃。

**冂** 音扃 ㄐㄩㄥ

（象形）（指事）甲文冂字與金文冂與說文冂所引之古文同形，林義光氏以爲「从𠃊不从冂，當即『扃𨌏』（箱篋之關鎖處）之『扃』本字，象物上覆蓋之形，𠃊物也」，本義作「邑外謂之郊，郊外謂之野，野外謂之林，林外謂之冂」解（見說文許箸）。

**冄** 音染 ㄖㄢ

（象形）（指事）甲文冄金文冄略同，冄从毛連屬之形，以象柔而下垂之意，本義作「毛冄冄」解（見說文段注）是形容細毛隨主體搖動而自然飄拂之意，爲「髯」之初文，爲男子上唇上向左右分披之鬚，象「髯」形，龜之甲緣曰冄。

| 楷 | 甲文 | 金文 | 文 | 楷 | 甲文 | 金文 | 文 |
|---|---|---|---|---|---|---|---|

**册** ㄘㄜ

（象形）甲文册金文册略同，册以繩索或皮條穿編簡札之形，長短不齊之直筆示簡札（以字數不等故長短不一）橫筆示穿編之繩索或皮條，本義作「簡書」解（見說文徐箋）乃簡札典籍之泛稱，古代之簡（竹）札（木）書曰册。

**同** ㄊㄨㄥ

（會意）甲文同與金文同略同，金文同李敬齋氏以爲「衆口咸一致也，从凡口會意」同从冃从口，冃音茂，作「重覆」解（書盤庚「其或有逸口」此逸口即逸言）故同之本義作「合會」解（見說文許箸）乃彼此相近似相吻合之意。

**岡** ㄍㄤ

（形聲）（會意）甲文岡與金文岡略同，金文岡第一字取義不詳，岡从山，网聲，本義作「山脊」解（見說文許箸）就是山背故从山，又以网爲網之本字，乃古人以爲捕鳥獸者，岡爲山脊之廣平處故从网聲，山脊一說山脊廣平之處曰岡。

**罔** ㄨㄤ

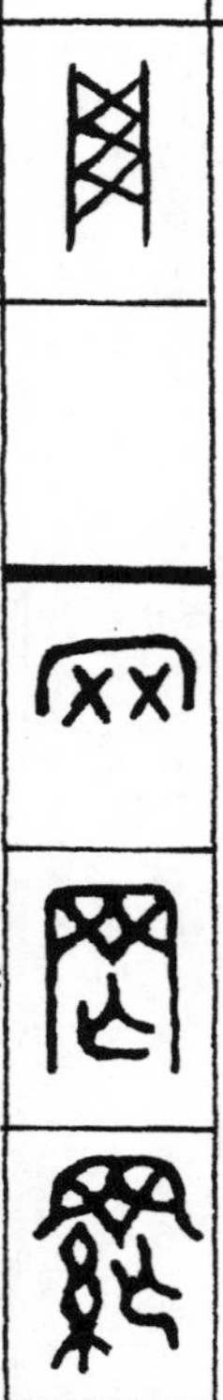

（象形）甲文罔：象罔張時之形，罔即網之本字，籀文网上與左右象網之綠，乃所以引而張之者；罔从网亡聲，本義作「庖犧氏所結繩，以田以漁也」解（見說文段注）乃用以覆蔽以捕取鳥獸及魚類之工具，罔罟：取獸曰罔，取魚曰罟，罔同「網」。

**冑** ㄓㄡ

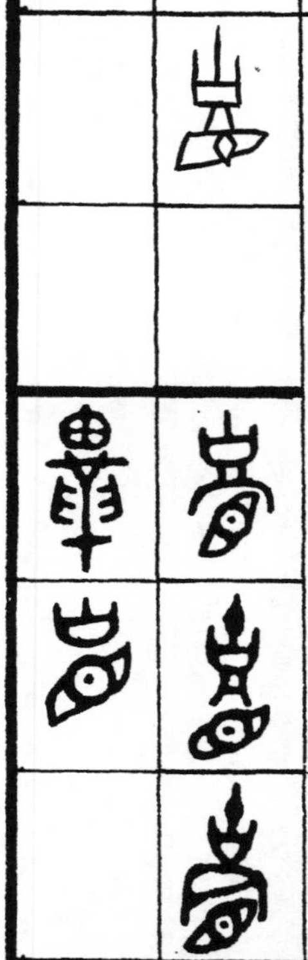

（象形）（形聲）甲文冑字與金文冑：从冃，由聲，本義作「兜鍪」解（見說文許箸）兜鍪即首鎧，就是今日所稱的盔，是戴在頭上以保護頭面的兼而具施之故，祇容日古文完全象形，當爲从目由聲，以「兜鍪」之合音如宙，而讀若宙。

**冓** ㄍㄡ

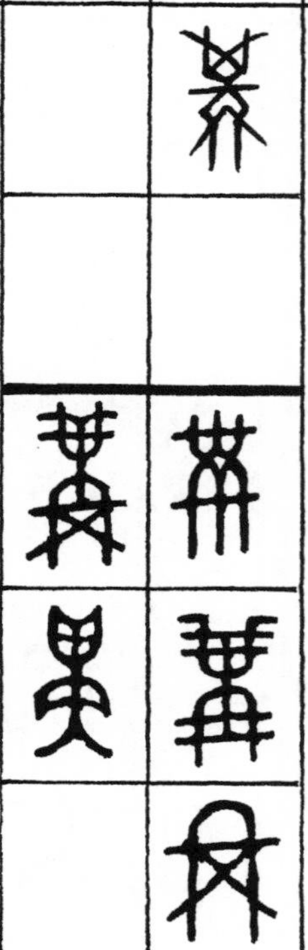

（象形）甲文冓與金文冓略同，丁佛言氏以爲「卽古構字，从交，交許云交也，連以二橫，象乘架形，結構字當作此」本義作「交積材」解（見說文許箸）字象屋材交積而縱橫相架合之狀，其本義爲構，所專古大數名，億兆京垓秭穰（壤）溝（冓）。

**冕** ㄇㄧㄢ

（象形）（形聲）（會意）甲文冕字與金文冕，容庚氏以爲「殆是冕字，从日，象形」从冃免聲，本義作「大夫以上冠」解（見說文句讀）曰爲古「帽」字，冕乃大夫以上至天子所戴用的禮帽，故冕从免聲，古時天子諸侯卿大夫之禮冠曰冕。

**冖** ㄇㄧ 音覓

（象形）甲文冖字與金文冖，林義光氏以爲「孟鼎絅衣（之絅）作冂，是冂冂無別，冖實即冂字」饒炯氏以爲「冖與冃冒（音帽）本一字而分用之……『頭衣也』（蒙首之巾）以巾覆物上平而兩邊下垂之形，本義作「覆」解（見說文釋例）。

**罕** ㄏㄢ

| 楷 | 甲文 | 金文 | 文 |
|---|---|---|---|

（形聲）（會意）甲文罕字與金文罕从网干聲本義作「网（網）」解（見說文段注）是指其形似畢的一種長柄小網，故从网又以干有主幹之意，故从干聲。長柄的捕鳥網、旌旗名、罕車、獵車名、少稀不多表數、尠、罕見、罕用、罕有。

## 軍 ㄐㄩㄣ

（會意）甲文軍字與金文軍李敬齋氏以爲『「兵營」也「从車在勹下」』，軍即營盤，使兵車得止息於勹（音緜屋舍）下之意。本義作「圜圍」解（見說文釋例）即今所謂之兵營、營房、營盤、隊伍之通稱，兵事、戰爭曰軍，周代軍制名，一萬二千五百人爲軍。

## 冠 ㄍㄨㄢ

（會意）甲文冠字與金文冠从冖从元从寸，冖音覓作「覆」解，元即「首」，寸示「笄」，以笄束髮而加覆於頭之上，此加覆之物即冠，本義作「弁冕之總名」解（見六書故）即後世所指帽類之總稱，冠帶、加冠、免冠、挂冠、儒冠、彈冠、解冠。

## 冤 ㄩㄢ

（會意）甲文冤字與金文冤从冂兔，冂音冪作「覆」解，兔爲善躍善走者，今置於覆罩物之內，則不能躍不能走，遂有屈而難伸之意，本義作「屈」解（見說文許箸）乃曲屈不獲伸展之意。怨家、仇人曰冤，結冤、擊曰冤，冤即業緣，刑不當罪或無罪而誤受刑曰冤。

## 冥

（會意）（形聲）甲文冥字與金文石文冥李敬齋氏以爲「冥晦也从日入會意冖聲，人（入）介（六）相似而訛」饒炯氏以爲「日出則明日入則幽……今篆从冖（音密）於聲本義作「幽」解（見通訓定聲）爲幽闇之意，故冥作「幽」解。

| 楷 | 甲文 | 金文 | 文 |
|---|---|---|---|

## 冡 音蒙 ㄇㄥˊ

（會意）甲文冡亦有與金文冡同形者，此所引之冡字其中之卜爲豕，其上下象有所掩覆之形，可見覆蔽之意，金文冡林義光氏取自王敎彝字偏旁以爲象豕首多毛覆蔽之形」，故本義作「覆」解（見說文許箸）乃蓋蔽之意，冡左無點，有點爲冢。

## 冢 音腫 ㄓㄨㄥˇ

（形聲）（會意）甲文冢字與金文冢从勹，豖聲，本義作「高墳」解（見說文段注）勹音包作「裹」解，高墳乃以土裹覆棺而成，故冢从勹；又以豖音獨，象豕而結其二足，有合而爲一之意，故冢从豖聲。高墳曰冢，古冢、汲冢、枯冢、義冢、野冢、蟻冢、英雄冢。

## 冪

（象形）（形聲）（會意）甲文冪字與金文冪字爲冖字重文，徐鉉氏以爲「今俗作『冪』同」从巾冥聲，本義作「幔」解（見通訓定聲）乃掩蔽他物之覆巾，通稱曰「冪」，在上曰「幔」，在旁曰「帷」，本義宜作「覆器物巾」解，乃用以蓋器物之布巾。

## 冫 ㄅㄧㄥ

（象形）甲文冫李敬齋氏以爲「棚也，固結水面如棚也，象冰紋之形，隸作『仌』作『冫』，俗增水作『冰』，隸省作『氷』」。金文冫與甲文冫略同，小篆冫象水凝冰時紋理之形，本義作「凍」解（見說文句讀）水遇寒而結成之固體，今字作「冰」。

## 冬 ㄉㄨㄥ

（象形）（會意）甲文冬李敬齋氏以爲「絲迹也象形……古借作『夂』或『終』」，高鴻縉氏以爲「象繩端終結之形（結繩遺意）」。金文冬林義光氏以爲「象兩端有結形」，爲冬之古文，从仌从夂，亦从夂聲，其本義作「四時盡」解（見說文許箸）。

楷　甲文　金文　文

## 冰 ㄅㄧㄥ

（會意）（形聲）甲文冰與金文冰略同金文冰爲仌字重文仌爲冰初文冰从水仌亦从仌聲乃水受寒而凝結以成之固體本義作「水堅」解（見通訓定聲）乃由水變成堅硬之固體物此物卽冰俗省丫爲、作氷今冰氷二字並行而冰較普及・

## 冶 一ㄝˇ

（形聲）（會意）甲文冶字與金文冶从仌台聲本義作「銷」解（見說文許箸）乃仌化解爲水之意故从仌又以台爲怡之初文本作「悅」解含有融和之意化解卽融和故冶从台聲鑄匠曰冶「良冶之子必學爲裘」（禮・學記）・

## 冷 ㄌㄥˇ

（形聲）（會意）甲文冷字與金文冷从仌令聲本義作「寒」解（見說文許箸）仌凍時卽寒冷故从仌又以令在古爲君上之所示含有森嚴凜烈而不可抗拒之意故冷从令聲冰曰冷寒曰冷・

## 凋 ㄉㄧㄠ

（形聲）（會意）甲文金文凋从仌周聲本義作「半傷」解（見說文許箸）乃形容寒冬時（結仌季節）萬物零落之字故从仌又以周有事物密合之意凋則所有草木零落而殘枝枯葉布滿於地故凋从周聲枯變爲零落凋落老成凋謝・

## 凌 ㄌㄧㄥˊ

（形聲）（會意）甲文凌字與金文凌从仌夌聲本義作「仌出」解（見說文許箸）乃指水結仌時所凝成之銳利角鋒而言故从仌又以夌作「越」解含有超出之意仌出則角鋒高出故凌从夌聲「積冰曰凌」（風俗通）・

楷　甲文　金文

## 馮 音凭 ㄆㄧㄥˊ　音逢 ㄈㄥˊ

（形聲）（會意）甲文馮字與金文馮从馬仌聲本義作「馬行疾」解（見說文許箸）是指馬急速以馳而言故从馬又以馬疾馳時四足不斷猛力著地而有砰砰之聲砰砰如仌仌故馮从仌聲馮夷：水神名依據通「憑」姓春秋鄭簡子後・

## 凓 音栗 ㄌㄧˋ

（形聲）（會意）甲文凓字與金文凓从仌栗聲本義作「寒貌」解（見說文繫傳）乃形容人遇寒不能耐之貌戰栗不止故凓从栗聲人遇劇寒時皮常遍起小圓微粒如栗實故凓从栗聲寒貌通「栗」「天日每陰醫風颸多凓凓」（歐陽修 鑿地爐詩）・

## 凜 ㄌㄧㄣˇ

（形聲）（會意）甲文凜字與金文凜从仌稟聲本義作「寒」解（見說文許箸）乃形容嚴寒時（結仌季節）寒氣砭人肌骨之狀故从仌又以稟乃積儲穀米之倉爲防其受高溫發黴常在陰涼之處寒有陰涼意故凜从稟聲惟隸變省稟爲今所行者・

## 凝 ㄋㄧㄥˊ

（形聲）（會意）甲文凝字與金文凝从仌疑聲本義作「定」解（見廣雅）乃指水遇寒結冰而堅固不流之意故从仌又以疑本作「迷而莫知所從」解是含有暫止而不動之意凝爲水暫止不動故从疑聲結液體結成固體凝思凝想・

## 几 ㄐㄧ

（象形）甲文几字與金文几上象平可以居（坐）之面下象其足本義作「居几」解（見說文徐箋）乃供人坐時所凭之几王筠氏以爲「踞几也體卑如人之蹲踞者漢初席地而坐無高几或已有高几而以其非古制也乃曰『踞几』」・

楷　甲文　金文

**凡** ㄈㄢˊ

（會意）甲文凡金文凡象承槃之形林義光氏以爲「象周匝最括之形」遂因形以見「最括」之意凡从乃从一乃爲「繼事之辭」有「於是」之義一爲物之始本義作「舉事之端」解（見六書故）乃於是而始之意廛俗曰凡概略大旨曰凡

**夙** ㄙㄨˋ

（會意）甲文夙象人跽而捧月之形葉玉森氏以爲「夙乃㩻明之時殘月在天夙興（早起）之人皆見殘月故雙手間空作捧月狀」金文夙與甲文夙略同从丮夕丮音戟即執之本字本義作「早敬」解（見說文許箸）乃甫旦即起而敬勉奉事之意

**凰** ㄏㄨㄤˊ

（形聲）（會意）甲文凰金文凰均爲皇字重文古以皇通凰从鳳省（省鳳下鳥）皇聲本義作「雄曰鳳雌曰凰」解（見韻會）乃通名曰鳳別之曰鳳凰之瑞鳥皇爲人之至尊鳳凰乃鳥之至尊者故凰从皇聲古瑞鳥名雄曰鳳雌曰凰

**凱** ㄎㄞˇ

（會意）（形聲）甲文凱字與金文凱爲豈字重文豈之本義作「還師振旅樂」解（見說文許箸）詳豈字下爲凱本字假借爲發語詞遂增几作凱（一說从几豈聲）今與豈分爲兩字而音義有別戰勝時所奏之音樂曰凱凱旋：戰勝奏凱而還之稱

**鳧** 音扶 ㄈㄨˊ

（會意）（形聲）甲文鳧字與金文鳧林義光氏以爲不从几从人人所畜也取其近人」鳧从几鳥几亦聲几音殊象鳥短羽形鳧即短羽之鳥故本義作「舒鳧鶩也」解（見說文段注）野曰鳧而家曰鶩鶩即俗稱之野鴨屬游禽類嘴扁脚短趾間有蹼

**鳳** ㄈㄥˋ

（象形）（形聲）甲文鳳約有繁簡不同之十餘形此爲習見之四形象華冠（Y）長尾且有斑眼之形增凡（Ħ）示从凡聲卜辭中多假鳳爲風風字最初假借鳳象形字鳳就是孔雀正是雄有高冠與彩屏也甚相合古瑞鳥名雄者曰鳳雌者曰凰鳳凰

**凵** 音坎 ㄎㄢˇ

（指事）甲文凵字與金文凵王筠氏以爲「凵祇是𠙵字變體許君誤分爲二」並舉「諸彝器中之『古』『周』『害』『格』」等字所从之口爲證凵象人張口而下脣侈出之形本義作「張口」解（見說文許箸）就是口張開的意思

**凶** ㄒㄩㄥ

（象形）（指事）甲文金文凶略同林義光氏以爲「凶爲胸之古文象形古作𠙵亦象胸形乳隆也」小篆凶凵象地穿即坑㐅直指交陷其中之事本義作「惡」解（見說文許箸）乃㐮橫困阨災禍之泛稱爲極易陷人者故从凵爲假象以明之

**出** ㄔㄨ

楷　甲文　金文

（指事）（會意）甲文出李敬齋氏以爲「入之反往門外也从止（即足）在門口（即凵）而向外」金文出吳大澂氏以爲「从止止足也㇕象納屨形古禮『入則解屨出則納屨』」本義作「進」解（見說文許箸）

## 函 ㄏㄢˊ

（象形）（形聲）甲文函商承祚氏以爲「函本矢箙（箭袋）後引申而爲凡能容物者皆謂之函」金文函吳大澂氏以爲「器中容物謂之函緘其口使不得出也」函下之㽕象舌之文理上象舌體㔾亦從㔾聲（胡男切）本義作「舌」解（見說文許箸）

## 幽 ㄧㄡ

（會意）（形聲）甲文幽商承祚氏以爲「从火从𢆶𢆶隱絲以見隱微之意」金文幽林義光氏以爲「8古玄字从山玄二玄猶从玄也玄黝黑也」意以山之黝黑處爲幽有遮蔽難於明見之意本義作「隱」解（見說文許箸）乃蔭蔽藏匿而不易明見之意

## 豳 ㄅㄧㄣ（音彬）

（形聲）甲文豳字與金文豳从山豩聲（伯貧切）本義作「山名」解（見通訓定聲）乃在今陝西省栒邑縣之豳谷名「豳國者后稷之曾孫曰公劉始都焉豳谷名也與古邠邑城相去約五十餘里」（郡國都城記）豳州：西魏置唐開元間改爲邠州

## 刀 ㄉㄠ

（象形）甲文刀與金文刀略同象刀刃向左直立形上爲刀鋒下爲刀柄左象刀口右象刀背本義作「兵」解（見說文許箸）乃諸兵器中最主要之一種惟饒炯氏以爲「古刀柄有環篆文正象之左象刀口右象刀背下象力尖篆作𠚣形爲是」

## 刃 ㄖㄣˋ

（指事）甲文刃與金文刃字略同刃象刀有刃之形以直指是處爲刃本義作「刀堅」解（見說文句讀）就是刀口亦即刀的最銳利處稱刃刀口堅利處曰刃，兵器名，古以「刀劍矛戟矢」爲五刃如白刃利刃兵刃

## 切 ㄑㄧㄝˋ

（形聲）（會意）甲文切字與金文切从刀七聲本義作「刌」解（見說文許箸）乃割斷之意故从刀又以七古作十象丨被割斷之形爲「切」字初文（見七字下）秦篆作七借爲數字六七之七久假不歸遂增刀作切承其本義七切古今字故切从七聲

## 刈 ㄧˋ

（會意）（形聲）甲文刈字與金文刈爲乂字重文从刀从乂亦从乂聲刀爲割草之器乂象左右芟割之象故刈之本義作「芟艸」解（見說文許箸）乃割除草之意，鎌刀曰刈，除草曰刈取穀曰穫

## 刊 ㄎㄢ

（形聲）（會意）甲文刊字闕金文刊取義闕征立名氏以此爲古刊字，从刀干聲本義作「削」解（見廣雅）是削除的意思故从刀又以干作「犯」解刊在以刀犯物故从干聲，印刷品，刊本，刊物，月刊，年刊，旬刊，週刊，

## 刑 ㄒㄧㄥˊ

（會意）（形聲）甲文刑金文刑略同，从井从刀井之橫直有定則且爲鄰里共同生活必有自律互助之道因此含有「法」意味刀爲「儆人」利器以示刑之所在，爲刑故其本義作「罰辠（罪）」解（見說文許箸）就是依法條以罰罪的意思，

## 列 ㄌㄧㄝˋ

楷　甲文　金文

（形聲）（會意）甲文列字與金文列丁佛言氏以爲「剌」列古通此从朿（左上）从攴蓋謂剌列古本一字」列从刀歺聲本義作「分解」解（見說文許箸）乃遲用刀器以分解物件之意故从刀又以歺音蘖作「列骨之殘」解縱者曰行橫者曰列。

**刎** 音吻 ㄨㄣˇ

（形聲）（會意）甲文刎字與金文刎从刀勿聲本義作「剄」解（見說文新附）乃以刀斷頸之意故从刀又以勿作旗解含有動盪之意味頸在人身之上以承頭加刀於頸而刎亦卽動盪使斷故刎从勿聲刎頸：喻生死不渝之友誼刎頸之交。

**刖** 音月 ㄩㄝˋ

（形聲）（會意）甲文刖从刀从月省（省月內一）聲與金文刖字略同从刀月聲本義作「絕」解（見說文句讀）是截斷之意凡截斷則殘缺故刖从月聲本義作「絕足」解（見說文許箸）乃截足使斷之意。

**判** ㄆㄢˋ

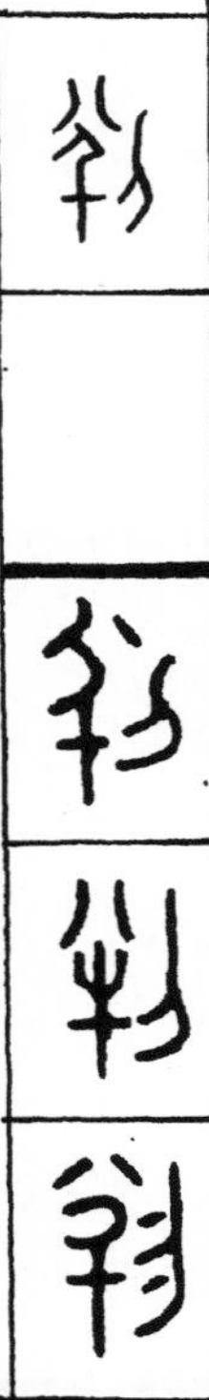

（形聲）（會意）甲文判字與金文判从刀半聲本義作「分」解（見說文許箸）乃爲剖開之意故从刀又以半字含義是將一物中分而爲二判釋爲分故从半聲裁決訟獄之文書曰判區別曰判判斷其事曰判直論其罪曰決。

**別** ㄅㄧㄝˊ

（會意）甲文別字本義不明石文別與金文別略同从刀冎聲本義作「分解」解（見說文許箸）乃割之使其分開之意故从刀又以冎音寡作「剮人肉置其骨」解含有使其骨肉分開之意分解亦卽分開故別从冎聲。

**利** ㄌㄧˋ

楷　甲文　金文

（會意）甲文利中从乘（左上爲又中爲禾）右从刀下从土乘爲束禾象以刀割取其从土乃示禾爲土所出而會所得束禾爲利之意金文利林義光氏以爲「利本義爲穌」从刀刈禾中點象穀實」故利之本義作「銛」解（見說文段注）。

**刪** ㄕㄢ

（會意）甲文金文刪字略同从刀册册由簡而成就是書册刀乃刊刻文字之具以刀刊刻書册文字爲刪故刪之本義作「剟」解（見說文許箸）乃爲汰除蕪雜取其精英對文字愼予刊定之意削除刪詩書刪繁就簡刪正刪改刪訂。

**到** ㄉㄠˋ

（會意）（形聲）甲文到金文到从人至以會意人至爲到本義作「至」解（見說文許箸）乃爲得達之意故从至又以刀爲利器有快速及人或及物之意味到有相及之意故从刀聲至達到到家到校。

**制** ㄓˋ

（會意）甲文制字與金文制與石文制略同从刀未未通味刀爲斷物之具菓物成熟則富滋味以刀割取而供食用爲制故其本義作「𢦒」解（見說文許箸）乃取以爲用之意未爲古枚字枝幹也古『制』『折』通用。

**刻** ㄎㄜˋ

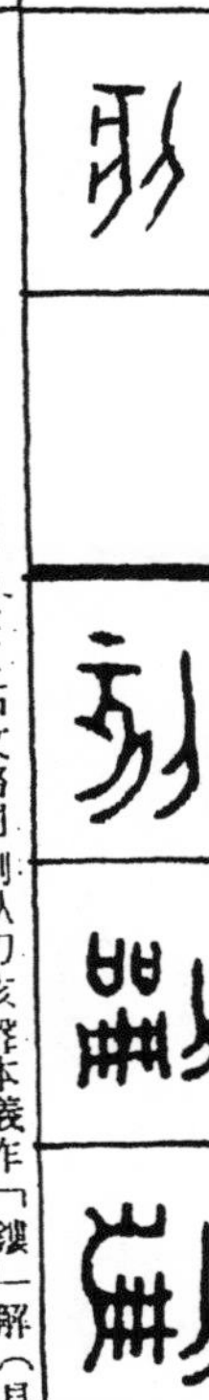

（形聲）（會意）甲文刻字與金文石文略同刻从刀亥聲本義作「鏤」解（見說文許箸）乃爲以刀彫鏤器物故从刀又以亥象豕形而作「豕」解豕有不斷以喙觸地而前進之習性刻乃以刀不斷觸物而前進故从亥聲。

**刷** ㄕㄨㄚ

楷 甲文 金文 文 楷 甲文 金文 文

……意刷从刀㕞省（省㕞右又）聲本義作「刮」解（見說文許箸）乃清除之之意故从刀又以㕞音刷本作「㕞」解是除去塵垢之意刮則爲徹底淸除故刷从㕞省聲。

（形聲）（會意）甲文刷字與金文刷从刀㕞省（省㕞右又）聲本義作「刮」解（見說文許箸）乃清除之之意故从刀又以㕞音刷本作「㕞」解是除去塵垢之意刮則爲徹底淸除故刷从㕞省聲。

## 剎 ㄔㄚˋ

（形聲）甲文剎字與金文剎从刀殺省聲（省殺右殳）本義作「柱」解（見玉篇）乃塔上藏舍利子之石柱望之其形如刀故从刀其音與殺近故剎从殺省聲。塔曰剎塔上所立以藏舍利子之柱曰剎剎讀岔不讀殺俗有錯讀殺者失正。

## 刺 ㄘˋ

（會意）（形聲）甲文金文刺字从刀朿朿亦聲朿音次爲可刺人的「木芒」用刀如木芒去傷人爲刺其本義作「直傷」解（見說文許箸）乃以兵器直前傷入之意名帖曰刺卽今之名片刀劍之鋒曰刺。

## 券 ㄑㄩㄢˋ

（形聲）（會意）甲文券字與陶文券金文券近似丁佛言氏以爲古券字从刀𠔉聲本義作「契」解（見說文許箸）乃謂契約契約乃雙方各持一半以爲信之文書在古以木類爲之故券从刀又以𠔉本作𢍏音眷作「摶飯」解爲重要信物。

## 則 ㄗㄜˊ

（會意）甲文則字與金文則从刀从鼎鼎爲可分食物之器義與小篆則从貝略同貝爲古時通貨刀乃用爲刻畫之具貝在漢書食貨志有大貝壯貝么貝小貝定其等差而畫界之使能別貴賤而不淆亂爲則故其本義作「等畫物」解（見說文許箸）。

## 削 ㄒㄧㄠ

（形聲）（會意）甲文削字與金文削从刀肖聲本義作「鞞刀者也」解（見蒼頡篇）乃盛刀之刀室故从刀又以肖本作「骨肉相似」解刀室必與刀形相似始能大小長短適中而納刀於內故削从肖聲今削鞘二字並行而削較通行者爲別義。

## 前 ㄑㄧㄢˊ

（會意）甲文前金文前略同从止在舟上止卽足足在舟上因舟正行進便無待步趨而隨舟前進故本義作「不行而進」解（見說文許箸）乃自然得進之意惟此本義古罕見用今所行者爲別義居先曰前。

## 剌 ㄌㄚˋ

（會意）甲文剌字與金文剌林義光氏以爲「从刀刈禾（以）〇朿之與『利』同字」乃刈禾而收穫之意剌从朿刀刀爲日用必需之工具今朿而不用則有違置刀之初旨故剌之本義作「戾」解（見說文許箸）剌左作朿不作束形似而音義迥別。

## 剛 ㄍㄤ

（形聲）（會意）甲文剛从刀从网省（省网下山）聲略同金文剛林義光氏以爲「古犅字作𤛫（靜敦）从牛剛聲」卽剛之古文从刀斷网（綱）网字古作𦉪（散氏盤）从山剛聲」本義作「彊斷」解（見說文段注）剛愎：很戾自用。

## 剔 ㄊㄧ（音踢）

（形聲）（會意）甲文剔字與金文剔从刀易聲本義作「解骨」解（見玉篇）乃以刀解骨而取其肉之意故从刀又以易有變化之意骨被刀解而起變化故剔从易聲去肉至骨挑剔甄別而除去之「糾剔姦盜」（後漢書・王渙傳）。

| 楷 | 甲文 | 金文 |
|---|---|---|

**剖** ㄆㄡˇ

（形聲）（會意）甲文剖字與金文剖从刀咅聲本義作「判」解（見說文許箸）就是加以判解的意思故从刀又以咅音丕爲「呸」之初文作「相與語唾而不受」解含有兩不相合的意味剖在使物分而不合故从咅聲。

**剪** ㄐㄧㄢˇ

（形聲）（會意）甲文剪字與金文剪實爲前字从刀歬聲本義作「齊斷」解（見說文許箸）乃以刀斷物使齊之意故从刀又以歬音錢本作「不行而進」解剪之斷物僅左右刀互合全刀不移動而物已兩分故前从歬聲俗字作剪爲今所行者。

**剝** ㄅㄛ

（會意）（形聲）甲文剝字與金文剝从刀彔亦从彔聲彔本作「刻木彔彔」解是狀木被刻割的字含有削小之意以刀刻割使物削小爲剝故其本義作「裂」解（見說文段注）乃使之破裂之意。

**副** ㄈㄨˋ

（形聲）（會意）甲文副字與金文副从刀畐聲本義作「判」解（見說文許箸）其意爲分剖故从刀又以畐音伏本作「滿」解滿則易溢而分滿亦由分而合副二（或更多）之意又有合二（或更多）爲一之意故从畐聲。

**創** ㄔㄨㄤ

（象形）（會意）（形聲）甲文創字與金文創林義光以爲「从刀（轉注）廾象傷痕（十卽甲字皮開裂也）」故本義作「傷」解（見說文釋例）乃指刀兵之傷而言爲刅字重文本義作「傷」解（見說文許箸）。

| 楷 | 甲文 | 金文 |
|---|---|---|

**剩** ㄕㄥˋ

（形聲）（會意）甲文剩字與金文剩从貝朕聲本義作「餘」解（見說文許箸）乃指財貨甚多而言故从貝又以朕字於秦始皇二十六年定爲天子自稱之名天子富有四海財貨餘裕故賸从朕聲留下來剩下餘剩多餘的剩菜剩飯賸（剩本字）。

**割** ㄍㄜ

（形聲）（會意）甲文割字與金文割从刀害聲本義作「剝」解（見說文段注）乃使之剝裂卽殘破之意故从刀又以害本作「傷」解剝裂必傷於物故割从害聲災害曰割𠜂「天降𠜂于我家」（書・大誥）・災害曰割割下截割。

**劃** 音化 ㄏㄨㄚˋ

（會意）（形聲）甲文劃字與金文劃从刀畫亦从畫聲刀指錐刀畫作「界」解含有劃開界限以相分的意味以錐刀之末劃物以分界限爲劃其本義作「以刀劃破物」解（玉篇）乃運用錐刀類之刀器以破物使其分開之意破開用利器劃物使破使開。

**劈** ㄆㄧ

（形聲）（會意）甲文劈字與金文劈从刀辟聲本義作「破」解（見說文許箸）乃以刀破物使裂之意故从刀又以辟本作「法」解凡身遭過大辟（死刑）者則一切破滅故劈从辟聲物理學名詞簡單機械之一「楔」遠近爽人爲之劈。

**劇** ㄐㄩˋ

楷 | 甲文 | 金文

（形聲）（會意）甲文劇字與金文劇从刀豦聲本義作「尤甚」解（見說文新附）乃事更顯其功物更顯其用之意刀斷物甚速而功用顯見故劇从刀又以豦音渠本作「互鬥而相執不解」解故从豦聲惟戴侗氏以爲「劇」作「尤甚」解

## 劍 ㄐㄧㄢˋ

（形聲）（會意）甲文劍字與金文劍从刃僉聲吳大澂氏以此爲古劍字从刃僉聲本義作「人所帶兵」解（見說文許箸）乃兩面有刃之短兵器名相士庶人皆可佩劍劍爲一般人通用之兵器故从僉聲惟說文之籀文作劍爲今所行者

## 劉 ㄌㄧㄡˊ

（形聲）（會意）甲文劉字闕金文劉从刀金丣聲本義作「殺」解（見說文繫傳）殺賴利器故从刀金又以丣音有爲酉初文說文釋丣（酉之古文）爲秋門含肅殺之象故劉从丣聲則劉从金刀又从卯聲」說亦可通俗字作劉爲今所行者

## 劊 ㄎㄨㄞˋ　音桂 ㄍㄨㄟˋ

（形聲）（會意）甲文劊字與金文劊从刀會聲丁佛言氏以此爲古劊字劊从刀會聲本義作「斷」解（見說文許箸）是以刀斷物之意故从刀又以會作「合」解刀合（相及）物則物斷故劊从會聲劊子·劊子手：舊時執行死刑的人爲劊子手

## 劑 ㄐㄧˋ

（會意）（形聲）甲文劑字與石文劑與金文劑略同从刀从齊亦从齊聲刀指剪切器物之具齊示整然如一之貌故其本義作「齊」解（見通訓定聲）乃使其均一齊一之意惟此本義古罕見用今所行者爲別義

## 劓 ㄧˋ

（會意）甲文劓金文劓略同从刀鼻亦从鼻聲加刀於鼻爲劓其本義作「刑鼻」解（見說文許箸）乃以刀割去鼻之意从刀从臬爲劓本字音義與上同惟劓劓並行而劓字較見習用古刑名割鼻之刑曰劓與墨剕宮大辟等並稱五刑

## 舋 ㄒㄧㄥˋ

（會意）（形聲）甲文舋字與金文舋上象兩手奉物下右爲女下左爲盛牲物皿器以此會血祭之意吳大澂氏以此爲古舋字其本義作「血祭」解（見說文許箸）卽後世之祭䘏

## 力 ㄌㄧˋ

（象形）甲文力與金文力略同金文力林義光氏取自毛公鼎勒字偏旁以爲「象臂形」小篆力象筋之形力由筋生亦由筋顯故本義作「筋」解（見說文許箸）徐灝氏以爲「象人筋竦其身作力勁健之形」惟此本義古罕見用今所行者爲別義

## 功 ㄍㄨㄥ

（形聲）（會意）甲文功字本義不明金文功上工下力从力工聲本義作「以勞定國」解（見說文許箸）乃指貢獻力量於國家而有所成就之意故从力又以工示規矩含有法規的意味功必求符合法規所定之具體事項故功从工聲

## 加 ㄐㄧㄚ

（會意）甲文加字金文加字略同李敬齋氏以爲「誇美也从口从力會意謂力稱之也」小篆加从力从口有力之口語善則益其美語惡則益其醜本義作「語相增加」解（見說文許注）乃使毀譽隨口爲之增益之意

## 劣 ㄌㄧㄝˋ

楷 甲文 金文

（會意）甲文劣字與金文劣从力少力之少者爲劣故其本義作「弱」解（見說文許箸）乃謂人氣短力絀不能奮發圖强之意；次下居其下圖「安棊常劣于玄」（晉書・謝安傳）劣上从少不从少俗有誤从少者失正

## 努 ㄋㄨˇ

（形聲）（會意）甲文努字與金文努从力奴聲本義作「用力」解（見增韻）乃竭盡全力之意故从力又以奴在古時爲有罪男女之罰充勞役者爲求免罪必須改過自新並盡力於所服之勞役故努从奴聲

## 助 ㄓㄨˋ

（形聲）（會意）甲文助字與金文助从ㄓ（左省）且聲助从力且聲左古佐字本義作「佐」解（見說文繫傳）乃盡力互相扶持之意故从力又以且音祖象木主（人死後以木製成之靈牌）形亦爲祖之初文故助从且聲

## 劫 ㄐㄧㄝˊ

（會意）（形聲）甲文劫字與金文劫从力去亦从去聲人欲去而我以力脅止爲劫故其本義作「以力止去」解（見說文釋例）乃以强力使對方欲去而不得去之意災禍曰劫例劫數火劫水劫浩劫刀兵劫劫右作力不作刀俗有誤作刀者失正

## 劬 ㄑㄩˊ

（形聲）（會意）甲文劬字與金文劬从力句聲本義作「勞」解（見說文新附）乃任事辛勤之意故从力又以句本作「曲」解即屈曲之狀人操作時則身稍屈故劬从句聲勞曰劬，勞碌辛勤不休「哀哀父母生我劬勞」（詩・小雅）

## 劾 ㄏㄜˊ

楷 甲文 金文

（形聲）（會意）甲文劾字與金文劾从力亥聲本義作「舉案之」解（見急就篇顏注）乃舉有罪者依法推治之意舉必力足禦强暴推必力求無枉無縱故从力又以亥本作「豕」解豕爲貪懶不潔且易作踐苗稼之家畜罪人亦有使其囿於法之意

## 勁 ㄐㄧㄣˋ

（形聲）（會意）甲文勁字與金文勁文勁从弓以力巠聲丁佛言氏以此爲古勁字本義作「健」解（見廣韻）乃指孔武有力之狀而言故从力又以巠作「水脈」解意是地下水地下水是具有向前衝擊之無比力量的故勁以巠聲

## 勃 ㄅㄛˊ

（形聲）（會意）甲文勃字與金文勃从力孛聲本義作「展」解（見廣雅）乃加力使展佈之意故从力又以孛音佩是形容草木叢生之狀叢生含有展佈之意故勃从孛聲反戾勃谿：爭吵反目變色貌勃起勃怒勃興勃爾

## 勇 ㄩㄥˇ

（會意）甲文勇象手（又）持械（川）之形陳邦懷氏以此爲古勇字金文勇从用戈以會勝敵爲勇之意又从力甬聲本義作「猛」解（見廣韻）乃氣勢旺盛奮力直前之意故从力又以甬作「艸木華甬甬然」解勇賁力壯氣勢盛故从甬聲

## 勉 ㄇㄧㄢˇ

（形聲）（會意）甲文勉字與金文若文勉略同从力免聲本義作「彊（强）」解（見說文句讀）乃謂力所不及而使之彊以行事之意故从力又以免作「免逸」解免逸則傾全力急速遠奔含有雖不能及而亦强行之意故勉从免聲

## 動 ㄉㄨㄥˋ

| 楷 | 甲文 | 金文 |
|---|---|---|

（形聲）（會意）甲文動从田東聲，古代重農，農必胼手胝足以事耕作，故从田；又以東爲日初出之方位，因有農事日出而耕作之意，故動从東聲；金文動爲童字重文，古从力重聲，本義作「作」解，（見說文許箸）乃有所作爲與行動之意。

**勘** ㄎㄢˋ

（形聲）（會意）甲文、勘字與金文、勘从力、甚聲，本義作「覆定」解，（見玉篇）乃再次推察，使其不失正確之意；此則必須細心盡力爲之，故从力；又以甚有過分之意，勘必過分細致綿密，故从甚聲；校核對文字譌誤而是正之曰勘；勘正、勘誤、校勘。

**勒** ㄌㄜˋ

（形聲）（會意）甲文勒字與金文勒从革、力聲，本義作「馬頭絡銜者」解，（見說文句讀）銜卽俗稱之嚼口，勒係套在馬頭下連嚼口之革帶，故从革；又此力本象人筋之形，勒在馬頭如筋外現，故从力聲。

**勖** 音旭 ㄒㄩˋ

（形聲）（會意）甲文勖字與金文勖从力、冒聲，本義作「勉」解，（見說文許箸）乃鼓勵其努力任事之意，故从力；又以冒本作「蒙首而前」解，含有不顧艱危而前進之意；勖在勉其不顧艱危任事，故从冒聲；勉勵、勖勉；「先君之思，以勖寡人」。（詩・邶風）

**勞** ㄌㄠˊ

（會意）（形聲）甲文勞字與金文勞从炏从衣从廾（廾音拱，象兩手持衣（可兜沙以滅火）向火之形，而會救火事極繁劇之意；又从力从熒省（省熒下火）奮力以赴，積極動作爲勞，故其義本作「劇」解，（見說文許箸）乃勤苦任事不已之意。

**勢** 音世 ㄕˋ

（形聲）（會意）甲文勢字與金文勢从力埶聲，本義作「盛力權」解，（見說文新附）乃指張大其實力權威之作用而言，故从力；又以埶音藝，爲藝字之初文作「種」解，種則發芽、苗壯、逐漸擴張之意味，故勢从埶聲；權力曰勢；勢利、威勢、權勢、仗勢欺人。

**勤** ㄑㄧㄣˊ

（形聲）（會意）甲文勤字與金文勤爲堇字重文，古以堇通勤，从力堇聲，本義作「勞」解，（見說文許箸）乃耐辛苦以奮全力任事之意，故从力；又以堇爲黏土，其質耐旱耐寒，利於播種百穀，勤取其能耐之意，故从堇聲；勞動不怠曰勤；盡心盡力任事。

**勠** 音鹿 ㄌㄨˋ

（形聲）（會意）甲文勠字與金文勠从力翏聲，本義作「并力」解，（見說文許箸）乃合衆力爲一力以赴事功之意，故从力；又以翏音六，本作「高飛」解，高飛必奮力向上，勠則取其奮力之意，故从翏聲；并并合；「勠力攻秦」。（漢書・高帝紀）戮勠同字。

**勳** 音熏 ㄒㄩㄣ

（形聲）（會意）甲文勳字與金文勳从力熏聲，本義作「能成王功」解，（見說文許箸）乃致力王事而有所建樹之謂，故从力；又以熏音薰，本作「火煙上出」解，含有其事如火煙之可見之意味，勳爲赫然可見之事功，故从熏聲；古文作勛，今勛勳二字無殊。

**勵** ㄌㄧˋ

（形聲）（會意）甲文勵字與金文勵从人萬聲，吳大澂氏以此爲古勵字，从力萬聲，本義作「勉力」解，（見說文句讀）乃自我奮發以赴事功之意，故从力；又以萬爲數之大者，勵在自我鞭策，以盡最大最多之努力，故从萬聲；勖勉、勵志、勵節、自勵、勉勵、策勵、激勵。

| 楷 | 甲文 | 金文 | 說明 |
| --- | --- | --- | --- |
| 勸 音ㄑㄩㄢˋ | | | （形聲）（會意）甲文勸字與金文勸从力雚聲本義作「勉」解（見說文許箸）乃勉其進於至善之意故从力又以雚爲鸛之本字鸛形似鶴而頂無紅丹巢於高樹捕魚介爲食極其辛勞有勤勉意故勸从雚聲 勉勸勉 激勸 奬勵勸業勸學奬勸・ |
| 勹 音包 ㄅㄠ | | | （象形）甲文金文勹字略同勹象人曲身之形以見懷中有所褢之意本義作「褢」解（見說文許箸）乃空其中以包褢他物今字作包一說勹卽包之本字勹之本義爲包所專今僅用爲部首字褢自外褢覆爲「包」字初文（說文段注・勹）・ |
| 勺 音芍 ㄕㄨㄛˊ 音部 ㄕㄠˊ | | | （象形）甲文勺與金文勺略同金文勺林義光氏取自毛公鼎甚字偏旁（林氏釋甚从勺）爲勺之反文以爲「八象勺中之實或作匕（甚斡彝甚字偏旁）中省……匕亦象勺」本義作「挹取之器」解（見部首訂）乃似匕（匙）・ |
| 勿 音物 ㄨˋ | | | （指事）（象形）甲文勿李敬齋氏以爲「人肋也从人指事（『二』指肋之所在）一曰象形」金文勿林義光氏以爲「象飛鳥之翅當爲『非』之或體非勿古音近」又以勿右象旗柄左象旗之三游本義作「大夫士所建旗」解（見通訓定聲）・ |
| 勻 音昀 ㄩㄣˊ | | | （形聲）（會意）甲文勻字與金文勻林義光氏以爲「調也从二有二乃相調也旬省（省旬內日）聲」意卽調勻之義勻从勹二二示分之使均勹包本字示內有褢物凡物均分則少故其本義作「少」解（見說文許箸）乃不多之意調調勻・ |
| 勾 音鉤 ㄍㄡ | | | （形聲）（會意）甲文勾从口在冂中與金文勾形略異而實同商承祚氏以此「當亦是句字」金文勾與大徵氏以爲「古句字讀若鉤（今作鉤）」其从口ㄐ聲勾實爲句字本義作「曲」解（見說文許箸）乃彎曲之意彎曲物曰勾同「鉤」・ |
| 包 ㄅㄠ | | | （象形）甲文包象子在母體中之形知此爲包字金文包林義光氏以爲「象子未成形在褢中而非人褢之形當卽胞之古文胎衣也」象人懷孕胎兒褢於腹中本義作「妊」解（見說文段注）乃爲腹中有孕之意穢曰包荷包香包姓包（庖）犧氏之後・ |
| 句 ㄐㄩˋ | | | （形聲）（會意）甲文句从口在冂中與金文句形略異而實同金文句从ㄐ口聲本義作「止」解（見玉篇）ㄐ爲糾之初文凡物糾繚則止不得進故句从ㄐ又以口古音讀若「苟」本義作「曲」解俗字作勾句讀：古時無標點符號書中成文語絕之處曰句 |
| 旬 ㄒㄩㄣˊ | | | （會意）甲文旬羅振玉氏以爲「殷人自甲至癸（天干）爲一旬於上旬之末卜下旬之吉凶……日自甲至癸而一徧故旬之誼引申爲徧」金文旬从勻日蓋取一月三旬有平均（勻）月以十日其本義作「十日爲旬」解（見通訓定聲）卽十天稱一旬之意・ |
| 匈 音凶 ㄒㄩㄥ | | | |

楷 甲文 金文 文

(形聲)(會意)甲文匈字金文匈略同从肉又从凶聲从勹本義作「膺」解，(見說文許箸)乃俗稱之胸膛，以其內包臟腑，故从勹；又以凶象地陷形人常兩乳凸出，女子尤然兩乳間凹入略如地陷形故匈从凶聲人體頸下腹上之部位名字亦作「胷」「胸」

甸 ㄉㄧㄢˋ

(會意)(形聲)甲文甸字與金文甸从人田、田亦聲，爲佃字重文；林義光氏以爲「甸當與佃同字」；甸从勹田、田亦聲田指土地包圍天子都城於內的土地爲甸，其本義作「天子五百里地」解，(見通訓定聲)乃天子都城外四周五百里內土地之稱。

匋 ㄊㄠˊ

(會意)(形聲)甲文匋字與金文匋林義光氏以爲「从人持缶」蒼頡篇釋缶爲「作瓦家」即作瓦器者故从人持缶(瓦器)會意；匋以缶包省聲(省包爲勹)本義作「瓦器竈」解(見說文句讀)即今之窯故匋从包省聲瓦器曰匋；字亦作「陶」

匍 音蒲 ㄆㄨˊ

(形聲)(會意)甲文匍字與金文匍从人甫聲，本義作「手行」解(見說文許箸)乃跪伏而將手著地以行之意手行必跪而曲上體，故从勹，又以甫爲捕之省文釋名「匍匐小兒時也，匍猶捕也藉索可執取言之也」；故从甫聲匍匐：盡力以赴

訇 音轟 ㄏㄨㄥ

(形聲)(會意)甲文訇字與金文訇从言从勻省聲(省勻爲勹)本義作「駭言聲」解，(見說文許箸)乃愚駭者妄言亂語之聲，故从言又以勻有均勻一義，愚駭者之言於聲既無高低於語亦不委婉，幾皆均勻如一，故訇从勻省聲訇訇：空氣動蕩之聲

楷 甲文 金文

芻 音雛 ㄔㄨˊ

(象形)(會意)甲文芻羅振玉氏以爲「从又(手)持斷艸，是芻也」金文芻象包(即勹)束艸之形其所包爲兩束之艸爲屮乃示巳割斷之艸故爲艸之半作「刈艸」解(見說文許箸)乃巳刈之艸；芻蕘：芻謂草蕘謂薪刈草之人曰芻，

匐 ㄈㄨˊ 音迫 ㄆㄛˋ

(形聲)(會意)甲文匐字與金文匐从勹畐聲，本義作「伏地」解，(見說文許箸)乃人曲背伏地之意，故从勹又以畐有實滿一義，釋名「匐伏也伏地行也」人伏地曲背聚手足再伸展以進，曲背聚手足有實滿意，故匐以畐聲。匍匐：見匍字下。

匕 音比 ㄅㄧˇ

(象形)(會意)甲文匕柳長勛氏以爲「如大拇指與食指中節相合之形此在古即女陰一如以中指上翹象男陰(詳且字注)遺傳至今民間仍有以此相比譬者後匕因之變爲妣金文匕與大徵氏以爲「古文以爲妣字」本義久巳爲「比」字所專

北 ㄅㄟˇ

(會意)甲文北金文北略同从二人相背二人背與背對則心相違行相異此即爲北；其本義作「舛」解，(見說文許箸)乃兩者乖戾不相合之意方位名與「南」相背北山、北斗、北夷、北辰、北岳、北海、北國、北朔、北極；敗走者之稱奔敗北北門北宮

匙 音遲 ㄔˊ

| 楷 | 甲文 | 金文 |
|---|---|---|
| 匙 音詩 ㄕˊ | （形聲）（會意）甲文匙字與金文匙从匕是聲本義作「匕」解（說文許箸）乃俗稱之調羹匕匙貫一物之古今名故匙从匕又以是有「正」義以匙取物必正匙而入正以挹之故匙从是聲為挹食物或飲料之具曰匙，開鎖之具。 | |
| 匚 音方 ㄈㄤ | （象形）甲文匚金文匚略同橫視之上者爲口下者爲底左右爲兩邊本義作「受物之器」解（見說文段注）乃藏什物之器惟此本義古罕見用今僅用爲部首字。藏置器物之具「匚器之爲方者也」（六書故·匚）量名「一斗曰匚」（肯綮錄）。 | |
| 匝 音雜 ㄗㄚ | （指事）甲文匝字與金文匝林義光氏以爲「匝者集也象𠂤集之形（三面各集於一也」从反「之」即倒「之」之作「出」解「出」作「往」解「往」而又返此即爲匝其本義作「周」解（見說文句讀）乃既往而返繞行一回環之意。 | |
| 匜 音移 ㄧˊ | （象形）（形聲）（會意）甲文匜象兩手奉盛水酒器（左）以注水酒入皿（右）之形此兩手所奉者即匜金文匜象盛水酒器自上注水酒入皿之形此器亦即匜从匚也聲本義作「似羹魁柄中有道可以注水酒」解（見說文許箸）狀似瓢勺可盛水酒。 | |
| 匠 ㄐㄧㄤˋ | （會意）甲文匠字闕金文匠从匚从斤匚爲「受物之器」斤乃「斧」屬即木工用以製器的工具運斤以製匚爲匠其本義作「木工」解（見說文許箸）乃製造木器者之稱木工曰匠工匠花匠銅匠鐵匠 各種技術工人皆名匠。 | |
| 匡 ㄎㄨㄤ | | |
| 匣 音甲 ㄒㄧㄚˊ | （形聲）（會意）甲文匣字闕金文匣从匚甲聲本義作「匱」解（見說文許箸）艸木初生孚甲象戴其種子上冒以出之形而有裹藏種胚於內之意匣取其裹藏之意而从甲聲藏物器之小者曰匣古匣玉匣妝匣劍匣鏡匣。 | |
| 匪 音非 ㄈㄟˇ | （形聲）（會意）甲文匪字闕金文匪从匚非聲本義作「竹器方曰匪」解（見玉篇）乃盛幣帛等之竹器；以其在受物故从匚又以非作「相背」解匪爲竹器必破竹以縱橫編織成器有相背意故从非聲方形似筬之竹器曰匪今字作「篚」強盜曰匪。 | |
| 匯 ㄏㄨㄟˋ | （形聲）（會意）甲文匯字與金文匯从匚淮聲本義作「匫」解（見說文段注）乃匫於大澤外之陂隄藉以防水氾濫一如器之納物於內故从匚又以淮水易氾濫在古即以防氾爲重淮水因之稱淮匫而匯亦因之从淮聲匯合匯聚洊滙匯貨幣兌匯電匯。 | |
| 匸 音傒 ㄒㄧˇ | （會意）（指事）甲文匸字與金文匸林義光氏取自盂鼎匽字偏旁以爲「象藏物之器」；匸从乚从一「乚古文隱字示可藏物之處本義作「有所俠（挾）藏」解（見說文徐箋）乃指其中可以藏物而言；惟此本義古罕見用今僅用爲部首字。 | |
| 匹 音披 ㄆㄧ | | |

| 楷 | 甲文 | 金文 |
|---|---|---|

（象形）（會義）甲文匹字與金文匹林義光氏以爲「象布一匹數摺之形」从匸从八，匸音徯、示其卷（捲）而可藏八爲分意分指分四丈爲一卷（捲）故匹之本義作「四丈」解，（見通訓定聲）乃指布帛長至四丈者摺合之名曰匹。配曰匹，偶曰匹。

医 一ˋ

（會意）（形聲）甲文医金文医略同从匸从矢亦从矢聲匸音徯象盛物之器，此器中所盛者爲矢，故本義作「盛矢之器」解（見說文許箸）即俗稱箭箙或箭袋，盛矢之器曰医「兵不解医（今作翳）」（國語·齊）：翳俗省作「医」

區 ㄑㄩ

（會意）甲文區上省一橫筆與金文區略同，从品从匸品示「衆多」匸音徯示「藏，」衆多器物得以挾藏不露爲區其本義作「藏匿」解（見說文許箸）即隱藏衆器物處之稱，小室曰區，宅曰區，行政組織名，市以下爲區區區：微小，區區小事區區之數

匿 ㄋ一ˋ

（會意）（形聲）甲文匿金文匿象采桑藏筐中之形其意蓋指匸爲筐匸中爲桑，从匸若聲本義作「藏」解（見廣韻）乃隱藏於內使不外現之意故从匸又以若本作「手擇菜」解藏必求足以蔽身之物有選擇之意故匿从若聲匿名匿怨隱匿藏匿

十 ㄕˊ

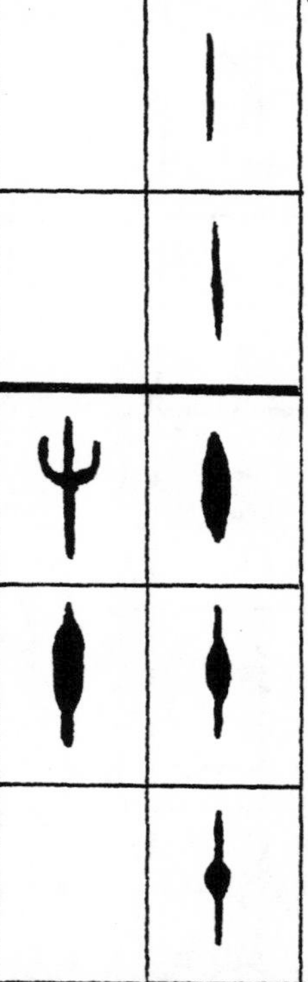

（會意）（指事）甲文十作上下相貫之豎一，今習俗以手式示數，有將食指橫伸代表「一」及將食指直伸代表「十」金文十林義光氏以爲「象結形，即『合』也，含有周匝之義，故引申爲具數之名」本義作「數之具也」解數名一加九之數爲十

| 楷 | 甲文 | 金文 |
|---|---|---|

支 ㄓ 音之

（會意）甲文支字與金文、文支與說文之古文支取意略同古文支从又（手）分竹爲上下以見支爲「去竹之枝」去竹枝則成竹竿可作支持之用使不傾覆，本義作「枝」解（見說文句讀）乃已去枝之竹幹名。草木之枝曰支，通「枝」給與曰支

廿 ㄋ一ㄢˋ

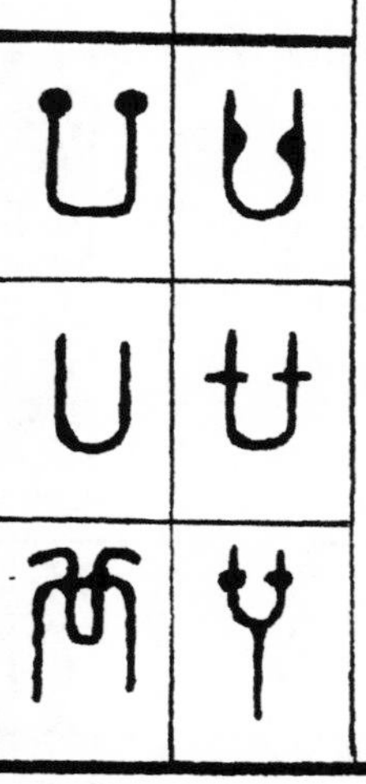

（會意）（指事）甲文廿：甲文十作丨，今廿从兩丨相連，羅振玉氏以此即廿字，金文廿略同廿从兩十相併爲一本義作「二十幷」解（見說文許箸）乃合二十兩字而成之字義即二十。

卅 ㄙㄚˋ

（會意）甲文卅从三個十相連與小篆卅形異而義同，金文卅从三個丨相連在古結繩時代十爲大數作丨故連三丨作卅，小篆卅从三個十相併本義作「三十幷」解（見說文許箸）乃三個十之總稱，並取三十之合音爲音而若與數名與「三十」同

古 ㄍㄨˇ

（會意）甲文古从十从口與金文古略同惟盂鼎以古爲故字甲文从十口十口所傳的言語必非現在而由來已久故其本義作「故」解（見說文許箸）乃在時間上早屬過去之意今之對過去久遠之時間曰古「今來古往」祖曰古即祖宗古道古事曰古

半 ㄅㄢˋ

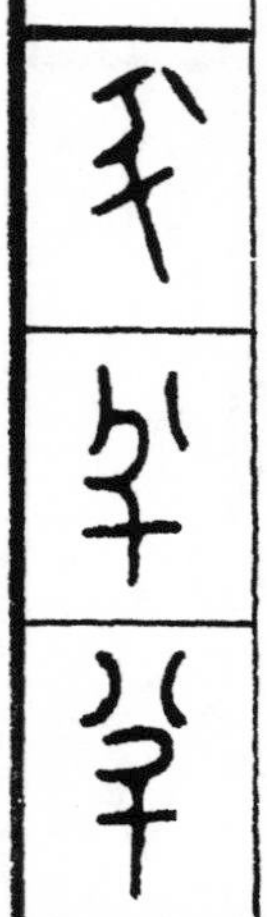

楷　甲文　金文

（會意）甲文半字與金文半：與大徵氏以此爲「从八从千千成數中分之半也」或曰从八从升，有分開之意，故半之本義作「物中分」解（見說文許箸）是指物中分後之兩半相等而言，惟朱駿聲氏以爲「此字實即判之本字」所見亦是，並引參證。

**卅** 音夕 ㄒㄧˋ

（會意）甲文卅：象四｜相并之形，古以十爲｜，故四｜相并即四十之義，商承祚氏以此爲古卅字，金文卅與甲文卅略同，卅从二廿，兩個廿相并爲四十，本義作「二廿并」解，（見通訓定聲）乃爲數四十之意，惟俗字省作卌，爲今所行者。

**卉** ㄏㄨㄟˋ

（會意）甲文、卉字與金文、小篆卉：从三屮，屮音徹，爲初生艸，木三屮即衆艸，本義作「艸之總名」解（見說文段注）故各種不同之艸統稱曰卉，草曰卉，百卉，花卉，奇卉，纖卉，衆卉，又「春日遲遲，卉木萋萋」（詩・小雅）。

**直** ㄓˊ

（會意）甲文直：从｜（十字）从目，十目所見，必得其直，金文直：丁佛言氏以爲「\疑从正省」，餘與甲文直同，从乚从十从目，」音隱，作「隱匿」解，十目爲多數人之意，凡爲多數人所注視者，雖至隱匿，終於眞相大白，故其本義作「正見」解（見說文許箸）。

**卑** 音碑 ㄅㄟ

（會意）甲文卑字與金文卑：林義光氏以爲「當爲甶之變形，甶𠀧也，手持之與僕同意」，蓋以持𠀧象執賤役者，此即爲卑，从𠂇甲，𠂇爲古左字，甲象人頭，古代風尙右，卑左卑，其本義作「賤」解（見說文許箸）。

**卓** ㄓㄨㄛˊ

楷　甲文　金文

**阜** 音負 ㄈㄨˋ

（會意）甲文阜字與金文阜：从匕从早，匕即比，早从日在十上，而十又表示中央與四方，其上有日，本含高意，再從而與之兩相並比，益見其高，故其本義作「高」解（見說文許箸）乃特別高聳之意，高遠的，卓見，卓論，特異的，卓效。

（象形）甲文阜：金文阜：略同，𨸏𨸏相疊，象高原梯次上聳之形，本義作「大陸」解，（見說文許箸）凡地之高而平者曰陸，高厚無石者曰阜，高鴻縉氏以爲「字象木梯之形，故原意爲獨木梯，後借爲高地之名，大陸曰阜，山無石者，即土山，衆曰阜，即衆人。

**協** ㄒㄧㄝˊ

（會意）（形聲）甲文協字與金文協：从十从劦，亦从劦聲，劦音血，作「同力」解，十示爲數之衆，衆同力爲協，故其本義作「同衆之和」解（見說文許箸）乃力甚集中之意，協合：和洽以合，「百姓昭明，協合萬邦」（書・堯典）。

**南** ㄋㄢˊ

（象形）（形聲）甲文南：田倩君女士以爲「始爲容器，盛酒漿或盛黍稷之用，後發見其音『殸然』，始作爲樂器，金文南與甲文南略同，由甲文遞遭而來，其形較繁，而義實同，从𣎳羊聲，本義作「任」解（見說文句讀）方位名，與「北」相對者。

| 楷 | 甲文 | 金文 |
|---|---|---|

**博** ㄅㄛˊ

（會意）（形聲）甲文博字與金文博：从十从尃亦从尃聲，十示廣與衆有周匝之意；尃音敷作「散佈」解，能周知散在四方之事爲博，故其本義作「大通」解，（見說文繫傳）乃廣知無遺之意。貧賤者曰博局戲曰博賭博博通博覽博笑博徽博弈。

**喪** ㄙㄤ ㄙㄤˋ

（會意）（形聲）甲文喪字與金文喪：从哭，林義光氏以爲「哭从吅（哭之聲）从夭，夭即求字，夭殀也，哭則體夭屈，與笑从夭同意，變爲此形」；从亡（右下入）故其本義作「亡」解，（見說文義證）乃指人之死亡而言。喪禮曰喪。喪生、喪命、喪氣、淪喪。

**準** ㄓㄨㄣˇ

（形聲）（會意）甲文準字與金文準：从水、隼聲，本義作「平」解，（見說文許箸）物之平者莫若水，故从水，又以隼即雕鳥，雖飛翔甚速而目仍能及遠，常自高空平飛見食物則乖直疾下以攫取；準取其平飛之意，故从隼聲。測水平之器曰準；法度曰準。標準。

**嗇** ㄙㄜˋ

（會意）甲文嗇上从來省（省來下）下爲亩象倉屋形；金文嗇从廾从土从田，廾示收藏，土田示禾稼之所出，收藏禾稼爲嗇，从來从亩，亩爲廩之古文，凡納入（來）廩中穀物有藏而愛護之意，本義作「愛濇」解，（見說文許箸）又謂『吝惜』爲嗇」。

**疐** ㄓˋ 音致

（會意）甲文疐：下爲止即足，上之𠀠爲鬲即今之鍋，𠆢象鬲中滿實羹湯熱氣蒸騰之狀；足前行遇此，必阻礙難通，是即疐。金文疐：止即足有前行之意，林義光氏以爲「田象車輪，𠂤象有物礙之從止」，本義作「礙不行」解，（見說文段注）停頓不前之意。

**嘏** ㄍㄨˇ 音古 ㄐㄧㄚˇ 音假

（形聲）（會意）甲文嘏从魚叚聲，與金文嘏第二字略同；嘏从古叚聲，本義作「遠」解，（見說文徐箋）乃久遠長遠之意，故从古，又以叚古有「古」「假」兩音，本作「借」解，含有遠非我有未易近取意，嘏謂遠，故从叚聲。福曰嘏，生者之福。

**橐** ㄊㄨㄛˊ 音駝

（形聲）（會意）甲文橐字與金文橐：象內已盛物之囊，上下爲束合之結，从㯻省、（省𣎆豕）石聲，本義作「囊」解，（見說文許箸）以「無底曰囊有底曰橐」本作「大束」解，乃謂盛器物之大束橐類，故从橐，無底之袋曰橐。風箱曰橐，冶鑄者吹火之器。

**囊** ㄋㄤˊ

（形聲）（會意）甲文囊字與金文囊：上从束省，中爲已盛物之袋，下乃束合之結，此即囊。从㯻省、（省𣎆豕木）从襄𤔔聲，本義作「橐」解，（見說文段注）乃束物於內之大袋，故有「治」「亂」二義，故囊从𤔔聲。口袋曰囊。行囊、米囊、香囊、智囊、詩囊、錦囊、錢囊。

**卜** ㄅㄨˇ

（指事）甲文卜从丨有橫筆向左上左下右上右下斜出者，此所引爲向右上斜出之形，羅振玉氏以爲「卜兆皆先有直坼（即丨）而後出歧理（即丨上斜筆）歧理多斜出」，金文卜與甲文卜略同，其本義作「灼剝龜」解。（見說文段注）。

**卞** ㄅㄧㄢˋ

楷 甲文 金文

（會意）甲文卜字闕，金文、小篆卞从丄从卜，丄音頭，有居上爲首之義，卜爲灼剝龜以問吉凶之事，疑有未決而卜，特重首（第一次）卜，故卞作「法」解，（見玉篇）乃指必須遵行之正途而言，手搏角力曰卞，即今之摔角。

占 ㄓㄢ

（會意）甲文占與陶文占小篆占略同，从卜从甘，金文中从口之字間亦从甘，丁佛言氏以此爲古占字，从卜口，卜象龜背上之兆文，口乃臨兆文之上而加以述說，此述說常先問求卜者之所問而視兆以相語，故其本義作「視兆問」解，（見說文許箸）。

卣 音酉 一ㄡˇ

音由 一ㄡˊ

（象形）甲文卣王國維氏以此爲卣之初形，象盛酒之皿，金文卣第一字與甲文卣略同，其下之）爲皿之省，金文卣第二字，象盛酒尊形，其右爲把，又象艸木之實，上之卜爲實蒂，下之⊗象下垂之實，本義作「艸木實垂卣卣然」解（見說文釋例）乃艸木下垂貌。

卦 ㄍㄨㄚˋ

（形聲）（會意）甲文卦字與金文卦，从卜圭聲，本義作「筮」解（見說文許箸）乃闕持蓍草（古稱神草較龜易得）以卜吉凶，因謂卦爲筮，而有蓍無辭專爲卜筮之用，筮从卜，又以圭爲瑞玉，上圜下方，爲君主手所執舉者，卦爲執舉蓍草，故从圭聲。

鹵 音魯 ㄌㄨˇ

（象形）甲文鹵金文鹵略同，爲魯字初文，徐灝氏以爲即鹵之古文，从鹵，後來之變體耳，阮太傅（元）曰「魯東方濱海地多斥鹵，故以爲名，鹵與魯通」，丁佛言氏以爲「玉篇鹵作壐，此从下，義猶上也」，本義作「西方鹹地」解（見說文許箸）指山西產鹽之地而言。

鹹 音咸 ㄒ一ㄢˊ

（形聲）（會意）甲文鹹字與金文，从鹵咸聲，本義作「苦」解，（見釋名）味過鹹則苦，以其爲鹽鹵所出，故从鹵，又以咸本作「皆」解，鹹味皆爲鹵所出，又皆苦澀，故鹹从咸聲，鹽味曰鹹，與辛、酸、苦、甘並稱五味，鹹土，鹹泉，鹹菜，鹹淡，鹹魚，鹹海。

卩 音節 ㄐ一ㄝˊ

（象形）甲文卩羅振玉氏以爲「象人跽形，即人字也」，金文卩與甲文卩略同，卩即古「節」字，象節半分而能相合之形，古制以節之半藏於朝，以另一半由有官守者執持於外，故其本義作「瑞信」解，（見說文許箸）乃符節之節，爲部首字。

卯 ㄇㄠˇ

（象形）（指事）甲文卯與金文卯略同，金文卯林義光氏以爲「即兜鍪之鍪本字，首鎧（護面鋼盔）也，卯鍪古同音，ψ象兜鍪形，（‖象其具，ↄↄ象附於外之眼孔）其本義作「門兩扉開」解（見通訓定聲）地支名，十二地支之第四位曰卯，生肖卯兎也。

印 一ㄣˋ

（會意）甲文印羅振玉氏以爲「『說文解字』印，按也，从反印，俗从手作抑』，又『印注，執政所持信也，从爪卩』，卜辭印字从爪从人跽，象手抑人而使之跽，印抑古爲一字，金文則已有此字，與甲文印略同，其本義作「執政所持信」解，（見說文段注）。

危 ㄨㄟˊ

（會意）甲文危于省吾氏以爲「雖不知其象何物，然均斜作，其象傾隕之形，視而可識也」，傾覆而顛仆之意，金文危象人在火上之形，以會危殆之意，善自戒懼而節止之爲危，其本義作「在高而懼」解（見說文許箸）乃高險可懼之意，險曰危。

楷　甲文　金文

**卯** ㄇㄠˇ

（象形）甲文卯字與金文卯，象魚卵自魚腹取出後之形，本義作「魚卵」解（見說文釋例）乃俗稱的魚子，王筠氏以爲「魚本卵生，顧旣生之卵如米，其自腹剖出者則有膜裹之如袋，而兩袋相比，故作卯以象之。蓋本作ⅡⅡ象形，隸變作卵，爲今所行者。

**卲** ㄕㄠˋ

（形聲）（會意）甲文卲字金文卲略同，林義光氏以爲「从人召聲」本義作「高」解（見說文許箸）乃形容人之才識品德之高而言，卩（古符節字）有高意，故从卩；又以召爲以口呼人，必高聲爲之，亦有高意，故卲劭並行而音義無殊。

**卷** ㄐㄩㄢˇ

（形聲）（會意）甲文卷字與金文卷从卩弄聲，本義作「膝曲」解（見說文許箸）乃膝部屈曲意，卩爲跽人象屈膝跽地之形，故卷从卩，又以弄音倦，本作「搏飯」解，爲兩手搓飯團令有使之密合意，卷則上（大）下（小）腿密合，故卷从弄聲。

**卹** ㄒㄩˋ

（形聲）（會意）甲文卹字金文卹略同，林義光氏以爲「从人血聲」，卹从血卩聲，本義作「憂」解（見說文許箸）人憂傷之至極，椎心泣血，故从血，又以卩古節字，守邦國（玉節）守都鄙（角節）者依其位而異其節，皆有稱其分位之意，故卹从卩聲。

**卸** ㄒㄧㄝˋ

（形聲）（會意）甲文卸字金文卸从卩午聲，略同，卸从卩止午聲，本義作「舍車解馬」解（見說文段注）乃言止車停馬兩事，一說爲止車而解馬使停，卩即人字，車馬供人乘用而爲人所止，本字乃制車使止之木，徐鍇氏以爲「午馬也」。

**卻** ㄑㄩㄝˋ

（形聲）（會意）甲文金文卻字从卩谷聲，本義作「骨節之間隙」解（見說文徐箋）乃骨節之小隙，故从卩，又以谷音噱，作「口上阿」解，上之八示口上阿時之紋理，下口示口，口阿上而口成小隙，卻取其小隙之義，故从谷聲，拒而不受之意。

**卽** ㄐㄧˊ

（會意）（形聲）甲文卽與金文卽略同，金文卽林義光氏以爲「卽就也，豆觶熟物器，象人（卩）就食之形」，卽从皀卩聲，本義作「就食」解（見通訓定聲）皀音香，爲稻粱之馨香，故从皀，又以卩爲節之初文，故卽从卩聲，燭炬之餘燼曰卽。

**卿** ㄑㄧㄥ

（會意）（形聲）甲文卿羅振玉氏以爲「象兩人相向就食之形，亦卽公卿之卿，鄉黨之鄉，饗食之饗，皆爲一字」，金文卿與甲文卿略同，卿从卯皀聲，本義作「高爵」解（見說文徐箋）周禮有六卿，漢制有九卿，古以上大夫爲卿，羣臣中爵高位尊者。

**厂** 音漢 ㄏㄢˋ　音罕 ㄏㄢˇ

（象形）甲文厂金文厂略同，厂左一掠筆象山之坡度，上一橫筆象石之突出，其右下空處卽厓，本義「山石之厓巖」解（見說文句讀）乃指由山石外出而成之厓巖，在古代常被人利用爲可居之處，今僅用爲部首字，山邊可以居人之厓巖曰厂，卽俗稱之巖洞。

## 反 ㄈㄢˇ

（指事）甲文反與金文反略同，金文反林義光氏以爲「厂象翻翻形从又謂以手反轉之」此反轉翻翻即反小篆反从又厂手示可任意翻動之手厂象傾於一側之形其本義作「覆」解（見說文許箸）乃翻轉來之意，故反作覆解。

## 仄 ㄗㄜˋ（音昃）

（會意）甲文仄字與金文仄从人在厂下厂音漢作「山石之厓巖」解人在厓巖之下，或行或止均須側其身傾其頭以適應厓巖之地形始獲安全故仄之本義作「側傾」解，（見說文繫傳）乃側斜之意字音四聲中上出入三聲總稱爲仄。

## 厄 ㄜˋ

（象形）（形聲）甲文厄字與金文厄即戹字林義光氏以爲「戹即軛之古文（詩韓弈鞗革金戹）象輈（一）轅（丨）軏（丁）軥（ㄇ）之形軛一名衡本有二軥狀如ㄇㄇ以扼兩馬之頸厄从戶乙聲本義作「隘」解（見說文許箸）。

## 厓 ㄧㄞˊ

（形聲）（會意）甲文金文厓字从厂圭聲本義作「山邊」解（見說文許箸）厂爲厓巖故从厂又以古時奉祭祀之田名圭田孟子有「卿以下必有圭田」祭祀乃所以追遠山邊爲地之遠者故厓从圭聲山邊際處曰厓同「崖」。

## 厚 ㄏㄡˋ

（會意）甲文厚與金文厚略同，金文厚上从石下从高省（省高之上半部）石高者必厚故厚有高意从反享享作獻解以獻於上者轉而賜之於下謂之㫗㫗作「厚」解是爲厚之意厂音岸作「厓巖」解厚之本義作「山陵之厚」解（見說文許箸）。

## 原 ㄩㄢˊ

（會意）甲文原字與金文原，从厂泉厂爲厓巖厓巖下之泉爲原本義作「水泉本」解，（見說文許箸）就是泉水所出之處，廣平之土地曰原，原隰原隰高原，本謂水泉之本亦謂事物本原今字作「源」。

## 厥 ㄐㄩㄝˊ

（形聲）（會意）甲文厥字與金文厥从人厂欮聲本義作「發石」解（見說文許箸）乃發掘山石之意發掘山石恆在厓巖處所故从人厂又以欮从屰（逆）欠會意爲「瘚」之初文乃逆氣之意人發石易疲勞而逆氣故厥从欮聲。

## 雁 ㄧㄢˋ（音鴈）

（形聲）（會意）甲文雁字與金文雁从隹从人厂聲隹音追爲短尾禽人是指此鳥知合羣能守秩序而有「人」之道，一說因其羣飛時常作「人」字形故其本義作「知時鳥」解（見說文校錄）乃春去秋來極能守時之信禽名。

## 厭 ㄧㄢˋ

（形聲）（會意）甲文猒字與金文猒从厂猒聲本義作「以石有所鎮笮」解（見說文徐箋）乃加重物於他物之上而使之得定止之意厂爲石塊（重物）所出處故从厂又以猒作「飽」解凡物受重壓則必密合而有飽足之意味故猒从猒聲。

楷 甲文 金文 文

**厲** ㄌㄧˋ

（形聲）（會意）甲文厲字金文厲略同，从厂，萬聲，本義作「旱石」解（見說文許箸）乃指粗硬的磨刀石而言；厂爲崖巖爲石所出處，故从厂，又以萬爲𧎤虫（即蠍）善螫他物厲在使刀斧犀利，亦有螫其鈍銹之意，故从萬聲。

**歷** ㄌㄧˋ

（會意）（形聲）甲文歷羅振玉氏以爲「从止从秝足行所至皆禾也，以象經歷之意」金文歷爲厤字重文，但林義光氏以爲「當即歷之古文過也，歷爲經歷之義，故从二禾，二禾者禾再熟也，厂推移之象」本義作「過」解（見說文許箸）故歷从厤聲。

**曆** ㄌㄧˋ

（形聲）（會意）甲文曆字與金文曆似从甘，但金文邑卣則从日，厤聲，本義作「曆象」解（見說文新附）乃推算日月星辰諸天象於歲時中所經歷程之法則，故从日，本作「治」解，曆必詳細推治，始見精確，故曆从厤聲。公曆、西曆、國曆、陽曆、陰曆。

**壓** ㄧㄚ

（形聲）（會意）甲文壓字與金文壓从土，猒聲，本義作「壞」解（見說文許箸）乃敗毀之意；土受壓固易毀壞，而他物爲土所壓尤然，故壓从土，又以猒作「飽」解，有加重於他物之上之意，猒壓古今字，壓爲猒之累增字，故从猒聲。鎮壓、制壓、彈壓、壓迫、逼壓。

**饜** ㄧㄢˋ 音厭

楷 甲文 金文 文

**厶** ㄙ 音私

（會意）（形聲）甲文饜字與金文饜即猒字，林義光氏以爲「从犬从甘（省甘爲甘）肉」犬肉味甘，或犬有甘肉，皆含飽足意，義古且以之祭天，得犬肉則甘而飽食，故本義作「飽」解（見通訓定聲）即飽足之意。饜事：多事之意，俗稱厭煩。

**去** ㄑㄩˋ 音某 ㄇㄡˇ

（指事）（會意）甲文厶與金文厶亦有同形，象方正有缺之形，以會方正無缺爲公，方正有缺爲私之意；厶爲「私」字初文，字形環曲，含有不公正之人其心思常彎曲不直之意，本義作「自營爲厶」解（見說文許箸）今私字行而厶僅用爲部首字。

（會意）（形聲）甲文去李敬齋氏以爲「去出戶離去也，象大（即人）由凵出，象外去之形」金文去亦有簡如甲文去者，此所引爲其繁形，丁佛言氏以爲「从辵从去，是去字古文，往復來去皆从辵」本義作「人相違」解（見說文許箸）爲柳製飯器。

**台** ㄊㄞˊ 音臺 ／ ㄧˊ 音怡

（形聲）（會意）甲文台字與金文台以爲「以」字，从口，㠯聲，本義作「說」解，（見說文許箸）說與悅通，爲喜悅意；人遇喜悅則笑口常開，故从口，又以㠯爲古以字，以有所從自之意；凡喜悅或內會於心，或外樂於事，必有所從自，故台从以聲。

**弁** ㄆㄢˊ 音盤

○六○

| 楷 | 甲文 金文 | 文 |
|---|---|---|
| 弁 音卞 ㄅㄧㄢˋ | | （象形）（會意）甲文弁字與金文弁上象冠形，下从廾，象兩手承奉之意，弁爲加於首者，故兩奉以示敬，本義作「冠」解，（見通訓定聲）乃古代顏與冕似之高帽名。古冠名，著禮服時所戴用者，弁冕皮弁（武冠）清代下級武官曰弁。 |
| 牟 音謀 ㄇㄡˊ |  | （指事）甲文牟字與金文牟：象牛聲氣自口出，牟上部之厶象牛鳴時口中所出之氣，下部之牛示此氣所從出之實體，其本義作「牛鳴」解，（見說文許箸）乃牛之鳴聲，牛鳴時其聲謀謀，故牟讀音若謀。土釜曰牟，盛黍稷器，古國名，祝融之後，姓，牟國之後。 |
| 矣 ㄧˇ |  | （形聲）（會意）甲文矣字與金文矣从矢目聲，本義作「語已詞」解，（見說文許箸）乃語畢止時之詞，並可以「了」字解之，常用於句尾，以見其止，矢爲必有所止者，故矣从矢，又以目爲以之古文，故矣从以聲，助句；表已然之事，表將然之事。 |
| 能 ㄋㄥˊ | 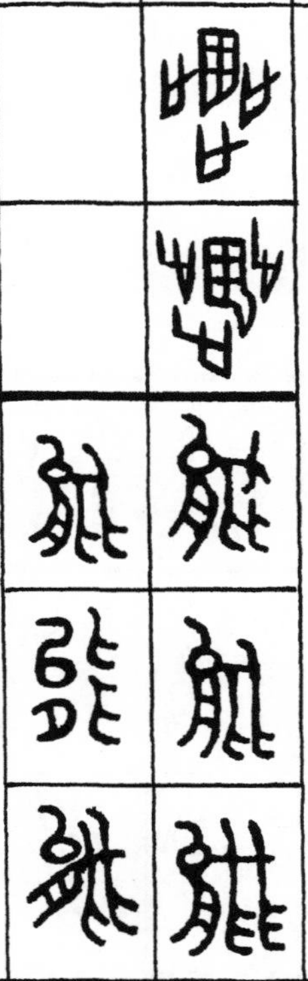 | （象形）（會意）甲文能與金文能形與而義同，金文能林義光氏以爲「按爾雅：『鼈三足能（釋魚）』此當爲能之本義，古毛公鼎能正象三足形，似鹿足之足，本義作「熊屬」解（見說文繫傳）乃爲屬於熊一類而强壯堅實之獸，才智才幹曰能。 |
| 畚 音本 ㄅㄣˇ |  | （形聲）（會意）甲文畚字與金文畚：从甾、弁聲，本義作「蒲器」解，（見說文繫傳）乃爲一種盛裝食糧之竹器；甾音緇，東楚謂之爲缶，乃盛物之器，其形中空而形類弁，故从弁聲；盛糧之器曰畚；草或竹製成，用以盛穀物者；盛土之器曰畚。 |
| 參 ㄘㄢ |  | （會意）（形聲）甲文參與金文參略同，林義光氏以爲「參並也从人（𠔿古𠩺人）齊古齊作𠫭（齊癸姜敦）作亝（陳侯用賚敦）並與亝形近」本義作「晉 星」解（見說文徐箋）晉星明大有光，有足珍貴意，故參从厽聲。參謀：武官名，御者曰參。 |
| 又 ㄧㄡˋ |  | （象形）甲文又金文又：略同，象手腕與手指側視之形，因係側視只見拇指食指中指，至無名指與小指，因較中指短而爲所掩，故僅見三指，本義作「手」解，（見說文許箸）是合手臂以外的手腕手掌手背手指而言，惟此本義古罕見用，今所行者爲別義。 |
| 叉 ㄔㄚ |  | （指事）甲文叉與金文叉字略同，从又从一，一指被錯之物，又示手指，其本義作「手指相錯」解，（見說文段注）乃布手指以錯物之意，因之凡布（展伸）指錯（分插）物間而取之曰叉，上端有分枝之物曰叉，股枝曰叉，通「杈」。 |
| 友 ㄧㄡˇ |  | |

楷 甲文 金文

（會意）（形聲）甲文友金文友略同，从二又又卽手二手示二人，二人彼此携手足見相善相助之意，一說二人相善互助如左右二手故其本義作「同志爲友」解，見說文許箸）乃指同心合力者之稱，凡氣類投合情誼互通者皆曰友。

**叔** ㄕㄨˊ

（會意）（形聲）甲文叔與金文叔略同惟羅振玉氏以爲「从ㄅ象弓形↑象矢S象弋射之繳其本意全爲惟射之惟或卽惟之本字」羅氏並對下文吳大澂氏所說爲非金文叔吳大澂氏以爲「象人執弓矢形本義作「拾」解（見說文許箸）乃收取之意。

**取** ㄑㄩˇ

（會意）甲文取象以手（右）取耳（左）之形以含有捕取之意金文取林義光氏以爲「象兩手有所取形（中之・示被取之物）不从耳變作𠬞（毛公鼎）頗與耳形近」古代處罰罪人或俘虜皆取其耳其本義作「捕取」解乃獲得之意。

**受** ㄕㄡˋ

（象形）（會意）甲文受與金文受略同，金文受吳大澂氏以爲「受上下相付也，兩手持舟，舟承尊之器（卽盤）」凡从𠂤从又，皆象手形，受从𠬪舟省聲（省舟爲一）本義作「相付」解（見說文許箸）乃此付而彼受之意故从舟省聲。

**叛** 音畔 ㄆㄢˋ

音半 ㄅㄢˋ

（形聲）（會意）甲文叛字與金文叛从半反聲本義作「背」解（見玉篇）乃離去之意物中分使各相離爲半故叛从半又以反爲正之對背則適與正相反故叛从反聲背離去「衆叛親離難以濟矣」（左・隱四年）。

**叟** ㄙㄡˇ

音搜 ㄙㄡ

（會意）甲文叟从又（手）持火在宀下王國維氏以爲「考檀弓『童子隅坐而執燭』管子弟子職『昏將舉火隅坐』執燭乃弟子之事，金文叟字从又从夾，又卽手夾爲古腋字老人須以手扶其腋而行故其本義作「老」解（見六書正譌）。

**叡** 音銳 ㄖㄨㄟˋ

（會意）甲文叡字與金文叡从𣦼从目从谷省（省谷下口）𣦼音殘有貫穿之意有深入之意作深入貫通之明察爲叡其本義作「深明」解（見說文許箸）乃對事物有透徹深入明晰理解之意聰慧超乎等倫。

**叢** 音匆 ㄘㄨㄥ

（形聲）（會意）甲文叢字與金文从丵取聲本義作「聚」解（見說文許箸）乃形容衆物錯雜相聚的字丵音浞象叢生艸形故叢从丵又以取爲聚之省文聚有匯雜相聚有匯合意故叢从取聲。

**口** ㄎㄡˇ

楷　甲文　金文

（象形）甲文口金文口略同，口略象口上下脣與兩角上侈之形本義作「人所以言食也」解，（見說文許箸）乃人專司言語飲食之器官名，嘴曰口人與動物用以進飲食及發聲音之器官，閉口張口「惟口出好興戎朕言不再」（書・大禹謨）

召　ㄓㄠˋ

（會意）（形聲）甲文召象人陷入穴中招人來援以求出險之狀下象穴上取兩手相招卽招呼之意，金文召中从月口酉，員月卽肉酉爲酒貝示財口出聲以呼，左右示兩手以招人且从刀聲本義作「呼喚」解（見說文許箸）乃招人之意。

叩　ㄎㄡˋ

（形聲）（會意）甲文叩字與金文叩从卩口聲本義作「擊」解，（見玉篇）乃輕敲之意；卩古節字，輕擊常連續爲之若有節奏者然，故从卩又以口司言語，平常言語時，其聲甚輕，故叩取其輕意而从口聲止住通「扣」叩首・叩頭・叩顙・

叫　ㄐㄧㄠˋ

（形聲）（會意）甲文叫字與金文叫从口丩聲本義作「嘑」解，（見說文許箸）乃大聲呼喚之意，故从口又以丩爲糾之初文含有如繩索之相互糾合而不中斷之意；叫聲常悠長不斷故从丩聲叫子：口笛叫化：叫化子卽乞丐，鳥叫馬叫鵖叫貓叫。

可　ㄎㄜˇ

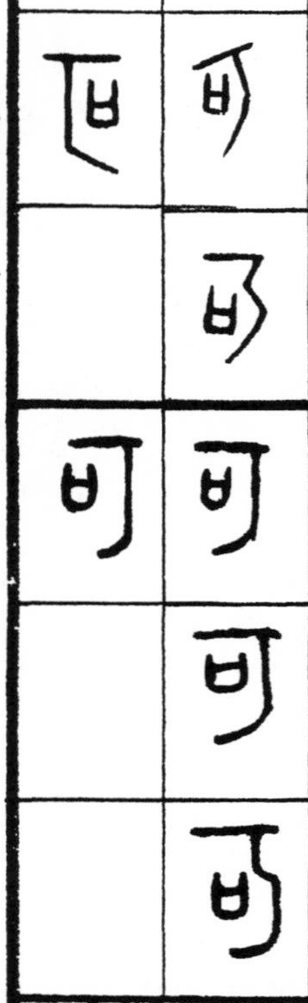

楷　甲文　金文

（會意）（形聲）甲文可金文可略同，从口从丁亦从丁聲，丁音考，是氣欲舒出時之音口乃發言者人說可時口中便有平舒之氣發出其本義作「肯」解（見說文斠詮）是贊同的意思。

史　ㄕˇ

（會意）甲文史金文史略同，从又持中古代官府簿書叫做中卽今之案卷又爲手，以手持案卷意在記事記言故其本義作「記事者」解（見說文許箸）乃古代掌理諸種記載之官，能秉筆直書以守其正存其眞者爲史，官名紀錄君國典要之官曰史。

右　ㄧㄡˋ

（會意）（形聲）甲文右字與金文右略同，右从又口亦从又聲，又卽手在手不足以應事時便助之以口；今日解繩索時仍常見之本義作「手口相助」解（見通訓定聲）卽佐助之意，上曰右卽上位「漢廷臣無能出其右者」（史記・田叔列傳）

司　ㄙ

（會意）甲文司从反后，后在古有「國君」一義，反后卽與國君相對之人，所指者卽臣；古制君南面垂拱聽道臣北面肅而受命，金文司：吳大澂氏以爲「从𤔔从乁，許氏說『𤔔治也讀與亂同』故司之本義作「臣司事於外者」解，（見說文許箸）

吉　ㄐㄧˊ

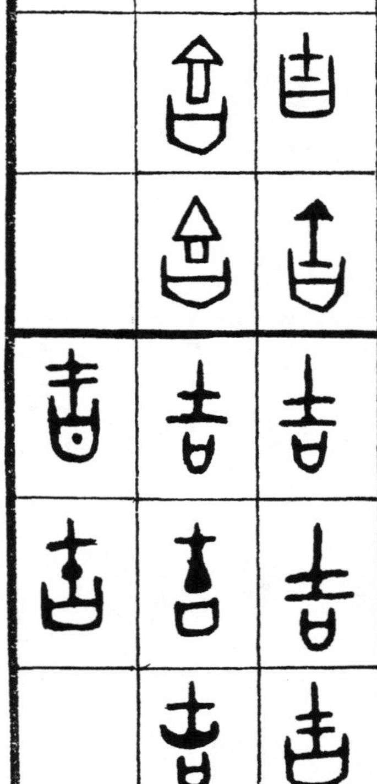

| 楷 | 甲文 | 金文 | 文 |
|---|---|---|---|

（會意）（形聲）甲文吉金文吉略同从士口古以士（从十一有聞一知十以一優十意）爲品學兼優足爲楷模者惡言不出於口故士口所出爲吉本義作「善」解（見說文許箸）乃美好之意吉日即月之初一日略稱吉四時之孟月吉日

## 名 ㄇㄧㄥˊ

（會意）甲文名李敬齋氏以爲「光也从戶外有月會意ㄖ古文戶字後人借作姓名字」金文名林義光氏以爲「夕即ㄖ之變象物形口對物稱名之象」名从口从夕人與人在夕相見之時彼此難辨識須口稱己名以告知對方故其本義作「自命」解。

## 各 ㄍㄜˋ 音閣　ㄍㄜˇ 音個

（會意）甲文各羅振玉氏以爲「从夂象足形自外至从口自名也此爲來格之格本字」金文各林義光氏以爲「按口象物形倒之爲A形變爲夊夊口象二物相齟齬形」意以兩者互不相合爲各其本義作「異詞」解（見說文許箸）各不相涉之意

## 吐 ㄊㄨˇ

（會意）（形聲）甲文吐字與金文吐从口土聲本義作「棄」解（見蒼頡篇）乃將口中物棄出之意故从口又以土爲出生萬物者故吐取其出意而从土聲一說土即地口所出物必著地故吐从土聲說亦可通並引參證

## 向 ㄒㄧㄤˋ

| 楷 | 甲文 | 文 | 金文 | 文 |
|---|---|---|---|---|

（會意）甲文向與金文向略同金文向宀象人所居之屋口象窗牖形用以通氣者向从宀从口宀音緜作「交覆深屋」解口象「戶牖」古代建屋門多南向以迎陽氣流通空氣故其本義作「北出牖」解（見說文許箸）就是面北的窗戶。

## 后 ㄏㄡˋ

（會意）甲文后與金文后略同从厂从一口厂音拽有「施令以告四方」之意一口是說此人之口才是發佈號令者能以口發令而施之四方之人爲后其本義作「繼體君」解（見說文許箸）繼體君就是國君天子之嫡妻曰后以別於妃嬪而言天子曰后。

## 君 ㄐㄩㄣ

（會意）（形聲）甲文君从尹口與金文君略同金文君象人主正面拱手而坐之形以含垂拱而治者爲君之意君从尹从口尹作「治」解口爲可以發令者辭治理而能發令者爲君其本義作「尊」解（見說文許箸）乃指居高位以主國政者而言。

## 吳 ㄨˊ

（會意）甲文吳李敬齋氏以爲「从夭从口會意謂舞且歌也俗增女作娛」按字象張口揚手之形亦可會大言時侃侃而談之意金文吳林義光氏以爲「按夭象人傾頭形夨（傾斜）首謳呼之象」故其本義作「大言」解

| 楷 | 甲文 | 金文 | 文 |
|---|---|---|---|
| 呈 ㄔㄥˊ |  | | （形聲）（會意）甲文呈字與金文呈略同，从口、壬聲，本義作「平」解，（見說文許箸）就是平準之意，盛物入器而求準確無差必使平器之口，故呈从口，又以壬音逞、本作「善」解是恰好之意，平準有恰好之意味，故呈从壬聲。 |
| 邑 ㄧˋ |  | | （會意）甲文邑羅振玉氏以爲「說文解字中邑从囗从卩，考之卜辭及古金文皆作卪，象人跽形，邑爲人所居，故从囗从人」，以會邦邑都邑之意，金文邑與甲文邑略同，从囗从卩，囗音圍示封疆四界，卩音節示此「封疆」，其本義作「國」解（見說文許箸）。 |
| 吝 ㄌㄧㄣˋ |  | | （形聲）（會意）甲文吝與金文吝字略同，吝从口文聲，本義作「恨惜」解，（見說文許箸）乃恨所得者少，惜所與者多之意，恨惜常形於言以見意，故从口，又以文有掩飾一義，凡所恨惜者雖可形於言，究難坦率直述，每曲爲解說以自飾，故吝从文聲。 |
| 吞 ㄊㄨㄣ |  | | （形聲）（會意）甲文、吞字闕，金文、吞从口天聲，本義作「下咽」解，（見說文句讀）乃由口經喉而嚥下去之意，故从口，又以天有上意，人於嚥物之際，口常向上，故吞从天聲，姓，漢有吞景雲，吞或讀音如天，下咽不加咀嚼，即嚥下去，併諸侯，吞天下。 |
| 吟 ㄧㄣˊ | 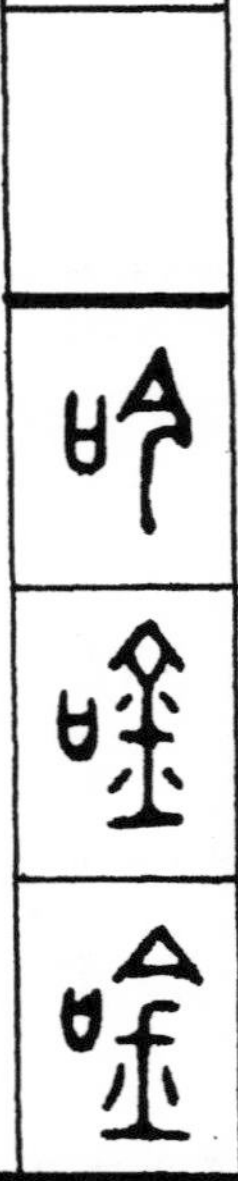 | | （形聲）甲文吟字與金文吟，从口今聲，本義作「呻」解，（見說文許箸）乃口中有所哦咏之意，故从口，又吟時其音清脆如金，故吟从今聲，詩歌曰吟，白頭吟，滄浪吟，哦咏，高吟，低吟，朗吟，歎息，呻吟，又「筵吟宵哭」（國策・楚）。 |
| 杏 ㄒㄧㄥˋ | 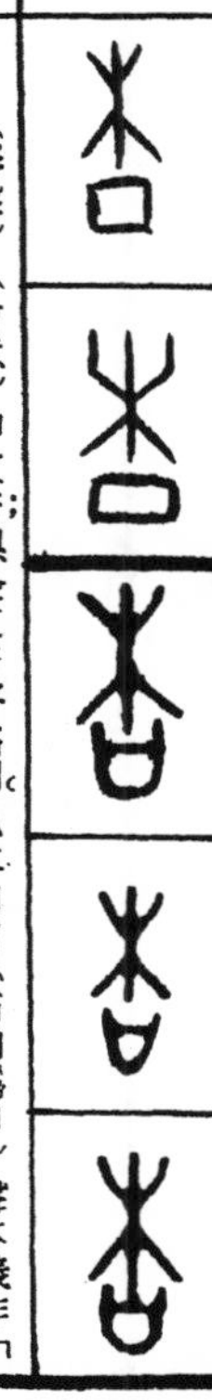 | | （形聲）（會意）甲文杏與金文杏字略同，从木向省（省向爲口）聲，本義作「杏果」解（見通訓定聲）杏爲木本，故从木，杏與某（梅）正同類之物，故古之造文者並从木从口會意，呆字木在口下，杏字木在口上，其義實不異也」。 |
| 否 ㄈㄡˇ |  | | （會意）（形聲）甲文否字與金文否，从口从不，又从不聲，不乃指事理之非，而言口乃說明其非之所在，故其本義作「不」解，（見說文許箸）乃明白指示事理不當之意，不，不可，表否定，否則：不然，就要表轉折相承。 |
| 含 ㄏㄢˊ | 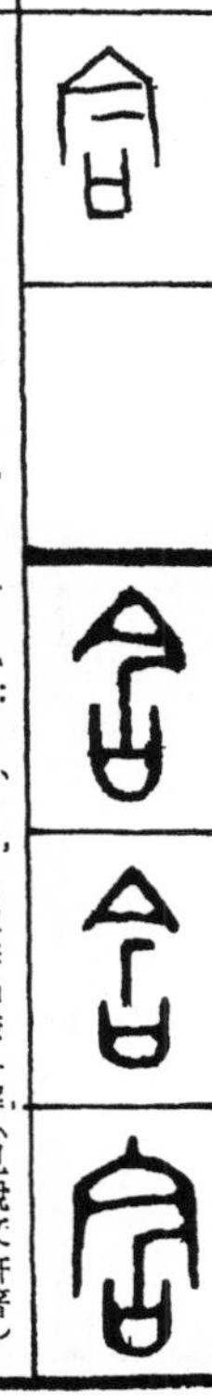 | | （形聲）（會意）甲文、含字與金文、含，从口、今聲，本義作「嗛」解（見說文許箸）乃口有所銜之意，故从口，又以今即現在，在時間上最爲短暫，口銜物非茹即吐，爲時短暫，故含从今聲，銜留物於口中，不吐不咽，包容，含容，含蓄，包含。 |
| 吻 ㄨㄣˇ | 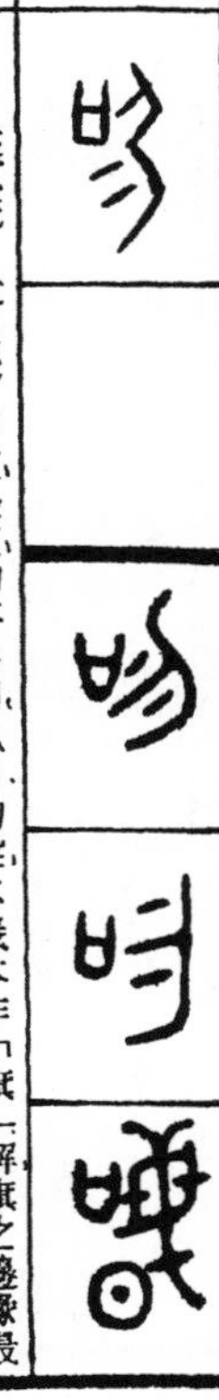 | | （形聲）（會意）甲文、金文、吻字略同，从口、勿聲，本義本作「㫃」解，㫃之邊緣最易隨風飄動，口邊亦易受感觸而動，故：作「口邊」解（見說文許箸）乃嘴脣邊緣處，故从口，又以勿从勿聲，口脗曰吻，口之兩邊，接吻，裂吻，口吻：語氣說話音調。 |
| 吸 ㄒㄧ | 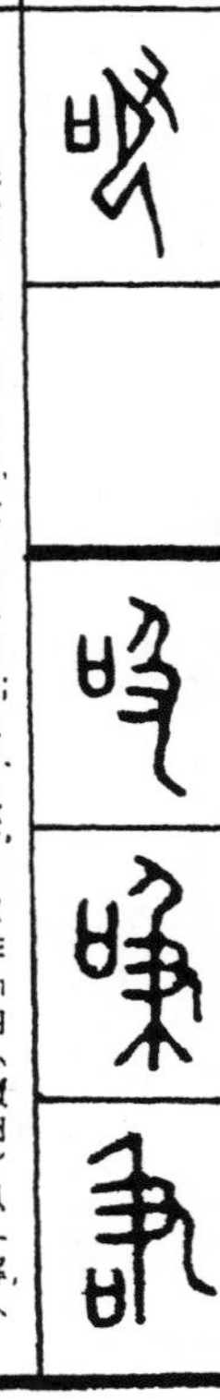 | | （形聲）（會意）甲文、金文吸字略同，从口、及聲，本義作「內（讀納）息」解，（見說文許箸）乃自口鼻向內納氣之意，故从口，又以及有自後向前追迫之意，人引氣時常有後氣追迫前氣之勢，故吸从及聲。 |

楷　甲文　金文

**吹** ㄔㄨㄟ

（會意）甲文吹：金文欥：略同，右之D象物左象跽人對之開口歛脣出氣之形以會對物而吹之意。吹从欠从口，欠象氣口爲氣所出入之處以口出氣爲吹故其本義作「出气」解（見說文許箸）乃口向外而用力出氣之意。

**吾** ㄨˊ

（形聲）甲文吾字與金文吾：略同，从口五聲本義作「我自稱」解（見說文許箸）乃我之自稱故从口，一說吾古音通于與余予音同且與我爲一聲之轉故義爲我說亦可通並引參證：我自稱之詞例「吾十有五而志於學」（論·爲政）。

**告** ㄍㄠˋ

（象形）（會意）甲文告李敬齋氏以爲「象口發聲之形」金文告从之口，林義光氏以爲「口之所之爲告」。告又从牛牛不能言語以角觸人即以角代口達意之謂；其本義作「牛觸人角箸橫木所以告人也」解（見說文許箸）。

**吠** ㄈㄟˋ

（會意）甲文吠：金文吠：略同，从口犬即犬張口所出之狺狺聲，本義作「犬鳴」解（見說文許箸）乃謂犬叫犬之鳴叫聲如誨故吠讀誨音。犬鳴叫曰吠「鷄鳴狗吠相聞而達乎四境」（孟·公孫丑）鳴犬鳴叫。

**呂** ㄌㄩˇ

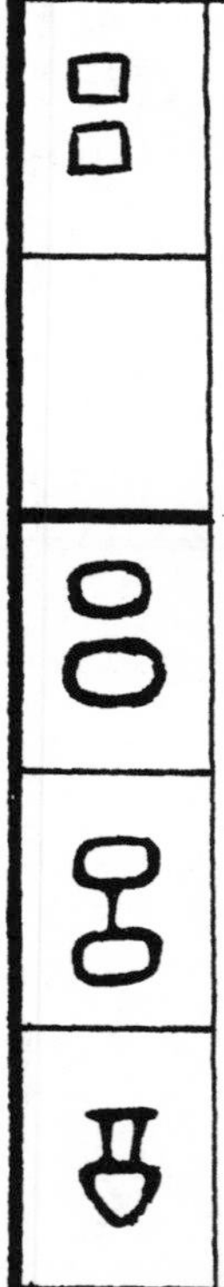

（象形）甲文呂金文呂：略同，象脊椎骨一節一節相連接之形中間一筆：象連接之筋：其本義作「脊骨」解（見說文許箸）即俗稱之脊背骨，脊骨曰呂，姓炎帝裔姓之後虞夏之際封呂其地在今河南南陽，呂於上下口之間有短直俗有誤省短直作吕者失正。

楷　甲文　金文

**吶** ㄋㄚˋ

（會意）（形聲）甲文吶从口在內中亦从內聲內爲古納字有入而難出之意言之藏入於口而難出者爲吶金文吶字與甲文吶略同其本義作「言之訥」解（見說文許箸）乃說話遲鈍之意。鈍不流利吶喊：進攻時士兵大聲齊呼以助聲勢。

**周** ㄓㄡ

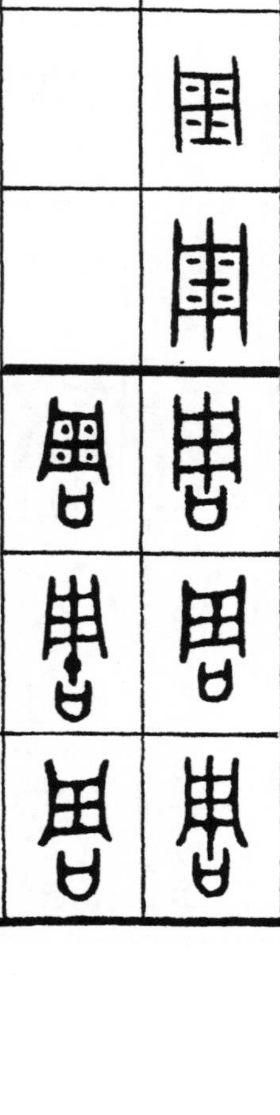

（象形）（會意）甲文周李敬齋氏以爲「堣也象形後人加口聲作啇省作周」金文周：林義光氏以爲「口象物形田畕象周帀形省作田、亦作周、从用」周从用口口爲禍福之門必須守口如瓶言語謹慎故其本義作「密」解（見說文許箸）即深密之意。

**呼** ㄏㄨ

（形聲）（會意）甲文呼：金文呼爲乎字，說文古以乎通呼：本義作「外息」解（見說文許箸）乃以口向外吐氣之意故从口又以乎象氣之上揚口吐氣時氣亦上揚，故呼从乎聲。

**味** ㄨㄟˋ

| 楷 | 甲文 | 金文 |
|---|---|---|

（形聲）甲文味字與金文味从口未聲本義作「滋味」解（見說文許箸）乃指辛、酸、鹹、苦、甘等味道而言；味道必入口而後知故从口。舌對飲食之感覺曰味；味道、五味正味；嘗一嘗知一嘗味與趣曰味「口之於味也有同耆（嗜）焉」（孟・告子）。

**咎** ㄐㄧㄡˋ

（會意）甲文咎字與金文咎从人从各；各作「別」解乃互不相合之意；人與人各是其是各行其私，便彼此相違相負缺乏一種共同認識與一致行動而自然產生種種過失故其本義作「災」解（見說文許箸）乃禍殃之稱。

**咀** ㄐㄩ

（形聲）（會意）甲文咀字與金文咀从口且聲本義作「含味」解（見說文許箸）乃含而味之意；俗謂細細咬嚼爲咀亦爲含物於口者故从口；又以且爲俎字初文乃薦魚肉之具亦有置美味於上之意；咀爲置食物於口，故从且聲。

**呻** ㄕㄣ

（形聲）（會意）甲文呻字與金文呻从口申聲本義作「吟」解（見說文許箸）乃口中有所哦咏之意故从口；又以申本作「伸」解含有得以舒展的意味呻則鬱悶之氣藉以舒展故从申聲。呻吟：病中呼聲。呻呼：負痛之中呼喚。

**咄** ㄉㄨㄛˋ　音掇 ㄉㄨㄛˊ

（形聲）（會意）甲文咄字與金文咄从口出聲本義作「相謂」解（見說文許箸）乃謂欲相語而先驚之使聽者驚覺之意故从口；又以出象艸木上長之形，咄有氣自口出如艸木自土出之意故从出聲。咄嗟：俄頃。咄咄：驚歎。

**咨** ㄗ

**品** ㄆㄧㄣˇ

（形聲）（會意）甲文咨金文咨上爲次字古文吳大澂氏以爲「此即古咨字」咨从口、次聲本義作「謀事」解（見說文許箸）乃向人徵詢高見之意故从口；又以次居首之後意謂第二；咨乃謀於他人即第二者，故从次聲。

（會意）甲文品金文品略同，品从三口；三人爲众（衆）與人口義通三口即三人亦即衆人故本義作「衆庶」解（見說文許箸）乃泛指多數不相等次之人而言；惟林義光氏以爲「从三口按口象器物形」故爲物品之品說亦可通，並引參證。

**咦** ㄧˊ

（形聲）（會意）甲文咦字與金文咦右下增土从口、夷聲本義作「歎息聲」解，（見通訓定聲）乃有所感觸而出从口；又以夷有平坦一義歎息之氣常平呼而出聲又如夷，故咦从夷聲。表示驚訝發聲無義「咦不害臊耍是……」（老殘遊記・十五章）。

**咳** ㄏㄞˊ　音孩

**咳** ㄎㄞˋ　音慨

**咳** ㄎㄜˊ　音殻

（形聲）甲文咳字與金文咳从口亥聲本義作「小兒笑」解，（見說文許箸）乃小兒笑時之咳咳聲，故从口；又以小兒笑時，其音若亥，故咳从亥聲。小兒笑「『父執子之右手，咳而名之；』注『指小孩頤下令之笑而爲之名。』」（禮・內則）咳嗽：所發聲。

**咤** ㄓㄚˋ　音詐

（形聲）甲文咤字與金文咤，皆爲吒字；吳大澂氏以爲「吒即咤之省」。咤亦賞爲吒字，玉篇廣韻並以吒咤爲一字，吒之本義作「叱怒」解（見說文許著）乃大聲呵責之意；今吒咤二字並行而咤字較見習用。怒曰咤；誑欺誑；惜：惜惜。

| 楷 | 甲文 | 金文 | 文 |
| --- | --- | --- | --- |
| 員 ㄩㄢˊ | | | （指事）（形聲）甲文員與金文員略同，金文員林義光氏以爲「从○从鼎實『圓』之本字○鼎口也鼎口圓象」蓋以鼎口最圓故以○指其爲圓；員从貝口聲，本義作「物數」解（見說文許箸）乃謂貨物之數目貝是古代的貨幣故从貝。 |
| 哭 ㄎㄨ | | | （會意）（形聲）甲文哭字與金文哭，林義光氏以爲「从㗊口从夭夭卽求字夭猶也哭則體夭屈與笑从夭同意」哭从吅獄省聲（省獄爲犬）本義作「哀聲」解（見說文許箸）吅音讙本爲「驚呼」之意故哭从吅，本謂犬嗥後移以喻人，並引參證。 |
| 哲 ㄓㄜˊ | | | （形聲）（會意）甲文哲字與金文哲从言折聲，古从口之字間亦从言，哲从口、折聲，本義作「智」解（見爾雅）乃聰慧博通之意，智者必然想得明白並說得明白，故哲或从心（甲文）或从言（金文）而此从口又以折本作「以斤（斧屬）斷艸」解。 |
| 唇 ㄔㄨㄣˊ | | | （形聲）甲文金文唇字略同，从口、辰聲，本義作「驚」解（見說文許箸）乃震驚惶悚之意；人驟受驚則口木舌呆或哆嗦有聲，故从口又以辰本作「震」解，驚有受震惶懼之意味，故唇从辰聲，惟此本義久爲震字所借，驚經典古已借「震」爲唇，震（本字當作唇）。 |
| 唯 ㄨㄟˊ | | | （形聲）甲文唯金文唯略同，从口隹聲，本義作「諾」解（見說文許箸）是答話時之敬辭，例如今日部屬對長官問話或後輩對尊長問話之稱「是」，應諾出口，故从口；又以應諾之聲如隹，故唯从隹聲，唯惟維三字在古互通，今則各別。 |
| 唱 ㄔㄤˋ | | | （形聲）（會意）甲文唱字與金文唱从口昌聲，本義作「導」解（見說文許箸）乃在前指引之意，指引常須說明所向，故从口；又以昌作「美言」解，美言即正直之言，導引宜正直，故唱从昌聲。歌曲曰唱，絕唱、陽關唱、傳新唱、高呼曰唱、名唱、票唱、藉醲唱。 |
| 售 ㄕㄡˋ 音授；ㄔㄡˊ 音仇 | | | （形聲）（會意）甲文售字與金文售从口、雔省聲（省雔爲隹）本義作「賣出手」解（見說文新附）乃賣出器物時爲介述品質，洽定售價而解說意，故从口；又以雔音酬，从二隹會意，本作「雙鳥」解，故售从雔聲。賣沽售、賣貨難售、售酬也。 |
| 啄 ㄓㄨㄛˊ | | | |

楷　甲文　金文

（形聲）（會意）甲文啄字與金文啄从口豖聲本義作「鳥食」解（見說文許箸）乃鳥類取食之意故从口又以豖爲豖之省文鳥嘴尖銳其食物如豖故啄从豖聲書法以永字右上之一短撇名啄食鳥類用嘴食物啄：叩門聲剝剝啄啄有客至門。

## 唳 ㄌㄧˋ 音麗

（形聲）（會意）甲文唳字與金文唳从口戾聲本義作「鶴鳴」解（見說文新附）乃指鳥類高鳴而言故从口又以戾有傾曲一義鶴唳時常傾曲其頸故唳从戾聲鳴鶴鳴叫風聲鶴唳「華亭鶴唳」（晉書·陸機傳）。

## 啜 ㄔㄨㄛˋ　ㄐㄩㄝˊ 音訣

（形聲）（會意）甲文啜字與金文啜从口叕聲本義作「食」解（見廣雅）乃以口啖食食物之意故从口又以叕音輟本作「綴聯」解是彼此相接合的意思凡食必口與食物相接故啜从叕聲食：「啜菽飲水盡其歡斯之謂孝」（禮·檀弓）。

## 善 ㄕㄢˋ

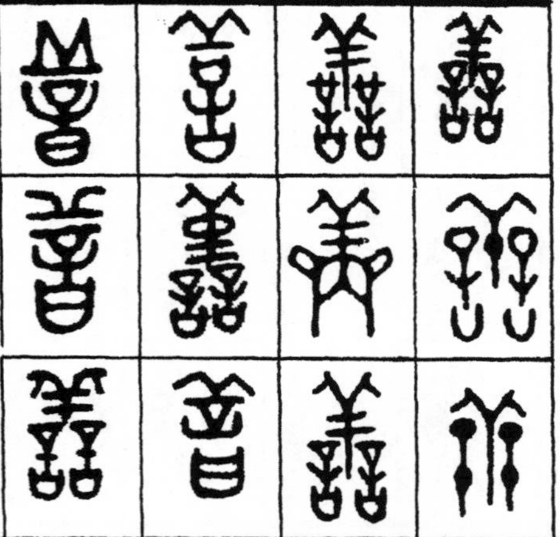

（會意）甲文善字與金文善林義光氏以爲「言美爲善羊美省二言者相善之意」从誩从羊誩音競乃競言之意羊爲祥和之意互道祥和之言爲善其本義作「吉」解（見說文許箸）乃美好之意好人曰善好事曰善例積善日行一善改過遷善隱惡揚善。

楷　甲文　金文

## 喜 ㄒㄧˇ

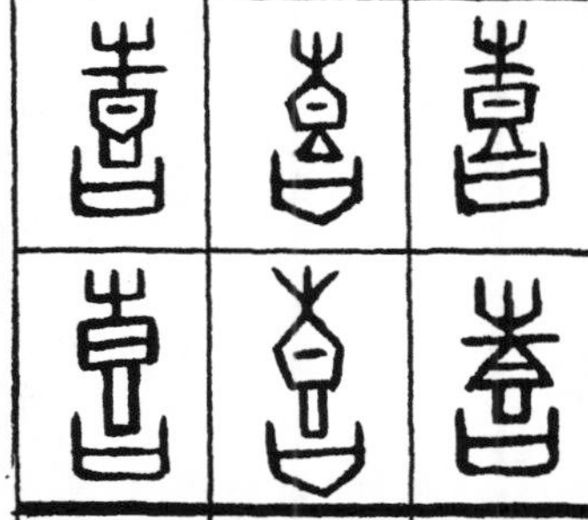
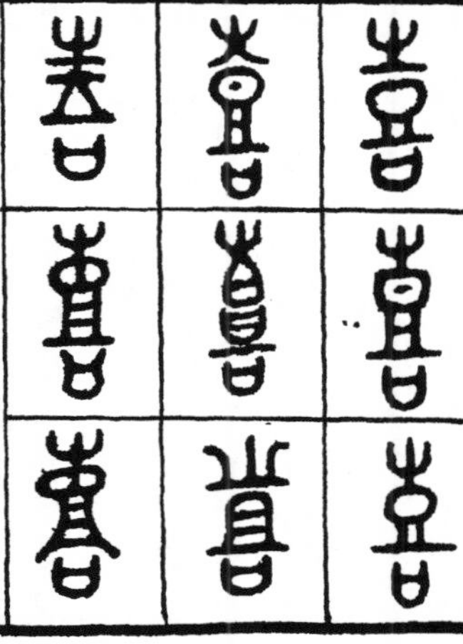

（會意）（形聲）甲文喜金文喜略同从壴从口壴音駐本支架陳列樂器之工具於此示音樂口示歌唱人聞音樂則應聲而歌本義作「樂（音洛）」解（見說文段注）乃快樂之意故从口又从壴者壴即鼓之古文恐取鼓鞞之聲証也」。

## 喊 ㄏㄢˇ

（形聲）（會意）甲文喊字與金文喊从口咸聲本義作「呵」解（見集韻）乃高聲而呼之意聲由口出故从口又以咸本作「悉」解含有盡其所有之意味呵常盡全力作高聲故喊从咸聲呼大聲呼叫喊叫呼喊召喚連聲喊道。

## 啼 ㄊㄧˊ

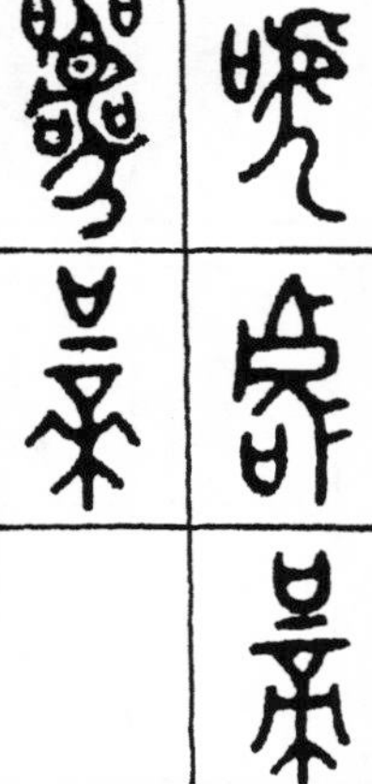

（形聲）甲文啼字與金文啼从口虒聲本義作「号」解（見說文段注）号爲痛聲感覺傷痛而出之聲爲號故从口又以虒音斯人痛呼之聲如虒故號从虒聲惟俗字作啼今號啼兩字並行而啼字更見習用悲泣出聲例啼哭啼號嗚鳥獸鳴叫。

## 唾 ㄊㄨㄛˋ

| 楷 | 甲文 | 金文 |
|---|---|---|

（形聲）（會意）甲文唾字與金文唾从口垂聲本義作「口液」解（見說文許箸）乃俗稱之口沫或口水故从口又以垂有自上而下之意口液或茹或吐均有自上而下意故唾从垂聲唾棄：鄙棄「公卿辱嘲叱唾棄如糞丸」（李商隱・行次西郊詩）。

## 喘 ㄔㄨㄢˇ

（形聲）（會意）甲文喘字與金文喘从口耑聲本義作「疾息」解（見說文許箸）乃口中出氣急促之意故从口上下同氣相連喘時腹內之氣不斷上湧吐出之氣頻數促迫頗類於耑故喘从耑聲「哮喘」乃支氣管病患者呼吸迫促痰塞氣道搏擊有聲。

## 喚 ㄏㄨㄢˋ

（形聲）（會意）甲文喚字與金文喚从口奐聲本義作「呼」解（見說文新附）乃以口發聲呼叫之意故从口又以奐作「大」解呼必將口張開而出大聲故喚从奐聲叫喊叫喚叫喚賓催喚又千呼萬喚。

## 喝 ㄏㄜˋ

（形聲）（會意）甲文喝字與金文喝从口曷聲本義作「音之歇也」解（見通訓定聲）乃嘶啞難出聲之意故从口又以曷爲竭之省文氣竭則音歇故喝从曷聲吼曰喝訶高呼園棒喝吼叫喝怒喝恐喝飲喝喝茶喝湯。

## 單 ㄉㄢ

（形聲）（會意）甲文單與金文單略同金文單卽輝之古文上象兩柱下象其腹與足爲𤔔之大者故單訓大从吅亦从吅聲𤔔在說文無音義吅音喧爲驚呼之聲驚呼之聲常大故其本義作「大」解（見說文許箸）乃宏高之意。

## 喬 ㄑㄧㄠˊ

（會意）（形聲）甲文喬字與金文喬吳大澂氏以爲「从高上曲」从高省聲夭意爲屈高屈爲喬其本義作「高而屈」解（見通訓定聲）乃高而不直之意矛柄近刃用懸毛羽之飾曰喬喬松：高大之松。

## 喙 音諱 ㄏㄨㄟˋ

（形聲）（會意）甲文喙字與金文喙从口彖聲本義口又以彖音椽本作「彖走」解彖走時其口嘴常居前探地喙作「口」解（見說文許箸）乃指鳥獸尖長之口嘴而言取其特重口嘴之意故从彖聲獸類之嘴鳥類尖長之嘴曰喙喙說諱不諱椽亦不諱喙。

## 啻 音諦 ㄊㄧˋ

（形聲）甲文金文啻字略同从口帝聲本義作「但」解（見說文徐箋）乃轉折之詞故从口又以帝弟音近弟在古多訓「但」有更甚之意故啻讀音若弟而从帝聲僅但第止多與不匪連用表性態「人之彥聖其心好之不啻若自其口出」（書・秦誓）。

## 嗜 ㄕˋ

（形聲）（會意）甲文嗜字與金文嗜从口耆聲本義作「喜欲之」解（見韻會）乃有所喜而好之的意思口食之好人之所同故从口又以耆本作「老」解老者更易有口食之好故嗜从耆聲一說久（老）習於一好爲嗜故嗜从耆聲說亦可通並引參證。

## 嗟 ㄐㄧㄝ

楷 甲文 金文 文

ㄐㄧㄝ

（形聲）（會意）甲文嗟字與金文嗟从口差聲本義作「歎」解（見玉篇）乃人有所憂慼時而發出之歎聲聲由口出故从口又錯誤爲差差則歎故嗟从差聲僞歎於語中以助聲氣「嗟呼孟嘗君特雞鳴狗盜之雄耳」（王安石・讀孟嘗君傳後）。

嗣 音寺 ㄙˋ

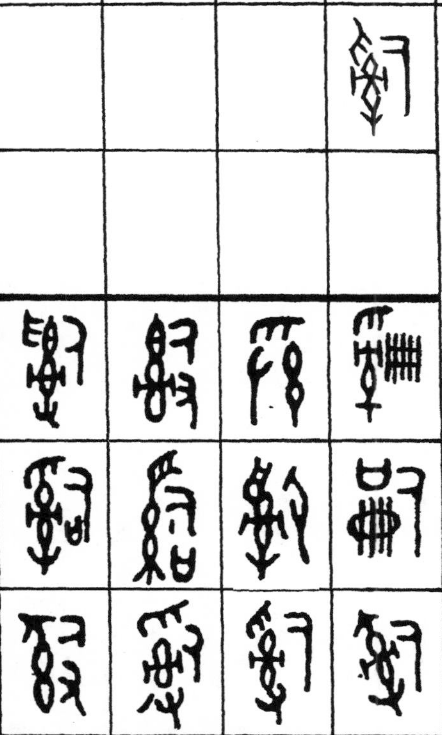

（形聲）（會意）甲文嗣字與金文嗣从册司聲阮元氏以爲「爵祿之賜必受册命，故周器銘往往有王呼史册命某某等語」故嗣从册从册从口司聲本義作「諸侯嗣國」解（見說文許箸）古代諸侯死由其子繼主國政故嗣从司聲子孫曰嗣。

嗚 音烏 ㄨ

（形聲）（會意）甲文嗚金文嗚略同嗚本爲烏字古以烏通嗚本義作「歎辭」解（見玉篇）乃有所感傷而出之聲故从口又以烏爲反哺孝鳥嗚聲烏烏不已至足感人故嗚从烏聲嗚咽：悲泣貌水流發聲「嗚呼曷歸予懷之悲……」書・五子之歌。

嗌 音益 ㄧˋ 音隘 ㄞˋ

（指事）（形聲）甲文嗌字與金文嗌林義光氏以爲「𦥑象頸脈理〇記其嗌處」嗌从口益聲本義作「咽」解（見說文許箸）乃咽喉之別稱以其上接於口故从口又以益有增加一義嗌爲增加食物入腹者故从益聲咽喉曰嗌嗌喔：容媚之聲。

楷 甲文 金文 文

鳴 ㄇㄧㄥˊ

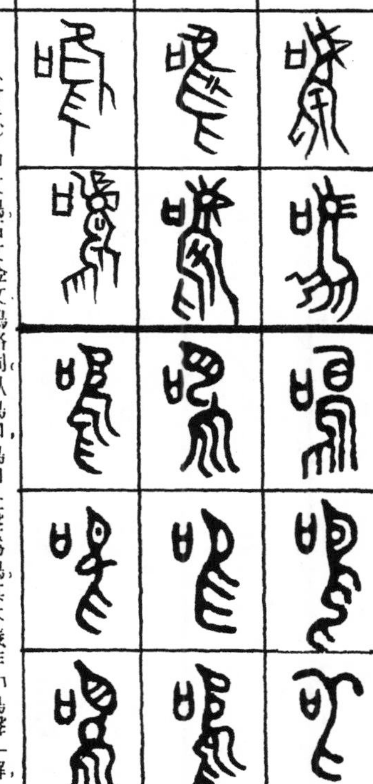

（會意）甲文鳴石文金文鳴略同从鳥口鳥口吐聲爲鳴其本義作「鳥聲」解（見說文許箸）乃鳥類之鳴叫聲鳴鳥：鳳凰之別名「我則鳴鳥不聞」（書・召誥）「弇州山有五彩之鳥名曰鳴鳥」（山海經）鳥叫雞鳴鶯鳴鶴鳴狐鳴鹿鳴猿鳴。

嘆 ㄊㄢˋ

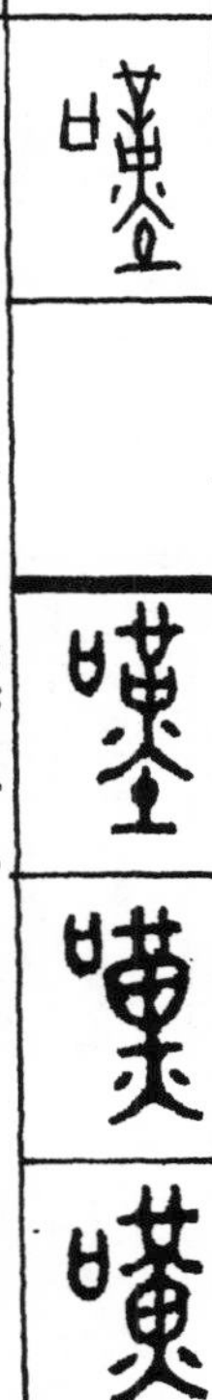

（形聲）（會意）甲文嘆字與金文嘆从口、堇聲本義作「太息」解，見說文徐箋）乃有所感觸而發之嗟吁聲故从口又以堇音勤本黃土二字合文之省作「黏土」解含有易於黏著之意嘆乃有所感觸而發之嗟吁聲亦有黏著之意。

嘅 音鎧 ㄎㄞˇ 音慨 ㄎㄞˋ

（形聲）甲文嘅字與金文嘅从口旡聲从旡亦猶从既从口既聲本義作「歎」解（見說文許箸）乃有所感觸時之嘅歎聲故从口嘆嘆聲歎嘅又「嘅其嘆矣遇人之艱難矣」（詩・王風）。

嘑 音呼 ㄏㄨ 音戽 ㄏㄨˋ

（形聲）（會意）甲文嘑字與金文嘑上爲虍之變體金文虍多有此形中即乎字省文下从口口虖聲本義作「號」解（見說文許箸）乃大聲叫喝之意故从口又以虖作嘑解故嘑从虖聲號大聲叫通「呼」「仰天大嘑」（漢書・息夫躬傳）。

楷 甲文 金文

## 噓 ㄒㄩ

（形聲）（會意）甲文噓字與金文噓从口虛聲本義作「吹」解（見說文許箸）乃由口中向外出氣之意故从口又以虛作空解噓時腹中口中之氣相繼引出而空故从虛聲一說噓時出氣緩而有聲如虛故从虛聲說亦可通並引參證。

## 器 ㄑㄧˋ

（會意）甲文器字與金文器从四口此衆口則所守者卽器其本義作「皿」解（見說文許箸）乃从犬凡器皆有口四口示衆器犬乃善於守物之家畜今以犬守謂能裝盛他物之器皿惟林義光氏以爲「口象器物形」說亦可通並引參證。

## 嘴 ㄗㄨㄟˇ

（形聲）（會意）甲文嘴金文嘴略同从角此聲本義作「角之銳者」解（見說文徐箋）故从角後以鳥喙銳如獸角故稱之爲鳥觜其後更引申以人口稱觜爲嘴字初文觜之本義作「喙」解（見廣韻）爲觜之累增字故从觜聲。

## 噴 ㄆㄣ 音奮 ㄈㄣˋ

（形聲）（會意）甲文噴字與金文噴从口賁聲本義作「叱」解（見說文許箸）乃斥責人之意斥責則厲聲惡言自口出故从口又以賁有宏大一義斥責人常聲大氣盛故噴从賁聲 噴水噴火噴氣 噴噴：如水湧貌「疾言噴噴口沸目赤」（韓詩外傳）。

## 噪 音燥 ㄗㄠˋ

（會意）甲文噪字與金文噪从三口在木上三口示鳥羣之口羣鳥口集木上爲喿故其本義作「鳥羣鳴」解（見說文許箸）乃羣鳥爭鳴之意惟俗增口作噪爲今所行者喧鬧呼噪喧噪鼓噪「不到兩個時就噪嚷起來了」（老殘遊記・十九章）。

楷 甲文 金文

## 噱 音決 ㄐㄩㄝˊ

（形聲）（會意）甲文噱字與金文噱从口豦聲本義作「大笑」解（見說文許箸）乃張口大笑意故从口又以豦作「豕相鬥不止解」解大笑有聲喧不止意故噱从豦聲口之上下曰噱 笑曰噱笑噱 嘲噱 歡噱 噱讀醵不讀遽俗有誤讀遽者失正。

## 嚇 音赫 ㄏㄜˋ 音夏 ㄒㄧㄚˋ

（形聲）（會意）甲文嚇字與金文嚇从口赫聲本義作「以口拒人」解（見集部）乃以言語使對方畏懼不敢進之意故从口又以赫从二赤含有聲勢甚盛意味以口拒人必須氣勢壯盛始易使之畏懼故嚇从赫聲 驚恐人使人恐懼 驚恐害怕。

## 嚚 音銀 ㄧㄣˊ

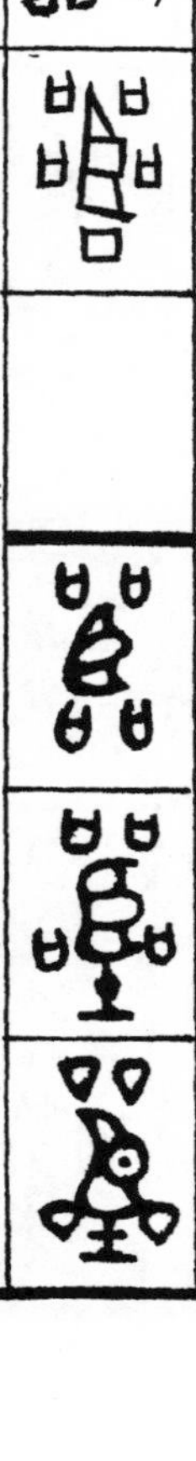

（形聲）（會意）甲文嚚商承祚氏以爲「象衆口之嘵嘵疑卽嚚字」金文嚚與甲文嚚略同从㗊臣聲本義作「聲不善」解（見說文義證）就是聲音含糊不清之意㗊爲衆口衆口嘵嘵則聲含糊莫辨官多職分亦有衆意故嚚从臣聲 奸詐曰嚚。

## 嚨 音龍 ㄌㄨㄥˊ

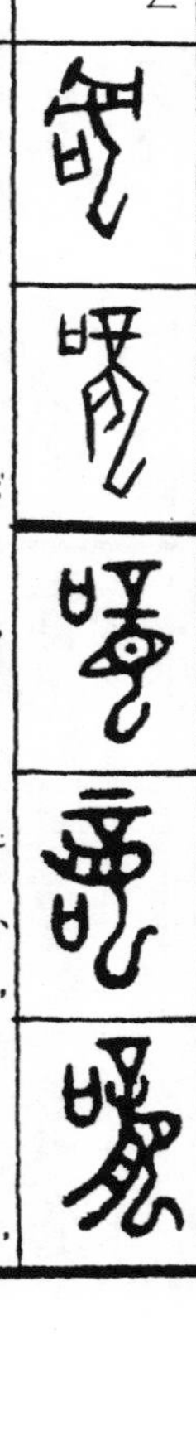

（形聲）（會意）甲文嚨从口龍聲與金文嚨略同 从口龍聲本義作「喉」解（見說文許箸）乃俗稱之喉嚨以其上承於口故从口又以龍爲古代大爬蟲其體特大頭口喉更著嚨取龍喉顯著之意故从龍聲 喉曰嚨 喉嚨「亢鳥嚨」（爾雅・釋鳥）。

## 嚴 ㄧㄢˊ

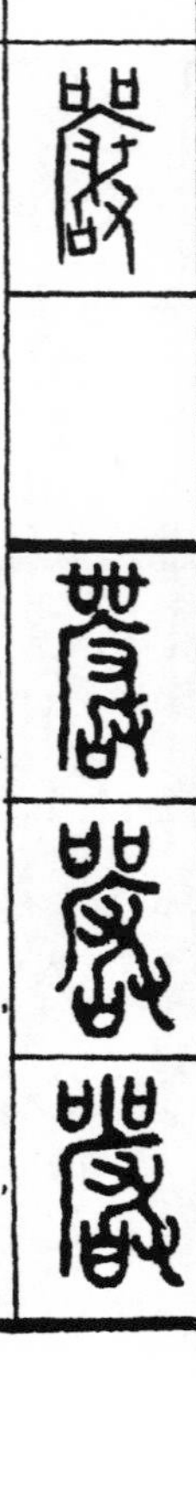

（形聲）（會意）甲文嚴字與金文嚴从厂敢（古文散）聲嚴散聲相近吳大澂氏以此爲古嚴字从吅厰聲本義作「教令急」解（見說文許箸）乃形容教化政令急峻之字吅音讙本作驚呼解險峻不可犯之意故从厰聲（厰音剝）。

楷　甲文　金文

**嚳** 音酷 ㄎㄨˋ

（形聲）（會意）甲文嚳字與金文嚳从告、从學省（省學下子）聲。本義作「急告之甚也」解（見說文許箸）。乃飛速相告之意，故从告；又以學爲教之重文，本作「覺悟」解，飛速相告在使受告者覺悟，故嚳从學聲。古帝王名，帝嚳，黃帝曾孫（讀酷不讀告）。

**囂** 音消 ㄒㄧㄠ　音遨 ㄠˊ

（會意）（形聲）甲文囂字與金文囂，林義光氏以爲「象人首周圍衆口之形」，以會其聲喧譟之意。从䀠从頁，䀠讀若戢，爲衆口相聚之意，故本義作「聲」解（見說文許箸）。乃喧嘩之聲。囂風：不安靜不守分之民風。囂塵：喧囂多塵之稱。

**轡** ㄆㄟˋ

（象形）（會意）甲文轡字與金文轡，林義光氏以爲「从車省（省車爲叀）（轉注）888象轡形」，从絲从叀，絲示御馬韁繩，叀于藏反象車軸端形，本作「車軸耑（端）」解，以馬駕車必使韁繩足以制馬定進止，故其本義作「馬轡」解（見說文許箸）。御馬索曰轡。

**嚼** 音爵 ㄐㄩㄝˊ　音教 ㄐㄧㄠˋ

（形聲）（會意）甲文金文嚼字略同，从口，爵聲。本義作「齧」解（見說文許箸）。乃以口咬物使碎之意，故从口；又以爵爲酒器，內以貯酒者，嚼乃貯食物於口中細咬，故从爵聲。咀嚼：用牙齒咬細食物使碎爛。咀嚼：用牙齒咬細食物使碎爛復出細咬使碎。

**嘯** ㄒㄧㄠˋ

（形聲）（會意）甲文嘯字與金文嘯从口，肅聲。本義作「吹聲」解（見說文許箸）。乃蹙口而出之聲，故从口；又以肅有嚴整一義，嘯爲宛引悠長清越之聲，亦有嚴整不雜亂之意，故从肅聲。吹聲曰嘯。「仰天長嘯，壯懷激烈」（岳飛・滿江紅詞）。

**嚏** 音涕 ㄊㄧˋ

（形聲）（會意）甲文嚏字與金文嚏从口，疐聲。本義作「悟解氣」解（見說文句讀）。乃氣爲寒牾（迫）得嚏而解之意，嚏則口鼻向外噴氣，故从口；又以疐本作「礙不行」解，氣礙不通則嚏，故嚏从疐聲。病名，受刺激而口鼻有氣急出之病。

**囗** 音闈 ㄨㄟˊ　音國 ㄍㄨㄛˊ

（象形）甲文金文囗與文口略同，丁佛言氏以爲「還周字當作此，今作圍」，象回而帀周繞合之形，本義作「回」解（見說文釋例）。就是周繞復合之意。惟此本義爲圍字所奪，今囗僅用爲部首字。環合同「圍」。國家曰囗，同「國」。

**四** ㄙˋ

（指事）（象形）（會意）甲文四聚四個一以指數之爲四，與一二三相同。卜辭及古金文皆如此作。金文四即呬之古文，呬口也，象口鼻相通之形，呬實即四之或體，亦晚周文字……晚周別字也。本義作「陰數也，象四分之形」解（見說文許箸）。

**囚** ㄑㄧㄡˊ

（象形）（會意）甲文囚，商承祚氏以爲「象囚闌（欄）之形而納人其中」，與金文略同，从人在囗中，囗象囹圄（牢獄）之形，人在囹圄爲囚，其本義作「繫」解（見說文許箸）。乃拘執人使不得脫之意。監犯曰囚，有罪被禁錮之人。

**回** ㄏㄨㄟˊ

（象形）甲文回字與金文回，文回之口相若，吳大澂氏以此爲古回字，从口在中，兩皆口字，內外並象回轉之形，本義作「轉」解（見說文徐箋）。乃迴轉之意。度曰回，次數之稱，一回即一次。戲詞一陣子曰一回。圍曰回。章節之稱，舊小說之一章或一節稱一回。

| 楷 | 甲文 | 金文 |
| --- | --- | --- |

**因** 一ㄣ

（象形）（會意）甲文因李敬齋氏以爲「隱也从大隱於囗上象形六象人偃臥與立大異囗所因也亦茵也孟子『隱几而臥』即因几而臥也就其上曰因」與金文因略同，其本義作「就」解（見說文段注）乃相依就之意起原曰因與「果」相對。

**困** ㄎㄨㄣˋ

（會意）甲文困第二字从囗木木本宜順其天然之性向上下四方生長以求根枝葉日益繁盛今受囗之制局束難伸所以爲困金文困與甲文略同甲文困第一字从止在木上與金文第三字略同，其本義作「故廬」解（見說文句讀）。苦難曰困貧窮曰困。

**囧** 音窘 ㄐㄩㄥˇ

（象形）（指事）甲文囧：田倩君女士以爲「囧是象形字又是指事字這種窗形極像鄉僻地方的茅屋或窰洞的窗子，金文囧與甲文略同象窗牖交疏形本義作「窗牖麗廔闓明」解，（見說文許箸）乃指窗牖交疏玲瓏通光而言同（囧同字）。

**固** ㄍㄨˋ

（形聲）（會意）甲文固字與金文固从囗古聲本義作「四塞」解（見說文段注）乃謂四面毫無罅漏之意囗爲古圍字有四面繞合之意故固从囗又以古有久遠一義固以能長期堅實爲貴故从古聲險要之處曰固牢固之事曰固鄙野曰固。

**囿** 一ㄡˋ

（會意）（形聲）甲文囿象大囗中畫界有木其在外之囗示苑之外牆在中之十示苑中區畫之界此區內各植花木以備豢養禽獸此即爲囿右文囿與甲文囿略同金文囿从囗有聲本義作「苑有垣」解（見說文許箸）乃古代帝王豢林池畜鳥獸遊樂之處。

**圃** ㄆㄨˇ

（會意）（形聲）甲文圃象田中有蔬菜形此即圃字初文金文甫中爲有蔬菜之田外復加囗以示其周界義與甲文圃同甫从囗甫聲本義作「菜園」解（見說文許箸）乃蔬菜之園故从囗又以甫本作「男子之美稱」解種菜之園地曰圃種果曰園種菜曰圃。

**圂** 音溷 ㄏㄨㄣˋ

（會意）甲文圂與金文圂略同豕在囗中爲圂其本義作「豕廁」解（見說文段注）乃養豬之處俗稱爲豬圈關豬之處曰圂俗稱豬圈廁所曰圂今作「溷」圂腴：圂音患通「豢」，「君子不食圂腴」（禮・少儀）（同字異體）溷（圂同字）。

**國** ㄍㄨㄛˊ

（會意）（形聲）甲文國从戈从口戈示武器口示人口即人民，凡有武器有人民的自備組織就是國金文國从戈从口从一戈示武器囗示人民一示土地故以有武力有人民有土地爲國古代國與或實一字邦曰國即國家之稱諸侯之受封地曰國。

**圉** ㄩˇ

（會意）甲文圉孫海波氏以爲「从執省从囗象拘罪人於囹圄中之形」此即爲圉金文右文圉略同从㚔从囗㚔（音聶凡从㚔之字今皆作幸）本指盜而言囗古圍字有圍合之意將盜捕捉而圍禁之爲圉其本義作「囹圄」解（見說文許箸）即俗稱之牢獄。

**圈** ㄐㄩㄢˋ

楷 甲文 金文 文

（形聲）（會意）甲文圈字與金文圈从口卷聲，本義作「養畜之閑」解（見說文許箸）乃圈養牲畜之木欄故从口又以卷有曲義牲畜入圈卽難奔突亦有曲屈意故圈从卷聲，養獸畜之木欄曰圈牛圈豬圈；姓羅熊之後望出陳留漢有圈稱避難改姓卷。

## 圍 ㄨㄟˊ

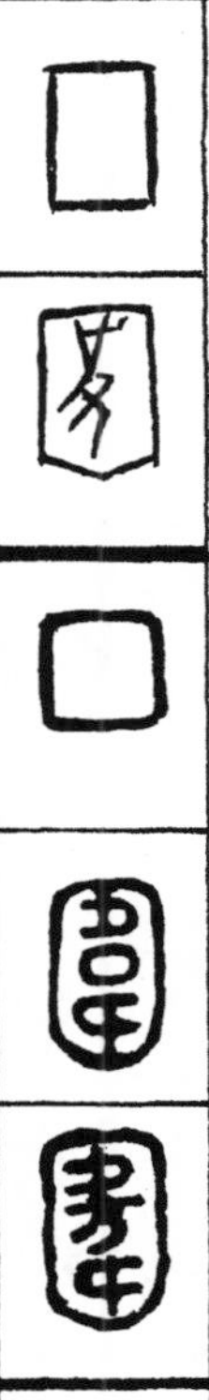

（形聲）（會意）甲文金文圍字略同，卽口字重文口古圍字；圍从口韋聲本義作「繞」解（見玉篇）乃環而使合之意故从口又以韋爲熟治之獸皮其性柔而易作繞裹他物之用故圍从韋聲，計算圓周名圓周曰圍；壁壘曰圍；被圍困之戰事曰圍。

## 圓 ㄩㄢˊ

（形聲）（會意）甲文圓字與金文圓从口員聲，本義作「環全」解，（見說文義證）乃環合無缺陷之意故从口又以員字古文从从鼎鼎口闊亦卽環形者故圓从員聲，形體名從中心至各周邊其距離相等者曰圓；貨幣名；貨幣單位拾圓佰圓；天曰圓。

## 園 ㄩㄢˊ

（形聲）甲文園字與金文園从口袁聲本義作「所以樹果也」解（見說文許箸）乃謂樹植果木之處口古圍字樹植果不處常加圍以與外界隔離，故从口又以袁本作「衣長貌」解樹果木處必須寬敞亦有長意故園从袁聲。

## 圖 ㄊㄨˊ

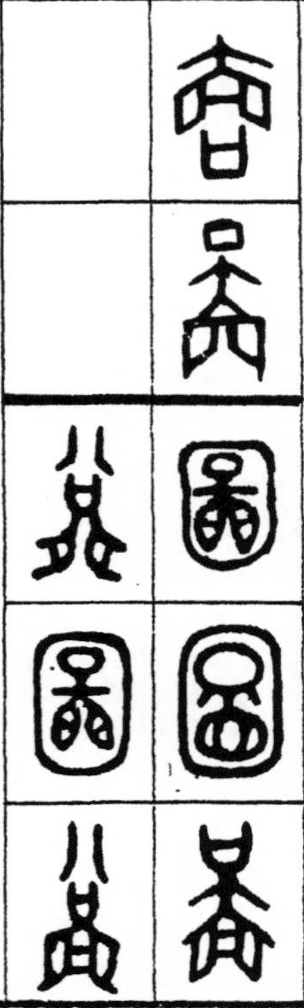

（會意）甲文金文圖略同，林義光氏以爲「从口从啚，都鄙之鄙古但作啚地啚也从口（古圍字）啚（都鄙）」从口从啚口示規畫事計之求萬全啚（同嗇）音色示規畫事計之艱嗇故其本義作「畫計難」解（見說文句讀）繪畫曰圖；物象曰圖。

楷 甲文 金文 文

## 團 ㄊㄨㄢˊ

（形聲）（會意）甲文金文團字从口專聲本義作「圓」解（見字林）是指圓形之體而言圓者必自回而合故从口又以專在甲文金文有「絡絲架」一解絡絲架爲圓形且在使之不斷轉動以絡絲有圓轉意故團从專聲。

## 土 ㄊㄨˇ

（指事）甲文土金文土一處一直而表而略同，其下之一象地面地面之中處與中直之形狀象噴出地面之形故知此吐生萬物者爲土二象地之下地之中中之丨象物出形本義作「地之吐生萬物者也」解（見通訓定聲）。

## 在 ㄗㄞˋ

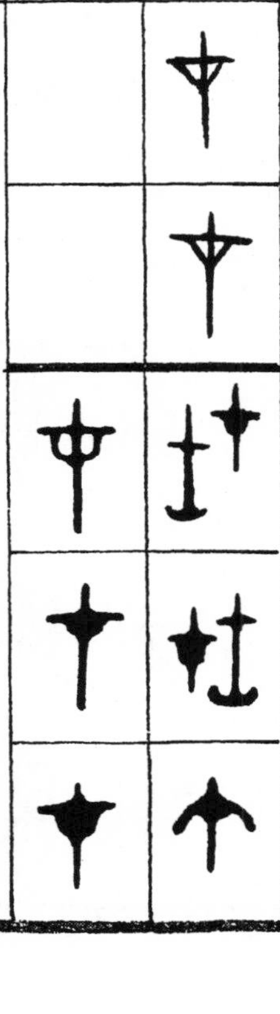

（指事）（形聲）甲文在中取處書與金文在取省書略同，金文在李敬齋氏以爲「於十（五）字交點作一點謂在此也」；在从土才聲本義作「存」解（見說文義證）乃存著之意，土載萬物亦示萬物所存著之處故在从土又，指事兼會意。

## 地 ㄉㄧˋ

| 楷 | 甲文 | 金文 |
|---|---|---|

（形聲）（會意）甲文地字與金文地丁佛言氏以為「𠃌是𡕣（彖省）省从二土言厚重也」周伯琦氏以為「地本作𨻰土也」說文引籀文地从𨸏从土彖聲；地从土也聲本義作「元氣初分重濁陰為地萬物所陳列也」解（見說文許箸）。

## 圭 ㄍㄨㄟ

（象形）（會意）甲文圭字與金文圭林義光氏以為「圭、畫也（圭畫古同音）周語『夢神規其臀以黑』注規畫也圭象縱橫界畫形卦從圭得聲亦謂所畫之物也」圭从重土，是指諸侯各守所封之「土」為「圭」土之意其本義作「瑞玉」解（見說文釋例）。

## 坐 ㄗㄨㄛˋ

（會意）甲文坐字與金文坐字从留省（省留下田）从土古人席地而坐有留止於土上之意，故其本義作「止」解（見說文徐箋）乃人留止不行動之意，按我國漢代以前無椅在室內恆箕坐取字體相配美觀故从二人从土會意。

## 均 ㄐㄩㄣ

（會意）（形聲）甲文均形異。金文均从立从旬，古从土之字間亦从立，勻旬間亦相通，丁佛言氏以此為古均字其本義作「平徧」解，（見說文許箸）乃土地普遍平坦之意。樂器名漢代酒器名。二千五百石為一均。陶者旋轉之工具曰均。

## 址 ㄓˇ

（形聲）（會意）甲文址字與金文址為阯字重文阯址同字。小篆址从土止聲本義作「基」解，（見說文段注）乃指城阜之基而言故从土又以止卽足為人之下基人賴足以立城阜賴址植基，故址从止聲。基礎曰址。丕址：處所地點曰址。阯。（址同字）。

## 坎 ㄎㄢˇ

| 楷 | 甲文 | 金文 |
|---|---|---|

（形聲）（會意）甲文金文坎字从土欠聲本義作「陷」解（見說文段注）乃高而入於下之意。因謂陷阱為坎常指土之下陷而言故从土又以欠為張口歎息土陷成穴有地面開口意故坎从欠聲。卦名坎下坎上其象為水、坎坷：不平貌。

## 坏 ㄆㄟˊ

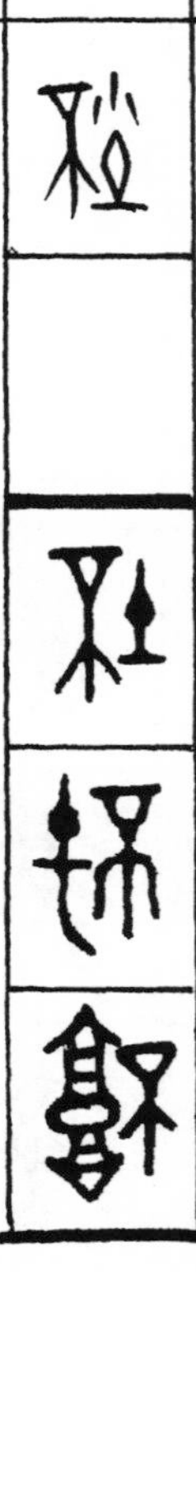

（形聲）（會意）甲文坏字與金文坏左不右土、从土、不聲，本義作「瓦未燒」解（見通訓定聲）瓦為已燒土器之總名，凡土器之未燒者為坏，故坏从土又以不古通丕从不从丕音義並通，丕故坏从不聲。未經燒成之瓦屋後牆曰坏。

## 坤 ㄎㄨㄣ

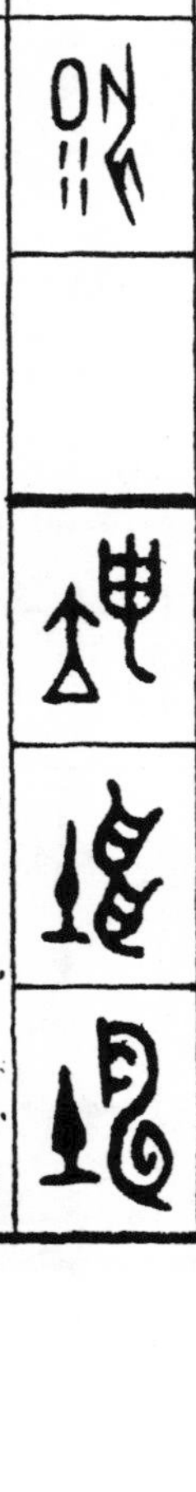

（形聲）（會意）甲文坤字與金文坤从立从申古从土之字，間亦从立，丁佛言氏以此為古坤字。坤从土、申聲，本義作「地」解，（見通訓定聲）在易經設卦以乾稱天，坤稱地，地為載物生物者，故从土。萬物由地伸出者多，故坤从申聲。

## 坦 ㄊㄢˇ

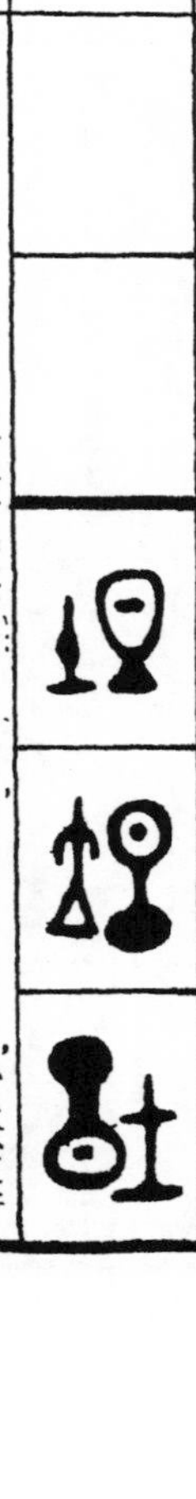

（形聲）（會意）甲文坦字與金文坦从土、旦聲，本義作「安」解，（見說文許箸）乃物置地得安穩意，故从土又以旦本作「明」解，明有洞燭幽微足以自安意，故坦从旦聲。女婿曰坦為坦腹之略稱，平：「君子坦蕩蕩」（論・述而）。

## 坡 ㄆㄛ

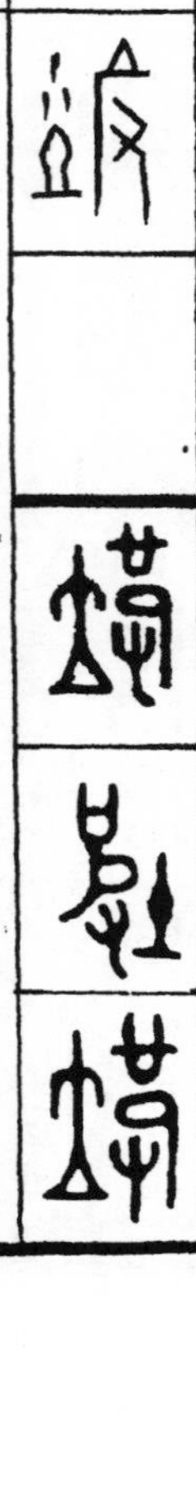

（形聲）（會意）甲文坡字與金文坡左从立右从土之字，間亦从立丁佛言氏以此為古坡字。从土皮聲本義作「阪」解；（見說文許箸）乃謂土地之高而傾斜者，故从土又以皮為獸革其毛皆隨順而下，斜坡亦隨順而下者，故坡从皮聲。山之斜面曰坡。

## 坪 ㄆㄧㄥˊ

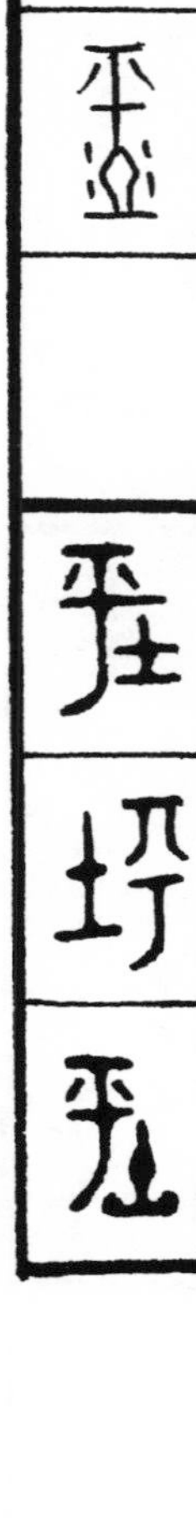

| 楷 | 甲文 | 金文 | 文 |
|---|---|---|---|

（會意）（形聲）甲文坪字與金文坪：从土从平，亦从平聲，土地之平坦者爲坪，其本義作「地平」解（見說文許箸）乃中央與四週相均等的坦平之處，地面平處曰坪，日本地積度名每坪四平方公尺三〇坪爲二二五等於一公畝。

## 垣 ㄩㄢˊ

（形聲）（會意）甲文垣字與金文垣：从土亘聲本義作「牆」解（見說文許箸）乃土石所築成之障蔽物故从土又以亘有回旋之意垣爲四周之牆有回旋蔽護之意故从亘聲，牆曰垣，即短牆，官舍曰垣，城曰垣，星曰垣，高曰墉。

## 垢 ㄍㄡˋ

（形聲）（會意）甲文垢字與金文垢从土后聲本義作「塵」解（見玉篇）乃指骯髒之塵土而言故从土又以后本作「後」解，風動而灰塵飛揚則後落者爲垢，故垢从后聲，塵滓曰垢，瑕疵、缺點曰垢，恥辱曰垢，同「詬」

## 城 ㄔㄥˊ

（會意）（形聲）甲文城字與金文城从𩫏（古郭字）从成，成郭爲城，又从土从成亦从成聲，以土石建築而成者曰城，故城之本義作「盛民」解（見說文許箸）乃用以盛受衆民於其中者，亦爲用以保護衆居中者之建築物。

## 埋 ㄇㄞˊ

（象形）（形聲）甲文金文埋：「周禮大宗伯以貍（同埋）沈祭山林川澤」此字象掘地及泉實牛於中當爲貍之本字，貍爲借字，或又从犬」且有从羊、从兎、从貍、从鹿者，實同爲一字，本義作「瘞」解，（見說文許箸）貍在古有藏葬一義，聲亦讀埋，故薶从貍聲。

| 楷 | 甲文 | 金文 | 文 |
|---|---|---|---|

## 型 ㄒㄧㄥˊ

（形聲）（會意）甲文型字與金文型从田刑聲，古从土之字間亦从田，容庚氏以此爲古型字，从土刑聲，本義作「鑄器之法」解（見說文許箸）乃合土先製成用器之狀，然後以高溫鎔鐵使化爲液體，傾入其中，待其冷卻即成其器，此先製之土模即型。

## 域 ㄩˋ

（會意）甲文域金文域均爲或字重文，域第一字从口从戈以守一，一示地，本義作「邦」解（見說文許箸）此爲邦國之國字初文，詳見或字釋文，或又从土作域，義與或同，徐鉉氏以爲「今無復或音」，邦國封疆之界謂之域，事物之境界或範圍曰域。

## 培 ㄆㄟˊ

（形聲）（會意）甲文培字與金文培从土咅聲，本義作「益」解（見玉篇）乃加土堆之使高之意，故从土，又以咅爲呸之本字，含有迫使之受的意味，培有迫使其受土得益之意，故从咅聲，屋後牆曰培，培植、培養、造就。

## 基 ㄐㄧ

（象形）（形聲）甲文金文基象承物之基形，右立名氏以此爲古基字，从土其聲，本義作「牆始」解，（見說文許箸）乃牆之根脚，牆根必及土，故从土，又以其爲箕之本字，作箕，上之甘示盛物之器，下之丌示承箕之基，取其有丌之意，故从其聲。

## 堅 ㄐㄧㄢ

（會意）甲文堅字與金文堅左之𦣞即反文𠂎右上爲臣左下从土或以爲臣下之个疑𢆶之省乃堅緊之意堅从臥从土臤音鏗爲「硬固」之意土之爲物最易凝結且一經凝結則硬固故其本義作「剛」解（見說文許箸）乃硬固之稱牢固之物曰堅。

**堆** ㄉㄨㄟ

（象形）甲文堆實爲𠂤字羅振玉氏以爲「即古文師字金文與此同金文堆與甲文堆略同林義光氏以爲「小𠂤也……橫視之象形」土山之大者爲𠂤小者爲𠂤故其本義作「小𠂤」解（見說文許箸）乃上銳下豐之小土山。

**堇** ㄑㄧㄣˊ 音勤 ㄐㄧㄣˇ 音覲

（會意）甲文堇从黃从火李敬齋氏謂此即俗𤏩字之別體以爲「从黃火會意後人訛火爲土作堇作𡋣」金文堇林義光氏以爲「从土黃」堇从土从黃省（省黃爲英）黃土爲堇本義作「黏土」解（見說文許箸）即有黏性之黃色土。

**堪** ㄎㄢ

（形聲）（會意）甲文堪字與金文堪从土甚聲本義作「地突」解（見說文許箸）乃指土地之埱（突）起者而言故从土又以甚有超乎尋常之意堪爲土過多凸起而超乎平地之上者故从甚聲。

**場** ㄔㄤˊ

（指事）（形聲）甲文場象未種植之空地形說文有場一作「田不耕」解此未種植即不耕之田爲場金文場从土昜聲本義作「祭神道」解（見說文許箸）乃指祭神所用之廣場而言以昜爲陽之初文含有開朗之意味故从土又昜聲。

**堤** ㄊㄧˊ

（形聲）（會意）甲文堤字與金文堤从土是聲本義作「滯」解（見說文段注）乃底止之意土易滯止故从土又以是有固執不變之意滯爲定止不變者故堤从是聲惟此本義古罕見用今所行者爲別義防水之建築物曰堤同「隄」。

**堵** ㄉㄨˇ

（形聲）（會意）甲文堵字與金文堵从土者聲本義作「垣」解（見說文許箸）此謂牆垣古以長一丈高一丈之牆爲堵乃土石築成者故从土又以者上爲古𥝖字其下爲白（與自同）之省文含有黍粒多而難以區分之意味堵取土石多之意故从者聲。

**堙** ㄧㄣ

（象形）（形聲）甲文堙本爲垔字孫海波氏以爲「象竈𤇯氣上達之形孳乳爲堙」陶文堙李敬齋氏以爲「窒也以土塞之使不通也从叉土會意西聲」堙从土西聲本義作「塞」解（見說文許箸）又以西之初文象鳥歸巢有棲止意故垔从西聲。

**塊** ㄎㄨㄞˋ

（象形）（形聲）甲文塊字與金文塊林義光氏以爲「𠙵象土塊𠙵……象其上草根之形」故从土一屈向上作凵以象土塊之形本義作「堅土」解（見說文句讀）就是結土俗稱土塊又从土鬼聲義與上同爲𠙵惟經典皆作塊泥土之結合者曰塊。

**塗** ㄊㄨˊ

（形聲）（會意）甲文塗字與金文塗从土涂聲本義作「道路」解（見三篇）乃供通行之路故从土又以涂本水名安徽之滁州古爲涂州一說涂水即徐水有水流緩平之意味塗取其平坦之意故从涂聲。

**塑** ㄙㄨˋ

楷　甲文　金文

（形聲）（會意）甲文塑字與金文塑从土素聲，周靖氏以塑爲素壊之俗字，从土朔聲，本義作「埏土象物」解（見集韻）卽捏土爲人形物形之意故从土又以朔爲月初有逐漸圓滿之意味；塑物亦由逐漸圓滿完成，故塑从朔聲。

境　ㄐㄧㄥˋ

音景　ㄐㄧㄥˇ

（形聲）（會意）甲文金文境字形異義同金文境从土竟聲，本義作「疆」解（見說文新附）乃謂國與國相鄰接之邊界故从土又以竟本作「樂曲盡」解是樂章已奏完而告一段落之意，故从竟聲。

埶　ㄕㄨˊ

（形聲）（會意）甲文埶字與金文埶从土孰聲本義作「門側堂」解（見說文新附）乃謂大門以內正堂兩旁較高之屋，其地基常墊土石使高，故从土又以孰爲熟之初文，含有使物煮熟以供食用之意；故埶从孰聲，設在家庭之學校曰埶。

墅　ㄕㄨˋ

（形聲）（會意）甲文金文墅字義同形異从土野聲，本義作「田廬」解（見集韻）就是田間之土舍故从土又以野本作「郊外」解墅爲郊外田廬故从野聲、田間土舍曰墅農家夏秋間於此以照看禾稼及收穫穀物者，別館本宅外憩息之所。

墉　ㄩㄥˊ

（形聲）（會意）甲文墉字與金文墉，與說文古文墉字形似，丁佛言氏以此爲古文墉但徐灝氏以「說文所引古文墉爲古郭字此以爲墉之古文蓋有譌誤」並引存疑，墉从土庸聲本義作「城也垣也」解（見說文義證）乃謂土石所築成之城或牆垣。

墐　ㄐㄧㄣˋ

楷　甲文　金文

（形聲）（會意）甲文㘽文金文墐略同，从穴从堇从心，丁佛言氏以爲「卽詩塞向墐戶之墐字，墐塗也，其時未有家室䆮穴而居，故墐字从穴」又从土堇聲本義作「塗」解（見說文繫傳）乃以土和合黍䅮塗牆之謂，故从土又以堇本作「黏土」解。

墨　ㄇㄛˋ

（會意）（形聲）甲文墨字與金文墨从黑土，亦从黑聲，黑土可著帛以書，故其本義作「書墨」解（見說文義證）乃書寫所用之黑色顏料，在古名爲石墨，書畫用之黑色顏料曰墨，石墨松煙墨。

增　ㄗㄥ

（形聲）（會意）甲文增左从阜右从曾，象層疊之形有累加之意，金祥恆氏以此爲古增字，金文增左从二臣右从曾，吳大澂氏以爲「二臣卽阜之異文」古从土之字，間亦从阜，曾从土曾聲本義作「益」解（見說文許箸）乃漸次加多之意故增从土曾聲。

墳　ㄈㄣˊ

（形聲）（會意）甲文墳字與金文墳从土賁聲，本義作「墓」解（見說文許箸）乃謂葬棺入壙，用土掩覆而成之土堆，故从土又以賁从卉（花卉）貝（珠寶）會意，本作「飾」解，含有使其顯著之意味，堆土成墳，亦有使其顯露而便識別之意，故墳从賁聲。

隧　ㄓㄨˋ ㄙㄨㄟˋ

| 楷 | 甲文 | 金文 | 楷 | 甲文 | 金文 |
|---|---|---|---|---|---|

**墮** ㄉㄨㄛˋ

（形聲）（會意）甲文墜字與金文墜其取義不詳，姑立名以此爲古墜字。墜从土隊聲本義作「落」解（見玉篇）乃自上而下直降及地之意，故从土又以隊本作「從高隊（下）」解，隊墜古今字，墜爲隊之累增字，故从隊聲。

（形聲）（會意）甲文墮字與金文墮从土隋聲，本義作「敗城阜」解（見說文段注）乃毀損城阜之意，此必破土石，故从土又以隋讀徒果切，本作「裂肉」解，敗城阜在使之裂，毀，故墮从隋聲，惟俗移土在下作墮爲今所行者。

**壁** ㄅㄧˋ

（形聲）（會意）甲文壁字與金文壁从土辟聲本義作「垣」解（見說文許箸）乃以土所築成之牆垣，故从土又以辟有「明」義，凡人對己之牆壁，皆期其光潔，是亦有明之意味，故壁从辟聲。

**壇** ㄊㄢˊ

（形聲）（會意）甲文壇字與金文壇从土亶聲本義作「祭壇場」解（見說文繫傳）乃祭神用之土臺，故从土又以亶从㐭（儲穀之所）旦聲本作「多穀」解，含有堆儲於明處之意，壇必積多土爲之，且必在向明處，故从亶聲，土築高臺曰壇，在古爲祭神之所。

**墾** ㄎㄣˇ

（形聲）（會意）甲文墾字與金文墾从土豤聲本義作「耕用力」解（見玉篇）乃傾全力於田事之意，故从土又以豤音懇本作「豕齧」解，乃豕用力咬齧物之意，墾爲人用力耕治土地，故从豤聲，惟隸變作墾爲今所行者。

**壑** ㄏㄨㄛˋ

（會意）（形聲）甲文壑字與金文壑从土叡聲本義作「溝」解（見說文許箸）乃掘土而成之溝，故从土又以叡从奴从谷會意，奴音殘，本作「殘穿」解，兩山間之流水道曰谷，穿地使如谷之能通水爲叡，故其本義作「溝」解，故从叡聲爲今所行者。

**壎** ㄒㄩㄣ　音熏 ㄒㄩㄣ

（形聲）（會意）甲文壎字與金文壎吳大澂氏以此爲「古塤字」，壎从土熏聲本義作「樂器」解（見說文許箸）乃古代以土製成的六孔樂器，故从土又以熏本作「火煙上出」解，吹壎時氣出自壎孔以發音，故壎从熏聲。

**壞** ㄏㄨㄞˋ

（形聲）（會意）甲文壞形與金文石文壞略同，从土褱聲本義作「敗」解（見說文許箸）乃坍塌毀圮之意，故从土又以褱本作「挾」解，是盜竊褱物而去之意，亦有美物器物遠被攘去之意味，壞爲失去美好，故从褱聲。

**壤** ㄖㄤˇ

（形聲）（會意）甲文壤字與金文壤从土襄聲本義作「柔土」解（見說文許箸）乃指質柔美且無石塊之土而言。故从土又以襄本作「解衣而耕」解，含有治理之意味；壤在古被稱爲耕治之土，故从襄聲，各種泥土之通稱，不黏不燥適於耕種之泥土曰壤。

**士** ㄕˋ

（象形）（會意）甲文士：徐仲舒氏以爲「士王皇三字均象人端拱而坐之形」與金文士略同。从十一，數始於一而終於十，推一合十爲士，聞一知十亦爲士，其本義作「事」解（見說文義證）是指能任事之人而言，此等人即士。

**壬** 音任 ㄖㄣˊ

楷 甲文 金文

（象形）（指事）甲文壬朱芳圃氏以爲「與周金工字之形近而周金壬字通作王萬彼此形更作王此與王（甲文壬）形則僅在空筆作與肥筆作之差異而已則工壬古當爲一字乃象器物之象形」其本義作「儋（擔）何（荷）也」解．

壹 ㄧ

（形聲）（會意）甲文金文壹略象壺形而省吉丁佛言氏以此爲古壹字从壺吉聲本義作「專壹」解（見說文許箸）乃專心致志之意壺有藏不外洩之意專壹則氣不洩散故从壺又以吉爲福祉之總名數目名一之大寫專一「志壹則動氣」（孟）．

壺 ㄏㄨˊ

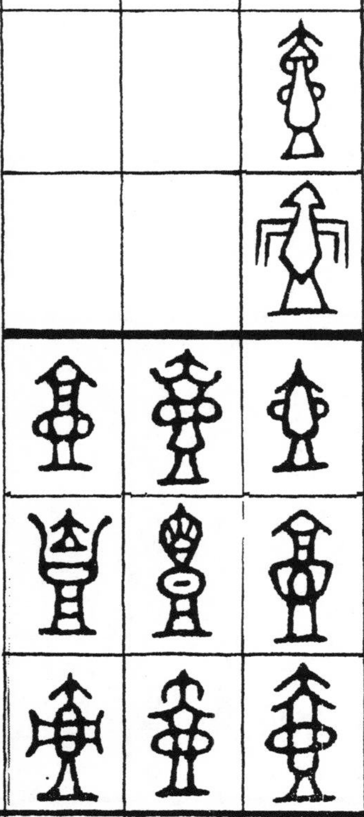

（象形）甲文壺羅振玉氏以爲「上有蓋旁有耳壺之象也」金文壺與甲文壺略同壺上象壺蓋下象壺體本義作「圓器腹大而有頸」解（見急就篇顏注）乃盛酒漿之瓦器盛酒漿之器曰壺壺罏方壺玉壺金壺茶壺酒壺唾壺．

壼 ㄎㄨㄣˇ 音閫

（象形）甲文壼字與金文壼从㐀从囗象宮中四周牆垣中間之㐀象甬道其上之㐀徐鍇氏以爲「象巷道入宮」壼之本義作「宮中道」解（見說文許箸）乃宮庭中之道路本謂宮中道轉稱事物深奧之處曰壼廣曰壼壼政：宮中之政．

嘉 ㄐㄧㄚ

楷 甲文 金文

（形聲）（會意）甲文嘉字以爲从女力聲以己之美與人之美相齊則益見其美之意金文嘉从壴加聲本義作「美」解（見說文許箸）乃和樂善美之意壴音樹徐諧戴侗徐灝諸氏以爲壴卽鼓樂器必先有鼓以和以此美與彼美相累益増其美故从加聲

壽 ㄕㄡˋ

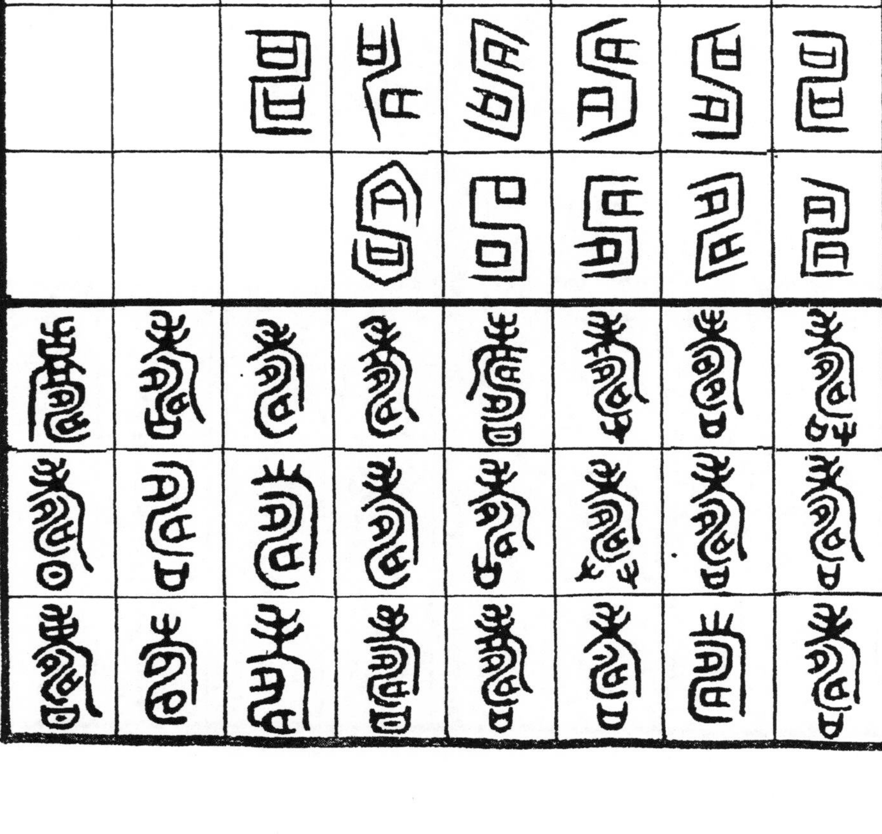

| 楷 | 甲文 | 金文 |
|---|---|---|

（形聲）（會意）甲文壽字从𠷎聲與金文略同，金文壽不同形之字近百種从老省（省老下匕）𠷎聲本義作「久」解，（見說文許箸）人之年事久者爲壽，故壽从老，又以𠷎音儔本古壽字𠷎壽古今字壽爲𠷎之累增字，故壽从𠷎聲。

**夊** ㄙㄨㄟ

（象形）（指事）甲文夊字闕金文夊象足迹形吳大澂氏以此爲古夊字，林義光氏另引夋夌夎夏㚇等字偏旁相析證，以爲夊「皆象足跡形」其行夊夊然久之本義作「行遲曳夊夊」解，（見部首訂）就是象人緩行之字。

**夆** 音逢 ㄈㄥˊ

（會意）（形聲）甲文夆字闕金文夆，从夊丯聲，本義作「啎」解，（見說文段注）就是迎逆之意，故从夊又以丯音豐本爲「艸盛丯丯」貌迎逆乃二者逢合，亦有丯意，故夆从丯聲，啎相逆之意，夆下作丯（三畫皆平）不作丰亦不作牛，作丯爲夆。

**夏** ㄒㄧㄚˋ

（象形）（會意）甲文夏約十餘形，大體相同，此所引爲蟬之最肖似者葉玉森氏以爲「古人造春夏秋冬四時之字，並取象於其時最著之物金文夏朱駿聲氏以爲「象人當暑燕居手足表露之形」意指此時節夏四季之一，在春後秋前。

**愛** ㄞˋ

（形聲）（會意）甲文愛字與金文愛吳大澂氏以爲「此从旡从𢗰（心）當即㤅（心）之變文非从手也」愛从心从夊旡聲本義作「行惠」解（見說文古本考）是加惠於人之意，亦即懷福人之心有利人之行，故从心从夊，恩惠曰愛，仁惠之人曰愛。

| 楷 | 甲文 | 金文 |
|---|---|---|

**憂** ㄧㄡ

（會意）（形聲）甲文憂金文憂形異，金文憂，从心頁聲，本義作「愁」解（見通訓定聲）乃指心有悶苦而言，故从心，又以頁爲古首字，心有悶苦則愁容滿面，故憂从頁聲，可憂愁之事曰憂，杞憂，銷憂，樂以忘憂，父母之喪曰憂。

**夒** 音逵 ㄎㄨㄟˊ

（象形）甲文夒形異金文夒，象一角且著其尾，林義光氏以此爲古夒字，从頁从巳从止从夊，上爲角，人面而角，手（止巳）足皆備者曰夒，其本義作「山魈」解（見通訓定聲）乃古代傳說中之一種山怪名，山怪曰夒，獸狀如牛，蒼身而無角，一足，名曰夒。

**夕** ㄒㄧˋ

（象形）（指事）甲文夕象新月形，卜辭中月夕同文，且與篆文恰反，以☽爲夕，以☽爲月，金文夕略象月形，林義光氏以爲「夕月初本同字，暮時見月，因謂暮爲月，猶晝謂之日，夜謂之星也，後分爲二音，始於中加一畫爲別」，本義作「（暮）」解，（見部首訂）

**外** ㄨㄞˋ

（指事）（會意）甲文外丨示其界，界右斜出向上之筆即指此越出界者爲外，金文外林義光氏以爲「夕象物形，从卜从月，古夕月同字」其本義作「遠」解（見說文許箸）意以隔離遠者爲外，故外作「遠」解，夕月古同字，故从卜夕（月）會意。

**多** ㄉㄨㄛ

| 楷 | 甲文 | 金文 |
| --- | --- | --- |
| （多） | （會意）甲文多李敬齋氏以爲「夕爲肉之簡體非朝夕字」意以肉上下堆合爲多即有「重」意金文多林義光氏以爲「D象物形𠔉（𠔉）之爲D與夕形同意則多象物之多與品同意」故其本義作「重」解（見說文繫傳）乃累疊增加之意。 | |
| 舛 音喘 ㄔㄨㄢˇ | （會意）（指事）甲文舛字與金文舛林義光氏取自各尊彝各字偏旁以爲「舛乖也象二物相背夕即DU之變象物形與各同意」其本義作「相背」解（見玉篇）是藉兩足以明指彼此相背之義亦即兩相乖違之意乖違背「時運不齊命途多舛」。 | |
| 飧 音孫 ㄙㄨㄣ | （會意）甲文飧字與金文飧从夕食古代夕時之食（即晚餐）常食晨饍之餘食亦即已熟之剩飯稀菜故其本義作「餐夕食也古者夕則馂朝膳之餘故孰（熟）食曰飧」解（見六書故）乃爲飯菜已煮熟之稱煮熟之飯菜曰飧食不備禮曰飧。 | |
| 夤 ㄧㄣˊ | （形聲）（會意）甲文夤字與金文夤上从肉下从寅容庚氏以此爲古夤字从夕寅聲本義作「敬惕」解（見說文繫傳）乃敬謹自飭意入夕則人意懈怠爲防意外之事發生更宜敬惕故从夕寅本作「敬」解故夤从寅聲。 | |
| 大 ㄉㄚˋ | （象形）（指事）甲文大與金文大略同金文大林義光氏以爲「象（人）正立……亦象軀體碩大形」面立而揚其兩手張其兩足之形其本義作「天大地大人亦大焉象人形古文人也」解（見說文繫傳）。 | |
| 天 ㄊㄧㄢ | （象形）（會意）（指事）甲文天金文天略同陳柱氏以爲「章氏太炎云『天即人顛引申之爲蒼蒼者』柱按……口與●皆象人首大字本象人形而所重不在頂故首形不顯天字則所重在頂故首形特大也」（見說文許箸）。 | |
| 太 ㄊㄞˋ | （指事）（會意）甲文太殿一萍氏引吳凌雲小學說「太上象人下象水人之兩足箸泥水上不能自主……此滑之義也」之說以爲「以足滑訓太最合本意蓋太字象人陷泥水之地金文太與甲文太略同本義作「滑」解（見說文許箸）。 | |
| 夫 ㄈㄨ | （象形）甲文夫从一从大殿一萍氏以爲「甲骨文之王初作科頭之太其後加一作戴以象戴冠之形而增王者之尊嚴孫知夫之从大（人）从一亦象人戴冠之形與太之作天同意」金文夫與甲文夫略同其本義作「丈夫」解（見太平御覽引說文）。 | |
| 夭 ㄧㄠˇ | （指事）甲文夭羅振玉氏以爲「夭屈之夭許書作夭與古文傾頭之夨頗相混此作夭石鼓文从夭諸字皆作夭與此正同」金文夭林義光氏以「象首夭屈之形」从大象頭屈形以指其事本義作「屈」解（見通訓定聲）乃屈曲不直之意。 | |

| 楷 | 甲文 | 金文 | 文 |
|---|---|---|---|

**央** 一ㄤ

（象形）（會意）甲文央金文央略同，林義光氏以爲「冂大象旁有兩界……大象人居其中」意以人居兩界正中處此處爲央，从大在冂內大象人正立形，冂音坰即坰之初文作界內解，本義作「中央」解，（見說文繫傳）乃謂兩界正中之處。

**失** ㄕ

（會意）（形聲）甲文失字與石文失爲佚字重文惟林義光氏以爲「說文云『失、縱也，从手、乙聲』按乙失不同音，乙抽也，从手从乙，自手中抽去之也」與金文略同，古發作「縱逸」解，（見說文句讀）乃自手中捨去或自手中脫去之意。

**尖** 音兼 ㄐㄧㄢ

（形聲）（會意）甲文尖字均與金文尖从木鐵聲本義作「楔」解（見說文許箸）乃木工於鑿枘相入處因鑿圓而枘方在其不固時加入前小後大之短薄木以固之，此短薄木爲櫼凡物之末或頂曰尖刀尖屋尖指尖眉尖筍尖針尖。

**夾** ㄐㄧㄚ

（指事）甲文夾金文夾略同，林義光氏以爲「挾大象人正立（敃下）象二人相向从六从二人大指被夾持者二人指合以夾持人者以二合一爲夾其本義作「持」解（見說文句讀）乃左右相輔相扶之意，從兩方相對夾持之具曰夾。

**奇** ㄑㄧˊ

（形聲）甲文奇字，與金文奇：从大、可聲本義作「異」解（見通訓定聲）乃特別不同之稱；凡物大則異於常，故从大。惟戴侗氏以爲「奇从立、可省（省可上一）聲，一足立也，（故从立）別作踦，引之爲奇偶，又引之爲奇邪、奇詭，常也又因之爲奇偉奇特」。

**奄** 一ㄢˇ

（會意）甲文奄字與金文奄：从申在大上；大即人，人向上吁氣（申）即欠爲奄，與說文奄有「欠也」之一義相通。从大从申大保指器物蓋之大足以被覆所蓋之物申指蓋覆必伸展始能完密其本義作「覆」解，（見說文段注）男子去勢之稱通「閹」。

**奈** ㄋㄞˋ

（形聲）甲文奈字與金文奈：从木、示聲，本義作「奈果」解（見說文段注）乃指形似李而驗與色紅而脊之一種夏季果子而言故从木惟俗字作柰今柰奈並行音同而形義各殊；奈今所行者爲別義，堪可助勁通「耐」，奈何、無奈間亦省作柰。

**奕** 一ˋ

（形聲）（會意）甲文奕金文奕略同，从大从亦亦聲，本義作「大」解（見說文許箸）乃謂盛大之狀，故从大，又以惠棟氏謂「亦象人之兩臂」，字且象人張臂之形因有見大之意，故奕从亦聲。次序曰奕。精神煥發貌，例神采奕奕。

**契** ㄑㄧˋ

（會意）（形聲）甲文、契字與金文：契从大、㓞、亦从㓞聲，㓞、音器，六書正譌謂「契、約也，从刀、丰聲，象刀刻畫竹木以記事者」大㓞即契，其本義作「大約」解（見說文許箸）乃謂古代社會所用之重要約文爲㓞之累增字，約券曰契即今之合同。

**奔** ㄅㄣ

（形聲）（會意）甲文奔字與金文奔，林義光氏以爲「从夭與走同意，芔象足跡，疾走故足跡多」，奔从夭卉聲本義作「走」解，（見說文句讀）乃急行之意，人急行則頭忽昂忽俯忽左忽右，故从夭，奔走从犬取善走之意，奔命、奔逸、奔跑、奔喪、奔馳。

楷　甲文　金文　文

**奎**　音睽　ㄎㄨㄟˊ　音軌　ㄍㄨㄟˇ

（形聲）（會意）甲文奎字與金文奎从大圭聲本義作「兩髀（股骨之上部曰髀）之間」解（見說文許箸）乃指人之胯部而言兩髀之間人身寬闊處故奎从圭聲兩髀之間曰奎星名廿八宿之一略象兩髀形故名，奎運奎星高照。

**奐**　ㄏㄨㄢˋ

（會意）甲文奐字與金文奐从廾敻省（省敻爲夐）聲本義作「大」解（見說文段注）廾爲古拱字以奐有大義大則尊故取兩手敬奉之意而从廾又以敻有長遠一義長遠亦有大的意味故奐从敻省聲文采燦爛貌．美哉輪焉美哉奐焉。

**奢**　ㄕㄜ

（形聲）（會意）甲文奢字與金文奢吳大澂氏以爲「从大从杏杏當卽者之省」奢从大者聲本義作「張」解（見說文許箸）乃誇張其詞鋪張其事意誇張鋪張故奢从大又以者有多意奢爲侈靡於時間、金錢、精力皆有多費意故奢从者聲

**奠**　ㄉㄧㄢˋ

（會意）甲文奠第一字羅振玉氏以爲「从酋从六並省（省酋爲酉省六爲一）象尊有薦乃奠字也」甲文奠第二字與金文奠略同甲文奠第三字象二人自左右奉尊形金文奠从酉（酒）在六上从酋从六以此知其字曾本誤作「置祭」解（見說文許箸）

**奧**　ㄠˋ

（形聲）（會意）甲文奧字與金文奧从宀弄聲本義作「室之西南隅」解（見通訓定聲）乃室中幽隱之處故从宀又以弄音倦奧古音亦讀如宛故从弄聲惟徐鍇氏以爲「弄非聲」「奧者神所居也从廾、拱本字，拱奉之奧之義也」

楷　甲文　金文　文

**奪**　ㄉㄨㄛˊ

（會意）甲文奪字與金文奪林義光氏以爲「从雈（雈）鳥張毛羽之象手（又）持小隹一雈而失也」奪从又从雈雈音睢象張毛羽形作「鳥張毛羽自奮」解，當其張毛羽奮飛時偶不小心卽被掙脫而去故其本義作「手持隹失之也」解，（見說文許箸）

**奬**　ㄐㄧㄤˇ

（形聲）（會意）甲文奬字與金文奬从犬將省（省將右下寸）聲本義作「嗾犬厲之」解，（見說文許箸）乃謂嗾犬往咬人或搚物之意故从犬又以將本作「帥」解乃全軍發號施令之主嗾犬往咬搚，必有發縱指使之主，故奬从將聲。

**奭**　音釋　ㄕˋ

（會意）（形聲）甲文奭字與金文奭林義光氏以爲「从火从兩百俗字作赩詩「路車有奭」傳云『赤貌』自與赤皆火盛色也」奭从大从皕亦从皕聲皕音秘作「多」解大而多爲奭其本義作「盛」解（見說文許箸）怒斥、盛赤貌奭讀釋有誤讀爽者

**樊**　ㄈㄢˊ

（會意）（形聲）甲文樊字與金文樊从𠬞从棥亦从棥聲𠬞音攀从反廾（拱）卽古攀字棥音凡作藩解，攀藩爲樊其本義作「騺不行」解，（見說文段注）乃象馬被羈時以足攀藩籬而仍難他行之意惟此本義古罕見用，藩籬曰樊籠曰樊所以畜鳥者

**奮**　ㄈㄣˋ

| 楷 | 甲文 | 金文 |
|---|---|---|

（會意）甲文奮字與金文奮从隹从田从衣衣在外爲鳥張毛羽之象丁佛言氏以此爲古奮字奮从奞在田奞音睢象鳥張毛羽之形鳥在田野張毛羽振翅而飛爲奮其本義作「翬」解（見說文許箸）翬爲大飛奮乃振翅大飛之意

## 女 ㄋㄩˇ

（象形）甲文女與金文女略同金文女林義光氏以爲「象頭身脛及兩臂之形身夭矯兩手交此女之態」象拚斂自守之狀本義作「婦人」解（見說文段注）乃泛指女性而言處子爲女出嫁爲婦處女曰女女之未嫁者

## 奴 ㄋㄨˊ

（會意）甲文奴與金文奴略同金文奴林義光氏取自帑字偏旁以爲「从又（手）持女與奚字同意」不斷用手爲人操作者爲奴古代罪人沒籍入官稱奴婢本義作「奴婢皆古之辠（罪）人也」解（見說文校錄）乃謂罪人入官供役使者

## 好 ㄏㄠˇ

（會意）甲文好與金文好略同子在左或在右同有此形好从女子女子性格大都柔順貞靜故从女子會意本義作「美」解（見通訓定聲）乃指品貌而言徐鍇氏以爲「子者男子之美稱」意以合男女之美者爲好詩意曰好親善交誼曰好

## 如 ㄖㄨˊ

（會意）甲文如與金文石文如略同石文如林義光氏以爲「从女从口出令女從之」其本義作「從隨」解（見說文繫傳）乃從命隨行之意姓春秋時鄭公子班字子如其子孫以父祖字爲氏

| 楷 | 甲文 | 金文 |
|---|---|---|

## 妃 ㄈㄟ

（形聲）（會意）甲文妃羅振玉氏以爲此「殆妃匹之本字與」金文妃略同从女巳聲本義作「匹」解（見說文許箸）乃指夫婦兩相匹配而言故从女又以巳音紀爲人之對稱卽「我」之意匹配乃求與我相稱而使合於我者故妃从巳聲

## 妄 ㄨㄤˋ

（形聲）（會意）甲文妄金文妄略同从女亡聲本義作「亂」解（見說文許箸）乃行不正之意戴侗氏以爲女多邪故从女又以亡本作「逃」解逃則行不光明言不正大故妄从亡聲虛假虛幻曰妄

## 妙 ㄇㄧㄠˋ

（會意）甲文妙字與金文妙从少从女少女內純眞而外秀麗人所共美故其本義作「好」解（見廣韻）乃好至不可方物不可言喩之意亦卽至好之稱神秘難測之事理曰妙「玄之又玄衆妙之門」美好的「姿絕倫之妙態」

## 妖 ㄧㄠ

（形聲）（會意）甲文金文妖略同从女芺聲本義作「巧」解（見說文許箸）是形容事物奇異之字女性較男子好奇故从女又以芺音夭本苦味草名本草綱目淸明節時采食一年不生瘡疥實爲異草故妖取其奇異之意而从芺聲凶惡之兆曰妖

## 妨 ㄈㄤˊ

（形聲）（會意）甲文妨字與金文妨从女方聲本義作「害」解（見說文許箸）乃爲害意男女人之大欲縱欲則害生又徐鍇氏以爲「男女之性相妨也」戴侗氏以爲「女專妨他進也」故从女又以方象二舟併一之形雖曰獨行無阻故妨从方聲

| 楷 | 甲文 | 金文 | 文 |
|---|---|---|---|

## 妒 ㄉㄨˋ

（形聲）（會意）甲文妒字與金文妒从女从石妬妒同字；妒从女戶聲本義作「女妒夫」解（見說文許箸）乃指婦女爭寵而言故从女又以戶本作「半門」釋婦女爭寵其對夫婿有如心扉之半啓半閉故妒从戶聲男妒曰媢女妒曰妒，嫉妒忌。

## 妓 ㄐ一ˋ

（形聲）（會意）甲文妓字與金文妓从女支聲本義作「女樂」解（見切韻）乃指以技藝（如歌舞）娛賓客之女子而言故从女又以支从手（又）持半竹（个）而半竹細小曲柔凡女子在歌舞時常舉盡柔曲之態故妓从支聲賣淫之女子曰妓。

## 妊 ㄖㄣˋ 音壬ㄖㄣˊ

（形聲）（會意）甲文妊商承祚氏以爲「壬卜辭作工則此爲妊字無疑」金文妊：从女壬亦从壬聲說文以壬本作「象人懷妊之形」女壬爲妊故其本義作「孕」解（見說文段注）乃謂女子腹中有胎之意婦女懷孕曰妊孕懷胎妊娠姙（妊同字）。

## 妣 ㄅ一ˇ

（會意）（形聲）甲文妣妣字重文羅振玉氏以爲「與古金文同多不从女（惟殺妣鬲召中鬲从女作妣與許書籀文合）」吳中丞（大澂）說「古妣字與父相比右爲凡左爲匕；猶父之與母相匕矣」金文妣从女比聲本義作「殁母」解（見說文許箸）。

## 始 ㄕˇ 尸ˊ

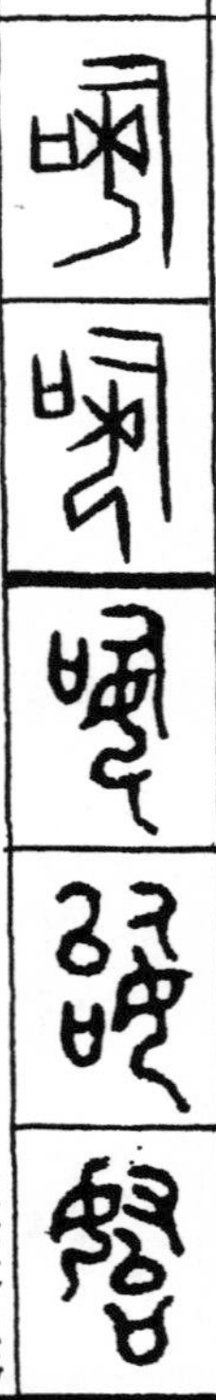

（形聲）（會意）甲文始商承祚氏以爲「案公似敦作始吳中丞（大澂）以爲始之緐文卜辭作㚸則又㚸之省也」金文始从女台聲本義作「女之初」解（見說文義證）乃泛指初生而言故从女又以台音怡亦爲怡之初文本作「喜悅」解。

| 楷 | 甲文 | 金文 | 文 |
|---|---|---|---|

## 妖 一ㄠ

（形聲）（會意）甲文金文妖略同；从女芺聲本義作「巧」解（見說文許箸）是形容事物奇異之字女性較男子好奇故从女又以芺音夭本苦味草名本草綱目滑明節時采食一年不生瘡疥實爲異草故媄取其奇異之意而从芺聲凶惡之兆曰妖。

## 姓 ㄒ一ㄥˋ

（會意）（形聲）甲文姓从女生亦从生聲古代因人所生以爲姓金文姓；相傳夏之初姒吞薏苡而生則姓苡氏商之初姒吞燕子而生則姓子氏神農之母居姜水生神農則姓姜氏舜母居姚墟生舜則姓姚氏故姓之本義作「人所生」解（見說文許箸）。

## 姑 ㄍㄨ

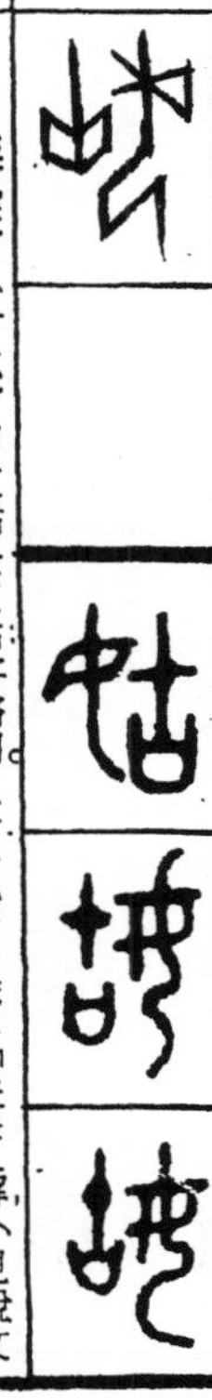

（形聲）（會意）甲文姑金文姑字略同从女古聲本義作「夫母」解（見說文許箸）乃婦對夫母之稱呼婦與姑皆女性故姑从女又以古含有年久卽年老之意爲較婦年老者故从古聲婦稱夫之母曰姑對父之姊妹稱姑俗稱其已嫁者爲姑母。

## 妹 ㄇㄟˋ

（形聲）（會意）甲文金文妹略同从女未聲本義作「妹喜桀妻也」解（見玉篇）乃夏代女妃名以其爲女性故从女凡物之梢皆曰末有小意妹卽女之最小者故从末聲妹嬉：有施之女夏桀之妻同輩女子年幼者稱妹女弟曰妹妹子姐妹兄妹

## 妻 ㄑ一

（象形）（會意）甲文妻李敬齋氏以爲「禮內則『聘則爲妻奔則爲妾』象女結髮戴飾之形」金文妻吳大澂氏以爲「本从齊……乃此从𪗉省文也」从女从屮从又，又卽手取其能「持事」之意本義作「婦與夫齊者也」解（見說文義證）。

楷　甲文　金文

**姊** ㄗˇ・ㄐㄧㄝˇ

（形聲）甲文姊字與金文姊，實爲姊字姊爲姊本字，从女𠂔聲本義作「女子先生者」解（見玉篇）乃謂先出生之女爲姊俗稱姐姐故从女，女兄曰姊，姊妹、大姊，男女對同輩女性之尊稱：仁姊賢姊學姊「問我諸姑遂及伯姊」（詩・邶風）。

**姐** ㄐㄧㄝˇ

（形聲）（會意）甲文姐字與金文姐从女且聲本義作「蜀人謂母曰姐」解（見說文許箸）乃母之別稱此爲漢代之稱北齊太子稱生母爲姊姊宋時稱嫡母爲大姊姊姐姊互通又皆女性故姐从女且聲，女兄曰姐姐妹姐弟，樂妓曰姐妓女之稱。

**妾** ㄑㄧㄝˋ

（會意）甲文妾金文妾略同从䇂从女䇂音愆从千二二即古文上干上即犯上亦即犯法故作「罪」解辛女即罪女爲妾其本義作「有罪女子給事之得接於君者」解（見說文繫傳）乃指使服雜役之有罪女子而言，男子之側室曰妾女子對人謙稱妾。

**姪** ㄓˊ

（形聲）甲文姪與金文姪略同从女至聲本義作「女子謂兄弟之子也」解（見說文段註）乃今所稱的內姪以其系乎姑故从女，兄弟之子女曰姪，姪女姪兒，婦人對同胞兄弟之子稱姪兄弟之子女曰姪姪女姪兒對父執自稱曰姪世姪愚姪小姪。

**姻** ㄧㄣ

（會意）（形聲）甲文姻字與石文姻金文婣略同从女因亦从因聲女子因壻之家以爲家曰姻其本義作「壻家」解（見說文段注）乃女子壻家之稱，男女結爲夫婦娶之父曰婚壻之父曰姻「壻曰婚妻曰姻壻以昏時而來女因之而去」（禮・昏義疏）。

**威** ㄨㄟ

（會意）（形聲）甲文威字與金文威林義光氏以爲「威與畏同字，象戈戮人女見之女畏懾之象」故威之本義作「畏」解（見通訓定聲）乃使人發生悚懼而又敬重之感覺曰威尊嚴曰威容儀曰威權力曰威威力威風威權刑罰曰威，聲威天下。

**姚** ㄧㄠˊ

（形聲）（會意）甲文姚字闕，金文姚从女兆聲本義作「舜姓也」解（見急就篇顏注）虞舜母生舜於姚墟古姓多从女故姚从女，又古灼龜以卜視其拆裂之文以驗吉凶爲兆，故姚从兆聲姓虞舜生於姚墟其子孫以姚爲氏姚姚：自得貌，遠通「遙」。

**姜** ㄐㄧㄤ

（形聲）（會意）甲文姜从女羊省，（省羊下二橫筆）聲金文姜，从女羊聲本義作「神農居姜水因以爲姓」解，（見說文許箸）姜水在今陝西省鱗遊縣古姓多从女故姜从女又羊有吉祥之一義，姓炎帝生於姜水因水名以爲氏有呂申紀許向諸姓。

**姣** 音嬌 ㄐㄧㄠ　音絞 ㄐㄧㄠˇ　音肴 ㄧㄠˊ

（形聲）（會意）甲文姣字與金文姣从女交聲本義作「好」解（見說文許箸）乃形容女性美麗之字故从女又以交象人兩腿交叉而立之形亦有往還相交之意姣者亭亭玉立則更見其動人可愛故姣从交聲，美媚，姣好，姣冶，姣妙，姣麗，妖姣。

**姦** ㄐㄧㄢ

（會意）甲文姦字與金文姦从三女，女子常心地褊窄，氣量狹小而又喜以色惑人故三女相聚爲姦其本義作「私」解（見說文許箸）乃邪惡不能公開之意，犯法作亂之人曰姦「寇賊姦宄」（書・舜典）邪惡曰姦「烝烝乂不格姦」（書・堯典）。

| 楷 | 甲文 | 金文 |
|---|---|---|

**姿** ㄗ

（形聲）（會義）甲文姿字與金文姿从女次聲本義作「態」解（見說文許箸）態在古爲才能賢能之能的本字，乃指女子具有才藝而言故从女又以次爲資之省文資質高者常收獲多才能高而成就大故姿从次聲。容貌曰姿態曰姿即體態。

**姝** ㄓㄨ

（形聲）（會意）甲文姝字與金文姝从女从華，吳大澂氏以此爲古姝字，姝从女朱聲，本義作「好」解（見說文許箸）乃形容女色之美的字，故从女又以朱爲深赤乃色之鮮艷者，姝取其鮮艷之意故從朱聲。美女曰姝，士之美者曰姝。

**娥** ㄙㄨㄥ

（形聲）甲文娀商承祚氏以爲「案甲卜辭作丨故知此爲娀（娀从女戎戎从戈甲）字」與金文娀字略同，从女戎聲本義作「帝高辛之妃偰（經典作契）母號也」解（見說文許箸）契爲帝堯之司徒殷之先祖其母係有娀國之女，即契母之姓。

**娛** ㄩˊ

（形聲）（會意）甲文娛字與金文娛爲吳字重文古以吳通娛，从女吳聲本義作「樂」解（見說文許箸）乃歡欣之意女性較易引起歡欣故娛从女又以吳有讙譁一義人在樂時則易讙譁故娛从吳聲。趣味，樂趣曰娛「窮歡極娛」（張衡・西京賦）

**娘** ㄋㄧㄤˊ

（形聲）（會意）甲文娘字與金文娘爲孃之重文古以孃爲娘，隸書娘从女良聲本義作「少女之號」解（見廣韻）乃女性稱謂之字如爾娘黃四娘即其一例，故从女。又以良爲善美之意小女多善美，故娘从良聲。母親曰娘。

**娟** ㄐㄩㄢ

（形聲）（會意）甲文娟字與金文娟从女肙聲本義作「美好貌」解（見正韻）乃指女子美好之狀而言故从女，又以肙爲首尾相接之小蟲其體曲而圓女子身體亦以有曲線而又肌膚圓潤爲美好故娟从肙聲。美好，娟好，娟美，幽娟。

**姬** ㄐㄧ

（形聲）甲文姬字與金文姬从女𦣞聲本義作「黃帝居姬水因水爲姓」解（見說文繫傳）乃黃帝姓，先民逐水草而居，古代多因水得姓，又古姓多从女，故姬从女。后妃曰姬。「曷不肅雝，王姬之車」（詩・召南）妾曰姬。

**娥** ㄜˊ

（形聲）甲文娥羅振玉氏以爲「从女从丮丮古文我知即娥字矣」與金文娥字略同。从女我聲本義作「帝堯之女舜妻娥皇字也」解（見說文許箸）即帝堯長女之字，故从女。美女曰娥「揚激楚兮詠湘娥」（曹植・九詠）姓，舜妻娥皇，其後有娥氏。

**娉** ㄆㄧㄥ

（形聲）（會意）甲文娉字與金文娉爲娉字，繁文娉从女甹聲本義作「問」解（見說文義證）乃指古代昏（婚）禮之「問名」而言「問名」是男方問女之姓氏，故娉从女，又以甹本作「㽕」解有牽引之意，娉爲牽引婚姻之事，故从甹聲。娉婷：女子美好貌。

**娑** ㄙㄨㄛ

（形聲）（會意）甲文娑字與金文从女沙聲本義作「舞」解（見說文許箸）乃指舞動而言以女性從事爲優美故从女，又以沙爲水旁之地，水夾沙則流速較緩，舞之步調亦以緩緩移行爲美妙，故娑从沙聲。娑娑：鬆散貌。

楷 甲文 金文 | 楷 甲文 金文

## 婦 ㄈㄨˋ

（會意）甲文婦从女从帚省（省帚下數筆）仍與金文婦略同，从女持帚女子已嫁持帚以任灑掃者爲婦其本義作「服」解（見說文許箸）乃指其服事於夫而言因而爲已嫁女子之稱，女子已嫁曰婦，妻曰婦，子之妻俗稱媳婦，略稱婦。

## 婚 ㄏㄨㄣ

（會意）（形聲）甲文婚金文婚略同，林義光氏以爲「昏（婚）禮父醮女而送之故从爵（古借爵爲酌）女」婚从女从昏亦从昏聲古代嫁娶必於黃昏蓋取陽往（日落）陰來（月升）之意故其本義作「婦家」解（見說文許箸）乃婦歸夫家之稱。

## 婆 ㄆㄛˊ

（形聲）（會意）甲文婆字與金文婆从女殺聲本義作「奢」解（見說文義證）乃侈張之意女性易侈張故从女又以殺有大義奢在虛張其大故婆从殺聲惟此本義古罕見用今所行者爲別義又俗字作婆爲今所行者，妻稱夫之母曰婆婆亦略稱婆。

## 娶 音趣 ㄑㄩˋ 音取 ㄑㄩˇ

（會意）（形聲）甲文娶與金文娶字略同，从取女亦从取聲取爲獲得之意取女歸我爲娶其本義作「取婦」解（見說文段注）乃取彼女爲我婦之意，取婦曰娶「男女婚娶不逾其時」（後漢書・周舉傳）取男取女爲妻。

## 婢 音庳 ㄅㄧˋ 音貝 ㄅㄟˋ

（會意）（形聲）甲文婢字與金文婢从女从卑省（省卑爲甲）丁佛言氏以此爲古婢字小篆婢从女从卑亦从卑聲卑即低下之意女之低下者爲婢其本義作「女之卑者」解（見說文許箸）乃身世低微女子之稱，婢子：婦人自謙之稱。

## 婉 ㄨㄢˇ

（形聲）（會意）甲文婉字與金文婉从女宛聲本義作「順」解（見說文許箸）乃形容性情循良之字女性多循良故婉从女又以宛本作「屈」解含有曲謹的意味性情循良者必曲謹從人故婉从宛聲，和順柔婉，婉轉，和婉，委婉。

## 姘 音拼 ㄆㄧㄣ

（形聲）（會意）甲文金文姘字略同，从女幷聲本義作「私合曰姘」解（見蒼頡篇）乃指男女私合而言私合者男常誘女故从女又以幷有相合一義故姘从幷聲，男女私合他倆姘了已久始終藏藏躲躲不能公開。

## 婪 ㄌㄢˊ

（形聲）（會意）甲文婪與金文婪字略同，从女林聲本義作「貪」解（見說文繫傳）乃求無厭足之意徐鍇氏以爲「女性多貪」故从女又叢木爲林有多之意味，貪者以多得爲快故婪从林聲。

## 媚 ㄇㄟˋ

（形聲）（會意）甲文媚从女从眉與金文第四字略同，金文媚：上从𩓖（古音與眉通）下从女銘文借爲眉壽即媚字从女眉聲本義作「說（今字作悅）」解（見說文段注）凡取悅於人或爲人所悅而思有以固寵者爲媚；媚術，媚態曰媚。

| 楷 | 甲文 | 金文 |
|---|---|---|

## 媛 ㄩㄢˋ

（形聲）（會意）甲文媛字與金文媛从女爰聲本義作「美女」解（見說文繫傳）乃女子秀外慧中者之稱故从女又以爰本作「引」解美女則人人樂於引爲己助或引爲內助故媛从爰聲美女曰媛才媛名媛。

## 婷 ㄊㄧㄥˊ

（形聲）（會意）甲文婷字與金文婷實爲古娗字古娗婷同字隸書婷从女亭聲本義作「美好貌」解（見集韻）乃指女性之美而言故从女又以亭有高意亭亭乃形容女子體貌之頎美多姿故婷从亭聲婷婷：美麗。

## 嬀 ㄍㄨㄟ

（形聲）甲文嬀金文嬀略同从女爲聲本義作「水名」解（見玉篇）乃指嬀水而言在今山西省永濟縣南源出歷山西流入黃河舜爲庶人堯妻以二女居於嬀汭（嬀水限曲之處）故字从女春秋時陳國爲嬀姓故陳國之女多曰嬀。

## 媕 音掩 ㄧㄢˇ 音庵 ㄢ

（形聲）（會意）甲文媕與金文媕字略同从女弇聲本義作「女有心媕媕」解（見說文許箸）乃指女性眉語目成以心相屬之意故从女又以弇有蓋合之意媕爲女有求合之心故从弇聲媕娿・媕媕：游移不決貌。

## 嫁 ㄐㄧㄚˋ

（形聲）（會意）甲文嫁字與金文嫁略同从女家聲本義作「女適人」解（見說文許箸）乃女子于歸男子而成配偶故从女又以家爲人所居而「婦謂夫曰家」故嫁从家聲女子于歸曰嫁「太皡始制嫁娶」（史記・補）女子二十而嫁（禮・內則）

| 楷 | 甲文 | 金文 |
|---|---|---|

## 嫂 ㄙㄠˇ

（會意）（形聲）甲文嫂字與金文嫂从兄聘（省聘左耳）女兄所聘女（妻）卽嫂吳大澂氏以此爲古嫂字从女叜聲本義作「兄妻」解（見說文許箸）乃俗稱之嫂以其爲女性故从女从叜聲惟俗字作嫂爲今所行者（叜音蒐）

## 媾 ㄍㄡˋ

（形聲）（會意）甲文媾字與金文媾从頁冓聲頁象人面亦卽表示其爲人吳大澂氏以此爲古媾字从女冓聲本義作「重昏（婚）」解（見說文許箸）重婚乃指父之兄弟姊妹及母之兄弟姊妹之子的中表親締婚而言重昏曰媾重疊交互爲婚姻。

## 嫉 ㄐㄧˊ

（形聲）（會意）甲文金文嫉字略同从女疾聲本義作「妒」解（見廣雅）乃忌人之長或美之意而小人與女子又常嫉人之長或美故嫉从人或从女今多从女又以疾有憎惡之一義嫉就是憎惡故从疾聲忌忌妒「士無賢不肖入朝見嫉」（史記外戚傳）

## 媲 ㄆㄧˋ

（形聲）（會意）甲文媲字與金文媲从女𣬉聲本義作「配」解（見字林）乃兩相適合之意兩合以男女較爲習見故从女又以𣬉爲兎頭而足似鹿之獸有與兎鹿相近似意近似則易合故媲从𣬉聲比匹敵媲美前賢媲右上作囟不作㐫俗有誤作㐫者失正。

## 嫖 音瓢 ㄆㄧㄠˊ 音飄 ㄆㄧㄠ

（形聲）（會意）甲文嫖字與金文嫖下从女上从要或以此卽古嫖字嫖从女票聲本義作「身輕便」解（見廣韻）乃身體靈巧意女子一般常較男子爲纖小故从女又以票本作「火花散飛」解含有輕便的意味故嫖从票聲狎妓曰嫖嗜嫖如命浪蕩子弟

楷　甲文　金文

**嬉** ㄒㄧ

（形聲）（會意）甲文嬉與金文略同商承祚氏又疑爲侸字之異體从女喜聲本義作「戲」解（見方言）乃遊戲取樂之意嬉戲易與女色相聯故从女又以喜本作「樂」解嬉在取樂故从喜聲。遊戲曰嬉 嬉嬉：笑貌。

**嬌** ㄐㄧㄠ

（形聲）（會意）甲文嬌字與金文嬌从女喬聲本義作「妖嬈」解（見增韻）乃形容女性態度嫵媚的字故从女以喬本作「高而曲」解女以修長爲美故嬌从喬聲。嬌本陳姓女名後人意指心所悅愛之女性爲嬌可愛之態曰嬌。

**嬈** 音饒 ㄖㄠˊ　音擾 ㄖㄠˇ　音韶 ㄕㄠˊ

（形聲）甲文金文嬈字略同从女堯聲本義作「苛」解（見說文段注）乃苛刻苛酷之意女性思慮較細密喜刻意苛求故从女柔美曰嬈「低垂兩翅趁節拍婆娑弄影誇嬌嬈」（歐陽修．答憶鶴詩）姸媚 身材兒早是妖嬈算風情實難描（柳永合歡詞）

**嬖** 音閉 ㄅㄧˋ　音譬 ㄆㄧˋ

（形聲）（會意）甲文金文嬖字略同商承祚氏以爲「𢎘即辟字故知此（嬖女）作爲嬖」从女辟聲本義作「便嬖愛也」解（見說文許箸）乃對人過於恭敬而討好之意又以辟本作「僻」解有不正之意故嬖从女辟聲。愛幸之人曰嬖 內嬖 妖嬖

**嬙** 音牆 ㄑㄧㄤˊ

（形聲）（會意）甲文嬙字與金文嬙从女牆省聲（省牆左爿）本義作「婦官」解（見說文新附）乃古代宮廷中之女官故从女又以牆有防堵青少之意婦官乃宮廷中之防微杜私者故嬙从牆省聲。古女官名位在妃下。

楷　甲文　金文

**嬗** ㄕㄢˋ

（形聲）（會意）甲文嬗字與金文嬗从女亶聲本義作「傳」解（見說文許箸）乃接續傳遞之意女乃育子傳後者故从女又以亶本作「多穀」解有厚藏之意厚藏則可傳故嬗从亶聲。嬗變 遞嬗 以不同形相嬗也 如堯嬗以天下

**嬰** ㄧㄥ

（會意）（形聲）甲文嬰字與金文嬰从女从貝容庚氏以此爲古嬰字从女从賏亦从賏聲，賏音英乃兩貝連成之裝飾品爲古代女子所常用者故其本義作「頸飾」解（見說文許箸）始生小兒曰嬰、女嬰、男嬰、棄嬰、男曰兒女曰嬰、女曰嬰男曰孩

**嬪** ㄆㄧㄣˊ

（形聲）（會意）甲文嬪金文嬪略同从女賓聲本義作「服」解（見說文許箸）乃順從人意以服事人之意女性柔順善服事人故嬪从女又以賓爲主人之客，故嬪从賓聲。古代女官曰嬪「九嬪掌婦學之法」（周禮．天官）妻死曰嬪 生曰妻死曰嬪。

**子** ㄗˇ

（象形）甲文子上象小兒髮中象小兒頭下象小兒身小兒在全身之比例上言頭較大故特著其頭以示此子卽兒金文子字略象小兒形兒卽子林義光氏以爲此「象頭身臂及足幷之形兒在襁褓中故足幷」在襁褓中形本義作「嬰孩」解，（見部首訂）

子部·孔孕存季孤孥孩孫學

楷 甲文 金文

孔 ㄎㄨㄥˇ

（會意）甲文孔字與金文孔林義光氏以爲「孔通也……本義當爲乳穴引伸爲凡穴之稱（象乳形子就之以明乳有孔也」孔从乙从子乙同燕是候鳥子卽子嗣燕南來巢於梁上孵卵得子爲嘉美故孔之本義作「通」解（見說文段注）卽通達之意。

孕 ㄩㄣˋ

（象形）（形聲）甲文孕象婦人腹中懷子（小人字）之形此卽爲孕金文孕从女乃（左文）聲孕从子乃聲本義作「裹（懷）子」解（見說文段注）乃婦女身中復有一身之意故从子又以乃有「初」義身中有身當是人之初故孕从乃聲。

存 ㄘㄨㄣˊ

（形聲）（會意）甲文存字與金文存从子才聲本義作「恤問」解（見說文許箸）乃體恤慰問之意凡人在抱子弄孫之年齡無不喜天眞活潑之孩童對己之兒孫尤其愛護備至故存从子又以才本作「艸木之初」解宜加護持是有恤問意故存从才聲。

季 ㄐㄧˋ

（會意）（形聲）甲文季李敬齋氏以爲「从禾子會意子亦聲」義與金文季同金文季林義光氏以爲「當爲穉（稚）之古文幼禾也从子禾」其本義作「少偁（稱）」解（見說文許箸）乃爲諸子中最少卽居末者之稱少子曰季三個月曰一季。

孤 ㄍㄨ

（形聲）（會意）甲文孤字與金文孤从子瓜聲本義作「無父」解（見許文許箸）乃子無父者之稱故从子又以瓜爲蔓生植物結實甚多今瓜字象獨實在蔓葉下形實有孤單意故孤以瓜聲或以爲幼而無父常呱呱啼哭故孤从瓜聲

楷 甲文 金文

孥 ㄋㄨˊ

（形聲）（會意）甲文孥字闕金文孥从子奴聲本義作「子」解（見玉篇）卽子嗣之稱故从子又以奴爲有罪入官服賤役者含有卑下的意味父母尊而子女卑故孥从奴聲子曰孥妻子眷屬亦曰孥奴隸曰孥罪人或俘虜之供役使者。

孩 ㄏㄞˊ

（形聲）（會意）甲文孩字與金文孩从子亥聲本義作「小兒笑」解（見說文許箸）乃謂小兒之歡笑故从子又以小兒笑時其聲亥亥故孩从亥聲孩在說文爲「咳」字之籀文其本義爲咳所專孩今所行者爲別義故孩从辥聲。

孫 ㄙㄨㄣ

（會意）甲文孫从子从糸省（省糸爲8）與金文孫略同从子从系系乃系屬亦卽所從出之意子之系屬爲孫其本義作「子之子」解（見說文許箸）乃子所出之子爲孫子之子曰孫孫女孫男嫡孫孝子賢孫

學 ㄒㄩㄝˊ

楷　甲文　金文　文

（形聲）（會意）甲文學羅振玉氏以為「說文解字『斅，覺悟也从教从冂冂尚矇也臼聲篆文省作學』」金文學林義光氏以為「从子在宀下宀尚蒙之象臼兩手以去其蒙爻聲」又从教从冂臼聲本義作「覺悟」解（見說文許箸）

## 孺　音儒 ㄖㄨˊ　音洳 ㄖㄨˋ

（形聲）（會意）甲文孺字與金文孺从子需聲本義作「乳子」解（見說文義證）乃尚在食乳之幼兒故从子又以需為儒之省文幼兒不解事亦不能任事易受驚慴是有懦意故孺从需聲或以為需為濡之省文幼兒食乳多便溺兼有濡意

## 孽　ㄋㄧㄝˋ

（形聲）（會意）甲文孽為薛字重文古以薛通孽，金文孽从肉从薛汪立名氏以為古孽字，从子薛聲本義作「庶子」解（見說文許箸）乃妾生之子故从子又以薛有罪義妾為有罪女之為奴婢任侍奉者其所生子為孽

## 宀　音綿 ㄇㄧㄢˊ

（象形）甲文金文宀字略同，象四面有牆而上有覆蓋之屋舍形本義作「交覆深屋」解，（見說文許箸）乃交相覆蓋之屋段玉裁氏注「古者屋四注東西與南北皆交覆也。有堂有室，是為深屋」今僅用為部首字，宀為深屋之稱，賨蓋頭國字部首之一。

## 宁　音佇 ㄓㄨˋ

（象形）（指事）甲文宁羅振玉氏以為「象形上下兩旁有搘柱中空可貯物」金文宁與甲文宁略同，其本義作「辨積物」解，（見說文許箸）乃分別積貯物品之稱，蓋積物者必辨其族類宁之乃有處所篆畫六邊正象辨其積物不一之形」

## 它　ㄊㄚ

楷　甲文　金文　文

（象形）甲文它羅振玉氏以為「从止（即足也）下它……其文皆曰亡𢀛或曰不𢀛殆即它字上古相問以無它故卜辭凡貞祭於先祖尚用不它亡它之遺言殆相沿以為無事故之通稱矣」金文它略同，从虫而長象宛曲垂尾形本義作「虫」解（見說文許箸）

## 冗　ㄖㄨㄥˇ

（會意）甲文冗字與金文冗从人在宀下宀音緜為「交覆深屋」古代習俗人以力田為主要工作現在深屋中有閒散無事的意味其本義作「㪔（散）」解（見說文許箸）乃投閒置散之意，散官閒員曰冗，紛雜曰冗冗：煩多貌。

## 宄　音軌 ㄍㄨㄟˇ

（會意）（形聲）甲文宄右下增攴仍與金文宄略同，从宀九聲或从宮九聲宄為內姦常起自宮庭之內故从宮，本義作「姦」解（見說文許箸）乃指犯法作亂者而言古以外姦為盜內姦為宄故宄从宀又以九為數之極變犯法作亂者多變詐故宄从九聲

## 守　ㄕㄡˇ

（會意）（形聲）甲文守形異金文守林義光氏以為「从寸宀指官府寸示法度在官府中服公職必須遵循一定之法度又（手）持丨在宀下又持丨與尹同意握事也」守从宀从治事此即守其本義作「守官」解（見說文許箸）節曰守，職責曰守，氣節曰守

## 安　ㄢ

（會意）甲文安與金文安略同，金文安林義光氏以為「象女在宀下有藉之（女下之丿）與保从子同意」从女在宀下宀音緜為「交覆深屋」適人曰婦處子曰女婦女應事接物本較男子從容嫺雅，本義作「竫」解，（見說文義證）有靜而不流張的意思，

## 宅　ㄓㄜˊ

楷　甲文　金文

（形聲）（會意）甲文宅从宀从乇省（省乇上一短橫）與金文宅略同，从宀乇聲，本義作「人所託居也」解，（見說文釋例）乃供人居用之屋舍，故从宀，又以乇音磔，本作「艸木根乇生地上」解，宅爲位於地上供人所棲息者，亦有定根於此之意，故从乇聲。

## 字 ㄗˋ

（會意）（形聲）甲文字字與金文字林義光氏以爲「从子在宀下……婦人乳子居室中也」字从子在宀下，亦从子聲。子（嬰兒）在宀（交覆深屋）故其本義作「人生子曰字」解，（見通訓定聲）乃分娩之意，文字曰字。

## 宇 ㄩˇ

（形聲）（會意）甲文宇字與金文宇略同，从宀于聲，本義作「屋邊」解，（見說文許箸）乃謂屋之四垂爲屋簷，以其爲屋之一部，故从宀，又以于本作「氣之舒」解，含有向外擴散之意，故宇从于聲，房屋曰宇，上下四方曰宇。宅宇屋宇館宇。

## 宋 ㄙㄨㄥˋ

（會意）甲文宋與金文宋略同，金文宋林義光氏以爲「說文云『宋居也从宀木，讀若送』按木者牀几之屬，人所依以居也」，本義作「居」解，（見說文許箸）乃居處之稱，覆宇木立其下示楹柱之形，故曰居也，古國名，今河南省商丘縣。朝代名。

## 完 ㄨㄢˊ

（形聲）（會意）甲文金文完字从宀元聲，本義作「全」解，（見說文許箸）乃囫圇無損缺之意，人類家舍以全身，故从宀，又以元本作「首」解，即人之頭，有頭則人體以全，而人命得全，故完从元聲。全與曰完「不以物挫之謂完」（莊・天地）刑名，曰完刑。

## 宏 ㄏㄨㄥˊ

（形聲）（會意）甲文宏字與金文宏从宀从弓，吳大澂氏以此爲古宏字，从宀厷聲，本義作「屋深」解，（見說文段注）乃形容屋室廣大之字，故从宀，又以厷爲肱初文，自肘至腕爲肱，即下臂，含有延伸及遠的意味，屋深亦有延伸及遠意，故宏从厷聲。宏大，深遠的。

## 牢 ㄌㄠˊ

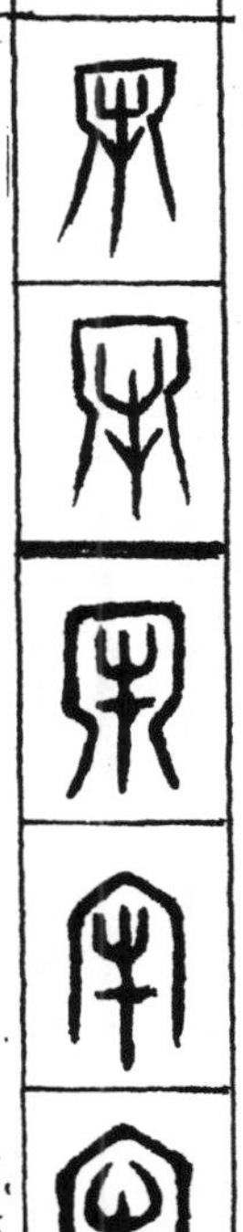

（象形）（會意）甲文牢从宀牛，別亦有作宀羊者，意謂圈養欲閑並示以牛，金文牢與甲文牢略同，从宀，冬省（省冬下兩點）冬有完固而四周緊閉之意，故其本義作「牛馬圈也」解，（見說文許箸）乃圈養牛馬處，閑曰牢，飼養牲畜之圈，或關獄曰牢，即監獄。

## 宗 ㄗㄨㄥ

（會意）甲文宗第一字宀示，屋宇下示神主，此供奉神主之屋宇，即祖廟爲宗，甲文宗與金文宗略同，金文宗林義光氏以爲「从示在宀下，示神事也」，宗从宀示，宀爲屋宇，示爲神祇，供有神祇之屋宇爲宗，其本義作「尊也，祖廟也」解，（見說文段注）

## 定 ㄉㄧㄥˋ

（會意）（形聲）甲文定字與金文定略同，定从宀从正，宀爲「交覆深屋」正有不偏不倚之意，凡屋舍必須要正而後牢固，人居其中，無棟壓椽崩之虞，才有安全感，故其本義作「安」解，（見說文許箸）乃安止安全之意，或謂定从正聲，亦備一說，並引參證。

## 宜 ㄧˊ

（會意）（形聲）甲文宜與金文宜略同，金文宜字林義光氏以爲「夕象物形，二夕示字爲俎字重文，王國維氏以爲「宜與俎爲一字」，眾物非多……一地也，物在屋（宀）之下地之上，得所安也」，从宀从一，多聲，本義作「所安」解，（見說文句讀）

| 楷 | 甲文 | 金文 | 文 |
|---|---|---|---|

## 官 ㄍㄨㄢ

（會意）甲文官李敬齋氏以爲「公署也从宀下𠂤會意𠂤古作𠂤衆𠂤也省作𠂤」金文官與甲文官略同从宀从𠂤宀示廳屋𠂤示衆臣在廳屋下治事之衆臣爲官其本義作「吏事君也」解（見說文許箸）吏即爲君國治公事之官員

## 宙 ㄓㄡˋ

（會意）（形聲）甲文宙从宀由由象草木垂實之形亦有先開花而後結實之意宀爲覆蓋所以庇蔭花果得獲安全此即宙金文宙字从宀由聲本義作「舟輿所極覆也」解（見說文段注）乃指舟輿往復所至之處而言故宙从由聲往古來今曰宙

## 宛 ㄨㄢˇ

（形聲）（會意）甲文宛字與金文宛从宀夗聲本義作「屈」解（見通訓定聲）乃指彎曲不伸之狀而言凡在蓋覆下（宀）者每有屈不得伸意故从宀又以夗本作「轉臥」解轉臥非平臥其身常屈故宛从夗聲姓伏羲師有宛華黃帝時有宛朐

## 宓 ㄇㄧˋ

（形聲）（會意）甲文宓字金文宓从宀从戈丁佛言氏以此爲古宓字从宀必聲本義「安」解（見說文許箸）乃是靜寧之意居交覆深屋中始得安故从宀又以必有定止則安故宓从必聲惟此本義古罕見用今所行者爲引義寧曰宓

## 宕 ㄉㄤˋ 音盪

（會意）甲文宕从宀石與金文宕略同金文宕林義光氏以爲「石洞如屋者从石宀」宕从宀从石磐石而成之室爲宕其本義作「石室空洞」解（見說文徐箋）乃謂四圍無障蔽的石室石礦採石處曰宕宕地宕戶開宕放蕩貌通「蕩」

## 客 ㄎㄜˋ

（會意）（形聲）甲文客羅振玉氏以此「从𠂤即各旁增人者象客至而迓之者客自外來故各从止象足跡由外而內从口者自通姓名也金文客林義光氏以爲「从人在屋下各聲亦省（省人）作客。」从各聲賓曰客主之對上客貴客賓客不速之客

## 宣 ㄒㄩㄢ

（形聲）（會意）甲文宣商承祚氏以爲「卜辭中洹與𢈔从亘故知此爲宣矣」與金文宣略同从宀亘聲本義作「大室」解（見通訓定聲）乃寬敞之正室故从宀从亘聲君主施教之言曰宣詔書留內之小字亦曰宣嘗衆公開表性態宣佈開會宣判無罪

## 室 ㄕˋ

（會意）（形聲）甲文室金文室略同从宀亦从至聲宀爲「交覆深屋」至示所止之地至爲「進造」進遠所止之地此地即室故其本義作「宮」解（見通訓定聲）即居舍禮內無分貴賤同爲居人之處故室作宮解即居處之稱屋曰室即房屋妻曰室貨賄曰室

## 宮 ㄍㄨㄥ

| 楷 | 甲文 | 金文 |
|---|---|---|

## 宦 ㄏㄨㄢˋ

（形聲）（會意）甲文宦孫海波氏以爲「象宮室相聯（呂）之形說文云『从䏌省聲』非」金文宦徐灝氏以爲「疑象室有窗牖形」从宀䏌省聲（省䏌左身）本義作「宦」解（見說文許箸）五刑之一卽腐刑淫刑男子割勢女子幽閉宮與墨劓剕大辟五刑。

## 宦 ㄏㄨㄢˋ

（會意）甲文宦字金文宦林義光氏以爲「說文云『宦仕也从宀臣』按从臣在宀下」从宀从臣宀本作「交覆深屋」解於此示官府臣爲人民仕於朝者且係對君而言故受君命其本義作「仕」解（見說文段注）乃習所治事之意宦吏曰宦閹人曰宦侍御之官。

## 宥 ㄧㄡˋ

（形聲）（會意）甲文宥金文宥略同从宀有聲本義作「寬」解（見說文許箸）乃指居屋之寬而言故从宀又以豐富爲有屋寬則容物多乃豐富之意故宥从有聲惟此本義古罕見用今所行者爲別義。赦罪恕過曰宥姓明洪武時有有日興爲有加宀賜姓宥。

## 宰 ㄗㄞˇ

（會意）（形聲）甲文宰金文宰略同从宀从辛宀爲「交覆深屋」於此以示治公之官府辛卽辠示罪人在官府中治理罪人爲宰故其本義作「屋下制治辠（罪）人解」（見通訓定聲）乃宰制宰治罪徒之意。古官名上卿位貳於君者宰相太宰冢宰

## 害 ㄏㄞˋ

（形聲）（會意）甲文害字與金文害林義光氏以爲「吉卽古（塊）之變从宀古聲」从宀从口丰聲本義作「傷」解（見說文許箸）乃加以破敗之意破敗常在家室內由口中發生故从宀从口又以丰音介象艸散亂形足傷嘉禾故害从丰聲。危曰害卽艱險。

## 家 ㄐㄧㄚ

（會意）（形聲）甲文家與金文家略同金文家吳大澂氏以爲「古家字从宀从豕凡祭士以羊豕古者庶士庶人無廟祭於寢（亦食居之所故从宀）陳豕（已熟者）於屋下也」从宀豭省（省豭右叚）聲本義作「居」解（見說文許箸）人之居住處所曰家

## 容 ㄖㄨㄥˊ

（形聲）（會意）甲文容金文容从宀从公與說文所引古文容同文从宀谷聲本義作「盛」解（見說文許箸）乃包函在內之意故从宀形勢曰容「泰山之容巍巍然高」（淮南・說山）儀容曰容「君子之容舒遲」（禮・玉藻）寬容「君子以容民畜衆」

## 宴 ㄧㄢˋ

（形聲）（會意）甲文宴字與金文宴从宀晏聲本義作「安」解（見說文許箸）乃閒適之意家居則身心閒適故从宀又以晏音晏从日从女象陰居陽下有「婦從夫則安」之意味且夫亦須有婦始安晏宴古今字宴爲晏之累增字故从晏聲

## 宵 ㄒㄧㄠ

| 楷 | 甲文 | 金文 | 文 |
|---|---|---|---|

（形聲）（會意）甲文宵字與金文宵林義光氏以爲「从月在宀下小聲」一說月入宀（屋）下則漸（升）見其小此時卽宵从宀肖聲本義作「夜」解（見說文許箸）乃夜間之稱入夜則室內室外幽暗相同兩者無殊故宵从肖聲

## 宸 ㄔㄣˊ

（形聲）（會意）甲文金文宸字从宀辰聲本義作「屋宇」解（見說文許箸）乃屋舍之稱徐灝氏以爲「屋宇覆下通謂之宸指其中棟而言則曰宸極」故从宀又十二地支以辰爲龍可降甘霖有庇護萬民之意屋宇乃庇護人者故宸从辰聲屋宇曰宸

## 宿 ㄙㄨˋ

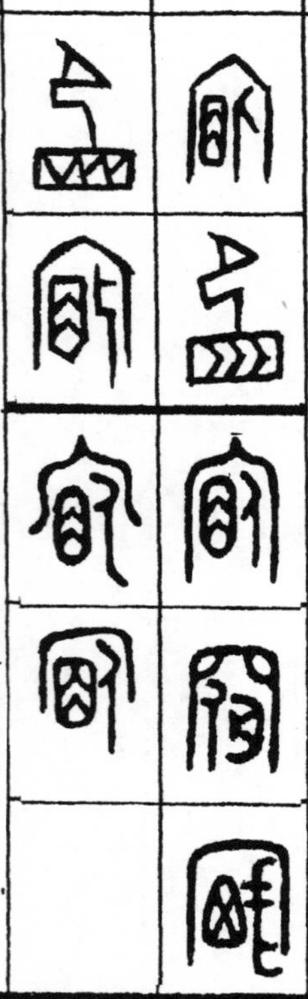

（會意）（形聲）甲文宿上从宀象室左下爲席（卽席象席形）右下爲人象人在室內就席之形可見其有留而不去之意此卽謂宿金文宿與甲文宿略同从宀佰聲本義作「夜止」解（見玉篇）乃在夜間止息而休眠之意佰爲古文夙有昨晚至今早之意味

## 密 ㄇㄧˋ

（形聲）（會意）甲文密字與金文密从山宓聲本義作「山如堂者」解（見說文許箸）乃指山地之三面皆高一面獨低中間平坦者而言故从山又以宓本作「安」解山如堂則山之中部廣平足以使人安居樂業故密从宓聲隱曲處曰密深奧難見處曰密

## 寅 ㄧㄣˊ

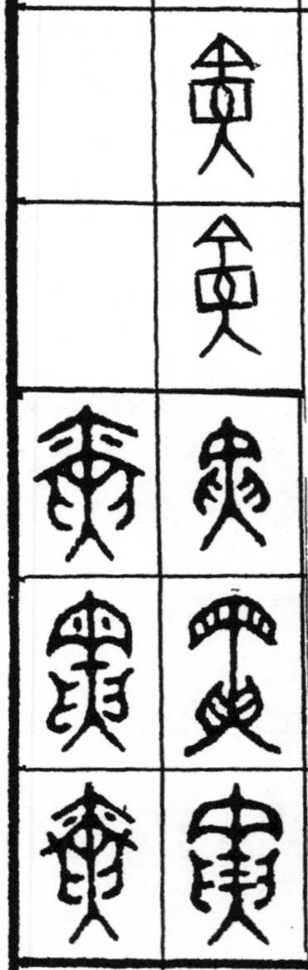

| 楷 | 甲文 | 金文 | 文 |
|---|---|---|---|

（象形）（會意）甲文寅李敬齋氏以爲「矢進入・（的）也象形」金文寅林義光氏以爲『卽胂之古文夾脊肉也胂古音讀如寅故易「列其夤」（艮卦馬注夾脊肉也）本義作「居敬」解（見通訓定聲）乃持身謹嚴之意地支名居第三位

## 寇 音叩 ㄎㄡˋ

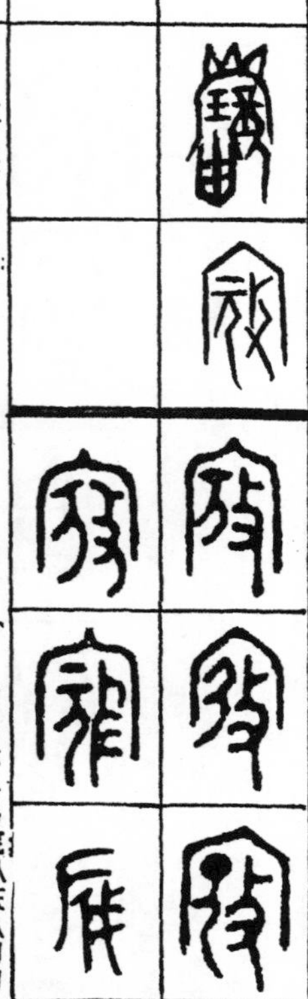

（會意）甲文寇朱芳圃氏以爲「毀人宗廟爲寇遷人重器亦必爲寇从玉从𠙵卽說文『東楚名缶曰𠙵』之𠙵是卽古『寶』字」金文寇林義光氏以爲「象人在宀（屋）下或（外來者）攴擊之之形」作「小擊」解盜匪曰寇・流寇・讎敵曰寇暴徒

## 寂 ㄐㄧˊ

（形聲）甲文寂字與金文寂从宀尗聲本義作「無人聲」解（見說文許箸）乃靜無人聲意室（宀）爲人所居但無人聲此卽靜寧之象故从宀惟字亦作宗爲今所行者死寂滅圓寂又「遠公歸寂」（蓮社高賢傳）安靜寂然：寧靜貌寂靜寂寥幽寂

## 富 ㄈㄨˋ

（形聲）（會意）甲文富字與金文富从宀畐聲本義作「備」解（見說文許箸）乃指家豐財貨百物齊備而言故从宀又以畐音福从高省从田象豐收高厚之狀本作「滿」解齊備豐滿卽富意故富从畐聲財物豐足者曰富巨富首富貝賄曰富

| 楷 | 甲文 | 金文 |
| --- | --- | --- |

**寒** ㄏㄢˊ

（會意）甲文寒字與金文寒：丁佛言氏以爲許氏說「（寒）从人在宀下从茻薦覆之下有仌此人足下爲加二爲仌之籀文」寒从人在宀下以茻上下薦（向上）覆（向下）之下从仌示人在深居中其足下如冰之冷 本義作「凍」解（見說文許箸）

**寓** ㄩˋ

（形聲）（會意）甲文寓羅振玉氏以爲「从宀御聲」宀下者卽御字（象人持馬策）御者止（宀）下有不去卽去意此卽寓金文寓从宀禺聲本義作「寄」解（見說文許箸）乃有所托意寄託以能託身爲宜作「毋猴屬」解 寄居之處曰寓公寓客寓旅寓

**寐** ㄇㄟˋ

（形聲）（會意）甲文寐羅振玉氏以爲「从㝱省（省㝱右夢）未聲」金文寐从㝱省（省㝱右夢）未聲未作「猶不一解猶臥爲寢息前之預備有預備睡而不卽睡之意故寐从未聲 瞌睡曰寐 寐語：夢語俗稱夢話「夙興夜寐無忝爾所生」（詩・小雅）

**甯** 音佞 ㄋㄧㄥˋ；音寧 ㄋㄧㄥˊ

（形聲）（會意）甲文甯字與金文甯从用寧省（省寧爲宀）聲本義作「所願也」解（見說文許箸）如甯可甯願是假定其志得伸而其意亦得用之意故从用又以寧本作「願詞」解 與甯音義並同 古本互通 姓衞康叔之後食采於甯以邑爲氏

**塞** 音色 ㄙㄜˋ；音賽 ㄙㄞˋ

（會意）（形聲）甲文塞字與金文塞从土从㘥亦从㘥聲㘥音寨 本作「窒」解以土相窒爲塞故塞之本義作「𡋾土窒空」解（見六書故）乃以土閉阻之意 國之阨險曰塞 惡運曰塞 不幸之稱 塞瓶口之物曰塞 水塞 瓶塞 軟木塞 抑塞 杜塞 閉塞

**察** ㄔㄚˊ

（形聲）（會意）甲文察字與金文察从宀祭聲 本義作「覆審」解（見通訓定聲）乃自上向下審視之意 故从宀 又以祭爲大事 諸須審愼始免貽誤 故察从祭聲 偏見曰察 謫視 審定 推求 察究 考察 按察 推察 診察 審察 「衆惡之必察焉 衆好之必察焉」（論衞靈公）

**寡** ㄍㄨㄚˇ

（象形）（會意）甲文寡字與金文寡林義光氏以爲「本義爲鰥寡之寡 象人在屋下顛沛見於顏面之形」寡从宀从頒 宀本作「交覆深屋」解 於此指屋中所有而言 頒本作「分賦」解 卽分配之意 又作「少」解（見說文許箸）乃罕少之意 婦喪夫曰寡

**寢** ㄑㄧㄣˇ

（形聲）（會意）甲文寢李敬齋氏以爲「臥也从宀帚聲」金文寢與甲文寢略同 从宀侵（侵）聲 本義作「臥」解（見說文許箸）臥必於室 故从宀 又以侵本作「漸進」解 寢則必待諸事畢而漸有睡意始可 故从侵聲 帝王墓地之廟曰寢 陵寢

**實** ㄕˊ

（會意）甲文實字與金文實林義光氏以爲「从貝在宀下 从田（古周字象玉瑞形）省」意爲備玉貝（古代之貨幣）於室卽富足之意 从宀从貫 宀示屋舍 貫爲錢貝之貫 俗稱錢串 故貨貝或貫爲實 其本義作「富」解（見說文許箸）種子曰實

楷　甲文　金文

蜜 ㄇㄧˋ

（形聲）（會意）甲文蜜字與金文蜜从虫宓聲本義作「蜂采百草華所作也」解（見韻集）乃蜂采花所釀而味甘如飴之半流質故从虫又以宓本作「安」解蜜爲蜂春夏釀成以備秋冬之食糧者有得之則安食無虞之意故从宓聲甘飴曰蜜。

賓 音濱ㄅㄧㄣ　音鬢ㄅㄧㄣˋ

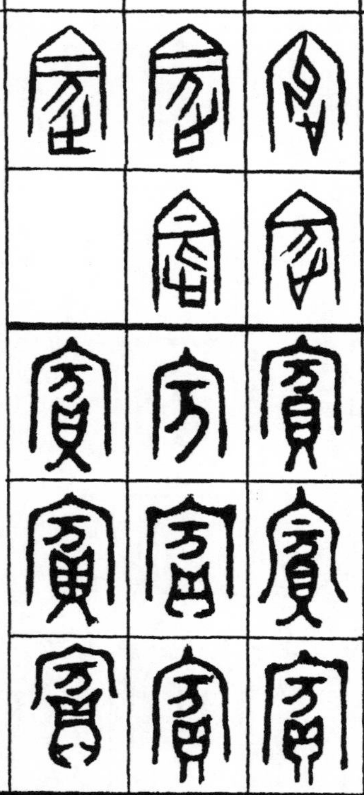

（會意）（形聲）甲文賓从宀丏止會意乃有賓自外來主人自室內出跽而相迎此外來者（止）即賓金文賓从宀从人从一从貝象主人（人）在室內（宀）屏風外以迎持有禮幣（貝）者之意本義作「所敬」解（見說文許箸）客曰賓外賓國賓貴賓嘉賓

寧 ㄋㄧㄥˊ

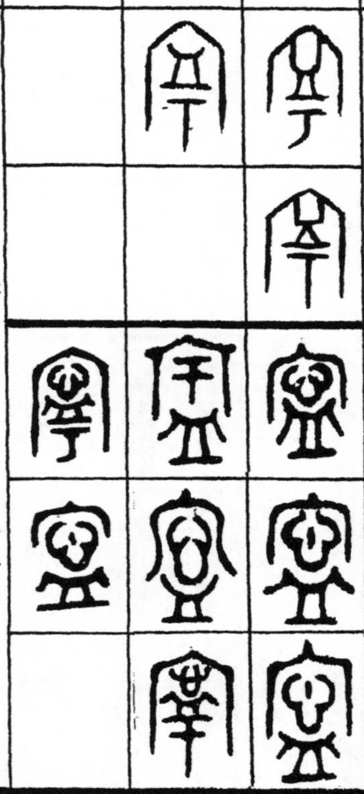

（會意）（形聲）甲文寧羅振玉氏以爲「从寧省心从丂寧母父丁鼎亦省心與此同卜辭此字皆訓安」金文寧从丂寍聲本義作「願詞」解（見說文繫傳）又以寍从宀从心在皿上會意本作「安」解願得遂則安故寧从寍聲福祿曰寧。

楷　甲文　金文

寤 ㄨˋ

（形聲）（會意）甲文寤字與金文寤从㝱省、（省㝱右下夢）吾聲本義作「寐覺而有言」解（見說文許箸）乃言自語故寤从吾聲寤寐：睡覺之稱「窈窕淑女寤寐求之求之不得寤寐反側」（詩・周南）寐覺曰寤醒寤醒驚寤

審 ㄕㄣˇ

（會意）甲文金文審略同李敬齋氏以爲「訊辠（罪）人也从口訊問也从釆辨別判斷也从宀法庭也省作宷訛作審」从宀从番番从釆（辨本字象獸指爪之分別）田象其掌即獸足含有辨其指掌即知其爲何足的意味其本義作「悉」解（見說文許箸）

寫 ㄒㄧㄝˇ

（形聲）（會意）甲文寫字與金文石文寫从宀舄聲本義作「置物」解（見說文段注）乃此物由他處傳置此處（宀）之意故从宀又以舄讀昔本爲置於履下以防泥溼之木板寫取其上有所置之意故从舄聲書寫謄寫生寫眞寫錄寫照

寬 ㄎㄨㄢ

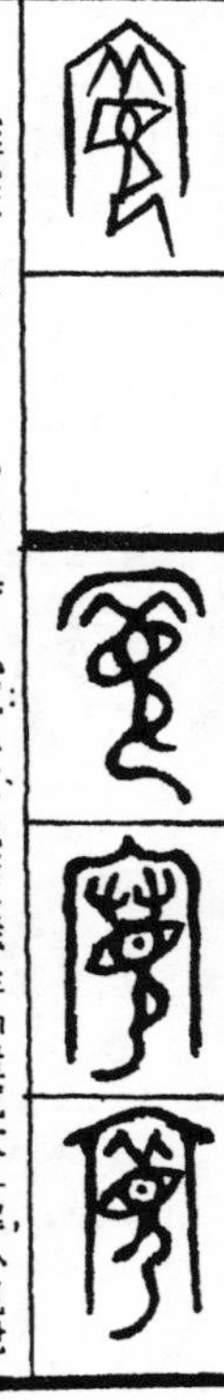

（形聲）（會意）甲文寬字與金文寬从宀萈聲本義作「屋寬大」解（見說文許箸）故从宀又以萈音桓从兔足苜聲爲細角之山羊性喜寬野今有室足以容萈可見其寬廣故寬从萈聲仁厚曰寬大而有容曰寬大而有容貌以德報怨則寬

寮 ㄌㄧㄠˊ

（會意）（形聲）甲文寮李敬齋氏以爲「宮也从宀炇聲即燎字初文从以火引木焚燒會意金文寮从宮炇聲義與甲文寮同从穴尞聲本義作「小窗」解（見蒼頡篇）立窗必於壁上開穴故从穴又以尞與燎同燎有明照一義小窗曰寮小屋曰寮

| 楷 | 甲文 | 金文 |
| --- | --- | --- |

**憲** 音獻 ㄒㄧㄢˋ　音顯 ㄒㄧㄢˇ

（形聲）（會意）甲文憲金文憲略同，从目害省聲吳大澂氏以此爲古憲字，又从心目害省（省害下口）聲本義作「敏」解（見說文段注）心目並用則迅捷故从心目法令法度曰憲，公憲古憲邦憲，憲憲法憲憲：歡樂貌同「欣欣」

**寰** ㄏㄨㄢˊ

（形聲）（會意）甲文寰字與金文寰从宀从睘省，（省睘上四）丁佛言氏以此爲古寰字，从宀睘聲本義作「王者封畿內縣」解（見說文新附）乃指王都，如居室之中，諸侯（縣）環繞而拱衞之故从宀又从睘聲，大地曰寰即全世界，境地曰寰居處之稱。

**賽** ㄙㄞˋ

（形聲）（會意）甲文賽字與金文賽从貝塞省（省塞下土）聲本義作「報福」解（見急就篇顏注）乃以犧牲祭神報福之意貝示禮物，故賽从貝又以塞有塡實一義，實現許諾使不落空亦有塡實之意，酬神降福之祭典曰賽，競爭相誇勝。

**謇** ㄐㄧㄢˇ

（形聲）（會意）甲文謇字與金文謇从言寒省（省寒下冫）聲本義作「難」解（見玉篇）乃指口吃致說話不清爽而言故从言，又以寒時人易縮澀說話不清爽亦有縮澀意，謇：忠直之稱，忠直之言。

**蹇** ㄐㄧㄢˇ

（形聲）（會意）甲文蹇字與金文蹇从足寒省（省寒下冫）聲，本義作「跛」解（見說文繫傳）乃指人不良於行而言故从足，又以寒時萬物萎縮不良於行者常畏縮不敢前，故蹇从寒聲，駑馬曰蹇，艱阻，欠順通貌，傲慢貌，蹇蹇：忠耿貌。

---

**寵** ㄔㄨㄥˇ

（形聲）（會意）甲文命文寵略同，从宀龍聲本義作「尊居」解（見說文許箸）乃謂尊貴者之所居，故从宀，又古代以龍爲神物能飛騰變化而爲人所尊者故寵从龍聲，尊貴者所居曰寵，榮曰寵；即光榮，驕曰寵；即驕氣。

**寶** ㄅㄠˇ

（會意）（形聲）甲文寶商承祚氏以爲「貝與玉在宀（屋）下寶之誼（義）已明。」金文寶从宀从玉从貝缶聲本義作「珍」解（見說文許箸）乃珍貴品之稱，珍寶必須深藏故从玉貝置宀（屋）下，又以缶音否爲盛器含有儲置之意故从缶聲。

**騫** ㄑㄧㄢ

（形聲）（會意）甲文騫字與金文騫从馬寒省（省寒下冫）聲本義作「馬腹墊」解（見說文段注）墊訓下即馬腹低陷之意故从馬，又以寒則易見萎縮之狀馬腹低陷有內縮意故騫从寒省聲。

**寸** ㄘㄨㄣˋ

| 楷 | 甲文 | 金文 |
|---|---|---|

（指事）甲文寸字與金文寸取自大鼎守字偏旁从又一；林義光氏以爲「又象手形，一指手後一寸之處」又即手一指手後十分之處是處即寸其本義作「十分也手卻一寸動𧿹（脈）謂之寸口」解（見說文許箸）度名十分爲寸十寸爲尺故寸爲長度

寺 ㄙˋ

（會意）（形聲）甲文寺字與金文寺林義光氏以爲「从又从之本義爲持又象手形手之所以爲持也。邾公牼鐘分器是持石鼓秀弓持射持皆作寺」从寸之聲本義作「廷」解（見說文許箸）古代官舍官署稱寺，大理寺、光祿寺、鴻臚寺；僧所住處曰寺

封 ㄈㄥ

（形聲）（會意）甲文封朱芳圃氏以爲「封乃古人之經界……凡封國設其社稷之壝封（起土築界）其四疆，造都邑之封域者亦如之；金文封林義光氏以爲「本義當爲聚土土土之省从又（手）持土丰聲」从土从寸，㞢作「進」解本義作諸侯之土也

耐 ㄋㄞˋ

（會意）（形聲）甲文耐字與金文耐从寸从而亦从而聲寸示法度而指人犯小罪而受保全鬚髮之輕刑爲耐其本義作「罪不至髡」解（見通訓定聲）髡爲剃髮故耐乃尚可保全鬚髮以任賤役之罪刑名，忍忍受，耐苦耐煩耐熱耐饑忍耐

射 ㄕㄜˋ 音貫 ㄕˊ 音夜 一ㄝˋ

（象形）（會意）甲文射羅振玉氏以此爲「張弓注矢形……許書从身乃由弓形而譌又誤横矢爲立矢其从寸則又从又之譌也」金文射林義光氏以爲「象張弓矢手持之形，弓形近身故變爲射又變爲䠶」其本義作「弓弩發於身而中於遠」解

專 ㄓㄨㄢ

（形聲）（會意）甲文專羅振玉氏以爲「从叀从又凡篆文从寸之字古文皆从又疑即許書之專字」金文專林義光氏取自傳字傳字偏旁以爲「叀即惠字叀不行也从又謂以手轉之即轉之古文叀惟專轉也」从寸叀聲本義作「紡專」解（見說文許箸）

尉 音畏 ㄨㄟˋ 音鬱 ㄩˋ

（會意）甲文尉字與金文尉从㞋从又持火㞋爲古「夷」字本作「平」解又即手以手持火（置火之斗）以平物曰尉其本義作「從上按下」解（見說文許箸）即以尉斗壓使受尉之物得平直之意本義爲尉所專尉古官名掌刑獄兵事者太尉廷尉都尉

尊 ㄗㄨㄣ

（會意）甲文尊羅振玉氏以爲「象兩手奉尊形」義與金文尊與甲文尊略同从酋从寸酋即古「酒」字寸同又即手手奉盛有酒之器爲尊其本義作「酒器」解（見說文許箸）即尊供祭祀或款待賓客所用盛酒之物稱人之父曰尊，書時稱對方官曰尊

楷　甲文　金文

**尋** ㄒㄩㄣˊ

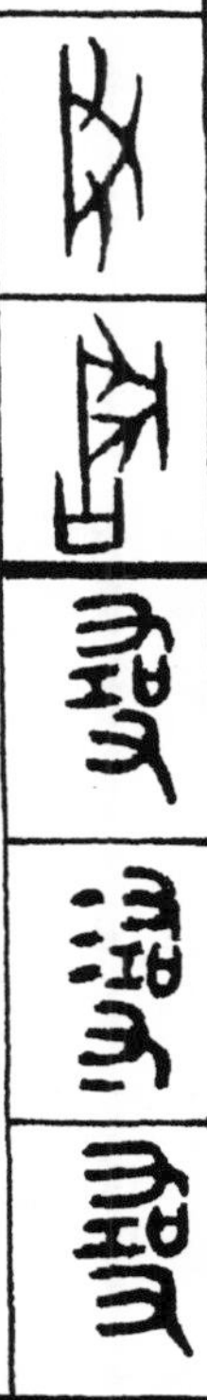

（指事）（會意）（形聲）甲文尋象人向左伸張兩臂之形說文許箸有「度人之兩臂爲尋八尺也」之一義尋爲長度八尺之長爲一尋金文尋字从工口从又从寸彡聲工作「巧」解口作「言」解本義作「繹理」解（見說文許箸）尋思 尋常

**對** ㄉㄨㄟˋ

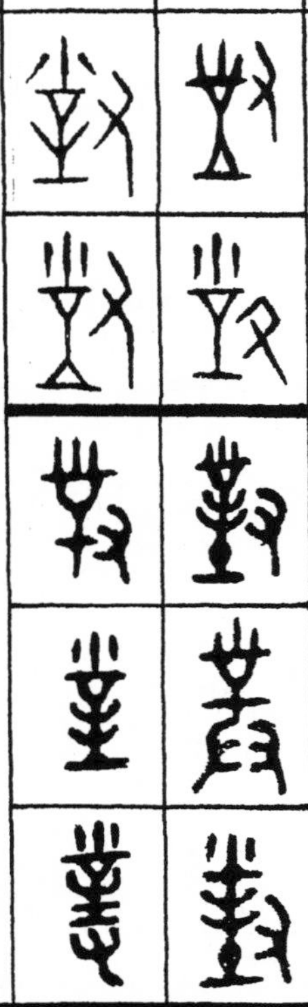

（形聲）（會意）甲文對李敬齋氏以爲「答也从又（手）持丫（李氏原釋匆也）主（封）聲……丵爲主之省」金文對林義光氏以爲「丵者業省从又（手）持業業版也…… 版亦卽笏於法度之下以相答爲對其本義作「麘無方」解（見說文句讀）

**導** 音盜 ㄉㄠˋ 音倒 ㄉㄠˇ

（形聲）（會意）甲文導字與金文導从行从首从寸古从 行與从辵之字相通 从寸道聲本義作「引」解（見通訓定聲）乃在前帶領之意帶領必有一定之目的地俾得導往正途而不誤入歧路以期到達故从寸又以道本爲人所行之大路含有得以通達之意

**尢** 音汪 ㄨㄤ

（指事）甲文尢字與金文尢从大卽从人而象其右脛屈曲形以指一足屈曲偏蹇而不能正行之事其本義作「跛」解（見說文繫傳）乃足偏蹇而不良於行之意其同字作尪今本義爲尪所專而尢僅用爲部首字 跛足不正形 曲脛曰尢 僬短小貌

楷　甲文　金文

**尤** ㄧㄡˊ

（指事）（形聲）甲文尤丁山氏以爲「象手欲上伸礙于一猶巛之从一雝川朩之从朩而横止以一也」意以脊戾爲尤 从又過一以指其事金文尤字 从乙又聲本義作「異」解（見說文許箸）特異曰尤超卓出衆者之稱怨曰尤怨謗之稱

**尨** 音厖 ㄆㄤˊ 音蒙 ㄇㄥˊ

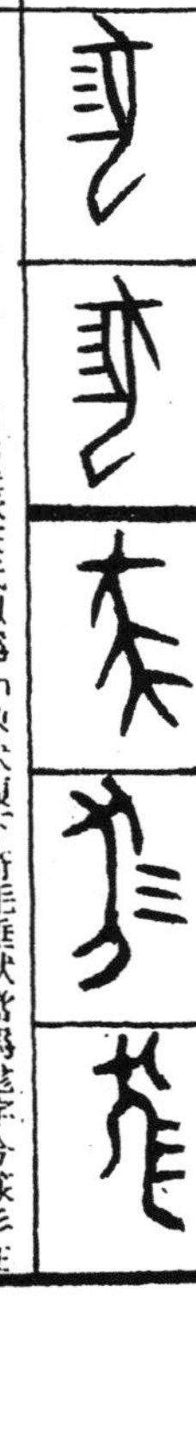

（象形）（會意）甲文尨羅振玉氏以爲「象犬腹下脩毛垂狀當爲尨字今篆彡在背上犬非剛鬣若在背則彡狀不可見矣」金文尨象犬多毛形有釋此爲求（裘）者从犬从彡彡示多毛其本義作「犬之多毛者」解（見說文許箸）乃多毛犬之稱

**尸** ㄕ

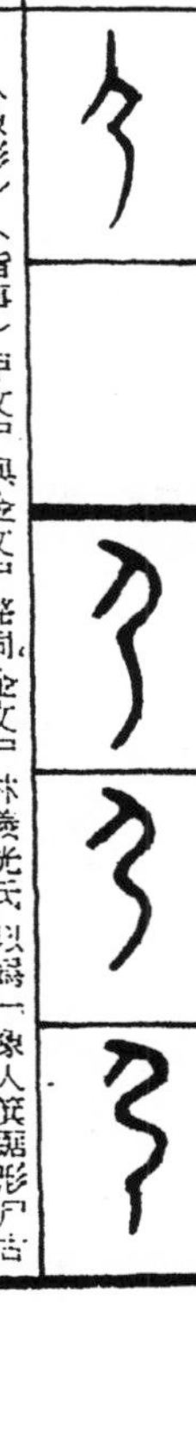

（象形）（指事）甲文尸與金文尸略同金文尸林義光氏以爲「象人箕踞形尸古與夷同音以尸形與人近故从尸之字與人同義」尸象人臥形人臥後永不復起爲尸一說从人臥以指其事其本義作「陳主」解（見部首訂）人歿終後稱其軀體曰尸

**尺** ㄔˇ

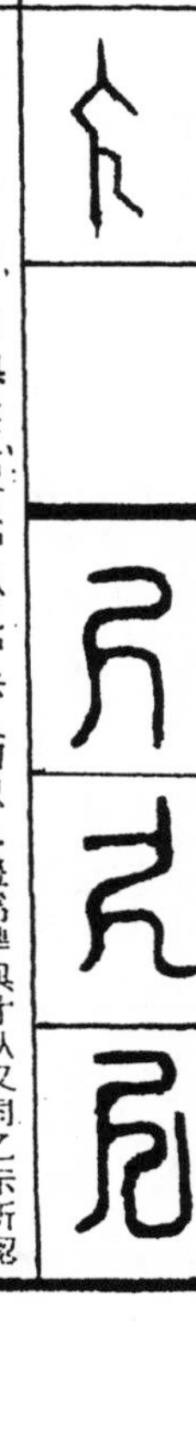

（指事）甲文尺字與金文尺从尸从乙尸示人卽以人體爲準與寸从又同乙示所記識處與寸从一同自腕起算爲寸自肘起算爲尺爲免二者相混故寸向左尺向右以乙識之其本義作「十寸」解（見說文釋例）尺爲量長短之具玉尺 皮尺 測尺

**尼** 音呢 ㄋㄧˊ 音擬 ㄋㄧˇ 音膩 ㄋㄧˋ

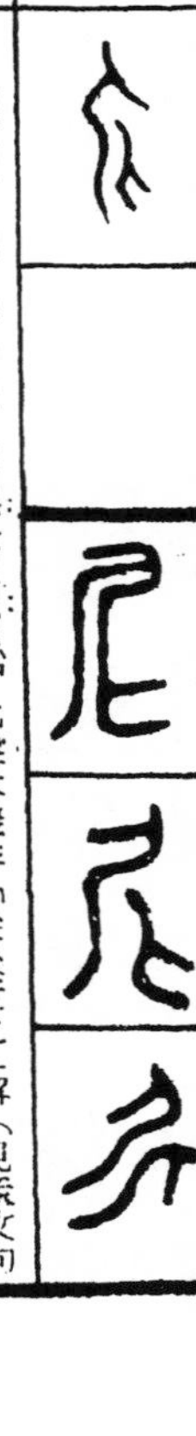

（形聲）（會意）甲文尼字與金文尼从尸匕聲本義作「從後近之」解（見說文句讀）乃自後迫近意來近或往近均在人尸爲臥人故尼从人又以匕爲反人亦卽比字初文亦「昵」之本字」並引參證 女僧曰尼 尼姑 僧尼 沙彌尼

楷｜甲文｜金文

### 局 ㄐㄩˊ

（會意）（形聲）甲文局字與金文咼丁佛言氏以爲「从𠂆从彡从卩𠂆疑古尺字於尺下有句曲斜線之形又重之以口與許氏局博（說文一曰博所以行棊）之說尤爲切合」局从口在尺下尺示規矩法度其本義作「促」解（見說文許著）部分曰局

### 尾 ㄨㄟˇ 音偉　ㄧˇ 音蟻

（會意）甲文尾字與金文尾林義光氏以爲「从尸猶从人𡰪象體後系尾形」古人有於衣後繫飾如禽獸之尾者其本義作「微」解（見說文許著）乃微末之意「尾當從尸蓋皮之省文非尸也……尾亦屬禽獸故字從皮省也」事物之末曰尾

### 尿 ㄋㄧㄠˋ　ㄙㄨㄟ

（會意）甲文尿象人便溺之形人前之……即尿金文尿字从尾从水是指人體由血液中分離經腎臟濾過由尿道中排出體外之透明液而言其本義作「人小便」解（見說文許著）乃便溺或小便之稱惟隸變省作尿爲今所行者人之小便曰尿

### 居 ㄐㄩ

（會意）（形聲）甲文居字金文居略同从广从立广爲巖下之屋立爲古住字人於屋下得棲身之所此處所即居本義作「處」解（見說文許著）即人停止之意故居从尸居从古古者荒陋不以蹲踞爲非住所曰居仙居故居新居舊居生存者曰居

### 屆 ㄐㄧㄝˋ

（形聲）（會意）甲文屆字與金文屆从尸凷聲本義作「行不便」解（見說文許著）乃指人行路不便之狀而言故从尸又以凷爲古塊字人遇土石之塊則行不便利故屆从凷聲惟此本義古罕見用今所行者爲別義事有定期者之屆數曰屆極曰屆極處之稱

楷｜甲文｜金文

### 屈 ㄑㄩ

（形聲）（會意）甲文屈字與金文屈上从尾省下从出吳大澂氏以此爲古屈字屈从尾出聲本義作「無尾」解（見說文許著）乃指昆蟲有翅無尾之尺蠖蛾而言故从尾又以出本作「進」解尺蠖蛾爬行時常屈伸其體前進故屈从出聲屈膝屈服屈姓

### 屋 ㄨ

（會意）甲文屋字與金文屋丁佛言氏爲「从林从室林象棟梁形」遂以此爲古屋字屋从尸从至尸象屋形（與死尸之尸異）人所至之處（尸）爲屋其本義作「居」解（見通訓定聲）乃居舍之稱房舍曰屋屋宇瓦屋板屋家屋茅屋華屋

### 屍 ㄕ

（會意）甲文金文屍字略同从尸死尸爲臥人人死爲屍其本義作「終主」解（見說文許著）乃人生命終了後之軀殼惟林義光氏以爲「尸即人字人死爲屍」死人之軀殼曰屍通「尸」惟尸位素餐之尸作尸不作屍俗有誤作屍者失正

### 屎 ㄕˇ

（會意）（形聲）甲文屎字與金文屎从尸从米亦从尸聲从尸即从人由人之肛門排洩而出如米糊狀之穢物即屎其本義作「糞」解（見廣韻）乃俗稱之大便或以爲米爲糞之省（省糞下異）尸下米即尸下糞之意或以爲屎从米聲各備一說並引參證

### 展 ㄓㄢˇ

（形聲）（會意）甲文展字與金文展从尸㠭省（省其上之土）聲本義作「𧝑」解（見通訓定聲）𧝑即襞𧝑亦即忍屈忍伸忍反忍正不適而求適之意尸有象人宛轉之意𧝑本作「丹穀（縐絺）衣」解以晉見君王與謁見賓客之禮服是宜適體與舒展之意

楷　甲文　金文

屑　ㄒㄧㄝ\

（形聲）（會意）甲文屑字與金文屑从尸肖聲本義作「動作切切」解（見說文句讀）乃動作頻數亦即反復動作作「屑屑」，故从肖聲；此本義古罕見用今所行者爲別義：碎之成屑曰屑末、碎屑、屑屑：瑣細勤勞貌。

屏　ㄆㄧㄥ/

（形聲）（會意）甲文屏字與金文屏从屋省（省屋下至）并聲本義作「蔽」解（見通訓定聲）乃指屏爲屋之障蔽而言故从屋惟屋非部首遂省而从尸又以并本作「合一」解有屋然後有屏屏不能單獨存在是含合意故屏从并聲。重臣或元老曰屏；室內障蔽之物

屠　音徒　ㄊㄨ/

（形聲）（會意）甲文屠字與金文屠从尸者聲本義作「刳」解（見說文許箸）乃指人宰殺牲畜而言尸即人屍以殺畜晃臥人故从尸又以者乃用以分別人物之詞彼或如此者此牲畜或供役用或供人食必須多所分別免有錯誤故屠从者聲宰殺牲畜者曰屠

犀　音西　ㄒㄧ

（形聲）甲文犀字與金文犀从牛尾聲本義作「南徼外牛」解（見說文許箸）徼同塞東北謂塞西南謂徼犀即南方邊塞外所產之特種牛以其爲牛類故从牛犀牛乃哺乳類奇蹄類體大似牛腳短各三蹄有印度產與非洲產二種

孱　音粲　ㄘㄢ\　音潺　ㄔㄢ/

（會意）（形聲）甲文孱字與金文孱丁佛言氏以爲「从人之字彝文往往誤爲从尸古文从宀之字往往省爲从宀孱孱即孱許氏說『迮也』徐鉉曰『尸者屋也』段解」三子以一大人迮梏之爲孱其本義作「迮」解（見說文句讀）乃迫窄之意

楷　甲文　金文

層　ㄘㄥ/

（形聲）（會意）甲文層字與金文層从臣从曾古臣曾相通又尸人相通故以此爲古層字从屋省（省屋下至）曾聲本義作「重屋」解（見說文許箸）乃指屋之重疊者而言復从屋省而爲尸又以曾有相重之意故層从曾聲。重曰層；一重爲一層。

屬　音蜀　ㄕㄨ\　音囑　ㄓㄨ\

（形聲）（會意）甲文屬字與金文屬从尾蜀聲本義作「連」解（見說文許箸）乃綏連意物之連續最密切者莫如尾之在體故从尾又以蜀爲葵中細長之蟲依體之不斷屈伸而逐漸前進有連續意故屬从蜀聲。族曰屬；親曰屬；親眷曰屬；類曰屬；衆品不一之合稱。

山　ㄕㄢ

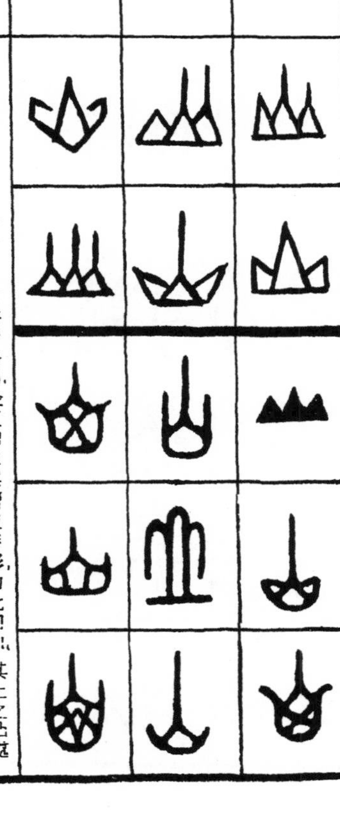

（象形）甲文山與金文山體精者略同，金文山象峯巒並峙形，知此即山。其上之凸起象山峯下之凹處象嶺壑本義作「有石而高（者）」解（見說文許箸）乃高出平地之石山名之曰山。但世則以山爲峯嶺丘岳崗阜之總稱。陸地隆起部分曰山。帝王墳墓曰山。

屺　ㄑㄧ\

（形聲）（會意）甲文金文屺字略同从山已聲本義作「山無艸木」解（見說文許箸）乃指童山濯濯之山而言故从山已聲。無草木的山曰屺「陟彼屺兮瞻望母兮」（詩・魏風）故从山又依說文已象人腹人腹本禿山無艸木自現禿形之意。

尸部．屑屏屠犀孱層屬．山部．山屺

楷　甲文　金文

## 岌 ㄐㄧˊ

（形聲）（會意）甲文金文岌字略同，从山及聲本義作「山高貌」解（見說文新附）乃指山之高峻而言故从山。又以及本作「逮」解是從後及前之意逮則在前者極迫近在後者擺脫逸皆有危的意味山高峻則危故岌从及聲。冠高過此山高過彼山。

## 岐 ㄑㄧˊ

（會意）（形聲）甲文岐字與金文岐，从山从枝省（省枝爲支）亦从支聲山有兩枝爲岐其本義作「岐山山有兩枝故名」解（見通訓定聲）乃周太王由邠所遷往居住之處以其爲兩枝之山故名岐。山名在今陝西省岐山縣東北。分岐的通「歧」：歧路。

## 岳 ㄩㄝˋ　（嶽）

（象形）甲文岳金文岳：嶽形異義同。同字異體丁佛言氏以爲「仌當篆文作仌象山峯起伏形此乂爲仌之變从ㄕ从土所基高厚也」从下（阜）本義作「大山」作「山高而尊者」解（見說文句讀・見爾雅）岳父・岳母高大之山四嶽：河嶽：五嶽：

## 岸 ㄢˋ

（形聲）（會意）甲文岸字與金文，从山厂亦从厂聲厂音罕係山石之崖巖其地勢必高今復增山遂作「山高狀」解（見廣韻）乃指山勢峻峭之狀而言从屵干聲本義作「水涯而高者」解（見說文許箸）本作「逆」解岸高則上逆故岸从干聲。

## 岱

（形聲）（會意）甲文岱字與金文岱从山代聲本義作「太山」解（見說文許箸）乃泰山之稱故从山又以代有更替之意白虎通謂「東山（太山）萬物更代之處」後漢書文帝紀注謂「太山者王者告代之處故曰岱宗」岱有因而代之意故从代聲。

楷　甲文　金文

## 岷 ㄇㄧㄣˊ

（形聲）甲文岷字與金文岷从山昬聲本義作「崏山」解（見說文徐箋）此山在四川省松潘縣北川甘青邊區一帶以其爲山名故从山惟俗字作岷爲今所行者。山名在四川省松潘縣北自青海省之巴顏喀喇山經甘肅省岷縣入川。

## 炭 ㄊㄢˋ

（形聲）（會意）甲文與金文炭字从火屵聲本義作「燒木未灰」解（見說文段注）俗稱木炭以其必經火故从火。又以屵音岸本作山高貌解木材燃後隔絕空氣使其變成黑色之固體燃料此即木炭亦略稱炭。煤曰炭。塗炭：喻痛苦或汙穢見「塗」字下。

## 峙 音志 ㄓˋ

（形聲）甲文峙字與金文峙从山寺聲本義作「屹立」解（見廣韻）乃指山高聳立而言，故从山。又以寺本作「廷」解乃古代公府理事之所其建築多高聳雄壯峙取其高聳之意故从寺聲。高丘曰峙。屹立：對峙：屹然不動貌表性態。

## 耑 ㄉㄨㄢ

（會意）（指事）甲文耑商承祚氏以爲「卜辭耑字增∴象水形水可養植物者也上从山象植物初茁漸生歧葉之狀」金文耑林義光氏以爲「象兩端之形上即之字下即而字之上出也而下垂也」本義作「物初生之題」解（見說文許箸）特狩地通「專」

## 豈 ㄑㄧˇ

楷　甲文　金文　文

**峰** ㄈㄥ

（形聲）（會意）甲文峯字與金文峯从山夆聲本義作「山耑（端）」解（見說文繫傳）乃山頂之稱故从山。又以夆本作「啎（向午）」解有冒地而出自下向上之意，山頂亦有冒地而出自下向上之意味故峯从夆聲。高而尖之山頭曰峯，上峯極峯層峯。

**島** ㄉㄠˇ

（形聲）（會意）甲文島字與金文島从山鳥聲本義作「海中山」解（見初學記）乃四面臨水之山故从山，又以鳥爲高飛而移棲止者島在海中高出水面而又可供棲者故从鳥聲惟隸變省鳥下四點作島爲今所行者。島嶼：島之總稱大曰島小曰嶼。

**峽** ㄒㄧㄚˊ

（形聲）（會意）甲文峽字與金文峽从山夾聲本義作「山夾水」解（見廣韻）乃兩山間匯聚水流之處故从山，又以夾有二以合一之義峽爲兩山夾水處故从夾聲或以爲夾爲狹之省文。峽有地峽、山峽、海峽故峽从夾聲兩山夾水之處曰峽。

**峻** ㄐㄩㄣˋ

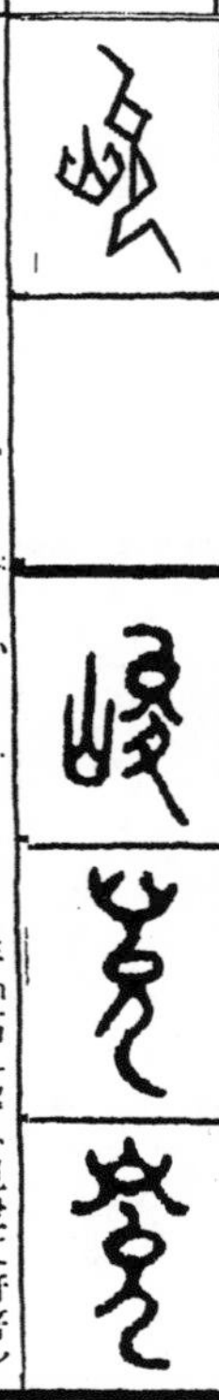

（形聲）（會意）甲文峻字與金文峻从山夋聲本義作「高」解（見說文許箸）乃言山勢陡峭而高之狀故从山。又以夋爲陵之省文（峻之本字作陵）陵本作「陗（同峭）高」解峻爲高山故从夋聲。高「峻極于天」（禮・中庸）。

**峭** 音俏 ㄑㄧㄠˋ

（形聲）（會意）甲文峭字與金文峭从山肖聲本義作「急」解（見廣雅）乃指山之陡峻而言故从山，又以肖爲削之省文山之陡峻多如削故峭从肖聲。高而陡峭，正、嚴峭峭急：專橫自是貌嚴峻嚴正「性峭鯁論議無所屈」（唐書・李翱傳）

楷　甲文　金文　文

**峨** ㄜˊ

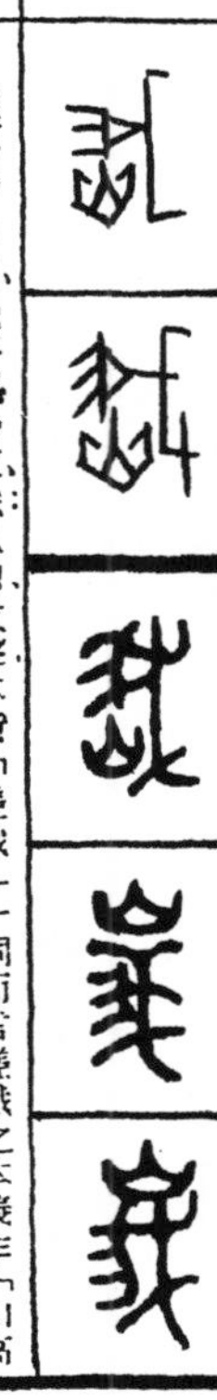

（形聲）甲文峨字與金文峨从山我聲本指「嵯峨」一詞而言嵯峨之本義作「山高」解（見韻會）乃形容山高大之狀的字故峨从山。峨嵋：山名在四川省取兩山相對如蛾眉之意有大峨中峨小峨三山層巒疊嶂峨峨：容儀壯盛貌。

**峪** 讀如裕 ㄩˋ

（形聲）（會意）甲文金文峪字略同峪實爲谷字峪古作谷本義「與谷同」（見集韻）谷之本義作「泉出通川」解（見說文許箸）乃山間流水之窪地故峪从山，又谷峪古今字峪爲谷之累增字故从谷聲兩山間流水之窪地曰峪同「谷」

**崇** ㄔㄨㄥˊ

（形聲）（會意）甲文崇字與金文崇从山宗聲本義作「山大而高」解（見說文段注）乃指山高大之狀而言故从山，又以宗本爲先祖之稱亦有崇高之意形容山之高爲崇故崇从宗聲。古國名唐虞之際封鯀於崇。德高位尊者曰崇

**崩** ㄅㄥ

（形聲）（會意）甲文崩字與金文崩从山朋聲本義作「山壞」解（見說文許箸）乃山塌毀之意故从山又以朋爲古鳳字鳳爲瑞鳥其所至百鳥隨之聲威甚大山崩則土石草木隨之而墮聲威亦大故崩从朋聲。崩壞崩潰土崩瓦解棟折榱崩崩漏血崩

**崖** ㄧㄞˊ

楷　甲文　金文

（形聲）（會意）甲文崖字與金文崖从屵圭聲本義作「高邊」解（見說文句讀）乃指水高陗之邊屵五葛切爲岸高故崖从屵又以圭爲重土有高意故崖从圭聲或謂从山厓聲厓崖古今字崖爲崖之累增字故从厓聲說 高邊曰崖岸曰厓

**崑** ㄎㄨㄣ

（形聲）（會意）甲文崑字與金文崑从山昆聲係指「崑崙」一詞而言崑崙之本義作「山名」解（見說文新附）乃我國西北之大山故崑从山又以昆作衆解崑崙爲我國最大山脈有合衆山爲一山意故崑从昆聲

**崙** ㄌㄨㄣˊ

（形聲）（會意）甲文崙字與金文崙从山侖聲本義作「崑崙」解（見說文新附）崑崙乃大山名故崙从山又以侖具秩序井然之意崑崙山脈亦蜿蜒有序故崙从侖聲 崑崙：山名見「崑」字下

**崧** ㄙㄨㄥ

（形聲）（會意）甲文崧字與金文崧从山松聲本義作「山大而高」解（見爾雅）乃山高大貌故从山又以松爲木中之大而高者崧取其大而高之意故从松聲 崧山：卽嵩山在河南省洛陽西南爲五嶽之一山大而高崧高維嶽駿極于天（詩大雅）

**崔** ㄘㄨㄟ

（形聲）甲文崔字與金文崔从山隹聲本義作「高大」解（見說文句讀）乃山高大之狀故从山 姓齊太公生丁公伋伋生叔乙讓國居崔邑因邑爲氏 崔隤：蹉跎同「摧頹」崔嵬：高峻貌崔崔・崔巍：高大貌崔嵬：載石之土山

**崢** 音爭 ㄓㄥ

**崝**

（形聲）（會意）甲文崝字與金文崝从山靑聲本指「崝嶸」一詞而言義作「山高貌」解（見說文句讀）是形容山高峻的字故崝从山又以靑爲天空本色是有高意故崝从靑聲惟俗字作崢爲今所行者 崢嶸：高峻貌人才特出：頭角崢嶸

**崗** 音港 ㄍㄤˇ

（形聲）（會意）甲文金文崗形異音義同从山岡聲爲岡俗字（見正字通）作「山脊」解（見說文許箸）乃山嶽脊部之稱故崗从山又以岡崗古今字崗爲岡之累增字故从岡聲 山脊曰崗同「岡」士兵或警察擔任守望之處曰崗 崗位崗哨守崗

**嵎** ㄩˊ

（形聲）（會意）甲文嵎字與金文嵎从山禺聲本義作「山曲」解（見韻會）乃指山之彎曲部份而言故从山又以禺爲猴屬其坐時身常曲嵎取其彎曲之意故从禺聲 山曲曰嵎 邊側曰嵎通「隅」「有衆逐虎虎負嵎」（孟・盡心）

**嵐** ㄌㄢˊ

（形聲）（會意）甲文嵐字與金文嵐从山葻省（省葻爲風）聲本義作「山風」解（見玉篇）乃山風之稱山高則風大故从山又以葻音婪本作「艸得風貌」解嵐爲山得風故从葻聲 山中蒸氣曰嵐 山風曰嵐

**嵒** 音巖 ㄧㄢˊ

（會意）甲文嵒與金文嵒略同 从山 品山指所在地品象排巖連屬之形山地之片巖爲嵒其本義作「山巖」解（見說文許箸）乃山巖處之稱 春秋時宋邑名「鄭罕達帥師取宋師于嵒」（春秋・哀十三年）山巖曰嵒 隄岸曰嵒（同字異體）（巖嵒同字）

**嵩** ㄙㄨㄥ

**嵯** ㄘㄨㄛˊ

（會意）甲文嵩字與金文嵩从山高山高者必大其本義作「中嶽嵩高山」解（見說文許箸）中嶽原名祟山見國語「融降于祟山」漢武帝時改祟山爲嵩山崧亦作嵩今二字並行而音義無別。嵩山：山名在河南省登封縣（同字異體）崧（嵩同字）

（形聲）（會意）甲文嵯字與金文嵯从山差聲本指「嵯峨」一詞而言嵯峨之本義作「山高貌」解（見說文句讀）乃指山高峻之狀而言故嵯从山又以差有過當一義嵯峨乃山高峻之超乎尋常者故嵯从差聲。嵯峨：山高峻貌（嵳 嵯同字）

**嶺** ㄌㄧㄥˇ

（形聲）（會意）甲文嶺字與金文嶺从山領聲本義作「山道」解（見說文新附）即在山頂山脊上的路故从山又以領在衣上古亦稱山之最上爲領領嶺古今字嶺爲領之累增字故从領聲有通路之山頂曰嶺山脈之幹系曰嶺（同字異體岺乃嶺俗字）

**嶼** ㄩˇ

（形聲）（會意）甲文嶼字與金文嶼从山與聲本義作「島」解（見說文新附）乃海中可居之小山洲故从山又以與有投予之意嶼如投予水中之山故从與聲。島之小者曰嶼（辨正）（連文異義）大者爲島小者爲嶼

**巍** ㄨㄟˊ

（形聲）（會意）甲文巍字與金文巍从嵬委聲本義作「高」解（見說文許箸）乃指山高聳之狀而言山高聳必不平地爲高不平意故巍从嵬又以委亦作「積」解積沙成塔必有所積始能成其高故巍从委聲。高貌。巍峨崔巍。巍巍乎：高顯貌

**川** ㄔㄨㄢ

（象形）（會意）甲文川係海波氏以爲「象有畔岸而水在中流之形」金文川象水還流之形不行三貫示山細流匯合而成其本義作「貫穿通流水」解（見說文許箸）乃大水流之稱大水還流不停者曰川。四川省名其簡稱曰川

**州** ㄓㄡ

（象形）（會意）甲文州羅振玉氏以爲「州爲水中可居者故此字旁象川流中央象土地」金文州林義光氏以爲「象川中有地可居形」周遶其旁之意本義作「水中可居曰州」解（見說文許箸）即水中之高地周代稱衆諸侯之國曰州

**邕** 音雍 ㄩㄥ

（會意）（形聲）甲文邕字與金文邕林義光氏取自彔伯𣪘雍字偏旁口邑皆象池形與呂近故篆譌从邑至城邑而自雝成池者爲邕其本義作「四方有水自邕（雝）成池者」解（見說文許箸）地名廣西省邕寧縣即唐時邕州。邕邕：調和貌

**巢** 音擁 ㄔㄠˊ

（象形）甲文巢字與金文巢巛象鳥形臼象鳥所營之巢形木象巢高架在樹上其本義作「鳥在木上曰巢」解（見說文句讀）乃雀鳥在樹上結以棲息之處。鳥蟲在樹上之窩曰巢。上古人類所居亦曰巢。盜賊窩藏處所亦曰巢。古樂器名大笙曰巢

**工** ㄍㄨㄥ

（象形）（指事）甲文工略象施工之器其上爲柄而下爲器可作錘鑽等解一說即正方之器用以量方形正否之用者金文工李敬齋氏以爲「正方器也象形」象準中間一直極直正象繩人之行非能平中準而直如繩者爲工其本義作「象人能規榘（矩）」解

**左** ㄗㄨㄛˇ

| 楷 | 甲文 | 金文 |
|---|---|---|

左：（會意）甲文金文左略同 林義光氏以爲「工事也从𠂇 其左側工示工作用左手或在其左側工作便有從旁佐助之意」其本義作「手相左助」解（見說文許箸）乃輔弼之意、惟其本義爲佐字所專左今所行者爲別義、左位曰左右之對、東方曰左、證人曰左、

**巨** ㄐㄩˋ

（象形）（會意）甲文巨略象十字尺形即所以求方量方之矩金文巨林義光氏以爲「象人手持工工事也」按右之大 象人形其左手所持之器即巨用以量方正者、巨从工从コ乃正方之器其本義作「規巨」解（見說文段注）即正方圓之器、

**巧** ㄑㄧㄠˇ

（形聲）（會意）甲文巧字與金文巧从工丂聲本義作「技」解（見說文許箸）乃指在藝術方面有特殊造詣者而言故巧从工又以丂音考本作「氣有上出而有礙於一」解以故朱造極者爲巧故巧从丂聲、技能才能曰巧、小說微計曰巧、

**巫** ㄨ

（象形）（指事）甲文巫羅振玉氏以爲「此从 象巫在神幄中而兩手奉玉以事神」石文金文略同、巫中爲玉其左右之𠆢似爲甲文巫𠦪之省義與甲文巫同、指其事在粹其本義作「祝」解（見部首訂）爲人向神祈禱求福者曰巫、巫山：山名、

**差** ㄔㄚ、ㄔ、ㄘ ㄔㄞ

（會意）甲文差字與金文差从左从𠂹左示「不順」𠂹示「乖誤」不順且乖誤爲差其本義作「貳」解（見說文許箸）即失當之意、不同之處曰差、缺失曰差、等級曰差、誤差錯舛差、過差參差：長短不齊貌、受差遣的人、差役欽差、

**己** 音擠 ㄐㄧˇ

（象形）（會意）甲文己朱芳圃氏以爲「惟（以有尾繳之矢射鳥）之繳（尾隹）也此由弟字作𢏚雉字作𢏚叔字作𣏟若𠦂可以知之」金文己林義光氏以爲「象詰詘成形可記識之形凡方圓平直體多相類惟詰詘」天干名居十天干之第六位、

| 楷 | 甲文 | 金文 |
|---|---|---|

**已** ㄧˇ

（象形）甲文已容庚氏以爲「卜辭辰巳作（辰）子巳然作ㄋ秩然不亂」朱芳圃氏以爲「已字實象人形其可斷言者 如祀字作祀若跽殆象人於神前跪禱如改字作㱾若𢽽殆象僕作教刑之意」金文已林義光氏以爲 象物下端之形經傳假以字爲之、

**巳** 音似 ㄙˋ

（象形）甲文巳與金文巳略同、金文巳爲巳字小篆吳大澂氏以爲「古文巳已爲一字、」其本義又作「巳辰名」解（見廣韻）即十二地支之一、以字形類蛇故十二肖巳象蛇、地支名居十二地支之第六位、十二肖以巳爲蛇、巳已己形似音近而義迥別、

**巴** ㄅㄚ

（指象形）甲文巴象人手受啗之形其周圍之小點爲血滴以此指爲巴所害之事、金文巴字象蛇侈口哭目形本義作「食象蛇」解（見說文許箸）即大蛇之稱、高鴻縉氏以爲「巴即蟒之初字象巨頭蛇巴蟒古同」古國名周之故都在今四川省巴縣、

**巷** ㄒㄧㄤˋ

（會意）（形聲）甲文巷形異金文巷省邑爲巳从邑从共亦从共聲邑指邑里共謂人己所同有本義作「里中道」解（見通訓定聲）乃邑里中所共有共行之道路、窄街道曰巷南人呼巷曰弄北人呼巷曰胡同衚衕、屋曰巷乃巷中屋、大曰街小曰巷、

楷　甲文　金文　文　楷　甲文　文　金　文

## 卺 音錦 ㄐㄧㄣˇ

（會意）甲文卺字與金文卺从己丞，丞即承，从己以承人爲卺。其本義作「謹身有所承也」解（見說文許箸），乃敬謹承事或奉人之意。惟此本義古罕見用，今所行者爲別義，破一瓠爲二瓢而用以盛酒，類此瓢曰卺。卺讀錦，不讀枕，俗有誤讀枕者失正。

## 巾 ㄐㄧㄣ

（象形）甲文巾與金文巾略同。金文巾林義光氏取貴肯布而兩端下垂之形，巾之丨象系，乃用以佩繫巾者。其本義作「佩（字偏旁與此同以爲「象佩巾下垂形」）巾从冂、丨象巾覆物巾」解（見說文許箸），即用來覆蓋器物或拭器物之幅巾或拭巾。

## 布 ㄅㄨˋ

（形聲）（會意）甲文布與金文布略同，从巾父聲。本義作「枲織」解（見說文段注）。枲音喜，乃麻，本植物，析其皮而治之曰纑，緝而績之曰線，曰縷，織而成之即布。以形類巾，故从巾；又以父爲家長，遂有作主之意。昧徐鍇氏以爲要材料，故布从父聲。

## 帆 音凡 ㄈㄢˊ　音梵 ㄈㄢˋ　音番 ㄈㄢ

（形聲）（會意）甲文帆字與金文帆从馬颿聲，以爲張帆使風力如馬疾力疾奔之意。本義作「舟上幔以汎風」解（見集韻），就是汎風之幔，多以布類爲之，且其形似巾，故从巾；又以凡爲汎之省文，隨風張幔使舟因風力而汎汎流行，故帆从凡聲。

## 希 ㄒㄧ

（指事）甲文希字與金文希从爻从巾，爻象古代女子刺目用之網巾，巾指此爲巾屬，大率爲葛類，葛爲罕有之植物，故希之本義作「罕」解（見集韻），乃稀少之意。伏羲氏之後以羲爲希，常希聖希賢，少同「稀」，亦有希世之珍，鮮少表數語。

## 帛 ㄅㄛˊ

（形聲）（會意）甲文帛與金文帛略同，从巾白聲。本義作「繒」解（見急就篇顏注）。繒爲絲織物，帛即絲織物之總稱。絲織物常爲長幅，如巾者，故帛从巾；又帛爲織匹之無紋彩者，故从白聲。絲質物之總稱曰帛，供書寫之布料曰帛。

## 帖 音貼 ㄊㄧㄝ　音鐵 ㄊㄧㄝˇ

（會意）甲文帖象跽人而特突兩耳形。金文帖（貼之一作帖）从貝占聲，本義作「以物爲質」解（見說文新附），乃以物抵押而貸取錢財之稱，即妥帖亦即恰好之意；又从巾占聲，本義作「帛書署」解（見說文許箸）。文書契據執照皆稱帖。

## 帚 ㄓㄡˇ

（會意）甲文帚羅振玉氏以爲「从木象帚形，木其柄末，所以卓立者，與金文帚字之木同意。其从冂者，象置帚之架，埽畢而置帚於架上，倒卓之也。」金文帚林義光氏以爲「从米象帚形，又（手）持之」。本義作「所以糞也」解（見說文段注），掃塵除垢之具。

## 帑 ㄊㄤˇ

（形聲）（會意）甲文帑字與金文帑林義光氏以爲「从才省（省才爲十）奴聲，才者作之聲借」。帑从巾奴聲，本義作「金幣所藏之府」解（見玉篇），乃幣帛庫之稱，故从巾；又以奴爲供人役使者，故帑从奴聲。貯藏錢財之官庫曰帑，官有之錢財曰帑。

## 帥 音率 ㄕㄨㄞˋ

| 楷 | 甲文 | 金文 |
|---|---|---|

**帥** ㄕㄨㄞˋ

（會意）甲文帥字與金文帥从𠂤从巾，𠂤音堆作「小阜」解，使巾懸之胸前如小阜形爲帥，其本義作「佩巾」解（見說文許箸）乃佩在胸前之小巾，惟此本義爲同字帨所專，帥今所行者爲別義。俱範曰帥，軍中主將曰帥，元帥、主帥、將帥、渠帥、統帥。

**師** ㄕ

（會意）（形聲）甲文師李敬齋氏以爲「衆也，从帀𠂤，會意，猶帀內之爲多也」，又爲𠂤之簡體。小子師敦「師」之偏旁。金文師李敬齋氏以爲「从帀𠂤，𠂤聲」，義與甲文師同。从帀从𠂤。教人以道德學問者曰師：師父、師長、師傅、小師、老師、恩師、教師、嚴師。

**帳** ㄓㄤˋ

（形聲）（會意）甲文帳字與金文帳从巾長聲，本義作「自上而下覆謂之帳」解（見急就篇顏注）乃指張於牀上之幔幃而言，以其爲布帛所製成，故从巾；又以帳有引申使長而作蔽覆之意，故从長聲。軍幕曰帳，牀帳、蚊帳，遊牧者宿處曰帳。

**帶** ㄉㄞˋ

（象形）（會意）甲文金文帶略同，李敬齋氏以爲「所以束衣者，象鉤帶相連之形」，从一加佩从重巾，一示帶束於腰，可見者爪象結形，重巾示兩端，本義作「紳」解（見說文釋例）乃古代爲巾束衣，紳曰帶，某束所用狹長形之物，熱帶、寒帶、溫帶。

**帷** ㄨㄟˊ

（形聲）（會意）甲文帷字與金文帷从巾隹聲，本義作「帳」解（見廣雅）乃指在旁之帳而言，因係巾帛製成，故从巾；又以隹爲短尾鳥，帷當較幄短，故从隹聲。蔽內障外之帳幔曰帷：帷幔、帷帳、帷簾、門帷、講帷、簾帷、帷幄：軍營中帳幕，在旁曰帷，在上曰幕。

**帽** ㄇㄠˋ

（象形）（形聲）甲文帽字與金文帽略象帽形，金文存引此爲古冕帽之帽，象帽形，本義作「小兒及蠻夷頭衣」解（見說文段注）乃俗稱之帽子，小兒未冠（不及二十歲）小兒及蠻夷不戴冠而戴帽，本義作「小兒頭衣」解（見玉篇）。

**幃** ㄨㄟˊ

（形聲）（會意）甲文幃字與金文幃右从韋，左从巾从口，係諸讓氏以此爲古幃字，从巾韋聲，本義作「囊」解（見說文許箸）乃納物之袋，多以布帛製成，故从巾；又以韋本作「相背」解，故幃从韋聲。帳幔曰幃，同「帷」：幃幄：軍中帳幕，同「帷幄」。

**幔** ㄇㄢˋ

（形聲）（會意）甲文、幔字與金文幔从巾曼聲，本義作「幕」解（見通訓定聲）乃指以巾覆物而言，故从巾；又以曼有引長之意，幔爲引巾覆物，故从曼聲。幕曰幔；即幕布：圍帷、幔帳、幔羅、幔「朱幔虹舒」以幔幕遮蔽，不令相見。以巾弇物上曰幔，旁曰幃。

**幣** ㄅㄧˋ

（形聲）（會意）甲文幣字與金文幣从貝敝聲，其取義不詳，汪立名氏以此爲古幣字，本義作「帛」解（見說文許箸）帛即絲織物之總名，即束集之帛，故幣从貝敝聲。錢曰幣，國家法定之通貨：金幣、銅幣、紙幣、銀幣、綵幣。凡帛玉馬皮圭璧等古皆稱幣。

**幟** ㄓˋ

（形聲）（會意）甲文幟从音从戈，陳邦懷氏以爲古幟字，金文幟甲文略同，从巾戠聲，本義作「旌旗之屬」解（見說文新附）古代天子至大夫士所建旗各以等差書物於上（如天子爲龍）藉以表識名位，旌旗一類之物曰幟：旗幟、標幟、獨樹一幟。

| 楷 | 甲文 | 金文 |
|---|---|---|

## 幡 ㄈㄢ

（形聲）（會意）甲文、幡字與金文、从巾番聲本義作「書兒拭觚布」解（見說文許箸）觚卽抓、古代削木成六面或八面，供學書或記事用，幡爲擦拭布，有連番更番數相擦拭意，故从番聲。狹長之旗曰幡通「旛」幡然：忽然變動貌幡通「翻」

## 幫 ㄅㄤ

（會意）甲文幫字與金文、幫从封从帛，履在古多以麻製成，必須賀地牧作有用帛緝治履邊，使其封嚴勿散脫，故其本義作「治履邊」解（見集韻）乃使履邊能適合於足之意，俗稱鞋邊或鞋面曰鞋幫，獨存古意。𩊵類曰幫，紅幫，青幫，（同字異體）幇（俗字）

## 幬 ㄔㄡ

（形聲）（會意）甲文幬字與金文幬从巾从𠷎，劉心源氏以爲此「即幬之異文」，本義作「禪帳」解（見說文許箸）卽單帳，故从巾；又以𠷎卽壽字，本作「久」解，幬爲可耐久而供長用之物，故从𠷎聲。單帳曰幬，收幬衰𧈅車帷曰幬，蠛蠓之帳曰幬。

## 歸 ㄍㄨㄟ

（形聲）（會意）甲文歸从婦省（省左女）自聲，金文歸从婦省（省左女）从止自聲。本義作「女嫁」解（見說文許箸）乃女子適人之意，止作「至」及「息」解，女子必適人始終身得止止之意，故歸从自聲。指趨目的曰歸，居所曰歸，所作之址

## 干 ㄍㄢ

（象形）（指事）甲文干，李敬齋氏以爲「盾也象形」，金文干，林義光氏以爲「實竿之古文挺也……象形」，行逆之而進之意，其本義作「犯」解（見說文許箸）乃相侵相觸之意。孔廣居氏以爲「盾也與戈矛同義」，盾曰干，古時兵器禦敵之具

## 平 ㄆㄧㄥˊ

（形聲）（會意）甲文金文平略同，象乎形，釆聲（音辨）乎采變聲旁轉。詩「平平左右（采菽）」左傳作「便蕃（襄十一年）」是平音亦轉爲蕃也，變作乎（抃盤）把氣分得均勻以出爲平，其本義作「語平舒」解（見說文許箸）語時氣自平適之意

## 幸 ㄒㄧㄥˋ

（會意）甲文幸字與金文幸从夭从屰，夭爲短折卽早死，屰爲逆，本字卽相反之意，能不夭死（凶）爲幸，故其本義作「吉而免凶」解（見說文許箸）卽禍移福降之意，林義光氏以爲「小爾雅『非分而得謂之幸』，福善之事皆曰幸，不當得而得者曰幸」

## 幷 ㄅㄧㄥ 音兵ㄅㄧㄥ 音併ㄅㄧㄥˋ

（會意）（形聲）甲文幷，羅振玉氏以爲「說文解字『幷同』」金文幷，林義光氏以爲「从二人並立，二幷之象」，卽聯相从也，从从开聲，一曰从持二爲幷，微之卜辭正與許君後說二爲一之意，本義作「相從」解（見說文許箸）乃彼此相聯之意

| 楷 | 甲文 | 文 | 楷 | 甲文 | 金文 |
|---|---|---|---|---|---|

**執** ㄓˊ 音直

（會意）（形聲）甲文執孫海波氏以爲「象罪人拲梏其兩手之形」以此會執捕之意金文執林義光氏以爲「丮象兩手捕形」意以卒即盜以兩手捕盜即執之本義以捕捉爲執其本義作「捕罪人」解（見說文許箸）乃拘拿之意。

**報** ㄅㄠˋ

（會意）甲文報字與金文報林義光氏以爲「報治也从𠬝卒」即治罪人之意𠬝音服从又（手）从卩（跽人）本作「治」解合而言之處置盜賊無任無縱使其服罪爲報其本義作「當罪人」解（見說文許箸）報章新聞紙曰報，答謝曰報，信息曰報。

**幺** 一ㄠ 音腰

（象形）甲文金文幺略同容庚氏以爲「幺與玄（古）爲一字」幺象胎兒在母體中孕育成人而極拳曲之形子初成則其體而微故其本義作「小」解（見說文句讀）乃細微之意骰子上的一點曰幺，幺麼：奸邪小人。（同字異體）么。（幺俗字）

**幻** ㄏㄨㄢˋ

（會意）甲文幻字與金文幻：从倒予，「由我推物與人」爲予倒予則爲「由人給物與我」之意人以物與我不可必難免不譎詭以誑人故其本義作「相詐惑」解（見說文段注）「8象變幻無窮如環相連之形凡事物之空無實性者曰幻，魔法曰幻。

**幼** 一ㄡˋ 音要

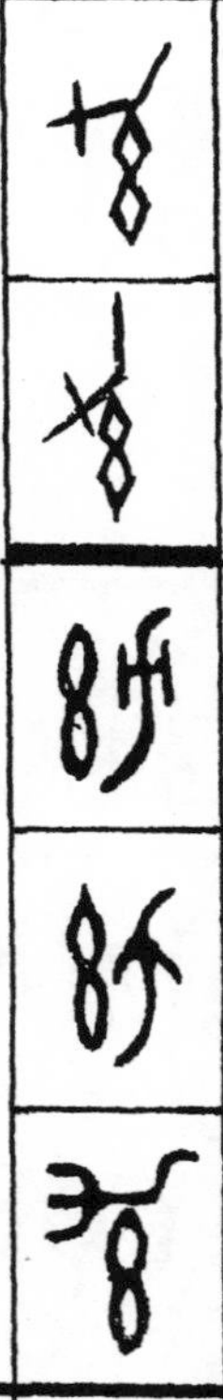

（會意）甲文幼與金文幼字略同，从幺从力幺音腰乃「小」之意力是指人之筋而言凡筋小者其年必少故其本義作「少」解（見說文許箸）即年在少小者之稱：稚子曰幼，老幼長幼孩幼童幼兒時曰幼，初生的，幼芽幼苗幼蛾（相對義字）長老。

**幾** ㄐ一ˇ

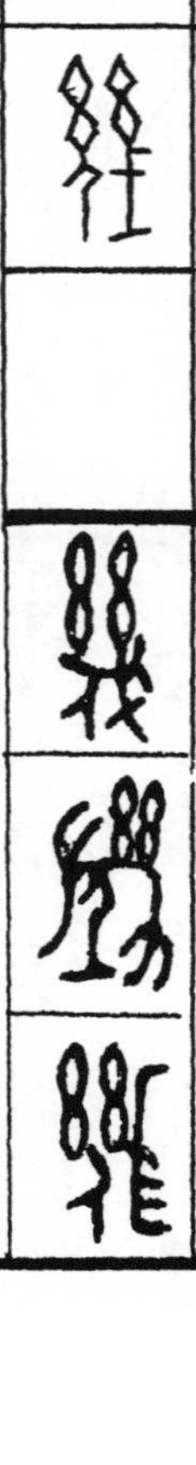

（會意）甲文幾字與金文幾林義光氏以爲「从𢆶从戍……𢆶者幽省幽處多危人持戈以備之危象也」从𢆶从戍𢆶音幽作微解戍作兵守解幽微之處守之以兵其本義作「微殆」解（見說文繫傳）乃幽危之稱，朕兆曰幾，期曰幾即期會，（几幾簡字）

**畿** ㄐ一 音機 ㄑ一ˊ 音祈

（形聲）（會意）甲文畿字與金文畿从田本義作「天子千里地」解（見說文許箸）周制天子五百里內田爲王畿以王都居中而言則東西千里南北亦千里而所指者爲甸與田其義畿爲王都之甸土故从幾聲，都城附近曰畿，畿甸畿輔邦畿京畿。

**广** 一ㄢˇ 音儼 同庵 ㄢ

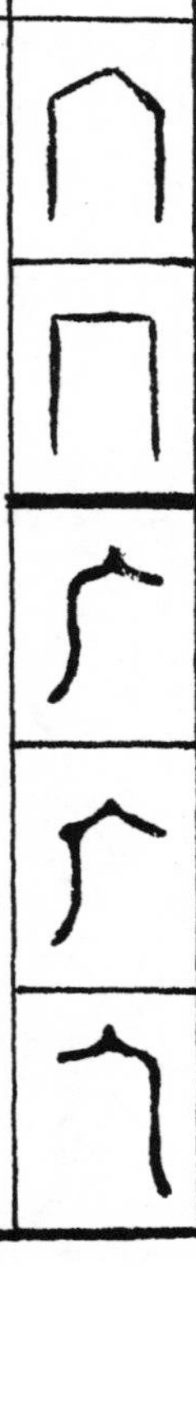

（象形）甲文金文广字略同，广即山石之厓巖上即V之省象屋頂下豎上覓之形本義作「因厂爲屋」解（見說文許箸）即就山巖構成之屋稱广因厂爲屋猶言「傍巖架屋此上古初有宮室之爲也。」就山石崖巖所造之屋曰广，棟頭曰广。

**序** ㄒㄩˋ

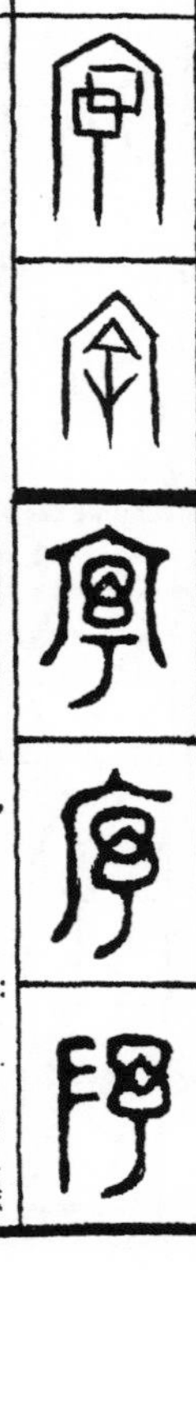

（形聲）（會意）甲文序字金文序略同。从广从予，古从广之序：序从广予聲本義作「東西牆」解，（見說文許箸）乃指室前堂上東廂西廂之牆而言，故从广。又以予爲推予求其適當之意，故从予聲。西序東序殷代鄉學曰序。先後次第曰序。序次位序秩序。

**庀** ㄆ一ˇ

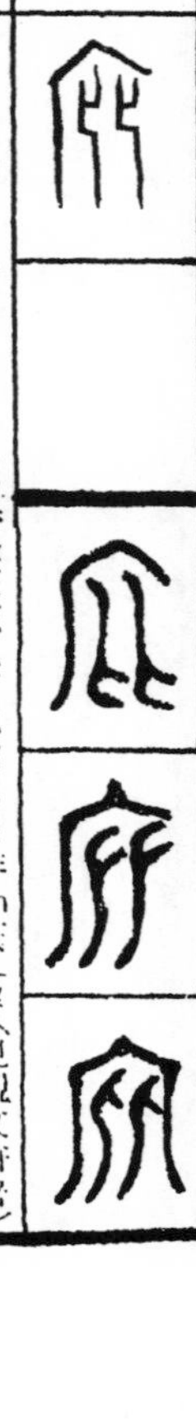

（形聲）（會意）甲文庀字與金文庀从广比聲本義作「蔭」解（見說文許箸）乃覆蔽之意；广爲覆蔽風雨者故庀从广，又以比本作「密」解乃相近之意庀則必求接近以受其蔭故从比聲，蔭庀之稱，庀蔭庀賴曲庀依庀保庀。

楷　甲文　金文　楷　甲文　金文

## 府 ㄈㄨˇ

（形聲）（會意）甲文府字與金文府从府从入沈甸鏞氏以此爲古府字，从广付聲本義作「文書藏」解（見說文許箸）政教典籍必須入屋妥藏，故从广；又以付本作「給予」解乃妥善的授受保存文書之處故从付聲。官名理藏官文書之官曰府。

## 店 ㄉㄧㄢˋ

（形聲）（會意）甲文店字與金文店同爲坫字古借坫爲店从广占聲本義作「所以置物鬻貨（之處）」解（見古今注）置物鬻貨須有敞開一邊之屋舍故从广；又以古爲坫之省文坫以土爲之在兩楹間以備安置介物者店取其置物之義故从古聲。

## 底 ㄉㄧˇ

（形聲）（會意）甲文底字與金文石文底略同从广氐聲本義作「止居」解（見通訓定聲）乃至此而止且定居之意故从广；又以氐根曰氐即直達地下之主根，底取其極下而止之意故从氐聲。下面曰底最下之部位名文書之草稿曰底下曰底即下頭。

## 庚 ㄍㄥ

（象形）（會意）甲文庚與金文庚略同王筠氏以爲「有垂實之象」本義作「象伏時萬物庚有實也」解（見說文許箸）是形容物實飽滿之字，兩手絡之之意本義作「絡繹相也易謂之櫃」解（見通訓定聲）天干之第七位年藏曰庚。

## 庖 ㄆㄠˊ

（形聲）（會意）甲文庖字與金文庖从广包聲本義作「廚屋」解（見說文句讀）即宰烹畜調烹飪之處所故从广；又以包有裹覆一義，裹肉曰包，古在庖人主六畜六獸六禽亦有裹肉奉食之意故庖从包聲。廚曰庖治膳食之所，廚司曰庖治膳者。

## 度 ㄉㄨˋ

（形聲）（會意）甲文度字與金文度从又庶省（省庶下四點）聲本義作「法制」解（見說文許箸）又即手周代丈量長短皆於手取法如寸法人之寸口咫法中婦人之手長八寸法制爲百政之基故从又；又以庶本作「衆」解法制曰度器識曰度。

## 庠 ㄒㄧㄤˊ

（形聲）（會意）甲文金文庠字略同，庠从广羊聲本義作「禮官養老處」解（見說文句讀）乃指禮官養老之處所而言故从广；又羊古通祥含有福祉一義而禮官年老享受福祉於庠故从羊聲。古鄉學名上庠下庠國庠夏曰校殷曰序周曰庠。

## 庭 ㄊㄧㄥˊ

（形聲）（會意）甲文金文庭字形異義同从广廷聲本義作「中宮」解（見通訓定聲）宮室互訓中即正意堂寢正室之稱，又以廷本作「朝中」解甲文庭以爲居家有犬豕之意堂寢正室曰庭俗謂之廳，官署曰庭王庭、府庭、法庭、宮庭、掖庭、椒庭。

## 座 ㄗㄨㄛˋ

（會意）（形聲）甲文座字與金文座爲坐字甲文古以坐通座，坐象二人對坐土上形是指在野外之坐而言；广即屋舍人於屋舍內坐爲座在野外可席土石而坐在室內則必倚器物而坐故座作「坐具」解（見集韻）座爲坐之累增字故从坐聲。

## 庫 ㄎㄨˋ

| 楷 | 甲文 | 金文 |
|---|---|---|

（會意）甲文庫字與金文庫从車在广下。广示高屋車示戰具即兵車置兵車之高屋為庫其本義作「兵車藏」解（見說文許箸）即藏置兵車之處所。收藏兵器之處曰庫兵庫。火藥庫。又「紫微宮帝王將軍之武庫」。府庫。倉庫。國庫。文庫。血庫。眼庫。車庫等。

## 席 ㄒㄧˊ

（象形）（會意）（形聲）甲文席略象席（蓆）形。金文席林義光氏以為「从广从口从衣从巾即藉之古文口象物形广藉之衣巾亦所以藉也席與藉古同音」。席从巾庶省（省庶下灬）聲本義作「藉」解（見說文許箸）因有衆意故席从庶聲。

## 唐 ㄊㄤˊ

（形聲）（會意）甲文唐上从庚省仍與金文唐略同。金文唐从口庚聲本義作「大言」解（見說文許箸）乃誇張過實之言自口出故从口。又以庚有大義且庚古音讀如岡鼓聲盛為鼞（鏜）故唐从庚聲。朝代名。亭曰唐。隄曰唐。同「塘」。唐突。

## 康 ㄎㄤ

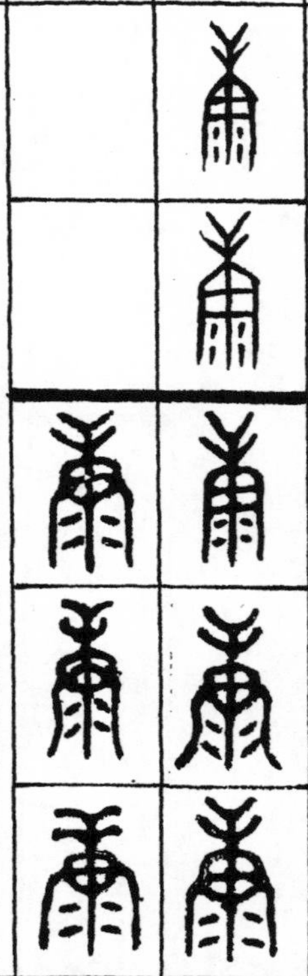

（形聲）（會意）甲文康羅振玉氏以為「說文解字『穅 穀皮也或省作康』此字與許書或體略同穀皮非米从𡿨象其碎屑之形」。金文康與甲文康略同。康从米庚聲本義作「穀皮」解（見說文許箸）康莊・康衢：大道。西康省簡稱曰康。

## 庸 ㄩㄥ

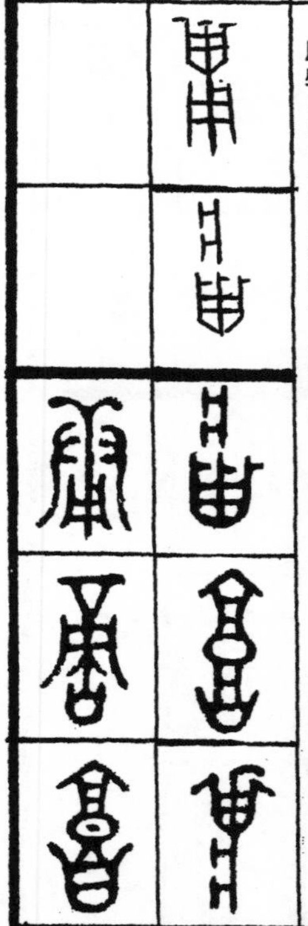

（會意）（形聲）甲文庸字與金文庸林義光氏以為「从甶从廾甶缶也廾即收字皆常用之物故庸訓為常為用」。庸从用从庚亦从用聲庚有繼續一義事可施行謂之用行而繼之以常謂之庸本義作「用」解（見通訓定聲）功曰庸即功勳酬庸。

## 庶 ㄕㄨˋ

（形聲）（會意）甲文庶字與金文庶林義光氏以為「从火石聲（石庶古同（諸彝器略同））从火取衆盛之意」。庶从广从炗广即屋炗為古「光」字屋下光芒照耀乃昌盛之象其本義作「屋下衆」解（見說文許箸）平民曰庶一般人民之稱。

## 庵 ㄢ

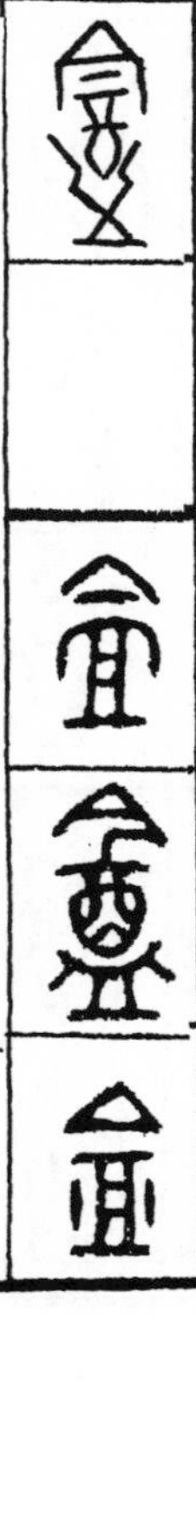

（形聲）（會意）甲文庵字與金文庵从广奄聲本義作「小草舍」解（見廣韻）為一種草屋之稱故从广又以奄本作「蓋」解草舍之頂取其概為覆蓋而已不求與屋之頂比堅故庵从奄聲。圓形草舍曰庵。僧（尼）禮佛之小舍曰庵。

## 庾 ㄩˇ

（形聲）（會意）甲文庾字與金文庾从广臾聲本義作「倉無屋者」解（見說文許箸）乃上面無蓋之穀倉倉為屋舍故从广又以臾為盛物草器即簣乃上無蓋者庾取其無蓋之義故从臾聲。倉上無蓋曰庾。古量名十六斗為一庾。有蓋曰倉無蓋曰庾。

## 廉 ㄌㄧㄢˊ

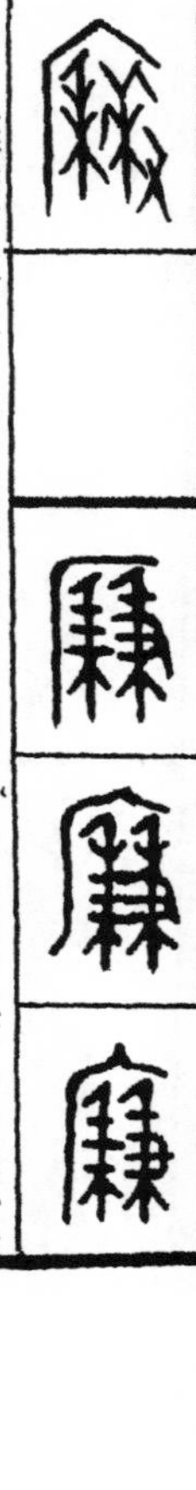

（形聲）（會意）甲文廉字與石文金文廉略同。从广兼聲本義作「仄」解（見說文許箸）乃指堂屋之側邊而言以兼从手持二禾有合二為一之意廉雖在堂側而實與堂相連為一故从兼聲。側邊側隅曰廉。德行高潔之人曰廉。高潔之行為曰廉。

楷　甲文　金文

## 廈 ㄒㄧㄚˋ 音下　ㄕㄚˋ 音嗄

（形聲）（會意）甲文、金文廈字同字異形从广、夏聲本義作「屋」解（見說文新附）乃屋之大者故从广又以夏有廣大美好之意廈爲大屋美屋故从夏聲廣大房屋曰廈。高廈、崇廈、華廈屋之四注者曰廈「安得廣廈千萬間大庇天下寒士盡歡顏」

## 廊 ㄌㄤˊ

（形聲）（會意）甲文金文廊字略同从广郎聲本義作「東西序」解（見說文新附）乃指正堂兩側所附屬相連之屋而言故从广又以郎爲古代輔佐主官治事之官有居側夾輔之意故从郎聲連於正堂邊之低屋曰廊屋外有遮蓋之走道曰廊

## 廌 ㄓˋ 音豸

（象形）甲文廌略象廌獸形與金文廌略同金文廌取自薦字偏旁徐灝氏以爲廌「或云似鹿或云神羊或云山牛蓋此獸本罕見各擬（擬）其形耳」廌上象一角兩耳尾與四足相傳其能知人有罪與否其本義作「解廌獸」解（見說文許箸）乃似山牛之獸

## 腐 ㄈㄨˇ

（形聲）（會意）甲文腐字與金文腐从火从肉府聲本義作「爛」解（見說文許箸）乃指肉臭敗不能食用而言故从肉又以府本作「文書藏」解藏文書處爲蔽闇之屋不與外通置肉於此必生蛆發臭故腐从府聲腐刑即宮刑男子有罪去勢之稱

## 廓 ㄎㄨㄛˋ

（形聲）（會意）甲文廓字與金文廓从广郭聲本義作「大」解（見玉篇）乃指屋舍之大而言故从广又以外城爲郭郭乃城之擴大者廓爲闊大故从郭聲開闊拓廓大廓清：掃蕩肅除「廓土數千里」（後漢書・朱浮傳）宏廓、寬廓、曠廓、廓如、廓然。

## 廄 ㄐㄧㄡˋ

（會意）（形聲）甲文廄象馬在广舍之中知此即爲廄金文廄林義光氏以爲「象人（右下）執羈（馬勒、左下）在广下形」从广、㲃聲本義作「馬舍」解（見說文許箸）乃馬息止之舍；古代馬廄，多由茅草棚架而成故从广馬舍曰廄；

## 廑 ㄐㄧㄣˇ 音僅　ㄑㄧㄣˊ 音勤

（形聲）（會意）甲文廑字與金文廑从穴从堇古从广之字間亦从穴，从广堇聲，本義作「少劣之居」解，（見說文許箸）乃指土築之小屋而言堇爲土之黃色而有黏性者；廑爲土屋故从堇聲勤曰廑「其廑至矣」（漢書・揚雄傳）

## 廟 ㄇㄧㄠˋ

（形聲）（會意）甲文廟字與金文廟右下从凡右下从舟略同吳大澂氏以此爲古廟字廟从广朝聲本義作「尊先祖皃（貌）」解（見說文許箸）尊祖孝親爲我國之善良風俗而立廟意在使其神靈接受後世子孫之祭祀故廟从朝聲廟堂：即朝堂。

## 廚 ㄔㄨˊ

（形聲）（會意）甲文、廚字與金文、廚从广、尌聲本義作「庖屋」解，（見說文許箸）乃指烹調食物之屋而言，故从广。又以尌本作「豎立」解庖屋之建立必堅實有豎立意，故从尌聲童僕曰尌子，耕夫牧尌庖屋曰廚烹調飲食之處櫃櫝曰廚；儲藏什物之具；

## 廣 ㄍㄨㄤˇ

（形聲）（會意）甲文廣字闕金文廣从广黃聲本義作「殿之大屋」解（見說文許箸）乃有大覆蓋而無四壁之屋故从广又以黃古通橫廣有橫陳之意故从黃聲地之面積寬度曰廣（東西曰廣）（南北曰袤）拓開拓使大是故地曰廣大庭廣衆

## 廠 ㄔㄤˇ

（形聲）（會意）甲文廠字與金文廠从广爲敞字甲文古以敞通廠从广敞聲本義作「屋無壁」解（見集韻）乃指無牆壁之屋而言故从广又以敞有張開一義屋無壁則四無所障有張開意故廠从敞聲露舍曰廠四無遮蔽之屋工人工作場所曰廠

## 廢 ㄈㄟˋ

（形聲）（會意）甲文廢字與金文廢發弘同形其取義不詳（見毛公鼎）今以廢从广發聲本義作「屋頓」解（見通訓定聲）乃屋傾圮倒場無用之意故从广又以發本作「射發」解頓而不能利用故廢从發聲傾滅曰廢曠廢廢業荒廢

## 慶 ㄑㄧㄥˋ

（會意）甲文慶字與金文慶略同林義光氏以爲「本義當爲賀象人喜樂嬉舌頓足形」即首字……一足跡形从心从心从夂从鹿省（省鹿下比）夂音綏乃行之意古代吉禮多以奉鹿皮爲敬即慶其本義作「行賀人」解（見說文許箸）慶賀之意

## 賡 ㄍㄥ

（形聲）（會意）甲文金文賡字略同从貝庚聲本義作「續」解（見廣韻）乃繼續之意貝乃古代通行貨幣在使用時如還流不停繼續不已故賡从貝从庚聲說文許箸本爲續字古文註釋者互有異說惟賡續爲二字乃義同而形音有別

## 廩 ㄌㄧㄣˇ

（象形）（會意）甲文廩字與金文廩丁佛言氏以爲「（上从米）（象屋）」林義光氏以爲「上象屋形∧象中有列室」意指此儲積穀米處即廩从广稟聲其本義作「穀所振入」解（見通訓定聲）即穀所收儲之處曰廩廩米曰廩廩庫：盛饒貌

## 應 ㄧㄥ

（形聲）（會意）甲文應字與金文應爲雁字甲文古以雁通應應从心雁聲本義作「合」解（見通訓定聲）乃指兩方面互相一致之意心合而後言行皆合故應从心又以雁爲合群之候鳥飛翔有序求衆相合故應从雁聲當應當助動答對應卯應門應點

## 膺 ㄧㄥ

（形聲）（會意）甲文膺字與金文膺爲雁字丁文容庚氏以此爲古膺字膺从肉雁聲本義作「胸（胸）」解（見說文許箸）即俗稱之胸膛故从肉又以雁同鷹爲鷙鳥其胸特壯故膺从雁聲胸曰膺馬之胸帶曰膺護心胸之衣曰膺受膺任膺祚膺懲

## 廬 ㄌㄨˊ

（形聲）（會意）甲文廬形異金文廬下之▽爲皿之省文丁佛言氏以此爲古廬字从广盧聲本義作「寄也秋冬去春夏來」解（見說文許箸）即田間廬屋春夏來居以便耕作秋冬即離去而空置不用者故从广盧取其粗陋之意故从盧聲田野間屋舍曰廬

楷　甲文　金文

**龐** ㄆㄤˊ

（形聲）（會意）甲文金文龐略同从广龍聲吳大澂氏以爲「（此）古龐字从大不从犬許氏說『龐高屋也』後人誤龙厖爲一字而厖（龐）字廢」龐、从广龍聲本義作「高屋」解（見說文許箸）而龐駿龐雜亂龐雜龐亂龐龐：充實貌

**鷹** 一ㄥ

（會意）（形聲）甲文鷹字與金文鷹林義光氏以爲「从下心」聲本義作「雁鳥」解（見說文段注）即捕食小鳥雞兎野鼠等之猛禽又爲受人指使以便獵獲之鷙鳥故从鳥其从隹又增鳥爲俗字鷹猛禽名亦稱蒼鷹捕禽兎者鷹鸇魚鷹野鷹鴟鷹

**廳** ㄊ一ㄥ

（形聲）（會意）甲文廳字與金文廳爲聽字重文廳古但作聽廳从广聽聲本義作「廳屋」解（見集韻）是指官吏聽事之大堂而言故从广又以古代治理公務爲即聽事之處聽廳古今字廳爲聽之累增字故从聽聲正屋曰廳官署名民政財政廳……

**廴** 音引 一ㄣˇ

（指事）甲文金文廴字从小步之彳而以指諧其末即進步爲彳復引長末諧以指進步之延續不斷其本義作「長行」解（見部首訂）乃導之於前而使續之於後之意惟此之引字所導廴今僅用爲部首字長行同「引」「玉篇曰『今作引』廴字廢也」

**廷** ㄊ一ㄥˊ

（會意）（形聲）甲文廷字與金文廷吳大澂氏以爲「从廷象庭隅之形土聲」惟人土爲壬林說似曲李敬齋氏以爲「人从土」其地也林義光氏以爲「廷與庭古多通用疑初皆作廷垣內平地」从廴壬聲」本義作「朝中」解（見說文句讀）

**延** 一ㄢˊ

（形聲）（會意）甲文石文金文略同从延广聲本義作「長行」解（見說文段注）乃行而及遠之意長遠之行當安步以往故从延又以广讀余制切象曳引之形有引長之意味故延从广聲長曰延土地之長廣版曰延展向後展延任延役延期

**建** ㄐ一ㄢˋ

（會意）甲文建字與金文建从聿从聿从廴聿義近吳大澂氏以此爲古建字从聿从廴聿爲律省即朝廷之定法廴古引字有循是而行之意樹立朝廷之法度爲建其本義作「立朝律」解（見說文許箸）即建立典章法度之意建功建業建德建言建議

**廾** ㄍㄨㄥˇ

（指事）（會意）甲文廾金文廾略同廾从𠂇又乃指左右兩手相拱合之事以示恭敬奉承之意其本義作「竦手」解（見說文許箸）即拱手之意惟今字作拱故拱字行而廾字罕用拱爲奉「廾明德」（叔向敦・銘文）廾廿形似而音義迥別

**廿** 音念 ㄋ一ㄢˋ

楷　甲文　金文

（會意）（指事）甲文廾甲文丨作丨今廾从兩丨相連羅振玉氏以此卽廾字金文廾金文十多作丨廾从兩丨相連與甲文廾略同。廾从兩十相併得一本義作「二十幷」解（見說文許箸）乃合二十兩字而成之字二十數名（同字異體）廾（廾俗字）

甘　ㄍㄢ

（會意）（指事）甲文甘與金文甘略同金文甘林義光氏以爲「甘美也从口含一……一以記甘美之處」甘从口含一一指所含之物口含所嗜之物得美味爲甘其本義作「美」解（見說文釋例）乃指美味而言甜味曰甘與辛酸鹹苦並稱五味。

弄　ㄌㄨㄥˋ　ㄋㄨㄥˋ

（會意）（形聲）甲文金文弄字从廾玉廾示兩手相合爲古「拱」字兩手持玉有欣賞不忍釋之意其本義作「玩」解（見說文許箸）卽戲耍之稱惟苗夔氏以爲「弄……廾亦聲」所見亦是並引參證樂曲曰弄梅花三弄。戲狎曰弄巷曰弄同「衖」

甚　ㄕㄣˋ

（會意）（形聲）甲文甚字與金文甚林義光氏以爲「實𠥓之古文匕匹勺之反文象引勺於口之形」「八[illegible]」[illegible]（見說文徐箋）卽娛樂之意貪淫聲色曰甚極很非常表性態甚小甚多甚少甚高甚好；

弃　ㄧ

弇　音掩　ㄧㄢˇ

（形聲）（會意）甲文金文弇字从廾亦聲本義作「開某」解（見說文許箸）任說氏引左傳正義謂「弇……竦兩手而執之」故从廾又以亦作「叉」解有兩者相須之意一人不能獨弇必須兩人故弇从亦聲。關棋曰弇博弇下棋之事曰弇

弊　ㄅㄧˋ

（形聲）（會意）甲文弇字與金文弇从廾合聲本義作「蓋」解（見說文義證）乃覆蓋之意竦手亦有兩手合而交互掩覆之意故弇从弇又从合聲器之口小中寬者曰弇。狹路曰弇襲承襲「法禹舜而能弇迹者邪」（荀・賦）「侈聲筰弇聲鬱」（周禮春官）

（形聲）甲文弊字與金文弊爲獘字重文从犬敝聲本義作「頓仆」解（見通訓定聲）乃跌倒之意其同字从死作斃朱駿聲謂「獘……亦作弊」邵瑛氏謂「獘又變作弊是誤犬爲大而又變大爲廾如算弈之例也」害曰弊。時弊興利除弊。奸僞之事曰弊。

弋　ㄧˋ

（象形）甲文弋字與金文弋略同象橛有物附挂之形其本義作「橛」解（見說文許箸）卽俗稱之木樁俗增木作杙惟孔廣居氏以爲「杙象弋首小枝丿象繫物上之歧頭象挂物之叉向右下斜出者象幹中向左下之斜筆木樁曰弋獵事曰弋

## 弌 一

（形聲）（會意）甲文弌字與金文弌从弋一聲本義作「古文一」解（見說文繫傳）徐鍇氏以爲「弋者物之株橛義主於數非專一之一弋以記數運筭者亦用小橛故古文弌弍弎皆从弋」又以弌爲古文一故从一聲數名一之古文義與一同。

## 弍 ㄦˋ

（形聲）（會意）甲文弍字與金文弍林義光氏取自高密戈留字偏旁以爲「本从戈不从弋弍者離爲二也」惟王筠氏以爲「弍弋……因弌而遞加也前修謂古文不盡可以六書推此類皆是」本義作「古文二」解（見說文繫傳）數名二之古文

## 式 ㄕˋ

（形聲）（會意）甲文式字與金文式从工弋聲本義作「法」解（見說文繫傳）即規矩工有規矩法度之意故式从工又以弋本作「橛」解亦爲記數作籌之信之意味法式須準確可信故式从弋聲法則模範曰式度曰式標準規格格式程式

## 弎 ㄙㄢ

（形聲）（會意）甲文弎字與金文弎从弋三聲本義作「古文三」解（見說文繫傳）章炳麟氏以爲「弋刂記數運籌者亦用小橛故古文弌弍弎皆以弋」又以弎爲古文三故从三聲弌弍……因弌而遞加也數名三之古文義與三同

## 忒 ㄊㄜˋ

（形聲）（會意）甲文忒字與金文忒从貝代聲實爲貸字金文吳大澂氏謂「古文以爲忒字」忒从心弋聲本義作「更」解（見說文義證）乃變更之意心易變動不居故忒从心又以弋本作「橛」解古代常植之國境變更差差錯差忒

## 武 ㄨˇ

（會意）甲文武金文武略同从止戈人持戈而我强之使止此即爲武其本義作「止戈爲武」解（見說文許箸）即「以戰止戰」之稱惟「止戈爲武非造字本義武字本義爲「舞」武舞古同字武字从止者足止也使人屈服之强力曰武兵力曰武

## 貳 ㄦˋ

（形聲）（會意）甲文貳字與金文貳从貝弍聲本義作「副益」解（見說文許箸）乃既有而又增加使多之意本指儲藏以備匱乏之財物而言又以弍爲二之繁文一與一相對爲二即損益貳分之義故从弍聲敵曰貳即匹敵吉凶二理曰貳

## 弒 ㄕˋ

（形聲）（會意）甲文弒字與金文弒从殺省（省殺右殳）式聲本義作「臣殺君」解（見說文許箸）故从殺又式本作「法」解弒乃觸法犯上有殺法之意故从式聲弒逆：下殺上之稱殺下间間殺上自外曰戕自內曰弒

## 鳶 音淵 ㄩㄢ

（形聲）甲文金文鳶字略同从隹弋聲本義作「雃即鳶字……鴟也」解（見通訓定聲）乃俗稱之鷂鷹爲一種猛禽从隹从鳥同讀音與夗近鳶狀似鷹惟嘴較短尾較長，頭頂及喉部白色，嘴帶藍色；全身褐色微紫，腹部淡赤尾尖分叉，捕蛇鼠爲食，曰鳶。

楷　甲文　金文

## 弓 ㄍㄨㄥ

（象形）甲文弓象弛弓之形，金文弓象弓弛（未上弦）時形其本義作「以近窮遠」解（見說文許箸）即古代由近射向遠處之一種武器製弓者曰弓「良弓之子必學爲箕」（禮・學記）車蓋以其形如弓故名「弓鑿廣四枚」（周禮・冬官）

## 弔 ㄉㄧㄠˋ

（會意）甲文弔字與金文弔林義光氏以爲此「古……皆以爲叔字叔弔雙聲旁轉本即弔字」李敬齋氏以爲「象弓上有矰繳案篆作弔隸訛作弔，弔从人弓古時風俗機置人死後以草裹屍葬於郊野爲防禽獸加害屍體」其本義作「問終」解

## 引 ㄧㄣˇ

（形聲）（會意）甲文引字與金文引从弓丨聲本義作「開弓」解（見說文許箸）即拉弓弦向後以備發矢而射之意丨音袞乃由上直下之謂開弓必須將弦由前向後直拉是有直意故引从丨聲度名十丈曰引，文體名同「序」名牌曰引，琴曲曰引，

## 弗 ㄈㄨˊ

（象形）（會意）甲文弗與金文弗略同金文弗林義光氏以爲「丨丨象物之直弗拂戾（矯正）之」徐灝氏以爲「弗與弼音義同凡弛弓則以兩弓相背而縛之以正枉戾所謂矯也矯謂之弗疑象檠形」其本義作「弓檠」解（見說文釋例）

## 弘 ㄏㄨㄥˊ

（會意）（形聲）甲文弘與金文弘略同，从弓从𠃋羅振玉氏以此爲古弘字本義作「弓聲」解（見說文許箸）即射時箭離弦後弓弦震動之聲故从弓又以厶爲古肱字含宏大意弓聲入射者耳時亦大故弘从厶聲大的弘甚弘願弘揚是也

## 弛 ㄕˇ

（形聲）（會意）甲文弛字與陶文金文弛略同从弓也聲本義作「弓解弦」解（見說文段注）乃爲保持弓之彈性在不射時立即放開弓弦使其伸展之意故从弓又以也爲古蛇字象其盤曲而閤合如蛇故弛从也聲解放開毀毀壞解弦曰弛，

## 弟 ㄉㄧˋ

（指事）（形聲）甲文弟字與金文弟林義光氏以爲「从弋弓束之束杙（弋）亦有次弟也；」按亦从弋聲弟从古文韋（𩏑）省丿聲本義作「韋束之次弟也」解（見說文許箸）故从韋。（熟革）本作「弔」解同胞男子之後生者曰弟兄之對稱

## 弦 ㄒㄧㄢˊ

（會意）（形聲）甲文弦字與金文弦从弓从8古文絲象其繫於軫（弓兩端繫弦處）之形其本義作「弓弦」解（見說文段注）即張弓所用之絲索故从弓「弦或曰古文玄省（省玄爲8）聲」惟俗字作弦爲今所行者張在弓上之索或線曰絃，

| 楷 | 甲文 | 金文 | 文 |
|---|---|---|---|

**弧** ㄏㄨˊ

（形聲）（會意）甲文弧字與金文弧从弓瓜聲本義作「木弓」解（見說文許箸）此乃木幹製成之弓與增附角飾之角弓有異以其爲弓屬故从弓古時中原所產之木瓜木爲製弓之小材可能爲當日所常用者故弧从瓜聲木弓曰弧張旅之弓曰弧

**弩** 音努 ㄋㄨˇ

（形聲）（會意）甲文弩字與金文弩从弓奴聲本義作「弓有臂者」解（見說文許箸）即由一種特殊裝製（機）以發射之弓一般弓用人手引弦弩則用機（如人臂者）引弦故从弓从奴聲 手發爲弓機發爲弩單發爲弓連發爲弩

**弭** ㄇㄧˇ

（形聲）（會意）甲文弭字與金文弭从弓耳聲本義作「弓無緣」解（見說文義證）緣乃弓用絲繳纏飾之稱一般弓皆有之弓之無緣而以骨飾其兩頭者爲弭故从弓又以弭兩極似耳在頭之兩側故从耳聲無緣之弓其可解轡紛者曰弭

**弱** ㄖㄨㄛˋ

（指事）（會意）甲文弱字與金文弱从二弓二彡象柔二弓以指其事本義作「撓」解（見說文繫傳）就是一種由撓曲木彡象微細毛飾以此示其柔細之爲弱故从兩彡象之弱物雖獨存此字解詁紛紜莫衷一是弱者曰弱恐懦不毅之稱

**張** ㄓㄤ

（形聲）（會意）甲文金文張略同从弓長聲本義作「施弓弦」解（見說文許箸）乃拉開弓弦之意故从弓又以長有擴大尺寸之意弦未上弓時綏弛而短及其上弓則受弓兩端拉力作用頓見增長故張从長聲此詞張開之物一物曰一張。

| 楷 | 甲文 | 金文 | 文 |
|---|---|---|---|

**強** ㄑㄧㄤˊ

（形聲）（會意）甲文強字與金文強从虫弘聲本義作「蚚」解（見說文許箸）即米穀中叫強蛘的一種小黑蟲故从虫又以弘本「弓聲」強蛘爲鞘翅類昆蟲其蟲在米穀中蛀食略如弓聲故強从弘聲橫暴者曰強屈強：不柔服。

**弼** 音必 ㄅㄧˋ

（會意）甲文弼字从二弓以示有力抑弱扶弱之意金文弼林義光氏以爲「說文云『弼輔也从㢸西聲』按从㢸之義無考西亦非聲古作弼『簟弼魚箙』（毛公鼎文）即詩之『簟茀魚服』弼車蔽也因即西字象茵覆二人之形」輔佐元首曰弼。

**粥** ㄓㄡ

（會意）甲文粥上之⊡象鼎下之乂象熖火以煮之爐商承祚氏以爲「此从刀象匕以象粥」此即粥。金文粥林義光氏取 自鬻字偏旁以爲「象米在鬻中形」此即粥。其本義作「健」解（見說文段註）健同饘即米糊今俗稱之曰稀飯。

**彈** ㄉㄢˋ 音壇 ㄊㄢˊ

（指事）（形聲）甲文彈象丸在弦上待發之形以指此發丸使行即彈金文彈从弓單聲本義作「行丸」解（見說文許箸）乃引弦發丸而射之意故从弓又以單有單一之義彈時每次僅發一丸有單之意味故从單聲 鎗砲所用之丸曰彈子彈炮彈鎗彈

**彊** 音牆 ㄑㄧㄤˊ

楷　甲文　金文　楷　甲文　金文

音襁 ㄑㄧㄤˇ

(形聲)(會意) 甲文彊字與金文彊略同，从弓畺聲本義作「弓有力」解，(見說文許箸) 乃形容弓之遒勁而言，故从弓；又以畺音姜，本作「界」解，界必求其堅固使外人不得侵越，彊取其堅固之意；與「強」同。左下有土爲疆，彊疆形似音近而義迥別。

彌 ㄇㄧˊ

(形聲) 甲文彌字與金文彌：左从弓右从日爾，吳大澂氏以此爲古彌字，从弓本義作「弛弓」解 (見說文許箸) 乃除弓之弦使其舒弛之意，故从弓；以保持其張力。姓，衞公孫彌牟子孫以王父字爲氏。彌月，猶滿「彌月而濟遷」。彌 (彌本字)

疆 ㄐㄧㄤ

(象形)(指事)(會意) 甲文畺爲疆 (強) 字重文，右从二田含有界其之意，故古以此通疆界之疆；金文畺於二田上下或其間有增二橫或三橫者，吳大澂氏以爲「古疆字从畕从弓，一者田界也」。本義作「界」解 (見說文許箸) 即田界之稱。

彎 ㄨㄢ

(形聲)(會意) 甲文彎字與金文彎从弓䜌聲本義作「持弓關矢」解 (見說文許箸) 凡兩物相交曰關，彎弓而搭矢於上以待射爲彎，故彎从弓；又以䜌音孌有治理一義，彎即治弓矢以射之意，故从䜌聲。屈曲「強來爲吏腰少彎」。彎彎：屈曲。

彐 音制 ㄓˋ

(象形) 甲文彐字與金文彐略象豕頭上銳而面部頎大之形，本義作「豕頭」解 (見說文許箸) 即豕頭惟此本義，古罕見用，今僅用爲部首字，本作彑變作彐。豕頭曰彐字本作彑：「彑，豕之頭也，象其銳而上見形。」(通訓定聲・彐)

彗 音惠 ㄏㄨㄟˋ　音遂 ㄙㄨㄟˋ

(會意) 甲文彗从兩手各持一帚象掃除之形，中之⋯象隨物。商承祚氏以爲「下埽謂之埽，上埽謂之彗」，許訓「彗爲埽竹」，殆非初誼 (義) 矣。金文彗从又持䇂，爲古文䇂字之並，又即手，意謂以多數小竹爲一物，作「埽竹」解 (見說文許箸)

彘 音滯 ㄓˋ

(象形)(形聲) 甲文彘羅振玉氏以爲「从豕身箸矢，乃彘字也，彘殆野豕，非射不可得，亦猶雉之不可生得……許君謂彘从彑矢聲从二匕」。金文彘上象豕頭，中象其腹及兩足，下象以矢貫腹，其義與甲文彘略同，「野豕」之義最爲正確，並引參證。

彙 ㄏㄨㄟˋ

(形聲)(會意) 甲文彙字與金文彙从帚胃省 (省胃爲田) 聲本義作「蟲也，似豪豬而小」解 (見說文段注) 其同字作蝟，即身被刺毛如豪豬之刺蝟，帚爲脩豪獸，即帚 (讀若弟) 故彙从帚；又以胃即俗稱之肚子，獸名同「蝟」，即刺蝟，豬曰彙。

彝 音夷 ㄧˊ

(象形)(會意)(形聲) 甲文彝商承祚氏以爲「象兩手持雞，與古金文同」。金文彝約數十形，大體略同，「古彝字从雞从廾，雞象冠翼尾距形，手執雞者，有常道也，故宗廟常器謂之彝」。以彝之爲器象豕頭，故从彑聲；古時酒器曰彝，宗廟所用酒器曰彝。

一二四

彡 音衫 ㄕㄢ

楷 | 甲文 | 金文

（象形）甲文彡字與金文彡林義光氏引侃字偏旁另引虢叔鐘穆字偏旁作彡以爲彡「與三不同形……是不當與三同音」彡借三字斜書以示數多而假象其物其本義作「毛飾畫文」解（見說文釋例）彡屬事非象形借三字而斜書之轉注也。

## 彤 ㄊㄨㄥˊ

（會意）甲文彤字與金文彤从丹从彡丹本赤石示赤色彡示畫文以赤色相塗飾爲彤其本義作「丹飾」解（見說文義證）乃以丹拭而塗之之意姓周成王封支子於彤爲彤伯其子孫以國爲氏一說彤伯爲成王宗伯蓋彤城氏後紅色采飾塗色

## 形 ㄒㄧㄥˊ

（形聲）（會意）甲文形字與金文形从彡幵聲本義作「象形」解（見說文徐箋）乃畫成其物之意以其爲畫文故从彡又以幵从二干有合二爲一之意形爲畫成物象必求與物之實體肖似如一故从幵聲形體曰形圖畫曰形體貌曰形地勢曰形

## 彥 ㄧㄢˋ

（形聲）（會意）甲文彥字與金文彥从彣厂聲本義作「美士曰彥」解（見爾雅）美士必有文彩文章而文質彬彬故彥从彣又以厂音漢本作「厓巖」解有堅勁之意有堅勁之懿行嘉言故彥从厂聲美士曰彥才學俊美者之稱姓齊太公後有彥氏

## 彧 ㄩˋ

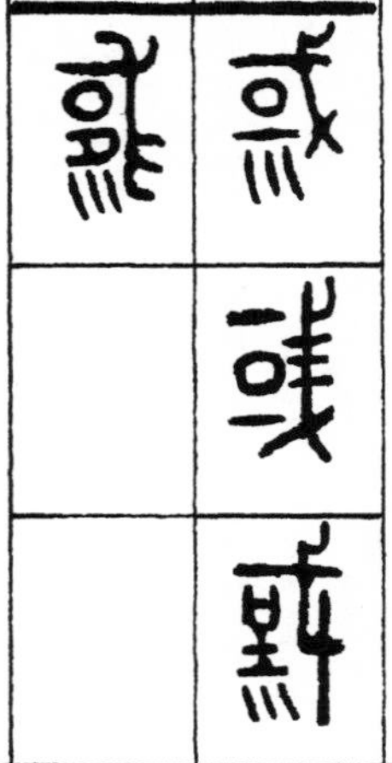

（形聲）（會意）甲文彧字與金文彧从彡或聲本義作「文章皃（貌）」解（見玉篇）乃形容文彩弈弈文章郁郁之字彡示文飾故彧从彡又以或爲域之初文內有土地人民之不可侵犯乃名實皆盛而不可小覷者故彧从或聲彧彧：茂盛貌

---

楷 | 甲文 | 金文

## 彩 ㄘㄞˇ

（形聲）（會意）甲文金文彩字略同从彡采聲本義作「文章」解（見說文新附）彡示文飾故彩从彡又以采有色采之義五采即五色文章之上品采爲彩之初文彩爲采之累增字故从采聲色耀目之色曰彩五彩奪目賽成之喝聲曰彩喚中彩開彩得彩

## 彫 ㄉㄧㄠ

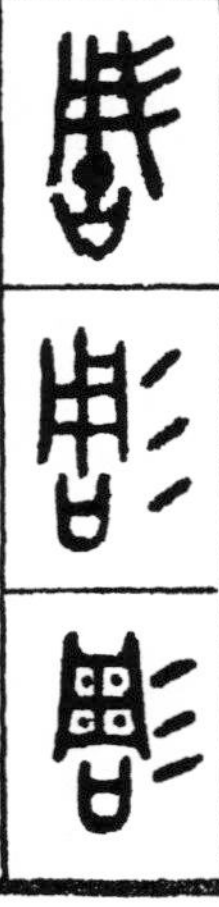

（形聲）（會意）甲文彫字與金文彫从彡周聲本義作「琢文」解（見說文許箸）乃指刊刻木石使現文采而言彡爲畫文故彫从彡又以周本作「密」解彫之爲事運匠心布格局計刀法必須周密故彫从周聲刀刻同「雕」彫落彫謝彫厲彫困彫敝

## 彬 ㄅㄧㄣ

（形聲）（會意）甲文金文彬字略同彬爲份字古文从彡从焚省（省焚下火）聲本義作「文質備」解（見說文許箸）文勝質則史質勝文則野文質兼備爲彬彡爲文飾故彬从彡彬彬：文質相半貌不華麗亦不樸素「文質彬彬然後君子」（論語雍也）

## 彪 ㄅㄧㄠ

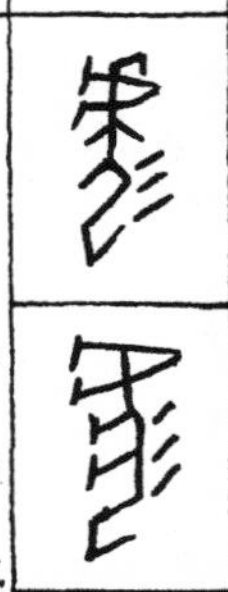

（會意）甲文彪字與金文彪从虎彡彡象虎之文飾其本義作「虎文」解（見說文許箸）乃虎皮上之斑紋惟此本義古罕見用今所行者爲別義小虎曰彪兇猛如彪者之稱姓康叔後春秋時有衞大夫彪傒望出齊郡彪炳：文彩煥發貌勳業彪炳

## 彭 ㄆㄥˊ

（形聲）（會意）甲文彭羅振玉氏以爲「彭……卜辭从彡或作……乃从彡日（即彤日音融祭名祭之明日又祭爲彤或省作彡）之彡」金文彭林義光氏以爲「壴鼓省（省鼓右支）彡象枹（鼓槌）落鼓中形」彭城：古地名彭湃水波相戾

| 楷 | 甲文 | 金文 | 文 |
|---|---|---|---|

## 彰 ㄓㄤ

（會意）（形聲）甲文彰字與金文彰从彡从章亦从章聲彡音杉象「毛飾劃文」章卽文章且有明意凡文章能加力表揚益其華采爲彰其本義作「文彰」解（見說文許箸）卽宣揚文章華采之意稱揚彰德「彰善癉惡」（書・畢命）

## 影 ㄧㄥˇ

（會意）（形聲）甲文影字與金文影爲景字重文影本作景从景亦从景聲景謂光景形謂顯露光景畢現則見影故其本義作「物之陰影」解（見集韻）卽俗稱之影子物體受光所生之陰暗形像曰影在反射物體中所顯現之形像曰影

## 彳 ㄔˋ 音斥

（象形）（指事）甲文金文彳字略同象股（上）脛（中）足（下）三屬相連之形行爲人之步趨今彳僅得其半故本義作「小步」解（見說文句讀）是以彳爲小之意合彳亍爲行遂各兼行字步止一義彳亍：左步爲彳右步爲亍凡行彳先亍隨之

## 行 ㄒㄧㄥˊ

（象形）（會意）甲文行羅振玉氏以爲「象四達之衢人所行也……由卝變爲彳形已稍失許書作非則形誼不可見於是謂其字从彳从亍失彌甚矣古从行之字或省其右作彳或省其左作亍金文行與甲文略同本義作「人之步趨」解乃徐步疾趨之稱

## 役 ㄧˋ

（會意）甲文役字與金文役从殳从彳殳音殊乃一種供守禦之兵器（司馬法殳予守）彳有巡行之意執殳巡行邊境以防外寇爲役其本義作「戍邊」解（見說文許箸）卽戍守邊疆之稱事曰役戰曰役卽戰爭士卒曰役丁役征役役役：鬼黠貌

## 彷 ㄈㄤˊ 音紡 ㄆㄤˊ 音旁

（形聲）（會意）甲文彷从行从方其取義與金文彷略同从彳方聲本指「彷徨」一詞而言彷徨之本義作「虫名」解（見康熙字典）此虫之狀如蛇但有兩頭急趨同一方向有行止無定與其行極緩之意故彷从彳方聲彷彿彷徨：往復徘徊

## 彼 ㄅㄧˇ

（形聲）（會意）甲文彼字與金文石文彼爲皮字重文彼古省作皮从彳皮聲本義作「往有所加」解（見說文許箸）乃謂此近彼遠進而有所加覆之意故从彳又以皮有在外被覆之意故彼从皮聲他代第三人稱彼等彼輩彼哉：斥而遠之之辭

## 往 ㄨㄤˇ

（會意）（形聲）甲文往羅振玉氏以爲「說文解字𡴀艸木妄生也从之在土上又往之也从彳𡴀聲」金文往从辵𡴀聲古从彳之字間亦从辵从彳𡴀聲本義作「之也」解（見說文許箸）卽向前去之意故从彳𡴀聲過去之事曰往從此以後曰往

## 征 ㄓㄥ

（形聲）（會意）甲文征爲正字重文羅振玉氏以爲「征 佂字同又作𠱓从𣥂」王國維氏以爲「正以征行爲本義」金文征从彳正聲本義作「正行」解（見說文許箸）卽爲正當目的經正大途徑之正直行動故从彳又从正聲征客征帆征稅征搉征

## 彿 ㄈㄨˊ

楷　甲文　金文　文

（形聲）（會意）甲文彿字與金文彿从彳弗聲本義作「止」解（見玉篇）彳有行中少止一義故彿从彳又以弗本作「𢎗」解卽正弓之器含有止其彎曲而强之使正的意味 彿謂止故从弗聲惟此本義古罕見用今所行者爲別義。

徂 ㄘㄨˊ

（形聲）（會意）甲文徂字與金文徂从辵且聲本義作「往」解（見說文許箸）乃前去之意故从辵又以且有卽 將之一義徂乃卽將前去故从且聲其同字作徂爲今所行者古國名其故地不詳，死同「殂」：「于嗟徂兮命之衰矣」（史記．伯夷列傳）。

待 音殆 ㄉㄞˋ

（形聲）（會意）甲文待字與金文待从彳寺聲本義作「俟」解（見玉篇）乃等候之意彳本小步含有等人大步趕上之意味故待从彳又以寺在古爲治公之所亦衆庶佇候教令之處故待从寺聲 竢等候：待召、待命、坐以待旦、守株待兎、招待、接待、款待、禮待。

很 ㄏㄣˇ

（形聲）（會意）甲文很金文很略同从彳艮聲本義作「不聽從」解（見說文許箸）乃背逆而行之意故从彳又以艮从匕目會意因目相匕（比）不相下本作「狠戾不進貌」解有狠戾不進之意故从艮聲俗字作狠襲其本義 意氣曰很：好勇鬬很。

律 ㄌㄩˋ

（形聲）（會意）甲文律金文律形異義同金文律从彳聿聲本義作「均布」解（見說文句讀）均是古代施弦以調六律五聲的器具樂音陽曰律重在布行以範天下故从彳又以聿爲古筆字 故律从聿聲 法則曰律：律令、刑律、軍律 律者定分止爭也。

後 ㄏㄡˋ

楷　甲文　金文　文

（會意）甲文後與金文後字形異義同甲文后：先之反通「後」金文後林義光氏以爲「8古玄字繫也从行省（轉注）文象足形足有所繫故後不得前」文音綏 其本義作「遲」解，（見說文許箸）乃落在後面之意 子孫曰後 愚曰後卽愚人。

衍 ㄧㄢˇ

（會意）甲文衍从行从川羅振玉氏以爲「从川示百川之歸海詁（義）燦顯矣」金文衍从水从行水順流而下爲衍其本義作「水朝宗于海貌」解（見通訓定聲）乃指百川奔騰歸海之狀而言 澤曰衍 水中洲曰衍 山坂曰衍。

徇 ㄒㄩㄣˋ

（形聲）（會意）甲文徇字與金文徇从彳勻聲本義作「行示」解（見說文許箸）乃巡行中宣布命令之意故从彳又以勻本作「分」解巡示須逐漸遞示以求周至故徇从勻聲 巡視 巡行並宣布命令 撫安撫「漢使張良徇韓」（史記．項羽本紀）。

徊 ㄏㄨㄞˊ

（形聲）（會意）甲文金文徊字略同 爲回字重文徊古作回从彳回聲本指「徘徊」一詞而言徘徊之本義作「不進貌」解（見集韻）乃逡巡不進之狀故徊从彳又以回本作「轉」解往復旋轉則雖行而實未進 徘徊謂行而未進 故徊从回聲。

徐 ㄒㄩˊ

（形聲）甲文金文徐字形異義同古余徐同字 金文 徐从彳余聲本義作「安行」解（見說文許箸）乃安步慢行之意故从彳 禹貢九州之一 其地當今山東省南部及江蘇安徽兩省北部：海岱及淮惟徐州（書．禹貢）故城在今安徽省泗縣北。

徑 ㄐㄧㄥˋ

楷 甲文 金文

（形聲）（會意）甲文徑字與金文徑从彳巠聲本義作「步道」解（見說文許箸）乃謂僅容人走不容車行之小路即「步小徑」故从彳又以巠字上之一象地中之巛象川下之工爲壬聲在地上亦如巠之脈絡相通故从巠聲步道曰徑即小路．

### 徒 ㄊㄨˊ

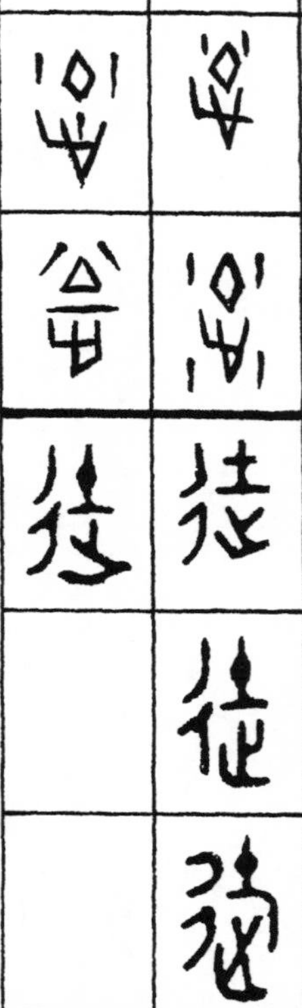

（形聲）（會意）甲文徒金文徒略同从辵土聲本義作「步行」解（見說文許箸）即步走之意故从辵又以土爲足所踐履者步行乃足與土接故徒从土聲衆人曰徒從者曰徒意向一致之人信徒教徒門人弟子曰徒門徒學徒 路曰徒通「塗」．

### 得 ㄉㄜˊ

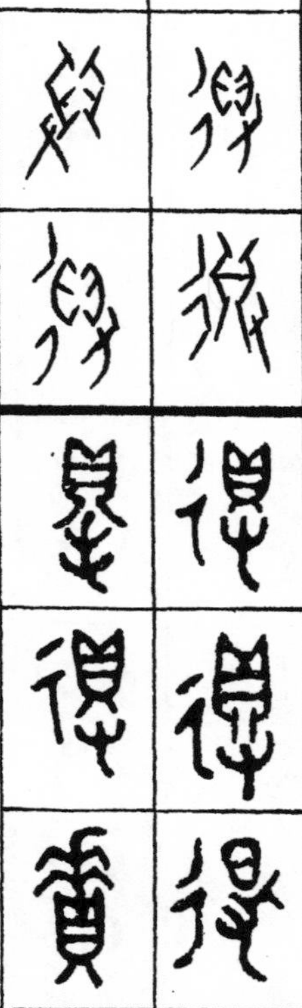

（會意）（形聲）甲文得羅振玉氏以爲「从又（手）持貝得之意也或增彳」金文得从又持貝與甲文得同復增彳有覓求之意从彳㝵聲本義作「取」解（見韻會）乃拿到手之意利曰得穫曰得貪曰得「善哉問先事後得非崇德與？」（論・顏淵）．

### 從 ㄘㄨㄥˊ

（象形）（會意）（形聲）甲文從林義光氏以爲「从二人按即從字象二人相從形」金文從从辵从从亦从从聲辵音踱作「乍行乍止」解从作「相聽」解乍行乍止爲從其本義作「隨行」解（見說文許箸）即跟著走之意隨跟著表此態．

### 御 ㄩˋ

（會意）甲文御約十餘形此所引者羅振玉氏以爲「从彳（卄）从𠂤8與午字同形殆象人持策于道中是御也」金文御亦十餘形此所引者从彳从御彳爲行意卸爲舍車解馬意其本義作「使馬」解（見說文繫傳）御車馬者曰御治事之官曰御．

### 徙 ㄒㄧˇ

（會意）（形聲）甲文徙金文徙略同从辵止（或从彳）辵示行走止之古通行而有所之或有所止爲徙其本義作「迻」解（見說文段注）迻即移乃遷移之意許氏說文謂徙从辵止聲遷移之事曰徙趨向：使人日徙善遠罪而不自知也（禮・經解）．

### 術 ㄕㄨˋ

（形聲）（會意）甲文術字與金文術从行朮聲本義作「邑中道」解（見說文許箸）以朮爲秫之本字農牧時代邑中多五穀五穀以秫爲早地所植之最多者邑中道亦有於秫中開道之意故術从朮聲邑中道曰術道曰術即道理學曰術即學問．

### 復 ㄈㄨˋ

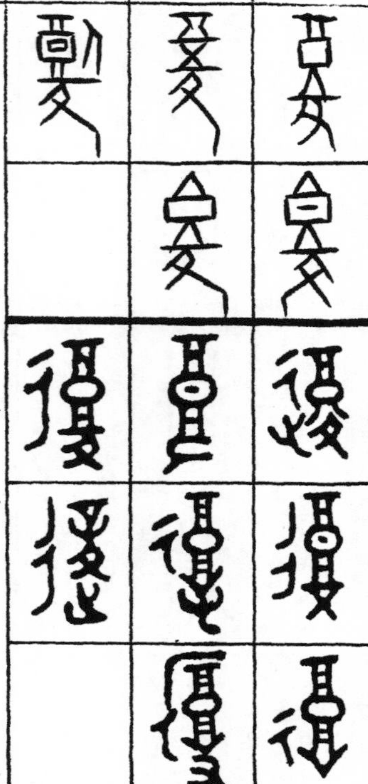

（會意）（形聲）甲文復爲复字重文从亞从夂亞象已盛食物之具又象足形有往返奔走以求食之意故古以复通復金文復有數形此所引者林義光氏以爲「从子象人形下象其足从彳畐省（省畐爲亞）聲」本義作「往而仍來」解（見說文段注）．

| 楷 | 甲文 | 金文 |
|---|---|---|

**循** ㄒㄩㄣˊ

（形聲）（會意）甲文循字與金文循从彳盾聲，本義作「行順」解（見說文許箸）乃順道而行之意故从彳又以盾本作「干」解，象捍身蔽目之盾形乃將士持以自護進戰之具，亦有依此始得安往之意味故循从盾聲。一定路線曰循，循環：環形旋繞。

**徧** 音變 ㄅㄧㄢˋ　音片 ㄆㄧㄢˋ

（形聲）（會意）甲文徧字與金文徧爲扁字重文古以扁通徧从彳扁聲本義作「帀（匝）」解，（見說文許箸）乃繞行一周之意故从彳又以扁从戶冊會意爲匾之初文，匾常位於門上或門之左右故从扁聲。偏左作彳不作亻，徧偏形似音近而義迥別。

**徨** ㄏㄨㄤˊ

（形聲）（會意）甲文徨字與金文徨从彳、皇聲，本指「彷徨」一詞而言彷徨之本義作「虫名」解（見康熙字典）乃兩頭蛇以難向同一方向急進有行止無定而行又極緩一義乃心有不安而無所依歸貌，故徨从皇聲。徨徨：心驚貌。

**微** ㄨㄟˊ

（形聲）（會意）甲文微字與金文微从彳、敚聲，本義作「隱行」解（見說文許箸）即小步輕行之意，故从彳又以敚音肥从人从支本作「妙」解，隱行則步度小，足聲輕亦有安閑而妙不可言之意故微从敚聲。小數名十纖爲微，幽深之處曰微，細事曰微。

**徹** ㄔㄜˋ

（會意）（形聲）甲文徹从鬲从又羅振玉氏以爲「象手（又）象鬲之形蓋食畢而徹（撤）去之」，許書之徹（古文徹）从攴，譌矣卒食之徹乃本誼，金文徹右下增入从彳，从攴从育，彳共本義作「通」解，（見說文段注）貫徹與澈底有別，誤徹爲澈失正。

**徬** ㄆㄤˊ

（形聲）（會意）甲文徬朱光圖氏以爲「後世彷徨之彷，殆从旁省與徬同；此从行方聲與彷同」蓋以爲彷徬同字，金文徬从彳、旁聲本義作「附行」解（見說文許箸）即依附其旁以行之意故徬从彳又从旁聲。徬徨：往復徘徊，往復不進貌。

**德** ㄉㄜˊ

（會意）（形聲）甲文德羅振玉氏以爲與金文德同，李敬齋氏以爲「行得正也从彳直聲，直古直字，一曰直行爲德，會意，直亦聲」金文德吳大澂氏以爲「直古相字相心爲德，从彳悳聲，本義作「升」解（見說文許箸）乃漸進之意，賢者曰德，正人之稱。

**徵** ㄓㄥ

（會意）甲文徵形異金文，徵从壬，从微省；（省微下兀）壬本作「善」解，人微時其善行得以聞達於世，必將被徵以任事，其本義作「召」解，（見說文徐箋）乃招聘使仕之意。效驗曰徵，預兆曰徵，徵候，吉徵，凶徵「君子之言信而有徵」（左・昭八年）。

**衝** ㄔㄨㄥ

| 楷 | 甲文 | 金文 |
|---|---|---|

**衛** ㄨㄟˋ

（形聲）（會意）甲文、衞字與金文衞从行韋聲本義作「通道」解（見說文許箸）乃四出可通行之道，故从行；又以山無草木曰童，童有光潔無窒礙意，通道爲光潔無窒礙者，故衞从童聲。通道曰衞，扼要之地曰衞，衝鋒：突入敵陣以短兵衞殺之稱。

（會意）（形聲）甲文衞从行从止；行爲四達之道，止卽足，每一通道處有人駐足而守，此卽衞意。金文衞：形體多此从行从方从韋省（省韋中口）方爲古旁字，韋作相背向外任保護，亦卽列衞之意。本義作「宿衞」解（見說文許箸）任防護守備者曰衞。

**衡** ㄏㄥˊ

（形聲）（會意）甲文、金文衡字略同，从角从大行聲。本義作「不」解（見說文許箸）卽橫在牛角上使其不得抵觸他物之大木，故从角从大；又以行須軀體持平始無顚仆之虞，而發生防範作用，故衡从行聲。稱物重量之具曰衡，秤桿曰衡，鐘柄曰衡。

**徼** ㄐㄧㄠˇ

（形聲）（會意）甲文徼字與金文、行文徼形異，或以爲古徼字。从彳敫聲。本義作「循」解（見說文許箸）乃順次巡行之意，故从彳；又以敫音皎从白（光景）放（外射）會意，作「光景流」解，乃白光四射之意，故徼从敫聲。塞曰徼，卽邊塞；邊境亭障曰徼。

**徽** ㄏㄨㄟ

（形聲）（會意）徽字與金文徽从系、微省（省微下几）聲。本義作「三糾繩」解（見說文許箸）卽俗稱之三股繩，故从系；又以微有細小一義，三糾繩係由細絲組成，且爲繩之較細小者，故徽从微聲。索曰徽，旌旗曰徽，琴軫施弦之繩曰徽。

**衢** 音劬 ㄑㄩˊ

（形聲）（會意）甲文衢字與金文衢从行瞿聲。本義作「四達」解（見說文許箸）乃通於東西南北之十字道，故从行；又以瞿爲四顧之鳥，衢有四顧可通之意，故从瞿聲。四達道曰衢，卽十字路。天衢，通衢，衢肆：街店。「堯遊於康衢」（列．仲尼）。

**邦** ㄅㄤ

（形聲）（會意）甲文邦，王國維氏以爲「从田丰聲，與邦之从邑丰聲……同」。金文邦从邑丰聲。本義作「國」解（見說文許箸）在一定疆域內有土地、人民、主權之政治組織爲國，或亦稱邦。國必物阜民豐，故邦从丰聲。國曰邦，卽國家。小曰邦，大曰國。

**邪** ㄒㄧㄝˊ

（形聲）甲文邪字與金文邪从邑牙聲。本義作「古郡名」解（見說文許箸）乃指秦時所置之琅邪郡而言，故从邑。不正之政教事理皆曰邪，正之對。「去邪勿疑」（書．大禹謨）私曰邪，卽姦僞之事。佞曰邪，卽姦佞。邪滑，姦邪，讒邪，邪心，邪念，邪教。

**那** ㄋㄚˋ 音挪 ㄋㄨㄛˊ

（形聲）甲文那字與金文、那从邑冄（冉）聲。本義作「西夷國」解（見通訓定聲）乃指今四川西，卽史記所稱之「冄（冉）駹」國而言，以其爲國，故从邑。惟此本義古罕見用，今所行者爲別義。姓，楚武王克權，移權於那處，其後以那爲氏。剎那：極短時之稱。

**部** 音勏 ㄕㄠˋ

楷 | 甲文 | 金文

（形聲）甲文邵字與金文邵从邑召聲本義作「晉邑」解（見說文許箸）是指春秋時晉邑邵鄆春秋時晉邑名其故地即今河南省濟源縣西與山西省垣曲縣相接之邵原鎭（古作邵原關）古以與另一邑名而言故从邑姓召與邵春秋本一姓後分爲二。

**邸** ㄉㄧˇ

（形聲）（會意）甲文邸字與金文邸从邑氐聲本義作「屬國舍」解（見說文許箸）乃古代郡國王侯在都城所置宅第藉爲來朝天子以受命稟政時之住處以其位在都邑故从邑又以氐音底即木之直根爲柢字初文顯貴所居曰邸稱侯王亦曰邸。

**邯** 音寒 ㄏㄢˊ

（形聲）甲文邯字與金文邯从邑甘聲本義作「趙縣名」解（見說文許箸）乃指戰國時之趙邑邯鄲而言故从邑姓顓帝後有邯氏邯鄲：古地名戰國時趙都於此故城在今河北省邯鄲縣當今河北省南部邯鄲學步：比喻效人行事未得其能反忘故我。

**郊** ㄐㄧㄠ

（形聲）（會意）甲文郊金文郊略同右从目丁佛言氏以爲「目在邑阜之間秦漢从邑之字或寫作从阜其誤皆由於此」遂以此爲古郊字从邑交聲本義作「距國百里曰郊」解（見說文許箸）乃指天子都城百里以內之地而言故从交聲邑外曰郊。

**郁** 音育 ㄩˋ

（形聲）甲文郁字與金文郁从邑有聲本義作「右扶風郁夷」解（見說文許箸）右扶風爲漢代郡名今屬陝西郁夷故城在今陝西省鳳翔縣境以其爲地名故从邑姓古有郁國後爲奧大夫采邑其子孫以郁爲氏郁郁：文采美盛貌香氣擴散貌。

**郇** ㄒㄩㄣˊ

（形聲）甲文郇字與金文郇左从筍右从邑丁佛言氏以此爲古郇字从邑旬聲本義作「周文王子所封邑」解（見說文許箸）乃郇侯受封之國名故从邑古國名文王子封此春秋時爲晉武公所滅故地在今山西省猗氏縣西南郇廚：爲嗜食者所羨稱。

**郅** ㄓˋ

（形聲）（會意）甲文郅字與金文郅从邑至聲本義作「北地縣名」解（見說文段注）乃指郁郅縣而言故从邑又以至乃極至之意地至極致爲廣爲厚郁郅縣在古北至寧夏南居甘肅土亦沃厚故郅从至聲姓郅殷時侯國其子孫以國爲氏。

**耶** ㄧㄝ

（形聲）甲文耶字與金文耶从邑牙聲本指「琅邪」一詞而言琅邪之本義作「郡名」解（見說文繫傳）乃指秦時所置之琅邪郡而言故邪从邑徐灝氏以爲「邪變爲耶者俗書牙字旁畫從橫相連便成耳也」俗呼父曰耶耶穌：人名即耶穌基督。

**邾** ㄓㄨ

（形聲）甲文邾字與金文邾从邑朱聲本義作「周武王時所封曹姓國也」解（見通訓定聲）乃周時魯附庸以其爲國名故从邑二三字形異而音義相同乃古國名周武王封古顓頊之後於此初附庸於魯至春秋時進爲子爵之國亦稱邾邾婁：古國名。

**郎** ㄌㄤˊ

（形聲）甲文郎字與金文郎左邑右良从邑良聲本義作「魯邑」解（見玉篇）春秋時魯有近邑遠邑並名郎故郎从邑春秋時魯邑名魯遠邑費伯之食邑在今山東省魚臺縣東北官名秦漢時起官多稱郎其官秩不等至淸末始廢婦稱夫曰郎。

**郡** ㄐㄩㄣˋ

| 楷 | 甲文 | 金文 |
|---|---|---|

（形聲）（會意）甲文郡字與金文郡；丁佛言氏以為「从邑从尹尹治也受邑以治其事也」从邑君聲本義作「周制天子地方千里分為百縣縣有四郡；至秦初（幷）天下置三十六郡以監（其）縣」解（見說文句讀）周時縣分四郡，秦起郡大縣小。

**郢** 音影 一ㄥˇ

（形聲）甲文郢左从壬省（省壬中筆）右从邑省（省邑上口）世以此為古郢字；金文郢从邑呈聲本義作「故楚都」解（見說文許箸）乃指春秋時楚國建都之邑名郢者而言故从邑；古地名春秋時楚都亦曰郢楚文王所都與楚平王所都之郢都也。

**郝** 音赫 ㄏㄜˋ 音好 ㄏㄠˇ

（形聲）甲文金文郝字略同从邑赤聲本義作「地名」解（見說文許箸）乃指右扶風盩厔之郝鄉而言；右扶風為漢代郡名今屬陝西省盩厔縣今仍有郝鄉；以其為地名故郝从邑；古地名今陝西省盩厔縣之郝鄉即其故地；姓郝昰氏太原郝鄉因以為氏。

**郜** ㄍㄠˋ

（形聲）甲文郜字與金文郜从邑告聲本義作「國名」解（見說文許箸）乃周文王之子所受封地故从邑；古國名周文王子郜季所受封之子爵國今山東省城武縣有郜城即其故地古地名春秋時宋邑在今山東省城武縣東南姓郜失國後其子孫以國為氏。

**郤** 音隙 ㄒㄧˋ

（形聲）甲文郤字與金文郤从邑从谷聲本義作「晉大夫叔虎之邑」解（見說文許箸）乃叔虎之食邑故从邑；古地名晉大夫叔虎所食邑其故地在今河南省泌縣治字亦作郄；骨肉之交曰郤「批大郤導大窾」（莊・養生主）怨隙曰郤；郤通「隙」。

**郛** ㄈㄨˊ

（形聲）（會意）甲文郛金文郛略同从邑孚聲本義作「郭」解（見說文許箸）乃外城之稱，故从邑又以孚从爪子（卵）以會卵化之意為孵字初文含有予以翼之意；外城在翼蔽內城，故郛从孚聲；郭曰郛即外城，外城為內城之保障保障為郛。

**部** ㄅㄨˋ

（形聲）（會意）甲文部字與金文部从邑咅聲本義作「天水狄部」解（見說文許箸）乃指漢時天水郡之地而言故从邑；漢天水郡今陝西鞏昌府（今屬甘肅省）（今改天水縣）凡類別而分布者曰部；官署之稱：教育部、國防部；地方區域之稱。

**郵** 一ㄡˊ

（會意）甲文郵字與金文郵从邑垂垂謂邊境邑指邦國國在邊境所置舍曰郵其本義作「竟（境）上行書舍」解（見說文許箸）乃設在邊境供傳遞公務文書之亭舍為傳遞公務文書所設置之亭舍曰郵「德之流行速於置郵而傳命」（孟・公孫丑）。

**郭** ㄍㄨㄛ

（象形）（會意）甲文郭實為𩫏字；略象郭形；郭、古但作𩫏。金文郭：从邑享聲本義作「齊之郭氏虛」解，（見說文許箸）郭本國名；郭國既亡遂謂之郭氏虛以其本為國名故从邑又以𩫏象城上兩亭相對形，本為城郭字；高大如城阜故从𩫏聲𩫏郭古今字。

**都** ㄉㄨ

（形聲）（會意）甲文都字與金文都左邑右者，从邑者聲本義作「國城」解（見說文許箸）乃一國之首邑故从邑又以者為渚之省文古代國都多近水渚又京都皇都且多濬池設隍以為固故都从者聲，城邑曰都，都市都鄙大都首領頭兒曰都。

| 楷 | 甲文 | 金文 |
| --- | --- | --- |

**鄂** ㄜˋ

（形聲）（會意）甲文鄂字與金文鄂爲咢字重文古省鄂作咢容庚氏以此爲古鄂字从邑咢聲本義作「國名」解（見廣韻）古熊渠於周時封其中子紅於江夏爲鄂王後稱東鄂另有叔虞受封地位於南陽後稱西鄂以其爲國名故从邑咢聲湖北省曰鄂。

**鄉** ㄒㄧㄤ　音響 ㄒㄧㄤˇ　音向 ㄒㄧㄤˋ

（象形）（形聲）甲文鄉金文鄉略同羅振玉氏以爲「象饗食時賓主相嚮之狀卽饗字也古公卿之卿鄉黨之鄉饗食之饗皆爲一字」象賓主相對就食形本義作「國離邑民所封鄉也」解（見說文段注）古制一萬二千五百戶爲一鄉今制縣下分鄉鎮。

**鄒** ㄗㄡ

（形聲）（會意）甲文鄒字與金文鄒从邑芻聲本義作「魯縣」解（見說文許箸）乃漢時魯國之一縣以其爲縣邑名故从邑又以芻爲騶之省文騶山卽古嶧山魯穆公改騶从邑故鄒从芻聲古國名本邾國亦名邾婁戰國時魯穆公改號爲鄒今山東鄒縣。

**鄔** ㄨ

（形聲）甲文鄔字與金文鄔左从邑右略象烏省文丁佛言氏以此爲古鄔字从邑烏聲本義作「太原縣」解（見說文許箸）乃指漢時屬太原郡之鄔縣而言此處爲春秋時鄭地其故地在今河南省偃師縣西南。大夫司馬彌之食邑故从邑古地名春秋時鄔地其故地在今河南省偃師縣西南。

**鄙** 音啚 ㄅㄧˇ

（形聲）（會意）甲文鄙羅振玉氏以爲「此卽都鄙之本字說文解字以爲啚嗇字金文鄙與甲文鄙略同从邑啚聲本義作「五鄙爲鄙」解（見說文許箸）古代百家聚居一處曰鄙五百家聚居一處曰鄙；古地方區域名愚賤者之稱邊邑曰鄙郊外曰鄙。

**鄞** 音銀 ㄧㄣˊ

（形聲）（會意）甲文鄞字與金文鄞从邑堇聲本義作「會稽縣」解（見說文許箸）乃漢時所置之縣故从邑又以堇亦作「黃土」解夏時有堇子國以赤堇山（卽山土之色赤黃）而名其國鄞之[illegible]聲古地名卽今浙江省鄞縣。

**鄰** ㄌㄧㄣˊ

（形聲）（會意）甲文鄰字與金文鄰左从阜丁佛言氏以爲「古从邑之字亦或从阜」遂以此爲古鄰字从邑粦聲本義作「五家爲鄰」解（見說文許箸）乃周時地方行政區域中之基層組織名親曰鄰親近者之稱鄰居曰鄰左鄰右鄰近鄰。

**鄭** ㄓㄥˋ

（形聲）甲文鄭金文鄭略同从邑奠聲本義作「京兆縣」解（見說文許箸）乃指漢時屬京兆之鄭縣而言故从邑古國名周宣王子友所封國初在周都畿內地今陝西省華縣西北卽其故地平王東遷鄭隨之徙從姓鄭爲韓滅後其子孫播於陳宋以國爲氏。

**鄧** ㄉㄥˋ

（形聲）甲文鄧金文鄧略同从邑登聲本義作「曼姓之國」解（見說文許箸）乃指殷時之鄧國而言故从邑古國名殷時侯國春秋時爲楚文王所滅其故地卽今河南省鄧縣地古地名：春秋時魯地其故地在今山東省滋縣境姓鄧爲楚滅後子孫以國爲氏。

**鄱** 音婆 ㄆㄛˊ

楷 甲文 金文

（形聲）（會意）甲文鄱字與金文鄱从邑番聲本義作「縣名」解（見說文許箸）乃漢所置縣故城在今江西省鄱陽縣東六十里以其為縣名故从邑又以鄱陽古為楚地秦置番縣以本作番故鄱从番聲鄱陽：湖名即禹貢之澎蠡隋以來改名鄱陽。

鄲 音丹 ㄉㄢ

（形聲）（會意）甲文鄲字與金文鄲从邑單聲本義作「趙縣名」解（見說文許箸）乃指戰國時趙邑邯鄲而言故从邑又以單有盡了一義邯鄲在邯山西麓即邯山至此而盡故鄲从單聲邯鄲：古地名今縣名又複姓見「邯」字下。

郰 音鄒 ㄗㄡ

（形聲）甲文郰金文郰略同為取字重文古省郰作取王國維氏以此為古郰字从邑取聲本義作「魯地名」解（見說文許箸）乃春秋時魯國地名為孔子所生處即今今山東省曲陽縣東南之郰城古地名春秋時魯邑孔子之鄉郰鄹實同字。

酆 ㄈㄥ

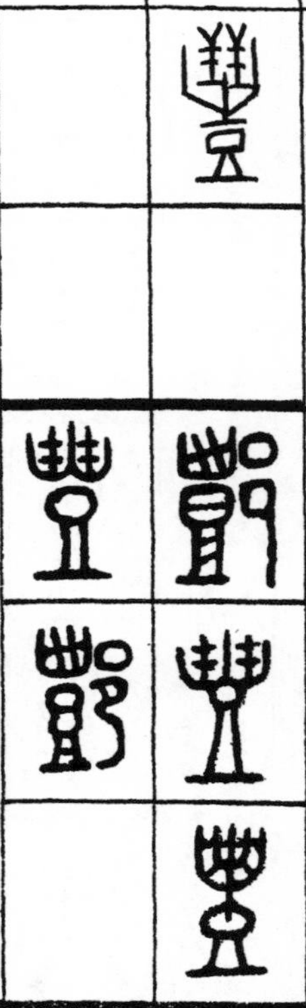

（形聲）（會意）甲文酆字與金文酆从邑豐聲本義作「周文王所都」解（見說文許箸）酆即文王所都之邑名故从邑又酆古作豐豐酆古今字酆為豐之累增字故从豐聲古地名亦作豐周文王作邑於此酆都：隋置豐都縣即今四川省之酆都縣。

酈 音麗 ㄌㄧˋ 音離 ㄌㄧˊ

（形聲）（會意）甲文酈字與金文酈从邑麗聲本義作「古縣名」解（見說文許箸）酈為秦所置縣故地在今河南省內鄉縣境實則春秋時魯地亦有名酈者以其為古邑名古縣名故从邑「酈縣北有菊溪源山東南流兩岸多甘菊」風景都麗故酈从麗聲。

阜 音負 ㄈㄨˋ

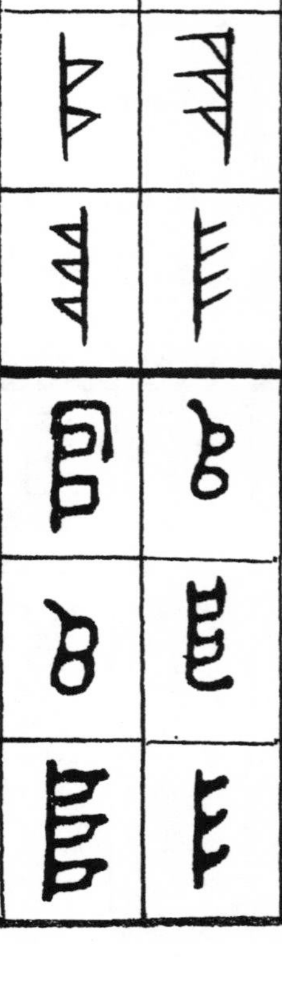

（象形）甲文阜金文阜略同層層相疊象高原梯次上登之形本義作「大陸」解（見說文許箸）凡地之高而平者曰陸高厚無石者曰阜阜乃大而無石之高地象木梯之形謂高坎地非梯不能登也習用既久借意專行而本意亡大陸曰阜山無石者。

阡 ㄑㄧㄢ

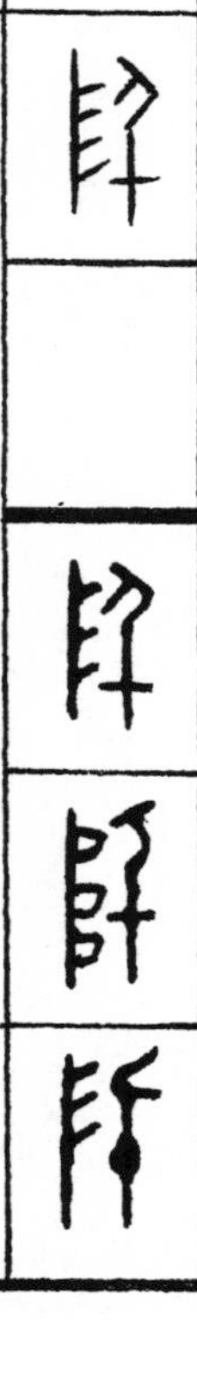

（形聲）（會意）甲文阡字與金文阡从阜千聲本義作「路東西為陌南北為阡」解（見說文新附）乃道路之稱以道路常較地面略高故从阜又以千示數之多道路縱橫不可計數故阡从千聲葟道曰阡新阡阡陌：田間小路南北曰阡東西曰陌。

防 ㄈㄤˊ

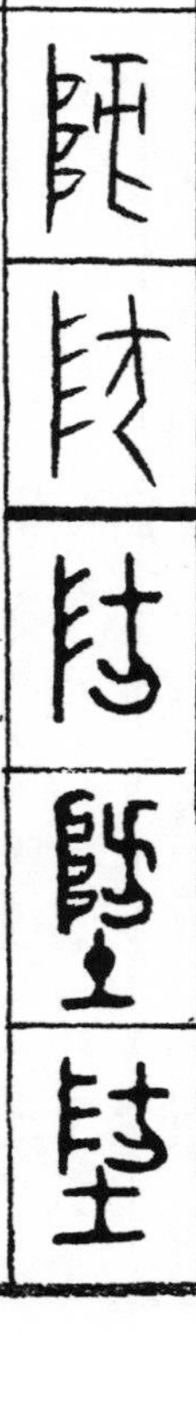

（形聲）（會意）甲文金文略同从阜方聲本義作「隄」解（見說文許箸）乃豬旁堵水之土隄以其高平如阜故从阜又以方象二舟相傍相並始足以止水氾濫故防从方聲或以為方為旁之省文築隄設防必位水旁故防从旁隄曰防戒備之事曰防。

阪 ㄅㄢˇ

（形聲）（會意）甲文阪金文石文阪略同从阜反聲本義作「坡者曰阪」解（見說文許箸）即山阜之傾斜面故从阜又王筠氏引反之古文與石之古文肖似以為「疑反為阪之古文乃通體象形」故反增阜作阪為反之累增字遂从反聲山坡曰阪。

阱 音井 ㄐㄧㄥˇ

| 楷 | 甲文 | 金文 |
|---|---|---|

（象形）（會意）（形聲）甲文阱商承祚氏以爲「作井上獸形殆卽阱之初字」，金文阱从阜从井亦从井聲；阜指地面，井象地穴形，地面有陷入如井之穴，是卽阱，其本義作「陷」解（見說文許箸）卽用以陷捕野獸的深掘地，以陷捕野獸之深坑曰阱。

**阻** 音俎 ㄗㄨˇ

（形聲）（會意）甲文阻字與金文阻从阜且聲本義作「險」解（見說文許箸）乃形容山阜陡峻危而難通之字，故从阜；又以且古音讀祖，本爲几屬，上象几面，下之一示平置於地，中之二示薦以祀神之物，亦有高而陡峻之意，故从且聲。險要曰阻，天阻，阻止。

**附** ㄈㄨˋ

（形聲）（會意）甲文附字與金文陶文附从阜从土从又，有以手聚土逐漸附益以成阜之意；丁佛言氏以此爲古附字。从土付聲本義作「著」解（見玉篇）乃落著之意；阜爲無石土山，故附从阜；又以付本作「予」解，以此予彼，故附从付聲。附加，附益，增附。

**阿** ㄜ

（形聲）（會意）甲文金文阿字略同，从阜可聲，本義作「大陵」解，（見說文許箸）乃山阜之大者，故从阜；又以可爲何（荷之初文）之省文，壯實者始克負荷，大陵有豐壯意，故阿从可聲。大陵曰阿，卽大土山，曲陵曰阿，水涯曰阿，阿諛：循私諂媚之意。

**陂** 音皮 ㄆㄧˊ　音避 ㄅㄧˋ

（形聲）（會意）甲文陂字與金文陂从阜皮聲本義作「阪」解（見說文許箸）卽山阜之傾斜部，故从阜；又以皮爲波之省文，水波之興起伏立見山阜起狀，則其傾斜顯而易見，故陂从皮聲。坂坡曰陂，卽山之傾斜面，涯曰陂，水邊之稱，陂池，陂塘，菱陂，千頃陂。

**陀** ㄊㄨㄛˊ

（形聲）（會意）甲文陀字與金文陀从阜也聲本義作「小崩」解（見說文許箸）乃山阜小有傾頹之意，故从阜；又以也像取水木勺形，卽匜字初文，所取不多之意，故陀从也聲。陀螺：兒童玩具，木質圓形，上大下小而尖，纏以鞭子。頭陀：行乞僧人之稱。

| 楷 | 甲文 | 金文 |
|---|---|---|

**降** ㄐㄧㄤˋ

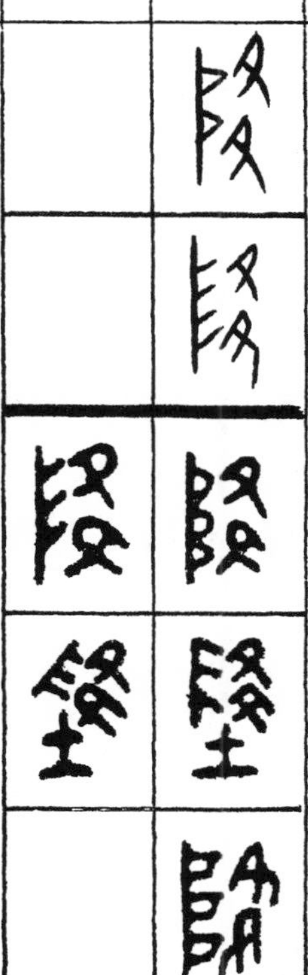

（會意）（形聲）甲文降羅振玉氏以爲「从阜示山陵形，夅象兩足由上而下」，與金文降略同，从阜夅聲本義作「下」解（見說文許箸）乃退下來之意；阜示高處，故降从阜；又以夅从夂㐄相承之意，故降从夅聲。如：降雨，降雪，降禍，降籍，降福，降級，黜降。

**限** ㄒㄧㄢˋ

（形聲）（會意）甲文限金文限略同，从阜艮聲，本義作「阻」解，（見說文許箸）乃高阜中隔，使道不得通之意，故限从阜；又以艮音梗，本作「很」解，有比目怒視互不相下互不得進之意；故从艮聲。閾曰限，卽門限，門下橫木亦有以鐵爲之者；界曰限，一定區域。

**陌** 音貊 ㄇㄛˋ

（形聲）（會意）甲文陌字與金文陌从阜百聲，本義作「道」解（見廣雅）道路常較其兩旁之土地略高，故从阜；又以百爲較多之數，道路縱橫交錯爲數亦多，故陌从百聲。路曰陌，阡陌，郊陌：「紅塵望斷長安陌，芳草王孫暮不歸」（韋莊・春日詩二）。

**陣** ㄓㄣˋ

（形聲）（會意）甲文陣字與金文陣陳字通，吳大澂氏謂「古文以爲陳字」：陣从攴陳聲，本義作「列」解，（見說文許箸）乃行行（音杭）次之意；攴音扑，本作「小擊」解，以陳本作「布列」解，列含布列意，故陣从陳聲。戰陣，陣線，並略稱之曰陣。

| 楷 | 甲文 | 金文 |
|---|---|---|

**院** ㄩㄢˋ

（形聲）（會意）甲文院字與金文院从阜完聲本義作「周垣」解（見玉篇）乃圍繞屋舍四周之垣牆以其自平地高起如阜故从阜又以完本作「全」解乃無所欠缺之意故院从完聲宅邸曰院，屋舍周圍之牆曰院，場所曰院：學校學院研究院藝術院。

**除** ㄔㄨˊ

（形聲）（會意）甲文金文石文除略同从阜余聲本義作「殿陛」解（見說文許箸）乃宮殿之石階以其漸次高起如阜故除从阜又以余爲徐之省文徐本作「安行」解階除須緩步安行而登故除从余聲殿階曰除，除名芟除剷除掃除除舊布新。

**陝** 音閃 ㄕㄢˇ

（形聲）（會意）甲文陝字與金文陝从阜夾聲本義作「弘農陝」解（見說文許箸）即漢時弘農郡有一名陝之地名（今屬河南陝縣）夾音閃示人藏物於兩腋下作「盜賊裡物」解陝地在諸山阜所褒藏之低處故陝从夾聲陝西省名略稱曰陝。

**陞** ㄕㄥ

（形聲）（會意）甲文陞字與金文陞从阜升聲本義作「上」解（見玉篇）乃登而進之之意登而進之須有所循土阜乃其所循者故陞从土从阜又以升有上升之義故陞从升聲高升同「升」「雨村…今已陞了本縣太爺」（紅樓夢・一回）乘同「升」。

**陡** 音斗 ㄉㄡˇ

（形聲）（會意）甲文金文陡字略同从阜走聲本義作「峻」解（見韻會）乃指崖壁峭絕而言故从阜又以走有引去之一義人在崖壁峭絕之地爲安全計應即離去；崖壁峭削則山勢已絕即爲去意故陡从走聲山勢直立如削貌，陡峭、懸崖陡壁。

**陟** 音秩 ㄓˋ

（會意）甲文陟羅振玉氏以爲「从阜示山陵形从步（或从步）示二足由下而上」金文陟與甲文陟略同从阜步緣阜而步爲陟其本義作「登」解（見說文段注）乃漸次上升之意；重陵曰陟山與山重之山牡馬曰陟「陟彼南山言采其蕨」（詩召南）。

**陛** ㄅㄧˋ

（形聲）（會意）甲文陛字與金文陛从阜坒聲本義作「升高階」解（見說文義證）意指逐級升高之最高階處曰陛以其層層相疊如阜故陛从阜又以坒音比本作「相連」解陛有層層相比相連之意故从坒聲正殿之最高階層曰陛天子坐以聽政處。

**陘** 音形 ㄒㄧㄥˊ

（形聲）（會意）甲文陘字與金文陘从阜巠聲本義作「山絕坎」解（見說文許箸）即山勢綿延而忽中斷之處故从阜又以巠本作「地下水脈」解山絕坎爲深壑有地下水脈意故陘从巠聲竈邊承器之物曰陘山勢綿延而中間斷絕之處曰陘。

**陸** 音露 ㄌㄨˋ 音溜 ㄌㄧㄡˋ

（會意）（形聲）甲文陸字與金文陸从阜从坴上从屮一屮山坴音六示土塊坴坴高處土塊坴坴者爲陸其本義作「高平地」解（見通訓定聲）乃有土無石之高平處上高平之山曰陸總稱出水之地而曰陸廣平之地曰陸陸離：參差不整貌。

**陳** ㄔㄣˊ

| 楷 | 甲文 | 金文 |
|---|---|---|

（形聲）（會意）甲文陳字與金文陳約有數形下增土林義光氏以爲「从土敶省（省爲陳）聲」从阜木申聲本義作「宛丘」解（見說文繫傳）宛丘地名在今河南省淮陽縣東南陳之本義爲陳列故从阜从木申聲有布列之義器物之舊者曰陳。

陰 一ㄣ 音音

（會意）（形聲）甲文陰字與金文石文陰：从阜从侌亦从侌聲阜示高平無石之山侌本訓「雲覆日」日爲雲所蔽則大地無光而山阜亦幽暗其本義作「闇」解（見通訓定聲）古以幽暗彪深難測謂之陰即幽深之稱月稱陰山之北水之南並稱陰。

陶 ㄊㄠˊ

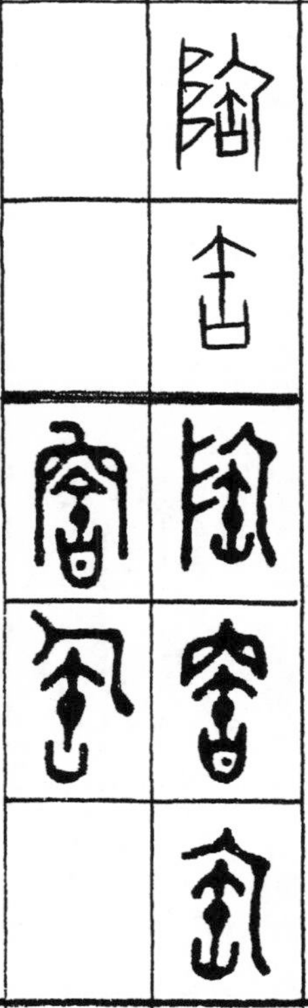

（形聲）（會意）甲文陶字與金文陶从阜匋聲本義作「再成丘」解（說文段注）丘爲形如覆盂之山阜今於此丘之上復累有一邱即大丘上重出小丘略如燒匋器時凸出之窯竈从阜又以匋本作「製瓦器」解故从匋聲造就：陶冶陶鑄薰陶。

陵 ㄌㄧㄥˊ

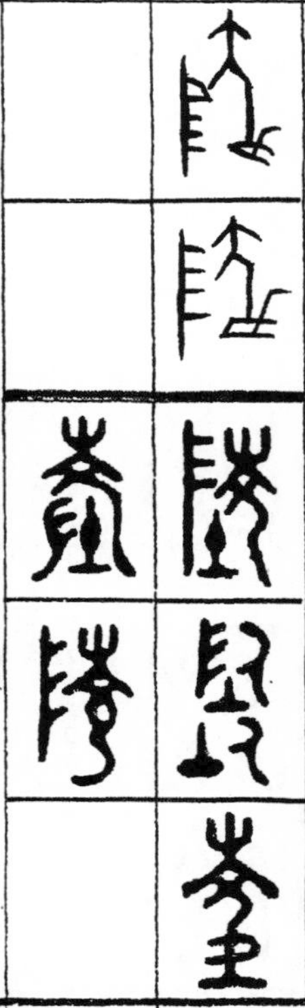

（指事）（形聲）甲文陵羅振玉氏以爲「案陵訓乘（廣雅釋詁）訓上（漢書司馬相如傳集注）訓升（文選西京賦薛注）故此字象人梯而升高一足在地一足已階而升」指上升之事金文陵从夂从圥圥音六作「高」解作「越」解故陵从夌聲。

陷 ㄒㄧㄢˋ 音現

| 楷 | 甲文 | 金文 |
|---|---|---|

（會意）（形聲）甲文金文陷字略同下象臼即穽上爲虎虎落阱即陷意从阜臽亦从臽聲阜示高處臽音先象人落臼本作「地下坑穴」解自高處墜坑穴爲陷其本義作「高下」解（見通訓定聲）乃自高而入於下之意陷阱曰陷陷城陷陣陷右作臽不作舀。

陽 一ㄤˊ

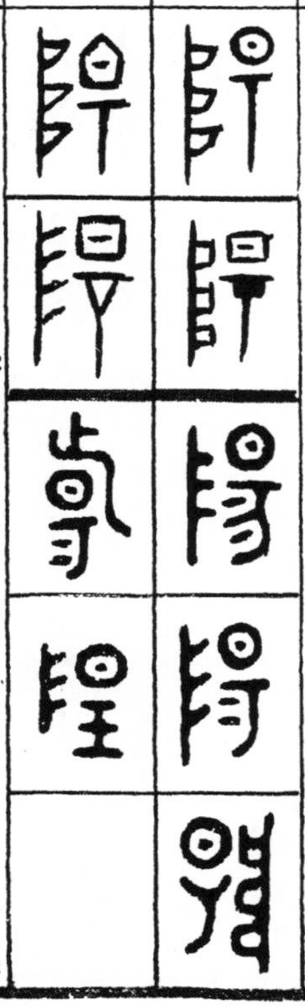

（會意）（形聲）甲文陽商承祚氏以爲「从早（即昜）者與揚之从早同」金文陽从阜从昜亦从昜聲阜示高平無石之山昜本訓「明」桂馥氏引釋之以爲「明謂明也」得明之高處爲陽其本義作「高明」解（見通訓定聲）山之南水之北稱陽。

隊 ㄉㄨㄟˋ 音墜 ㄓㄨㄟˋ

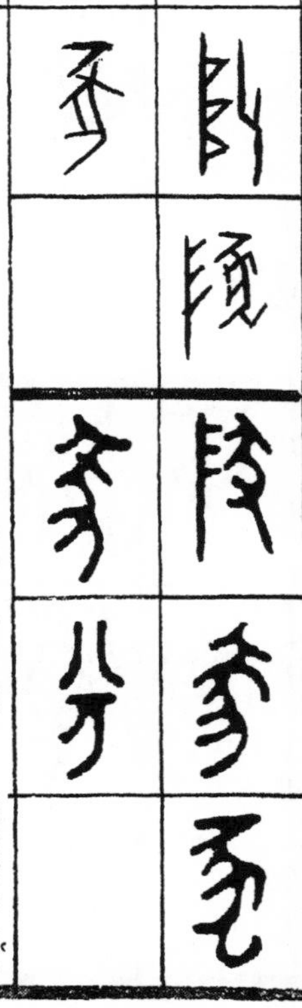

（會意）（形聲）甲文隊葉玉森氏以爲「象人由阜顚下……疑並隊之古文」金文隊从阜从㒸省（省㒸爲豖）隊从阜㒸聲本義作「從高隊也」解（見說文繫傳）乃驟然自高處落下之意故隊从㒸聲成羣之士衆曰隊軍隊部隊陸戰隊排隊站隊整隊。

階 ㄐㄧㄝ

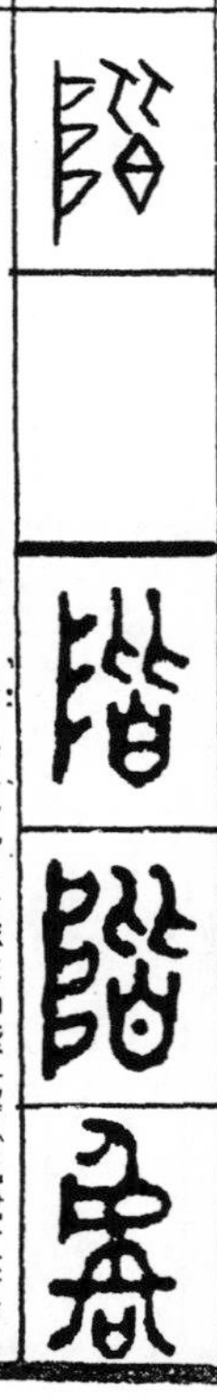

（形聲）（會意）甲文階字與金文階从阜皆聲本義作「陛」解（見說文許箸）乃堂下之石級以其漸次高起如阜故階从阜又以皆从比从白（白與自古同）以會與己相比之意遂作「同」解故从皆聲陛曰階逐級而升之土級石級並稱之官等曰階。

| 楷 | 甲文 | 金文 |
| --- | --- | --- |

**陪** ㄆㄟˊ

（形聲）（會意）甲文陪字與金文陪从阜音聲本義作「重阜」解（見通訓定聲）乃阜上有阜之意故从阜又以音爲倍之省文阜上有阜乃重出卽倍之意故陪从音聲副貳曰陪輔佐治事者、陪京・陪都：國都外別建一都以爲副者曰陪都亦曰陪京・

**隅** ㄩˊ

（形聲）（會意）甲文隅金文隅字略同从阜禺聲本義作「陬」解（見說文許箸）乃屋角落處之稱屋象高阜故隅从阜又以禺本作「長尾猴」解屋角落常遠在邊際頗似屋之長尾拖於遠處故隅从禺聲陬曰隅卽邊遠處角曰隅廉曰隅品行方正之稱・

**隆** ㄌㄨㄥˊ

（形聲）（會意）甲文隆字與金文隆林義光氏以爲「高也；……从土降聲」按玉篇亦釋隆爲高蓋謂土高爲隆从生降聲本義作「豐大」解（見說文許箸）乃指物體豐大而言故隆从生从降聲而讀若龍隆恩隆眷隆情隆貴位隆隆刑峻法・

**隍** ㄏㄨㄤˊ

（形聲）（會意）甲文隍字與金文隍从阜皇聲本義作「城池」解（見說文許箸）乃城外池有水時曰池無水時曰隍隍爲環城而近城者城高大如阜故隍从阜又以皇本作「大君」解隍繞城有廣大意故从皇聲壑曰隍荒壕乾溝有水曰池無水曰隍・

**隋** ㄙㄨㄟˊ

（形聲）（會意）甲文隋字與金文陶文隋从肉从隓省（省隓爲左）从肉隓省（省隓下左）聲本義作「列肉」解（見說文句讀）乃祭祀所餘之肉故从肉又以隓讀墮本作「壞」解祭祀餘肉失整失時有壞意朝代名楊堅受封於隨周有天下改隨爲隋・

**隈** ㄨㄟ

（形聲）（會意）甲文金文隈字略同从阜畏聲本義作「水曲」解（見說文段注）乃水邊之彎曲處凡水曲處必防其氾濫通常或有天然巖壁或有人爲隄岸皆較水面爲高故隈从阜从畏聲水彎曲處曰隈山之彎曲處亦曰隈隈曲隈澳水隈浦隈・

**隔** ㄍㄜˊ

（形聲）（會意）甲文隔字與金文隔从阜鬲聲本義作「障」解（見說文許箸）乃置物於兩者之間使其無由得通之意阜高大常爲通路之障隔故隔从阜又以鬲爲鼎屬其足特見兩者疏闊故从鬲聲塞遮斷使不相通隔塞：阻塞道路隔塞曰隔・

**隕** ㄩㄣˇ 音殞　ㄩㄢˊ 音員

（形聲）甲文金文隕字略同从阜員聲本義作「自高而下」解（見說文句讀）乃物自高阜下墜之意故从阜降自天而降：「夜中星隕如雨」（春秋・莊七年）又「駟見而隕霜」（國語・周）死通「殞」隕越：顚墜幅隕：土地周圍之稱隕通「員」・

**隘** ㄞˋ 音愛

（形聲）（會意）甲文金文隘字略同从阜嗌省（省嗌左口）聲本義作「陜（同狹）」解（見玉篇）乃指山阜間之狹小處而言故从阜又以嗌古讀烏懈切本作「咽」解咽卽咽喉含有食道氣道甚細卽狹之意故隘从嗌聲險要地方曰隘險隘關隘・

**際** ㄐㄧˋ

楷 甲文 金文

（形聲）（會意）甲文金文際字略同，从阜、祭聲，本義作「山中兩峯相會之隙」解（見通訓定聲）乃兩峯相會合處，故从阜；又以祭本作「祀神」解，含有求通於神亦即祈神意合人意的意味，際即兩相通合處，故从祭聲。邊上曰際：水際、涯際、邊際；交曰際。

**隙** ㄒㄧˋ

（會意）（形聲）甲文隙字與金文隙从阜从𡭴亦从𡭴聲。阜爲「大陸之高者」，𡭴作「孔中見白（光）」解，高物孔中露光則此孔爲隙，其本義作「壁際孔」解（見說文許箸）乃牆壁上小孔之稱。牆壁上之小孔或裂縫曰隙：隙縫、孔隙、罅隙、白駒過隙。

**障** ㄓㄤˋ

（形聲）（會意）甲文障字與金文障从阜、章聲，本義作「隔」解（見說文許箸）乃中有阻塞不得通之意。崇山高阜最易爲道路之阻礙，故障从阜；又以章有相別一義，彼此相別而不通爲障，故障从章聲。隄曰障：即隄防。堡曰障：即堡障。屏曰障：左張金雞大障。

**隨** ㄙㄨㄟˊ

（形聲）（會意）甲文隨字與金文隨从辵、惰聲，本義作「從」解（見說文繫傳）乃緊跟其後以進之意，故从辵；又以惰本作「落」解，即自上向下順乎自然而墜之意，故隨从惰聲。趾曰隨。卦名：易六十四卦之一，見隨卦卦象。隨員：隨從。隨以任事者曰隨。

**險** ㄒㄧㄢˇ

（形聲）（會意）甲文險字與金文險从阜、僉聲，本義作「阻難」解（見說文許箸）乃指山阜陡峻之阻，不得通削不得登而言，故从阜；又以僉本作「皆」解，乃衆口一同稱其陡峻，故險从僉聲。要隘曰險：天險、重險、絕險。艱危難成功難安適之事曰險。

**隧** ㄙㄨㄟˋ

楷 甲文 金文

（形聲）（會意）甲文隧字與金文隧从阜、遂聲，本義作「墓道」解（見玉篇）古代顯貴者之葬棺槨堅實，都麗穴壙深入地下，必須向地下掘通道以葬棺，此通道即隧，故隧从阜；又以遂本作「地道」解，遂隧古今字，隧爲遂之累增字，故从遂聲。地下道亦曰隧。

**隱** ㄧㄣˇ

（形聲）（會意）甲文隱字與金文隱从阜、㥯聲，本義作「蔽」解（見說文許箸）乃爲阜所阻而不能見之意，故从阜；又以㥯音引，本作「謹」解，含有不妄以示人之意，蔽爲遮而不明示，故隱从㥯聲。奧祕潛理曰隱：「探賾索隱」（易・繫辭）。看不明顯者曰隱。

**隰** ㄒㄧˊ 音習

（形聲）（會意）甲文隰字與金文隰从阜、㬎聲，本義作「阪下濕」解（見說文許箸）乃山坡下之低濕處。山坡即阜，故隰从阜；又以㬎爲濕之省文，隰爲坡下濕，故从㬎聲。低濕處曰隰。新墾之田曰隰。水邊曰隰。古地名：周畿內邑，在今河南省武陟縣西南。

**隴** ㄌㄨㄥˇ 音壟

（形聲）（會意）甲文金文隴字略同，从阜、龍聲，本義作「天水大阪」解（見說文許箸）乃指天水郡（今甘肅屬）之大阪（坡）名曰隴坻，即隴山而言；又以龍爲古代大爬蟲，含有龐大飛騰意味，故隴从龍聲。甘肅省地當隴山之西，故名隴西，簡稱曰隴。

**心** ㄒㄧㄣ

（象形）甲文心金文心略同，中形象心，外形象包絡，本義作「人心土藏，在人身之中」解（見說文許箸）乃居人身中之心。古文尚書以五藏（臟）寓五行（脾木，肺火，心土，肝金，腎水），就運用言則心爲火。心臟亦略稱心，爲血液循環之總機關。

楷 甲文 金文

## 必 ㄅㄧˋ

（會意）（形聲）甲文必字與金文形異義同从八弋亦从八聲八示分別弋即杙本謂繫畜小木樁，亦常為定準之用；必之本義作「分極」解（見說文段注）即用為臬準之極因古八與必同讀故必从八聲，專執曰必；果斷然厲行，保證，必須必得必當。

## 志 ㄓˋ

（會意）（形聲）甲文志字與金文志 从心之亦从之聲之有適往至與等義心之所適往至與者即志其本義作「意」解（見說文段注）乃即將見諸行動之一種意向亦即心所專注之一種意念心之所注為志意向意念曰志即心之所專注者曰志。

## 忌 ㄐㄧˋ

（形聲）（會意）甲文忌字與金文忌从心己聲本義作「憎惡」解（見說文許箸）乃心生怨恨厭棄之意故从心又以己作我解有一切以自我為中心之意；忌者憎人之勝己惡人之長於己故忌从己聲。怨曰忌意曰忌忌恨妬忌忌刻：猜忌刻薄。

## 忍 ㄖㄣ

（形聲）（會意）甲文忍字與金文忍从心刃聲本義作「能」解（見說文許箸）徐灝氏以為「能讀為耐」段玉裁氏以為「能耐本一字」乃堅其心以應事之意故忍从心又以刃為刀之最利處忍即咬牙承受之意 忍耐曰忍堅心應事之稱。

## 忘 ㄨㄤˊ 音亡

楷 甲文 金文

## 忘 ㄨㄤˋ 音妄

（會意）（形聲）甲文忘字與金文忘从心从亡，亦从亡聲，亡本作「逃匿」解有棄其所居之意心在記識事理品物事理不居於心而逸於外為忘其本義作「不識」解（見通訓定聲）乃不復記識即記不住之意，忽略，忘失，遺忘，貧賤之交不可忘。

## 忙 ㄇㄤˊ

（會意）（形聲）甲文金文忙字略同，从心亡聲本義作「心迫」解（見集韻）乃形容心中急促緊張而言行匆迫之狀故从心又以亡本作「失」解心中忙亂則神志難定以致如有所失而缺乏主張，故忙从亡聲，工作繁多促迫之稱，急忙趕忙，連忙。

## 忠 ㄓㄨㄥ

（形聲）（會意）甲文忠字與金文忠从心中聲本義作「敬」解（見說文許箸）古以不懈於心為敬必盡心任事始能不懈於位故忠从心又以中有不偏不倚 之意忠為正直之德故从中聲，盡己心力以奉公任事對人之美德曰忠，赤誠直率；忠誠忠直朴忠。

## 快 ㄎㄨㄞˋ

（形聲）（會意）甲文快字與金文快从心夬聲本義作「喜」解（見說文許箸）愜心稱意則喜故从心，又以夬之初文為㕜上象弓（尚未搭矢於上）形其下以又（手）持之引放之意，熱情奔放，喜笑顏開，故从夬聲，舊時役卒曰快：捕快，快車，快馬，快刀快斧。

## 念 ㄋㄧㄢˋ

| 楷 | 甲文 | 金文 | 文 |
|---|---|---|---|

（形聲）（會意）甲文念字與金文念从心今聲本義作「常思」解（見說文許箸）乃不斷加以思考之意故从心又以今爲現時之意往者已去來者無常能注意及時思考便可念茲在茲故念从今聲久蘊於心之思慮曰念念頭俗念邪念廿以廿讀音如念。

忽 ㄏㄨ

（形聲）（會意）甲文金文忽字略同甲文忽省心金文从心勿聲本義作「忘」解（見說文許箸）乃不經心不關心而對事物未盡記識之意故从心又以勿本作「州里所建旗」解其初文象旗桿繫三斿隨風飄揚之形難止之意故从勿聲疏略不留心。

忿 ㄈㄣ

（形聲）（會意）甲文忿字與金文忿从心分聲本義作「狷急」解（見說文段注）乃指心情暴躁之狀而言故从心又以分本作「別」解凡事物過分加以區別則枝節繁多而不勝其煩之意故从分聲怨怒曰忿忿嫌小忿前忿舊忿怨恨生氣忿恨忿懟。

忱 音陳 ㄔㄣˊ

（形聲）（會意）甲文忱字與金文忱上冘下心从心冘聲本義作「誠」解（見說文許箸）乃指內心信實無欺之狀而言故从心又以冘音銀爲垌本字有朗爽清適之意誠則心中朗爽清適故忱从冘聲眞實之情意曰忱下忱丹忱微忱熱忱愚忱忱信也。

忝 ㄊㄧㄢ

（形聲）（會意）甲文忝字與金文忝从心天聲本義作「辱」解（見說文許箸）指心有羞愧而言故从心又以天有至公至正無比高潔……象徵人爲私慾所蔽時每難仰不愧於天故忝从天聲自稱謙詞意同辱「無忝爾所生」（詩・小雅）。

| 楷 | 甲文 | 金文 | 文 |
|---|---|---|---|

忤 ㄨˇ

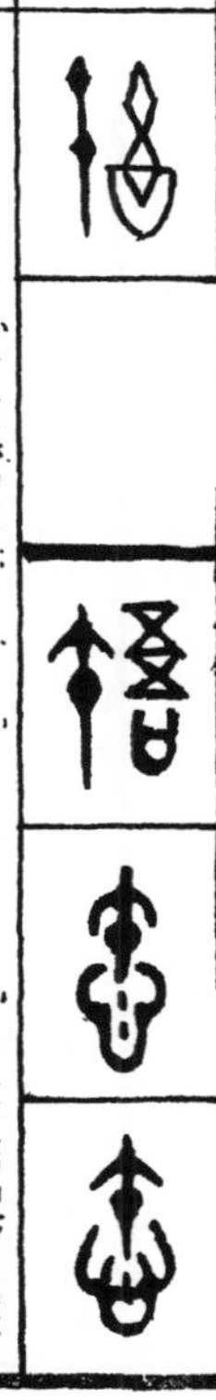

（形聲）甲文忤字與金文忤从午吾聲本義作「逆」解（見說文句讀）逆兼有乖違與迎合兩義午林義光氏以爲「象杵形實杵之古文」杵乃舂穀米之器連續往復撞舂故牾从午牾（忤本字）迕（忤同字）違逆忤視：逆目而視錯亂「陰陽散忤」。

思 ㄙ 音伺 ㄙˋ 音鰓 ㄙㄞ

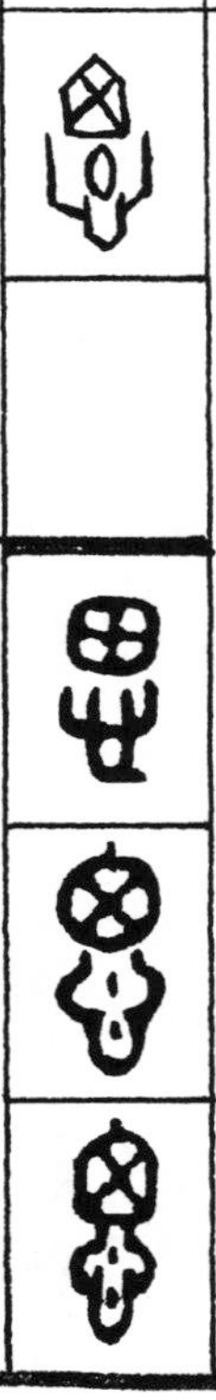

（會意）（形聲）甲文思字與金文思从心从囟亦从囟聲囟音信即「頭腦蓋」乃主記識之器官心與囟相將合爲思其本義作「容」解（見說文校議）乃妙爲想像以深通事理之意。計慮曰思乃思寓思念曰思意念之稱俗思雅思去後思秋思離思。

性 ㄒㄧㄥˋ

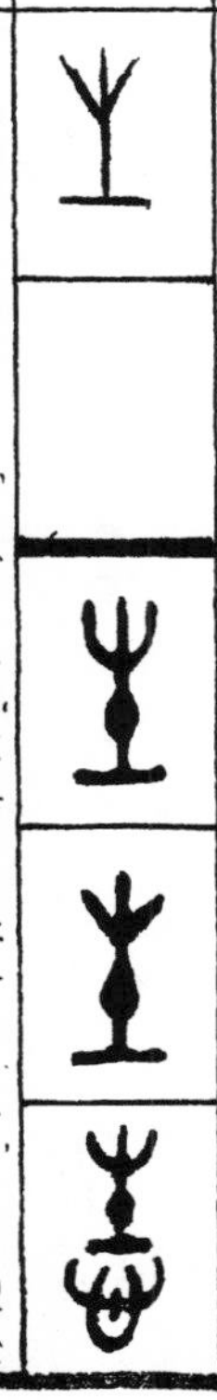

（形聲）（會意）甲文金文性字略同性生古本同字今从心生聲本義作「命於天固有諸心曰性」解（見六書故）乃稟自天賦而固結於心又以生有生長生殖等義飲食男女爲通性飲食利其長男女導其殖故性从生聲生曰性生存生活之稱理曰性。

怒 ㄋㄨˋ

（形聲）（會意）甲文怒字與石文怒右上作㕛金文怒从心奴聲本義作「恚」解（見說文許箸）乃爲奴奴易受鞭責而心懷憤恨故怒从奴聲或以爲奴爲呶之省文怒者常呶呶不休故怒从奴聲氣憤之見諸聲色者曰怒詬曰怒即辱恨威勢曰怒。

怕 ㄆㄚˋ

（形聲）（會意）甲文怕字與金文怕从心白聲本義作「無爲」解（見說文許箸）乃內心恬靜而言行無貪無肆之意故从心又以白爲日將出前所見之微光有單純高潔之意怕貴純一高潔故从白聲畏懼怕懼怯怕畏怕駭怕恬靜無爲貌。

| 楷 | 甲文 | 金文 |
|---|---|---|
| 怨 音醞 ㄩㄢˋ | | |

（形聲）（會意）甲文、怨字與金文、怨从心夗聲本義作「恚」解（見說文許箸）乃心中忿恨不滿之一種表現故从心又以夗本作「轉臥」解含有屈不得伸之意故从夗聲。仇曰怨即仇寃、怨讎私怨宿怨結怨構怨積怨怨恨怨忿憤怨抱怨埋怨・

怪 ㄍㄨㄞˋ

（形聲）（會意）甲文、怪字與金文、怪从心圣聲本義作「異」解（見說文許箸）乃指詭異之狀而言；詭異常生於巧思故从心又以圣音窟从又（手）从土取以手治土之意作「致力於地」解，土地工作者皆有變其原狀頗見詭異故怪从圣聲。幽𤲊曰怪。

怯 ㄑㄧㄝˋ ㄑㄩㄝˋ

（形聲）（會意）甲文、怯字與金文、怯从心去聲本義作「多畏」解（見說文許箸）畏先由念生，故从心又以去有逃避之一義怯者常欲逃避現實以去故怯从去聲。無膽識勇力者曰怯。畏懼，畏縮膽小，軟弱，怯弱羞怯又嬌怯，勇者凌怯壯者傲幼，・

怖 ㄅㄨˋ

（形聲）（會意）甲文怖字與金文怖从言从布古、从心之字間亦从言、此爲古怖字；怖从心、布聲，本義作「懼」解（見廣雅）乃心中畏怯之意故从心又以布在古以其不易生產成爲貴重之物，有恐受汚損之意故从布聲。畏懼曰怖，恐怖悍怖・

急 音級 ㄐㄧˊ

（形聲）（會意）甲文急字與金文急从心及聲本義作「褊」解（見說文許箸）褊本衣小於此乃指生於操切之心致見於迫促之行而言 本作「逮」解乃由後追及之意乃備受煎迫所至故从及聲。急迫之事曰急困難曰急、急迫促急窘急緊急・

| 楷 | 甲文 | 金文 |
|---|---|---|
| 怍 ㄗㄨㄛˋ | | |

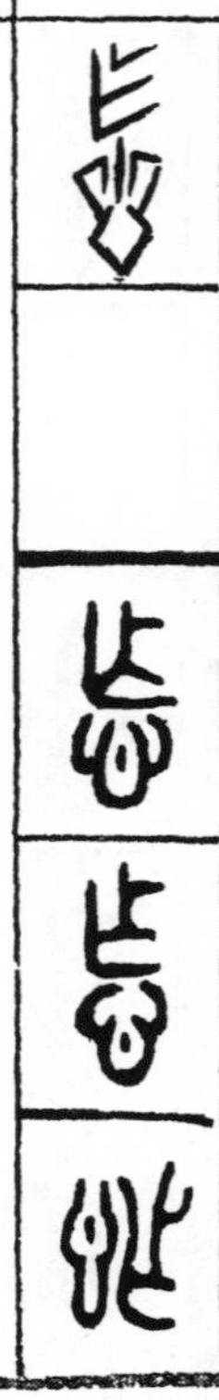

（形聲）（會意）甲文金文怍字略同，从心作省（省作爲乍）聲本義作「慚」解（見說文許箸）乃心中愧疚之意故从心又以作即動作乃心有動於中故从作聲。慚心中羞愧。羞作「其言之不怍則爲之也難」（論・憲問）變面色改變。・

怡 音移 ㄧˊ

（形聲）（會意）甲文怡字與金文怡从㠯（台省口）从心，台聲，本義作「和」解，（見說文許箸）乃和悅之意和悅先自心發故怡从心又以台本作「悅」解，台怡古今字怡爲台之累增字，故从台聲。姓神農後有怡氏和悅怡和、怡悅、怡愉、心曠神怡・

怔 音征 ㄓㄥ

（形聲）（會意）甲文、金文怔字略同，从心正聲本指「怔忪」一詞而言，怔忪之本義作「遑遽」解，（見集韻）乃指心中惶惑無主之狀而言故怔从心又以心有懼恐則不得其正，怔爲正之反，故从正聲。驚惶不言曰怔。怔忪：驚恐同「征忪」・

怙 音戶 ㄏㄨˋ

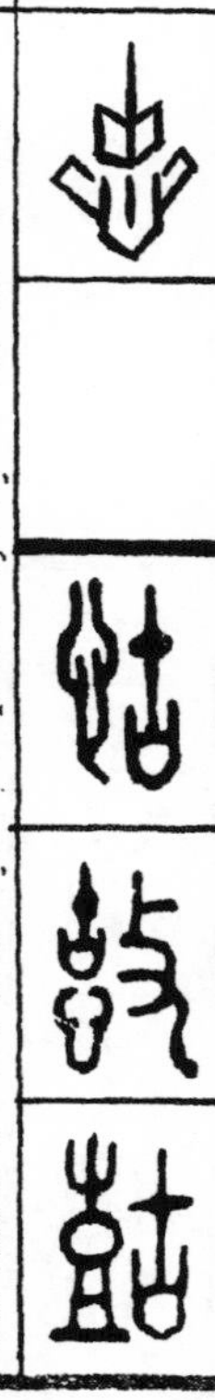

（形聲）（會意）甲文、金文、怙字略同，从心古聲本義作「恃」解（見說文許箸）乃心中自覺有所憑藉之意，故从心又以古本作「故」解乃謂往事爲古推古驗今析古證今、皆含恃古決今之意故怙从古聲。父親曰怙；取可爲依靠之意仰仗怙寵生驕・

怠 音待 ㄉㄞˋ

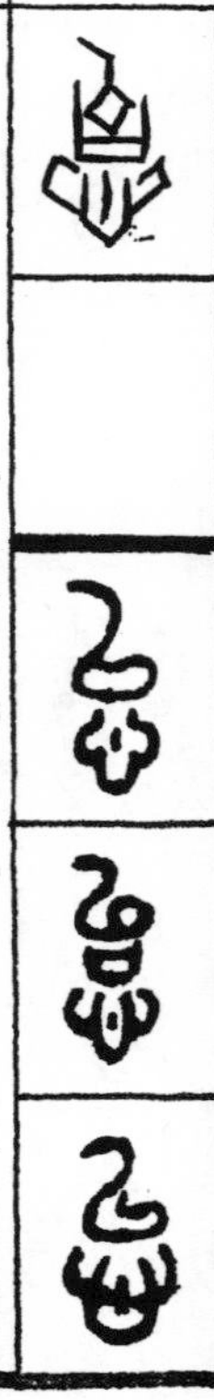

（形聲）（會意）甲文、怠字與金文怠从心台聲，本義作「慢」解（見說文許著）乃指無進取心者之懶於從事而言故从心又以台本作「悅」解，好逸惡勞乃人所共悅者故怠从台聲。懈惰曰怠。懶懶於任事怠工怠業 無怠于德懶散「毋怠荒」（禮・曲禮）。

楷　甲文　金文

**恩** ㄣ

（會意）（形聲）甲文恩字與金文、石文恩从心因亦从因聲；因从囗大乃就其口而擴大之意，遂作「就」解亦含有相賴相親之意；心之所賴所親者彼此必有厚德至誼，故恩之本義作「惠」解，（見說文許箸）惠曰恩；國恩、舊恩、知遇恩、養育恩、恩兄、恩師。

**恕** ㄕㄨˋ

（形聲）（會意）甲文恕字與金文恕从心如聲本義作「仁」解（見說文許箸）乃推己心及人心之意，故从心又以如本作「似」解恕在愛人如己故从如聲。推己及人之道曰恕；仁恕、忠恕、宥寬假原諒、恕罪、容恕、寬恕、饒恕、恕而行之、德之則也」。

**恆** ㄏㄥˊ

（形聲）（會意）甲文恆李敬齋氏以爲「衡也，月之上弦，平如衡也，从月、工聲；月工合體而省並以見上弦月半之形」，金文恆林義光氏以爲「从心、亙聲」。恆从心从舟在二之間；有從容如常之意，其本義作「常」解（見說文句讀）長久不變之美德曰恆。

**恃** 音市 ㄕˋ

（形聲）（會意）甲文恃字與金文恃从心寺聲，本義作「賴」解（見說文許箸）乃心自覺有所倚仗之意，故从心；又以寺本作「廷」解，卽官署，乃吏佐賴以治庶事、民衆賴以伸曲直，取其有所賴之意，故从寺聲。徼愛之固曰恃；母親曰恃；取可依恃之意。

**恭** ㄍㄨㄥ

（形聲）（會意）甲文恭字與金文恭从心共聲本義作「肅」解（見說文許箸）乃端正敬謹之意；惟心肅然後行肅，故恭从心；又以共爲多人同事之意，多人相處宜自我約束，恭爲敬事安人之道，更重修己，故从共聲。容體端肅曰恭；恭奉、恭候、恭賀、恭獻。

**恐** ㄎㄨㄥˇ

（形聲）（會意）甲文恐字與金文、恐上省巩爲五卽工之變文，此爲古恐字；又金文、恐字有數形，从心巩聲，本義作「懼」解（見說文許箸）乃心生畏懼意，故从心；又以巩音拱，本作「擁抱」解；懼時有所依附之意，故恐从巩聲。畏懼曰恐；恫嚇、恐嚇。

**恨** ㄏㄣˋ

（形聲）（會意）甲文恨字與金文恨从心、艮聲，本義作「怨」解，（見說文許箸）乃心中極端憤懣之意，故从心。又以艮之初文从目匕以會怒目相視，兩不見下之意；恨有兩不相下意，且易見怒目相視態，故从艮聲。怨曰恨；大怨、深怨之恨、悔曰恨；悔恨、餘恨。

**息** ㄒㄧˊ

（會意）（形聲）甲文息字與金文息；从心从自亦从自聲；自在篆文象人之鼻，心在古指心氣，（以心跳動不止於呼氣吸氣）心氣自鼻而出爲息，其本義作「喘」解（見說文句讀）乃自鼻呼吸氣之稱。氣息、喘息、鼻息、鼾息、子女曰息；子息、兒息。

**恙** ㄧㄤˋ

（形聲）（會意）甲文、金文恙字略同，从心、羊聲，本義作「憂」解，（見說文許箸）乃憂痛及於心之意，故从心；又以羊爲痒之省文，痒爲人所難耐之病，患之者時刻憂心如焚；恙爲心有憂痛，故从痒省聲。病曰恙；恙疾、小恙、心恙、染恙、憂曰恙、變化曰恙。

**恤** ㄒㄩˋ

| 楷 | 甲文 | 金文 |
|---|---|---|

（形聲）（會意）甲文恤字與金文恤从血从卩即卹卹恤音義並同，从心血聲本義作「憂」解（見說文許箸）乃爲之耽心之意故从心又以血有赤誠可見之意憂恤乃赤誠相通而發故恤从血聲。憂曰恤，救賑之事曰恤，憐憫，憐恤，憫恤，貧恤。

## 恢 ㄏㄨㄟ

（形聲）（會意）甲文恢字與金文恢从心灰聲本義作「大」解（見說文許箸）乃指人心地閎擴之狀而言故从心又以灰爲木質燃燒焚化後所餘之粉末極輕微易隨風擴散恢取其擴散之義故从灰聲。恢復：回復其原狀曰恢復，恢宏：推廣擴大。

## 恣 ㄗˋ

（形聲）（會意）甲文恣字與金文石文恣从心次聲本義作「縱」解（見說文許箸）乃放蕩不羈隨心施爲之意故从心又以次本作「不前不精」解乃較後較劣之意放縱則最爲人所鄙棄故恣从次聲。縱放肆恣，肆恣，縱狂恣，擅恣，恣情，恣橫，暴恣，驕恣。

## 恬 音甜 ㄊㄧㄢˊ

（形聲）（會意）甲文金文恬字略同，从心甜聲（省甜右甘）聲本義作「安」解（見說文許箸）乃指人澹泊寧靜心身兩適之狀而言故从心又以甜有美好之意，澹泊寧靜者無往而不適故恬从甜省聲。恬淡：清靜，安適，恬逸，恬適，安恬，靜曰恬。

## 恪 音課 ㄎㄜˋ

音御 ㄑㄩㄝˋ

（形聲）（會意）甲文恪字與金文恪吳大澂氏以爲「从心、客从口，後人變口爲心，……當卽客之異文。」恪从心客聲本義作「敬」解，（見說文許箸）心敬則言行恭謹故愙从心，又以客本作「賓」解，如見大賓之意，故从客聲。誠敬曰恪，恪勤，恪虔，恪肅。

## 恁 ㄖㄣˋ

（形聲）（會意）甲文恁字與金文恁从心、任聲本義作「念」解（見玉篇）乃懷思之意故从心，又以任謂擔當懷思有爲人擔心擔憂的意味，故恁从任聲。念思，念：「宜亦勤恁旅力以充厥道」（漢書・班固傳）恁般：如此這般，恁地：怎樣。

## 恍 ㄏㄨㄤˇ

（形聲）（會意）甲文、恍字與金文恍从心、光聲，本指「恍忽」一詞而言恍惚之本義作「精想」解（見玉篇）乃指深思有獨得而言故恍从心又以光有燭照明徹之意，精想乃思慮明徹，故恍从光聲。恍惚謂形狀不可辨識；同「恍忽」，恍如・恍若：好似。

## 恂 音循 ㄒㄩㄣˊ

（形聲）（會意）甲文恂字與陶文金文恂从心旬聲本義作「信心」解（見說文許箸）乃謂心誠實貌故从心又以十日爲旬三旬爲月世之所同有信實可靠意信心生於徵實故恂从旬聲。信曰恂，動轉動通「瞬」，恂恂：「恂恂如也」（論・鄉黨）。

## 悅 音閱 ㄩㄝˋ

（形聲）（會意）甲文悅字與金文悅爲說字重文古悅作說，从心、兌聲，本義作「喜」解（見韻會）乃指由衷之愉快而言故从心又以兌本作「悅」解兌悅古今字，悅爲兌之累增字，故从兌聲。樂悅，樂，悅服：甘心服從，誠心悅服，悅親戚之情話。

## 悉 ㄒㄧ

（會意）甲文悉字與石文金文悉略同。从心釆心爲一身主宰具有判明一切之功用釆音辨卽古「辨」字人能用心來辨別事物必可詳知其實故其本義「詳盡」解（見說文許箸）乃遍及微末和盡其所有之稱。知道：諳悉，熟悉，審悉，諳悉，悉力，悉心。

## 悔 ㄏㄨㄟˇ

| 楷 | 甲文 | 金文 |
|---|---|---|

（形聲）（會意）甲文悔金文悔字略同，从心每聲，本義作「悔恨」解，（見說文許箸）乃心中自恨言行有失之意，故从心；又以每本作「艸盛上出」解，有不斷生長之意味，悔者常不斷自罪自責，故悔从每聲。過失曰悔，恨曰悔，改正前失曰悔，懊恩悔過。

## 悠 ㄧㄡ

（形聲）（會意）甲文悠字，省心；爲古悠字，金文悠从心攸聲，本義作「遠」解（見爾雅）本指思慮長遠久遠而言，故从心；攸本作「水行攸攸」解，有水行及遠的意味，悠爲遠，故从攸聲。悠忽：遊蕩而虛耗光陰。悠然：高遠貌。悠悠：空闊無際貌。

## 患 ㄏㄨㄢˋ

（會意）（形聲）甲文患字與金文患从心上毌亦从毌聲，串古文毌，毌在廣韻作穿解，心爲愁思所穿爲患，其本義作「憂」解（見說文義證）習俗以憂之深者曰患。心止於一中者謂之忠（心）持二中者謂之患，患人之中不一也。災禍曰患，水患，外患，風患。

## 悌 ㄊㄧˋ

（形聲）（會意）甲文悌字與金文悌从心弟聲，本義作「善兄弟」解（見說文新附）乃兄弟間彼此誠心相友愛，故从心；本作「次第」，弟對兄當恭順，兄對弟亦當順其正加以誘掖，故悌从弟聲。敬重兄長「入則孝，出則悌」。悌友：兄弟篤愛和睦。

## 悚 ㄙㄨㄥˇ

（形聲）（會意）甲文悚字與金文悚从心雙省（省雙爲隻）聲，本義作「懼」解，（見通訓定聲）乃畏懼之意，故从心；又以雙有「偶」義，即相對意，人與驚險相對則懼，故悚从雙省聲，惟字又作悚，爲今所行者。懼恐懼，悚慄：惶懼，毛髮悚然。

## 悛 音銓 ㄑㄩㄢ

| 楷 | 甲文 | 金文 |
|---|---|---|

音荀 ㄒㄩㄣˊ

（形聲）（會意）甲文悛字與金文悛从心夋聲，本義作「止」解（見說文許箸）乃定止不前之意；心知止則行不妄進，故悛从心；又以夋音逡，本義作「倨」解，徐灝氏以爲「與竣同，蹲踞字也」故悛从夋聲。改：改正，改痦。怙惡不悛：又羿猶不悛（左・襄五年）。

## 悃 音捆 ㄎㄨㄣˇ

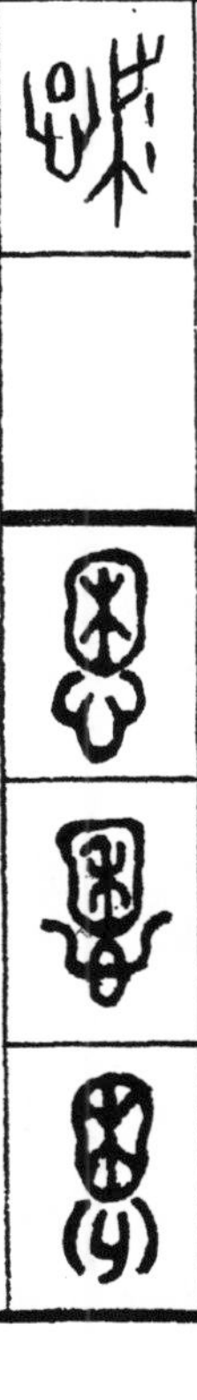

（形聲）（會意）甲文悃字與金文悃从心困聲，本義作「志純一」解（見玉篇）乃指心志純厚誠一之狀而言，故从心；又以困有內外相絕之一義，悃爲心志純一，當與其他雜念妄意相絕，故从困聲。衷曲情意曰悃，悃忱，下悃，積悃，愚悃，謝悃。悃悃：志純一貌。

## 惠

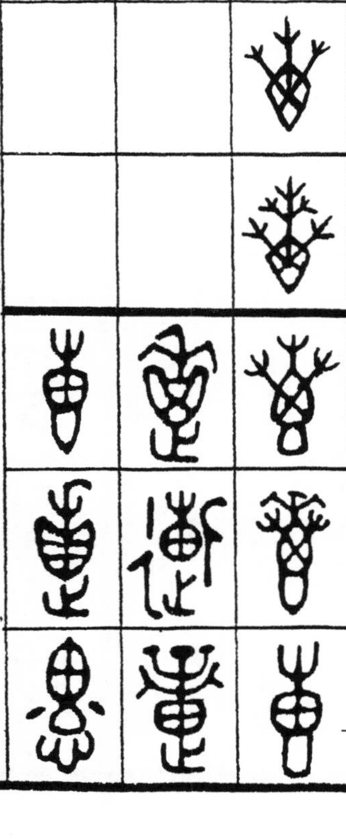

（形聲）（會意）甲文惠象花卉編插一處之形，有香澤及人意，葉玉森氏以此爲古惠字；金文惠有與甲文同形者，从芔（三屮）首也，又爲卉，即草卉花卉之卉；又从心从叀，叀即專，心意專一始能生愛人一如愛己之心，本義作「仁」解，乃施恩及人之意。

## 悲 ㄅㄟ

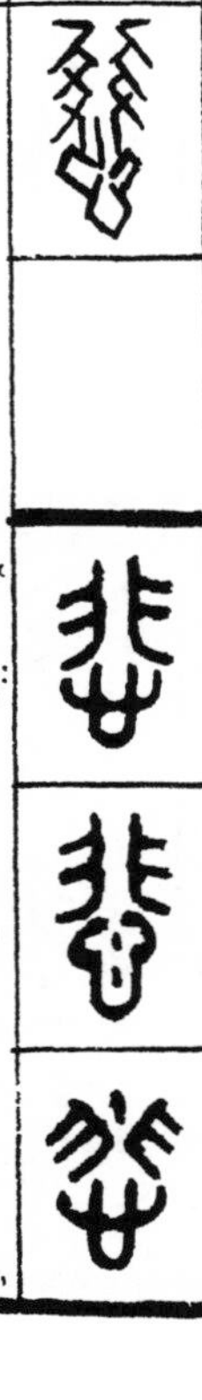

（形聲）（會意）甲文悲字與金文悲，丁佛言氏以爲「象蹙額蹙眉苶口之形」，遂以此爲古悲字；从心非聲，本義作「痛」解，（見說文許箸）乃心中傷哀至極之意，故从心；又以非本作「相背」解，故悲从非聲。痛曰悲，生悲，含悲，悲從中來，悲喜交集。

## 情 ㄑㄧㄥˊ

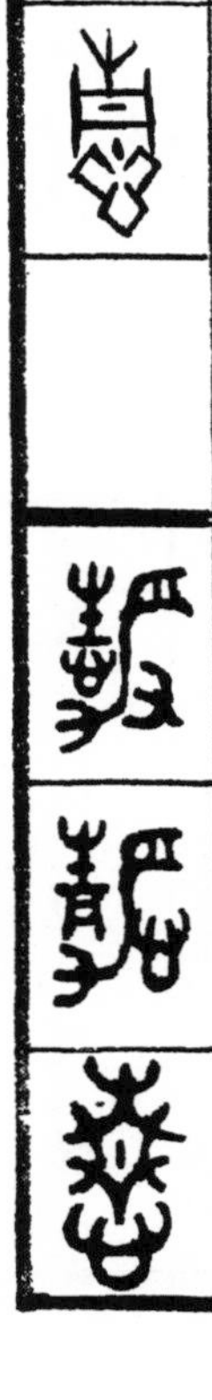

楷　甲文　金文　文

（形聲）（會意）甲文情字與金文情从心靑聲本義作「發於本性謂之情」解（見六書故）喜怒哀樂愛惡欲七者乃人之本性卽人情「凡遠覩之明莫若丹與靑」故情从心又以靑从生丹亦从生故情从靑聲心理上發於自然之意念曰情趣味曰情。

**惑** ㄏㄨㄛˋ

（形聲）（會意）甲文金文惑字形異義同金文惑从心或聲本義作「亂」解（見說文許箸）乃此心無主見無定識之意故从心又以或爲域字初文但常用爲無定之詞惑取其無定之意故从或聲迷亂曰惑疑難曰惑煩惱曰惑扇惑迷惑淫惑蠱惑誘惑。

**惡** ㄜˋ　音嗚 ㄨ

（形聲）（會意）甲文惡字與金文惡从心亞聲本義作「過」解（見說文許箸）乃泛指一般之過失而言無心之過尚可諒有心之過不可恕故惡从心又以亞象傴僂者之形本「醜」解過失爲人之醜行故惡从亞聲壞曰惡不善不良之事或人。

**惟** ㄨㄟˊ

（形聲）甲文惟金文惟爲隹字重文古以隹通惟唯維惟从心隹聲本義作「凡思」解（見說文許箸）乃就事物本身及其關連各項作廣泛的綜合的思考之意故从心姓春秋時楚有小惟子其後以惟爲氏；思想伏維追維萬邦黎獻共惟帝臣（書．皐陶謨）。

**惜** ㄒㄧˊ

（形聲）（會意）甲文惜字與金文惜从心昔聲本義作「痛」解（見說文許箸）乃爲之哀傷之意故从心又以昔爲已往之意人最易哀往傷逝懷舊故惜从昔聲愛惜愛珍惜寵惜寶惜痛惜顧惜憐香惜玉哀惜惋惜惜別：不忍離別之意。

**悽** ㄑㄧ

（形聲）（會意）甲文悽字與金文悽从心妻聲本義作「痛」解（見說文許箸）乃悲傷之意故从心又以妻爲淒之省文悲傷有淒涼意故悽从妻聲悲傷曰悽：「是以行子腸斷百感悽惻」（江淹．別賦）悽悽惶惶：匆遽貌倉卒貌受迫貌。

**悵** ㄔㄤˋ

（形聲）（會意）甲文悵字與金文悵从心長聲本義作「望恨」（見說文許箸）乃謂望其還不至遂爾生恨怨由心生故从心又以長有延引甚遠之意心懷怨望者之不滿情緒常延引甚遠而感觸甚繁蕪故悵从長聲失望貌悵然：失志貌憂思貌。

**惋** ㄨㄢˋ

（形聲）（會意）甲文惋字與金文惋从心宛聲本義作「驚歎」解（見集韻）目有所見心有所感都是突然發生因而引起傷歎故从心又以宛本作「屈」解含有不平不直的意味惋乃心中不得其平直故从宛聲驚歎惋悼惋傷惋歎嗟惋惋惜：痛惜。

**悼** ㄉㄠˋ

（形聲）（會意）甲文悼字與金文悼从心卓聲本義作「哀」解（見方言）乃憐憫哀傷之意憐哀先由心發故从心又以卓有高極之意憐哀爲高極之同情心故悼从卓聲哀哀悲：「豈不爾思中心是悼」（詩．檜風）憐惜惋悼嗟悼悼恤悼懼。

**惘** ㄨㄤˇ

（形聲）（會意）甲文惘字與金文惘从心罔聲本義作「失志貌」解（見集韻）乃指不稱心意致悵然若失之貌而言故从心又以罔爲網之初文乃取鳥獸魚類之工具；人之心如被網意志必然失去自由而惶惶無主故惘从罔聲惘然：悵然失志貌。

**惆** 音儔 ㄔㄡˊ

| 楷 | 甲文 | 金文 |
|---|---|---|

（形聲）（會意）甲文惆字與金文惆从心周聲本義作「失意」解（見說文許箸）乃心中不滿意之意故从心又以周本作「密」解凡求全責備過以密致爲事者常有吹毛求疵之譏而難於事事稱意故惆从周聲惆悵：哀傷貌惆然：失望悵恨貌。

惕 ㄊㄧˋ

（形聲）（會意）甲文惕字與金文惕从心易聲本義作「敬」解（見說文許箸）乃由衷肅敬之意故从心又以易有變化之一義含散漫爲人性之常惕含有由散漫變化爲肅敬的意味故从易聲憂懼．怵惕憂惕警惕惕息：驚懼喘息惕然：惶愧不安貌。

悻 ㄒㄧㄥˋ

（形聲）（會意）甲文悻字與金文悻从心幸聲本義作「很怒」解（見集韻）乃指人生氣時之而色而言有諸內必形諸外發於心乃形於色故悻从心又以幸之本義作「吉而免凶」解是險幸之意悻爲幸之反故从幸聲悻悻然：很怒貌。

悖 ㄅㄟˋ

（形聲）（會意）甲文悖字與金文悖从心季聲本義作「心動」解（見說文許箸）乃指惶懼時心跳躍而言故从心又以季在兄弟行中爲最少者於父兄皆有敬畏意心敬畏而生故悖从季聲心常跳躍不止之病曰悖因驚懼而心跳曰悖悖悖：怖懼貌。

意 ㄧˋ

（會意）甲文意字與金文意从心从音音示言語以己之心察人之言語便足以推知人之心志何若故意之本義作「志」解（見說文校錄）乃心所著想者之稱徐灝氏以爲「心之起爲意意疑以音爲聲」志曰意心之所念所趨所識並稱之見解意見曰意。

想 ㄒㄧㄤˇ

（形聲）（會意）甲文想字與金文想从心相聲本義作「冀思」解（見說文繫傳）對心所希冀者之思曰想故从心又以相本作「省視」解乃望而知其底蘊之意想含有推測將來底蘊的意味故从相聲念頭意念曰想想頭思想理想舊想非非之想。

愁 ㄔㄡˊ

（形聲）（會意）甲文愁字與金文愁从心秋聲本義作「憂」解（見說文許箸）乃心有憂傷憂懼之意故从心又以秋時萬物凋敝易觸景生情而興憂思故愁从秋聲憂慮曰愁客愁春愁旅愁離愁萬斛愁舊恨新愁借酒澆愁心有憂傷眉蹙時曰愁眉。

愚 ㄩˊ

（形聲）（會意）甲文愚字與金文愚从心禺聲本義作「戇」解（見說文許箸）是指心智反應遲鈍者而言故从心又以禺爲猴屬外形似人而智力則較人遠遜愚者常如禺之較常人遠遜故从禺聲戇曰愚昏昧之稱一己之所慮曰愚對上自謙之稱。

感 ㄍㄢˇ

（形聲）（會意）甲文感字與金文陶文感與大澂氏疑爲感之省文古金文有變口爲日者以爲此即感字从心咸聲本義作「動人心」解（見說文許箸）乃基於一致使人心理變動之意故从心所起之共鳴故从咸聲反應之稱好感惡感感化感人以德。

惰 ㄉㄨㄛˋ

（形聲）（會意）甲文惰字與金文惰从心隋聲本義作「不敬」解（見說文許箸）乃指心神懶散任事怠忽而言故从心隋爲墮之省文（省墮下土）墮爲自上落下惰者無上進心每每自甘墮落故从墮省聲懈怠曰惰疎懶惰懶偷惰慵惰懈惰懶惰。

愈 ㄩˋ

| 楷 | 甲文 | 金文 | 文 |
|---|---|---|---|

（形聲）（會意）甲文愈字與金文愈从心俞聲，本義作「勝」解，（見玉篇）乃較好之意；必專心致志而後能勝，故愈从心；又以俞本爲「木中空舟」含有渡過之意，勝爲敗之對，乃由不好轉（渡過）至好，故愈从俞聲。痊瘉病去通「癒」，病愈：愈愈：憂懼貌。

**惶** ㄏㄨㄤˊ

（形聲）（會意）甲文惶字與金文惶从心皇聲，本義作「恐」解（見說文許箸）乃內心有所敬畏之意，故从心；又以皇有盛大之一義，人對盛大事物易生敬畏，且對敬畏事物亦易覺其盛大，故惶从皇聲。惶惑：疑懼。惶惶：心不安貌，忽遽貌，恐懼害怕。

**惴** ㄓㄨㄟˋ

（形聲）（會意）甲文惴字與金文惴从心耑聲，本義作「憂懼」解（見說文許箸）乃心中惶恐之意，故从心；又以耑爲草木初生之苗，以其幼弱難耐寒暑風雨之侵擾，是有憂懼之意，故惴从耑聲。懼畏懼，惴畏惴惕憂惴惴恐：惶懼。惴惴：憂懼貌，憂懼表性態。

**愆** ㄑㄧㄢ

（形聲）（會意）甲文愆字與金文愆从心衍聲，本義作「過」解（見說文許箸）乃有差失之意；思慮失正則言行兩無所可，故从心；又以衍本作「水朝宗以歸海」解，有趨於下流莫之或止之意，故愆从衍聲。過失曰愆，愆咎罪愆，惡疾曰愆，誤遲誤曰愆。

**惹** ㄖㄜˇ

（形聲）（會意）甲文惹字與金文惹从心若聲，本義作「亂」解（見玉篇）乃紛紫失寧之意；心易爲物撓倩擾而感紛紫，故惹从心；又以若本作「擇菜」解，有紫多中取少之意，故惹从若聲。引引起。惹禍惹是生非牽掛：意惹情牽逗挑逗，香引芙蓉惹釣絲。

**愍** 音閔ㄇㄧㄣˇ

| 楷 | 甲文 | 金文 | 文 |
|---|---|---|---|

（會意）（形聲）甲文愍字與金文愍从民从又，有見民有疾困而以手（又）相援救意，吳大澂氏以此爲古愍字，故从心；又以敃音敏，本作「彊」解，愍乃彊烈之憂痛，故从敃聲；从心敃聲，本義作「痛」解（見說文許箸）愍凶：父母死亡之喪曰愍。

**愎** 音弼ㄅㄧˋ

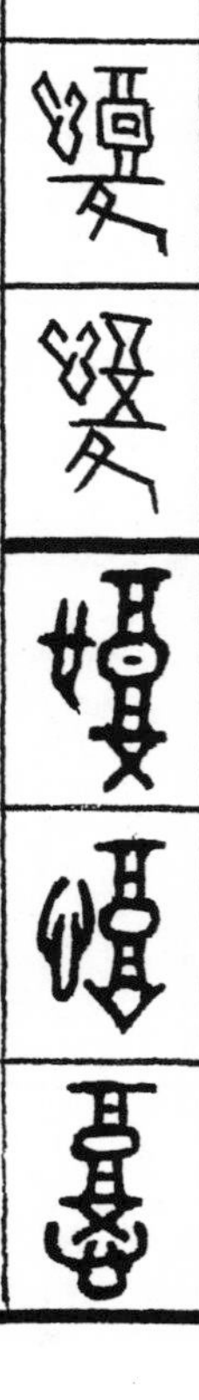

（會意）（形聲）甲文愎字與金文愎从心从复，亦从复聲，复爲復之初文，作「行故道」解，含固步自封，往復如舊之意；心性自以爲是，專橫如舊爲愎，其本義作「狠」解（見玉篇）乃心性專橫之意。固執不變，很戾意氣自用，不受人勸。剛愎：不仁。

**慎** ㄕㄣˋ

（形聲）（會意）甲文慎字與金文慎从心眞聲，本義作「謹」解（見說文許箸）是小心細心以任事的意思，故从心；又以眞爲誠實無欺之意，慎乃誠心愨眞以任事，故从眞聲。謹言慎行，敬事赴善曰慎，僶勉就善謂之慎，持重曰慎，小心之稱。

**慈** ㄘˊ

（形聲）（會意）甲文、慈字與金文、慈从心茲聲，本義作「愛」解，（見說文許箸）乃指長上全心全意以愛護幼小而言，故从心；又以茲爲草木叢茂貌，含有養殖扶育得法之意，慈在蘊養殖扶育之心，故从茲聲。上愛下曰慈，母親之稱，令慈，家慈，愛憐曰慈。

**態** ㄊㄞˋ

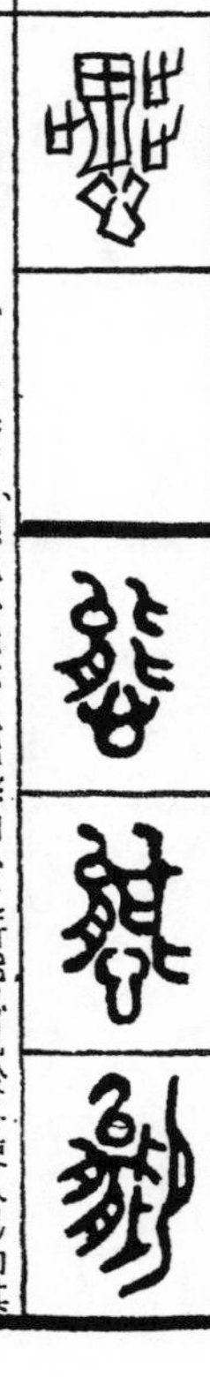

（會意）甲文、態字與金文、態从心能，亦从能聲，內心之所能，必見於外，使人易知其意，故態之本義作「意態」解，（見說文段注）乃發於心形於外的神情舉止動作之稱，人之姿容曰態。妖態，姿態，容態，嬌態，媚態，老態，醉態，擬態，兒女態，神態，意態，形態，狀態。

**愧** ㄎㄨㄟˋ

| 楷 | 甲文 | 文 | 金文 | 文 |
| --- | --- | --- | --- | --- |

（形聲）（會意）甲文愧字與金文愧从女从鬼古从心之字間亦从女說文愧之同字作媿从心鬼聲本義作「慚」解（見說文許箸）乃指心有所羞而言故从心又古以鬼爲人死後之精氣所聚含有其形變幻不定而此心難安故愧从鬼聲自慚、羞愧慚愧。

**愴** ㄔㄨㄤˋ 音瘡 ㄔㄨㄤ

（形聲）（會意）甲文金文愴字形異義同金文愴从心倉聲本義作「傷」解（見說文許箸）乃指心中所懷悲戚之感而言故从心又以倉爲創之省文心受創則愴故愴从倉聲悲傷悲、悲傷貌表性態「遊子悲其故鄉心愴悢以傷懷」（班彪・北征賦）。

**愬** ㄙㄨˋ 音索ㄙㄨㄛˇ

（形聲）（會意）甲文金文愬字形異義同金文愬爲訴字重文愬訴同字从心朔聲本義作「告」解（見說文許箸）乃傾心吐實之意故从心又以「月之始日」爲朔含有月光漸明之意告在使對方漸明己意故从朔聲讒言告報告通「訴」愬愬：危懼貌。

**慧** ㄏㄨㄟˋ

（形聲）（會意）甲文金文慧字形異義同金文慧从心彗聲本義作「儇」解（見說文許箸）乃指思慮迅捷允當而言故从心上象帚形下从又即手有以手除穢物意其義與掃略同掃除雜念則良知頓現故慧从彗聲聰敏曰慧曉解事理之稱。

**慢** ㄇㄢˋ

（形聲）（會意）甲文慢字與金文慢从心曼聲本義作「惰」解（見說文許箸）乃指怠忽懶散而言惰由心意怠忽懶散而生故慢从心又以終日玄想而不克力行人遇事向後曼行則拖延成習而萎靡不振故慢从曼聲怠惰之稱慢罵侮慢倨慢傲慢怠慢。

**慣** ㄍㄨㄢˋ

| 楷 | 甲文 | 文 | 金文 | 文 |
| --- | --- | --- | --- | --- |

（形聲）（會意）甲文金文慣字略同以貫本作「錢貝之貫」解乃古代串錢串貝所用之繩索因有循序串物之意金文慣从心貫聲本義作「習」解（見廣韻）乃心懷其舊不假思索仍依舊而行之稱故从心貫聲經久養成之性質式樣曰慣同「貫」習慣。

**慘** ㄘㄢˇ

（形聲）（會意）甲文慘字與金文慘从心參聲本義作「毒」解（見說文許箸）乃毒虐之意毒虐人者必工心計受毒虐者百般愴痛故慘从心又以參本星名（三星之合稱）含有互相拼合之意故慘从參聲毒害曰慘喪事憂慘因稱喪爲慘悽慘悲慘傷慘。

**慰** ㄨㄟˋ

（形聲）（會意）甲文慰字與金文慰从心尉聲本義作「安」解（見說文許箸）乃此心貼適之意故从心又以尉爲熨之初文乃古代巾盛火以熨布帛使平展貼服之器含有平展貼服的意味故慰从尉聲己心得安欣慰快慰撫慰慰藉：意同慰勞。

**慷** ㄎㄤˇ

（形聲）（會意）甲文慷字與金文慷从心亢聲本指「忼慨」一詞而言忼慨之本義作「壯志不得志於心」解（見說文許箸）乃心內高亢憤激之意故忼从心又以亢有高義壯士志高始能見其忼慨故忼从亢聲慷慨：激憤之稱慷慨激昂意氣激昂。

**慨** ㄎㄞˇ ㄎㄞˋ

（形聲）（會意）甲文慨字與金文慨从心既聲本指「忼（慷）慨」一詞而言慷慨之本義作「壯士不得志於心」解（見說文許箸）乃心內高亢憤激之意故慨从心見既字下不得志者常悲憤填膺傷痛而息故慨从既聲憤激慨憤慨允慨解義囊慨然。

**慙** 音蠶 ㄘㄢˊ

（形聲）（會意）甲文慚字與金文慚从心斬聲本義作「愧」解（見說文許箸）乃指心有羞愧而言故从心又以斬爲古代斷首之刑慚有此心寸斷之意故从斬聲羞愧曰慚愧自愧或愧對人羞慚：「吾甚慚於孟子」（孟・公孫丑）慚愧：羞愧慙慚同字

## 憐 音連 ㄌㄧㄢˊ

甲文

金文

（形聲）（會意）甲文憐字與金文石文憐略同从心粦聲本義作「哀」解（見說文許箸）乃心中有所痛惜之意故从心又以粦爲燐之初文古謂戰場之鬼火（卽人馬屍骨所生之燐光）爲粦人見之易生哀傷之感故憐从粦聲憫恤曰憐愛惜曰憐・

## 憤 音奮 ㄈㄣˋ

甲文

金文

（形聲）（會意）甲文憤字與金文憤从心賁聲本義作「懣」解（見說文許著）乃心懷盛怒氣有未平之意故从心又以賁有身懷多金之意多金者盛氣凌人人亦以此而氣憤難平故憤从賁聲心氣奮興曰憤「發憤忘食」（論・述而）義憤餘憤悲憤・

## 憂 ㄧㄡ

甲文
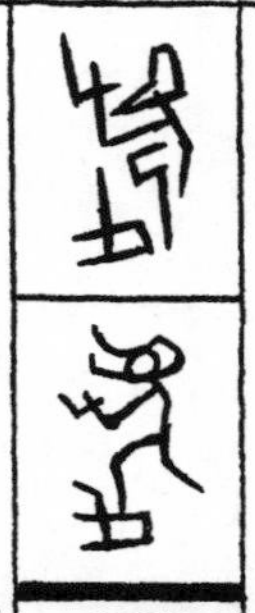

金文

（會意）（形聲）甲文憂與金文憂形異義同金文憂形多从心頁聲本義作「愁」解（見通訓定聲）乃指心有悶苦而言故从心又以頁爲古首字心有悶苦則愁容滿面故憂从頁聲可憂愁之事曰憂勞曰憂病曰憂父母之喪曰憂仁者不憂・

## 憚 音但 ㄉㄢˋ

甲文

金文

（形聲）（會意）甲文憚字與金文憚从心單聲本義作「忌難」解（見說文許箸）乃心中怕難之意故从心又以單有獨一之義孤獨爲人生所忌易感到勢單力孤而逡巡不前故憚从單聲畏懼之稱「小人而無忌憚也」（禮・中庸）憚畏：畏怯憚服・

## 憔 音樵 ㄑㄧㄠˊ

甲文

金文

（形聲）（會意）甲文憔字與金文憔从心焦聲本指「憔悴」而言憔悴之本義作「㛂」解（見廣韻）乃指心神委頓或營養不足時之顏色而言故憔从心又以焦有燒枯一義瘦則顏色枯槁故憔从焦聲憔悴：困苦憂貌凋謝死亡日以憔悴・

## 憮 音武 ㄨˇ

甲文

金文

（形聲）（會意）甲文憮字與金文憮从心無聲本義作「空」解（見廣韻）乃心中有空虛之感之意故从心又以無有空虛一義憮爲空虛故从無聲媚好通「嫵」「長安中傳張京兆眉憮」（漢書・張敞傳）憮然：驚愕貌一說失意貌同「悵然」・

## 憩 ㄑㄧˋ

甲文

金文

（形聲）（會意）甲文憩字與金文憩从心曷聲本義作「息」解（見說文許箸）心得少息身始安閒故从心又以曷本作「何」解含有範圍廣泛之意休息必須作廣泛之鬆弛故愒从曷聲休息之處曰憩休息逗留留止「須少憩神鴉」（列仙傳・尹喜）・

## 愛 ㄞˋ

甲文

金文

（形聲）（會意）甲文愛字與大澂氏以爲「此从旡从𠬢（手）當卽㤅（心）之變文非从手也」愛从心从夊旡聲本義作「行惠」解（見說文古本考）是加惠於人之意亦卽懷福人之心故愛从旡聲恩惠曰愛愛惜珍愛憐愛甘棠愛

## 懇 ㄎㄣˇ

甲文

金文
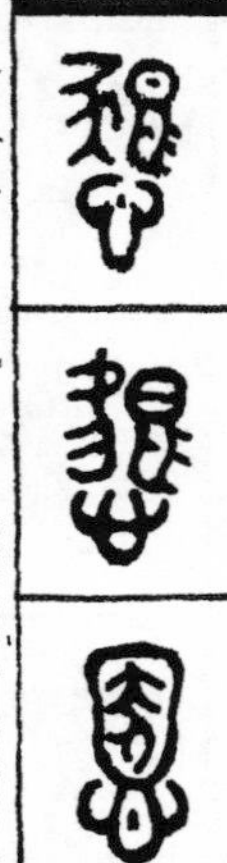

（形聲）（會意）甲文懇字與金文懇从心貇聲本義作「誠」解（見玉篇）乃眞實無欺之意故从心又以貇音肯爲豕食貌豕就食時一心向食則心無他務懇有一心無他務意故从貇聲眞實曰懇請求拜懇相懇奉懇眞誠懇摯篤懇用敢仰懇・

## 懊 ㄠˋ

甲文

金文

| 楷 | 甲文 | 金文 | 楷 | 甲文 | 金文 |
|---|---|---|---|---|---|

（形聲）（會意）甲文懊字與金文懊从心奧聲本義作「悔」解（見玉篇）乃心有所恨之意故从心又以奧有幽深一義悔恨常發自心靈深處故懊从奧聲。悔悔恨懊恨「懊歎彌日」（南史・顧愷之傳）懊惱：事後自恨失計「懊惱何人怨咽多」（白居易）。

**懋** ㄇㄠˋ

（形聲）（會意）甲文懋字與金文懋从心楙聲本義作「勉」解（見說文許箸）乃鼓勵之意鼓勵必發自內心始能見其誠亦必激動其心弦始能宏其用故懋从心又以楙从林矛聲乃壯盛之意意氣軒昂故懋从楙聲。勉勉力勸勉懋遷：勉民懋功懋績。

**懲** ㄔㄥˊ

（形聲）（會意）甲文懲字與金文懲从心徵聲本義作「改革前失」解（見說文義證）乃改過革非之意發於心而後見於行故懲从心又以徵本作「自徵之著」解是由小到大之意故懲从徵聲。戒責曰懲罰責罰。懲艾懲處懲辦重懲嚴懲懲一儆百。

**懷** ㄏㄨㄞˊ

（形聲）（會意）甲文懷與金文懷字形異義同金文懷爲褱字重文古以褱通淮（褢）从心褱聲。含有倖得而不願遂失的意味懷有不願遂失之意本義作「念思」解（見說文許箸）乃常常想念之意衣襟與胸之間曰懷懷抱曰懷心懷恩情曰懷。

**懺** ㄔㄢˋ

（形聲）（會意）甲文懺字與金文懺从心韱聲本義作「悔」解（見集韻）乃懊恨往事失計之意故从心又以韱本作「山韭」解山韭野生狀極雜亂人悔恨時痛彼傷此心頗雜亂故懺从韱聲。悔懊悔懺悔：懺即懺摩之略意謂請人忍恕即悔過之意。

**懼** 音具 ㄐㄩˋ　音劬 ㄑㄩˊ

（形聲）（會意）甲文懼字與金文懼从心瞿聲本義作「恐」解（見說文許箸）乃心有所畏怖之意故从心又以瞿本作「鷹隼（猛禽）之視」解含有目光兇狠可怖之意遇可怖之事象曰懼故懼从瞿聲。懼惕怖懼畏懼恐懼駭懼戒懼憂懼恩（懼古字）。

**懿** ㄧˋ

（會意）（形聲）甲文懿字與金文懿从心从欠省（省作欠）从壹亦从壹聲心即心意欠謂先天稟賦與自我約束壹即專壹不貳致力於自己之好理想爲懿其本義作「專（專）久而美」解（見說文段注）乃專一悠久而美好之稱美曰懿嘉美之模範。

**戀** ㄌㄧㄢˋ

（形聲）（會意）甲文戀字與金文戀从女䜌聲本義作「慕」解（見說文許箸）乃愛思不斷縈繞於懷之意淑女易懷春亦易辯出吉士情思而相戀故从女又以䜌音練有相繼不絕之意故戀从䜌聲懷念不捨之情曰戀愛相愛熱苦戀邪戀暗戀熱戀癡戀。

**戇** ㄓㄨㄤˋ　ㄍㄤˋ

（形聲）（會意）甲文戇字闕金文戇从心贛聲本義作「愚」解（見說文許箸）乃心理不健全思慮遲鈍言行癡呆之稱故从心又以贛本作「賜」解乃以物與人之意癡呆者不知珍惜己物常易妄與故戇从贛聲。愚癡愚戇人戇冥戇頑癡戇直急直戇正。

**懥** 音致 ㄓˋ

（形聲）（會意）甲文懥字與金文懥从心疐聲本義作「怒」解（見廣韻）乃指心中忿恨而言故从心又以疐音志本作「礙不行」解心有所欲礙而難行則怒疐懥古今字懥爲疐之累增字故从疐聲怒忿怒「身有所忿懥則不得其正」（大學）疐懥同字。

**戈** ㄍㄜ

楷 甲文 金文 | 楷 甲文 金文 | 楷 甲文 金文

戈

（象形）甲文戈羅振玉氏以爲「丨象柲（戈桿）一象戈」金文戈林義光氏以爲「象戈在柎（物座此指戈架）上形冂象柎所以立戈」本義作「平頭戟」解（見說文句讀）乃古代一種有鋒刃便剁擊之兵器名。即平頭戟。戈殳戈矛干戈兵戈魯陽戈。

戉 音月 ㄩㄝˋ

（象形）（形聲）甲文戉羅振玉氏以爲「說文解字『戉斧也从戈㇄聲』按戉字象形非形聲古金文或作𢦏（戉𣪘）與此同」金文戉吳大澂氏以爲「古戉或作月形或半月形此象半月形也」本義作「大斧」解（見說文繫傳）大斧同「鉞」。

戊 音務 ㄨˋ 音茂 ㄇㄠˋ

（象形）（會意）甲文戊朱芳圃氏以爲「象斧鉞之形蓋卽戚之古文古音戊戚同在幽部故知戊卽是戚」金文戊徐灝氏以爲戊卽矛字象矛形戊古音讀茂與矛同聲也」本義作「中宮」解（見說文許箸）天干名十天干中之第五位。

戍 ㄕㄨˋ

（會意）甲文戍王襄氏以爲「戍伐二字許書皆訓『从人持戈』甚難辨別按段注『戍者守也故从人在戈下入戈部伐者外擊也从人杖戈入人部』卽戍字」金文戍與甲文戍略同本義作「守邊」解（見說文許箸）卽守衞邊疆之稱。遠戍衞戍。

戌 音卹 ㄒㄩ

（象形）（指事）甲文戌羅振玉氏以爲「卜辭中戌字象戉（斧）形與戉殆是一字古金文亦多作𢦒仍未失戉形說文解字『作戌云从戊含一』」金文戌林義光氏以爲「𠂉卽人之反文以戈擊之卽殺之古文」本義作「恤」解十二地支之第十一位曰戌。

戎 ㄖㄨㄥˊ

（會意）甲文戎羅振玉氏以爲「从戈从十十古文甲字」金文戎與甲文戎略同从戈甲戈爲進擊之械甲爲護身之具被甲持戈爲戎其本義作「兵」解（見說文徐箋）卽軍旅之事的泛稱。戰爭曰戎軍旅之事曰戎兵器曰戎西方種族名：犬戎西戎驪戎。

我 ㄜˇ

| 楷 | 甲文 | 金文 |
|---|---|---|

**我**

（會意）甲文我高鴻縉氏以爲「字象斧有齒是卽刀鋸之鋸，我國凡代名詞皆是借字久而爲借義所專乃另造鋸字以還其原」金文我徐灝氏以爲「我戈名象形借爲吾我字古文𢦏之變體也」本義作「施身自謂」解（見說文許箸）私曰我私心私意。

**成** ㄔㄥˊ

（形聲）（會意）甲文成从戊丁聲與金文成略同李敬齋氏以爲「从丨（十）戌（戊）卽十斧也」爲打之古文擣也打擊也本皆成字从戌猶从戈也」本義作「就」解（見說文繫傳）卽有定克終之意生：「幾事不密則害成」（易·繫辭）重曰成。

**戒** ㄐㄧㄝˋ

（會意）甲文戒字與金文戒从𠬞戈𠬞示左右手相合併舉之意爲古「拱」字兩手舉戈爲戒其本義作「警」解（見說文繫傳）乃持戈以警備不虞之意亦卽善爲防備之稱上帝十戒守戒之戒戒備之事曰戒「君子有三戒……」（論·季氏）小懲而大戒。

**或** ㄏㄨㄛˋ

（會意）（形聲）甲文金文或略同从戈从口田倩君女士以爲「是國字初文其右邊的戈是兵器取其意亦取其聲左邊的口是土地取其形亦取其意口音圍示四方邊界戈示武力以武力守衞人民之生命財產爲或其本義作「國」解（見說文許箸）。

**戔** ㄐㄧㄢ

（會意）甲文戔羅振玉氏以爲「从二戈相向當爲戰爭之戰乃戰之初字兵刃相接戰之意昭然可見訓「賊（說文）」者乃由戰誼（義）引申之黷武無厭斯爲戔矣」金文戔字與甲文略同从二戈兵多爲戔其本義作「賊」解（見說文許箸）互相殘害之意。

**咸** ㄒㄧㄢˊ

（會意）甲文咸李敬齋氏以爲「从戌在◇上戌斧也◇碪（砧）也本義作『殲析』解」金文咸與甲文略同从口从戌戌以口傷物爲咸其本義作「齧」解（見通訓定聲）卽咬嚼物之意卦名易六十四卦之一和親睦咸敬其德攸往咸宜咸寧咸服。

**哉** ㄗㄞ

楷　甲文　金文

（形聲）（會意）甲文哉字與金文哉从口𢦏聲本義作「言之閒」解（見說文許箸）乃文句中以閒兩語之字如論語「賢哉回也」「野哉由也」又有於句尾作結者，言必由口出故哉从口又以𢦏爲古災字天禍水火風蟲之爲災故从𢦏聲。善哉惜哉勇哉。

戟　ㄐㄧˇ

（形聲）（會意）甲文戟字與金文戟从戈𠦝聲本義作「有枝兵」解（見說文繫傳）即有枝旁出之兵器故从戈又以𠦝爲榦省榦枝也戟爲有枝兵故从榦省聲徐鉉氏以爲从戈从榦省會意說亦可通並引參證兵器名爲有枝之兵戟矛棨戟劍戟，

戠　音集　ㄐㄧˊ

（形聲）（會意）甲文戠字與金文戠从戈咠聲本義作「藏兵」解（見說文許箸）乃指將兵器收藏而言故从戈又以咠从口耳相接會意本作「聶耳小語」解有彼此之口耳連於一處之意藏兵在聚干戈於一處故戠从咠聲。戠收藏斂收斂伏藏隱藏。

戩　音翦　ㄐㄧㄢˇ

（形聲）（會意）甲文戩字與金文戩从戈从爪丁佛言氏以爲「𢦚从集韻戒戩同之說釋爲戩字」从戈晉聲，本晉本作「進」解翦除乃進戈刺物故戩从晉聲。戩穀：毛傳釋「戩爲福穀爲祿」朱傳釋「戩爲盡穀爲善」滅翦除通「翦」戩讀翦不讀晉。

戮　ㄌㄨˋ

（形聲）（會意）甲文戮字與金文戮从戈翏聲本義作「殺」解（見說文許箸）乃致人於死之意故从戈又以翏音留本作「高飛」解含有奮力以赴的意味致人於死當奮力以赴故戮从翏聲。殺身曰戮辱曰戮紋戮辱相侮辱勉併通「勠」。

戰　ㄓㄢˋ

（象形）（形聲）甲文戰商承祚氏以爲「𠦪象兵器口象架所以皆兵者」金文戰與甲文戰略同从戈單聲，本義作「鬬」解（見說文許箸）乃運用兵械搏擊之意故从戈又以單有大義相鬬故戰从單聲。打戰曰戰泜水之戰雅片之戰角勝負者皆曰戰。

戲　ㄒㄧˋ

（形聲）（會意）甲文戲金文戲略同，从戈䖒聲本義作「弄」解（見說文校議）乃彼此嬉戲玩耍之意戲耍常賴乎器械如舞劍耍棍奪槊校弓矢等故戲从戈又以古代掌山澤園囿之官職司百獸豢養以供帝王遊樂者故戲从䖒凡嬉遊之事皆曰戲。

戴　ㄉㄞˋ

（形聲）（會意）甲文戴字與金文戴从廾从異異大徵氏以此爲古戴字从異𢦏聲本義作「分物得增益」解（見說文許箸）从異又以𢦏从戈才聲含有切斷之意味。故戴从𢦏聲。首頂之頂物於頭上戴帽披星戴月戴戒指戴耳環尊奉：愛戴擁戴。

戡　音堪　ㄎㄢ

| 楷 | 甲文 | 金文 |
|---|---|---|

（形聲）（會意）甲文戡字與金文戡从戈甚聲本義作「刺」解（見說文許箸）乃垂直刺入之意故从戈又以甚有過甚之意刺不僅求入更求深入亦有過甚的意味故戡从甚聲刺殺曰戡「非惟絕二國闚關乃是戡殄之要」（晉書・慕容暐載記）平定克勝・

**戶** ㄏㄨˋ

（象形）甲文戶金文戶略同象半門之形，本義作「半門曰戶」解（見說文許箸）就是門的一半亦即一扇門之稱門扉單扇門曰戶一說堂室之門曰戶，戶牖門戶，凡出入處曰戶，蟲穴鳥巢出入處曰戶，家曰戶一家曰一戶，千門萬戶，同門異戶，家家戶戶・

**房** ㄈㄤˊ

（形聲）（會意）甲文房字與金文房从戶方聲本義作「室在旁」解（見說文許箸）乃指正室兩旁之屋而言戶示居屋故房从戶又以方在篆文象兩舟相併形本作「併船」解房常與室堂相併故从方聲，屋舍曰房一所居室全體之稱，室曰房屋舍中之一間・

**肩** ㄐㄧㄢ

（象形）甲文肩字與金文肩上微省从肉从戶肩上肉恆見豐滿戶孔廣居氏以為「戶象肩與胛形ㄋ象肩上低窪處醫書上所謂肩井也字雖似戶而義實非」其本義作「髆」解（見說文許箸）即俗所稱之肩甲肩甲曰肩頸項下臂與身相連接部份之稱・

**戾** 音麗 ㄌㄧˋ

（形聲）（會意）甲文戾李敬齋氏以為「犬乖戾也从犬立聲」金文戾與甲文戾略同以犬凶暴乖張時則起前足相撲故从大立以會犬乖戾之意故戾之本義作「曲」解（見說文段注）即彎曲偏曲之意，罪曰戾，咎戾，大戾罪戾，懲戾，惡氣曰戾，乖戾，凶戾，猛戾・

**扁** ㄅㄧㄢˇ 音辨 ㄅㄧㄢˋ

（會意）甲文扁字與金文扁从戶冊簡書即文謂之冊，署於門戶之文為扁其本義作「署」解（見說文許箸）乃榜於門戶之上或其兩旁形體較大以為題識之文字，署門戶之文曰扁即今門額之類用以表廳齋園亭之名扁鵲：本黃帝時良醫名・

**扇** ㄕㄢˋ

（會意）甲文扇字與金文扇从戶羽戶指半門羽本謂鳥翅之長毛於此兼取其兩兩相對之意其本義作「扉」解（見說文段注）乃用竹葦等所編成門，扉曰扇，箑曰扇，搖以生風取涼之具，羽扇，紈扇，摺扇，團扇，淅扇，寶扇，量詞門窗扉一塊曰一扇，兩扇門，四扇窗・

**扃** 音坰 ㄐㄩㄥ

（形聲）（會意）甲文扃字與金文扃从戶冋聲本義作「外閉之關」解（見說文句讀）以木橫持門戶曰關扃即自外閉門之關以與自內閉之關曰楗者相取對即附在門上可從外門閉鎖門之門與環鈕合稱之曰扃，門扇上鐶鈕曰扃供自外鎖閉門戶者・

**扈** ㄏㄨˋ

（形聲）甲文扈字與金文扈右从戶左从邑丁佛言氏以此為古扈字，从邑戶聲，本義作「夏后同姓封國」解，（見說文許箋）即指姒姓之國有扈而言故以邑，古國名即有扈夏后所封同姓之國其故地在今陝西省鄠縣地，扈從：隨從天子巿駕者，曰扈・

**扉** 音非 ㄈㄟ

（形聲）（會意）甲文扉字與金文扉从戶非聲，本義作「戶扉」解（見說文許箸）乃門扇之稱以其有兩以相合意故从戶又以非有雙方相背的意味戶扇兩方相反以利開闔故扉从非聲，門曰戶即門扇，宅曰扉即武舍，柴扉，畫扉，綺扉，可開闔如門曰扉・

**手** ㄕㄡˇ

| 楷 | 甲文 | 金文 |
|---|---|---|

**手**

（象形）甲文手字與金文手林義光氏以爲「象掌及五指之形」本義作「拳」解（見說文許箸）蓋取掌及五指舒之爲手卷之爲拳之意手即指掌之合稱人體上肢之稱包括臂肘肱腕掌指等而言善其技者：名手能手高手水手舵手刀斧手劊子手。

**才** ㄘㄞˊ

（象形）甲文才一象地｜爲主莖其在一下｜旁者象根之類金文才林義光氏以爲「从一│地也┿艸木初生形‧象種」上一長橫象地中一直象莖幹下短橫象根本義作「草木之初」解（見說文許箸）能生生不息者曰才有爲之人曰才資質曰才。

**扎** ㄓㄚˊ ㄓㄚ

（形聲）（會意）甲文扎字與金文扎从手乙聲本義作「拔」解（見集韻）乃强引使出之意故从手又以乙象草木初生宛曲而出之形拔在使難出者得出故扎从乙聲書簡俗以扎通「札」函扎信扎纏束使緊通「紮」寒氣刺骨：塊冰冷得扎手。

**打** ㄉㄚˇ

（形聲）（會意）甲文打字與金文打从手丁聲本義作「擊」解（見說文許箸）乃擧手下擊之意故从手又以丁爲釘之初文釘必待擊而後入物故打从丁聲拳擊之事曰打打門打鼓打麥打鐵打草驚蛇拳打腳踢打仗打架打鬪撲打毆打打擊打獵。

**扑** 音撲 ㄆㄨ

（形聲）（會意）甲文扑字與金文扑从又卜聲本義作「小擊」解（見說文許箸）乃輕輕打擊之意故从又（即手）卜本作「灼剝龜」解乃以物灸龜視其裂象而判定吉凶之意故攴从卜聲榎楚曰扑教鞭戒尺之屬用以扑撻犯禮者。攴（扑本字）。

**扔** 音仍 ㄖㄥ ㄖㄥˇ 音認 ㄖㄥˋ

（形聲）（會意）甲文扔與金文扔字略同从手乃聲本義作「引」解（見廣雅）乃援引之意故从手又以乃有因上起下之一義引有因此援彼的意味故扔从乃聲拋拋棄扔掉又「被他奪過來扔在地下」（見女英雄傳‧十八回）摧摧折竄伏扔輪。

**扞** 音翰 ㄏㄢˋ

（形聲）（會意）甲文扞字與金文扞从攴从干古从手之字間亦从攴故知此爲古扞字从手干聲本義作「衞」解（見廣韻）乃保衞之意衞須持械故从手又以干即盾爲防攻衞身之具扞取其防衞之意故从干聲矛鐏曰扞戈矛柲下之銅臂衣曰扞。

**承** 音丞 ㄔㄥˊ 音拯 ㄓㄥˇ 音賸 ㄕㄥˋ

（會意）（形聲）甲文承爲丞字重文商承祚氏以爲「从𠬞从卩（即人）亦丞字象由下拼之之形」金文承與甲文承略同高田忠周氏以爲「『說文承奉也受也从手卩𠬞』从𠬞从卩即手意已足」本義作「奉」解（見說文許箸）後繼曰承承恩。

**扶** ㄈㄨˊ

（形聲）（會意）甲文扶字與金文形異金文扶从攴从夫古从手之字間亦从攴故知此爲古扶字从手夫聲本義作「佐」解（見說文許箸）乃以手相助之意故从手又以夫从一大以大丈夫始有助人之力故扶从夫聲扶桑：植物名扶搖：神木名扶持。

**批** 音披 ㄆㄧ

（形聲）（會意）甲文批字與金文批从手㡀聲本義作「反擊」解（見說文許箸）乃反手相擊之意故从手又以㡀爲毗本字在方言本作「廢」解反擊能使受擊之物廢敗故攙从㡀聲上對下有所評斷的公文曰批評語曰批一批遊客兩批新貨三批生意。

| 楷 | 甲文 | 金文 |
|---|---|---|

## 技 ㄐㄧˋ

（形聲）（會意）甲文、技字與金文、技从手支聲本義作「巧」解，（見說文許箸）乃奇於才精於藝之稱；巧多由手 表現故从手又以支爲竹之微枝含有細曲精緻悅人之意，巧必精緻悅人，故技从支聲。藝曰技，方術曰技，奇技、雜技、屠龍技、妙技、騁絕技。

## 把 ㄅㄚˇ

（形聲）（會意）甲文、把字與金文把从手巴聲本義作「握」解（見說文許箸）乃運手緊握物之意，故从手又以巴即巴蛇握蛇須緊握其頸故把从巴聲。柄曰把器物之執握處；亦或讀如霸刀把劍把；束曰把細長物之束合爲一者，把搙把酒把秤把袂把臂；

## 抑 ㄧˋ

（會意）甲文金文抑字略同。羅振玉氏以爲「从爪从人跽形象以手抑人而使之跽；其誼（義）如許書之抑，其字形如許書之印……印抑二字古爲一字。」用印必以反文下按始顯其正，其本義作「按」解，（見說文許箸）壓遏。冤抑枉屈曰抑。抑鬱：鬱悶。

## 折 ㄓㄜˊ

（會意）甲文折：金文折：略同。从斤斷艸，斤斧屬，所斷爲橫口，類今日之寬鎬，以斤斷艸則艸被斬爲上下兩截，其本義作「斷」解（見說文許箸）乃中斷之意。折寫斲者誤連之，因譌爲手；睋曰折，葬具，形似牀無足。一定數目中所減之成數曰折。折花折桂折柳

## 抗 ㄎㄤˋ

（形聲）（會意）甲文、抗字與金文、抗从手亢聲本義作「扞」解，（見說文許箸）乃抵禦之意，故从手。又以亢本作「人頸」解以其上承頭而下通胸，有承當敵人攻擾之意，故从亢聲。高曰抗，通「亢」。抗敵拒；不接受。抗衡：彼此相對抗而不避讓。抗直：無所屈撓。

| 楷 | 甲文 | 金文 |
|---|---|---|

## 投 ㄊㄡˊ

（形聲）（會意）甲文投字與金文投从手殳聲本義作「擲」解，（見說文許箸）乃拋擲使遠去之意，故从手。又以殳爲古代 前驅兵車上之長杖，乃用以排除進路上之障礙者；投取其能及遠之意，故从殳聲。擲向目標甩去；棄丟去，投筆從戎、投鼠忌器；情投意洽

## 抒 ㄕㄨ

（形聲）（會意）甲文、抒字與金文、抒从手予聲本義作「汲出謂之抒」解（見通俗文乃引深而出之之意，故从手。又以予本作「推予」解乃以手推物予人之意，汲出在引水予用故抒从予聲。舒陳宣泄。挹汲出。「敢不略陳愚心而抒情素」（漢書・王書）

## 披 ㄆㄧ

（形聲）（會意）甲文 披字與金文、披从手皮聲本義作「開」解，（見集韻）乃以手分解使開之意，故从手。又以皮 爲剝下之獸革，含有離開了獸體的意味；披取其離開之意，故从皮聲。外套曰披；罩於上衣外之長大衣。風披、狐披、貂披。披肝膽，披心相與；

## 抱 ㄅㄠˋ

（形聲）（會意）甲文抱从勹覆人金文抱从手包聲本義作「懷抱」解，（見正字通）乃張兩手圍合之意，故从手。又以包象人曲體裹子形本義作「妊」解含有裹之於裡的意味，抱乃包物入懷，故从包聲。志趣曰抱。懷藏之於心。抱屈、抱恨；抱殘守缺

## 抵 ㄓˇ

（形聲）（會意）甲文、抵字與金文、抵从手氐聲本義作「側擊」解，（見說文許箸）乃從旁以力相加之意；手所以施力者，故从手。又以氏、朱駿聲氏以爲 常破土以出與穿土而入，皆有擊意，故抵从氐聲。「抵壁於谷」（張衡・東京賦）抵右作氐不作氏，而義迥別。

楷　甲文　文　金文

**押** ㄧㄚ

（形聲）（會意）甲文、金文押字形異義同。金文押从手甲聲本義作「壓署（押署）」解（見集韻）乃以手塗色按之於文書上作記號，以代署名故从手。象草木初生時孚甲之形，因有裹之在內與壓之土中之意；押有壓意，故从甲聲。押送、押運、花押、署押。

**抽** ㄔㄡ

（形聲）（會意）甲文、抽字與金文、抽从手由聲，本義作「引」解，（見說文許箸）乃以手拔引使出之意，故从手。又以由有示所從來之一義；引必假外力亦有示所從來之意，故抽从由聲。引；引出：抽芽、抽絲；抽矢、抽劍；抽稅；抽頭；拔；拔出。抽身：引身離去。

**拉** ㄌㄚ

（形聲）（會意）甲文、拉字與金文拉从手立聲本義作「摧」解（見說文許箸）乃以手著力斷折物之意，故从手。又以立象人正面立地形，含有站得平穩的意味；拉必先自身站穩故从立聲。拉丁：種族名，屬雅利安族。牽引。拉車、拉馬、扯拉；拉倒：罷了之意。

**拋** ㄆㄠ

抛（抛本字）同字異體

（形聲）（會意）甲文、拋字與金文、拋从手、尥聲，本義作「擲」解（見玉篇）乃投擲之意，故从手。又以尥讀力，从尢、（尢之本字）力聲本作「𨇨交」解，乃兩𨇨交投意；拋取其投義，故从尥聲。量詞，織物一堆曰一拋，拋球、拋磚引玉；棄；丟棄。拋擲：棄置未理。

**拜** ㄅㄞˋ

（會意）（形聲）甲文金文拜略同、金文第一字丁佛言氏以為拜首至地也，从頁、又；从手、𠦪聲，本義作「首至地」解（見說文許箸）凡拜皆用手，故从手。又以𠦪音忽、兩手並下為拜，敬禮之稱。古時行屈身、拱手至跪而以首叩地之禮皆曰拜。拜年、拜壽

**拍** ㄆㄞ　ㄆㄛˋ

（形聲）（會意）甲文拍字與金文拍从手从白，百聲，本義作「擊」解，（見廣雅）乃以手輕擊之意，故从手。又以百為數之多者，輕擊物常不斷連施若干次，亦有多意，故拍从百聲。樂曲之節奏曰拍。節拍、舞拍，歌板曰拍，多以紫檀為之。擊；敲打。拍掌、拍案、拍球

**招** ㄓㄠ

（形聲）（會意）甲文招金文招字略同。為召字重文古召招為一字，从手召聲，本義作「手呼」解，（見說文許箸）乃作手勢相呼之意，故从手。又以召乃「以言招人」，招為「以手召人」故招从召聲。靶曰招，射箭之的。招紙：揭示的廣告之稱。招蜂引蝶；

**拒** ㄐㄩˋ　ㄐㄩˇ

（形聲）（會意）甲文、拒字與金文、拒从止巨聲，本義作「止」解，（見說文許箸）乃使其定而不得隨便左右進退之意，故从止。又以巨為矩字初文，乃用以為方之器械，即今日工師所用之曲尺，含有定準即止的意味，故歫从巨聲。拒折：方形。拒通「矩」。

**拔** ㄅㄚˊ

| 楷 | 甲文 | 金文 | 文 |
| --- | --- | --- | --- |

（形聲）（會意）甲文拔字與金文拔从手犮聲本義作「擢」解，（見說文許箸）乃抽引使上出之意故从手又以犮爲犬走貌乃犬善走之狀拔引在使之速出故从犮聲。括曰拔；箭末之稱「公曰左之舍拔則獲」（詩・秦風）把曰拔，拔河：拉繩之戲。

## 拖 ㄊㄨㄛ

（形聲）甲文拖下它上又又即手與金文拖字略同實爲拕字从手它聲本義作「曳」解，（見通訓定聲）乃以手牽引之意故从手俗字作拖今拕拖並行而音義無殊・曳；引曳「拕（拖）舟而入水」（漢書・嚴助傳）延宕拖時間拕（拖）本字（同字異體）

## 拙 ㄓㄨㄛˊ

（形聲）（會意）甲文拙字與金文拙从手出聲本義作「不巧」解，（見說文許箸）乃粗笨之稱；手粗笨者技藝必不巧故拙从手又以出象艸木益滋而上出之形含有雜沓不齊意味故拙从出聲。愚笨之稱，弄巧成拙；拙目・拙眼：愚人之稱。拙妻 拙荊

## 拓 ㄊㄨㄛˋ

（形聲）（會意）甲文拓字與金文拓从手石聲本義作「手推物」解（見集韻）乃推之使擴張之意，故从手又以石礙於居而阻於行爲常宜推而使去之物故拓从石聲。拓跋：亦作拓拔托拔托跋北魏之姓；推；以手推物開擴；拓荒拓邊拓落：失勢貌；

## 拆 ㄔㄞ

（形聲）（會意）甲文與金文拆字乃从手㡿聲本義作「裂」解，（見集韻）乃指原有之物因受外來壓力而裂開，之意故从手又以㡿在篇海釋爲與斥同字斥在正韻作「開」解；凡物發裂則開，故㡿从㡿聲。分分整物使開。拆卸拆夥拆賣拆口拆信、拆封；

## 拳 ㄑㄩㄢˊ

（形聲）（會意）甲文拳字與金文拳从手类聲，本義作「屈手」解，（見玉篇）乃五指卷屈握攏之稱，故从手又以类爲弄之省文弄爲獸類以足爪引裂物之意，人握拳亦含有打擊意味故拳从类聲。握拳揮拳赤手空拳飽以老拳拳法曰拳。拳拳：忠謹貌。

## 括 ㄎㄨㄛˋ ㄍㄨㄚ

（形聲）（會意）甲文括字與金文括从手昏聲，本義作「引結也」解，（見六書故）乃引申而加以結束之意故从手又以昏本作「塞口」解，含有結束意味故括从昏聲。引結；結束合爲一包括槪括總括括號：數學上之符號包含括弧括線矢末曰括；通「筈」

## 拱 ㄍㄨㄥˇ

（形聲）（會意）甲文拱金文拱象兩手拱物狀爲廾字重文古廾拱相通。拱从手、共聲，本義作「斂手」解，（見說文句讀）乃合兩手於胸前以示敬之意故从手又以共有合義拱爲合兩手向人致敬，故从共聲。古九拜之禮皆必拱手至地拱衞、衆星拱月；

## 拾 ㄕˊ

（形聲）（會意）甲文金文拾字从手合聲本義作「掇」解，（見說文許箸）乃俯身而取之意，故从手又以合有相與爲一之義；拾則手與物合，故从合聲。射韝曰拾以韋爲之著於左手以遂弦者。數名；個拾佰千萬；据拾撫拾拾物不昧；又「塗不拾遺」

## 持 ㄔˊ

（形聲）（會意）甲文持字與金文持爲寺字重文；古以寺通持。从手寺聲，本義作「握」解，（見說文許箸）乃以手拿住之意，故从手。又以寺在古爲官府所在亦即掌握庶事之處持取其掌握之意故从寺聲。操持劫持挾持鉗持扶持維持；保持懷持

楷　甲文　金文

**指** ㄓˇ

（形聲）（會意）甲文、指字與金文、指：从手旨聲，本義作「手指」解，（見說文許箸）本爲手足五指之稱，惟手指之運用較多，故以手指該足指而从手，又以旨本作「美味」解，先民初無匕箸，恆染指於鼎以嘗味；故从旨聲。姆指、食指、中指、無名指、小指、指頭、彈指、染指。

**按** ㄢˋ

（形聲）（會意）甲文按字與金文按：从支从安古从手之字，間亦从支，故以此爲古按字。从手安聲，本義作「下」解（見說文許箸）乃以手抑物使下之意，故从手；又以安有穩定之意味，故按从安聲。壓抑、按捺、按壓、抑按、按脈、審理、按獄、按戶、按畝、按期、舉按。

**挑** ㄊㄧㄠ

（形聲）（會意）甲文、挑字與金文、挑：从手、兆聲，本義作「揀」解，（見增韻）乃從多中選少以取之意，故从手；又以兆本作「灼龜以卜吉凶」解，人常兆而避凶趨吉，含有擇適而從意味，故挑从兆聲。揀：多中選取。挑選、揀挑、擔：以肩擔物。擔挑、挑水、肩挑、抉剔。

**拿** ㄋㄚˊ

孥拿本字同字異體

（形聲）（會意）甲文、金文、拏字：从手奴聲，本義作「持」解，（見說文許箸）乃執取之意，故从手；又以奴爲男女罪人之充役者，日以執器取物供役使爲事，故拏从奴聲，惟俗字作拿。持：持執、捕；捕捉、拿捕、捉拿、拿捏、治故意爲難、拿蹻：苛求，拒絕合作。

**拯** ㄓㄥˇ

（形聲）（會意）甲文金文拯字形異義音同。拯：从手丞聲，本義作「上舉」解（見說文段注）乃舉溺者出水之稱，上舉必賴乎手，故从手；又以丞本作「翊」解，乃輔佐之意，有佐其出險之意，故拯从丞聲。「民以爲將拯己於水火之中也」（孟・梁惠王）

**振** ㄓㄣˋ

（形聲）（會意）甲文振金文振：字略同金文振，上从農與辰同聲，下从廾與手同意，高田忠周氏以此爲古振字。从手辰聲，本義作「舉救」解，（見說文許箸）乃出人於艱危之意，故从手；及時著力，故振从辰聲。救：救濟，通「賑」。振振：仁厚貌，威振四海。

**捐** ㄐㄩㄢ

（形聲）（會意）甲文捐字與金文捐：从手肙聲，本義作「棄」解，（見說文許箸）乃捨去之意，故从手；又以肙爲小蟲，含有微不足道，捨去時，常以爲所捨去者皆微不足道之意味；捨棄，故捐从肙聲。捐款、救災、捐貲興學、捐糧助賑；捐軀赴國難，視死忽如歸。

**捕** ㄅㄨˋ　ㄅㄨˇ

（形聲）（會意）甲文、捕字與金文、捕：从手、甫聲，本義作「收掩」解，（見急就篇顏注）乃急加捉拿之意，故从手；又以甫爲逋之省文，逋爲逃亡者之稱，捉拿逃亡者爲捕，故捕从甫聲。捕取：如捕鹿、捕鳥獸、捕風捉影、捉拿、捕盜、捕虜、拿捕、捕掩、逮捕、捕繫、豪强。

**挨** ㄞ

（形聲）甲文、挨字與金文、挨：从手、矣聲，本義作「擊背」解，（見說文許箸）故从手，惟其本義古罕見用，今所行者爲別義。摩擦「見野牛就木挨㩟」（菊坡叢話）依次及之「對壘每欲相𠜾挨」（王安石詩）挨撈：擁擠、推拖、延、從南頭到北頭，挨家去搜。

**挺** ㄊㄧㄥˇ

（形聲）（會意）甲文、金文挺字略同，从手廷聲，本義作「拔」解，（見說文許箸）乃引之向前或向上之意，故从手；又以廷即朝廷，本爲古代帝王治事之所，亦有於此接受四夷臣庶向前向上來朝的意味，故挺从廷聲。脯之直者曰挺，通「脡」。筆挺、挺拔、英挺。

楷　甲文　金文

**挾** ㄒㄧㄝˊ　ㄒㄧㄚˊ

（形聲）（會意）甲文、挾字與金文挾从手、夾聲，本義作「俾持」解（見說文句讀）王筠氏引莊氏「門持人」爲俾，乃兩相密合以持一物之意；持賴乎手，故挾从手；又以夾从大（大人）俠（藏）二人（兩小人）本作「持」解，故从夾聲。箸曰挾，通「梜」。脅迫，夾持。

**挫** ㄘㄨㄛˋ

（形聲）（會意）甲文、挫字與金文挫从手坐聲，本義作「折」解（見廣雅）乃折損之意，故从手；又以坐有委頓之意，味受折損常呈委頓之狀，故挫从坐聲。摧，摧敗。一兵挫地，削亡其六郡。（史記．屈原列傳）屈辱，挫辱；久挫於刀筆之前。聲威大挫。

**捉** ㄓㄨㄛ

（形聲）（會意）甲文、捉字與金文捉从手足聲，本義作「握」解（見說文許箸）乃緊執之意，故从手；或以爲捉在唐書兵志訓「捕」，合手足於一處爲捕，手足二字疾讀之音爲捉。捉迷藏：遊戲名。握捉，刀捉筆。捕捉，拿擒捉；捉弄：侮弄。甕中捉鼈，手到拿來。

**捧** ㄆㄥˇ

（形聲）（會意）甲文捧字與金文捧但作奉、捧爲奉字重文，古从手奉聲，本義作「兩手承也」解，（見廣韻）乃兩手爾奉之意，故从手；又以奉本作「承」解，卽合兩手承物之意，捧爲奉之累增字，故捧从奉聲。兩手曲掌相合所受之量曰捧。奉承人擡高其地位。

**捨** ㄕㄜˇ

（形聲）（會意）甲文、捨字與金文捨从手舍聲，本義作「釋」解（見說文許箸）乃放手任其去之意，故从手；又以舍本作「市居」解，含有分散以居之意，釋乃使之分散以去，故捨从舍聲。棄：放棄，捨命，捨棄，割捨。捨不得，戀戀不捨，自送別心難捨。布施，布捨，施捨。

**捲** ㄐㄩㄢˇ

（形聲）（會意）甲文捲字與金文、捲从手卷聲，本義作「捲收」解，（見說文許箸）乃曲捲物使合之意，故从手；又以卷本作「曲膝」解，因有上下腿曲屈相接之意；捲收有曲屈相接意，故捲从卷聲。斂伸開、散開者：轉攏；通「卷」。捲舌，捲席，捲袖，捲行李，捲款潛逃。

**捷** ㄐㄧㄝˊ

（形聲）（會意）甲文、捷字與金文、捷从手、疌聲，本義作「軍所獲也」解，（見說文許箸）乃作戰有所得之意，故从手；又以疌从又（手）从止（足）以會手足並用之意，本作「疾」解；行動敏疾大有所獲，故捷从疌聲。戰利品曰捷。戰勝：連戰皆捷。敏捷，輕捷。

**掃** ㄙㄠˇ

（象形）（會意）甲文掃羅振玉氏以爲「象人持帚掃除之形，當爲埽之本字」。金文掃字从手、从土从帚，以帚除塵土爲埽，其本義作「棄」解（見說文許箸）卽棄除之意。清除汚穢：淸掃。「黎明卽起，灑掃庭除」（朱柏廬格言）。掃滅，埽（掃本字）（同字異體）

**授** ㄕㄡˋ

（會意）（形聲）甲文金文授字略同，从手从受，亦从又，增手卽以手相付爲授，其本義作「予」解，（見說文許箸）乃以物相予之意；又从受聲，受本作「相付」解，乃甲以物與乙而乙受物於甲之意。稟賦曰授。教以學術，相傳付：授課，傳授，講授。授官，授職，授勛。

**排** ㄆㄞˊ

（形聲）（會意）甲文、排字與金文、排从手非聲，本義作「推」解，（見廣雅）乃以手向外推開之意，故从手；又以非本作「相背」解，排與被排兩方必居相反，亦卽相背地位，故排从非聲。橫列曰排。兩排，房屋三排，桌椅，軍隊編制名，在連以下班以上之稱。

| 楷 | 注音 | 甲文 | 金文 | 說明 |
|---|---|---|---|---|
| 掘 | ㄐㄩㄝˊ | | | （形聲）（會意）甲文、掘字與金文掘从手屈聲本義作「穿」解，（見廣雅）乃運器鑿地之意，故从手；又以屈本作「尾上曲」解，人掘地時身曲而臀部向上獸類掘洞時尾常上曲，故掘从屈聲。揁挖鑿捸向地中挖取發掘 捸掘其形如窟的通「窟」 |
| 捸 | ㄊㄢˋ | | | （形聲）（會意）甲文捸字與金文捸从手㴱聲本義作「遠取之也」解，（見說文段注）乃以手引取之意，故从手；又以㴱爲深之初文，深遠之義間通，遠取則手須深入，故捸从㴱。任偵察情實者曰捸，使捸偵捸密捸尋求；捸索捸險「捸賾索隱鉤深致遠」（易） |
| 接 | ㄐㄧㄝ | | | （形聲）（會意）甲文接字與金文接从手妾聲本義作「交」解，（見說文許箸）乃以手相引合之意，故从手；又古以女有罪入官受役者爲妾，身既卑微事又繁瑣，不免與人交往較多，故接从妾聲。交曰接，接壤、接印、接信、接篆、接吻、接骨、接線、接戰、連接、相連接的 |
| 控 | ㄎㄨㄥˋ | | | （形聲）甲文、控字與金文、控从手空聲，本義作「引」解（見說文許箸）乃以手操引之意，故从手；又以空有窮盡義，控在窮盡己力以行，故从空聲。投告曰控，止馬、控勒控馬「又良御忌抑磬控忌」（詩・鄭風）制扼制控馭鎭控誣控無所控告何得揑詞妄控 |
| 推 | ㄊㄨㄟ | | | （形聲）（會意）甲文推字與金文推从攴从隹古从手之字，間亦从攴，推从手隹聲，本義作「排」解，（見說文許箸）即以手向外排物使開，故从手；又以隹爲短尾野禽喜向外飛翔，推取其向外之意，故从隹聲。推薦推舉「故推恩足以保四海」（孟・梁惠王） |
| 掩 | ㄧㄢˇ | | | （形聲）（會意）甲文、掩字與金文、掩从手奄聲，本義作「斂」解，（見說文許箸）乃以手蔽物之意，故从手；又以奄本作「覆」解，掩取其相覆之意，故从奄聲。遮遮蔽掩蔽、掩翳；掩掩：同時溢發貌，蓄蓋著、掩耳盜鈴「白骨若不掩高與長城齊」（陸游） |
| 措 | ㄘㄨㄛˋ | | | （形聲）（會意）甲文措字與金文、措从手昔聲本義作「置」解，（見說文許箸）乃安排之意，故从手；又以昔含有往事成例 意味，先民措置庶事法古是尙，故措从昔聲。措置、手足無措、張皇失措「弗學之弗能弗措也」（禮・中庸）舉而措之，措猶頓也 |
| 採 | ㄘㄞˇ | | | （形聲）（會意）甲文、採字與金文、採从手采聲本義作「取」解（見集韻）乃摘取之意，故从手；又以采本作「取」解，采採古今字，採爲采之累增字，故从采聲。採薪者之稱；採大薪者曰薪，採小薪者曰採，摘取通「采」，採桑、採摘、採蓮、採石、採金、採礦 採納、採掘 |
| 掬 | ㄐㄩˊ | | | （形聲）（會意）甲文掬字與金文、掬爲匊字重文，古以匊爲掬，从手匊聲，本義作「在手曰掬」解，（見集韻）乃物居手中之稱，故从手；又以匊从勹米會意本作「在手曰匊」解，匊掬古今字，掬爲匊之累增字，故从匊聲。古量名，半升曰掬，笑容可掬、眞情可掬 |
| 掄 | ㄌㄨㄣˊ | | | （形聲）（會意）甲文掄字與金文、掄从手侖聲，本義作「擇」解，（見說文許箸）乃選取之意，故从手；又以侖本作「思」解，含有依類推究和縱橫兩通的意味，選取時亦須依其品類而縱橫兼顧，故掄从侖聲。揮動、掄刀、掄棍、掄禪杖；拋任意浪擲金錢 |

| 楷 | 甲文 | 金文 |
|---|---|---|

## 掔（ㄑㄧㄢ）

（會意）（形聲）甲文緊羅振玉氏以爲「說文「掔固也从手堅聲」按史記楚世家『肉袒掔羊』與牽同契文从臣臣俘虜也从兩手兩手引臣即牽之本誼（義）掔牽爲古今文」本義作「固也」解（見說文許箸）乃執持使牢穩之意牽引通「牽」

## 插（ㄔㄚ）

（會意）（形聲）甲文插字與金文插从手从臿亦从臿聲臿音察从干（杵）臼（春穀時容穀器）作「去穀麥之皮」解含有以干不斷插入臼中之意故手臿爲插其本義作「刺入」解（見玉篇）乃刺進去之意。鍫曰插通「鍤」插筆、插翅、亂插、插稻、播插、插嘴

## 揚（ㄧㄤˊ）

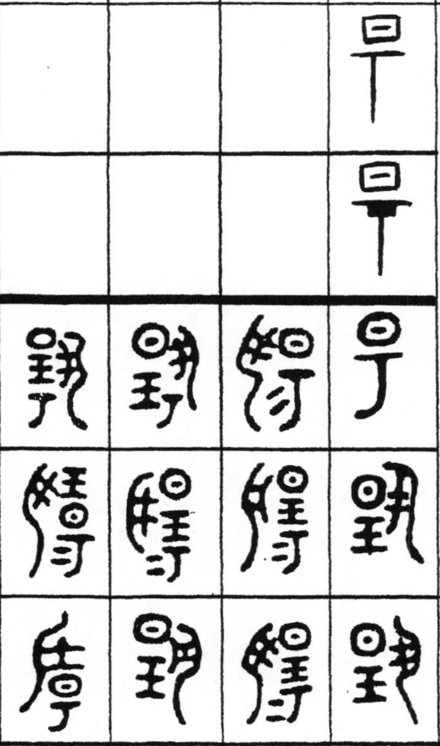

（形聲）（會意）甲文揚與金文揚第一字略同金文揚字吳大澂氏以爲古揚字爲「對揚也从丮从日从玉執玉以朝曰日爲君象」古代稱朝君爲對揚本義作「舉」解（見通訓定聲）乃托物使高之意乃朗爽易曉故从手易聲眉之上下曰揚揚手揚旗

## 換（ㄏㄨㄢˋ）

（形聲）（會意）甲文換字與金文換从手奐聲本義作「易」解（見說文許箸）乃互相更調之意更調物常假手行之故換从手又以禮紀檀弓「美哉奐焉」奐訓文采燦明貌亦即美好之稱故換从奐聲換文、換衣、換錢、交換、兌換、改名換姓、脫胎換骨、更改、變換

## 握（ㄨㄛˋ）

（形聲）（會意）甲文握字與金文握从手屋聲本義作「持」解（見廣雅）乃執持之意故从手又以屋爲人之所居乃容人在內者握常手在物外亦含有容物於內之意味故从屋聲量詞一把曰一握古度法四寸曰握供帳通「幄」執掌、握要、秉握、握管、握髮

## 揭（ㄐㄧㄝ）

（形聲）（會意）甲文揭字與金文揭从手曷聲本義作「高舉」解（見說文許箸）乃舉之使高之意故从手又以曷爲竭之省文高舉必傾竭全力以赴故揭从曷聲表曰揭姓後漢安侯後並有揭氏揭竿爲旗開打開揭幕昭昭乎如揭日月而行深則厲淺則揭

## 揮（ㄏㄨㄟ）

（形聲）（會意）甲文揮字與金文揮从手軍聲本義作「奮」解（見說文義證）乃振臂使去之意故从手又以軍爲師旅之泛稱貴能振奮故揮从軍聲幡曰揮通「徽」振去；灑掉、揮淚、揮刀、揮塵、揮鞭、揮汗如雨「發揮於剛柔而生爻」（易．說卦）任意揮霍

## 援（ㄩㄢˊ）

（形聲）（會意）甲文援字與金文援从手爰聲本義作「引」解（見說文許箸）乃以手引之使前使上之意故从手又以爰本作「援」解故援从爰聲或以爲援爲爰之或體字戈之直刃曰援救助曰援舉賢援能爲四鄰之援拯救助援、援助、援救、相援

## 揆（音葵 ㄎㄨㄟˊ）

楷 | 甲文 | 金文

音傀 ㄎㄨㄟˊ

（形聲）（會意）甲文揆字與金文揆从手癸聲本義作「度」解（見說文段注）乃依法制審量之意手有尺寸兩脈易爲探量之準據且審量多用手故揆从手又以癸象水自四方流入地中之形故揆从癸聲道曰揆官曰揆揆席：總持國政之官曰揆。

**揣** ㄔㄨㄞˇ

（形聲）（會意）甲文揣字與金文揣从攴从耑古从手之字間亦从攴集韻引此爲揣之同字揣从手耑聲本義作「量」解（見說文許箸）乃以手度物高下之意故从手又以耑爲「草木初生之題」幼苗初生之狀故揣从耑聲揣度揣摩：揣高卑不揣其本

**損** ㄙㄨㄣˇ

（形聲）（會意）甲文損字與金文損从手員聲本義作「減」解乃除物使少之意故从手又以員爲計物（貝）之數手取物則物數遂少故損从員聲虧曰損『滿招損謙受益』集注『滿損謙益卽易所謂天道虧盈』」（書・大禹謨）損事損錢減損損害傷損

**搏** 音博 ㄅㄛˊ

（形聲）（會意）甲文搏字與金文搏右从戈容庚氏以此爲古搏字从手尃聲本義作「索持」解（見說文許箸）乃引索束之使不得去之意故从手又以尃有展佈之意味搏必展佈手索行之故从尃聲捕捉搏捕執搏雄獅搏兎無搏雞力拊搏攫搏搏擊

**搖** ㄧㄠˊ

（形聲）（會意）甲文搖字與金文搖从手䍃聲本義作「動」解（見說文許箸）乃以手擺動振動之意故从手又以䍃从夕（肉）缶本爲口小腹大用以盛肉之瓦器貯肉於中調味時宜搖動使之勻和故䍃聲擺動搖手搖鈴搖櫓搖頭擺尾搖旗吶喊搖撼

**搜** ㄙㄡ

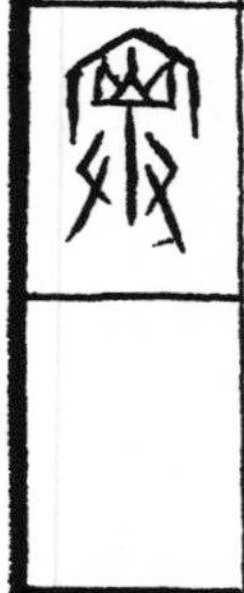

音蕭 ㄒㄧㄠ

音騷 ㄙㄠ

（形聲）（會意）甲文搜字與金文搜从手叜聲本義作「求」解（見說文許箸）乃尋求之意故从手爲「叜卽按之本字」叜按古今字按爲叜之累增字索尋求搜求搜索搜集搜尋搜聚搜攬搜羅搜搜刮：搜索之意閉城門大搜搜搜：默貌遍求曰搜

**搶** ㄑㄧㄤˇ

ㄑㄧㄤ

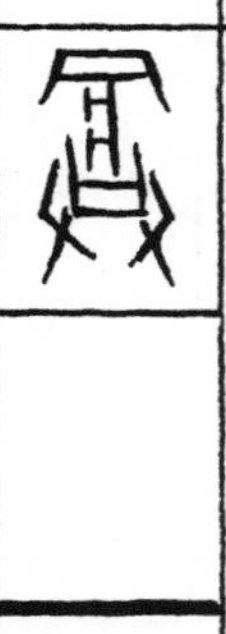

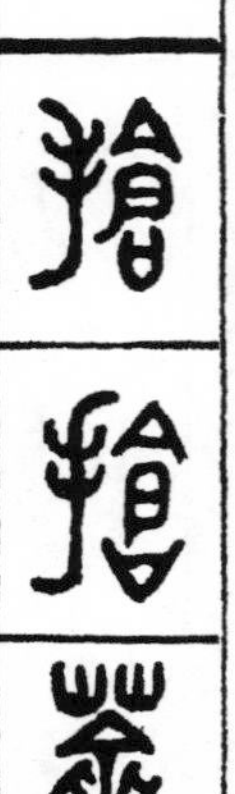

（形聲）（會意）甲文搶字與金文搶从手倉聲本義作「爭取」解（見增韻）乃强引物以入己意故从手又以倉有倉卒一義搶人財物必在倉卒之間故搶从倉聲强奪掠搶趕快表時間搶修搶救搶運搶先搶搬東西呼天搶地蛮哀禮搶攘：亂貌

**搆** ㄍㄡˋ

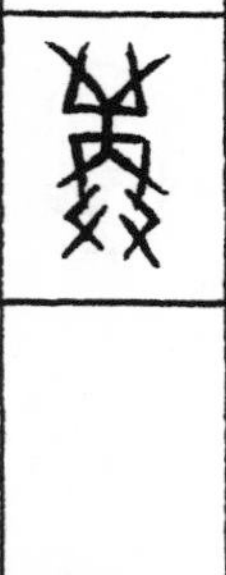

（形聲）（會意）甲文搆字與金文搆从手冓聲本義作「牽」解（見集韻）乃牽繫之意故从手又以冓象木材對交形本作「交積材」解含有縱橫相密合的意味牽繫有彼此密合意故搆从冓聲交同「構」搆陷：設圈套以陷人入罪搆得來搆不到

**搗** ㄉㄠˇ

（形聲）甲文搗字與金文搗从手䲭聲與擣爲同字其本義作「手推」解（見集韻）擣在說文訓「手椎」乃持杵相椎擊之意故从手島聲與擣爲同字其本義作「手推」解（見韻會）卽椎擊物意故从手今搗擣並行而音義無殊搗亂：攪擾直搗匪巢

**摧** ㄘㄨㄟ

ㄘㄨㄛˋ

（形聲）（會意）甲文摧文與金文摧从手崔聲本義作「折」解（見說文許箸）乃以手斷物之意故从手又以崔本作「高大」解本謂山之高大亦含有其勢難當之意味折挫物必藉高壓之勢與難當之力故摧从崔聲摧抑摧挫摧堅摧殘墮摧摧枯拉朽

**摸** 音莫 ㄇㄛˋ

楷 甲文 金文 文 ｜ 楷 甲文 金文 文

音貓 ㄇㄠ
（形聲）（會意）甲文、摸字與金文、摸从手莫聲；本義作「摸索」解（見集韻）乃以手輕輕探物之意故从手；又以莫爲暮之本字，入暮則不能見物，必須輕輕探去，期有所得，故摸从莫聲。捫索，暗中探求，「邕至曹娥碑後，能手摸其文讀之。」（後漢．蔡邕傳）

摘 ㄓㄜˊ ㄓㄞ
（形聲）（會意）甲文、摘字與金文、摘从手、啻聲；本義作「拓東樹實」解（見說文段注）拓爲拾掇；拾掇果實之意，故从手；又以啻有「止」義，百果熟而止長即可摘食，故摘从啻聲。採取，摘花，摘掇，拾摘，「一摘使瓜好，再摘使瓜稀。」（唐書．建寧王倓傳）

摺 ㄓㄜˊ
（形聲）（會意）甲文、摺字與金文、摺从手習聲；本義作「折」解（見廣雅）乃使其斷損之意，故从手；又以習本作「數（常常）飛」解，鳥習飛時兩翅不斷上下迫擊，鼓盪含有翅若斷折之意味，故摺以習聲。摺疊而成之物曰摺，摺子、手摺，存摺、奏摺，摺尺、摺扇

摶 音團 ㄊㄨㄢˊ
（形聲）（會意）甲文、摶字同金文、摶从手專聲；本義作「圜」解，（見說文許箸）乃手搓物使圓之意，故从手；又以專爲古代織布絡線之圓形物，乃使之轉動以絡線者，摶取其圓轉之意，故从專聲。以手團物，「摶氣如神，萬物備存。」（管．內業）憑藉，一作摶）

撫 ㄈㄨˇ
（形聲）（會意）甲文撫字同金文、撫从手、無聲；本義作「安」解，（見說文許箸）乃扶持使安適之意，故从手；又以無本作「豐」解，有厚重之意，安撫必具厚重之情，故撫从無聲。安循、撫慰，安撫，「撫于四方。」（書．皐陶謨）存恤，撫恤、撫字，撫養；權撫、制撫；

撕 ㄙ

撞 音壯 ㄓㄨㄤˋ
（形聲）（會意）甲文金文、撕字形異義同，从手斯聲；本義作「析」解（見集韻）乃指將物用手拉破而言，故从手；又以斯本作「析」解，即强分之意；斯，撕古今字，撕爲斯之累增字，故从斯聲。扯，以手裂物，買買布帛，蓋取自整匹上撕下之意；撕開，撕擄，提撕

撤 音牀 ㄔㄨㄤˊ
（形聲）（會意）甲文撞字與金文、撞从手、童聲；本義作「丮（迅）擣」解，（見說文段注）乃迅速撞擣之意，故从手；又以童本作「奴僕」解，奴僕以執雜役爲事，撞擣或爲賤役，即奴僕之事，或爲妄舉，即奴僕之行，故撞从童聲。「善待問者如撞鐘。」（禮．學記）

撤 ㄔㄜˋ
（形聲）（會意）甲文、撤字與金文、撤从力、徹聲，本義作「除去」解，（見說文段注）乃著力使去之意，故从力；又以徹本作「通」解，心意之所向，道途之所之，必須除去障礙，然後可通，故撤从徹聲。除去，撤官、撤差、撤職，「不撤薑食。」（論．鄉黨）收回，撤兵

播 ㄅㄛˋ
（形聲）（會意）甲文播字與金文播左爲番字省文，右从攴，古从手之字間亦从攴，从手番聲；本義作「種」解，（見說文許箸）乃種植之意，故从手；又以番本作「獸足」解，含有所歷可見亦可尋之意，故播从番聲。種，種植，宣揚，播揚，播敷，宣播；播徙，流播；

撲 ㄆㄨ
（形聲）（會意）甲文撲金文撲字形異義同从戈从菐，古从手之字，此爲古撲字，从手菐聲；本義作「擊背」解，（見說文許箸）乃以杖擊背之意，又作「煩猥貌」解，古以連枝曰撲，撲亦有連續亂擊之意，故从菐聲。擊拂及拂拭之具曰撲；亦稱「拍」

撇 ㄆㄧㄝ

楷　甲文　金文　文

音瞥 ㄆㄧㄝˇ

（形聲）（會意）甲文撇字與金文撇从手撇聲本義作「拂」解（見韻會）乃拭去塵垢之意故从手又以敝有破敗之一義破敗之物易積塵垢宜勤拂又防物破敗亦宜勤拂塵垢故撇从敝聲。拋甩落，書法由右向左斜下之筆曰撇即「撇」即「丿」。

擹 ㄗㄨㄣˇ

（形聲）（會意）甲文金文擹字略同从手𢍜聲本義作「裁抑」解（見增韻）乃用手强加節制之意故从手。又以𢍜爲祀神敬客所用酒器不可太過不可不及即裁抑使當的意味故擹从𢍜聲。抑抑按，擹節：擹謂抑制節謂法度即愼自抑制以合法度。

撮 ㄘㄨㄛˋ

（形聲）（會意）甲文撮字與金文撮从手最聲本義作「三指取物」解（見玉篇）故从手。又以最本作「犯取」解撮有輕巧以取之意故从最聲。量名古以四圭爲一撮今制升的千分之一爲撮。撮弄：雜技之稱。撥弄取笑，亦名手技即所謂做戲法也。

撰 ㄓㄨㄢˋ

音選 ㄒㄩㄢˇ

（形聲）（會意）甲文撰字與金文撰从手巽聲本義作「述」解（見集韻）乃指執筆記述而言故从手。又以巽本作「具」解記述宜充實完備是有具意故撰从巽聲。數一曰事。才志曰撰；通「僎」。箸作、撰文、杜撰、精撰；擇選、擇；通「選」。撰衆相迎。

撩 ㄌㄧㄠˊ

（形聲）（會意）甲文撩字與金文撩从手尞聲本義作「理之也」解（見說文句讀）乃妥爲整理之意故从手。又以尞本作「燒柴祭天」解爲古代祭法之一種含有戒愼明顯之意凡理亂必內持戒愼而外明績效故撩从尞聲。挑挑弄，撩情、撩惹、撩撥、撩亂

擁 ㄩㄥˇ

ㄩㄥ

（形聲）（會意）甲文金文擁字形異義同从手雝聲本義作「抱」解（見說文許箸）乃合兩手相抱之意故从手。又以雝有和睦相悅之一義，擁者常含有樂而置諸己懷之意味故从雝聲。擁護：佐助。擁抱、擁勿從跟隨。「身擁數百騎毆」（唐書．竇威傳）

擅 ㄕㄢˋ

（形聲）（會意）甲文擅字與金文擅从手亶聲本義作「專」解（見說文許箸）即操事權於一手之意，故从手。又以亶本作「多穀」解含有積多穀於一處的意味故擅从亶聲。專操之於己。壓倒。據有精長於一藝。晉平公淫六卿擅權。擅恣：專橫恣肆。

擇 ㄗㄜˊ

（形聲）（會意）甲文擇字與金文擇从艸从睪古从手之字，間亦从艸，吳大澂氏以此爲擇字从手睪聲本義作「柬選」解（見說文許箸）乃從中挑取之意故从手。又以睪本作「伺視」解含有分辨虛實緩急之意故从睪聲。擇友、擇鄰、掄擇、揀擇、擇選、擇善

擊 ㄐㄧ

（形聲）（會意）甲文擊字與金文擊从手毄聲本義作「攴（扑）」解（見說文許箸）乃敲打之意故从手。又以軸頭使相調節爲毄本作「相擊中」解攴即相擊故擊从毄聲。古樂器名，方形擊之以起樂者；通「柷」。擊斬、擊滅、夾擊、邀擊、襲擊、以卵擊石；

操 ㄘㄠ

楷 | 甲文 | 金文 | 文

ㄘㄠ

（形聲）（會意）甲文操字與金文操从品从寸；丁佛言氏以爲「凡法度皆从寸操爲執持之志行，从寸明其守也」操从手喿聲本義作「把持」解（見說文許箸）乃完全掌握控制之意，爲噪之初文本作「羣鳥鳴」解故从喿聲。把持，操杖操觚操左劵操勝算

擔 ㄉㄢ 音旦 ㄉㄢˋ

（形聲）（會意）甲文、擔字與金文、擔从手、詹聲，本義作「擔負」解，（見廣韻）乃以肩承物之意惟肩承物必以手扶之乃得不傾故擔从手又以詹爲儋之省，文儋本作「何（即荷）」解，以肩承物即以肩荷物，故擔从詹聲。擔水、擔柴、擔行李，擔任、擔保、承擔。

據 ㄐㄩˋ

（形聲）（會意）甲文據字與金文闕；爲豦字重文，古以豦通據。从手、豦聲，本義作「杖（仗）持」解，（見說文許箸）乃有所執持而無恐之意故从手又以豦音居本作「豕相鬪不解」解，二豕有自恃勢均力敵之意，故从豦聲。憑證曰據：收據、契據、單據、憑據。

擘 ㄅㄛˋ

（形聲）（會意）甲文、金文擘略同，从手辟聲本義作「裂」解（見玉篇）乃著力使分解之意，故从手又以辟本作「治罪人之法」解含有分別有罪無罪及審罪輕重使當其刑之意，擘取其分別故从辟聲。拇指曰擘：巨擘。剖裂：擘開、擘裂、分擘。擘畫：處理分析。

擄 ㄌㄨˇ ㄌㄨㄛˇ

（形聲）（會意）甲文、擄字與金文擄爲虜字重文古以虜通擄，从手虜聲本義作「掠」解，（見廣韻）乃奪取之意，故从手又晉灼註漢書謂「生得曰虜」，生得者常以索貫而拘之，擄爲虜之累增字，故从虜聲；掠；劫掠、擄劫、搶擄、官吏舞弊斂財，擄掠。捋曳引。

擒 ㄑㄧㄣˊ

（形聲）（會意）甲文擒字與金文擒：从手金聲本義作「手捉物」解，（見三蒼）乃執取之意，故从手又以金爲貴重物品人常用手捉持不敢稍釋，故捦从金聲俗字作擒。捉捕。生擒、七縱七擒、欲擒故縱。擒斬：捕殺。射人先射馬，擒賊先擒王。捦（擒本字）

擎 ㄑㄧㄥˊ

（形聲）（會意）甲文金文擎字从手敬聲本義作「持高」解（見韻會）持高賴乎手，故擎从手又以敬有嚴肅之意持高宜有警覺心以免失手，故擎从敬聲，持，高舉「藥許鄰人劚書從稚子擎」（杜甫・溪上歸詩）「八柱擎天高明之位列」（姚崇碑）

擬 ㄋㄧˇ

（形聲）（會意）甲文金文擬字从手疑聲本義作「度」解（見說文許箸）乃有所揣計之意，手有尺寸兩脈易於測度，故擬从手又以疑有迷而難定之意，擬在揣計其所疑，故从疑聲。度揣度，比仿擬照比擬模擬；將打算起草，擬稿、擬往、擬歸。拟（擬簡字）

擢 ㄓㄨㄛˊ

（形聲）（會意）甲文、擢字與金文、擢从手、翟聲，本義作「引」解（見說文許箸）乃拔而使進之意，故从手又以翟爲「雄雉」，其尾長且美；擢在引之以盡其長專其美，故从翟聲。引；提拔，拔擢；拔心曰揠，拔根曰擢。「上幸擢爲丞相封爲通侯」（史記・李斯列傳）

擴 ㄎㄨㄛˋ

（形聲）（會意）甲文、擴字與金文、擴从手廣聲本義作「張大」解（見集韻）乃張小使大之意，故从手又以廣有寬闊一義；張小使大即張狹隘爲寬闊使之廣，故擴从廣聲；張；擴張由內向外，由小使大。擴充：使範圍加大內容增多，擴充營業。擴而充之

擺 ㄅㄞˇ

| 楷 | 甲文 | 金文 | 文 |
|---|---|---|---|

擺

(形聲)(會意)甲文擺字與金文擺从手罷聲本義作「撥」解(見廣韻)乃治理使安使當之意，故从手；又以罷本作「遣有罪」解含有當赦者赦當免者免的意味，擺存使其得當，故从罷聲。擺擺：擺擺擺洒時鐘內左右擺動之重錘，鐘擺擺弄：醼起醼動。

擣 ㄉㄠˇ

(形聲)(會意)甲文金文擣字略同，上从壽下从艸，古从手之字間亦从艸，从手壽聲本義作「手椎」解(見說文許箸)乃持杵相椎擊之意，故从手；又以人生所經歲月之長者爲壽，故从壽聲。「我心憂傷，惄焉如擣」(詩・小弁)舂敲，敲搗。

擾 ㄖㄠˇ

(形聲)(會意)甲文金文擾字形異義同，从手夒聲本義作「煩」解(見說文許箸)乃撓得使人不安之意，故从手；又以夒有愁悶之一義，煩亂不安有愁悶意，故擾从夒聲。家畜曰擾，「其畜宜六擾」注「六擾馬牛羊豕犬雞」(周禮・夏官)攪亂

攀 ㄆㄢ

(形聲)(會意)甲文攀字與金文攀从反廾，取兩手向外爲攀之意，高田忠周氏以此爲古攀字。从廾樊聲，本義作「引」解(見說文許箸)乃援引而上之意，故从廾；又以樊有負重難行之感，故攀从樊聲。攀登曰攀。依附「攀龍鱗附鳳翼」(後漢書・光武帝紀)

攏 ㄌㄨㄥˇ

(形聲)(會意)甲文、金文攏字从手龍聲本義作「擁」解(見字彙)是抱合之意，故从手；又以古傳龍起雲擁，龍爲雲所從者，攏取擁從之意，故从龍聲。合括束「攏萬川乎巴梁」(郭璞・江賦)停泊，靠攏碼頭「知郎舊時意，且請攏船頭」(丁仙芝江南曲)

攘 ㄖㄤˊ

| 楷 | 甲文 | 金文 | 文 |
|---|---|---|---|

攘 ㄖㄤˇ

(形聲)(會意)甲文攘字與金文攘从手襄聲本義作「推」解(見說文許箸)乃推物使前之意，故从手；又以襄本作「解衣而耕」解含有悉力以赴之意，以手推物必悉力以赴，故攘从襄聲。卻抗拒，攘外，攘寇；攘攘：紛亂貌。因其自來留爲己有曰攘、

攝 ㄕㄜˋ

(形聲)(會意)甲文攝字與金文攝从手聶聲本義作「引持」解(見說文許箸)乃牽持之意，故从手；又以聶取三耳相接之意，本作「小語」解，亦含有彼此近接之意，引此以與彼近之意，故攝从聶聲。攝政，攝治，統攝「堯老而舜攝也」(孟・萬章)

攜 ㄒㄧ 音奚 ㄒㄧ

音諧 ㄒㄧㄝˊ

(形聲)(會意)甲文攜字與金文攜从手巂聲本義作「提」解(見說文許箸)乃牽引之意，故从手；又以巂即子規鳥亦名杜宇、杜鵑，鳴聲淒厲，能牽引旅客之鄉愁歸思；攜取其牽引之意，遂从巂聲。攜手，攜杖，攜鋤，離叛，皆如取如攜攜(攜俗字)

擧 ㄐㄩˇ

(象形)(形聲)(會意)甲文、金文擧字略同，略象酒器形，亦象四手並作之狀，以會二人對擧之意；从手與聲本義作「對擧」解(見說文許箸)字形音義俱近，久爲與二字所併，又以俗字作擧，行爲曰擧。善擧，美擧，壯擧，義擧，盛擧，擧動，擧措，保擧，推擧，擧手

攣 ㄌㄩㄢˊ

音練 ㄌㄧㄢˋ

(形聲)(會意)甲文、攣字與金文攣从手䜌聲本義作「係」解(見說文許箸)乃牽繫之意，故从手；又以䜌作「治」解，亦作「亂」解，又作「不絕」解，係則使亂得治，且使不絕，故攣从䜌聲。攣跪：手足彎曲不能伸縮之疾。攣攣：眷念不捨貌；同「戀戀」

攬 ㄌㄢˇ

楷 甲文 金文 文

)乃撮其總要而握持之之意故从手又以監本作「臨下」解含有自上下顧之意攬爲自上操持故从監聲。擥把持、獨攬、攬其大總、攬權、綜延攬英雄、提持、捉捕、捉采、採取、登車攬轡。

## 攴 ㄆㄨ

（指事）（形聲）甲文攴金文攴字略同，林義光氏以爲「象手（又）有所持形與又同猶治事之意」蓋丨象治事之具从又持丨以指治事之義，又卜聲本義作「小擊」解（見說文許箸）乃輕扑之意故从又、小擊曰攴楚之稱，說文無扑字攴即是也。

## 收 ㄕㄡ

（形聲）（會意）甲文收字與金文收从攴丩聲，本義作「捕」解，（見說文許箸）乃迫使罪人受我捉拏之意，故从攴又以丩象兩物交纏形本作「糾繚」解捕乃使用繩枷等刑具與罪人糾繚而令受執故收从丩聲。車軫曰收，收穫物曰收、收監拘收、收拾 收聚

## 攷 ㄎㄠˇ

（形聲）（會意）甲文、金文攷字形異義同金文攷从攴丂聲，本義作「擊」解，（見廣雅）乃破其外以見其內之意，故从攴，又以丂音考乃氣欲出而上有所礙，含有迫不得展之意味擊有迫其不得曲全意故攷从丂聲。借考爲攷，今兩字相通，攷校攷功攷課。

## 改 ㄍㄞˇ

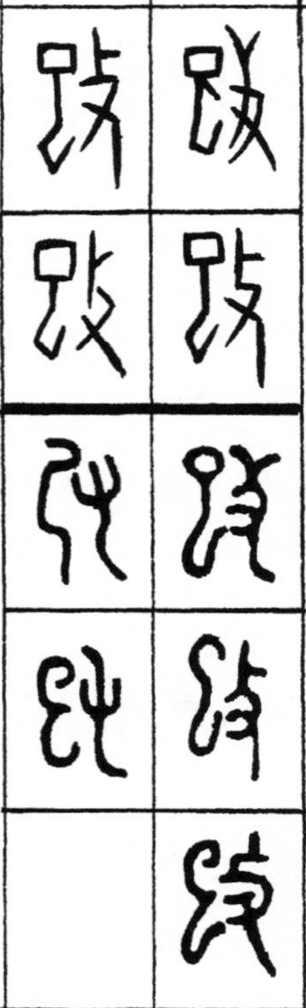

（會意）（形聲）甲文改从攴从子朱芳圃氏以爲「殆象『扑作教刑』之意子跪而執鞭以懲之也」金文改以漢時之異解疑古文改攺本一字其本義作「更」解（見說文校錄）乃變革之意，更變更，朝令夕改「三年無改於父之道可謂孝矣」（論・學而）

## 攻 ㄍㄨㄥ

（會意）（形聲）甲文攻左右爲又即手乃象可破堅之意此破堅爲爲攻，金文攻从攴工聲本義作「擊」解（見說文許箸）乃進擊之意故从攴，攴巳聲本義作「毅改大剛卯以逐鬼魅也」故从工聲，擊進擊，攻訐；攻金石，遠交近攻，他山之石可以攻玉，

## 孜 ㄗ

（會意）（形聲）甲文金文孜字 从子从攴亦从子聲，子爲未成年者之稱，攴本作「小擊」解亦含勸懇學習之意未成年者勤懇學習爲孜其本義作「汲汲」解（見說文許箸）乃努力不懈之意，孜孜：勤勉不息同「汲汲」亦作「孳孳」鳥叫聲「吱吱」

## 放 ㄈㄤˋ

（形聲）（會意）甲文、放爲方字重文，金文放从攴聲本義作「逐」解（見說文許箸）乃強使其離去之意攴所以逐之者故放从攴又以方謂遠方古者臣有罪宥之於遠也當置方亦聲」故放从方聲，姓堯臣放齊放勳齊之後放雀、放鷹、放虎歸山 放心

## 政 ㄓㄥ

（會意）（形聲）甲文金文政字略同从攴从正亦从正聲攴本作「小擊」解於此乃督敎之意正爲趨向之目標，對人民加以督敎，使其同趨於光明正大之途爲政其本義作「正」解（見說文許箸）乃確當之意，政正也，役曰政，鄉政縣政省政國政

## 故 ㄍㄨˋ

楷 甲文 金文 文

（形聲）（會意）甲文金文故略同，从攴古聲，本義作「使爲之也」解（見說文段注）即使其致此之由；俗稱原故；凡原故必有迫其出此之因，故从攴又以古謂舊事陳跡；承舊事陳跡之因而有施爲之果，故故从古聲。事曰故，原故、莫知其故；故友、故態。

## 效 ㄒㄧㄠˋ

（形聲）（會意）甲文效金文效略同，从攴交聲，本義作「象」解（見說文段註）象同像，即模倣之意；此必增强功力以求近似，故从攴又以交本作「交脛」解，有兩者相合之意；兩相配合始可如一，故效从交聲。功曰效，驗曰效；效應、效驗、明效、靈效。

## 教 ㄐㄧㄠˋ

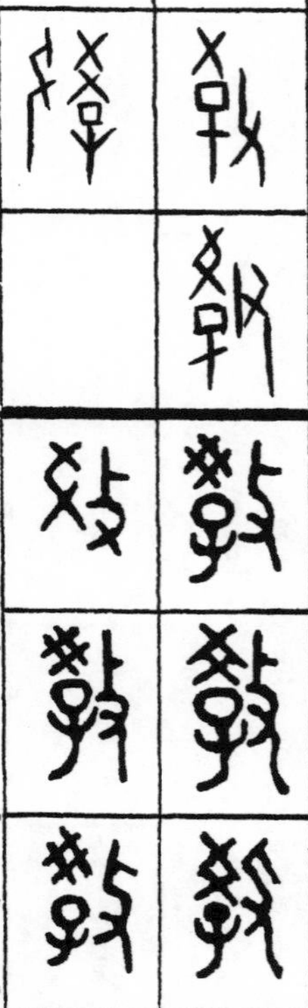

（會意）（形聲）甲文教金文教略同，从攴孝，攴執以教導人者，孝音教作效解，上攴之以示儆，下順之而從所施爲教，其本義作「上所施下所效」解（見說文繫傳）即長上對下輩指導督責之意，从孝聲。宗教曰教；基督教、回教、道教、儒教、天主教。令曰教。

## 救 ㄐㄧㄡˋ

（形聲）（會意）甲文金文救略同，从攴求聲，本義作「止」解（見說文許箸）乃强迫禁制人誤入歧途之意，故从攴又以求爲裘之初文，裘須防受濕防蟲而妥愼存置以保完好，救在助人獲致完好，故从求聲。援助曰救，拯拯濟、助援助、護護持、救藥、療治。

## 啟 ㄑㄧˇ

楷 甲文 金文 文

（會意）（形聲）甲文金文啓略同，从又从戶以又（手）開戶爲啓，从攴启聲，本義作「敎」解，（見說文許箸）乃强以相益之意，故从攴又以启音起本作「開」解，敎在開其智慮，故啓从启聲。古謂官信曰啓，今通稱函札曰啓，門戶道橋曰啓，官信曰啓。

## 敏 ㄇㄧㄣˇ

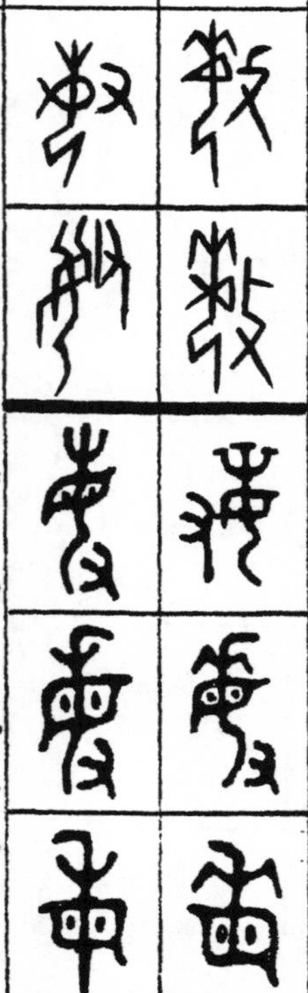

（形聲）（會意）甲文金文敏略同，从又从每，蓋省攴爲又，从攴每聲，本義作「疾」解，（見說文許箸）即捷速之意；增加功力則捷速，故敏从攴又以每本作「艸盛上出」解，含有生長甚疾速之意，敏取其速意，故从每聲。拇曰敏；即足趾。敏捷、迅敏、銳敏、敏慧。

## 敍 ㄒㄩˋ

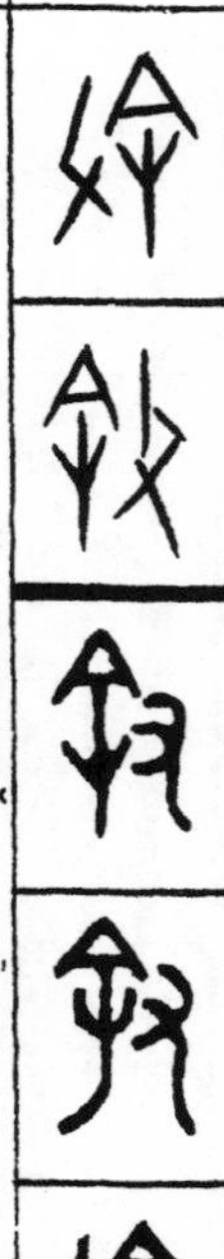

（形聲）（會意）甲文敍金文敍字略同，从攴余聲，本義作「次弟」解（見說文許箸）弟即第，即序次等第；此常須强加排比者，故从攴又以余本作「語之舒也」解，次第井然則各適其位，故敍从余聲。書策舉其綱要曰敍，今多作序；排定次第同「序」。

## 敗 ㄅㄞˋ

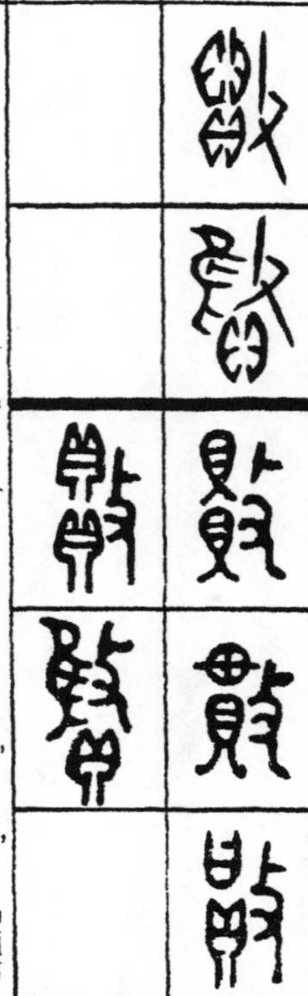

（會意）甲文敗金文敗略同，从攴貝，與說文所引籀文敗同，貝即賏，本作「頸飾」解，頸飾係積貝而成，雖爲小物，擊之則毀；貝在古爲財貨，擊之則破，故其本義作「毀」解，（見說文釋例）乃破毀不可復用之意。事不成，戰不勝皆曰敗，轉敗爲勝、災害曰敗

楷 | 甲文 | 金文

敖 ㄠˊ

（會意）甲文敖字與金文敖从出放，放卽放浪，外出放浪爲敖，其本義作「出遊」解，（見說文段注）乃出外遨遊之意。燕舞之位曰敖「左執翿右招我由敖」（詩、王風）遊樂同「遨」，敖翔：翱翔，敖敖：長貌，乾煎貌同「熬」，矜慢在心之名曰敖，通「傲」。

敕 ㄔˋ

（形聲）（會意）甲文敕金文敕略同，从攴束聲，本義作「誡」解（見說文許箸）乃整飭下屬使勿怠慢之意，故从攴，又以束本作「縛」解，含有使之不得離散之意，味敕在使下屬勿離長官之意妄行，故从束聲。帝王之詔命曰敕，通「勅」「勑」，敕令、敕書、手敕、詔敕。

敢 ㄍㄢˇ

（會意）（形聲）甲文敢金文敢，吳大澂氏以爲「象兩手相執有物格之箝其口」，象手相持形，與爭同意，甘聲，从叉古聲，本義作「進取」解（見說文許箸）卽前趨以取之意，故从叉，果敢曰敢；行爲之堅決者，勇無所畏懼貌，犯衝犯表性態，敢作敢爲，敢死、果敢。

散 ㄙㄢˋ

楷 | 甲文 | 金文

敦 ㄉㄨㄣ

（會意）（形聲）甲文散从林从攴，金文散，林義光氏以爲「从月不从肉，月卽夕字，象物形，从攴、竹象分散形，本義當爲分散之散」，故其本義作「分離」解（見說文許箸）乃非整然一體之碎肉，故从肉，从㪔聲，敗散、潰散，散漫：支離雜亂貌，精神散漫，散失、渙散。

（會意）（形聲）甲文敦，羅振玉氏以爲「从亯持匕，殆象勺形，所以出納於亯中者，非从攴也」，爲古祭器，金文敦與甲文敦略同，爲「盛黍稷之器」，甲文金文以爲「盛黍稷之祭器」爲本義。篤厚者之稱，敦睦：和睦，敦品勵學，「敦善行而不怠」（禮・曲禮）。

敝 ㄅㄧˋ

（會意）（形聲）甲文敝金文敝略同，从攴从㡀，亦从㡀聲，㡀音幣，作「敗衣」解，（見說文句讀）卽衣已破敗之稱，一說隱蔽之稱，通「蔽」，流弊曰敝，通「弊」，「故言必慮其終，而行必稽其所敝」（禮・緇衣）弓上人所握持蔽手處曰敝，通「蔽」，敝衣、敝甲。

敬 ㄐㄧㄥˋ

| 楷 | 甲文 | 金文 | 文 |
|---|---|---|---|

（會意）（形聲）甲文敬金文敬略同，「象人共（拱）手致敬」，遂謂此爲古敬字，即自律勿怠之意，其本義作「肅」解（見說文許箸）乃愼重自持之意，或謂敬古讀如建，恭敬之心曰敬，肅警曰敬，禮物曰敬，敬老、敬師、敬長、敬賢、敬茶、敬煙、敬菜、敬啓、敬復、敬領

## 敵 ㄉㄧˊ

（形聲）（會意）甲文敵金文敵略同，以此爲古敵字，本義作「仇」解（見說文許箸）即仇讎，仇讎有彼此皆欲扑擊對方之意，本作「止」解，仇讎各有拒止其對方之意，故敵从商聲，仇曰敵，强敵、勁敵、對手曰敵，酒敵、情敵、相擊之技術曰敵，相爲讎敵，

## 數 ㄕㄨˋ

（形聲）（會意）甲文數字與金文、數从攴婁聲本義作「計」解（見說文許箸）乃計算之意，俗對十以下之數常輕敲手指使之屈伸以計之，實存古意，故數从攴又以婁本作「空」解，計事物多少之量詞，一二三……百千萬億兆等均屬之，單數、雙數、整數

## 敷 ㄈㄨ

（形聲）（會意）甲文金文敷略同，爲尃字重文，古以尃通敷，从攴尃聲，本義作「施」解（見廣韻）乃分布之意，分布使遍常須强而後可，故从攴又以尃本作「施」解，尃、敷古今字，敷爲尃之累增字，故从尃聲，布施、布、敷衍：辦事不力，敷衍塞責，入不敷出，

## 整 ㄓㄥˇ

（形聲）（會意）甲文整金文整略同，高田忠周氏依其上下文爲「小子整孽」，遂以爲「此明晳整字」，从正聲解（見通訓定聲）敕爲戒止之意，正爲前後左右得中之稱，其本義作「齊」解（見說文句讀）即齊一、齊正之稱，非奇零之數，零之對，整理

## 斂 ㄌㄧㄢˋ ㄌㄧㄢˇ

（形聲）（會意）甲文斂金文斂其取義待考，丁佛言氏以此爲古斂字，从攴僉聲，本義作「收」解（見說文許箸）乃聚藏之意，攴示治理，故斂从攴又以僉本作「皆」，皆有一致之意，斂有一致收聚的意味，故斂从僉聲，賦曰斂，聚、收聚，鎖束、鎖、束、檢束，

## 斃 ㄅㄧˋ

（形聲）（會意）甲文、金文斃字略同，从死敝聲，本義作「頓仆」解（見說文許箸）即向前傾覆之意，此常爲死而僵仆之徵，故斃从死，又以敝有敗壞一義，敗壞至極則頓仆，故斃从敝聲，死、斃命，暴斃，「多行不義必自斃」（左・隱元年）仆向前覆，

## 斁 ㄧˋ

（形聲）甲文斁金文斁略同，羅振玉氏以爲「斁，厭也」，毛公鼎「肆皇天亡斁」，斁字作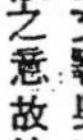金文斁吳大澂氏以此爲古斁字，从攴睪聲，本義作「解也」解（見說文許箸）乃解散之意，故从攴，厭曰斁，厭足之稱，厭倦，『朕承王之休無斁』書・太甲

## 斆 ㄒㄧㄠˋ ㄒㄩㄝˊ

（形聲）（會意）甲文斆羅振玉氏以爲「說文解字『斆，覺悟也，从教从冂，冂尙矇也，臼聲』」，金文斆字从冂、臼聲，本義作「覺悟也」解（見說文許箸）即敎以義禮，啓其蒙昧，使能明德辨惑之意，故从敎从冂，从臼聲，敎，敎導之，斆者：士子之稱，斆同「學」

## 文 ㄨㄣˊ

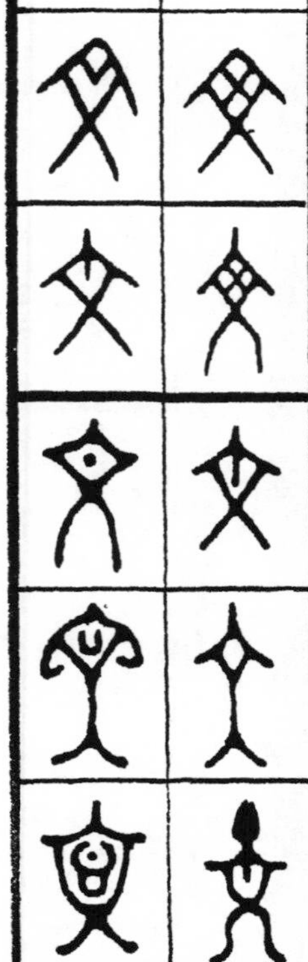

楷 | 甲文 | 金文

## 文

（象形）甲文文金文文各有數形；此乃其最習見者，其取義略同，象兩紋（即分理）交錯之形，其本義作「錯畫」解（見說文許箸）即交錯之畫文，錯畫曰文，一說即紋，「五色成文而不亂」（禮・樂記）字曰文，細分之文與字有別，篆文甲骨文金石文蝌蚪文。

## 斌

（會意）甲文金文斌字略同，斌爲彬字重文，彬斌同字，从文武，武謂質，即質樸，論語謂「文勝質則野，質勝文則史」今文武合即文質齊備，其本義作「文質備貌」解（見正韻）乃不野不史貌，斌斌：文質齊備貌，「斌斌碩人，貽我以文」（蔡邕・嗣詩）

## 斐

（形聲）（會意）甲文金文斐字略同，从文非聲，本義作「分別文」解（見說文段注）即分別之文曰斐，故从文，又以非有違別之義，斐爲分別文，故从非聲，斐斐：輕飄貌，「斐斐氣冪岫，泫泫露盈條」（謝惠連・泛湖歸出樓翫月詩）斐然：文采盛貌。

## 斗

（象形）甲文斗金文斗上象斗形，下示其柄，其本義作「十升」解（見說文許箸）乃量器名，徐灝氏以爲斗「……古象形文」古斗皆有柄，量名十升爲一斗，今標準制市用制並同，量器名，容十升者，酒器曰斗，星名，其形如斗，有北斗南斗之別，北斗南斗喻君臣。

## 科

（會意）（形聲）甲文金文科字从禾从斗，禾乃易別等差之物，斗爲量以區分之具，量之以區分其等差而知其品類，爲科，其本義作「程」解，（見說文許箸）程謂品式品類，故科即品式品類之稱，類曰科，類別之稱，分科，百科等曰科，即等級，科條，玉律金科。

楷 | 甲文 | 金文

## 料

（會意）（指事）甲文料金文料略同，从米在斗中，米在斗中多少易見，故其本義作「量」解，（見說文許箸）即稱量其多少之意；惟徐灝氏以爲「料者用斗量米，从斗从米指事」官俸曰料，禽畜所食芻豆曰料，供應用之物資曰料，木料，衣料，香料，飲料。

## 斜

（形聲）甲文、金文、斜字形異義同，金文斜从斗余聲，本義作「抒」解（見說文段注）乃以斗挹出之稱，故从斗，惟此本義古罕見用，今所行者爲別義，曲巷曰斜，古時長安妓家之聚居處，斜坡曰斜，不正，不平，側歪傾斜，「綠陰斜景轉，芳氣微風度」（白居易詩）

## 斛

（形聲）（會意）甲文金文斛字略同，从斗角聲，本義作「十斗」解（見說文許箸）乃容十斗之量名，故从斗，又以徐灝氏謂「漢律曆志曰『斛者角斗平多少之量也』月令『角斗角』故斛从角聲；量名，古者十斗爲斛，宋賈似道易之以五斗爲斛；

## 斝

（象形）甲文斝第一二字羅振玉氏以爲「从廾上象柱，下象足，从爵而腹加碩，甚得斝狀者也」金文斝羅振玉氏以爲「象二柱三足一耳，而無流與尾，與傳世古斝形狀脗（吻）合」其本義作「玉爵」解，（見說文段注）即大於角之酒器名。

## 斟

（形聲；）甲文斟字與金文斟从斗甚聲，本義作「勺」解，（見說文段注）枓曰勺，用勺挹注，亦曰勺，乃以斗挹取以注之意，故从斗，汁曰斟，益添添飲料，斟酌：注酒曰酌，添酒曰斟，顧子留斟酌，敍此平生親，」（蘇武・與李陵詩）斟取也，酌行也，「廚人進斟」

楷 | 甲文 | 金文 | 文

**斢** 音教 ㄐㄧㄠ

（形聲）（會意）甲文斢字與金文斢从斗蒿聲本義作「平斗斛量」解（見說文許箸）龠合升斗斛古謂之五量斢爲劃平斗斛量使無過多或不足之木棒俗稱斗斢子，故从斗。又以蒿本作「交積材」解合有使斗斛無或多或少之弊吻合其量故从蒿聲。

**斤** ㄐㄧㄣ

（象形）甲文斤金文斤略象斤正側面形知其爲斤橫出者象頭直下者象柄其右下象所斫木片本義作「斫木斧」解（見說文段注）即斧之一種乃專用以斫木者。又謂「斤之刃橫斧之刃縱」斫木之斧曰斤乃刃橫之斧類今之「錛」斤斤計較。

**斥** ㄔˋ

（形聲）甲文金文斥字从广屰聲本義作「郤屋」解（見說文段注）乃開拓其屋使廣之意故从广又以屰音逆本作「不順」解拓屋爲改原屋使廣大舍有失其舊狀即不順意故㡿从屰聲。澤厓曰斥，斥候：置以伺望敵兵之人曰斥候。斥斥：廣大貌。

**斧**

已列入八部（三七頁）

**所** ㄙㄨㄛˇ

（形聲）（會意）甲文所與金文所字略同从斤戶聲本義作「伐木聲」解（見說文許箸）乃伐木時斧斤斫木所生之聲，故从斤。又以戶爲半門含有不斷啓閉之意味伐木須連續施斧斤故从戶聲。處所曰所。公所：住所：居所：定所：聯結代詞。道曰所。

楷 | 甲文 | 金文 | 文

**斬** ㄓㄢˇ

（會意）甲文斬字與金文斬从車从斤驅車以斤橫切之使斷爲斬其本義作「車裂」解（見廣雅）即車裂之稱乃古代施於罪大者之重刑本與施於罪小者之殺（棄市）殊異王煦氏以爲「車裂即要（腰）斬之義今則治世刑輕即以棄市（殺）爲斬」

**斯** ㄙ

（形聲）（會意）甲文斯金文斯形異義同金文斯林義光氏以爲「說文云『斯析也；从斤、其聲。』按其非聲其箕也（見其字條）析竹爲之从斤治箕」从斤其聲本義作「析」解（見說文許箸）斯文此位名詞前近有所指。斯須：頃刻須臾。

**新** ㄒㄧㄣ

（形聲）（會意）甲文新右爲斤左爲辛木二字合文之省，金文新：从斤木、辛聲，本義作「取木」解（見說文段注）乃斷木取以爲薪之意故从斤木以此本義爲其累增之薪字。新物品。新事理。新知識之略稱。新物品。去舊換新：除舊佈新：推陳出新：

**斲** 音琢 ㄓㄨㄛˊ

（形聲）（會意）甲文斲字與金文斲：从斤𠀠聲本義作「斫木使應規矩繩墨」解。（見六書故）乃施斧斤斫木以彫之意故从斤。王筠氏以爲「𠀠酒器也此則非本義蓋匠之墨斗；」斲爲應繩墨而斫彫，故从𠀠聲。雕飾。斲喪：戕賊。斲喪自己，裁斫裁：

| 楷 | 甲文 | 金文 |
|---|---|---|
| 斷 音但 ㄉㄢˋ 音段 ㄉㄨㄢˋ | （指事）（會意）甲文斷右从糸省（省糸爲幺）象斤自左橫截系之形以明指此卽斷，金文斷字从斤㡭，㡭爲絕字古文施斧斤使絕爲斷，其本義作「截」（見說文）乃切割使分開之意，截斷物之一部分，斷袖斷機斫斷斬斷截斷一刀兩斷斷酒斷煙 | |
| 方 ㄈㄤ | （象形）（指事）甲文方金文方略同「方旁也从𠄞丨以指其中央丿以指其旁」古者刺土曰推，起土曰方本與丙同字象兩舟竝繫橫覗之形其本義作「併船」解（見說文許箸）道曰方法術曰方，醫方曰方，單方秘方，地方處所曰方，東南西北之方位曰方， | |
| 於 ㄨ | | |
| 烏 ㄨ | （象形）甲文於字與金文於爲烏字古文𢅤之省文，烏本象形，此古文正象鳥飛張兩翼伸兩足顯然可見後譌而以首連於左翼致右翼復高於首作𢅤已於鳥形不類，於則更从此而省之烏之本義作「孝鳥也」解（見說文繫傳）卽反哺之烏故名孝鳥， | |
| 施 ㄕ | （形聲）（會意）甲文施左从攴右从也金文施字从攴也聲本義作「敷（敷）」解（見說文許箸）乃廣爲張布之意故从攴又以也在甲文釋蛇，蛇體修長行時怒目昂首扇尾有張布意故攴从也聲，惠曰施卽德澤行，恩威並施無計可施，設施智勇無所施， | |
| 旁 ㄆㄤˊ | （形聲）（會意）甲文旁羅振玉氏以爲「从冂即冂之省」義與金文旁同，金文旁从方（旁本字）凡聲」象耒之形……起土用方本義作「溥」解（見說文繫傳）乃廣大之意，二古文上字，冂象旁達之形自上而下旁達四方側邊之稱，四旁兩旁路旁 | |

| 楷 | 甲文 | 金文 |
|---|---|---|
| 旅 ㄌㄩˇ | （會意）甲文旅字羅振玉氏以爲「衆人執旂古者有事以旂致民故作執旂形亦得知旅誼矣」與金文旅略同，象二人（示人之多）在旗下形此多人卽聚而成旅意，其本義作「軍之五百人」解（見說文繫傳）卽古代軍事組織名古以五百人爲旅， | |
| 旂 音祈 ㄑㄧˊ | （形聲）（會意）甲文旂字與金文旂第一字後之字略同，金文第一字林義光氏以爲「从𠦝象衆鈴形」，卽繫鈴之旗，旂从㫃斤聲本義作「旗有衆鈴以令衆也」解，（見說文許箸）卽繫有衆鈴以號令士衆之旗，古時繪有交龍，上繫衆鈴以令衆之旗曰旂， | |
| 旐 ㄇㄠˊ | （形聲）（會意）甲文金文旄字略同，旄从㫃从毛亦从毛聲㫃指旗毛指犛牛之尾，以犛牛尾披懸於旗竿之首爲旄，其本義作「幢」解（見說文義證）卽葆卽纛頭，爲大旗旗竿上端毛飾之稱，旄倪：卽老幼八十至九十曰耄，假旄爲耄；倪謂幼小， | |
| 旃 音氈 ㄓㄢ | （形聲）（會意）甲文旃商承祚氏以爲「此字从㫃从冉（再字从此）疑卽旃字，冉丹形相近殆傳寫失之」金文旃實爲旜字說文以旃旜同字，从㫃丹聲本義作「黃帝作旃曲柄旗」解，見廣韻）乃用以招聚士衆之曲柄旗，故从㫃毛織合毛氊合物之稱 | |

| 楷 | 甲文 | 金文 |
| --- | --- | --- |

族 ㄗㄨˊ 音奏 ㄗㄡˋ

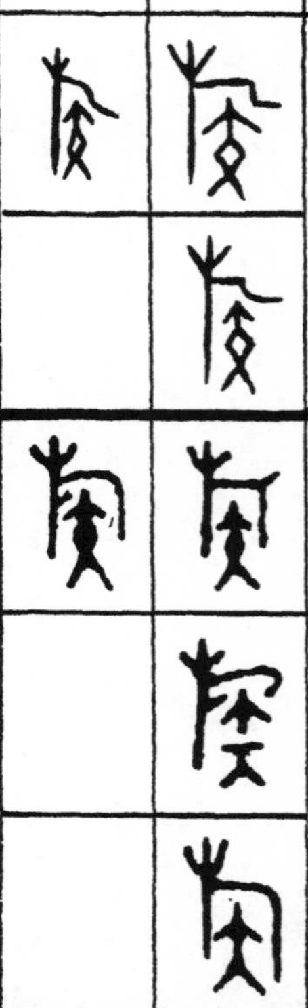

（會意）甲文族金文族略同。羅振玉氏以爲「从㫃从矢軍旅之下矢所集也」从㫃从矢，古人習射，張布侯爲的，其形如旗，故从㫃，以標衆矢之所集其本義作「矢鋒也束之族族也」解，（見通訓定聲）即矢鏃之稱。親屬曰族。親屬之能互相連繫者。百家曰族。

旋 ㄒㄩㄢˊ 音眩 ㄒㄩㄢˋ 音現 ㄒㄧㄢˋ

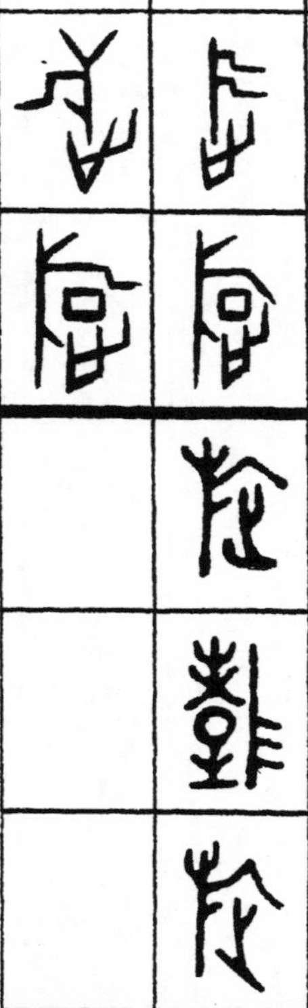

（會意）甲文旋與金文旋略同。羅振玉氏以爲「許書从疋此从足」足同疋其取義相若，从止上象旗形足（止）從之其本義作「周旋旌旗之指麾也」解（見說文段注）即轉動運轉之稱。鐘環曰旋。懸鐘者。錦旋。凱旋。轉動。迴旋。盤旋。旋風：旋頭風。

旌 ㄐㄧㄥ

（形聲）（會意）甲文金文旌字略同。从㫃生聲本義作「析羽注旄首所以精進士卒」解，（見通訓定聲）又以犛牛尾注竿首周制復析五采羽注其上此注有五采羽之旗曰旌。故从㫃，又以生从屮亦象草木初生形，故从生聲。旗之通稱。旌旆。旌旂。旌幟。

旗 ㄑㄧˊ

（形聲）（會意）甲文金文旗字略同。从㫃其聲，本義作「熊旗六游，以象伐（罰）星士卒以爲期」解（見說文段注）乃上繪熊虎且附六游（旗飄帶）以象伐星（白虎共六星）主帥藉此集合士卒於其下之特殊標幟名；故从其聲。號令之特殊標幟曰旗。

无 ㄨˊ

（會意）（指事）甲文金文无字略同，无从天而右下筆微屈而偏曲爲无此爲鐸字之奇字其本義作「亡」解（見說文句讀）亡無古通无即闕損不足之意無古亦作无今六經惟易經用此字。无妄：易之卦名。沒有有之反同動詞。无疆。无門。无房

既 ㄐㄧˋ 音氣 ㄑㄧˋ

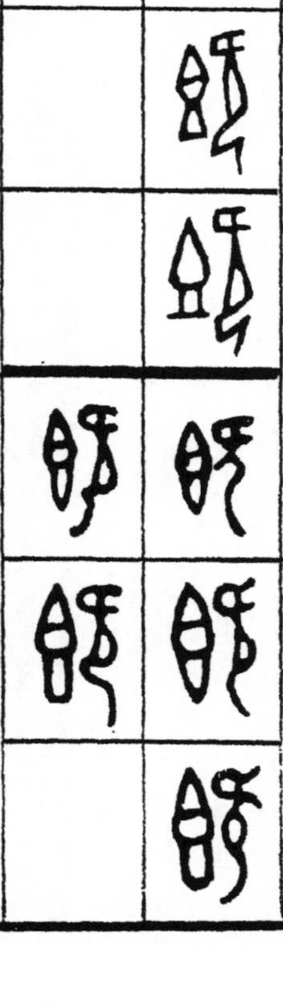

（會意）（形聲）甲文既金文既略同。李敬齋氏以爲「食竟也。从皀从旡旡亦聲一曰象人食訖回頭不顧之形」按皀象豆中滿盛食物形讀若香即飯食之稱旡从反欠音既飲食氣逆不得息曰旡本義作「小食」解（見說文釋例）即稍食。即月俸之稱，

日 ㄖˋ

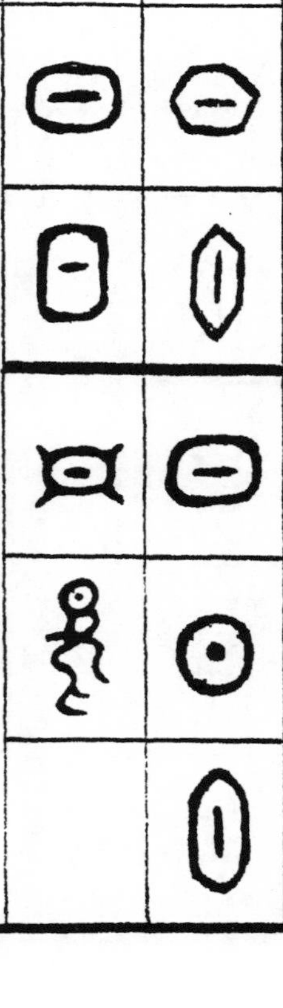

（象形）甲文日羅振玉氏以爲「日體正圓卜辭諸形或爲多角或正方形者非日象如此由刀筆能爲方不能爲圓故也；」金文日與甲文日略同，其斜出短畫，象日光四射形。其本義作「太陽之精也」解（見通訓定聲）太陽曰日恆星之一爲太陽系中心

旦 ㄉㄢˋ

（會意）（形聲）（指事）甲文旦與金文旦略同古虛書出未離于土也」惟李敬齋氏以爲「旦、日未出，其光初見，色如桑也；从日■（Ding）聲；■古文丁字。」日出地上爲旦其本義作「明」解，（見通訓定聲）乃清晨日初出之稱。早早晨曰旦。

楷 甲文 金文

**旨** ㄓˇ

（會意）（形聲）甲文旨羅振玉氏以爲「从匕从口所謂嘗其旨否矣」金文旨與甲文旨略同，林義光氏以爲「象匕入口形」从甘匕聲本義作「美」解（見說文許箸）乃指美好之食而言故从甘。意志曰旨，君主皇后所降敕諭之通稱，密旨聖旨懿旨

**早** ㄗㄠˇ

（會意）甲文早字與金文早林義光氏以爲「象日在艸上屮卽艸字」又从日在甲上甲者首鎧从甲猶从首，擧首見日爲早，其本義作「晨」解（見通訓定聲）卽晨間之稱；晨淸晨曰早，早晚：朝暮淸晨晚間之稱，晨間：早點早餐，時候曰早晚。

**旭** ㄒㄩˋ

（形聲）（會意）甲文金文旭字略同，从日九聲本義作「日旦出貌」解（見說文許箸）乃形容晨曦普照貌故从日；又以九爲個位數之最大者有極盡之意；日初昇而光明大放，曉於此可極見夜至此而盡故旭从九聲。初升之日曰旭，旭旭：自得貌。

**旱** ㄏㄢˋ

（形聲）（會意）甲文金文旱字从日干聲本義作「不雨」解（見說文許箸）乃日光炎烈致生物枯槁木萎謝之意，故从日；又以干本作「犯」解凡有所犯進犯者常勢盛力强甚見暴烈旱爲亢陽施虐火傘高張是有犯意故旱从干聲。天久不雨之稱。

楷 甲文 金文

**明** ㄇㄧㄥˊ

（會意）（形聲）甲文明金文明略同，李敬齋氏以爲「从日月並照會意」饒炯氏以爲「囧（音憬）象窻牖麗廔闓明之形甲骨金文字亦以爲「从日从月之明尤早於从月从囧之明」其本義作「照」解（見說文許箸）光曰明，日光晝曰明日間之稱。

**昌** ㄔㄤ

（會意）甲文昌金文昌略同从日从口，俞樾氏以爲「昌者唱之古文也……从日从口會意蓋夜則羣動俱息寂然無聲至日出而人聲（从口）作矣」光明之言語曰昌其本義作「美言」解（見說文許箸）卽嘉言之稱，菖蒲曰昌通「菖」昌盛：子孫興盛

**易** ㄧˋ

（象形）甲文易金文易多同形羅振玉氏以爲「古金文錫與此同」橫視之略似蟲形爾雅釋魚通名之字亦作蜴，故易卽蜥蜴，本義作「蜥易蝘蜓守宮」解（見說文許箸）在壁爲蝘蜓守宮也，易經書名周易稱三易，臣禮曰易，道理曰易，省減曰易。

**昏** ㄏㄨㄣ

楷 甲文 金文 文

（會意）（形聲）甲文昏从日在人旁略下意以日落近地之時卽昏。金文第一字甲文略同，从日从氐省（省氐爲氐）氐乃根下垂至土之意，日下落入土爲昏，其本義作「日冥」解（見說文段注）卽日沒時之稱，以下，金文以爲娶妻曰昏通「婚」。

## 昔 ㄒㄧˊ

（指事）甲文昔葉玉森氏以爲「从巛乃象洪水卽古𡿧字从日古人殆不忘洪水之𡿧，故制昔字，取誼於洪水之日。」金文 昔與甲文昔略同，謂晒之 使乾日乾殘肉爲昔其本義作「乾肉」解（見說文繫傳）卽晒肉使乾之意，往古曰昔，昔日昔年 昔彥昔賢。

## 昂 ㄤˊ

（形聲）（會意）甲文昂字與金文昂从日卬聲本義作「舉」解（見說文新附）乃高舉之意日爲懸舉於高空之最顯明者故昂从日，又以卬本作「望」解，乃欲有所庶及之意。舉仰舉，昂頭，昂軒昂昂：志行高貌，昂昂然：意氣高於羣衆貌。

## 旺 ㄨㄤˋ

（形聲）（會意）甲文旺字與金文旺从日往聲本義作「光美」解（見說文段注）乃形容光彩和美之詞日光潔美，故从日，又以段玉裁氏謂「往者衆也，」衆光調和始見其美，故旺从往聲，盛與盛，犬生一子其家興旺，火愈燒愈旺，宋時有旺姓，明有旺賦。

## 昆 ㄎㄨㄣ

（會意）甲文昆字與金文昆从日从 比；日示明顯易見，比示相同者之列爲次第；相同者明示次第以 見其大致不差爲昆，其本義作「同」解，（見說文許箸）卽概略齊等之意；兄兄曰昆，後裔曰昆，「垂裕後昆」（書・仲虺之誥）昆侖：山名卽「崑崙」。

## 昇 ㄕㄥ

楷 甲文 金文 文

（會意）（形聲）甲文昇字與金文昇从日从廾，汪立言氏以爲古昇字，从日升亦从升聲，日上升爲昇，其本義作「日上」解，（見說文新附）卽日出後向上騰升之意，日上，上進：得道登天，陞官昇級，提昇，擢昇，昇平：治平，昇平之世，東昇西沒。

## 昊 ㄏㄠˋ

（會意）（形聲）甲文昊字與金文昊从日夰亦从夰聲，夰音杲本作「廣大」解，日光廣大此常指春時之元氣博施而言，故其本義作「春爲昊天」解（見說文許箸）惟爾雅謂「夏爲昊天」天之泛稱，穹昊，晴昊，昊天：天空之稱，「悠悠昊天」（詩・小雅）

## 昃 ㄗㄜˋ

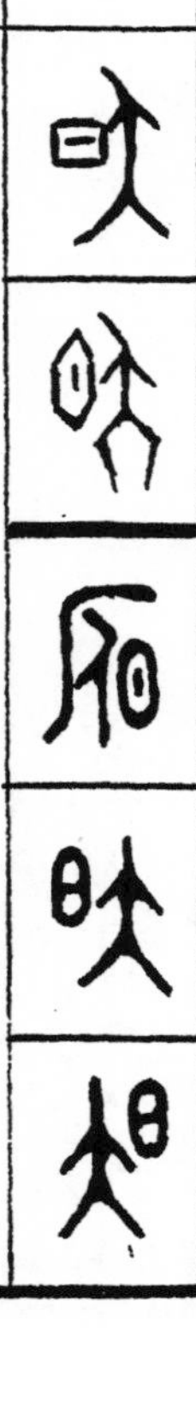

（會意）（形聲）甲文昃葉玉森氏以爲「夨象人影側日昃（昃同字）則人影側也，非日在人側之意，變作昃古意失矣。」金文昃字从日仄聲本義作「日在西方時側也」解，（見說文許箸）午後日偏西之稱，「月盈則食日中則昃」（易・豐）。

## 昕 ㄒㄧㄣ

（形聲）（會意）甲文昕字與金文昕从日斤聲本義作「旦明」解（見說文許箸）乃日將出之時，故从日，又以斤爲「斧屬」，說文本作「斫木」解，爲斬木使斷之意，日未出則全暗日出則大明，故昕从斤聲，早朝曰昕，日將出之時，日者衆陽之宗大君之象

## 星 ㄒㄧㄥ

（象形）（形聲）甲文星中象木幹，散落其旁之口狀不名諸細小物，此細小物卽星，金文星林義光氏以爲「本从三〇象 星形生聲本義作「萬物之精上爲列星」解（見說文許箸）卽羅布太空諸星辰之通稱，羅布天空之發光球體物之泛稱。

## 昴 ㄇㄠˇ

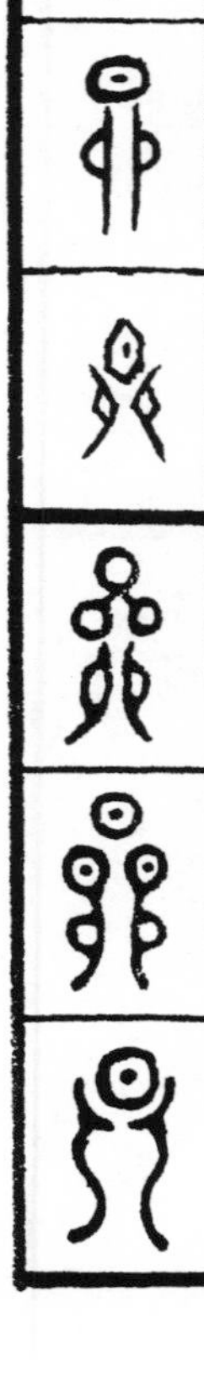

楷 | 甲文 | 金文

## 昴

（形聲）甲文金文昴字同金文：昴从日丣聲本義作「白虎宿星」解（見說文段注）乃白虎七宿之第四宿以其爲星名故从日昴从丣（卯）聲苗夔氏以爲「旣云白虎宿星自當从丣丣古文酉酉西方也」喻顯貴者之生曰昴昴宿二十八宿之一略稱昴

## 是 ㄕˋ

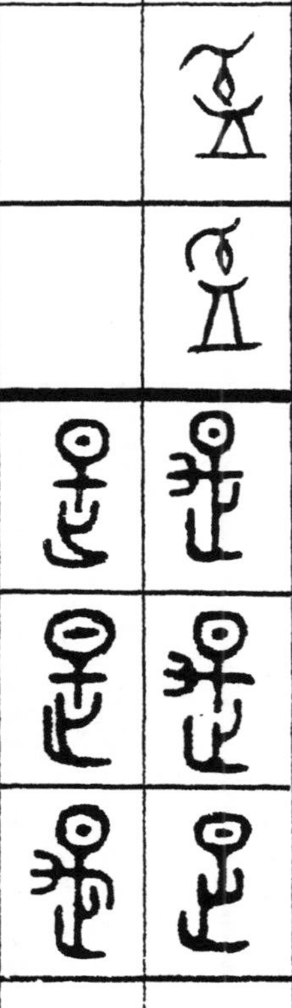

（會意）（形聲）甲文是字與金文形異義同金文是李敬齋氏以爲「是 ㅇ作是」从日正日無偏照爲天下之至正者以日爲正曰是其本義作「直」解（見說文段注）直在說文作「正見」解義曰是卽道理是者非之對也對曰是得當之稱・

## 昨 ㄗㄨㄛˊ

（形聲）（會意）甲文金文昨字略同从日乍聲本義作「隔宵」解（見廣韻）乃今日前之一日故从日又以乍本作「暫」解乃爲時不久之意昨日與今日其間僅隔一宵其時甚暫故昨从乍聲前一天曰昨往時曰昨報祭之禮曰昨同「酢」隔昨周昨・

## 昭 ㄓㄠ

（形聲）（會意）甲文昭字金文昭爲邵字重文古以邵通昭从日召聲本義作「日明」解（見說文許箸）乃指日光明徹而言故从日又以召本作「以言招人」解含有以聲及人之意昭爲以光及人及物故从召聲光曰昭明德曰昭昭雪：洗雪冤誣・

## 映 ㄧㄥˋ

（形聲）（會意）甲文金文映字略同从日央聲本義作「明」解（見玉篇）乃指由日光所生之明而言故从日又以央本作「中」解由日光反射而生明者必使物與日正正相對亦有入日於中之意故映从央聲明日陰之明光曰映午後一至三時之稱・

## 昧 ㄇㄟˋ

（形聲）（會意）甲文昧金文昧略同金文昧上未下日从日未聲本義作「昧爽且明」解（見說文段注）乃將旦之稱乃日出前將明而未全明之時故从日又以未爲昧有不全明意故从未聲昏亂者曰昧未開化之世曰昧天甫明而仍未大明之時曰昧・

## 昶 音敞 ㄔㄤˇ 音唱 ㄔㄤˋ

（會意）甲文昶字與金文昶从日永，永本作「水長」解日如水長之長爲昶其本義作「日長」解（見說文新附）乃晝間特長之意日長之意用爲人名時蓋取此意達通達同「暢」舒暢通「暢」「固以和昶而足耽矣」（嵇康・琴賦）・

## 昱 ㄩˋ

（假借）（形聲）甲文昱王國維氏以爲「甲字又或从日作暀或从立作竘……甲者殆其最初之假借字卽『翊』之初字」金文昱與甲文昱从日立聲本義作「明日」解（見說文許箸）乃今日後之一日故从日經典多借翌翼承襲其義昱：光明閃耀貌・

## 時 ㄕˊ

（會意）（形聲）甲文時商承祚氏以爲「此與許書（时）之古文合」金文時从日之亦从之聲之爲行走日行爲時又从日寺聲本義作「四時」解（見說文許箸）卽春夏秋冬之稱故時从寺聲季曰時三個月之稱辰記一晝夜時間所分之單位名・

## 晏 ㄧㄢˋ

（形聲）（會意）甲文晏字與金文晏从日安聲本義作「天晴」解（見說文句讀）乃指皦日高懸晴空萬里之狀而言故从日又以安有百無困擾悠閒自適之意昧晴空萬里陽光普照大地有適然意故晏从安聲晏如：安謐和柔貌晏然：安謐貌・

| 楷 | 甲文 | 金文 |
|---|---|---|
| 晉 ㄐㄧㄣˋ | | |
| 晨 ㄔㄣˊ | | |
| 晚 ㄨㄢˇ | | |
| 晦 ㄏㄨㄟˋ | | |
| 晧 ㄏㄠˋ | | |

**晉**（象形）（會意）甲文晉金文晉略同，林義光氏以為「象兩矢集於〇形與『至』同意〇者正鵠也亦與臸同字（說文）訓進者同音假借」本作「到」解乃得達之意本義作「進」解（見說文校錄）卦名易六十四卦之一矛戟下銅鐏曰晉，古國名。

**晨**（會意）（形聲）甲文晨从臼从辰亦从辰聲林光圃氏以為「辰實古之耕器，故農辱薅耨諸字均从辰」臼音匊本作「叉手」解金文晨與甲文晨略同惟林義光氏以為「辰者脣之古文（見辰字注）辰為大辰星名，本義作「早昧爽也」解。

**晚**（形聲）（會意）甲文晚字與金文晚从日免聲本義作「暮」解（見說文許箸）乃日將冥之意故从日，又以免本作「免逸」解入暮則日西墜隱沒亦有逸去之意味故晚从免聲，暮日沒之時曰晚，早晚夜日沒後至翌日日出前之稱，在後之時曰晚。

**晦**（形聲）甲文金文晦字略同，从日每聲本義作「月盡」解（見說文句讀）夏曆三十日為一月月初為朔以其由暗生明月得復蘇故朔从月月終為晦，晦遂从日，夏曆每月最末一日曰晦，月晦夜曰晦「風雨如晦雞鳴不已」（詩・鄭風）晦氣隱晦韜晦。

**晧**（形聲）（會意）甲文、金文、晧字略同，从日告聲本義作「日出貌」解（見說文段注）乃日出時光明普及貌故从日，又以告有白知一義故晧从告聲，段玉裁氏並謂「天下惟絜白者最光明故引申為凡白之稱又改从白作皓矣」晧旰：白色光彩照耀貌。

| 楷 | 甲文 | 金文 |
|---|---|---|
| 智 ㄓˋ | | |
| 晃 音幌 ㄏㄨㄤˇ | | |
| 晟 ㄔㄥˊ 音盛 ㄕㄥˋ | | |
| 普 ㄆㄨˇ | | |
| 景 ㄐㄧㄥˇ | | |

**智**（會意）（形聲）甲文智：李敬齋氏以為「哲也，从知于㿽，意于迂也遠也亦曲也知曲遠者之為智」，金文智林義光氏以為「當為知之或體；：从甘即从口从知于于曲也」其本義作「知也無所不知也」解，（見釋名）即智慧之稱；智慧、聰明曰智；

**晃**（會意）（形聲）甲文、金文、晃字略同从日光亦从光，聲日光耀明為晃其本義作「明」解，（見說文句讀）乃日移動而光輝耀明及物之意，光曰晃，「仰觀眩晃月生輝」（蘇軾・贈寫御容妙善師詩）燿照燿 晃晃：光明貌，閃光貌，晃動搖晃亂晃

**晟**（形聲）（會意）甲文、金文、晟字从日成聲本義作「明」解，（見說文新附）乃指日光旺盛明徹而言故从日，又以成本作「就」解乃完全展佈之意日光充分佈射則明，故晟从成聲，（楚辭注又以此為古盛字）大晟：宋樂名見「正字通盛大通「盛」

**普**（形聲）（會意）甲文普字與金文普从日並聲，本義作「日無色」解（見說文許箸）乃日失其光之意故从日，又以並从二（二人）立（並立）會意本作「併」解，含有對等意味日失其光，一片昏暗，五色莫辨，遠近皆同，博大化普德普，普衍普照普度。

**景**（形聲）（會意）甲文金文景字从日京聲本義作「光」解（見說文許箸）段玉裁氏謂即日光，故从日，又以京本作「人為高丘」解有高出可見之意味日高懸其光輝普照萬物的然可見故景从京聲，象曰景，可供欣賞之形色曰景，山景、幽景、風景、野景

**晴** ㄑㄧㄥˊ

（形聲）（會意）甲文金文晴字从夕、生聲，本義作「雨而夜除星見」解（見說文許箸）乃雨降至夜得止，而星出之意，故从夕，又以生爲星之省文，夕能見星則次日常晴，故姓从生聲。惟俗字作晴，有太陽不陰雨之時曰晴，雨雪止後日出之稱，天晴而見景星。

**晶** ㄐㄧㄥ

（象形）（會意）甲文晶與金文晶字，从三日，光之發揮莫盛於日，三則示其更見强烈，其本義作「精光」解，（見說文許箸）孝經注謂「天精爲日，地精爲月」，晶卽日月之盛光，晶當作ºº，且當爲星之古文；水晶透明有閃光之礦石，晶瑩：透明之光。

**晷** ㄍㄨㄟˇ

（形聲）（會意）甲文金文晷字从日、咎聲，本義作「日景」解（見說文許箸）古無影字，景卽影，晷卽日影，故从日，又以咎本作「災」解，初民務農，重在及時耕耘，當時別無計時之器，晷爲測日之器，故晷从咎聲，日光曰晷，日影曰咎，時刻曰晷，月影亦名晷。

**暗** ㄢˋ

（形聲）（會意）甲文暗字與金文暗从日、音聲，本義作「日無光」解（見說文許箸）乃日不見之意，故从日，又以音爲闇之省文，闇本作「閉門」解，門閉則光難入室而暗，故暗从闇省聲，黑暗無光曰暗，棄暗投明；夜曰暗，陰翳昏沈，愚闇不明事體，通「闇」。

**暑** ㄕㄨˇ

（形聲）（會意）甲文金文暑字从日、者聲，本義作「熱」解，（見說文許箸）乃日光强烈，溫度劇昇之意，故从日，又以者本作「別事詞」解，含有指此與彼絕不相侔之意，夏日可畏，異乎尋常，故暑从者聲，炎夏曰暑，盛暑，酷暑，寒來暑往，熱曰暑，農曆季節名，大暑。

**暇** ㄒㄧㄚˊ 音瑕 ㄒㄧㄚˊ

（形聲）（會意）甲文暇金文暇爲叚字重文，古以叚通暇，从日、叚聲，本義作「閒」解（見說文段注）乃空閒之時間，故从日，又以叚本作「借」解，人有餘始能借我，我亦必有餘始能借人，暇爲有餘之時間，故暇从叚聲，閒曰暇，有暇，得暇，偷暇，公餘之暇，寬暇，寬暇。

**暖** ㄋㄨㄢˇ

（形聲）（會意）甲文金文暖字略同，从日、爰聲，本義作「溫」解（見玉篇）日光予萬物以溫暖，故从日，又以爰本作「引」解，溫暖常能引人來附，來就，故暖从爰聲，溫熱之稱，加溫使熱：暖酒，溫和不冷不熱，暖和，溫暖，冬暖而兒號寒，暖暖姝姝：柔順貌。

**暈** ㄩㄣˋ

（象形）（形聲）（會意）甲文暈中爲日，外象日光捲結之氣，此卽爲暈，金文暈字从日、軍聲，本義作「日月氣也」解（見說文新附）卽環繞日月周圍之光氣，又軍以圍攻，暈圍日月外如環，故从軍聲，環繞日月周圍之光氣曰暈，面頰所泛輪狀之淡紅色曰暈。

**暉** ㄏㄨㄟ 音揮

（形聲）（會意）甲文暉字與金文暉从日、軍聲，本義作「光」解（見說文許箸）卽日光之稱，故从日，又以軍爲師旅之名，有一往直前，只進不退意，日光射物亦然，故暉从軍聲，日光曰暉，夕暉，斜暉，落暉，朝暉，餘暉，殘暉，和光曰暉，「君子之光，其暉吉也」（易）。

**暌** ㄎㄨㄟˊ

（形聲）（會意）甲文金文暌字略同，金文暌从日、癸聲，本義作「日入」解（見韻會）乃日西墜而沒之意，故从日，又以癸本作「冬時水土平可揆度」解，義與揆近，日月相違，日入則月將出，亦有得以此揆度之意，故暌从癸聲，離分，離，暌違：違別，暌違五十年。

| 楷 | 甲文 | 金文 |
| --- | --- | --- |
| 暢 ㄔㄤˋ | （形聲）（會意）甲文金文暢字从申昜聲本義作「通」解（見集韻）即直伸以通上下，橫伸以通左右前後之意故从申又以昜本作「開」解開朗與宏通其義互相發明，故暢从昜聲。琴曲曰暢，流暢，順暢，暢快，舒暢，酣暢，爽快，暢談，暢飲，通達，暢銷。 | |
| 暫 ㄓㄢˋ | （形聲）（會意）甲文暫字與金文暫从日斬聲本義作「不久」解（見說文許箸）乃指極短促之時間而言故从日，又以斬本作「截」解斷截物爲時甚速是有不久意故暫从斬聲不久即「暫時」之意表時間，暫去，暫停，猝忽然表性態，須臾時間不久。 | |
| 暴 ㄅㄠˋ | （會意）甲文暴下爲鹿頭上从口許氏說文謂古文暴作𣋡「从日麃聲」鹿有就日取暖之習性，金文暴从虎戒其凶殘猛烈如虎之足戒者爲暴其上下文爲「勿事虣虐」作暴虐之暴其本義作「晞」解（見說文許箸）即在日下曬物之意虐曰暴凶殘。 | |
| 曆 ㄌㄧˋ | 曆字列厂部、前六〇頁。 | |
| 暸 音聊ㄌㄧㄠˊ 音了ㄌㄧㄠˇ | （形聲）（會意）甲文金文略同，暸从日寮聲本義作「明」解（見集韻）乃明白之意日光最明故暸从日，又以寮本作「燒柴祭天」解燒柴則火燃有通明意故暸从寮聲，明白明暸實情，暸左作日不作月作目爲暸暸暸形似音同而義迥別。 | |

| 楷 | 甲文 | 金文 |
| --- | --- | --- |
| 曇 ㄊㄢˊ | （會意）甲文、金文、曇字从日雲日下有雲即烏雲蔽日之意其本義作「雲布」解（見說文新附）乃雲氣滿布天空之意，雲曰曇「月華揚彩曇」（蘇軾詩）曇天　陰天即不晴（無日）不雨的天氣，曇花：亦名曇華（又名優曇鉢華）曇曇：雲氣瀰漫貌。 | |
| 曜 ㄧㄠˋ | （形聲）（會意）甲文曜字與金文曜从日翟聲本義作「燿」解（見釋名）即明光照耀之意故从日又以翟爲雄雉，其長尾有五彩，耀明奪目曜取耀明意故从翟聲惟玉篇謂「本作燿，照也」日光曰曜，金木水火土日月五星之稱，照照射，曜曜：光明貌。 | |
| 曛 ㄒㄩㄣ | （形聲）（會意）甲文金文曛字从日熏聲本義作「日入餘光」解，（見集韻）乃日落後之餘光，故从日，又以熏本作「火煙上出」解日初入時其餘光色赤如火宛如自地下冒出故曛从熏聲，日入後餘光曰曛，晚曛，曛黃：黃昏，隱落，日色暗淡，時已曛黑。 | |
| 曠 ㄎㄨㄤˋ | （形聲）（會意）甲文、曠字與金文曠从日廣聲本義作「明」解（見說文許箸）乃指光明大放而言光明莫如日，故从日，又以廣本作「大堂」解即四無障壁之大屋，亦含有闊大光明的意味，故曠从廣聲，曠夫：男子成年而未娶者之稱，曠課，曠職，曠原。 | |
| 暾 ㄊㄨㄣ | （形聲）（會意）甲文金文暾字从日敦聲，本義作「日始出貌」解（見集韻）乃指日初出時之狀，故从日，又以敦本作「大」解日初出地面易生較正午時爲大之錯覺故暾从敦聲，朝日曰暾，海暾，曉暾，暾暾：日光圓滿貌，火光盛出貌，日西下貌，風暖日暾暾。 | |

楷 | 甲文 | 金文 | 楷 | 甲文 | 金文

**曖** ㄞˋ

（形聲）（會意）甲文、曖字與金文曖从日愛聲本義作「日不明」解，（見廣韻）乃日光昏暗意故从日，又以愛有喜好一義，人溺於喜好則是非不明亦如日光之昏故曖从愛聲。曖昧：俗謂人陰私之事不可告人者爲曖昧，昏暗不明。唵曖幽曖暗曖闇昧貌。

**曰** ㄩㄝ

（指事）甲文曰从口上有一此一指有所吐述之言詞是卽爲曰，金文曰王筠氏以爲「甘字古文有ㄩ ㄩ二形，故曰字只記於口旁，不正在口上」蓋以此與甘取別，義與甲文曰同，其本義作「語發詞」解，（見部首訂）卽發語示意之詞言說談講，俗曰對曰衆曰

**曲** 音屈ㄑㄩ 音取ㄑㄩˇ

（象形）甲文曲李敬齋氏以爲「不直也，象形，虛實，又作𠙴、作凹作𠙹」金文曲與甲文曲略同，其本義作「受物圓器」解，（見部首訂）乃用竹或草所編成之器，蠶薄曰曲，養蠶器一名薄，又名箔，幽深曲折之處曰曲，心中深處，事理不直者曰曲，邪辟曰曲，樂曲曰曲

**曳** ㄧˋ 音夜ㄧㄝˋ

（會意）（形聲）甲文曳字與金文曳从申从丿，申「作伸長」解，丿卽厂音豬，拖引之意，拖引使長爲曳，其本義作「臾曳」解（見通訓定聲）段玉裁氏謂「臾曳雙聲猶牽引也」曳卽牽引之意，曳引牽曳「棄甲曳兵而走」（孟・梁惠王）困頓，年雖疲曳，

**曷** ㄏㄜˊ

（形聲）甲文曷字闕，金文曷从曰匃（丐本字）聲本義作「何」解，（見說文許箸）爲發問之語辭，故从曰，何代疑問事物「曷爲久居此圍城之中而不去」（史記・魯仲連列傳）何表疑問的，爲何何故表疑問，「時日曷喪予及汝偕亡！」（書・湯誓）豈表反詰・

**書** ㄕㄨ

（形聲）（會意）甲文書金文書略同，从聿者聲其本義作「箸」解（見說文句讀）乃書寫字使著於竹帛之稱，作字必賴乎筆，聿筆古一字，故書从聿，又以者本作「別事詞」故書从者聲，載有文字或圖畫之册本曰書，字體曰書，大別之有五，篆、隸、楷、行、草書

**曹** ㄘㄠˊ

（象形）（會意）甲文曹李敬齋氏以爲「釀酒槽也，象諸朿（槖以無底故束其兩端）偶聚ㄩ中之形，朿之盛米麴，ㄩ如槽形，如牛馬之槽，」……變作𣍘作𣍘，金文曹與甲文曹略同，其本義作「獄兩曹」解，（見說文段注）古代聽訟之官署曰曹，輩儕曰曹，

**曼** ㄇㄢˋ ㄨㄢˋ

（形聲）（會意）甲文曼金文曼略同，林義光氏以爲「說文云『曼引也，从又曼聲』按冒曼雙聲，次對轉，古作𡟶从𠬪省，𠬪引也，」本義作「引」解（見說文句讀）乃引之使長，故从又，以冒有相犯之意，故曼从冒聲，曼衍：曼亦讀瞞，曼曼：長遠貌

楷　甲文　金文

**曾** ㄗㄥ　**曾** ㄘㄥˊ

（會意）（形聲）甲文曾从八田八有分意分田爲曾與金文曾字略同林義光氏以爲「當爲贈之古文以物分人也从口（口即物轉注）从八从曰囪聲本義作「詞之舒也」解（見說文段注）重疊曾祖曾孫加通「增」末議稱之詞一層一層的通「層」。

**朁** ㄊㄧㄢˋ

（會意）（形聲）甲文朁字與金文朁林義光氏以爲「从甘卽从口（古魯字會字或从口或从甘）从二欠（欠張口蘇气也）俗謂代爲朁亦由倦極思廢之義引伸其本義作「廢一偏下也」解（見說文徐箋）乃廢此與彼之義衰頹盛物斗曰朁通「屜」。

**會** ㄏㄨㄟˋ

（會意）甲文會上下象可蓋合之器爲被包合者段玉裁氏以爲「禮經器之蓋曰會金文會林義光氏以爲「㽕蓋㽕之變从合从㽕會古禹字一其意乃公周密相合爲會滙合也从合㽕聲本義作「合」解（見說文許箸）際曰會時機之稱領會體會。

**最** ㄗㄨㄟˋ

（會意）（形聲）甲文最金文最略同金文最从冃从取冃音帽本謂覆蓋於此同冒乃蒙覆而前卽不顧一切而前之意冒取爲最其本義作「犯而取」解（見通訓定聲）卽冒險犯難以取之意有才能者曰最功績居首曰最第一名之稱要言曰最功多。

**勗** ㄒㄩˋ

本字已列五〇頁

（形聲）（會意）甲文勗字闕金文勖从力冒聲本義作「勉」解（見說文許箸）乃鼓勵其努力任事之意故从力又以冒本作「蒙首而前」解含有不顧艱危而前進之意今勗勖二字並行而勖字較見習用勉勵勖勉「先君之思以勖寡人」（詩　）

楷　甲文　金文

**月** ㄩㄝˋ

（象形）甲文月葉玉森氏以爲「月之初文必爲☾象新或多角形甲文多至十餘形此所引爲最習見者金文月與甲文月略同古人就所恆見以立文爲取字形佳美其本義作「太陰之精」解（見通訓定聲）月球地球之衞星俗稱月亮明月新月殘月。

**有** ㄧㄡˇ

（會意）（形聲）甲文有爲又字重文羅振玉氏以爲「古金文有字亦多作又與卜辭同」金文有林義光氏以爲「有非『不宜有』之義有持有也……从又持肉不从月」月又聲本義作「不宜有」解（見說文段注）富厚者曰有土地貨財曰有州曰有。

**朋** ㄆㄥˊ

| 楷 | 甲文 | 金文 |
|---|---|---|

（象形）甲文朋王國維氏以爲「殷時玉與貝皆貨幣也……於玉謂之珏於貝則謂之朋……珏朋本是一字」金文朋與甲文朋略同林義光氏以爲「从人朋聲卽倗之古文象鳳首及羽翼形其本義作「神鳥」解（見說文許箸）卽鳳凰鳥相交好者之稱。

服 ㄈㄨˊ

（指事）（形聲）甲文服象兩手奉↓操旋舟以指進舟爲用之事見服用意金文服从舟𠬝聲本義作「行舟」解（見說文徐箋）乃盪舟使進故从舟又以𠬝音伏本作「治」解乃治事之意行舟卽治舟盪水故服从𠬝聲衣之總名服裝服飾衣服禮服喪衣。

朔 ㄕㄨㄛˋ

（形聲）（會意）甲文朔金文朔略同从月屰聲本義作「月一日始蘇也」解（見說文許箸）卽月在此日由晦轉明之意此日亦卽陰曆每月初一之稱又以屰音逆本作「不順」解故朔从屰聲日元朔月朔晦朔始初曰朔北方曰朔朔風朔雪朔邊朔漠。

朕 ㄓㄣˋ

（會意）甲文朕羅振玉氏以爲「朕當以訓兆爲初誼（義）故象兩手奉火（右上之丨）形而从舟火所以作龜致兆（卽灸龜以卜）舟（盤）所以承龜金文朕與甲文朕略同从舟𠔏（讀若饌）聲本義作「舟縫」解（見說文段注）朕我也我秦前自稱朕。

望 ㄨㄤˋ

（會意）（形聲）甲文望从臣从壬象人挺立（壬）凝神注目（臣）之形因有覬遠之意金文望林義光氏以爲从壬人挺立也从臣伏也右上从月省下从壬省謂滿月臣指臣下壬爲廷之省卽朝廷其本義作「月滿」解（見說文段注）心所欲見者曰望。

朗 ㄌㄤˇ

（形聲）（會意）甲文朗字與金文朗从月良聲本義作「明」解（見說文許箸）月之明爲朗故朗从月又以良本作「善」解含有圓滿高潔意味月圓滿高潔則益見其明故朗从良聲光明光彩曰朗明亮朗星晴朗朗爽英朗朗朗：神彩光明貌遠明達。

期 ㄑㄧ

（朞）

音欺 ㄑㄧ

（形聲）（會意）甲文期金文期从日其聲吳大澂氏以此爲古期字从月其聲本義作「會」解（見說文段注）乃要約之意要約利月之圓缺易記識故从月又以其爲指事之詞要約必明指之故期从其聲時日曰期物之所會曰期期頤：百歲之稱。

賸 音乘 ㄔㄥˊ

楷　甲文　金文

（塍）
（形聲）（會意）甲文塍字與金文塍以土朕聲本義作「稻田畦」解（見說文繫傳）王逸楚辭注「畦猶區也」種水稻田用以分其廣袤曰塍即田中土埂故从土又以朕即朕本作「舟縫」解乃直而細之縫隙塍爲田界亦直而細故从朕聲田間土埂曰塍。

**媵** 音硬 ㄧㄥˋ
（形聲）（會意）甲文媵金文媵略同从女朕聲本義作「送」解（見爾雅）古代國君娶夫人其同姓二國則送女隨嫁爲媵故从女又以朕即朕本作「舟之縫理」解乃必須塡實以防水之滲漏者故从朕聲隨嫁之女曰媵妾曰媵寄隨信附寄他物。

**朦** ㄇㄥˊ
（形聲）（會意）甲文金文朦字形異義同金文朦从月蒙聲本指「朦朧」一詞而言朦朧之本義作「月朦朧」解（見說文新附）乃月色昏暗貌故朦从月又以蒙有遮蔽一義月遇雲氣遮蔽則昏暗故朦从蒙聲朦朧：月昏暗月初出貌天昏暗貌。

**騰** ㄊㄥˊ
（形聲）（會意）甲文騰字與金文騰从馬朕聲本義作「傳」解（見說文句讀）乃傳遞郵驛之意古代傳遞郵驛以馬曰傳以馬曳車曰驛故騰从馬又以朕即朕本作「舟之縫理」解故騰从朕聲傳傳達騰空升騰龍騰騰躍翻騰歡騰乘騎跨上騰雲興起。

**朧** ㄌㄨㄥˊ
（形聲）（會意）甲文金文朧字从月龍聲本指「朦朧」一詞而言朦朧之本義作「月朦朧」解（見說文新附）乃月色昏暗貌故朧从月又以龍在古謂其爲時隱時現之神物月亦時隱時現而昏暗不明故朧从龍聲朦朧：昏暗朧朧：月色昏暗貌。

**木** ㄇㄨˋ
（象形）甲文木金文木略同木上出者中爲幹旁爲枝下達者中爲柢旁爲根其本義作「冒也冒地而生東方之行下象其根上象枝也」解（見續音義引古木說文）「冒」爲音訓破土上出之意木本植物之通稱木材曰木薪木棺曰木禱木刑具曰木。

**本** ㄅㄣˇ
（指事）甲文本金文本略同金文本丁佛言氏以爲「許氏說木下曰本从木一在其下粗木之根柢也案草木根際時作草圓形若骨節然此象其形」其本義作「木下」解（見說文許箸）即木根柢之稱草木之根曰本凡底皆曰本樹幹曰本物之根原曰本。

**未** ㄨㄟˋ
（象形）（指事）甲文未朱芳圃氏以爲「未字本誼（義）說文每以滋味釋之本義當爲穗」金文未林義光氏以爲「古未與枚同音當即枚之古文未爲大枝故附以幹也」本義作「木老枝葉重」解（見通訓定聲）十二地支之第八位時刻名未時。

**末** ㄇㄛˋ
（指事）甲文末金文末略同从木上加一一加於木上即指木最高處爲末其本義作「木上」解（見說文徐箋）即木杪之稱木杪曰末尖端曰末杖拄地之一端曰末下位曰末終尾曰末四肢曰末事非根本要務曰末細屑曰末最後：末日末代末命末民。

**札** ㄓㄚˊ
（形聲）（會意）甲文金文札字从木乚聲本義作「木簡之薄者」解（見通訓定聲）簡爲簡（竹質）牒（木質）之通名札爲薄木簡故从木又以乙爲甲乙之乙含有次第之意味亦即甲乙之意故从乙聲木簡之薄小者曰札信曰札即書簡手札函札。

楷　甲文　金文

## 朱　ㄓㄨ

（指事）甲文朱金文朱略同，从木一在其中，一加於木中在指此木之中心色赤而與他木異，其本義作「赤心木松柏屬」解（見說文許箸）即與松柏同類之赤心木，其本義古罕見用，赤色曰朱，紱綬曰朱，所以繫印者，赤色顏料曰朱，朱紫：朱爲正色，紫爲間色。

## 朽　ㄒㄧㄡˇ

（形聲）（會意）甲文金文朽字略同，从木丂聲，本義作「木腐」解（見集韻）指木腐而言，故从木，又以丂音考，本作「氣欲出而上礙於一」解，含有不得上出之意，味木腐則無故朽，从丂聲，腐敗物曰朽，腐朽之氣曰朽，三不朽，衰敗，衰朽，年朽，齒落與草木俱朽。

## 朵　ㄉㄨㄛˇ　音突　ㄊㄨˊ

（象形）（指事）甲文金文朵字上示木上象華（花）或其實下垂之形，本義作「樹木垂朵朵」解（見說文許箸）即花朵之稱，一說凡直指在木上而下垂之朵爲象形兼指事字，說亦可通，花朵之稱，杏朵，梅朵，桃李朵，觀我朵頤，耳朵：耳殼之稱，俗亦稱耳。

## 李　ㄌㄧˇ

（形聲）（會意）甲文李金文李略同，从木子聲，本義作「果」解（見說文許箸）李似杏而脆，李樹爲落葉喬木，故从木，所結果實較多，爲木中之多子者，故从子聲，李爲薔薇科落葉亞喬木，春日開白色花，實爲核果，球形，有朱紫青黃各色，甜美可食，刑官曰李。

## 村　ㄘㄨㄣ

（形聲）（會意）甲文金文村从邑屯聲，本義作「墅」解（見玉篇）即田廬之稱，田廬爲郊外屋舍，亦人所聚居者，故从邑，又以屯爲屯聚之義，墅爲人畜穀物生聚之處，故邨从屯聲，聚落曰村，鄉野間人所聚居處，野曰村，粗野之稱，鄙俗曰村，淡薄曰村。

## 材　ㄘㄞˊ

（形聲）（會意）甲文金文材字从木才聲，本義作「木梃」解（見說文許箸）梃爲直木，材即勁直堪用爲梃之木，故从木，又以才常指合用中式之人而言，材爲合用中式之木，故从才聲，凡物可供人利用者曰材，石材，建材，鐵材，五材：金木皮玉土，原料曰材。

## 杖　ㄓㄤˋ

（形聲）（會意）甲文金文杖字从木丈聲，本義作「手持木」解（見慧琳音義）即人手中所執持之長木，故从木，又以丈本作「十尺」解，在古制長六尺乃長木，故从丈聲，扶以行路之棍曰杖，木梃曰杖，古刑名，以大荊杖決打曰杖，創自梁武帝，竹杖，拐杖。

## 杜　ㄉㄨˋ

（形聲）（會意）甲文杜金文杜略同，从木土聲，本義作「甘棠」解（見說文許箸）即甘棠木，故从木，又以土在中原多赭褐色，甘棠即赤棠，其色赭褐，故杜从土聲，木名，棠梨又名甘棠，落葉亞喬木，其實如小楝子，大霜即可食，用杜鵑：鳥名，姓，帝堯裔，杜撰。

## 束　ㄕㄨˋ

（會意）甲文束金文束略同，从囗木，囗音圍，乃繞合之意，亦象以繩纏繞形，以繩繞合木使聚爲束，其本義作「縛」解（見說文繫傳）乃纏緊使密聚爲一之稱，約曰束，即橫帶紮成之結，計長形物量詞，一紮曰一束，約曰束，即約制之件，縛，捆紮，縛物，約制，束制，申束。

## 杞　ㄑㄧˇ

（形聲）甲文杞上木下巳，與金文杞同，爲杞字反文，古金文正反相若，杞从木巳聲，本義作「枸杞」解（見說文許箸）枸杞爲落葉灌木，故杞从木，金文第二字同字異體，植物名，即枸杞之略稱，參閱枸杞條，苦杞，苞杞，荊杞：喬木，古以爲良材，杞柳，亦名柜柳。

| 楷 | 甲文 | 金文 |
|---|---|---|

**杉** 音杉 ㄕㄢ 音沙 ㄕㄚ

(形聲)(會意)甲文杉金文陶文杉略同，从木彡聲，本義作「木名」解(見說文許箸)乃幹直而高之常綠喬木名；故从木，又以彡爲「毛飾畫文」；杉之葉細小如針亦略似毛，故从彡聲。杉 松杉科，常綠喬木，幹高數丈，葉小如針形，供建築及製器之用。

**東** ㄉㄨㄥ

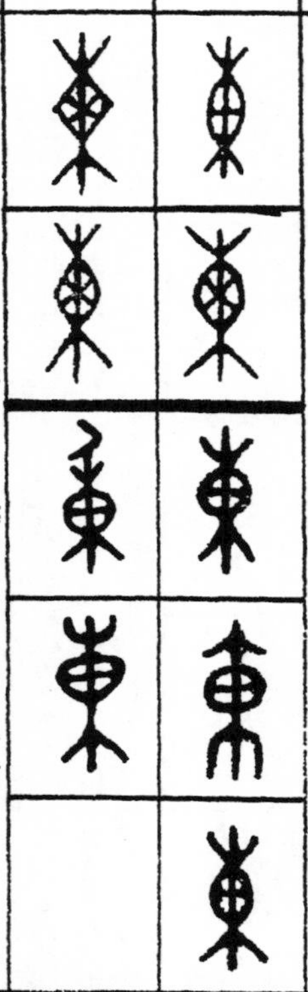

(象形)(會意)甲文東金文東略同。林義光氏引金文俥、餗、速……等字析證以爲「是東與東同字」。中升出，此所出之方向曰東，其本義作「日所出也」解(見通訓定聲)乃東方之稱，後世借爲東西之東。方位名，日之出處曰東，古時世稱主人曰東。

**果** ㄍㄨㄛˇ

(象形)甲文果象衆果生木上之形，金文果：上之⊕象果實，下之木示枝幹，亦示木本，木上之實即果，其本義作「木實」解(見說文許箸)即果實之稱，植物所結之實曰果。「『甸師共野果蓏之屬』註『有核曰果，無核曰蓏』」。終局曰果，結果，勇敢，果敢。

**林** ㄌㄧㄣˊ

(會意)甲文林金文林略同，从二木，二木 示木之衆多，且二木並比有發自平土，而茁長齊等意，其本義作「平土有叢木曰林」解(見說文許箸)即叢生一處之衆木，稱之曰林，木叢生一處曰林，松林、杏林、桃林、李林，竹叢生一處曰林，人文薈聚之所曰林。

**枉** ㄨㄤˇ

(形聲)(會意)甲文金文枉字以木㞷聲，本義作「邪曲」解(見說文許箸)乃指木不正不直之狀而言，故从木，又以㞷本作「草木怒生」解，含有破土突出之意味，物之突出常失正，故枉从㞷聲。衺曲，曲，故加歪曲，枉費心機，誣屈，表性態，故意歪曲是非。

**枝** ㄓ

(形聲)(會意)甲文枝金文枝略同，从木支聲，本義作「木別生條」解(見說文許箸)就是木幹旁出之小條，故从木，又支有分開一義，枝爲幹所分出者，故从支聲。樹木自幹旁生出之條曰枝：枝柯，枝條，枯枝，嫩枝，連理枝，枝體曰枝，同「肢」。支持，枝撐。

**枕** ㄓㄣˇ

(指事)(形聲)甲文金文枕字从木冘聲，本義作「臥所以薦首者」解，第三字同字異體(見說文許箸)即臥時用以承首之具，俗名枕頭，在古多截木爲之，故从木，又以冘爲沈(俗作沉)人得枕易沈沈入睡，故枕从冘聲。竹枕，瞽枕，邯鄲枕，枕席：臥具。

**板** ㄅㄢˇ

(形聲)(會意)甲文金文板字从木反聲，本義作「片木」解(見玉篇)即木之析爲片者，故从木，又以反爲正之對，木之析爲片者，一析必剖木爲二，一致此片與彼片相對，故板从反聲。木片曰板，即鋸成片之木材，木板，地板，跳板，踏板，橋板，物之薄片曰板，笏曰板。

**枚** ㄇㄟˊ

(會意)甲文金文枚字从木从攴，攴音撲，本作「小擊」解，可任小擊之木爲枚，其本義作「榦也可爲杖」解(見說文許箸)即可以爲杖之榦名之曰枚，按枚字注釋向多歧說，桂馥氏以爲「枚馬杖也」甚見明確，樹榦曰枚，馬箠曰枚，鐘乳曰枚，手指曰枚。

**标** ㄅˋ

楷 甲文 金文

（形聲）甲文金文杯字同字異體，金文杯从木否聲，本義作「酒器」解（見急就篇顏注）乃木質盛酒之器，一說即木盞，故从木，字亦省作杯，今俗杯，並行而杯字更見習用。酒盅曰杯，盛飲食器曰杯，量詞：禁奠酒一盞一盅皆曰一杯，杯中物：酒之別稱。

松 ㄙㄨㄥ

（形聲）（會意）甲文松金文松略同，从木公聲，本義作「松木」解（見說文許箸）乃常綠喬木之一種，故从木，又以公本作「去私」解，含有正大挺直歷久不變等義，松高數丈挺立不拔，葉作針狀，歲寒不凋，葉如針，果實毬狀，松為諸木之長，有黑松青松。

析 ㄒㄧ

（會意）甲文析金文析字略同，亦有同字異體，金文析从木从斤，斤為斫木之斧，以斧斫木使開為析，其本義作「破木」解（見說文許箸）即劈木使開而碎之之稱，姓，齊大夫析歸父之後，破剖，劈，分開，析居，析產「以殷仲春厥民析」（書・堯典）析解，剖析，條析。

杼 ㄕㄨˋ 音竪ㄕㄨˋ 音佇ㄓㄨˋ

（形聲）（會意）甲文金文杼字从木予聲，本義作「機之持緯者」解（見說文許箸）即往復經線中吐出緯線以織之木器，就是梭子，故从木，又以予本作「推予」解，乃以手推物與人之意，杼在推緯入經，故从予聲，織布具持緯線以織者，杼持緯也，柚受經者也。

枋 ㄈㄤ

（形聲）（會意）甲文枋金文枋略同，从木方聲，本義作「木可作車」解（見說文許箸）乃檀木，故从木，又以方象兩舟相並形，本作「併船」解，含有連在一處之意，彼此相接，故枋从方聲，木名，檀木別稱，枋質堅可製車，蘇枋常綠喬木，長丈許，葉如楡葉，花黃。

楷 甲文 金文

杲 ㄍㄠˇ

（會意）甲文杲與金文杲字略同，从日在木上，日升至木上，則大地通明，故其本義作「明」解（見說文許箸）乃旭日已升六合光明的意思，姓，元有詩人杲元啓，望出淮泗，高，「徐徐雲開見杲日，晚禾吹花早禾實」（陸游・望霽詩）杲杲：旭明貌。

杵 ㄔㄨˇ

（形聲）（會意）甲文金文杵字从木午聲，本義作「舂杵」解（見說文許箸）即舂穀去殼，舂米去皮之木器，午象杵形，實杵之古文，又以午本作「貫」解，含有直下使通之意，舂米具上細下粗之堅木曰杵，擣衣木搥曰杵，杵狀兵器曰杵，凡形如杵之具皆曰杵。

相 ㄒㄧㄤ 音向ㄒㄧㄤˋ

（會意）甲文相與金文相略同，金文相林義光氏以為「凡木為材，須相度而後可用，从目視木」，相从目从木，以目接木為相，其本義作「省視」解（見說文段注）即視察之意，質曰相，姓，帝相之後，望出商邱，相持不下，相愛甚深，形色曰相，官名：丞相，宰相。

染 ㄖㄢˇ

（會意）甲文金文染字从水从木从九，木謂用以染色之梔茜等植物，水指取於梔茜之有色染汁，九示物入有色染汁中連續九次，使著某色為染，其本義「以繒染為色」解（見說文繫傳）即布帛著色之稱，習俗所化曰染，染紙，揮染，灑染，染病，侵染，感染，傳染。

柱 ㄓㄨˋ

楷　甲文　金文

（形聲）（會意）甲文金文柱字从木主聲本義作「楹」解（見說文許箸）卽豎地以承樑之木，故从木，又以主有重要基幹之義，柱所以承樑棟，以載桷椽以托瓦，實爲屋舍之重要基幹，故从主聲。屋室內直立以承梁之木曰柱。琴瑟繫弦之木曰柱，柱石。

## 架 ㄐㄧㄚˋ

（形聲）（會意）甲文金文架字从木加聲本義作「棚」解（見韻會）乃將木配搭而成之棚，故从木，又以加有增置其上之一義，搭木乃使諸木增置其上，故架从加聲。棚曰架，瓜架，房屋兩梁兩柱間之距離曰架，衣架，相架，書架，鐘架，疊牀架屋，專相凌架，架梁。

## 枯 ㄎㄨ

（形聲）（會意）甲文枯金文枯字略同，左爲古字異文，右从木，丁佛言氏以此爲古枯字。枯从木古聲本義作「槁」解（見說文許箸）乃形容樹木乾萎無生機之狀而言，故从木，又以古本作「故」解，乃已往卽爲時已遠之意，已失生機之樹木曰枯，朽木。

## 柳 ㄌㄧㄡˇ

（形聲）甲文柳金文柳略同从木丣（古文酉）聲本義作「小楊」解（見說文許箸）柳與楊同屬楊柳科，生宮濕，多生水邊或卑濕地，楊枝短硬而揚起，故名楊，亦名蒲柳，柳枝長輭而垂流，故名柳，爲落葉喬木，故柳从木，姓，魯子展之後，柳腰：美人腰如柳之柔。

## 柴 ㄔㄞˊ

音寨 ㄓㄞˋ
音恣 ㄗˋ

（形聲）（會意）甲文金文柴字从木此聲本義作「木散材」解（見說文許箸）乃指不能製器僅可供薪用之小雜木而言，故从木，又以此本作「止」解，但常用爲別事詞，能別彼此，乃爲數極夥之小木雜木，故从此聲。供燃燒之小木，散材，枯草曰柴，積曰柴。

## 柩 ㄐㄧㄡˋ

（形聲）（會意）甲文金文柩字同字異體，金文柩从木匛聲本義作「棺」解（見說文許箸）卽木所製以盛屍之具，故从木，又以匛从匚久聲，匛柩古今字，柩爲匛之累增字，故从匛聲。有尸之棺曰柩，靈柩，「望柩不歌」（禮・曲禮），空棺謂櫬，有尸謂之柩。

## 柏 ㄅㄛˊ

音擺 ㄅㄞˇ

（形聲）（會意）甲文金文柏字从木白聲本義作「陰木」解（見六書精蘊）古傳凡木皆向陽（東）而柏獨向陰（西），又以白有明確不移之意，味柏幹勁挺，柏葉常青，雖歷風霜，不凋不變，故从白聲。植物名：扁柏，杉科，常綠喬木，香柏，翠柏，蒼柏，赤柏，側柏。

## 柑 ㄍㄢ

（形聲）（會意）甲文金文柑字略同，甲文省木，金文柑从木甘聲本義作「果名似橘」解（見集韻）乃一種似橘之木，本果名，故从木，又以甘本作「美味」解，故从甘聲。柑，芸香科，亦名柑橘科，常綠灌木，高丈餘，葉長卵形，果實圓形，皮色黃赤，有金柑，蜜柑。

## 柔 ㄖㄡˊ

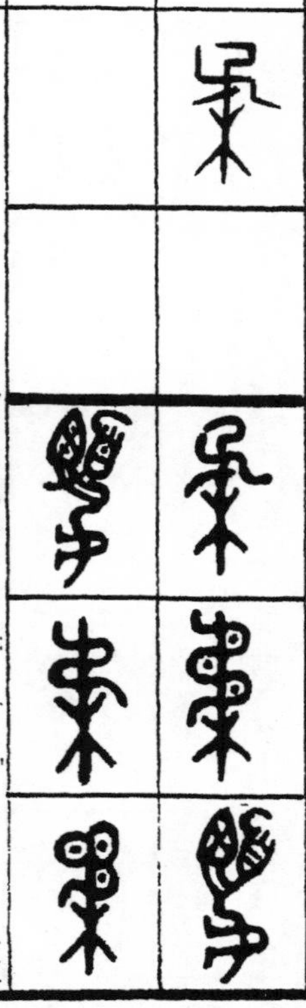

（形聲）甲文金文柔字略同，亦有同字異體，金文柔从木矛聲本義作「不曲直」解，（見說文段注）卽木曲者可直，直者可曲之稱，故从木，和順者之稱，剛強者之對，「是以立天之道曰陰與陽，立地之道曰柔與剛」（易・說卦）言動從容合度曰柔，溫柔，嬌柔。

## 柯 ㄎㄜ

音科 ㄎㄜ
音歌 ㄍㄜ

（形聲）甲文金文柯字从木可聲本義作「斧柄」解（見說文許箸）斧柄爲木，乃斧之木把，故从木，斧柄曰柯，「執柯伐柯其則不遠」（詩・豳風）樹枝曰柯，柔柯，高柯，横柯，法曰柯，卽法則，蓋詩豳風有「伐柯伐柯其則不遠」之句，後世遂謂柯爲法則。

楷　甲文　金文

**柬** ㄐㄧㄢˇ

（會意）甲文金文柬字从束八柬作「絤」解八作「分」解開其束依類加以分別曰柬其本義作「分別簡之」解（見說文繫傳）即分別其差異而加以選擇之稱信札曰柬柬札書柬請帖曰柬簡牘曰柬柬帖詧柬國名柬埔寨簡稱柬分別選擇同「揀」

**柚** ㄧㄡˋ

（形聲）（會意）甲文金文柚字同字異體金文柚从木由聲本義作「果似橘而大」解（見玉篇）乃謂其果似橘而大之木名故从木王國維氏以爲「由卽甾」甾卽缶乃圓形盛酒漿瓦器柚形略似缶故从由聲柚植物名芸香科（亦作橙桶科）常綠喬木

**枴** ㄍㄨㄞˇ

（形聲）（會意）甲文金文枴字同字異體金文枴从手冎聲本義作「老人杖」解（見類篇）乃老人所用之柱杖故从木又以冎剐音義俱同冎作「剔肉置骨」解老人杖爲已去皮光潔如骨之木故从冎聲拄杖曰枴籐枴龍頭枴王母封東海教主授以鐵枴

**柝** ㄊㄨㄛˋ 音拓

（形聲）（會意）甲文金文柝字从木㡿聲本義作「判」解（見說文許箸）乃剖解木使開之意故从木又以㡿音只本作「郤屋」解卽「開拓其屋使廣」之意故柝从㡿聲梆子曰柝挖木使中空古時擊之以巡夜者柝爲備警之事所擊者故以柝喻警

**柞** ㄗㄨㄛˋ

（形聲）（會意）甲文柞金文柞从木乍聲本義作「柞木」解（見說文許箸）乃常綠灌木之一種故从木又以乍爲作之省文作有多所造就之意味柞木甚堅韌可製梳又可爲器物之柄又櫟亦名柞有多種用途故柞从乍聲椅科常綠喬木幹高二丈許

楷　甲文　金文

**柢** ㄉㄧˇ

（形聲）（會意）甲文柢字與金文柢从木氐聲本義作「木根」解（見說文許箸）故从木又以氐本作「本」解卽草木之直根氐柢古今字柢爲氐之累增字故从氐聲木根曰柢「柢者木之所建生也」（韓非・解老）根本德業事功之根本皆曰柢

**校** ㄒㄧㄠˋ ㄐㄧㄠˋ

（形聲）（會意）甲文金文校字从木交聲本義作「木囚」解（見說文許箸）卽囚人木具如桎梏枷等之稱故从木又以交象人兩脛相交叉形乃互合之意木囚有以木合人之意故校从交聲木囚曰校械人手足之桎梏學名施教求學之處校庠黌校

**格** ㄍㄜˊ

（形聲）（會意）甲文格金文格略同从木亦有省木各聲本義作「木長貌」解（見說文許箸）乃指木枝幹森挺之狀而言又以各本作「異詞」解因有互不相聽之意故格以各聲法式曰格格式格律定格規格人品氣量風度之泛稱神韻曰格標準曰格

**栽** ㄗㄞ

楷　甲文　金文

音栽 ㄗㄞ

（形聲）（會意）甲文栽金文栽字略同，从木𢦏聲本義作「築墻豹板之弋」解（見說文徐箋）古代築牆，先引繩經始再依繩植弋卽木樁其在兩端者曰楨在兩側者曰榦故栽从𢦏聲，植物幼苗名因其可栽種故曰栽，栽培：培育曰栽培栽，栽花栽秧

株 ㄓㄨ

（形聲）（會意）甲文株古卽朱字金文株从木朱聲本義作「木根」解（見說文許箸）木在土內者曰根此所謂「木根」故从木，又以朱本爲「赤心木」木心常赤故从朱聲木根之在土面者曰株門雞之勝者爲株，樹木一本曰一株，株守：拘泥不變之意

桑 ㄙㄤ

（象形）（會意）甲文桑羅振玉氏以爲韓非子五蠹有「宋人有耕田者田中中爲主幹，其上歧出者爲枝葉，此卽桑，金文桑略同其本義作「蠶所食葉木」解（見說文徐箋）卽以其葉飼蠶之木，卽桑木，桑植物名落葉喬木葉卵形植桑養蠶之事曰桑，

根 ㄍㄣ

（形聲）（會意）甲文金文根字从木艮聲本義作「木株」解（見說文許箸）乃指木之入土部份而言故从木，又以艮音更乃匕（同比）交目相視而互不順從之意故根从艮聲，植物體深入土中之部份曰根，凡物在下之部分曰根，事物之本源曰根，

案 ㄢ

（形聲）（會意）甲文金文案字从木安聲本義作「几屬」解（見說文許箸）凡爲陳薦祭品之具，案爲木製而形類几者，故从木，又以安本作靜解，含有平正穩定不動然後可供利用，故从安聲，桌曰案，几案，石案，圓案，盌曰案，牀曰案，界曰案，官府文書成例曰案，

桐 ㄊㄨㄥ

（形聲）（會意）甲文桐金文桐字略同，从木同聲本義作「榮」解（見說文許箸）榮卽桐木之別名故从木，又以同爲洞之省文含有空洞之意，桐之種類甚多，但指白桐而言其高數丈其幹內空故从同聲，桐：玄參科落葉喬木，梧桐略稱之曰桐，

桂 ㄍㄨㄟ

（形聲）（會意）甲文金文桂字同字異體皆从木圭聲本義作「江南木百藥之長」解（見說文許箸）乃一種皮可入藥其味特香又以圭本作「瑞玉」解桂皮入藥，其形如圭，故从圭聲，桂：植物名樟科常綠喬木分二種：牡桂，箘桂，簡桂，蠶桂

桌 ㄓㄨㄛ

（形聲）（會議）甲文金文桌字爲卓字重文椅，桌古作倚卓見談苑，今从木从卓省（省卓下十）聲，本義作「几案」解，（見正字通）乃與几案爲類之木器故从木，又以卓有脚相承是有高意故从卓聲，几案曰桌，帳，桌圍，桌：計酒席量詞，三桌酒五桌菜

桓 ㄏㄨㄢ

（形聲）（會意）甲文桓金文桓同字異體从辵从亘吳大澂氏以此爲古桓字，按此實超字與桓互通，又从木亘聲，本義作「郵亭表」解（見說文許箸）郵亭爲四方形小屋，屋上豎丈餘高木，明顯可見，此卽郵亭表，故从亘聲，桓木名，葉似柳皮黃白色，

栗 ㄌㄧˋ

（象形）（會意）甲文栗羅振玉氏以爲「說文解字栗字古文作𣡌从西，金文之作𣡌，與此略同，」與甲文栗略同，从卤木，卤象下垂之栗實，有實下垂之木爲栗其本義作「栗木也」解（見說文段注）乃結栗實之木名，殼斗科落葉喬木，謹敬之通「慄」

桀 ㄐㄧㄝˊ

楷　甲文　金文

（會意）甲文金文桀字略同，从舛在木上舛音喘有相背即分離一義使身首分離而懸之木上爲桀其本義作「磔」解（見說文許箸）乃裂殺示衆之稱，杙雞棲之木曰桀，俊異者之稱通「傑」「千人曰英萬人曰桀」（辨名記）選士厲兵簡練桀俊，月令

## 臬　ㄋㄧㄝˋ

（會意）甲文臬與金文臬略同，金文臬林義光氏以爲「臬射準的也……自者鼻也，立木如鼻形也」自卽鼻鼻居面之正中而凸出立木如鼻以爲射之準的曰臬其本義作「射準」解（見通訓定聲）卽射靶之稱，表曰臬卽標準，法度曰臬臬司臬臺官名

## 桁　ㄏㄥˊ

（形聲）（會意）甲文金文桁字略同，从木行聲本義作「屋橫木」解（見玉篇）卽屋梁上所安之橫木故从木，又以行有「行列」一義桁爲排列梁上成行之橫木故从行聲，井韓上橫木曰桁，浮橋曰桁通「航」桁楊：古刑具，葬具名長而矮之木几衣架曰桁

## 梁　ㄌㄧㄤˊ

（象形）（形聲）甲文梁金文梁略同，金文梁林義光氏以爲「朩象權木兩涯之間爲橋梁形刅省聲」朩……爲井亦象（橋梁）形按朩實與梁同字又以梁从木从水刅聲本義作「水橋」解（見說文許箸）卽架木跨水上以通兩岸之橋，柱上橫木曰梁

## 械　ㄐㄧㄝˋ　ㄒㄧㄝˋ

（形聲）（會意）甲文金文械略同，从木戒聲本義作「桎梏」解（見說文許箸）卽加於罪人手足之刑具在古係以木製成者故从木，又以戒本作「警」解乃戒備不虞之意械在禁錮罪人防其行動越軌故械从戒聲，兵器曰械甲械軍械弓矢戈殳矛戟

## 梯　ㄊㄧ

（形聲）（會意）甲文金文梯同字異體，金文梯从木弟聲本義作「木階」解（見說文許箸）階爲堂下石級梯爲木製之階故从木，又以弟爲第之本字作「次第」解，含有依次排比之意味梯之各級，依次排比，故从弟聲，升高之具曰梯，木梯竹梯電梯雲梯

## 梅　ㄇㄟˊ

（形聲）（會意）甲文梅字與金文梅形異義同，金文梅上木下呆此爲古梅字，从木每聲本義作「枏」解（見玉篇）卽楠木，又以每本作「草盛上出」解梅爲幹極端偉枝葉森秀之大木故从每聲，梅植物名薔薇科落葉喬木，枏曰梅楠木之古稱，迎梅落梅

## 梵　ㄈㄢˋ　音蓬 ㄆㄥˊ

（形聲）（會意）甲文金文梵字从林凡聲本義作「木得風貌」解（見玉篇）乃衆木當風時搖晃貌，故从林，又以凡爲芃之省文詩有「芃芃黍稷」「芃芃棫樸」芃芃爲草木盛美貌林木遇風搖晃亦足見其盛美，故梵从凡聲，印度語之音譯其義爲「淨」

## 梟　ㄒㄧㄠ

（會意）（指事）甲文金文梟字从鳥頭在木上，係指一種惡鳥古代傳說此鳥食母而後能飛，漢代於夏至日殺之作羹以賜百官期絕其類故懸鳥頭於木上以示斬絕其本義作「不孝鳥」解（見說文繫傳）梟卽不孝鳥名，雄曰梟，兇險不馴良之徒曰梟

## 梏　ㄍㄨˋ　ㄎㄠˋ

（指事）（形聲）甲文梏象罪徒兩手受梏之形以指套合罪徒兩手者卽梏，金文梏字本作「牛觸人角著橫木所以告人」解，又作「手械」解（見說文許箸）乃木製成，用作械兩手於一處之刑具故从告聲，手械曰梏，俗稱手梏，施梏於手，手械曰梏，桎梏

| 楷 | 甲文 | 金文 |
|---|---|---|

## 梓 ㄗˇ

（形聲）（會意）甲文金文梓字从木宰省（省宰爲辛）聲本義作「楸」解（見說文許箸）乃與楸近似之一種亞喬木名故从木又以宰本作「官稱」解冢宰且爲百官之長梓爲百木之長故从宰省聲梓桑蔵科落葉喬木名木器曰梓梓里：鄉里。

## 棋 ㄑㄧˊ ㄐㄧ

（形聲）（會意）甲文棋上木下其與金文棋略同从木其聲本義作「博棊」解（見說文許箸）乃奕棋爲戲之意古代棋爲木製故从木又以其爲「箕」之初文本盛物之器多枝條所編之箕故棋从其聲對弈爲戲之具棋藝曰棋象棋圍棋棋逢對手。

## 棧 ㄓㄢˋ

（形聲）（會意）甲文金文棧字从木戔聲本義作「棚」解（見說文許箸）卽上有所覆旁有所蔽之棚乃編木而成者故从木又以戔本作「傷」解含有分別翦裁之意味故从戔聲棚曰棧編木而成者閣道曰棧柵曰棧客寓旅店曰棧客棧高陞棧貨棧。

## 棟 ㄉㄨㄥˋ

（形聲）（會意）甲文金文棟字从木東聲本義作「極」解（見說文許箸）卽屋舍正中之樑故从木又以東示東方乃日所出處屋舍正中之樑乃諸樑依次而昇之最高者故棟从東聲屋之中梁曰棟屋脊曰棟喻人所任之重如棟才足任重如棟者皆曰棟。

## 棺 ㄍㄨㄢ 音貫ㄍㄨㄢˋ

（形聲）（會意）甲文棺金文棺略同从木官聲本義作「所以藏屍令完」解（見玉篇）乃不製用以藏屍使完好之器故从木又官以治民使安爲職志棺以藏屍令完好爲本務故从官聲斂屍之具曰棺采棺桐棺蓋棺圓酒器曰棺無屍曰棺有屍曰柩。

## 椅 ㄧˇ

（形聲）（會意）甲文椅字闕金文椅从木奇聲本義作「梓」解（見說文許箸）乃類梓之落葉喬木名故从木又以奇本作「異」解乃不平凡之意椅木有美文故椅从奇聲坐具後有靠背者俗稱椅子高椅靠椅躺椅轎椅有倚曰椅無倚曰凳。

## 棒 ㄅㄤˋ

（形聲）（會意）甲文金文棒字同字異體金文棒从木奉聲本義作「木杖」解（見集韻）卽大木棍之稱故从木又以奉有雙手合持爲用之意棒乃雙手合持爲用之木故从奉聲杖曰棒卽大直棍棒子竹棒打地棒金箍棒以棒擊人枉費精神施棒喝。

## 棲 ㄑㄧ ㄒㄧ

（形聲）（會意）甲文金文棲字略同从木妻聲本義作「鳥在巢上」解（見說文許箸）在木爲巢在穴爲窠棲乃止於巢上之意故从木又以妻嫁夫而有家有得久居長安之意棲則得安息故从妻聲牀曰棲棲息之所曰棲息止棲止棲息羈棲雞棲歇宿。

## 棗 ㄗㄠˇ

（會意）甲文金文棗字从重朿朿音賜象木生刺形本作「木芒」解朿卽木刺高而多刺之木爲棗其本義作「棗木」解（見說文段注）卽棗樹之稱鼠李科落葉喬木高二丈餘其種類甚多產浙江金華者曰南棗產於河北山東者曰北棗黑棗焦棗梨棗。

## 棘 ㄐㄧˊ

（會意）甲文棘金文棘字略同爲棘字篆文从並朿朿音賜象木生刺形本作「木芒」解朿卽木刺多刺而又聚生一處之木爲棘其本義作「小棗叢生者」解（見說文段注）乃較棗矮小多刺而叢生之木名卽酸棗樹之稱卽酸棗鼠李科棗之變種。

楷 | 甲文 | 金文 | 楷 | 甲文 | 金文

## 椒 ㄐㄧㄠ

（形聲）（會意）甲文、金文椒字略同，亦有同字異體。金文椒从艸尗聲，本義作「尗茮」解（見說文許箸）；茮乃果實表裡相若內則其子聚生成房室狀之稱；又以尗本作「豆」解，茮之實如小豆，故从尗聲。植物名。椒有數種：秦椒、蜀椒、山椒、番椒、辣椒、青椒。

## 棚 ㄆㄥˊ

（形聲）（會意）甲文、金文棚字从木朋聲，本義作「棧」解（見說文許箸），乃編木而成藉蔽烈日急雨之用者，故从木；又以朋謂朋友，含有交相彼此近台之意味；彼此近合而成者，故从朋聲。以竹木等搭成之架曰棚。帳棚、涼棚、綵棚，四周皆有覆蔽之幕曰棚。

## 楮 ㄔㄨˇ

（形聲）（會意）甲文、金文楮同字異體，从木从宁从者，聲本義作「穀」解（見說文許箸），乃類穀之落葉亞喬木名，皮白者爲穀，皮斑者爲楮，故从木；又以者本作「別事詞」解，必衆多而後有彼此可別，楮與穀構有別，故从者聲。紙曰楮，未著墨之素紙：楮幣。

## 棱 ㄌㄥˊ

（形聲）（會意）甲文棱、金文棱同字異體，从木夌聲，本義作「木四方爲棱」解（見通俗文），乃四方木之稱，故从木；又以夌爲陵字古文，陵有嚴峻之一義，木之方而不圓者亦有嚴峻之意味，故棱从夌聲。脊物有棱角之稱：屋脊、觚棱；山脊：威勢曰棱。通作稜。

## 椎 音垂ㄔㄨㄟˊ 音追ㄓㄨㄟ

（形聲）（會意）甲文、金文椎字从木隹聲，本義作「一木牽用以椎擊者」解（見六書故），乃木製用以敲擊他物之具，故从木；又以隹爲「短尾禽」，椎之形亦略似禽之短尾，故椎从隹聲。槌曰椎。擊物具。脊柱骨爲人體之中柱，此脊節曰椎：頸椎、胸椎、腰椎。

## 業 ㄧㄝˋ

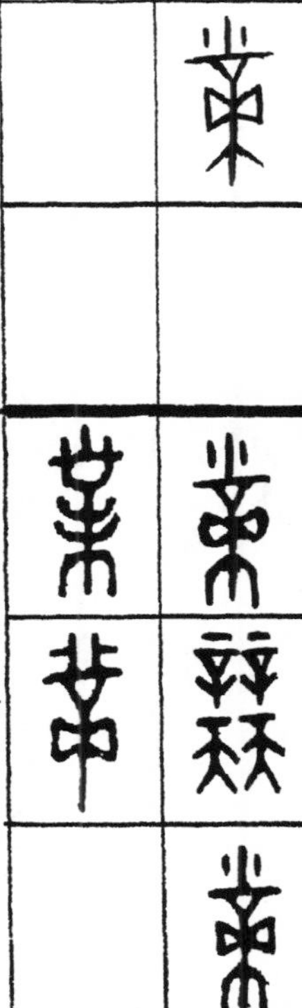

（象形）甲文業、金文業，林義光氏以爲「象全虡（音巨，懸鐘磬之木架）上有飾版之形」；蓋丵即木架，所以懸鐘鼓者；⋈象飾版，巾象柎足，用以懸鐘鼓之具爲業。其本義作「大版」解（見說文徐箋）。書册之版曰業。基業、職業、功業、學業、修業、傳業、就業曰業。

## 極 ㄐㄧˊ

（形聲）（會意）甲文、金文極同字異體。金文極从木亟聲，本義作「棟」解（見說文許箸），乃屋頂正中之樑，故从木；又以亟本作「敏疾」解，正中之樑即最高之樑，高則陡峻，並便於屋上之水向前後傾瀉，故極从亟聲。棟曰極。正梁。君位曰極。盡止之處曰極。

## 楚 ㄔㄨˇ

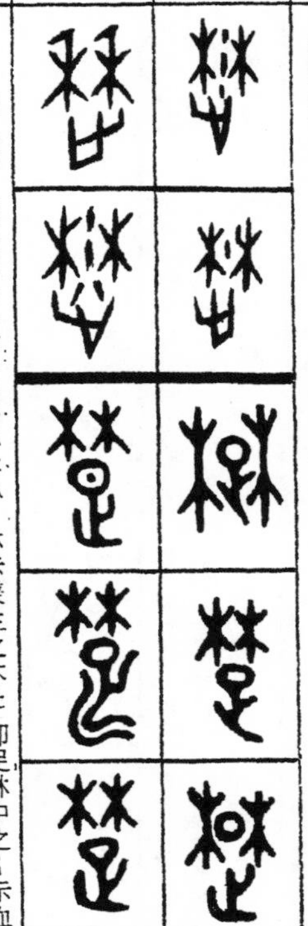

（會意）（形聲）甲文楚从林从止从：，林示叢生之木，止即足，林中之：示血跡點滴，足至叢木中易爲其棘刺所傷者，此叢木即楚。金文楚从足从疋，古通，本義作「叢木也，一名荊」解（見說文許箸），即叢生多刺木名。扑撻之具曰楚。痛苦之情曰苦楚。

## 楷 ㄎㄞˇ ㄐㄧㄝ

（形聲）（會意）甲文、金文楷字从木皆聲，本義作「楷木」解（見說文段注），乃古時植於孔子冢上之木名，故从木；又以皆本作「俱」解，乃彼此相同之意，木之幹與枝或直或屈，獨楷俱直而不屈，故从皆聲。植物名，亦名黃連木。楷書曰楷，即正書。法式：楷模。

楷 | 甲文 | 金文

## 楊 ㄧㄤˊ

（形聲）（會意）甲文楊金文楊略同，从木昜聲本義作「蒲柳」解，（見急就篇顏注）段玉裁氏以爲「蒲蓋本作浦，浦、水瀕也；」浦柳卽水楊，乃生水濱落葉喬木名故从木，昜植易長有昜見昌盛意故从昜聲，楊柳科落葉喬木高數丈，水楊一名蒲柳楊柳

## 楣 ㄇㄟˊ

（形聲）（會意）甲文金文楣字同字異體，金文楣从木眉聲本義作「門上橫梁」解（見爾雅郭注）乃門框上之橫樑，故从木，又以眉在目上，以護目者，楣在門上亦較門微長而用以護門者故从眉聲，門上橫梁曰楣，門楣屋上架橫梁曰楣卽俗稱之二梁，

## 楫 ㄐㄧㄝˊ ㄐㄧˊ

（形聲）（會意）甲文楫字與金文楫从木咠聲本義作「橈」解，（見方言）乃划水進舟之曲木故从木，又以咠音緝从口耳相接會意本作「聶語」解卽附耳小語含有口耳密接細語不止意味橈不斷入水盪擊，始能進舟，故楫从咠聲，橈曰楫，搖楫進舟，

## 椿 ㄔㄨㄣ

（形聲）（會意）甲文金文椿同字異體，金文椿从木春聲本義作「木名」解（見玉篇）乃落葉喬木之一種故从木，又以春時田野放綠百花吐香自發芽至嫩時香氣四溢生熟可食可愛如春意故从春聲，俗稱父爲椿，稱父母曰椿萱，椿萱垂老，椿堂，椿庭

## 楨 ㄓㄣ

（形聲）（會意）甲文楨金文楨略同，从木貞聲本義作「剛木」解（見說文許箸）乃質地堅硬且極正直之木名故从木，又以貞有堅固一義楨爲堅固之木故从貞聲，植物名卽女貞常綠灌木高丈許冬夏常靑若有節操亦名女楨略稱楨，喻貞幹之臣曰楨，

楷 | 甲文 | 金文

## 榆 ㄩˊ

（形聲）（會意）甲文榆字與金文榆从木俞聲本義作「赤榆」解，（見通訓定聲）乃形似枌而皮色赤之落葉喬木名，又以俞本作「空中木爲舟」解，卽挖木而成之天然舟俞含有大木之意故从俞聲，榆科落葉喬木多生寒地，榆錢：實平圓似錢，

## 楓 ㄈㄥ

（形聲）（會意）甲文金文楓字略同从木風聲本義作「楓木」解（見通訓定聲）爲一種厚葉弱枝善搖之落葉喬木名故从木，楓枝柔弱易受風吹動葉厚，易爲風吹落風過楓林常颯颯作響故从風聲，楓·金縷梅科落葉喬木，葉掌狀秋季變紅色

## 楠 ㄋㄢˊ

（形聲）甲文金文楠同字異體金文楠从木冉聲本義作「梅」解（見通訓定聲）此梅卽詩秦風「終南有梅」陳風「墓門有梅」之梅，赤楩故从木，字亦作柟，廣羣芳譜謂「柟生南方故又作楠」爲今所行者，楠·樟科常綠喬木高者十餘丈葉似豫章，

## 椽 ㄔㄨㄢˊ

（形聲）（會意）甲文椽字與金文椽从木彖聲本義作「榱」解（見說文許箸）乃屋中用以承瓦之長木條統名曰榱細分之則方者爲桷圓者爲椽故椽从木，又以彖音倦本作「豕」解豕頭覓食突地圓實有力者故从彖聲，承屋瓦之圓形木條曰椽，椽桷榱椽

## 椶 ㄗㄨㄥ 音騣

（形聲）（會意）甲文金文椶字與金文椶从木㚇聲本義作「栟櫚」解（見說文許箸）乃皮可製繩與蓑衣之特殊木名故从木，又以㚇音宗本作「斂足」解乃斂足不前之意故从㚇聲，椶竹：植物名椶櫚科常綠小木本莖細叢生，高可丈許，葉掌狀分裂

| 楷 | 甲文 | 金文 |
| --- | --- | --- |

## 榮 ㄖㄨㄥˊ

（形聲）（會意）甲文榮字與金文榮从木熒省（省熒下火）聲本義作「桐木」解（見說文許箸）即梧桐木，故从木又以熒本作「屋下鐙燭之光」解桐或紫或赤頗類鐙燭光色故榮从熒聲屋檐曰榮草之花木之花與穀麥之秀實曰榮光榮略稱榮

## 構 ㄍㄡˋ

（形聲）（會意）甲文金文構字略同从木冓聲本義作「架屋」解，（見玉篇）乃植楹柱、架棟樑、連椽桷，以備築牆覆瓦之稱而楹柱棟樑椽桷皆木故構从木又以冓本作「交積材」解乃緊結縱橫配合以備架屋之意；構爲冓之累增字故从冓聲屋舍曰構

## 榜 音膀 ㄅㄤˇ 音彭 ㄆㄥˊ

（形聲）（會意）甲文金文榜字同字異體金文榜从木旁聲本義作「所以輔弓弩」解（見說文許箸）乃用以矯正弓弩使其平直合用之器本名「榜檠」以木爲之，故榜从木，从旁聲凡考選揭示姓名次第之通告曰榜刑具名擊人之木片竹片匾曰榜

## 槍 ㄑㄧㄤ

（形聲）（會意）甲文金文槍字从木倉聲本義作「兩頭銳者」解（見蒼頡篇）在古代爲削木而成者，故从木又以倉爲創之省文槍在予對方以創傷故从倉聲古兵器名持以進刺者長槍標槍拒馬曰馬槍略稱槍亦稱距現代兵器名手槍步槍機關槍

## 槐 ㄏㄨㄞˊ

（形聲）（會意）甲文金文槐字从木鬼聲本義作「槐木」解（見說文段注）落葉喬木之一種故从木又古以人死後之幽靈爲鬼鬼含有醜黑多變之意味廣志謂「槐有青黃白黑數種」槐有醜黑多變之意故从鬼聲豆科落葉喬木古代臨時法庭名

| 楷 | 甲文 | 金文 |
| --- | --- | --- |

## 槁 ㄍㄠˇ ㄎㄠˇ

（形聲）甲文槁商承祚氏以爲「北征蕭有槀字……此从楙與从茻同」金文槁从𦬆高聲，吳大澂氏以爲「周禮作槀鄭司農云『箭幹謂之槀』」本義作「木枯」解（見說文許箸）即草木枯萎之稱故槁从高聲，勞以財物與人同「犒」羸瘦貌槁骨

## 榛 ㄓㄣ

（形聲）（會意）甲文榛省木爲古榛字金文榛从木秦聲本義作「榛木」解（見說文段注）乃可爲藩籬之叢生木故从木又以秦爲禾名禾乃叢生者榛爲叢生木故从秦聲植物名栗榛樺木科落葉喬木荒地之叢生小雜木曰榛榛荊荒榛叢木曰榛

## 樂 ㄌㄜˋ ㄩㄝˋ

（象形）（會意）甲文樂羅振玉氏以爲「从絲（指上之88）坿木上琴瑟之象也金文樂从絲坿木上增白羅振玉氏以爲「增白以象調弦之器」其本義作「五聲八音總名」解（見說文繫傳）乃樂音（宮商角徵羽五聲）樂器之總稱愛好之事曰樂

## 樓 ㄌㄡˊ

（形聲）（會意）甲文金文樓字略同金文从木婁聲本義作「重屋」解（見說文許箸）同物與同物相疊爲重重屋即兩層屋在古多架木爲之故从木樓爲相重木屋故从婁聲屋有重層其在上者曰樓建以伺敵備警之重層建築物曰樓樓船：古代兵艦

| 楷 | 甲文 | 金文 |
| --- | --- | --- |

## 概 ㄍㄞˋ

（形聲）（會意）甲文金文概字从木既聲本義作「平斗斛之器」解（見說文句讀）俗名斗括子乃形如丁字用以平斗斛之小木器既本作「小食」解含有不使過飽亦卽不使過量之意味故从既聲。漆尊曰概亦作槩祭器名節操曰概風度曰概雅概

## 模 ㄇㄨˊ ㄇㄛˊ

（形聲）（會意）甲文金文模从木莫聲本義作「法」解（見說文許箸）乃以木質可摹此以製定形物之具故从木又以莫爲摹之省文模在著成法以供摹仿故从莫聲。母型曰模俗稱模子所琢文章之範曰模。模樣：態度。鑄器必先用蠟爲模。模範

## 樣 ㄧㄤˋ

（形聲）甲文金文樣字从木羕聲本義作「栩實」解（見說文許箸）栩與柔柞櫟同爲一木，栩實俗稱象斗，亦稱橡斗子；以其爲栩木之實，故从木。樣作橡，此本義爲橡所專。法型式之稱。樣式、字樣、圖樣、歌樣、依樣畫葫蘆；像曰樣卽容貌。種類曰樣。樣品。樣本

## 標 ㄅㄧㄠ

（形聲）（會意）甲文金文㯹字从木票聲本義作「木杪末」解（見說文許箸）卽木梢之最上且前部份，故从木又以票本作「火飛」解乃指迸出散飛之火花而言亦含有高而細之意味故从票聲。事物之末曰標。記號表識曰標。標誌門標指標商標

## 樹 ㄕㄨˋ

（會意）（形聲）甲文樹从力从壴卽尌羅振玉氏以爲「樹與尌當是一字樹物使之立必用力與又同意」金文樹从又从壴卽尌从又樹之本誼爲『樹立』本義作「木生植之總名」解（見說文許箸）凡草木五穀植之使生使長皆曰樹；植物之總稱

## 樵 ㄑㄧㄠˊ

（形聲）（會意）甲文金文樵字从木焦聲本義作「散木」解（見說文許箸）乃不能製器，只能作薪之雜木，故从木又以焦本作「火所傷」解含有容易著火之意味雜木供作薪用以著火故樵从焦聲。採薪之人曰樵。望敵之高樓曰樵通「譙」

## 橋 ㄑㄧㄠˊ

（形聲）（會意）甲文金文橋字从木喬聲本義作「水梁」解（見說文許箸）乃架在河渠上以便通行之木梁故从木又以喬本作「高而曲」解橋必高出水面且其形多微向上曲故从喬聲。水梁曰橋。木橋、石橋、竹橋、鐵橋。懸繩以度曰絙橋。直轅車曰橋

## 樸 ㄆㄨˊ

（形聲）（會意）甲文金文樸字同字異體金文樸从木菐聲本義作「木素」解（見說文許箸）素卽未加雕琢之素材故从木又以菐音僕本作「煩猥貌」解。有難於清理之意味諸木之未經治理者故从菐聲。根本曰樸。樸厚、樸直、純樸、謹樸、勤樸。樸實

## 横 ㄏㄥˊ

（形聲）（會意）甲文横金文横字爲黃字重文古以黃通横亦有从木黃聲本義作「闌木」解（見說文許箸）乃遮於門用以阻畜脫逸之木又以黃象地之色含有在下之意味攔阻家畜之木故横从黃聲。書法之平畫曰横。方位：東西曰横；南北曰縱。緯曰横

## 橋 ㄐㄩ

楷 甲文 金文 文

文許箸）卽生於長江以南木本美果之一種故从木又有喬音律本作「以錐有所穿」解樹枝多刺果必破皮始可取食故从喬聲芸香科常綠喬木結實有甘橘蜜橘金錢橘

橡 ㄒㄧㄤˋ

（形聲）（會意）甲文金文橡字實爲樣字从木羕聲本義作「栩實」解（見說文義證）栩柔柞櫟實一木今通名櫟樣爲落葉喬木其同字作橡从木象形本義作「櫟實」解（見廣韻）卽俗稱之橡斗亦曰橡故橡从象聲櫟實曰橡又名橡子橡斗橡栗

橙 ㄔㄥˊ

（形聲）（會意）甲文金文橙字从木登聲本義作「橘屬」解（見說文許箸）乃與橘相類之木本果名故从木又以登有成熟一義孟子有「五穀不登」卽其例橙至八月卽穀登時熟故从登聲芸香科柑屬常綠喬木果實扁圓作紅黃色有異香甘而酸

樽 ㄗㄨㄣ

（會意）（形聲）甲文樽金文樽字爲尊字說文樽本作尊「酒器」解剢木而成之酒器爲樽其本義仍作「酒器」解（見玉篇）卽酒杯之稱按尊樽古今字後以尊假借爲尊卑之尊遂增木作樽故樽从尊聲酒器：金樽芳樽樽俎・樽俎折衝：盛酒食之器

橛 ㄐㄩㄝˊ

（形聲）甲文金文橛字从木厥聲本義作「弋」解（見說文許箸）徐鍇氏謂爲橛「蓋直一段之木也」卽直木棒直木椿之稱故从木杙曰橛直一段之木馬銜曰橛車鉤心木曰橛闑曰橛卽門限門中豎立之短木禾稼之殘餘曰橛俗稱椿柮橛麥橛橛斷木也

檢 ㄐㄧㄢˇ

（形聲）（會意）甲文金文檢字从木僉聲本義作「書署」解（見說文許箸）乃加題署於重要文書上之稱又以僉爲斂之省文斂本作「收」解檢爲從事收藏文書故从僉聲函曰檢盛重要文牒者金檢常書命革玉牒檢皇帝以二分璽親封之標簽曰檢

檀 ㄊㄢˊ

（形聲）（會意）甲文金文檀字从木亶聲本義作「堅靭木」解（見急就篇顏注）乃與槐相類但極堅靭之木名故从木又以亶本作「多穀」解含有所積者多之意味檀爲香木其香氣四溢故从亶聲檀香：略稱檀常綠喬木一名栴檀紫檀有黃白紫之異

櫛 ㄐㄧㄝˊ

（形聲）（會意）甲文金文略同从木从火从節省（省節：右手執燭左手正櫛之爀字金文从木節聲本義作「梳比之總名」解（見說文許箸）古時理髮器之齒疏者爲梳齒密者爲比（今作篦）多以堅實之木製成故櫛从木故从節聲

權 ㄑㄩㄢˊ

（象形）甲文金文權字从木雚聲本義作「黃華木」解（見說文許箸）爾雅玉篇謂權卽「黃英木」以其爲木名故从木稱錘曰權勢力曰權權力權柄權威事之不循理守常曰道臨危制變曰權依常法而可變通行之者曰權通權達變謀略權謀曰權

欒 ㄌㄨㄢˊ

（形聲）（會意）甲文金文欒字吳大澂氏以此爲古欒字从木䜌聲本義作「木似欄」解（見說文許注）段玉裁氏謂「欄者今之楝字」乃形質似楝之木名故从木又以䜌音鸞有不絕一義欒子實多有象徵子嗣亦多之意故从䜌聲鐘口兩角曰欒

櫃 ㄍㄨㄟˋ

| 楷 | 甲文 | 文 | 金文 |
|---|---|---|---|

（會意）（形聲）甲文金文櫃字从木匱亦从匱聲匱本作「匣」解木匣爲櫃其本義作「盛物者」解（見玉篇）卽木製之盛物器爲匱之累增字今通以藏物器之大者爲匱……俗作櫃藏物器之大者曰櫃衣櫃錢櫃櫃上：商店付貨收價的檯子俗稱

欖 ㄌㄢˇ

（形聲）（會意）甲文金文欖字从木覽聲本指「橄欖」一詞而言橄欖之本義作「果木」解（見玉篇）乃產橄欖果之常綠喬木故欖从木又以覽本作「覼」解橄欖似紡錘而略具六棱甚美歡取橄欖形爲圖案者所在多有故欖从覽聲 橄欖：植物名

櫻 ㄧㄥ

（形聲）（會意）甲文金文櫻字从木嬰聲本義作「果」解（見說文新附）乃指木本之櫻桃果而言故从木又以嬰本作「女頸飾」解卽指女子串珠項鍊而言櫻桃之狀勻稱如串珠故櫻从嬰聲 櫻桃木名亦果名略稱櫻薔薇科落葉喬木

櫸 ㄐㄩˇ

（形聲）（會意）甲文金文櫸字从木巨聲本義作「柜柳」解（見廣韻）乃一種皮似槐櫬葉如櫟櫧之落木故从木又以巨有龐大之意較他木高大故从巨聲惟俗字作櫸爲今所行者 櫸柳略稱櫸榆科落葉喬木堅緻木理細美供建築及製器均爲上品

欠 ㄑㄧㄢˋ

（象形）（指事）甲文金文欠字上象气下象人而字象气从人上出之形人昂首吐長氣卽欠其本義作「張口气悟也」解（見說文許箸）悟卽牾乃相違意人疲倦或睡不足時張口深吸氣或深呼氣卽俗稱之「打呵欠」借曰欠缺陷曰欠卽不足之事

次 ㄘˋ

（形聲）（會意）甲文次與金文次略同金文次林義光氏以爲「次貳也从二吹省（省吹爲欠）聲」本義作「不前不精」解（見說文許箸）不前謂逗留不進而不得居先不精謂粗疏而雜稱至上次有欠前欠精之意故从欠二聲定次名次坐次

欣 ㄒㄧㄣ

（形聲）（會意）甲文金文欣字同字異體欣左爲斤字樊文汪立名氏以此爲古欣字又欣从欠斤聲本義作「笑喜」解（見說文許箸）欠示張口舒氣人在笑喜極時常作是態故欣从欠从斤聲 喜悅曰欣 歡悅喜樂 欣賞：愛玩玩賞 欣然：喜悅貌

欬 音慨ㄎㄞˋ 音咳ㄎㄜˊ

（形聲）甲文欬从殸从亥羅振玉氏以爲「說文解字無殸字而有欬注『屰氣』也又磬注欬也通俗文利喉謂之磬欬知磬卽磬欬之欬矣」金文欬从欠亥聲本義作「屰氣」解（見說文義證）卽咳嗽人咳嗽時則張口出氣發聲故从欠咳嗽氣逆出聲曰欬

欲 ㄩˋ

（形聲）（會意）甲文欲金文欲字略同从欠谷聲本義作「貪欲」解（見說文徐箋）喜怒哀懼愛惡爲六欲人常貪而求其遂一己之意足一己之望此貪心卽欲故欲从欠又以水注川曰溪注溪曰谷由是谷有虛受而不易滿之意故欲从谷聲 物欲曰欲

欽 ㄑㄧㄣ

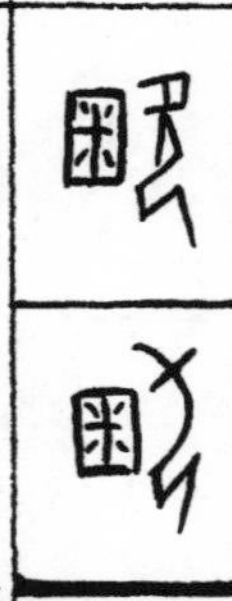

（形聲）（會意）甲文欽金文欽略同从欠金聲本義作「敬」解（見爾雅）乃敬仰敬服之意欠乃表示不足之貌人能內不自滿足卽所以敬故从欠又以金之質量甚重對人示敬必自持凝重故欽从金聲往時對君主之尊稱敬尊敬之欽敬 懷古欽英風

欺 ㄑㄧ

| 楷 | 注音 | 甲文 | 金文 | 說明 |
| --- | --- | --- | --- | --- |
| 欺 | | | | (形聲)(會意) 甲文欺金文欺略同，从欠其聲本義作「詐欺」解(見說文許箸)乃指人自昧其心以詐愚人而言凡如此之人必氣餒而有欠意故欺从欠又以其爲指物之辭詐欺者對人必有所指，使人誤信，故从其聲。言行背信者曰欺，詐誑，自昧其心陵辱。 |
| 款 | ㄎㄨㄢˇ | | | (會意)(形聲) 甲文款金文款从欠从柰與說文許箸所引款字古文同，本作「神禍」解欠有悟醒之意人悟於神禍之可畏而自飭圖免爲款其本義作「意有所欲」解(見文源)即心誠之稱，誠誠意曰款，條目曰款，款目條款款式款格銀錢曰款，款項公款 |
| 欿 | 音坎 ㄎㄢˇ | | | (形聲)(會意) 甲文金文欿字从欠臽聲本義作「欲得」解(見說文許箸)是心有所貪之意有所貪者則心常不足故从欠又以臽音陷爲陷字初文陷本作「高下」解段玉裁氏謂「凡深沒其中亦曰陷」故欿从臽聲。坑曰欿同「坎」欿然：不滿，愁貌 |
| 歇 | ㄒㄧㄝ | | | (形聲)(會意) 甲文歇金文歇略同，从欠曷聲本義作「息」解(見說文義證)卽息止之稱欠伸爲人疲乏之思息止時所常發故歇从欠又以曷在爾雅本作「止」解止卽所以息故歇从曷聲息休息，歇憩休歇歇店安歇消逝凋歇消歇泄氣泄散，歇息：休息 |
| 歆 | 音心 ㄒㄧㄣ | | | (形聲) 甲文歆字與金文歆从欠音聲本義作「神食氣」解(見說文許箸)乃古代獻食品祭神時於食品中灌以鬱鬯以供神靈吸享其香氣之稱，故从欠又以音卽聲音爲可感知不可執著者神靈享祭僅吸取香氣而不能食取食物故歆从音聲。宴饗宴 |
| 歃 | ㄕㄚˋ | | | (形聲)(會意) 甲文歃金文歃爲歃字反文，歃从欠臿聲本義作「歠(音啜)」解(見說文許箸)即歃血古代結盟時盟者以血塗口旁而言故从欠又以臿爲臼中之杵在臼中蘸血塗口旁故歃从臿聲。飲曰歃，歃血：古時訂盟者以示信守之意，歃飲血也。 |
| 歌 | ㄍㄜ | | | (象形)(形聲) 甲文歌象人跽而張口以歌形口前之一象氣之所往亦示歌聲揚揚意金文歌爲謌字重文歌謌同字又从欠哥聲本義作「詠」解(見說文許箸)乃長引其聲以誦之意，故从欠，故歌从哥聲可以樂器譜奏或口唱之詞曲曰歌，有節奏之發聲 |
| 歉 | ㄑㄧㄢˋ　音慊 ㄑㄧㄢˇ | | | (形聲)(會意) 甲文歉字與金文歉从欠兼聲，本義作「歉食不滿」解(見說文許箸)乃食不飽腹之稱不滿不飽有欠意故从欠又以兼从又从二禾本作「並」解乃執有兩者之意，欲再得豐食以果腹，故从兼聲。不滿足之意念曰歉，愧疚之情曰歉。 |
| 歎 | ㄊㄢˋ | | | (形聲)(會意) 甲文金文歎字从欠𦰩聲本義作「吟」解(見說文繫傳)乃悲憤轉深之長息故从欠又以𦰩爲鸛卽難之省文(籀文歎作鸛)人遇艱難則歎故歎从𦰩聲。吟息曰歎，稱美，歎息：嗟歎有所感傷而長息，贊和歌尾曳聲以助嗟歎感傷 |
| 歐 | ㄡ | | | (形聲)(會意) 甲文歐金文歐从欠从區省(省區內兩口)从欠區聲本義作「吐」解(見說文許箸)乃吐出意吐則張口故从欠又以區从品从匸本作「藏儲」解歐乃腹中所藏之物強自口出故从區聲。洲名五大洲之一：歐羅巴，歌唱通「謳」 |
| 歟 | ㄩˊ | | | |

楷 | 甲文 | 金文

（形聲）（會意）甲文金文歟字略同，从欠與聲本義作「安氣」解（見說文許箸）乃出氣舒緩安適之意，故从欠；又以與本作「舁與」解即相與交好之意氣安則易與人相與而歟有贊歎之意故从與聲。位句末表疑問字或作「與」同「嗎」「麼」。

## 歡 ㄏㄨㄢ

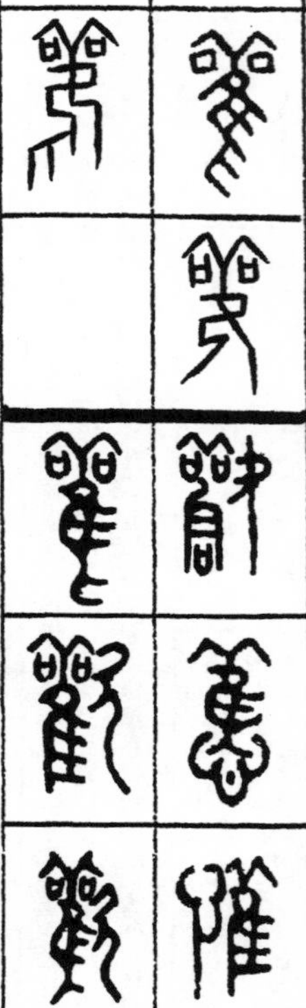

（形聲）（會意）甲文歡字與金文、形異義同金文歡从欠雚聲本義作「喜樂」解（見說文繫傳）乃指人喜樂之狀而言人在喜樂時輒有聲氣故从欠；又以雚本作「小爵」解俗稱麻雀飛躍而鳴狀極喜樂故歡从雚聲。喜樂情事曰歡，歡喜、歡悅、歡樂；

## 止 ㄓˇ

（象形）甲文止、金文止孫詒讓氏以爲「綜考金文甲文，疑古文𣥂爲足止本象足跡而有三指，猶說文𠂇字注云『手之列多略不過三』是也。」其本義作「足止」解（見通訓定聲）即足趾，以字爲借義所本字」容止即威儀；亦略稱止。心之所安者曰止。

## 正 ㄓㄥˋ

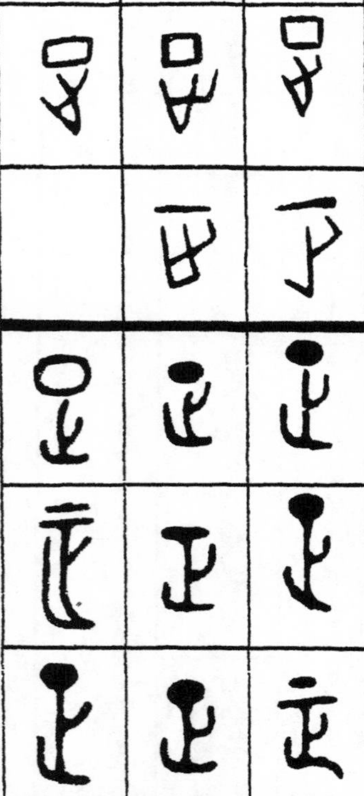

（形聲）（會意）甲文正第一字羅振玉氏以爲「此从口古金文作■此但作匡郭者猶丁之作口就刀筆之便也」李敬齋氏以爲「征也直往曰正从止向外口聲」金文正與甲文正略同本義當爲『正鵠』象正鵠形从止（轉注）矢所止也」正理曰正。

楷 | 甲文 | 金文

## 此 ㄘˇ

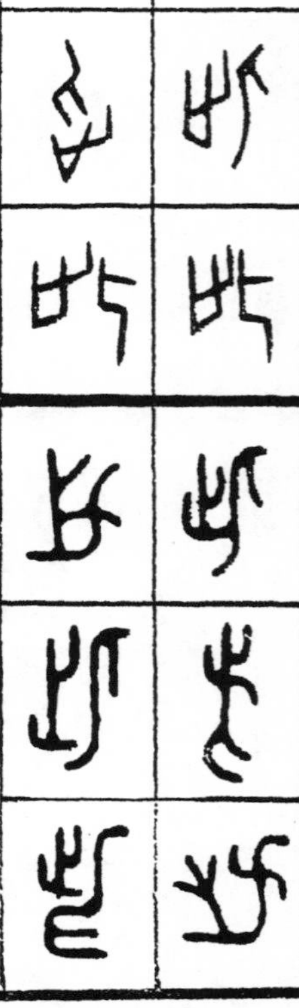

（會意）（形聲）甲文此與金文此略同，金文此林義光氏以爲「𠤎即人之反文，从人止，此者近處之稱近處即其人所止之處也」其本義作「止」解（說文許箸）即所當止之處之稱，是近指同「這」乃斯則順承上意以起下文同「於是」

## 步 ㄅㄨˋ

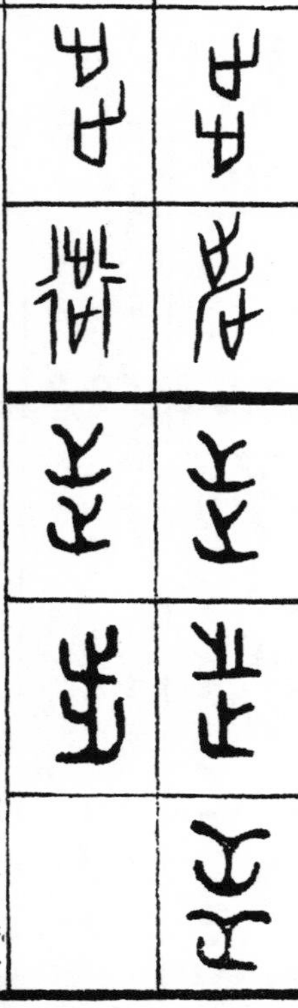

（象形）（指事）甲文步羅振玉氏以爲「步象前進時左右足一前一後形」金文步林義光氏以爲「从兩止象兩足形」左右足前動之稱，其本義作「行也」解（見說文句讀）即走動之稱行時兩足之距離曰步，行步之法曰步。星象之運行曰步。

## 肯 ㄎㄣˇ ㄎㄞˇ

（會意）甲文肯字與金文肯與說文所引古文肯略近丁佛言氏謂「桂未谷以爲冎字非是」遂以此爲古肯字肉从冎省冎音寡本作「剮人肉置其骨」解已剮肉之骨而尚有殘肉著附爲肎其本義作「骨間肉肎肎箸」解（見說文句讀）有柔而韌之意

## 武

楷　甲文　金文

武字已列三二頁(弋部)

歪 ㄨㄞ

(會意)甲文、歪字闕、金文歪从不正、本義「不正也」解、(見字彙)卽斜曲偏頗之意、躺斜躺亦作歪歪扭傷「方纔大老爺出去被石頭絆了一下歪了腿」(紅樓夢・七五回)偏向一邊、斜斜曲、歪心眼歪主意七歪八扭倒向一邊貌表性態

歲 ㄙㄨㄟˋ

(會意)(形聲)甲文歲羅振玉氏以爲「以步戌聲」義與金文歲略同、二止(足跡)象踰越形、金文歲从步戌聲、其本義作「十二月一次」卽歲、故从步、地球繞行太陽一周之時間、唐虞曰載、夏曰歲、商曰祀、周曰年、今通曰歲曰年、時光曰歲、年齡曰歲

歷

歷字已列入厂部(六〇頁)

歹 ㄉㄞˇ

(指事)甲文歹與金文歹略同、从半冎、冎作「剔肉置骨」解、今僅有此餘骨之半、蓋指此爲已剔骨之殘餘者、其本義作「列骨之殘」解、卽殘骨之稱、悖德逆行曰歹、惡曰歹、卽壞事之稱、爲非作歹、好之反、壞的、不好的、如歹徒、歹事、凡毀裂者之稱

楷　甲文　金文

死 ㄙˇ

(會意)甲文死羅振玉氏以爲「从&象人跽形生人拜於朽骨(歺)之旁、死之誼昭然矣」金文死林義光氏以爲「人歺爲死」係以人體成殘骨時爲死、从攴从人、攴音殘、乃殘餘之意、其本義作「澌也」解(見說文許箸)精血涸竭、氣絕命盡之稱、

歿 ㄇㄛˋ

(形聲)(會意)甲文金文歿字从歹㚇聲、本義作「終」解、(見說文許箸)禮記有「君子曰終、小人曰死」歿乃死亡之意、故从歹、又以㚇本作「入水有所取」解、人死則屍入於土、故歿从㚇聲、病歿、又「伯樂旣歿兮驥將焉程兮」(史記・屈原列傳)

殀 ㄧㄠ

(形聲)(會意)甲文金文殀字从歹夭聲、本義作「歿也短折曰殀」解(見玉篇)乃短命而死之意、故从歹、又以夭本作「屈」解、含有屈抑難伸之意、短折卽不能伸長、故殀从夭聲、短折曰殀、壽之反、「殀壽不貳、修身以俟之」(孟・盡心)斷殺

殃

楷　甲文　金文　文

（形聲）（會意）甲文金文殃象大（人正面立者）之右手爲物所掣狂立名氏遂以此爲古殃字从歹、央聲本義作「凶」解（見說文段注）乃凶禍之稱凶禍足以使人死亡故殃从歹又以央本作「在中」解故殃从央聲凶曰殃卽災禍敗徵曰殃卽災兆

## 殄 ㄊㄧㄢˇ

（形聲）（會意）甲文金文殄字形異義同金文殄从歹㐱聲本義作「盡」解（見說文許箸）乃空無所有之意歹爲剔肉已盡之殘骨故殄从歹又以㐱本作「稠髮」解含有至微至細之意味故殄从㐱聲盡絕暴殄天物「商俗靡靡餘風未殄」（書．畢命）

## 殂 ㄘㄨˊ

（形聲）（會意）甲文殂字與金文殂从歹且聲本義作「死」解（見玉篇）乃死亡之意故从歹又以且象木主形，遂有木主一釋在古人死必立木主以祭故殂从且聲或以且爲徂之省文作「往」解人死則一去不返常指君王之死而言如：帝乃殂落

## 殆 ㄉㄞˋ

（形聲）（會意）甲文殆字與金文殆从歹台聲本義作「危」解（見說文許箸）乃致危之意危甚則與死相接近故从歹又以台爲迨之省文迨有相及一義故殆从台聲危難之情事曰殆問心不安之道理曰殆冒險曰殆危橫加攻訐危殆知止不殆

## 殊 ㄕㄨ

（形聲）（會意）甲文金文殊字从歹、朱聲本義作「死」解（見說文許箸）乃指身首分離之死而言故从歹又以朱爲赤色含有血染之意殊死者血常染地慘不忍睹故殊从朱聲別區別曰殊殊死：斬刑誅斷其身首以死蠻夷戎狄有罪當殊

## 殖 ㄓˊ

（形聲）（會意）甲文金文殖字形異義同金文殖从歹直聲本義作「種」解（見蒼頡篇）乃佈核或栽苗之意佈核栽苗必使核苗如屍骸之埋入地下故殖从歹又以直爲植之省文植有樹立一義故殖从直聲貨殖財貨蕃息之稱略稱殖墾殖培植

## 殘 ㄘㄢˊ

（形聲）（會意）甲文金文殘字形異義同金文殘从歹戔聲本義作「賊」解（見說文許箸）乃加以傷害之意歹爲殘骨乃被剔去肉所餘者故殘从歹又以戔本作「傷」解殘爲加以傷害故从戔聲暴戾曰殘卽凶惡者缺而不全者曰殘抱殘守缺

## 殉 ㄒㄩㄣˋ

（形聲）（會意）甲文殉字與金文殉从歹旬聲本義作「用人送死」解（見玉篇）乃用活人陪死者同葬之意故从歹又以旬在古與均相通同葬則活人陪死者均死故殉从旬聲以人從葬此從葬者曰殉捨身以赴之：殉情殉節殉財殉道以身殉名

## 殛 ㄐㄧˊ

（形聲）（會意）甲文𠀚爲殛之古文金文殛从歹亟聲本義作「殊」解（見說文許箸）殊在說文訓死殛乃殺之使死之意故从歹又以亟本作「敏疾」解殺人使之氣絕爲時甚暫有敏疾意故殛从亟聲誅戮：「殛鯀于羽山」（書．舜典）

## 殞 ㄩㄣˇ

（形聲）（會意）甲文金文殞字形異義同从歹員聲本義作「歿」解（見類篇）乃死亡之意故从歹又以員爲隕之省文隕本作「從高而下」解人死則骸骨下土而葬故殞从員聲歿死亡殞命殞身「顛沛殞斃殺身濟君」（魏志．高貴鄉公紀）

## 殮 ㄌㄧㄢˋ

| 楷 | 甲文 | 文 | 金文 |
|---|---|---|---|

**殭** ㄐㄧㄤ

（形聲）（會意）甲文殭字闕金文殮从歹僉聲本義作「入棺」解（見玉篇）乃置屍入棺之意故从歹又以僉爲檢之省文檢卽收拾殮乃將屍體妥爲收拾故从僉聲尸體入棺曰殮殯殮爲死者沐浴更衣裝入棺中「命天文生擇了日期入殮」（紅樓夢．）

**殯** ㄅㄧㄣˋ

（形聲）（會意）甲文金文殭字从歹畺聲本義作「死不朽」解（見玉篇）乃死後不腐爛之意故从歹又以畺爲僵之省文死者屍骨僵直故殭从畺聲動物因各器官失其機能肌體硬縮挺伸人死後屍體便殭死而未腐潰殭殭：挺硬貌。

**斃**

（會意）（形聲）甲文金文殯字从歹賓亦从賓聲歹指死者之屍賓謂禮遇死者如賓之不久留而善送之其本義作「死在棺將遷葬賓遇之」解（見說文許箸）乃屍入棺後置於柩屋內以待遷葬之稱殯葬之事曰殯置棺而奉屍殮之「喪三日而殯……」。

本字已列一七二頁不再重註．

**殲** ㄑㄧㄢ

（形聲）（會意）甲文金文殲字略同从歹韱聲本義作「微盡」解（見說文許箸）乃誅除盡淨之意故从歹又以韱音先本作「山韭（韮）」解乃山中野生之韮含有微細之意誅除盡淨有至微至細亦不放過故殲从韱聲滅盡誅戮殘害殺絕。

**几** ㄐㄧㄢ

**殳** ㄕㄨ

**段** ㄉㄨㄢˋ

（指事）（形聲）甲文殳與金文殳略同金文殳林義光氏以爲「象手執殳形蓋以手執長杖以隔絕人使不得近爲殳从又几聲本義作「以杸殊人」解（見說文許箸）卽手執長杖（杸）以隔絕人之意故从又木杖曰殳殳書：秦書八體之一

**殷** ㄧㄣ

（形聲）（會意）甲文金文段略同从殳耑省（省耑爲下四筆）聲本義作「椎物」解（見說文許箸）卽搥擊物之意故从殳又以耑本作「物初生之題也」解上象物生形下象其根故段从耑省聲分段其截斷部分曰段鼓詞之齣樂曲之章皆曰段。

**殺** ㄕㄚ

（會意）甲文金文殷略同从㐆从殳㐆音衣从反身本作「歸」解殳音殊乃木質「杖屬」兵器名於此借以示干戚之類轉身迴旋以示舞之容本義作「作樂之盛稱」解（見通訓定聲）乃古代大祭時之盛舉樂舞殷勤：款曲之稱殷殷：衆盛貌殷鑑

**殼** 音確 ㄑㄩㄝˋ

（會意）（形聲）甲文殺商承祚氏以爲「此與（殺）古文「𣀆」相似與古金文考老字所从之𢀖殆是一字𠄌象血滴形」金文殺从殳杀聲本義作「戮」解（見說文許箸）乃斷除其生命之意故从殳从杀聲殺人之刑曰殺宗廟祭器曰殺斬殺殺以刀刃

**殽** 音咳 ㄎㄜˊ 音俏 ㄑㄧㄠˋ

（形聲）（會意）甲文㱿字與金文㱿从殳声聲本義作「從上擊下」解（見說文許箸）段玉裁氏以爲「從上擊下正中其物則確然有聲」故从殳又以声音羌正字通釋声作「幬帳之象」解果皮果仁之堅實外皮曰殼栗殼核桃殼荔枝殼花生殼

**殿** ㄉㄧㄢˋ

| 楷 | 甲文 | 金文 |
| --- | --- | --- |

（形聲）（會意）甲文金文殿字从殳㞐聲本義作「師行勇者殿後也」解（見六書故）乃勇居軍後之稱故从殳又徐灝氏以爲「㞐（音屯）即古臀字故殿後取其一」故殿从㞐聲堂之高大者曰殿皇帝聽政者：太和殿太極殿養心殿末續曰殿

## 毀 ㄏㄨㄟˇ

（形聲）（會意）甲文金文毀从攴古从殳之字間亦从攴汪立名氏以此爲古毀字从土言毀省（省毀右下米）聲本義作「器之破缺」解（見說文許箸）乃器物破缺之稱責難誹謗曰毀祭名禳祈除殃曰毀毀壞破毀損毀毀訾毀謗詆毀毀舊生新

## 彀 ㄍㄡˋ

（形聲）（會意）甲文金文彀字从弓𣪊聲本義作「張弓弩」解（見通訓定聲）乃引弓弩使發之意故从弓又以𣪊音濁本作「從上擊下」解彀爲發矢發彈由空擊標的者故从𣪊聲引弓至滿之稱彀率：張弓法度强引弓弩至滿滿足同「夠」。

## 穀 ㄍㄨˇ

（形聲）（會意）甲文金文穀字从禾𣪊聲本義作「百穀之總名」解（見說文許箸）穀類甚多自古即有五穀六穀九穀之稱禾爲嘉穀故穀从禾又以穀必有稃甲此以形聲包會意故穀从𣪊聲植物所結之實可供人日食者曰穀稻實之未脫殼者曰穀

## 毅 ㄧˋ

（形聲）（會意）甲文金文毅字从殳豙聲本義作「有決也」解（見說文許箸）乃有決斷而不屈之意故从殳又豙本作豙音毅作「豕怒毛豎」解六書正譌以爲「从辛者剛也下从豕會意借爲剛毅字」故毅从豙聲果敢堅忍之德行曰毅毅然：堅强貌

## 毆 ㄡˇ

（形聲）（會意）甲文金文毆字从殳區聲本義作「捶毄物」解（見說文繫傳）即以杖扑擊之意故从殳又以區本作「藏隱」解含有內藏諸品物的意味毆爲捶擊物故从區聲鬭毆：舊刑律罪名即互相爭打之罪毆人毆鬥所毆擊無不顚踣

## 轂 ㄍㄨˇ ㄍㄨ

（形聲）（會意）甲文金文轂字从車𣪊聲本義作「輻所湊也」解（見說文許箸）湊即聚轂爲車輪居中穿軸之圓木外有牙圍所以聚置衆輻以其用在轉輪行車故从車又以𣪊音濁本作「從上擊下」解故从𣪊聲車曰轂華轂遊轂轉輪者曰轂

## 毌 ㄍㄨㄢˋ

（指事）甲文毌象物中之丨象所以穿之者以丨穿物爲毌金文毌象二物被貫形與甲文毌略同象寶貨一象物以橫貫之物爲毌其本義作「穿物持之」解（見說文段注）即貫穿之稱今字作貫作串貫串衍毌丘：古邑名穿物今作「貫」作「串」

## 毋 ㄨˊ

（指事）（會意）甲文毋金文毋吳大澂氏以爲「古毋字與母同」此依母文一毋敢象」知其爲古毋字从女从一女質柔弱或迫而姦之者一禁止之令其勿姦其本義作「止之詞也」解（見說文段注）即禁止之意毋：禁止之詞會意女子二心當禁也

## 母 ㄇㄨˇ

楷　甲文　金文

ㄇㄨˇ

（象形）甲文母與金文母略同，林義光氏以爲「从女……中兩點象人乳」其中兩點象人乳形婦女生子則乳特大乃取女下垂之象以明乳子者卽母其本義作「牧」解（見說文許箸）母卽母氏之稱，母親曰母俗稱孃媽媽乳母曰母老婦之通稱，植物亦稱母。

每　ㄇㄟˇ

（形聲）（會意）甲文每金文每略同，从屮母聲本義作「艸盛上出」解（見說文許箸）乃衆艸盛出貌故从屮又以衆子女出自母體母有衆所從出意衆艸盛出爲每故每从母聲每事之代稱，每次表數量「子入太廟每事問」（論・八佾）每每：屢屢多憂

毒　ㄉㄨˊ

（會意）（形聲）甲文金文毒字从屮从毐屮音徹本謂艸木初生亦爲艸類之稱毐音靄本作「士之無行」解，亦有貽害士林之意貽害於人之艸爲毒其本義作「害人之艸」解（見說文許箸）千寶注易謂卽「茶苦之稱」禍害曰毒痛苦曰毒惡瘡曰毒梅毒

毓　ㄩˋ

（指事）（會意）甲文毓金文毓略同，王國維氏以爲「此字變體甚多从女从𠫓（倒子形卽說文之㐬字）或从母从𠫓象產子之形生育之事，其从㐬巛者則象產子時之有水液也其本義作「養子使作善也」解（見說文許箸）毓育一字音義並同。

比　ㄅㄧˇ

ㄅㄧˋ

（會意）甲文比與金文比略同，金文比林義光氏以爲「𠂤、人之反文象二人相比形」比从反从二人爲从爲以此從彼或以彼从此意反从爲比爲彼此意同心合而主動相近意其本義作「密」解（見說文句讀）乃親密並比之稱，事例曰比，同類曰比。

楷　甲文　金文

毖　ㄅㄧˋ

（形聲）（會意）甲文毖金文毖上比下必皆異文，吳大澂氏以此爲古毖字，从比必聲本義作「愼」解（見說文許箸）卽謹嚴自飭之意是必以是非善惡善自況比者故从比又以必本作「分極」解乃劃分明確之意，故毖从必聲愼謹防，予其懲而毖後患。

皆　ㄐㄧㄝ

（會意）甲文皆金文皆林義光氏以爲「二人合一口僉同之義从口之字古多變从曰」从比从白比謂互相比次白同自人人自相比次以取同合一爲皆其本義作「俱詞」解（見說文許箸）卽彼此咸同之意，俱同表數量「人皆可以爲堯舜」（孟・告子）

毛　ㄇㄠˊ

（象形）甲文毛金文毛象獸毛攢聚之形，象毛類密比叢生形其本義作「眉髮之屬及獸毛」解（見說文許箸）卽眉髮與獸毛之通稱，動物表皮所生之纖細物質曰毛，人毛，耳毛柔毛眉毛睫毛腋毛鼻毛髮毛鬚毛雞毛鳳毛麟角物體外被之細茸曰毛。

毧　ㄖㄨㄥˊ

（形聲）（會意）甲文金文毧字从毛戎聲本義作「細毛」解（見玉篇）卽鳥獸細毛之稱故从毛又以戎戎有盛厚意陳奐詩召南傳疏「戎戎卽茸茸也」是其例鳥獸細毛常彼此密附而狀茸茸故毧从戎聲，細毛曰毧，毛織品呢毧駱駝毧，絨（毧同字）

毬　ㄑㄧㄡˊ

楷　甲文　金文

（形聲）（會意）甲文金文毬字略同从毛求聲本義作「鞠丸」解（見說文新附）卽踢蹴之球古時爲外被以皮而中實以毛者故从毛又以求爲裘之本字亦卽皮衣毬乃以皮爲衣者故从求聲鞠丸曰毬凡圓形成團之物曰毬花毬香毬綵毬．

毳　ㄘㄨㄟˋ
音敲　ㄑㄧㄠ
音脆　ㄘㄨㄟˋ

（會意）甲文金文毳从三毛三以示數之多衆毛密附爲毳其本義作「獸細毛」解（見說文許箸）乃近接於皮之細毛俗謂之底絨獸之細毛曰毳「牛冷毛而毳」（周禮・天官）鳥之細毛曰毳鳥獸之細毛泛稱曰毳毳所製衣曰毳往時顯貴者每服之．

毯　ㄊㄢˇ

（形聲）（會意）甲文金文毯字从毛炎聲本義作「毛席」解（見廣韻）卽壓合毛毳而成之席故从毛又以炎本作「火光上」解乃火光上揚之意毯爲毛向上向外省故从炎聲毛席用以墊牀舖几桌者用於墊舖之棉毛織物曰毯毯子地毯案毯．

氈　ㄓㄢ

（形聲）（會意）甲文氈字與金文氈从毛亶聲本義作「撚毛」解（見說文許箸）以手搓物爲撚卽揉搓毛茸所成片狀物之稱故从毛又以亶本作「多穀」解含有積豐堆厚之意故氈从亶聲毛氈地氈牀氈臥氈長氈酋長曰氈裘毛席毛褥曰氈．

毫

毫已列前十五頁（亠部）註釋參前頁

氂　ㄌㄧˊ・ㄇㄠˊ

楷　甲文　金文

（會意）（形聲）甲文金文氂字从犛省（省犛下牛）从毛毛謂尾巴犛牛之尾曰氂其本義作「氂牛尾」解（見說文許箸）卽犛牛尾之稱王筠氏以爲「氂……不言聲者犛省及毛皆其聲也」犛牛之尾曰氂馬尾曰氂長毛・强曲之毛曰氂．

氏　ㄕˋ

（指事）（形聲）甲文氏與金文氏略同金文氏林義光氏以爲「氏……本義當爲根柢氏柢雙聲旁轉千象根其種也姓氏之氏亦由根柢之義引伸」其本義作「木（見通訓定聲）卽木根之稱姓姓之支系曰氏婦人來歸始稱其本姓曰氏。

民　ㄇㄧㄣˊ

（象形）甲文民金文民林義光氏以爲「象草芽之形當爲萌之古文音轉如萌故復制萌字草芽蕃生引伸爲人民之民」金文民變作𣱱（古鉨）作𡰥（古鉨）而來象草木萌芽之形其本義作「衆萌」解（見說文許箸）卽民衆之民國民曰民百姓之稱

氐　ㄉㄧˇ・ㄉㄧ

（指事）甲文氐金文氐略同从氏下箸一氏朱駿聲氏以爲「艸之始爲㞢木之始爲氐」一示地木之始直著於地爲氐其本義作「本」解（見說文繫傳）卽木根之稱本根本曰氐同「柢」「尹氏大師維周之氐」（詩・小雅）大氐：大凡大都同「大抵」

氓　ㄇㄥˊ・ㄇㄤˊ

| 楷 | 甲文 | 金文 |
|---|---|---|

（會意）（形聲）甲文金文氓字从民从亡亦从亡聲亡本作「逃」解逃離其鄉土而來歸之民曰氓其本義作「自彼來此之民」解（見通訓定聲）卽外來歸化之民之稱一般民衆曰氓外來歸化之人曰氓野民曰氓流氓：無業遊民之稱氓俗：民俗。

**气** ㄑㄧˋ　ㄑㄧˇ

（象形）甲文气中一橫筆稍短故與三字略異象雲層重疊形羅振玉氏以此爲古气字金文气象气重疊而上騰形其本義作「雲气」解（見說文許箸）气之形較雲尙微三之以象其重疊曲之以象其流動」雲氣今字作「氣」與與人物今字作「乞」。

**氛** ㄈㄣ　ㄈㄣ

（形聲）（會意）甲文金文氛字从气分聲本義作「氣」解（見玉篇）乃祥氣凶氣之通稱故从气又以分有裂開一義祥氣凶氣常向外擴散遠則目見近則身及是有裂開之意故氛从分聲氣曰氛惡氣曰氛凶氣曰氛微細如氛氛氣：飄動如雲煙之氣。

**氣** ㄑㄧˋ

（形聲）（會意）甲文金文氣字形異義同金文氣與气同从日从火小篆氣从米气聲本義作「饋客之芻米」解（見說文段注）饋贈人之薪糧曰氣故从米又以气本作「雲气」解含有浮動擴散之意物體三態之一而能自然布散者曰氣體略稱氣。

**氳** ㄩㄣ

（形聲）（會意）甲文氳字與金文氳从气𥁕聲亦从絲本指「氤氳」一詞而言氤氳之本義作「元氣」解（見玉篇）乃大化之始氣故氳从氣又以𥁕爲緼之省文緼有積聚一義氳从𥁕聲氤氳：元氣見氤字下氣散放氤氳：氣盛貌見氤字下。

**水** ㄕㄨㄟˇ

（象形）甲文水與金文水略同金文水林義光氏以爲「⸽象水渚～象水流」饒炯氏以爲「中象深處波濤平易渾然流行之形波濤洶湧時斷時連之形」其本義作「流津」解（見玉篇）卽江河中流水之稱氫氧化合物之一種液曰水汗水香水洪水曰水。

**氾** ㄈㄢˋ

（形聲）（會意）甲文氾金文氾字形略同从水㔾聲本義作「濫」解（見說文許箸）乃水流越出故道橫決之意故从水又以㔾爲犯之省文犯本作「侵」解水氾濫則溢出河道而外侵故氾从㔾聲水名：在河南省成皋縣西北境北流入黃河注之氾水。

**汁** ㄓ　ㄒㄧㄝˊ

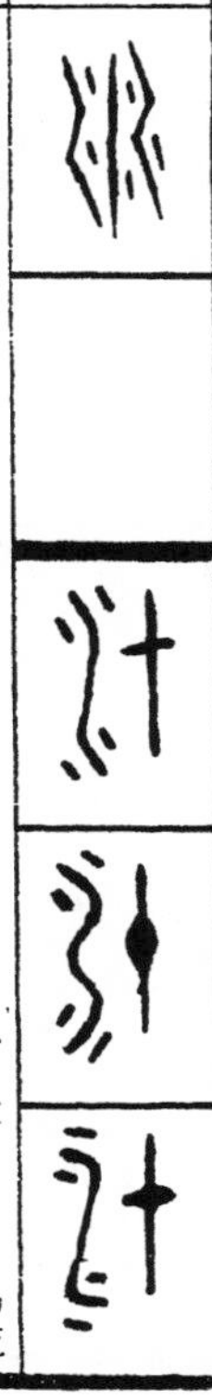

（形聲）（會意）甲文金文汁从水十聲本義作「液」解（見說文許箸）乃流質亦卽液體之稱故从水又以十有多與雜的意味汁爲雜有他質之水液故从十聲液曰汁含在物體中之水分肉汁米汁乳汁漆汁貪慾曰汁汁味美人同好喻貪慾爲汁通「協」

**汀** ㄊㄧㄥ　ㄊㄧㄥˋ　ㄊㄧㄥˇ

（形聲）（會意）甲文金文汀字从水丁聲本義作「水岸平處」解（見說文繫傳）乃平地而近水岸之稱故从水又以丁爲釘之初文釘之上平汀有水在下而其岸上則平之意味故从丁聲水岸平處曰汀小洲曰汀汀渚孤汀汀瀅：小水汀花汀柳汀濘

**汝** ㄖㄨˇ

（形聲）甲文汝與金文汝字从水女聲本義作「汝水出宏農盧氏還歸山東入淮」解（見說文段注）宏農漢郡名今河南省盧氏縣漢時屬宏農汝水出其縣內之還歸山以其爲水名故从水汝水卽汝河卽撫河古名盱水盱江亦稱建昌江臨川江。

**江** ㄐㄧㄤ

楷　甲文　金文　文

（形聲）（會意）甲文江金文江略同从水工聲本義作「江水出蜀湔氐徼外崏（岷）山入海」解（見說文許箸）卽長江之稱爲 水名故江从水又以工古音如缸江水穿峽瀉灘其聲缸缸故江从工聲長江古時專稱曰江大川曰江西江北江珠江松花江

**汗** ㄏㄢˋ

（形聲）（會意）甲文金文汗字从水干聲本義作「身液」解（見說文許箸）乃皮膚中所排出液體之稱俗謂之汗水故从水操勞時則流汗皆有受外界干犯意故汗从干聲汗爲由汗腺分泌之無色透明液有臭氣且略帶鹹味「揮袂成幕揮汗成雨」。

**汜** ㄙˋ

（形聲）（會意）甲文汜金文汜从水巳聲本義作「水別復入水也」解（見說文許箸）卽水自主流別出爲支流後復流回本流之意故从水又以巳有畢止一義故汜从巳聲水之別流復入本流爲汜窮瀆曰汜水無所通之溝 水涯曰汜汜水水名在河南省

**池** ㄔˊ　ㄊㄨㄛˊ

（形聲）（會意）甲文池金文池王筠本爲沱字朱駿聲氏以爲池「卽沱之變體从水也聲本義作「停水曰池」解（見廣韻）乃將地掘成凹形用以停水之稱故从水又以也爲匜字初文本盥器形似匜故从也聲掘以豬水之坑曰池湖曰池池沼池塘瑤池。

**汕** ㄕㄢˋ　ㄕㄢ

（形聲）（會意）甲文金文汕字从水山聲本義作「魚游水貌」解（說文許箸）乃魚溯流而上貌故从水又溯流而上乃自下而上猶如上山故汕从山聲捕魚器 罩謂之汕汕頭：市名屬廣東省本爲澄海縣屬地清咸豐八年中英法天津條約闢爲商埠。

**汐** ㄒㄧˋ

（會意）（形聲）甲文金文汐字从水夕亦从夕 聲海濤之夕張而湧起者爲汐其本義「海濤朝曰潮夕曰汐」解（見類篇）卽夕來之海濤名海洋之水受日月引力生定時之張落而夕來者曰汐俗曰晚潮海汐潮汐 江湖之水歸海曰汐朝曰潮晚曰汐。

**汙** ㄨ　ㄨㄚ

（形聲）（會意）甲文金文汙字从水亐聲本義作「薉」解（見字林）乃薉濁不潔之稱水髒最爲易見水亦 最易藏垢納污故污从水又以亐本作「氣之舒」解含有吐出之意味污必出之使遠故从亐聲汙污並行而音義亦同婉而成章成而不汙。

**汪** ㄨㄤ

（形聲）（會意）甲文汪金文汪从水㞷聲本義作「水廣深」解（見說文許箸）乃形容水既廣且深之狀者故从水又以㞷音荒本作「艸木怒生」解含 有豐盛之意水廣深亦有豐盛意味故汪从㞷聲池曰汪窪曰汪汪汪：含淚欲涕貌汪洋：水深廣貌。

**沙** ㄕㄚ

（會意）甲文沙金文沙林義光氏以爲「象散沙及水「形」从水少水少則沙見其本義作「水散石」解（見說文許箸）乃水所衝碎之小石粒俗稱沙子極細碎之石粒曰沙泥沙碧水銀沙凡細碎如沙之物稱沙沙漠略稱沙 沙場：曠野世稱爲戰場。

**没** ㄇㄛˋ　ㄇㄟˊ

（形聲）（會意）甲文没與沈同字金文没从水𠬛聲本義作「沈」解（見說文繫傳）乃深入於水之意故从水又以𠬛音木从又（手）本作「入水有所取」解没爲深入水中故从𠬛聲没世・没齒：終身沈沈没埋没没頂隱隱没無曰没没法没心情。

**沈** ㄔㄣˊ

楷　甲文　金文　文

ㄕㄣˇ

（會意）（形聲）甲文沈羅振玉氏以爲「此象沈牛于水中殆卽貍沈之沈字」高鴻縉氏以爲「按字象牛入川水中示倚牛盡其沈入川水之形」金文沈从水沈祭也牛羊犬不拘商人祭土（地）用本義作「陵上雨積停潦」投水使沈水田曰沈落沈而復浮。

沐　ㄇㄨˋ

（形聲）甲文金文沐字从水木聲本義作「濯髮」解（見說文許箸）卽洗髮之稱故从水古時盛水濯髮之具用木製成故沐从木聲米汁曰沐濯髮曰沐「晉侯之豎頭須……求見公辭焉以沐」（左・僖廿四年）休沐例定之休息時間亦簡稱沐齊戒沐浴。

沖　ㄔㄨㄥ

（形聲）甲文沖王襄氏以爲「古沖字从林（在中兩側之～）許書流涉之古文籀文作𣶒𣶒亦从林與此同例」金文沖从水中聲本義作「涌搖」解（見說文段注）卽水上湧水而旁搖者故从水虛曰沖卽天窔谷曰沖湘鄂多以此名地沖抑沖挹謙沖。

汲　ㄐㄧˊ

（會意）（形聲）甲文汲金文汲从水从及ㄋ古文及汲从水从及亦从及聲及作「逮」解本謂後者追及前者亦卽援取之意援取水爲汲其本義作「引水於井」解（見說文許箸）卽自井中取水之意汲引：引水使上汲井漱嬰齒滌心拂塵服汲器汲繩

汽　ㄑㄧˋ

（形聲）（會意）甲文汽气同字金文汽字从水气聲本義作「水涸」解（見說文許箸）乃水乾水盡之稱故从水又以汽爲上騰雲氣汽爲水已化之雲气故从气聲水氣物理學上凡尋常液態或固態物質如水成爲氣態謂之汽亦稱蒸氣汽車用氣機動

沃　ㄨㄛˋ

ㄨˋ

（形聲）甲文金文沃字从水芺聲本義作「漑灌」解（見說文許箸）乃自上向下澆水之意故从水沃爲今所行者美盛之稱「隰桑有阿其葉有沃」（詩・小雅）灌灌漑引水沃田土地肥美「沃土之民不材淫也」（國語・魯）沃美：肥厚沃沃：壯佼

汏　ㄊㄞˋ

（形聲）甲文汏金文汏字从水大聲本義作「淅瀾」解（見說文許箸）乃以水淘米去砂之意故从水集韻以汏汰爲一字大有泰音之一讀水波曰汏濁曰汏侈曰汏淘淘汏：「從今阿谷麗停笑不汏沙」（庾肩吾・新苔詩）汏侈：驕矜貌汏弱留强

沛　ㄆㄟˋ

（形聲）甲文金文沛字从水朩聲本義作「沛水出遼東番汗塞外西南入海」解（見說文段注）遼東漢郡名今遼寧省遼陽卽其舊治汗塞讀如盤寒爲水名故从水有水有草之處曰沛山上蓄水灌田之池曰沛幡幔曰沛通「旆」沛然：雨盛貌沛然自大

沓　ㄊㄚˋ

（會意）甲文金文沓字略同从水曰曰作說白解人有所說白而言語多如流水爲沓其本義作「語多沓沓」解（見說文許箸）卽多言雜亂之意惟林義光氏以爲「沓从曰猶从口口上如流水言多之象」沓沓：語多不休貌沓雜・雜沓：凌亂紛至沓來

沁　ㄑㄧㄣˋ

ㄕㄣ

（形聲）甲文金文沁字从水心聲本義作「沁水出上黨穀遠羊頭山東南入河」解（見說文段注）上黨秦漢郡名有今山西省之長子長治高平諸縣地穀遠漢縣名卽今山西省沁源縣沁水：一曰沁河南流經安澤沁水陽城晉城等縣流入河南省境

沚　ㄓˇ

| 楷 | 甲文 | 金文 |
|---|---|---|

（形聲）（會意）甲文金文沚从水止聲本義作「小渚」解（見說文許箸）乃水中之小洲故从水又釋名有「沚止也小可以止息其上也」故沚从止聲，小渚水中小洲「于以采蘩于沼于沚」（詩・召南）「遡游從之宛在水中沚」（詩・秦風）・

## 沔 ㄇㄧㄢˇ

（形聲）甲文沔字與金文，从水丏聲本義作「沔水出武都沮縣東狼谷東南入江」解（見說文段注）卽源出陝西省略陽縣（漢時沮縣）流入漢江之水名，故从水，沔水：水名在陝西省沔縣境其下流卽漢水稱沔，沔右作丏不作丐，有誤作丐者失正・

## 汭 ㄖㄨㄟˋ

（會意）（形聲）甲文汭王國維氏以爲「从水北北亦聲…此當是『水北曰汭』之汭今从內聲者殆後起字也」惟商承祚氏以爲「此字从水北未可遽爲汭字」董作賓氏以爲「疑卽邶字」金文汭與甲文汭略同，卽水相會合處之稱，水之北曰汭・

## 治 ㄔˊ ㄓˋ

（形聲）（會意）甲文治與金文略同，亦有从水台聲本義作「理」解（見韻會）乃循一定途徑使其順暢之意水向低處流瀉始能順暢故治从水，又以台爲怡之本字治則怡然自樂故治从台聲，治理者曰治，地方政府所在地曰治，有所求乞曰治・

## 河 ㄏㄜˊ

（形聲）甲文河朱光圃氏以爲「疑是河之初文从水丂聲，卜辭从水之字多與乙形相混」金文河从水、可聲，本義作「河水出敦煌塞外昆侖山發源淸海」解（見說文段注）卽黃河之稱與江（長江）淮（淮水）、濟（濟水）合稱四瀆，黃河川曰河

| 楷 | 甲文 | 金文 |
|---|---|---|

## 法 ㄈㄚˇ ㄈㄚˊ ㄈㄚˋ

（形聲）（會意）甲文法字與金文，法第二字右水左去略同金文法字林義光氏以爲「从去灋聲爲『廢』之古文廢法雙聲旁轉諸彝器『勿灋朕命』律令須如水之平此卽灋其本義作「刑」解（見說文許箸）卽罰罪之稱，刑曰法卽律令，制度

## 油 ㄧㄡˊ

（形聲）甲文金文油字从水由聲本義作「油水出武陵孱陵西東南入江」解（見說文段注）武陵漢郡名孱陵漢縣名今湖北省公安縣有孱陵故城漢時屬武陵郡油水出公安縣流入長江以其爲水名故从水，植物種子所榨出之液體曰油，油水，油江。

## 注 ㄓㄨˋ

（形聲）（會意）甲文金文注字从水主聲本義作「灌」解（見說文許箸）乃自彼輸水適此之意，故从水，又，主在古代爲元首之略稱乃臣屬殊途同趨以朝者諸細流之注湖澤江海殊途而同歸故注从主聲，解釋經史子集之文字曰注，賭博之財曰注，

## 泉 ㄑㄩㄢˊ

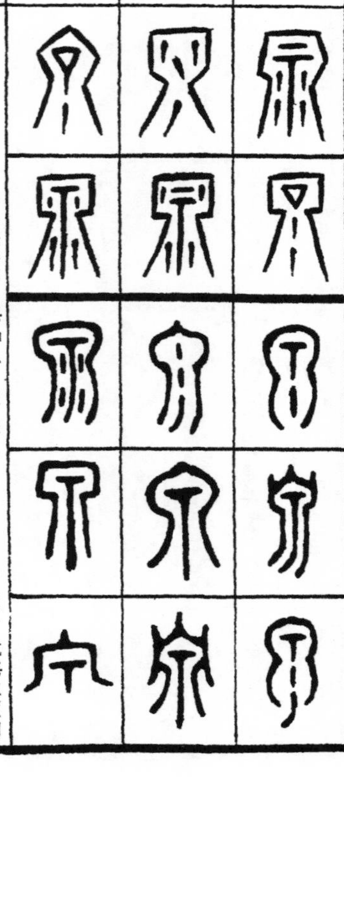

（象形）甲文泉羅振玉氏以爲「从⺍象从石罅中涓涓流出之狀」此爲水源卽泉，金文泉與甲文泉略同，上半象泉形下半象泉流出成川形其本義作「水原」解（見說文句讀）卽水流發源處爲泉之稱，地下湧出之水曰泉，錢取流通如泉之意故錢曰泉，

| 楷 | 甲文 | 金文 |
|---|---|---|

## 況 ㄎㄨㄤˋ

（形聲）甲文金文況字从水兄聲本義作「滋益」解（見說文徐箋）即相增益之稱水爲滋益萬物使生者故況从水，境遇情狀曰況，況味近況老況景況情況概況「晚風林蕭蕭響一片見淒涼旅況」（楊果・仙呂賞花時曲）賜曰況即恩惠通「貺」・

## 波 ㄅㄛ ㄆㄛ

（形聲）（會意）甲文波金文波左爲皮字古文右水左皮从水皮聲本義作「水涌流」解（見說文許箸）乃水湧流急下之意王筠氏謂「流而且涌涌而仍流是之謂波」水湧流則水面起伏生波故波从皮聲，浪濤水因湧流或風力振動而生之起伏曰波・

## 沫 ㄇㄛˋ

（形聲）甲文金文沫字从水末聲本義作「沫水出蜀西南徼外東南入江」解（見通訓定聲）即太渡河上源爲四川省之大小金川至西康省復折回四川省樂山縣入岷江以其爲水名故从水，水泡曰沫，泡沫口中津液曰沫，汗水曰沫或作沫，流風未沫・

## 沽 ㄍㄨ ㄍㄨˇ

（形聲）甲文沽金文沽字略同从水古聲本義作「沽水出漁陽塞外東入海」解（見說文段注）漁陽郡名秦置今北平以東天津以北長城以南豐潤遵化諸縣以西亦漢縣名今河北省密雲縣其故城沽水至天津入海以其爲水名故从水，釣取：釣名沽譽・

## 泥 ㄋㄧˊ ㄋㄧˋ

（形聲）甲文金文泥字从水尼聲本義作「泥水出北地郁郅北蠻中」解（見說文段注）北地漢郡名郁郅漢縣名屬北地郡今甘肅省安化縣即郁郅故地泥水出北地郡之沙漠中以其爲水名故从水，水土和合曰泥，泥滓淤泥研細搗爛如泥狀物曰泥・

## 泡 ㄆㄠˋ ㄆㄠ

（形聲）（會意）甲文金文泡字从水包聲本義作「水上浮漚」解（見韻會）乃爲浮在水面上之氣泡故从水又以包有相裹之義水裹氣而成泡故泡从包聲，水上浮漚曰泡，泡沫浮泡氣泡形如水泡之物亦曰泡，幻泡氣泡，量詞屎尿一灘一堆曰一泡・

## 泣 ㄑㄧˋ

（形聲）（會意）甲文金文泣字从水立聲其本義作「無聲出涕」解（見說文許箸）乃不放哭聲而流淚水之稱故从水又以立象人正面而立之形與人同意泣爲人目所出故从立聲，淚曰泣即眼淚，無聲之哭曰泣，無聲出涕而泣，哀戚，無聲有淚曰泣・

## 沿 ㄧㄢˊ ㄧㄢˋ

（形聲）（會意）甲文沿字與金文沿从水㕣聲本義作「緣水而下」解（見說文許箸）乃順水下行之意故从水，又以㕣从八口會意其本義作「山間陷泥」解含有依傍於山之意故从㕣聲，沿革：沿襲或變革舊制之史實，順水流下行，因襲，沿例・

## 泊 ㄅㄛˊ ㄆㄛˋ

（形聲）甲文金文泊字从水白聲本義作「止舟」解（見玉篇）乃舟停靠岸之意舟靠岸而仍止於水中故泊从水，薄曰泊：「氣有厚泊故性有善惡」（論衡・率性）湖澤曰泊即靜止之水域，湖泊羅布泊，止舟：泊岸，繫泊，棲息，恬靜，淡泊：少而恬泊・

## 沾 ㄓㄢ

（形聲）甲文沾金文沾字形異義同金文沾从水占聲本義作「沾水出上黨壺關東入淇」解（見通訓定聲）上黨漢郡名今山西省壺關縣東流至河南淇縣入淇以其爲水名故从水，濡濡染，烟酒不沾唇，覘通「覘」，沾汙：染汙，沾沾：輕佻自喜貌・

楷 | 甲文 | 金文 | 文

**泳** ㄩㄥˇ

（會意）（形聲）甲文泳从人从水亦象人在水中形義與金文泳同高田忠周氏以爲「此當爲泳字說文『泳行水中也从水永聲』故當从辵知是古文泳字」本義作「潛行水中」解（見說文許箸）乃在水裡游行之意潛行水中浮水曰游潛行曰泳。

**泅** ㄑㄧㄡˊ

（形聲）（會意）甲文金文泅字同游又从水囚聲本義作「浮行水上」解（見說文許箸）即漂浮水上以行之意故从水从水子子即人人在水爲汓其本義作「浮行水上」解（見說文許箸）與泅爲同字今則泅行而汓廢泅過：游泳過水游泳。

**沮** ㄐㄩ ㄐㄩˇ

（形聲）甲文沮右水左且仍與金文沮字略同从水且聲本義作「沮水出漢中房縣東至郢入江」解（見說文段注）漢中漢郡名房陵漢縣名今湖北省房山縣保康縣東南流至江陵縣入江以其爲水名故从水沮澤：水草所聚之處沮洳：泉泥相和貌。

**泛** ㄈㄢˋ

（形聲）（會意）甲文金文泛字从水乏聲本義作「浮」解（見說文許箸）乃漂浮水上之意故从水又以乏爲古代射禮唱獲者藉以避矢之木具漂浮水上多藉乎木乃得不沈故泛从乏聲泛溢：水氾濫溢滿之稱泛張：水氾濫盛張泛泛：浮淺尋常。

**沫** ㄇㄛˋ ㄏㄨㄟˋ

（象形）（會意）（形聲）甲文沬羅振玉氏以爲「此象人散髮就皿洒面之狀」金文沬林義光氏以爲「象皿中有水及鼻頟人面臨其上之形」本義作「洒面」解（見說文許箸）乃以水洗面之意故从水微昧之光曰沬洗面水曰沬以水洗面。

楷 | 甲文 | 金文 | 文

**泠** ㄌㄧㄥˊ

（形聲）甲文金文泠字从水令聲本義作「泠水出丹陽宛陵西北入江」解（見說文段注）丹陽漢郡名宛陵漢縣名今安徽省宣城縣即其故地漢時屬丹陽郡泠水源出於於此流至蕪湖入江以其爲水名故从水泠左作氵不作冫作冫爲冷泠。

**泓** 音宏 ㄏㄨㄥˊ

（形聲）（會意）甲文泓金文泓字从水从弘省（省弘爲弓）亦从弘丁佛言氏以此爲古泓字从水弘聲本義作「下深貌」解（見說文許箸）乃水下深廣之稱故从水又以弘有廣大一義泓爲水深廣貌故从弘聲泓泓：水深貌靜止清澈之水。

**沱** ㄊㄨㄛˊ

（形聲）（會意）甲文沱金文沱字从水它聲本義作「江別流」解（見說文許箸）乃岷江出四川岷山向東之別流以其爲水名故从水又以它古通他沱爲江之他出者故从它聲水名：源出徽省宿縣東南東流經靈壁泗縣五河入淮水沱江：即夏水

**洋** ㄧㄤˊ

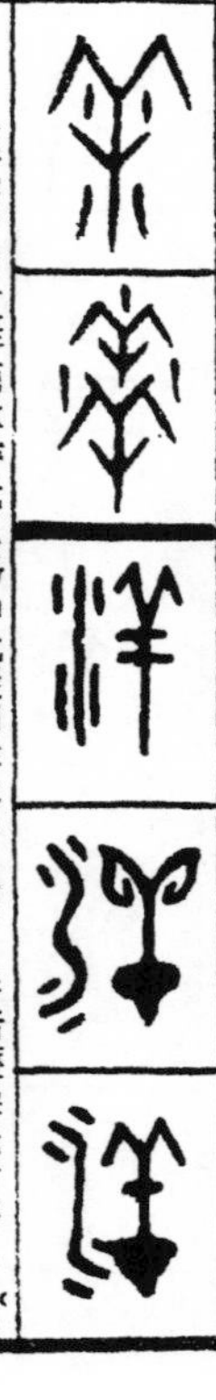

（形聲）甲文洋商承祚氏以爲「此疑卽洋字水之作⺌形者瀵澡洗諸字从之」金文洋从水羊聲本義作「洋水出齊臨朐高山東北入鉅定」解（見說文段注）卽源出今山東省臨朐縣入鉅定水以其爲水名故从水大海曰洋大西洋印度洋北冰洋南洋

**洪** ㄏㄨㄥˊ

（形聲）（會意）甲文金文洪字从水共聲本義作「洚水」解（見說文許箸）乃大水之稱故从水又以共有合衆爲一之一義大水爲合衆細流而成者故洪从共聲大水曰洪姓共工氏後本姓共避唐明皇諱改姓洪大：洪波洪恩洪基洪模洪濤。

| 楷 | 甲文 | 金文 |
|---|---|---|

**活** ㄏㄨㄛˊ

（形聲）（會意）甲文金文活字从水𠯑聲本義作「水流聲」解（見說文許箸）乃水流時所發聲故从水又以𠯑音瓜本作「塞口」解水流塞於缺口湧出卽生活活之聲故活从𠯑聲工作曰活做活找活幹生動活潑不固定活門活塞活期存款生計曰活。

**流** ㄌㄧㄡˊ

（會意）（形聲）甲文流字與金文流从水㐬亦从㐬聲㐬音留同旒本作「旌旗之垂者」解卽旗之飄帶水如旒之宛延而下爲流其本義作「水行」解（見說文徐箋）乃水下行之稱水之通稱水流河流派別曰流品學等級曰流：上流第一流流亡流淚。

**洲** ㄓㄡ

（會意）（形聲）甲文金文洲字洲爲州字重文洲古本作州从水州亦从州聲州本作「水中可居者」解惟取別於州縣字世遂增水作州其本義作「水中可居也」解（見玉篇）卽水中可居處之稱洲渚洲嶼汀洲世界亞歐美澳非五大洲．州（洲本字）。

**津** ㄐㄧㄣ

（形聲）（會意）甲文津金文津字从水聿聲本義作「水渡」解（見說文許箸）乃渡水處卽渡口之稱故从水又以聿音晶本作「聿飾」解卽筆飾乃華美可悅者渡口便於駐足檠舟常在人意所悅處故津从聿聲渡口曰津河津浣紗津唾沫曰津汁液曰津。

**派** ㄆㄞˋ

（會意）（形聲）甲文派羅振玉氏以爲「此當是水之流別之𠂢字从彳（卜）象川之中流有旁歧（卜）象幹流旁枝……則水之象也金文派字从水从𠂢亦从𠂢聲𠂢音湃从反永本義作「別水」解（見說文段注）爲水支流之稱學派黨派桀天派。

**洗** ㄒㄧˇ ㄒㄧㄢˇ

（指事）（形聲）（會意）甲文洗羅振玉氏以爲「此从止（卽足形）从凵（卽水形）置足于水中是洗也或增用象般（槃）形是洒足之般也古者沐盥以皿洗足以般」金文洗字从水先聲本義作「洒足」（見說文許箸（乃以水滌濯足之意故从水

**洞** ㄉㄨㄥˋ

（形聲）（會意）甲文金文洞略同丁佛言氏以此爲古洞字右上增↓从水同聲本義作「疾流」解（見說文許箸）乃水疾下之意故从水又以同有會合一義衆流齊合則水勢盛而流疾故洞从同聲穴曰洞卽窟窿之稱穿破之孔曰洞山洞白鹿洞水簾洞。

**洒** ㄒㄧˇ ㄒㄧㄢˇ ㄙㄚˇ

（形聲）甲文洒與金文洒略同从水西聲本義作「滌」解（見說文許箸）乃以水濯洗物之意故从水滌洗滌同「洗」：「及寡人之身東敗於齊長子死焉願比死者一洒之」（孟．梁惠王）洒掃：以水灑地掃除污穢同「灑掃」洒洒：寒貌肅恭貌。

**洛** ㄌㄨㄛˋ

（形聲）甲文洛董作賓氏以爲「說文洛……从水各聲卜辭水旁多作～如淮（淮）或从凵象水滴从～凵」金文洛从水各聲本義作「洛水出左馮翊歸德北夷界中東南入渭」解（見通訓定聲）洛水：古作雒水一名南洛水卽伊洛之洛。洛陽。

**洌** ㄌㄧㄝˋ

（形聲）（會意）甲文洌从水从歹商承祚氏以此爲古洌字金文洌字从水列聲本義作「水清」解（見說文許箸）乃指水之潔白明澈而言故从水又以列本作「分」解水清則自可分辨無遺故洌从列聲洌左作氵不作冫作冫爲冽形似音同義迥別。

楷 | 甲文 | 金文

## 洵 ㄒㄩㄣˊ

（形聲）甲文洵金文洵略同，从水旬聲本義作「渦水出也」解（見說文段注）渦水所出之別流爲洵以其爲水名故从水，洵水：即洵河源出陝西省寧陝縣東北秦嶺東北流經柞水鎭安二縣至洵陽縣入漢水，渦水之別稱，洵渦水也，洵涕：無聲出涕，

## 洧 ㄨㄟˇ

（形聲）甲文洧从水从又古代又右有三字皆作又與金文洧字略同，从水有聲本義作「洧水出潁川陽城山東南入潁」解（見說文段注）潁川漢郡名陽城山在舊陽城縣北周廢今登封即其故地 洧水：亦名洧河 東流入潁以其爲水名故从水，

## 洹 ㄏㄨㄢˊ 音桓 ㄩㄢˊ

（形聲）甲文洹省亘爲㠭與金文洹略同，金文洹左爲亘字異文吳大澂氏以此爲古洹字，从水亘聲本義作「水在晉衞之間」解（見說文校議）乃源出上黨郡（古屬晉）東流至魏郡（古屬衞）入清水之水名故从水，洹水：亦名安陽河東流入河南省，

## 浩 ㄏㄠˋ

（形聲）（會意）甲文浩金文浩略同，从水告聲本義作「沆」解（見說文段注）乃指大水之盛壯聲勢而言故从水，又以告本作「報知」解大水之來其聲先至有報知意故浩从告聲，饒曰浩豐足之稱，浩浩：廣大貌，浩然：至大至剛貌，浩瀚，浩瀚，

## 涉 ㄕㄜˋ

（指事）（會意）甲文涉王襄氏以爲「象兩足跡在水旁有徒行厲水之誼」金文涉吳大澂氏以爲「从兩止中隔一水止足跡也」林義光氏以爲「象水中兩足跡形，」从步水步謂步行水指水流徒步行過水流爲涉徒涉之所曰涉，相涉牽涉關涉，

楷 | 甲文 | 金文

## 海 ㄏㄞˇ

（形聲）（會意）甲文海與金文海字形異義同，金文海从川从母字从川从水相若古从每之字間亦省而从母吳大澂氏以此爲古海字，又从水每聲本義作「天池」解（見說文許箸）乃接納百川之大水域名故从水，內陸之水區域大者亦曰海，

## 浴 ㄩˋ

（象形）（形聲）（會意）甲文浴羅振玉氏以爲「注水於般而人在其中浴之象也，」金文浴字與甲文略同，又从水谷聲本義作「洒身也」解（見說文許箸）即以水洗滌身垢之意故从水，水名，初民常就山谷沐浴之故浴以谷聲，沐浴、略稱浴，

## 浮 ㄈㄨˊ 音孚 ㄈㄡˊ 音扶

（形聲）（會意）甲文浮金文浮字从水孚聲本義作「汎」解（見說文段注）乃物漂水上之意故从水，又以孚爲孵字初文本作「卵化」解禽孵卵時常伏卵上浮爲物漂水上故从孚聲，輕曰浮不沈實者之稱，匏曰浮濟涉用之腰匏，虛空：浮名浮辭浮議，

## 浪 ㄌㄤˋ

（形聲）（會意）甲文浪金文浪字略同，从水良聲本義作「滄浪水也南入江」解（見通訓定聲）卽漢水之下流在湖北省均縣北至漢口入江以其爲水名故从水，又以良有美好一義滄浪水通舟楫廣灌漑民生利賴亦有美好意故浪从良聲，大波曰浪，

## 酒 ㄐㄧㄡˇ

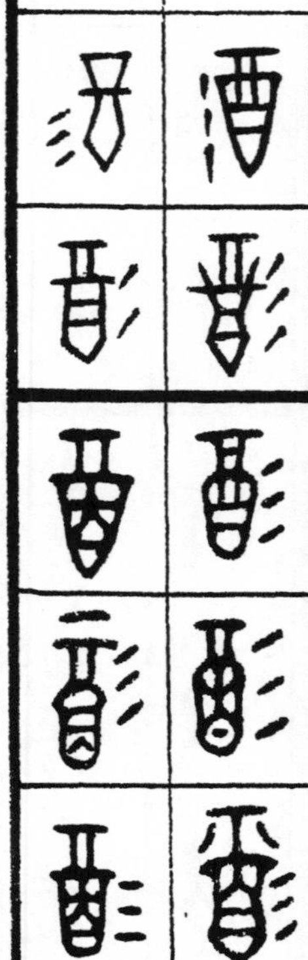

楷　甲文　金文

（會意）（形聲）甲文酒羅振玉氏以爲「从酉从彡象酒（彡）由尊中（酉）中悒出之狀卽許書之酒字也」金文酒吳大澂氏以爲「古文酒與酉同」毛公鼎「毋敢湎于酉」酉卽古酒字其本義作「就也所以就人性之善惡」解（見說文段注）。

涕　ㄊㄧˋ　音替　又音體　ㄊㄧˇ

（形聲）（會意）甲文金文涕字从水弟聲本義作「目液」解（見說文段注）卽俗稱之淚水故从水又以弟古通第有次第一義爲相續不斷之意目液流時亦連綿不絕宛如有次第者故涕从弟聲泣淚曰涕鼻液曰涕通「洟」涕泠：墜淚泠通「零」。

浙　ㄓㄜˋ

（形聲）（會意）甲文金文浙字从水折聲本義作「浙江水東至會稽山陰爲浙江」解（見說文義證）浙江源於安徽歙縣之黃山東流入海酈道元氏謂「漸卽浙也」以其爲水名故从水又以折有曲折一義故名浙江」故浙从折聲浙江：江名卽漸江。

浦　ㄆㄨˇ

（形聲）（會意）甲文金文浦字形異義同从水甫聲本義作「水濱」解（見說文繫傳）乃指江海湖港邊沿之陸地而言故从水又以甫爲男子之美稱浦爲臨水陸地大率肥沃因有美意故从甫聲水濱曰浦：曲浦野浦岸曰浦浦陽江：浦江在浙江省境。

浸　ㄐㄧㄣˋ

（形聲）（會意）甲文金文浸字形異義同金文浸从水㬎聲本義作「漬」解（見廣雅）乃置物入水使其濕透淨潔之意故从水又以㬎音寢从宀从帚會意持帚於室內打掃之意置物入水則物得淨潔故浸从㬎聲水曰浸沒水淹沒浸衰浸驕微覩表性態。

涇　ㄐㄧㄥ

（形聲）（會意）甲文涇金文涇字略同从水巠聲本義作「涇水出安定涇陽幵頭山東南入渭」解（見說文段注）安定漢郡名涇陽漢縣名今甘肅省平涼縣西南有其故城涇水出其治內之幵頭山以其爲水名故从水巠聲溝瀆曰涇　大便曰涇涇水。

涓　ㄐㄩㄢ

（形聲）（會意）甲文涓字與金文涓从水肙聲本義作「小流」解（見說文許箸）乃形容水流之小者而言故从水又以肙音娟本作「小虫」解涓爲小流有其小如肙之意故从肙聲細流小水曰涓水滴曰涓涓涓：細流之稱涓滴：水點涓潩歸公。

浚　ㄐㄩㄣˋ

（形聲）（會意）甲文金文浚字从水夋聲本義作「抒」解（見說文許箸）乃取出積水之意故从水又以夋音逡乃兩足交互以進之意取水須不斷抒之使出故浚从夋聲治治之使深浚河古地名春秋時衞邑其地在今河北省濮陽縣南「使浚井」孟・萬章。

涅　ㄋㄧㄝˋ

（形聲）甲文涅字與金文涅从水从土日聲本義作「黑土在水中」解（見說文釋例）涅乃古代染黑色布之一法先以布入橡棄或橡實之黑汁中責透再塗以黑色泥曝乾後再漂滌使潔卽成黑色布涅卽池中黑泥故从水从土礬石曰涅黑色染料之稱。

液　ㄧˋ

楷　甲文　金文

**液** 一ㄝˋ

（形聲）（會意）甲文金文液字略同从水夜聲本義作「津」解（見玉篇）乃物類自其體內排出之汁水故从水又水蒸氣常在夜間凝聚爲水滴附於物體之上故液从夜聲。汁津曰液津液唾液精液「漱飛泉之瀝液兮」（張衡．思玄賦）酒曰液漬浸漬。

**涼** ㄌ一ㄤˊ

（形聲）（會意）甲文金文涼字从水京聲本義作「薄寒」解（見通訓定聲）乃指寒冷之輕者而言在一般溫度下水有薄寒意又以京本作「人爲高丘」解高處每有寒意故涼从京聲。氣之微寒者曰涼愁曰涼加水之酒曰涼涼愁也風寒曰涼受涼著涼。

**深** ㄕㄣ

（形聲）甲文金文深字形異義同金文深从水罙聲本義作「深水出桂陽南平西入營道」解（見說文段注）桂陽漢郡名南平漢縣名今湖南省藍山縣東有南平城即其治地深水出此西入營水以其爲水名故从水不淺曰深深淵略稱深密厚曰深。

**淺** ㄑ一ㄢˇ

（形聲）（會意）甲文金文淺字从水戔聲本義作「水少」解（見通訓定聲）水少不深即見其淺故从水又以戔有細小一義水淺即細小故淺从戔聲獸之淺毛曰淺水減少而變淺自上至下相距甚短深之對淺池淺溪淺陋：閱見甚少之意膚淺不深。

**淡** ㄉㄢˋ

（形聲）甲文淡左从水省右从炎从水炎聲本義作「薄味」解（見說文許箸）即無辛酸鹹甘苦五味者之稱水大率於五味無任一主味故淡从水食無菜肴曰淡不鹹之食物曰淡做弄曰淡故意作劇之稱恬淡清靜之稱化學元素之氮通稱淡氣略稱淡

**清** ㄑ一ㄥ

楷　甲文　金文

**淫** 一ㄣˊ

（形聲）（會意）甲文淸字从水靑聲金文淸从水从靜與大徵氏以此爲古淸字本義作「朗」解（見說文繫傳）此指水澄淨後明潔之狀而言故从水又以靑爲天無雲時所現深藍之色水明潔即淸故淸从靑聲水曰淸即淸水之略稱澄澄淸淸晰應淸

（形聲）（會意）甲文淫金文淫字从水㸒聲本義作「浸淫隨理」解（見說文繫傳）即隨事物脈理而相浸漬之意本作「近求」解「隨理浸淫」故淫从㸒聲邪曰淫乃妖異怪戾之事之稱「刑以防淫」（禮．坊記）奢侈曰淫嗜慾過度曰淫。

**混** ㄏㄨㄣˇ

（形聲）（會意）甲文金文混字从水昆聲本義作「豐流」解（見說文許箸）乃水流並下之狀故从水又以昆本作「同」解混有混合衆水同進之意故从昆聲混流：豐流合統合混然：無所知貌混混：濁亂貌混淆：雜亂同「渾淆」雜雜糅

**淚** ㄌㄟˋ

（形聲）甲文金文淚字略同从水戾聲本義作「目液」解（見集韻）乃日中所出之汁水故从水目液曰淚俗稱眼水下淚流淚落淚「故國夢重歸覺來雙淚垂」（李後主．子夜詞）「淚翟子之悲慟朱公之哭」（孔稚圭．北山移文）

**添** ㄊ一ㄢ

（形聲）甲文金文添字形異義同从水忝聲本義作「益」解（見集韻）即增加使滿足之意水有不捨晝夜向低窪處流注而使其滿足有增益之意故添从水益增加添水添恨添丁增口添油加醋「憑添兩行淚寄向故園流」（岑參詩）那堪愁上又添愁

**淑** ㄕㄨˊ

（形聲）（會意）甲文淑字形異義同金文淑从皿叔聲吳大澂氏以此爲古淑字从水叔聲本義作「清湛」解（見說文許箸）乃指水之清澈潔淨而言故从水又以叔有美好一義淑爲水之美好貌故从叔善之心儀其行誼而善治己身女子幽閒貞靜善曰淑。

**淨** ㄐㄧㄥˋ

（形聲）（會意）甲文金文淨字从水爭聲本義作「塵垢盡」解（見六書故）乃塵垢去盡之稱水易滌除塵垢故淨从水又在滌除垢時有水與垢爭之意味故淨从爭聲戲劇角色名俗稱花面或花臉曰淨 清潔之淨口淨手淨面男子去勢淨潔乾淨潔淨。

**淘** ㄊㄠˊ

（形聲）甲文金文淘字同字異體从水匋聲本義作「澄汰」解（見韻會）即以水澂物使去雜穢之意故从水淅米「治旱稻赤米令飯白法……冷水淨淘」（齊民要術）嘔生「當時不盡情過後空淘氣」（元曲・趙氏孤兒）淘氣：兒童頑皮淘井。

**涸** ㄏㄜˊ ㄏㄠˋ

（形聲）（會意）甲文涸字與金文涸右水左固从水固聲本義作「水渴」解（見玉篇）乃水枯竭之狀故从水又以固有堅硬一義凡本有水而失水之物必轉變其柔輭爲堅硬故涸从固聲涸轍：窮困之境漉去水使乾盡水去而竭竭水乾水涸魚逝。

**淵** ㄩㄢ

（象形）（會意）甲文淵商承祚氏以爲「此與許書之古文淵（囦古文淵）同」金文淵从水𣶒左右象兩岸形中象水貌水於兩岸中旋轉爲淵其本義作「回水」解（見說文句讀）即回旋之水以𣶒爲淵之古文潭曰淵即水流最深處淵原淵藪淵博。

**淋** ㄌㄧㄣˊ ㄌㄧㄣˋ

（形聲）（會意）甲文金文淋字从水林聲本義作「以水沃也」解（見通訓定聲）乃自上澆水之意故从水又以林有衆木相連不絕意以水沃物亦有水連下不絕意故淋从林聲沃澆雨或水自上澆下雨淋日炙淋漓：霑渥貌淋病即淋性尿道炎。

**涵** ㄏㄢˊ

（形聲）（會意）甲文金文涵字从水函聲本義作「水澤多」解（見說文許箸）乃謂水流匯聚爲一而言故从水又以函爲舌含口中意涵爲含合衆水故从函聲字亦作涵容：「包涵二儀混成萬物」（北史・徐則傳）涵濡：沾溉潤澤之涵泳：沈潛。

**淹** ㄧㄢ ㄧㄢˇ

（形聲）甲文金文淹字形異義同从水奄聲本義作「淹水 出越嶲徼外東入若水」解（見通訓定聲）越嶲漢郡名今四川省寧遠縣即其故地若水即今之金沙江淹水出寧遠縣邊徼 外東流入長江爲水名故从水淹滯：有才德而未敍任者之稱浸淹。

**淒** ㄑㄧ

（形聲）（會意）甲文淒金文淒字略同从水妻聲本義作「雨雲起」解（見說文段注）指欲雨時雲之蔚起而言故从水又以妻爲淒之省文淒本作「寒」解雨雲起則寒氣生故淒从妻聲淒楚：悲傷凉寒凉字亦作「凄」淒淒：寒凉心情悵惘。

**涯** ㄧㄚˊ

（形聲）（會意）甲文金文涯字从水厓聲本義作「水邊」解（見說文新附）乃水與陸地相接處之稱故从水又厓本作「山邊」解涯取其邊緣之意故从厓聲水邊曰涯江涯海涯「若涉大水其無津涯」（書・微子）極曰涯即限度之稱。

| 楷 | 甲文 | 金文 |
| --- | --- | --- |
| 淮 ㄏㄨㄞˊ | | |
| 淪 ㄌㄨㄣˊ | | |
| 淳 ㄔㄨㄣˊ | | |
| 涿 ㄓㄨㄛˊ | | |
| 淩 ㄌㄧㄥˊ | | |

**淮** （形聲）甲文淮羅振玉氏以爲「（左）从〜卽水省卜辭與金文淮略同从水隹聲本義作「淮水出南陽平氏桐柏大復山東南入海」解（見通訓定聲）南陽漢郡名以其爲水名故从水。淮水：卽淮河發源於河南之桐柏山其幹流遂自淮陰縣入運河。

**淪** （形聲）（會意）甲文金文淪字从水侖聲本義作「小波」解（見說文繫傳）乃小風激水所生之微波故从水又以侖有紋理井然不亂之意小波常依次蕩漾故淪从侖聲。小波曰淪。沒淪沒。流落。淪喪：滅亡「廢興雖萬變憲章亦已淪」（李白・古風）

**淳** （形聲）（會意）甲文淳金文淳字从水享聲本義作「淥」解（見說文許箸）乃物沃漬於水之意故从水又以享本作「獻」解含有奉以豐厚之意味物沃漬於水則水之量宜多亦有豐厚意故淳从享聲。厚樸曰淳。淳鹵：埆薄地方。耦配備。淳淳：流動。

**涿** （形聲）甲文涿左从水省右从豖金文涿右水左豖吳大徵氏以此爲古涿字从水豖聲本義作「流水下滴」解（見說文許箸）俗謂一滴曰一涿乃水由上滴下一點一點著物之聲故从水。涿水：水名出上谷（古郡名）涿鹿縣。涿鹿：山名在察哈爾省

**淩** （形聲）甲文金文淩字形異義同金文淩从水夌聲本義作「淩水在臨淮」解（見通訓定聲）今江蘇省宿遷縣有故淩城淩水東南之雞鳴山黃帝誅蚩尤於涿鹿卽此當出其西而東南流入淮以其爲水名故从水。姓江蘇宿遷有淩水以水爲姓有淩氏

| 楷 | 甲文 | 金文 |
| --- | --- | --- |
| 減 ㄐㄧㄢˇ | | |
| 測 ㄘㄜˋ | | |
| 游 ㄧㄡˊ | | |
| 渴 ㄎㄜˇ | | |

**減** （形聲）（會意）甲文金文減字从水咸聲本義作「損」解（見說文許箸）乃使其損而少之意以水受烈日蒸曝及滲入土中每見其少故減从水又以咸本作「鹵」解物被鹵必損少故減从咸聲。算法名卽自甲數取去乙數之法。減少。減俸。減息。減稅

**測** （形聲）（會意）甲文測字與金文測从水則聲本義作「度」解（見說文句讀）乃度深之意故从水又以則本作「等畫物」解乃依定法畫等級之意測必循一定之法以明深淺之等故从則聲。度曰測。量計。量深淺。度揣度。推測。猜測。揣測。臆測。測江海

**游** （象形）（形聲）（會意）甲文游羅振玉氏以爲「从子執旗全爲象形」金文游與甲文游略同。从㫃汓聲本義作「旌旗之流也」解（見通訓定聲）旌旗之正幅曰旛連綴旛之兩旁者曰游故游从汓聲。水流曰游。離宮曰游。浮行水上曰游。遊遨通「遊」

**渴** （形聲）（會意）甲文渴字與金文渴左从水右爲古曷字渴从水曷聲本義作「盡」解（見說文許箸）乃水枯竭之意故从水又以曷本作「何」解含有一無所見之意渴爲水無所見故从曷聲。口乾曰渴。飲酖止渴。消煩。釋渴。消渴病：卽糖尿病略稱渴。

楷 甲文 金文

**渡** ㄉㄨˋ

（形聲）（會意）甲文渡字與金文渡从水度聲本義作「濟」解（見說文許箸）乃通過水流之意故从水又以度本作「測量」解渡必先測量水流之廣狹深淺緩急故从度聲渡水處曰渡風陵渡桃葉渡濟由此岸到彼岸渡江渡海飛渡渡難關過通過。

**湯** ㄊㄤ

（形聲）（會意）甲文湯金文湯字形異義同金文湯从水昜聲本義作「熱水」解（見說文許箸）爲較溫水更熱之水故从水又以昜爲陽字初文含有向日始暖之意熱水即極暖之水故湯从昜聲熱水曰湯沸水曰湯菜肴加水煮熟之汁曰湯菜湯肉湯。

**湖** ㄏㄨˊ

（形聲）（會意）甲文湖金文湖字略同从水胡聲本義作「大陂」解（見說文許箸）陂卽池湖乃蓄納水流之池澤故从水又以胡本作「牛頷垂」解乃牛頸下所垂略如橫帶之皮肉平展而寬闊湖有平展寬闊意故从胡聲蓄水大澤曰湖湖州湖澤。

**渾** ㄏㄨㄣˊ

（形聲）（會意）甲文金文渾字同字異形金文渾从水軍聲本義作「混流聲」解（見說文許箸）乃巨川大河之水流聲故从水又以軍乃編集多數士卒而成者攻戰之際常聲震霄漢聚衆細流而成巨川大河故渾从軍聲渾涵：涵容濁不淸渾濁水渾。

**渙** ㄏㄨㄢˋ

（形聲）（會意）甲文渙字與金文从水奐聲本義作「流散」解（見說文許箸）乃水流分散之意故从水又以奐有盛多一義水流盛多則流故渙从奐聲卦名易六十四卦之一坎下巽上離散之象見雜卦渙渙：水流盛大貌渙然渙爛：文章有光彩貌。

楷 甲文 金文

**湊** ㄘㄡˋ

（形聲）（會意）甲文金文湊字略同从水奏聲本義作「水辰所會」解（見通訓定聲）乃指水流匯聚所趨注之處而言故从水又以奏本作「䇘之以進」解含有逕往之意味湊爲衆水逕注處故从奏聲都會曰湊卽人衆所集之所加添湊勁頭湊熱鬧。

**湍** ㄊㄨㄢ

（形聲）（會意）甲文金文湍字从水耑聲本義作「疾瀨」解（見說文段注）水流沙上爲瀨湍爲瀨之急者故从水耑有水圜之義故从耑聲水疾流處曰湍奔湍飛湍馳湍驚湍湍瀨：水淺流急之處『性猶湍水也……』（孟・告子）淸流激湍。

**湘** ㄒㄧㄤ

（形聲）甲文湘金文湘字从水从相丁佛言氏以此爲古湘字从水相聲本義作「湘水出零陵縣陽海山北入江」解（見說文段注）零陵今縣名亦漢縣名漢時舊域在今興安縣境湘水源出於此以其爲水名故从水湖南省之簡稱湘水縱貫其境稱湘。

**湮** 一ㄢ 一ㄣ

（形聲）（會意）甲文金文湮字从水垔聲本義作「沒」解（見說文許箸）乃沒入水中之意故从水又以垔爲堙陻之本字从土西聲本作「塞」解乃謂塡塞因有充滿之意湮乃物爲水所充滿故从垔聲塞通「堙」湮沒・湮滅：埋滅年湮代遠。

**渥** ㄨㄛˋ

（形聲）（會意）甲文金文渥字从水屋聲本義作「霑」（見說文許箸）乃有所濡漬之意故从水又以屋有從上覆蔽之意味霑在說文本作「雨䨨」解蓋謂雨自上漬染故渥从屋聲厚恩隆情曰渥厚漬以濃液相塗染渥厚深渥優渥渥然：赤色深貌。

| 楷 | 甲文 | 金文 |
| --- | --- | --- |

**渦** ㄨㄛ ㄍㄨㄛ

（形聲）甲文金文渦字形異義同金文渦从水尚聲本義作「水名出淮陽扶溝浪蕩渠」解（見廣韻）渦水卽過水源出河南省扶溝縣浪蕩渠亦作其後涸斷故道難盡考以其爲水名故从水，水旋流曰渦卽旋轉而成凹形之水，兩頰如渦狀之凹處曰渦。

**湛** ㄓㄢˋ ㄉㄢ ㄐㄧㄢ

（形聲）（會意）甲文湛金文湛字略同从水甚聲本義作「沒」解（見說文許箸）卽深入於水之意故从水，又以甚有特過一義水特過則淹沒故湛从甚聲。湛水：源出河南省寶豐縣東南東經葉縣至襄城縣入北汝河水北有地曰湛。湛湛：深厚貌。

**渭** ㄨㄟˋ

（形聲）（會意）甲文渭金文渭字略同从水胃聲本義作「渭水出隴西首陽渭首亭南谷東南入河」解（見說文段注）隴西漢郡名首陽漢縣名今甘肅省渭源縣卽其故地渭水出此東南流至陝西省華陰縣其爲水名故从水，飲食入胃混淆故从胃聲。

**湄** ㄇㄟˊ

（形聲）（會意）甲文湄左从氺右从眉金文湄从水从「以介眉壽」之眉丁佛言氏以此爲古湄字，本義作「水艸交」解（見說文許箸）卽水邊與陸地相接而盛長雜草之處故从水，又以眉本作「目上毛」解卽眉毛故湄从眉聲，水岸曰湄水草交際處。

**湎** ㄇㄧㄢˇ

（形聲）（會意）甲文湎字从水面聲金文湎林義光氏以爲「按鄭注酒誥云『飲酒齊色曰湎』……則湎爲飲酒形於顏色之義……亦象顏色湛湎之形」本義作「沈於酒」解（見說文許箸）酒類水故湎从水，醉酒者恆現於面故湎从面聲。湎沈也。

**湔** ㄐㄧㄢ

（形聲）甲文湔从水（上ㄧ）从前與金文湔略同，从水前聲本義作「湔水出蜀郡緜虒玉壘山東南入江」解（見說文段注）玉壘山卽九危山在今四川省松潘縣湔水至瀘州大江以其爲水名故从水。湔江：卽清白江。湔濯：洗滌污惡之稱。湔洗滌濯穢染。

**溫** ㄨㄣ

（形聲）甲文金文溫字从水𥁕聲本義作「溫水出犍（漢後作犍）爲符南入黔水」解（見說文段注）犍爲漢郡名符漢縣名卽今四川省合江縣以其爲水名故从水，暖氣曰溫，顏色和潤曰溫，溫度略稱曰溫，氣溫上昇體溫高。溫飽：暖衣飽食之稱。

**源** ㄩㄢˊ

（形聲）（會意）甲文源金文源字略同从水原聲本義作「水本」解（見說文許箸）卽江河發源地之稱故从水，又以原本作「泉所出處」解源既爲泉所出處亦爲江河之發源地故从原聲。水泉之本曰源水源河源泉源。源流：本原主流之稱事物之本

**溝** ㄍㄡ

（形聲）（會意）甲文金文溝字从水冓聲本義作「水瀆」解（見說文許箸）古代於田間掘深四尺寬四尺用以通水灌溉曰溝故从水，又以冓爲古代結木而成之屋架有縱橫互交意溝常縱橫互交以利通水故从冓聲。洩水之通道曰溝，山溝陰溝陽溝

**溜** ㄌㄧㄡˋ ㄌㄧㄡ

（形聲）（會意）甲文溜字與金文溜从水留聲本義作「水垂下」解（見倉頡篇）乃水流直下之狀故从水又以留有止意水直下不斷如水之靜止未動故溜从留聲，水流曰溜，屋簷之滴水曰溜，屋溜閣溜懸溜，簷下水滴處曰溜通「霤」，亦溜下滑落滑脫

楷　甲文　金文　文

**溪** ㄒㄧ

（形聲）（會意）甲文金文溪字形異義同金文溪从水奚聲本義作「山瀆所通」解（見集韻）即山谷間之溝瀆故从水又以古溪谿爲一字後世多以谿爲谿谷字溪爲谿谷之有水者兩字微異故溪从奚聲澗曰溪即山間小河之稱溪澗檀溪武陵溪

**溶** ㄖㄨㄥˊ

（形聲）（會意）甲文金文溶字从水容聲本義作「水盛」解（見說文許箸）乃水勢浩大之狀故从水又以容有多所含合之意溶乃納衆流而水勢盛壯故从容聲。溶解：固體擴散在液體中或氣體被吸受在液體中。溶溶：明朗貌廣大貌。沈溶洶溶

**滅** ㄇㄧㄝˋ

（形聲）（會意）甲文滅金文滅字从水烕聲本義作「盡」解（見說文許箸）乃完全消去之稱以水上曝於日下滲於土最易消去故滅从水又以烕音蔑本作「滅」解故从烕聲絕滅絕盡消滅沒湮沒熄熄滅除剷除滅除也沈滅取其地曰滅隕滅消澌

**滑** ㄏㄨㄚˊ

（形聲）（會意）甲文滑金文滑字从水骨聲本義作「利」解（見說文許箸）乃往來捷便毫無濇滯之意物之滑利者莫於水故从水又以骨外部之質地極光潤有滑利意故滑从骨聲路溜易跌倒曰滑好黠之徒曰滑通「猾」狡猾滑輪亦稱滑車助力器

**溺** ㄋㄧˋ ㄋㄨㄛˋ ㄋㄧㄠˋ

（形聲）（會意）甲文金文溺字从水弱聲本義作「溺水自張掖刪丹西至酒泉合黎餘波入于流沙」解（見說文許箸）張掖漢郡名刪丹即今甘肅省山丹縣以其爲水名故从水又稱弱水故从弱聲沈溺於水者曰溺迷心有所迷戀而沈湎不反沈溺耽溺

楷　甲文　金文　文

**滋** ㄗ

（形聲）（會意）甲文滋金文滋从水茲聲本義作「益」解（見說文許箸）乃更加之意水易增益以潤物故从水又桂馥氏以爲「茲當爲玆本書玆艸木多益」故滋从玆聲滋味曰滋美食曰滋液汁曰滋繁多曰滋滋味：滋養之味滋長使之成長

**溼** ㄕ

（會意）（形聲）甲文溼葉玉森氏以爲「从水从㬎即㡭（絕）表水絕流處古文溼㬎爲一字」金文溼林義光氏以爲「从水㔾者㔾省古疇字田疇之深黑處爲溼也从二玄猶从玄與幽同意」本義作「幽溼」解（見說文許箸）陂下者曰溼幽溼曰溼潮潤

**滔** ㄊㄠ

（形聲）（會意）甲文滔金文滔从水舀聲本義作「水漫漫大貌」解（見說文許箸）乃水勢盛大之狀故从水又以舀音咬从爪臼會意大水不斷流蕩貌故从舀聲漫淹沒「西南雍州曰滔土」（淮南・地形）「滔滔江漢南國之紀」（詩・小雅）

**溢** ㄧˋ

（形聲）（會意）甲文金文溢字从水益聲本義作「器滿」解（見說文許箸）乃水實器中滿而外流之意故从水又以益从水（橫水）皿有水滿器之意本作「饒」解益溢古今字溢爲益之累增字故从益聲衡名二十兩曰溢列曰溢通「佾」器滿湲出

**滄** ㄘㄤ

（形聲）（會意）甲文金文滄字形異義同金文滄从水倉聲本義作「寒」解（見說文許箸）乃指水之寒冷而言水性常寒故从水又以倉爲屯儲穀類之所多在陰涼通風處亦有寒涼意滄謂寒涼故从倉聲滄浪：水名亦作蒼浪寒涼曰滄通「滄」

| 楷 | 甲文 | 金文 |
|---|---|---|
| 溥 ㄆㄨˇ | | |
| （形聲）（會意）甲文金文溥字从水尃聲本義作「大」解（見說文許箸）乃洪水四放貌故从水又以尃有布之一義溥爲水之展布故从尃聲 水涯曰溥通「浦」溥博：宏廣之稱 姓滿清皇室後有溥姓 廣表範圍「溥博如天淵泉如淵」（禮・中庸） | | |
| 溯 ㄙㄨˋ | | |
| （形聲）（會意）甲文金文溯字形異義同从辵朔聲本義作「逆流而上」解（見說文許箸）乃緣水流相反方向而直趨其源之意故从水又以朔爲月之一日（陰曆）有月至晦（二九或三十）已盡暗至朔復折回以向明之意故从朔聲 追憶回溯 追溯 | | |
| 滓 ㄗˇ | | |
| （形聲）（會意）甲文金文滓字从水宰聲本義作「澱」解（見說文許箸）乃沉澱水底之黑泥故从水又以宰本作「罪人在屋下執事者」解罪人有濁穢之行者滓爲濁穢之泥故从宰聲 沈澱在水底之黑泥曰滓 喻世之污穢曰滓 滓穢 果類之渣曰滓 | | |
| 滂 ㄆㄤ | | |
| （形聲）（會意）甲文金文滂字从水旁聲本義作「沛」解（見說文許箸）乃水盛出之狀故从水又以旁本作「廣大」解滂爲水盛大狀故从旁聲 湧流「孤臣入門涕自滂」（蘇軾・贈寫御容妙善師詩）滂沱：涕泗多流貌 滂滂：水流聲・流蕩貌 | | |
| 漢 ㄏㄢˋ | | |
| （形聲）（會意）甲文漢金文漢字略同从水𦰩聲本義作「漾也東爲滄浪水」解（見說文句讀）爲源出陝西省寧羌縣之水名東流至漢中爲漢 以其爲水名故从水𦰩聲 天河曰漢 天漢 銀漢「維天有漢監亦有光」（詩・小雅）男子之稱 漢子 壯漢 | | |

| 楷 | 甲文 | 金文 |
|---|---|---|
| 滿 ㄇㄢˇ | | |
| （形聲）（會意）甲文滿字與金文滿从水㒼聲本義作「盈溢」解（見說文許箸）乃水注器已足而外溢之謂故从水又以㒼音瞞本作「平」解物實器必平器爲滿故滿从㒼聲 驕盈自足曰滿 盈餘曰滿 充滿「滿招損謙受益」（書・大禹謨） | | |
| 滾 ㄍㄨㄣˇ | | |
| （形聲）（會意）甲文金文滾字从水袞聲本義作「大水流貌」解（見集韻）乃大水齊下貌故从水又以袞爲天子諸侯之禮服常較他服寬廣大水流時常寬廣故滾从袞聲 水沸 在地上爬轉 罵人語：滾蛋 快滾 滾滾：大水流貌 長江滾滾 | | |
| 滴 ㄉㄧ | | |
| （形聲）（會意）甲文金文滴字从水啇聲本義作「水注」解（見說文許箸）乃水由上向下垂注之意故从水又以啇音敵本作「木根」解含有下注入土之意滴爲水下注故从啇聲 水點曰滴 涓滴 點滴「樹搖餘滴亂斜陽」（宋右姸・晚坐詩） | | |
| 漁 ㄩˊ | | |
| （會意）（形聲）甲文漁字羅振玉氏以爲「从又持絲从魚象釣魚形」羅振玉氏以爲「作手持网」蓋手持網（网）以捕魚即漁與金文漁略同从魚从水亦从魚聲取魚於水爲漁其本義作「捕魚」解（見通訓定聲）即捕取魚類之稱 漁翁之稱 | | |
| 演 ㄧㄢˇ | | |

水部、澈漂漆漆漏漸滯漫漲漠漑

| 楷 | 甲文 | 金文 |
|---|---|---|

（形聲）（會意）甲文演商承祚氏以爲「按以寅字之[illegible]推之故知此爲演字」金文演字从水寅聲本義作「長流」解（見說文許箸）即水徐徐而遠流之意故从水又以寅有愼重一義故演从寅聲。講道說法曰演，向遠方流，演繹：推究之義，演，演成，

**澈** ㄔㄜˋ

（形聲）（會意）甲文金文澈字形與義同金文澈从水徹省（省徹左彳）聲本義作「水澄」解（見玉篇）即水澄清之狀故从水又以徹本作「通」解有貫通到底之意水澄則清徹直可見底故澈从徹省聲。明潔曰澈，清澄，澄徹，明澈，澄澈之澈不作徹

**漂** ㄆㄧㄠ　ㄆㄧㄠˋ　ㄆㄧㄠˇ

（形聲）（會意）甲文金文漂字从水票聲本義作「浮」解（見說文許箸）乃物浮水上之意故从水又以票本作「火花散飛」解含有向上飄出之意漂爲物在水上飄蕩，故从票聲。漂水浮漂，撼動搖盪，漂然：高遠貌同「飄然」，漂之使亮曰漂亮

**漆** ㄑㄧ

（形聲）甲文金文漆字从水桼聲本義作「漆水出右扶風杜陵岐山東入渭」解（見通訓定聲）右扶風漢郡名杜陵漢縣名在今陝西省長安縣東南漆水出岐山東流入渭以其爲水名故从水。漆樹：漆科落葉喬木，漆樹之脂曰漆用以髹物者，以漆髹物，

**漏** ㄌㄡˋ

（形聲）（會意）甲文金文漏字从水屚聲本義作「受水刻節以記時之銅器」解（見說文許箸）古時晝一日夜爲百刻注於器上器有小孔漏水使滴以定時刻之早晚此器曰漏故漏从水又以屚音陋故从屚聲。空孔曰漏，病名常流膿水之病曰漏，痔漏

**漸** ㄐㄧㄢˋ　ㄔㄢˊ

（形聲）甲文漸金文漸字略同从水斬聲本義作「漸水出丹陽黟南蠻中東入海」解（見說文段注）丹陽漢郡名今安徽省宣城縣漸水即浙江有二源北源出黟縣南源出浙江省於廊山縣合流注海以其爲水名故从水。順序次第曰漸，漸漸，逐漸，

| 楷 | 甲文 | 金文 |
|---|---|---|

**滯** ㄓˋ

（形聲）（會意）甲文金文滯字从水帶聲本義作「凝」解（見說文許箸）乃水凝止不行之意故从水又以帶爲束腰物有止衣使不開即不動意滯爲止水不動故从帶聲。淹積未辦之事曰滯，蟄蟲曰滯，滯泥：固執不通，「氣不沈滯」（國語・周）

**漫** ㄇㄢˋ　ㄇㄢˊ

（形聲）（會意）甲文金文漫字形異義同金文漫从水曼聲本義作「水廣大貌」解（見集韻）乃水流瀰漫無際貌故从水又以漫有引長一義水漫則縱橫皆見亦有引長意故从曼聲。水盈溢，漫漫：長遠貌，雲色美貌，「卿雲爛兮糺漫漫兮」（尚書）

**漲** ㄓㄤˇ　ㄓㄤˋ

（形聲）（會意）甲文金文漲字从水張聲本義作「水大貌」解（見集韻）乃水大而水位高水面廣之狀故从水又以張本作「施弓弦」解即引弓至滿之意漲爲水溢滿狀故从張聲。漲海：南海之稱，漫瀰漫，水漫曰漲，水大貌，滿上，漲水漲潮暴漲

**漠** ㄇㄛˋ

（形聲）（會意）甲文金文漠字从水莫聲本義作「北方流沙」解（見說文許箸）乃高原廣大聚沙而水蒸氣缺乏草木不生之地故从水又以莫爲暮字初文暮含有百無所見之意故漠从莫聲。沙漠曰漠即無水草之廣大積沙地域，北漠荒漠無聲曰漠漠，

**漑** ㄍㄞˋ

楷 甲文 金文 文

ㄐㄧˋ ㄒㄧㄝˋ

（形聲）（會意）甲文漑字略同，从水既聲本義作「灌」解（見集韻）乃引水注田之意故从水又以既本作「小食」解含有慢慢用食之意味引水注田水常緩緩流行急則易沖損禾苗故漑从既聲。灌漑水，「引漳水漑鄴」（史記・河渠書）沆漑：沆瀣。

漬 ㄗˋ

（形聲）（會意）甲文金文漬字从水責聲本義作「漚」解（見說文許箸）乃浸物入水之意故从水又以責本作「求」解含有取得之意漬爲物得水浸潤故漬从責聲。病曰漬，獸傳染疫病而死曰漬，污點曰漬，油漬墨漬，鹽漬鹽漬，漬亦病也，染沾染。

滌 ㄉㄧˊ

（形聲）（會意）甲文金文滌字从水條聲本義作「洗」解（見玉篇）乃以水潔物之意故从水又以滌爲木之小枝含有遇風則搖擺不止意滌物常以物在水中搖擺不止故从條聲。洗濯，掃清掃，滌蕩：搖動一說播散洗除滌滌：山無木無水如滌除貌。

漩 ㄒㄩㄢˊ ㄒㄩㄢˋ

（形聲）（會意）甲文金文漩字从水旋聲本義作「回泉」解（見說文許箸）乃水流回旋之稱故从水又以旋本作「周旋」解漩乃水之周旋故从旋聲。漩渦略稱漩「撇漩捎濆無阢隉」（杜甫詩）漩渦：水環流之處其處旋轉甚猛入其中者多沈溺。

漕 ㄘㄠˊ ㄘㄠˋ

（形聲）（會意）甲文金文漕字从水曹聲本義作「水轉穀」解（見說文段注）乃由水道運輸糧食之意故从水又以曹本作「獄之兩曹」解即訊原告被告之處含有兩相對待之意故从曹聲。河渠曰漕，「東郊則有通溝大漕」（班固・西都賦）。

漉 ㄌㄨˋ

楷 甲文 金文 文

（形聲）甲文漉同鹿金文漉字从水鹿聲本義作「浚」解（見說文許箸）乃引水使涸之意故从水。滲，「漉汁灑地」（國策・楚）「滋液滲漉」（史記・司馬相如傳）「漉我新熟酒隻雞招近局」（陶潛・歸園田居詩）浚竭之使涸。

潢 ㄏㄨㄤˊ ㄏㄨㄤˇ

（形聲）甲文潢金文潢从水黃聲本義作「積水池」解（見說文句讀）乃大型積水池之稱故从水。積水池曰潢，陂潢絕潢，潢汙・潢汚：止水之稱「『潢汙行潦之水』服注『蓄小水謂之潢水不流謂之汙』」（左・隱三年）大曰潢小曰汚。

漣 ㄌㄧㄢˊ

（形聲）（會意）甲文金文漣字从水連聲本義作「大波」解（見說文許箸）乃大水波之稱故从水又以連有左右相接前後相續之意大波翻騰恆左右前後相續故漣从連聲。漣水：即古游水一名漣河漣猗・漣漪：風吹水波成文曰漣猗同兮。

滸 ㄏㄨˇ

（形聲）（會意）甲文金文滸字从水許聲本義作「水厓」解（見說文許箸）乃水邊地之稱故从水又以許有與義爲稱可之辭贊許稱許皆其例水邊地或肥沃易生秀草豐稼皆可稱許意故滸从許聲。淮水所別出之水曰滸水涯曰滸，汻（滸本字）。

滹 ㄏㄨ

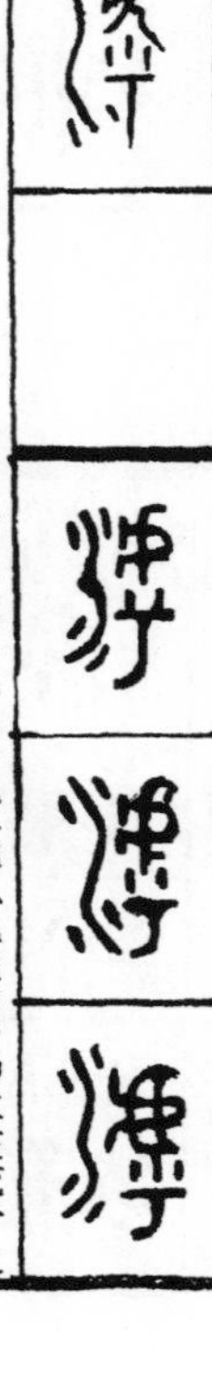

（形聲）甲文金文滹字从水虖聲本義作「水浒也」解（見玉篇）乃水在流行之意故从水又以水流時其聲如虖故滹从虖聲。姓漢有下摩侯滹毒泥，滹沱：河名亦作滹沱亞駝又名惡池虖池濡池俗名沙河流經代縣崞縣經定襄五臺盂縣會北運河入海。

漓 ㄌㄧˊ

楷 甲文 金文

乃水深滲入地之意故从水又以离爲離之省文有分散一義水滲入地下亦含有水分散之意故漓从离聲惟此本義古罕見用澆薄曰漓，薄變爲澆薄「政缺雅乖風漓化改」

## 漪 ㄧ

（形聲）（會意）甲文金文漪字从水奇聲本義作「水波」解（見韻會）乃水之波浪故从水又以奇有變化無定之一義水波常因流勢不同風力不一而所生浪紋亦變化無定故漪从奇聲風吹水波成文曰漪「初卷旋風八尺漪井桐已復不禁吹」

## 潑 ㄆㄛ

（形聲）（會意）甲文金文潑字从水發聲本義作「弃水」解（見集韻）乃使水如飛而去之意故从水又以發有離去一義潑爲使水迅速離去故从發聲無賴行爲曰潑，傾將器中所盛物傾出澆灑「但覺衾裯如潑水」（蘇軾・雪詩）潑潑：魚掉尾貌

## 潔 ㄐㄧㄝˊ

（形聲）（會意）甲文金文潔字从水絜聲本義作「瀞」解（見說文新附）瀞之本義作「無垢薉（穢）」解（見說文許箸）乃清淨之意故从水从絜聲高尚曰潔，潔曰潔不苟取曰潔，喜潔愛潔 潔廉：操守不苟之稱使其清淨無垢穢歸潔其身而已

## 潮 ㄔㄠˊ

（會意）（形聲）甲文潮金文潮字略同从水从朝省（省朝右月）亦从朝省聲朝有以小就大意諸小水趨就大水爲潮其本義作「水朝宗於海」解（見通訓定聲）乃衆水趨海之稱海洋水定期之張落現象曰潮江河水張亦曰潮，潮汐：海洋之水張落

## 潦 ㄌㄠˊ ㄌㄠˇ ㄌㄧㄠˊ

（形聲）（會意）甲文金文潦字从水尞聲本義作「雨水」解（見說文段注）乃雨水之稱故从水又以尞本作「然木」解含有火勢盛意潦爲其勢頗盛之雨水故从尞聲，因雨積在道傍之水曰潦，潦倒：淪落，淪落不偶貌，潦草：草率不精密不認眞。

## 潰 ㄎㄨㄟˋ ㄏㄨㄟˋ

（形聲）（會意）甲文金文潰字从水貴聲本義作「旁決」解（見蒼頡篇）乃水流自水道中決口旁出之意故从水又以貴有高意水高於隄則旁出故潰从貴聲，怒色曰潰，「有洸有潰既詒我肄」（詩・邶風）潰瘍：癰瘍之已潰者，水旁決，洞穿，衝破。

## 潛 ㄑㄧㄢˊ

（形聲）甲文金文潛字形異義同金文潛从水朁聲本義作「水中行解」（見玉篇）乃沒入水中以濟之意故从水，水中積柴木使魚止息其間曰潛通「罧」，潛水：水內行沒水以涉，藏：「潛醢以食夏后」（左・昭廿九年）隱藏 沈沈入潛神默記。

## 澀 ㄙㄜˋ

（形聲）（會意）甲文金文澀字从水歰聲本義作「不滑」解（見韻會）乃水流滯積不能順暢流通之意，故从水又以歰音穡从四止會意本作「不滑」解古今字澀爲歰之絫增字故从歰聲不滑利曰澀，表面不滑潤，粗澀：味道不甘美，澀吶：語言蹇難，

## 潤 ㄖㄨㄣˋ

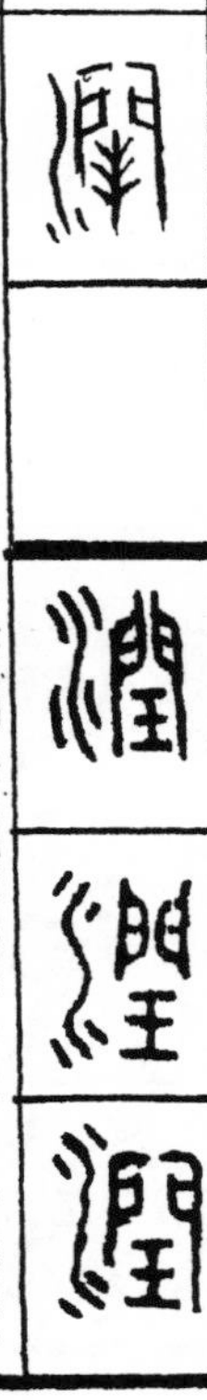

（形聲）（會意）甲文潤字與金文潤从水閏聲本義作「益」解（見廣雅）乃滋益之意水滋益則萬物賴以生長故从水，又以閏在陰曆爲三年增一月五年增二月之曆法名含有額外增益之意味故从閏聲，雨澤曰潤，潤色・潤飾：修飾文字以增文采，

## 潭 ㄊㄢˊ

| 楷 | 甲文 | 金文 |
|---|---|---|

ㄒㄩㄣ

（形聲）（會意）甲文金文潭字略同，从水覃聲本義作「淵」解（見廣雅）乃囘水之淵故从水，又以覃有深廣一義潭爲積水深處①，从覃聲，淵曰潭；水流深處之稱：龍潭日月潭百花潭 潭府：潭有深廣之義世遂用以尊稱他人之居宅曰潭 潭第

**澆** ㄐㄧㄠ

（形聲）（會意）甲文金文澆字从水堯聲本義作「沃」解（見說文義證）乃以水沃潤之意故从水，又以堯本作「土高」解澆爲水自高處向下噴灑故从堯聲，回旋之水波曰澆：「『迅澓增澆』注『洄波爲澆』」（郭璞・江賦）薄曰澆 薄淺薄

ㄠˋ

**澄** ㄔㄥˊ

（形聲）（會意）甲文金文澄字从水登聲，本義作「水靜而清」解（見增韻）乃謂水靜止且明澈故从水，又以登本作「上」解澄則上淸澈而塵穢下沈，故从登聲，淸之使水沈澱後淸淨，澄淸：撥亂反正之意，水靜而淸「罄澄心以凝思」（陸機 文賦）

ㄉㄥˋ

**潘** ㄆㄢ

（形聲）（會意）甲文潘金文潘略同，从水番聲本義作「淅米汁」解（見說文許箸）乃俗稱之洗米水故从水，又以番有更迭一義淘米必數更水，故潘从番聲，淅米汁曰潘即俗稱之洗米水：「其間面垢燂潘請靧」（禮・內則）洄流曰潘通「蟠」潘潴

ㄆㄢˊ

**澗** ㄐㄧㄢˋ

（形聲）（會意）甲文金文澗字形異義同金文澗从水閒聲本義作「山夾水」解（見說文許箸）乃兩山閒所夾之水流故从水，又以閒有當中一義澗爲兩山當中之水故从閒聲，兩山中間之水流曰澗，古大數之名以十進萬進萬萬進無定論，澗河

**潸** ㄕㄢ

（形聲）（會意）甲文金文潸字从水散省（省散右攴）聲本義作「流涕貌」解（見說文許箸）乃流涕之狀故从水，又以散即散乃分離意流涕係淚離目散落，故潸从散省聲，潸潸：淚流貌，潸焉・潸然：涕流貌「睠言顧之潸焉出涕」（小雅）

**潯** ㄒㄩㄣˊ

（形聲）（會意）甲文金文潯字形異義同，从水尋聲本義作「旁深」解（見說文許箸）乃水旁深處故从水，又以八尺爲尋古謂成人七尺是水深八尺必沒頂因有深意雖在水旁仍可爲沒頂之處故潯从尋聲，水涯曰潯，潯江：即古潯水 潯陽，江名

**澡** ㄗㄠˇ

（象形）（形聲）甲文澡羅振玉氏以爲「从⺀象水从彐，象手彐在水中是澡也」金文澡字从水喿聲本義作「洒手」解（見說文許箸）即洗手之意故从水，浴身曰澡，洗：「先以淸水澡之」（史記・龜策傳）治修潔之：「儒有澡身而浴德」

**濃** ㄋㄨㄥˊ

（形聲）（會意）甲文金文濃字从水農聲本義作「露多」解（見說文許箸）即露水特多之稱故从水，又段玉裁氏謂「凡農聲字皆訓厚」露多即露厚故濃从農聲，露多：雲想衣裳花想容春風拂檻露華濃」（李白・淸平調詞）厚：濃味濃酒・

**濁** ㄓㄨㄛˊ

（形聲）（會意）甲文金文濁字从水蜀聲本義作「水不淸」解（見玉篇）乃謂水混有雜質不潔淨之意故从水，又以蜀本作「葵中虫」解此虫與葵之色澤相若其色亦彼此相若故濁从蜀聲，混雜曰濁，汚穢曰濁，濁水：古水名，不淸潔：汚濁渾濁：

**激** ㄐㄧˊ

楷 甲文 金文 文

（形聲）（會意）甲文金文激字从水敫聲本義作「水礙衺（邪）疾波也」解（見說文段注）乃指水迴阻礙向側方斜出致生急波而言故从水又以敫从白放會意本作「光景流貌」解即光輝四射之意故从敫聲．激動．激切：言論過直之名．

澤 ㄗㄜˊ

（形聲）甲文澤金文澤字从水睪聲本義作「光潤」解（見說文徐箋）即光澤潤澤之意潤物莫如水而雨水光潤故澤从水水之匯聚地曰澤「九澤既陂四海會同」（書．禹貢）．「鴻雁于飛集于中澤」（詩．小雅）水草交厝處曰澤魚池曰澤．

澳 ㄠˋ

（形聲）（會意）甲文金文澳字从水奥聲本義作「隈崖也其內曰澳其外曰隈」解（見說文繫傳）即崖岸近水地之向內彎曲部分亦即曲屈部之中部爲澳爲向內深曲部分故从奥聲．船舶可停泊之處曰澳．澳門：屬廣東省中山縣．澳洲：即大洋洲．

澹 ㄉㄢˋ ㄉㄢˇ

（形聲）（會意）甲文澹字與金文澹从水詹聲本義作「水搖貌」解（見說文句讀）乃水搖蕩之狀故从水又以詹本作「多言」解因有不斷向外傾吐之意澹爲水不斷搖蕩故从詹聲．澹泊：恬靜無爲境界亦略稱之曰澹．澹澹乎：恬靜貌．水搖貌．澹然．

濂 ㄌㄧㄢˊ

（形聲）甲文濂字與金文濂从水兼聲古溓濂一字．从水廉聲本義作「薄冰」解（見集韻）爲水之薄者古从〈乙字間亦从水故濂从水惟此本義古罕見用今所行者爲別義．濂溪：川名出湖南省道縣西南流入瀟水宋儒周敦頤居此世稱濂溪先生．

澧 ㄌㄧˇ

楷 甲文 金文 文

（形聲）甲文金文澧字从水豊聲本義作「水出南陽雉衡山東入汝」解（見說文許箸）雉漢縣名今河南省南陽縣北八十里有其故城澧水出雉之衡山東流至郾入汝水以其爲水名故从水．澧水：在河南省境源出桐柏縣西北西南流經唐河入唐河

濆 音汾 ㄈㄣˊ 音憤 ㄈㄣˋ

（形聲）甲文金文濆字从水賁聲本義作「水厓」解（見說文許箸）乃水岸處之稱故从水．水厓曰濆「鋪敦淮濆仍執醜虜」（詩．大雅）濆水：水名在河南省郾城縣爲汝水別流．濆泉：即濫泉自地下湧出之泉曰濆泉．濆薄：湧出．濆薄沸騰．

濟 ㄐㄧˋ

（形聲）甲文濟金文濟字从艸从水齊聲本義作「濟水也出常山房子贊皇山東入泜」解（見通訓定聲）常山漢國名房子今河北省贊皇縣西南山谷中東流入泜水以其爲水名故从水．渡處曰濟．救救助：濟民匡濟周濟救濟．度偷度．成成就．用利用．

濤 音桃 ㄊㄠˊ 音叨 ㄊㄠ

（形聲）（會意）甲文濤左从水右爲古壽字金文濤从水壽聲本義作「大波」解（見說文新附）即大波瀾之稱故从水又以壽含有所度歲月多而年高之意味故濤从壽聲．大波瀾曰濤：波濤怒濤驚濤．潮曰濤即潮汐之稱．松林風動之聲曰濤：聽松濤．

濫 ㄌㄢˋ

（形聲）（會意）甲文金文濫字从水監聲本義作「水延漫」解（見增韻）乃水越出故道橫流之意故从水又以監本作「臨下」解乃自上向下注視之意濫爲越出故道向下橫注故从監聲．浮辭曰濫．違法亂紀之事曰濫．「水逆行氾濫於中國」（滕文公）

濠 ㄏㄠˊ

楷　甲文　金文　文　楷　甲文　金文　文

（形聲）（會意）甲文金文濠字从水豪聲本義作「城下池」解（見集韻）乃環城之水故从水又以豪爲毛之長者城下池環繞其城爲池之長者故濠从豪聲一說豪爲壕之省文城下池曰濠通「壕」戰溝曰濠戰時掘以掩蔽身體之乾溝通「壕」

濯　ㄓㄨㄛˊ

（會意）（形聲）甲文濯羅振玉氏以爲「从⋮象水羽象帚所用以滌者置羽水中是濯也」金文濯从水翟聲本義作「滌」解（見說文許箸）即滌洗之意故从水滌濯之事曰濯冷水濯手曰濯滌洗滌濯足濯纓濯濯：肥澤貌。明潔貌光明貌 漑曰濯

濱　ㄅㄧㄣ

（形聲）（會意）甲文金文濱字从水賓聲本義作「水厓」解（見韻會）厓即涯濱爲水涯之稱故从水又以賓本作「客」解賓爲主之對且相接洽者濱爲水與陸地之相接者故从賓聲說文許箸以濱爲瀕之重文涯曰濱水邊之稱江濱河濱湖濱海濱

濘　ㄋㄧㄥˊ　ㄋㄥˋ

（形聲）（會意）甲文濘陳邦懷氏以爲「卜辭寧字省心作宁此从水从寧知是濘字」金文濘字从水寧聲本義作「泥」解（見玉篇）乃泥淖之稱故从水又以寧有安止義故濘从寧聲泥淖・泥濘：水土相雜之名亦略稱之曰濘濘溺・路上泥多難行

濬　ㄐㄩㄣˋ

（形聲）（會意）甲文濬字與金文濬从水睿聲本義作「深通川」解（見說文許箸）乃掘深水道使水流暢通之意故从水又以睿有深而通之意水流暢通故从睿聲治治河道使深通：濬河疏濬深・智慮濬智・濬哲：山水・濬池濬潭濬同浚深邃

濛　ㄇㄥˊ

（形聲）（會意）甲文金文濛字从水蒙聲本義作「微雨貌」解（見說文許箸）乃小雨霏霏之意故从水又以蒙有含混不清之意味微雨與霧相若故濛从蒙聲濛江：即古牂柯江一名都泥江濛漠：雲塵騰起貌濛濛：停雲靄靄時雨濛濛

濡　ㄖㄨˊ

（形聲）甲文金文濡字从水需聲本義作「濡水出涿郡故安東入淶」解（見說文段注）涿郡漢郡名故安漢縣名今河北省易縣濡水出易縣窮獨山南谷東流入淶以其爲水名故从水濡染：漬溼濡忍：含忍濡水：古水名任丘縣西北亦略稱濡

瀑　ㄆㄨˋ　ㄅㄠˋ

（形聲）（會意）甲文金文瀑字形異義同金文瀑从水暴聲本義作「水濆起」解（見蒼頡篇）即水向外濆出而飛沫四濺之意故从水又以暴有疾趣義飛沫四濺有疾去意故瀑从暴聲瀑布懸水略稱瀑飛瀑懸瀑水由高處直瀉或斜落謂之瀑布

濩　音穫　ㄏㄨㄛˋ　音護　ㄏㄨˋ

（形聲）（會意）甲文濩从水蒦省（省蒦爲隹）金文濩字从水蒦聲本義作「雨流霤下貌」解（見說文許箸）即屋簷雨水向下流貌故从水又以蒦音擭擭本作「度」解故濩从蒦聲雨流霤下貌大濩商湯時樂名略稱濩濩本作護・散被流散之意

瀋　ㄕㄣˇ

（形聲）（會意）甲文金文瀋字从水審聲本義作「汁」解（見說文許箸）乃汁水之稱故从水又審有安定之一義汁爲混有他質之水常較水安定故瀋从審聲汁曰瀋即汁水之稱餘瀋：「無備而官辦者猶拾瀋也」（左・哀三年）羮餗爲作瀋

瀆　ㄉㄨˊ

楷　甲文　金文

**竇** 音豆 ㄉㄡˋ

（形聲）（會意）甲文金文瀆字从水賣聲本義作「溝」解（見說文許箸）乃水道之稱故从水又以賣音篤本作「且行且買以通有無」解瀆爲水流通道故从賣聲水溝曰瀆：「自經於溝瀆而莫之知也」（論・憲問）冒犯・穴曰瀆卽孔穴通「竇」

**濼** ㄌㄨㄛˋ　ㄆㄛˋ

（形聲）（會意）甲文濼羅振玉氏以爲「此卽許書从水樂聲之濼：……借用爲喜樂字」金文濼从水樂聲本義作「齊魯間水也」解（見說文繫傳）濼水在今山東省歷城縣西北注濟水以其爲水名故从水樂聲水名濼水之略稱陂池曰濼同「泊」

**濿** ㄌㄧˋ

（會意）（形聲）甲文濿羅振玉氏以爲「从水从萬文『濿有小魚』或蚌蠣之蠣金文濿丁佛言氏以爲「从水从石省」亦萬聲漢時如此讀亦其證 勉勵之勵粗糲之糲其本義作「履石渡水」解（見說文許箸）卽踏石過水之意濿爲淺水厲同礪

**瀕** 音賓 ㄅㄧㄣ　音貧 ㄆㄧㄣˊ

（會意）甲文瀕字林義光氏以爲「頻本義當爲頻蹙象（人）當涉見水（左巛）頻蹙之形」金文瀕 涉頁謂人面涉示徙步度水人涉水至水濱常頻蹙而慮水深沒从頁从水其本義作「水厓（涯）也解（見說文句讀）迫近・瀕死瀕行瀕危瀕海

**瀛** 音盈 ㄧㄥˊ

（形聲）（會意）甲文金文瀛字从水嬴聲本義作「瀛海」解（見玉篇）乃環陸大海之稱故从水又以嬴音盈古通「嬴」有盈滿一義瀛海環繞大陸一望無際有四週水流皆滿之意故瀛从嬴聲瀛海卽大海亦略稱瀛澤中曰瀛瀛海：大海之稱

**瀨** ㄌㄞˋ

（形聲）（會意）甲文金文瀨字从水賴聲本義作「水流沙上」解（見說文許箸）乃可見水底沙之淺灘故从水又以賴有依附一義瀨爲水依附平沙緩流之處故从賴聲淺可見底之水流曰瀨湍曰瀨卽急流之水石瀨驚瀨溪瀨清瀨・瀨急流也

楷　甲文　金文

**瀘** 音盧 ㄌㄨˊ

（形聲）（會意）甲文金文瀘字从水盧聲本義作「水名」解（見說文新附）瀘水出牂牁入長江以其爲水名故从水又以盧爲柳條編成之飯器瀘水亦名苦水味苦澀色昏黯故从盧聲瀘江：古曰盧水源出江西省安福萍鄉二縣界之瀘瀟山曰瀘水

**瀧** 音龍 ㄌㄨㄥˊ　音雙 ㄕㄨㄤ

（形聲）（會意）甲文金文瀧字略同从水龍聲本義作「雨瀧瀧」解（見說文許箸）卽細雨霏霏貌故从水又以古稱龍爲神物有若隱若現之意味故瀧从龍聲・急湍曰瀧奔瀧飛瀧驚瀧 瀧水：源出廣東省鬱林縣西南一名雙林水東北流入羅定縣西

**瀦** ㄓㄨ

（形聲）（會意）甲文金文瀦字形異義同从水豬聲本義作「水所停也」解（見說文新附）乃停水處之稱故从水又以豬本作「豕子」解豕子一胎十餘爲數甚多且常聚於一處者瀦爲水停聚處故从豬聲 水停聚處古作「豬」「稻人以瀦儲水」周禮

**瀰** 音彌 ㄇㄧˊ　音弭 ㄇㄧˇ

（形聲）（會意）甲文金文瀰字从水彌聲本義作「盛」解（見玉篇）乃水盛滿之狀故从水又以彌有實滿一義瀰乃水之盛滿故从彌聲 瀰漫：浩瀚之稱「瀰漫如四瀆之流不知其止息之地」（舒元輿・牡丹賦序）盈溢貌・流盛貌・水滿貌・

**瀾** 音闌 ㄌㄢˊ

| 楷 | 甲文 | 金文 |
| --- | --- | --- |

（形聲）（會意）甲文金文瀾字从水闌聲本義作「大波」解（見說文許箸）乃大波濤之稱故从水又以闌本作「門遮」解因有阻止之意狂瀾發生於江海舟航爲之阻止故瀾从闌聲狂瀾碧瀾驚瀾・「觀水有術必觀其瀾」（孟・盡心）瀾滄：江名

**瀲** ㄌㄧㄢˋ

（形聲）甲文金文瀲字从水斂聲本指「瀲灩」一詞而言瀲灩之本義作「水溢皃（貌）」解（見玉篇）即水漫出貌故瀲从水 水際曰瀲：「靑蕃尉乎翠瀲」（潘岳・西征賦）瀲灩：水溢貌・實滿至溢漫・酒滿貌 泛：『或泛瀲乎潮波』『瀲泛也』

**灌** ㄍㄨㄢˋ

（形聲）甲文金文灌字从水雚聲本義作「灌水出廬江雩婁北入淮」解（見說文段注）廬江漢郡名雩婁漢縣名其故地在今河南省商城縣東北 漢時屬廬江郡灌水出此北流入淮以其爲水名故从水 灌木：叢生之木・飲酒之稱 酌酒以獻之稱

**灃** ㄈㄥ

（形聲）（會意）甲文金文灃字从水豐聲本義作「水出右扶風」解（見玉篇）右扶風漢郡名當今陝西省中部西安縣迤西地灃水出秦嶺在右扶風郡以灃爲水又以豐有滿實一義故灃从豐聲 灃水：即豐水亦稱鄠水灃沛：大雨 灃河 在河北

**灑** ㄙㄚˇ

（形聲）（會意）甲文金文灑字从水麗聲本義作「汛」解（見說文許箸）乃將水撒散成珠之意故从水又以麗本作「鹿同行」解因有連續之意灑則水珠同時連續散出故从麗聲 樂器名大瑟之異稱 以水掩塵・「大瑟謂之灑」（爾雅・釋樂）滴落

**灣** ㄨㄢ

| 楷 | 甲文 | 金文 |
| --- | --- | --- |

（會意）（形聲）甲文金文灣字从水彎亦从彎聲彎有曲折一義水之曲折處爲灣其本義作「水曲」解（見廣韻）乃河汊彎曲部之稱 水流曲折處曰灣 水灣 江灣河灣：「石激懸流雪滿灣五龍潛處野雲閑」（韋應物・龍潭詩）：大連灣 廣州灣

**火** ㄏㄨㄛˇ

（象形）甲文火羅振玉氏以爲「象火形古今文从火之字皆如此作」金文火林義光氏取自毛公鼎光字偏旁以爲「象本義作「燬」解（見說文釋例） 乃本身火燄迸射之形」能盡焚燬他物者字象火形 空氣中之氧與物質化合 所生之燃燒曰火

**灰** ㄏㄨㄟ

（會意）甲文灰金文灰字略同 从火从又 又即手 火滅可以手執持者爲灰 其本義作「死火餘燼（燼）也」解（見說文許箸）即火滅後餘燼之稱 灰 紙灰 燒燒化 碎灰碎之化灰 化色淡黑如灰的：灰頭土面・「毋燒灰」（禮・月令）・使成灰 灰滅 典籍

**災** ㄗㄞ

（會意）（形聲）甲文災葉玉森氏以爲「从屮……（屮）古文才與在通 川仍象洪水在洪水中受巛之誼益著」按巛 巛害也从一雝川」即水害之稱 金文災字 灾災裁本一字 禍害曰災・水災 火災 兵災 旱災 蝗災 牢獄之災 疫癘之災 不幸之事曰災

**灼** ㄓㄨㄛˊ

（形聲）（會意）甲文金文灼字从火勺聲本義作「炙」解 乃以火著物 如炙之意故从火又以勺爲杓之初文乃挹酒水之器 因有所取適度與所注適當之意 灼物須火力適當久暫得宜故灼从勺聲 炙・「太宗嘗病亟帝往視之親往灼艾」（宋史）

**灸** ㄐㄧㄡˇ

| 楷 | 甲文 | 金文 |
|---|---|---|

**炙** ㄓˋ
（形聲）（會意）甲文灸金文灸字略同，从火久聲本義作「灼」解（見說文許箸）乃以著火物相窺灼之意故从火又以段玉裁氏謂「凡附著相拒曰久用火則曰灸」灸有附著相拒意故从久聲，灼體療病之法曰灸，針灸，輒以身先試 灸上作久不作夕

**炎** 一ㄢˊ
（會意）甲文炎與金文炎字略同，即火上有火火上見火乃火光上騰意故其本義作「火光上也」解（見說文許箸）爲火燄騰起而光上出之稱，惟饒炯氏以爲「與燚同字……火華（花）也」火光曰炎，權勢盛者曰炎，熱氣曰炎，炎帝：即神農氏 炎涼

**炊** ㄔㄨㄟ
（形聲）（會意）甲文金文炊字从火吹省（省吹爲欠）聲本義作「爨」解（見說文許箸）乃舉火熟物之意故从火又以吹乃張口出氣之稱炊時須出火氣使著物故从吹聲爨曰炊即煮飯之事，巧婦難爲無米之炊 以火熟物，無米爲炊，嘘吹嘘同吹」

**炒** ㄔㄠˇ
（形聲）（會意）甲文金文炒字从火少（𤇾）聲本義作「熬」解（見廣韻）即以火烙物使熟之意故从火又以芻爲已割之草有短而乾枯意煬爲置食物於火上反復翻動使乾使熟故从芻聲字亦作炒 烙熬乾煎 炒菜烹炒 炒炒：爭論同「吵吵」

**炙** ㄓˋ
（會意）甲文炙金文炙从肉在火上肉在火上則得火力之灼而熟其本義作「灼肉」解（見通訓定聲）乃烤肉使熟之意，烤熟之肉曰炙，「毋嘬炙」（禮・曲禮）炙膾蜜炙「有兔斯首燔之炙之」（詩・小雅）炙手可熱：勢燄盛貌，炮炮烙薰陶，

**爲** ㄨㄟˊ
（象形）（會意）甲文爲羅振玉氏以爲「爲作手牽象形……意古者役象以助勞其事，古代中原氣候溫煖多產大象因役象以工作故牽象爲爲」金文爲與甲文爲略同 其本義作「母猴」解（見說文許箸）即母猴之稱，建樹曰爲，有爲有守，

**烈** ㄌㄧㄝˋ
（形聲）（會意）甲文金文烈字从火列聲本義作「火猛」解（見說文許箸）乃火勢盛貌，故从火又以列本作「分解」解火猛則物被燒毀而解體故烈从列聲，業曰烈即功業之稱「於皇武王無競惟烈」（詩・周頌）威曰烈，遺風餘烈，栗烈 剛正

**烏** ㄨ
（象形）甲文烏金文烏字略同，全形象鳥但不見目之形小爾雅謂「純黑而反哺者謂之烏小而腹下白不反哺者謂之雅（鴉）烏」以烏毛羽純黑故不見目秉性純孝而反哺故其本義作「孝鳥」解（見說文許箸）即孝鳥即慈烏之稱俗則名之曰烏鴉，

**烝** ㄓㄥ
（會意）（形聲）甲文烝羅振玉氏以爲「从禾从米在豆中廾以進之盂鼎與此同春秋繁露四祭『冬曰烝烝者以十月進初稻也』金文烝从米从豆从廾與甲文烝略同本義作「火气上行也」解（見說文許箸）宗廟之祭春曰祠……冬曰烝（詩・小雅）

| 楷 | 甲文 | 金文 |
| --- | --- | --- |

煑熟之牲體曰烝，烹飪時釜中上升熱氣曰烝。烝水：亦作蒸水源出湖南省邵陽東南邪薑山東北流入衡陽縣境折南會武水東注湘水是爲烝湘爲三湘之一。烹熟之：烝肉、烝魚、烝飯、烝饃。烝烝：厚重貌。「烝烝皇皇不吳不揚」（詩・魯頌）。

## 烹 ㄆㄥ

（指事）（會意）甲文金文烹字爲亯字重文亯本作「獻」解（見說文許箸）即亨享之本字廣韻以烹爲「俗亨字」古亨享烹並爲亯，其本義作「熟」解（見類篇）即以火熟物供食之意。肴饌曰烹，烹飪・烹調：烹調之法，烝煑，亨（烹本字）

## 烽 ㄈㄥ

（形聲）（會意）甲文金文烽字从火逢聲本義作「燧候表也邊有警則舉火」解（見說文許箸）即古代置邊境供斥候遇警舉火以報之軍事設備以其供舉火用者故从火又以逢本作「遇」解烽燧略稱烽，喩戰亂曰烽火，晝曰烽夜曰燧，烟起曰烽。

## 焉 ㄧㄢ

（象形）甲文焉金文焉字略同，焉略象鳥形本義作「焉鳥黃色出於江淮」解（見說文許箸）乃產江淮間之黃色鳥名，「焉卽鳶字」桂馥氏謂「禽經『黃鳳謂之焉』」之彼指示代稱，人：「衆好之必察焉衆惡之必察焉」（論・衛靈公）誰疑問代稱。

## 無 ㄨ

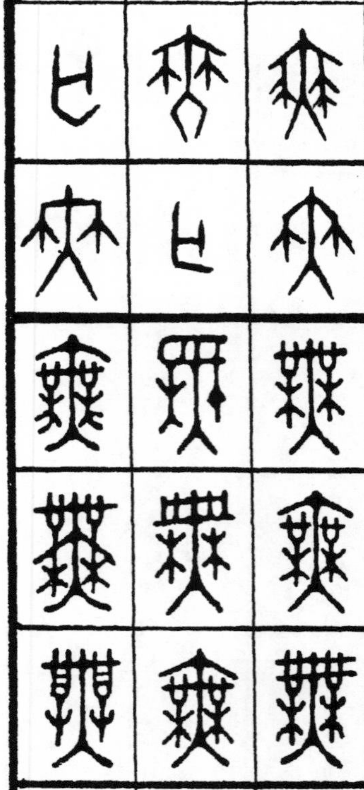

| 楷 | 甲文 | 金文 |
| --- | --- | --- |

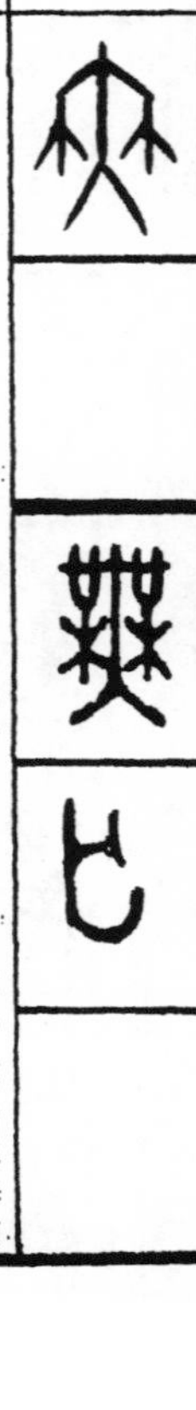

（象形）（形聲）甲文無李敬齋氏以此爲「舞之初文从大（人）兩手持甤象形」金文無與甲文無略同，从大卌林示木之多卌卽變廿示數之多大而衆多之茂林爲無其本義作「豐」解（見說文徐箋）空虛曰無，無法、無天、有頭無尾、有始無終。

## 然 ㄖㄢ

（形聲）（會意）甲文然金文然字从火肰聲本義作「燒」解（見說文許箸）乃燔燒之意故从火又以肰音元从肉犬本作「犬肉」解古代磔犬祭天乃燔燒犬肉爲祀者故然从肰聲如此指代：知其然不知其所以然。燃燒同「燃」。是不錯，然而

## 焚 ㄈㄣ

（會意）甲文焚與金文焚字略同从火林，以火燒林則灌木宿草枯焦而便於田獵其本義作「燒田」解（見說文段注）乃燒灌木宿草以田獵之意。燃燒之名，憂心如焚。焚如：火災「突如其來如焚如」（易・離）焚香、焚書坑儒、焚膏繼晷、玉石俱焚

## 煮 ㄓㄨ

（形聲）甲文金文煮字从火者聲本義作「烹」解（見說文許箸）乃以器盛食物和水置火上燜之使熟之意故从火。烹煮之事曰煮「職外內饔之爨亨（烹）煮」（周禮・天官）煮鹽之事曰煮「燕有遼東之煮」（管・輕重）煮豆燃萁、煮鶴焚琴

## 焦 ㄐㄧㄠ

（形聲）甲文焦金文焦字从火从焦从隹聲本義作「火所傷也」解（見說文許箸）乃火灼至枯黑之稱故从火又以雥今讀如雜段玉裁氏以爲「古音讀如揫如椒」故爇从雥聲讀蕉。火之臭味曰焦「孟夏之月其味苦其臭焦」（禮・月令）憂焦灼。

| 楷 | 甲文 | 金文 | 文 |
|---|---|---|---|

## 煎 ㄐㄧㄢ

（形聲）（會意）甲文金文煎字从火前聲本義作「熬」解（見說文許箸）乃熬煮物之意故从火又以前有近迫一義熬煮物必使物與火近故煎从前聲煎熬之事曰煎、熬煎熬有汁而熬之使少使乾煎蛋煎藥「改煎金錫則不耗」（周禮・冬官）・煎熬

## 煙 ㄧㄢ

（會意）（形聲）甲文煙金文煙字形異義同丁佛言氏以爲「此从𡇒下象以手執火而然之」蓋謂燃火則火氣自𡇒出此卽煙本義作「火氣」解（見說文許箸）乃物體燃燒時所冒出之黝黑色火氣故从火又以垔爲堙字初文山水雲霧等氣曰煙

## 照 ㄓㄠˋ

（形聲）（會意）甲文照金文照字形異義同从火昭聲本義作「明」解（見說文段注）乃燃火放光相燭之意故从火又以昭本作「日明」解照爲火明故从昭聲憑證曰照憑照護照立此存照像曰照卽人物之圖影玉照遺照台照清照亮照照樣

## 煥 ㄏㄨㄢˋ

（形聲）（會意）甲文煥字與金文煥从火奐聲本義作「火光」解（見說文新附）乃火燃時所現之光故从火又以奐有廣大意故煥从奐聲煥煥：玉之光采曰煥「參參削劍戟煥煥銜瑩琇」（韓愈・元和聖德詩）煥煥：顯赫貌明顯可見貌

## 煌 ㄏㄨㄤˊ

（形聲）（會意）甲文煌字與金文煌下从火上从皇从火皇聲本義作「光」解（見蒼頡篇）乃盛光之稱故从火又以皇本作「大君」解煌爲光之大者故从皇聲明、輝煌「『采色炫耀煥炳煇煌』注『煌明也』」（司馬相如・封禪文）・

## 煨 ㄨㄟ

（形聲）甲文煨金文煨字略同从火畏聲本義作「盆中火」解（見說文許箸）乃置盆中之火故从火又以畏爲偎之省文偎有近昵一義盆中火供取煖用爲人所樂與近昵者故煨从畏聲煨炭：盆中火埋食物於火灰中使熟地爐煨酒煖如湯

## 熙 ㄒㄧ

（形聲）（會意）甲文熙金文熙字爲巸字重文古以巸通熙从火巸聲本義作「燥」解（見說文句讀）乃暴㷄之意乾物者莫如火故从火又以巸音飴本作「廣𦣝（頤）」解故熙从巸聲盛美曰熙興興起「時純熙矣」（詩・周頌）熙熙：和樂貌

## 熊 ㄒㄩㄥˊ

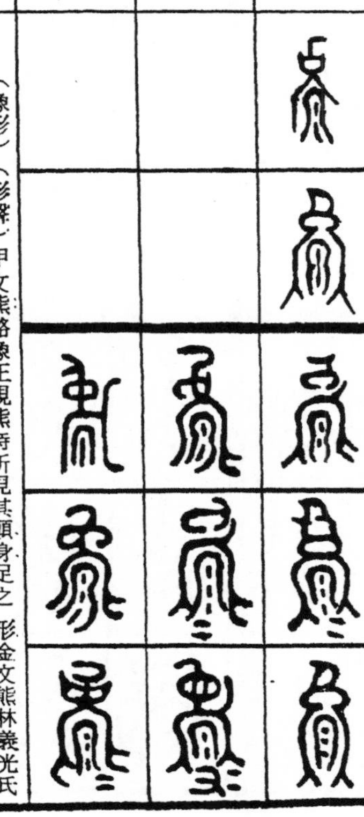

（象形）（形聲）甲文熊略象正視熊時所見其頭身足之形金文熊林義光氏以爲「象（熊）頭背足之形」本義作「獸似豕山居冬蟄」解（見說文許箸）其光熊熊此當从火能聲熊掌・熊蹯熊羆：勇猛如熊羆・光盛貌火勢盛貌熊熊之火

## 煖 ㄋㄨㄢˇ

（形聲）（會意）甲文金文煖字形異義同从火爰聲本義作「溫」解（見說文許箸）乃溫和卽不冷不熱之稱以溫煖多由火生故从火又以爰本作「引」解引火可得溫煖故煖从爰聲溫曰煖不冷不熱之稱溫煖：「七十非帛不煖」（禮・王制）

楷 | 甲文 | 金文

熏 ㄒㄩㄣ

（會意）甲文熏 金文熏 林義光氏以爲「从黑象火臼 窗上出形屮上出之象」按毛公鼎文作「熏裹」以熏爲纁其 本義作「火烟上出也」解（見說文段注）卽火烟上熏之稱，火灼之稱：「我心憚暑憂心如熏」（詩・大雅）熏熏：和悅貌，熏肉，

熒 ㄧㄥˊ

（會意）甲文熒字闕，金文熒从焱从冂冂音覓象屋覆蓋形焱音豔卽火華火華照屋爲熒，其本義作「屋下鐙（燈）燭之光」解（見說文段注）卽屋舍中燈燭光之稱，投入火井引起燃燒之火曰熒，熒燭：小光之燭，熒惑：火星之別名，眩迷，熒惑，

熱 ㄖㄜˋ

（形聲）甲文熱字與金文熱从火埶聲本義作「溫」解（見說文句讀）乃高溫之稱熱多由火生熱之常見者爲火故从火又以埶音囈同藝本作「種」解草木得溫熱則長故熱从埶聲，動能之稱今物理學謂物體分子所有之動能爲熱，高溫，暑氣曰熱，

熟 ㄕㄨˊ 讀如收 ㄕㄡˊ

（會意）（形聲）甲文 熟字與金文熟从丮䧹丮音戟 本作「持」解䧹音純本作「孰（熟）」解卽熟食之稱持熟 食爲孰其本義作「食飪」解（見說文許箸）乃食物已烹孰之謂 已成熟之食物曰熟，烹煮煮熟之，熟計熟察熟讀 習見嫻（嫺）熟

熬 ㄠˊ

（形聲）（會意）甲文熬金文熬字从火敖聲本義作「乾煎」解（見說文許箸）乃以火煎物使乾之意故从火又以敖爲遨之初文有留連之意熬必使物在 火上留連甚久然後得乾故从敖聲，煎煎乾，熬糖 忍耐：熬苦受罪 熬熬：衆愁聲同「嗷嗷」

楷 | 甲文 | 金文

燕 ㄧㄢˋ

（象形）甲文燕羅振玉氏以爲「象燕籋口布翅岐尾之形⋯卜辭借爲燕享字」金文燕吳大澂氏以爲「象燕處巢見 其首」又上廿象燕似小鉗之口中之口象其身背下之火 背旁之北象飛時所張兩翅其本義作「玄鳥」解（見說文繫傳）

燈 ㄉㄥ

（會意）（形聲）甲文金文燈字从火从金登亦从登 聲古時盛食物祭祀之木器曰豆瓦器曰登用於廟祭之登曰鐙其本義作「錠」解（見說文段注）錠爲有足之豆今鐙燈並行而賫燈字多用燈 燒火發光取明之具曰燈「傳燈無白日」（杜甫詩）

燒 ㄕㄠ 音少 ㄕㄠˋ

（形聲）（會意）甲文金文燒字从火堯聲本義「燔」解（見玉篇）乃以火焚之意故从火又以堯本作「高」解焚燒時火光燭天火燄四射並有高意故燒从堯聲 烈性之酒曰燒 麥燒 橘燒 高粱燒 佛手燒；病名體溫失常發生高熱曰燒、發燒 頭疼

| 楷 | 甲文 | 金文 | 文 |
|---|---|---|---|

**熹** ㄒㄧ

（形聲）甲文熹商承祚氏以為「此（从火）从喜省聲」金文熹汪立名氏以此為古熹字又有从火喜聲本義作「炙」解（見說文許箸）炙為肉在火上亦即以火烤肉之意故从火。熾盛之稱，熟食通「饎」熹微：光明微薄貌，恨晨光之熹微。熺、熹同字

**熾** ㄔˋ

（形聲）甲文熾金文熾从火戠聲本義作「盛」解（見說文許箸）乃事物昌大貌，事物之昌而大者莫如火故熾从火。炊通「饎」「鍾氏染羽以朱湛丹秫三月而熾之」周禮．冬官）盛強盛。昌熾隆熾殷熾又「玁狁孔熾我是用急」（詩．小雅）

**燎** ㄌㄧㄠˊ ㄌㄧㄠˋ

（會意）（形聲）甲文燎羅振玉氏以為「从木在火上木旁諸點象火燄上騰形」以此見焚燎意金文燎吳大澂氏以為「从（人在）㫃下燒柴形火光炎炎」以此見焚柴祭天意其本義作「柴祭天」解（見說文校錄）乃焚柴祭天之意燎燎：顯明貌

**燐** ㄌㄧㄣˊ ㄌㄧㄣˋ

（會意）甲文金文燐字从炎从舛炎謂火光上騰舛示違逆不順上騰而違逆不順之火光為粦其本義作「鬼火」解（見說文許箸）乃人畜屍骨暴露空氣中其骨骼所含粦質急速氧化所發出之淡綠光之稱非金屬元素之一本作粦通作磷

**燉** ㄉㄨㄣˋ

（形聲）（會意）甲文金文燉字从火敦聲本義作「火盛貌」解（見玉篇）乃火勢盛熾貌故从火又以敦本「厚」解火勢盛亦有火力豐厚意故燉从敦聲。和湯煮食物使熟爛亦作「炖」「早起我說那一碗火腿燉肘子」（紅樓夢．十六回）

**燔** ㄈㄢˊ

（形聲）甲文燔金文燔字从火从𤰔省𤰔古番字从火番聲本義作「爇」解（見玉篇）乃爇火焚燒之意故从火。祭肉之炙熟者曰燔通「膰」：「或燔或炙」祭祀傳火曰燔，燒肉：「有兎斯首燔之炮之」（詩．小雅）婦莫莫」（詩．小雅）

**營** ㄧㄥˊ

（形聲）（會意）甲文營字與金文營从宮省（省宮為呂）从熒省（省熒下火）聲本義作「帀居」解（見通訓定聲）帀同匝圍繞之意圍繞聚居曰營屋舍櫛比環合故从宮从熒聲軍壘曰營，諧曰營即圍牆之稱，定域曰營，營造營繕營生營利

**燭** ㄓㄨˊ

（形聲）（會意）甲文金文燭字从火蜀聲本義作「庭燎大燭」解（見說文許箸）乃古代夜間照明之物其在門內者曰庭燎在門外者曰大燭係以葦或麻為心外裹以布再濡以油使之著火發光者此即燭。燭光：螢燭之光，官燭樺燭蠟燭

**燬** ㄏㄨㄟˇ

（形聲）（會意）甲文金文燬字形異義同金文燬从火毀聲本義作「火」解（見說文許箸）即烈火之稱故从火又以毀本作「缺」解即器破之意烈火焚物常殘缺難全故燬从毀聲，火曰燬即烈火之稱，舉火焚毀『燬烈火也』（詩．周南）

**燼** ㄐㄧㄣˋ

（形聲）（會意）甲文金文燼字从火聿聲本義作「火之餘木也」解（見說文段注）乃薪燃著後尚有殘火之餘木故从火又以聿本作「所以書也楚謂之聿」解即筆之初文火之餘木常焦黑如筆故燼从聿聲，燒剩之火曰燼，燈花燭花皆曰燼，薪曰燼

| 楷 | 甲文 | 金文 | 文 |
|---|---|---|---|

**爆** 音豹 ㄅㄠˋ

（形聲）（會意）甲文金文爆字形異義同金文爆从火暴聲本義作「火裂」解（見說文校錄）乃火花迸散之意故从火又以暴爲曝之本字本作「曬乾」解物曝甚則裂散爆爲火裂故从暴聲爆仗・爆竹・爆竿炸炸裂，裂食物受高熱而裂開，爆米花。

**爍** ㄕㄨㄛˋ

（形聲）（會意）甲文爍金文爍字略同从火樂聲本指「灼爍」一詞而言灼爍之本義作「光也」解（見說文新附）乃強光閃耀貌古以光由火生故爍从火又以樂象鼓鞞在架上形亦有悅耳聲四散意爍爲光波不斷四射故从樂聲。爍爍：光閃爍貌。

**爐** ㄌㄨˊ

（形聲）（會意）甲文金文爐字形異義同金文鑪从金盧聲本義作「方鑪」解（見說文許箸）乃方形置炭生火之金屬（或泥土）器故从金又以盧本作「飯器」解鑪之盛火如盧之盛飯故鑪从盧聲盛火之器曰爐：丹爐茶爐 爐冶・爐火純青。

**爨** 音竄 ㄘㄨㄢˋ

（會意）甲文爨商承祚氏以爲「象竈下有火與篆文（爨）略近」金文爨高田忠周氏以爲「此字以林知爨之壞文也，舊釋作爨斷非」以熟物爲爨其本義作「齊謂炊爨」解（見說文段注）乃齊人謂炊卽燒煮食物供食之稱，炊以火熟物，竈曰爨。

**爪** 音鑽 ㄗㄨㄢ ㄓㄠˇ ㄓㄨㄚ

（象形）甲文爪與金文爪略同，金文爪林義光氏以爲「象手有指爪形」叉从又增二又卽手二象指甲本象手指甲略象鳥爪形其本義作「鳥爪」解（見六書故）卽鳥類脚爪之稱，指甲曰爪，爪牙：鳥用爪獸用牙 鳥獸之趾甲亦曰爪，鳥爪 獸爪曰爪。

**爭** ㄓㄥ

（會意）（指事）甲文爭象兩手各持物一端相曳之形以會彼此爭持之意，金文爭字从爪从又本作「物落上下相付」解卽此人以手付物彼人以手承物之意 其本義作「引」解（見說文許箸）乃雙方競引物向己之意，競取之事曰爭，對辯曰爭。

**采** ㄘㄞˇ

（會意）甲文采羅振玉氏以爲「象取果於木之形故从爪 果或省果从木取果爲采」金文采从爪木，爪謂捋摘以指取木之果花葉爲采其本義作「捋取」解（見說文句讀）卽摘擷之稱，事曰采，官曰采，幣曰采，禮服曰采，元纁之衣曰采，采同「彩」

**爰** ㄩㄢˊ

（會意）甲文爰羅振玉氏以爲瑗援爰古一字，瑗爲引君上除陛故許君於爰援均訓引金文爰與甲文爰略同林義光氏以爲「卽援之古文上下相引爲爰其本義作「引」解（見說文許箸）卽援引之意，爰書：錄囚辭之文書，爰爰：舒緩貌，移遷移，

**奚** 音兮 ㄒㄧ

（會意）甲文奚羅振玉氏以爲「罪隸爲奚之本誼（義）故从手（右上）持索（左上8）以拘罪人（左下大）金文奚與甲文略同，又㲋糸象束絲形此本義古罕見用，僕役・女奴曰奚，何事表疑問，奚落：嘲弄譏誚，何位名詞前表疑問，奚謂小忠。

| 楷 | 甲文 | 金文 |
|---|---|---|
| 舜 ㄕㄨㄣˋ |  |  |
| 爵 ㄐㄩㄝˊ | 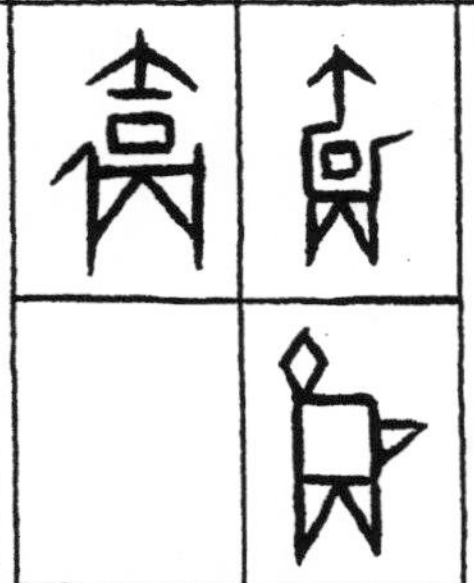 | 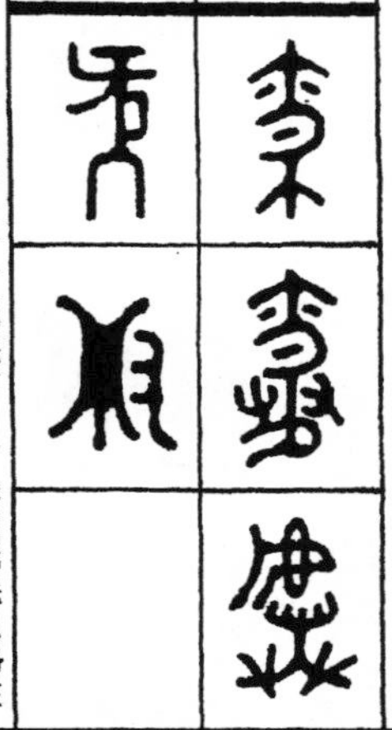 |
| 父 |  | 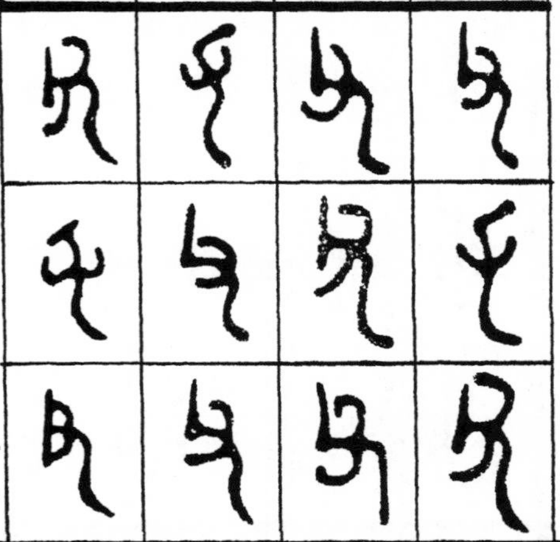 |

舜：（象形）（形聲）甲文金文舜字略同，从匚从炎从舛舛象其蔓在地而華對生，其本義作「艸也楚謂之蕾秦謂之藑」解（見部首訂）卽蔓延布地連華對生之蕣艸，古虞帝名姓姚名重華受堯禪有天下國號虞見「虞舜」植物名卽木槿同「蕣」

爵：（象形）甲文爵羅振玉氏以爲「字象爵之首有冠毛有目有咮因冠毛以爲柱因目以爲耳因咮以爲足厥形惟肖……許君謂『飲器象雀者取其鳴節節足足也』」象爵（雀）形」金文爵略似雀知其爲酒器之爵，其本義作「禮器」解（見說文許箸）

父：本字註釋已列入三十六頁（八部）

| 楷 | 甲文 | 金文 |
|---|---|---|
| 爸 |  |  |
| 爹 |  |  |
| 爺 |  | 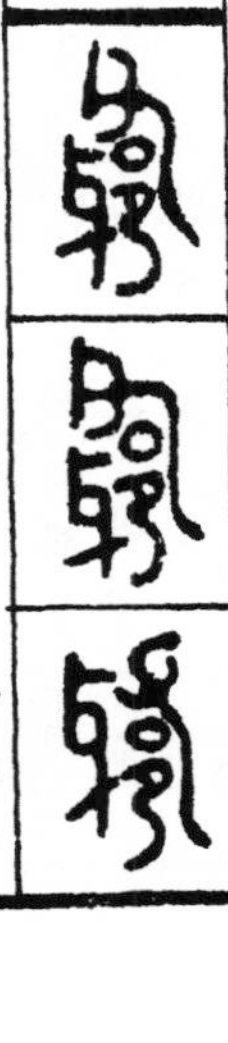 |
| 爽 ㄕㄨㄤˇ |  | 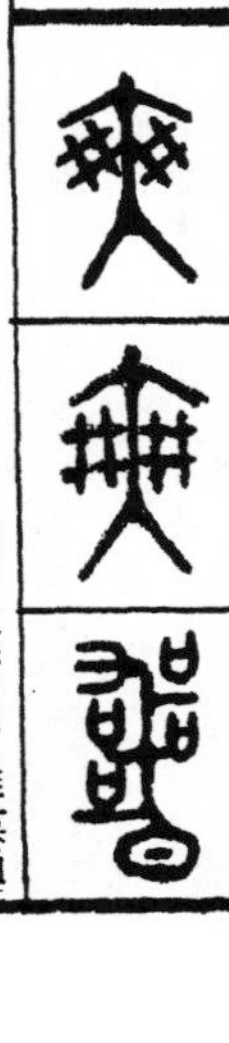 |
| 爾 |  |  |

爸：本字註釋已入三七頁（八部）

爹：本字註釋已列入三七頁（八部）

爺：本字註釋已列入三八頁（八部）

爽：（會意）甲文爽金文爽字略同，从㸚大㸚音䍜略象門戶疏窗之形因有離婁通明之意㸚孔歷歷然大其中隙縫則光透通而明其本義作「明」解（見說文繫傳）乃通光明徹之意，明曰爽，失曰爽差失之稱，快適曰爽，差曰爽等差之稱，通明，澄淸曰爽，

| 楷 | 甲文 | 金文 | 楷 | 甲文 | 金文 |
|---|---|---|---|---|---|

本爾字註釋、已列入于五頁（一部）

**爿** ㄑㄧㄤˊ　音瓣 ㄅㄢˋ

（指事）甲文爿商承祚氏以爲「爿字諸本皆無，段先生補入片部曰『反片爲爿』」金文爿與甲文爿略同，爿與片相反，亦卽分木爲二之事，其本義作「判木」解（見通訓定聲）卽剖木中分時其左者爲爿，從中劈開以供燃燒之短截竹木曰爿：半爿肉。

**壯** ㄓㄨㄤˋ

（形聲）甲文壯金文壯字略同，金文爲壯字反文，古金文左右互易無殊，从士爿聲，本義作「大」解（見說文義證）方言「凡人之大謂之奘，或謂之壯」壯卽身心強健之大人，故从士；三十至四十歲之人曰壯；年德盛者曰壯；崇高壯麗曰壯；血氣方剛。

**妝** ㄓㄨㄤ　菹汪切・音莊

（形聲）甲文金文妝與汗簡妝字同，吳大澂氏以此爲古妝字，从女牀省（省牀爲爿）聲，本義作「飾」解（見說文許箸）乃女子整容理髮及增飾華美之意，故从女；修飾而成之模樣曰妝：宮妝、新妝、鬧妝、梳妝、娥娥紅粉妝；妝奩：妝謂梳妝，奩謂鏡匣。

**狀** ㄓㄨㄤˋ　助亮切　音壯

（形聲）甲文金文狀字从犬爿聲，本義作「犬形」解（見說文繫傳）乃犬之形態，徐鍇氏以爲「犬動止多狀，曉人之意，人所易審，故狀从犬」容貌曰狀；態曰狀；功曰狀，卽功績之稱；政府用以任人及獎勵之文書曰狀；狀元：舊時科舉廷試名列最前者。

**牀** ㄔㄨㄤˊ

（形聲）甲文金文牀字形異義同，金文牀从木爿聲，本義作「身所安也」解，故牀从木，又以爿音牆本作「木片」解，卽木板之稱（見玉篇）乃使身得安之木具，供踞坐或寢臥之具，凡安置器物之架曰牀，又印牀、琴牀、墨牀；牀第：卽牀席之稱。

**戕** ㄑㄧㄤˊ

（形聲）甲文金文戕字从戈爿聲，本義作「他國臣來弑君」解（見說文許箸）乃外臣來加害國君之意，故从戈，自戕「弗過防之從或戕之凶」（易・小過）「邾人戕鄫子於鄫」（左・宣十八年）害加禍，「『曰予不戕，禮則然矣』戕害也」」

**將** ㄐㄧㄤ　ㄐㄧㄤˋ　音漿

（形聲）甲文將金文將略同，从寸醬省（省醬下酉）聲，本義作「帥」解（見說文段注）乃統率卒伍者之稱，並居衆上爲將，故將从寸，又以醬爲醬本字「故知兵之將，民之司命，國家安危之主也」（孫子・作戰）將雜玉之稱，旁曰將，欲打算助動字。

**牆** ㄑㄧㄤˊ

（形聲）（會意）甲文牆金文牆略同，金文牆與說文牆字籀文同，王國維氏依師寰敦謂「其文曰『邮乃牆事』」牆从嗇爿聲，本義作「垣蔽」解（見說文許箸）卽供障蔽之屏壁，故牆从爿聲，垣曰牆，砌磚石所成障蔽之壁，墻：牆俗字。

**片** ㄆㄧㄢˋ

（指事）（會意）甲文片丁山氏以爲凡字从片者皆版意，而版片之音義俱近，卽判木爲版，片版實古今字也」金文片高田忠周氏以爲「以象析木形，此卽片字也」其本義作「判木」解（見說文許箸）木中分右半爲片，左半爲爿，木片、名片、花片、肉片

**版** ㄅㄢˇ

楷　甲文　金文　文

## 牌　ㄆㄞˊ

（形聲）甲文版朱芳圃氏以爲「此卽版字从片朩（築）聲與版之从片反聲同」金文版字从片反聲本義作「片木」解（見玉篇）卽薄而平之片狀木曰版故从片，築牆版曰版，籍曰版卽册籍，牘曰版卽木簡，笏曰版卽手版，車上障蔽者曰版，版權。

（形聲）（會意）甲文金文牌字从片卑聲本義作「牌牓」解（見玉篇）卽木板爲之故从片又以卑爲碑之省文牌形似碑故从卑聲，題牓匾額之類凡懸以揭示之版曰牌「以鍊銅爲牌」（明皇雜錄）盾曰牌俗稱藤牌，賭具曰牌：紙牌麻將牌。

## 牒　音疊　ㄉㄧㄝˊ

（形聲）（會意）甲文金文牒字从片枼聲本義作「札」解，（見說文許箸）乃古時用於書寫之薄木片故从片又以枼葉一字牒薄平如葉故从枼聲，薄小之簡札曰牒；用竹木或蒲製成，取澤中蒲截以爲牒編用書寫」（漢書・路舒溫傳）史書曰牒。

## 牖　音酉　ㄧㄡˇ

（形聲）（會意）甲文金文牖字从片戶甫聲其本義作「穿壁以木爲交窗」解（見說文繫傳）卽牆上以木橫直相交而成之窗牖與戶近故从戶以定其位牖必析木爲之故从片又以甫爲男子之美稱故从甫聲，木窗曰牖，房牖閨牖，誘通「誘」。

## 牘　音讀　ㄉㄨˊ

（形聲）甲文金文牘字从片賣聲本義作「書版」解（見說文許箸）卽供書寫用之方版古稱一行字可盡者書於簡數行字可盡者書於方，（方版）以其爲大木片故从片，書版曰牘；卽長一尺之簡，版牘，簡牘，文書曰牘，文牘奏牘連篇累牘，信札曰牘

## 牙

牙字註釋已在十二頁列入丿部中。

楷　甲文　金文　文

## 牛　ㄋㄧㄡˊ

（象形）甲文牛金文牛略同，牛上之屮象牛之頭及角，屮變半乃自前正視牛形其本義作「大牲」解（見說文段注）牲爲供祭祀之家畜牛羊豕爲三牲牛爲大，凡頭角似牛之動物，亦繫牛名，天牛蝸牛，星名二十八宿之一亦名牽牛又水牛黃牛

## 牝　ㄆㄧㄣˋ

音聘　ㄆㄧㄣˋ

（形聲）（會意）甲文金文牝李敬齋氏以爲「母牛也从牛有匕會意匕女陰也」牝从牛匕聲本義作「畜母」解（見說文許箸）乃雌獸之通稱以牛爲人所役體最大力最強性最和善之家畜，故牝从牛匕聲，母畜曰牝，雌性曰牝，鎖孔曰牝。

## 牡　音母　ㄇㄨˇ

（會意）、（形聲）甲文牡李敬齋氏以爲「雄（音弓）牛也从牛有丄會意丄陽具也；訛作土故牡訛作牡」，金文牡林義光氏以爲「从牛从士士卽事之本字牡者任事故从士」，牡从牛土聲本義作「畜父」解（見說文許箸）卽雄畜之通稱，公畜曰牡

## 牢

牢字已列在宀部第九五頁。

## 牟　音某　ㄇㄡˊ

| 楷 | 甲文 | 金文 |
|---|---|---|

牛字已列在厶部、六一頁中。

## 牧 音目 ㄇㄨˋ

（會意）甲文牧金文牧从牛从手執鞭執鞭驅牛就水草者爲牧，从攴牛攴音撲，輕擊牛使其就水草之人爲牧其本義作「養牛人」解（見說文許箸）即飼牛者之稱，腹黑之牛曰牧，飼養牛馬者曰牧，凡飼養牲畜者皆曰牧，畜牧之事曰牧，古代諸侯曰牧，

## 物 音勿 ㄨˋ

（形聲）甲文金文物从牛勿聲王國維氏以爲「物本雜色牛之名因之以名雜帛更以名萬有不齊之庶物引申之通例矣」物从牛勿聲本義作「萬物」解（見說文許箸）凡生天地間者皆曰物有形之萬象曰物，無形之萬象曰物，物者財也，物理，物品，

## 牲 音生 ㄕㄥ

（形聲）（會意）甲文金文牲字从牛生聲本義作「牛完全」解（見說文許箸）乃指無病而又壯碩之牛而言故从牛又以生有成長之意牛由成長而始完全然後可用故牲从生聲，畜類曰牲，六牲　馬牛羊豕犬鷄也，祭祀用之畜類曰牲，祭牲犧牲，

## 牴 音邸 ㄉㄧˇ

（形聲）（會意）甲文金文牴字从牛氐聲本義作「觸」解（見說文許箸）乃牛以角觸物之稱，故从牛又以氐音邸本作「至」解牛觸物則以角及物故牴从氐聲，牴觸：牛羊以角觸物，「羊喜牴觸垣牆，」（中華古今注）牴，右作氐不作氐。

## 牯 音古 ㄍㄨˇ

（形聲）甲文金文牯字从牛古聲本義作「牝牛」解（見玉篇）乃母牛之稱故从牛，牯牛：公牛之去勢者曰牯牛，牯牛嶺，牯嶺：牯牛嶺亦簡稱牯嶺在江西省廬山嶺旁有隙地長而平古號長衡兩山環繞風景幽勝牯牛嶺形勢雄峻，廬山紀事

## 特 音忑 ㄊㄜˋ

（會意）甲文金文特字从寺牛寺在古爲治公之　所含有其構造堂皇輪奐與衆不同之意牛之碩壯者爲特亦與衆不同其本義作「牡牛」解（見玉篇）乃公牛之稱，牡牛曰特，牲曰特，匹偶曰特，材能傑出及事物迥異於衆者曰特，特地：特爲之意，

## 牽 音愆 ㄑㄧㄢ

（指事）（形聲）甲文金文牽字形異義同，金文从牛从冂从𠫓，亦从𠫓聲牛示所引之畜𠫓指引牛之縻即牛之紖繩𠫓爲古文叀𠫓之變體叀音專穿入牛鼻之器或以鐵或以木俗名牛鼻絭使牛隨行爲牽其本義作「引前」解（見說文繫傳）制牛之意，

## 犂 音黎 ㄌㄧˊ

（形聲）（會意）甲文金文犂字从牛黎聲本義作「耕」解（見說文許箸）乃以牛治田之意故从牛又以黎本从黍㓞（古文利）省（省㓞左禾）聲本作「履黏」解牛治田在入種於土復合土相掩覆故犂从黎聲，耕具名犂牛：黃黑相間之雜色牛，

## 犀 音西 ㄒㄧ

已列一〇五頁

（形聲）甲文犀金文犀字略同，从牛尾聲本義作「南徼外牛」解（見說文許箸）徼同塞東北謂塞西南謂徼犀即南方邊塞外所產之特種牛以其爲牛類故从牛。犀牛：哺乳類奇蹄類，體大似牛，角供藥用有印度產與非洲產二種，犀角略稱犀。

| 楷 | 甲文 | 金文 |
|---|---|---|

**犇** 音奔 ㄅㄣ

（會意）甲文金文犇从三牛牛多獨自放食水草今忽三牛相聚殆受外界驚擾所致故犇之本義作「牛驚」解（見玉篇）乃牛受驚恐而聚之意本義古罕見用急赴曰犇通「奔」「無犇走之勞矣」（宋濂・送東陽馬生序）出亡逃走通「奔」。

**犢** 音獨 ㄉㄨˊ

（形聲）（會意）甲文金文犢字从牛賣聲本義作「牛子」解（見說文許箸）即小牛之稱故从牛又以賣音瀆本作「行賣」解乃緩行吆呼其所售之物即沿街叫賣意小牛行緩而性喜鳴叫故犢从賣聲小牛曰犢初生之犢不怕虎 犢鼻褌：圍裙、

**犧** 音羲 ㄒㄧ

（形聞）甲文金文犧字从牛从羲高田忠周氏以此爲古犧字从牛羲聲本義作「宗廟之牲也」解（見說文許箸）即致祭祖先時所用之全牲古以牛羊豕爲三牲，而牛居其首故犧从牛故犧从羲聲宗廟祭祀用之牲曰犧以牲祀神用祈福於上帝。

**犨** 音抽 ㄔㄡ

（形聲）（會意）甲文金文犨字从牛雔聲本義作「牛息聲」解（見說文許箸）乃牛喘息之聲故从牛又以雔音仇从二隹會意本作「雙鳥」解乃二短尾禽連於一處之稱牛之喘息常賡續不斷者故犨从雔聲犨麋：古之醜人亦略稱犨麋。

**犬** 音畎 ㄑㄩㄢˇ

（象形）甲文犬王國維氏以爲「腹瘦尾拳者爲犬腹肥尾垂者爲豕」此象知即犬也金文犬林義光氏以爲「橫視之如畫狗也」其本義作「狗之有縣（懸）蹏（蹄）者也」解（見說文許箸 犬爲哺乳類食肉類動物 犬效：竭力以報之謙辭。

| 楷 | 甲文 | 金文 |
|---|---|---|

**犯** 音范 ㄈㄢˋ

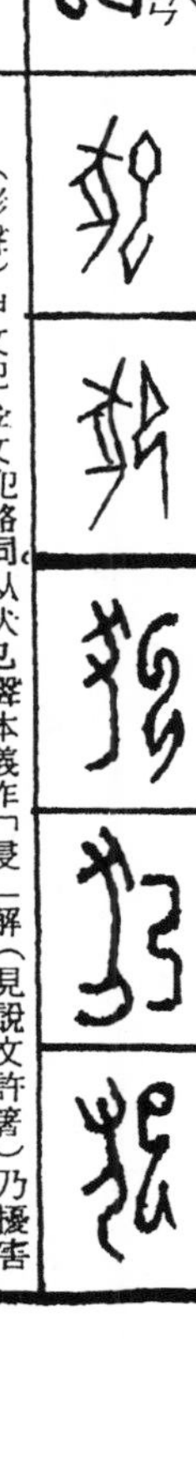

（形聲）甲文犯金文犯略同从犬㔾聲本義作「侵」解（見說文許箸）乃擾害之意犬易擾害人故从犬犯法之人曰犯：囚犯慣犯盜竊犯現行犯未遂犯 侵侵襲觸抵觸犯諱，「衆怒難犯」（左・襄十年）作姦犯科 付有司論刑賞」（前出師表）。

**狂** ㄎㄨㄤˊ

（形聲）（會意）甲文㞷金文狂略同从犬从㞷（往）省（省辵）陳介祺氏以此爲古狂字从犬㞷聲本義作「狾犬」解（見說文許箸）即俗稱之瘋犬 故从犬又以㞷音荒本作「草木怒生」解含有妄生橫出之意癲狂之病曰狂喪心病狂勢猛者曰狂。

**狄** 音敵 ㄉㄧˊ 音惕 ㄊㄧˋ

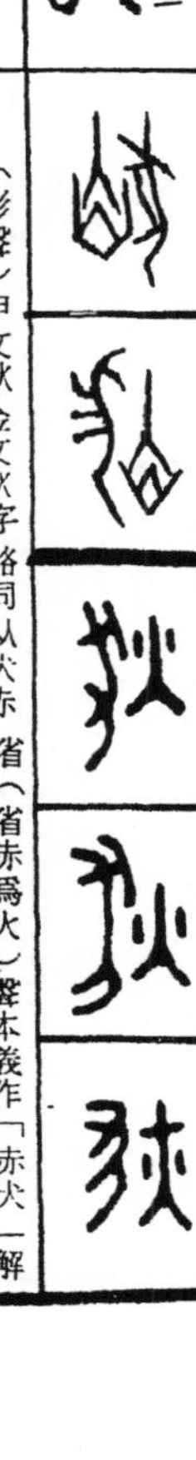

（形聲）甲文狄金文狄字略同从犬赤 省（省赤爲火）聲本義作「赤犬」解（見說文句讀）即赤色犬之稱故从犬古代北方之種族曰狄官吏之位低者曰狄：『狄下士也』」（書・顧命）麋鹿之有力者曰狄羽曰狄通「翟」 北方曰狄、

**狗** 音苟 ㄍㄡˇ

（象形）（形聲）甲文狗金文狗字略象狗形狗犬通名本一字見犬字釋文狗从犬句聲本義作「犬也大者爲犬小者爲狗」解（見通訓定聲）乃飼以田獵守家之家畜名狗犬通名則犬狗無別故狗从犬狗即犬犬狗 通名無別 熊虎之子曰狗。

**狐** 音胡 ㄏㄨˊ

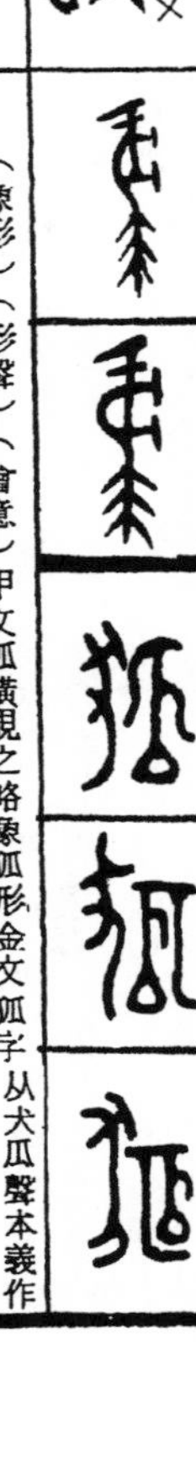

（象形）（形聲）（會意）甲文狐橫視之略象狐形金文狐字从犬瓜聲本義作「妖獸」解（見說文繫傳）狐有三德色中和小前大後死則丘首以此三者異他獸曰妖獸又以瓜爲孤之省文故狐从孤省聲狐性狡猾多疑遇敵則肛門放惡臭而遁走，

| 楷 | 甲文 | 金文 |
| --- | --- | --- |

## 狙 音疽 ㄐㄩ 音覷 ㄑㄩˋ

（形聲）甲文狙金文狙字高田忠周氏以爲「依退遽之例是籀文狙字」蓋从犬且聲狙从犬且聲本義作「獼猴」解（見廣雅）爲猿之一種莊子齊物論司馬注謂其「似猿而狗頭」故从犬。獼猴曰狙，謂既任臣有所爲必從而伺之，狙伺……

## 狒 音費 ㄈㄟˋ

（形聲）（會意）甲文金文狒字略同从犬弗聲亦有異形本義作「狒狒如人被髮迅走食人」解（見爾雅）乃形體約略似人而實際似犬之獸名故从犬弗聲。狒狒：動物名即梟羊又名費費猿類面貌似犬眼窪額狹尖性兇暴穴居以果實爲食。

## 臭 ㄔㄡˋ

（會意）甲文臭與金文臭字略同从犬从自自象鼻形即鼻犬善以鼻迹禽獸之氣而嗅察之其本義作「禽走臭而知其迹者犬也」解（見說文許箸）野鳥野獸匿走犬嗅其氣而知蹤跡之所在此嗅其氣即臭故从犬惡氣穢氣曰臭 狐臭 腥臭 如惡惡臭。

## 狠 音很 ㄏㄣˇ 音銀 ㄧㄣˊ

（形聲）（會意）甲文金文狠字从犬艮聲本義作「犬鬭聲」解（見說文許箸）乃犬鬭時所發聲故从犬又以艮音恨从匕（比）目會意本作「很」解有兩不相下之意犬鬭時相互撕齧出聲不止故狠从艮聲狠戾險狠凶惡凶狠心狠手辣。

## 狡 音絞 ㄐㄧㄠˇ

（形聲）（會意）甲文金文狡字略同从犬交聲本義作「少狗」解（見說文許箸）即小犬之稱故从犬又以交有相合一義少犬常隨母犬行止有與合意故狡从交聲獸名：玉山有獸 狀如犬而豹文角如牛名曰狡 狡猾：凶狡奸猾之徒 狂亂之稱。

## 狩 音獸 ㄕㄡˋ 音手 ㄕㄡˇ

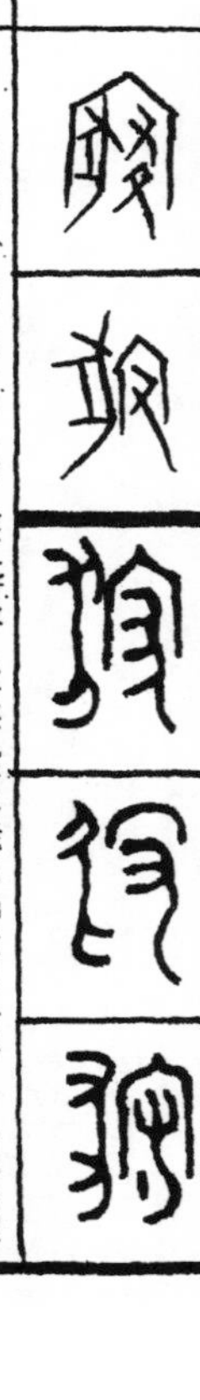

（指事）（形聲）甲文狩金文狩字从犬守聲本義作「犬田」解（見通訓定聲）乃攜猛犬以獵鳥獸之意故从犬又以守有待伺一義畋獵時犬常伺機任追逐以從事故狩从守聲冬獵曰狩即冬天逐取禽獸之事 春蒐夏苗秋獮冬狩於農隙以講事也。

## 狼 音郎 ㄌㄤˊ

（形聲）（會意）甲文金文狼字略同从犬良聲本義作「似犬銳頭白頰高前廣後」解（見說文許箸）即頭較銳頰微白肩頗高臀尾稍大而形似犬之野獸名 故从犬 狼 哺乳類食肉類形似犬體瘦長尾常下垂能涉水棲山林中性殘忍 虎狼豺狼。

## 狽 音貝 ㄅㄟˋ

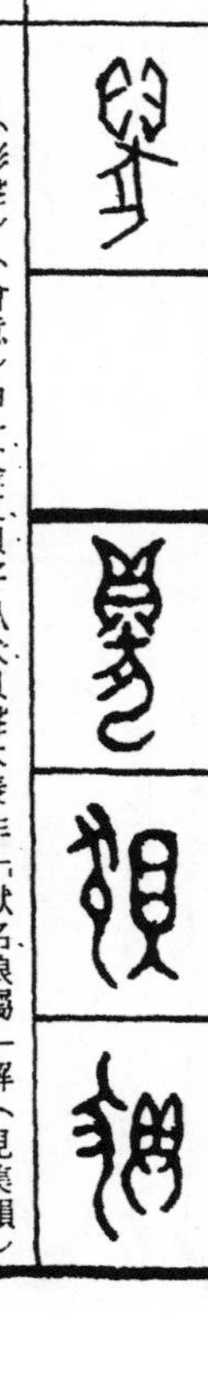

（形聲）（會意）甲文金文狽字从犬貝聲本義作「獸名狼屬」解（見集韻）乃與狼同類而略似犬之獸名故从犬又以貝兩殼互合之爲一且爲可開而不可分離者古傳狽與狼相依而行有不可分離意故狽从貝聲獸名狼屬前足短須駕於狼腿而行者

## 狷 音絹 ㄐㄩㄢˋ

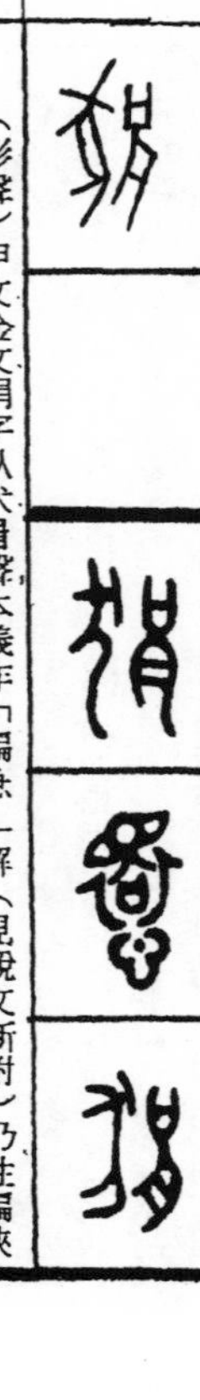

（形聲）甲文金文狷字从犬肙聲本義作「褊急」解（見說文新附）乃性褊狹而行疾急之意犬多褊急故狷从犬 重氣節之人曰狷「子曰『不得中行而與之必也狂狷乎狂者進取狷者有所不爲也』」（論・子路）狷介：守正不阿 狷急：局量狹迫。

## 狻 音酸 ㄙㄨㄢ

楷　甲文　金文

（形聲）（會意）甲文金文狻字从犬夋聲本指「狻猊」一詞而言狻猊之本義作「師（獅）子猛獸」解（見廣韻）即獅子之稱以其爲獸名故狻从犬又以夋音逡本作「行夋夋」解即逡巡之意獅爲百獸之王百獸見之莫不卻退故狻从夋聲。

猛　音蜢　ㄇㄥˇ

（形聲）（會意）甲文金文猛字略同从犬孟聲本義作「健犬」解（見說文許箸）乃健壯之犬故从犬。嚴曰猛：「寬以濟猛猛以濟寬政是以和」（左・昭廿年）勇曰猛：「虎豹之皮示服猛也」（禮）激烈猛打猛攻。突然表性態 突飛猛進。

猜　ㄘㄞ

（形聲）甲文金文猜字从犬靑聲本義作「恨賊」解（見說文許箸）乃險狠惡毒之意犬性狠惡故猜从犬又以靑本作「東方之色」解乃日出後天空所顯現之淺藍色因有天靑則萬里無雲而氣象少變之意故猜从靑聲。疑心曰猜。恐懼曰猜。猜謎。

猝　音卒　ㄘㄨˋ

（形聲）（會意）甲文金文猝字从犬卒聲本義作「犬从艸暴出逐人」解（見說文許箸）乃犬驟然疾出撲人意故从犬又以卒爲兵衆之稱乃國家用以安內攘外者有疾起赴敵意故猝从卒聲。遽忽然突然經典作「卒」表時間。倉猝猝不及防

猶　音由　ㄧㄡˊ

（形聲）甲文猶金文猶與猷字同羅振玉氏以爲「說文解字有猶無猷當爲一字」自周以來如毛公鼎克鼎宗周鐘之猷字均已从犬从犬之字如獸臭等其特徵大抵在尾之上拳而猷字所从之獸形則尾均下垂猶乃獸名猿類之一種。猶如麂善登木。

楷　甲文　金文　文

猷　音由　ㄧㄡˊ

（會意）（形聲）甲文猷羅振玉氏以爲「說文解字有猶無猷當爲一字此从犬从酋酋象酒烈脅殆即許書之酋字酋字作酋與猷字所从同」、金文猷从犬从酋酋爲酋之變文與甲文猷略同从犬酋聲本義作「謀」解（見韻會）謀曰猷計策之稱。

猴　音侯　ㄏㄡˊ

（象形）（形聲）甲文猴略象猴形，亦有與金文略同者从犬侯聲本義作「獮猴」解（見玉篇）乃類猿之獸名故从犬猴獸名獮猴類猿而小猿靜而猴躁動物學家以有頰嗛（頰下有鬆皮可儲食物者）有臀疣短尾者爲猴反此者爲猿猴猿通名。

猥　音萎　ㄨㄟˇ

（形聲）（會意）甲文金文猥字从犬畏聲本義作「犬吠聲」解（見說文許箸）乃犬吠叫聲故从犬又以畏有可惡可怕一義犬吠聲入耳猖猖且亦懼其來齧故猥从畏聲積曰猥積敝之稱。衆曰猥猥爲數之多者猥積也謂積敝也。雜混亂。雜猥之物。

猩　音星　ㄒㄧㄥ

（形聲）（會意）甲文金文猩字本義作「猩猩犬吠聲」解（見說文段注）乃遠處而來之犬吠聲故从犬又以星有微小閃爍之意遠處犬吠聲隱約斷續可聞故猩从星聲。猩猩：或作狌狌動物名猿類形似人長四尺餘無頰嗛無尾喜攀緣樹上。

獃　音戴　ㄉㄞ　音皚　ㄞˊ

（形聲）（會意）甲文金文獃字从犬豈聲本義作「癡」解（見集韻）乃呆傻之稱犬全受主人嗾使惟命是從；獃者不能自主人多戲弄之故从犬又以豈爲愷之省文愷本作「安樂」解無憂無慮亦若安樂故獃从豈聲。獃獃：傻裡傻氣癡愚之稱。

| 楷 | 甲文 | 金文 |
|---|---|---|

## 獅 音師 ㄕ

（形聲）（會意）甲文金文獅字从犬師聲本義作「猛獸」解（見玉篇）卽獅子；以其爲獸故从犬又以獅古名狻猊狻猊二字疾言之如師故稱狻猊爲師子 獅爲師之累增字故从師聲。獅子猛獸名略稱獅 屬哺乳類食肉類棲山林中有獸王之稱。

## 猿 音袁 ㄩㄢˊ

（形聲）甲文金文猿字从犬袁聲本義作「猿猨俗字猨似猴能嘯」解（見玉篇）乃猴之大而能嘯者以其爲獸故从犬又袁本作「衣長貌」解猿爲猴之大者卽形體較長之猴故猿从袁聲 動物名有猩猩大猩猩黑猩猩長臂猨人猿有頰嗛有臀疣

## 獄 音浴 ㄩˋ

（會意）甲文金文獄字林義光氏以爲「从二犬守言言實辛之譌變辛罪人也」意二犬守罪人處是處卽獄从㹜从言㹜音銀言示原告被告兩造互相辯駁以言詞力爭是非曲直爲獄 其本義作「訟」解 拘繫罪人之所曰獄 周曰圄圕漢曰獄卽監牢

## 獨 音犢 ㄉㄨˊ

（形聲）（會意）甲文金文獨字形異義同本義作「犬相得食而鬥」解（見說文許箸）乃指犬守護其所得食以與他犬嚻鬥而言故从犬又以蜀本作「葵中虫」解乃盤曲葵中必食葵使盡者 老而無子者之稱 個人無依者之稱 師心自用曰獨

## 獲 音穫 ㄏㄨㄛˋ

音護 ㄏㄨˋ

（會意）（形聲）甲文獲爲隻字重文亦有金文晗司者 羅振玉氏以爲「說文解字『獲獵所獲也从犬蒦聲』此从隹从又象捕鳥在手之形」金文獲 从犬蒦聲本義作「獵所獲也」解（見說文許箸）乃獵得禽獸之意故从犬 獵取射中正鵠曰獲

## 獮 音鮮 ㄒㄧㄢˇ

（形聲）甲文金文獮字从犬璽聲本義作「秋田」解（見說文許箸）乃秋時獵狩之稱 獵必用犬故从犬 秋時閑獵曰獮「獮之日涖卜來歲之戒」（周禮・春官）秋以田曰獮 獵逐取禽獸「中秋教治兵遂以獮田」（周禮・夏官）獮讀鮮 不讀爾或彌

## 獸 音瘦 ㄕㄡˋ

（會意）（形聲）甲文獸與金文獸略同 羅振玉氏以爲「古獸狩實一字古者以田狩習戰陣从守从戰省（省戰爲𡿪）以犬助田狩故字从犬」金文獸从嘼从犬 从嘼聲嘼音畜本爲家畜之畜 其本義作「四足有毛走者謂之獸」解（見玉篇）獸之總稱

## 獵 音鬣 ㄌㄧㄝˋ

（形聲）（會意）甲文獵金文獵字从犬从巤巤聲本義作「放獵逐禽也」解（見說文許箸）乃驅猃猲獢等善走犬以追逐擒於飛或傷於飛之禽類故从犬又以巤音列本作「毛巤」解犬逐禽常豎耳含怒毛巤巤疾以赴故獵从巤聲 逐取禽獸曰獵

## 獻 音憲 ㄒㄧㄢˋ

楷

甲文

金文

獺 讀如塔 ㄊㄚˇ

音闥 ㄊㄚˋ

獮 音彌 ㄇㄧˊ

老 ㄌㄠˇ

（形聲）甲文獻金文獻字吳大澂氏以爲「古文獻甗爲一字」甲文金文獻字多形本義乃一从犬鬳聲本義作「宗廟犬名獻羹」解（見說文許箸）即祭宗廟之犬名曰「獻羹」爲犬之肥脊故从犬賢人曰獻主人始酌賓酒曰獻獻奉之物曰獻貢獻。

（形聲）甲文金文獺字形與羲同从犬賴聲本義作「水狗也食魚」解（見說文段注）乃棲息水際捕魚爲食狀如小狗之水獸名故从犬獺、獸名即水獺屬哺乳類食肉類形似鼬四肢短各有趾趾間有蹼穴居河濱捷捕魚爲食毛柔輭爲製裘佳品。

（形聲）（會意）甲文金文獮字从犬彌聲本義作「母猴」解（見正字通）爲猴之一種以其爲獸類故从犬又以彌爲㺯之省文方言「呼母曰㺯」故从彌聲獮猴猴之一種略稱獮獮猴：動物名古亦謂之母猴四肢皆如人肢長尾短有臀疣性善

楷

甲文

金文

考 音栲 ㄎㄠˇ

孝 音哮 ㄒㄧㄠˋ

（象形）（會意）甲文老葉玉森氏以爲「象一老人戴髮傴僂扶杖形乃老之初文金文老與甲文略同林義光氏以爲「𠂇从人上象髮禿與禿字同意匕人之反文扶老者也」其本義作「考也七十曰老」解六十稱耋七十稱老職官之別號曰老。

（會意）（形聲）甲文考商承祚氏以爲「象老者倚杖之形古老考孝本通」金文考與甲文考略同本義作「老」解（見說文許箸）即壽考之意故从老又以丂音攷又以人之壽考大率有定限所謂上壽不過百歲至此大限恆難再增故考从丂聲。

| 楷 | 甲文 | 金文 |
|---|---|---|

（會意）（形聲）甲文孝 金文孝字 林義光氏以爲「象子承老形」从老省（省老爲耂）从子老謂親即父母子承親順其意奉養以盡子職爲孝其本義作「善事父母者」解（見說文許箸）善事父母之道曰孝．居喪曰孝．在孝守孝 夫孝德之本也．

者 音赭 ㄓㄜˇ

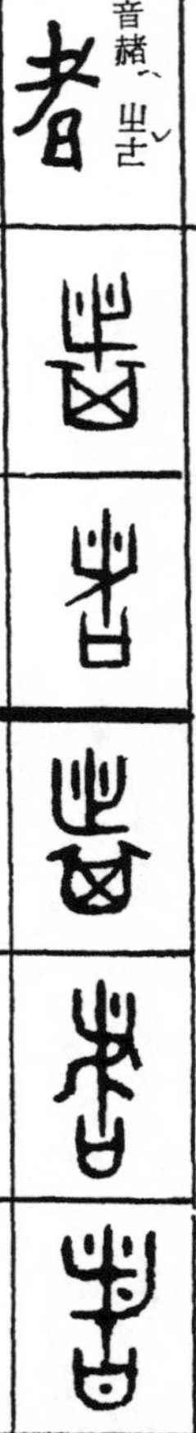

（形聲）（會意）甲文金文者字略同林義光氏以爲「从口朿（黍）聲變作者」从白米 聲本義作「別事詞也」解（見說文許箸）乃以此與彼取別之詞有隔開之稱故从白 从米聲．鼎彝銘文多以者爲諸古 時者諸爲一字 位語末表擬度同「然」．

耄 音帽 ㄇㄠˋ

（形聲）甲文金文耄字 从老从蒿省（省蒿下口）聲本義作「九十曰蒿」解（見說文段注）即九十歲老人之稱故从老又以蒿爲草名 爲草類之罕見者九十爲高壽亦人世之罕見者故蒿从蒿聲．年老者之稱：八十至九十歲．耄期：百歲曰期．

耆 音其 ㄑㄧˊ

（形聲）（會意）甲文耆金文耆字略同耆从老省（省老爲耂）旨聲本義作「老」解（見說文許箸）即老人之稱故从老又以旨有甘美一義高年上壽爲人所樂求即人所甘美者故耆从旨聲．老者之稱．耆宿．耆舊 耆老 耆德：年高有德者之稱．

耇 音苟 ㄍㄡˇ

| 楷 | 甲文 | 金文 |
|---|---|---|

（會意）（形聲）甲文耇金文耇字略同 从老省（省老爲耂）从句亦从句聲年老者脊背曲句爲耇 其本義作「老人背傴僂」解（見通訓定聲）即老年人背曲之稱．老人曰耇．黃耇 耇者老人面色如垢也．耇老：老人之稱．敬事耇老．

耋 音垤 ㄉㄧㄝˊ

（形聲）（會意）甲文耋从老从至不省與金文耋略同．从老省（省老爲耂）至聲本義作「年八十 曰耋」解（見說文許箸）即八十老者之稱故从老 故耋从至聲．高壽者之稱．「『耋老也八十曰耋』」（詩・秦風）耋艾・耋謂年老者艾謂少壯者．

辵 音綽 ㄔㄨㄛˋ

（會意）（形聲）甲文辵从行从止商承祚氏以爲「許書（說文）之辵古文从彳者亦从行」金文辵字與甲文略同．从彳从止彳音赤作小步解止即停止小步前進復止爲辵其本 義作「乍行乍止」解（見說文許箸）即「踟躕」之意．辵然・超越．

迅 音信 ㄒㄩㄣˋ

（會意）（形聲）甲文金文迅字 从辵从卂亦从 卂聲辵示行進卂音信象鳥飛而羽不見本作「疾飛」解行進如鳥疾飛爲迅其本義作「疾走」解（見通訓定聲）即飛馳以赴之意．狼子有力曰迅．迅馬迅檝驟急迅速．迅雨迅流・迅捷 快捷．

巡 音旬 ㄒㄩㄣˊ

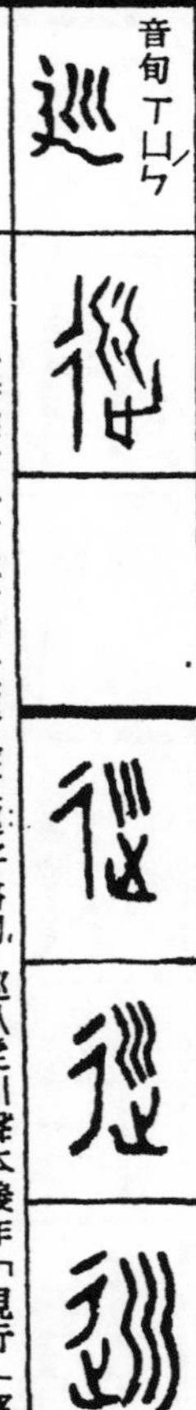

（形聲）（會意）甲文巡 金文巡字略同．巡从辵川聲本義作「視行」解（見說文段注）乃有所省視而行之意故从辵又以川有由上下注之意古時天子巡狩現代上官巡閱皆有以上察下意故巡从川聲．徧曰巡周圍之稱．天子巡行諸國之稱．

迄 音汔 ㄑㄧˋ

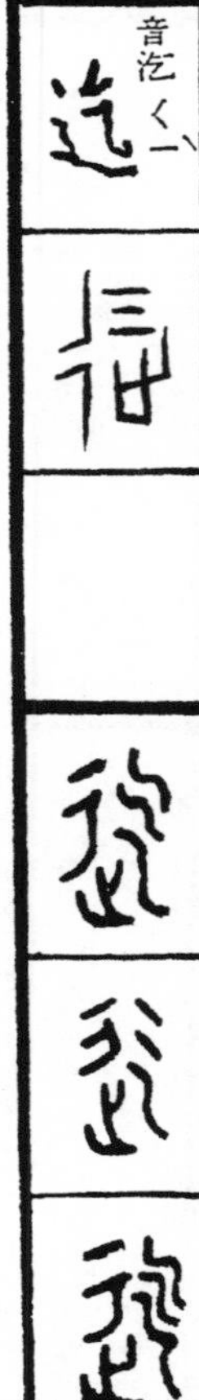

楷　甲文　金文

（形聲）（會意）甲文迄金文迄从辵乞聲本義作「至」解（見說文新附）乃到達之意故从辵又以乞有乞求與給與等義皆有到之意迄謂至即到達故从乞聲至到。「庶無追悔以迄于今」（詩・大雅）才疏意廣迄無成功・竟終表性態・

迂　音紆　ㄩ

（形聲）（會意）甲文迂金文迂字从辵于聲本義作「避」解（見通訓定聲）即偏遠之意故从辵又以于爲發端之詞因有延伸使遠意迂爲偏遠故从于聲疏闊曰迂，迂迴繞行，曲屈之使止，疏闊不切實際・迂腐迂闊迂道 失眞迂緩・舒徐濡滯・

迎　音贏　ㄧㄥˊ

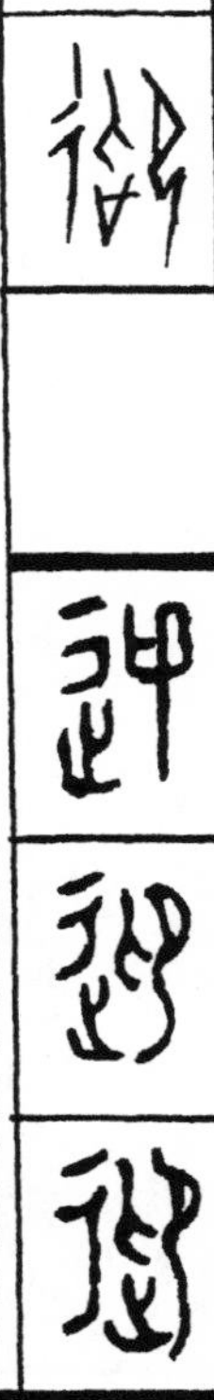

（形聲）（會意）甲文迎金文迎从辵卬聲本義作「逢」解（見說文許箸）即兩相遇合之意故从辵又以卬音仰遇合必彼此相向故迎从卬聲 迎接賓客之稱遇逢・迎春迎歲郊迎迎賓送舊迎新迎刃而解「簞食壺漿以迎王師」（孟・梁惠王

近　ㄐㄧㄣˋ

（形聲）（會意）甲文近金文近字从辵斤聲本義作「附」解（見說文段注）乃以此附益於彼之意故从辵又以斤爲斧屬斫木之具乃猛著木使斷者有附著之意故近从斤聲，距離不遠者之稱，親狎之人曰近，近悅遠來，相親近，遠交近攻・

返　音反　ㄈㄢˇ

（會意）（形聲）甲文金文返字从辵从反亦从反聲辵音赤本作「乍行乍止」解反本作「覆」解有倒轉來之意行而倒轉來爲返其本義作「還」解（見說文許箸）即轉回原處之意，回去而復回經典作「反」歸還同「反」・返老還童・

迓　音訝　ㄧㄚˋ

（形聲）甲文金文迓字从辵牙聲本義作「相迎」解（見說文繫傳）即前行以迎之意故从辵，迎相迎接，迎迓郊迓；「旁作穆穆迓衡」（書・洛誥）・「迓晉侯于新楚」（左・成十三年）・迎表性態・「予迓續乃命于天」（書・盤庚）・

述　音術　ㄕㄨˋ

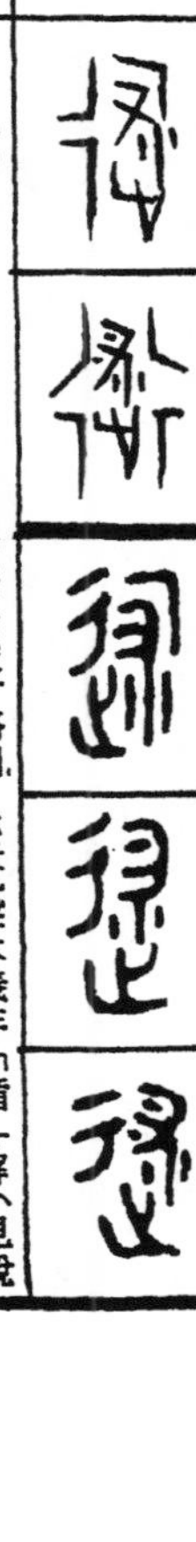

（形聲）（會意）甲文述與金文述字略同从辵朮聲本義作「循」解（見說文許箸）乃由故道以完成其事之意故从辵又以朮爲術之省文術本作「邑中道」解即大道之稱循乃依道成事故述从朮聲・敍記曰述，有箸述善論述・冠飾曰述・

迫　音珀　ㄆㄛˋ

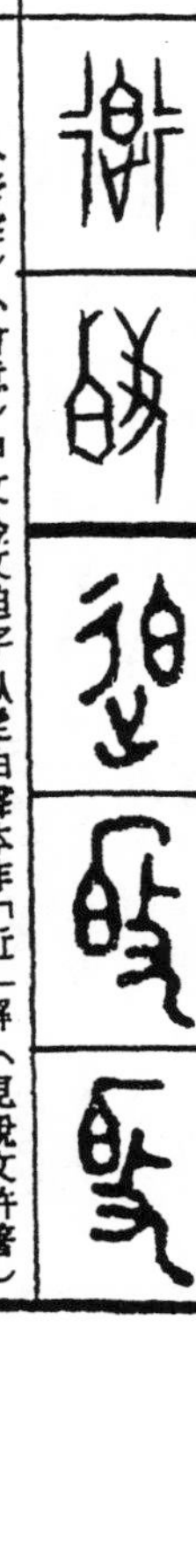

（形聲）（會意）甲文金文迫字从辵白聲本作「近」解（見說文許箸）乃向其逼近之意故从辵又俗以白爲原色因有別無他色夾雜其間之意迫則彼此相近而別無他物阻隔其間故从白聲，逼迫；脅迫窮迫壓迫急迫竄迫 惶迫・

迭　音耋　ㄉㄧㄝˊ

音佾　一ˋ

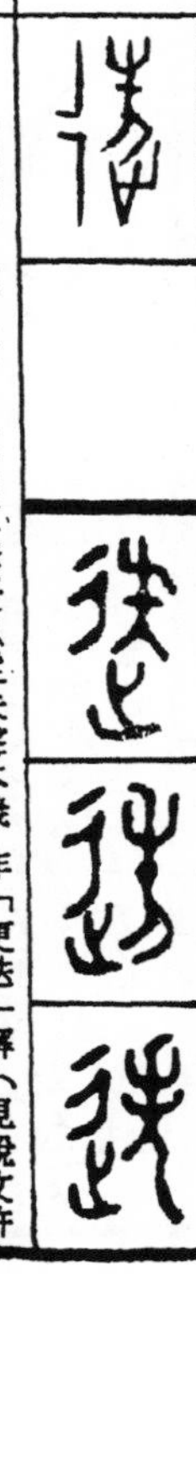

（形聲）（會意）甲文金文迭字从辵失聲本義作「更迭」解（見說文許箸）乃以此易彼亦爲此來彼去之意故从辵又以失有逸去義更迭即更去意故迭从失聲，換更換，更迭；「日居月諸胡迭而微」（詩・邶風）迭通「軼」通「逸」・

迷　音糜　ㄇㄧˊ

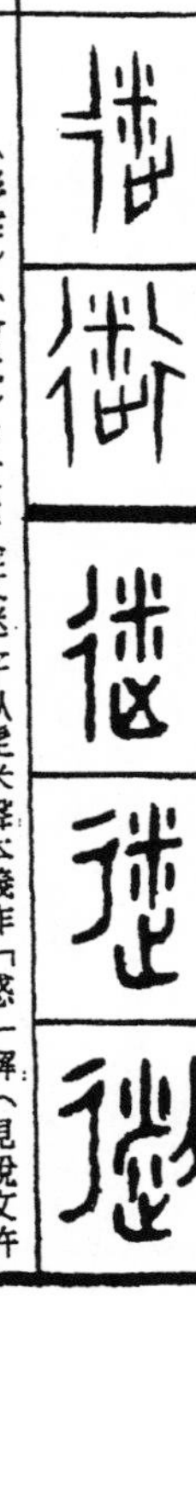

（形聲）（會意）甲文迷金文迷字从辵米聲本義作「惑」解（見說文許箸）乃行止難定與莫知所往之意故从辵又以米字頗類四通八達形四通八達處人易爲何去何從所惑故迷从米聲，心醉一物一事者曰迷・色迷財迷棋迷戲迷・迷離・

迹　音積　ㄐㄧ

| 楷 | 甲文 | 金文 |
| --- | --- | --- |

（形聲）（會意）甲文迹金文迹字从辵从朿與說文迹之籀文同故知此爲古迹字，从辵亦聲本義作「步處」解（見說文許箸）乃步行時所遺留之印痕故从辵又以亦爲腋字初文故从亦聲步處曰迹卽腳印足跡之稱，行迹・凡功業可見者曰迹・

追 音錐 ㄓㄨㄟ

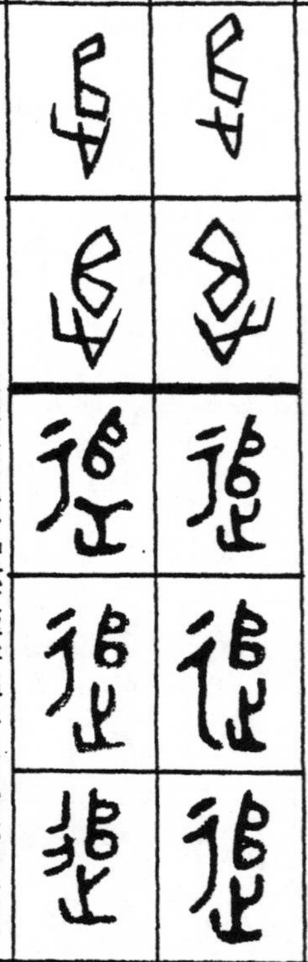

（會意）（形聲）甲文追羅振玉氏以爲「說文解字追从辵𠂤聲此省（辵）爲彳𠂤卽師字自行以追之也」金文追亦从𠂤𠂤古師字師衆也𠂤辵爲追會意，从辵𠂤聲本義作「逐」解（見說文許箸）乃逐捕逃者之意 尾追・逐自後及之，追捕・

退 ㄊㄨㄟˋ

（會意）甲文退从內从止止卽足足入內有退藏意此卽爲退金文退 从彳从日後日後卽「小步」夂音綏乃「行遲」意如日之運行而人不覺且下爲復此卽爲退其本義作「卻」解（見說文許箸）卽 後退之稱，旋歸曰退，退約退婚退租

送 音宋 ㄙㄨㄥˋ

（形聲）（會意）甲文金文送字 从辵併（同媵）省（省去亻） 聲本義作「遣」解（見說文許箸）乃派而使去之意故从辵，从併省聲 餽贈曰送，餞別曰送，：「師友之送」（漢書・鮑宣傳）送客曰送，遣解送，送囚犯 送貨 注視曰送，送行

逃 音桃 ㄊㄠˊ

（會意）（形聲）甲文逃从彳从𠦪商承祚氏以爲「象二 人背逃之形許書之兆殆由𠦪傳寫而譌也」，金文逃與甲文略同，亦有从辵兆聲本義作「亡」解（見說文許箸）乃義當留而逸去不返之意故从辵，逃亡之罪囚曰逃，逃罪之事曰逃，

| 楷 | 甲文 | 金文 |
| --- | --- | --- |

逆 音匿 ㄋㄧˋ

（會意）（形聲）甲文逆羅振玉氏以爲「从辵从屰者象 人自外入（大）而迎之」故逆訓迎，金文逆與甲文逆略同，从辵屰聲本義作「迎」解（見說文許箸）卽往迎其來之意本作「不順」解故从屰聲，亂曰逆，反道者曰逆卽悖善從惡者之稱，

迴 音回 ㄏㄨㄟˊ

（形聲）（會意）甲文金文迴字 略同从辵回聲本義作「轉」解（見玉篇）乃週行往復之意故从辵又以回本作「轉」解回迴古今字迴爲回之累增字故从回聲，量詞一遍曰一回，旋折回，迴避：亦作回避、廻避，轉運轉，折曲折，迴風拔樹・

逅 音候 ㄏㄡˋ

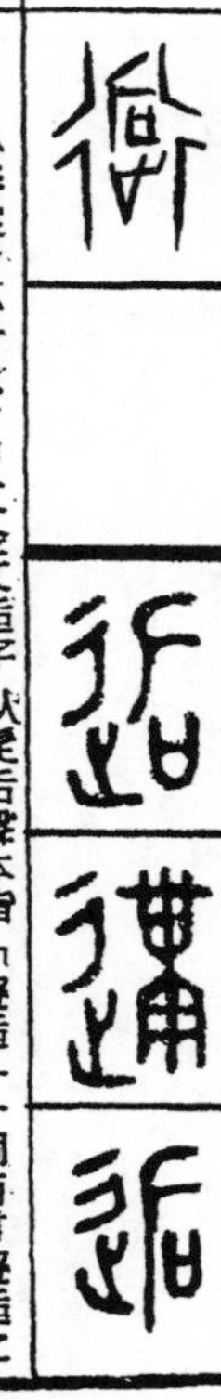

（形聲）（會意）甲文金文逅字 从辵后聲本指「邂逅」一詞而言邂逅之本義作「不期而遇」解（見說文 新附）乃彼此未約而忽相値之意故从辵又以后本作「繼體君」解 邂逅：不期而遇途次相遇有尊人如君 意故逅从后聲・

迺 音乃 ㄋㄞˇ

（象形）（形聲）甲文迺金文迺字 林義光氏以爲「卤卤象形讀若調 說文無卤字與卤同字卤實與逌同字」蓋以迺爲逌卽條之古文，从乃省西聲本義作「驚聲」解（見說文段注）乃驚訝之聲 迺卽乃之古文 經籍乃多作迺然後於是 接連詞，

逄 音龐 ㄆㄤˊ

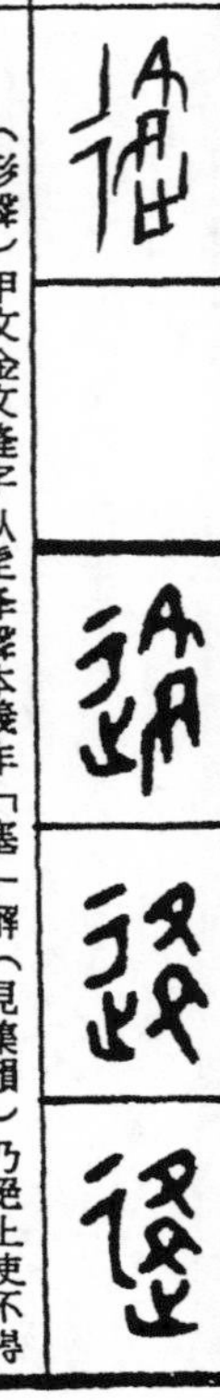

（形聲）甲文金文逄字 从辵夆聲本義作「塞」解（見集韻）乃絕止使不得通行之意故从辵，又以夆音絳本作「服也……不敢竝也」解段玉裁氏以爲「凡降服字當作此」意以夆爲降字初文降有制之使止意逄爲塞止故从夆聲・

楷 甲文 文 金文 文

**迢** 音條 ㄊㄧㄠˊ

（形聲）（會意）甲文迢金文迢字略同，从辵召聲本義作「迢遰」解（見說文新附）乃相距遼遠之稱因有難相往來之意故从辵又以召本作「以口叫人」解因有傳聲及遠之意味迢取其遠故从召聲。迢迢：遙遠。迢迢牽牛星。迢遰：遙遠貌。

**通** ㄊㄨㄥ

（形聲）（會意）甲文通金文通字略同，从辵甬聲本義作「達」解（見說文許箸）乃行無所阻之意故从辵又以甬音勇本作「艸木華甬甬然」解有無所阻隔意通爲行無所阻故从甬聲。達道曰通即可行之路。天地化工曰通。總曰通總帳之稱。

**造** 音慥 ㄘㄠˋ　音早 ㄗㄠˇ

（形聲）（會意）甲文造金文浩字略同，从辵告聲本義作「就」解（見說文許箸）乃行事有成之意，故从辵，又以告有報知一義，凡事必須自己有所成就始可告人故造从告聲。作爲曰造。一說幸運曰造。化簡稱造。造產。造飲食之處曰造即廚室之稱。

**連** 音聯 ㄌㄧㄢˊ

（會意）甲文連金文連字略同，从辵車聲。乃人輓車而行車在後如負其本義作「負車」解（見說文段注）即「輦」之古文兩人輓者爲輦一人輓者爲連爲一人所輓之車名。姻親曰連。聚曰連。國及卒伍相連聚者之稱。軍制名。今制陸軍營下爲連。

**途** 音徒 ㄊㄨˊ

（形聲）（會意）甲文金文途字从辵从塗省（省塗爲余）聲本義作「路」解（見廣韻）即道路之稱乃供人通行者故从辵又以塗本作「泥」解道路多塵泥常附於行人之足故途从塗省聲。路曰途即道路。中途。半途。坦途。日暮途窮。迷途。

**逐** 音竹 ㄓㄨˊ

（會意）甲文逐羅振玉氏以爲「說文解字『逐追也从辵从豚省』此从豕，从犬，从兎，从止象獸走壙而人追之故不限何獸。金文逐字與甲文略同，从辵从豚。豚爲豕即小豬乃人所豢養之家畜其本義作「追」解（見說文許箸）即追捕之意。

**逢** 音縫 ㄈㄥˊ　音蓬 ㄆㄥˊ

（形聲）（會意）甲文逢羅振玉氏以爲「說文解字『逢遇也从辵夆聲』此从彳古文从辵者或从彳許書所載篆文亦然」金文逢與甲文逢略同，从辵夆聲其本義作「遇」解（見說文許箸）乃兩行相値之意故从辵，夆聲。逢迎：接待之事。

**這** 讀若浙 ㄓㄜˋ　音彥 ㄧㄢˋ

（形聲）甲文金文這字从辵言聲本義作「迎」解（見六書故）乃往迓之意故从辵惟古音讀若彥又此本義古罕見用今所行者爲別義，此指示代稱代人。這裡：此處指示代稱。此指示形容。這裏：此處。這樣：此等。這樣貨色。請這裡坐。到這裡來。

| 楷 | 甲文 | 金文 |
| --- | --- | --- |

## 速 音涑 ㄙㄨˋ

（形聲）甲文速金文速字略同从辵朿聲本義作「疾」解（見說文許箸）乃行動迅捷之意故从辵又以朿本作「縛」解有加緊之意疾行則兩足不斷加緊故速从朿聲急曰速急遽之稱鹿之足印曰速「欲速則不達」（論・子路）速斷速戰速決

## 透 ㄊㄡˋ

（形聲）（會意）甲文金文透字从辵秀聲本義作「跳」解（見說文新附）乃騰躍之意故从辵又以秀在廣雅訓「出」凡德行道藝躍出衆上者爲秀士秀才皆其例跳躍爲向上騰出故透从秀聲通徹明徹浸透滲透冷透苦透恨透透漏風聲・

## 逝 音誓 ㄕˋ

（形聲）甲文金文逝字从辵折聲本義作「往」解（見說文許箸）乃由此而去之意故从辵又以折有斷之一義斷亦有由此而去之意味故逝从折聲川流曰逝往：「日月逝矣歲不我與」（論・陽貨）流逝・「逝者如斯夫不舍晝夜」（論）・

## 逗 音豆 ㄉㄡˋ

（形聲）（會意）甲文金文逗字从辵豆聲本義作「止」解（見說文許箸）乃停留不進之意故从辵又詩經大雅生民「卬盛于豆」豆爲祭器乃盛祭品安於神前者有止而不可動之意故逗从豆聲留停留戲弄調戲「杏花疏雨逗淸寒」張桀詞

## 逞 音騁 ㄔㄥˇ

（形聲）（會意）甲文逞金文逞字略同从辵呈聲本義作「快」解（見說文許箸）乃心意得舒暢之意故从辵又以呈有顯露一義心意顯露則舒暢而有快感故逞从呈聲快快意逞志逞意解解除肆肆行逞兇逞暴放弛舒弛逞强矜誇逞能・

## 逡 音竣 ㄑㄩㄣ

（形聲）（會意）甲文金文逡字从辵夋聲本義作「復」解（見說文許箸）乃向後退之意故从辵又以夋音俊本作「行夋夋」解即逡巡之意夋逡古今字逡爲夋之累增字故从夋聲兎名逡亦作「㕙」逡巡：卻行向後退逡巡：從容不迫貌・

## 逋 音哺 ㄅㄨ

（形聲）（會意）甲文逋金文逋字从辵甫聲本義作「亡」解（見說文許箸）即逃亡之意故从辵又以甫爲捕字省文說文逋之籀文作𨘢捕有擒捉一義逃者常爲避擒捉而奔亡故逋从甫聲債曰逋欠帳之稱逋貨・逋逃：逃亡之罪人・

## 逌 音由 ㄧㄡˊ

（象形）（形聲）甲文逌字闕金文逌林義光氏以爲「卽條之古文小枝也」象小枝卣象枝上垂實形果實必在小枝上也條从攸得聲音本如攸與逌同音」逌从乃卣聲本義作「气行皃（貌）」解（見說文許箸）卣字古文本作「𠧢」解・

## 進 音晉 ㄐㄧㄣˋ

（會意）（形聲）甲文金文進字从止从隹此疑進字說文近字古文作岓蓋古从辵之字或省从止並从夂从人从止夂音綏本作「行遲遲」解止爲辵之省文進从辵閵省（省閵爲進）聲本義作「登」解（見說文許箸）乃升而上之意故从辵

## 逸 音佚 ㄧˋ

（形聲）（會意）甲文金文逸象兔形从辵从兔兎齒爪皆鈍不善搏攫惟聽遠走疾遇敵則急逃以避且其毛色恆與近處地物相類既遁隱則難知所在故其本義作「失」解（見說文許箸）即逸失之意安閒曰逸遁世賢者曰逸陰事隱善曰逸・

楷 甲文 金文

## 逮

音代 ㄉㄞˋ
音歹 ㄉㄞˇ

（形聲）（會意）甲文逮金文逮字略同从辵隶聲本義作「及」解（見說文許箸）乃近及之意故从辵又以隶音代本作「及」解隶逮古今字逮爲隶之累增字故从隶聲到・追來「今予小子祗勤于德夙夜不逮」（書・周官）及趕上・捕捉拿・

## 逶

烏麐切 ㄨㄟ

（形聲）（會意）甲文逶金文逶字其取義闕高田忠周氏以此爲古逶字从辵委聲本指「逶迆」一詞而言逶迆之本義作「斜去貌」解（見說文許箸）乃斜行以去之意斜去失直是有曲意故逶从委聲・逶蛇：衺（斜）行・逶迤・逶移：長貌・

## 逭

音換 ㄏㄨㄢˋ

（形聲）甲文逭字从辵官聲金文逭與說文逭同字構相近丁佛言氏以此爲古逭字本義作「逃」解（見說文許箸）乃逃去之意故从辵・逃・罪無可逭・「天作孽猶可違自作孽不可逭」（書・太甲）避・逭炎逭暑「雖逭焚褐憂」（陸游・詩）

## 逵

音葵 ㄎㄨㄟˊ

（會意）甲文金文逵字从辵从坴辵爲乍行乍止之意坴音六爲大土塊之稱土塊坴坴人至此則乍行乍止莫知所往爲逵其本義作「九達道」解（見說文許箸）爾雅釋宮「『九達謂之逵』此九達之道曰逵「入及大逵」（左・隱十一年）

## 道

音稻 ㄉㄠˋ

（會意）（形聲）甲文道金文道字林義光氏以爲「說文云『道所行道也从辵首』亦聲」金文道第二字李敬齋氏以爲「爾雅『一達謂之道』从行从止會意首聲」其本義作「所行道也」解（見說文許箸）即由此達彼所行經之路曰道

## 達

音韃 ㄉㄚˊ

（形聲）（會意）甲文達金文達字从辵羍聲本義作「行不相遇」解（見說文許箸）即各行其道互不相阻亦即大通之意故从辵又以羍音闥廣雅訓「美」有行不相遇即達意故達从羍聲・達爲德行通到之稱通顯曰達在上位之稱放任爲達・

## 遊

音由 ㄧㄡˊ

（形聲）（會意）甲文遊（省去辵）遊聲金文遊字从辵斿聲本義作「遨遊」解（見玉篇）乃閒步遊行之意故从辵又以斿音尤本作「旌旗之旒」解即旗末飄帶有隨風飄動之意故从斿聲・遊：「遊」遊歷旅行曰遊遊說之事曰遊交遊遨遊・

## 運

音韻 ㄩㄣˋ

（形聲）（會意）甲文運金文運略同从辵軍聲本義作「移徙」解（見說文許箸）乃移動遷徙之意故从辵又以軍从勹（包省）車會意本作「圜圍」解周制萬二千五百人爲軍車爲運兵械糧秣以供移徙故从軍聲・氣數曰運・日月周遭之氣曰運・

## 遇

音寓 ㄩˋ

（形聲）（會意）甲文遇金文遇字略同从辵禺聲本義作「逢」解（見說文許箸）乃彼此相值於道路之意故从辵又以禺爲偶之省文遇即彼此偶合故从禺聲・遭際曰遇・際遇境遇・不期而會曰遇・偶二人相對之稱・逢不期相値・遭遭受遇害遇誘

楷　甲文　金文　文

**過**　ㄍㄨㄛˋ

（形聲）（會意）甲文過金文過字同字異體金文過从辵咼聲本義作「度」解（見說文許箸）乃經此往彼之意故从辵又以咼爲渦之省文渦有「水旋流」一義河中始見之而度與渡通過有渡意故从咼聲錯誤之言行曰過・不合中庸之道曰過・

**遂**　音燧 ㄙㄨㄟˋ

（形聲）（會意）甲文遂與金文遂字略同从辵㒸聲本義作「遂道」解（見通訓定聲）即供地下通行之道路故从辵又以㒸音燧本作「從」解故遂从㒸聲周王畿百里外之地曰遂・百里內爲六鄉外爲六遂・事之因循不改者曰遂順情意事曰遂・

**逼**　音偪 ㄅㄧ

（形聲）（會意）甲文金文逼字从辵畐聲本義作「近」解（見說文新附）乃强行迫近之意故从辵又以畐爲偪之省文偪本作「侵迫」解逼有侵迫意故从畐聲・迫・威逼「生無患於不老奚引憂以自逼」（鮑照・遊思賦）嚴刑無度逼孤孀・

**違**　音韋 ㄨㄟˊ

（會意）（形聲）甲文違金文違字从辵韋聲本義作「離」解（見說文許箸）即捨此而去之意故从辵又以韋本作「背」解離去有相背意故違从韋聲・邪惡曰違・違失・違謬：過失之稱違背不遵從違法・違命・違義・繩法傷惠私親違憲・違謬・

**遍**　音變 ㄅㄧㄢˋ　音片 ㄆㄧㄢˋ

（形聲）（會意）甲文金文遍字从辵扁聲爲徧俗字其本義作「周也」解（見廣韻）即周帀亦全盡之稱故从辵又以扁爲不正圓之形後漢書東夷傳有「辰韓生兒欲其頭扁壓之以石」非正圓之形故从扁聲・周帀曰遍即到處之稱量詞一次曰一遍・

**逾**　音俞 ㄩˊ

（形聲）（會意）甲文金文逾字略同从辵俞聲本義作「超越而進」解（見通訓定聲）乃過此趨彼之意故从辵又以俞本作「空中木爲舟」解即挖木中空之天然舟乃渡越水而進者逾爲越進故从俞聲・越越過・超出・逾期逾量・逾越・逾邁・

**遁**　音鈍 ㄉㄨㄣˋ

（形聲）（會意）甲文金文遁字从辵盾聲本義作「逃」解（見說文許箸）乃避去之意故从辵又以盾爲兵器在作戰時用之抵禦敵人之矛刃矢石而避免受傷者遁爲避去故从盾聲術數名隱遁之術曰遁甲略稱遁・隱逸曰遁・奇門遁甲・

**遏**　音頞 ㄜˋ

（形聲）（會意）甲文金文遏字从辵曷聲本義作「止」解（見爾雅）乃遮止絕止之意故从辵又以曷爲渴之省文渴本作「水涸」解乃水枯竭之稱水枯竭則不流遮止有使不得流意故遏从曷聲・制止阻止「君子以遏惡揚善順天休命」（易）・

**遑**　音黃 ㄏㄨㄤˊ

（形聲）（會意）甲文金文遑字从辵皇聲本義作「急」解（見說文新附）乃急迫之意人遇急必謀趨避故从辵又以皇爲惶之省文惶有遽迫一義急易張惶故遑从皇聲・閒暇曰遑・「何斯違斯莫敢或遑」（詩・召南）遑遽・遑急：急迫驚懼・

**遐**　音霞 ㄒㄧㄚˊ

（形聲）甲文金文遐字从辵叚聲本義作「遠」解（見說文許箸）乃相距頗遙之稱因有難於往來之意故从辵・遠方曰遐・「遐邇一體中外禔福不亦康乎」（司馬相如・難蜀父老）天界曰遐・登遐：先帝升遐・太祖升遐・遐齡・遐方遐軌遐域・

| 楷 | 甲文 | 金文 |
|---|---|---|

**遄** 音傳 ㄔㄨㄢˊ

（形聲）甲文遄金文遄字从辵耑聲本義作「往來數」解（見說文許箸）數謂頻繁耑卽往來頻繁之意故从辵・惟此本義古罕見用今所行者爲別義・疾速迅速表時間・遄返遄飛遄歸・「遄臻于衞不瑕有害」（詩・邶風）「巳事遄往」（易・損）・

**遒** 音酋 ㄑㄧㄡˊ

（形聲）（會意）甲文金文遒字从辵酋聲本義作「迫」解（見說文許箸）乃趨近之意故从辵又以酋本作「繹酒」解乃積黍入器迫其變化出酒之稱遒爲迫近故从酋聲「斂政優優百祿是遒」（詩・商頌）「周公東征四國是遒」（詩豳風）

**遠** ㄩㄢˇ

（形聲）（會意）甲文遠金文遠字从辵袁聲本義作「遼」解（見說文許箸）乃相去甚遠之意故从辵又以袁本作「衣長貌」解長有相距遼遠意故遠从袁聲・距離不近者曰遠・「窮高極遠而測深厚」（禮・樂記）列祖列宗曰遠・愼終追遠・

**遥** 音姚 ㄧㄠˊ

（形聲）甲文金文遥字从辵䍃聲本義作「遠」解（見說文新附）乃相去甚遠之稱因有往來不易之意故从辵 路遠曰遥「他鄉惟表弟還往莫辭遥」（杜甫・草堂貲詩） 遼遼遠・迢遥遼遥・「千里而遥」（禮・王制）・遼遥遠表方位・

**遣** 音繾 ㄑㄧㄢˇ

（象形）（形聲）甲文遣李敬齋氏以爲「迖師入穴以殉葬故从𠂤（師）後人加辵作遣」金文遣與甲文遣略同从辵𠳋聲本義作「縱」解（見說文許箸）卽舍而使去之意故从辵从𠳋聲・派差派，淸軍流外之刑發罪徒至邊地當差・差遣・

**遞** 音第 ㄉㄧˋ　音帶 ㄉㄞˋ

（形聲）（會意）甲文金文遞字从辵虒聲本義作「更易」解（見說文許箸）乃替換相代之稱亦有此來彼去之意故从辵又以虒音斯廣韻謂「虒獸名似虎有角能行水中」乃能水陸交替以行之獸故遞从虒聲，傳遞，更迭輪流替換表性態・

**遜** 音巽 ㄙㄨㄣˋ　音訓 ㄒㄩㄣˋ

（形聲）甲文金文遜字从辵孫聲本義作「遁」解（見說文許箸）遁有逃義郭璞注爾雅直釋遜爲「逃去」故从辵・孫猶遁也孫遜古今字遜爲孫之累增字故从孫聲 遁逃去，謙退讓・帝堯遜位于虞舜・不及不如・遠遜諸賢，大爲遜色・順和順・

**遘** 音姤 ㄍㄡˋ

楷 甲文 文 金文

（形聲）（會意）甲文遘金文遘略同从辵冓聲本義作「遇」解（見說文許箸）即兩行相值之意故从辵又以冓本作「交積材」解即舊時房舍之木架有彼此相對而牢相結合之意遘爲兩相遇合故从冓聲 遘遇也 見通「覯」連結成通「構」

遝 音踏 ㄊㄚˋ

（形聲）（會意）甲文遝从眔从止止爲辵之省文與金文形異義同 遝从辵眔聲本義作「及」解（見 方言）乃直至之意故从辵又以眔作「目相及」解遝爲行相及故从眔聲・及同「逮」「未遝誅討」（漢碑・劉寬碑）雜遝：雜聚衆多貌・

適 音釋 ㄕˋ

（形聲）甲文適金文適字爲啻字重文古以啻通適・从辵啻聲本義作「之」解（見說文許箸）即前往之意故从辵・樂趣曰適・歸宿曰適・目的曰適・慢點曰適・薦舉得人曰適・事物之宜曰適・「好惡不愆民知所適」（左・昭十五年）・恰然足適・

遲 音墀 ㄔˊ

（會意）（形聲）甲文遲商承祚氏釋作逃左从彳古从辵 之字間亦从彳右象兩人相背互背則難於前行是有遲意此爲古遲字金文遲所引籀文略同从辵犀聲本義作「徐行」解（見說文許箸）即緩緩行進之意故从辵 犀聲・徐行・緩慢之稱・

遮 ㄓㄜ

（形聲）（會意）甲文金文遮字从辵庶聲本義作「遏」解（見說文許箸）乃從中阻障使不易通之意故从辵又以庶本作「衆」解凡衆者必多而聚有從中阻障不易通意故遮从庶聲・遏斷絕・掩掩護・蔽障蔽・塞阻塞・遮莫：甚麼不論任憑・

遨 音敖 ㄠˊ

（形聲）（會意）甲文金文遨字从辵敖聲本義作「敖遊」解（見玉篇）乃在外盤遊之意故从辵又以敖本作「出遊」解敖遨古今字遨爲敖之累增字故从敖聲 遨嬉：遊樂之名・「聊逍遙兮遨嬉」（後漢書・梁鴻傳）・遊遊蕩 遨遊：遊戲・

遵 音尊 ㄗㄨㄣ

（形聲）（會意）甲文金文遵字略同金文遵从辵尊聲本義作「循」解（見說文許箸）乃本是而行之意故从辵又以尊有奉之一義故遵从尊聲・從遵守・遵遵永矢咸遵・「遵先王之法而過者未之有也」（孟・離婁）遵王之義遵王之道・

遷 音千 ㄑㄧㄢ

（形聲）（會意）甲文遷金文遷字从辵䙴聲本義作「登」解（見說文許箸）乃去下而升高之意故从辵又以䙴即䙴音仙本作「升高」解登有升高意故遷从䙴聲・移位曰遷・國都移位・調升官職之事曰遷・移徙・遷就：不顧事理以求相合・

選 ㄒㄩㄢˇ

（形聲）（會意）甲文選金文選字从辵巽聲本義作「選擇」解（見說文繫傳）乃擇其所可之稱有棄彼取此之意故从辵又以巽在釋名作「散也」解有散去其不中者而留其中者意故選从巽聲・美好被選中者曰選・選拔賢才之事曰選・

遺 音怡 ㄧˊ

楷 甲文 金文

(形聲)甲文遺金文遺字从辵貴聲本義作「亡」解(見說文許箸)乃逸失亡去之意故从辵.亡失之物曰遺.「將安將樂棄予如遺」(詩.小雅)塗不拾遺.亡失之經典曰遺.君主之闕失曰遺.遺命遺囑曰遺.留留下.遺臭萬年不遺餘力.遺留.

## 遴 音吝 ㄌㄧㄣˋ 音鄰 ㄌㄧㄣˊ

(形聲)甲文金文遴字略同从辵粦聲本義作「行難」解(見說文許箸)乃道途崎嶇跋涉不易之稱故从辵惟此本義古罕見用今所行者爲別義.難困戹之貪求無厭足通「吝」.遴嗇:慳吝同「吝嗇」.遴選:謹愼選拔康熙字典 謹選也.

## 遼 音聊 ㄌㄧㄠˊ

(形聲)(會意)甲文金文遼字从辵尞聲本義作「遠」解(見說文許箸)乃兩者相距甚遙之意故从辵又以尞爲燎字初文本作「放火」解有可望而不可及亦即遙遠之意遼即遠故从尞聲.朝代名史稱西遼.遼遠:遙遠.遼河:即遼水亦名句.

## 遹 音喬 ㄩˋ

(形聲)(會意)甲文金文遹字从辵矞聲本義作「衺(同邪)行」解(見通訓定聲)乃邪僻之行故从辵又以矞爲譎之省文譎本作「權詐」解邪僻常與權詐相表裡故遹从矞聲.姓宋有太常博士遹復.邪行邪僻.遹皇:往來貌 謀猶回遹.

## 還 音環 ㄏㄨㄢˊ

(形聲)(會意)甲文還金文還字略同从辵睘聲本義作「復」解(見說文許箸)乃轉回來之稱故从辵又以睘同瞏集韻作「復反」解還爲復返故从睘聲.償曰還報應之稱 日至之名 還原復恢復.興復漢室還於舊都.還債還稅還願抽籤還本

## 避 音辟 ㄅㄧˋ 音備 ㄅㄟˋ

(會意)(形聲)甲文避羅振玉氏以爲「从彳从辟辟即 辟字人有罪思避法也」按亦从辟聲金文避字與甲文略同.本義作「回」解(見說文徐箋)回迴古今字即迴轉以去之意故从辵辟聲.迴避躲開.避災避妊避暑避寒避難避謗避嫌.

## 邀 音腰 ㄧㄠ

(形聲)(會意)甲文金文邀字从辵敫聲本義作「招」解(見正韻)乃約請其來之意故从辵又以敫从白放會意讀皎本作「光景流貌」解招人或以手或以口或以文字須告以己意是有流知己意故邀从敫聲.「舉盃邀明月……」(李白詩)

## 遽 音詎 ㄐㄩˋ

(形聲)(會意)甲文遽字金文遽略同从辵豦聲本義作「傳」解(見說文許箸)乃驛車之稱故从辵又以豦音渠本作「鬥相執不解」解因有奮猛以赴意傳須奮猛趨馳故遽从豦聲.傳曰遽即驛車.懼惶恐.慌迫促.速敏捷.劇烈通「劇」.

## 邁 音勱 ㄇㄞˋ

(形聲)(會意)甲文邁金文邁字略同古或釋爲萬字从辵萬聲本義作「遠行」解(見說文許箸)乃向遠以去之意故从辵又以萬數名「十千」爲萬乃數之大者遠行亦距離之大者故邁从萬聲.行.巡天子以時巡行「我日斯邁」詩 小雅.

| 楷 | 甲文 | 金文 |
|---|---|---|

**邂** 音懈 ㄒㄧㄝˋ

（形聲）（會意）甲文金文邂字从辵解聲本指「邂逅」一詞而言邂逅之本義作「相遇」解（見說文許箸）乃途中相值之意故邂从辵又以解本作「判」解乃暫會隨即分散者故邂从解聲。邂逅：不期而遇之事。不意前春邂逅平生歡。

**邇** 音爾 ㄦˇ

（形聲）（會意）甲文邇與說文校錄所引邇字古文迩略同金文邇與說文繫傳所引邇字古文迩略同。亦有从辵爾聲本義作「近」解（見說文許箸）乃距離不遠之意故从辵又以爾有相近一義故从爾聲。近者曰邇。邇來：近來。逼近。邇近事也。

**邈** 音藐 ㄇㄧㄠˇ

（形聲）甲文金文邈字从辵貌（貌同字）聲本義作「遠」解（見說文新附）乃相距頗遠之稱因有雖以往來之意故从辵惟同字作邈爲今所行者。廣遠曰邈亦作邈。邈：「邈而不可慕也」（屈原．九章）邈邈：廣遠之稱。凌架跨越而上。

**邃** 音祟 ㄙㄨㄟˋ

（形聲）（會意）甲文金文邃字从穴遂聲本義作「深遠」解（見說文許箸）指事物幽深渺遠之狀而言故从穴又以遂爲隧之初文本作「隧道」解乃深入地下而遠通他處者遂取其深遠之意故从遂聲。邃古：遠古。深深通深遠。幽邃莫測。

**邊** 音編 ㄅㄧㄢ

（會意）甲文邊金文邊同字異體金文邊从辵从自从方自謂以己爲準方古旁字辵示行可至者己處近旁而行即可至者爲邊邊即近旁之意本義「垂厓」解（見說文句讀）垂謂遠邊厓謂山邊國境遠盡處乃國人行此當止處曰邊即國界。

**邋** 音鬣 ㄌㄚˊ

（形聲）（會意）甲文邋商承祚氏以爲「說文解字『邋搚也从辵巤聲』」。金文作𨘔以爲田獵字衆止所踐殆獵也从辵巤聲本義作「搚」解（見說文義證）即拉引其來之意故从辵从巤聲。邋遢：不謹事者之稱意即鄙猥漢糊塗蟲。邋不潔。

**玉** 音鈺 ㄩˋ

（象形）甲文玉羅振玉氏以爲「說文解字『王象三玉之連丨以貫也』卜辭亦作丰丨或露其兩端也」金文玉象三玉（側視各玉爲一）相連之形其中之丨象多數玉連貫用其本義作「石之美者」解（見說文句讀）。瑩澳光潤之美石曰玉。

**王** 音亡 ㄨㄤˊ

（象形）（指事）甲文王孫海波氏以爲「王象王者廠容而立之形」士王皇三字均象人端拱而坐之形。金文王字顧實氏以爲「从𡴀古文火字復於𡴀上加橫畫以指夫火之炎上而大放光明也」亦有與甲文王字同形。君臨天下者即王。

**玖** 音久 ㄐㄧㄡˇ

（形聲）（會意）甲文玖金文玖字从玉久聲本義作「石之次玉黑色者」解（見說文許箸）乃似玉之黑色美石故从玉又以久有長遠之意歷久不變故从久聲。色黑如玉之美石曰玖。玖石次玉者。投我以木李報之以瓊玖。瓊瑩瓊瑤瓊琚。

| 楷 | 甲文 | 金文 |
|---|---|---|

**玦** 音決 ㄐㄩㄝˊ

（形聲）（會意）甲文金文玦字从玉夬聲本義作「玉佩」解（見說文許箸）乃指形如環而缺一半之佩玉而言故从玉又以夬音決本作「所以闓弦者」解即開弦發矢之器玉佩之形如夬故玦从夬聲・玉佩曰玦如環而缺之玉佩・佩玦玦環・

**玩** 音頑 ㄨㄢˊ

（形聲）（會意）甲文金文玩字从玉貝元聲本義作「弄」解（見說文許箸）乃弄玉貝取樂之意故从玉又以元爲翫之省文翫本作「習」解玩有習以爲常樂之不疲意故从元聲 可珍之物曰玩：「珍瑰重迹而至奇玩應響而赴」（陸機論）

**玟** 音文 ㄨㄣˊ

（形聲）（會意）甲文金文玟字从玉文聲本義作「石之美者」解（見說文許箸）美石似玉故玟从玉又以文有華美一義玟爲華美之石故从文聲按說文玟有二義其一爲「火齊玫瑰」另爲「石之美者」與珉同字音義無殊・玟璇：美石・

**玫** 音枚 ㄇㄟˊ

（形聲）（會意）甲文金文玫字从玉攵聲本義作「火齊玫瑰」解（見說文許箸）火齊卽珠火齊玫瑰卽石珠玉珠之稱故玫从玉又以文有華美一義玫瑰爲美珠故玫从文聲玫玟並行而音義有殊・玫瑰：龍珠美珠・晉灼曰玫瑰火齊珠也・

**玨** 音覺 ㄐㄩㄝˊ

（會意）（指事）甲文玨金文玨字从雙丰（玉）商承祚氏以爲「以玉作丰此當爲玨字」从雙玉其本義作「二玉相合爲一玨」解（見通訓定聲）乃雙玉爲一副之稱・蓋以疊文會意則義在形外疊文指事則義在形內遂以玨爲指事字・

**珍** 音眞 ㄓㄣ

（會意）（形聲）甲文珍金文珍字从勹貝古代貝玉皆寶物說文玩亦作貦从玉从貝相若勹音包卽包字初文包貝玉而妥藏之此所包藏者卽珍本義作「寶」解（見說文許箸）卽稀有寶物之稱故珍从玉・道術曰珍・寶曰珍卽寶物・鮮美之食物曰珍・

**玲** 音鈴 ㄌㄧㄥˊ

（形聲）（會意）甲文金文玲字从玉令聲本指「玲瓏」一詞而言玲瓏之本義作「玉聲」解（見說文許箸）卽玉之互碰聲故玲从玉又以令有善美一義書經太甲「今王嗣有令緒」是其例玉聲悅耳使人感覺其善故玲从令聲・玉名・玲瓏：鈴動聲應

**珊** 音姍 ㄕㄢ

（形聲）（會意）甲文金文珊字从玉删省（省删爲册）聲本指「珊瑚」一詞而言其本義作「珊瑚色赤生於海或生於山」解（見說文許箸）古人誤以珊瑚爲海中之玉故珊从玉删聲・珊瑚：動物名腔腸動物世人往往誤認其爲植物爲世所珍・

**珠** 音朱 ㄓㄨ

（形聲）（會意）甲文金文珠字从玉朱聲本義作「蚌之陰精」解（見說文許箸）乃指蚌中精液凝結而成之圓狀物言以其瑩澈如玉故从玉又以朱爲赤心木如松柏之屬乃木之殊美者故从朱聲・珍珠・古稱龍魚蛟鼈等水族所產如蚌珠者亦曰珠・

**班** 音斑 ㄅㄢ

（會意）甲文班金文班字林義光氏以爲「象刀分二玉形」从玨从刀玨謂二玉相合刀示分物之利器以刀分玨爲班其本義作「分瑞玉」解（見說文許箸）卽分判瑞玉之意・位曰班官位之稱・倡優隸卒之夥合爲一者曰班・訓練機構曰班・當班値班・

楷　甲文　金文

理　音里　ㄌㄧˇ

（形聲）（會意）甲文理金文理从玉里聲本義作「治玉」解（見說文許箸）乃順玉文加以剖析之意故从玉又以里本作「居」解古以爲民戶聚居之處 治玉必依玉之文理剖析琢磨與地勢構建無殊故理从里聲 原理曰理即事象發生之所本。

現　音縣　ㄒㄧㄢˋ

（形聲）（會意）甲文金文現字从玉見聲本義作「玉光」解（見集韻）乃玉之光輝故从玉又以見本作「視」解乃目睹其實之意玉光燦爛奪目易見其實故現从見聲。現金現款略稱現。付現兌現。現象：由宇宙間事物所發生之各種跡象。

球　音求　ㄑㄧㄡˊ

（形聲）（會意）甲文金文球字从玉求聲本義作「玉磬」解（見說文許箸）乃以玉製成之磬名故从玉又 以求爲裘之本字常空其中供人著以禦寒者玉磬空其中以發聲故球从求聲。玉曰球美玉之稱 玉磬曰球。皮球地球籃球水晶球。

琅　音郎　ㄌㄤˊ

（形聲）（會意）甲文金文琅字 从玉良聲本指「琅玕」一詞而言琅玕之本義作「琅玕似珠者」解（見說文繫傳）乃一種圓潤如珠之美玉名故琅从玉又以良有美好一義琅玕爲玉之美好者故琅从良聲。琅玕：似玉之美石玉之似珠者。

琴　音禽　ㄑㄧㄣˊ

（象形）甲文金文琴字 象琴背面形ㄖ以象首及 玨之下二帶象弦分繫於柱上之四橫兼象正 面之臨岳乃弦樂之一種其本義作「禁」解（見說文釋例）乃發正聲以禁止淫邪之樂器名。弦樂器名 凡拉引彈按以發音之樂器亦曰琴。

楷　甲文　金文

琢　音斲　ㄓㄨㄛˊ

（形聲）（會意）甲文金文琢字 从玉豖聲本義作「治玉」解（見說文許箸）乃琱磨玉材使成玉器之意故从玉又以豖本作「豖絆足行豖豖」解有徐行而前不得逸突之意治玉須刻意琱磨亦有慎重將事不得草率急攻故琢从豖聲。

琵　音枇　ㄆㄧˊ

（形聲）（會意）甲文金文琵字 从玨比聲本指「琵琶」一詞而言琵琶之本義作「樂器」解（見說文新附）琵琶四絃並列如玨之二玉並列故琵从玨又以比有並列之意琵琶爲四弦並列故琵从比聲。琵琶：樂器名長尺五寸有四弦。

琶　音杷　ㄆㄚˊ　音巴　ㄅㄚ　音婆　ㄆㄛˊ

（形聲）（會意）甲文金文琶字 从玨巴聲本指「琵琶」一詞而言琵琶之本義作「樂名」解（見說文新附）琵琶乃四弦並列如二玨之二玉並列故琶从玨又以巴爲把之省文琵琶爲手把而歌之樂器故琶从巴聲。琵琶：弦樂器名。

琛　音深　ㄔㄣ

（形聲）（會意）甲文金文琛字 从玉深省（省 深左水）聲本義作「寶」解（見說文新附）乃金玉珍貝等 之稱以玉概金故从玉又以深有幽隱不可測一義珍寶之美莫 可盡述珍寶之藏莫不愼密是皆有不可測意故琛从深聲。

瑞　讀若銳　ㄖㄨㄟˋ

楷 甲文 金文 文

（形聲）（會意）甲文金文瑞字从玉耑省（省耑左手）聲本義作「以玉爲信」解（見通訓定聲）卽依爵位所頒玉器使典守以爲信之意故从玉又以耑本作「耑」解含有適合實際之意故瑞从耑聲。信物曰瑞。祥瑞曰瑞卽吉兆之稱。符曰瑞。

瑟 音瑟 ㄙㄜˋ

（會意）（形聲）甲文瑟金文瑟字从㚘从皿㚘與說文所引瑟字古文㚘近下之皿示承瑟之具此爲古瑟字本義作「庖犧氏所作弦樂也」解（見說文許箸）乃鼓弦發音之樂器名 雅瑟長八尺一寸廣一尺八寸二十三弦或十九弦 瑟瑟：珠玉名

瑕 音遐 ㄒㄧㄚˊ

（形聲）甲文瑕金文瑕字略同从玉叚聲本義作「玉小赤」解（見說文許箸）卽玉中小赤色斑點之稱玉以純潔爲美其中旣有小斑乃爲玉之小病故从玉 卽玉有血色小疵故瑕从瘕省聲玉病曰瑕卽白玉中之赤色小斑點 過曰瑕卽過失之稱 瑕疵

瑁 音冒 ㄇㄠˋ

（會意）（形聲）甲文瑁金文瑁字爲冒字重文古以冒通瑁从玉冒亦从冒聲冒謂覆蓋古時天子賜諸侯圭其上邪銳執以覲見天子天子執玉接見此玉下亦邪刻而大小適可蓋合諸侯之圭頭此玉爲瑁其本義作「天子執玉以冒之似犂冠」解

瑚 音胡 ㄏㄨˊ

（形聲）（會意）甲文金文瑚字从玉胡聲本指「珊瑚」一詞而言珊瑚之本義作「色赤生於海或生於山」解（見通訓定聲）乃指生海中及山間之珊瑚而言以似玉故瑚从玉 珊瑚本海中腔腸動物以相連接而成樹枝狀故瑚从胡聲 珊瑚．動物名

瑜 音俞 ㄩˊ

楷 甲文 金文 文

（形聲）（會意）甲文金文瑜字从玉俞聲本指「瑾瑜」一詞而言瑾瑜之本義作「美玉」解（見說文許箸）爲美好之玉名故瑜从玉又以俞本作「空中木爲舟」解卽挖木使空之天然舟瑾瑜爲質地堅密之美玉故瑜从俞聲 瑜瑕．美惡優劣

瑣 音鎖 ㄙㄨㄛˇ

（形聲）（會意）甲文瑣字闕金文瑣从玉貨聲本義作「玉聲」解（見說文許箸）乃玉相連時所發之小聲故从玉又以貨音鎖本作「貝聲」解卽編貝相擊礚聲瑣爲連玉相擊礚聲故从貨聲 門鏤曰瑣古時刻鏤於宮門上爲環形而相連之文

瑩 音營 ㄧㄥˊ

（形聲）（會意）甲文金文瑩字从玉熒省（省熒下火）聲本義作「玉色」解（見說文許箸）乃玉色皎潔之稱故从玉又以熒本作「屋下鐙燭光」解因有餘光外射意玉色爲和光四射故瑩从熒聲 似玉之石曰瑩 珠玉色 珠玉光曰瑩 瑩美石

瑤 音遙 ㄧㄠˊ

（形聲）（會意）甲文金文瑤字从玉䍃聲本義作「玉之美者」解（見說文許箸）乃美玉之一種故从玉又以䍃音遙本作「瓦器」解瑤之形或如䍃故从䍃聲 美玉名 美石名『石次玉名瑤』（書．禹貢）喻美屋曰瑤 投我以木瓜報之以瓊瑤

瑪 音馬 ㄇㄚˇ

（形聲）（會意）甲文金文瑪字从玉馬聲本指「瑪瑙」一詞而言瑪瑙之本義作「文石」解（見增韻）卽內有諸種錯畫紋理之寶石以其似玉故瑪从玉又以此類寶石似馬腦故瑪从馬聲 瑪瑙：礦物名一作馬腦碼碯又名文石可爲杯盤印章

瑰 音貴 ㄍㄨㄟ

| 楷 | 甲文 | 金文 |
|---|---|---|

**瑰** 音傀 ㄍㄨㄟ

（形聲）甲文金文瑰字从玉鬼聲本義作「圓如珠」解（見說文許箸）乃指形圓質好之珠而言以其潤澤如玉故从玉・美石曰瑰「『瓊瑰石而次玉』」（詩・秦風）珠曰瑰・喻美好文字曰瑰・玫瑰：珠名美石名植物名見「玫」字下・珍異・

**璃** 音離 ㄌㄧˊ

（形聲）（會意）甲文金文璃字从玉离聲本指「琉璃」一詞而言琉璃之本義作「瑠璃珠也（瑠或作琉）」解（見集韻）乃光潔如玉之石珠故璃从玉又以离爲離之省文・琉璃爲珠名珠易流動離散而難定止故璃从離省聲・玻璃・琉璃・

**璋** 音章 ㄓㄤ

（形聲）（會意）甲文璋字省玉義與金文璋同金文璋从玉章聲本義作「半圭」解（見說文許箸）圭爲古代天子封諸侯疆土時賜之執爲信守之玉器常剖之爲二其一付諸侯卽圭其一藏天子曰璋又以章有彰明一義有明著可信意・

**瑾** 音覲 ㄐㄧㄣˋ

（形聲）（會意）甲文金文瑾字从玉堇聲本指「瑾瑜」一詞而言瑾瑜之本義作「美玉」解（見說文許箸）乃美好之玉名故瑾从玉又以堇音勤本作「黏土」解乃潤澤肥沃宜於種植之黃土瑾瑜爲潤澤之美玉故瑾从堇聲・瑾瑜：美玉也・

**璇** 音旋 ㄒㄩㄢˊ

（形聲）甲文金文璇字从玉旋省聲本義作「美石次玉」解（見玉篇）乃略次於玉之美石故从玉按許氏說文以琁瓊爲同字段玉裁桂馥二氏並以琁璿爲同字世多從後說・美石曰璇・璇玉：美石之似玉者・璇璣：古時測天文之器卽璿璣・

**璞** 音樸 ㄆㄨˊ

（形聲）（會意）甲文金文璞字形異義同从玉菐聲本義作「玉未治者」解（見玉篇）乃尚未雕琢之玉故从玉又以菐音卜本作「煩猥貌」解玉之未治者煩猥不足觀故璞从菐聲・玉在石中未治者曰璞・本眞曰璞字亦作「樸」・璞玉・

**璣** 音機 ㄐㄧ

（形聲）（會意）甲文金文璣字从玉幾聲本義作「珠不圓」解（見說文許箸）乃外形不圓之珠名以珠似玉故璣从玉又以幾有相近一義璣雖爲不圓之珠而仍近珠故常璣珠連稱璣亦因之从幾聲・不圓之珠曰璣・古時天文儀器曰璣・

**璜** 音黃 ㄏㄨㄤˊ

（形聲）甲文璜黃同字金文璜从玉黃聲本義作「半璧」解（見說文許箸）乃下端如半圓規形之玉名故从玉・半璧形之玉曰璜六書故謂「璜卽玦也」玉佩下分懸左右之半圓形玉曰璜・「佩玉下有雙璜皆半規似璜而小」（禮・玉藻注）・

**環** 音還 ㄏㄨㄢˊ

（形聲）（會意）甲文環字與金文環略同从玉瞏聲本義作「玉圜」解（見說文許箸）乃玉質圜圈之稱故从玉又以瞏有旋而復轉之意味環爲圜形無始無終乃易於旋轉者故从瞏聲・璧屬爾雅釋器謂「肉好若一謂之環」・耳環門環指環・

**璧** 音碧 ㄅㄧˋ

（形聲）（會意）甲文璧金文璧字从玉辟聲本義作「瑞玉圜器」解（見說文許箸）乃環狀中空之瑞玉故从玉又以辟本作「法」解法乃衆庶所奉守者・璧爲人所寶亦有敬奉愼守使其勿墜勿失之意故从辟聲・平而圓中央有孔之玉器曰璧・

**璽** 音徙 ㄒㄧˇ

| 楷 | 甲文 | 金文 |
|---|---|---|
| | | |

（形聲）（會意）甲文璽字與金文璽吳大澂氏以爲「从玉从金从尒經典尒爾通用」籀文从玉爾聲本義作「王者印也」解（見說文許箸）乃王者守土之印蔡邕月令章句「秦以前諸侯卿大夫皆曰璽」「秦以來天子印稱璽羣臣莫敢用也」。

**瓊** 音瓊 ㄑㄩㄥˊ

（形聲）（會意）甲文金文瓊字从玉敻聲本義作「赤玉也」解（見說文許箸）乃色赤玉之稱故从玉又以敻本作「長遠」解異于尋常瓊爲色赤之美玉敻異常見者故从敻聲。玉華曰瓊瓊玉之華也。瓊室喻窮奢極麗之居。美好如瓊瓊枝瓊殿。

**瓜** ㄍㄨㄚ

（象形）甲文金文瓜字外象瓜蔓內之占象瓜實吳大澂氏以此爲古瓜字瓜外分向左右者象瓜蔓居中之〇象瓜實其本義作「蓏」解（見說文繫傳）在木曰果在地曰蓏植物蔓生地上所結之果實通名曰瓜。瓜葛：喻親戚相屬繫者曰瓜葛。

**瓞** 音迭 ㄉㄧㄝˊ

（形聲）（會意）甲文金文瓞字从瓜失聲本義作「瓞」解（見說文許箸）瓞謂小瓜瓞即小瓜之稱故从瓜。又以失有不見一義瓞生近本且又形小有難見意故从失聲。小瓜曰瓞。「『緜緜瓜瓞民之初生』注『緜緜不絕貌大曰瓜小曰瓞』」。

**瓠** 音護 ㄏㄨˋ 音鑊 ㄏㄨㄛˋ

（形聲）（會意）甲文金文瓠字从瓜夸聲本義作「匏」解（見說文許箸）段玉裁氏謂「今人以細長者爲瓠圓而大者爲壺盧古無此別也」以其爲瓜之一種故从瓜又以夸有美好一義「夸容乃理」是其例。壺盧外甚圓潤內亦瑩潔有美好意。

**瓢** 音嫖 ㄆㄧㄠˊ

（形聲）（會意）甲文金文瓢字从匏省（省瓠爲瓜）票聲本義作「以一瓠劙爲二曰瓢」解（見說文段注）即老瓠去瓤剖之爲二形類勺用以挹舀水漿之器以其剖老瓠而成故从瓠从票聲。凡勺類挹舀水漿之器皆曰瓢。瓢壺：木瓢銅瓢

**瓤** 音穰 ㄖㄤˊ

（形聲）（會意）甲文金文瓤字从瓜襄聲本義作「瓜實」解（見玉篇）乃瓜中之與子相包連虛軟如絮而多汁者本草謂之瓜練俗謂之瓜肉故从瓜又以襄本作「解衣而耕」解有脫去之意食瓜瓤以去瓜皮爲常故瓤从襄聲。枕瓤氣墊瓤鐘錶瓤

**瓦** ㄨㄚˇ

（象形）甲文金文瓦字左上右下象瓦與兩側相接合之突出部份中象瓦之凸出部份即屋瓦。說左上象口中象肚腹即盛物處右下象足即盛物瓦器其本義作「土器已燒之總名」解（見說文許箸）即屋瓦瓦器之總稱。已燒成之土器總稱之曰瓦。

**瓷** 音慈 ㄘˊ

（形聲）（會意）甲文金文瓷字从瓦次聲本義作「陶器之堅緻者」解（見集韻）乃瓦器之質地堅色澤美者故从瓦又以次爲位居第二者之稱以瓷土製器塗釉增其光澤第二次復入窰燒之始成細瓦器此即瓷故瓷从次聲。瓷碗瓷瓶瓷盤。

**瓶** 音屏 ㄆㄧㄥˊ

（形聲）（會意）甲文金文瓶字从瓦幷聲本義作「汲水器」解（見廣韻）乃形似缶之汲水瓦器故从瓦又以幷有兼合一義瓶供汲水乃納水入內者是有盛合水意故从幷聲。汲水器曰瓶。盆瓶炊器也。見瓶水之凍知天下之寒。炊器酒器曰瓶。

楷 | 甲文 | 金文

甄 音眞 ㄓㄣ

（形聲）（會意）甲文金文甄字从瓦垔聲本義作「匋」解（見說文段注）乃製作瓦器之意故从瓦又以垔音因本作「𡨄」解卽塡塞使滿製瓦器必先取陶土塡入模型使實滿成坏然後燒之成器故甄从垔聲。甄工：甄者：業陶器之人。

甎 音專 ㄓㄨㄢ

（形聲）（會意）甲文金文甎字从瓦專聲本義作「燒墼」解（見集韻）墼爲甎坏甎乃墼之已燒者以其爲瓦屬故从瓦又以專本作「六寸簿」解乃古代官吏所秉執之手版甎爲質堅好形長方之建材故从專聲。建材：靑甎紅甎瓷甎防火甎。

甍 音萌 ㄇㄥˊ

（形聲）（會意）甲文金文甍字从瓦夢省（省夢下夕）聲本義作「屋棟」解（見說文許箸）甍卽承瓦之高梁故从瓦又以夢古通蒙爾雅釋地「雲夢」釋文夢本作蒙」「屋脊曰甍甍蒙也」故甍从夢省聲。屋脊曰甍卽屋棟之稱。

甗 音演 ㄧㄢˇ

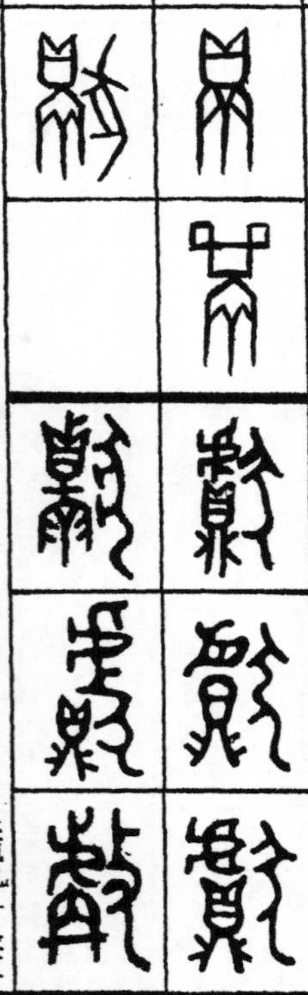

（象形）（形聲）甲文甗羅振玉氏以爲「上形如鼎下形如鬲是甗也」金文甗爲獻字重文古以甗通獻聲本義作「甑」解（見說文許箸）卽一大孔之炊食瓦器名故甗从瓦又以鬳音彥乃如鼎之炊器故从鬳聲。甗古爲瓦質後世以銅以玉爲之。

生 音甥 ㄕㄥ

（指事）（會意）甲文生李敬齋氏以爲「活也象屮滋長地上之形一地也」金文生从屮从土屮音澈象草木初生之形土指土壤草木出土而生便有「生生不已」之意其本義作「進」解（見說文許著）卽向上長出之意。命曰生卽生命之稱。

甡 音身 ㄕㄣ

（會意）（形聲）甲文金文甡字从二生二示數之多二生同衆生其本義作「衆生竝立之皃（貌）」解（見說文許箸）乃衆生物相並立而且齊盛之貌朱駿聲氏以爲「生亦聲說亦可通」並引參證。甡甡：衆多「甡衆生竝立之貌詩・大雅」

產 音剗 ㄔㄢˇ

（形聲）甲文金文產字从生彥省（省彥下彡）聲本義作「生」解（見說文許箸）乃出生之意故从生。物曰生卽物產指自然所出之物而言與製造之物異。土產水產陸產海產『天產者動物謂六牲之屬地產者植物謂九穀之屬』（周禮・春官）。

甥 音生 ㄕㄥ

（形聲）（會意）甲文金文甥字从男生聲本義作「謂我舅者吾謂之甥」解（見說文許箸）乃姊妹之子女稱之曰甥以男該子女故甥从男又以甥爲姊妹所生者故从生聲惟劉熙氏謂「甥亦生也出配他男而生故其制字男旁作生也」可參證。

用 音佣 ㄩㄥˋ

（會意）甲文金文用葉玉森氏以爲「予疑从日从H並象架形从卜蓋象干形經傳屢以干戈並舉置干於架有事則用之金文用林義光以爲「古宁字作㠯（頌鼎貯字偏旁）宁藏也用古作用自宁中引出之也」含備物致用之意卽防備之稱

| 楷 | 甲文 | 金文 |
| --- | --- | --- |

## 甫　音府　ㄈㄨˇ

（會意）（形聲）甲文金文甫从田中有屮謝彥華氏以爲此乃圃（種菜之田）字古文林義光氏以爲「从田父聲」亦以此爲圃同字亦有从用从父聲本義作「男子美稱」解（見說文許箸）即男子之嘉名・甫爲形聲字男子之美稱世或作「父」

## 甬　音勇　ㄩㄥˇ

（形聲）甲文甬金文甬字林義光氏以爲取自通字偏旁以爲「不从马甬爲量名从㚅（量之本字）省（省作⊖）或作甫」吳大澂氏以爲「鐘柄謂之甬此甬當在𣪊之兩端形似鐘柄故亦名甬」・以字形與記文互證其義瞭然・甬道：甬形道・

## 田　音鈿　ㄊㄧㄢˊ

（象形）甲文田尙有田田……等形田倩君女士以爲「丁山氏……說『殷商邦畿千里之內分爲田亞任三服』可以看出古時井田制度的痕跡多格是由井字延成亞字形是不夠方正之田金文田與甲文田略同・種植五穀瓜蔬桑麻之地曰田・

## 男　音南　ㄋㄢˊ

（會意）甲文男與金文男略同商承祚氏以爲「力在田上與在田下之意同古金文加字多如此作」力田事艱辛須力强者任耕作而男子咸較女子體壯力强・能用力於田事者曰男其本義作「丈夫」解（見說文許箸）爵名・公侯伯子男之第五位・

## 畀　音庇　ㄅㄧˋ

（會意）（形聲）甲文畀李敬齋氏以爲「付也从廾卑省（省卑爲田）聲後人變田爲由許氏誤爲鬼頭」金文畀字从丌由聲本義作「相付與之約在閣上也」解（見說文許箸）畀謂束合物置閣上牽以相與之意由音基薦物之具・作物與人解・

## 界　音戒　ㄐㄧㄝˋ

（形聲）（會意）甲文界金文界略同从止介聲丁佛言氏以爲「界竟（境）也竟止也界有限止之意故从止」从田介聲本義作「境」解（見說文許箸）即邊境疆界之稱邊境疆界殆如田之有疆畔明確而不可侵奪故界从田・境日界即土地之邊際・

## 畏　音尉　ㄨㄟˋ

（會意）甲文畏羅振玉氏以爲「从鬼手持卜（當是攴省）鬼而持攴可畏孰甚」金文畏林義光氏以爲「卜即人字反文象人見鬼形象鬼手有爪」又象鬼頭虎爪之形从由从虎省由音弗即鬼頭顯示虎爪人見之則避此即畏其本義作「惡」解

## 甽　音犬　ㄑㄩㄢˇ

（會意）（形聲）甲文金文甽从田川商承祚氏以爲「說文解字『く水小流也古文从田川』與許書之古文及周禮漢書合」从田川亦从犬聲即田間小川其本義作「水小流也深尺廣尺曰甽」解（見廣韻）即田間水溝名・溝曰甽即田間溝之稱・

楷 甲文 金文

**畋** 音田 ㄊㄧㄢˊ

（會意）（形聲）甲文畋金文畋略同，从攴田亦从田聲攴音樸本作「小擊」解（見說文許箸）以犁鉏等農器擊碎土塊使田平整以便種植爲畋其本義作「平田」解（見說文許箸）即平治田土之意 平治「今爾尚宅爾宅畋爾田」（書・多方）營田求食謂之畋

**留** 音劉 ㄌㄧㄡˊ

（會意）（形聲）甲文留金文留字从田从丣亦从丣聲田謂田地丣讀有本作「就」解乃成就之意初民重農趨田間以成就農事爲畱其本義作「止」解（見通訓定聲）即居此勿他往之意・傳云『昴畱也』古柳丣同字・止停止停留勾留逗留稽留・

**畜** 音蓄 ㄒㄩˋ 音觸 ㄔㄨˋ

（會意）甲文畜金文畜字略同丁佛言氏以爲「从88从田88𢆶經典多通用畜从田从兹省（省兹爲玄）兹本作「益」解力田則可增益稼穡之所獲其本義作「田畜」解（見通訓定聲）儲曰畜通「蓄」・六畜・（馬牛羊鷄犬豕）畜生：非人之詞・

**畔** 音叛 ㄆㄢˋ

（形聲）（會意）甲文金文畔字从田半聲本義作「田界」解（見說文許箸）乃田之邊際處故从田又以顏師古謂「畔分半田之際也」古者一夫受田百畝則彼此相接之田界適等亦有兩者相半即相共之意故畔从半聲・江畔河畔井畔牀畔・

**略** 音掠 ㄌㄩㄝˋ

（形聲）（會意）甲文略金文略略同从田各聲本義作「經略土地」解（見說文許箸）乃經畫土地且加營治之意土地之能營治供耕殖者莫若田故略从田又以各本作「異詞」解在正其疆界各不相混故略从各聲・計謀曰略，方略，謀略，權略・

楷 甲文 金文

**畢** 音必 ㄅㄧˋ

（象形）（會意）甲文畢金文畢略同羅振玉氏以爲甲文畢「畢田网（網）也正象网形下有柄」金文畢從田從華田謂田獵華古讀如樊前有盛穢物之斗後乃執持之柄用以掩捕雉兎之網曰畢其本義作「田罔（網）」解（見說文句讀）畢竟終極・

**畦** 音攜 ㄒㄧ 音祁 ㄑㄧˊ

（形聲）（會意）甲文金文畦字从田圭聲本義作「田五十畝曰畦」解（見說文許箸）乃田面積之量名故从田又以圭亦爲量名如漢書律歷志「量多少者不失圭撮」即六十四黍爲圭畦既爲田之五十畝故从圭聲・農夫曰畦・瓜畦芋畦菜畦稻畦・

**番** 音翻 ㄈㄢ 音波 ㄅㄛ 音潘 ㄆㄢ

（象形）甲文番金文番字从釆田象其掌釆讀若辨象獸分明之指爪田非田園字象獸掌之形合指爪及掌爲番其本義作「獸足」解（見說文許箸）即獸蹄之稱爲「釆番古今字番蹯亦古今字」次回曰番・此番前番・一陣曰一番・外族之稱・外番生番紅番

**畯** 音俊 ㄐㄩㄣˋ

（形聲）（會意）甲文畯金文畯略同从田允聲羅振玉氏以爲「古金文皆从允與卜辭合」吳大澂氏以爲「从允與俊通」遂以此爲古畯字从田夋聲本義作「農夫」解（見說文許箸）農夫即主田之官亦稱「農大夫」・主田事之官亦略稱曰畯・

| 楷 | 甲文 | 金文 |
|---|---|---|

**壘** 音礨 ㄌㄟˇ

（形聲）（會意）甲文壘金文壘从土从畾（雷字古字）省（省靁上雨）聲本義作「軍壁」解（見說文段注）即軍駐止時所構營舍之垣牆其从畾有鼓聲如雷以示威武之意 故壘从以靁省聲・營堡曰壘・壘塊：積石重負胸次不平之喻・

**疇** 音儔 ㄔㄡˊ

（象形）（會意）甲文疇與金文疇略同金文疇字省文㔾略同徐灝氏以為「㔾象兩田相竝屈曲耕治之形杜元凱云『竝畔為疇』即其本義故為界埒之稱」・高者塍低者溝，此即疇其本義作「已治之田」解（見說文許箸）界埒曰疇・類曰疇・美田曰疇・

**疊** 音牒 ㄉㄧㄝˊ

（指事）（會意）甲文疊金文疊字林義光氏取自穌甫人匜嫚字偏旁以為「說文以疊為三日決罪說已迂曲疊古作𤴓即俎字象累物（晶示累物）在俎上形」蓋累物在俎足指重疊之事其本義作「決罪三日得其宜」解（見說文許箸）・

**疋** 音疏 ㄙㄨ　音匹 ㄆㄧˇ　音雅 ㄧㄚˇ

（象形）甲文疋金文疋上為𠃑之省略同丁佛言氏以此為古疋字上之𠃑象脛後突出之圓筋下从止（古趾字）即足踵足掌足指之合稱人體自腳肚以下之部份曰足其本義曰「足」解（見說文許箸）足曰疋・端曰疋布帛四丈之稱同「匹」・

**胥** 音虛 ㄒㄩ

（形聲）（會意）甲文胥金文胥丁佛言氏謂「𤴓為足之變」遂以此為古胥字胥从肉疋聲本義作「蟹醢」解（見說文許箸）即用蟹肉作成之醬故从肉又以疋即有八足製為醢時先去其足及外殼故胥从疋聲・樂官曰胥・小史曰胥・相禮者曰胥・

| 楷 | 甲文 | 金文 |
|---|---|---|

**蛋** 音但 ㄉㄢˋ

（形聲）甲文金文蜑从虫延聲本義作「南方夷」解（見說文新附）乃居閩粵夷之民如蟲介（蠻貊）故蜑从虫又以延有引長一義蜑民以船為家沿海漁撈有延行及遠意故蜑从延聲・南方蠻族名・卵曰蛋鳥蟲鱗介之卵・雞蛋鴨蛋蛇蛋龜蛋・

**疏** 音蘇 ㄙㄨ　音書 ㄕㄨ

（會意）（形聲）甲文金文疏从㐬从疋亦从疋聲㐬音突有忽出之意疋音疏即人足有行以致遠意出而致遠則通其本義作「通」解（見說文許箸）乃導以致遠之意・遠者曰疏即關係疏遠之人・窗上之刻鏤曰疏・植物曰疏通「蔬」疏捕・緝捕・

**疑** 音仡 ㄧˊ

（指事）（形聲）甲文疑羅振玉氏以為「象人昂首旁顧形疑之象也」即係以徬徨難定依違難決之事為疑金文疑林義光氏以為「从矢（即矢字）从止（此字變體此所止也）牛聲為不定之辭本義作「惑」解・惑曰疑即迷惑難決之事・猶豫・

**疒** 音牀 ㄔㄨㄤˊ　音策 ㄘㄜˋ　音疾 ㄐㄧˊ

（指事）（會意）甲文金文疒字从牀省（省牀為爿）从一人患病者之臥時多恆就牀養息而以一象倚箸之形指其義為疾病其本義作「倚」解（見部首訂）人有疾痛時倚牀息養之意・倚倚牀息養・「疒倚也人有疾病象倚箸之形」（說文校錄・

**疔** 音丁 ㄉㄧㄥ

楷 甲文 金文

（形聲）（會意）甲文金文疔字从疒丁聲本義作「創痛」解（見集韻）乃受創傷而生之劇痛故从疒 又以丁爲釘字初文因有直入物內之意創痛直入體膚爲釘故疔从丁聲・疔瘡瘡癤名略稱疔參閱「疔瘡」條・毒疔羊毛疔・疔瘡・瘡癤稱疔毒

**疚** 音救 ㄐㄧㄡˋ

（會意）（形聲）甲文金文疚字从疒久聲本義作「貧病」解（見說文許箸）貧曰疚病亦曰疚貧則家徒四壁病則偃蹇斗室本義作「自後歫（拒）之」解此與彼相抵爲拒 貧病者常難外出而止於家故疚从久聲 病曰疚卽憂病之稱 喪曰疚

**疝** 音訕 ㄕㄢˋ

（形聲）（會意）甲文金文疝字从疒山聲本義作「陰腫」解（見說文徐箋）乃指睪丸發炎腫大下墜之病 而言故从疒又以陰腫有睪丸腫大如山阜隆起意故疝从山聲・陰腫之病曰疝俗稱小腸氣・男子七疝曰寒疝水疝筋疝血疝氣疝㿗疝狐疝・

**疥** 音戒 ㄐㄧㄝˋ

（形聲）（會意）甲文疥金文疥字从疒从介陳邦懷氏以此爲古疥字 本義作「搔」解（見說文許箸）乃指奇癢待搔之皮膚病而言故从疒又以疥之爲狀其櫛比相接及結殼微硬皆與鱗相若故从介聲・疥瘡曰疥亦稱疥癬・大疥・馬疥・乾疥・濕疥・

**疾** 音蒺 ㄐㄧˊ

（會意）（形聲）甲文疾金文疾略同羅振玉氏以爲「象矢著人肊下最速者莫如矢故从人旁矢矢著人斯爲患故疾从疒矢聲 本義作「病」解（見說文許箸）疾爲輕病恙（疾甚曰病）病來急故从矢矢急疾也・病曰疾輕病之稱・苦曰疾痛苦・

**病** 音寎 ㄅㄧㄥˋ

楷 甲文 金文

（形聲）（會意）甲文金文病字从疒丙聲本義作「疾加」解（見說文許箸）乃疾更甚卽指疾加劇而言故 从疒又以丙在古訓火有火熱之意疾加則體溫劇昇性亦焦燥故病从丙聲・疾曰病重疾之稱・瑕疵曰病缺限之稱・憂曰病・損人曰病・

**疼** 音騰 ㄊㄥˊ　音彤 ㄊㄨㄥˊ

（形聲）（會意）甲文金文疼字从疒冬聲本義作「痛」解（見廣雅）乃身有痛楚之意故从疒 冬有固塞意疼爲痛固塞不去故从冬聲 天氣上騰地氣下降天地不通閉塞而成冬・「因昨夜走急了路肚疼只怕是分娩了」・愛喜愛・惜憐惜・惜花疼花・

**疵** 音雌 ㄘ

（形聲）（會意）甲文金文疵字从疒此聲本義作「病」解（見說文許箸）乃指皮膚生微小黑點之病而言故从疒又以此本作「止」解疵黑小必須指其在此始可見故从此聲・黑斑曰疵小黑點之病名疵黑病也・吹毛求疵 疵瑕：過錯闕失・

**痛** 音慟 ㄊㄨㄥˋ

（形聲）（會意）甲文金文痛字本義作「病」解（見說文許箸） 乃病痛之稱故从疒又以甬爲通字省文劉熙氏謂「痛通也通在膚脈中也」故痛从甬聲 病曰痛・咽痛・齒痛・月經痛・神經痛・身有痛楚曰痛・永傷曰痛・痛癢・痛快：稱心適意之稱・

**瘁** 音悴 ㄘㄨㄟˋ

（形聲）（會意）甲文金文瘁字从疒卒聲本義作「勞」解（見韻會） 乃過分勞累致有非常疲困現象之稱 爲衰竭之病故从疒又以卒在古爲有罪男子之服雜役者因有苦任劇勞之意瘁爲劇勞故从卒聲・勞曰瘁勤勞之稱・鞠躬盡瘁死而後已・

**痹** 音畀 ㄅㄧˋ

楷　甲文　金文　文

（形聲）（會意）甲文痹金文痹略同，从疒畀聲本義作「溼病」解（見說文許箸）乃指受溼所生手足麻木不仁之病而言故从疒又以畀音庇上象物下以兀相承有舉以相予遂作「予」解痹者手足不仁自不能舉有病於舉予之意故从畀聲。

**瘍**　音陽　一ㄤˊ

（形聲）（會意）甲文瘍金文瘍字略同从疒昜聲本義作「頭創」解（見說文許箸）創瘡古通瘍指生於頭上之癰疽瘍等而言故从疒又以昜音陽本作「開」解瘍生於頭則完整之頭不免裂開故从昜聲。潰爛性外症之總稱凡癰疽癤瘡等皆曰瘍。

**瘟**　音溫　ㄨㄣ

（形聲）（會意）甲文金文瘟字从疒𥁕聲本義作「疫」近（見集韻）疫在古代或謂之時氣病或謂之天行病即流行性之傳染病包括鼠疫霍亂白喉天花等而言故从疒本作「以皿食囚」解故瘟从𥁕聲。瘟疫流行急性傳染病之總稱，略稱曰瘟。

**瘧**　音虐　ㄋㄩㄝˋ

（會意）（形聲）甲文金文瘧字从疒从虐亦从虐聲虐本作「殘」解乃侵害與殘酷之意侵害人體最殘酷之疾爲瘧其本義作「寒熱休作病」解（見說文許箸）乃寒與熱一休一作之疾，患此病者疲累瘦損故从疒从虐。瘧，俗稱皮寒按時而發之病。

**瘖**　音音　一ㄣ　讀如耀　一ㄠˋ

（形聲）（會意）甲文瘖金文瘖字从疒音聲本義作「不能言」解（見說文許箸）乃不能言語之病俗稱爲啞故从疒所謂「不能言」即有聲不能成文病在音故瘖从音聲。口不能言者曰瘖俗稱啞子。瘖藥：服後不能言語之毒藥。聾瘖不可使言。

**瘠**　音積　ㄐㄧˊ

楷　甲文　金文　文

（形聲）（會意）甲文瘠金文瘠从疒从肉从朿亦从朿聲亦爲胔字初文兩胔肉病則其肉少而有瘦臞之意丁佛言氏以此爲古瘠字，亦从朿聲朿音賜本作「木芒」解有纖細而長之意其本義作「瘦」解（見說文校錄）瘦曰瘠少肉之病。

**瘦**　音獸　ㄕㄡˋ

（形聲）（會意）甲文瘦金文瘦字形異義同金文瘦从疒叜（古叟字）聲本義作「臞」解（見說文許箸）臞即肉少人體肌肉不豐而骨露者爲瘦爲病態故从疒又以叜即叟爲老人之稱老人多消瘦故瘦从叜聲。瘦少肉者之稱。瘦損：不豐滿。

**瘥**　音磋　ㄘㄨㄛˊ　音蠆　ㄔㄞˋ

（形聲）（會意）甲文瘥金文瘥字从疒从左左爲差字省文从疒差聲本義作「瘉」解（見說文許箸）乃疾病已除之意故从疒又以差本作「失」解病失即病去爲瘥故瘥从差聲。病曰瘥疾病之稱。「『天方薦瘥喪亂弘多』傳『瘥病也』」詩小雅）

**瘚**　音厥　ㄐㄩㄝˊ

（會意）甲文瘚金文瘚从欠屰欠示氣息屰謂不順即逆字初文氣息逆行爲瘚其本義作「逆氣」解朱駿聲氏以此爲瘚字或體，即氣從下起以上逆心脅之疾，惟徐灝氏以爲「瘚正作瘚从欠屰會意相承增病旁醫家通用厥」徐說甚是並引參證，逆氣曰瘚

**瘴**　音障　ㄓㄤˋ

（形聲）（會意）甲文金文瘴字从疒章聲本義作「中山川厲氣成疾」解（見正字通）乃人感染山川間濕熱蒸鬱厲氣所成之病故从疒又以章爲障之省文高丘深谷爲障阻之地亦瘴癘所生之處故瘴从章聲。感染瘴氣而成之疾病亦曰瘴。癘氣曰瘴。

**療**　音料　ㄌㄧㄠˊ

| 楷 | 甲文 | 金文 | 文 |
| --- | --- | --- | --- |

故療从寮聲．治診治．療疾醫療．「凡療病者必知脈之虛實氣之所結然後爲之方」．

**癌** 音巖 ㄧㄢˊ

（形聲）（會意）甲文金文癌字从疒喦聲本義作「腫瘍」解（見辭海）乃惡性腫瘍之稱故从疒又以喦音碞象巖厓連屬形本作「山巖」解癌多凸凹不平且多相連結而又硬固頗與山巖相似故从喦聲．癌腫亦略稱曰癌．肝癌胃癌喉癌乳癌子宮癌．

**癘** 音厲 ㄌㄧˋ

（形聲）（會意）甲文癘金文癘右下爲蠆字省文从疒蠆省（省蠆下虫）聲本義作「惡疾」解（見說文許箸）乃諸惡疾之概稱古癘痢癩三字音義相同且常互注同係一字癘爲惡疾古以惡疾爲毒虫作祟故癘从蠆聲．疫曰癘瘟疫病之稱．惡瘡曰癘．

**癡** 音笞 ㄔ

（形聲）（會意）甲文金文癡字从疒疑聲本義作「不慧」解（見說文許箸）曉解明徹爲慧反之爲癡癡爲神思不足之病態故从疒又以疑有迷惑之義癡者常迷惑於事理莫知所從而猶豫不決故癡从疑聲．專恣一事類似獃者曰癡．白癡．癡聾瘖瘂．

**癬** 音鮮 ㄒㄧㄢˇ

（形聲）（會意）甲文金文癬字从疒鮮聲本義作「乾瘍」解（見說文許箸）乃指一種極癢之皮膚病而言故从疒又以鮮本爲生魚名魚性游動癬在皮膚上能移徙亦有游意故从鮮聲鮮爲辭之省文癬之狀頗類苔蘚故从鮮聲乾瘡之一種白癬黃癬

**癰** 音雍 ㄩㄥ

| 楷 | 甲文 | 金文 | 文 |
| --- | --- | --- | --- |

（形聲）（會意）甲文癰金文癰　从疒雝聲本義作「腫」解（見說文許箸）乃指凸起小者如粟子大者如手掌之腫疾而言故从疒又以雝有壅蔽一義腫爲血壅積不行故癰从雝聲．癰疽毒瘡癰名略稱癰．癰疽：毒瘡癰腫毒之名爲毒質而生．

**癱** 音灘 ㄊㄢ

（形聲）（會意）甲文金文癱字略同乃从疒難聲本義作「筋脈拘急痲木不仁」解（見正字通）乃筋脈僵化肢體痲木不能行動之病故从疒又以難有艱難一義肢體痲木不仁者行動艱難故癱从難聲．癱瘓：一名風癱亦略稱曰癱痲木疲軟．

**癶** 音缽 ㄅㄛ

（會意）（指事）甲文金文癶字从止少止示右足少音撻示左足左右足相竝爲癶其本義作「足剌癶也」解（見說文許箸）乃兩足相背暫止難進貌惟王筠氏以爲「癶从止少相背會意而兼指事也」象足相背之形．足剌癶卽兩足相背不順貌．

**癸** 音詭 ㄍㄨㄟˇ

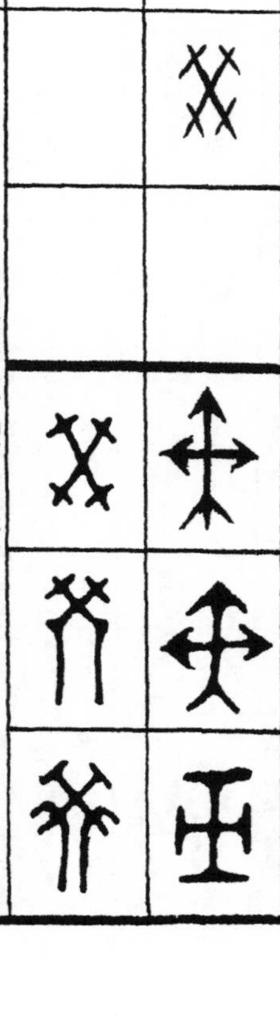

（象形）甲文癸高鴻縉氏以爲「癸爲桂字初文原象桂花四蕊形．金文癸羅振玉氏以爲「顧命鄭注『戣瞿蓋今三鋒矛』今癸字上正象三鋒下象著地之柄．合癸爲戣之本字後人加戈耳」其本義作「冬時水土平可揆度也」解（見說文許箸）天干名

**登** 音燈 ㄉㄥ

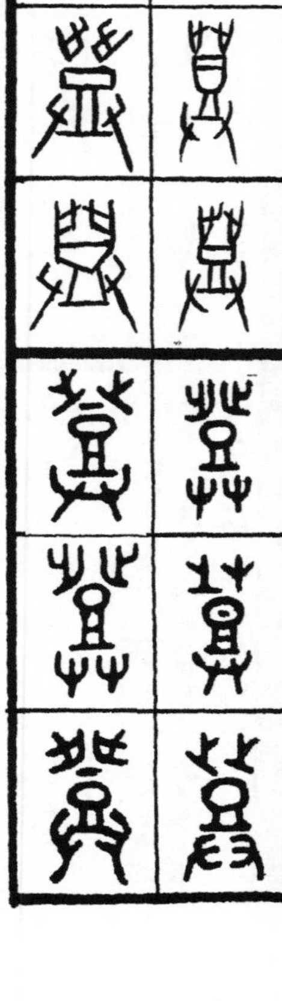

| 楷 | 甲文 | 金文 | 文 |
| --- | --- | --- | --- |

**發** 音髮 ㄈㄚ

（形聲）（會意）甲文登羅振玉氏以爲「从癶𢍏聲𢍏即『瓦豆謂之登』之登」・金文登與甲文登略同，从癶豆癶音鉢象兩足相背形豆象車中乘人處人撥足乘車爲登其本義作「上車」解（見說文許箸）乃升車而乘之之意，升曰登，登閎・高遠之稱。

（形聲）（會意）甲文發金文發字略同林義光氏以爲「从弓矢古亦作𢎿（楚公鎛）與𣥠形近」意以矢離弓爲發，从弓𤼽聲本聲作「射發」解（見說文許箸）即開弓射矢之意故从弓又以𤼽音潑本作「以足踏夷艸」解・漢時矢十二放爲一發・

**白** ㄅㄞˊ　音帛 ㄅㄛˊ

（指事）（會意）甲文白與金文白略同金文白象手握拳而翹起大拇指形以指推爲第一之事故古多假此爲伯仲叔季之伯，藉明其居長之意・其本義當以握拳豎大拇指推第一以指事爲正解・素色曰白與紅黃藍黑並稱・皎潔曰白・潔白之人曰白・

**皁** 音造 ㄗㄠˋ

（形聲）（會意）甲文皁字與金文第三字同金文皁字从艸早聲本義作「草斗櫟實也一曰象斗」即櫟木所結實之外殼煎其汁可染物使黑者又以早有先其時一義有先其時以赴事之意故草从早聲・古代賤役之稱・櫪曰皁・・牛槽馬槽，肥皁・皁莢・

**的** 音帝 ㄉㄧˋ

**皇** 音黃 ㄏㄨㄤˊ

（形聲）（會意）甲文金文的字从日勺聲本義作「明」解（見說文許箸）乃犬明之意明莫如日故从日又以勺本作「枓」解爲挹取之工具必所見明確始可用之挹取因有明義故的从勺聲・正鵠曰的即箭靶之中心・目的，標準曰的，要點曰的・

（象形）（會意）甲文皇金文皇字嚴一萍氏引徐仲舒氏「士王皇三字均象人端拱而坐之形其不同者王字所象之人較之士字其首特巨而皇字則更於首上著冠形」爲王者戴冕垂裳端拱而坐之象形・君主在上古曰皇・古有天皇・地皇・泰皇

**皋** 音高 ㄍㄠ

（形聲）（會意）甲文金文皋字从白夲聲本義作「澤邊地也」解（見通訓定聲）白示日未出時初生之微光壙野得日光最早故从白又以夲音滔本作「進」解壙野早得日光即早爲日光所照故皋从夲聲・澤曰皋・水邊地曰皋・水田曰皋・緩曰皋・

**皎** 音皦 ㄐㄧㄠˇ

（形聲）（會意）甲文金文皎字从白交聲本義作「月之白也」解（見說文許箸）乃指月光而言故从白又以交有合之一義以易泰卦「上下交而其志同也」故从交聲・月光曰皎・明曰皎・大丈夫行事當礌礌落落如日月皎然・日光皎皎・潔白貌・

**皓** 音昊 ㄏㄠˋ

（形聲）（會意）甲文金文皓字从白告聲本義作「潔白」解（見集韻）乃指景物之潔白而言故从白又以告有報知一義潔白則皦光四放易於受人注目之意故皓从告聲・年高鬚眉皓白之稱・皓皓，皓然：潔白貌，體膚・皓體呈露，皓齒鬚眉皓髮

楷　甲文　金文

皖　ㄨㄢˇ　音綏　ㄏㄨㄢˇ

（形聲）甲文金文皖字从白完聲本義作「明貌」解（見集韻）乃指物明潔之狀而言故从白。周時國名臯陶後其故治在今安徽省潛山縣後爲楚所滅。「舒州春秋時皖國漢爲皖縣縣西有皖山皖水」。安徽省之簡稱。皖水：一名長河又名後河。

魄　音拍　ㄆㄛˋ

（形聲）（會意）甲文金文魄字从鬼白聲本義作「陰神」解（見說文許箸）乃指人死後之精氣而言人死曰鬼魄所指爲死者故从鬼又以白爲迫字省文白虎通「魄者迫也猶迫然著人也」故魄从白聲。人之精神依附形體而存在者曰魄。軀魄。體魄。

皚　音獃　ㄞˊ　音沂　ㄧˊ

（形聲）（會意）甲文金文皚字从白豈聲本義作「霜雪之白」解（見說文許箸）乃指霜雪之潔白而言故从白又以豈同凱廣雅謂凱作「大」解霜雪白遍大地一望無際是有大白之意故皚从豈聲。白色曰皚。皚如山上雪皎若雲閒月。

皤　音婆　ㄆㄛˊ

（形聲）（會意）甲文金文皤字从白番聲本義作「老人白」解（見說文許箸）乃指老人鬢髮之白色而言故从白又以番有更代即改變一義老人白鬢白髮固由黑鬢黑髮變化而來故皤从番聲。蛙腹下白處曰皤。白髮。皤叟皤翁傴僂行。皤皤勇武貌。

皮　音疲　ㄆㄧˊ

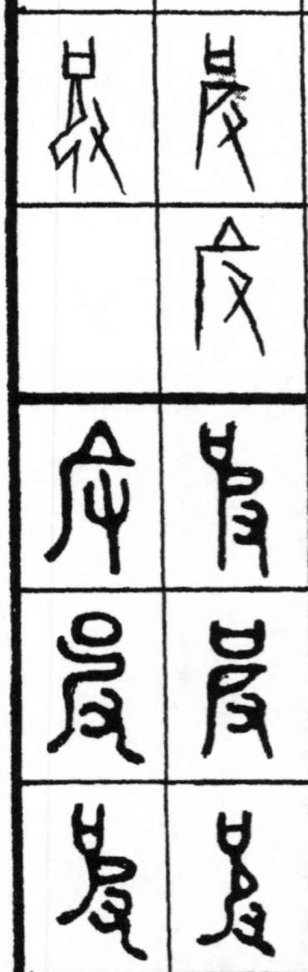

楷　甲文　金文

（象形）（會意）甲文皮金文皮字林義光氏以爲「从𠂭象獸頭形角尾之形冂象其皮𠃌象手剝取之」本義作「剝取獸革者謂之皮」解（見說文許箸）即使革與獸體分裂之意故从又。動植物體外保護其內部組織之膜狀物曰皮。

皰　音炮　ㄆㄠˋ

（形聲）（會意）甲文金文皰字从皮包聲本義作「面生氣」解（見說文繫傳）乃生於面部狀如小顆粒之瘡以其附於皮故从皮又以包爲內有所裹之意皰內裹粉狀物或水汁凸出如氣充其中故从包聲。小瘡曰皰如粉刺酒刺。小疙瘩曰皰。

皸　音君　ㄐㄩㄣ

（形聲）（會意）甲文皸字从皮軍聲金文皸丁佛言氏以爲「古軍字从勻此爲从軍省當是皸」金文也从皮軍聲本義作「手足坼裂」解（見通俗文）乃指手足受嚴寒致龜裂而言故从皮其裂紋亦常多而深故皸从軍聲。皮膚受嚴寒坼裂成瘡。

皺　音縐　ㄓㄡˋ

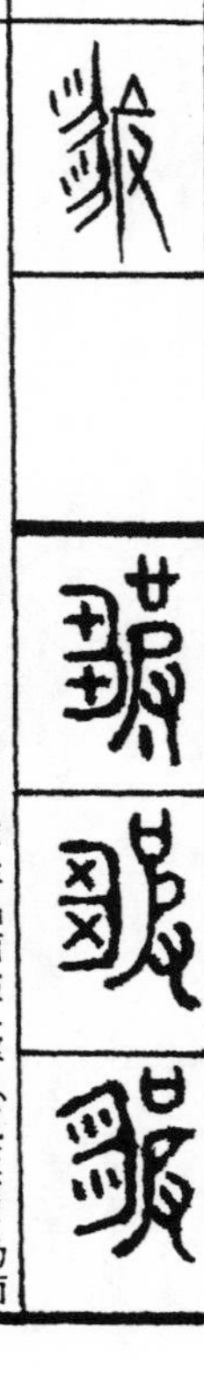

（形聲）（會意）甲文金文皺字从皮芻聲本義作「面皵」解（見玉篇）乃面部皮膚因乾縮現出之紋路故从皮又以芻象兩束已包艸形因有聚草於一處之意故从芻聲。面部所生之豎摺紋曰皺。物之有摺紋者曰皺。山谷摺紋曰皺。面皺髮又皤。

皿　ㄇㄧㄣˇ　音茗　ㄇㄧㄥˇ

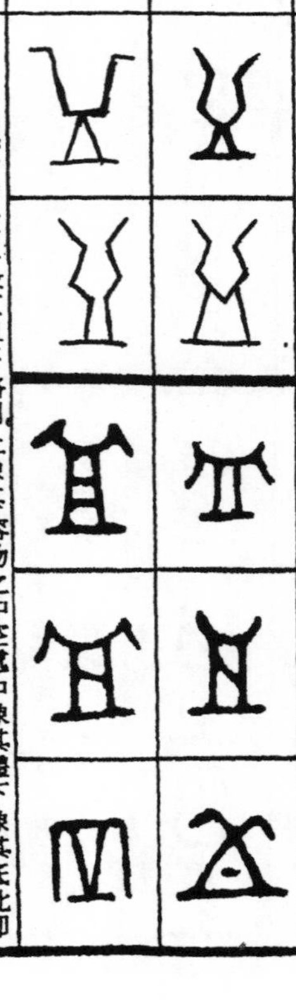

（象形）甲文皿金文皿字略同上象其容物之中空處中象其體下象其底此即皿其本義作「飲食之用器也」解（見說文繫傳）乃用以盛飲料食物之器器曰皿飲食所用器盤盂等器之總稱。皿所以覆器故謂覆器者爲皿。「皿飲食用器」（禮禮器）

楷 甲文 金文

## 孟 萌去聲 ㄇㄥˋ

（形聲）（會意）甲文孟金文孟字从子皿聲本義作「長」解（見說文許箸）乃指子女之居長者而言故从子；又以皿爲盛食之器初生子女年幼時上無兄姊爲照應父母常繫食器於其身備用故孟从皿聲。女兄曰孟。嫡長稱伯庶長稱孟。孟浪：鹵莽。

## 盂 音于 ㄩˊ

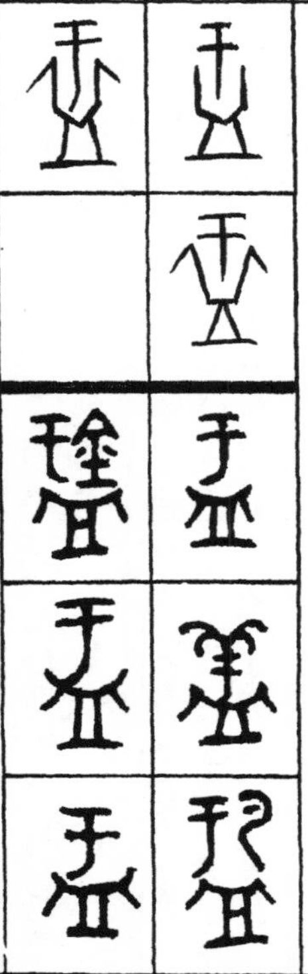

（形聲）（會意）甲文盂金文盂略同从皿于聲本義作「飲器」解（見說文許箸）乃盛湯漿之器故从皿又于有取義詩豳風七月「晝爾于茅」是其例盂爲取飲器需取而後飲故从于聲。盛飯食之器曰盂。盛唾痰之器曰盂。痰盂唾盂淺曰盂深曰盌。

## 盆 音盆 ㄆㄣˊ

（形聲）（會意）甲文金文盆字从皿分聲本義作「盎」解（見說文許箸）乃形類盎而底小口大用以盛物之瓦器故从皿又以分本作「別」解有離開而去之意盆口寬向外張開甚侈是有分意故从分聲。底小上寬之器曰盆類盎而深者。

## 盈 音贏 ㄧㄥˊ

（會意）甲文盈金文盈字略同从皿夃皿謂盛物之器夃音沽乃「加益增多」意皿中盛物而加益增多則物必充滿全器一若有餘故其本義作「滿器」解（見說文許箸）即實滿之意。豐滿曰盈。圓滿曰盈。溢曰盈。太過曰盈通「贏」。盈餘，即贏餘。

楷 甲文 金文

## 益 音益 ㄧˋ　音移 ㄧˊ

（會意）甲文益羅振玉氏以爲「象皿水益出之狀；象水形」金文益林義光氏以爲「从皿中盛物（一示物）八象上溢形」蓋以物溢出皿上爲益乃溢之象其本義作「饒」解（見說文釋例）乃增益之使有餘之意。凡增進精神物質幸福者曰益。

## 盍 音合 ㄏㄜˊ

（指事）（會意）甲文盍金文盍字丁佛言氏以爲「从去从皿與蓋通又借爲何曷字」爲盛物之器大象其覆蓋形一指皿中之物皿中有物加蓋以覆之其本義作「覆」解（見通訓定聲）乃蓋覆之意。何爲何故表疑問。姓盍春秋齊地或以地爲氏

## 盌 ㄨㄢˇ

（形聲）（會意）甲文盌金文盌字从皿从金夗聲王國維氏以此爲古盌字本義作「小盂」解（見說文許箸）乃如盂而小用以盛飯食之器故从皿又夗本作「轉臥」解含有盤曲之意盌形圓若盤曲故从夗聲。飲食用器曰盌盛水用器淺曰盂深曰盌。

## 盎 鴦去聲 ㄤˋ

（形聲）（會意）甲文金文盎字从皿央聲本義作「缶」解（見急就篇顏注）乃口小腹大用以盛物之瓦器故从皿又以央本作「中」解盎之口底甚小而重心居器中因之腹雖大仍有重心保持得中之意故从央聲。盎然，盎盎：溫和之稱。盛滿貌。

## 盛 音晟 ㄕㄥˊ

| 楷 | 音 | 甲文・金文 解說 |
|---|---|---|
| 盛 | 音成 ㄔㄥˊ | （形聲）（會意）甲文盛金文盛略同从皿成聲本義作「黍稷在器中以祀者也」解（見說文許箸）置於器中供祭祀之黍稷曰盛故从皿又以成本作「就」解具黍稷於器中所以成就祭祀之事故盛从成聲。酒器食器曰盛。盛菜盛湯。極曰盛。 |
| 盜 | 音導 ㄉㄠˋ | （會意）甲文盜與金文盜字略同从次皿 次爲羨字初文皿謂器物垂羨其器物而欲私有之爲盜其本義作「私利物」解（見說文許箸） 乃私竊他人財物爲己有以爲利之意。竊取財物之人曰盜。竊貨曰盜。盜賊匪徒之稱略稱盜。陰私自利者曰盜。 |
| 盟 | 音萌 ㄇㄥˊ | （會意）（形聲）甲文盟商承祚氏以爲「此象以皿盛血 歃之意也」金文盟字與甲文盟略同丁佛言氏以爲「〇象血形」从血明（同明）聲本義作「殺牲歃血」解（見通訓定聲）乃國與國締結同盟之宜誓行爲歃血告誓神明違者神加殃咎也 |
| 盟 | 音明 ㄇㄧㄥˊ | |
| 盞 | 音醆 ㄓㄢˇ | （形聲）（會意）甲文盞金文盞字略同从皿戔聲本義作「杯」解（見廣雅）乃盛酒漿之器故从皿又以戔戔有淺小意易賁「束帛戔戔」是其例盞爲盛酒漿器中之淺小者故从戔聲。小杯曰盞。茶盞酒盞琉璃盞。量詞燈一座曰一盞。寒燈一盞。 |
| 盡 | 讀若靜 ㄐㄧㄣˋ | （指事）（形聲）甲文盡羅振玉氏以爲「从又持木从皿象滌器形食盡器斯滌矣故有終盡之意說文解字云『从皿𤎯聲』以指食盡滌皿中無所有金文盡 从皿𤎯聲本義作「器中空」解（見說文許箸）日之夜蝕曰盡。月晦亦曰盡。財貨曰盡。 |
| 監 | ㄐㄧㄢ | （會意）（形聲）甲文監象皿有物而人持之以覘之形因 見臨下之意金文監林義光氏以爲「監卽鑑之本字上世未製銅時以水爲鑑皿中盛水人臨其上之形从臣臣伏也」本義作「臨下」解（見說文許箸）乃臨物下覗意。監獄俗稱牢略稱曰監 |
| 盤 | 音磐 ㄆㄢˊ | （象形）（形聲）甲文盤羅振玉氏以爲「象（盤）形旁有耳以便手持或省耳與爿字同」金文盤从皿般聲本義作「承槃（同盤）」解（見說文許箸） 乃承物器以木或錫銅爲之故从皿从般聲。承物器曰盤。盛菜餚用者菜盤湯盤。骨盤棋盤。 |
| 盥 | 音貫 ㄍㄨㄢˋ | （會意）甲文盥羅振玉氏以爲「此象仰掌就皿以受沃是盥也」 金文盥林義光氏以爲「从水在皿中上兩手象盥形」卽兩手掬水於皿中洗滌其本義作「澡手」解（見說文許箸）乃洗 滌手垢之稱。盥器曰盥盛水下澆以澡手之器。盥濯 洗滌 |
| 盥 | 音管 ㄍㄨㄢˇ | |
| 盦 | 音庵 ㄢ | （形聲）（會意）甲文盦金文盦从皿从酓省（省酓上今）从皿酓聲本義作「覆蓋」解（見說文許箸）乃盤盂等盛物器之蓋所以覆諸器皿使物不外露故从皿本作「酒盈量」解因有超過之意故盦从酓聲器物之蓋曰盦但亦稱盛食物之器曰盦 |
| 盪 | 音蕩 ㄉㄤˇ | （會意）（形聲）甲文盪象人盤舟形此卽古盪字金文盪字 从皿湯聲本義作「滌器」解（見說文許箸） 乃指滌除器物之垢穢而言故从皿又以湯爲蕩之省文故盪从湯聲 滌洗滌。盪杯盪壺滌瑕盪穢 銳卒曰盪。盪放也盪蕩與蕩同。盪盪 空曠貌。 |
| 盪 | 音宕 ㄉㄤˋ | |

楷 甲文 金文

盬 音古 ㄍㄨˇ

（形聲）（會意）甲文盬金文盬字从鹽省（省鹽爲監）古聲本義作「河東鹽池也」解（見說文許箸）乃今山西省猗氏縣之鹽池名故从鹽又以古有久遠之意故盬从古聲河東鹽池曰盬在今山西省猗氏縣爲我國最古最大亦最著名之鹽池。

蠱 音古 ㄍㄨˇ

（會意）甲文蠱商承祚氏以爲「說文解字『蠱腹中蟲也从蟲从皿』此省从二虫」蠱也。金文蠱字从蟲从皿皿所以盛飲食毒蟲由飲食傳入腹中生疾爲害曰蠱其本義作「腹中（讀衆）蟲」解（見說文許箸）乃腹內中蟲毒之疾曰蠱。惡氣惡疾曰蠱。

鹽 音閻 ㄧㄢˊ

（會意）（形聲）甲文鹽金文鹽字从水从皿从鹵林義光氏以爲「象水在皿中可煑形从鹵」其意以鹹地鹵水入皿中所煑成者卽鹽本義作「鹹」解（見說文許箸）乃味鹹之結晶體卽食鹽一種鹹味之白色結晶體曰鹽卽氯化鈉供調味亦稱食鹽。

目 音木 ㄇㄨˋ

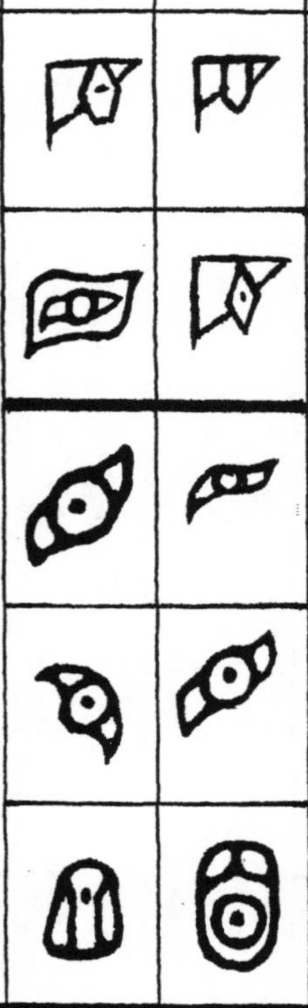

（象形）甲文目金文目略同略象人目形其本義作「人眼」解（見說文許箸）乃眼之別稱江沅氏以爲「外象匡內象瞳目」卽俗稱之眼睛爲便於配合他字爲偏旁故易橫爲直。眼曰目卽眼睛。條目曰目卽逐條列舉之名目。書之目錄曰目。

盲 音氓 ㄇㄤˊ

楷 甲文 金文

音望 ㄨㄤˊ

（形聲）（會意）甲文金文盲字从目亡聲本義作「目無牟（眸）子」解（見說文許箸）乃指目瞳（眼珠）已失視覺作用而言俗謂靑盲故从目又「从」乃亡失之意盲爲眸子失其作用故从亡聲。目不能視物之人曰盲俗稱瞎子。目不能辨色。

省 音醒 ㄒㄧㄥˇ

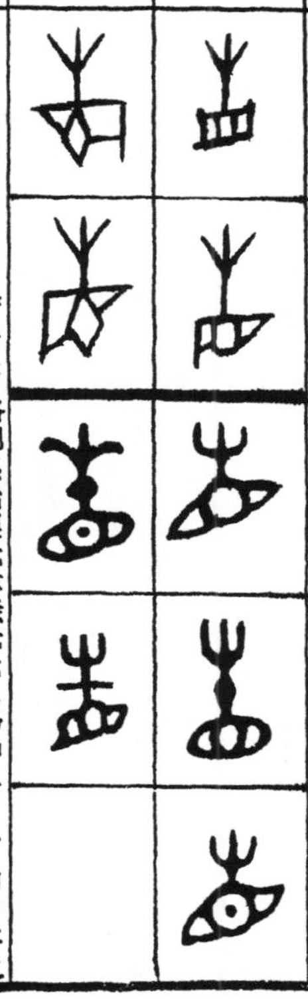

（會意）甲文省與金文省略同孫詒讓氏林義光氏以爲「从屮从目卽省字之省」「从屮卽生省與眚同字」其本義作「視」解（見說文許箸）乃諦視之意目少視則心專故省察之省从少目。察考察。自反反省「吾日三省吾身」（論・學而）。

眉 音梅 ㄇㄟˊ

（象形）甲文眉𥄉象目上毛形余永梁氏以此爲古眉字金文眉林義光氏以爲「象眉目及目圍膜理之形」目之上額之下叢生微曲之毛卽眉其本義作「目上毛」解（見說文許箸）卽眉毛之稱。目上毛曰眉通稱眉毛。白眉赤眉柳眉蛾眉舉案齊眉。

楷　甲文　金文　楷　甲文　金文

**冒**　音帽　ㄇㄠˋ

（會意）（形聲）甲文冒金文冒林義光氏以爲「从目有所蒙」从冃从目亦从冃聲冃即古帽字帽及目則目爲所蔽故其本義作「蒙而前」解（見通訓定聲）乃受蔽而妄進妄作之意。巾屬之稱古時用於喪禮者，頭巾曰冒通「帽」。冒矢石犢冒威奪

**眇**　音秒　ㄇㄧㄠˇ

（會意）（形聲）甲文金文眇字从目从少亦从少聲老少之少含有小意目之小者爲眇其本義作「一目小」解（見通訓定聲）乃目眶內陷致目微小之稱，一目小者曰眇一說一目盲者曰眇。遠處曰眇，廣大曰眇。盲一說一目盲。頹衰微。眇小：微細。

**眠**　音綿　ㄇㄧㄢˊ　音緬　ㄇㄧㄢˇ

。（形聲）（會意）甲文金文眠字爲瞑字重文古瞑眠一字。本義作「寐」解（見玉篇）即合目睡覺之意故从目又以民爲泯之省文泯泯有昏義有入於昏迷之境意故从民聲。寢息於牀曰眠俗稱睡覺。寐臥牀而寐偃臥。偃屈。器物橫陳。蛇蛙有冬眠。

**眩**　音炫　ㄒㄩㄢˋ

（形聲）（會意）甲文金文眩字从目玄聲本義作「目無常主」解（見說文許箸）乃目視物不能貫注致視線動亂不明之意故从目又以玄本作「幽遠」解有昏暗不明意眩即目視物如幽遠之難明故从玄聲。眩疾：風疾。視不明眼發花。眩惑：迷亂

**眚**　音省　ㄕㄥˇ

（指事）（形聲）甲文眚商承祚氏以爲「𡴀乃眚字與金文同𡳾即生之省也」此更增𡳾示人以指此目疾之事。金文眚从目从生與眚爲一字。本義作「目病生翳」解（見說文許箸）乃目中發生障蔽故从目又从生聲。疾曰眚即疾苦之稱。過。災曰眚。

**眼**　擬簡切　ㄧㄢˇ

（形聲）（會意）甲文金文眼字从目艮聲本義作「目」解（見說文許箸）乃俗稱之眼睛故从目又以艮从匕（同比）目以會怒目相視兩不相下之意本作「很」解因兩眼分居左右其開闔且常相對故眼从艮聲。目曰眼即視覺器官之稱。

**眷**　音卷　ㄐㄩㄢˋ

（形聲）（會意）甲文金文眷字从目𢍏聲本義作「顧」解（見說文許箸）顧謂還視眷乃不斷回視之意故从目又以𢍏音卷本作「摶飯」解乃雙手搓飯使往復轉動成飯球之意眷爲往復轉頭回視故从𢍏聲。親屬曰眷。情曰眷即情緒之稱。思慕。眷顧

**眺**　音糶　ㄊㄧㄠˋ

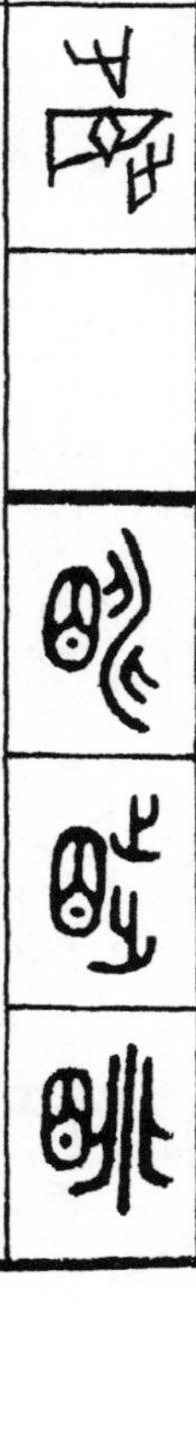

（形聲）（會意）甲文金文眺字从目兆聲本義作「望」解（見玉篇）乃張目遠望之意故从目又以兆爲灼龜甲以卜之坼（裂）文有藉之以遠（預）見將來吉凶之意眺爲遠望故从兆聲。視覽曰眺。眺望。眺矚：遠矚之意。極眺。窮目入望中。

**眸**　音謀　ㄇㄡˊ

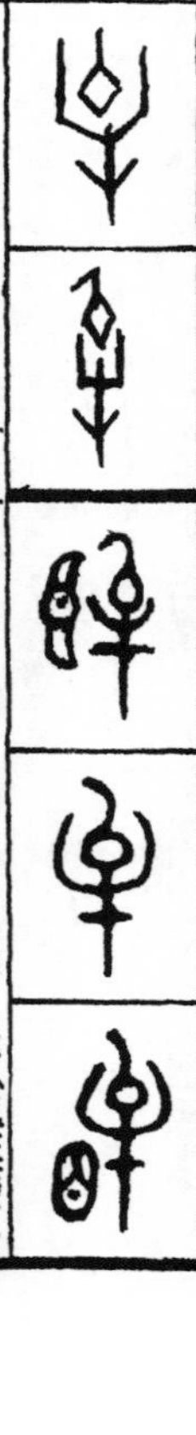

（形聲）（會意）甲文金文眸字从目牟聲本義作「目瞳子」解（見玉篇）乃目珠中瞳人之稱故从目又以牟本作「牛鳴」解古稱目珠爲牟或取牛目特別圓大顯著之意牟眸古今字眸爲牟之累增字故从牟聲。眸子即目珠略稱眸。目之瞳子或瞳人

**睛**　音精　ㄐㄧㄥ

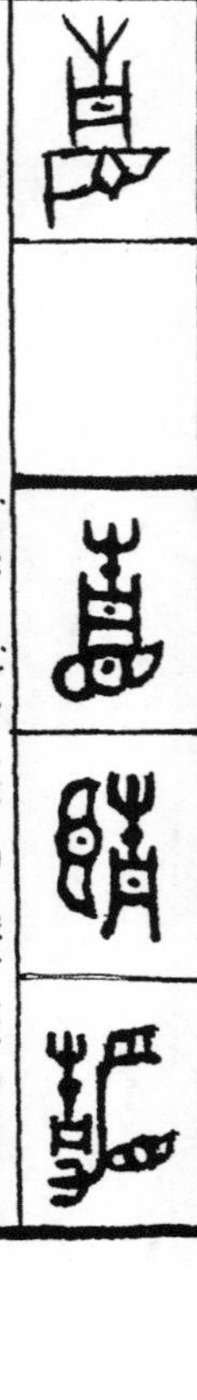

（形聲）（會意）甲文金文睛字从目青聲本義作「目珠子」解（見玉篇）乃俗稱之眼珠或眼球故从目又以青爲淺藍不變之色又爲一種最寶貴之玉古人間有用爲美飾者目珠色青亦爲人之最重要官能故睛从青聲。目珠曰睛俗稱眼珠子。

| 楷 | 甲文 | 金文 |
| --- | --- | --- |

**睡** 讀如稅 ㄕㄨㄟˋ

甲文：

金文：

（會意）（形聲）甲文金文睡字从目垂亦从垂聲目垂而下坐爲睡其本義作「坐寐」解（見說文段注）乃坐而合目小寐之意。寢息於牀曰睡俗稱睏覺或睡覺「蘇秦……讀書欲睡引錐自刺其股」（國策・秦）臥牀而眠或不脫冠衣坐或倚而寐。

**督** 音篤 ㄉㄨ

甲文：

金文：

（形聲）（會意）甲文金文督字从目叔聲本義作「察」解（見說文許箸）乃察視之意故从目又以叔从又（手）尗（荳類）本作「拾」解拾取荳類必審視 因有察意故督从叔聲。官名有監督權責及指揮權責之官曰督都督監督。總督。中央曰督。

**睦** 音木 ㄇㄨˋ

甲文：

金文：

（形聲）（會意）甲文金文睦字从目坴聲本義作「目順」解（見說文許箸）乃彼此目光平順相接之意故从目又以坴音鹿本作「大塊之貌」解又通陸見說文段注陸有高平廣平之義目順有目光平出之意故从坴聲。和善曰睦。親愛曰睦。齊家睦族。

**睢** 音雖 ㄙㄨㄟ　音遂 ㄙㄨㄟˋ

甲文：

金文：

（形聲）（會意）甲文睢字 丁佛言氏以此爲古睢字。金文从目隹聲作「仰目」解（見說文許箸）乃昂首上視之意故从目又以隹音追本作「短尾禽」解因有高飛騰上之意味仰目則所視者高故睢从隹聲。睢睢盱盱：跋扈貌 一說躁急威權貌。

**睽** 音奎 ㄎㄨㄟˊ

甲文：

金文：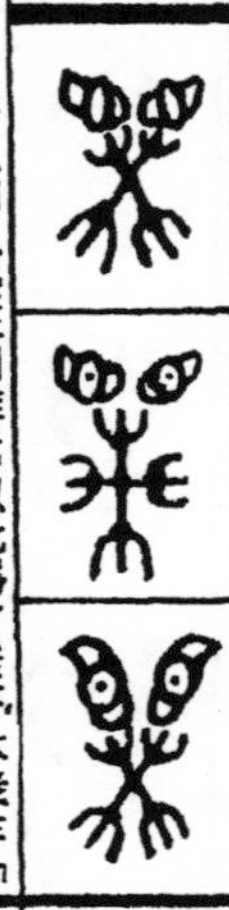

（形聲）（會意）甲文金文睽字从䀠从癸王國維氏以此爲古睽字。本義作「目不相聽」解（見說文許箸）聽謂順從睽卽二目不相從亦卽不能集中視線同視之意故从目又以癸象古兵器形乃三尖戈矛 故从癸聲。睽合：離合之稱。睽違：乖隔。

**睿** 音銳 ㄖㄨㄟˋ

甲文：

金文：

（會意）甲文金文睿字形異義同金文睿从㕡省（省㕡右又） 从目从谷省（省谷下口）「从㕡（音殘）取其穿也从目取其明也从谷取其奪應無窮也」能貫通其幽深者爲睿其本義作「深明」解（見說文句讀）乃謂明通深遠之智曰睿。

**睹** 音賭 ㄉㄨˇ

甲文：

金文：

（形聲）（會意）甲文金文睹字从目者聲本義作「見」解（見說文許箸）乃諦視之意故从目又以者本作「別事詞」解因有此與彼別之意睹乃目接事物而審知其別故从者聲。姓唐宋時有睹姓。見視。視察。「戒愼乎其所不睹」（禮・中庸）。

**瞎** 音瞎 ㄒㄧㄚ

甲文：

金文：

（形聲）（會意）甲文金文瞎字从目害聲本義作「目盲」解（見類篇）卽目不能視之意故从目又以害本作「傷」解目有所傷乃失明而不能視物故瞎从害聲。目不能視者曰瞎。瞎子。瞎虎。瞎吵瞎吹瞎鬧妄亂表性態。你瞎了眼睛碰起我來了。

**瞢** 音蒙 ㄇㄥˊ　音夢 ㄇㄥˋ

甲文：

金文：

（會意）甲文金文瞢字从苜从旬苜音末本作「目不正」解旬音縣本作「目搖」解卽目不斷開闔意目不正 且又不斷開闔此乃目光模糊本義作「目不明也」解（見說文許箸）乃目力模糊不明之意。日月繼晦無光曰瞢。憂悶昏庸曰瞢不明事理之稱。

**瞭** 音了 ㄌㄧㄠˇ　音聊 ㄌㄧㄠˊ

甲文：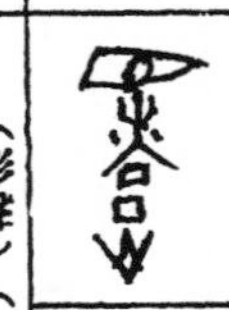

金文：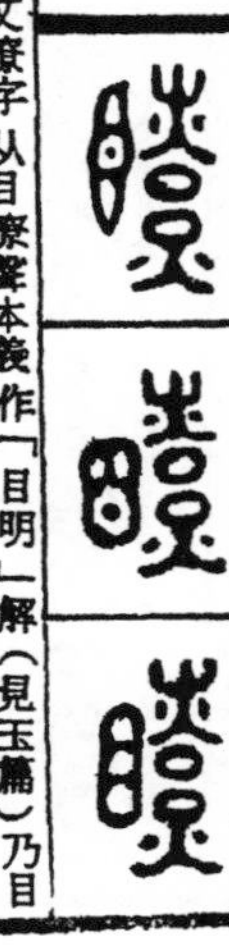

（形聲）（會意）甲文金文瞭字从目尞聲本義作「目明」解（見玉篇）乃目光透明之意故从目又以尞本作「燔柴祭天」解因有火光照耀而通明之意瞭爲目明故从尞聲。目明者曰瞭。能遠視之爲曰瞭。知曉。瞭解。清楚。瞭望：向遠處瞻望。

楷 甲文 金文 楷 甲文 金文

**瞥** 音撆 ㄆㄧㄝ

（形聲）（會意）甲文金文瞥字从目敝聲本義作「過目」解（見說文許箸）乃目倏忽接物而過之意故从目又以敝本作「一幅巾」解有單一之意瞥爲目一過物故从敝聲。過目才見之稱：驚鴻一瞥。見偶見：「遊塵外而瞥天兮」（張衡賦）。

**瞳** 音童 ㄊㄨㄥˊ

（形聲）（會意）甲文金文瞳字从目童聲本義作「目珠子」解（見玉篇）乃目中黑珠之稱故从目又以童有幼小一義瞳爲目中之小人故从童聲。瞳子目珠亦略稱瞳。瞳人・瞳子・瞳睛：目珠曰瞳子俗稱眼珠。舜目重瞳。瞳焉：無知直視貌。

**瞻** 音詹 ㄓㄢ

（形聲）（會意）甲文金文瞻字从目詹聲本義作「臨視」解（見說文許箸）乃遠視之泛稱視必由目故从目又以詹本作「多言」解多言則其言悠遠瞻爲憑臨遠視故从詹聲。觀察所及曰瞻。瞻仰：「繼母在堂朝夕瞻省」（後漢書・胡廣傳）。

**瞽** 音古 ㄍㄨˇ

（形聲）（會意）甲文金文瞽字从目鼓聲本義作「目但有眹」解（見說文段注）眹爲舟縫引伸之則凡縫皆曰眹瞽爲目中眸子失去其控制久而微合未全閉如一縫之僅存故从目从鼓聲。盲目盲昧曰瞽。喻無觀察力者之稱。瞽論瞽說言不中道。

**瞿** 音衢 ㄑㄩˊ 音區 ㄑㄩ 音句 ㄐㄩˋ

（會意）（形聲）甲文金文瞿字从隹从䀠亦从䀠聲隹爲短尾禽之總稱於此乃指鷹隼等猛禽而言䀠讀拘本作「左右視」解其本義作「鷹隼之視」解（見說文許箸）乃鷹隼等猛禽向左向右傾視之稱。瞿瞿：勤謹貌。雀顧曰瞿。瞿然：心驚。

**矇** 音蒙 ㄇㄥˊ

（形聲）（會意）甲文金文矇字从目蒙聲本義作「童（瞳）矇」解（見說文許箸）乃瞳孔生翳不能審視之意故从目又以蒙作「覆」解即覆蓋之意瞳爲翳所覆蓋爲矇故矇从蒙聲。盲人曰矇有眼珠而不能視者之稱。矇矇：昏暗不明貌。

**矍** 音攫 ㄐㄩㄝˊ

（會意）甲文金文矍字从又从瞿瞿鷹隼諸猛禽驚視之貌又謂手手持鷹隼則鷹隼四顧驚視有欲逸走意其本義作「隼欲逸走貌」解（見說文段注）乃猛禽被執而驚視欲去之貌。矍鑠：勇貌顧盼自雄目光灼灼之意。矍矍：視不專視不正貌。

**网** 音網 ㄨㄤˇ

（象形）甲文冂羅振玉氏以爲此「象張网（網）形」金文冂與甲文网略同。从冂象網上有綱而兩側有紀內之㸚象交織之網眼此乃結繩而成以作網禽獸・網魚者其本義作「庖犧所結繩以田以漁也」解（見說文段注）乃漁具獵具名。

**罘** 音符 ㄈㄨˊ 音陪 ㄆㄟˊ 音芣 ㄈㄡˊ

（形聲）（會意）甲文罘金文罘字上从罒即网下从不與从否同古不否一字从网否聲本義作「兎罟」解（見說文許箸）乃用以捕兎之網罟爲塞兎使不得通而捕之者故从否聲。捕野獸之網曰罘。捕兎用者。罘罳：曲閣之稱一說即屏。

**罟** 音古 ㄍㄨˇ

（形聲）甲文罟金文右文罟字略同上从罒即网从网古聲本義作「网也」解（見說文許箸）即網之總稱用以捕魚及禽獸者故从网。古者包犧氏結繩而爲罔罟以佃以漁。網取之事曰罟。喻法網爲罟：「豈不懷歸畏此罪罟」（詩・小雅）。

楷 | 甲文 | 金文 | 文

## 眾 ㄓㄨㄥˋ

（會意）（形聲）甲文眾與金文眾略同。金文眾林義光氏以爲「从三人从目人多其目可畏聚眾著之意又作䍡亦目字」眾立不動爲眾，其本義作「多」解（見說文繫傳）乃盛多之意，數之多者曰眾。「眾叛親離難以濟矣」（左・隱四年）

## 罣 ㄍㄨㄚˋ 音卦

（形聲）（會意）甲文金文罣字从网圭聲本義作「礙」解（見玉篇）乃牽連扳撦難通之意网爲牽連扳撦，使不得通者故罣从网又以圭爲挂之省文礙由多所牽挂而生，故罣从圭聲。罣誤：過失。罣礙：障礙牽連。懸掛同「掛」。罣念。

## 買 ㄇㄞˇ

（會意）甲文買金文買略同，網羅之貝示財貨網羅財貨以彼此相易爲買，其本義作「市」解（見說文許箸）乃以財貨易財貨之稱惟後世以金錢爲交，易媒介遂以金錢易財貨而入曰買。出曰賣入曰買。購以金錢購進物產。買田買書買櫝還珠。

## 罪 ㄗㄨㄟˋ 音最

（會意）（形聲）甲文金文罪字丁佛言氏以爲「从鼻从辛辛同辛古罪字作辠从辛从自其本義作「犯法」解（見說文許箸）乃衆庶犯國法之稱，秦後以罪爲辠，犯法之行爲曰罪。罰曰罪刑罰之稱。坐罪。治罪。內亂罪。盜竊罪。咎曰罪。過失之稱。

## 罝 ㄐㄩ 音直 / ㄐㄧㄝ 音嗟

（象形）（形聲）（會意）甲文金文罝商承祚氏以爲「此从网兎當爲罝之本字」从网且聲本義作「兎网」解（見說文許箸）乃捕兎之網故从网又以且爲俎字初文兎网爲方網其形略與俎相似故罝从且聲。捕兎之網曰罝凡捕獸之網皆曰罝。

## 蜀 ㄕㄨˇ 音屬

（象形）甲文蜀金文蜀商承祚氏以爲「說文解字『蜀葵中蠶也』从虫上目象蜀頭形中象其身蜎蜎」此字象之」本義作「葵中蠶」解（見說文許箸）乃形似蠶之蟲名，似蠶之蟲曰蜀常生葵葉中字亦作「蠋」古國名，在今四川省，今成都市。

## 罩 ㄓㄠˋ 音照

（形聲）（會意）甲文金文罩字从网卓聲本義作「捕魚器」解（見說文許箸）即編竹而成之捕魚籠以其形上銳有孔以便取出所捕之魚下圓無底用以捕魚如網故从网，卓有植立一義故从卓聲。捕魚器名捕魚籠，掩網曰罩。罩罩：羣魚游水貌。

## 睪 ㄧˋ 音繹 / ㄗㄜˊ 音澤 / ㄍㄠ 音高

（會意）甲文睪金文睪字略同，从目从㚔㚔音攝本作盜不止解即罪人意目謂眼目即眼線漢時吏捕罪人輒率眼線前往引捕目㚔即吏率目捕罪人其本意作「司視」解（見說文許箸）司同伺乃伺察罪人之意。睪芷：香草名即澤芷。澤蘭植物名。

## 罨 ㄧㄢˇ 音掩

（形聲）（會意）甲文金文罨字从网奄聲本義作「罕」解（見說文許箸）乃掩取魚鳥之網故从网又以奄本作「覆」解罨爲掩覆以取之網故从奄聲。網名。掩覆以取魚鳥之工具。醫家手術之一種以冷物或熱物掩覆患處療疾之稱。捕以罨掩捕魚鳥。

## 罰 ㄈㄚˊ 音乏

（會意）甲文罰字與金文罰略同，从刀詈詈爲罵即以惡言加人凡僅持刀罵詈人而未揮刀殺傷人者則應罰其本義作「辠（罪）之小者」解（見說文許箸）即犯法不重時所應受之懲處乃刑之輕者。罪刑之稱犯法者所受罪刑曰罰。懲戒曰罰。

楷　甲文　金文　楷　甲文　金文

署　音曙　ㄕㄨˋ

（形聲）（會意）甲文金文署字从网者聲本義作「部署」（見說文許箸）乃分部而置理之之意以其在使各有包羅故从网又以者爲諸之省文部署乃處分諸部使分有繫屬故署从者聲　任曰署任命之稱「北海鄭玄北面受署」（後漢書・）

罵　音禡　ㄇㄚˋ

（形聲）（會意）甲文金文罵字从网馬聲本義作「詈」解（見說文繫傳）乃以惡言加网之之意故从网又以馬善奔馳有善追迫意罵迫也以惡言被迫人也罵从馬聲　詈人曰罵詈惡言加罔之叫罵咒罵責罵唾罵　罵詈：惡言責罵　喜笑怒罵

罷　音把　ㄅㄚˋ

（會意）甲文金文罷字从网能能謂有賢能之人；能者入罪網便當寬免其罪使之去故其本義作「遣有辠（罪）」解（見說文許箸）乃寬赦而放遣之之意。停曰罷・遣有罪寬赦而放遣之　免免官免職止息・罷工罷市　罷了：助限制之語意。

罹　音離　ㄌㄧˊ

（形聲）（會意）甲文金文陶文罹字略同从网惟聲本義作「心憂」解（見說文新附）乃憂愁之稱禽獸憂觸网羅人亦憂觸法网故罹从网惟本作「思」解人能審思則有遠慮而無近憂・憂患曰罹：「我生之後逢此百罹」（詩・王風）・遭遭遇・

羅　音籮　ㄌㄨㄛˊ

（會意）甲文羅羅振玉氏以爲「从隹在畢中畢與网司一蓋以畢（网）隹爲羅」金文羅从网．从糸从攴有運網與繩以捕取（攴）鳥之意丁佛言氏以此爲古羅字从网从維維本作「車蓋維」解即繫車蓋之繩其本義作「以絲罟鳥」解（見說文許箸）

羆

羆字詮釋已列入火部一二三五頁

羈　音畸　ㄐㄧ

（會意）「甲文金文羈字从网从䩻从革䩻音義同馽本謂絆繫馬足於此取絆繫意以革网（網）於馬頭而絆繫之爲羈其本義作「馬絡頭」解（見說文許箸）乃套馬頭上以絆繫馬之馬籠頭・馬絡頭曰羈・車前絆絡馬之綱曰羈・羈勒・羈袂・羈梏・

矛　音毛　ㄇㄠˊ　音謀　ㄇㄡˊ

（象形）甲文矛字與金文矛略象古矛形徐鍇氏以「𠄎矛也冃其上所注旄屬（所懸毛羽之飾）」象矛直立形其本義作「鉤兵也」解（見說文繫傳）乃上銳旁曲而有三廉可刺可鉤之兵器名・兵器名・九矛夷矛酋矛蛇矛・戟曰矛矛盾・矛楯・

矜　音勤　ㄑㄧㄣˊ　音擎　ㄑㄧㄥˊ

（形聲）甲文金文矜字从矛今聲本義作「矛柄」解（見說文許箸）乃矛之長柄故从矛　柄曰矜矛柄之稱　把曰矜戟把之稱　矜人：可哀矜之人指貧弱者而言　莊敬之稱『古之矜也廉今之矜也忿戾』（論・陽貨）　矜憫：哀憐之稱　憐憐憫

| 楷 | 甲文 | 金文 |
|---|---|---|

## 務 音霚 ㄨˋ

（形聲）（會意）甲文金文務字从力务聲本義作「趣」解（見說文許箸）乃傾全力以疾赴其事之意故从力又以务音霧本作「彊」（强）」解乃不撓屈之意傾全力以疾赴其事故務从务聲。事曰務即事情政務雜務。時要曰務當時所急之事。趣曰務。

## 矞 音聿 ㄩˋ

（會意）（形聲）甲文金文矞字从矛冏矛示錐類刺物器冏同納即納入意納錐矛使入爲矞其本義作「以錐有所穿也」解（見說文許箸）乃刺穿之意。矞雲：三色之雲西京雜記「雲則五色而爲慶三色而成矞」。矞矞皇皇：休明貌一曰盛明貌。

## 矢 音屎 ㄕˇ

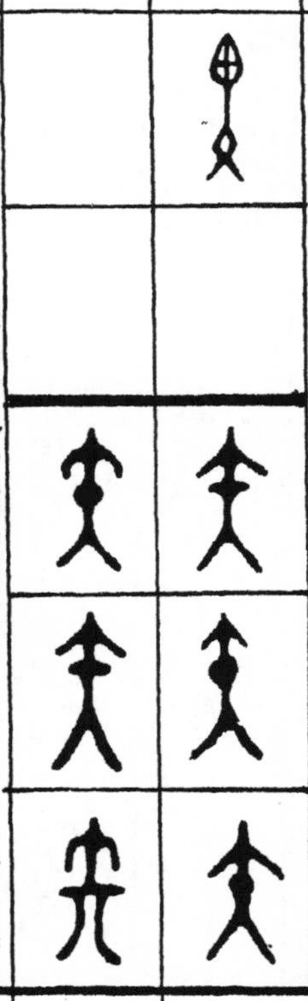

（象形）甲文矢羅振玉氏以爲「象鏑幹栝之形說文解字云『从入』乃誤以鏑形爲入字矣」。金文矢與甲文矢略同。其本義作「弓弩矢也」解（見說文許箸）即施於弓矢以射者後世亦謂之曰箭。兵器名。幾何學謂弧弦之中徑曰矢。剡木爲矢。

## 知 音支 ㄓ

（會意）（形聲）甲文金文知字从口从矢口謂表白矢謂疾速如矢入遇知事理通達人情必徐於心而疾於口既敏捷又明確故知之本義作「識」解（見通訓定聲）乃知識識見之稱。由直覺得來之觀念理解曰知即「良知」。欲曰知即物欲之稱。

## 矩 音舉 ㄐㄩˇ

（會意）（形聲）甲文金文矩字从巨从矢亦从巨聲巨謂規矩矢乃射時必居正中者因以喻平正平正運巨爲矩其本義作「求方之則也」解（見韻會）乃求方形之定法巨實爲矩之初文。爲方之器曰矩即今工師所用之曲尺。法曰矩即法度。

## 矧 音哂 ㄕㄣˇ

（形聲）（會意）甲文金文矧字从矢引省（省引爲弓）聲本義作「況」解（見說文繫傳）乃既已如是況又如是之意即示更進一步之詞故从矢又以引有牽導一義殆在以比況相導故从引聲。齒根曰矧。「至誠感神矧茲有苗」（書 大禹謨）

## 短 ㄉㄨㄢˇ

（會意）（形聲）甲文金文短字从矢从豆橫用之器矢最短豎用之器豆最短故从矢从豆會意其本義作「不長」解（見通訓定聲）乃長之反惟說文許箸爲「从矢豆聲」。不長之稱「度有長短」（禮 月令）未冠而死曰短一曰凶短折。過失曰短。

## 矮 ㄞˇ

（形聲）（會意）甲文金文矮字从矢委聲本義作「短人」解（見說文新附）乃俗稱之矮子古代度短以矢故从矢又以委有曲義凡傾曲常低短人爲人之低者故矮从委聲。人短曰矮。矮子：矮人。矮奴短人之稱。倭奴種族名。不高。淺犬矮樹矮甌。

## 矯 ㄐㄧㄠˇ

（形聲）（會意）甲文金文矯字从矢喬聲本義作「正」解（見蒼頡篇）乃指正矢之笴（箭幹）使其變曲爲直而言故从矢又以喬本作「高而曲」解笴之過高（長）及斜曲者必正之使之平直故矯从喬聲。高飛曰矯。矯矯：武勇貌同「蹻蹻」。

| 楷 | 甲文 | 金文 |
|---|---|---|

**石** 尸ˊ

（象形）甲文石金文石略同口象石形厂示巖岸巖岸下之口形者卽石其本義作「山石」解（見說文許箸）乃石塊之稱，石塊曰石爲構成地殼之物質由諸礦物集合而成常爲堅硬之大小塊種類甚多．碑碣曰石．石磬曰石古樂器名，八音之一．

**砂** 音沙 尸Y

（形聲）（會意）甲文金文砂字从石沙省（省沙左氵）聲同少本義作「水散石也」解（見集韻）乃經水流衝擊碎如粟粒之小石粒故从石，又以沙从水少會意水少則淺而沙見砂沙同字故从沙聲，極細碎之石子曰砂，礦物質之細碎者曰砂．

**砍** 音坎 ㄎㄢˇ

（形聲）（會意）甲文金文砍字从石欠聲本義作「斫」解（見篇海）乃以刀斧等斬劈物之意以其義同斫故从斫省（省斫右斤）而从石又以欠本作「張口舒氣」解砍物則使物破開如口張故从欠聲，斬劈以刀斧斬劈，砍樹，砍柴，把人砍了．

**砒** 音批 ㄆㄧ

（形聲）（會意）甲文金文砒字从石㮰省（省㮰爲比）聲字彙以砒「同䃘」本指「䃘霜」一詞而言䃘霜之本義作「石藥」解（見廣韻）乃由含砒之礦石提鍊而成故从石又以㮰爲貔貅猛獸名能嚙人毒殺人如貔故从㮰省聲，砒霜：毒藥名．

**砌** ㄑㄧˋ

（形聲）（會意）甲文金文砌字从石切聲本義作「階甃」解（見說文新附）乃階之邊限往時多以磚石爲之防其傾圮故从石又以切有階甃一義張衡西京賦「設切厓隒」卽其例切砌古今字砌爲切之累增字故从切聲，階甃曰砌，幽砌，苔砌，瑤砌．

**破** 音坡 ㄆㄛˋ

（形聲）（會意）甲文金文破字从石皮聲本義作「石碎」解（見說文許箸）乃擊石使碎之意故从石又以皮本作「剝取獸革」解乃指剝獸皮使離肉而言亦有皮肉裂開爲二之意石碎亦卽使石裂碎故破从皮聲．破衣曰破，不圓滿之稱．破綻．

**砥** 音底 ㄉㄧˇ

（形聲）（會意）甲文金文砥字从厂氐聲本義作「柔石」解（見說文許箸）乃石之精細者以其多在厓巖故从厂又以氐本作「本」解有在下之意氐可爲礪常居下供磨刀劍故砥从氐聲．平柔之石曰砥磨石之質細者，砥柱：山名在水中如柱．

**砲** 音泡 ㄆㄠˋ

（形聲）（會意）甲文金文砲字从石包聲本義作「機石」解（見集韻）與礮字同乃駕車以機發石故从石，又以包有裹合一義詩召南「野有死麕以茅包之」卽其例砲爲以機牙裹石發以投遠者故从包聲，近代以鉻鎢鎳鋼等合金代鐵製砲．

**研** 音妍 ㄧㄢˊ

（形聲）（會意）甲文金文研字从石幵聲本義作「磨」解（見說文句讀）乃以石磨物之意故从石又以幵音堅又音硏从二干相並本作「平」解研爲以砥石平磨物亦在磨物使平故研从幵聲，究窮究鑽堅研微，礦㼝礦研末研藥研究：對事理探求．

**硃** 音朱 ㄓㄨ

（會意）（形聲）甲文金文硃字从朱石亦从朱聲朱色之細砂爲硃其本義作「丹砂」解（見集韻）乃緋紅色細砂之稱，以硃砂製成之朱色顏料曰銀朱銀硃亦略稱曰硃，硃砂：礦物名卽朱硃亦稱丹硃．硫化汞．屬六方晶系色緋紅有金剛光澤．

楷　甲文　金文

**硬** 音映 一ㄥˋ

（形聲）（會意）甲文金文硬字从石更聲本義作「堅硬」解（見玉篇）乃物中最常見之堅硬者爲石故从石又以更爲鯁之省文鯁本作「魚骨」解乃魚之堅硬部分硬取其堅硬之意故从更聲。強暴曰硬，遒勁曰硬，剛強，結實充實，班底硬，嚴碼硬。

**碎** ㄙㄨㄟˋ

（形聲）（會意）甲文金文碎字从石卒聲本義作「破也」解（見說文段注）乃使之破裂之意石可碎物物亦可碎石故碎从石又以卒本作「隸人給事者」解即隸徒乃人品有破敗而獲罪者碎取有破敗意故从卒聲、紮劇曰碎，粉骨碎身，雖赧此德。

**碑** 音卑 ㄅㄟ

（形聲）（會意）甲文金文碑字从石卑聲本義作「豎石」解（見說文許箸）古時宮中立碑以識日景宗廟立碑以繫祭牲墓所立碑初之碑爲豎低石以便事者故从卑聲。豎於宮中以識日景之無字石塊曰碑，刻文字以頌功德之立石曰碑亦稱刻石。

**碌** 音祿 ㄌㄨˋ

（形聲）（會意）甲文金文碌字从石消省作「石貌」解（見說文新附）乃以彔常連稱彔彔有歷歷可見之意美石光色外溢乃歷歷可見者故碌从彔聲。碌碡：石綵色盛貌，綵色燿貌藉以喻才氣揚溢貌。碌碌：亦作磟碡磟碡農器以堅木製成。

**碓** 音對 ㄉㄨㄟˋ

（形聲）（會意）甲文金文碓字从石隹聲本義作「所以舂也」解（見玉篇）即以足踏之舂米者其下爲臼踏以舂米之石杵爲碓故从石又以隹音追本作「短尾禽」解碓之形頗與禽鳥之頭相似故从隹聲。以舂米之石杵曰碓，木曰杵石曰碓。

**碗** 音盌 ㄨㄢˇ

（形聲）（會意）甲文金文碗字从石宛聲爲盌俗字盌之本義「小盂」解（見說文許箸）乃盛食物之小盂以木或石爲之故从石，从宛聲盛飲食之小盂曰碗，茶碗菜碗酒碗飯碗「賜帛五千匹金楂一枚蓋碗一具金腰帶一條」（舊唐書。）

**確** 音慤 ㄑㄩㄝˋ

（形聲）（會意）甲文金文確字从石隺聲本義作「堅」解（見集韻）乃堅固之意物之堅而常見者莫如石故从石又以隺音鶴从隹（短尾禽）乃得高飛遠至之意確取其堅強故从隺聲。眞實確實詳確。堅確不移至當。確乎。確然：堅強貌。

**碣** 音傑 ㄐㄧㄝˊ

（形聲）（會意）甲文金文碣字从石曷聲本義作「特立之石」解（見說文許箸）乃爲別有目的如刻文記事樹表標界等所豎立之石故从石又以曷爲揭之省文揭本作「高舉」解碣爲高舉以示遠之石故从曷聲。碑之長方者曰碣方者爲碑。

**磅** 音滂 ㄆㄤ　音烹 ㄆㄥ

（形聲）甲文金文磅字从石旁聲本義作「隕石聲」解（見集韻）乃石下墜碰地之聲故从石。磅硠：石聲一說鼓聲。「觀壁壘於北落兮伐河鼓之磅硠」（後漢書．張衡傳）磅礚：雷霆之音。磅礴：混同，廣大無垠貌，是氣所磅。稱量以磅稱物。

**磊** 音壘 ㄌㄟˇ

（會意）甲文金文磊字从三石三示衆多三石累積一處爲磊其本義作「衆石」解（見說文許箸）乃衆石果積明顯可見之意。水中大石曰磊。磊塊：石塊土塊之稱。磊隗：同磊塊胸中不平之喩。磊落：志懷高潔貌磊落鴻儒。磊磊：衆石貌。

| 楷 | 甲文 | 金文 |
|---|---|---|

**磐** 音盤 ㄆㄢˊ

（形聲）（會意）甲文磐金文磐字略同，从石般聲本義作「大石」解（見說文聲類）即巨大之石，故从石又以般本作「般旋」解般旋有留而不去意磐爲大石不易移去有般旋意故从般聲。磐石：扁厚之大石。穩固如磐石。磐礴：廣大貌。

**磚** 音專 ㄓㄨㄢ

（形聲）（會意）甲文金文磚字从石專聲爲「甎俗字」（見字彙）甎之本義作「燒墼」解（見集韻）墼爲未燒之磚坏磚即巳燒成之坏正字通謂「磚」故从石，質堅而形長方之建材故从專聲。甓曰磚。青磚、紅磚、瓷磚、防火磚。冰磚金磚。

**磧** ㄑㄧˋ

（形聲）（會意）甲文金文磧字从石責聲本義作「水陼有石者」解（見說文許箸）陼即渚乃水中高處水 中高處之有石者曰磧即水中砂石堆故从石又以責爲積字省文磧乃水中積石而成者故从責聲。磧即大漠戈壁塞外一望無垠之沙石地

**磬** 音磬 ㄑㄧㄥˋ

（象形）（會意）甲文磬羅振玉氏以爲「从屮象虡飾（懸鐘磬橫木之飾）ㄏ象磬ㄋ（手）持ㄋ（槌）所以擊之形」金文磬與甲文磬略同，磬在古以石爲之懸虡上可擊以發聲之石爲磬其本義作「樂石」解（見說文句讀）能製磬之石曰磬。

**磷** 音隣 ㄌㄧㄣˊ

（形聲）（會意）甲文金文磷字从石粦聲本義作「水在石間」解（見廣韻）乃水穿石奔流貌故从石又以 粦音隣古以爲鬼火因有其光閃爍之意水流石間常激石而石光水色相耀映故从粦聲。化學非金元素之一通作燐磷磷：玉石光彩耀映貌。

**礎** 音楚 ㄔㄨˇ

（形聲）（會意）甲文金文礎字从石楚聲本義作「柱下石」解（見㢊韻）乃指墊於柱下之石墩而言故从石又以楚从林从疋（足）林下足因有辛楚、苦楚、痛楚等而見艱辛之意柱下石承柱共受重壓有艱辛意故礎从楚聲。凡承柱之墩皆曰礎。

**礙** ㄞˋ

（形聲）（會意）甲文金文礙从石疑聲本義作「止」解（見說文許箸）乃阻不得行之意積石阻路故从石又以疑本作「惑」解有莫知所從而暫止觀望意礙爲止不得行故从疑聲。阻障曰礙障礙。牽挂曰礙：「獨往獨來孰能礙之」（列。力命

**礬** 音煩 ㄈㄢˊ

（形聲）（會意）甲文金文礬字从石樊聲 本義作「藥石也有白靑黃黑絳五種」解（見集韻）乃呈結晶狀可以入藥之石塊故从石又以樊有紛雜貌一義莊子齊物論「樊然殽亂」是其例礬爲其色紛雜之藥石故从樊聲。礬石礦物名略稱之曰礬。

**礦** 音況 ㄎㄨㄤˋ　《ㄨㄥˇ

（形聲）（會意）甲文金文礦字从石廣聲本義作「金璞」解（見廣韻）乃可煉製五金等之礦石故从石又以廣本作「殿之大屋」解因有大義採礦必掘地廣深而礦石又較所煉製之諸金爲廣大故礦从廣聲。礦 金銀銅鐵錫石英石油等均屬之。

**礲** 音龍 ㄌㄨㄥˊ

（形聲）（會意）甲文金文礲字从石龍聲本義作「磨」解（見說文義證）乃以石碎物之磑故从石又以龍爲今巳絕跡之大爬蟲古人目爲神物且有彎盤旋多變化等意石磑往復旋轉壓碎物使變細小爲礲故礲从龍聲。 以竹、木、土製成之磑曰礲

楷 甲文 金文 | 楷 甲文 金文

## 示 音侍 ㄕˋ

（象形）（指事）甲文示第一字李敬齋氏以爲「且祖也以男子勢爲神也丅从丄（且省略作丄）而倒之。與金文示略同。金文示林義光氏以爲示……从二（上）三垂日月星也觀乎天文以察時變示神事也本義作「天垂象見吉凶所示人也解。

## 社 音麝 ㄕㄜˋ

（形聲）（會意）甲文社字金文社字略同从示土聲本義作「地主」解（見說文繫傳）乃土神之稱故从示又以土謂土地古時自天子至於庶民皆得封土立社以祈福報功故社从土聲。土地之神曰社與祀神之所皆曰社。祭社神之典禮曰社。社稷

## 祀 音似 ㄙˋ

（指事）（形聲）甲文祀朱芳圃氏以爲「示之初意本卽生殖神之偶像也……祀象人（右）跪於此神像（左）之前」以此指祭祀之事。金文祀與甲文略同。从示巳聲本義作「祭無巳也」解（見說文許箸）祀國之大事也。夏曰歲商曰祀周曰年

## 祈 音旂 ㄑㄧˊ

（會意）（形聲）甲文祈从單（有鈴之旂）从人象人禱於旂下以會祈求戰勝之意。金文祈羅振玉氏以爲「从旂从單蓋戰時禱於軍旂之下會意」本義作「求福也」解（見說文許箸）乃向神求福之祭故从示。求福之祭曰祈。祈福祈禱。

## 祇 音祁 ㄑㄧˊ

（形聲）（會意）甲文金文祇字从示氏聲本義作「地祇提出萬物者也」解（見說文許箸）乃拔生萬物之地神古稱天神曰神地神曰祇故从示。从氏聲。地神曰祇。「天神無以降地地祇不至於天」（書・呂刑傳）。病疾加通「疷」。適通「祇」

## 音支 ㄓ

## 祉 音止 ㄓˇ

（形聲）（會意）甲文金文祉字从示止聲本義作「福」解（見說文許箸）乃福利之稱。古以「福自天申」亦卽福自神降故从示又以止本作「定」解福以止此而不移爲貴故祉从止聲。福曰祉卽福利之稱。元祉遐祉用錫爾祉。福祜幸禧倖。

## 神 ㄕㄣˊ

（形聲）（會意）甲文神金文神字略同。从示申聲本義作「天神引出萬物者」解（見說文許箸）乃謂神爲萬物之始或造萬物之主故从示又以申在古與電同意因有震驚萬物使之奮起意其威靈常不可測亦不可禦者故从申聲。神卽造物主之稱。

## 祖 音組 ㄗㄨˇ

楷　甲文　金文　楷　甲文　金文

## 祖

（象形）（形聲）甲文祖爲且字重文羅振玉氏以爲「祖與古金文皆不从示惟齊子仲姜鎛始作祖」朱芳圃氏以爲「且實牡器之象形」蓋以生殖神之偶象爲祖金文祖甲文祖均爲祖之初文祖爲且之絫增字故从且聲。始廟曰祖奉祀始祖神主之廟。

## 祕　ㄅㄧˋ　ㄇㄧˋ

（形聲）（會意）甲文金文祕字从示必聲本義作「神」解（見說文許箸）乃謂神鬼之事既幽隱難得其實變幻難窮其端蓋非神鬼則莫能知解者故从示又以必爲閟之省文閟有內外相絕意神鬼常與人相絕故祕从必聲。要密曰祕。奧曰祕。

## 祝　音粥　ㄓㄡˋ

（會意）甲文祝朱芳圃氏以爲「象跪（於神前）而有所禱告」金文祝林義光氏以爲「兄象人形口哆於上以表祝之意」其本義作「祭主贊詞者」解（見說文許箸）祭時主贊告之詞之人稱之曰祝。祭時贊主人饗神者曰祝。習禮儀者曰祝。

## 祠　音詞　ㄘˊ

（會意）（形聲）甲文祠爲司字重文商承祚氏以爲「此卽祠祀之祠字省示耳與祖之作且同意」金文祠从示司聲本義作「春祭曰祠」解（見說文許箸）乃春時祭祀之稱故从示又以司爲祠之省文故祠从司聲。奉祀祖先或先賢烈士之廟。

## 祐　音佑　ㄧㄡˋ

（形聲）（會意）甲文祐：不从右與金文祐略同从示右聲本義作「助也」解；（見說文許箸）乃神祇相佐助之意故从示又以右从又（手）从口本作「手口相助也」解右之變體加示耳」祐爲右之絫增字故从右聲。福曰祐神助之稱。

## 祜　音戶　ㄏㄨˋ

，（形聲）（會意）甲文祜金文祜字略同从示古聲本義作「福」解（見爾雅）乃福厚之稱古以福自天申乃神所賜者故从示又以古有其來久遠一義古文古典古國皆其例積德久遠而得膺厚福故祜从古聲。福曰祜大福厚福之稱。天祜神祜。

## 祟　ㄙㄨㄟˋ

（會意）（形聲）甲文金文祟字从示出亦从出聲示謂祇卽地神地神不在地下而直出地上卽出至人間爲祟其本義作「神禍」解（見說文許箸）乃鬼神在人間爲禍之意出之古音讀如吹故祟从出聲。神禍曰祟鬼神所作之禍。凡禍害皆曰祟。

## 祚　音作　ㄗㄨㄛˋ

（形聲）（會意）甲文金文祚金文祚字从示乍聲本義作「福」解（見說文句讀）古時祭神之肉以爲經神享用卽降福其中主祭者祭畢分以送人祝其因此得福祚卽福肉故从示又以乍本作「暫」解祭後旋卽分食不久留故从乍聲。福曰祚。

## 祥　音詳　ㄒㄧㄤˊ

（形聲）（會意）甲文祥爲羊字重文古以羊通祥金文祥从示羊聲本義作「福也」解（見說文許箸）乃福祿壽考等之總稱先民以福祥皆神之所賜故祥从示又以羊爲和善馴良之家畜性和善馴良者每易獲致福祥故祥从羊聲。朕兆曰祥。

## 祭　音際　ㄐㄧˋ

| 楷 | 甲文 | 金文 | 文 |
|---|---|---|---|

（會意）甲文祭羅振玉氏以爲「此字變形至夥然皆象持酒肉于示前之形」此所引祭字省肉，金文祭从示、从手（又）持肉以手奉肉於神前爲祭其本義作「祭祀」解，（見說文許箸）乃致飲食於神鬼前以祀之意。祭祀神鬼之事曰祭。

**祿** 音鹿 ㄌㄨˋ

（象形）（形聲）甲文祿李敬齋氏以爲「轆轤也上象架 系桶下象其滴瀝之水」古代灌溉艱辛雨澤難必得井吸水豐收可卜故彔有福澤意此即古祿字金文祿字與甲文祿略同本義作「福」解（見說文許箸）乃福祥之稱。俸曰祿即俸祿。

**祺** 音其 ㄑㄧˊ

（形聲）（會意）甲文金文祺字 从示其聲本義 作「吉」解（見說文許箸）乃安泰嘉祥之稱古以 吉祥爲神 所賜故从示又以其爲箕字初文乃盛穀物竹器因有所受之意味人以得受安泰嘉祥爲 吉故祺从其聲「壽考維祺以介景福」（詩．大雅）

**禁** 音浸 ㄐㄧㄣˋ

（形聲）（會意）甲文金文禁字从示林聲本義作「吉凶之忌」解（見說文許箸）乃指趨吉避凶所當忌慮戒止之諸晉行而言古以吉凶操之冥冥之神乃最宜申虔敬而忌褻瀆者故禁从示，林从二木會意衆多而明顯可見之吉凶之忌故禁从林聲。

**福**

（會意）（形聲）甲文金文福羅振玉氏以爲「从兩手奉尊於神前……爲奉尊之祭」金文福字丁佛言氏以爲「古文福皆从酉从尊」本義作「祐」解（見通訓定聲）乃神降吉祥以助人之意 吉祥曰福 指富貴壽考子孫繁盛身體健康等

**禍** 音貨 ㄏㄨㄛˋ

（形聲）（會意）甲文禍金文禍从示咼聲本義作「害」解（見說文許箸）乃指外來之毀傷殘滅等橫逆而言古以神不福人乃降禍故禍从示又以咼枯歪切本作「口戾不正」解即口斜戾之意故从咼聲。害曰禍災殃之稱。禍福無門唯人所召。

**禋** 音因 ㄧㄣ

音煙 ㄧㄢ

（形聲）（會意）甲文禋爲垔字重文古以垔通禋金文禋从示垔聲本義作「潔祀」解（見說文許箸）乃 潔敬之祭故从示又以垔音因本作「塞」解即豐滿之意凡「潔祀」即盛祀祭品豐滿故禋从垔聲，禋祀古代祭天之大典略稱禋 潔齋以祀。

**禦** 音馭 ㄩˋ

（指事）（形聲）甲文禦左上之ㄔ象酒餘瀝左下之丅爲示右之ㄋ（又）即手手奉酒祭神爲禦以指祭祀神明之事金文禦字从示御聲本義作「祀」解（見說文許箸）乃祭祀神明之稱故从示，从御聲。强人曰禦，戍卒曰禦即屯墾兵，防衞曰禦。

| 楷 | 甲文 | 金文 |
|---|---|---|
| 禪 音譱 ㄕㄢˋ | （形聲）（會意）甲文金文禪字 从示單聲本義作「祭天」解（見說文許箸）乃古代天子祭祀天地諸神之祭故从示又以單有盛大一義禪爲盛大祭典故从單聲或謂單爲墠之省文禪乃除地爲墠以祭者故从單聲 禪讓君主讓位於賢者之稱如堯舜· | |
| 禧 音熙 ㄒㄧ | （形聲）（會意）甲文金文禧字从示喜聲本義作「禮吉」解（見說文段注）乃行禮獲吉之意乃禮神所獲 者故从示又以喜有吉義周禮秋官「賀慶以贊諸侯之喜」是其例喜禧古今字禧爲喜之累增字故从喜聲·福曰禧吉利之稱·布賀鴻禧 | |
| 禮 音禮 ㄌㄧˇ | （會意）（形聲）甲文禮王國維氏以爲「从玨在凵中从 豆乃會意字……盛玉以奉神人之器謂之𧯷若豐推之而奉神 人之酒醴亦謂之醴又推之而奉神人之事通謂之禮其初皆用曲若豐二字」金文禮與甲文禮略同 其本義作「事神致福」解 | |
| 禱 音島 ㄉㄠˇ | （形聲）（會意）甲文金文禱字 从示壽聲本義 作「告事求福」解（見說文許箸）乃直陳事實而求神降福以佑之意故从示又以多壽爲人所盼禱者祈禳災疾多在得壽故禱从壽聲·祭神祝告求福之事曰禱「獲罪於天無所 禱也」（論·八佾） | |
| 禰 音彌 ㄋㄧˇ | （形聲）（會意）甲文金文禰字从示爾聲本義作「親廟」解（見說文新附）於七廟中爲與己最近之廟乃祀父母神主處故从示又以爾爲邇之省文父母與己最邇故禰从爾聲 行主曰禰如武王載主（卽文王之神主）姓父廟曰禰卽親廟 | |
| 禳 音穰 ㄖㄤˊ | （形聲）（會意）甲文金文禳字从示襄聲本義作「磔禳祀除厲殃」解（見說文句讀）卽磔牲祭神祈神驅除爲殃作祟之厲鬼故从示又以襄有佐助一義禳在求神佑助驅除災禍故从襄聲 周禮天官注 求神驅除災禍疫癘之祭謂之禳 祭神求攘 | |
| 内 音柔 ㄖㄡˊ | （象形）（形聲）甲文金文内字内乚象獸足形九聲獸著足地有跡爲内其本義作「獸足蹂地」解（見說文許 箸）乃獸足蹂地所遺之跡惟王筠氏以爲「九聲似未然厹（卽内）蹂並引而内多用爲部首字 獸類踏地之足跡曰内 厹（内同字） | |
| 禹 音雨 ㄩˇ | （象形）甲文禹金文禹字略同从内謂 其有四足上象其首本義作「蟲」解（見說文許箸）乃一種四足之蟲名惟徐灝氏以爲「禹爲蟲名而从獸足之内義不可通疑當从虫（虫）从九禹者蟲行屈曲故从九也」徐說有勝義 夏代開國君主之號曰禹 | |
| 禺 音遇 ㄩˋ | （象形）（會意）甲文禺字形與金文禺略象禺獸頭足尾之形亦略似人形徐灝氏以爲「蓋人形之獸通名曰禺猴亦似人形故或謂之禺」頭似鬼而足跡類獸者爲禺其本義作「母猴屬」解（見說文許箸）乃與母猴相類之獸名·獼猴 長尾猴之一種 | |

| 楷 | 甲文 | 金文 |
|---|---|---|

**禾** 音和 ㄏㄜˊ

（象形）甲文禾羅振玉氏以爲「上象穗與葉下象葉與根金文禾林義光氏以爲「上象垂穎形禾垂穗向根」其根爲全體象形其本義作「嘉穀」解（見部首訂）穀初生曰苗抽穗曰秀成實曰禾禾即已結實之穀・嘉穀曰禾連稈之穀類通稱之・

**私** 音司 ㄙ

（形聲）（會意）甲文金文私字从禾ㄙ聲本義作「禾也」解（見說文許箸）乃禾之一種私當與ㄙ同字ㄙ古文作口从口（音義同圍）爲公私字」民田曰私，公之反曰私買子道術「反公爲私」凡奸邪偏愛一己之情利均稱之・所施恩私者曰私・

**秀** 音繡 ㄒㄧㄡˋ

（會意）（象形）甲文秀金文秀字林義光氏以爲「从禾乃乃扔之古文引也禾引爲穗秀其穗也」其本義作「禾實」解（見說文繫傳）即禾吐華所結之實禾所吐華曰秀論語子罕朱注「穀之始生曰苗吐華曰秀成穀曰實」・凡草華皆曰秀・

**和** 音禾 ㄏㄜˊ

（形聲）（會意）甲文和金文和字略同从口禾聲本義作「相應」解（見說文許箸）乃彼此心聲相應之意故从口又以禾本象嘉穀順垂之形兼有相依從之意相應乃彼此順而相從故和从禾聲，睦曰和親厚之稱，和諧之聲音曰和，不剛不柔之稱，

**委** 音萎 ㄨㄟˇ

| 楷 | 甲文 | 金文 |
|---|---|---|

（形聲）（會意）甲文金文委字从禾威省（省威爲女）聲本義作「積」解（見通訓定聲）乃儲積之稱民以食爲天儲積必先禾穀故从禾女會意，故委从禾聲積儲曰委牽指官府儲米穀薪芻以備賑恤行旅之倉庫而言，水流所聚曰委・任授任・

**秋** 音湫 ㄑㄧㄡ

（象形）（形聲）甲文秋高鴻縉氏以爲龜字所从出其象龜甚至誤爲龜者按字形實象昆蟲之有角者即蟋蟀之類以秋季鳴其聲啾啾然・金文秋从火（當作𤇾象禾收之形故从禾，亦有與甲文同形者・收成曰秋四季之一・年曰秋，時曰秋，・千秋・

**秒** 音渺 ㄇㄧㄠˇ

（形聲）（會意）甲文金文秒字从禾少聲本義作「禾芒」解（見說文許箸）乃指禾穗尖端銳能刺人之芒而言故从禾又以少有小義禾本不大芒較禾尤小則益見其細微故秒从少聲・計時法一分之六十分之一曰秒・秒忽：秒忽爲數之極微小者・

**租** ㄗㄨ

（形聲）（會意）甲文金文租字从禾且聲本義作「田賦」解（見說文許箸）乃指丈量田畝計其收穫禾類，實況後所課之稅而言以其用田之所收者即禾類爲賦故从禾从且聲・田賦曰租計田地所入以課徵之稅俗稱錢糧承租土地屋舍器物之稱

**秩** 音至 ㄓˋ

（形聲）甲文金文秩字从禾失聲本義作「積貌」解（見說文段注）乃整齊有次序之狀儲積禾類必使整齊有序故秩从禾，常曰秩即常度・祿曰秩即俸祿・序曰秩次第等級之稱・十年爲一秩六十一歲至七十歲爲七秩餘類推・官職之一定任期曰秩・

楷 | 甲文 | 金文

**秧** 音央 一ㄤ

（形聲）（會意）甲文金文秧字从禾央聲本義作「禾苗秧穰」解（見玉篇）乃禾之幼苗故从禾又以央有居中之意插秧時必正直而不倚斜故秧从央聲。稻苗曰秧稻之初生者插秧栽秧。凡草木初生可移栽者皆曰秧。魚苗之稍大者曰秧。

**秫** 音述 ㄕㄨˊ

（象形）（形聲）甲文秫金文秫字阮元氏以爲「古朮字」徐鍇氏以爲「朮者象其體柔撓八其米也 象其禾體柔弱也」桂馥氏以朮爲秫之正體音義與秫同 其本義作「稷之黏者」解（見說文校錄）卽黍俗稱 稻之黏者曰秫見古今注卽「糯」

**秭** 音姊 ㄗˇ

（形聲）甲文秭金文秭字略同从禾𠂔聲本義作「數億至萬曰秭」解（見說文許箸）數（上聲）計也計億至萬卽億之萬倍「萬億曰秭」古之計數多从禾如黍秉秒稆等故秭亦从禾。數名命數法「十億曰兆十兆曰京十京曰垓十垓曰秭」。

**移** 音匜 一ˊ

（形聲）（會意）甲文移金文移字略同从辵多聲本義作「遷徙」解（見說文許箸）乃由此遷彼或由彼遷此之意故从辵又以多爲移之省文移本作「移秧」解乃遷植意 禾移植則增多故移从多聲。移者易也移風易俗 物換星移。移居移植。

**黍** 音暑 ㄕㄨˇ

（會意）（形聲）甲文黍羅振玉氏以爲「說文解字引孔子曰『黍可爲酒故从禾入水也』仲𣪘父盤亦作𣲖黍爲散穗與稻不同故作𣲖以象之」金文黍與甲文黍略同。本義作「禾屬而黏也」解（見說文許箸）乃頗類禾而性黏之穀物 故从禾。

**稅** 音帨 ㄕㄨㄟˋ

（形聲）（會意）甲文金文稅字从禾兑聲本義作「租」解（見說文許箸）乃履其田畝視其禾稼而課賦納 租之意故从禾又以兑本作「喜悅」解農人收穫後納租於官對國家盡義務官府課賦於農可裕府庫足兵食備饑饉有喜悅意故稅从兑聲。

**稀** 音希 ㄒ一

（形聲）（會意）甲文金文稀字从禾希聲本義作「疏」解（見說文徐箋）乃指禾之立苗時宜稀疏而言故从禾又以希上从爻象其織文其下从巾本指古代之「希冕」而言希爲精美不易得之有少意物少則稀疏故稀从希聲。稀稠：疎密之稱。

**程** 音呈 ㄔㄥˊ

（形聲）（會意）甲文程金文程字略同从禾呈聲本義作「程品」解（見說文繫傳）品有「衆庶」之意因衆庶而立之法謂之程品故丈尺斗斛之法爲程又因古以農立國所稱量者多爲禾類故从禾呈有持平之意故程从呈聲。路曰程卽路程。

**稍** 音梢 ㄕㄠ　ㄕㄠˋ

（形聲）（會意）甲文金文稍字本義作「禾末」解（見通訓定聲）乃指禾之末端而言故从禾又以肖本作「骨肉相似」解末由本出猶骨肉相似故稍从肖聲。廩食曰稍卽公糧。距王城三百里之地曰稍。稍稍：鳥羽森然貌。森然竦立貌。

**稈** 音感 ㄍㄢˇ

（形聲）（會意）甲文金文稈字从禾旱聲本義 作「禾莖」解（見說文許箸）乃稭之和皮者故从禾又以旱有無水之意稈爲乾禾之莖故从旱聲。稻麥之莖曰稈。禾稈稻稈。散膠盡塗場間麥稈。凡植物之莖皆曰稈。蔴稈棉稈高粱稈。秆（稈同字）。

楷　甲文　金文

**稂** 音郎 ㄌㄤˊ

（形聲）甲文金文稂字从禾郎省（省郎爲良）聲本義作「禾秀不成也」解（見玉篇）乃指有莖葉且開花但不結實之禾而言故从禾。說文作「童稂，禾粟之秀生而不成者」解仍與玉篇義略同。狗尾草之野草，且常雜生禾粟中類莠不結實之野草。

**稠** 音儔 ㄔㄡˊ

（形聲）（會意）甲文金文稠字从禾周聲本義作「禾多」解（見通訓定聲）乃禾稻蕃衍之意故从禾又以周本作「密」解稠爲禾由蕃衍而多而密出故从周聲。姓漢有常樂侯稠雕。密：「『歌者稠』注『稠，密也』」（禮・文王世子）。

**嵇** 音稽 ㄐㄧ

（形聲）甲文金文嵇字从山从尤木聲（禾音雞與禾字有別）本義作「山名」解（見集韻）今安徽省河南省皆有嵇山以其爲山名故嵇从山。姓夏少康封子季杼於會稽遂爲會稽氏漢初有徙譙之稽山者改爲嵇氏以其地屬銍縣故亦名銍嵇山。

**稚** 音治 ㄓˋ

（形聲）（會意）甲文金文稚字从禾隹聲本義作「幼禾」解（見玉篇）乃指尚未長成之禾而言故从禾又以隹本作「短尾禽」解幼禾爲短小之禾苗故稚从隹聲。穉稚同字。經典以禾幼作穉人年小作稚幼禾之本義爲穉幼曰稚年幼者之稱。

**稔** 音荏 ㄖㄣˇ

（形聲）（會意）甲文金文稔字从禾念聲本義作「穀熟」解（見說文許箸）乃五穀成實之意禾爲嘉穀故稔从禾又以念本作「常思」解民以食爲天常思穀熟故稔从念聲。稔黍之不黏者。年曰稔：穀一熟故謂一年不及五稔者夫子之謂也。

**稗** 音憊 ㄅㄞˋ

（形聲）（會意）甲文金文稗字从禾卑聲本義作「禾別」解（見說文許箸）乃頗似禾而實有別之野艸名故从禾又以卑本作「賤」解稗爲有害於禾之野艸以與禾較實賤故稗从卑聲。稗・植物名禾本科莖扁葉細長而尖頗似稻爲害稼者。

**稜** 音崚 ㄌㄥˊ

（形聲）（會意）甲文金文稜字从禾夌聲本指「烏稜」一詞而言烏稜之本義作「稻名」解（見集韻）字亦作稑爲稻之一種故从禾。本草綱目「蕎麥一名烏麥」烏稜或卽烏麥以其麥粒爲三稜形故稜从夌。物之廉角曰稜。稜稜：嚴寒貌。威曰稜。

**種** 音踵 ㄓㄨㄥˇ

（形聲）（會意）甲文種金文穜字从米重聲古从禾之字或亦从米丁佛言氏以此爲古種字無穜種之別。本義作「先種後熟」解（見通訓定聲）卽禾之一種爲先種植而晚成熟之稻故从禾。穀種曰種穀類之子植之使蕃衍者。種族宗族曰種。

**稱** 音偁 ㄔㄥ

（形聲）（會意）甲文稱金文稱字略同从禾爯聲本義作「銓」解（見說文許箸）乃指衡量物品之長短輕重而言古代量計長短之最小單位曰秒量計輕重之最小單位曰粟本作「並舉」解故从爯聲。名號曰稱。譽曰稱卽名聲。知輕重者曰稱。

**稻** 音道 ㄉㄠˋ

（象形）（形聲）甲文稻葉玉森氏以爲「𠦝象杵臼象臼 ⁞⁞ 象米掜出旁踣者作雙手舉杵狀……乃古文舀字詩生民『或簸或舀』說文『舀抒臼也』古亦假作稻」金文稻象打稻之形下承以皿也象禾在臼旁爪手持之故从舀聲。穀曰稻脫稃之稻。

楷　甲文　金文　文

**稽**　音雞　ㄐㄧ

（形聲）（會意）甲文稽字金文稽从禾从尤旨聲本義作「留止」解（見說文許箸）乃遲留亦卽止之不去不進之意禾音稽爲「木之曲頭止不能上」意 林義光氏以爲「稽留止也从禾从尤旨聲。流連不時去之事曰稽。稽首：古禮九拜最敬禮

**稾**　音杲　ㄍㄠˇ

（形聲）（會意）甲文金文稾字从禾高聲本義作「稈」解（見說文許箸）乃稈之粗者卽乾稻草本爲禾莖故从禾又以高有長義稾爲細長物故从高聲 禾稈曰稾卽乾稻草。文章之未修治者曰稾今則圖畫圖案等之草底並曰稾。書稾畫稾圖稾。

**稺**　音治　ㄓˋ

（形聲）（會意）甲文金文稺字从禾犀聲本義作「幼禾」解（見說文許箸）乃指尙未長成之禾而言故从禾又以犀音西爲棲遲意稺爲成熟較遲之意故从犀聲 幼禾曰稺或謂禾之晚種者或謂禾之再種者皆幼禾 幼曰稺年幼者之稱 稺驕也。

**黎**　音犂　ㄌㄧˊ

（形聲）（會意）甲文黎與金文黎字略同从黍秎省（省秎右禾）聲本義作「履黏」解（見說文粲傳）乃作履黏以黍米使合之謂黍最富黏性故黎从黍又以秎爲古文利有相宜與順利之義故黎从秎聲 美玉名；梁有懸黎楚有和璞。黑首曰黎。

楷　甲　文　金　文

**稼**　音駕　ㄐㄧㄚˋ

（形聲）（意會）甲文金文稼字从禾家聲本義作「禾之秀實」解（見說文許箸）乃指成熟之禾而言故从禾又以家爲家人聚居生活之所而稼爲家人生活所資之事故稼从家聲。禾之秀實曰稼。連莖節曰禾 禾穀在野者之稱。種殖耕作之事曰稼。

**稷**　音卽　ㄐㄧˋ

（會意）（形聲）甲文稷金文稷字从禾从畟省 丁佛言氏以此爲古稷字本義作「小黃米」解（見說文徐箋）乃黍之不黏者稷爲五穀（稻黍稷麥菽）之先種者故从禾 稷必力耕始可豐收乃不黏之黍。稷與黍一類二種。祠稷神之祠曰稷。

**積**　音績　ㄐㄧ

（形聲）（會意）甲文積金文積字略同从禾責聲本義作「聚」解（見說文許箸）乃指聚禾粟儲 以備用而言故从禾又以責之本義作「求」解務則必須力耕以求禾穀故从責聲 堆聚於田畝之穀類曰積 聚儲曰積 積聚。積貯：儲備之稱。

**穆**　音木　ㄇㄨˋ

（形聲）（會意）甲文穆金文穆字林義光氏以爲「穆當訓爲『細文』从禾禾爲穌之聲借从㣎省从彡㣎者細意彡者文意」从禾㣎聲本義作「和」解（見慧琳音義引說文）乃悅和之意故从禾从㣎聲。祭祀之位次左爲昭右爲穆。子孫曰穆。

**穅**　音康　ㄎㄤ

楷　甲文　金文

（形聲）（會意）甲文穅金文穅為康字重文，康爲穅字初文見「康」字下，本義作「穀皮」解（見說文義證）乃黍稷稻粱麥等包含其仁（米）於內之皮凡穀去此皮則爲米粟嘉穀曰禾故穅从禾，康聲。穀皮曰穅黍稷稻粱麥等之皮皆稱之。

**穗**　音穟　ㄙㄨㄟˋ

（象形）（形聲）（會意）甲文穗金文穗字與大徵氏以爲「象禾穗下垂形」遂以此爲古穗字，本義作「禾成秀」解（見說文許箸）乃指穀類開花結實所成之條狀物而言，故从禾，先民以豐收得自天惠故穗从惠聲。禾秀曰穗。花草結實，亦曰穗。

**穢**　音薈　ㄏㄨㄟˋ

（形聲）（會意）甲文金文穢字从禾歲聲本義作「蕪」解（見說文許箸）徐鍇氏謂「田中雜草也」又以歲有禾穀成熟一義田中雜草盛出如禾穀成熟之茂密爲蕆故从歲。惡曰穢惡德惡行之稱。惡人曰穢以其如穢之害稼穡故稱，邪念曰穢。

**穡**　音色　ㄙㄜˋ

（形聲）（會意）甲文穡金文穡字王國維氏以爲此「說文作牆字之籀文」可收」解（見說文繫傳）乃指收穫穀類之事而言故从禾又以嗇本作「收」解徐灝氏以爲「嗇穡實一字相承增偏旁耳」故穡从嗇聲。秋收曰穡耕作曰穡。儉約曰穡。

**穩**　溫上聲　ㄨㄣˇ

（形聲）（會意）甲文金文穩字从禾㥯省（省㥯左阜）聲本義作「安」解（見說文新附）乃平安無虞之意民以食爲天得嘉禾即穀則心安且定而無虞饑饉，故从禾，又以㥯有倚義凡安必求有所爲倚，故穩从㥯省聲。安行不奔馳曰穩。穩當。妥當。

**穫**　音獲　ㄏㄨㄛˋ

（形聲）（會意）甲文穫形與義同金文穫字从禾蒦聲本義作「刈穀」解（見說文許箸）乃指刈收已熟之穀而言故从禾又以蒦與擭通有握持意刈穀必須握持故穫从蒦聲　收成曰穫即穫取之穀物　「載穫濟濟」（詩・周頌）焦穫：古澤藪名

**穰**　音瓤　ㄖㄤˊ　汝養切　ㄖㄤˇ

（形聲）（會意）甲文穰金文穰从禾襄聲本義作「黍治竟者」解（見說文句讀）乃擊黍穗使其粒盡下則所餘無粒之穗即穰以黍爲禾屬故穰从禾，又以襄本作「解衣而耕」解因有脫除之意穰爲黍已脫粒之穗　故从襄聲。禾黍脫粒之穗曰穰。

**穴**　玄去聲　ㄒㄩㄝˋ

（形聲）（象形）甲文金文穴字从宀八聲本義作「土室」解（見說文許箸）在古生民野處以穴爲室故从宀，林義光氏以爲「穴八不同音……象穴形」說有勝義並引參證。人居之土室曰穴。壙曰穴即塋兆，孔曰穴即窟竅，險陷之所曰穴。

**究**　音救　ㄐㄧㄡˋ　音糾　ㄐㄧㄡ

（形聲）（會意）甲文金文究字从穴九聲本義作「窮」解（見說文許箸）乃深探到底之意穴不易窮而終有窮故从穴又以九爲數之極數始於一而盡於九至九復進位爲一十是有窮盡之意究爲窮盡其實故从九聲。終極曰究。事畢曰究。窮鑽研。

**空**　音崆　ㄎㄨㄥ

（形聲）（會意）甲文空金文空字从穴工聲本義作「竅」解（見說文許箸）乃窟竅之稱以其中虛類穴故从穴古之居室始於營窟工乃善營窟以人故空从工聲。天曰空以其虛而無物故稱。高空晴空碧空。空空：無實無虛之稱。虛無所有者曰空。

**穹**　音芎　ㄑㄩㄥ

楷 甲文 金文

**穹** 音窮 ㄑㄩㄥˊ

（形聲）（會意）甲文金文穹字从穴弓聲本義作「窮」解（見說文許箸）乃極究其實之意穴不易窮而終有窮故从穴又以弓爲能及窮遠之武器張之則其背穹隆然故穹从弓聲。天曰穹天空之稱。消穹顥穹。物狀隆起者曰穹。穹冥・穹蒼窮極空曠

**穿** 音川 ㄔㄨㄢ

（會意）甲文穿金文穿字略同。从牙在穴中牙所以齧嚼食物者凡食物進口下咽。先以牙斷之若掘穴然其本義作「通」解（見說文許箸）乃齧物使通之意。掘通。孔穴曰穿。壙曰穿即墓穴。穿鑿：悖於義理任意牽强附會之說曰穿鑿。穿衣穿靴穿襪

**突** 音凸 ㄊㄨˊ

（會意）甲文突金文突字从犬在穴中 犬自門旁狗竇（即門旁穴）忽然竄出爲突故突之本義作「犬從穴中暫出」解（見說文許箸）乃突然躍出之意。堗囪曰突。煙突竈突・凸形之物曰突。隧道曰突・惡馬曰突突惡馬也。突如・突然：忽然。

**穽** 音靜 ㄐㄧㄥˇ

（象形）（會意）（形聲）甲文穽羅振玉氏以爲「象獸 在井上正是阱字」金文穽實爲阱。阱穽本一字。从井聲穿地爲深如井而大之穴曰穽其本義作「大陷」解（見說文句讀）乃掘地而成用以陷捕禽獸之大陷坑。捕野獸陷害人之圈套曰穽。

**窄** 音笮 ㄗㄜˊ 齋上聲 ㄓㄞˇ

（形聲）（會意）甲文金文窄字从穴乍聲本義作「陋（同狹）」解（見玉篇）乃指狹隘不寬廣而言穴難求寬廣故窄从穴又以乍本作「暫忽」解乃言時間上迫促之狀窄爲地域間之迫促故从乍聲。褊隘之稱。狹不寬。量窄。窘迫。命窄途舛。

**窈** 音杳 ㄧㄠˇ

楷 甲文 金文

**窊** 音窪 ㄨㄚ

（形聲）（會意）甲文金文窊字从穴幼聲本義作「深遠」解（見說文許箸）乃深暗悠遠之意穴以深而遠爲常故从穴又以幼有幽義史記曆書「幽者幼也」可爲明證深遠有幽不可測之意故窈从幼聲。窈窕：幽處之稱。美好之稱。窈糾：舒徐姿容。

**窒** 音鑕 ㄓˋ

（形聲）（會意）甲文金文窊字从穴瓜聲本義作「污衺（邪）下也」解（見說文許箸）乃指污邪下聚而言穴陷下常爲污邪所趨聚處故窊从穴又以瓜之爲物常懸於藤因有垂下之意窊爲污邪下注故从瓜聲。低下曰窊。窊隆：低下隆高之稱。

**窕** 音挑 ㄊㄧㄠ 音眺 ㄊㄧㄠˋ 祧上聲 ㄊㄧㄠˇ

（形聲）（會意）甲文窒金文窒字略同从穴至聲本義作「塞」解（見說文許箸）乃阻難通之意 穴常口小易塞故从穴又至本作「鳥飛下至地」解含有飛鳥爲地所阻而止之意窒爲塞止故从至聲。障礙不通曰窒。窒皇：寢門闕甬道。塞堙塞。

**窗** 鏦平聲 ㄔㄨㄤ

（形聲）（會意）甲文金文窕字从穴兆聲本義作「深肆極」解（見說文許箸）玉篇解肆作遂深肆極即深遂已極之意穴爲最易見其深遂者故窕从穴又以兆有奧祕難知之意深遂極沓常難窺其究竟故窕从兆聲。肆力應事曰窕。窕冶妖美之稱

楷　甲文　金文　文

(會意)(形聲)甲文囪金文窗字从囪穴穴謂孔穴囪象其形在屋間 形如囪以通光通氣之孔穴曰窗其本義作「在牆曰牖在屋曰窗」解(見說文許箸)乃在屋間之天窗乃通氣通光之孔穴在牆曰牖在屋曰窗。窗牖：房舍之通氣透光孔曰窗。

窘 音菌 ㄐㄩㄥˇ　音炯 ㄐㄩㄥˇ

(形聲)(會意)甲文金文窘字从穴君聲本義作「迫」解(見說文許箸)乃極受困迫之意陷身穴中者情甚困迫故从穴或謂君爲發令之主今困處穴中何能發令是爲受迫之象故从穴君會意作「迫」解說亦可通 困窮之稱：困頓困迫窘若囚拘

窖 音敎 ㄐㄧㄠˋ

(會意)(形聲)甲文窖金文窖字从穴从造亦从诰聲 有造穴以藏爲窖之意 等从穴告聲本義作「地藏」解(見說文許箸)乃穿地爲室以藏物之意故从穴又以告有報知一義窖雖藏物終必取用是宜報知藏物品類數量故窖从告聲。地藏曰窖。

窮 音穹 ㄑㄩㄥˊ

(形聲)(會意)甲文金文窮字从穴躳聲本義作「極」解(見說文許箸)極爲屋棟亦卽屋之中梁係屋之最上處有盡而不能更上之意穴爲土室窄而易盡故窮从穴又以藏身者故窮从躳聲。貧乏曰窮困厄曰窮。極曰窮止境終極之稱 孤苦曰窮

窯 音遙 ㄧㄠˊ　(窯)

(形聲)(會意)甲文窰金文窯字略同爲「古窯字」从穴羔聲本義作「燒瓦窯竈」解(見說文繫傳)乃燒瓦器之竈以其類穴故从穴又以缶 音由本作「瓦器」解窰窯爲同字。燒甎瓦陶器之竈曰窯。窰子：北方稱娼寮曰窰子。陶器曰窯

窺 音虧 ㄎㄨㄟ　音跬 ㄎㄨㄟˇ

(形聲)(會意)甲文金文窺字从穴規聲本義作「小視」解(見說文許箸)乃自空隙小處外視之意故从穴又以規爲正圓之器而隙穴之形多圓小故窺从規聲。小視：「鑽穴隙相窺踰牆相從則父母國人皆賤之」(孟・滕文公)。偵視窺密。

竄 音爨 ㄘㄨㄢˋ

(會意)甲文金文竄字从鼠在穴中鼠受驚聞警則潛藏於穴以避其本義作「匿」解(見說文許箸)乃藏匿之意。匿隱匿：「我先王不窋用失 其官以自竄於戎狄之間」(國語・周)。逃避：「蒯聵得罪于君父君母逋竄于晉」(左・哀)

竅 音俏 ㄑㄧㄠˋ

(形聲)(會意)甲文金文竅字从穴敫聲本義作「空」解(見說文許箸)空孔古今字竅謂孔穴竅隙乃中空如穴處之稱故从穴又以敫音約从白放會意本作「光景流貌」解內有通放意竅中空而通故从敫聲。人身之上下器官曰竅。訣竅。

竇 音豆 ㄉㄡˋ

(形聲)(會意)甲文金文竇字从穴瀆省(省瀆左氵)聲本義作「空」解(見說文許箸)空孔古今字竇乃孔穴之稱故从穴又以瀆本作「溝」解凡溝或明或暗皆通水者竇爲中空通水之暗溝故从瀆省聲。藏穀窖曰竇。壁間小戶曰竇通「窬」

竈 音躁 ㄗㄠˋ

(形聲)(會意)甲文竈字金文竈从穴从黽省聲本義作「炊竈」解(見說文許箸)乃舉火炊爨之處以其中空如穴故从穴又以黽音秋謂朱鼁卽蟾蜍之稱古代竈頗類蛤蟆大腹伏蹲之形故竈从黽聲 炊飲食之所炊飲食之器並曰竈。竈君

竊 音切 ㄑㄧㄝˋ

| 楷 | 甲文 | 金文 |
|---|---|---|

（形聲）甲文金文竊字 从穴从米禼（音屑古文偰、文疾）皆聲本義作「盜自中出曰竊」解（見說文許箸）乃盜得財物自穴中外出之意米謂財物故从穴米、林義光氏以爲「廿爲古文疾無考廿卽ㄩ之變象、賊曰竊卽盜賊之稱、偷盜曰竊。

## 立 音力 ㄌㄧˋ

（象形）（指事）甲文立與金文立略同金文立林義光氏以爲「象人正立地上形」从大立地人兩足站地而身體不移動爲立其本義作「住」解（見部首訂）亦卽直身站住之意、身體站住不移動曰立、「『立愛惟親立敬惟長』植也」（書・伊訓）。

## 竝 音併 ㄅㄧㄥˋ

（會意）（象形）甲文竝金文竝略同 从二立兩相比立爲竝其本義作「併也」解（見通訓定聲）乃兩相比於一處以立之意 姓唐宋時有竝姓、併併合、竝手偕作「『冰炭不可以相竝兮』注『竝併也』」（東方朔・七諫）併兩相併連並竝同字）

## 竚 音宁 ㄓㄨˋ

（形聲）（會意）甲文金文竚字 从立宁聲本義作「久立」解（見類篇）乃久立以待之意故从立又以宁貯佇本作「辨（辦）積物」解與積貯之貯爲古今字積貯有久意竚謂久立故从宁聲、久立：「承甕訓其虛徐兮竚盤桓而且俟」（班固賦）。

## 章 音彰 ㄓㄤ

（指事）（會意）甲文章金文章林義光氏以爲「本 義當爲『法』从辛辛罪也以束之法以約束有罪也」以束辛直指其事爲法卽章其本義作「樂竟曰章」解（見說文許箸）乃奏樂自始至終音節完整之總稱、積句成文 起止完整者曰章。

## 竟 音敬 ㄐㄧㄥˋ

（指事）（會意）甲文竟金文竟字吳大澂氏以爲「竟竆也从見从𡈼立表以爲界謂之境猶關之有卄也二古上字从 土後人所加」吳氏蓋謂竟古境字𡈼卽境界表記所立之處卽境、終極曰竟、鑑曰竟通「鏡」、究深究：竆竟其事、疆界曰竟。

## 翊 音弋 ㄧˋ

（形聲）（會意）甲文翊與金文翊略同 从羽立聲本義作「飛皃（貌）」解（見說文許箸）乃鳥 振羽翺翔貌故从羽又以立有不廢絕一義左襄廿四年「既歿其言立」鳥飛時羽振動不絕爲翊故翊从立聲、輔佐：匡翊輔翊、翊翊：飛翔貌。

## 竣 音逡 ㄑㄩㄣ 音俊 ㄐㄩㄣˋ

（形聲）（會意）甲文金文竣字 从立夋聲本義 作「止」解（見玉篇）乃停止之意立爲止而不動故竣从立 又以夋爲峻字省文峻謂高竣遇高峻每止而難進故峻从夋聲 退：「有司已於事而竣」（國語・齊）、畢畢其事、竣工竣事。

## 靖 音靜 ㄐㄧㄥˋ

（形聲）（會意）甲文金文竫字从立靑聲本義 作「安」解（見廣雅）乃安定之意立爲持身起立不動故竫从立又以靑爲天之色爲諸色中之不變者因有定而不變意竫謂安止不變故从靑聲、安靜曰竫、安安輯之寢止息『竫安也』」（書・盤庚）

## 端 ㄉㄨㄢ

| 楷 | 甲文 | 金文 |
|---|---|---|

（形聲）（會意）甲文端形異義同金文端字右爲耑字變體丁佛言氏以此爲古端字，从立耑聲本義作「直」解（見說文許箸）乃身體正直之意故从立又以耑音短平聲本作「艸木初生之題」端取其直意故从耑聲・本曰端・始曰端・緒曰端・

竭　音傑　ㄐㄧㄝˊ

（形聲）（會意）甲文竭金文竭右爲古曷字左从立曷聲本義作「負舉」解（見說文段注）凡物重手不能舉者多先屈身肩負而後起身以舉之故从立又以曷爲渴之省文渴本作「盡」解負舉有盡全力以任之之意故竭从曷聲・負戴・竭蹶：顛倒・

競　音敬　ㄐㄧㄥˋ

（會意）（形聲）甲文競羅振玉氏以爲「說文解字『競从誩从二人』此从誩省」金文競林義光氏以爲「象二人首上有言象言語相競意」其本義作「彊語」解（見說文許箸）即彊爭以語之意・逞彊求勝曰競・疆界曰競通「境」・競逐也・

贛　音貢　ㄍㄨㄥˋ
音紺　ㄍㄢˋ

（形聲）甲文贛金文贛字从貝从竷省（省爲夅）丁佛言氏以此爲古贛字本義作「賜」解（見說文許箸）乃分財貨以予人之意故从貝，从夅聲・（讀絳）・賜賜予贛賜也・贛陷也・貢進也・贛水：即贛江在江西省其上源　贛水縱貫其間故簡稱贛・

奉　音唪　ㄈㄥˇ
音俸　ㄈㄥˋ

（指事）（形聲）甲文奉金文奉字吳大澂氏以爲「象「承」解（見說文許箸）乃進兩手以捧承物之意故从手从廾（古拱字兩手相合意）・藉曰奉承藉之稱・供養之稱・財貨曰奉・「長者與之提攜則兩手奉長者之手」（禮・曲禮）・進進獻・

| 楷 | 甲文 | 金文 |
|---|---|---|

春　音椿　ㄔㄨㄣ

（會意）（形聲）甲文春字多形義同朱芳圃氏以爲「葉（玉森）氏釋春於辭例頗合象盆中（从凵）艸木（木）欣欣向榮之形」金文春从艸从日屯聲本義作「推」解（見說文義證）乃寒氣至春轉溫萬物盈生之意故春从屯聲・四時之始・

奏　鄒去聲　ㄗㄡˋ

（會意）甲文金文奏字略同吳大澂氏以此爲古奏字从本从廾从廾夲音滔乃進趣意廾音竦乃兩手拱奉意屮音徹乃上進趣前肅奉以進爲奏其本義作「奏進」解（見說文許箸）即肅奉物以進之於人之意・臣屬上君主之書曰奏・章奏疏奏・節奏・

泰　音太　ㄊㄞˋ

（形聲）甲文金文泰字略同从廾水大聲本義作「滑」解（見說文許箸）乃滑利之意水在手中溜去甚利故从廾林義光氏以爲「泰脫也即淘汰之汰本字　手捧水形」林說有勝義・亨通曰泰與幽閉曰否對稱・侈曰泰過分之稱・不吝賞曰泰・帝曰泰・

秦　音螓　ㄑㄧㄣˊ

（會意）甲文秦商承祚氏以爲「午卜辭作𠂤故知此爲秦字與金文秦　字略同从廾从午从二禾廾音竦兩手拱奉之意午即杵二禾示衆禾兩手奉杵舂衆禾爲秦・國名・・周孝王封伯益之後於秦今甘肅省天水縣文惠君稱王傳至始皇而統一・

| 楷 | 甲文 | 金文 |
| --- | --- | --- |

## 舂 音摏 ㄔㄨㄥ

（會意）甲文舂金文舂字丁佛言氏以爲「从廾持杵臨臼上象擣粟之形」爲臼省」按午古杵字廾古拱字兩手奉持之意兩手持杵臨臼以擣爲舂本義作「擣粟」解（見說文許箸）卽擣粟去殼之意。擣粟去殼擣米使精熟之事曰舂 凡擣擊曰舂。

## 臻 音榛 ㄓㄣ

（形聲）（會意）甲文金文臻字 从至秦聲本義作「至」解（見說文許箸）乃來到之意故从至又以秦爲禾名林義光氏謂其爲「穫禾」因有禾入於己意至乃近於己入於己故臻从秦聲。至到來臻至也。百福駢臻。百祿咸來臻「允臻其極」（冬官）

## 竹 音竺 ㄓㄨˊ

（象形）甲文金字竹字 象兩竹對立垂葉形其本義作「冬生艸也」解（見說文許箸）饒炯氏謂「竹爲艸類淩冬不凋故云冬生艸」卽俗稱之竹子。竹。植物名禾本科常綠多年生長幹莖木質中空有節。八音之一以竹製成之樂器如笛簫管笳笙竽等

## 竺 音竹 ㄓㄨˊ

（形聲）（會意）甲文金文竺字 从二竹聲本義作「厚」解（見說文許箸）卽不薄之意凡物一則薄積薄卽倍一則厚故从二又以竹中空外實剖而分之則薄合而積厚，竺取全竹不分爲厚之意故从竹聲。天竺略稱竺國名卽「天篤」西域國名」。

## 竿 音干 ㄍㄢ

（形聲）（會意）甲文金文竿字 从竹干聲本義作「竹梃」解（見說文許箸）梃爲直枝竿乃直竹故从竹又 以干有直義詩鄘風以干旄名篇卽其例竿爲直竹故从干聲。竹梃曰竿截竹而成者。活竹之幹曰竿。筍之初生者曰竿。量詞竹一根曰一竿。

## 笑 音肖 ㄒㄧㄠˋ

（會意）（形聲）甲文金文笑字从竹从夭李陽冰氏謂「竹得風其體夭屈如人之笑」乃謂有所悅樂時口出啞啞之聲 其本義作「喜」解（見說文繫傳）乃喜悅之狀 其情舒散故从夭。喜而解顏啓齒之稱。嘲嗤譏笑。樂然後笑人不厭其笑。

## 第 音悌 ㄉㄧˋ

（會意）（形聲）甲文金文第字 从竹弟竹謂簡牘弟謂束韋之次弟編集簡册使其先後有序爲第其本義作「編簡之次弟」解（見說文古本考）乃編簡使先後典册之稱按亦从弟聲。邸曰第卽第宅取其有甲乙次第之稱。等級曰第。科第曰第。

## 笛 音敵 ㄉㄧˊ

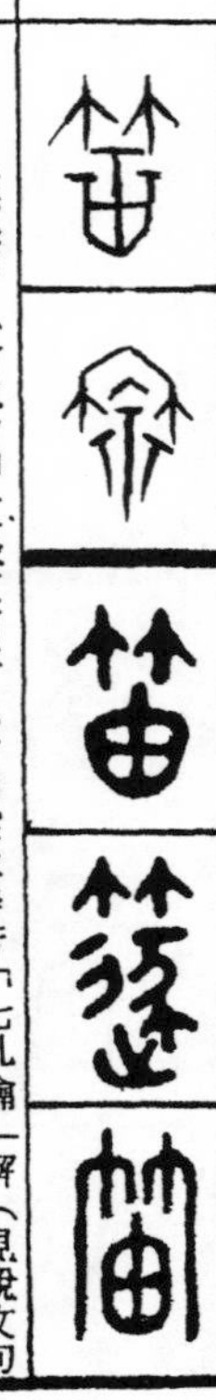

（形聲）（會意）甲文金文笛字 从竹由聲本義作「七孔龠」解（見說文句讀）龠爲七孔管樂名古以七孔之龠爲笛卽直吹之洞簫後世則以橫吹者爲笛皆竹製管樂名爲諧弦歌定音之所由本故从由聲。管樂名橫吹以發音者孔五一孔出其背。

## 符 音扶 ㄈㄨˊ

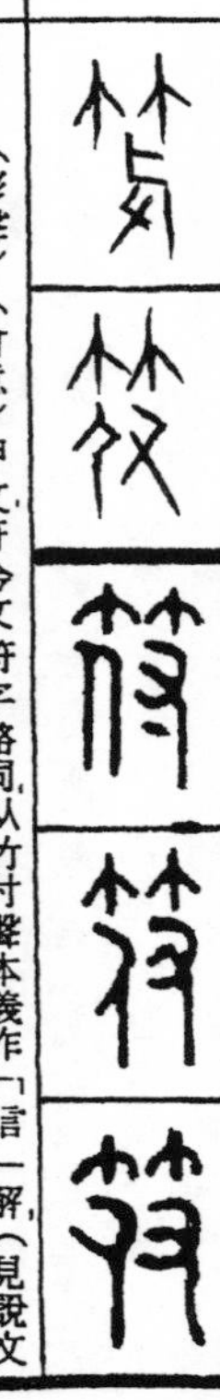

（形聲）（會意）甲文符金文符字略同从竹付聲本義作「信」解（見說文許箸）乃相合以爲信者以全竹爲之剖之爲兩各執其一合之以爲驗也 故从竹又以付本作「予」解卽相授受意符乃雙方授受驗明以取信者故从付聲。通行證件曰符。

## 笠 音立 ㄌㄧˋ

（形聲）（會意）甲文金文笠字从竹立聲本義作「簦無柄」解（見說文許箸）簦爲繖卽傘傘之無柄者曰笠急就篇顏注「小而無把首戴以行謂之笠」乃以竹製成者 故从竹又以立象人正面立形笠上小下大如立故从立聲。箬帽曰笠以竹皮、桒編成。

楷 | 甲文 | 金文

## 笨 本去聲 ㄅㄣˋ

（形聲）（會意）甲文金文笨字从竹本聲本義作「竹裡」解（見說文許箸）乃竹內色白如紙之薄膜故从竹又以本作「木下」解卽木根乃不能製器物者故从本聲・竹曰笨其白如紙可手揭者亦謂之竹浮俞。笨伯：拙人之稱・拙・不巧不精良

## 笙 音生 ㄕㄥ

（形聲）（會意）甲文金文笙字从竹生聲本義作「十三簧象鳳之身也笙正月之音」解乃圓列十三管一如鳳身之樂器名故从竹。白虎通義謂「笙者太簇之氣象萬物之生」故笙从生聲・樂器名古以瓠爲之共十三管吹之以發音者・玉笙銀笙

## 笞 音癡 ㄔ

（形聲）（會意）甲文金文笞字从竹台聲本義作「擊」解（見說文許箸）乃以箠擊人之意故从竹又以台爲怡字初文本作「悅」解人喜悅則笑口常開笞爲五刑之一受笞者常皮肉裂開故笞从台聲・笞刑始於漢文帝以竹爲之施於罪徒・

## 筆 音必 ㄅㄧˇ

（會意）（形聲）甲文金文筆字从聿竹聿音鷸作「所以書也」解以竹管加毫供書寫用者爲筆其本義作「秦謂之筆」解（見說文繫傳）史稱筆創自秦之蒙恬爲兎毫竹管筆之始故从聿竹會意从竹聿聲・作字畫之竹管毛錐曰筆・毛筆粉筆・

## 等 ㄉㄥˇ

（會意）（形聲）甲文金文等字从竹从寺竹謂竹簡卽簡牘寺乃官吏依法度以稽察庶政使平適之公所整齊簡牘使平適爲等其本義作「齊簡」解（見說文許箸）卽疊簡牘而齊之並使平整之意从竹寺聲・級曰等卽階級差曰等卽差別・類曰等・

## 筋 音斤 ㄐㄧㄣ

（會意）甲文金文筋字从肉力从竹竹爲物之多筋者肉著力則有如竹筋者凸現此卽筋其本義作「肉之力也」解（見說文段注）乃居肌肉與骨骼間使兩者得以接連活動之筋絡・筋肉卽由有收縮性細胞所組成之纖維束略稱之曰筋具彈性・

## 筍 音榫 ㄙㄨㄣˇ

（形聲）（會意）甲文筍金文筍字略同从竹旬聲本義作「竹胎」解（見說文許箸）卽竹之初生者王筠氏謂「胎孕地中者爲筍」孕於地下及露於地上兩部分之合稱故从竹又以竹之萌生約十日便顯著可見故筍从旬聲・筍竹萌也。苞筍：味美・

## 答 音搭 ㄉㄚ

（形聲）（會意）甲文金文答字从竹合聲本義作「竹筃」解（見篇海）筃音婦集韻釋作「補籬」答卽以竹補籬之意故从竹又以合有會聚一義補籬須使新竹與舊竹相會聚故答从合聲・答復之稱・答應：指神感人虔誠賜福祉以答而言・

## 策 音册 ㄘㄜˋ

（形聲）（會意）甲文策金文策字吳大澂氏以爲「古策字不从竹」或从𥫗或爲竹之省朿或爲朿之異文本義作「馬箠」解（見說文許箸）乃撾擊馬之竹鞭故从竹又以朿音次本作「木芒」解卽附有歧生針形之木刺故策从朿聲・謀曰策計謀・

## 筏 音罰 ㄈㄚˊ

（形聲）（會意）甲文金文筏字从竹伐聲本義作「編竹渡水」解（見篇海）乃渡水之竹排故从竹又以伐从人戈會意有進擊之意筏爲擊水以進者故从伐聲・排竹曰筏。喻濟人渡苦海迷津之法曰筏。縛筏以濟・「開張篋中實自可得津筏」・

| 楷 | 甲文 | 金文 | 說明 |
|---|---|---|---|
| 筑 音竹 ㄓㄨˊ | | | （會意）（形聲）甲文金文筑字从竹从巩亦从竹聲竹乃曲以受弦及擊以發音者巩音祝乃執持意曲竹受弦左手持其頸右手執竹尺擊其弦以發音之樂器爲筑其本義作「以竹曲五弦之樂也」解（見說文許箸）古弦樂名項細肩圓以竹尺擊之。 |
| 筵 音延 ㄧㄢˊ | | | （形聲）（會意）甲文金文筵字从竹延聲本義作「竹席」解（見說文許箸）乃能鋪陳之竹席故从竹又以延本作「長」解周禮以筵長一丈或九尺是爲長席故筵从延聲。竹席曰筵率指貼地之長大粗席而言。酒席曰筵設宴必置筵以坐客故名。 |
| 筠 音勻 ㄩㄣˊ | | | （形聲）（會意）甲文金文筠字从竹均聲本義作「竹皮」解（見說文新附）乃竹之外皮故从竹又以均本作「平徧」解竹皮率皆薄而平故筠从均聲。竹之青皮曰筠其治者曰青筏。竹名綠竹赤竹均曰筠。以竹製成之筠筩筠籃。筠竹之青皮。 |
| 筮 音誓 ㄕˋ | | | （會意）甲文金文筮字从竹从巫竹指占卜之爻巫謂卜問吉凶之事元應氏謂「揲蓍取卦折竹爲爻故字从竹」揲蓍折竹以卜吉凶爲筮其本義作「易卦用蓍也」解（見通訓定聲）即以蓍草占卦之稱。蓍草曰筮以蓍草占卦曰筮庖犧氏作卦始有筮。 |
| 筦 音管 ㄍㄨㄢˇ | | | （形聲）（會意）甲文金文筦字竹完聲本義作「絡緯之管」解（見六書故）乃織布時用以絡緯之竹管故从竹又以完本作「全」解即完好意用於絡緯之竹管特須完好否則轉動不靈不能絡緯故筦从完聲。竹管曰筦通「管」。主理其事曰筦。 |
| 筧 音繭 ㄐㄧㄢˇ | | | （形聲）（會意）甲文金文筧字从竹見聲本義作「以竹通水」解（見玉篇）乃架置地上以通水之竹管故从竹又以見有顯露一義論語「有道則見」是其例筧或附地敷設或懸架地上皆目視可見者故从見聲。筧水：筧中所流水。岩筧曲筧。 |
| 筱 音小 ㄒㄧㄠˇ | | | （形聲）（會意）甲文金文筱字从竹攸聲本義作「箭屬小竹」解（見說文許箸）箭爲細而直之竹名筱爲箭竹類之小竹故从竹又以攸本作「水行攸攸」解因有遠意遠則所見者小故筱从攸聲。小竹曰筱幹直而勁者同「篠」。大之對借作小。 |
| 筥 音舉 ㄐㄩˇ | | | （形聲）（會意）甲文筥金文筥字略同从竹呂聲本義作「箱」解（見說文許箸）乃盛飯食之圓形竹器故从竹又以呂本作「脊骨」解乃圓柱形外堅實而中空盧以容飯食之竹器故从呂聲。圓形盛物竹器曰筥。竹籠曰筥。刈稻聚把曰筥。 |
| 算 音蒜 ㄙㄨㄢˋ | | | （會意）（形聲）甲文金文算字从竹从具竹謂運筭以計者具謂計數明確無錯誤以筭明確計數爲算其本義作「數也」解（見說文許箸）乃詳審以計其數之意數曰算數目之稱。算數之術曰算。善爲算計曰算計謀之稱。古時計數所用之籌曰算。 |
| 管 音館 ㄍㄨㄢˇ | | | （形聲）（會意）甲文金文管字从竹官聲本義作「如篪六孔」解（見說文許箸）篪爲七孔樂器名管爲長一尺圍一寸之無底六孔樂器名乃截竹製成者故从竹聲猶如人之器官各有所能故从官聲。古樂器名竹製樂器之總稱簫笛笙竽等屬之。 |

楷 甲文 金文

## 箋 音煎 ㄐㄧㄢ

（形聲）（會意）甲文金文箋字从竹戔聲本義作「表識書」解（見說文許箸）乃注釋舊義之稱如發其隱略表其晦澀按其違誤等古代書由竹簡綴成故从竹又以戔本作「傷」解有深入之意；盡得其秘始能發其精蘊有所表識故箋从戔聲。

## 箏 音爭 ㄓㄥ

（形聲）（會意）甲文金文箏字从竹爭聲本義作「鼓弦竹身樂」解（說文繫傳）乃一種多弦之弦樂名以其爲竹身故从竹又以爭本作「引」解乃張引歸己之意箏以引弦之手法不同發出高低急徐之音故从爭聲：古弦樂名：箏箏：淒哀聲。

## 箕 音基 ㄐㄧ

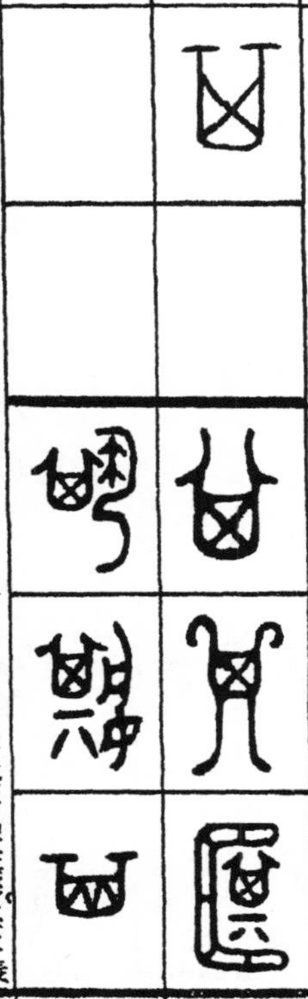

（象形）（形聲）甲文箕金文箕爲其字重文其箕本一字其略象箕形其本義作「簸」解（見說文許箸）即揚米去糠之竹器俗稱簸箕惟徐灝氏以爲「其从丌聲因爲語詞所專故加竹爲箕其箕古今字也」徐說甚是：掃除受塵土之器曰箕。

## 節 音癤 ㄐㄧㄝˊ

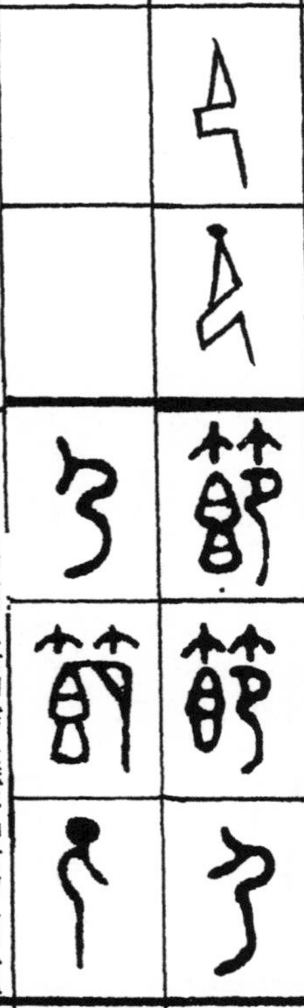

（形聲）（會意）甲文節字形異義同金文節从竹即聲本義作「竹約」解（見說文許箸）約謂纏束竹之略如纏束處即節故从竹又以即本作「就食」解含有人（卩）與食（皀）合之意故从即聲：植物枝幹約束之處曰節：名節名譽與節操。

楷 甲文 金文

## 範 音范 ㄈㄢˋ

（形聲）（會意）甲文範金文範字从車笵省（省笵左下水）聲本義作「範軷」解（見說文許箸）古代臨陣戰禮聘等大事將出於道必先告道路之神遂立壇行此爲「範軷」有示後來者以準則之意：法曰範即法則：模曰範即規模：度曰範。

## 箱 音襄 ㄒㄧㄤ

（形聲）（會意）甲文箱从竹相金文箱外象方形器內从「相」聲丁佛言氏以此爲古箱字本義作「大車之輿」解（見說文許箸）乃車間容物乘人之處車輿常施蓋而下編竹箋而成者故箱从竹又以相本作「省視」車之用途故箱从相聲。

## 箸 音注 ㄓㄨˋ

（形聲）（會意）甲文箸金文箸字略同从竹者聲本義作「飯攲」解（見說文許箸）攲音羈乃夾取之意箸爲飯時持取飯菜之具古多破竹爲之俗稱筷子故从竹以不斷取食亦有多意故从者聲：撰述著作之稱同「著」：明使之明通「著」。

## 箭 音餞 ㄐㄧㄢˋ

（形聲）（會意）甲文金文箭字从竹前聲本義作「矢竹」解（見說文段注）矢爲細長物古以大身小葉爲箭箭爲竹中細長之一種故从竹又以前爲剪之本字因有截斷之意故箭从前聲：矢曰箭：搭弓上以射之兵：矢標曰箭：漏壺中指示時刻者。

## 篇 音偏 ㄆㄧㄢ

（形聲）（會意）甲文金文篇字从竹扁聲本義作「書」解（見說文許箸）箸於簡之文爲書亦謂之篇故篇从竹又以扁爲匾字初文凡書貴明析義理如扁之署事故篇从扁聲：書曰篇即書籍：詩文之成首者曰篇：全書之一部分而義充詞整者曰篇。

| 楷 | 甲文 | 金文 |
|---|---|---|

篆 音賺 ㄓㄨㄢˋ

（形聲）（會意）甲文金文篆字从竹彖聲本義作「引書」解（見說文許箸）乃運筆落墨成字之意古時書字運刀著之竹簡故从竹又以彖讀吐腕切本作「豕」解豕有以嘴向前突地之習性運刀刻簡如豕之突地故篆从彖聲・篆書書體之一種・

箴 音斟 ㄓㄣ

（形聲）（會意）甲文金文箴字从竹咸聲本義作「綴衣箴」解（見說文許箸）乃用以聯綴衣之細長鍼古無金屬鍼（針）皆以竹籤爲之故从竹又以咸本作「㔾」解箴在㔾布使合而成衣故从咸聲・雖・司諫諍者曰箴・文體名玉海云「箴者諫誨之辭

篁 音皇 ㄏㄨㄤˊ

（形聲）（會意）甲文金文篁字从竹皇聲本義作「竹田」解（見說文許箸）乃種竹之田畝故从竹又以皇本作「大」解即廣大之意竹田則衆竹叢生有廣大意故篁从皇聲・竹田曰篁・修篁・疎篁・筠篁・篁竹田也・竹林曰篁・管樂器之泛稱・篁竹叢

築 音竹 ㄓㄨˊ

（形聲）（會意）甲文築・金文築字从木筑聲本義作「擣」解（見說文許箸）乃以木杵擣土使堅實之意故从木又以筑音竹樂器名乃以竹尺擊之發聲者擣土使堅實爲不斷以杵擊土亦不斷發聲故築从筑聲・築土之杵曰築・建築物指宅第園囿而言

篦 音避 ㄅㄧˋ

（形聲）（會意）甲文金文篦字从竹箆聲本義作「櫛具除髮垢者」解（見正字通）乃齒較梳細而密用以除髮垢之竹器故从竹又以箆音比本作「人臍」解乃通氣者箆在去髮垢使其通而不澀故从箆聲・細齒之櫛髮具曰篦竹篦牛角篦象牙篦・

篤 音賭 ㄉㄨˇ

（形聲）（會意）甲文金文篤字从馬竹聲本義作「馬行頓遲」解（見說文許箸）以頭觸地爲頓行進緩慢常足著地甚穩實而頭隨之不斷揚頓故从馬又以馬踏實緩行其四足不斷落地而有竹竹之音故篤从竹聲・精專曰篤・人疾甚曰篤・

篡 楚患切 ㄘㄨㄢˋ

（形聲）（會意）甲文金文篡字从厶算聲本義作「逆而取之」解（見說文許箸）乃犯順犯上而以下取上之意下取上在行厶（私）故从厶又以算有謀畫一義如心算暗算逆取多以謀算出之故篡从算聲・篡位之事曰篡・奪逆篡・取强取非天與

篪 音馳 ㄔˊ

（形聲）（會意）甲文金文篪字从竹虒聲本義作「管樂」解（見說文許箸）乃截竹鑿孔而成之管樂名故从竹又以虒爲嗁（同啼）之省文劉熙氏謂「篪者嗁也聲從孔出如嬰兒嗁聲也」故篪从虒聲・古樂器名截竹鑿孔爲之 竹名勁直竹之一種・

篝 音溝 ㄍㄡ

（形聲）（會意）甲文金文篝字从竹冓聲本義作「籠」解（見廣雅）乃竹籠之稱故从竹又以冓本作「交 積材」解即屋舍之木架乃結柱樑椽而成者篝爲架而空其中之竹籠故从冓聲・籠曰篝盛器物之竹器名・薰衣籠・盛火籠・盛香籠・

篾 音蔑 ㄇㄧㄝˋ

| 楷 | 甲文 | 金文 |
|---|---|---|

（形聲）（會意）甲文金文篾字从竹蔑省（省蔑上卝）聲本義作「竹皮」解（見玉篇）即竹之外皮故从竹又以蔑音滅本作「勞目無精」解因有目光飄散意篾薄而輕亦有飄散意故从蔑聲。劈剖而成之薄竹片曰篾白篾翠篾。竹篾編成竹蓆曰篾。

篳 音畢 ㄅㄧˋ

（形聲）（會意）甲文金文篳字从竹畢聲本義作「藩落」解（見說文許箸）藩落即籬落乃編竹而成者故从竹又以畢本作「田罔（網）」解爲小孔密佈之捕鳥網；篳爲網眼密佈如畢之竹垣故从畢聲。編荊竹而成以荊竹編車，篳路藍縷（襤褸）。

簏 音祿 ㄌㄨˋ

（形聲）（會意）甲文金文簏字从竹鹿聲本義作「竹高篋」解（見說文許箸）乃高而圓之盛物竹器故从竹又以鹿爲聚散無常之動物簏盛物亦聚散無常故从鹿聲。高而圓之竹箱曰簏，竹絲簏青篾簏。讀書雖多而無所解，可謂書簏方筐圓簏。

篲 音彗 ㄏㄨㄟˋ

（象形）（會意）甲文篲羅振玉氏以爲「此从兩手持二帚象掃除之形殆即許書之彗（同篲）字」金文篲字从又持竹甡甡象排比以掃之竹枝又即手手持編合竹枝使其排比供掃除塵穢之具曰篲其本義作「埽竹」解（見通訓定聲）即竹帚。

簋 音晷 ㄍㄨㄟˇ

（會意）（形聲）甲文簠金文簠丁佛言氏以爲「楊沂孫以爲『簠从須从皿沐器也』」其本義作「黍稷方器也」解（見說文許箸）乃盛黍稷以祭祀燕享之方器古以木爲之或以竹或以瓦，古祭祀燕享以盛黍稷之器其形或圓或方旅人爲簠。

簡 音柬 ㄐㄧㄢˇ

（形聲）（會意）甲文簡金文、簡字从竹閒聲本義作「牒」解（見說文許箸）乃用以刻記文字之竹板故从竹又以閒本作「隙」解即空隙之稱字與字必留一定空隙故簡从閒聲，竹簡古時已書刻文字之竹片略稱簡漢簡太史簡，簡潔不雜蕪。

簫 音蕭 ㄒㄧㄠ

（形聲）（會意）甲文金文簫字从竹肅聲本義作「參差管樂」解（見說文許箸）乃一種多管樂器名其大者廿三管小者十六管故从竹又以劉熙氏謂「簫肅也聲肅肅而清也」故簫从肅聲。古樂器名一名雲簫又名排簫。豎笛曰簫單管無底。

簞 音單 ㄉㄢ

（形聲）（會意）甲文金文簞字从竹單聲本義作「笥也」解（見說文許箸）乃與笥相類之方形竹器故从竹又以單本作「獨」解因有小意簞爲盛小物之竹器故从單聲。小笥曰簞方形有蓋而小之盛物器以簞盛食物。：簞食壺漿以迎王師。

簧 音黃 ㄏㄨㄤˊ

（形聲）（會意）甲文金文簧字从竹黃聲本義作「笙中簧」解（見說文許箸）笙泛指管樂簧爲管樂中受氣鼓動以發聲之薄片以其爲管樂之一部故从竹又以黃爲橫之省文簧笙橫也以竹鐵作于口橫鼓之故簧从黃聲。樂器中薄葉曰簧。

楷　甲文　金文

## 簣 音匱 ㄎㄨㄟˋ

（形聲）（會意）甲文金文簣字从竹貴聲本義作「土籠」解（見玉篇）乃盛土之竹器故从竹又以貴有相重一義禮中庸「賤貨而貴德」是其例土籠須質地堅密始能盛土運送有較之其他竹器爲重意故簣从貴聲。盛土竹器曰簣。功虧一簣。

## 簟 音甸 ㄉㄧㄢˋ

（形聲）（會意）甲文簟字金文簟略同从竹覃聲本義作「竹席」解（見說文許箸）即織𥮊而成坐臥時藉體之具故从竹又以劉熙氏謂「簟覃也，覃覃然平正也」故簟从覃聲。竹席曰簟。席爲冬設簟爲夏施，凡席皆曰簟。下莞上簟乃安斯寢。

## 簠 音甫 ㄈㄨˇ

（形聲）（會意）甲文簠羅振玉氏以爲「鄦子簠簠作𠤱从匚从古此从𠂹𠂹即古之省」金文簠容庚氏以爲「从匚古聲」本義作「黍稷圜器也」解（見說文許箸）乃盛黍稷以祭祀燕享之圜器古以木或以竹或以瓦爲之故从竹从皿从甫聲。

## 簿 音部 ㄅㄨˋ

（形聲）（會意）甲文金文簿字从竹溥聲本義作「籍」解（見玉篇）乃冊籍之稱；籍在古時係編綴簡牘而成，故从竹又以溥音普本作「大」解；冊籍常較簡牘爲大故簿从溥聲　冊籍曰簿登記事物者：帳簿、禮簿、考績簿、簽到簿。手版閥閱行列曰簿。

## 簷 音鹽 ㄧㄢˊ

（形聲）（會意）甲文金文簷字从竹詹聲本義作「屋簷」解（見玉篇）即垂於屋舍邊沿之橫木片或橫竹片用以翼蔽風雨飄入者故从竹又以詹本作「大言」解簷在屋舍邊沿處有較屋略大意故从詹聲，屋舍四週冒出牆柱之部分曰簷。

## 籀 音宙 ㄓㄡˋ

（形聲）（會意）甲文金文籀字从竹㨨聲本義作「讀書也」解（見說文許箸）乃諷誦書之意古時書皆綴簡而成者故从竹又以㨨爲古抽字諷誦書必抽繹其經義默識強記之以爲他日力行及運用之所本故籀从㨨聲。籀文：周秦間之文字即大篆

## 簸 音播 ㄅㄛˋ　音跛 ㄅㄛˇ

（形聲）（會意）甲文金文簸字从箕皮聲本義作「揚米去糠」解（見說文校錄）揚米去糠用箕故从箕又　以皮爲波之省文波有高低起伏相間之意揚米去糠時必使箕左右上下播動一如波之高低起伏相間故簸从波省聲。播揚米去糠。

## 籍 音瘠 ㄐㄧˊ

（形聲）（會意）甲文金文籍字从竹耤聲本義作「簿書」解（見說文許箸）乃箸於簡牘之書冊故从竹又以耤爲古藉字古時天子親耕之田曰籍田略稱籍又作藉乃與民田區分甚明顯故从耤聲。書本曰籍：史籍、文籍、經籍。籍貫。本籍、客籍、寄籍、祖籍。

## 籃 音藍 ㄌㄢˊ

（形聲）（會意）甲文金文籃字从竹監聲本義作「大篝」解（見說文許箸）篝爲竹籠籃即便於提攜之竹　籠故从竹又以監有監獄一義乃監禁囚犯使不能脫逸處籃有　盛物於內使不得脫逸意故从監聲。籐柳條鐵絲等所編成便於提攜之器曰籃

| 楷 | 甲文 | 金文 |
|---|---|---|

**籌** 音儔 ㄔㄡˊ

（形聲）（會意）甲文金文籌字从竹壽聲本義作「壺矢」解（見說文許箸）即古代投壺所用之竹矢故从竹又以壽爲年歲多者之稱投壺以投矢入壺之多者爲勝籌取矢多之意故从壽聲。計數之具曰籌。籌碼曰籌如今之籤藉以分辨甲乙者策曰籌

**篹** 音纘 ㄗㄨㄢˇ

（形聲）（會意）甲文金文篹字从糸算聲本義作「似組而赤」解（見說文許箸）乃紅色之絲條故从糸又以算有計數一義篹乃織絲染色而成其粗細與深淺須加以計故从算聲。織文曰篹。篹組：織物似組而赤者亦略稱篹織文也。纘通「纘」。

**籐** 音騰 ㄊㄥˊ

（形聲）甲文金文籐字从竹滕聲本義作「竹器」解（見集韻）乃竹製器之一種故从竹惟此本義古罕見用今所行者爲別義。蔓曰籐即植物莖長而堅紉之蔓本作藤見「藤」字下。以籐製成之籐椅籐箱籐籃。橫四角造枕形是謂指枕。籐枕。

**籠** 音龍 ㄌㄨㄥˊ

（形聲）（會意）甲文金文籠字从竹龍聲本義作「舉土器」解（見說文許箸）乃盛土以運送之竹器故从竹又以龍爲大爬蟲古代傳說龍善於飛騰變化因有運動便捷之意籠在便於迅速運土故从龍聲。竹籠曰籠竹製之盛矢器。籠囚拘罪人之檻。

**籜** 音唾 ㄊㄨㄛˋ

（形聲）（會意）甲文金文籜字从竹擇聲本義作「竹皮」解（見類篇）乃竹初生時之外皮俗稱筍殼筍葉故从竹又以擇本作「揀選」解筍殼筍葉可包粽裹物製必經揀選始能合用故籜从擇聲。竹皮曰籜俗稱「筍殼」。異草名，葵本而杏葉名曰籜。

| 楷 | 甲文 | 金文 |
|---|---|---|

**籟** 音賴 ㄌㄞˋ

（形聲）甲文金文籟字从竹賴聲本義作「三孔龠」解（見說文許箸）龠爲和衆聲之六孔管樂名籟雖三孔乃爲與龠相類似之管樂故从竹。三孔龠（簫）曰籟，古管樂名。凡竅穴所發之聲響曰籟。發於自然之聲響曰籟。風動物聲曰籟。萬籟此俱寂

**籥** 音月 ㄩㄝˋ

（形聲）（會意）甲文金文籥字从竹龠聲本義作「樂器似笛」解（見玉篇）乃管樂之一種故从竹又以龠爲竹製之管樂名徐灝氏以爲「龠籥古今字」籥爲龠之累增字，故从龠聲。古樂器名形如笛之管樂，六孔七孔者長於笛於舞時所執；爲籥。

**籩** 音邊 ㄅㄧㄢ

（形聲）（會意）甲文金文籩字形異義同从竹邊聲本義作「竹豆」解（見說文許箸）乃古時盛肉以祭者以其爲形如豆之竹器故从竹又以邊有外緣一義物以四周爲其外緣籩之外緣常結籐以增其美飾而益其堅固有特著其邊之意故从邊聲。

**籬** 音離 ㄌㄧˊ

（形聲）（會意）甲文金文籬字从竹離聲本義作「藩」解（見集韻）乃編柴竹而成之障蔽，故从竹又以離有陳隔一義編籬之柴竹多疏鬆且籬又施之以分隔內外者，故从離聲。編柴竹而成之障蔽俗稱籬笆：竹籬荆籬短籬藩籬樹之以代園牆者。

**米** ㄇㄧˇ

（象形）甲文金文米略同羅振玉氏以爲「象米粒瑣碎縱橫之狀」高鴻縉氏以爲「象禾粟穗上實粒衆多之形」其本義作「穀實」解（見說文繫傳）穀之有芒者曰穀其脫糠後曰米米即穀之顆粒。禾實脫殼後曰米稻實曰大米黍稷之實曰小米、

楷　甲文　金文

## 粉 分上聲 ㄈㄣˇ

（會意）（形聲）甲文金文粉字从米分亦从分聲米碾之使分散而成之細末爲粉其本義作「米末」解（見通訓文聲）乃細碎之米末。米末曰粉。凡可食之屑末曰粉正字通「凡物磑之如屑者皆爲粉」非獨米也。奶粉、豆粉、藕粉、薯蕷粉、花朶上粉屑曰粉。

## 粃 音比 ㄅㄧˇ

（形聲）（會意）甲文金文粃字从禾比聲本義作「不成粟」解（見說文許箸）乃中不實滿之粟以粟爲禾類故从禾。又以比有比附一義書洪範「人無有比德」即其例不成粟常與成粟相比附，故秕从比聲。禾類結實之不飽米者曰粃秕（粃本字）

## 粗 音麤 ㄘㄨ

（形聲）甲文金文粗字从竹鹿且聲本義與小篆同作「糲米」解（見通訓定聲）即舂穀甫脫其殼之糙米乃米之不精純者故从米。糲米曰粗即糙米之稱。穀曰粗以取其較粟高大故名。不精不美者皆曰粗。陋劣不精美。可以言論者物之粗也。

## 粒 音立 ㄌㄧˋ

（形聲）（會意）甲文金文粒字从米立聲本義作「米粒」解（見說文段注）乃米之顆粒，故从米。又以立之初文象人立地上形有箇別存在之意粒爲個別存在者故从立聲。米粒曰粒。玉粒、粟粒。穀食之事曰粒。米食曰粒。量詞穀米飯一顆曰一粒。

## 粘 音年 ㄋㄧㄢˊ　音占 ㄓㄢ

（形聲）（會意）甲文金文粘字从米占聲本義作「相箸也」解（見集韻）乃粘物使相接合之意粘物常用米漿或米糊故粘从米。又以占有擅據一義如强占侵占粘乃使兩不相箸之物合而爲一因有擅據之意故占从占聲。今粘黏並行而音義無殊。

## 粟 蘇去聲 ㄙㄨˋ

（會意）甲文粟商承祚氏以爲「象手持黍之形當爲粟之本字」金文粟字从卤从米卤音調爲草木實之通名米謂其所蘊藏者蘊藏粟米之艸實爲粟其本義作「嘉穀實」解（見說文許箸）乃穀實未舂前之稱穀實之總稱稻麥黍稷粱秫等曰粟

## 粵 音越 ㄩㄝˋ

（形聲）（會意）甲文粵與金文粵略同，金文粵林義光氏以爲「粵音本如于毛公鼎『粵之庶出入事』散氏器……皆以雩爲之字作雩因音轉如越」其本義作「亏也之詞」解（見說文許箸）地名古以會稽至交趾爲百粵、兩粵。今廣東廣西兩省。

## 粱 音良 ㄌㄧㄤˊ

（形聲）（會意）甲文粱金文粱字略同，从米梁省（省梁下木）聲本義作「粟也」解（見通訓定聲）古以粟爲黍稷粱之總名粱爲可供食用之穀類故从米又以粱之本義作「水橋」解爲高出水面者因有高意。粱米、粱實之去殼者略稱粱。

## 粲 音燦 ㄘㄢˋ

（形聲）（會意）甲文金文粲字从米㕞聲本義作「精米」解（通訓定聲）乃將已舂去穀皮（糠）之粗米復舂之使潔白成精米此潔白之精米即粲故从米又以㕞音殘从㕞聲。精米曰粲。笑曰粲蓋取笑時露白齒如粲之意。美曰粲美貌之稱。

## 精 音晶 ㄐㄧㄥ

| 楷 | 甲文 | 文 | 金文 | 文 |
|---|---|---|---|---|

（形聲）（會意）甲文金文精字从米靑聲本義作「擇米」解（見說文段注）乃精米（音辨、卽辨別）米使 其純潔之意故从米又以靑爲不變之色以其取之於藍而勝於藍遂有更好之意故从靑聲。氣曰精眞氣之稱誠曰精悃誠之稱神靈曰精。

## 粹 音翠 ㄘㄨㄟˋ

（形聲）（會意）甲文金文粹字从米卒聲本義作「不雜」解（見說文許箸）乃指精米不雜而言故从米又以卒本作「隸人給事者」解乃奢染色衣以服勞役之罪徒其所服役事雖雜不同而所著卒衣則一故粹从卒聲。人物事理之精華曰粹。純粹。

## 糊 音胡 ㄏㄨˊ

（形聲）（會意）甲文金文糊字从米古聲本義作「黏」解（見說文許箸）乃指黏（粘）物使相接合而言古以粘糊物多用黍用米故从米又以古有久遠之意粘在使被糊之物久相接合故从古聲。煑米或麵而成之半流質曰糊。黏貼。糊塗：不精明。

## 糖 音堂 ㄊㄤˊ

（形聲）（會意）甲文金文糖字 从米唐聲本義 作「飴」解（見韻會）乃指以米所熬之軟糖以唐本作「大言」解段玉裁氏謂「引伸爲大」糖熬製由米而大於米故从唐聲。飴曰糖唐時得熬糖法於摩揭陀。蔗糖乳糖麥糖芽葡萄糖沙糖餳糖本字）

## 糕 音高 ㄍㄠ

（形聲）（會意）甲文金文糕字从食羔聲本義 作「餌」解（見說文新附）餌爲粉餅餻乃粉餅中之一種爲供人食用者故从食又以羔本作「羊子」解卽幼羊因有柔美意餻爲粉餅中之形柔和而味醇美者故从羔聲餻或作糕今糕餻並行音義無殊。

## 糟 音遭 ㄗㄠ

（形聲）（會意）甲文金文糟字从米曹聲本義作「酒滓」解（見說文許箸）乃指含有酒汁但未去粕之半流體而言俗稱醪糟或甜酒以其多由米所釀成故从米又以曹本作「獄兩曹」解乃原告被告兩者俱在故从曹聲。酒滓曰糟 帶酒之滓爲糟。

| 楷 | 甲文 | 文 | 金文 | 文 |
|---|---|---|---|---|

## 糠 音康 ㄎㄤ

（形聲）（會意）甲文金文糠字从禾（米）庚聲本義作「穀之皮也」解（見說文許箸）乃禾穀成米時所 脫除者故从禾又以庚本作秋時萬物庚庚有實」解糠爲裹米實於內者故从庚聲 穀皮曰糠粟皮曰糠糠粃：謂穀皮粃謂不成粟之粒。

## 糝 三上聲 ㄙㄢˇ

（形聲）（會意）甲文金文糝字从米參聲本義作「以米和羹」解（見說文許箸）羹爲斬菜肉混合烹煑而 成者古咸以米和之故从米又以參有與合一義參加參贊皆其例糝爲米參與其中以烹煑成者故从參聲。和米而成之羹曰糝。米粒曰糝。

## 糧 音良 ㄌㄧㄤˊ

（形聲）（會意）甲文金文糧字从米量聲本義作「行者之乾食」解（見說文義證）乃指外行時製米麵而成之乾食而言故从米又以量爲斗斛之稱因有定限之意乾食之攜帶少則不足供食多則難於負荷是宜有決限故糧从量聲。田賦曰糧完糧納糧

## 糲 音例 ㄌㄧˋ 音賴 ㄌㄞˋ 音辣 ㄌㄚˋ 音竭 ㄐㄧㄝˊ

（形聲）（會意）甲文金文糲字从米萬聲本義作「米之不精者」解（見集韻）乃粗米之稱故从米又以萬本蟲名卽蠍略象其粗劣可惡之形米之不精者外形甚粗劣故糲从萬聲。粗米曰糲米之不精者。粗米曰糲糙米飯曰糲。盤中餐非精亦非糲

## 糴 音狄 ㄉㄧˊ

| 楷 | 甲文 | 金文 | 楷 | 甲文 | 金文 |
|---|---|---|---|---|---|
| | | | 紀 音己 ㄐㄧˇ 讀如記 ㄐㄧˋ | （形聲）（會意）甲文紀字金文紀爲己字重文古以己通紀从糸己聲本義作「別絲」解（見說文許箸）絲各有一端集若干絲端於一處而合束之爲紀故从糸又以己略象束絲曲屈之形紀爲絲束故从己聲。絲緒曰紀束絲之端用以別絲者。法曰紀。 | |
| （會意）甲文金文糴字从入糴糴音跳本作「糴」解入穀於己爲糴其本義作「市穀」解（見說文許箸）乃買穀入己之意惟廣韻載「糴徒歷切」玉篇載「糴徒的切又徒弔切」徐灝丁佛言二氏皆以爲古糴糶實一字 買穀入己之事曰糴。買入穀米 | | | | | |
| 糵 音孽 ㄋㄧㄝˋ | （形聲）（會意）甲文金文糵字从米辥聲本義作「牙米」解（見說文許箸）牙同芽即使米生芽之意朱駿聲氏謂「凡黍稷稻粱已出于糵者不芽未出于糵者漬覆之則芽麥豆糵薄本不去之故能芽」本作「伐木餘」解有生不以理之意故糵从辥聲。 | | 約 音曰 ㄩㄝ | （會意）（形聲）甲文約與金文約略同金文約吳大澂氏以爲「古約字象繩約束形」按右爲人字變文从糸人乃以繩縛束人之意亦象人手足爲繩所縛形从糸 勺聲本義作「纏束」解（見說文許箸）乃以繩索緊縛之意故从糸事物纏束之點曰約。 | |
| 糸 音覓 ㄇㄧˋ 音絲 ㄙ | （象形）（會意）甲文糸羅振玉氏以爲𠂇象束餘之緒或在上端或在下端無定形。金文糸與甲文糸略同略象束絲形其本義作「細絲」解（見說文許箸）即蠶所吐絲實則細絲甚多不便書寫故省之 糸从省絲會意 其義並同。細絲曰糸。糸絲省字。 | | 紅 音洪 ㄏㄨㄥˊ | （形聲）甲文金文紅字从糸工聲本義作「帛赤白色」解（見說文許箸）徐灝氏謂「赤中有白蓋今人所謂桃紅」朱駿聲氏謂「素入於茜則爲紅」乃指絲織物之紅色而言故从糸。淺赤之色曰紅。紅花曰紅。紅色器物曰紅。紅色容顏曰紅。紅顏曰紅。 | |
| 系 音係 ㄒㄧˋ | （會意）（形聲）甲文系羅振玉氏以爲「（此）作手持絲形」蓋从爪絲會意金文系丁佛言氏以爲「博雅『系相連繫也』此上「即象連繫形」从糸丿聲本義作「繫」解（見說文許箸）乃連繫之意繫物多意故系从丿聲。胤嗣曰系。系者胤也。 | | 紉 音人 ㄖㄣˊ 讀若刃 ㄖㄣˋ | （形聲）甲文紉字金文紉略同从糸刄聲本義作「繟繩也」解（見說文許箸）乃可作帶用之寬繩故从糸又以刄通「韌」有柔堅之意帶須柔堅始可合用故紉从刄聲惟此本義古罕見用今所行者爲別義。挼線挼於針。衣裳綻裂紉鍼請補綴。 | |
| 糾 音鳩 ㄐㄧㄡ 音赳 ㄐㄧㄡˇ | （會意）（形聲）甲文金文糾字从糸丩亦从丩聲丩音鳩爲「糾繚」意糸謂絲縷麻縷所以搓合爲繩者取絲麻縷而急紋之爲糾糾而三合之爲糾其本義作「三合繩」解（見說文句讀）乃合三股縷而成之繩索名之曰糾。糾墨。亦作墨繩索之稱。 | | 紂 音肘 ㄓㄡˋ | （形聲）（會意）甲文金文紂字从糸肘省（省肘爲寸）聲本義作「馬緧」解（見說文許箸）乃兜於馬尾與馬肛門間之短繩（後世改爲短木棍）故从糸又以肘本作「臂節」解有堅實且可活動之意故紂从肘省聲。商代最暴君周武王伐之。 | |

楷 | 甲文 | 金文 | 文

**紈** 音丸 ㄨㄢˊ

（形聲）（會意）甲文金文紈字从糸丸聲本義作「素」解（見通訓定聲）素爲色白之粗細絹紈乃素之細者卽白細絹故从糸又以正字通謂「丸者鳥卵別名」鳥卵大都色白質細紈爲白細絹故从丸聲・素曰紈卽細緻有光澤之白熟絹。紈袴、冰紈之袴。

**紇** 音核 ㄏㄜˊ　讀如疙 ㄍㄜ

（形聲）甲文金文紇字从糸气聲本義作「絲下」解（見說文段注）乃絲之下者故从糸又以气象雲氣形有糾合意絲之下者多糾合故紇从气聲隸變作紇爲今所行者、惟此本義古罕見用今所行者爲別義。古人名孔子父字叔梁名紇。紇搭：繩結曰紇搭。

**紙** 音只 ㄓˇ

（形聲）（會意）甲文金文紙字从糸氏聲本義作「絮一笘」解（見說文許箸）絮謂造紙原料皆有纖維且鬆柔如絮笘乃盛紙漿之竹簾古時以樹膚麻頭敝布、魚網等原料製漿入笘壓而乾之以成紙・以植物纖維質製造供書畫印刷之物曰紙・

**紗** 音沙 ㄕㄚ

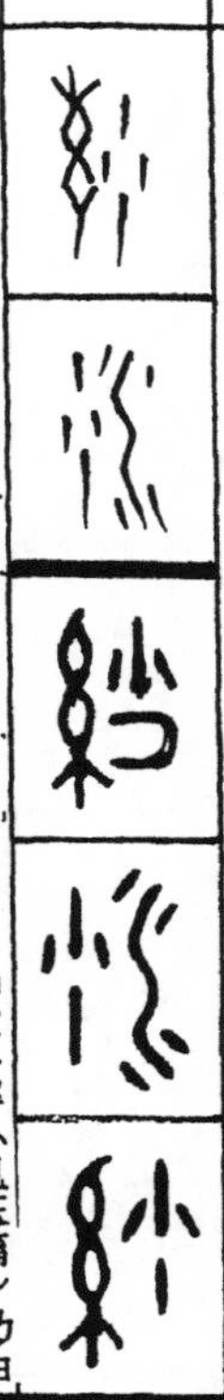

（形聲）（會意）甲文金文紗字从糸少聲本義作「縠」解（見玉篇）乃由絲織成之細帛故从糸又以少爲沙之省文紗之織孔細微如沙故从少聲・輕細而薄之絲織品曰紗・紗縠、紡紗而織之也；輕者爲紗縐者爲縠。麻棉等紡成之細縷或縷曰紗・

**納** 音衲 ㄋㄚˋ

（會意）（形聲）甲文納字金文納爲內字重文納古作內本義作「絲溼納納也」解（見說文許箸）乃絲類濡溼之狀故从糸又以內本作「入」解納爲水氣入絲帛故从內聲。嶅槷軾前者曰納通「軜」驂馬曰納通「軜」納諫；納納：衣濡溼貌。

**純** 音淳 ㄔㄨㄣˊ

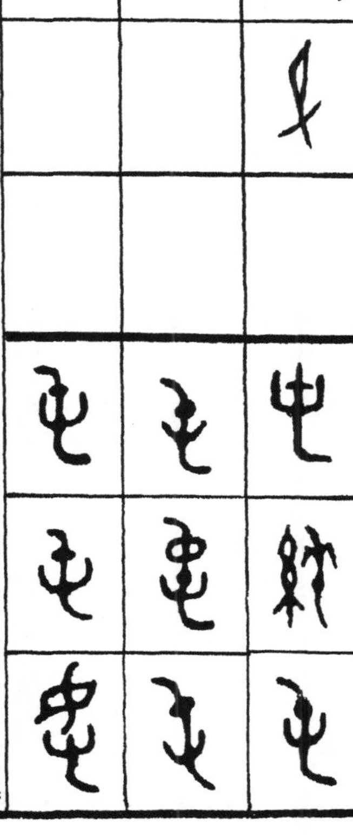

（形聲）（會意）甲文純與屯字重文于省吾氏以爲「東周以前金文如玄衣黹純及純魯之純通作屯，春秋以後屯字間有从糸作純者是純乃後起字」金文純與甲文純略同、金文純第二字从糸屯聲本義作「絲」解，（見說文許箸）・專一不雜曰純。・

**素** 音訴 ㄙㄨˋ

（會意）甲文金文素字从糸𠂹𠂹本謂草木花實茂盛下垂此則謂其滑澤絲織品之滑澤者爲素其本義作「白緻繒」解（見說文許箸）乃潔白細緻之生絹名・生帛曰素卽潔白細緻之生絹・器物未雕飾前之本質曰素・絹絲之屬通曰素；樸性曰素。

**紛** 音芬 ㄈㄣ

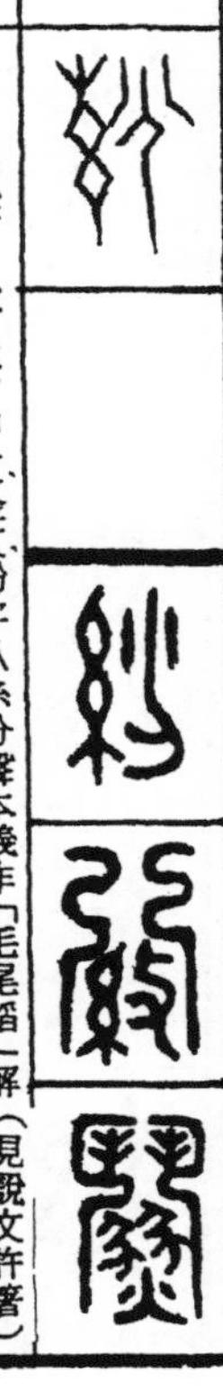

（形聲）（會意）甲文金文紛字从糸分聲本義作「毛尾韜」解（見說文許箸）乃紮束馬尾之絲麻織物一說卽馬尾衣故从糸又以分本作「別」解有各爲類別互不相亂之意紛在防制馬尾之放弛而亂故从分聲・旗旒曰紛、擾亂曰紛、排亂解紛；紛紜・

**級** 音急 ㄐㄧˊ

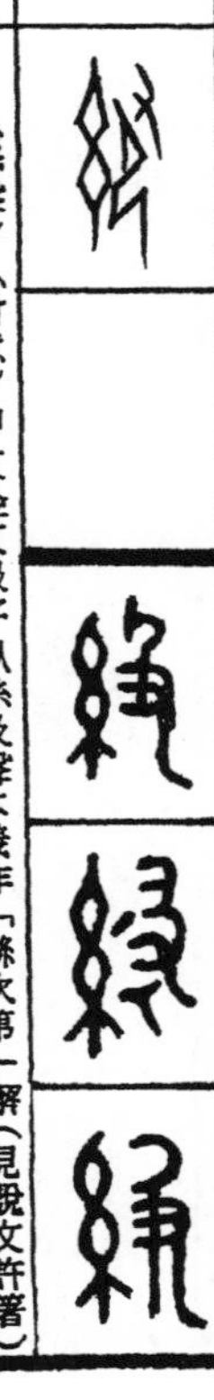

（形聲）（會意）甲文金文級字从糸及聲本義作「絲次第」解（見說文許箸）乃依絲品質所定之等第故从糸又以及本作「逮」解徐鍇氏謂「自後及前也」有前後相距不遠意級乃區分上下相距不遠者故从及聲・階次曰級、等第曰級；乙級甲級・

楷　甲文　金文

**紡**　音仿　ㄈㄤˇ

（形聲）（會意）甲文金文紡字从糸方聲本義作「網絲」解（見說文許箸）王筠氏謂「網似借爲動字」廡皆縱橫結而成猶網之結繩耳」紡乃結絲廠爲絲故从糸又以方象二舟相併形因有併合意故从方聲。紗縠之屬曰紡今通稱紡。紡棉成紗

**索**　音所　ㄙㄨㄛˇ

（形聲）（會意）甲文索字金文索从丱从糸丁佛言氏以爲「丱有莖葉可作繩索故从木从糸」屬糸謂糾糠之使如絲使緊爲索其本義作「丱有莖葉可作繩索」解（見說文許箸）乃草類搓合之繩大繩曰索　刑具曰索用以拘繫罪人者。法曰索。

**紐**　音鈕　ㄋㄧㄡˇ

（形聲）（會意）甲文金文紐字从糸丑聲本義作「結而可解」解（見說文許箸）乃可解之結故从糸又以丑从又（ㄋ）執丨（物）本作「紐」解乃有所握持之意紐在束而持之故从丑聲。衣扣曰紐帶之交結處曰紐。繫帷之帶曰紐。赤脈曰紐。

**紋**　音文　ㄨㄣˊ

（形聲）（會意）甲文金文紋字爲文字重文紋古但作文。本義作「織文」解（見正韻）乃指各種織物上所顯現之文采而言故从糸又以文本作「錯畫」解紋爲諸錯畫雜陳之象文紋古今字紋爲文之累增字故从文聲。摺痕曰紋。手紋水紋指紋。

**紊**　音問　ㄨㄣˋ

（形聲）（會意）甲文金文紊字从糸文聲本義作「亂」解（見說文許箸）乃指絲亂之狀而言故从糸又以文本作「錯畫」解亦象文理交錯形紊取其交錯意故从文聲。雜亂曰紊。亂攪亂。紊禮滅義實紊治本。「若網在綱有條而不紊」（書・盤庚）。

**紓**　音書　ㄕㄨ

（形聲）（會意）甲文紓字金文紓从糸余聲古余予互通丁佛言氏以此爲古紓字。从糸予聲本義作「緩」解（見說文許箸）乃寬緩之意糸帛質柔細爲常見物之寬緩者又以予作「賜」解乃對人有所予故从予聲。緩緩和。紓緩也。解解除。緩寬緩。

**統**　音桶　ㄊㄨㄥˇ

兎宋切　ㄓㄨㄥˋ

（形聲）（會意）甲文金文統字从糸充聲本義作「紀」解（見說文許箸）徐灝氏謂「凡結絲爲用總持之謂之綱其別皆謂之紀以綱統紀則謂之統」乃理合衆紀之稱爲絲束名故从糸从充聲。總束衆絲之頭緒曰統。系統曰統凡繼承不絕者之稱。

**細**　音夕　ㄒㄧˋ

（形聲）（會意）甲文金文細字从糸囟聲本義作「微」解（見說文許箸）乃纖小之意糸爲物之纖小者故細从糸又以囟音信爲小兒頭腦蓋未會合處俗稱「囟門」爲不時輕微跳動而隱約可見者細取其輕微之意故从囟聲。微小精密者曰細。

**紳**　音申　ㄕㄣ

（形聲）（會意）甲文紳字金文紳略同从「紳」甲聲本義作「大帶」解（見說文許箸）乃編絲而成之寬帶故从糸又以申本作「束身」解紳爲束身所用者故从申聲。大帶曰紳束身帶之垂者。紳衿曰紳。大紳名紳劣紳退職居家之人曰紳衿。

**終**　音鐘　ㄓㄨㄥ

楷 | 甲文 | 金文 | 文

(象形)(形聲)甲文終李敬齋氏以爲「榛實也爾雅釋木『終牛棘』棘卽榛借終字」故託以寄終結之意；金文終蕭道管氏以爲「樂」終金聲玉振玉振終條理也象縣(懸)殼形」从糸冬聲本義作「絿絲」解(見說文許箸)卽拶合使緊之意

**組** 音祖 ㄗㄨˇ

(形聲)(會意)甲文組字金文組从糸从又且聲又卽手有以手合絲意本義作「織絲有文以爲綬纓之用者」解(見通訓定聲)乃帶綬冠纓之稱爲織絲而成者故从糸又以且爲粗字省文粗有寬闊意組爲粗闊之帶故从且聲・繫印之綬曰組・組織

**紹** 音佋 ㄕㄠˋ

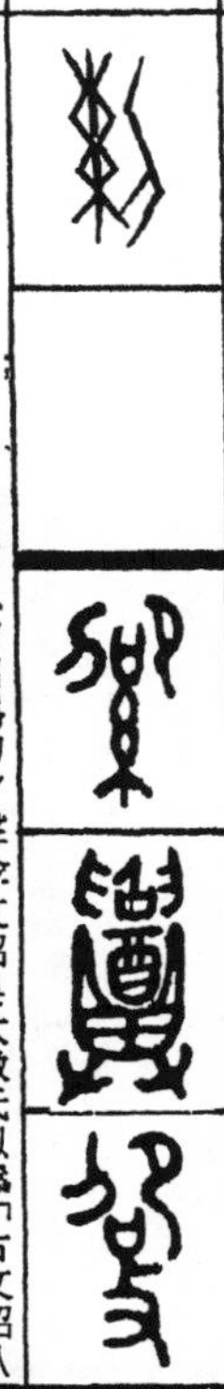

(形聲)甲文紹从糸从召省(省召爲刀)聲金文紹吳大澂氏以爲「古文紹从邵」从糸召聲本義作「繼」解(見說文許箸)乃延長相接之意以絲性柔和而强韌最富相繼之意故紹从糸聲・緒曰紹卽事業・介紹人略稱紹・繼繼紹・介居間應接・

**絃** 音賢 ㄒㄧㄢˊ

(形聲)(會意)甲文金文絃字从糸玄聲本義作「八音之絲」解(見集韻)乃張於琴瑟等樂器以發聲之絲故从糸又以玄有微妙之意絃甚細微彈之可發妙聲故从玄聲・張絲線於琴瑟等樂器之上彈以發聲此絲線曰絃琴絃瑟絃・喻妻曰絃・

**絆** 音半 ㄅㄢˋ

(形聲)(會意)甲文金文絆字从糸半聲本義作「馬縶」解(見說文許箸)卽繫馬足之繩索故从糸又以半本作「物中分」解乃從中剖判意絆乃分馬足而繫之者故从半聲・馬縶曰絆卽繫馬索・拘繫曰絆・牽掣・𡚴自開闢不羈不絆・繫足曰絆・

**累** 音壘 ㄌㄟˇ

(形聲)甲文金文累字从糸畾省(省畾爲田)聲本義作「纍」解(見玉篇)爲纍之同字乃引繩索等以繫束之意故从糸・綸曰累釣魚索之稱累綸也・層曰累階層之稱累層也・積積累累積也・增重疊之累茵而坐列鼎而食・憂患曰累累憂也・

**紱** 音弗 ㄈㄨˊ

(形聲)(會意)甲文金文紱字从糸犮聲本義作「綬」解(見廣雅)乃繫印章用之絲帶故从糸又以犮音拔本作「犬走貌」解有行動捷便意紱在運印使捷便故从犮聲。綬曰紱繫印之綬曰紱印綬曰紱紱所以繫印世因以紱稱印綬・祭服名通韍・

**結** 音拮 ㄐㄧㄝˊ

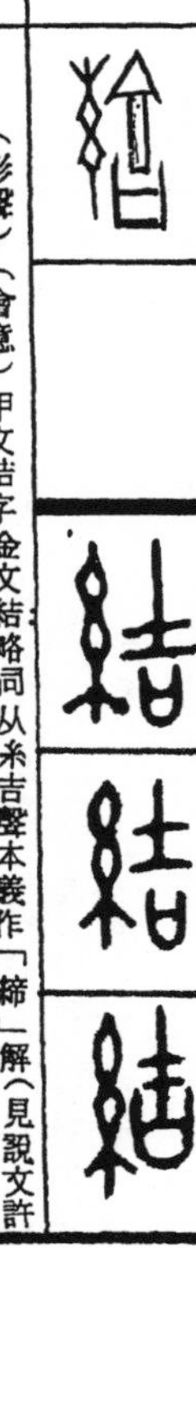

(形聲)(會意)甲文結字金文結略同从糸吉聲本義作「締」解(見說文許箸)乃使繩索相交合不散之意故从糸又以吉本作「善」解有以己之善濟人引人之善勵己意結乃引兩者密相交合故从吉聲・締曰結繩帶等兩相鉤連處之稱・終曰結

**絕** 音截 ㄐㄩㄝˊ

(指事)(會意)甲文絕从絲省一以斷之束絲以刀橫斷之此橫斷之一指其事爲絕金文絕字从糸从刀从卩卽節乃長短有節度意以刀斷絲使其長短有節度爲絕其本義作「斷絲」解(見說文繫傳)乃從中橫斷之意・極致曰絕唯一無二之稱・

**絲** 音思 ㄙ

(象形)(會意)甲文絲金文絲羅振玉氏以爲「象束絲形兩端則束餘之緒也」从二糸糸爲細絲單絲糾合之而成絲其本義作「蠶所吐也」解(見說文許箸)卽抽引蠶所結繭而得之細絲糸絲一字・蠶所吐者曰絲絲所織成者曰絲線縷廡之通稱・

楷 甲文 金文

**紫** 音梓 ㄗˇ

（形聲）甲文金文紫字从糸此聲本義作「帛青赤色」解（見說文許箸）乃指絲織物之青紅相混之色而言故从糸。青紅相混之色曰紫。紫色布帛曰紫。紫色服曰紫。紫色之貝菜花亦略稱紫。紫綬曰紫；相國丞相皆秦官金印紫綬故後世亦以紫喩貴顯。

**絡** 音落 ㄌㄨㄛˋ

（形聲）（會意）甲文金文絡字从糸各聲本義作「纏束」解（見通訓定聲）乃纏物使合之意纏束必賴繩索綫絲等故从糸又以各本作「異詞」解有各自爲別之意纏束物在合此爲一以免散失入彼故从各聲。網曰絡。維曰絡即綱繩。馬韁曰絡。

**給** 音己 ㄐㄧˇ

（形聲）（會意）甲文金文給字略同从糸合聲本義作「相足」解（見說文許箸）乃使不足者得足之意相足常須相續不絕以足之故从糸又以合本作「合口」解相足必以此之所與合彼之所求故給从合聲。官吏將士之薪俸曰給。泛給借給賚給。

**絞** 音狡 ㄐㄧㄠˇ　格美切 ㄍㄠˇ

（會意）（形聲）甲文金文絞字从交糸亦从交聲交謂繫合糸指繩索繫合繩索而强引之爲絞其本義作「縊」解（見通訓定聲）乃以繩索扼人頸而斃之之意、以繩索扼人頭之死刑曰絞。受絞施絞。古國名其故地在今湖北省隨縣南。縊縊殺。

**絨** 音戎 ㄖㄨㄥˊ

（形聲）甲文金文絨字从糸戎聲本義作「細布」解（見玉篇）乃由細紗織成而質地緻密之布故从糸惟此本義古罕見用今所行者爲別義。繡線曰絨。「閒情正在停針處笑嚼殘絨唾碧窗」（楊基・美人刺繡詩）。織物之柔厚且有細茸者曰絨。

楷 甲文 金文

**絮** 須去聲 ㄒㄩˋ

（形聲）（會意）甲文金文絮字从糸如聲本義作「敝緜」解（見說文許箸）古無木本之棉率以絲爲緜上絲即好緜用以製帛下絲即敝緜用以實被袍禦寒故从糸又以如有相似之義絮爲敗緜仍與好緜肖似故从如聲。花之色白而輕輭者曰絮。

**絜** 音結 ㄐㄧㄝˊ

（形聲）（會意）甲文絜金文絜字略同从糸㓞聲本義作「結束」解（見玉篇）乃結繩索而束合之之意故从糸又以㓞音揳本作「以刀刻物」解有入之深之意結而束之則繩索入物亦深故絜从㓞聲。志節高潔之稱通「潔」。淸淸潔之通「潔」。

**綺** 音庫 ㄎㄨˋ

（形聲）（會意）甲文金文綺字从糸夸聲本義作「脛衣」解（見說文許箸）踝上膝下爲脛蓋指下腿（小腿）脛衣乃著於下腿褌之外者爲套褲之稱乃縫布帛而成者故从糸又以夸本作「奢」解因有寬大意綺必寬大始能套在褌外故从夸聲。

**經** 音巠 ㄐㄧㄥ

（形聲）（會意）甲文經金文經字略同从糸巠聲本義作「織從（縱）絲」解（見說文許箸）乃指織物之縱絲即直線而言故从糸又以巠本作「地中水脈」解經爲直而不斷之長絲故从巠聲。常道曰經。聖人制作曰經賢者著述曰傳、常法曰經。

**綑** 音捆 ㄎㄨㄣˇ

（形聲）（會意）甲文金文綑字从糸困聲本義作「織」解（見類篇）乃編結之意故从糸又以困有圍合一義織乃縱橫相合以固結者故綑从困聲惟此本義古罕見用今所行者爲別義。綁縛綑行李「也是把你來綑了」（水滸傳・廿七回）捆綑同字

楷　甲文　金文

**絹** 音狷 ㄐㄩㄢˋ　音畎 ㄑㄩㄢˇ　音睊 ㄐㄩㄢ

（形聲）（會意）甲文金文絹字从糸肙聲本義作「生帛」解（見通訓定聲）乃由生絲織成之帛故从糸又以肙爲蛝體小蟲名絹質粗輭如肙故从肙聲．生絲所織帛曰絹．黃絹．帕曰絹手絹．絹素：白絹可供書畫用者．以絹製作絹衫絹燈絹囊．

**綏** 音雖 ㄙㄨㄟ　音妥 ㄊㄨㄛˇ

（會意）甲文金文綏爲妥字重文羅振玉氏以爲「古綏字作妥古金文與卜辭並同說文解字有綏無妥金文綏與甲文綏略同亦有从糸从妥糸謂繩索妥示安適手引以登車之繩索爲綏其本義作「車中把」解（見說文許箸）．車中索曰綏引以升車者．

**綈** 音題 ㄊㄧˊ

（形聲）（會意）甲文綈金文綈字略同从糸弟聲本義作「厚繒」解（見說文許箸）乃粗絲（多股細絲合成）織成之帛故从糸又以弟爲第之本字本作次第解因有先後不亂之意厚繒有使所用諸細絲之經緯密相織合而次第不亂意故綈从弟聲．

**綱** 音岡 ㄍㄤ

（形聲）（會意）甲文綱字省（省左糸）金文綱从糸岡聲本義作「网（網）紘」解（見說文段注）乃網上之大繩故从糸又以岡本作「山脊」解綱在網上如山之有脊顯而易見撒網收網必須提綱故綱从岡聲．繫物繩曰綱．事理之總要曰綱．

**綜** 音縱 ㄗㄨㄥˋ

（形聲）（會意）甲文金文綜字从糸宗聲本義作「機縷持絲交者」解（見說文句讀）乃往時人力織布機中整理經線反復張合以納緯織布之工具故从糸又徐灝氏謂「綜者宗也機縷之宗主也」機縷以綜爲宗主織則經緯不亂故綜从宗聲．綜括．

**綠** 音錄 ㄌㄨˋ　讀若慮 ㄌㄩˋ

（形聲）甲文金文綠字略同从糸彔聲本義作「帛青黃色」解（見說文許箸）乃指帛類之青黃色而言帛由絲製成故綠从糸．青黃之色曰綠．「綠兮衣兮綠衣黃裡」（詩．邶風）綠色物略稱綠．棺角曰綠一說盛物囊曰綠通「簏」．王芻曰綠．

**維** 音惟 ㄨㄟˊ

（形聲）（會意）甲文維金文維略同金文維从糸隹聲本義作「車蓋維」解（見說文許箸）乃施於車蓋之繩索故从糸又以隹音追爲短尾禽名因有短意維爲繫車蓋於車之繩亦不甚長故从隹聲．隅曰維四角之稱．立國之大綱曰維四維禮義廉恥

**綢** 音稠 ㄔㄡˊ

（形聲）（會意）甲文金文綢略同从糸周聲本義作「繆」解（見說文許箸）乃枲十絜卽麻十束之意故从糸又以周本作「密」解有緊合之意麻束則麻皆緊合故綢从周聲．絲織品之通稱字本作「紬」山綢杭綢府綢．綢繆：深奧．纏縣曰綢繆．

**網** 音罔 ㄨㄤˇ

（象形）（會意）（形聲）甲文網金文網爲罔字重文象張網形網古亦作罔今用爲部首字从网亡聲亦从罔聲結繩具孔如网形以捕飛禽羅走獸撈游魚之具爲網．其本義作「庖犧所結繩以田以漁者也」解（見通訓定聲）卽鳥網兎網魚網之總稱．

**綴** 音綴 ㄓㄨㄟˋ

（會意）（形聲）甲文綴金文綴丁佛言氏以此爲古綴字从綴从糸亦从叕聲叕音綴象彼此互聯之形本作「聯」解糸謂絲聯之以絲爲綴其本義作「合箸」解（見說文段注）乃使密相聯結之意．旗旒曰綴．綠曰綴邊緣之稱．綴兆：樂舞之位曰綴兆．

| 楷 | 甲文 | 金文 |
| --- | --- | --- |
| 緊 音謹 ㄐㄧㄣˇ | | |
| 緜 音棉 ㄇㄧㄢˊ | | |
| 綣 音劵 ㄑㄩㄢˋ　拳上聲 ㄑㄩㄢˇ | | |
| 綸 音倫 ㄌㄨㄣˊ | | |
| 綻 音棧 ㄓㄢˋ　音電 ㄉㄧㄢˋ | | |
| 綾 音陵 ㄌㄧㄥˊ | | |
| 綽 音婼 ㄔㄨㄛˋ | | |
| 綬 音壽 ㄕㄡˋ | | |
| 綰 音莞 ㄨㄢˇ | | |
| 綵 音彩 ㄘㄞˇ | | |

**緊** （會意）（形聲）甲文金文緊字从臤从絲省省絲爲糸）亦从臤聲臤音鏗乃堅實意纏束絲使堅實爲緊其本義作「纏絲急」解（見通訓定聲）急有堅義緊即纏束絲使其密合而堅實之意・器物之堅彊處曰緊・扼要之處急迫之事曰緊・戈戟之緊・

**緜** （會意）甲文金文緜字从糸帛糸即絲示其纖維之微細帛謂積此細絲可以成帛其本義作「聮新絮也今作綿」解（見玉篇）即棉絮俗稱之爲棉花・木棉及草棉包種子外色白質輭之長毛曰綿・棉絮曰綿用以實衣被禦寒者・蠶吐之絲曰綿・柳絮曰綿・

**綣** （形聲）（會意）甲文金文綣字从糸卷聲本指「繾綣」二詞而言繾綣之本義作「不相離」解（見說文新附）乃形容情意縈繞難排遣之意糸謂布帛爲織緯入經使密合不離者故綣从糸不斷不止兩不相離故綣从卷聲・綣綣：敬愼奉持貌・

**綸** （形聲）（會意）甲文金文綸字从糸侖聲本義作「靑絲綬」解（見說文許箸）秦漢百石官所佩綬乃合靑絲繩辮糾合而成者故从糸又以侖本作「思」解有條理井然意百石官依例以佩之絲綬故从侖聲・綵絲繩曰綸蓋較絲爲粗而較綍爲細之繩・

**綻** （形聲）（會意）甲文金文綻字从糸定聲本義作「衣縫解」解（見集韻）乃指衣縫破裂而言以衣由帛製成故从糸又以定有止於此而不變之意綻即示衣破裂處亦有定意故从定聲・初開之花曰綻・縫補之事曰綻衣裳綻裂紉箴請補綴・縫紉補綴・

**綾** （形聲）（會意）甲文金文綾字从糸夌聲本義作「文繒」解（見玉篇）乃織有花文之帛類故从糸又以夌爲凌之省文劉熙氏以爲「綾凌也其文望之如冰凌之理也」故綾从夌聲・有文采之細緻絲織品曰綾吳綾胡綾鵠文綾綾扇綾衾綾絹・

**綽** （形聲）（會意）甲文綽金文綽略同从糸卓聲本義作「緩」解（見通訓定聲）乃指寬大能容之狀而言絲帛有寬大能容意故綽从糸又以卓本作「高」解高則寬大是有緩意故綽从卓聲・寬大容物曰綽・緩寬緩之綽約：舒徐不縱貌・大開大・

**綬** （形聲）（會意）甲文金文綬字从糸受聲本義作「組帶之大者」解（見通訓定聲）乃用以繫印璽或佩玉之大絲帶故从糸又以受本作「相付」解有授予承接兩義印璽佩玉之帶在便於使用授受故綬从受聲・組曰綬即用以繫物之絲繩繫帷幕者・

**綰** （形聲）（會意）甲文綰金文綰吳大澂氏以爲「古繫」解（見廣韻）乃繫束之之意故从糸又以官本作「吏綰字从官从綏省古文綰綏爲一字」本義作 事君也」解乃治民理政者之稱因有約束四民之意綰爲繫束故从官聲・綰繫結・綰統理・

**綵** （形聲）（會意）甲文金文綵字从糸采聲本義作「繒」解（見集韻）乃絲織帛類之稱故从糸又以采有文彩一義綵常指文彩之絲織品而言故从采聲・繒曰綵・絲織品之總稱；近世則以五色綢曰綵・絲織品製成之衣曰綵・雜有五色之布帛紙張曰綵・

楷 甲文 金文

**綹** 音柳 ㄌㄧㄡˇ

（形聲）（會意）甲文金文綹字从糸咎聲本義作「緯十縷曰綹」解（見說文許箸）織之橫絲橫線曰緯合十緯而束之此緯束曰綹故从糸又以咎本作「罪過」解因有束身受罰束身自責意綹爲緯束故从咎聲・緯十縷曰綹卽絲㡪一束之稱・

**綦** 音其 ㄑㄧˊ

（形聲）（會意）甲文金文綦字从糸其聲本義作「帛蒼艾色」解（見說文繫傳）乃指布帛之色蒼青似艾者而言故从糸又以其爲箕字初文箕爲色蒼青之盛物竹器綦爲蒼青色故从其聲・屨繫曰綦卽屨帶・屐跡曰綦・玉名通「璂」・極窮盡之・

**緒** 音序 ㄒㄩˋ

（形聲）（會意）甲文緒金文緒略同从糸者聲本義作「絲耑（端）」解（見說文許箸）乃絲頭之稱故从糸又以者本作「別事詞」解物多然後待別是者有多意絲頭於繅繭時爲數常多故緒从者聲・絲端曰緒・線索之端曰緒・條理之端曰緒・線曰緒・

**線** 音綫 ㄒㄧㄢˋ

（形聲）（會意）甲文金文線字从糸泉聲本義作「縷」解（見說文許箸）乃縫合衣著時所用之細縷故从糸又以泉本作「水源」解乃自地所出水有流而不斷引出意縷爲不斷引出於衣著間以縫合者故線从泉聲・物之細長如線者曰線・

**緘** 音監 ㄐㄧㄢ

（形聲）（會意）甲文緘金文緘从糸从咸省本義作「束篋」解（見說文許箸）乃束縛篋笥之繩索故从糸又以咸本作「鹹」解束篋必使繩索繞而翕合之故緘从咸聲・縛束小篋之細繩曰緘・函曰緘卽信封之稱・藏物之具其形如箱之小篋曰緘・

**緝** 音葺 ㄑㄧˋ

（形聲）（會意）甲文金文緝字从糸咠聲本義作「績」解（見說文許箸）乃析㡪莖皮成絲復撚㡪絲爲縷之意故从糸又以咠从口耳會意本作「附耳小語」解有近密意緝爲撚絲使密合故从咠聲・索曰緝・編輯之事曰緝通「輯」・緝熙光明貌・

**緣** 音元 ㄩㄢˊ

（形聲）（會意）甲文金文緣字从糸彖聲本義作「衣邊飾」解（見說文段注）古時衣邊廣約半寸在防衣服邊沿污損且增美觀者今之衣服有貼邊滾邊鑲邊意亦略同在衣邊增飾一如毫之附麗於獸故緣从彖聲・機會曰緣・緣分卽定分略稱緣・

**締** 音帝 ㄉㄧˋ

（形聲）（會意）甲文締金文締略同从糸帝聲本義作「結不解」解（見說文許箸）乃牢結使不得脫之意繫結多用繩索線等爲之故从糸又以帝爲蔕字初文乃花與莖相連處爲居中使密合不離者故从帝聲・締結：結合・組織・締盟・締結不解・締構建造・

**編** 音邊 ㄅㄧㄢ

（會意）（形聲）甲文編从糸从册以絲依次穿結竹簡木簡成册爲編義與金文編略同从糸扁聲本義作「次簡」解（見說文許箸）乃依次穿結簡使成册之意故从糸又以扁爲匾字初文乃析木版懸之門旁以示門第者故从扁聲・編班・編隊・編號・

**緯** 音胃 ㄨㄟˋ

（形聲）（會意）甲文金文緯字从糸韋聲本義作「織橫絲」解（見說文許箸）乃指織物橫絲而言亦卽與直絲卽經織合以成布帛等織物者故从糸又以韋本作「相背」解緯納入杼（梭）中使其不斷往復於經線中以吐絲故緯从韋聲・橫線爲緯

| 楷 | 甲文 | 金文 |
| --- | --- | --- |

## 緩 音澣 ㄏㄨㄢˇ

甲文：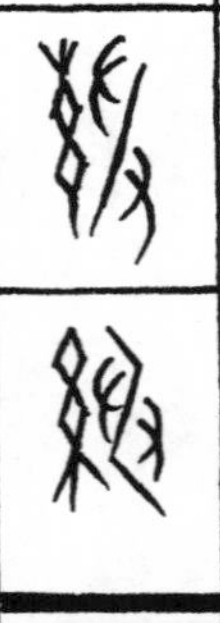

金文：

（形聲）（會意）甲文、金文、緩字从糸、爰聲、本義作「綽」解（見通訓定聲）、乃寬舒之意徐灝氏謂「綽與緩皆取義於纏約之寬裕」又以爰本作「引」解乃引以登車登階必安步就之是有徐舒意故緩从爰聲。不急之務曰緩緩謂舒緩急謂急迫、遲延、

## 練 音煉 ㄌㄧㄢˋ

甲文：

金文：

（形聲）（會意）甲文練金文練略同从糸柬聲本義作「湅繒而熟之也」解（見急就篇顏注）乃湅絲使熟之意故从系又以柬本作「分別擇之」解湅絲使熟須分別擇之以防其或過熟或不熟故練从柬聲。湅練使潔白曰練、已練之練帛曰練。訓練操練、

## 緞 音段 ㄉㄨㄢˋ

甲文：

金文：

（形聲）（會意）甲文金文緞字从系段聲本義作「履後帖」解（見說文許箸）乃鞋跟上部邊緣所帖（貼）附之襯褡或以絲織品或以布帛為之故从系又以段為段落之意履後帖俗稱鞋褡乃位於鞋之後段邊緣者故緞从段聲光滑厚密之絲織物曰緞

## 緬 音湎 ㄇㄧㄢˇ

甲文：

金文：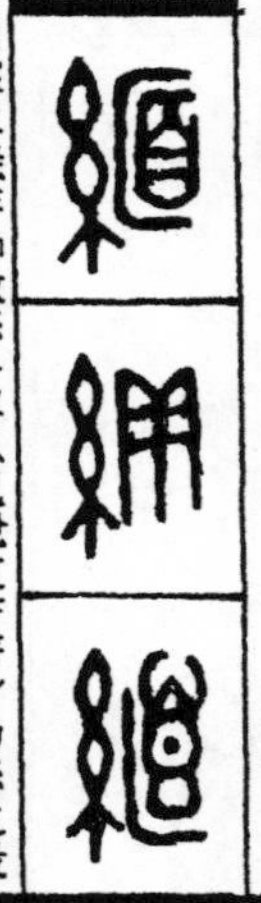

（形聲）甲文金文緬字从系面聲本義作「微絲」解（見說文許箸）乃絲之最細者故从系、最細之絲曰緬：今之絡者別其絲最細者為緬次曰大緬凡緬皆以為緯（六書故・緬）。緬甸國名略稱緬。藐遠：蒼昊遐緬人事無已（陶潛・感士不遇賦）

## 緗 音相 ㄒㄧㄤ

甲文：

金文：

（形聲）甲文金文緗字从糸相聲本義作「帛淺黃色」解（見說文新附）乃指布帛之淺黃色而言故从糸・淺黃色之布帛曰緗、緗帙：書衣曰緗帙乃緗色書套書函、緗桑也如桑葉初生之色也、淺黃色：緗桃緗荷緗練、白蘋望已騁緗荷紛可襲・

## 縣 音玄 ㄒㄩㄢˊ

甲文：

金文：

（會意）甲文縣金文縣孫詒讓氏以為「从木从糸从䀠䀠倒首也當是古縣字」蓋謂以木持首為縣䀠系謂繫持䀠音倒即倒首倒首而繫掛之為縣其本義作「繫」解（見說文許箸）乃繫掛之意・縣於筍簴之鐘磬曰縣同「懸」揭揭示同「懸」

## 縛 佛去聲 ㄈㄛˋ 讀若符 ㄈㄨˊ

甲文：

金文：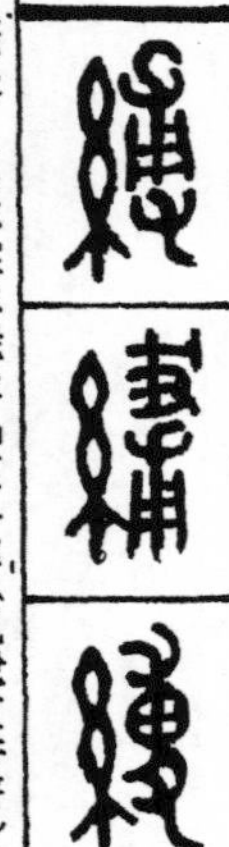

（形聲）（會意）甲文金文縛字从糸尃聲本義作「束」解（見說文許箸）乃以繩索綫等纏繞他物之意故从糸又以尃音服為尃同字本作「敷佈」解凡縛必先展伸繩索綫等然後纏繞之故从尃聲・以繩索繞束之事曰縛・車之鉤心曰縛、以繩束之、

## 縊 音殪 ㄧˋ

甲文：

金文：

（形聲）（會意）甲文金文縊字从糸益聲本義作「絞」解（見說文許箸）乃施繩力扼其頸使死之意故从糸又以益有增加義縊乃加繩於頸故从益聲、絞絞殺之、「『不伏其轅必縊其牛』注『縊絞也』」（周禮・冬官）自經懸繩自扼其頸而死、

## 緻 音稚 ㄓˋ

甲文：

金文：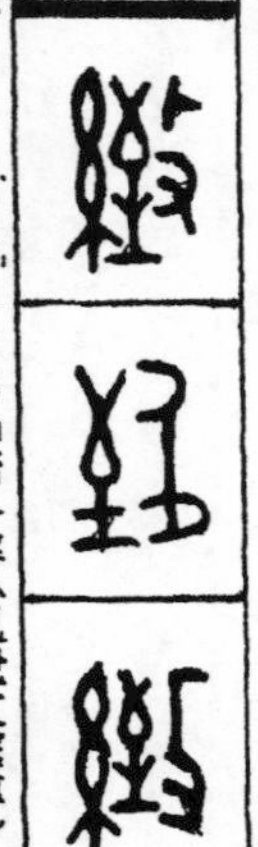

（形聲）（會意）甲文金文緻字从糸致聲本義作「密」解（見說文繫傳）乃指布帛之密合不疏而言故从糸又以致本作「送詣」解乃送而必至其處之意布帛密緻則經緯互近故緻从致聲・令之密緻、細密：「『碤䃸采緻』注『文理密也』」

## 縈 音瑩 ㄧㄥˊ

甲文：

金文：

| 楷 | 甲文 | 金文 |
|---|---|---|

（形聲）甲文縈金文縈略同从糸熒省（省熒下火）聲本義作「收卷」解（見說文段注）乃收捲長繩作環狀以重疊之意故从糸。繞纏繞：「南有樛木葛藟縈之」（詩・周南）。「昭王白骨縈蔓草誰人更掃黃金臺」（李白・行路難詩）。旋旋轉。

**縞** 音稿 ㄍㄠˇ

（形聲）（會意）甲文縞金文縞左从高省右从糸高聲本義作「鮮支」解（見說文義證）鮮支爲漢時白色生絹之稱縞即白色生絹故从糸又以高本作「崇」解因有推重之意縞色潔白質密美爲人所樂用者故从高聲。白色生絹曰縞。縞素：白色。

**縕** 音醞 ㄩㄣˋ　音溫 ㄨㄣ

（形聲）（會意）甲文金文縕字从糸昷聲本義作「紼」解（見說文繫傳）乃亂麻亂絲之稱故从糸又以昷从皿囚會意乃以皿食囚意本作「仁」解因有溫暖之意以保人溫暖故从昷聲。亂麻曰縕。合新綿與舊絮而成之綿絮曰縕。淵奧曰縕。亂棻亂。

**縢** 音騰 ㄊㄥˊ

（形聲）（會意）甲文金文縢字从糸朕聲本義作「緘」解（見說文許箸）乃以繩索等束合之之意故从糸又以朕本作「舟縫」解因有密合勿使通漏意縢在緊束使密合故从朕聲。緘束使固之匱曰縢。緣曰縢邊緣之稱。約帶曰縢。以繩約束物曰縢。

**總** 宗上聲 ㄗㄨㄥˇ

（形聲）（會意）甲文金文總字从糸悤聲本義作「聚束」解（見說文許箸）乃聚衆絲束之爲一之意故从糸又以悤本作「忙迫」解因有速意衆絲如不速爲之束則亂而難理總乃從速聚集絲束意故从悤聲。禾稾成束曰總。漢書之種別曰總。

**縮** 讀若唆 ㄙㄨㄛ　音謖 ㄙㄨˋ

（形聲）（會意）甲文金文縮字从糸宿聲本義作「亂」解（見說文許箸）乃宛曲不申展而紊亂之意絲不理則亂故从糸又以宿有積久一義絲類宛曲不申展乃縱弛積久而致亂者故縮从宿聲。直曰縮。退舍曰縮。車枕前曰縮。縮縮：愧怍貌。

**縱** 踪去聲 ㄗㄨㄥˋ

（形聲）（會意）甲文金文縱字从糸從聲本義作「緩」解（見說文許箸）乃不收束之意凡絲持則緊舍則緩故縱从糸又以從有隨順一義絲不收束則自然隨順舒緩故縱从從聲。恣肆曰縱。縱任情肆意之謂也。釋之使去之事曰縱。縱橫：四散貌。

**繁** 音煩 ㄈㄢˊ

（會意）（形聲）甲文緐金文緐爲緐字重文从糸从每糸謂編絲麻爲之每象草盛上出狀馬髦處編絲麻而成之盛飾曰緐其本義作「馬髦飾」解（見通訓定聲）乃古時顯貴者馬鬣處所加之華飾。雜曰緐。取石書刪其緐亂。緐華：侈盛美麗之稱。

**縫** 音逢 ㄈㄥˊ　音俸 ㄈㄥˋ

（形聲）（會意）甲文縫金文縫丁佛言氏以爲「从夆从衣當是古縫字」本義作「以鍼紩衣」解（見說文許箸）乃以鍼引綫綴合布帛成衣之意故从糸又以逢本作「遇合」解縫乃使布帛密相遇合以成衣故从逢聲。縫衣之事曰縫。罅隙曰縫。門縫。

**績** 音積 ㄐㄧ

（形聲）（會意）甲文績金文績略同从糸責聲本義作「緝」解（見說文許箸）乃治麻成縷之意故从糸又以責本作「求」解績乃治麻求其勻細相續以爲縷故从責聲。析麻爲縷之事曰績。功曰績功業之稱字亦作「勣」。成曰績成效之稱成績。

**繆** 音謬 ㄇㄧㄡˋ

| 楷 | 甲文 | 金文 |
|---|---|---|

## 繆

音謀 ㄇㄡˊ

（形聲）（會意）甲文繆金文繆略同从糸翏聲本義作「枲之十絜」解（見說文許箸）段玉裁云「枲即麻也十絜猶十束也」繆即麻十束之稱故从糸又以翏音聊本作「高飛」解有輕而高之意故繆从翏聲。結固結之綢繆：行事違失舛誤曰繆。

## 縵

音幔 ㄇㄢˋ

（形聲）（會意）甲文縵金文縵左下从糸餘爲曼字變文丁佛言氏以此爲古縵字从糸曼聲本義作「繒無文」解（見說文許箸）即無花紋之絲織品故从糸又以曼本作「引」解縵爲引絲織成者故从曼聲。雜樂曰縵。縵縵：雲紓緩迴曲貌沮㬉迷漫。

## 縶

音執 ㄓˊ

（形聲）（會意）甲文金文縶字从糸執聲本義作「絆馬」解（見說文許箸）乃以繩索縶馬足之意故从糸又以執本作「拘捕辠（罪）人」解縶爲拘縶馬故从執聲。馬韁曰縶用以絆勒馬之繩索或以革爲之。韓厥執縶馬前再拜稽首（縶馬絆）。

## 繇

音遙 ㄧㄠˊ

（形聲）（會意）甲文繇金文繇略同从系䍃聲本義作「隨從」解（見說文許箸）乃尾繫而從其後之意故从系又以䍃音遙玉篇廣韻並作「從」解繇謂尾繫而從故从䍃聲。役曰繇古時力役之征字亦作「徭」。供官役使之事曰繇。徒歌曰繇通「謠」。

## 縭

音離 ㄌㄧˊ

（形聲）（會意）甲文金文縭字从糸离聲本義作「以絲介履」解（見說文許箸）乃綴於履間以增美之絲飾故从糸又以离爲猛獸有無物足懼無遠弗屆意綴絲於履者常作离形以寓履險行遠之意故縭从离聲。香纓曰縭帶之一種。婦人之褘曰縭。

## 繕

音膳 ㄕㄢˋ

（形聲）（會意）甲文金文繕字从糸善聲本義作「補」解（見說文許箸）乃治闕縫破之意故从糸又以善本作「吉」解因有完滿之意破闕經補治則完滿故繕从善聲。治兵曰繕治戰備曰繕。補補修整治。善使之善通「善」。繕寫：謄錄。

## 繞

繞去聲 ㄖㄠˋ

（形聲）甲文金文繞字从糸堯聲本義作「纏」解（見說文許箸）乃以布帛或繩索纏裹之意故从糸。繞口令：將各雙聲疊韻字編成一段趣語唸時拗口極易唸錯足以惹人笑樂者此即繞口令。纏繞合四蛇相繞。繞繚：環繞迂轉字亦作「遶」。

## 繙

音番 ㄈㄢ

（形聲）（會意）甲文繙金文繙从糸从番省从糸番聲本義作「亂」解（見集韻）乃紛紜之意故从糸又以番本作「獸足謂之番」解即獸類足跡之稱野獸任意肆行足跡蓋凌亂繙取其凌亂意故从番聲。繙繹：於經籍中之奧義善爲詮釋。

## 繚

音聊 ㄌㄧㄠˊ

音了 ㄌㄧㄠˇ

（形聲）（會意）甲文金文繚字从糸尞聲本義作「纏」解（見說文許箸）乃繞合之意故从糸又以尞本作「燒柴祭天」解乃先民祭禮之一種諸男女常隨主祭者繞之膜拜以祈福禳災繚謂繞合故从尞聲。繞纏圍合。繚繞：飄颻貌。繚理也。

## 繡

音秀 ㄒㄧㄡˋ

（形聲）（會意）甲文金文繡字从糸肅聲本義作「五采備」解（見說文許箸）乃設色著畫使之五采並現之意以其爲繪事古多施之於綾絹綵等故从糸又以肅有愼重之義繡爲巧運匠心之藝事咸愼重以出之故繡从肅聲。五采並備之繪畫刺繡曰繡。

## 織

音職 ㄓ

楷　甲文　金文

（形聲）（會意）甲文織金文織爲識字重文朱駿聲氏以爲「兵也从戈意省（省意爲音）聲」吳大澂氏以爲「古識字與識織幟三字並通趩尊『錫趩識衣』」本義作「作布帛之總名」解（見說文許箸）古以麻縷織成布絲者故从識聲織布帛

繐　音慧　ㄏㄨㄟˋ　音歲　ㄙㄨㄟˋ

（形聲）（會意）甲文金文繐字从糸惠聲本義作「細疏布」解（見說文許箸）乃縷細而質地疏鬆之布故从糸又以劉熙氏謂「繐惠也齊人謂涼爲惠言服之清涼惠也」故繐从惠聲．細而疏之布曰繐凡布細而疎者謂之繐．用繐布製繐帳、繐帷。

繒　音增　ㄗㄥ

（形聲）（會意）甲文繒金文繒略同从糸曾聲本義作「帛」解（見說文許箸）爲帛類之總稱 蓋合縑綈紬綾絹……等而言故从糸又以曾本作「詞之舒也」解繒用之者舒故从曾聲．帛曰繒絲織品之總稱文繒厚繒細繒粗繒．家所居處曰繒。

繩　音澠　ㄕㄥˊ

（形聲）甲文金文繩字从糸蠅省（省蠅右虫）聲本義作「索」解（見說文許箸）乃緝合絲麻等而成之粗索故从糸桂馥氏以爲「當爲黽聲」說與許異並引參證．索曰繩絞合兩股縷以上而成者小爾雅「大者謂之索小者爲之繩」．準則曰繩。

繪　音會　ㄏㄨㄟˋ

（形聲）（會意）甲文金文繪字从糸會聲本義作「五采畫也」解（見玉篇）乃施五采以畫之意古無紙繪事多用絹絲之屬故从糸又以會本作「合」解繪取五采相合之意故从會聲．綵畫曰繪字亦作「會」．畫文曰繪身拕黼繪．繪圖曰繪。

繫　音係　ㄒㄧˋ　音計　ㄐㄧˋ

（形聲）（會意）甲文金文繫字从糸毄聲本義作「約束留滯」解（見玉篇）乃拘束縛使其緊密相聯相合之意多施之以繩索故从糸又以毄音及本作「相擊中」解有以此合彼意繫爲密相聯合故从毄聲．紐曰繫即附結於組之紐．絆羈曰繫。

楷　甲文　金文

繳　音皦　ㄐㄧㄠˇ　音灼　ㄓㄨㄛˊ

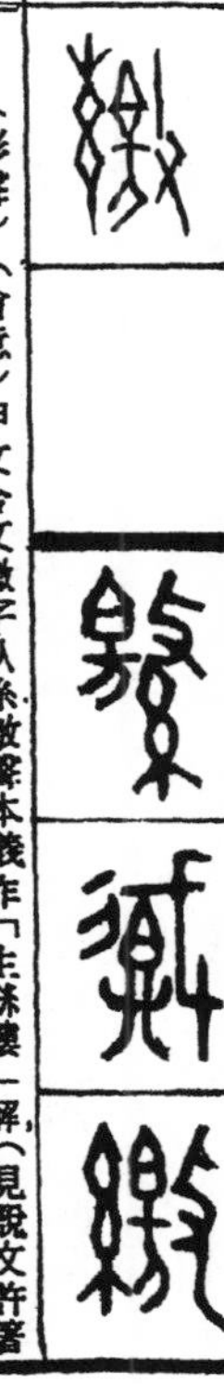

（形聲）（會意）甲文金文繳字从糸敫聲本義作「生絲縷」解（見說文許箸）乃糾合生絲而成之細繩故从糸又以敫音約从白放會意本作「光景流貌」解乃光芒四射意繳爲繫箭上以射鳥之細絲繩乃隨箭射出者故从敫聲．繳稅、繳款、繳罰金。

繹　音亦　ㄧˋ

（形聲）（會意）甲文金文繹字从糸睪聲本義作「引絲」解（見說文許箸）乃抽絲長引之意故从糸又以睪本作「伺視」解乃指吏捕罪人時之細心觀察而言治繭抽絲頭緒紛紮必細心觀察以尋覓絲頭故繹从睪聲．緒曰繹．繹繹：盛大之稱。

繮　音薑　ㄐㄧㄤ　音缸　ㄍㄤ

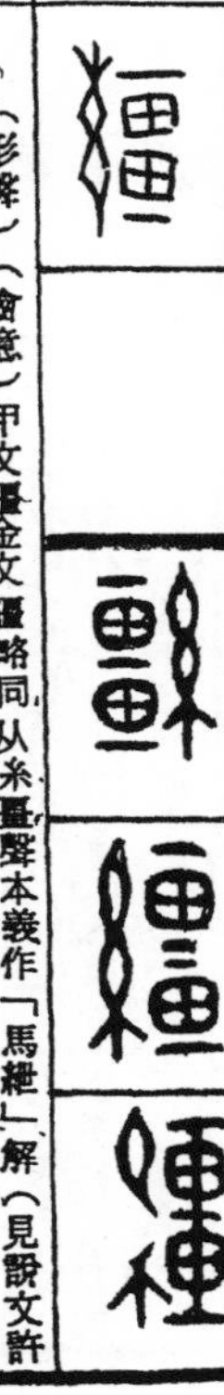

（形聲）（會意）甲文繮金文繮略同从糸畺聲本義作「馬紲」解（見說文許箸）乃絡馬頭以利控馬之繩故从糸又以畺爲疆字初文本作「界」解劉熙氏以爲「繮繫之使不得出疆限也」使就範即依一定之疆界以行者故从畺聲．繫馬繩稱繮繩。

繼　音計　ㄐㄧˋ

（會意）甲文繼金文繼从㡭省絕字古文作㡭許愼氏謂「反㡭爲繼」故吳大澂氏以此爲古繼字使不斷之意以絲接續之使不斷爲繼其本義作「續」解（見說文許箸）乃接續之使復得相聯意．㡭即繼之古文．繼承之事曰繼續接續．承承繼 紹接。

楷 甲文 金文

繽 音賓 ㄅㄧㄣ

（形聲）甲文金文繽字从糸賓聲本義作「亂」解（見類篇）乃指紛亂之狀而言絲爲物之易亂者故繽从糸．盛貌：「『九嶷繽兮並迎靈之來兮如雲』王逸注『繽盛貌』」（屈原・九歌）風吹貌：「『牙旗繽紛』注『繽紛風吹貌』」・

纁 音熏 ㄒㄩㄣ

（形聲）（會意）甲文纁金文纁爲熏字重文纁古作熏本義作「淺絳」解（見說文許箸）乃指繒帛等之淺赤色而言故从糸又以熏本作「火烟上出」解因有以火烟熏灼物意纁爲繒帛以茜草三染而成亦有受茜草熏灼意故从熏聲．淺絳色布曰纁．

續 讀若序 ㄒㄩ

（形聲）（會意）甲文金文續爲續字重文本義作「連」解（見說文許箸）乃上下相連不斷之意以賣音育本作「衒」解乃行且賣之意，即不斷行不斷賣而相連者續取其相連不斷意故从賣聲・事之後同於前者曰續，胤嗣曰續，傳曰續・繼承繼，補補綴，

纏 音廛 ㄔㄢ

（形聲）（會意）甲文纏金文纏略同从糸廛聲本義作「繞」解（見許文許箸）乃以繩索繞合之意故从糸，又以廛音蟬寬「一夫所居」之稱即民宅寬居者寢食之所有止此不去意纏寬止此不鬆去者故从廛聲・事相糾繞者曰纏，索曰纏・繞纏繞，纏束・

纔 音裁 ㄘㄞ

音讒 ㄔㄢ

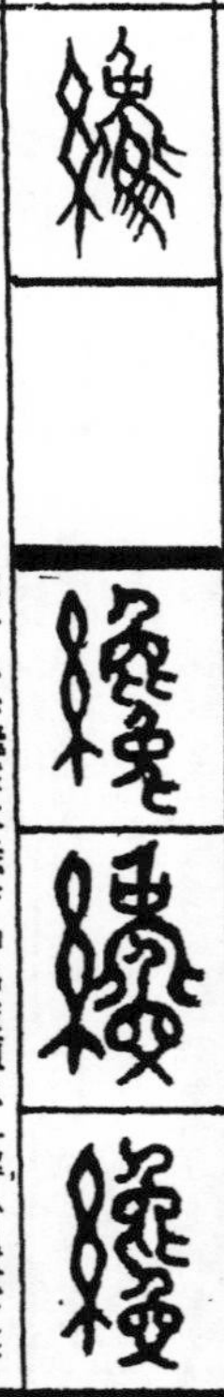

（形聲）（會意）甲文金文纔字从糸毚聲本義作「帛雀頭色」解（見說文許箸）周禮巾車注「雀黑多赤少之色」纔爲布帛赤而微黑如雀頭之色，故从糸又以毚音讒，本作「狡兎」解野兎面部之色與雀頭色微近故纔从毚聲：事將然而假設其然；

楷 甲文 金文

纖 音暹 ㄒㄧㄢ

（形聲）（會意）甲文金文纖字从糸韱聲本義 作「細」解（見說文許箸）乃微細之稱糸爲物之微細者故纖从糸又以韱音先本作「山韭」解，乃一種細而長之野韭纖取其細長之意故从韱聲，小曰纖；小事物之泛稱，細曰纖，繒帛與羅縠皆曰纖，

纓 音嬰 ㄧㄥ

（形聲）（會意）甲文金文纓字从糸嬰聲本義作「冠系」解（見說文許箸）乃繫冠使勿脫落之帶故从糸，又以嬰本作「女子頸飾」解；纓雖有繫於冠後者但大率繫之於頸，故纓从嬰聲・冠系曰纓；帽帶之結於頤下者，綵縷曰纓，馬鞅 繩索曰纓；・

纘 音纂 ㄗㄨㄢ

（形聲）（會意）甲文纘金文纘左从[illegible]（音亂作治理解）右从[illegible]其取義闕許翰氏以此爲古纘字，从糸又以贊本作「見」解徐鍇氏以爲「進見以貝爲禮也」本義作「繼」解（見說文許箸）乃續之使不絕意故从贊聲・繼繼續，任担任・

纛 音毒 ㄉㄨ

音導 ㄉㄠ

（形聲）甲文金文纛字从縣毒聲本義作「羽葆幢」解（見玉篇）羽葆爲綴鳥羽而成之華蓋幢爲旌旗之屬 懸有羽葆狀類旌旗之華飾物爲纛縣懸字初文故纛从縣，羽葆幢曰纛古時葬喪大事及顯貴者多用之，纛翳也 軍中主將之旗曰纛，

纜 音濫 ㄌㄢ

（形聲）（會意）甲文金文纜字 从糸覽聲本義作「維舟索」解（見玉篇）乃繫舟之索，故从糸，又以覽爲攬 之省文攬本作「撮持」解纜在撮持舟使不隨流而放故从覽聲，維舟索曰纜，「解纜及潮流懷舊不能發」（謝靈運・鄰里詩）・以纜繫之，

楷　甲文　金文

**缶**　音否　ㄈㄡˇ

（象形）甲文缶金文缶略同，缶上象缶蓋中　下象缶腹圓底平之實體其本義作「瓦器所以盛酒漿」解（見說文許箸）乃大腹斂口平底有蓋之瓦器名・盛酒漿之瓦器曰缶一說秦人亦鼓此以節歌者爾雅釋器郝疏：缶卽盎也大腹而斂口汲水器曰缶，

**缸**　讀若岡　ㄍㄤ

（形聲）（會意）甲文金文缸字从缶工聲本義作「罌缸」解（見廣韻）乃形似罌而頸長之瓦器故从缸又以工爲江字省文江容水多爲水流之長而大者缸爲容物甚多之瓦器有頸長腹大意故从工聲・瓦器名古謂其長頸大腹：水缸米缸醬缸

**缺**　音闋　ㄑㄩㄝ

（形聲）（會意）甲文金文缺字从缶夬聲本義作「器破」解（見說文許箸）乃用器破裂意瓦缶之器最易破裂故从缶又以夬音怪象物有裂損（コ）而以手（又）治之（一以指其事）因有分決意缺乃物分裂故从夬聲，官職虛位待補者曰缺，

**罄**　音磬　ㄑㄧㄥˋ

（形聲）（會意）甲文金文罄字从缶殸聲本義作「器中空」解（見說文許箸）乃器內一無所有之意缶爲日用之器故从缶又以殸爲磬字古文乃懸之擊以發聲者瓦缶器中空擊之亦發淸脆聲如磬，故罄从殸聲，樂石名磬以發聲罄然：嚴整貌，

**罅**　音暇　ㄒㄧㄚˋ

（形聲）（會意）甲文金文罅字从缶虖聲本義作「裂」解（見說文許箸）乃器物損裂處之稱缶爲器之易裂者故从缶，又以虖本作「哮虖」解有聲與向外迸出意缶類損裂則所盛物恆自所裂縫隙中漏出故罅从虖聲，空隙曰罅・裂縫曰罅；

**䍃**　音嬰　ㄧㄥ

（形聲）甲文金文䍃字从缶賏聲本義作「缶」解（見說文許箸）乃大腹小口之瓦器故从缶・缶曰䍃卽小口大腹之瓦器䍃所以盛酒也：「君不見亡靈蒙享祀何時傾杯竭壺䍃」（鮑照・擬行路難詩）䍃粟：卽罌子粟亦名麗春御米花

**罍**　音雷　ㄌㄟˊ

（形聲）（會意）甲文金文罍字从缶畾聲本義作「龜目酒尊」解（見說文許箸）乃刻有雲雷等略似龜目以爲飾之酒尊古以木爲之故作櫑或以瓦缶遂从缶，又王筠氏謂「畾卽古靁（卽雷）字」故以畾（雷）表雲而从畾聲・酒罇曰罍・

**罎**　音覃　ㄊㄢˊ

（形聲）（會意）甲文金文罎从缶曇聲本義作「甂甋」解（見集韻）甂爲上銳中寬下直底平之盛酒瓦器罎亦與甂相類以其爲瓦缶之器故罎从缶又以曇本作「雲布」解因有廣大之意罎爲甂甋之大者故从曇聲・斂口大腹之瓦器或瓷器曰罎，

**罏**　音盧　ㄌㄨˊ

（形聲）（會意）甲文金文罏字从缶盧聲本作「𦉼」解（見玉篇）乃彤以缾用以盛酒之瓦器故从缶又以盧本作「飯器」解罏爲酒器亦所以盛者故从盧聲按罏在說文許箸爲「䍡字籀文」・泥瓦裝成之火爐曰罏通「爐」「鑪」「壚」・

**罐**　音貫　ㄍㄨㄢˋ

| 楷 | 甲文 | 金文 |
|---|---|---|

（形聲）（會意）甲文金文罐字从缶雚聲本義作「瓶罐」解（見玉篇）乃指汲水盛水用之瓦器而言故从缶又以雚爲鸛字初文鸛爲類鶴水鳥常出入水中捕魚蟲爲食者罐常出入水中以汲水故从雚聲．汲水瓦器曰罐．圓形斂口盛物燒煑器曰罐．

## 羽　音禹　ㄩˇ

（象形）甲文金文羽字略象鳥兩翅形其向左下之六掠筆卽六翮乃翅之主莖其本義作「鳥長毛」解（見說文許箸）乃鳥翅上長而扁之毛鳥毛曰羽一名羽毛由表皮出生分翼羽與綿羽二類．翅亦曰羽．鳥類曰羽．樂舞者所執之雉尾曰羽．

## 羿　音詣　ㄧˋ

（會意）（形聲）甲文金文羿字从羽从幵幵音堅本作「平」解以羽幵合於幹使能疾射之矢爲羿其本義作「羽箭」解（見正韻）乃有羽之箭惟徐灝氏以爲「从幵聲與笄同例」．古人名．堯時射官：堯乃使羿誅鑿齒於疇華之野．有窮后羿．

## 翁　音嗡　ㄨㄥ

（形聲）甲文金文翁字从羽公聲本義作「鳥頸毛」解（見說文句讀）乃鳥類頸上之毛羽故从羽又以公爲對尊者老者之敬稱有敬其居上之意唐釋玄應氏謂「鳥頸毛曰翁身之最上」故翁从公聲．稱父曰翁．妻稱夫之父夫稱妻之父曰翁．

## 翅　音啻　ㄔˋ

（形聲）（會意）甲文金文翅字从羽支聲本義作「翼」解（見說文許箸）乃生鳥類兩側外被毛羽以供飛行者故从羽又以支本作「柱」解有支持之使不墜落意翅爲鳥飛時賴以支持乃得不墜之支柱故从支聲．鳥翼曰翅．昆蟲之翼亦曰翅．

## 習　音襲　ㄒㄧˊ

（會意）（形聲）甲文習从羽从日有日日不間斷振羽以飛之意味義與金文習同．从羽白聲本義作「數飛」解（見說文繫傳）乃鳥類屢次振羽學飛之意故从羽．从白．鳥數飛曰習鳥類初生喜飛而數試之之稱．親狎之人曰習．習慣曰習俗．

## 翎　音零　ㄌㄧㄥˊ

（形聲）（會意）甲文金文翎字从羽令聲本義作「羽」解（見說文新附）乃鳥羽之長者故从羽又以令有嘉美意翎爲長羽亦羽之美好者故从令聲．鳥羽名鳥之長羽曰翎．蟲翅曰翎．翎毛．淸代官吏之帽飾插之帽頂之後以分官階之大小者．

## 翌　音弋　ㄧˋ

（形聲）甲文金文翌字从羽立聲本義作「明」解（見羽雅）乃翟玥可見意鳥羽爲彩色耀明者故翌从羽．翌室：卽明室一作「翼室」書顧命「延入翼室」孔傳「明室路寢延之使居」：「昔周康王始登翌室猶戴冕臨朝」（晉書．禮志）．

## 翔　音詳　ㄒㄧㄤˊ

（形聲）（會意）甲文金文翔字从羽羊聲本義作「回飛」解（見說文許箸）乃鳥類展翅盤旋飛行之意故从羽又以羊爲佯之省文劉熙氏謂「翔佯也言仿佯也」故翔从羊聲．鳥飛曰翔．飛鳥曰翔．「鳳鸞翥於甍標咸遡風而欲翔」張衡．西京賦）

## 翡　音匪　ㄈㄟˇ

（形聲）（會意）甲文金文翡字从羽非聲本義作「赤羽雀」解（見說文許箸）乃毛羽赤色之小鳥名故从羽又以龔自珍氏謂「凡从非之字古皆有赤義若緋之琲之爲赤珠雖許書所未收要之古也」翡爲赤羽雀故从非聲．鳥名翡與翠各爲一類．

## 翠　音粹　ㄘㄨㄟˋ

楷　甲文　金文　文　｜　楷　甲文　金文　文

（形聲）（會意）甲文金文翠字从羽卒聲本義作「青羽雀」解（見說文許箸）乃毛羽青色之小鳥名故从羽又以卒本作「隸人（罪徒）給事者爲卒古以染衣爲題」解乃著有染色衣以爲題識故翠从卒聲・翡翠鳥名雄者色赤雌者色青・

**翟** 音狄 ㄉㄧˊ　音宅 ㄓㄞˊ

（會意）甲文翟金文翟略同从羽从隹隹音錐爲短尾鳥之總名今从羽以示其羽毛特長之鳥爲翟其本義作「山雉尾長者」解（見說文繫傳）乃長尾野雞名・雉之長尾者曰翟：「羽畎夏翟」（書・禹貢）・樂舞所用之雉羽曰翟・翟衣祭服・

**翦** 音剪 ㄐㄧㄢˇ

（形聲）（會意）甲文翦金文翦略同从羽前聲本義作「羽生」解（見說文許箸）乃指鳥羽初生而言故从羽又以前本作「不行而進」解鳥羽之生常潛增暗長有不期其然而致豐滿意故翦从前聲・翦刀兩刀互合以斷物者通稱翦子略稱曰翦・

**翩** 音篇 ㄆㄧㄢ

（形聲）（會意）甲文金文翩字从羽扁聲本義作「疾飛」解（見說文許箸）乃迅速振羽以飛之意故从羽又以扁爲匾字初文韻會謂「器之薄者曰扁」物薄則可起飛故翩从扁聲・旌旗飄揚曰翩四牡騤騤旟旐有翩翩翩：疾飛曰翩亦爲迅速之稱・

**翬** 音暉 ㄏㄨㄟ

（形聲）（會意）甲文金文翬字从羽軍聲本義作「大飛」解（見說文許箸）乃振羽猛速而飛之意故从羽又以軍乃聚衆人諸車而成者因有盛大意翬爲大飛故从軍聲・錦雞曰翬雉之一種『翬者鳥之奇異者也』」（詩・小雅）翬然：疾起大飛

**翱** 音敖 ㄠˊ

**翮** 音核 ㄏㄜˊ

（形聲）（會意）甲文金文翱字从羽皋聲本義作「翱翔」解（見說文許箸）乃振羽於空中遨遊之意故从羽又以皋本作「水邊地」解爲土地肥沃而人樂種於此者翱翔有遨遊爲樂意故翱从皋聲　飛翻飛　翱翔：鳥布翅以飛　翶（翱俗字）

**翮** 讀若隔 ㄍㄜˊ　音歷 ㄌㄧˋ

（形聲）（會意）甲文金文翮字从羽鬲聲本義作「羽莖」解（見說文許箸）乃羽毛中央堅硬之細柱故从羽又以鬲與隔同如漢書五行志「鬲閉門戶」是其例居中分隔使其兩邊羽毛各有倫次而不相亂者爲翮故翮从鬲聲・羽本羽莖之稱・

**翳** 依去聲 ㄧˋ　音翳 ㄧ

（形聲）（會意）甲文翳字爲殹字重文金文翳从羽殹聲本義作「華蓋」解（見說文許箸）乃君主乘輿上所覆之羽葆幢故从羽又以殹音意方言謂「殹幕也」華蓋如幕之覆罩故翳从殹聲・射獵者藏身之具曰翳・士卒避兵之具曰翳・目膜曰翳

**翻** 音番 ㄈㄢ

（形聲）（會意）甲文金文翻字从羽番聲本義作「飛」解（見說文新附）乃鳥類振羽飛行之意故从羽又以番爲計數之詞一番數番皆其例鳥飛必多番振羽故翻从番聲・姓唐宋時有翻姓・飛・衆鳥翩翻　反覆轉・：翻案翻口供・翻刻重行轉刻

**翹** 音橋 ㄑㄧㄠˊ

（形聲）（會意）甲文金文翹字从羽堯聲本義作「尾長毛」解（見說文許箸）乃鳥尾之長羽故从羽又以堯本作「高」解鳥尾長羽常高舉故翹从堯聲・鳥尾之長羽曰翹翹羽也・尾毛也・婦女首飾名附髮際如翹者・人才曰翹取其高出於衆意

**耀** 音曜 ㄧㄠˋ

楷　甲文　金文

（形聲）（會意）甲文金文耀字从光翟聲本義作「光耀」解（見廣韻）乃以光照射之意故从光又以翟爲雄雉其毛色燦爛奪人目耀爲光奪人目故从翟聲。光芒光明曰耀：光遠而自他有耀者也謂光能遠照於他物有明。耀耀：光明貌光宗耀祖

羊　音洋　一尢

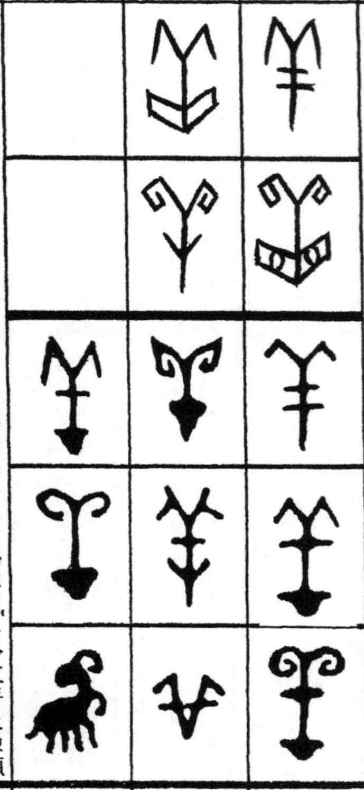

（象形）甲文羊羅振玉氏以爲「羊字變體甚多然皆爲象形」金文羊上象頭角中二橫畫象足左右分中之直筆象身軀及尾其本義作「畧」解（見通訓定聲）乃反芻而性馴順之獸名。動物名反芻偶蹄獸有二種一爲山羊一爲綿羊受豢於人。

羌　音蹺　ㄑ一尢

（會意）（形聲）甲文羌董作賓氏謂「羌字从羊从人誼爲牧羊之人有時又帶繩索表示牽羊之意」金文羌从人从羊亦从羊聲人以牧羊爲事者曰羌其本義作「西戎牧羊人」解（見通訓定聲）乃西戎以牧羊爲生之種族名。姓泰岳後有羌氏

美　煤上聲　ㄇㄟˇ

（會意）甲文美金文美略同从羊从大羊在六畜中主給膳羊大則肥好而成上味其本義作「甘」解（見說文許箸）乃味至上者之稱。美女曰美：「彼美孟姜德音不忘」（詩・鄭風）至善至好之稱指人之才能言。優美美妙美麗盡美盡善也。

楷　甲文　金文

羔　音高　ㄍㄠ

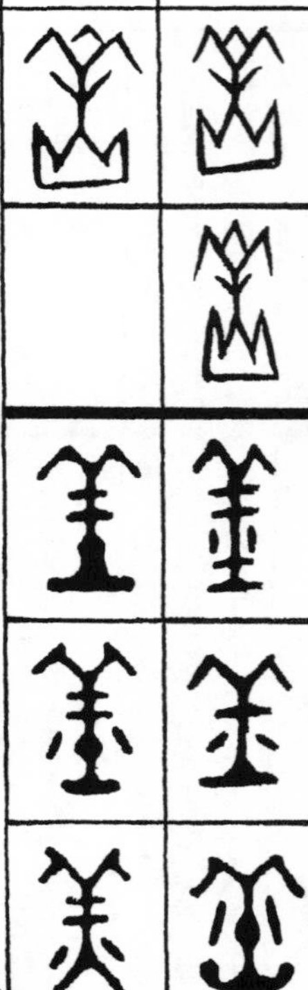

（會意）（形聲）甲文羔羅振玉氏以爲「从羊从火殆即羔字」金文羔林義光氏以爲「羔小可炮象羊在火上形」丁佛言氏以爲「羔畧羊子也古於羔兎等小畧多用炮炮者用泥塗其外用火炙之也故从火从土」。烏羊曰羔。小曰羔大曰羊。

羞　音修　ㄒ一又

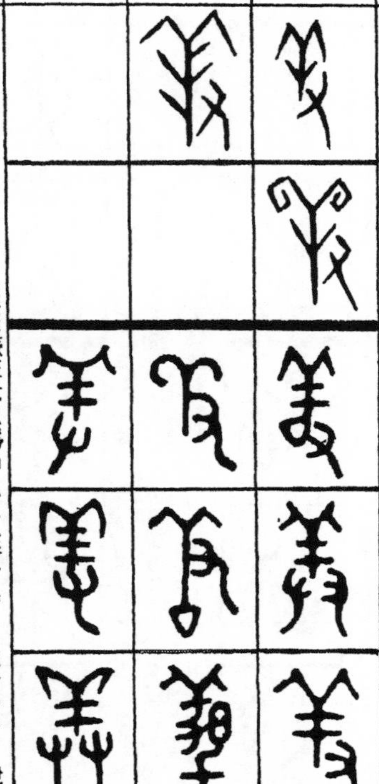

（會意）（形聲）甲文羞羅振玉氏以爲「从又（手）持羊進獻之氣」……說文解字『从丑丑亦聲』誤又爲丑又誤會意爲形聲矣」金文羞有與甲文羞同形者此所引从廾（古拱字）从羊吳大澂氏以爲「从廾兩手共獻也」義與甲文羞同。

羝　音低　ㄉ一

（形聲）（會意）甲文金文羝字从羊氐聲本義作「牡羊」解（見說文許箸）乃牡（公）羊之稱故从羊又以氐爲柢字初文本作「本」解齊民要術謂「羧羊大率十口一羝羝少則不孕羝多則亂羣」故从氐聲。牡（公）羊曰羝。高鳥擇木羝。

羚　音靈　ㄌ一ㄥ

| 楷 | 甲文 | 金文 |
|---|---|---|

音絨 ㄖㄨㄥˊ

（形聲）（會意）甲文金文羚从羊令聲本義作「大羊而細角」解（見集韻）乃角細曲而體較大之羊故从羊又以令有嘉美之義令名令聞令德皆其例羚羊肉味甚美，角入藥爲珍品乃羊之嘉美者故羚从令聲。羚羊：哺乳類反芻偶蹄類，形似鹿，

## 義 音議 ㄧˋ

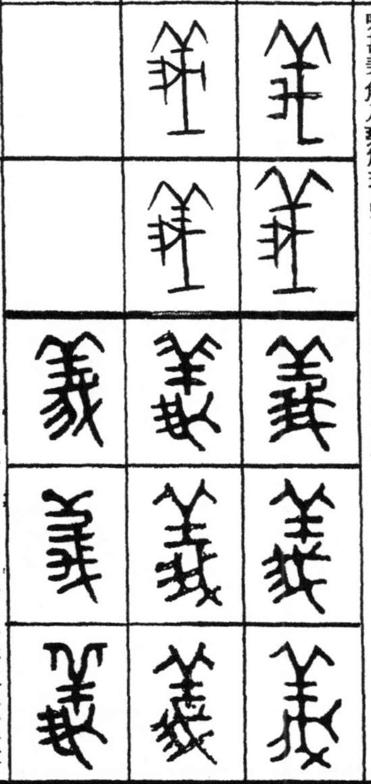

（會意）（形聲）甲文義金文義略同从我从羊我謂己羊謂善祥之意於我所表現之善祥爲義其本義作「己之威儀」解（見說文許箸）乃一己所顯現於外之氣槩容止等合稱之曰義古金文多以義爲儀。事之宜曰義義宜也，天理正路曰義。

## 羣 音裙 ㄑㄩㄣˊ

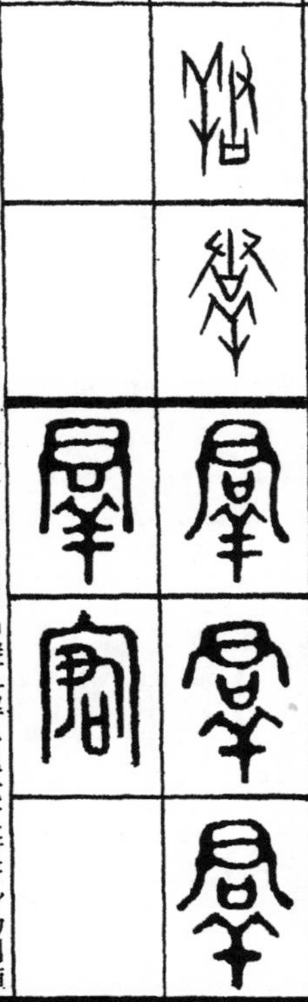

（形聲）甲文羣金文羣略同从羊君聲本義作「輩」解（見說文許箸）乃同類相聚時之稱羊性好羣故羣从羊，朋輩曰羣：吾離羣而索居羣謂同門朋友也（禮·檀弓）「聰明特達出類拔羣」（梁書·劉顯傳）共聚處之禽獸曰羣，相類者曰羣。

## 羨 音線 ㄒㄧㄢˋ

（會意）（形聲）甲文金文羨字从㳄从羑省（省羑下久）㳄謂垂涎羑本呼喚引誘的意於人之美好受其引誘至垂涎而欲據以入己爲羨其本義作「貪欲」解（見說文許箸）乃愛慕至深至切之意，贏餘曰羨，墓道曰羨羨卒定額外之餘卒稱羨，

## 羯 音揭 ㄐㄧㄝˊ

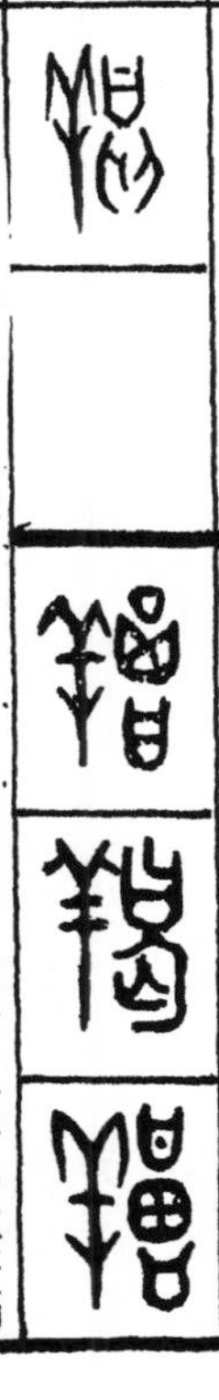

（形聲）（會意）甲文金文羯字从羊曷聲本義作「羖羊犗」解（見說文句讀）羖爲牡（公）羊犗爲獸類去勢牡羊去勢爲羯故羯从羊又以曷爲渴之省文渴本作「盡」解乃枯竭意牡羊去勢則不能交配亦有枯竭意故羯从曷聲，去勢之羊。

## 羲 音犧 ㄒㄧ

（形聲）甲文羲金文羲略同从兮義聲本義作「气之吹噓」解（見說文義證）乃气舒展以出貌故从兮惟此本義古罕見用今所行者爲別義羲和日御之名因略稱日曰羲參閱「羲和」條，伏羲古帝名略稱羲：羲黃伏羲與黃帝也兩族名曰羲曰和

## 羹 音庚 ㄍㄥ

（會意）甲文羹羅振玉氏以爲「此从匕从肉有湆汁在皿中當卽鬻（羹）字从皿與从鬲同」金文羹从匕从米从㔾从弜从美乃以匕引米㔾等以重和而成美食曰羹吳大澂氏以此爲古羹字，乃齊和五味而成之美食名，五味調和之湯菜曰羹。

## 羶 音膻 ㄕㄢ

（會意）（形聲）甲文羶與金文羶字略同，从三羊羊有臭氣三羊相聚則其臭氣愈盛烈此盛烈羊臭氣爲羶其本義作「羊臭」解（見說文許箸）乃羊身所發之特殊臊氣，羊臭曰羶卽羊體所發之臊氣有羶氣之獸肉曰羶羊脂曰羶，氣臊羶，

# 耒部：耒耕耘耗耦耨耰、耳部：耳恥耿

| 楷 | 甲文 | 金文 |
| --- | --- | --- |

**耒** 音壘 ㄌㄟˇ

（會意）甲文金文耒字从木推丰丰象其刻齒木謂形上曲用以推丰使發土之柄其本義作「手耕曲木」解（見說文繫傳）乃發土之農具名卽手犁李善注藉田賦謂「古耕以耒而今以牛耒著六叉犁一也」・手犁曰耒手耕田之木名・耒爲發土器・

**耕** 音庚 ㄍㄥ

讀若京 ㄐㄧㄥ

（形聲）（會意）甲文金文耕字从耒井聲本義作「犁」解（見說文許著）乃以耒發土之意故从耒又以井謂古之井田乃阡陌互交而甚見方正者以耒發土縱橫整然方正故耕从井聲・力田種植曰耕・假他事代食若力田然者曰耕・耕耘：耕田耘草

**耘** 音云 ㄩㄣˊ

（形聲）（會意）甲文金文耘字从耒芸聲本義作「除苗間穢」解（見說文許著）穢卽蕪謂蕪穢雜草耘謂除去苗間雜草故从耒又以芸芸爲花葉盛貌老子「夫物芸芸各復歸其根」故䒙从芸聲・耘耔：除田穢曰耘壅苗本曰耔・耘耕：耘草耕田

**耗** 音好 ㄏㄠˋ

（形聲）（會意）甲文金文耗字从耒毛聲本義作「減」解（見廣雅）乃指禾麥等之減損而言割禾麥常留地上餘根待耒犂之入土爲肥料故从耒又以毛有細散義禾麥根經耒犂之則損散故耗从毛聲・信息曰耗・音耗噩耗・叛亂曰耗・凶年曰耗・

**耦** 音藕 ㄡˇ

（形聲）（會意）甲文金文耦字从耒禺聲本義作「二耜」解（見玉篇）耜爲耒頭鐵器俗稱鏵子其廣五寸二耜卽發土廣一尺深一尺之意晉前未用牛乃常二人各持一耒相並以發土故从耒耦取其牝牡相並之意故从禺聲・寄寓曰耦・

**耨** 音槈 ㄋㄡˋ

（形聲）（會意）甲文金文耨字从木辱聲本義作「薅器」解（見說文許箸）乃上施木柄下接鐵刃之劐草器故从木又以辱爲薅之省文薅爲披去田艸槈爲除艸用者故从辱聲惟經典相承作耨爲今所行者・農具名形如鏟而端內捲用以除草者・

**耰** 音優 ㄧㄡ

（形聲）（會意）甲文金文櫌字从木憂聲本義作「摩田器」解（見說文許箸）或謂打土塊之木槌或謂鋤柄故从木又以憂與優同本作「和行」解如憂游憂閒俗皆假優爲之櫌或用以擊碎土塊或用以鋤土掩覆種子故从憂聲・耰耰平也

**耳** 音洱 ㄦˇ

（象形）甲文耳與金文耳略同金文耳林義光氏以爲「象耳及耳竅之形」外象耳之輪廓中之橫筆象耳竅卽耳竅其本義作「主聽」解（見說文許箸）乃主聽之器官名・聽覺器官名分外耳中耳內耳三部外耳中耳司聲音聲音之感覺・垂垂於耳・

**恥** 音齒 ㄔˇ

（形聲）（會意）甲文金文恥字从心耳聲本義作「辱」解（見說文許箸）乃羞愧之稱羞愧乃心有所慚而生故从心又以耳爲司聽聞之器官人每因聞過而耳赤面熱故恥从耳聲・羞愧曰恥：「知恥近乎勇」（禮・中庸）・羞愧可恥之事曰恥・

**耿** 音哽 ㄍㄥˇ

楷　甲文　金文

（會意）（形聲）甲文耿金文耿林義光氏以爲「詩『耿耿不寐』傳云『猶儆儆也』耿儆古同音當即儆之古文从耳从火耳聞火聲儆儆然也」耿者不寐而耳熱也與煩同意。古國名周代姬姓國春秋時滅於晉。耿光：德政之稱。耿介：光大之稱。

**耽**　音眈　ㄉㄢ

（形聲）（會意）甲文金文耽字从耳冘聲本義作「耳大垂」解（見說文許箸）乃指耳大下垂之狀而言故从耳又以冘音淫說文作「冘淫淫行皃（貌）」解有令手足不斷擺動意耳大垂則易隨頭之動而動故耽从冘聲。歡樂之稱。耽誤：延擱。

**聆**　音靈　ㄌㄧㄥˊ

（形聲）（會意）甲文金文聆字从耳令聲本義作「聽」解（見說文許箸）乃傾耳以聽之意故从耳又以令有嘉美一義令名令聞皆其例段玉裁氏謂「聆者聽之知微者也」聆有傾聽嘉言美訓而通其精微之意故从令聲。聆聆：曉解心中曉解。

**聊**　音僚　ㄌㄧㄠˊ

（形聲）（會意）甲文金文聊字从耳丣聲本義作「耳鳴」解（見說文段注）乃耳內自然發聲之意故从耳又以丣爲古酉字有閉止意耳鳴則聲不內通與閉止同故聊（古音讀如劉）从丣聲。樂事曰聊。賴依賴聊賴。聊啾：耳鳴。聊浪：放蕩。

**聃**　音耽　ㄉㄢ

（形聲）（會意）甲文聃金文聃略同从耳冄聲本義作「耳曼」解（說見文許箸）乃指耳下垂而特長之意故从耳又以冄爲髯字初文髯爲長鬚聃取其長意故从冄聲。壽考者曰聃老聃古壽考者之號。耽樂廣韻「聃耽樂也」通「耽」。聃耳漫也。

**聒**　音刮　ㄍㄨㄚ

（形聲）（會意）甲文金文聒字从耳昏聲本義作「讙語」解（見說文許箸）乃指諠譁噪雜等聲擾耳而言故从耳以又昏音括本作「塞口」解讙語喧擾每塞耳故聒从昏聲。喧擾之稱。聒聒：蟲名即絡緯又名紡織娘。聒聒：譊譊爭辯。

**聖**　聲去聲　ㄕㄥˋ

（形聲）（會意）甲文聖金文聖略同从耳呈聲本義作「通」解（見說文許箸）乃於事無所不通之稱白虎通謂「聖者通也聞聲知情故曰聖也」朱駿聲氏謂「耳順謂之聖」故从耳。者非任耳也言心通萬物之理博通事理曰聖至聖述聖亞聖

**聘**　音娉　ㄆㄧㄣˋ

（形聲）（會意）甲文聘金文聘丁佛言氏以爲「曹魏三體石經以爲古聘字」此與三體石經聘字頗近其取義闕金文第二字从耳甹聲本義作「訪」解（見說文許箸）乃造訪於人以通好之意訪爲周知其詳故从甹聲。娶妻納徵曰聘通「娉」。

**聚**　居去聲　ㄐㄩˋ

（形聲）（會意）甲文聚金文聚略同从㐺取聲本義作「邑落」解（見說文許箸）乃邑中村落之稱以其爲衆人居住生息之所故从㐺又以取有收而有之一義邑落乃人「收而有之」以居者故聚从取聲。邑落曰聚今曰邨曰鎭北方曰集。

**聲**　聖平聲　ㄕㄥ

楷 甲文 金文 / 楷 甲文 金文

## 聲

（形聲）（會意）甲文聲中从耳㱿聲與金文略同，从耳又以㱿爲磬字初文本義作「音」解（見說文許箸）乃指萬物之聲而言音必入耳方可辨識故絲竹金石匏土革木爲八音石（磬）爲八音中之最精詣而入耳最深者故聲从㱿聲。凡響曰聲。

## 聯 音連 ㄌㄧㄢˊ

（會意）甲文金文聯字形異義同金文聯从耳从絲耳乃連於頰者絲爲連續不絕者合耳與絲皆連而不斷意故聯之本義作「連」解（見說文許箸）乃相續不斷之意。周代編制戶口之單位曰聯。五家爲比十家爲聯。凡文辭兩句或數句對偶者曰聯。

## 聰 音悤 ㄘㄨㄥ

（形聲）（會意）甲文金文聰字从耳悤聲本義作「察」解（見說文許箸）乃耳聞其聲而心審其是否屬實之意故从耳又以悤音悤本作「多遽悤悤」解乃迅速之意聽爲反應迅速並察其隱意故从悤聲。明察四方曰聰即視聽遠通之稱。聰明。

## 聳 音悚 ㄙㄨㄥˇ

（形聲）（會意）甲文金文聳字从耳從省（省從爲从）聲本義作「生而聾」解（見說文許箸）乃指自出生即耳不能聽而言故从耳又以從本作「相聽」解乃隨之行動之意聾者不聞聲音不解語言遂以目代耳故聳从從聲。懼畏懼聳懼之也。

## 職 音織 ㄓˊ

（形聲）（會意）甲文職金文職左爲音字變文丁佛言氏以此爲古職字从耳戠聲本義作「記微」解（見說文許箸）乃記識其微妙之意語聲接於耳而記識於心故从耳又以戠爲識字初文有審知其詳意故職从戠聲。品秩官位曰職。賦稅曰職。

## 聑 音攝 ㄕㄜˋ

（會意）甲文金文聑字从三耳乃衆耳相附以語其本義作「附耳私小語」解（見說文許箸）乃附耳傳語口動而聲不遠聞之意。姓春秋時衞大夫食采於聑以聑爲氏戰國時韓有聑政。聑許：囁嚅小語之稱。聑許小語猶囁嚅。收取通「攝」。

## 聵 音蕢 ㄎㄨㄟˋ

（形聲）（會意）甲文金文聵字从耳貴聲本義作「聾」解（見說文許箸）乃耳失聰不能司聽之意故从耳又以貴爲潰之省文潰本作「漏」解有水旁洩不居意聾則聲旁出而不入於耳故聵从貴聲。生而聾者曰聵五聲之和曰聾生而聾曰聵。

## 聽 聽去聲 ㄊㄧㄥˋ ㄊㄧㄥ

（會意）（形聲）甲文聽从耳从二口口所以出聲者耳狂衆聲爲聽金文聽吳大澂氏以爲「从聖从十口聖人能兼聽（聽十人口所述）也聽从十口相从十目視明聽聽也」即古德字聞知嘉言懿訓爲聽故聽从耳㥁。聞審曰聽。耳聞之事曰聽。

## 聿 音遹 ㄩˋ

（象形）（形聲）甲文聿羅振玉氏以爲「說文解字『聿所以書也从聿一聲』此象字將筆形象形非形聲也」金文聿林義光氏以爲「楚謂之聿秦謂之筆聿實即筆之古文古作𦘒从又持𠂇𠂇象筆形」本義作「所以書也」解（見說文許箸）

## 肅 音宿 ㄙㄨˋ

（會意）甲文肅字金文肅略同从聿在𣶒上聿音聶本作「手之疌巧」解於此爲持事之意𣶒古淵字爲水上深險處持事淵上有「戰戰兢兢如臨深淵」意其本義作「持事振敬」解（見說文許箸）乃內敬慎外振奮以任事之意。態度嚴整曰肅。

楷　甲文　金文

肄　音異　一ˋ

（會意）（形聲）甲文肄字从又从牙牙者天之變文　ㄋ象人側立形大象人正立形略同高鴻縉氏以爲「甲文天字原象掉首徬徨之形爲疑惑之疑初文𠤕（古拭字）金文肄字與甲文肄字略同本義作「習」解（見說文許箸）乃習之使熟練

肆　音四　ㄙˋ

（形聲）（會意）甲文肆金文肆爲隶字重文吳大澂氏以此爲古肆字有从長隶聲本義作「極陳」解（見說文許箸）乃將欲陳列之物竭力之所能使其陳出故从長又以隶音代爲逮字初文乃竭力以赴之意・市廛曰肆、鋪曰肆卽商店、茶肆酒肆・

肇　音趙　ㄓㄠˋ

（形聲）（會意）甲文肇金文肇實爲肈字吳大澂氏以爲「古文肈肇肁三字通」从戈肁聲本義作「始」解（見說文繫傳）乃初始之稱凡事之圖始必奮力鼓勇以創之故从戈又以肁音趙、本作「始開」解肇謂初始故从肁聲・首創、肇禍肇亂・

肉　音蹂　ㄖㄡˋ　柔去聲　ㄖㄡˋ

（象形）甲文金文肉字外象大塊肉形中二筆象肉之肌理字象被截割之大塊鳥獸肉形其本義作「胾肉」解（見說文許箸）胾音菑謂切肉之大者肉卽大塊鳥獸肉之稱、取狀於胾與血同意音義從柔得之・人之骨骼筋曰肉・鳥獸蟲魚之筋肉曰肉・

肌　音飢　ㄐㄧ

（形聲）甲文肌金文肌略同从肉几聲本義作「肉」解（見說文許箸）乃筋骨外皮膚內之肉通常稱之曰肌肉故从肉、人體之肉曰肌・「眉如翠羽肌如白雪」（宋玉登徒子好色賦）・「心迷曉夢窗猶暗粉落香肌汗未乾」（崔珏・贈美人詩）・

肋　音勒　ㄌㄜˋ

（形聲）（會意）甲文金文肋字从肉力聲本義作「脅骨」解（見說文許箸）乃胸前脅間之肋骨古从骨从肉間亦相通故肋从肉又以力象人筋之形亦有堅勁之意保獲內臟甚見堅勁之骨骼故从力聲・肋骨人之脅骨略稱曰肋左右排列各十二・

育　音昱　ㄩˋ

（會意）（形聲）甲文育王國維氏以爲「此字變體甚多从女从𠫓（倒子形卽說文之𠫓字）或从母从𠫓象產子之形其从⺌者則象產子時之有水液也　卽說文育字或毓字金文育與甲文育字略同從𠫓肉聲本義作「養子」解（見說文許箸）・

肚　音賭　ㄉㄨˇ　音度　ㄉㄨˋ

（形聲）（會意）甲文金文肚字从肉土聲本義作「胃」解（見廣雅）乃腹中受食物而消化之之器官故从肉又以土爲塊狀物胃之外形如土塊故肚从土聲・人胃曰肚、獸類之胃曰肚・牛肚羊肚豚肚人腹曰肚・鳥獸魚蟲之腹曰肚雞肚魚肚蛇肚・

楷　甲文　金文

**肝** 音干 ㄍㄢ

（形聲）（會意）甲文肝金文略同从肉干聲本義作「木藏」解（見說文許箸）古以金木水火土五行稱人肺肝腎心脾五藏（臟）又以肝承膽所分泌之膽汁而色常靑如木遂稱木臟故从干聲。肝臟人體內五臟之一略稱曰肝；肝膽：肝與膽。

**肖** 音笑 ㄒㄧㄠˋ 音蕭 ㄒㄧㄠ

（形聲）（會意）甲文金文肖字从肉小聲本義作「骨肉相似」解（見說文許箸）乃謂後世子孫酷似其先祖形貌神態之意此蓋指骨肉之可見者言故从肉又以「物之微也」解乃微似少似者故肖从小聲。古術數以動物分配於十二地支十二獸；

**肛** 音缸 ㄍㄤ

（形聲）（會意）甲文金文肛字从肉工聲本義作「大腸端」解（見六書故）乃人大腸下端排泄糞便處即位臀部之肛門故从肉又以工爲釭之省文釭乃輪間中空以納車軸之鐵管故肛从工聲。肛門：人體排泄器官名爲排泄糞便之口曰肛門

**肘** 音帚 ㄓㄡˇ

（會意）（形聲）甲文金文肘字从肉从寸寸謂手之寸口寸口乃人兩手掌後一寸處動脈之稱人手臂間長約寸以制動止之關節爲肘其本義作「臂節」解（見說文許箸）即上下臂間之關節。上臂與下臂之彎曲處曰肘；掣肘捉襟見肘。

**肓** 音荒 ㄏㄨㄤ

（形聲）（會意）甲文金文肓字从肉亡聲本義作「心下鬲上」解（見說文段注）乃人臟腑中之一部位名故从肉又以亡本作「逃」解乃匿失意肓爲膈上膜甚微薄稍上即入於心稍下即入於膈爲頗難明指其處者是亦有匿失意故肓从亡聲。

楷　甲文　金文

**股** 音古 ㄍㄨˇ

（形聲）（會意）甲文金文股字从肉殳聲本義作「髀」解（見說文許箸）乃兩脛之上部古稱脛本俗稱大腿乃合骨肉而成者故从肉又以殳音殊本作「殊（隔離）人之杖」解股統脛而長常導足使前行者故从殳聲。車輻近轂處曰股。

**肥** 音淝 ㄈㄟˊ

（會意）（形聲）甲文金文肥字从肉从卩卩古節字孔廣居氏謂「卩骨節也骨節處恆无肉今骨節有肉可謂肥矣」故其本義作「多肉」解（見通訓定聲）乃肉多之稱。豐盈厚盛曰肥。豐厚之食曰肥。肌肉特豐滿且富脂肪者曰肥。䰾魚曰肥。

**肢** 音支 ㄓ

（形聲）（會意）甲文金文肢字从肉支聲本義作「體四肢」解（見說文許箸）乃指人體之兩手兩足而言四肢乃骨肉筋長成者故肢从肉又以支有分義凡一本一源所出者皆曰支故肢从支聲。人之手足曰肢。獸足及鳥翼鳥足亦曰肢。鳥肢

**肪** 音房 ㄈㄤˊ 音方 ㄈㄤ

（形聲）（會意）甲文金文肪字从肉方聲本義作「脂膏之厚者」解（見六書故）乃由鳥獸魚等之厚脂肥肉所含者多故从肉又以方象兩舟相併形本作「併船」解因有併合義脂肪易彼此相併加熱則合而爲一故肪从方聲。動物之油脂曰肪。

**肺** 音廢 ㄈㄟˋ

| 楷 | 甲文 | 金文 |
| --- | --- | --- |

（形聲）（會意）甲文金文肺字从肉巿聲本義作「金藏」解（見說文許箸）古以金木水火土五行稱人肺肝腎心脾五藏（臟）又以肺藏魄其色白類金（白銀）遂稱之爲金藏肺爲五臟中之最大者呼吸時如草木之勃是有盛茂意故肺从巿聲。

肱　音觥　ㄍㄨㄥ

（指事）（形聲）甲文肱金文肱略同从又从ㄥ又卽手ㄥ象肱形亦古文厷指手之如ㄥ處卽厷其本義作「臂上」解（見說文繫傳）乃手臂上節之稱音義與厷同，爲厷之累增字。手臂曰肱上至肘下至腕之稱肱臂也。肘後曰肱。曲肱而枕之。

肴　音爻　一ㄠˊ

（形聲）（會意）甲文金文肴字从肉爻聲本義作「雜肉」解（見說文徐箋）乃經庖製可食之雜肉故从肉 又以爻音殽本作「交」解雜肉爲肥瘠相連有骨無骨互合者 故肴从爻聲。葷菜之稱凡魚肉之熟而可食者曰肴。量詞葷菜一味曰一肴。

胡　音乎　ㄏㄨˊ

（形聲）甲文胡金文胡略同从肉古 聲本義作「牛頷垂」解（見說文繫傳）卽牛頸下所垂略如橫帶之皮肉故从肉。牛頷下垂肉曰胡。鳥獸頷下垂肉曰胡。「身世蠶眠將作繭形容牛老已垂胡」（陸游・七十詩）。戈刃之曲而旁出者曰胡。

胃　音謂　ㄨㄟˋ

（象形）甲文金文胃字从肉⊗象穀在胃中形中以容納穀食之肉囊爲胃其本義作「穀府」解（見說文許箸）即受食物處俗稱之曰肚子。胃臟人體消化器官名略稱胃。胃者脾之府穀之委故脾禀氣於胃。鳥獸之胃臟亦曰胃獸類之胃與人胃略同

胎　太平聲　去ㄞ

| 楷 | 甲文 | 金文 |
| --- | --- | --- |

（形聲）（會意）甲文金文胎字从肉台聲本義作「婦孕三月」解（見說文許箸）婦人受孕三月此孕略具皃形卽胎故从肉又以台本作「悅」解男女兩情相悅始交媾而受孕成胎故胎从台聲。婦女孕而未生者曰胎。獸孕亦曰胎。荳蔻含胎。

胞　音包　ㄅㄠ　音拋　ㄆㄠ

（會意）（形聲）甲文金文胞字从肉从包亦从包聲包象人裹妊在中之形裹此包之肉皮曰胞其本義作「皃生裹」解（見通訓定聲）乃裹皃胎於中之胞衣惟徐灝氏以爲「胞卽包字从包加肉旁故不曰包聲」說亦可通 尿胞卽尿囊略稱胞。

胖　音判　ㄆㄢˋ　旁去聲　ㄆㄤˋ

（會意）（形聲）甲文金文胖字从肉从半亦从半聲肉謂用以祭祀之牲半謂牲體中分牲體中分爲胖其本義作「半體肉」解（見說文許箸）乃牲之半體肉從脊中分其左半體右半體同曰胖。胖謂脅側薄肉也。胖子：身體肥碩者曰胖子。

冑　音宙　ㄓㄡˋ

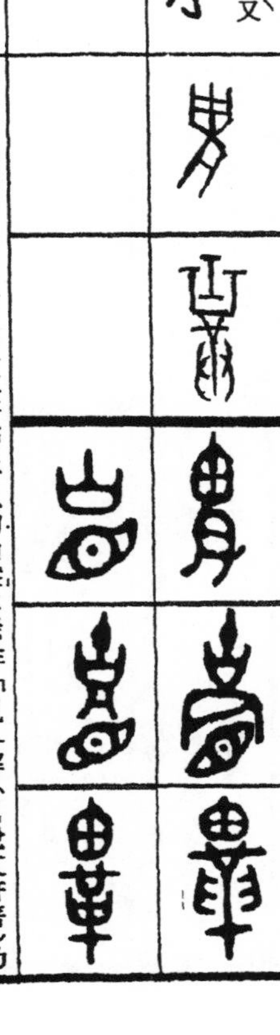

（形聲）（會意）甲文金文冑字从肉由聲本義作「胤」解（見說文許箸）乃苗裔之稱謂承先人骨肉以傳 遞於後世者故从肉又以由有從義冑乃前有所從而遺後使有所從相承續者故从由聲。胤曰冑後代子孫之稱。世冑。姓唐宋時有冑姓。

胛　音甲　ㄐㄧㄚˇ

（形聲）（會意）甲文金文胛字从肉甲聲本義作「背胛」解（見廣韻）乃指背與兩臂之間而言故从肉又 以甲謂鱗甲如龜甲鼈甲有夾輔背腹意胛爲兩臂合背之稱故从甲聲。人體臂與背相連處曰胛。獸類四肢與其背相連處曰胛。牛胛虎胛。

楷 甲文 金文 ｜ 楷 甲文 金文

**脂** 音之 ㄓ

（形聲）（會意）甲文金文脂字从肉旨聲本義作「禽獸脥凝者爲脂釋者爲膏」解（見正字通）乃禽獸油膏之凝而未釋者肥肉富膏脂故脂从肉又以旨本作「美」解脂柔細白嫩有美好意故从旨聲。人之凝膏曰脂。植物油之凝者曰脂。胭脂

**脈** 音麥 ㄇㄞˋ

（會意）（形聲）甲文金文脈字从𠂢从肉𠂢音派爲反永字象水之分歧別流肉示人體人體中如水之分歧別流者爲脈其本義作「血理分衺（邪）行體者」解（見說文許箸）。寸口人手掌後一寸處之動脈略稱曰脈醫者切之以理病。動脈。靜脈

**胸** 音凶 ㄒㄩㄥ

（形聲）（會意）甲文金文胸字从肉匈聲本義作「膺」解（見廣韻）乃人體喉下腹上之稱故从肉又以匈本作「膺」解匈胸古今字胸爲匈之累增字故从匈聲。人體前部喉下腹上曰胸俗稱「胸脯」。鳥獸之頸下腹上曰胸。胸臆。胸襟。

**脅** 音協 ㄒㄧㄝˊ

（形聲）（會意）甲文脅金文脅上爲劦之省文丁佛言氏以此爲古脅字从肉劦聲本義作「腋下」解（見通訓定聲）乃兩腋下之凹入處故从肉又以劦本作「同心同力」解脅便於導兩手施力有使身手協力意故从劦聲。脅從：被逼從人爲惡者。

**脊** 音積 ㄐㄧˊ

（會意）甲文金文脊字略同从𠦬从肉𠦬音關象脊肋形作「背呂」解即背正中之脊椎骨合此背正中脊椎骨及其所附之筋肉爲脊其本義作「背脊」解（見玉篇）乃背與背脊骨之合稱。𠦬爲「𠦬脊一字」。人之脊柱脊背曰脊。脊脊：騷亂貌。

**胳** 音各 ㄍㄜ 音格 ㄍㄜˊ

（形聲）甲文金文胳字从肉各聲本義作「腋下」解（見通訓定聲）乃肩以下手腕以上部分蓋合肘及上臂而言故从肉。腋下曰胳。胳謂之腋。衣袂當衣之縫曰胳通「格」。肘不能不出入胳衣袂當衣之縫也。祭饗禮所用牲之後脛曰胳。

**脫** 音託 ㄊㄨㄛ 音奪 ㄉㄨㄛˊ

（形聲）（會意）甲文金文脫字从肉兌聲本義作「肉去骨」解（見玉篇）乃剔肉中骨使出之意故从肉又以兌音隊本作「悅」解有笑口常開喜氣溢散意肉出骨乃使肉與骨散故脫从兌聲。簡易疏略曰脫。凡禮始乎脫成乎文　過去曰脫。

**胯** 音跨 ㄎㄨㄚˋ

（形聲）（會意）甲文金文胯字从肉夸聲本義作「股」解（見說文許箸）股謂上腿亦即大腿胯乃合兩大股而言故从肉又以夸本作「奢」解奢有張大之意胯爲兩股張大之間故从夸聲。股間曰胯兩腿中間之稱。限身上下之際即腰胯也。

**脛** 音徑 ㄐㄧㄥˋ

（形聲）（會意）甲文金文脛字从肉巠聲本義作「䣛（膝）下踝上」解（見說文段注）乃膝以下踝以上之部分俗謂之下腿小腿故从肉又以巠爲莖之省文「脛莖也直而長似物莖也」故脛从巠聲。腳脛曰脛人自膝至踵之稱。鳥獸之腳曰脛。

**脣** 音漘 ㄔㄨㄣˊ

（形聲）（會意）甲文金文脣字从肉辰聲本義作「口耑」解（見說文許箸）乃口之上下緣故从肉又以辰本作「女子有身（孕）」解亦常訓震乃不斷震動意人之飲食言語皆動脣故脣从辰聲。人口之邊緣曰脣。丹脣朱脣赤脣脣舌。脣齒、

肉部、脯脖脬脧腎腑脹腕脾腊

楷 甲文 金文 文

## 脯 音甫 ㄈㄨˇ

（形聲）（會意）甲文脯金文脯上爲甫字變文丁佛言氏以此爲古脯字从肉甫聲本義作「肉」解（見說文許箸）乃已乾不溼之肉故从肉又以甫爲男子之美稱因有美意脯爲已熟之乾肉可應緩急是有美意故从甫聲・乾果乾蔬亦曰脯・梅脯・

## 脖 音勃 ㄅㄛˊ

（形聲）（會意）甲文金文脖字从肉孛聲本指「脖胦」二詞而言脖胦之本義作「臍」解（見集韻）即腹中央之凹入處俗名肚臍眼故脖从肉又以孛爲彗星公羊傳文十四年「孛者何彗星也」臍於人腹類星爲孛孛可見者故脖从孛聲・脖子・

## 脬 音拋 ㄆㄠ

（形聲）（會意）甲文脬金文脬略同从肉孚聲本義作「膀胱」解（見說文義證）乃內尿液之卵形肉囊故从肉又以孚从爪子本作「卵孚」解爲孵字初文乃鳥類伏卵使化雛之意脬形如卵故从孚聲・膀胱曰脬脬膀胱也・魚鰾曰脬涌「鰾」・

## 脧 嘴平聲 ㄗㄨㄟ 音鐫 ㄐㄩㄢ

（形聲）甲文金文脧字从肉夋聲本義作「赤子陰」解（見說文新附）乃小兒之生殖器故从肉・赤子陰曰脧「『未知牝牡之合而全作精之至也』釋文『全河上本作脧一作脧』」（老・五五章）・獸畜之陰亦曰脧・縮萎縮 民日削月脧・剝奪・

## 腎 音蜃 ㄕㄣˋ

（形聲）（會意）甲文金文腎字从肉臤聲本義作「水藏」解（見說文許箸）古以金木水火土五行稱人肺肝腎心脾五藏（臟）又以腎藏精液主水乃稱水藏內臟皆有肉無骨故从肉又以臤音坑本作「堅」解腎較他處之肉爲堅實故从臤聲・

## 腑 音甫 ㄈㄨˇ

（形聲）（會意）甲文金文腑字實爲胕字腑古但作胕本義作「藏腑」解（見廣韻）一、人體內臟之稱內臟皆有肉無骨故从肉又以府本作「文書藏」解人體內之臟腑本作藏府府腑古今字腑爲府之絫增字故从府聲腑臟：人體內臟之總稱・

## 脹 音帳 ㄓㄤˋ

（形聲）（會意）甲文金文脹字从肉長聲本義作「腹大」解（見集韻）即腹部膨大之意故从肉又以長爲張之省文張有擴大之義脹爲腹部擴大故从長聲・張腹滿：「腹脹而黃衆醫不能療」（南史・張融傳）・漲腹漲・漲器物漲滿・

## 腕 音腕 ㄨㄢˋ

（形聲）（會意）甲文金文从肉宛聲本義作「手腕」解（見廣韻）乃下臂與手掌相連之處俗稱手頸故从肉又以宛本作「屈艸自覆」解因有屈轉義手腕乃可隨意屈曲轉動者故腕从宛聲・下臂與手掌相接處曰腕・手腕曰腕手段技倆之稱・

## 脾 音陴 ㄆㄧˊ

（形聲）（會意）甲文金文脾字从肉卑聲本義作「土藏」解（見說文許箸）古以金木水火土五行稱人肺肝腎心脾五藏（臟）又以脾在胃下助胃化穀其色黃如土遂稱土藏又以卑本作「下」解脾在胃之下故从卑聲・脾氣：性情曰脾氣・

## 腊 音惜 ㄒㄧˊ

（形聲）（會意）甲文金文腊字从肉昔聲本義作「乾肉」解（見廣韻）乃晞於陽光或煬於火而成之乾肉故从肉又以昔本作「乾肉」解說文引昔之籀文作「䐁」俗移爲左形右聲字作腊昔腊實一字世遂歧爲二字音義迥別・乾肉體菽曰腊・

| 楷 | 甲文 | 金文 |
|---|---|---|

**腦** 音惱 ㄋㄠˇ

（象形）（會意）甲文金文腦字从匕从巛从囟　匕音比即匕箸字相麗附意巛象髮囟音信乃頭會腦蓋上有髮下麗附於頭會腦蓋內者爲㛴其本義作「頭䯙」解（見說文繫傳）乃頭蓋腔內所盛之脂狀物腦袋即人頭略稱腦．頭骨曰腦俗稱腦殼．

**腹** 音馥 ㄈㄨˋ

（形聲）（會意）甲文金文腹字从肉复聲本義作「肚之總名」解（見急就篇顏注）乃指納五臟於中之肚子而言故从肉又以复爲復字初文因有往復意肚中心肺則往復張閉腸則往復盤曲胃則往復收放皆爲往復不止者故腹从复聲．

**腰** 音邀 ㄧㄠ

（形聲）（會意）甲文金文腰字實爲要字腰古但作要本義作「身中」解（見廣韻）乃指人胸下胯上之軀體而言故从肉又以要本作「身中」解要腰古今字腰爲要之累增字故从要聲．走獸昆蟲體軀之中部曰腰．形勢重要之地曰腰．腰子

**腸** 音長 ㄔㄤˊ

（形聲）（會意）甲文金文腸字从肉昜聲本義作「大小腸」解（見說文許箸）乃指上承於胃下接肛門勝胱以排洩糞尿之肉管而言故从肉又以昜爲陽字初文有明顯可見意腸甚長盤曲腹中爲明顯可知者故从昜聲．人體內臟分小腸大腸．

**腳** 讀如矯 ㄐㄧㄠˇ　音爵 ㄐㄩㄝˊ

（形聲）（會意）甲文金文腳字从肉卻聲本義作「脛」解（見說文許箸）乃指膝以下至踝以上之部分而言故从肉又以卻本作「後」解　古時之人席地而坐兩脛後屈臀部常置脛上以坐故腳从卻聲．人足禽獸之足曰腳．凡物之下曰腳．

**腫** 音踵 ㄓㄨㄥˇ

（形聲）（會意）甲文金文腫字从肉重聲本義作「癰」解（見說文許箸）乃指生於項背及臀部小者如栗子大者如手掌瘡口甚多疼痛異常極爲危險之症而言故从肉又癰在皮膚上凸起有如皮膚之加厚故腫从重聲．癰疽膚肉浮滿之病曰腫．

**腴** 音俞 ㄩˊ

（形聲）（會意）甲文金文腴字从肉臾聲本義作「腹下肥」解（見說文許箸）乃指腹下豐滿多脂肪而言故从肉又以臾音俞本作「右挋」解乃向右橫引之意腹下肥則浮肉橫引而鬆弛故腴从臾聲．肥肉富裕曰腴．人與物腹下肥者皆曰腴．

**腿** 頹上聲 ㄊㄨㄟˇ

（形聲）（會意）甲文金文腿字从肉退聲本義作「脛股後肉」解（見六書故）胯骨下至膝爲股踝骨上至膝爲脛腿乃脛股在前者以骨爲主在後者則筋滿腿即指此在脛股後之部分又以退本作「卻」解乃後引意腿爲脛股後肉故从退聲．

**膀** 音榜 ㄅㄤˇ　音旁 ㄆㄤˊ　讀若謗 ㄅㄤˋ

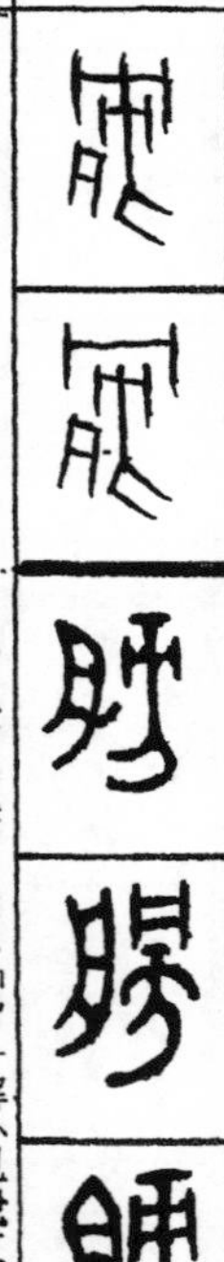

（形聲）（會意）甲文金文膀字从肉旁聲本義作「脅」解（見說文許箸）即兩臂所挾處之骨肉故从肉又以旁爲在側之稱膀在人身之兩側故从旁聲．脅曰膀．肩胛曰膀．膀胱：俗稱尿胞位骨盆腔內作卵圓形之囊體納腎臟分泌之尿而放出．

**膝** 音悉 ㄒㄧ

（形聲）甲文金文膝字从卪桼聲本義作「脛頭卪」解（見說文許箸）乃股與脛（大小腿）相連而可屈伸處之關節名故从卪按卪即跽人亦人字从卪即从人說亦可通惟字亦作膝爲今所行者．人股脛相接處之關節曰膝亦稱膝蓋膝頭．膝下．

| 楷 | 甲文 | 金文 |
|---|---|---|

**膠** 音交 ㄐㄧㄠ

（形聲）（會意）甲文金文膠字从肉翏聲本義作「昵也作之以皮」解（見說文許箸）徐鍇氏謂「昵近也 黏也」責皮而成用以黏合物之糊狀半流體爲膠从皮从肉相近故膠从肉又以翏音聊本作「高飛」解膠在黏兩者使之密合故从翏聲。

**膜** 音莫 ㄇㄛˋ　音模 ㄇㄛˊ

（形聲）（會意）甲文金文膜字从肉莫聲本義作「肉間膜」解（見玉篇）乃肌肉間所裹之薄衣全體諸器官皆有之故从肉又以莫爲幕字省文劉熙氏謂「膜幕也幕落一體也」膜布包含此間肉以與他肉相隔意故从莫聲。耳膜腹膜腸膜處女膜。

**膳** 音繕 ㄕㄢˋ

（形聲）（會意）甲文膳金文膳从肉从譱（古善字）丁佛言氏以此爲古膳字从肉善聲本義作「具食」解（見說文許箸）乃指供置備食之食物而言肉爲饌食ㄓ之味美者故膳从肉又以善本作「吉」解乃美好之意故膳从善聲。牲肉曰膳。

**膩** 尼去聲 ㄋㄧˋ

（形聲）（會意）甲文金文膩字从肉貳聲本義作「上肥」解（見說文繫傳）乃質如凝脂之肥肉又以貳本作「副益」解有附著於外之意膩乃肥之發於外者常附著精肉之上而具之故从貳聲。油脂曰膩。垢曰膩垢穢之稱。手澤未改領膩如初。

**臉** 蓮上聲 ㄌㄧㄢˇ　音檢 ㄐㄧㄢˇ　音籤 ㄑㄧㄢ

（形聲）甲文金文臉字从肉僉聲本義作「目下頰上」解（見韻會）乃指人面部目以下頰以上之部分而言故从肉。人面目下頰上曰臉惟世亦稱人之面部曰臉俗稱「面孔」。獸之面部曰臉。狗臉。喜怒好惡之情表現於面者曰臉。臨波笑臉。

| 楷 | 甲文 | 金文 |
|---|---|---|

**膽** 丹上聲 ㄉㄢˇ

（形聲）（會意）甲文金文膽字从肉詹聲本義作「連肝之府」解（見說文許箸）乃連於肝臟以分泌膽汁爲其功能之肉囊故从肉又以詹本作「多言」解爲不斷吐出話言意膽乃不斷分泌膽汁者故从詹聲。膽囊人體內臟之一略稱膽。

**臀** 音豚 ㄊㄨㄣˊ

（會意）（形聲）甲文金文臀字从尸从兀从几尸即人字兀爲廾字橫寫即古牀字几爲木几人體著牀著几之處即臀其本義作「髀」解（見說文許箸）乃人體股外落坐之部位名𡱂或从骨殿聲。兩股上端與腰相接之部位曰臀俗稱「髀股」。

**臂** 音蔽 ㄅㄧˋ　音貝 ㄅㄟˋ

（形聲）（會意）甲文金文臂字从肉辟聲本義作「手上」解（見說文許箸）乃指手腕以上至肩以下之部分而言故从肉又以辟本作「法」解法有治理事之意臂爲振之以治理事者故从辟聲。人體自腕至肩之部分曰臂 昆蟲獸類之前脚曰臂。

**臆** 音億 ㄧˋ

（形聲）（會意）甲文金文臆字从肉意聲本義作「胸肉」解（見說文義證）乃指當胸處之肌肉而言故从肉又以意本作「志」解其蘊藏於中之志會爲意向其表現於外之志操爲意的然可見故臆从意聲。人之胸前曰臆。鳥獸之胸曰臆。胸臆。

**膿** 音農 ㄋㄨㄥˊ　音能 ㄋㄥˊ

（形聲）（會意）甲文金文膿字从肉農聲本義作「腫血」解（見說文許箸）乃血肉潰爛而成之液汁故从肉又以農爲醲之省文劉熙氏以爲「膿醲也汁醲厚也」故醲从農聲。癰疽潰而成汁此汁曰膿。特厚之味曰膿。膿包：不中用的東西。

楷 | 甲文 | 金文

**膾** 音儈 ㄎㄨㄞˋ

（形聲）（會意）甲文膾金文膾从會从肉，丁佛言氏以此爲古膾字，从肉會聲，本義作「細切肉」解（見說文許箸）乃經縱橫反覆切割之細肉，故从肉；又以會本作「合」，令散分其赤白異切之會合和之，故膾从會聲。膾炙：已切細之燔肉。

**膹** 音髕 ㄅㄧㄣˋ

（形聲）甲文金文臏字从肉賓聲，本義作「膝蓋」解（見急就篇顏注）爲上腿與下腿接合處之關節，俗稱膝蓋頭，乃合膝頭之骨肉而言，故从肉。膝蓋曰臏。筑聲厲而高奮狙潛鉏以脫臏。脛骨曰臏。斷足之刑曰臏，刖膝去其膝蓋。臏：斷足也。

**臍** 音齊 ㄑㄧˊ

（形聲）（會意）甲文臍金文臍略同，从肉齊聲，本義作「朏臍」解（見說文義證）乃人之臍，俗稱肚臍，故从肉；又以齊有中義，爾雅「中州曰齊州」，列子「中國曰齊國」，皆其例，臍居人身之正中，故从齊聲。人之肚臍曰臍，亦稱臍眼。眙兒有臍帶。

**臘** 音獵 ㄌㄚˋ

（形聲）（會意）甲文金文臘字，从肉巤聲，本義作「冬至後三戌臘祭百神」解（見說文許箸）乃漢代每年冬至後第三次日干逢戌日而祭神之祭名，以其爲具酒肉之年終大祭，故从肉；又以巤爲獵之省文，故臘从巤聲。除年之祭曰臘。臘月曰臘。

**臕** 音標 ㄅㄧㄠ

（形聲）（會意）甲文金文臕字从肉麃聲，本義作「肥盛」解（見六書故）乃指獸體肥盛之脂肪而言，故从肉；又以麃音鑣，麃麃盛貌，臕爲脂肪肥盛，故从麃聲。獸體肥盛之脂肪曰臕。『猾長毛短淺含臕久居山中食藥苗』（墨客揮犀）。膘臕同字。

---

楷 | 甲文 | 金文

**臚** 音閭 ㄌㄨˊ

（象形）（形聲）甲文臚略象剝下之獸革形，此所張之塊卽皮，音義與金文臚同，爲膚字重文，臚膚初爲一字，本義作「皮」解（見說文許箸）乃皮膚之稱，爲附於肉者，故从肉；惟臚之籀文作膚，今臚膚並行而讀音迥別。人之表皮曰臚。頭曰顱，通顱。

**臠** 音孌 ㄌㄨㄢˇ 音鸞 ㄌㄨㄢˊ

（形聲）（會意）甲文金文臠字从肉䜌聲，本義作「切肉」解（見廣韻）乃已切斷之肉片肉塊肉脟，故从肉；又以䜌音孿，有亂治不絕三義，已切肉卽已治（處理）之肉，故臠从䜌聲。塊狀之肉曰臠。肥美者特爲臠。量詞，肉一塊曰一臠。肥鴨作臠。

**臣** 音陳 ㄔㄣˊ

（象形）甲文臣董作賓氏以爲「象瞋目之形，石刻人體有此花紋」，金文臣多形均像一豎目之形，人首俯則目豎，象屈服之形，人跪拜之形，本義作「牽」解（見說文許箸）乃事君者心常不忘其君而恭事之之意。君主時代之官吏曰臣，對君而言。

**臥** 寫去聲 ㄨㄛˋ

（會意）甲文金文臥字从人臣，臣爲屈伏之意，人有所倚而伏之以息爲臥，其本義作「休」解（見說文繫傳）乃休息之意。休息之事曰臥。「吾端冕而聽古樂則唯恐臥」（禮．樂記）。寢息之事曰臥。臥內：寢室曰臥內。休休憩：不應隱几而臥。

| 楷 | 甲文 | 金文 |
|---|---|---|

**臧** 音贓 ㄗㄤ

（形聲）甲文臧金字臧从口戕从臣聲口示品物與品之从口 古臧字乃收臧意，从臣戕聲本義作「善」解（見說文 許箸）乃吉美之稱詩小雅序「臣能歸美以報其上焉」事善曰臧人老善終曰臧，受賄賂之稱通「贓」臧否：人事善惡得失之稱，

**臨** 音林 ㄌㄧㄣˊ

（會意）（形聲）甲文臨金文臨林義光氏以爲「从臣臣屈伏也臨下必屈其體（从品）品衆物也象人俯視衆物形」从臥品聲本義作「監臨」解（見說文許箸）乃據他物上以下視之意以其爲屈體而視故从臣・臨車古戰車名略稱臨・

**臼** 音舅 ㄐㄧㄡˋ

（象形）甲文臼金文臼略同象舂米器形 外象臼小口中寬形中象米粟其本義作「舂臼」解（見說文段注）乃形凹施杵以舂米粟使精熟之器・舂米器事物紀原「黃帝掘地爲臼今人以木石爲臼」・「斷木爲杵掘地爲臼」（易・繫辭）・

**臿** 音插 ㄔㄚ

（會意）甲文金文臿字从臼干干謂杵所以舂者施杵於臼以舂爲臿其本義作「舂去穀麥皮也」解（見六書故）乃擣舂之意惟此本義古罕見用今所行者爲別義・築牆杵曰臿，鍤曰臿起土田器・鍬曰臿通「鍤」・舉臿爲雲決渠爲雨 臿鍬也・

**舀** 音咬 ㄧㄠˇ

（會意）（形聲）甲文金文舀字从爪臼臼爲凹 形舂米器爪示以手撥動米實臼中以碓舂時米常被舂而溢至 臼邊以手爪撥米使復集臼中再受碓舂爲舀其本義作「抒臼」解（見說文許箸）乃撥動臼中米受舂之意・挹取：舀水舀湯・

**舁** 音余 ㄩˊ

（會意）甲文金文舁字从臼从廾臼音匊謂兩手相向廾音拱謂兩手相合四手相對以舉物爲舁其本義作「共舉」解（見說文許箸）乃抬舉之意惟徐鉉氏以爲「舁用力也兩手及爪皆用也」是會意亦可通並引參證・共舉共同扛擡・見舁籃輿，

**舄** 音昔 ㄒㄧˋ 外上聲 ㄨㄞˇ 讀若翩 ㄎㄨㄞˇ

（象形）（會意）甲文舄金文舄林義光氏以爲「象（鵲）張兩翼形」象喜鵲頭身尾足側面立形本義作「雛（同鵲）」解（見說文許箸）乃喜鵲之 別稱惟孔廣居氏以爲「舄之象形象舄作巢形」・履鞋曰舄周禮天官注「複下曰舄」、

**舅** 音臼 ㄐㄧㄡˋ

（形聲）（會意）甲文金文舅字从男臼聲本義 作「母之兄弟爲舅妻之父爲外舅」解（見說文許箸）在哎 謂人稱我甥者我稱人爲舅以所稱爲男性故从男又以臼爲舂 米器爲米所從出舅或母同出 皆有出意故舅 从臼聲・稱母之兄弟曰舅・

**舊** 音就 ㄐㄧㄡˋ

| 楷 | 甲文 | 金文 |
|---|---|---|

（形聲）甲文舊羅振玉氏以爲「說文解字『舊鴟舊舊留也从萑臼聲或作鵂』此从ㄩ古文臼字多如此作」金文舊从萑臼聲本義作「鴟舊舊留也」解（見說文許箸）乃鳴聲甚惡之鳥名。耆宿曰舊久交曰舊。昔日舊以往時日之稱故事舊事。

**舌** 音蛇 ㄕㄜˊ

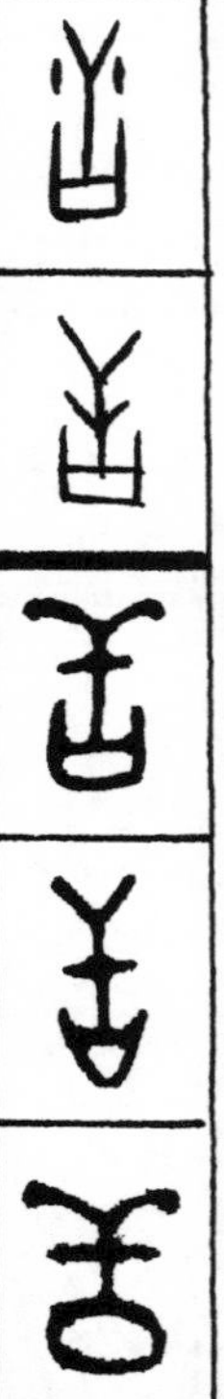

（象形）（會意）甲文舌與金文舌略同金文舌林義光氏以爲「函爲舌象舌形而中从干則舌亦象口上舌形」从干从口干作犯解犯口以發聲別味者爲舌其本義作「在口所以言也別味也」解（見通訓定聲）。人司味覺器官名遝食物於齒部

**舐** 音氏 ㄕˋ

（形聲）甲文金文舐字从舌易聲本義作「以舌取食」解（見說文許箸）乃以舌捲食物入口之意故从舌惟字亦作舐爲今所行者。以舌捲取食物。「舐糠及米」（史記・吳王濞列傳）。以舌舔物。舐犢。（同字異體）舓（舐同字）。氏不作氐。

**甜** 音恬 ㄊㄧㄢˊ

（會意）（形聲）甲文金文甜字从甘从舌亦从舌聲舌所以別味舌所別之味爲甘者即𤮻其本義作「美」解（見通訓定聲）即味特甘美之稱惟俗易之爲左舌右甜爲今所行者。含糖質之滋味曰甜。「窮味之美極甜之長」（郭璞・密賦）。

**舟** 音周 ㄓㄡ

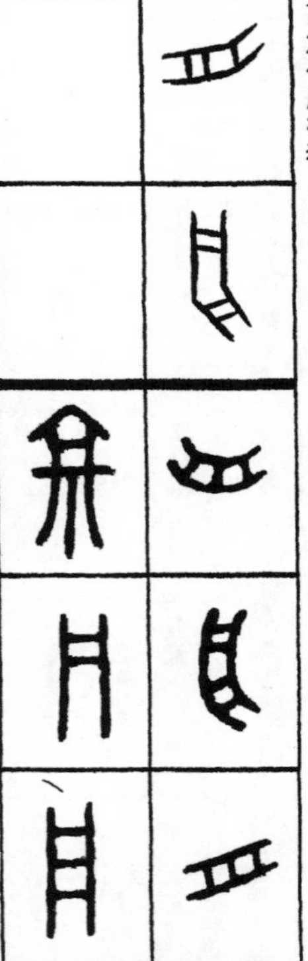

（象形）甲文舟與金文舟略同金文舟徐灝氏以爲「橫體象形」其本義作「船」解（見說文許箸）舟船一物二名戰國前僅稱舟戰國時舟船並稱乃刳木使空以濟水之交通工具名。船曰舟世本「共鼓化狄作舟」注「二人黃帝臣也」。

| 楷 | 甲文 | 金文 |
|---|---|---|

**般** 音盤 ㄆㄢˊ

（會意）甲文般與金文般略同金文般从舟从攴林義光氏以爲「象手有所持以旋舟」以篙竿旋舟爲般其本義作「旋舟」解（見六書故）即划舟使旋轉之意遊樂曰般。「『大樂無間民神禽獸之般』注『般樂也』」。囊曰般通「鞶」。

**航** 音杭 ㄏㄤˊ

（形聲）（會意）甲文金文航字从舟亢聲本義作「方舟」解（見說文許箸）乃指連兩小舟以共濟而言又以亢爲人頸乃接通頭與身軀者在接通彼此兩岸故航从亢聲世以方爲併舟之本義久泯遂易方爲舟作航爲今所行者。連舟而成之浮橋曰航。

**舫** 音訪 ㄈㄤˇ　音方 ㄈㄤ

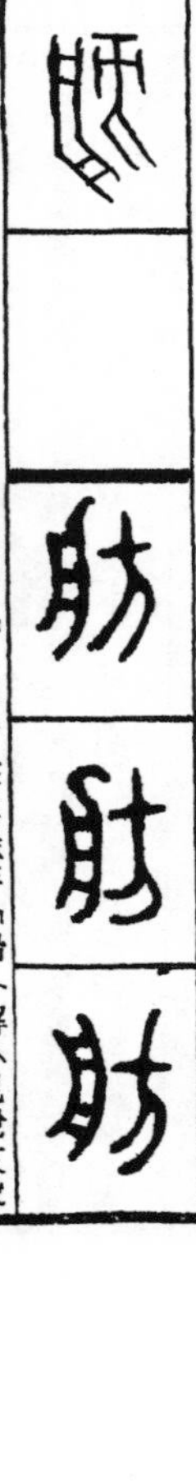

（形聲）（會意）甲文舫金文舫略同从舟方聲本義作「船」解（見說文段注）舫船舟爲三名一物漢前舟舫並稱漢起謂舟舫曰船故从舟又以方之本義作「併船」解即兩船相連意舫爲可以連併之船故从方聲。船曰舫花舫畫舫併舟通「方」

**船** 音椽 ㄔㄨㄢˊ

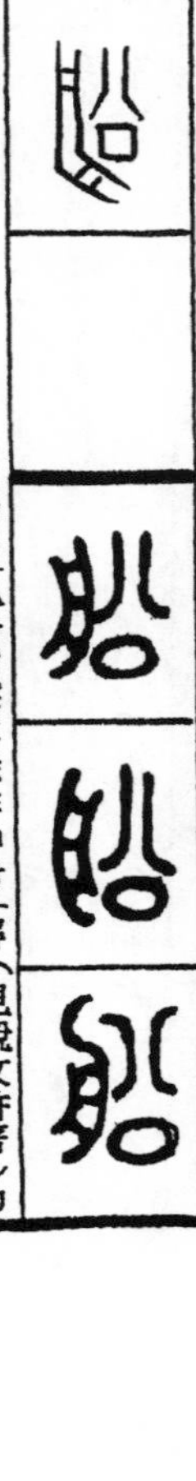

（形聲）（會意）甲文金文船字从舟㕣聲本義作「舟」解（見說文許箸）乃人工所製之舟此與自然之舟爲俞有別戰國前舟俞對稱戰國起謂人工所製舟曰船故从舟又以㕣爲沿之省文古以自空大木爲之曰俞後集板爲之曰舟沿水而行曰船

| 楷 | 甲文 | 金文 |
|---|---|---|

**舶** 音帛 ㄅㄛˊ

（形聲）（會意）甲文金文舶字从舟白聲本義作「海中大船」解（見廣韻）乃航行海洋之大舟故从舟；以白爲泊之省文泊有宿止一義船爲海中大船航行區域時間久可供人宿止其間者故从白聲．航海之大船曰舶．巨舶番舶蠻舶．何年隨海舶．

**舵** 音柁 ㄉㄨㄛˋ

（形聲）（會意）甲文金文舵字實爲柁字舵柁字从舟它聲本義作「正船尾用以正船方向之工具故从舟又以它爲蛇字初文象蛇昂首曳尾之形亦有蛇尾善擺動以進意舵爲擺動以進船者故从它聲．正船工具名置船尾以正船方向者．

**艇** 音挺 ㄊㄧㄥˇ

（形聲）（會意）甲文金文艇字从舟廷聲本義作「小舟」解（見說文新附）乃指僅容一二人之小舟而言故从舟又以廷爲梃之省文廣韻載「梃木片」艇爲一版之舟故从廷聲．三百斛以下曰艇艇挺也其形徑挺．釣艇遊艇潛艇魚雷艇．

**艋** 音猛 ㄇㄥˇ

（形聲）（會意）甲文金文艋字从舟孟聲本指「舴艋」一詞而言舴艋之本義作「小舟」解（見玉篇）乃指形體細小之舟而言故艋从舟又以乍孟爲蚱蜢之省文蚱蜢乃善於躍進之小蟲舴艋爲輕便之小舟如蚱蜢躍進之輕便故艋从孟聲．

**艘** 音騷 ㄙㄠ

（形聲）甲文金文艘从舟叟聲本義作「船之總名」解（見玉篇）乃概括各種舟船之總稱故从舟．舟船曰艘：「艘楫之間則吾不如子」（說苑．雜言）．「瓊艘瑤楫無涉川之用」（抱朴子）．量詞船艦一隻曰一艘．牛皮船百餘艘．

**艣** 音虜 ㄌㄨˇ

（形聲）（會意）甲文金文艣字从舟虜聲本義作「所以進船」解（見玉篇）乃附在船身前兩旁以進船之木具形狹長柄端有繩垂直繫於船舷而柄中有牝與船舷伸出橫木上之牡相合之以撥水進船者故从舟从虜聲．進船具曰艣艣長槳短．

**艦** 音檻 ㄐㄧㄢˋ

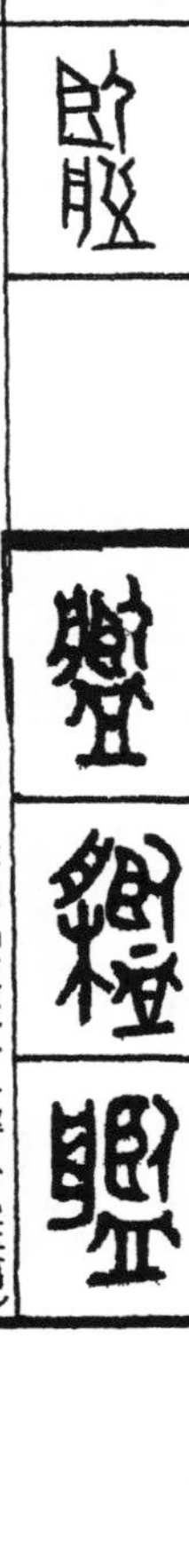

（形聲）（會意）甲文金文艦字从舟監聲本義作「板屋舟」解（見玉篇）乃其上置有板屋之舟故从舟又以監爲檻之省文檻本作「櫳」解一切經音義謂「櫳所以盛禽獸」乃牢檻之稱如牢檻也故艦从監聲．戰船曰艦．巡洋艦航空母艦．

**艨** 音蒙 ㄇㄥˊ

（形聲）（會意）甲文金文艨字从舟蒙聲本指「艨艟」一詞而言艨艟之本義作「戰船」解（見玉篇）乃用於攻戰之舟船故从舟又以蒙有冒覆之義艨艟乃冒敵矢石以進擊敵船者故从蒙聲艨艟：狹長之戰船釋名釋舟車「狹而長曰艨艟

**艫** 音盧 ㄌㄨˊ

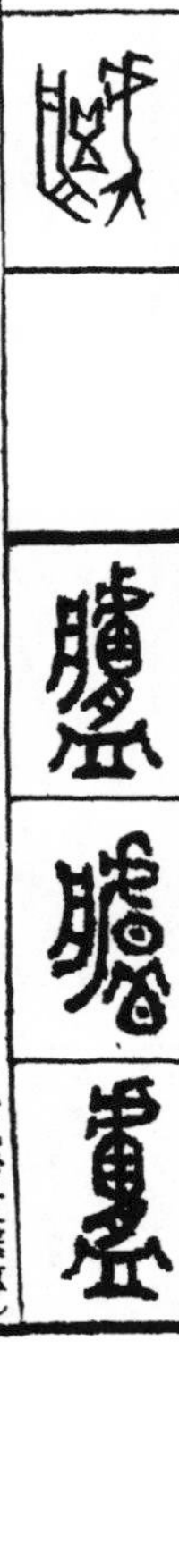

（形聲）（會意）甲文金文艫字从舟盧聲本義作「船頭」解（見說文繫傳）乃指舟船之前部而言故从舟又以盧通頭顱之顱漢書武五子贊「頭盧相漏於道」是其例艫爲船頭故从盧聲．「停艫望極浦弭棹阻風雪」艫船頭也（江淹．雜體詩）

**艮** 根去聲 ㄍㄣˋ

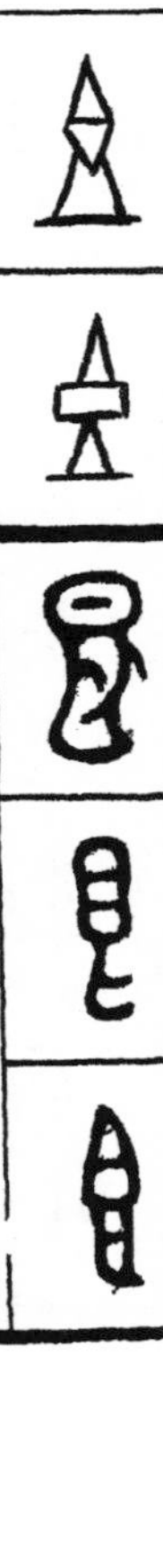

（會意）甲文金文艮字从匕目匕音比爲相與比敍意目相比即彼此怒目相視不下其本義作「很」解（見說文許箸）爲懷怒相視之意．時間名午前二至四時曰艮．方位名東北之方位曰艮．堅象曰艮．卦名易六十四卦之一艮下艮上其象爲山．

楷　甲文　金文　文

## 良　音梁　ㄌㄧㄤˊ

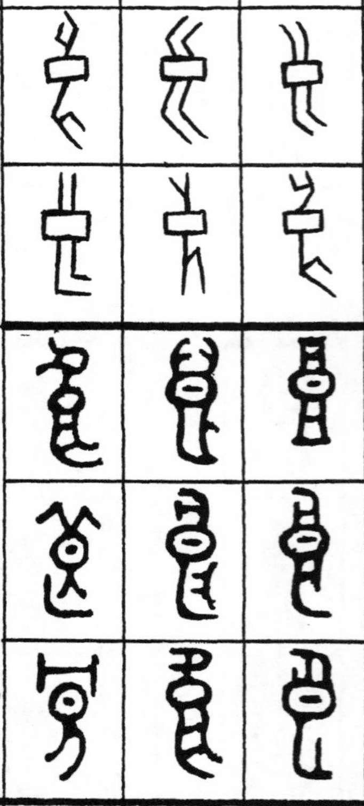

（象形）（形聲）甲文良李敬齋氏以爲「木橋也象其在川上之形變作𡩬作𡩬作良」金文良林義光氏以爲當即量之古文𡩬象其形與甲文良略同　本義作「善」解（見說文許箸）乃嘉美之稱爲内外完滿無缺失者故良从畐．善曰良．

## 艱　音間　ㄐㄧㄢ

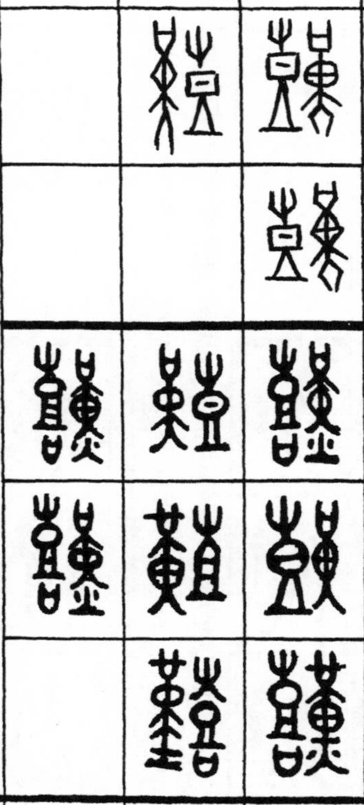

（會意）（形聲）甲文艱从堇从喜省與金文艱略同．金文艱从堇从喜與說文所引艱籀文作囏雖左右互異而實同諸彝器勤皆作堇喜亦古艱字从堇艮聲本義作「土難治」解（見說文許箸）乃田土荒土難於耕治之意故艱从堇．患難困難曰艱．

## 色　音嗇　ㄙㄜˋ　飾上聲　ㄕㄞˇ

（會意）甲文金文色字从人卪卪古節字人心有所感則喜怒哀樂愛惡欲之气（即氣）晬然現於眉宇間若合符節其本義作「顏气」解（見說文段注）兩眉之間曰顏神情之現於外者曰气色即眉宇間之神情．色慾曰色女色之稱．跡象徵兆曰色．

## 艴　音紼　ㄈㄨˊ

（形聲）（會意）甲文金文艴字从色弗聲本義作「慍怒色」解（見通訓定聲）乃慍怒時所顯現於外之氣色故从色又以弗爲拂之省文拂有違戾一義禮大學「是謂拂人之性」即其例心有違戾則怒現於色故艴从弗聲．艴然　慍怒變色貌．

## 艸　音草　ㄘㄠˇ

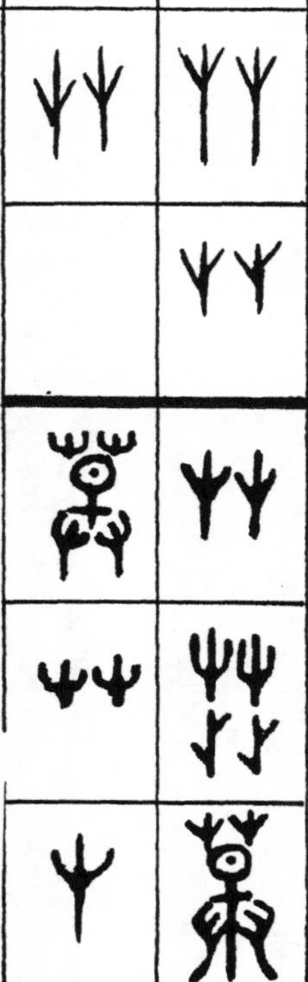

（象形）（會意）甲文艸金文艸丁佛言氏以爲「說文屮艸二篆當是後世寫誤蓋凡艸木初生皆作一芒如許氏說象丨出形後世因圖篆寫便宜遂整齊之作屮艸以至失形其本義作「百卉」解（見說文許箸）卉音諱爲草之總名百草之稱．

## 艾　音礙　ㄞˋ

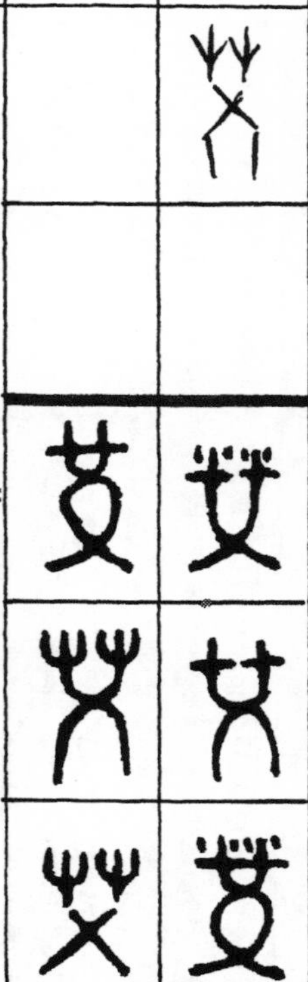

（象形）（形聲）甲文艾字．金文艾林義光氏以爲「艾乂當同字……𢁈象艾二本之形篆省作乂耳．」聲本義作「醫草」解（見急就篇顏注）乃醫用以灸百病之艸故从艸．艾．菊科生密毛灰白色夏秋間開淡黃色小花葉製成灸疾之艾絨曰艾．

## 芋　音遇　ㄩˋ

（形聲）（會意）甲文金文芋字从艸于聲本義作「大葉實根駭人故謂之芋也」解（見說文許箸）乃俗稱之芋頭爲艸本植物名故从艸又以于爲吁之省文吁爲驚駭之詞故芋从于聲．芋天南星科植物有青芋紫芋眞芋白芋連禪芋野芋六種．

| 楷 | 甲文 | 金文 |
| --- | --- | --- |

芒 音忙 ㄇㄤˊ

（形聲）（會意）甲文金文芒字从艸亡聲本義作「艸耑」解（見說文許箸）乃艸上端之最末處故从艸又以亡有失義艸之最末極細微幾不可見如失故芒从亡聲。草端曰芒率指禾麥之秒而言。凡杪末曰芒。光芒曰芒。芒刺草木之刺略稱芒。

芍 音勺 ㄕㄨㄛˋ 音梟 ㄒㄧㄠ 音韶 ㄕㄠˊ

（形聲）甲文金文芍字从艸勺聲本義作「鳧茈」解（見說文許箸）爾雅釋艸「今人謂之葧臍即鳧茈之轉語」郭注「苗似龍須（鬚）根可食黑色是也」今俗謂之荸薺以其爲艸本植物故从艸。荸薺古稱芍參閱「荸薺」條。芍藥五味之王。

芎 音穹 ㄑㄩㄥ 音藭 ㄑㄩㄥˊ 音凶 ㄒㄩㄥ

（形聲）（會意）甲文金文芎字从艸弓聲本指「芎藭」一詞而言芎藭之本義作「香艸」解（見說文許箸）乃氣芳香而根可入藥之艸本植物名故芎从艸又以芎藭梁密集而葉柄柔細致葉柄常向下微曲如弓故芎从弓聲。芎藭藥草名略稱芎。

芃 音蓬 ㄆㄥˊ

（形聲）（會意）甲文金文芃字从艸凡聲本義作「艸盛皃（貌）」解（見說文段注）乃指艸類茂盛之狀而言故从艸又以凡爲概括之詞有叢聚意芃爲衆艸叢而茂故从凡聲。小獸貌一說疾走貌通「颿」。芃芃：麥盛美貌。木𣓌黍稷盛美貌。

芊 音千 ㄑㄧㄢ

（形聲）（會意）甲文金文芊字从艸千聲本義作「艸盛」解（見說文新附）乃草類茂盛貌故从艸又以千爲數多者有衆多意衆草叢聚則盛故芊从千聲。芊芊：草木盛茂貌。靑色之稱一說蟬玉之色：蟬冕頍以灼灼兮碧色肅其芊芊。草名天芊。

花 化平聲 ㄏㄨㄚ

（形聲）（會意）甲文花金文花林義光氏以爲「象一蒂五瓣之形于聲」从𠂹亏聲本義作「艸木𠌶也」解（見說文許箸）乃艸木所開之花朵故𠌶从𠂹聲。植物花蕾之舒放者曰花乃合花萼花冠花蕊花房四部分而成。物之形與花似者曰花。

芳 音方 ㄈㄤ

（形聲）（會意）甲文金文芳字从艸方聲本義作「香艸」解（見說文許箸）乃衆香艸之通稱故从艸又以方本作「併船」解因有併義芳爲香氣併發故从方聲。香草之泛稱：「遠芳侵古道晴翠接荒城」（白居易．詠草詩）。花曰芳。香氣曰芳。

芽 音牙 ㄧㄚˊ

（形聲）（會意）甲文金文芽字从艸牙聲本義作「萌芽」解（見說文許箸）乃草木初生之幼苗故从艸又以牙即門齒乃在口中初長出者芽亦爲草木之初生故从牙聲。植物初生之嫩苗曰芽。豆芽草芽椿芽稻芽。始事物之始發曰芽。穢苗曰芽。

芝 音之 ㄓ

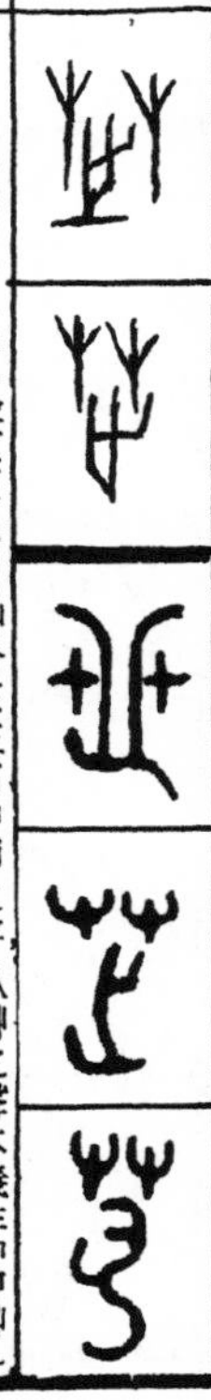

（形聲）甲文芝金文芝略同艸分在左右中即之字从艸之聲本義作「神艸」解（見說文許箸）乃靈芝之稱本艸謂「服之輕身延年」徐鍇氏謂「芝爲瑞服之神仙故曰神艸」芝實有毒菌類爲多年生艸本植物故从艸。芝菌類稱仙草。

芬 音紛 ㄈㄣ

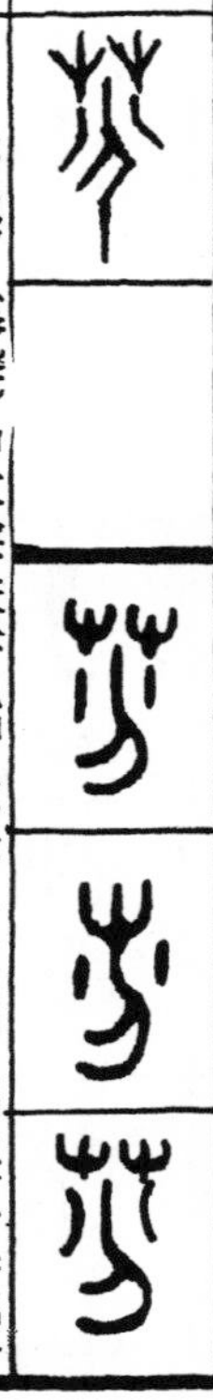

（會意）（形聲）甲文金文芬字从艸从分亦从分聲艸之初生常有香氣外布此即芬其本義作「芳」解（見說文句讀）乃艸初生時所分布之香氣。花草之香氣曰芬凡芳香皆曰芬。令德美名曰芬 芬哉：衆多貌芬通「紛」。芬芳．盛美。

| 楷 | 甲文 | 金文 |
|---|---|---|

芥 音戒 ㄐㄧㄝˋ

（形聲）（會意）甲文金文芥字从艸介聲本義作「芥菜」解（見通訓定聲）爲味苦辛之菜故从艸又以介有甲義介蟲爲甲蟲即其例芥菜之莖外皮厚如介甲故从介聲。芥：十字花科一年生或多年生草本植物。芥蔕：爲鯁礙之物小草之稱。

芙 音扶 ㄈㄨˊ

（形聲）甲文金文芙字从艸夫聲本指芙蓉一詞而言芙蓉之本義作「花名」解（見玉篇）乃荷華之稱以其爲艸本故芙从艸又以芙蓉在漢書作夫容夫芙古今字芙爲夫之累增字故从夫聲。芙蓉：一作夫容一名荷華有二種出於水出於陸者。

芹 音勤 ㄑㄧㄣˊ

（形聲）甲文金文芹字从艸斤聲本義作「水芹菜」解（見通訓定聲）乃味有異香莖葉皆可食之宿根艸本植物故从艸。芹：即水芹又名楚葵多年生繖形科草本生水田溼地等處。也有旱芹似芎藭生旱地別有一種藥味亦名藥芹可供食饌。

芸 音雲 ㄩㄣˊ

（形聲）（會意）甲文金文芸字从艸云聲本義作「香艸」解（見說文句讀）乃似苜蓿之香艸名故从艸又以云爲古文雲字象雲氣回転形香艸則芳香四溢有騰散意故芸从云聲。芸香香草名亦單稱芸芸香草也。芸芸蒿菜名蔬菜名乃香科植物。

芮 音汭 ㄖㄨㄟˋ

（形聲）甲文芮金文芮爲內字重文古以內通芮本義作「芮芮艸小貌」解（見說文句讀）即艸細微貌故从艸。絮曰芮「『單豹好術離俗棄塵不食穀實不衣芮溫』注『芮絮也』」。草名葉短小之草曰芮。芮鞫：水厓之稱。繫盾之綬曰芮。

| 楷 | 甲文 | 金文 |
|---|---|---|

芷 音止 ㄓˇ

（形聲）甲文金文芷字从艸止聲本義作「白芷藥名」解（見玉篇）乃可以入藥之多年生艸本植物名故从艸。芷：一名茝即白芷繖形科多年生草本高四尺餘莖葉有細毛葉羽狀複葉對生卵形有三至五之深刻邊有齒牙爲香料故名香草。

英 音瑛 ㄧㄥ

（形聲）（會意）甲文金文英字从艸央聲本義作「草榮而不實者」解（見說文許箸）乃指開放甚盛但不結實之花而言故从艸又以央有衣京切一讀央央鮮明貌詩小雅「旂旐央央」顏色鮮明故英从央聲。才德茂美者之稱。精藥曰英。

若 音弱 ㄖㄨㄛˋ

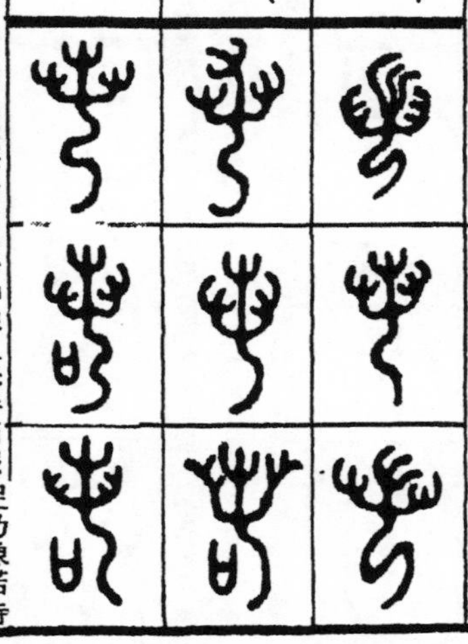

（指事）（會意）甲文若金文若羅振玉氏以爲「象人舉手而跽足乃象諾時巽順之狀古諾與若爲一字」若順也均含順意其本義作「擇菜」解（見說文許箸）乃擇選菜蔬之意。海神曰若。杜若香草名又稱若芝山薑略稱若。若杜若也。香草。

茍 音苟 ㄍㄡˇ

（會意）甲文茍金文茍字林義光氏以爲「用爲敬字从人美（丫美省）或作㖄从口茍爲急敕未有他證急敕之義由勹口而生茍本不从勹口實與敬爲同字本義作「自急敕也」解（見說文段注）乃着自謹肅之意。於禱神希望時用之表祈求。

| 楷 | 甲文 | 金文 |
| --- | --- | --- |
| 苦 枯上聲 ㄎㄨˇ |  | |
| （形聲）甲文金文苦字从艸古聲本義作「大苦 苓也」解（見說文許箸）苓即爾雅釋艸「蘦大苦也」之蘦以其為藥艸名故从艸．乃黃藥也其味極苦故謂之大苦非甘草也．茶曰苦即苦菜．「采苦采苦苦實蘽」（禮．內則）．難忍受者曰苦． | | |
| 苗 音描 ㄇㄧㄠˊ |  | |
| （會意）（形聲）甲文金文苗字从艸田生於田中之艸曰苗其本義作「苗者禾之未秀者也」解（見蒼頡篇）乃初生尚未茁壯結實之幼禾．苗：「『彼黍離離彼稷之苗』疏『苗謂禾未秀』」（詩．王風）草木蔬菜之初生者曰苗．禾穀曰苗． | | |
| 茂 音貿 ㄇㄠˋ |  | |
| （形聲）（會意）甲文金文茂字从艸戊聲本作「艸豐盛皃（貌）」解（見說文段注）乃艸類繁多之狀故从艸又以戊有豐盛之義茂為艸盛故从戊聲．穀類之稱．「『種之黃茂』注『種布之也黃茂嘉穀也』」（詩．大雅）．健美 豐盛曰茂． | | |
| 苛 音訶 ㄎㄜ 音何 ㄏㄜˊ |  | |
| （形聲）甲文苛金文苛略同从艸可聲本義作「小艸」解（見說文許箸）乃指細小之叢艸而言故从艸．惟此本義古罕見用今所行者為別義．虐曰苛即嚴酷之政「式遏寇虐苛厲不作」（晉書．文帝紀）．病通曰苛「痾」．苛刻煩細 譴責煩瑣． | | |
| 茅 卯平聲 ㄇㄠˊ | 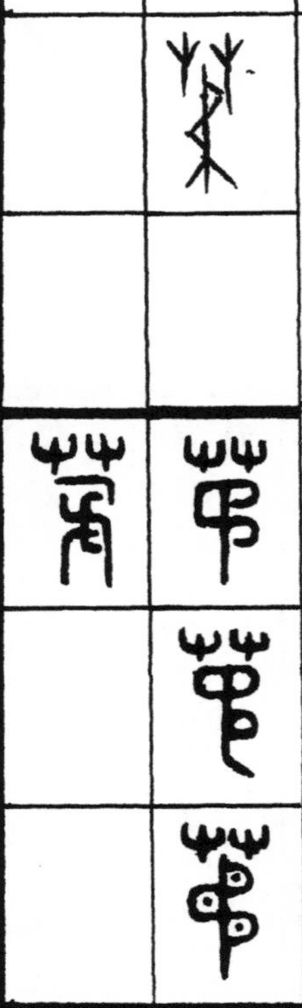 | |
| （形聲）（會意）甲文茅金文茅略同从艸矛聲本義作「菅」解（見說文許箸）朱駿聲氏謂「即菅之不滑澤者」乃可以製席蓋屋之野艸名故从艸．又以矛為長柄兵器名茅莖甚長而穗之末端形頗如矛故从矛聲．茅舍以茅為蓋為之舍．略稱茅． | | |
| 茄 音加 ㄐㄧㄚ 音伽 ㄑㄧㄝˊ | 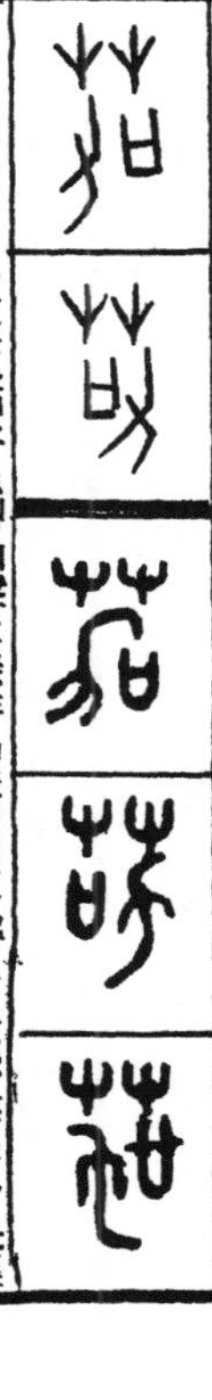 | |
| （形聲）甲文金文茄字从艸加聲本義作「扶渠莖」解（見說文許箸）夫渠即荷之異名茄即荷莖荷為艸本植物故茄从艸．茄科植物一年生其莖茄其本蓮郭璞曰「莖下曰藕在泥中」』」（何晏．景福殿賦）．凡形質與茄近似者皆曰茄． | | |
| 苑 音怨 ㄩㄢˋ 音婉 ㄨㄢˇ | 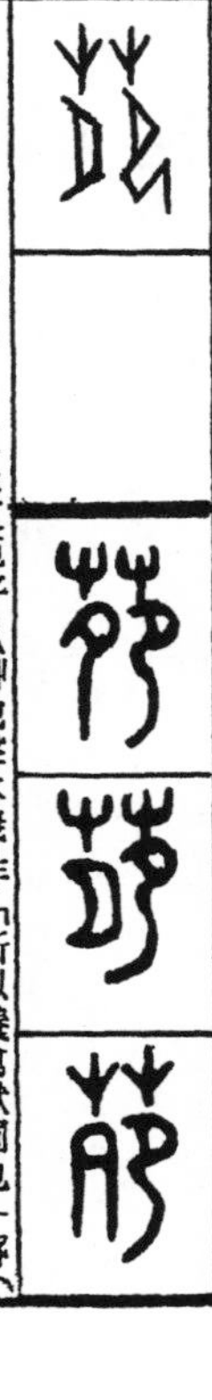 | |
| （形聲）（會意）甲文金文苑字从艸夗聲本義作「所以養禽獸囿也」解（見通訓定聲）乃養禽獸之所以禽獸所食所棲賴乎艸木苑必豐植艸木故从艸．又以夗本作「轉臥」解苑乃人為禽獸所置之轉臥處故从夗聲．文人薈萃之處曰苑． | | |
| 苔 音台 ㄊㄞˊ | 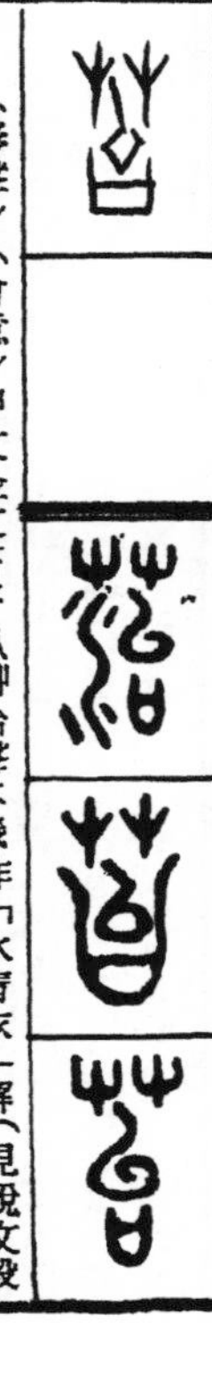 | |
| （形聲）（會意）甲文金文苔字从艸治聲本義作「水青衣」解（見說文段注）乃浮水面色青綠如滌絨者古以為水艸之一種故从艸．又以治有治理一義禮中庸「治國而無禮則亂」有治理意故从治聲．苔衣隱花植物名．略稱曰苔．生石上者． | | |
| 苞 音包 ㄅㄠ |  | |
| （形聲）（會意）甲文苞金文苞略同从艸包聲本義作「苞艸也南陽以為麤履」解（見通訓定聲）乃指在南陽用以結履之野艸而言故从艸．又以包有裹義詩召南「野有死麕白茅包之」即其例苞為製麤履以裹足者故从包聲．蕪曰苞叢生野草． | | |

楷 甲文 金文

**茁** 音拙 ㄓㄨㄛˊ　音札 ㄓㄚˊ

（會意）（形聲）甲文金文茁字从艸出亦从出聲艸芽冒地而出爲茁其本義作「艸初生出地皃（貌）」解（見通訓定聲）乃艸初生盛長之貌。姓唐宋時有茁姓。出生長。「蘭茁其芽」（韓愈．馬少監墓誌）。茁茁：出生貌茁壯：肥美壯大。

**范** 音犯 ㄈㄢˋ

（匚聲）甲文金文范字从艸氾聲本義作「范艸」解（見通訓定聲）乃艸之一種故从艸惟此本義古罕見用今所行者爲別義。蟲名即蜂通「蠭」。「『范則冠而蟬有緌』疏『蠭蜩范』注『范蜂也』」（禮．內則）。鑄器之模曰范通「範」

**茉** 音末 ㄇㄛˋ

（形聲）甲文金文茉字从艸末聲本指「茉莉」一詞而言茉莉之本義作「花名」解（見正字通）乃白色而小清香襲人之花名茉莉雖爲木本但以花著稱故茉从艸。茉莉：木犀科常綠亞灌木莖柔枝繁葉圓而尖初夏開小白花香氣襲人。

**苓** 音靈 ㄌㄧㄥˊ

（形聲）（會意）甲文金文苓字从艸令聲本義作「卷耳」解（見說文繫傳）乃叢生於朽潤木根之菌古以菌爲艸屬故苓从艸又以令有善美之義如書太甲「今王嗣有令緒」及令名令望令聞皆其例。藥名甘草香草曰苓。茯苓藥草名略稱苓

**苴** 音沮 ㄑㄩ　音疽 ㄐㄩ

（形聲）甲文金文苴字从艸且聲本義作「履中艸」解（見說文許箸）乃履中用以爲薦之艸墊故从艸。木名：「服山其木多苴」（山海經．中山經）。草之腐者處曰苴：「『苴多腦蓁』注『苴草之腐者也』」。麻之有子者曰苴苴麻子也。

楷 甲文 金文

**苣** 音巨 ㄐㄩˋ

（象形）（形聲）甲文金文苣商承祚氏以爲「此象人執炬火↓爲木之省扌與𤆍作𦾦同意當是炬之本字从艸巨聲本義作「束葦燒」解（見說文許箸）乃束葦而燒之以供照明之意故从艸又以巨有大義故从巨聲火把曰苣

**莓** 音枚 ㄇㄟˊ　音每 ㄇㄟˇ

（形聲）甲文莓金文莓字略同从艸母聲本義作「馬莓」解（見說文許箸）徐鍇氏以爲乃爾雅之「藨」即蛇莓以其爲艸本故从艸。草名字亦作莓參閱「莓」字下。山莓寒莓又「有蛇莓覆莓烏蘞莓」（本草）（同字異體）莓（莓同字）

**草** 操上聲 ㄘㄠˇ

（形聲）甲文金文草字从艸早聲本指「草斗」一詞而言草斗之本義作「櫟實」解（見說文繫傳）卽俗稱之橡斗乃櫟樹所結實故草从艸。今艸草並行而音義無殊。草本植物之統稱本作「艸」世相沿作草。草稿曰草詩文之底稿。

**荼** 詫平聲 ㄔㄚˊ

（形聲）（會意）甲文金文荼字爲荼字重文从艸余聲本義作「苦菜」解（見說文許箸）見茶字下惟徐鉉氏以爲「此卽今之茶字」荼茶古爲一字．始而一字二讀二義繼而歧爲二字形音義全異本義作「茗」解．茶荈之茶俗稱茶葉．

**茲** 音孜 ㄗ

（會意）（形聲）甲文茲金文茲爲𢆶字重文古以𢆶通茲本義作「艸木多益」解（見說文繫傳）乃艸木繁多之意故从艸又以絲之爲物雖細乃常聚合爲用者衆艸叢聚爲茲故茲从絲聲。蓐席曰茲爾雅釋器「蓐謂之茲」。時年曰茲。

| 楷 | 甲文 | 金文 |
|---|---|---|

## 荒
音肓 ㄏㄨㄤ

（形聲）（會意）甲文金文荒字从艸㠩聲本義作「蕪」解（見說文許箸）乃雜艸叢生之意故从艸又以㠩音慌本作「水廣」解地廣則叢生雜艸故荒从㠩聲・邊裔曰荒 荒地曰荒：拓荒墾荒闢荒・凶年：四穀不升謂之荒・迷亂曰荒・色荒・

## 茫
音芒 ㄇㄤˊ

（形聲）（會意）甲文金文茫字从艸汒聲本義作「廣大貌」解（見韻會）乃指廣闊遠大之狀而言艸覆大地彌望無際有廣大意故茫从艸又以汒音芒集韻有「大水貌」一義大水爲彌望無際者故茫从汒聲・急遽失措之稱通「忙」・茫昧・

## 荔
音麗 ㄌㄧˋ

（形聲）（會意）甲文金文荔字从艸劦聲本義作「劦艸」解（見通訓定聲）乃似蒲而小根多且堅細可以爲刷之艸名故从艸又以劦音協本作「衆力」解有堅勁意本草謂劦「一名三堅」以荔之葉根實皆堅勁故从劦聲・草名・荔挺也・

## 荀
音詢 ㄒㄩㄣˊ

（形聲）甲文金文荀字略同金文荀右下增匕不詳丁佛言氏以此爲古荀字从艸旬聲本義作「艸也」解（見說文新附）乃異艸名山海經謂「荀草服之美人色」故从艸・古國名周文王第十七子受封爲郇侯字亦作荀・荀草：異草名本名荀草

## 茹
音如 ㄖㄨˊ

音孺 ㄖㄨˋ

（形聲）（會意）甲文金文茹字从艸如聲本義作「食」解（見方言）乃進食之意美穀嘉蔬乃主要之食物 故茹从艸又以如有及義食乃人與食物相就是有及意故茹从如聲・草之根曰茹・茹藘：即茜草可以染黃之草・食・茹素茹苦含辛・

| 楷 | 甲文 | 金文 |
|---|---|---|

## 茱
音朱 ㄓㄨ

音殊 ㄕㄨ

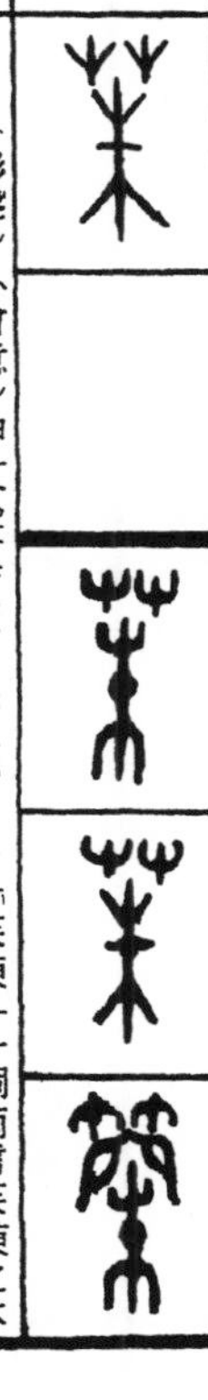

（形聲）（會意）甲文金文茱字从艸朱聲本指「茱萸」一詞而言茱萸之本義作「茱屬」解（見說文許箸）茱萸有木本草本又以朱爲赤色之稱茱萸色赤故茱从朱聲・茱萸：落葉喬木名其種類有三：吳茱萸、山茱萸・食茱萸・

## 茜
音倩 ㄑㄧㄢˋ

（形聲）甲文金文茜字从艸西聲本義作「茅蒐」解（見說文許著）字亦作蒨通稱蒨草其花與根可以染絳以其爲艸名故从艸・茜草蔓生草本植物名根可染絳略稱曰茜・絳色曰茜・茜草：茜草科多年生蔓草莖中空方形有逆刺又名牛蔓。

## 茭
音交 ㄐㄧㄠ

音絞 ㄐㄧㄠˇ

（形聲）（會意）甲文茭金文茭字略同从艸交聲本義作「乾芻」解（見說文許箸）乃儲爲家畜所食之艸故从艸又以交本作「交脛」解有兩相投合意乾芻當束合於一處故从交聲・乾芻曰茭・竹葦絙曰茭俗稱筊纜通「筊」・草根曰茭

## 荄
音該 ㄍㄞ

（形聲）（會意）甲文金文荄字从艸亥聲本義作「艸根」解（見說文許箸）乃艸莖之在土中者故从艸又以亥豕古一字爲性喜突地之家畜名艸根乃突地而生者故荄从亥聲・草木之根曰荄：「萬物養其根荄」（後漢書・魯恭傳）・

## 莊
音妝 ㄓㄨㄤ

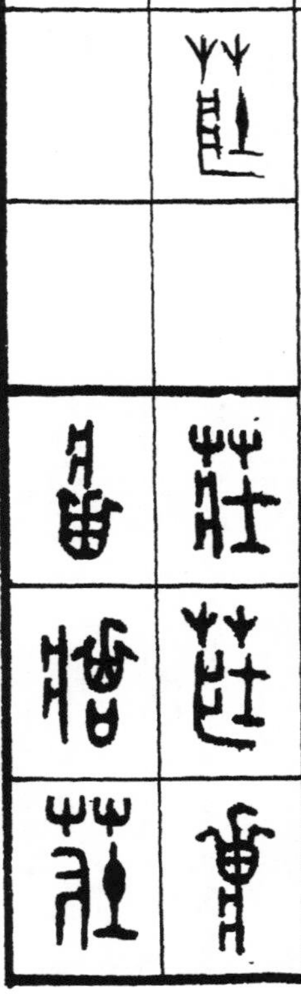

楷　甲文　金文

（會意）（形聲）甲文莊金文莊字略同从艸壯聲本義作「艸盛貌」解（見玉篇）乃指叢艸茂盛之狀而言故从艸又以壯本作「大」解大有盛意艸盛爲莊故莊从壯聲．嚴正曰莊．大路達道曰莊：「臨之以莊則敬」（論．爲政）．肅敬也．

莫　音暮　ㄇㄨˋ

（會意）（形聲）甲文莫金文莫略同从艸茻則幽暗無光其本義作「日將冥」解（見說文許箸）乃日將落且將幽暗之意．日將冥時之稱今字作「暮」．「不能辰夜不夙則莫」（詩．齊風）．草名可以爲蔬之赤節草曰莫．莫府：將軍府．

荻　音狄　ㄉㄧˊ

（形聲）甲文金文荻字从艸狄聲本義作「萑」解（見韻會）萑卽荻與蘆同類以其爲艸本故从艸．荻：初生有菼薍蒹等名長成後別名蓷名萑禾本科多年生草本生下溼陂澤中高五六尺每節抽莖葉葉稍闊於蘆莖則較韌．蒿曰荻．箭曰荻．

莧　音現　ㄒㄧㄢˋ

（形聲）甲文金文莧字从艸見聲本義作「莧菜」解（見說文許箸）乃大葉細莖之菜名故从艸．莧：莧科一年生　草本植物高二三尺葉互生卵圓形柄長初秋自莖梢抽穗開細小之黃綠色花．莧有六種有人莧赤莧白莧紫莧馬莧五色莧可食．

苺　音枚　ㄇㄟˊ

（形聲）（會意）甲文金文苺字从艸每聲本義作「草名」解（見廣雅）卽覆盆草故从艸又以每本作「艸盛上出」解覆盆草一枝五葉結實似覆盆形因有豐盛意故从每聲．木名字亦作「莓」種類頗多其最著者有三：山莓．寒莓．松上莓．

莪　音哦　ㄜˊ

（形聲）甲文金文莪字从艸我聲本指「蘿莪」一詞而言蘿莪之本義作「蒿屬」解（見說文許箸）乃蒿之一種亦稱之莪蒿又略稱莪李時珍氏謂「莪抱根叢生俗稱之抱孃蒿」以其爲艸本故从艸．莪蒿：略稱莪植物名菊科多年生草本．

莆　音甫　ㄈㄨˇ　音蒲　ㄆㄨˊ

（形聲）（會意）甲文金文莆字从艸甫聲本指「蓮莆」一詞而言蓮莆之本義作「瑞艸」解（見說文許箸）乃可製扇取涼之祥艸故莆从艸又以甫爲男子之美稱有美好意瑞艸乃艸之美好者故莆从甫聲．蓮莆：瑞草名瑞草也一說木名．

莠　音酉　ㄧㄡˇ　音右　ㄧㄡˋ

（形聲）（會意）甲文金文莠字从艸秀聲本義作「狗尾艸」解（見說文段注）乃頗似稷而實爲害苗稼之野艸故从艸又以秀有草華一義詩豳風「四月秀葽」如狗尾爲草華之異乎尋常者故莠从秀聲．敗禾曰莠禾之秀而不實者．

莒　音舉　ㄐㄩˇ

（形聲）（會意）甲文金文莒字从艸呂聲本義作「齊謂芋爲莒」解（見說文許箸）乃俗稱之芋頭以其爲艸本故从艸又以呂本作「脊骨」解卽脊椎骨乃合諸骨節而成者芋之莖勁直如脊椎骨故莒从呂聲．芋曰莒塊莖可食植物名．

莘　音辛　ㄒㄧㄣ

（形聲）（會意）甲文金文莘字从艸辛聲本義作「細莘藥草」解（見集韻）乃開紫黑色花供藥用之多年　生草名故从艸又以辛爲葷臭之味莘有辛氣故从辛聲．莘草：卽細莘本草作細辛馬兜鈴科多年生草本白根莖生葉小花根供藥用．

莞　音官　ㄍㄨㄢ

| 楷 | 甲文 | 金文 |
|---|---|---|

**莞** 音管 ㄍㄨㄢˇ

（形聲）（會意）甲文金文莞字从艸完聲本義作「莞艸」解（見說文許箸）乃叢生水際細莖中空可以為席之蒲狀野艸故从艸又以完有圓而不缺意莞為細圓之艸故从完聲・莞：莎草科多年生草本植物莖可織席又名小蒲水・席曰莞・

**苧** 音孚 ㄈㄨˊ　音殍 ㄆㄧㄠˇ

（形聲）（會意）甲文金文苧字从艸孚聲本義作「苧艸」解（見通訓定聲）即苻艸別稱鬼目艸故从艸又以孚有包覆一義國語周語「信文之孚也」是其例苧艸叢生如有所包覆故从孚聲・蘆中白皮曰苧通「稃」・餓死者之稱通「殍」・

**莨** 音浪 ㄌㄤˋ　讀如良 ㄌㄧㄤˊ

（形聲）（會意）甲文金文莨字从艸良聲本義作「莨艸」解（見通訓定聲）乃俗稱之狼尾艸故从艸又以良為狼之省之爾雅釋艸有狼尾艸段玉裁氏以為「莨與狼同音以狗尾（艸而𩔖壯者也」故莨从良聲・薯莨：蔓生植物名可製染料・

**荽** 音綏 ㄙㄨㄟ

（形聲）甲文金文小篆荽字从艸妥聲本義作「香菜」解（見康熙字典）乃味香美之菜名故从艸・香名說文作「葰」本草圖經謂其「一名廉薑生沙石中薑類也其味大辛而香」一名「胡荽」徐灝氏以為「胡荽荽之別種也」俗作芫荽・

**華** 音划 ㄏㄨㄚˊ

（會意）（形聲）甲文華金文華吳大澂氏以此為「古華字从𠌶从艸𠌶古𠌶字」从艸从𠌶亦从𠌶聲𠌶即花為艸木𠌶即草木花艸而發花謂之華其本義作「榮」解（見通訓定聲）乃開花之意・光曰華：「『華文德之光華』」（書「禹貢」）・

**菜** 猜去聲 ㄘㄞˋ

（形聲）（會意）甲文菜金文菜右上為艸左上為爪其下為木从艸采聲本義作「艸之可食者」解（見說文許箸）乃蔬類植物之總稱以其大都為艸本故菜从艸又以采有擇取之義菜必待擇取始可供食故菜从采聲餚曰菜即佐餐之副食品

**菊** 音掬 ㄐㄩˊ

（形聲）（會意）甲文菊金文菊形異義同金文菊从艸鞠聲本義作「治牆」解（見說文許箸）徐灝氏謂「爾雅釋艸『治牆』鞠而蘜字相承艸此古今字之通例故从艸又从鞠聲作「大菊蘧麥」解・菊：菊科多年生草本其種類甚夥凡百種・

**荊** 音京 ㄐㄧㄥ

（形聲）（會意）甲文荆金文荆从刅井聲容庚氏以此為古荆字从艸刑聲本義作「楚木」解（見說文許箸）乃指有刺之灌木而言古以其細長而直誤為艸本故荊从艸荊有刺可刺人故从刑聲・用荊木製之鞭杖曰荊・草名即荊三稜莎草科・

**菲** 音斐 ㄈㄟˇ

（形聲）甲文金文菲字从艸非聲本義作「芴」解（見說文許箸）乃指莖𥫗葉厚頗似蔓菁可供食用之非菜而言故从艸・菜名又稱菲菜色紫赤花莖苦葉根可食蕪菁之類・薄曰菲・菲薄：薄禮之稱・：「菲飲食而致孝乎鬼神」（論・泰伯）・

| 楷 | 甲文 | 金文 | 文 |
| --- | --- | --- | --- |

## 菌 音窘 ㄐㄩㄣˋ

（形聲）（會意）甲文金文菌字从艸囷聲本義作「地蕈」解（見說文許箸）乃指生於地上之傘狀植物而言以其爲艸本故从艸又以囷本作「廩之圓者」解菌形圓如囷故从囷聲．蟲名形似蠶蛾者．微生物曰細菌亦略稱菌．球菌桿菌結核菌

## 菇 音姑 ㄍㄨ

（形聲）甲文金文菇从艸姑聲本義作「王瓜」解（見集韻）王瓜一名土瓜乃多年生蔓草結實如鴨卵根味如薯蕷可食亦可爲洗粉之艸本植物故从艸．菌類曰菇通「菰」：香菇草菇蘑菇蔯姑．卽王瓜多年生草本．頗與瓜似故得瓜名．

## 莽 音蟒 ㄇㄤˇ

（會意）（形聲）甲文莽金文莽略同从犬从茻亦从茻聲茻音網乃叢艸犬性喜逐兎兎多在叢艸中其本義作「南方謂犬善逐兎艸中爲莽」解（見通訓定聲）乃獵犬逐兎之意．莽．木蘭科常綠灌木生瞬地．草木深邃處曰莽．鹵莽．莽人莽夫

## 菁 音精 ㄐㄧㄥ

（形聲）（會意）甲文金文菁字从艸青聲本義作「韭華」解（見說文許箸）乃俗稱之韭菜花以韭爲艸本故从艸又以青爲淺藍之色韭華色白而淺綠與極淡之靑色頗近故菁从青聲．韭華曰菁俗稱韭菜花．菁英．菁華：乃文物之精純者．

## 萋 音妻 ㄑㄧ

（形聲）甲文金文萋字从艸妻聲本義作「艸盛貌」解（見說文許箸）乃指靑草茂盛之狀而言故从艸．草盛貌「卉木萋止」（詩．小雅）．萋萋：茂盛貌．雲行貌同「凄凄」芳草萋萋．「春日遲卉木萋萋」（詩．小雅）．中庭萋兮綠草生．

## 萍 音瓶 ㄆㄧㄥˊ

（會意）（形聲）甲文金文萍字从水苹苹亦聲苹爲陸草詩小雅鹿鳴「食野之苹」注「苹蘋蕭也靑色白莖如筋」萍爲色靑如苹根浮水而生者其本義作「水艸」解（見說文許箸）乃水藻名．浮萍科生水中水田或池沼等．行踪無定如萍．

## 萃 音顇 ㄘㄨㄟˋ

（形聲）（會意）甲文萃金文萃略同从艸卒聲本義作「艸聚貌」解（見通訓定聲）乃衆艸叢聚之狀故从艸又以卒本作「隸人給事者」解乃古代任雜役之罪徒萃爲雜艸叢聚故从卒聲．羣曰萃憂困曰萃通「顇」「悴」．出類拔萃．

## 萁 音其 ㄑㄧˊ 音該 ㄍㄞ 音基 ㄐㄧ

（形聲）甲文金文萁字从艸其聲本義作「豆莖」解（見說文許箸）乃豆類之楷以豆類咸爲艸本故从艸．豆莖曰萁豆實落後之槁．「『煮豆持作羹漉菽以爲汁萁在釜下燃豆在釜中泣本自同根生相煎何太急』」（曹植．七步詩）．

## 萆 音卑 ㄅㄟˋ 音蔽 ㄅㄧˋ

（形聲）甲文金文萆字从艸卑聲本義作「萆鼠莞也似龍鬚」解（見三蒼）乃與莞相類之艸名故从艸．草名纖細似龍鬚之草曰萆．萆薢：一名山萆薢薯蕷科多年生草本蔓性莖葉長心臟形頗厚根略有苦味供藥用萆荔：香草名同薜荔

## 萎 音逶 ㄨㄟ 音委 ㄨㄟˇ 音餧 ㄨㄟˋ

（形聲）（會意）甲文金文萎字从艸委聲本義作「食牛」解（見說文許箸）卽以艸飼牛之意故从艸又以委有授義委政委禽委國皆其例食牛乃授艸付牛就食故萎从委聲．枯槁．「無草不死無木不萎」（詩．小雅）．萎腇：輭弱貌．

| 楷 | 甲文 | 金文 |
| --- | --- | --- |

**菱** 音陵 ㄌㄧㄥˊ

（形聲）（會意）甲文金文菱字从淩艸聲本義作「芰」解（見說文許箸）乃結實稱菱角之水艸名故从艸 淩與夌皆有超越之意義淩波淩虛是其例淩卽菱爲踔越於水面者故从淩聲．菱卽芰水生艸本植物名菱實俗稱菱角有二角、三角、四角．

**萊** 音來 ㄌㄞˊ

（形聲）甲文金文萊字从艸來聲本義作「蔾」解（見說文徐箋）乃指草本之蔾藋而言故从艸．草名藜之別稱其新葉及嫩苗可食參閱「蔾」字注「『南山有台北山有萊』陳啓源毛詩稽古『萊亦名藜』」（詩．小雅）．廢田曰萊蔓草叢生

**菅** 音姦 ㄐㄧㄢ

（形聲）（會意）甲文金文菅字从艸官聲本義作「茅」解（見說文許箸）乃與茅爲類之艸本植物名故从艸又以官爲管之省文菅艸莖堅直如細管故从官聲菅．禾本科多年生草本植物莖高二三尺葉多毛細長而尖．亂不治通「姦」．

**菖** 音昌 ㄔㄤ

（形聲）（會意）甲文金文菖字从艸昌聲本指 菖蒲一詞而言菖蒲之本義作「草名」解（見集韻）乃聚生水際之草故菖从艸又以昌有壯大一義書經仲虺之誥「邦乃其昌」菖蒲簇生葉大有脊如劍極見挺壯故菖从昌聲菖蒲草名略稱菖

**莬** 音兔 ㄊㄨˋ

（形聲）（會意）甲文金文菟字从艸兎聲本指「菟絲」一詞而言兎絲之本義作「草名」解（見玉篇）乃蔓性菟名故从艸又以兎爲小野獸名嘗營三窟以白全有入土而沒意故菟从兎聲．野兎曰菟通「兔」、菟絲：一名菟絲子蔓性草本，

| 楷 | 甲文 | 金文 |
| --- | --- | --- |

**萑** 音錐 ㄓㄨㄟ

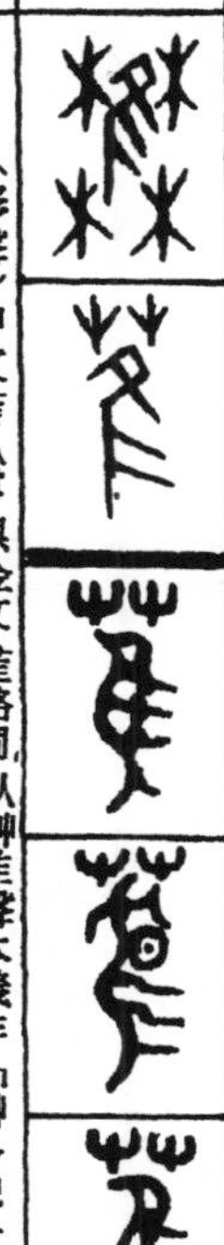

（形聲）甲文萑从艸與金文萑略同从艸隹聲本義作「艸多貌」解（見說文許箸）乃指衆艸叢生之狀而言故从艸．萑：卽蓷又名茺蔚乃益母之白花者脣形科草本生山麓原野方莖高一二尺葉對生形長圓．荻之堅成者曰萑．

**菡** 音頷 ㄏㄢˋ

（形聲）（會意）甲文金文菡字从艸函聲本義作「水芝曰菡蕳」解（見說文句讀）水芝卽夫容芙蓉荷花菡蕳今作菡萏爲荷花之別稱一說荷花之含蕊未開者以其爲艸本故菡从艸又以含蕊未開之蓓蕾故菡从函聲．菡萏：卽荷花．

**菀** 音婉 ㄨㄢˇ　音鬱 ㄩˋ

（形聲）（會意）甲文金文菀字从艸宛聲本義作「茈菀」解（見說文許箸）乃開紫花結黑子可入藥之艸本植物名故从艸又以宛有盤屈一義茈菀乃布地生苗葉者故菀从宛聲．茈菀卽紫菀子可入藥．圃曰菀通「苑」、積積果通「鬱」．

**萬** 完去聲 ㄨㄢˋ

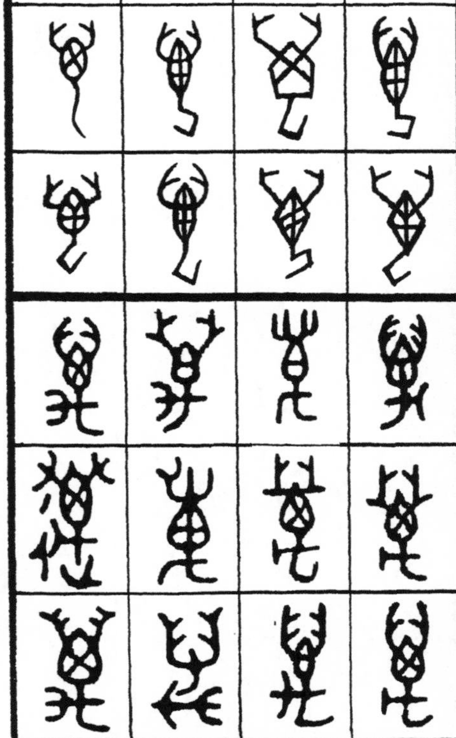

楷　甲文　金文

萬

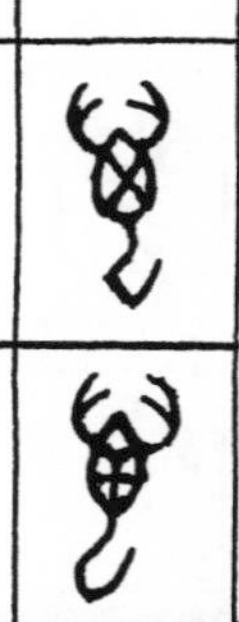

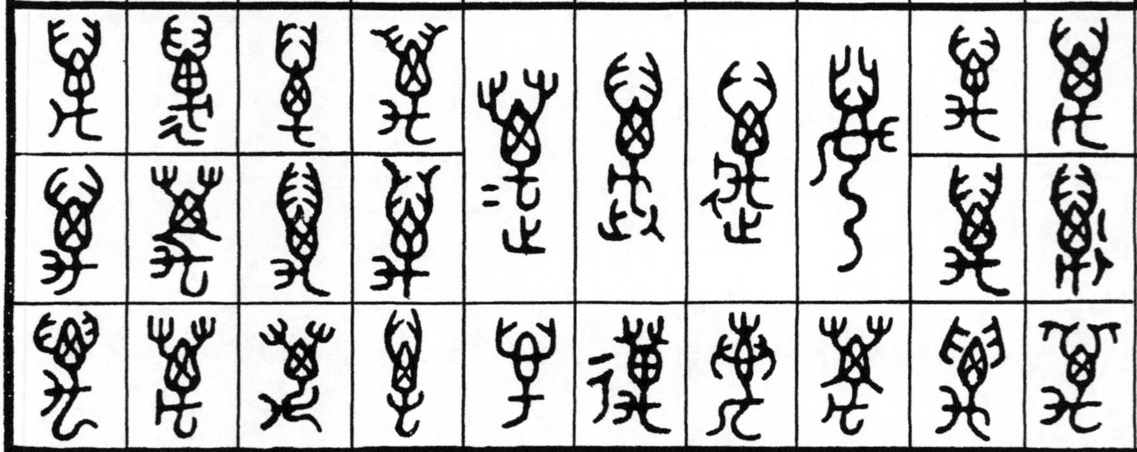

（象形）甲文萬羅振玉氏以爲「象蝎」蓋卽蝎蟲之稱。金文萬林義光氏以爲「象蠆（有）尾形或作（仲𣪕彝）不从内則蠆萬本一字萬音轉如曼始分爲兩字矣」乃毒蟲形其本義「蟲也」解（見說文許箸）卽蟲之一種，蟲名蠍曰萬。

葉　音葉　一ㄝˋ

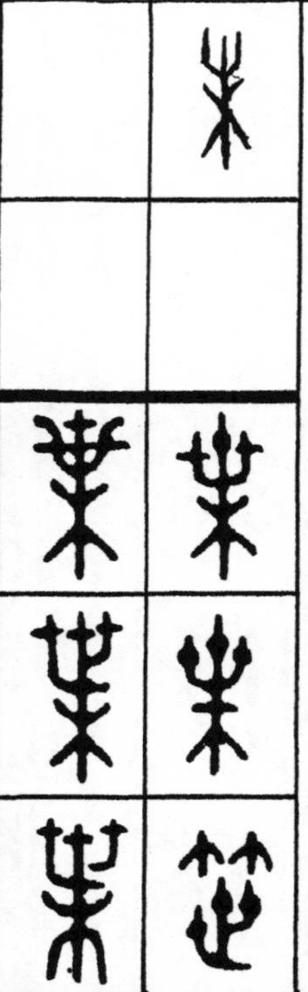

（會意）（形聲）甲文葉金文葉爲枼字重文吳大澂氏以爲「古文葉不从艸」本義作「艸木之葉也」解（見說文許箸）乃艸木生於莖幹旁以營生者以艸該木故从艸，葉有數種但以薄片狀者爲夥葉爲枼之累增字故从枼聲，花瓣曰葉。

落　音洛　ㄌㄨㄛˋ　讀若澇　ㄌㄠˋ

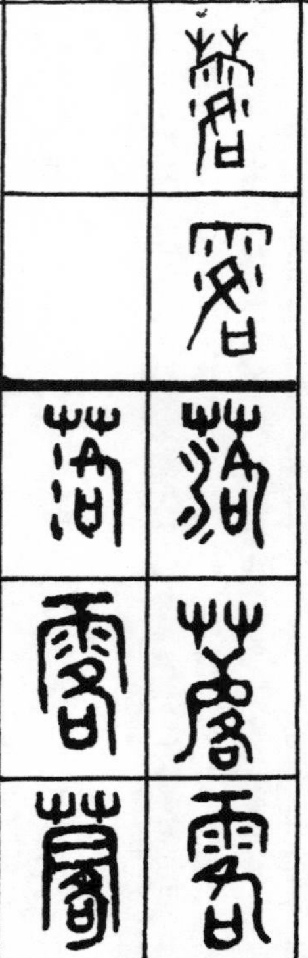

（形聲）甲文金文落字从艸洛聲本義作「艸木凋衰也」解（見慧林音義注引說文）乃艸木枝葉凋衰而墜之意以艸該木故落从艸，人之聚居處曰落、屯落里落村落聚落落居也，部落蠻夷分部而居之組織名略稱落，始曰落始事之稱。

楷　甲文　金文　楷　甲文　金文

**著** 音箸 ㄓㄨˋ　音酌 ㄓㄨㄛˊ　讀如招 ㄓㄠ

（形聲）（會意）甲文金文著字从艸者聲本義作「明」解（見廣雅）乃顯明可見意艸爲植物之多而常見者故以艸又以者本作「別事詞」解多則應有所別使其顯明可見故著从者聲。事實明顯之稱。位次曰箸。著作之稱通「箸」。名著。亘著。

**葬** 藏去聲 ㄗㄤˋ

（會意）（形聲）（指事）甲文葬从ㄗ在茻中亦从茻聲茻音莽即衆艸ㄗ即人字上古時之人常以草裹死人屍一體埋葬義與金文葬字同金文葬从死在茻中从一亦从茻聲死謂人屍一指承屍之薦本義作「藏」解（見說文許箸）藏屍曰葬

**董** 音懂 ㄉㄨㄥˇ

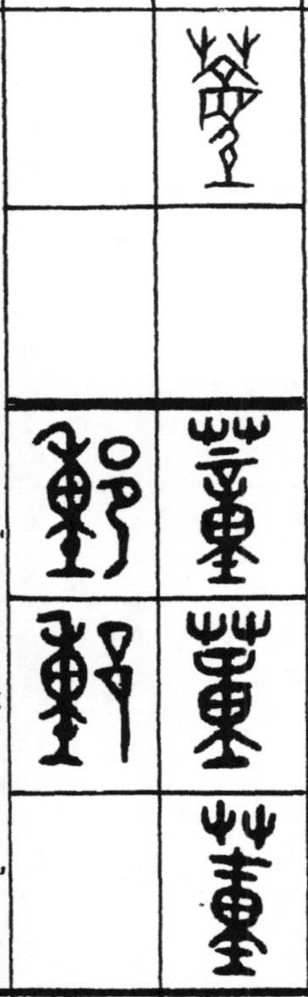

（形聲）（會意）甲文董金文董略同从艸童聲本義作「鼎董」解（見說文許箸）爲似蒲而細之艸戴侗氏引爾雅舊注謂「可爲屬亦可爲索」以其爲艸名故董从艸又以童有細小之義鼎董爲似蒲而細小之艸故董从童聲。寶曰董古器物之稱

**葷** 音熏 ㄒㄩㄣ　音昏 ㄏㄨㄣ

（形聲）甲文金文葷字从艸軍聲本義作「臭菜」解（見說文許箸）乃指有臭味之菜如葱蒜薤等而言故从艸。葷允：葷粥：古種族名亦作熏粥獯鬻熏鬻葷育即匈奴。臭菜曰葷有臭辛氣味之蔬菜。肉食酒殺之稱。葷辛物葱薤之屬古文葷作薰。

**萱** 音喧 ㄒㄩㄢ

（形聲）（會意）甲文金文萱字从艸宣聲本義作「令人忘憂艸也」解（見說文許箸）乃食之可以忘憂之 艸本植物名故从艸又以宣有通義左傳昭元年有「宣汾洮」萱即俗稱之金針菜其莖與實皆脩長中空故从宣聲。稱母曰萱堂。

**蔕** 音帝 ㄉㄧˋ

（形聲）（會意）甲文金文蔕字从艸帶聲本義作「瓜當」解（見說文許箸）乃瓜之繫蔓處俗稱瓜托瓜爲艸本故蔕从艸又以帶有繫連一義如附帶連帶皆與瓜蔓相繫連故从帶聲。瓜當曰蔕瓜體與瓜蔓相連接處之稱。蕚曰蔕即花枝相連。

**葛** 音格 ㄍㄜˊ　音舸 ㄍㄜˇ

（形聲）甲文金文葛字从艸曷聲本義作「絺綌艸」解（見說文許箸）絺爲細葛綌爲粗葛葛乃析其莖可以織成葛布之艸本植物名故从艸。葛：豆科多年生蔓草根可製澱粉纖維可析以織布。葛布絺綌之類略稱葛。葛屨葛布裊衫葛絰。

**葵** 音逵 ㄎㄨㄟˊ

（形聲）（會意）甲文金文葵字从艸癸聲本義作「葵菜」解（見通訓定聲）葵有多種以向日葵最著徐灝 氏謂「古人常食者鳧葵菟葵也又楚葵即今之芹菜蔠葵即今之藤菜皆可作蔬」是葵菜盡爲艸本故葵从艸从癸聲。錦葵科植物名。

**葯** 音約 ㄩㄝ　讀若要 ㄧㄠˋ

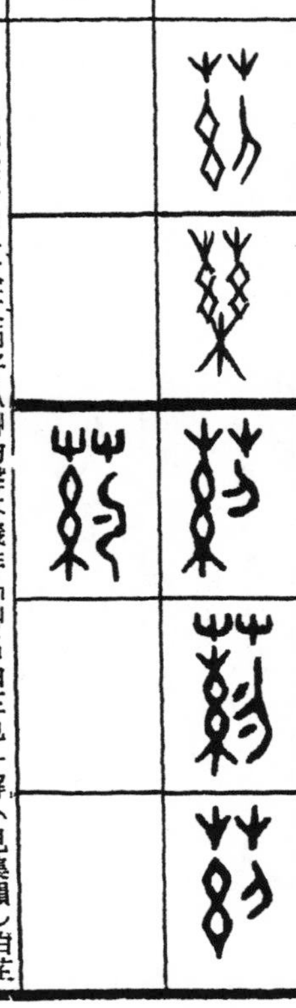

（形聲）甲文金文葯字从艸約聲本義作「艸名白芷也」解（見集韻）白芷即芷乃香艸之一種故从艸。香草名即白芷亦名芷參閱「芷」字下。「峽山 其草多韭薤多葯」（山海經．中山經）。「葯白芷也香草美人得以比之」白芷之葉曰葯，

| 楷 | 甲文 | 金文 |
|---|---|---|
| 葩 鋪鴉切 ㄆㄚ | （形聲）（會意）甲文葩金文葩从艸从皅省，略同集韻以此同葩从艸皅聲本義作「華」解（見說文許箸）古華與花一字葩乃艸木之花故从艸，又以皅音吧本作「艸蘳之白也」解惟廣韻載「葩亦作皅」是皅葩古今字故葩从皅聲，華曰葩 | |
| 蒙 音濛 ㄇㄥˊ | （指事）（形聲）（會意）甲文蒙象人上有所蔽覆形以指蒙蓋之事為蒙，金文蒙从艸冡聲本義作「王女」解（見說文許箸）即女蘿又稱兔絲乃蔓生艸名又以冡音𦬇本作「覆」解被覆其外意故蒙从冡聲，草名即女蘿又稱王女兔絲． | |
| 蓋 音丐 ㄍㄞ | （形聲）（會意）甲文蓋金文蓋略同，从艸盇聲本義作「苫」解（見說文許箸）乃編艸覆之之意故从艸，又以盇本作「覆」解蓋為編艸以覆故从盇聲，茅草之屋頂曰蓋，車篷曰蓋，障蔽日光風雨之具曰蓋即傘，凡覆於物上者皆曰蓋，鍋蓋 | |
| 夢 蒙去聲 ㄇㄥˋ | （形聲）（會意）甲文金文夢字形異義同金文夢从夕瞢省（省瞢下目）聲本義作「不明」解（見說文許箸）乃晦暗昏沈貌夕時天色昏暗故从夕，夢乃事象不明意故从夢聲，睡眠中神經所起之幻覺幻象曰夢，夢由各種刺激觀念聯合而成， | |
| 蓄 音畜 ㄒㄩˋ | （形聲）（會意）甲文金文蓄字，从艸畜聲本義作「積儲」解（見說文許箸）古常積儲穀米芻艸菜蔬以備不虞以其皆為艸本故蓄从艸又以畜有積義易大畜「君子以多識前言往行以畜其德」禮月令蓄謂積儲故从畜聲，儲儲，積儲曰蓄， | |
| 墓 音慕 ㄇㄨˋ | （形聲）（會意）甲文金文墓字从土莫聲本義作「凡葬而無墳謂之墓」解（見方言）即掘壙埋葬棺柩積土與地平者之稱故从土，又以莫為暮之本字顏師古氏以為「墓者言其幽暗當昏暮也」故墓从莫聲，壙曰墓葬棺柩之穴墓壙穴也， | |
| 幕 音莫 ㄇㄛˋ | （象形）（形聲）（會意）甲文幕象巾覆尊上形上之冂為巾其下即尊尊旁四小點為酒食餘瀋商承祚氏以為此字乃禮注覆尊巾之冪之本字後世用幕則借字金文幕字从巾莫聲本義作「帷在上曰幕」解（見說文許箸）為帳之下垂者． | |
| 蒼 音倉 ㄘㄤ | （形聲）甲文金文蒼字从艸倉聲本義作「艸色」解（見說文許箸）乃指與艸色相類之青色或海青色而言故从艸，薄青色曰蒼，姓黃帝子蒼林高陽才子八人中有蒼舒為蒼姓之始漢有江夏太守蒼英，蒼天：即上天以天為蒼色故名．蒼生． | |
| 蒸 音烝 ㄓㄥ | （形聲）（會意）甲文金文蒸字从艸烝聲本義作「析麻中榦」解（見說文段注）析麻之皮為麻其去皮後之中莖即蒸以麻皆為艸本故蒸从艸又以烝本作「火氣上行」解故从烝聲，麻萁幹之用為燭心者曰蒸，燭曰蒸，民衆曰蒸通「烝」． | |
| 蒲 音捕 ㄆㄨˊ | | |

| 楷 | 甲文 | 金文 | 文 |
|---|---|---|---|

（形聲）（會意）甲文蒲金文蒲从艸从浦省（省浦左水）吳大澂氏以此爲古蒲字从艸浦聲本義作「水艸也可以作席」解（見說文許箸）乃莞蒲之屬之生於水者，故从艸又以浦本作「水濱」解蒲生於水濱故从浦聲・菖蒲別稱臭蒲略稱蒲・

蓑 音梭 ㄙㄨㄛ 音鰓 ㄙㄞ

（象形）・（形聲）甲文蓑金文蓑吳大澂氏以此爲「古蓑字蓑艸雨衣象形今俗別作蓑」林義光氏以爲「象蓑形」披以禦雨之艸衣曰蓑其本義作「艸雨衣」解（見說文許箸）即今稱之蓑衣爲衰字本字 用草簪椶葉編製之雨衣曰蓑・草衣也・

蒿 音薅 ㄏㄠ

（形聲）甲文蒿从茻高聲古从艸之字大篆或从茻金文蒿字 从艸高聲本義作「菣」解（見說文許箸）乃靑蒿之稱以其爲艸本故从艸 蒿：即靑蒿又名香蒿菊科多年生草本叢生原野水邊結實如粟米大可入藥嫩莖可食・蒿焉：消失貌・

蒐 音搜 ㄙㄡ

（會意）（形聲）甲文金文蒐字 从艸从鬼古時 謂人血入地所生之艸爲茅蒐故蒐之本義作「茅蒐茹藘」解（見說文許箸）即可以染成絳色之艸名惟桂馥氏以爲「蒐人血所生可以染絳者當在茜下從鬼者當云鬼聲」茜草又名茅蒐蒨草

蒺 音疾 ㄐㄧˊ

（形聲）（會意）甲文金文蒺从艸疾聲本指「蒺藜」一詞而言蒺藜之本義作「蕀草」解（見玉篇）爲艸本植物名故蒺从艸又以疾有毒害一義蒺藜之實三角四刺足以傷人成疾故蒺从疾聲・蒺藜：蒺藜科即茨一年生或二年生草本有刺・

蒔 音侍 ㄕˋ

蒔 音時 ㄕˊ

（形聲）（會意）甲文金文蒔字从艸時聲本義作「更別種」解（見通訓定聲）乃分草木秧苗而匀插別栽之意故从艸又以時謂四時蒔草木五穀宜各適其時始易成長故蒔从時聲・匀草木秧以別植之事曰蒔・更種分秧匀插而種植之・

蒡 音旁 ㄆㄤˊ 音榜 ㄅㄤˇ

（形聲）（會意）甲文金文蒡从艸旁聲本義作「蒡隱荵」解（見爾雅）乃甜桔梗爲可以煮食之艸本植物名故从艸・蒡：即薺苨一名隱荵苨白麵根甜桔梗杏葉沙・牛蒡：菊科越年生草本小枝開鐘狀淡紫色花根味甜供藥用又名蒡翁

蓁 音臻 ㄓㄣ

（形聲）甲文金文蓁字从艸秦聲本義作「艸盛貌」解（見說文許箸）乃指衆艸盛出之狀而言故从艸 蕀叢曰蓁通「榛」・「衆狙……逃於深蓁」（莊・徐无鬼）・葉盛貌・蛇聚貌・「蝮蛇蓁蓁」（宋玉・招魂）・穀盛貌・林木盛貌・

蓐 音辱 ㄖㄨˋ

（形聲）甲文金文蓐字从艸辱聲本義作「陳艸復生」解（見說文許箸）乃艸之陳根更生有艸茁茁長意故从艸・席曰蓐草席之稱・「『軍行右轅左追蓐』」杜注「『在左者追求草蓐爲宿備』」（左・宣十二年）・冥族曰蓐・婦女坐蓐產子之事曰蓐・

蓍 音尸 ㄕ

（形聲）（會意）甲文金文蓍字从艸耆聲本義作「蒿屬」解（見說文許箸）乃類似蒿古時用其莖以卜休 咎之艸名故从艸又以耆本作「老」解尙書大傳謂「蓍之爲言耆也百年一本生百莖」乃長壽而罕有之奇艸能知因果休咎故从耆聲・

蒻 音弱 ㄖㄨㄛˋ

楷 甲文 金文

（形聲）（會意）甲文金文蒻字从艸弱聲本義作「蒲子可以爲平席」解（見說文許箸）乃蒲之少者卽幼蒲以蒲爲艸本故从艸又以弱有年少一義禮曲禮「二十曰弱」卽其例蒻爲蒲之少者故从弱聲・蒻曰蒻荷莖入泥之白色部分蒻席曰蒻・

暮 音暮 ㄇㄨˋ

（會意）（形聲）甲文暮金文暮均爲莫字重文莫爲暮本字見莫字注釋・莫本作「日且冥」解世以其別義行而本義晦遂增日作暮其本義作「日晚」解（見廣韻）卽日將落時之稱・「是時會暮胡兵終怪之不敢擊」（史記・李將軍列傳）・

慕 音慕 ㄇㄨˋ

（形聲）（會意）甲文慕金文慕略同从心莫聲本義作「思」解（見通訓定聲）乃心有所向往爲之繫念不忘意故从心又以莫爲暮之本字从日入茻中會意注而罔顧其他故慕从莫聲・心有思念曰慕 思念係戀 「大孝終身慕父母」（孟・）・

摹 音模 ㄇㄛˊ

（形聲）（會意）甲文金文摹字从手莫聲本義作「規」解（見說文許箸）乃依陳法舊例有所仿效而行之意故从手又以莫爲暮之本字入暮百無所見常須仿效陳法舊例以治事始可減少困擾故摹从莫聲・數曰摹 摹寫・仿傚依範式有行・

蔗 音柘 ㄓㄜˋ

（形聲）（會意）甲文金文蔗字从艸庶聲本義作「藷蔗」解（見說文許箸）乃俗稱之甘蔗以其爲多年生艸本植物故从艸又以庶有衆義庶事庶務庶績皆其例蔗含甜汁甚富其製糖必榨諸蔗爲之其種植連畝皆有衆意故从庶聲・草本植物

蔑 音滅 ㄇㄧㄝˋ

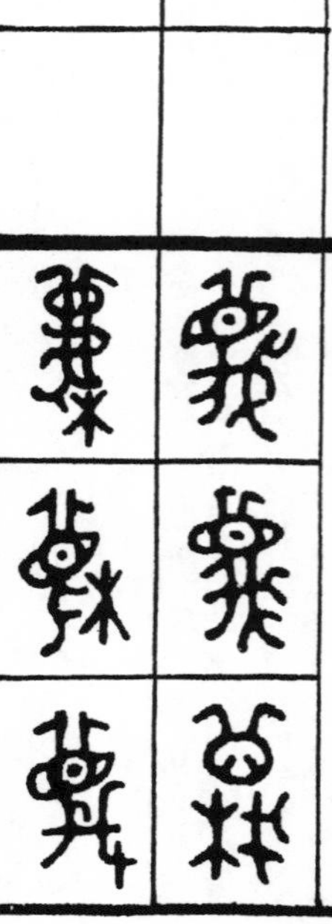

（會意）甲文蔑與金文蔑略同金文蔑林義光氏以爲「从苜伐聲」 本作「目不正」解戍音庶乃征戍者卽任兵事之人任征戍者勞頓特甚而目雖正視爲蔑其本義作「勞目無精」解（見說文許箸）乃過度疲勞目力不足之意・欺欺侮陵蔑・

楷 甲文 金文

蔡 音菜 ㄘㄞˋ

（形聲）甲文蔡金文蔡形異義同金文蔡从艸祭聲本義作「艸丰」解（見說文段注）丰讀介古通芥蔡爲艸 芥乃雜亂之艸故从艸・草曰蔡・『續以草芥入已船也蔡爲散亂之草』（王逸・九懷）・大龜曰蔡・蔡國君之守龜出蔡地因以爲名焉・

蔣 音槳 ㄐㄧㄤˇ 音漿 ㄐㄧㄤ

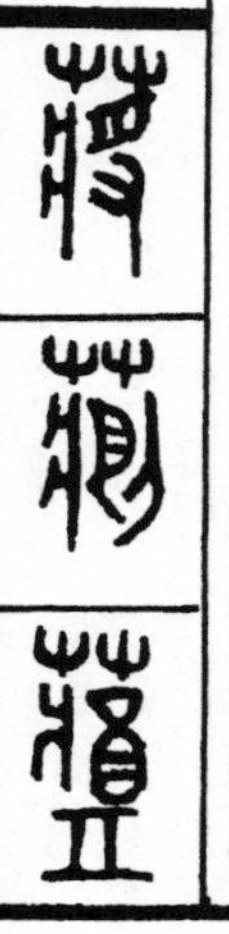

（形聲）甲文金文蔣字从艸將聲本義作「苽（菰）」解（見說文段注）卽菰爲多年生艸本植物名故从艸・周時國名周公第三子伯齡所受封國後爲楚所滅今河南省固始縣西北有蔣鄉卽其故地・蔣厲：獎賞鼓勵同「獎勵」・蔣蔣：光芒貌・

蓬 音篷 ㄆㄥˊ

（形聲）（會意）甲文金文蓬字从艸逢聲本義作「蒿」解（見說文許箸）卽飛蓬以其爲艸本故从艸又以逢本作「遇」解乃遇合意蓬根甚細每爲秋風所拔而蓬花飛揚在彼此得遇合意故蓬从逢聲・蓬勃：盛貌朝氣蓬勃・蓬蓬：風聲・

蔥 音悤 ㄘㄨㄥ

| 楷 | 甲文 | 金文 |
|---|---|---|

音窗 ㄔㄨㄤ

（象形）（形聲）甲文蔥金文蔥吳大徵氏以爲「古蔥字象形」本義作「辛菜」解（見字林）乃指色綠葉如管味微辛可供佐餐之艸本植物而言故从艸又以悤同聽有通明意故蔥从悤聲。蔥：百合科多年生草本葉管狀葉中空氣微臭可食。

**蔭** 音蔭 ㄧㄣˋ

（形聲）（會意）甲文金文蔭字从艸陰聲本義作「艸陰」解（見說文許箸）乃指艸木之陰處而言以艸眩木故从艸又以陰爲陽之反陰乃不見陽光之處故从陰聲，樹陰曰蔭即樹下陰影屋陰曰蔭即屋傍陰影。蔽遮蔽。稱人庇護之德曰蔭。

**蔓** 音幔 ㄇㄢˋ

（形聲）（會意）甲文金文蔓字从艸曼聲本義作「葛屬」解（見說文許箸）乃與葛爲類之艸名故从艸又以曼本作「引」解葛類莖特長常附他物上以延引故蔓从曼聲。植物莖之細長而纏繞或攀附於他物者曰蔓草本曰蔓木本曰藤。延蔓延。

**蓽** 音必 ㄅㄧˋ

（形聲）（會意）甲文金文蓽字从艸畢聲本義作「以荊爲戶謂之蓽」解（見玉篇）即編荊條以爲門戶之意以荊本楚木爲有小刺而類棘之小木古以艸眩木入艸部故蓽从艸又以畢本作「捕鳥手網」解乃編荊條以爲門戶之屏蔽故从畢聲。

**蔦** 音鳥 ㄋㄧㄠˇ

（形聲）（會意）甲文金文蔦字从艸鳥聲本義作「寄生艸」解（見說文許箸）本爲攀緣他木而生之木本植物以其莖如蔓之細長而軟古遂誤認爲寄生艸本故从艸又以鳥爲棲止木上蔦亦攀附他木故从鳥聲。蔦蘿：旋花科一年生草本。

**蔟** 音簇 ㄘㄨˋ

音湊 ㄘㄡˋ

（形聲）（會意）甲文金文蔟字从艸族聲本義作「行蠶蓐」解（見說文許箸）乃承蠶於上使其作繭之器編竹爲之而藉以茅故从艸又以族有叢聚一義蔟爲衆蠶族居之蓐故从族聲。大蔟：亦作太族太蔟太簇泰簇蔟通「族」「簇」。

**蕩** 音盪 ㄉㄤˋ

（形聲）甲文金文蕩字从水蕩聲本義作「蕩水」解（見通訓定聲）乃源出河南省湯陰縣流至內黃縣入黃澤之水名故从水按蕩水久作湯水直於湯陰北入衞河故此本義古罕見用。水匯聚處曰蕩。驕奢曰蕩平坦易行之路曰蕩。飄飄蕩。

**蔽** 音敝 ㄅㄧˋ

音臂 ㄅㄧˋ

（形聲）甲文金文蔽字从艸敝聲本義作「蓋覆」解（見通訓定聲）乃掩覆之使人不見意古時草木衆茂原野多被草芥故从艸。屏障曰蔽：「韓痛趙之南蔽也」（史記・蘇秦列傳）。古時防護車馬之牌兵曰蔽，壅塞曰蔽，障礙曰蔽。內包曰蔽。

**蕃** 音煩 ㄈㄢˊ

音翻 ㄈㄢ

（形聲）（會意）甲文金文蕃字从艸番聲本義作「艸茂」解（見說文許箸）乃指艸類豐茂之狀而言故从艸又以番本作「獸足謂之番」解段玉裁氏謂「下象掌上象指爪」乃顯然可見者故蕃从番聲。鴞曰蕃，蕃卽鴞。外族曰蕃通「番」。

**蕙** 音惠 ㄏㄨㄟˋ

（形聲）（會意）甲文金文蕙字从艸惠聲本義作「香草生下濕地」解（見玉篇）卽蕙草乃香氣甚濃之艸名故从艸又以惠有愛之一義蕙之芳香甚爲可愛故从惠聲。香草之稱多年生草本植物草有異香佩之可避疫癘。蕙蘭蘭之一種略稱蕙。

**蕊** ㄖㄨㄟˇ

楷 甲文 金文 文

（形聲）（會意）甲文金文蕊字从艸惢聲本義作「花心鬚」解（見正字通）乃花心所吐之細鬚故从艸又以惢从三心會意本作「多疑」解亦有華（花）惢一義惢蕊古今字蕊爲惢之累增字故从惢聲・蕊花內藉以傳種之器官・外曰蕚內曰蕊・

**蕈** 蕈去聲 ㄒㄩㄣˋ

（形聲）甲文金文蕈字略同从艸覃聲本義作「桑耳」解（見通訓定聲）乃生桑木上之菌類徐灝氏謂「猶言木耳」以其爲艸本故从艸又以覃本作「長味」解蕈之美者甘滑而淳有長味意故从覃聲・菌曰蕈・地上生者爲菌木上生者爲蕈・

**蕎** 音僑 ㄑㄧㄠˊ

（形聲）（會意）甲文金文蕎从艸喬聲本義作「蕎麥」解（見玉篇）乃艸本植物名故从艸又以喬本作「高而曲」解蕎麥實爲三稜形較大麥小麥之實微短而壯是有高曲意故蕎从喬聲・蕎麥植物名實磨粉可食者略稱蕎：蓼科種類不一・

**蕢** 音愧 ㄎㄨㄟˋ　音蒯 ㄎㄨㄞˇ

（形聲）甲文蕢金文蕢从艸貴聲本義作「艸器」解（見說文許箸）乃編艸而成用以盛物之器故从艸 貯物之草器曰蕢編草而成用以盛土物者織草爲器可以貯物也「不知足而爲屨我知其不爲蕢也」（孟・告子） 荒蕪曰蕢通「穢」

**蕪** 音無 ㄨˊ

（形聲）（會意）甲文金文蕪字从艸無聲本義作「薉」解（見說文許箸）薉穢古今字乃雜草蔓生之意故 从艸又以無爲舞字初文舞則有手足轉旋之意草之蕪雜起則轉旋若舞故从無聲・草曰蕪小爾雅「蕪草也」・青蕪碧蕪・叢草地雜亂曰蕪・

**蕁** 音譚 ㄊㄢˊ　音潛 ㄑㄧㄢˊ　音尋 ㄒㄩㄣˊ

（形聲）甲文金文蕁字从艸尋聲本義作「莐藩」解（見說文校錄）即知母乃供藥用之艸本植物名故从艸・草名字亦作薚即知母一名提母蚳母地參野蓼莧母莐藩芫藩百合科 多年生草本・蕁麻：蕁麻科多年生草本生山野・海藻名苔之一種・

**薄** 音箔 ㄅㄛˊ　包陽平 ㄅㄠˊ

（形聲）（會意）甲文薄金文薄吳大澂氏以爲「迫也搏伐迫而伐之也从干尃聲經典通用薄虢季子白盤『搏伐嚴允』」本義作「草叢生爲薄」解（見廣雅）乃衆草叢生之稱故从艸・草叢曰薄簾曰薄帷幔也薄簾也・蠶箔曰薄養蠶器・

**薪** 音新 ㄒㄧㄣ

（形聲）（會意）甲文金文薪字从艸新聲本義作「蕘」解（見說文許箸）乃供燃燒之柴艸故从艸又以新爲舊之對薪常采取未枯之草木以待其乾燥供燃燒是有取新爲薪之意故从新聲・供作燃料之木曰薪・採薪之人曰薪・薪水：俗謂俸給・

**薦** 音洊 ㄐㄧㄢˋ

（會意）（形聲）甲文薦金文薦林義光氏以爲「薦 者席也古作[illegible]从茻象人形上象首下象身及脛从茻象人 臥草中形」蓋謂此所臥之草爲薦即席也从廌从艸廌其本義作「廌獸所食艸也」解（見通訓定聲）乃廌獸所食之美 草名・

| 楷 | 甲文 | 金文 |
| --- | --- | --- |

**薇** 音微 ㄨㄟˊ

（形聲）（會意）甲文金文薇字从艸微聲本義作「菜也似藿」解（見說文許箸）戴侗氏引項安世氏謂「薇今之野豌豆也」蜀人謂之小巢菜豌豆謂之大巢也乃野菜之可食者故从艸又以微有小義薇爲小巢菜故从微聲。紫薇落葉喬木名亦花名。

**薔** 音牆 ㄑㄧㄤˊ　音色 ㄙㄜˋ

（形聲）甲文金文薔字从艸嗇聲本義作「薔虞蓼也」解（見說文段注）或生原野或生水澤後者即水蓼又稱澤蓼玉篇謂「薔澤蓼也」與說文微異以其爲艸本植物名故从艸。薔薇：薔薇科落葉灌木開五瓣花有紅白黃淡紅等供製香水用。

**薛** 音靴 ㄒㄩㄝ

（形聲）甲文薛金文薛略同實爲辥字王國維氏以爲「从𠂤从辛（即說文辛字）與辥字从人从辛同意𠂤者衆也」乃治衆之義王國維氏以爲「此經典中『乂』『艾』之本字也即毛公鼎之『辥辥厥辟』也『孽』之本字辥孽本字故从辛

**薨** 音轟 ㄏㄨㄥ

（形聲）（會意）甲文金文薨字从死瞢省（省瞢下目）聲本義作「公侯𣨛」解（見說文許箸）𣨛音卒即死亡古時諸侯死亡曰薨故薨从死又以瞢音夢本作「目不明」解人死則瞌目不覩故薨从瞢聲。「天子死曰崩諸侯曰薨」（禮・曲禮）。

**薊** 音計 ㄐㄧˋ

（形聲）（會意）甲文金文薊字从艸魝聲本義作「芺」解（見說文許箸）乃莖葉多刺之艸名故从艸又以魝音結本作「楚人謂治魚也」解蓋有除去其刺之意薊可入藥須除刺後用之故薊从魝聲。薊：菊科多年生草本葉與莖多刺。

**薜** 音擘 ㄅㄛˋ　音弊 ㄅㄧˋ

（形聲）（會意）甲文金文薜字从艸辟聲本義作「山蘼」解（見爾雅）乃山中與家蘼相似之野蘼以其爲艸本故从艸又以辟爲擘之省文山蘼亦可擘之以爲用者故薜从辟聲。山蘼曰薜即野蘼。當歸曰薜。薜荔：桑科常綠灌木蔓生植物名。

**藉** 伽去聲 ㄐㄧㄝˋ　音籍 ㄐㄧˊ

（形聲）（會意）甲文金文藉字从艸耤聲本義作「祭藉」解（見說文許箸）乃祭祀時所用之席古以禾藁如借故謂之藉」解 即古時天子假借民力耕耨之田藉爲借以承祭物之席故从耤聲。借、藉口藉故藉端生事。藉田天子親耕之田 略稱藉。

**藏** 錫平聲 ㄘㄤˊ　音臟 ㄗㄤˋ

（形聲）（會意）甲文藏金文藏略同从艸臧亦从臧聲 以艸相覆使伏藏其中不外現露爲藏其本義作「隱匿」解（見玉篇）即匿物使秘不洩露之意徐鉉氏謂漢書通用臧字从艸後人所加經典藏臧互見。屏障曰藏。儲積保存曰藏。深秘曰藏。

**藍** 音籃 ㄌㄢˊ

（形聲）甲文金文藍字从艸監聲本義作「染青艸」解（見說文許箸）即可以染青之艸即蓼藍一染則藍再染則青是染青艸亦爲染藍艸以其爲艸本故从艸。藍：蓼科一年生草本葉可製染料俗名靛青亦稱蓼藍。藍色曰藍青出於藍而青於藍

| 楷 | 甲文 | 金文 |
| --- | --- | --- |

**藷** 音署 ㄕㄨˋ

（形聲）甲文金文藷字从艸署聲本指「藷蕷」一詞而言藷蕷之本義作「藥名藷蕷也」解（見玉篇）卽藷蕷俗名山藥乃可供藥用之艸本植物名故藷从艸・甘藷亦名甘藷略稱曰藷・藷蔗・蔗生植物名多年生草本其根黃汁染網䋲入水不濡・

**薰** 音熏 ㄒㄩㄣ

（形聲）（會意）甲文金文薰字从艸熏聲本義作「香艸」解（見說文許箸）一名蕙艸俗稱佩蘭以其爲艸本故从艸又以熏本作「火烟上出」解薰之芳香四溢有如火烟散布意故从熏聲・薰草香草名略稱薰・火烟曰薰・香氣曰薰・功績曰薰・

**薺** 音劑 ㄐㄧˋ　音茨 ㄘˊ

（形聲）（會意）甲文薺金文薺略同从艸齊聲本義作「蒺藜」解（見說文繫傳）蒺藜爲蔓生艸故从艸又以齊有相平相若一義論語里仁有「見賢思齊焉」蒺藜所結子皆有三角刺且略等故薺从齊聲・薺蔬菜名通稱薺菜・越年生草本植物

**薶** 音埋 ㄇㄞˊ

（指事）（形聲）甲文薶金文薶形異義同羅振玉氏以爲「周禮大宗伯『以貍沈祭山林川澤』此字象掘地及泉實牲于中當爲貍之本字貍爲借字或又从犬」古貍字象貍牲之形从∷象地中之水本義作「瘞」解（見說文繫傳）葬屍入土・

**藝** 音藝 ㄧˋ

（會意）甲文藝本爲埶字从丮（丮）从木商承祚氏以爲「此从手執木之形殆卽埶字」金文藝本爲埶字从女卽从人意藝本爲埶字吳大澂氏以爲「種也从丮从木持木種入土也」其本義作「種」解（見說文許箸）・禮樂射御書數六事曰藝・

**藥** 音躍 ㄩㄝˋ　音曜 ㄧㄠˋ

（形聲）（會意）甲文金文藥字从艸樂聲本義作「治病艸」解（見說文許箸）乃治療疾病所用草藥之總稱古時藥之種類不多傳神農氏嘗百艸始以艸療疾人有病則苦用藥服藥則愈而快樂安適故藥从樂聲・治療疾病之諸品物曰藥・

**藩** 音煩 ㄈㄢˊ　音翻 ㄈㄢ

（形聲）甲文金文藩字从艸潘聲本義作「屏」解（見說文許箸）乃編竹木或艸用爲障蔽如屏之籬古以艸該竹木且其用在障蔽故从艸・籬曰藩卽籬笆・屏曰藩卽屏蔽・域曰藩・藩車車之有障蔽者略稱藩・藩鎮曰藩・藩國曰藩卽王侯之封國・

**蘇** 音酥 ㄙㄨ

（形聲）（會意）甲文蘇金文蘇吳大澂氏以爲「古蘇字从木」蓋古从禾之字間亦从木从禾魚聲本義作「把取禾若」解（見說文許箸）乃採取禾稈之意卽紫蘇可入藥蘇穌舒暢也故从穌聲・取草之事・薪曰蘇斬伐之草木以供燃料者・

**蘋** 音頻 ㄆㄧㄣˊ

楷　甲文　金文

**藹** 音靄 ㄞˇ

（形聲）甲文金文藹字从艸謁聲本義作「多貌草木叢雜」解（見韻會）乃指草木叢聚之狀而言故从艸按許氏說文言部有藹字从言葛聲本義作「臣盡力之美也」解音與藹同而形義實別惟經典通作藹・雲氣日藹通「靄」・藹藹：止貌盡力貌・

**蘆** 音盧 ㄌㄨˊ

（形聲）（會意）甲文蘆金文蘆吳大澂氏以此爲古蘆字从艸盧聲本指「蘆菔」一詞而言蘆菔之本義作「蘆菔似蕪菁實如小尗者」解（見說文許箸）乃與蕪菁略似故蘆从艸又以盧本作「飯器」解故蘆从盧聲・蘆筍：一名蘆芽供食用

**蘊** 音醞 ㄩㄣˋ

（形聲）甲文金文蘊字从艸溫聲本義作「積」解（見說文許箸）乃指積儲菜蔬芻艸等而言故从艸惟字从縕亦作蘊爲今所行者・積曰蘊積蓄之稱・「智哉太初善發其蘊」（文中子）・蘊藉：含蓄有餘之稱同「縕藉」・精蘊・奧秘曰蘊・

**藺** 音吝 ㄌㄧㄣˋ

（形聲）甲文藺金文藺略同从艸閵聲本義作「莞屬」解（見說文許箸）乃與莞相類而細之艸故从艸・藺：即燈心草多年生草本生山野溼地莖細圓而長高四五尺中有白髓葉鱗狀多在莖之基部莖可織席莖心供燃燈之用故又名燈心草・

**蘅** 音衡 ㄏㄥˊ

（形聲）（會意）甲文金文蘅字从艸衡聲本指「杜蘅」一詞而言杜蘅之本義作「香艸」解（見玉篇）乃常綠艸本而有芳香之香艸名故蘅从艸又以杜蘅本作杜衡衡蘅古今字蘅爲衡之累增字故从衡聲・杜蘅亦名杜衡楚蘅杜葵略稱蘅・

**蘭** 音闌 ㄌㄢˊ

（形聲）甲文金文蘭字从艸闌聲本義作「香草」解（見說文許箸）段玉裁氏以爲「似澤蘭也」以其爲艸本故从艸按蘭之種類甚夥典籍中於澤蘭蘭花蘭草皆略稱蘭屬菊科蘭花屬蘭科澤蘭菊科多年生草本植物名即幽蘭常綠草本植物名

**蘚** 音癬 ㄒㄧㄢˇ

（形聲）（會意）甲文金文蘚字从艸鮮聲本義作「苔蘚」解（見廣韻）乃生於濕處之綠色艸本植物名故从艸又以鮮有簇新一義蘚色常綠已枯萎之水蘚常遇水復活美好如初是有簇新意故蘚从鮮聲・隱花植物名與苔相似叢生於陰溼地・

**蘧** 音渠 ㄑㄩˊ

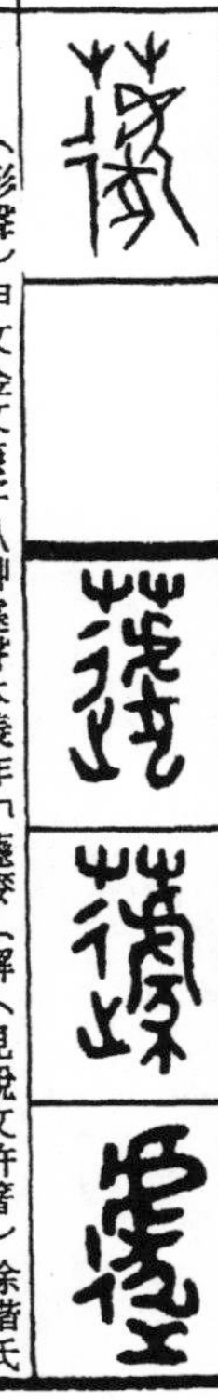

（形聲）甲文金文蘧字从艸遽聲本義作「蘧麥」解（見說文許箸）徐鍇氏以爲蘧麥即瞿麥麥皆艸本故蘧从艸・芙渠曰蘧通「蕖」「『蘧藕拔』綜注『蘧芙蕖也』」（張衡・西京賦）・蘧麥：即瞿麥石竹科多年生草本・蘧蘧：自得貌・

**蘩** 音煩 ㄈㄢˊ

（形聲）（會意）甲文金文蘩字从艸緐聲本義作「白蒿」解（見說文許箸）乃葉背生白毛之蒿以其爲艸本故从艸又以緐今字作繁李時珍氏謂「白蒿處處有之爾雅謂之蘩以其易繁衍也」故蘩从緐聲・白蒿曰蘩即皤蒿・款冬又名款凍亦曰蘩・

**蘸** 音站 ㄓㄢˋ

| 楷 | 甲文 | 金文 |
|---|---|---|

（形聲）甲文金文蘸字从酉蕉聲本義作「以物投水也」解（見鄭新附考）乃沒物於水之意古酉酒一字酒亦穀類釀成之水故蘸从水。以物投入液體 濡染：「尚有舊時書禿筆偶求蘸墨點葡萄」（徐渭・葡萄詩）。映映照。柳染輕黃已蘸溪。

虍 音呼 ㄏㄨ

（象形）（指事）甲文金文虍字略象虎頭及胴體而省其下部之形以見其文章屈曲之體其本義作「虎文」解（見說文許箸）卽虎皮上所見之紋彩惟饒炯氏以爲「當云从虎省指事與𦍌从羊省爲羊角𧰨从𧰼省爲𧰼頭意知其義爲虎文矣」。

虎 音琥 ㄏㄨˇ

（象形）甲文虎羅振玉氏以爲「此象巨口修尾身有文理」故以之爲虎字金文虎林義光氏以爲「橫視之象形」其本義作「山獸之君」解（見說文許箸）乃猛獸名俗稱老虎。虎（Felis tigris）一名大蟲哺乳類。齧噬他物如噬人者曰虎。

虐 音瘧 ㄋㄩㄝˋ

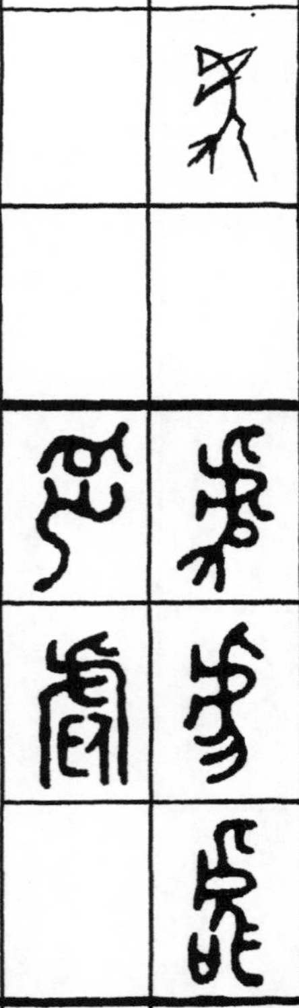

（會意）甲文虐金文虐林義光氏以爲「从虎下象其爪」虎爪人爪畜乃施賊虐从虎省从爪人虎足反爪人爲虐其本義作「殘」解（見說文許箸）乃强施賊害於人之意。殘暴之稱論語堯曰「不教而殺謂之虐」。「旱魃爲虐如惔如焚」詩大雅

| 楷 | 甲文 | 金文 |
|---|---|---|

虔 音乾 ㄑㄧㄢˊ

（會意）（形聲）甲文金文虔略同从虍文聲本義作「虎行貌畏也」解（見說文許箸）乃指虎行時之穩健持重之狀而言故从虍。敬畏曰虔。「女贄不過榛栗棗脩以告虔也」（左・莊廿四年）。椺曰虔斫木櫍藝以斫木者通「樝」。虔廳

處 音杵 ㄔㄨˇ

（會意）（形聲）甲文處羅振玉氏以爲「此从止（足）在几下」有得几而止意金文處从几从夊夊音綏爲自後相及意人兩脛及乎几爲処其本義作「止」解（見說文許箸）乃及此居止之意。處士。處女。處子凡士與女未用皆稱處。

虖 音呼 ㄏㄨ 音胡 ㄏㄨˊ

（形聲）（會意）甲文金文虖字略同从虍乎聲本義作「虎吼」解（見廣韻）乃虎嘯吼之意故从虍又以乎本作「語之餘」解有其聲延引未盡之意虎吼其聲響震山谷一若綿延不盡者故从乎聲。虖池。虖沱。水名卽滹沱。烏虖。虖讀曰呼

虛 音噓 ㄒㄩ

楷　甲文　金文

（形聲）（會意）甲文金文虛字从丘虍聲本義作「大丘」解（見說文許箸）乃大土阜之稱故从丘又以虍音呼本作「虎文」解有顯明可見意大丘乃顯明可見者故虛本或作墟大丘曰虛字亦作「墟」。次曰虛居住之處，虛者舊居之處也。

**虜** 音魯 ㄌㄨˇ　讀若裸 ㄌㄨㄛˇ

（形聲）甲文金文虜字从毌从力虍聲本義作「獲」解（見說文許箸）乃奮力穿而持之使入於己之意毌音貫貫之初文謂穿物持之力謂奮力引入故虜从毌从力。生獲之敵曰虜：「鋪敦淮濆仍執醜虜」（詩・大雅）。敵人未交戰曰虜。奴隸。

**號** 音豪 ㄏㄠˊ　豪去聲 ㄏㄠˋ

（會意）（形聲）甲文金文號字从号从虎亦从号聲号爲痛聲人遇創痛哀痛則啼号之聲高虎之哮聲厲高而厲之聲爲號其本義作「嘑」解（見說文段注）即高聲喊叫之意。號哭曰號，号痛聲也。號咷：大哭。正式名稱曰號。令名美譽曰號。號令。

**虞** 音愚 ㄩˊ

（形聲）（會意）甲文虞第一字爲吳字重文古文从虍之字多省虍如處之作処卜辭有作𠂔疑卽虞字甲文虞第二字略象長尾獸受桎梏形左卽桎梏金文虞从虍吳聲本義作「騶虞」解（見說文許箸）乃通體白色黑文尾長於身似虎之仁獸名。

**慮** 音濾 ㄌㄩˋ

（形聲）（會意）甲文金文慮字从思虍聲本義作「謀思」解（見說文許箸）乃縝密籌謀計度之意是乃熟思深思所出者故从思又以虍音呼本作「虎文」解有條貫井然可見意慮貴條貫井然不亂故从虍聲。志願曰慮心有所欲之稱。憂慮。

楷　甲文　金文

**膚** 音夫 ㄈㄨ

（象形）（形聲）甲文金文膚字略同从肉盧聲本義作「皮」解（見說文許箸）乃肉面之表皮禮記禮運「膚革充盈」疏「膚革外之薄皮」膚乃革外薄皮即附肉之表面者故从肉。人體之表皮曰膚。玉膚。桑膚。淺薄言論曰膚。苔蘚曰膚。

**虢** 音幗 ㄍㄨㄛˊ

（會意）（形聲）甲文虢金文虢林義光氏以爲「當爲鞹之古文去毛皮也：从虎寽象手有所持以去其毛凡朱鞹諸彝器以虢爲之」从虎寽聲本義作「虎所攫畫明文」解（見說文許箸）故从虎又以寽音律乃虎以爪抓地所遺之痕跡也。

**盧** 音鑪 ㄌㄨˊ

（形聲）（會意）甲文盧左从皿右从𠧧省與金文盧略同从皿𠧧聲本義作「飯器」解（見說文許箸）乃用以盛飯食之器初民以竹木爲之後世易以瓦瓷因其爲盛飲食者故从皿又以盧从甾虍聲音鑪「𠧧盧一字也」爲𠧧之累增字故从𠧧聲。

楷　甲文　金文

**虧** 音窺 ㄎㄨㄟ

(形聲)(會意)甲文金文虧字从亏虐聲本義作「气損」解(見說文許箸)乃謂气(氣)受外力衝壓致有傷損之意故从亏又以虐音呼本作「鳥」解爲習於飛翔者气損則現飛散之象故虧从虐聲。缺陷曰虧不完滿者之稱。毀壞損害曰虧。

**虩** 音隙 ㄒㄧˋ

(形聲)(會意)甲文金文虩略同从虎㡿聲本義作「恐懼」解(見說文許箸)乃有所懼懾之意虎爲人所懼懾者故从虎又以㡿音隙本作「際現白」解乃指物與物間之裂縫而言物毀裂易使人不安易啓人驚懼故虩从㡿聲。蠅虎曰虩見玉篇

**虫** 音虺 ㄏㄨㄟˇ

音蟲 ㄔㄨㄥˊ

(象形)甲文虫羅振玉氏以爲「象博首而宛身之狀……(爾雅)郭注言今蝮蛇細頸大頭正虫字所象也」金文虫與甲文虫略同乃指一種細頸大頭之蛇而言其本義作「虫一名蝮」解(見說文許箸)乃蝮蛇之別稱名爲蝮虺乃今之蝮蛇卽虺。

**虱** 音瑟 ㄙㄜˋ

讀若失 ㄕ

(形聲)(會意)甲文金文虱字从䖵卂聲本義作「齧人蟲」解(見說文許箸)乃因不潔而生之齧人吸血之小蟲故从䖵又以卂音信本作「疾飛」解因有迅速意蝨之繁殖極速故从卂聲惟俗字作虱今虱蝨並行而音義無殊。害蟲名。頭虱。

**虹** 音紅 ㄏㄨㄥˊ

音絳 ㄐㄧㄤˋ 讀若槓 ㄍㄤˋ

(象形)(形聲)甲文虹略像虹形故知其爲虹字金文虹上工下虫从虫工聲本義作「螮蝀」解(見說文許箸)乃指雨後日光穿過空中水氣因光之折射所顯現於空中之彩弧形似長蛇故从虫从工聲。虹：亦稱雄虹正虹爲虹霓之內環。

**虺** 音卉 ㄏㄨㄟˇ

(形聲)(會意)甲文虺與金文同字異體金文虺徐同柏氏以爲「(此)古文虺嚞敍仲虺史記作中𦉢象虺在田間形」字亦从虫兀聲本義作「小蛇」解(見說文徐箋)乃其首特異(兩首)之小蛇故从虫兀卽元也元者首也小蛇毒蛇曰虺。

**蚣** 音松 ㄙㄨㄥ

音公 ㄍㄨㄥ

(形聲)甲文金文蚣字从虫公聲本指「蚣蝑」一詞而言蚣蝑之本義作「舂黍以股鳴者」解(見說文許箸)乃以兩股相切作聲之蟲名故蚣从虫。蚣蝑：一作蜙蝑卽螽斯蚣蝑也」「股鳴蚣蝑動股屬」(周禮・冬官鄭注)。蜈蚣：毒蟲名。

**蛇** 音佘 ㄕㄜˊ

(象形)(會意)(形聲)甲文蛇金文蛇均爲它字它蛇之本字詳「它」字爲它字重文从它虫亦从它聲小時爲虫爲虺大時爲蛇爲它其本義作「虫」解(見說文句讀)此虫非蟲之省文乃虺之同以虺釋蛇(它)實爲大虺之稱。俗稱長蟲。

**蚯** 音邱 ㄑㄧㄡ

(形聲)(會意)甲文金文蚯字从虫丘聲本指「蚯蚓」一詞而言蚯蚓之本義作「蟲名」解(見集韻)乃形圓細長無足隨其所值而蠕動之蟲故蚯从虫又以丘爲自然隆起之高阜蚯蚓能兩頭行常先屈曲而後引伸其隆起如丘故从丘聲。

楷　甲文　金文

## 蛆 音佉 ㄑㄩ

（形聲）（會意）甲文金文蛆字从虫且聲本義作「蠅乳肉中」解（見集韻）乃蠅於肉中產卵所化之蟲故从虫又以且爲苴之省文苴爲麻之有子者詩豳風「九月叔苴」是其例蛆爲蠅於肉中所乳之子故从且聲．蛆蠅之子也．喻讒言惡語曰蛆．

## 蚰 音由 ㄧㄡˊ

（形聲）（會意）甲文金文蚰字从虫由聲本指「蚰蜒」一詞而言蚰蜒之本義作「蟲名」解（見爾雅）乃與蜈蚣相類之多足蟲故蚰从虫又以由有經歷一義蜒蚰多涎行地常有遺跡其所經歷者有顯明可見意故蚰从由聲．蚰蜒．俗稱蠹衣蟲．

## 蛄 音姑 ㄍㄨ

（形聲）（會意）甲文金文蛄字从虫古聲本指「螻蛄」一詞而言螻蛄之本義作「土狗」解（見六書故）爲性好攻土之蟲故蛄从虫又以古本作「故」解有舊之意螻蛄攻土常使所植苗稼因而根斷株死如未種植前之舊故蛄从古聲．蛄螢姑蟹

## 蛉 音零 ㄌㄧㄥˊ

（形聲）（會意）甲文金文蛉字从虫令聲本指「蜻蛉」一詞而言蜻蛉之本義作「六足四翼蟲」解（見方言郭注）乃六足四翼細腰長尾之飛蟲名故蛉从虫又以令有嘉美之義蜻蛉靈活美觀故蛉从令聲．蜻蛉：蟲名與蜻蜓相似之益蟲．

## 蚳 音遲 ㄔˊ

（形聲）（會意）甲文金文蚳字从虫氐聲本義作「螘（蟻）子」解（見說文許箸）即蟻卵之稱故从虫又以氐本作「本」解蟻子即蟻卵乃化育成蟻者故蚳从氐聲．蟻子曰蚳即蟻卵之稱．『蚳蟓卵』（爾雅．釋蟲）．蛾子曰蚳．繭中蟲未成蛾．

## 蛙 音哇 ㄨㄚ

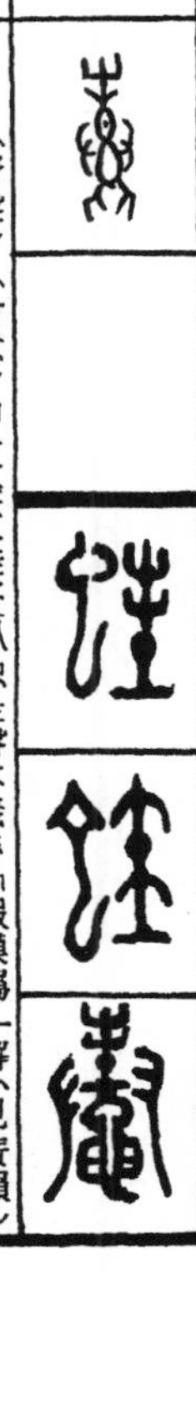

（形聲）（會意）甲文金文蛙字从虫圭聲本義作「蝦蟆屬」解（見廣韻）乃似蝦蟆微小之兩棲蟲名故从虫又以圭爲瑞玉其形上圓下方中央有一稍見隆起之直脊如圭故从圭聲．蛙：水陸兩棲之脊椎動物名種類甚多有蝦蟆蟾蜍青蛙．

## 蛛 音株 ㄓㄨ

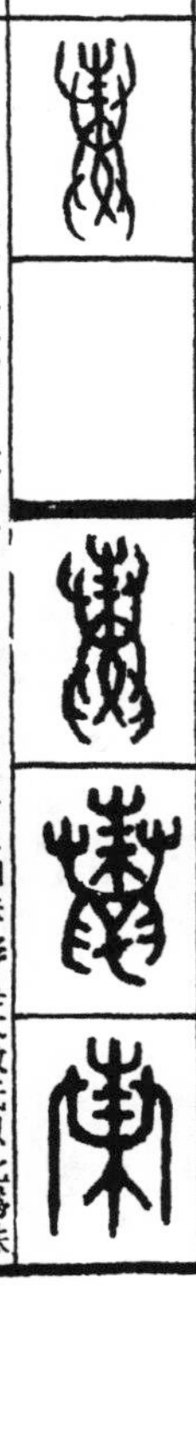

（象形）（形聲）（會意）甲文蛛金文蛛略象蜘蛛形吳大澂氏以此爲蛛字古文古以此爲邾字本義作「鼅（蜘）蛛」解（見說文許箸）蜘蛛乃善於結網之蟲故蛛从虫能出絲布網捕食蝕蟲謂之蜘蛛者物觸其網而誅之也故蛛从朱聲

## 蛤 音鴿 ㄍㄜ 讀若格 ㄍㄜˊ

（聲形）（會意）甲文金文蛤字从虫合聲本義作「蜃屬」解（見說文許箸）乃指與蜃爲類其形頗圓之貝蟲而言故从虫又以合有兩相密接意蛤之外殼常兩相密接故从合聲．蛤輭體動物瓣鰓類介殼堅硬肉味美好可食．蛤殼曰蛤內光潔．

## 蜂 音丰 ㄈㄥ

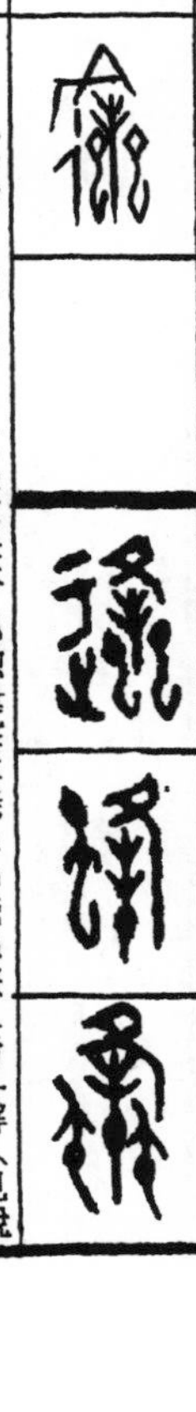

（形聲）（會意）甲文金文蜂字从䖵逢聲本義作「飛蟲螫人者」解（見說文許箸）乃尾有毒刺能螫人之毒蟲名以其爲極喜羣居之蟲故从虫又以逢本作「遇」解蠭之來常成羣爲不易趨避者故从逢聲．蜂飛蟲名．土蜂胡蜂蜜蜂細腰蜂．

## 蛾 音莪 ㄜˊ

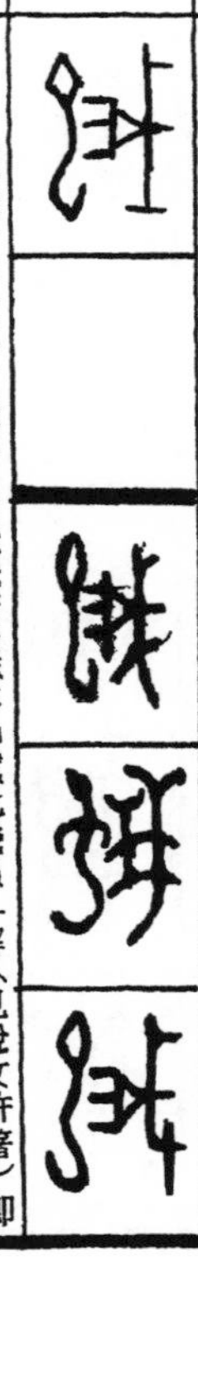

（形聲）甲文金文蛾字从虫我聲本義作「蠶化飛蟲」解（見說文許箸）即蠶吐絲成繭後又蛻變而成之飛蟲故从虫又以蠶化爲蛹蛹化爲蛾而蛾產卵又可化爲蠶依然故我故蛾从我聲．蛾昆虫名爲鱗翅類其種類甚多．蛾若今蠶蛾類見火則撲．

| 楷 | 甲文 | 金文 |
|---|---|---|

**蜈** 音吳 ㄨˊ

（形聲）（會意）甲文金文蜈字从虫吳聲 本指「蜈蚣」一詞而言蜈蚣之本義作「蟲名」解（見集韻）乃生於濕地之毒蟲故蜈从虫又以吳本作「大言」解因有大口意蜈蚣雙鬚歧出宛如大口故蜈从吳聲。蜈蚣：俗稱百足節足動物。

**蜕** 音稅 ㄕㄨㄟˋ 頽去聲 ㄊㄨㄟˋ

（形聲）（會意）甲文金文蛻字从虫兌聲本義作「蟬蛇所解皮」解（見通訓定聲）即蟬蛇變化時所脫除之外皮故从虫又以兌有更易一義蛻爲蛇蟬等換皮新生故从兌聲。蟲類所脫解之皮曰蛻蟬蛻蛇蛻。「予蜩甲也蛇蛻」。龍蛻大如蟬殼。

**蜃** 音愼 ㄕㄣˋ 音審 ㄕㄣˇ

（形聲）（會意）甲文金文蜃从虫辰聲本義作「大蛤」解（見說文段注）乃水蟲名故从虫又以辰爲娠字初文乃女子有孕意大蛤特豐碩殼向外隆起頗類女子有孕時隆腹狀故蜃从辰聲。大蛤曰蜃。蛟之有角者曰蜃。蜃樓：古謂蛟之別種曰蜃

**蜍** 音除 ㄔㄨˊ

（形聲）（會意）甲文金文蜍字从虫余聲本義作「蟾蜍蟲名」解（見集韻）乃類蛙之蟲故蜍从虫又以余爲徐之省文徐有遲緩一義蟾蜍不能跳躍行時極遲緩故蜍从余聲。蟾蜍本蛙屬蟲名亦以稱月。蟾蜍爲蟾爲蜍以稱月」。蠩（蜍同字）。

**蜉** 音浮 ㄈㄨˊ

（形聲）甲文金文蜉字从虫孚聲本義作「大螘」解（見通訓定聲）乃指蚍蜉而言爲大蟻之稱故从虫。蜉：一作浮蝣蜉蝣。又名渠略昆蟲類擬脈翅類幼蟲體長八九分色淡褐棲水中捕食小蟲約三年脫皮爲成蟲長五六分色綠褐。昆蟲名蜉蝣

| 楷 | 甲文 | 金文 |
|---|---|---|

**蜘** 音知 ㄓ

（形聲）（會意）甲文金文蜘字从虫智省（省 智下日）聲本指「蜘蛛」一詞而言蜘蛛之本義作「鼅」解（見說文許箸）乃大腹吐絲結網以捕飛蟲之蟲故蜘从虫又以智卽智有善於抉擇適當之處佈網捕蟲故蜘从智省聲。蜘蛛：節足動物

**蜩** 音條 ㄊㄧㄠˊ 音掉 ㄉㄧㄠˋ

（象形）（形聲）（會意）甲文蜩略象鳴蜩形金文蜩字从虫周聲本義作「蟬」解（見說文許箸）乃腹有鳴器發聲嘹嘹之鳴蟲故从蟲又以周有四及意蜩鳴常在樹木高處其聲四播而能及遠故从周聲。蟬曰蜩大而色黑者曰馬蜩頭有花冠蟪蜩

**蜻** 音精 ㄐㄧㄥ 音青 ㄑㄧㄥ

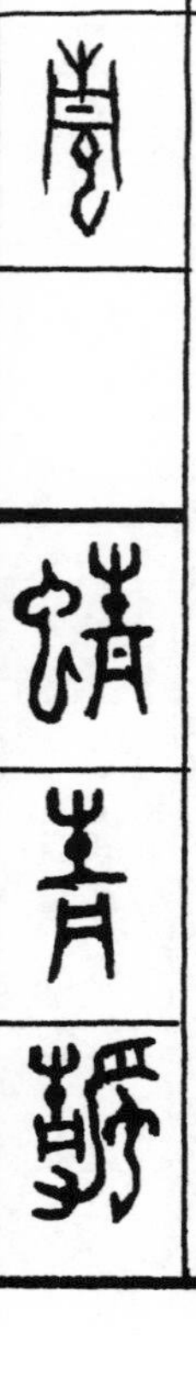

（形聲）甲文金文蜻字从虫青聲本指「蜻蛚」一詞而言蜻蛚之本義作「蟋蟀也」解（見字林）乃善跳躍之害蟲名故蜻从虫。蜻蛚蟋蟀之一種略稱蜻。蜻蛚：蟋蟀之一種體色暗黑觸角甚長胸方形。蜻蛉蜻蜓以形極相似古混爲一亦略稱蜻。

**蜿** 音鴛 ㄩㄢ 音剜 ㄨㄢ 音婉 ㄨㄢˇ

（形聲）（會意）甲文金文蜿字从虫宛聲本指「蟠蜿」一詞而言蟠蜿之本義作「龍蛇動」解（見正韻）乃指龍蛇之蠶動而言故蜿从虫又以宛有曲屈之義卽盤曲意蛇類之動常曲屈其體以進故蜿从宛聲。蜿蜒之狀曰蜿。蜿蜒：蛇行貌。

**蜴** 音易 ㄧˋ

（象形）（形聲）（會意）甲文蜴金文蜴均爲易字重文徐灝氏謂「蜥蜴連名單呼之或爲蜥或爲蜴……易卽蜴之字鐘鼎文作易乃古象形文本義作「蟲名」解（見集韻）乃四脚蛇之稱故蜴从虫又易之累增字故从易聲。蜥蜴俗稱四脚蛇。

| 楷 | 甲文 | 金文 |
|---|---|---|

**蜥** 音錫 ㄒㄧ

（形聲）（會意）甲文金文蜥字 从虫析聲本指「蜥蜴」一詞而言蜥蜴之本義作「四脚蛇」解（見通訓定聲）乃形似壁虎但出草地之爬蟲 故蜥从虫又以析有分義蜥蜴尾易斷遇敵常斷尾脫逸以去是有分析意故蜥从析聲。蜥蜴：四脚蛇。

**蜚** 音匪 ㄈㄟˇ

（形聲）甲文金文蜚字 从虫非聲本義作「臭蟲負蠜」解（見說文許箸）乃具臭味之害蟲名故从虫按蜚之 釋注古多歧說段玉裁氏以爲「臭蟲下有奪字當云『臭蟲也一曰負蠜也』畫然二物」。蜚蠊即負盤一名蟑螂略稱蜚或作飛蠊 有臭氣。

**蝦** 音霞 ㄒㄧㄚˊ
讀如哈 ㄏㄚˊ 音蝦 ㄒㄧㄚ

（形聲）（會意）甲文金文蝦字从虫叚聲本指「蝦蟆」一詞而言蝦蟆之本義作「一名螫大腹短脚」解（ 見急就篇顏注）乃水蟲名蛙之一種故从虫又以叚爲假之初文乃非眞之意 蝦蟆類蛙類蟾蜍而實非蛙故蝦从叚聲。蝦蟆即土蛙。

**蝙** 音邊 ㄅㄧㄢ
音扁 ㄅㄧㄢˇ

（形聲）（會意）甲文金文蝙字 从虫扁聲本指「蝙蝠」一詞而言蝙蝠之本義作「服翼」解（見說文許箸）乃飛鼠之稱其飛時爲鳥 而走時則類鼠故蝙从虫又以扁爲翩字省文翩本作「疾飛」解蝙蝠之飛甚疾故蝙从扁聲。蝙蝠哺乳動物。

**蝠** 音福 ㄈㄨˊ

（象形）（形聲）（會意）甲文蝠略象蝙蝠形金文蝠字 从虫畐聲本指「蝙蝠」一詞而言蝙蝠之本義作「服翼」解（見說文許箸）乃飛鼠之稱其飛時爲鳥而走時則類鼠故蝠从虫又以畐音富本作「滿」解故蝠从畐聲。蝮大蛇亦稱蝠。

**蝌** 音科 ㄎㄜ

（形聲）（意會）甲文金文蝌字从虫科聲本指「蝌蚪」一詞而言蝌蚪之本義作「蟲名」解（見廣韻）即蛙之幼蟲故蝌从虫又以科有頭不著物一義蝌蚪頭圓大古稱科斗科蝌古今字蝌爲科之累增字故从科聲。蝌蚪文即篆文形如蝌蚪。

**蝮** 音覆 ㄈㄨˋ

（形聲）（會意）甲文金文蝮字从虫复聲本義作「虫」解（見說文許箸）乃頭大頸細之毒蛇名故从虫又以复爲復字初文即回復意蝮即虺又稱土虺爲身首一色類土色之毒蛇不斷其頭雖擊之若死亦易復活故蝮从复。蝮蛇毒蛇名略稱蝮。

**螢** 音熒 ㄧㄥˊ
音榮 ㄖㄨㄥˊ

（形聲）（會意）甲文金文螢字 从虫熒省（省 熒下火）聲本義作「夜飛腹下有光（蟲）」解（見玉篇）即俗稱游火蟲故从虫又以熒音榮本作「屋下燈燭光」解有其光微弱及閃鑠無定螢光微弱且時閃鑠故从熒省聲。稍虫類具發光器，

**螟** 音冥 ㄇㄧㄥˊ

（形聲）（會意）甲文螟形異義同金文螟字从虫冥聲本義作「苗心蟲」解（見玉篇）乃食禾苗心之蟲名故从虫又以 冥有冥冥難知意 螟遂从冥聲。螟蛾螟蛉蛾之幼蟲通曰螟爲食禾稼之害蟲。螟蛉：螟蛉蛾之幼蟲世 亦以之爲義子之稱。

**螗** 音唐 ㄊㄤˊ

（形聲）（會意）甲文金文螗字从虫唐聲本指 「蜩螗」一詞而言蜩螗之本義作「蟬」解（見集韻）乃夏 時之鳴蟲名故螗从虫 又以唐本作「大言」解亦有大聲之意蜩螗鳴聲清響而能及遠亦有大意故螗从唐聲。螗蜩蟬之一種略稱蜩 或螗

楷 甲文 金文

**蟋** 音悉 ㄒㄧ

（形聲）（會意）甲文金文蟋字从虫悉聲本指「蟋蟀」一詞而言蟋蟀之本義作「蛬」解（見廣韻）乃秋夜善鳴似蝗而小之蟲名故蟋从虫又以悉爲僁之省文說文許箸謂此蟲切切作聲即屑屑也 故蟋从悉聲。蟋蟀：即蛬亦名蜻蛚。

**螯** 音敖 ㄠˊ

（形聲）（會意）甲文金文螯字从虫敖聲本義作「蟹螯大足在首如鉞者」解（見韻會）即蟹在前之大足 名故从虫又以敖从出放會意本作「出遊」解爲遨之本字。蟹螯蟹在前之第一對大足其端兩歧開合如鉗爲防衞兼取食之用者略稱螯。

**螫** 音釋 ㄕˋ 讀若遮 ㄓㄜ 音郝 ㄏㄜˋ

（形聲）（會意）甲文金文螫字从虫赦聲本義作「蟲行毒」解（見說文許箸）乃指蜂蠍等以毒針錐刺 毒汁施毒害而言 故从虫又以赦本作「棄置」解傳蜂蠍等施毒常棄其毒針於施毒體中而去故螫从赦聲。毒蟲螫人放出之毒曰螫。

**螽** 音終 ㄓㄨㄥ

（形聲）（會意）甲文金文螽字从䖵夂聲本義作「蝗」解（見說文許箸）乃爲害苗稼之蟲名以其種類甚多而常羣聚羣飛故从䖵又以夂古文終字終有最後不變之意 不斷變化始生翅飛翔成蝗即螽故螽 从夂聲。螽斯：即蚱蜢又名蜙蝑。

**蟄** 音執 ㄓˊ 讀如折 ㄓㄜˊ

（形聲）（會意）甲文金文蟄字从虫執聲本義 作「藏也蟲至冬即蟄隱不出也」解（見說文許箸）乃指蟲類之冬眠而言故从虫 又以執本作「捕罪人」解有使其屈伏不妄動意蟲蟄則伏而不動故蟄从執聲。冬季藏伏不動之蟲類曰蟄。

楷 甲文 金文

**蟆** 音麻 ㄇㄚˊ

（形聲）（會意）甲文金文蟆字从虫莫聲本指「蝦蟆」一詞而言蝦蟆之本義作「一名蟼大腹短脚」解（見急就篇顏注） 乃水蟲名蛙之一種故蟆从虫又以莫爲暮字初文有難於分辨清楚之意故蟆从莫聲。蝦蟆蛙之一種即土蛙亦略稱蟆。

**蟊** 音謀 ㄇㄡˊ

（形聲）（會意）甲文金文蟊字 从虫矛聲本義 作「蠿蟊」解 （見說文許箸）乃結網以捕飛蟲之蜘蛛故从虫又以矛爲古代兵車上長約二丈之兵器 乃用以刺遠敵者蟊在結廣網以弋截飛蟲者故从矛聲。蟊賊：一作蝥賊 食禾苗之害蟲名。

**蟬** 音禪 ㄔㄢˊ

（形聲）（會意）甲文金文蟬字从虫單聲本義 作「以旁鳴者」解（見說文許箸）乃腹有鳴器發聲嘹喨之鳴蟲故从虫又以單本作「大」解段玉裁氏注作「大言」解蟬爲鳴聲特大之蟲故从單聲。蟬，俗稱蜘蟟（知了）亦通名蜩昆蟲類。

**蟠** 音盤 ㄆㄢˊ

（形聲）（會意）甲文金文蟠字从虫番聲本義作「鼠婦」解（見通訓定聲）乃形扁曲生溼地之蟲 一說多隣鼠穴而居故名鼠婦 一作鼠負即俗稱之草鞋蟲故从虫又以番本作「獸足」解草鞋蟲常盤曲略圓如獸足故蟠从番聲。蹲伏曰蟠。

**蟒** 音莽 ㄇㄤˇ

楷　甲文　金文

**蟒** 音猛 ㄇㄥˇ

（形聲）（會意）甲文金文蟒字从虫莽聲本義作「大蛇」解（見集韻）乃特長特大之蛇名故从虫又以莽卽茻小爾雅釋莽爲大蟒爲茻中大蛇故从莽聲・蟒・蛇類蚺蛇之近似種長二丈餘色灰黑有斑紋頭橢圓形無毒牙上顎整列銳齒・王蛇・

**蟫** 音曇 ㄊㄢˊ　音淫 ㄧㄣˊ

（形聲）（會意）甲文金文蟫字从虫覃聲本義作「白魚」解（見說文許箸）乃指衣中書中白色有鱗如魚之小蟲而言故从虫又以覃本作「長味」解乃味厚而餘韻長在之意故蟫从覃聲・蟫・卽衣魚又稱蠹魚白魚蛃魚昆蟲類・蟫蟫：相隨貌・

**蠅** 影平聲 ㄧㄥˊ

（會意）（形聲）甲文金文蠅字从黽虫黽音敏謂鼃黽卽蝦蟆之屬爲大腹蟲名腹大如黽之蟲爲蠅其本義作「營營青蠅蟲之大腹者」解（見說文許箸）乃由蛆長成之大腹蟲 蠅昆蟲類雙翅類大口器爲肉質之吻前端稍凹適於舐食喜煖惡寒

**蟻** 音蛾 ㄧˇ

（形聲）（會意）甲文金文蟻字从虫義聲本義作「同螘蚍蜉」解（見玉篇）卽俗稱之螞蟻乃體細長之小蟲名故从虫又以義爲行事得宜之稱 蟻聚族而居有雌蟻雄蟻職蟻各司其事而能各得其宜故从義聲・蟻・昆蟲類膜翅類赤蟻黑蟻山蟻・

**蠏** 音澥 ㄒㄧㄝˋ　讀若寫 ㄒㄧㄝˇ

（形聲）（會意）甲文金文蠏字从虫解聲本義作「水蟲也有二敖八足」解（見說文句讀）卽螃蟹乃橫行之水蟲故从虫又以解本作「判」解有剖劃淸楚意蟹腹多深裂紋一如已剖劃者故从解聲・蟹・節足動物甲殼類雄者狹長・蠏蟹同字

**蠆** 音瘥 ㄔㄞˋ

（象形）甲文蠆金文蠆字略同上象蟲有爪之前脚中象其身下象其尾本義作「毒蟲」解（見說文許箸）乃形如蠍而長尾之螫人毒蟲・毒蟲名蠍屬通俗文「長尾爲蠆短尾爲蠍」・土螽曰蠆卽土飛蝗類蝗之飛蟲名・蠍類以尾鉤行毒之稱・

**蠍** 音歇 ㄒㄧㄝ

（形聲）（會意）甲文金文蠍字从虫歇聲本義作「毒蟲」解（見集韻）乃蜘蛛類之毒蟲名故从虫又以歇有泄義蠍尾有毒鉤遇敵則刺入而泄其毒汁一泄而盡故从歇聲・蠍・蜘蛛類毒蟲前頭胸部與腹部合爲軀幹・蠍虎：守宮之別名・

**蠖** 音膜 ㄏㄨㄛˋ　音握 ㄨㄛˋ

（形聲）甲文金文蠖字从虫蒦聲本義作「尺蠖屈申蟲」解（見說文許箸）乃類蠶而小之蟲故从虫・尺蠖蛾之幼蟲名略稱蠖爾雅釋蟲「蠖蚇蠖」郝懿行義疏「其行先屈後申如人布手如尺之狀故名尺蠖今作蚇非」・波流虹起雷奔蠖步

**蠟** 音臘 ㄌㄚˋ

（形聲）（會意）甲文金文蠟字从虫巤聲本義作「蜜滓」解（見玉篇）蜜蜂腹部分泌蠟質以爲蜂房壓榨蜂房卽刮蜜後之空巢而成者曰蜜蠟略稱蠟以其爲蜂从虫又以巤爲獵之省文獵本作「逐取」解蠟必逐蜂而取之故从巤聲・蠟炬蠟燭

**蠢** 音惷 ㄔㄨㄣˇ

（形聲）（會意）甲文金文蠢字从䖵春聲本義作「蟲動」解（見說文許箸）乃指羣蟲之萬頭攢動而言故从䖵又以春爲萬物始生之時諸蟲久蟄得蘇鳥飛蠕動咸自春發故蠢从春聲・愚笨曰蠢通「惷」無知貌通「惷」不遜貌 蠢不遜也・

**蠡** 音禮 ㄌㄧˇ

| 楷 | 甲文 | 金文 |
|---|---|---|

音騾 ㄌㄨㄛˊ
音離 ㄌㄧˊ
音裸 ㄌㄨㄛˇ

（形聲）（會意）甲文金文蠡字从䖵彖聲本義作「蟲齧木中」解（見說文許箸）乃謂衆蟲齧木使木薄而誤彖音矢本作「豕」解豕習性以上脣向前突土蟲齧木中亦欲破欲絕之意故从䖵故蠡从彖聲。蠡蠡：行列齊貌。瘯蠡：六畜之疫病曰瘯蠡

蠣 音例 ㄌㄧˋ
音賴 ㄌㄞˋ

（形聲）（會意）甲文金文蠣字从虫厲聲本義作「牡蠣」解（見廣韻）即蠔乃水生貝蟲名故从虫又以厲本作「磨刀石」解乃磨刀石之粗者有質地粗糙而不盡平滑牡蠣其殼之質地頗粗糙且凸凹不一故蠣从厲聲。牡蠣軟體動物名 即蠔。

蠶 音殘 ㄘㄢˊ

（象形）（形聲）（會意）甲文蠶略象蠶形此「卽蠶之初文」金文蠶字从䖵朁聲本義作「任（妊）絲蟲」解（見通訓定聲）卽腹中孕絲吐以自裹之蟲故从䖵又以朁爲古代連髮於冠之具多細長而微曲蠶形與朁略似故从朁聲。蚕．蠶俗字

蠹 音妒 ㄉㄨˋ

（形聲）（會意）甲文金文蠹字从䖵橐聲本義作「木中蟲」解（見說文許箸）乃指深居木中以食木之小蟲而言以其爲數常夥故从䖵又以橐本作「無底囊」解蠹居木中齧木常使其中空如橐故从橐聲，蛀蝕衣服書籍之蟲曰蠹卽蟫。

蠻 音瞞 ㄇㄢˊ

（形聲）（會意）甲文蠻金文蠻爲䜌字重文古以䜌通蠻吳大澂氏以此爲古蠻字本義作「南夷名」解（見廣韻）乃指古時以中原爲中心之南部種族而言南方特多蟲蛇故从虫蠻方民智未開怠慢成性故蠻从䜌聲。舊時謂南方之種族曰蠻。

血 音穴 ㄒㄩㄝˋ
讀若寫 ㄒㄧㄝˇ

（象形）甲文金文血略同羅振玉氏以爲「說文解字『血祭所薦牲 血也从皿一象血形」此从○者血在皿中側視之則一俯視之則成○矣」其本義作「祭所薦牲血也」解（見說文許箸）動物脈管內所含之一種流動體曰血色暗赤或鮮紅

衄 音恧 ㄋㄩˋ
紐去聲 ㄋㄧㄡˋ

（形聲）甲文金文衄字从血丑聲本義作「鼻出血」解（見說文許箸）乃鼻部受傷害或患鼻疾自孔內出血之稱故从血。鼻出血曰衄「春善病鼽衄」（素問．金匱眞言論）。傷敗曰衄「『果見折衄』注『傷敗曰衄』」（後漢書．段熲傳）

衊 音蔑 ㄇㄧㄝˋ

（形聲）（會意）甲文金文衊字从血蔑聲本義作「污血」解（見說文許箸）乃污穢不潔之血故从血又以蔑本作「目勞無精」解段玉裁氏謂「目勞則精光茫然」因有模糊不清意污血色澤暗爲模糊不清潔者故衊从蔑聲。污血曰衊。

衣 音依 ㄧ

（象形）甲文衣與金文衣字略同羅振玉氏以爲「此象襟衽左右掩覆之形」其本義作「依」解（見說文許箸）乃人所依（倚）以蔽者義甚晦澀。服曰衣合上衣下裳而言人所依以蔽體禦寒暑者。凡掩護人之身體某一部者皆曰衣。

| 楷 | 甲文 | 金文 |
|---|---|---|

## 初 楚平聲 ㄔㄨ

（會意）甲文初金文初略同从刀衣以刀裁布帛爲衣形以供縫合成衣此裁布帛之事曰初其本義作「始」解（見說文許箸）即製衣之始朱駿聲氏以初爲「謂布帛以就裁」說更明確並引參證．始曰初先始之稱．本曰初根本之稱初冬初春初夏

## 表 標上聲 ㄅㄧㄠˇ

（會意）甲文表金文表从𡗗从廾象雙手奉木而植之之意吳大澂氏以爲「（此）古表字井田間分界之木國語『列樹以表道』韋注『表識也』」古者以毛爲表此毛在衣上與古義正合其本義作「上衣」解（見說文許箸）乃著於裘外之罩衣．

## 衫 音杉 ㄕㄢ

（形聲）（會意）甲文金文衫字从衣彡聲本義作「衣」解（見說文新附）乃衣之通稱蓋合單夾綿等衣而言故从衣又以彡象毛飾畫文形製衫之布帛多織有文飾故衫从彡聲．衣之通稱．宮衫單衣曰衫．客衫猶恨吳棉薄不道邊人盡鐵衣．

| 楷 | 甲文 | 金文 |
|---|---|---|

## 袁 音圜 ㄩㄢˊ

（象形）（形聲）甲文袁金文袁林義光氏取自師寰敦寰字偏旁以爲「當作衣寬緩貌袁古通爰袁盎漢書作爰盎是也爰有緩義詩『有兔爰爰』傳云『爰爰緩意』（此文）U象領之寬○象衷之寬也」本義作「長衣貌」解（見說文繫傳）

## 衾 音欽 ㄑㄧㄣ 音琴 ㄑㄧㄣˊ

（形聲）（會意）甲文金文衾字从衣今聲本義作「大被」解（見說文許箸）乃寢時覆蓋身體一如衣之蔽體者故从衣衾在覆身時有逮及於身意故从今聲．大被曰衾人寢臥時用以覆蓋者．衾被也．單被曰衾用以斂尸者．單被覆尸薦尸所用．

## 衿 音今 ㄐㄧㄣ 音妗 ㄐㄧㄣˋ

（形聲）（會意）甲文金文衿字从衣今聲本義作「交衽」解（見通訓定聲）乃指衣服前面之接合部分而言故从衣又以今从亼（集）ㄱ（古文及）會意乃逮及其時之意因作「是時」解故衿从今聲．衣衽曰衿．連合衣物之小帶曰衿．

## 被 音避 ㄅㄧˋ

（形聲）（會意）甲文金文被字从衣皮聲本義作「寢衣」解（見說文許箸）乃指寢時所箸之衣而言故从衣又以在外包裹全身者爲皮寢衣在寢時亦包裹全身故被从皮聲．寢衣曰被即今之被在古曰衾．衾曰被寢臥時用以覆蓋之具．

## 袋 音代 ㄉㄞˋ

（形聲）（會意）甲文金文袋字从衣代聲本義作「囊屬」解（見玉篇）乃有口有底可以盛物之囊以其間附於衣且多以布帛爲之故从衣又以代本作「替」解人所手攜之物今改以袋盛之有代手攜物意故袋从代聲．盛物之囊曰袋俗稱口袋．

| 楷 | 甲文 | 金文 |
|---|---|---|

**袍** 音庖 ㄆㄠˊ

（形聲）（會意）甲文金文袍字从衣包聲本義作「長衣曰袍下至足跗」解（見急就篇顏注）乃罩之於外之長衣故从衣 又以包有覆蓋於外之意袍爲覆蓋於外者故从包聲。衣有表裡中著以縕者曰袍 婦人以絳作衣上下連四起施緣亦曰袍

**袖** 音岫 ㄒㄧㄡˋ

（形聲）（會意）甲文金文袖字 从衣由聲本義作「袂」解（見說文許箸）乃指手所由出入之整個衣袖（連作袖口解之袪在內）而言故从衣又以由象草木下垂之實且有從而貫通之意故袖从由聲。袖珍：形體甚小可珍藏於袖裏，袖珍字典

**袒** 音坦 ㄊㄢˇ　音誕 ㄉㄢˋ

（形聲）（會意）甲文金文袒字 从衣且聲本義作「衣縫解」解（見說文許箸）乃衣縫處解開之意故从衣 又以且从日出地（一以指之）上露出其本體因作「明」解 故袒从旦聲。袒裼：去衣見臂非禮之稱。袒裼露臂也。非敬事不袒裼也。

**裁** 音才 ㄘㄞˊ

（形聲）（會意）甲文金文裁字 从衣𢦏聲本義作「制（製）衣」解（見說文許箸）乃指先剪斷布帛復縫合之以成衣而言故从衣又以𢦏从戈才聲本作「傷」解乃以刃截物意裁爲以刀剪分截布帛故从𢦏聲。體制曰裁 新裁體裁。鑒別曰裁。

**裂** 音列 ㄌㄧㄝˋ

（形聲）（會意）甲文金文裂字 从衣列聲本義作「繒餘」解（見說文許箸）乃裁剪布帛之餘以爲衣帶之 垂飾此帶飾卽裂以其束於衣故从衣又以列本作「分解」解裂乃分解布帛而成故从列聲。殘缺不全者曰裂 裂殘也。古刑名車磔曰裂。

| 楷 | 甲文 | 金文 |
|---|---|---|

**袴** 音庫 ㄎㄨˋ

（形聲）（會意）甲文金文袴字从衣夸聲本義 作「脛衣」解（見急就篇顏注）乃套於腰下及兩股之下裳 故从衣又以夸爲跨之省文劉熙氏謂「袴跨也兩股各跨別也」故袴从夸聲。脛衣曰袴卽今所謂套袴。袴褶：古時戎衣之稱。

**裕** 音諭 ㄩˋ

（形聲）（會意）甲文金文裕字从衣谷聲本義作「衣物饒」解（見說文許箸）乃指存儲衣物極多而言故 从衣又以泉出通川爲谷谷有源源而來並甚充足意裕謂衣物饒足故从谷聲。道曰裕廣韻「裕道也」。饒足曰裕綽綽有裕。裕如：充足。

**補** 音捕 ㄅㄨˇ

（形聲）（會意）甲文金文補字 从衣甫聲本義作「完衣」解（見說文許箸）乃指衣綻裂而以線相綴合使復完好之意故从衣 又以甫爲男子之美稱亦爲美好意 故補从甫聲。治綻裂使完好曰補。裨益曰補。增益前事前書之書曰補 藥之滋補

**裝** 音莊 ㄓㄨㄤ

（形聲）（會意）甲文金文裝字从衣壯聲本義 作「裹」解（見說文許箸）乃指於衣外加以襐飾以求美觀 而言故从衣又以壯爲體容盛大貌衣加襐飾則較其初爲盛大 故裝从壯聲。行李曰裝 衣物通稱曰裝 嫁裝 西裝 春裝 時裝。 嚴裝。

**裙** 音羣 ㄑㄩㄣˊ

（形聲）甲文金文裙字从衣君聲本義作「小裳」解（見通訓定聲）乃著於下體之衣故从衣又以君爲羣之省文裙爲連綴羣（多）幅布帛而成者故从君聲。下裳曰裙圍於褲外之下衣古時男女皆著之後世專爲女子所用。龜甲之邊緣曰裙。

衣部・裔裘裸裨裼複褫褘褸襌

| 楷 | 甲文 | 金文 | 文 |
|---|---|---|---|
| 裔 衣去聲 ㄧˋ | | | （形聲）甲文裔金文裔略同从衣冏聲本義作「衣末邊也」解（見通訓定聲）乃指衣下垂之末端而言故从衣徐鉉氏以爲「冏非聲疑象衣裾之形」惟此本義古罕見用今所行者爲別義・邊緣曰裔・荒遠之地曰裔・胄曰裔・夷狄之總名曰裔・ |
| 裘 音求 ㄑㄧㄡˊ | | | （象形）（形聲）甲文裘金文裘字皆爲求字裘古作求略象裘形見「求」字釋文象裘形毛在外助人禦寒之衣曰裘其本義作「皮衣」解（見說文段注）乃毛在外之寒衣惟說文許箸說文繫傳說文義證並作「从衣求聲」・皮衣曰裘羊裘貂裘輕裘・ |
| 裸 音倮 ㄌㄨㄛˇ | | | （形聲）（會意）甲文金文裸字从衣果聲本義作「但（同袒）」解（見說文許箸）乃指脫除衣使成赤體而言故从衣又以果爲無皮之木實人之全身如不著衣則赤體與果同故裸从果聲・裸裎：赤體不著衣之稱・無毛羽鱗甲之生物曰裸・ |
| 裨 音卑 ㄅㄟ 讀若敝 ㄅㄧˋ | | | （形聲）（會意）甲文裨金文裨略同从衣卑聲本義作「接益」解（見說文句讀）乃指製衣遇布帛不足時以其他布帛相接相益而言故从衣又以卑有較次一義製衣原用之布裨多爲完整者相接相益之意故从卑聲・益曰裨・副將曰裨・補補助・ |
| 裼 音錫 ㄒㄧ 音替 ㄊㄧ | | | （形聲）（會意）甲文金文裼字从衣易聲本義作「但（袒）」解（見說文許箸）乃指去衣見體或去外衣見內之裼衣而言故从衣又以易有更易一義故裼从易聲・開正服前襟見裼衣之事曰裼・袒而有衣曰裼袒而無衣曰裸・褓衣曰裼通「褅」・ |
| 複 音福 ㄈㄨˋ | | | （形聲）（會意）甲文金文複字从衣复聲本義作「重衣」解（見說文許箸）乃指有裏之衣而言故从衣又以复本作「行故道」解有重來之意複爲重衣乃重疊內外層而成者故从复聲・雜錯曰複每與純一曰單者取對・複印複寫複議複製・ |
| 褫 音侈 ㄔˇ 音馳 ㄔˊ | | | （形聲）（會意）甲文金文褫字从衣虒聲本義作「奪衣」解（見說文許箸）乃強迫解脫衣服之意故从衣又以虒音斯古謂其爲有角似虎而能行水中之獸亦有陸行則皮毛上水滴隨即脫失意褫爲強迫脫去衣故从虒聲・奪褫奪・革黜革・ |
| 褘 音暉 ㄏㄨㄟ | | | （形聲）（會意）甲文褘金文褘略同从衣衞聲本義作「后祭服」解（見玉篇）乃皇后所著以祭祀之畫衣故从衣又以韋爲衞之省文褘爲罩巳著之禮服上略如大衣有衞蔽其內服意故从衞聲・蔽厀（膝）曰褘・天子服曰褘祭服曰韍曰韠・ |
| 褸 音樓 ㄌㄡˊ 音褸 ㄌㄩˇ | | | （形聲）（會意）甲文金文褸字从衣婁聲本義作「衽」解（見說文許箸）即衣襟朱駿聲氏謂「褸者在旁開合處」乃衣襟之在兩側開合者故从衣又以婁本作「中空」解褸爲留中而在旁開合者故从婁聲・裳際曰褸下裳兩旁垂幅交合處之稱・ |
| 襌 音單 ㄉㄢ | | | （形聲）（會意）甲文金文襌从衣單聲本義作「衣不重」解（見說文許箸）乃無裏之衣故从衣又以單有獨一之義孤單煢單皆其例襌爲複之對爲衣之獨有一層者故从單聲・單衣曰襌段玉裁氏謂「此與重衣曰複爲對」・左作衤不作礻作礻爲禪・ |

| 楷 | 甲文 | 金文 |
| --- | --- | --- |

**襖** 音媼 ㄠˇ

（形聲）（會意）甲文金文襖字，从衣奧聲本義作「夾衣曰襖」解（見六書故）乃有表裏二層之衣故从衣又以奧有深密意襖有表裏爲質地較厚密之衣故从奧聲 夾衣曰襖中有所實者亦曰襖皮襖棉襖 紙襖以衣貧者 短衣曰襖，窄褙襖 襖子·

**襟** 音今 ㄐㄧㄣ

（形聲）（會意）甲文金文襟字从衣禁聲本義作「交衽」解（見集韻）乃指衣服前面相接合部分而言故从衣又以劉熙氏謂「襟禁也交于前所以禁禦風寒也」襟在司衣之開合有禁禦意故从禁聲·兩壻相謂曰連襟亦略稱襟：「襟兄襟弟」·

**襜** 音襜 ㄔㄢ

（形聲）（會意）甲文金文襜字从衣詹聲本義作「衣蔽前」解（見說文義證）即蔽膝乃著衣裳上以蔽前者故从衣又以詹本作「大言」解因有大義蔽膝宜寬大始易張而爲蔽故襜从詹聲·衣蔽掖下之部分曰襜·襜襜：搖動貌、盛服貌·

**襤** 音藍 ㄌㄢˊ

（形聲）（會意）甲文金文襤字从衣監聲本義作「無緣衣」解（見說文段注）乃指無邊緣之衣而言故从衣又以監通鑑即今之鏡古代以銅製之平面無緣鑑爲未加邊緣爲飾之衣故从監聲·無緣衣曰襤即短褐亦即短而粗劣之衣·襤褸·

**韈** 蛙仄聲 ㄨㄚˋ

（形聲）（會意）甲文金文韈字从衣蔑聲本義作「足衣」解（見廣韻）乃套合足上如衣者俗稱襪子故从衣又以蔑音滅有輕視之義襪爲足衣較著於人體必不可少之上衣下裳實居次要有被輕視意故从蔑聲·足衣曰韈俗稱襪子·韈線·

**襯** 音櫬 ㄔㄣˋ

（會意）（形聲）甲文金文襯字从衣親亦从親聲衣之親近於身者爲襯其本義作「近身衣」解（見廣韻）乃貼合身體之內衣俗名之曰襯衣·衣之在裏近身者曰襯蓋指襯衣襯衫襯裙襯褲等而言·「取名于襯襯近尸也」（禮·雜記注）·

**襾** 音亞 ㄧㄚˋ

（指事）（象形）甲文金文襾字从一从冂冂象自上覆下凵爲倒冂象自下上仰从一示此包覆物之終止其本義作「覆」解（見說文句讀）即包覆之意惟饒炯氏以爲「襾者反覆也」·以蓋塞罔口覆物之形蓋冂象覆巾復有物以加其上之意

**西** 音犀 ㄒㄧ

（象形）甲文金文西王國維羅振玉氏以爲「甶……正象鳥巢狀此西字也……正象鳥巢甶傳寫之譌亦正是巢形也日既西落鳥已入巢（西）于巢上更作鳥形矣」其本義作「象鳥棲也」解（見說文繫傳）乃日落時鳥就巢栖止之意·

**要** 音邀 ㄧㄠ

（象形）（形聲）甲文要金文要林義光氏以爲「象女自約兩手於腰之形卣聲卣（幽韻）要（宵韻）雙聲旁轉」本義作「身中」解（見說文繫傳）即腰乃人體胯上脊下之稱腰內實臟腑爲人體軀之中關必宜善自護持者·要領，腰與頸之稱

楷 | 甲文 | 金文

## 票

音標 ㄅㄧㄠ
音飄 ㄆㄧㄠ

（會意）（形聲）甲文金文票字从火从𠔿（䙴）（省𠔿下爲囟）𠔿音千本作「升高」解灭古火字火升高爲㶾其本義作「火飛」解（見文源）乃火向上昇騰之意・飛光曰票・搖動、敏疾票疾也・票姚：勁疾貌史記作「剽姚」票然：輕舉・

## 覃

音譚 ㄊㄢˊ
音餤 一ㄢˋ

（會意）（彡聲）甲文覃金文覃林義光氏以爲「从鹵厚並省」意以鹵厚爲覃省鹹右咸）聲本義作「長味」解（見說文繫傳）乃滋味悠長之意㫗古文厚味長即味厚故从㫗味之義・姓本姓譚或去言爲覃、覃姓皆讀尋讀秦與譚之覃爲二姓・

## 覆

音福 ㄈㄨˋ

（形聲）（會意）甲文金文覆字从襾復聲本義作「反」解（見說文段注）乃倒易其上下之意故从襾又以復本作「往來」解徐灝氏以爲「復與覆反與返古字皆通返故覆从復聲・傾傾覆・「鼎折足覆公餗」（易・鼎）・翻翻轅・䡴之上板曰覆・

## 覈

音核 ㄏㄜˊ

（形聲）（會意）甲文金文覈字从襾敫聲本義作「實」解（見說文許箸）乃指考事以求其實而音襾本作「覆」解欲得其事之實須去其所覆以明究竟故从襾又以敫从白放會意本作「光景流」解乃大放光明意使其眞相大白故从敫聲・

## 見

堅去聲 ㄐㄧㄢˋ

（會意）甲文見與金文見略同林義光氏以爲「象人盱然張目形」从目从儿儿古人字目在人上乃人注目以視之意其本義作「視也」解（見說文許箸）乃謂瞻視之意・意識曰見主見高見淺見偏見・晉謁之禮曰見・彼此相見之稱、謁見・

## 規

音龜 ㄍㄨㄟ

（會意）（形聲）甲文金文規字从矢从見會意與矩字榘字同相承誤寫耳或从夫見夫謂丈夫之見必合規矩法度故其本義作「有法度」解（見說文許箸）乃規模之稱一切經音義謂「規模也字從夫從見聲・正圓之器曰規・成例曰規・家規・

## 覓

音冪 ㄇㄧˋ

（會意）（形聲）甲文金文覓从爪从見爪謂手足甲乃供爬掘者見謂顯露爬掘之使得顯露爲覓其本義作「求」解（見廣韻）乃尋求之意・量詞貝十六枚爲一覓：「南詔以貝十六枚爲一覓」（唐書・南蠻傳），求尋求覓人覓句覓路覓索・

## 視

音眎 ㄕˋ

（形聲）（會意）甲文視陳邦懷氏以爲「此古視字也說文解字視之古文作『眎』卜辭之覓即視之古文从示在目上猶卜辭及金文相字作『𥄎』」金文視字从見示聲本義作「瞻」解（見說文繫傳）乃審視以見之意故从示聲・目有所瞻曰視・

## 親

七平聲 ㄑㄧㄣ

（形聲）（會意）甲文金文親从見从亲省（省亲爲辛）吳大澂氏以此爲古親字、从見亲聲本義作「至」解（見說文許箸）乃密切與情意懇到之意以目所見即身所至而相見愈近密愈周到故親从見、从亲聲・父母兄弟妻子六親也・親族、

楷　甲文　金文

**覬**　音冀　ㄐㄧˋ

（形聲）（會意）甲文金文覬字从見豈聲本義作「欲（同冀）幸」解（見說文許箸）乃指人不便明言而妄冀非分之得而言以其有想望意故从見又以豈爲非然之辭非分之得爲非然故覬从豈聲。覬覦：非分之希望曰覬覦。覬幸：冀望徼幸。

**覯**　音遘　ㄍㄡˋ

（形聲）（會意）甲文金文覯字从見冓聲本義作「遇見」解（見說文許箸）乃彼此相邂逅而晤見之意故从見又以冓本作「交積材」解象屋架相互結構形因有彼此相合意覯爲兩相遇合而晤見故从冓聲。覯觀曰覯。遭遇曰覯。遇通「遘」。

**覲**　音進　ㄐㄧㄣˋ　音謹　ㄐㄧㄣˇ

（形聲）（會意）甲文覲金文覲爲堇字重文古以堇通覲與大徵氏以此爲古覲字本義作「諸侯秋朝曰覲」解（見說文許箸）乃指諸侯秋季朝見天子而言故从見又以堇本作「土難治」解有頗爲不易意諸侯朝見天子亦不易故覲从堇聲。

**覺**　音角　ㄐㄩㄝˊ　音腳　ㄐㄧㄠˇ

（形聲）（會意）甲文金文覺字从見學省（省學下子）聲本義作「寤」解（見說文許箸）乃寐而有覺蓋指醒而張目得識解事物而言故从見又以學本作「覺悟」解人醒覺則官能盡肆其用而得了悟故覺从學聲。賢智者之稱感知曰覺。

**覽**　音欖　ㄌㄢˇ

（形聲）（會意）甲文金文覽从見監亦从監聲見謂觀察監本作「臨下」解臨下而觀察之意覽其本義作「觀」解（見說文許箸）乃周視全貌之意。鑒察曰覽信札中多用之：台覽、英覽、清覽。博覽、劉覽、遊覽。姓，彭祖之後有覽氏望出彭城。

楷　甲文　金文

**覿**　音荻　ㄉㄧˊ　音牘　ㄉㄨˊ

（形聲）（會意）甲文金文覿字从見賣聲本義作「見」解（見說文新附）乃目覩之意故从見又以賣本作「且行且賣」解有售物者與購物者見貨論値之意覿爲兩相晤見故从賣聲。以禮相見曰覿。「私覿愉愉如也」（論・鄉黨）。訪謁見。

**觀**　音官　ㄍㄨㄢ　音貫　ㄍㄨㄢˋ

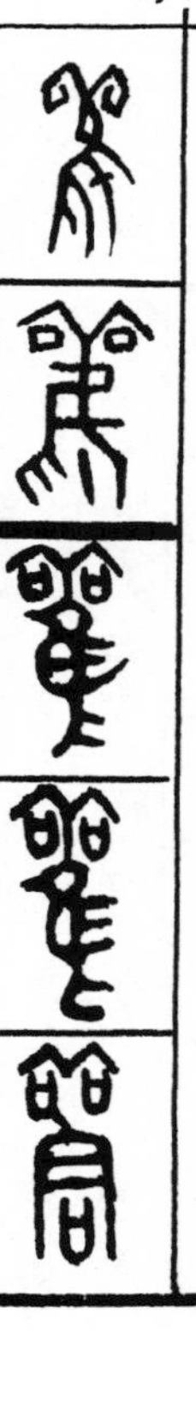

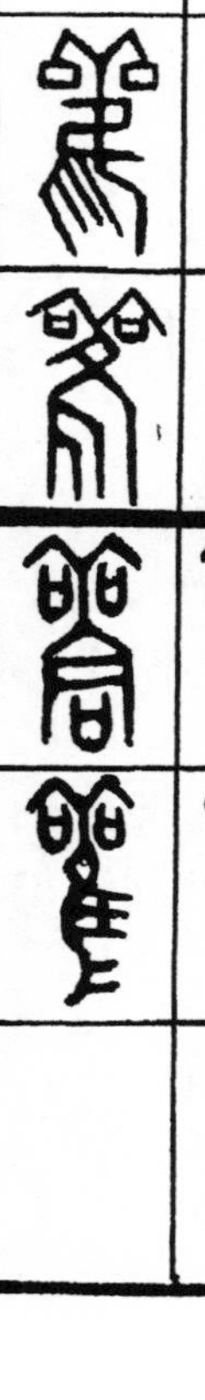

（形聲）（會意）甲文金文觀爲雚字重文古以雚通觀本義作「諦視」解（見說文許箸）乃仔細審視之意故从見又以雚爲鸛字初文鸛爲善於視物之猛禽觀取其善視之意故从雚聲。景象曰觀。色相之可顯示於人者曰觀。意識曰觀主觀客觀

**角**　音覺　ㄐㄩㄝˊ　讀若腳　ㄐㄧㄠˇ

（象形）甲文角羅振玉氏以爲「說文解字『角獸角也與刀魚相似』象角形ㄟ象角上橫理橫理本直文作曲形者爲圓體觀其圓形則直者似曲矣許君云『與刀魚相似』蓋未知ㄟ象角之橫理也」金文角與甲文角略同其本義作「獸角」解（見說文許箸）乃獸類頭部生出之骨。緣造字初本象角形，人之額骨曰角。

**觚**　音孤　ㄍㄨ

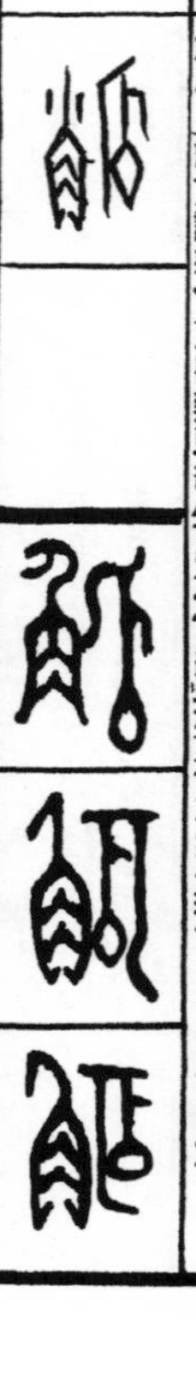

（形聲）（會意）甲文金文觚字从角瓜聲本義作「鄉飲酒之爵也」解（見說文許箸）乃古時鄉飲酒禮所用之酒器角爲酒器名故觚从角又以瓜爲柧之省文柧本作「棱」解觚爲有八棱之酒器故从瓜聲。觚字之具以木爲之。法曰觚。

| 楷 | 甲文 | 金文 |
|---|---|---|

**觝** 音邸 ㄉㄧˇ

（形聲）（會意）甲文金文觝字从角氐聲本義作「觸」解（見玉篇）乃以角觸物之意故从角又以氐爲柢字初文乃樹木之主根有直及於土意觝乃以角直及於物故从氐聲。觝觸：獸類以角撞刺之稱，（觝同字）觝觝形似而音義迥別，

**觜** 音嘴 ㄗㄨㄟˇ　音貲 ㄗ

（形聲）甲文金文觜字从角此聲本義作「鴟舊頭上角觜」解（見說文許箸）乃鴟舊鳥頭上突出如角之毛角故从角。喙曰觜鳥嘴之稱今字作「嘴」「裂膝破觜」人口曰觜今字作「嘴」。地形之突出如嘴者曰觜今字作「嘴」。鳥類之嘴與爪。

**解** 皆上聲 ㄐㄧㄝˇ

（會意）甲文解商承祚氏以爲「說文解字『解判也以刀判牛角也』此象兩手解牛角八象其殘靡卜辭从ㄉ之字或省从ㄉ與刀形相似而非刀字也金文解與甲文略同其本義作「判」解（見說文許箸）乃剖判之意。敍說。識力。詮註。分散曰解。

**觥** 拱平聲 ㄍㄨㄥ　音光 ㄍㄨㄤ

（形聲）（會意）甲文金文觥字从角光聲本義作「兕牛角可爲飲者」解（見說文許箸）乃截兕牛角所製成之酒器角爲酒器名而觥又爲兕牛角所製成者故从角又以光有華美燿明意故觥从光聲，觥籌：觥罰爵籌行酒令所用者以此喻聚飲，

**觫** 音速 ㄙㄨˋ

（形聲）（會意）甲文金文觫字从角束聲本指「觳觫」一詞而言觳觫之本義作「懼死皃（貌）」解（見集韻）乃牲畜受死前所顯現之畏縮戰慄而抵拒不前貌故觫从角又以束本作「縛」解有集收爲一意故觫从束聲。觳觫：懼死貌、

**觳** 音斛 ㄏㄨˊ　音覺 ㄐㄩㄝˊ　音確 ㄑㄩㄝˋ

（形聲）（會意）甲文金文觳字从角㱿聲本義作「盛觵卮」解（見說文繫傳）乃用以盛觵（觥）之圓器以觵爲酒器从角故觳从角，觳爲盛觵於中之器如觵之外殼故从㱿聲。量器名受一斗二升與斛異。觳觫：受死之恐懼而戰慄貌。

**觴** 音傷 ㄕㄤ

（形聲）（會意）甲文觴金文觴从爵从昜觴意同丁佛言氏以此爲古觴字从角昜聲本義作「觶實曰觴虛曰觶」解（見說文許箸）觶爲盛酒器其中盛酒時爲觴又以昜與易同爲陽字初文有明顯可見意觶中有酒則明顯可見故觴从昜聲。

**觸** 音束 ㄕㄨˋ　音處 ㄔㄨˋ

（形聲）（會意）甲文金文觸字从角蜀聲本義作「牴」解（見說文許箸）乃獸類以角摧物之意故从角又以蜀本作「葵中虫」解爲蜀常先引首而前以導其體隨之屈伸而進觸必引首而前故从蜀聲。以角猛牴曰觸。污曰觸污染之稱。犯干犯。

**言** 鹽平聲 ㄧㄢˊ

（指事）（會意）（形聲）甲文言金文言字略同朱芳圃氏林義光氏以爲「按辛與辛同字言音古本同類字本義作「直言曰言論難曰語」解（見說文許箸）乃直道其事之意故从口。垂供訓誡之嘉話懿語曰言。命令曰言。讜論嘉謀曰言。

| 楷 | 甲文 | 金文 |
|---|---|---|

**計** 音繼 ㄐㄧˋ

（會意）甲文計金文計略同，从言从十言謂出聲數之十爲數之完足而易記若人數數累十而算之爲計其本義作「會也筭（算）也」解（見說文許箸）乃會合多數而核算之之意。計算之術曰計：簿書曰計會計用之簿書亦曰計·策畫曰計·

**訂** 音定 ㄉㄧㄥˋ

（形聲）（會意）甲文金文訂字从言丁聲本義作「平議」解（見說文許箸）乃徵之往事參以時驗而持平計議之意故从言又以丁象釘形爲釘字初文必留之平正而擊之始能入於堅深計議事宜亦貴平正深入故訂从丁聲·締締結訂交·

**訃** 音赴 ㄈㄨˋ

（形聲）（會意）甲文金文訃字从言卜聲本義作「告喪」解（見玉篇）乃陳告喪事之意故从言又以卜本作「擇期」解訃在一面告以死者逝世之期一面告以卜定喪事進行之日程故从卜聲·訃文生者爲死者告喪於其親友之文書略稱訃

**記** 音季 ㄐㄧˋ

（形聲）（會意）甲文金文記字从言己聲本義作「疏」解（見說文許箸）乃識其實而一一分別條錄之條錄其實貴直言無隱故从言又以己乃紀字初文本作「別絲」解乃先抽各絲之首而別之復合使之得合爲一故从己聲·經史子之書曰記

**訓** 熏去聲 ㄒㄩㄣˋ

（形聲）（會意）甲文訓金文訓左从川言右从竟丁佛言氏以此爲古訓字，从言川聲本義作「說教」解（見說文許箸）乃以名言嘉言教導人之意故从言又以川本作「貫穿通流水」解爲河渠之通稱故訓从川聲·說事義理之文曰訓·

| 楷 | 甲文 | 金文 |
|---|---|---|

**訊** 音信 ㄒㄩㄣˋ

（會意）（形聲）甲文訊金文訊吳大澂氏以爲「从系从口執敵（𢦏）而訊之也」本義作「問」解（見說文許箸）乃詰詢其實之意故从言又以卂音信本作「疾飛」解有迅往急赴之意訊爲迅詰急詢故从卂聲·問曰訊即問而使人解答之稱·

**討** 叨上聲 ㄊㄠˇ

（會意）甲文討金文討林義光氏以爲「說文云『討 治也从言寸』按寸即又字象手形此字左象手形」从言从寸言謂研議寸謂法度研議事理使之合乎法度爲討其本義作「治」解（見說文許箸）乃治之使平齊意討即整治之意·天討有罪

**託** 音拓 ㄊㄨㄛ

（形聲）（會意）甲文金文託字从言乇聲本義作「寄」解（見說文許箸）乃寄附之意凡寄附宜妥爲申說故从言又以乇爲托字省文托在玉篇作「推」解寄附有推此附彼意故託从乇聲·依靠憑藉曰託·託依也「可以託六尺之孤」（論·泰伯）

**訖** 音迄 ㄑㄧˋ

（形聲）甲文金文訖字从言气聲本義作「止」解（見說文許箸）即終止之意徐鍇氏以訖爲「言所止也」故从言·止遏止·訖止也·絕斷絕·盡竭盡·至到·：「聲教訖于四海」（書·禹貢）·畢了·付訖收訖領訖·訖訖：無所省錄貌同「仡仡」·

**訐** 音揭 ㄐㄧㄝˊ

（形聲）（會意）甲文金文訐字从言干聲本義作「面相斥罪相告訐也」解（見說文許箸）乃當面指摘對方罪過之意故从言又以干本作「犯」解訐爲面發人陰私即犯人之所忌避者故从干聲·人之隱罪曰訐·指斥·：訐揚幽昧之過·

楷 | 甲文 | 金文

## 訕 音汕 ㄕㄢˋ；音山 ㄕㄢ

（形聲）（會意）甲文金文訕字从言山聲本義作「謗」解（見說文許箸）乃以巧言惡言詆毀人之意故从言又以山有高上之意古以謗上爲訕故訕从山聲。謗毀曰訕：「『爲人臣下者有諫而無訕』注『謗上曰訕』」（禮・少儀）。訕笑。

## 設 音涉 ㄕㄜˋ

（會意）甲文金文設字从言从殳言謂以言語示意殳音殊爲杖屬長兵器名以言使人執器就事爲設其本義作「施陳也」解（見說文許箸）即布列之意。「施陳也」當作「設施者陳也」。飲饌曰設。突厥別部典兵之官曰設。安置。設宴設醴。

## 訟 音頌 ㄙㄨㄥˋ

（形聲）（會意）甲文訟金文訟略同从言公聲本義作「爭」解（見說文許箸）乃各爭其是各言其直之意故从言又以公本作「無私」解訟雖爲各爭其是而其意乃在同求公斷故从公聲。爭曲直於官有司之稱。涉訟興訟。理斷訟事曰訟。

## 許 虛上聲 ㄒㄩˇ

（形聲）（會意）甲文許金文許略同从言午聲本義作（繫傳）「聽言」解（見說文許箸）乃聽從其言之意故从言又以午从丁貫一有貫通意許乃彼此之意通念合故从午聲。允可曰許。「歸情上聞不蒙聽許」（魏武帝・謝九錫表）。處曰許。

## 訪 音紡 ㄈㄤˇ；音紡 ㄈㄤ

（形聲）（會意）甲文金文訪字从言方聲本義作「汎謀」解（見說文繫傳）乃廣問於衆之意故从言又以方本作「併船」解有合衆爲一意汎謀乃廣問於衆故訪从方聲。謀畫曰訪。訪查之事曰訪。譏審譏之。探望謁見。訪友拜訪。覓尋求。

## 訛 音囮 ㄜˊ

（形聲）（會意）甲文金文訛字从言化聲本義作「僞」解（見玉篇）乃虛詐之意人之作僞多巧爲飾說故从言又以化有變幻之義凡作虛多變幻無常以詐人愚人故訛从化聲。變化之事曰訛。訛化也謂夏月時物長盛所當變化之事也。

## 訝 音迓 ㄧㄚˋ

（形聲）（會意）甲文金文訝字从言牙聲本義作「相迎」解（見說文繫傳）乃以言辭迎而勞之之意故从言又以牙謂齒牙有上下相對相合之意相迎乃彼此相對而合者故訝从牙聲。譽曰訝。訝訾譽毀也。驚驚訝不足訝也。迎迎迓同訝。

## 訣 音決 ㄐㄩㄝˊ

（形聲）（會意）甲文金文訣字从言決省（省決爲夬）聲本義作「訣別」解（見說文新附）乃致別之意故从言又以決在正字通作「分決」解訣別有分決而各自引去意故訣从夬聲。與將死者辭曰訣。法術曰訣方術要法之稱。妙訣秘訣。

## 訩 音凶 ㄒㄩㄥ

（形聲）（會意）甲文金文訩字从言凶聲本義作「訟」解（見說文段注）乃互言是非曲直以謂己當字闕。故从言又以凶本作「惡」解訟在攻人之惡故訩从凶聲。訟曰訩。「『不告于訩在泮獻功』箋『訩訟也』」（詩・魯頌）訩通「凶」。

## 訥 音吶 ㄋㄚˋ；音哪 ㄋㄜˋ

（會意）（形聲）甲文訥金文訥右作二內爲內字變文丁佛言氏以此爲古訥字。又从言从內亦从內聲言欲外吐而仍內蘊難出爲訥其本義作「言難也」解（見說文・許箸）即言語艱澀難暢吐之意。遲遲鈍謹愼。「『剛毅木訥近仁』」（論）。

楷　甲文　金文

**訢** 音欣 ㄒㄧㄣ　音銀 ㄧㄣˊ

（形聲）（會意）甲文訢金文訢略同，从言斤聲本義作「喜」解（見說文許箸）乃欣歡之貌人欣歡時最易形於辭色故从言，又以斤爲斧屬有劈之使開意喜則笑口常開和言吉語，破口而出故訢从斤聲・訢訢：敬謹貌同「誾誾」，訢然：喜悅・

**詞** 音慈 ㄘˊ

（形聲）（會意）甲文金文詞字从言司聲本義作「意內而言外也」解（見說文繫傳）王筠氏以爲「意內　言外者謂不直說其意而於詞露之也，是曰是非曰非其意如此其言亦如此也」・韻文之一種曰詞　爲詩之變體亦謂之「詩餘」言辭曰詞・

**評** 音平 ㄆㄧㄥˊ

（形聲）（會意）甲文金文評字从言平聲本義作「議」解（見廣雅）乃論斷事理以求公是之意故从言，又以平有坦義，坦平則無高低可分論斷事理貴兩得其平故評从平聲・平議人物事理之是非美惡曰評　好評　時評　影評　劇評・文體名褒貶之短文

**詐** 音榨 ㄓㄚˋ

（形聲）（會意）甲文金文詐字　从言乍聲本義　作「欺」解（見說文許箸）乃以僞言虛行而背信藏巧使人受愚之意故从言，又以乍本作「暫」解乃頃忽間之稱藏巧以　愚人僅能欺人於暫時故詐从乍聲，僞曰詐即虛僞之稱，詭譎曰詐・詐僞也、

**詠** 音泳 ㄩㄥˋ

（形聲）（會意）甲文詠金文詠丁佛言氏以爲「詠或从口」遂以此爲古詠字，亦从言永聲本義作「歌」解（見說文許箸）乃長聲哦唱之意故从言，又以永本作「長」解詠爲其聲悠長之哦唱故从永聲・叶韻之文辭曰詠，頌詠曰詠長吟之稱・

楷　甲文　金文

**診** 音軫 ㄓㄣˇ　音陣 ㄓㄣˋ

（形聲）（會意）甲文金文診字从言㐱聲本義作「視」解（見說文許箸）乃候視即驗而省視之之意視事　視疾每有詢問故从言又以㐱音枕本作「稠髮」解有細密意或視事或視疾必細心行之故診从㐱聲・察脈醫病之事曰診・病況曰診・

**訴** 音素 ㄙㄨˋ

（形聲）（會意）甲文訴金文訴从言从㡿省（省㡿爲屰）丁佛言氏以此爲古訴字，本義作「告」解（見說文許箸）乃陳告冤抑之意故从言　又以㡿爲㡿之同字玉篇作斥因有捐棄意故从㡿聲・訴訟：法律名詞因權利之爭執訴於法院曰訴

**詎** 音遽 ㄐㄩˋ

（形聲）（會意）甲文金文詎字从言巨聲本義作「未知詞」解（見字林）乃未定之詞與豈焉同意故从言，又以巨有豈義漢書高帝紀「沛公不先破關中兵公巨能入乎」詎爲巨之累增字故从巨聲・何豈表反詰・苟表假設以起下文・詎知・

**詔** 音照 ㄓㄠˋ

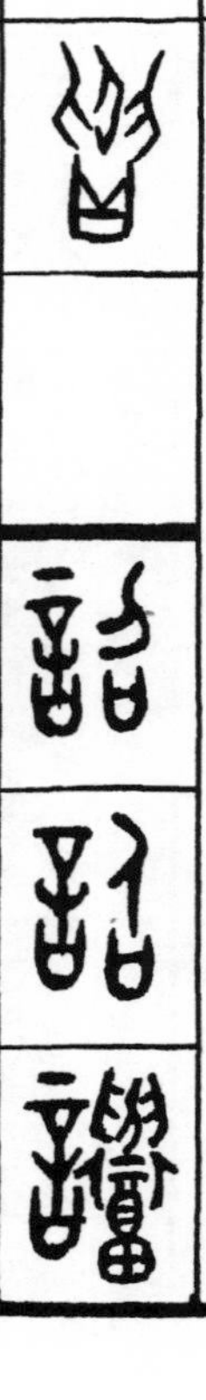

（會意）（形聲）甲文詔金文詔形異義同金文詔从言从召亦从召聲以口發聲致人爲召以言致人使知爲詔其本義作「告」解（見說文繫傳）乃告知之意告語曰詔即有所教導之稱，上命曰詔秦漢以下天子獨稱・詔書：皇帝布告臣民之書・

| 楷 | 甲文 | 金文 | 文 |
|---|---|---|---|
| 詁 音古 ㄍㄨˇ | | | （形聲）（會意）甲文詁 金文詁 略同从言古聲本義作「訓故言」解（見說文許箸）乃釋解舊文舊事使人通 曉之意故从言又以古本作「故」解詁在通故故从古聲。事意曰詁蓋指經籍中之事意而言。詁訓：本指經籍中事意之古言而言。 |
| 訶 音呵 ㄏㄜ | | | （形聲）（會意）甲文訶金文訶略同吳大澂氏以爲「古文以爲歌字」金文訶丁佛言氏以爲「訶責也譴也有訶止意故从止」从言可聲本義作「大言而怒」解（見說文許箸）乃怒言以加之意故从言，从可聲。大言怒責曰訶。怒而大言譴之。 |
| 詛 音阻 ㄗㄨˇ | | | （形聲）（會意）甲文詛字金文詛略同从言且聲本義作「詶」解（見說文許箸）乃祝神降禍於 人之意故从言又以且爲祖字初文詛咒人者常祈於列祖列宗請降人以禍故从且聲。咒罵曰詛請神加殃之稱。誓約曰詛。詛祝：周官名 掌詛祝官。 |
| 話 音畫 ㄏㄨㄚˋ | | | （形聲）（會意）甲文金文話字 从言𠯑聲本義作「善言」解（見玉篇）孫炎爾雅注以爲「善人之言也」故从言又以𠯑音瓜本作「塞口」解人大率喜多言以自衒惟 善言一出則惡言譌言譴言者語塞故話从𠯑聲。言語曰話。佳話醜話 嘉話。 |
| 試 音弑 ㄕˋ | | | （形聲）（會意）甲文金文試字从言式聲本義作「用」解（見說文許箸）乃概括使用施用運用應用擢用等而言察其言每足以衡其實量其行而定其用故从言又以式本作「法」解即一定之法度 故試从式聲。考試之事曰試口試而試筆試監試。 |
| 詩 音尸 ㄕ | | | （形聲）（會意）甲文金文詩字同字異體金文 詩从言寺聲本義作「志」解（見說文許箸）詩序謂「詩者志之所之也在心 爲志發言爲詩」故从言又以寺本作「廷」解乃官廨之稱以陳其望治之情故詩从寺聲。韻文：五言六言七言等。 |
| 詳 音祥 ㄒㄧㄤˊ | | | （形聲）（會意）甲文金文詳字从言羊聲本義 作「審議」解（見說文許箸）乃審察其實而識斷之故从言 又以羊爲畜類之馴美者因有善美意詳在傾其心以求所審識者善美故从羊聲。周備細密曰詳。『其詳不可得而聞也』（孟・萬章）。 |
| 該 音垓 ㄍㄞ | | | （形音）（會意）甲文金文該字从言亥聲本義作「軍中約也」解（見說文許箸）乃軍中示所戒懼之約言 故从言又以亥古與戒通徐灝錢坫爾氏皆舉該駭二字相釋證該爲軍中相戒必守之約故从亥聲。戒備曰該。該貫：博學兼通。貫通。 |
| 誇 音夸 ㄎㄨㄚ | | | （形聲）（會意）甲文金文誇字从言夸聲本義作「譀」解（見說文許箸）乃指虛爲荒誕不實之語以自矜衒而言故从言又以夸本作「奢」解有大而無當意誇無實之言故从夸聲。譀曰誇放誕之稱。稱美曰誇自矜矜誇。誇張：誇大。誇耀。 |
| 詢 音荀 ㄒㄩㄣˊ | | | （形聲）（會意）甲文金文詢字 从言旬聲本義作「謀」解（見說文新附）乃就商於人之意故从言又以旬 本作「徧」解有周及意就商於人必須言詞明確語意周及故詢从旬聲。詢謀：衆謀 謀計議。「『詢于四岳』傳『詢謀也』」（書舜典 |

| 楷 | 甲文 | 金文 | 說明 |
| --- | --- | --- | --- |
| 詭 音鬼 ㄍㄨㄟˇ | | | （形聲）（會意）甲文金文詭字从言危聲本義作「責」解（見說文許箸）乃責讓其過誤之意故从言又以危本作「在高懼」解責人常作危言使懼故詭从危聲・異曰詭不同之稱：「逞譎詭於筆端」（唐書・鄭絪傳）・詭隨：盲從人者之稱・ |
| 詰 音劫 ㄐㄧㄝˊ | | | （形聲）（會意）甲文金文詰字从言吉聲本義作「問」解（見說文許箸）乃訊問其實之意故从言又以吉爲結之省文此有所問則彼有所答常往復相窮如結故詰从吉聲・問人曰詰・詰屈：曲折之稱・詰旦・詰晨・詰朝・責讓責・禁戒・ |
| 詹 音占 ㄓㄢ | | | （會意）（形聲）甲文金文詹字从言从八从厃言謂言語八示分而難合厃音佔爲高仰意自視甚高者妄作誕言歧說爲詹其本義作「多言」解（見說文許箸）乃作語紛沓之意・姓周宣王支子封詹侯其後以詹爲姓・詹詹：多言辨論貌・ |
| 誅 音株 ㄓㄨ | | | （形聲）（會意）甲文誅金文誅略同从言朱聲本義作「討」解（見說文許箸）乃申罪致討之意故从言又以朱有光明一義詩豳風「我朱孔揚」注「謂朱色光明也」對叛逆申罪致討乃正大光明之事故誅从朱聲・討曰誅申罪致討之稱・ |
| 詣 音羿 ㄧˋ | | | （形聲）（會意）甲文金文詣字从言旨聲本義作「候至」解（見說文許箸）乃徑往致候之意故从言又以旨本作「甘美」解致候人有申親敬之美意意故詣从旨聲・往候曰詣・造詣即學業藝術所至之境地之稱略稱詣・訪訪候・謁晉見・ |
| 訾 音紫 ㄗˇ 音貲 ㄗ | | | （形聲）（會意）甲文金文訾字从言此聲本義作「毀」解（見玉篇）乃詆毀人之意故从言又以此爲疵字省文詆毀人者往往好尋人之小疵而橫肆譏評又往往因好詆毀人而造成本身不可掩飾之瑕疵故訾从此聲・病曰訾・貲財曰訾通「貲」・ |
| 誠 音成 ㄔㄥˊ | | | （形聲）（會意）甲文金文誠略同从言成聲本義作「信」解（見說文許箸）乃言行符合眞實無僞之意故从言又以成本作「就」解誠在以實就人亦即以實自就故从成聲・眞實無妄曰誠『誠者眞實無妄之謂』（禮・中庸）・赤心曰誠・ |
| 說 栓仄聲 ㄕㄨㄛ 音閱 ㄩㄝˋ | | | （形聲）（會意）甲文金文說字从言兌聲本義作「釋」解（見通訓定聲）乃善爲剖析使通曉之意故从言又以兌本作「悅」解釋而允當言者畢其言論聽者服於心兩有悅意故說从兌聲・齊中義理曰說・妙說邪說高說詭說・誓約之言曰說・ |
| 語 音圄 ㄩˇ | | | （形聲）（會意）甲文語金文語从言从吾吳大澂氏以此爲古語字又从言吾聲本義作「論」解（見說文許箸）乃有所敘說之意故从言又以吾即我語在向人表達我之意思故語从吾聲・言論曰語常指二人對話而言・話曰語話語之稱・ |

楷 甲文 金文 楷 甲文 金文

**認** 音刃 ㄖㄣˋ

（形聲）（會意）甲文金文認字从言刃聲本義作「頓」解（見說文許箸）乃言語遲鈍貌故从言又以刃爲刀之犀利處俗稱刀口容易傷人故人須深藏不露言難出有深藏不露之意故認从刃聲。辨別，承認：認罪認錯認輸認乾媽認義兄弟。

**誌** 音志 ㄓˋ

（形聲）（會意）甲文金文誌字从言志聲本義作「記」解（見玉篇）乃記識勿忘之意耳提面命口誦心惟皆在助記識故从言又以志爲「心之所之」有專心趨向意記識事物必須專心壹志以赴之故誌从志聲，記事之文曰誌：日誌墓誌讀書誌。

**誓** 音逝 ㄕˋ

（形聲）（會意）甲文誓金文誓同字異體从言折聲本義作「約束」解（見說文許箸）凡自表不食言以自約束之辭或與人相期不食言以爲約束之辭皆曰誓故誓从言从折聲。軍旅中集將士而戒其應受約束之文詞曰誓，國與國所立之約曰誓。

**誤** 音悟 ㄨˋ

（形聲）（會意）甲文誤金文誤丁佛言氏以爲「从言省（省言爲口）」从言吳聲本義作「謬」解（見說文許箸）乃狂者之妄言故从言又以吳本作「大言」解大言有每失其實失其正意謬誤常由失實失正而生故誤从吳聲。失失誤錯誤。

**誦** 音頌 ㄙㄨㄥˋ

（形聲）（會意）甲文誦金文誦略同从言甬聲本義作「諷」解（見說文許箸）乃口從其文而以聲節之故从言又以甬音勇本作「草木華甬甬然」解有隆然興起意誦聲高揚故从甬聲。誦習詩書曰誦，倍文曰諷以聲節之曰誦，學誦。

**誡** 音戒 ㄐㄧㄝˋ

（形聲）（會意）甲文金文誡字同字異體又从言戒聲本義作「敕」解（見說文許箸）乃面予警告使知有所戒止之意故从言又以戒本作「警」解誡在使人警惕自飭故从戒聲，警敕人之辭曰誡通「戒」。戒戒飭之通「戒」，敎曰誡敎令。

**誨** 音晦 ㄏㄨㄟˋ 音毁 ㄏㄨㄟˇ

（形聲）（會意）甲文誨金文誨字略同从言每聲本義作「曉敎」解（見說文許箸）乃詳論析說以明曉而敎之之意故从言又以每本作「草盛上出」解誨之爲言必析述明確語意堅定是有盛意故从每聲。敎（音較）曰誨：聖誨慈誨，敎令曰誨。

**誘** 音酉 ㄧㄡˇ

（形聲）（會意）甲文金文誘字从言秀聲本義作「進」解（見爾雅）乃進人於善之意進人於善每有賴乎善言美語以相啓導故从言又以秀本作「禾實」解誘乃進人使其美質內蘊高華外現故誘从秀聲。誘惑曰誘，敎導曰誘。誘相勸也。

| 楷 | 甲文 | 金文 | 文 |
| --- | --- | --- | --- |

**誕** 音但 ㄉㄢˋ

（形聲）（會意）甲文金文誕字 从言延聲本義作「妄爲大言」解（見說文繫傳）乃妄爲張大其實之虛言故从言；以延本作「長」解乃伸張使長意誕多虛張其事故从延聲。大言曰誕即虛妄不實之言。放誕曰誕。誕辰生日之稱壽誕華誕。

**誣** 音無 ㄨˊ　讀若烏 ㄨ

（形聲）（會意）甲文金文誣字从言巫聲本義作「架言」解（見說文段注）乃憑空構架虛言以謗人之意故从言又以巫本作「祝」解即女巫以舞降神者其揮舞祈福禳災皆欺罔不信故誣从巫聲。事屬欺罔曰誣以無爲有之稱。誣衊：對人汙辱

**誥** 音告 ㄍㄠˋ

（形聲）（會意）甲文誥金文誥字略同从言告聲本義作「告」解（見說文許箸）乃以言告人使通曉之意故从言又以告有報白之義頡會「告上曰告發下曰誥」經典多以誥爲上告下之文故誥从告聲。誥命君主頒賜爵位所用之詔令略稱誥；

**誖** 音佩 ㄆㄟˋ　音勃 ㄅㄛˊ

（會意）（形聲）甲文誖从二或說文誖所引之籀文誖作「𧬈」正从二或段玉裁氏以爲「兩國相違舉戈相向亂之意也」金文誖字从言孛聲本義作「亂」解（見說文繫傳）乃辭氣散亂之稱故从言从孛聲。誖惑亂也 誖謾：惑亂媟汙之稱。

**論** 崙去聲 ㄌㄨㄣˋ

（形聲）（會意）甲文論金文論略同 从言侖聲本義作「議」解（見說文許箸）乃相與究詰以辨難解惑之意故从言又以侖本作「敘」解即有次第之意論爲循其條理而次第推究之故从侖聲。議得其宜曰論：公論正論輿論六代論過秦論，

**誰** 稅平聲 ㄕㄨㄟˊ

（形聲）甲文金文誰字 从言隹聲本義作「何」解（見說文許箸）爲不知其實而加以詢問之詞，故从言。何人何事疑問代稱：「誰知烏之雌雄」（詩・小雅）誰何：何事疑問代稱。「『吾與之虛而委蛇不知其誰何』」問之爲誰又云何人。

**請** 清上聲 ㄑㄧㄥˇ

（形聲）（會意）甲文金文請略同 从言青聲本義作「謁」解（見說文許箸）乃見長上有所陳敍意故从言又以青爲情之省文謁乃向人陳情故請从青聲。乞求曰請。邀宴曰請。召召請延請置酒請之。取取之敬語 請香案。情意情實之稱。

**調** 音條 ㄊㄧㄠˊ

（形聲）（會意）甲文金文調字从言周聲本義作「和」解（見說文許箸）乃融和相合之意言合意通而後事得和諧故从言又以周本作「密」解賈子道術謂「合得周密謂之調」故調从周聲。衆音相和曰調。衆味相和曰調。揉伏使之馴服。

**諒** 音亮 ㄌㄧㄤˋ

（形聲）（會意）甲文金文諒字从言京聲本義作「信」解（見說文許箸）乃誠篤不欺言行如一之意故从言又以京本作「人爲高丘」解因有高厚意志慮高潔言行厚重者乃能取信於人故諒从京聲。信曰諒通「亮」誠實之人曰諒

楷 甲文 金文

**誼** 音義 一ˋ

（會意）（形聲）甲文金文誼字从言从宜亦从宜聲言謂裁斷之宜謂適中得當裁斷事物使合宜爲誼其本義作「人所宜也」解（見說文許箸）乃人生歷世經事所當遵至唐代則歧誼義爲二字而音義迴異。情意相結者曰誼友誼世誼寅誼族誼。

**諂** 纏上聲 ㄔㄢˇ

（形聲）（會意）甲文金文諂字从言臽聲本義作「諛」解（見說文繫傳）乃以不當不實之言取悅於人故从言 以臽爲陷之初文諂乃投人所好曲意迎合以陷之故从臽聲。「『子曰「事君盡禮人以爲諂也」』」（論・八佾）諂諛：諂媚。阿諛。

**諄** 音肫 ㄓㄨㄣ　肫去聲 ㄓㄨㄣˋ

（形聲）（會意）甲文金文諄字从言享聲本義作「告曉之熟也」解（見說文繫傳）乃丁寧相語使之熟曉之意故从言又以享本作「熟」解諄在使之熟曉故諄从享聲。諄諄：丁寧告諭諄亦讀專。忠謹貌。勞心諄諄視民如子。諄諄然。

**諉** 音委 ㄨㄟˋ

（形聲）（會意）甲文金文諉字从言委聲本義作「累」解（見說文許箸）乃委託以事以相累之意託事必以言致意故从言又以委作「任」解乃屬付意諉乃以事任人卽將事屬付於任託者之身故从委聲。諉累也。累連累。諉累也。託託辭推諉。

**諸** 音諸 ㄓㄨ

（會意）（形聲）甲文諸金文諸略同从言从者亦从者聲言謂辯說者乃「別事詞」辯說中稱述衆品使相取別之詞爲諸其本義作「辯詞」解（見通訓定聲）乃稱述衆事而總括之之詞。蒩曰諸俗稱蜜餞桃諸梅諸。封建時代列國之君曰諸侯。

楷 甲文 金文

**謀** 音牟 ㄇㄡˊ

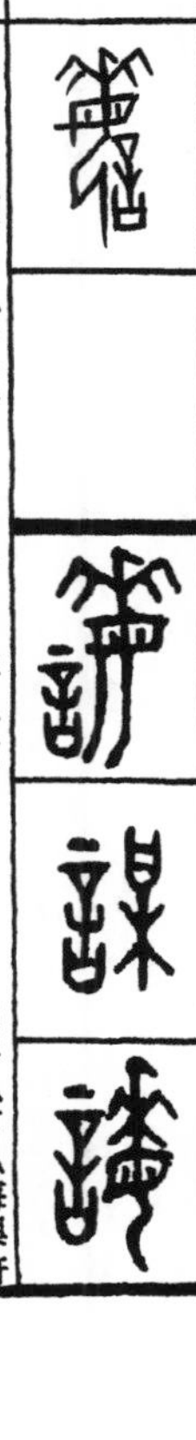

（形聲）（會意）甲文謀金文謀字吳大澂氏以爲「古謀字从言从每與許書誨字相類疑古文謀誨爲一字」又从言某聲本義作「慮難」解（見說文許箸）乃計慮艱難爲陳說皆賴乎言故从言又以某爲梅之本字故从某聲。策曰謀計畫之稱。

**諭** 音裕 ㄩˋ

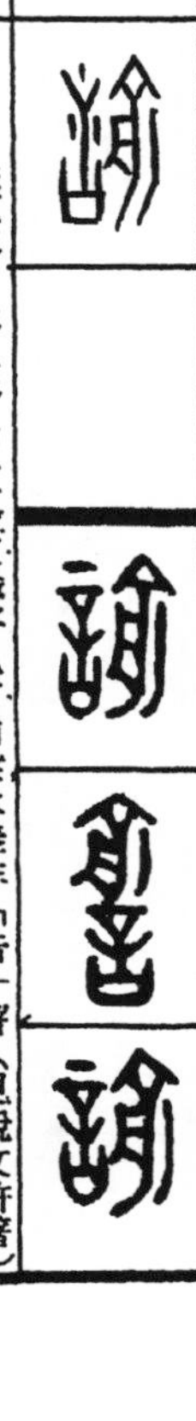

（形聲）（會意）甲文金文諭字从言俞聲本義作「告」解（見說文許箸）乃舉其要以曉之之意故从言又 以俞本作「空中木爲舟」解卽挖大木使中空之天然舟有載人以濟河川而達彼岸意諭乃以己意達彼故从俞聲。誥誡之言詞曰諭。

**謂** 音胃 ㄨㄟˋ

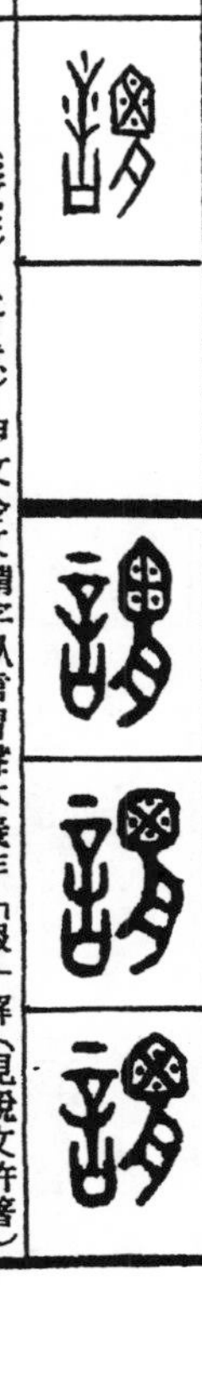

（形聲）（會意）甲文金文謂字从言胃聲本義作「報」解（見說文許箸）乃稱論人得其當事得其宜之詞故从言又以胃本作「穀府」解乃人體中容納五穀取其精粹以供週身營養者稱論人事亦在品其精粗故謂从胃聲。道曰謂道理之稱。

**諫** 音澗 ㄐㄧㄢˋ

（形聲）（會意）甲文諫金文諫字略同从言柬聲本義作「證」解（見說文許箸）乃陳善惡促人 有所革正意故从言又以柬本作「分別」解諫乃分別善惡而陳說之故从柬聲。證曰諫以言正人之稱。諫官曰諫。「諫行言聽德澤下於民」（孟

**諷** 風去聲 ㄈㄥˋ　音風 ㄈㄥ

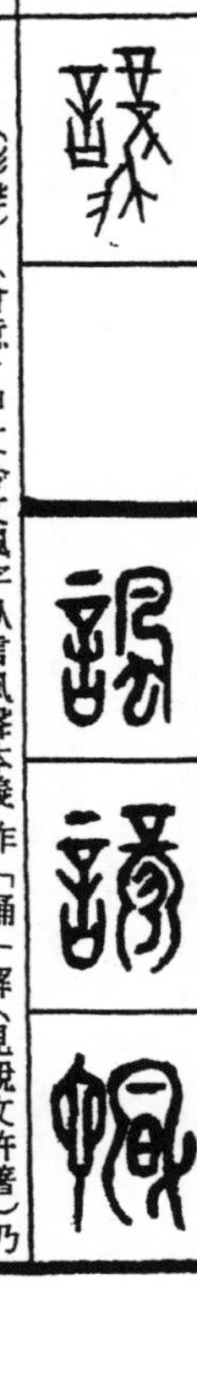

（形聲）（會意）甲文金文諷字从言風聲本義作「誦」解（見說文許箸）乃誦讀詩書之意故从言又以氣流通而成風乃暢通而有聲者諷誦詩書亦暢通有聲故諷从風聲。背書曰諷『倍文曰諷以聲節之曰誦』（周禮・春官）。諷諫：託詞諫之。

楷｜甲文｜金文

**諜** 音牒 ㄉㄧㄝˊ

（形聲）（會意）甲文金文諜字从言枼聲本義作「軍中反間也」解（見說文許箸）乃詐爲敵國之人入其軍中伺候間隙探察虛實以反報其主者故从言又以枼音葉爲木片之薄者易散飛意諜多獨來獨往行動飄忽故从枼聲。舉動便辟曰諜。

**諺** 音彥 ㄧㄢˋ

音岸 ㄢˋ

（形聲）（會意）甲文諺金文諺从言从彥省丁佛言氏以此爲古諺字 从言彥聲本義作「傳言」解（見說文繫傳）乃足以傳世之常言故从言又以彥本作「美士」解有舊世相稱美之意故从彥聲。流傳之俗言曰諺。俚諺前諺遺諺。鄙習鄙語。

**謔** 音虐 ㄋㄩㄝˋ

（形聲）（會意）甲文金文謔字从言虐聲本義作「戲」解（見說文許箸）乃浪笑嬉語以爲耍樂之意故从言又以虐本作「殘害」解嬉笑常有傷及對方尊嚴故謔从虐聲。戲侮曰謔。『謔戲侮也』（詩・大雅）。調笑之事曰謔俗謂之開玩笑。

**謚** 音示 ㄕˋ

（形聲）（會意）甲文金文謚字从言从皿兮聲本義作「行之迹也」解（見說文繫傳）乃卽死者生平行迹爲所立之號故謚从言从皿又以兮爲詩歌之餘聲有揚溢不盡意謚以勸善稱揚死者生時德業以垂後世故从兮聲。美謚。號爲死者立號。

**諾** 挪去聲 ㄋㄨㄛˋ

（形聲）（會意）甲文諾與金文諾略同金文諾吳大澂氏以爲「語辭从口若聲从言後人所加」本義作「應詞也緩應曰諾疾應曰唯」解（見通訓定聲）乃應人呼喚之詞答以受呼者故从言从若聲。以言許人曰諾卽應承之辭。諾諾：順從

楷｜甲文｜金文

**諱** 音卉 ㄏㄨㄟˋ

（形聲）（會意）甲文諱金文諱字从言韋聲容庚氏以此爲古諱字本義作「忌」解（見說文句讀）乃有所忌避不可公開之言故从言又以韋本作「相背」解卽彼此相反之意故从韋聲。所隱者曰諱。死者之名曰諱。犯諱避諱死訊曰諱。

**諦** 音帝 ㄉㄧˋ

（形聲）（會意）甲文金文諦字从言帝聲本義作「審」解（見說文許箸）乃詳明的當之意事理必由道說而後得審故从言又以帝爲蒂字初文色澤形狀與花果迥不相侔且居花果外有明鮮的當意故諦从帝聲。審細視。放悲聲曰諦通「啼」。

**諳** 音庵 ㄢ

音暗 ㄢˋ

（形聲）（會意）甲文金文諳字从言音聲本義作「悉」解（見說文許箸）乃知曉其實之意人貴熟知前言往事尤賴語言以析理白事故从言又以音爲暗之省文熟知其實在破暗求明故諳从音聲。悉知曉詳諳熟諳。諳練：記習其事。熟記。

**謁** 音葉 ㄧㄝˋ

（形聲）（會意）甲文金文謁字从言曷聲本義作「白」解（見說文許箸）乃向長上有所陳述之意故从言又以曷爲渴之省文渴本作「飲水而盡」解向長上白事宜盡吐實情故謁从曷聲。請求之事曰謁。謁者掌賓讚受事報奏章之官。

楷 甲文 金文 文

**諠** 音喧 ㄒㄩㄢ　暄上聲 ㄒㄩㄢˇ

（形聲）（會意）甲文金文諠字 从言宣聲本義作「譁」解（見廣韻）乃衆聲喧鬧之意古从口之字 或从言 故諠从言以宣有布散之義書皐陶謨「日宣三德」諠爲衆聲布散故从宣聲・譶諠譁同「喧」・諠譁：衆聲呼噪・忘遣忘通「諼」・

**諤** 音鄂 ㄜˋ

（形聲）（會意）甲文金文諤字从言咢聲本義作「正直之言」解（見玉篇）乃合乎正義循乎直道之 言故从言又以咢在六書故作「和歌」解有彼此相合意正直之言爲衆人心所欲言耳所樂聞者故諤从咢聲・諤諤：正直之稱正直不阿・

**譌** 音訛 ㄜˊ

（形聲）（會意）甲文金文 从口从言爲聲吳大澂氏以此爲古 譌字並謂「許氏說『吅讀若 讙或从緐作「䜌」』古文譌譌爲一字緐之轉爲謠詠」本義作「僞言」解（見通訓定聲）乃人所造構之虛言故从言从爲聲・謬誤曰譌・覺覺寤・

**諶** 音忱 ㄔㄣˊ

（形聲）（會意）甲文諶金文諶字略同 从言甚聲本義作「誠諦」解（見說文許箸）乃誠篤無欺言行一致之意故从言又以甚本作「尤安樂」解有心安理得意人能誠諦自矢必無往而不心安理得故諶从甚聲・信信從字亦作「忱」諶信也・

**講** 音港 ㄍㄤˇ　江上聲 ㄐㄧㄤˇ

（形聲）（會意）甲文金文講字从言冓聲本義作「和解」解（見說文許箸）乃從中折衝調和使其相合意和解必須善爲釋說故从言又以冓本作「交積材」解乃往時屋舍之木架象其互相締結互相密合故講从冓聲・講習之事曰講・論論究・

**謠** 音遙 ㄧㄠˊ

（形聲）（會意）甲文謠金文謠字 略同 从言肉聲丁佛言氏以此爲古謠字本義作「徒歌」解（見說文段注）乃無音伴奏之歌曲以歌必出聲故从言又以肉謂肉體此指喉舌齒脣鼻等器官而言賴此以發聲者故䚻从肉聲・民謠俚謠童謠・

**謙** 音簽 ㄑㄧㄢ

（形聲）（會意）甲文金文謙字从言兼聲本義 作「敬」解（見說文許箸）乃屈己尊人之意言爲心聲言詞不自滿有而不居足以見恭敬退讓之實故謙从言又以兼本作「并」解爲兩者相合爲一相遇而互見重故謙从兼聲・敬讓曰謙・謙遜

**謝** 音榭 ㄒㄧㄝˋ

（會意）（形聲）甲文謝羅振玉氏以爲「从言从兩手持席 祭義『七十杖于朝君問則席』故持席以謝也此古禮之僅存于祭義中者」金文謝从言䠶聲本義作「辭去」解（見說文許箸）乃告別而去之意 故从䠶聲・彫落曰謝增韻 彫落也・

**謗** 邦去聲 ㄅㄤˋ

（形聲）（會意）甲文金文謗字 从言旁聲本義作「毀」解（見說文許箸）乃論道人之惡故从言又段玉裁氏謂「謗之言旁也旁溥也大言之過其實」謗者每喜誇大他人過惡而肆言之故謗从旁聲・毀詒曰謗・責言曰謗・辱高位以速官謗・誹訕・

楷　甲文　金文

謚　音示　ㄕˋ

（形聲）（會意）甲文金文謚字从言益聲本義作「笑貌」解（見說文繫傳）乃笑言呃呃之意故从言又以益爲謚字初文笑樂時常歡聲揚溢故謚从益聲。於說文致謚諡歧爲二字而互異引參證。號號稱人死後就其生時行迹以立號此號曰諡。

謖　音縮　ㄙㄨˋ

（形聲）（會意）甲文金文謖字从言畟聲本義作「起貌」解（見玉篇）乃指昂然興起之狀而言吾人心有所感則發言奮厲激昂故从言又以㚇音稜本作「進」解起有上進意故謖从畟聲。謖爾：翕斂貌。謖謖：峻挺貌。「玉塵謖謖生清風」。

謟　音滔　ㄊㄠ

（形聲）甲文金文謟字从言舀聲本義作「疑」解（見玉篇）乃疑惑不能定是非之意疑莫能定者每多游移摸棱之說故从言。疑疑惑懷疑：「『天道不謟不貳其命』」釋文『謟本又作慆』」（左・昭廿六年）。謟右作舀不作召作召爲諂。

謹　音槿　ㄐㄧㄣˇ

（形聲）（會意）甲文謹金文謹字从音从堇㚖大澂氏 謂「六國時文字音言互用也」遂以此爲古謹字又从言 堇聲本義作「愼」解（見說文許箸）乃嚴整自飭之意言易傷人賈禍爲最宜愼重者堇音井爲黃色黏土甚細密 故从堇聲。敬愼。

謨　音模　ㄇㄛˊ

（形聲）（會意）甲文金文謨字 从言莫聲本義 作「議謀」解（見說文許箸）爲汎議衆謀而終定其一之意 故从言又以莫爲暮字初文入暮則萬動咸息是有定止意謨爲 議定之謀故从莫聲。方略曰謨汎議將定其謀曰謨慮難曰謀計事曰謨。

楷　甲文　金文

謫　音摘　ㄓㄜˊ

（形聲）（會意）甲文金文謫字从言啇聲本義作「罰」解（見說文許箸）乃譴責其罪而懲處之之意故从 言又以啇音敵本作「本」解責罰必有所本始能使人服罪故 謫从啇聲。罪過曰謫。被罪罰任邊戍之人曰謫。謫降居官獲罪降調。

謬　音繆　ㄇㄧㄡˋ　牛去聲　ㄋㄧㄡˋ

（形聲）（會意）甲文金文謬字 从言翏聲本義 作「狂者之妄言」解（見說文許箸）乃狂人不通於輕重緩 急經權之亂語故从言 又以翏音聊本作「高飛」解有出實地 甚遠意狂人之言每去常道正理甚遠故謬从翏聲。錯誤曰謬。妄詐妄。

證　蒸去聲　ㄓㄥˋ

（形聲）（會意）甲文金文證字 从言登聲本義作「告」解（見說文許箸）乃明告其實之意故从言又以登有加義證爲以實相加故从登聲。憑據曰證凡事物足助成斷案者之稱：人證物證明證。事有徵驗曰證。病之徵候曰證俗作「症」。

識　音式　ㄕˋ

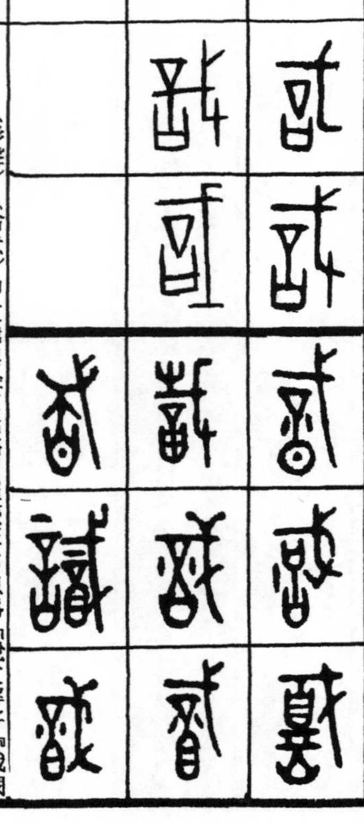

（形聲）（會意）甲文識與金文識略同羅振玉氏 以爲「說文解字『戠闕从戈从音』此从言古金文識幟諸字 皆如此作本義作「知」解（見通訓定聲）乃審知其誠僞是非之意言爲心 聲所以審其知而述其知者 識爲戠之累增字故从戠聲

楷 甲文 金文 文 楷 甲文 金文 文

**譏** 音機 ㄐㄧ

（形聲）（會意）甲文金文譏字从言幾聲本義作「誹」解（見說文許箸）乃以言諷刺人非譏人之意故从言又以幾本作「微」解段玉裁氏謂「譏之爲言微也以微言相摩切也」故譏从幾聲。以言譴謫人曰譏。大言毀人曰謗微言毀人曰譏。

**譜** 音圃 ㄆㄨˇ

（形聲）（會意）甲文金文譜字同字異體金文譜从言普聲本義作「籍錄」解（見說文新附）乃布列全事之冊籍以備咨詢之用者故从言又以普有遍及全體意譜則必求系統分明而遍及全體譜爲普之累增字故从普聲。食譜.宗譜.家譜.族譜。

**譚** 音覃 ㄊㄢˊ

（形聲）（會意）甲文金文譚字形異義同金文譚又从言覃聲本義作「誕」解（見玉篇）乃放縱之意放縱者每妄言無忌避故从言又以覃本作「長味」解人放縱則自是自大而樂此不疲是有長意故譚从覃聲。談論曰譚通「談」。奇譚。

**譖** 音去聲 ㄗㄣˋ

（形聲）（會意）甲文金文譖字从言朁聲本義作「愬」解（見說文許箸）乃旁入不實之言以誣人故从言又以朁爲朁之省文徐鍇氏謂「譖者朁也若朁之箸物切至也」故譖从朁聲。讒謗曰譖惡言誣毀之稱「帝初在東宮李林甫數構譖」

**譔** 音撰 ㄓㄨㄢˋ

（形聲）（會意）甲文金文譔字从言巽聲本義作「專教也」解（見說文許箸）乃專壹訓誨以啓導他人之意故从言又以巽有入義易序卦「巽入也」是其例專教在以道業入人故譔从巽聲。述箸述集韻「譔述也」字亦作「撰」。

**警** 音儆 ㄐㄧㄥˇ

（會意）（形聲）甲文金文警字从言从敬亦从敬聲敬謂肅謂慎以言明示所當肅及當愼之事曰警其本義作「戒」解（見說文許箸）即戒愼戒備之意惟王筠氏以爲「與人部儆同」。任戒備之士曰警。危急之消息曰警。戒備之事曰警。覺醒。

**議** 音誼 ㄧˋ

（形聲）（會意）甲文金文議字从言義聲本義作「語」解（見說文許箸）乃謂相與評論事理之宜故从言又以義者事之宜也議在論事之宜故从義聲。論列評論曰議巷議直議。文體名論事可否之文曰議。博採衆議。平議奏議論議改議駁議。

**譬** 音屁 ㄆㄧˋ

（形聲）（會意）甲文金文譬字从言辟聲本義作「諭」解（見說文許箸）乃以言舉肖似者相比喻以告知之之意故从言又以辟本作「法」解依罪大小以定法之輕重因有兩者相當意取譬必求兩者相當故譬从辟聲。比喻曰譬。諭告知。

**譯** 音亦 ㄧˋ

（形聲）（會意）甲文金文譯字从言睪聲本義作「傳四夷之言者」解（見說文許箸）乃翻譯各國語言者之稱故从言又以睪爲驛之省文驛爲遞送公文之傳騎有溝通兩地情實意譯爲溝通異地異國之語言故从睪聲。傳譯他國語文之人曰譯

| 楷 | 甲文 | 金文 |
|---|---|---|

譽 音預 ㄩˋ 音余 ㄩˊ

（形聲）（會意）甲文金文譽字从言與聲本義作「稱」解（見說文許箸）乃頌揚他人美好之意故从言又以與有予義譽乃推善名美稱予人故从與聲・聲聞之美曰譽・『庶幾夙夜以永終譽』（詩・周頌）・譽者過實之名・樂事曰譽通「豫」・

護 音互 ㄏㄨˋ

（形聲）（會意）甲文護金文護字从口从蒦古从言之字間亦从口丁佛言氏以此爲古護字也从言蒦聲本義作「救視」解（見說文許箸）乃救助看護之意護人度艱危首宜寬言慰解之故从言又以蒦音獲本作「持」解因有保全意故从蒦聲

譴 音遣 ㄑㄧㄢˇ

（形聲）（會意）甲文譴金文譴字林義光氏以爲「从口䏌聲」古从言之字間亦从口遣亦从䏌聲本義作「謫問」解（見說文許箸）謫謂罰乃責問其過之意故从言又以遣本作「縱」解卽任其自去意指摘而無忌避故譴从遣聲　罪曰譴

譸 音州 ㄓㄡ

（形聲）甲文金文譸字从言壽聲本義作「詶」解（見說文段注）乃詛咒之意故从言又以壽爲年齒久老之稱因有久意詛咒人者每以積恨宿怨而歷久不釋故譸从壽聲　惟此本義古罕見用今所行者爲別義・度譸度通「籌」・譸張誑也・

讀 音獨 ㄉㄨˊ

（形聲）（會意）甲文金文讀字从言賣聲本義作「誦書」解（見說文許箸）乃依章句哦誦之意故从言又以賣音邁本作「且行且賣」解義同鬻乃沿街巷一面行走一面吆喝以導人來買之小販讀亦不斷出聲哦誦故从賣聲・誦書曰讀・

| 楷 | 甲文 | 金文 |
|---|---|---|

變 鞭去聲 ㄅㄧㄢˋ

（形聲）（會意）甲文金文變字略同从攴䜌聲本義作「更」解（見說文許箸）乃改易之意攴乃施力使有所爲以更之故以攴又以䜌音鸞本作「治」解亦作「不絕」解變在治舊爲新亦有前後相續不絕意故从䜌聲・變化曰變權曰變・

讎 音酬 ㄔㄡˊ

（形聲）（會意）甲文讎金文讎字略同从言雔聲本義作「讐（應）也」解（見說文句讀）乃以言對問者有所應對之意故从言又以雔音酬本作「雙鳥」解雔匹也有相匹對意應所以對人之問故讎从雔聲・仇怨曰讎通「仇」世讎國讎・

讌 音宴 ㄧㄢˋ

（形聲）（會意）甲文金文讌字从言燕聲本義作「合語」解（見集韻）乃相聚談敍之意故从言又以燕爲候鳥名建巢樑上終日呢喃有合語意故讌从燕聲・宴會曰讌聚飲・「里讌巷飲飛觴舉白」（左思・吳都賦）・讌戲：飲酒作樂・

讓 壤去聲 ㄖㄤˋ

（形聲）（會意）甲文金文讓字从言襄聲本義作「相責讓」解（見說文許箸）乃以言相詰責之意故从言又以襄本作「解衣而耕」解讓責人者盡言如解衣故讓从襄聲・謙遜曰讓賈子新書道術「厚人自薄謂之讓」・責曰讓責罰之稱・

讒 音饞 ㄔㄢˊ

（形聲）（會意）甲文金文讒字从言毚聲本義作「譖」解（見說文許箸）乃加誣以毀人之意故从言又以毚音饞本作「狡兎」解讒者之尋人缺失如兎入窟極狡黠之能事故讒从毚聲・顚倒是非毀善害能之惡言曰讒・譖曲說中傷之謂・

楷 甲文 金文

讚 音贊 ㄗㄢˋ

(形聲)(會意)甲文金文讚字从言贊聲本義作「稱」解(見類篇)乃頌揚之意故从言又以贊有稱美一義贊讚古今字讚爲贊之累增字故从贊聲,文體之一種文章緣起注「讚颺言以明事而嗟歎以助辭也四字爲句數韻成章韻不可失」。

讜 音黨 ㄉㄤˇ

(形聲)(會意)甲文金文讜字从言黨聲本義作「直言」解(見說文新附)乃直率之言故从言又以黨本作「不鮮」解世則以之爲朋黨字朋黨志同道合言必正直故讜从黨聲。直言之稱。讜直:公忠正直之稱。忠直之言讜亦作「黨」

谷 音穀 ㄍㄨˇ

(會意)(指事)甲文谷金文谷略同谷上从半水(省水字中筆)从口水謂所流之泉及所往通之川口示泉所流經處泉出經此而往通大川此所經之窪地爲谷其本義作「泉出通川爲谷」解(見說文許箸)。兩山間之低窪地或水道曰谷。

谿 音欺 ㄑㄧ

(形聲)(會意)甲文金文谿字同字異體从谷奚聲本義作「山瀆無所通者」解(見說文許箸)乃山谷間前無所通之水渠故从谷又以奚本作「大腹」解故奚奚爲大腹貌故谿从奚聲。山瀆曰谿,谿亦澗也。穴道曰谿人體要害處之稱。

豁 音貨 ㄏㄨㄛˋ

(形聲)(會意)甲文金文豁字害聲本義作「通谷」解(見說文許箸)乃由此達彼中無阻礙而前有所通之谷故从谷又以害本作「傷」解有刺入之意通谷爲直入山間者故豁从害聲。豁達:器度寬宏。廣通之稱。豁如:曠達貌一說開通貌。

楷 甲文 金文

豆 音竇 ㄉㄡˋ

(象形)甲文豆與金文豆略同金文豆林義光氏以爲「說文云『豆古食肉器也从口象形』按全體象豆形」其本義作「古食肉器也」解(見說文段注)乃古時盛肉之器。古時禮器以盛鹽菹醢等濡物。量名四升曰豆、衡名十六黍曰豆。

豉 音侍 ㄕˋ

音恥 ㄔˇ

(形聲)(會意)甲文金文豉字从豆支聲本義作「配鹽幽尗」解(見說文許箸)尗即大豆乃施鹽調拌已發黴之熟豆幽閉甕中而成者故从豆又以支有分義支離支配支解皆其例施鹽入豆必極力調拌之分勻故豉从支聲,豆豉略稱豉,

豌 音剜 ㄨㄢ

(形聲)(會意)甲文金文豌字从豆夗聲本義作「今豆名」解(見說文纂傳)乃莢長寸許之豆故从豆又以夗音苑本作「轉臥」解豌豆之莢微曲其中豆實圓如珠宛若轉臥其間者故豌从夗聲。豌豆一名胡豆戎菽淮豆豆科越年生草本

豎 音樹 ㄕㄨˋ

許士聲 ㄕㄨˋ

(會意)(形聲)甲文豎羅振玉氏以爲「說文解字『豎立也从臤豆聲』籀文豎从殳此从豆从又若樹之書从豆聲但豎之初字也」金文豎从人从臣豆聲當謂未成年人爲臣僕之官从人豆聲本義作「立也」解(見說文許箸)乃以人力使之直立者故从人臤豆聲。

| 楷 | 甲文 | 金文 |
|---|---|---|

**豐** 音鄷 ㄈㄥ

(象形)(指事) 甲文豐金文豐略同上象豆所盛實(肉醬醢葅醬等)下象盛物器其本義作「豆之豐滿也」解(見說文許箸)卽肉器或祭器中所盛者極見厚多之意象豐滿之形也．盛曰豐滿足之稱 厚曰豐美多之稱．豐年曰豐腆善也．

**豔** 音豔 一ㄢˋ

(形聲)(會意) 甲文金文豔字从豐盍聲本義作「好而長」解(見說文許箸)乃容色豐滿見長於人之意故从豐又以盍本作「覆」解有自上而下直加覆罩於外之意豔爲豐滿外現故从盍聲．美女曰豔．美麗之容光曰豔．好花曰豔．

**豕** 音始 ㄕˇ

(象形) 甲文豕金文豕略同 橫視之象俯首竭尾而四足相前後之形此卽豕其本義作「彘」解(見說文許箸)卽豬豕彘豬一物而三名方言「豬關東西或謂之豕」豕者彘之總名也．豕．俗名豬家畜名 爲野豬之變種體肥滿頭大眼雜食動物

**豚** 音屯 ㄊㄨㄣˊ　音墩 ㄉㄨㄣ　遯上聲 ㄉㄨㄣˇ

(會意)(指事) 甲文豚羅振玉氏以爲「此从豕肉會意字也許書又載篆文从豕肉與此正合」金文豚與甲文豚字略同从又持肉古人之豕非大不食其本義作「小豕」解(見說文句讀)卽用以祭祀之小豬．豚行：循轉而行之法高堆曰豚

| 楷 | 甲文 | 金文 |
|---|---|---|

**象** 音像 ㄒㄧㄤˋ

(象形) 甲文象與金文象略同金文象林義光氏以爲「象鼻首四足尾之形」橫視之前象長鼻其相接者象頭耳中後象身及四足與尾此卽象其本義作「長鼻牙南越大獸」解(見說文許箸)乃產於南越鼻牙特長之大獸名．哺乳類長鼻類．

**豢** 音患 ㄏㄨㄢˋ

(會意)(形聲) 甲文豢商承祚氏以爲「說文解字『豢以穀圈養豕也从豕𢍏聲』今卜辭有𢍏象以手豕是卽豢之初文肖象豕形」金文豢字从豕𢍏聲本義作「以穀圈養豕也」解(見說文許箸)家畜之犬豕曰豢．飼養犬豕之事曰豢．

**豨** 音希 ㄒㄧ　希上聲 ㄒㄧˇ

(形聲)(會意) 甲文豨金文豨略同从豕希聲本義作「豕」解(見玉篇)古時吳楚之人名豕曰豨故豨从豕又以希在古與絺同義乃以鍼貫線縫衣因有聚合意豕之繁殖力强且常彙聚一處故豨从希聲．豨苓：卽豕苓豬苓菌類植物可入藥．

楷　甲文　金文

**豫**　音譽　ㄩˋ

（形聲）（會意）甲文金文豫字从象予聲本義作「象之大者」解（見說文許箸）乃一種特大之象故从象又以予余相通即我之別稱有以自我爲中心意相傳猶豫二獸進退多疑蓋以一己利害縈思而徘徊不定者故豫从予聲・備曰豫獸名。

**豬**　音諸　ㄓㄨ

（形聲）（會意）甲文金文豬字从豕者聲本義作「豕子」解（見通訓定聲）乃指小豕而言故从豕又以者爲諸之省文徐灝氏以爲「爾雅曰『豕子豬』蓋豬之言諸也謂其羣衆耳」豕一胎十餘子幼時每叢聚故豬从諸聲・豕子曰豬・豕曰豬。

**豸**　音雉　ㄓˋ

（象形）甲文豸金文豸略同橫視之象侈口長脊之獸形其本義作「猛獸（名）」解（見說文徐箋）乃長脊獸之通稱故豹豺貓貔等字皆从豸本義也貍爲貓屬貓爲似狐貍貒之獸本以豸名轉音入寨而孳乳爲異字也」・蟲之無足者曰豸。

**豹**　音爆　ㄅㄠˋ

（象形）（形聲）甲文豹略象侈口而有圜文之獸形此即豹金文豹从豸勺聲本義作「似虎圜文」解（見說文許箸）乃形似虎而有圜形紋如錢之獸俗稱之曰金錢豹以其爲長脊獸故从豸・豹：獸名哺乳類食肉類動作迅捷善攀木。

**豺**　音柴　ㄔㄞˊ

（形聲）（會意）甲文金文豺字从豸才聲本義作「狼屬狗聲」解（見說文許箸）狼之一種其聲如狗故俗稱豺狗以其爲長脊獸故从豸又以才有行動迅捷之意豺性貪殘而行動迅捷故从才聲・豺：獸名俗稱豺狗哺乳類食肉類形似狼犬。

楷　甲文　金文

**貂**　音雕　ㄉㄧㄠ

（形聲）（會意）甲文金文貂字从豸召聲本義作「鼠屬也大而黃黑」解（見說文許箸）乃類鼠而大其色黃黑之小獸名以其爲長脊獸故从豸又以召本作「以言招人」解有迅捷與及遠之意貂好攀緣高木極爲捷速故从召聲一稱貂鼠。

**貉**　音陌　ㄇㄛˋ　音何　ㄏㄜˊ　讀若豪　ㄏㄠˊ

（形聲）（會意）甲文貉金文貉字略同从豸各聲本義作「北狄名」解（見通訓定聲）乃指古代遠處極北之種族名而言以其未開化而有類乎獸故从豸又以各有互不相屬意貉人因未開化而無禮讓故貉从各聲・貉似狐善睡獸也。

**貊**　音陌　ㄇㄛˋ

（形聲）（會意）甲文金文貊字从豸百聲本義作「百狄名」解（見通訓定聲）乃指古代遠處極北之種族名而言以其未開化有類乎獸故从豸又以百有多意胡貊之人因未開化而大都各行己意其言行相殊爲百不易盡著故貊从百聲。

**貅**　音休　ㄒㄧㄡ

（形聲）（會意）甲文金文貅字从豸休聲本指「貔貅」一詞而言貔貅之本義作「猛獸」解（見廣韻）乃一種形與虎似之獸以其爲長脊獸故貅从豸又以休本作「息止」解因有盡了意貔貅猛獸人畜遇之輒休故貅从休聲・貔貅：猛獸名。

**貌**　毛去聲　ㄇㄠˋ

（形聲）（會意）甲文貌金文貌同字異體金文貌从馬从頁說文許箸「或从頁豹省聲」作貇此易豸爲馬丁佛言氏以此爲古貌字又从皃豹省（省豹爲豸）聲本義作「頌儀」解（見說文許箸）頌同容即容儀之稱・面形曰貌・容儀曰貌。

| 楷 | 甲文 | 金文 |
| --- | --- | --- |
| 貍 音釐 ㄌㄧˊ | | |

（形聲）（會意）甲文金文貍字从豸里聲本義作「伏獸似貙」解（見說文許箸）乃晝伏夜出狀與貙似之獸卽俗稱之野貓以其長脊故从豸又以里爲民戶聚居之名貍常穴居近於村里之山野以掠食家畜故从里聲。貍奴：貓之別稱可畜者。

貓 音茅 ㄇㄠˊ 音苗 ㄇㄧㄠˊ

（形聲）（會意）甲文金文貓字从豸苗聲本義作「貍屬」解（見說文新附）乃似貍而馴之家畜名亦長脊者故从豸又以貓聲如苗故从苗聲惟埤雅「鼠善害苗而貓能捕鼠去苗之害故貓之字從苗」。貓：小獸名哺乳類食肉類善跳躍。

貔 音批 ㄆㄧˊ

（形聲）（會意）甲文金文貔字从豸毘聲本義作「豹屬出貉國」解（見說文許箸）乃與豹相類之長脊獸名故从豸。又以毘爲古毘毗字毗本作「體柔」解貔體柔矯捷故从毘聲。貔貅：猛獸名豹屬又云似虎或云似熊一名執夷虎屬也。

貛 音歡 ㄏㄨㄢ

（形聲）（會意）甲文金文貛字从豸雚聲本義作「野豕」解（見說文許箸）乃與豕相似之野獸名以其長脊故从豸又以雚爲鸛字初文鸛似鵲而不善唳以喙相擊鳴行動較呆滯貛體肥足矮行動亦近呆滯故从雚聲。野獸名分二類豬貛胡貛

貝 悲去聲 ㄅㄟˋ

（象形）甲文貝金文貝象海介蟲張兩殼形此卽貝其本義作「海介蟲」解（見說文許箸）卽海中硬殼之軟體動物名 貝軟體動物名形體側扁體左右各有一外套膜腹面有肉足狀如斧體外被介殼二片可開闔。貨曰貝古人以貝殼爲貨幣。

貞 音禎 ㄓㄣ

（會意）甲文貞其形繁簡不同與貝字之形略似金文貞與甲文貞略同从卜从貝卜謂問吉凶貝示往見時所攜爲禮之財貨其本義作「卜問」解（見說文許箸）乃求卜問事之意卜問曰貞卜於蓍龜以問事之稱。定曰貞堅定固定之德謂之貞。

負 音婦 ㄈㄨˋ

（會意）（形聲）甲文負金文負字略同从人守貝貝謂財貨人守財貨則得此財貨爲用而無虞匱乏故其本義作「恃」解（見說文許箸）乃有所倚仗而無恐之意負背也。敗績曰負。責任曰負。債務之事曰負。老年婦人之稱通「婦」。

財 音裁 ㄘㄞˊ

（形聲）（會意）甲文財金文財略同从貝才聲本義作「人所寶也」解（見說文許箸）徐鍇氏謂「可以入用也」乃泛指可以爲人用之粟米布帛泉貨器物等而言貝爲古代通貨故从貝从才聲。財貨之總稱可以入用者曰財。幣帛財寶也。

| 楷 | 甲文 | 金文 |
| --- | --- | --- |

貢 攻去聲 ㄍㄨㄥˋ

（形聲）（會意）甲文金文貢字从貝工聲本義作「獻」解（見說文許箸）乃公獻財貨器物等之總稱故从貝又以工有精美一義凡下以獻上者咸取精美故貢从工聲・下奉其土地所有之物於上此物曰貢・貢賦之差別曰貢・貢賦之數曰貢・

貨 火去聲 ㄏㄨㄛˋ

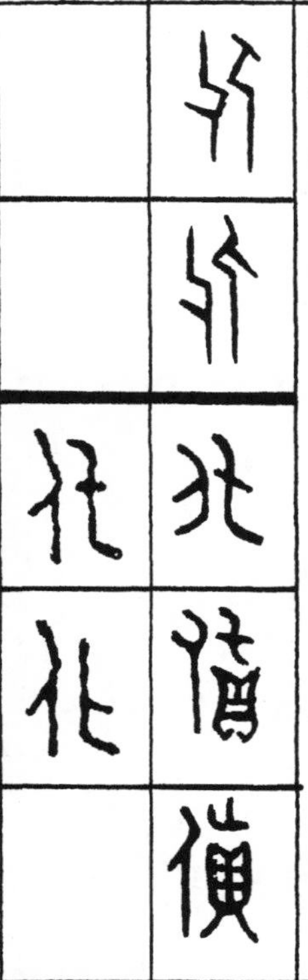

（形聲）（會意）甲文金文貨字爲化字重文古以化爲貨金文也从貝化聲本義作「財」解（見說文許箸）乃人所資用物之總稱 貝爲古代通貨可以居間易物者貨爲化之累增字故从化聲・物之供交易以易財者曰貨・賂曰貨賄賂之稱・

貧 音頻 ㄆㄧㄣˊ

（會意）（形聲）甲文金文貧字从貝分亦从分聲貝謂財貨財貨分之則少其本義作「財分少」解（見說文許箸）乃財貨微少之稱 乏財曰貧即用不足之稱・「貧者用不足也」（書・洪範）・乏財者曰貧即窮人之稱・窮空乏使之困於財・

責 音嘖 ㄗㄜˊ

（形聲）（會意）甲文責金文責略同从貝朿聲本義作「求」解（見說文句讀）乃索求負家償還財貨之意故从貝又以朿爲刺字初文 本作「木芒」解爲尖銳突出之棘刺有傷人意索求負欠常傷人故責从朿聲・責任曰責負責盡責・譴曰責・

貪 音攤 ㄊㄢ

（形聲）（會意）甲文金文貪字从貝今聲本義作「欲物」解（見說文許箸）乃亟思得財貨以爲己有之意 故从貝又以今爲現在即當前之稱貪者常思當前之利而務現在之得故貪从今聲 多慾曰貪 求取非所當得而求取之 求得無饜曰貪

貫 音灌 ㄍㄨㄢˋ

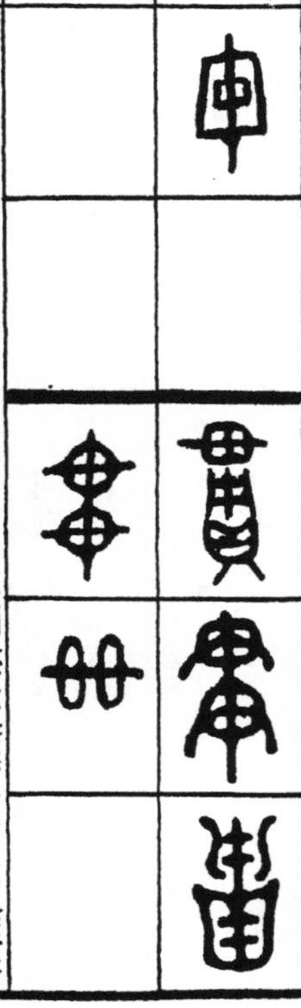

（會意）（形聲）甲文金文貫字形異義同金文貫从毌貝亦从毌聲毌音冠謂穿物持之貝謂錢秦前以貝爲貨幣秦時廢貝行錢 中有孔可穿以攜持者以繩索穿錢而持之此穿錢者曰貫 通稱之錢串・往時穿錢（錢中有孔）之索曰貫俗稱錢串

販 音畈 ㄈㄢˋ

（形聲）（會意）甲文金文販字从貝反聲本義作「買賤賣貴者」解（見說文許箸）乃轉售貨物以居中取 利者之稱故从貝又以反有相逆一義徐鍇氏以爲「善販者旱則資舟水則資車人棄我取與常情反也」故販从反聲・轉售貨物者曰販・

貴 ㄍㄨㄟˋ

（會意）（形聲）甲文貴金文貴同字異體金文貴字丁佛言氏以爲「說文『貴从古文蕢』蕢與塊通有土之謂也此从田義與塊通」」金文貴又从貝臾聲本義作「物不賤」解（見說文許箸）乃物價高昂之意又以臾音蕢故蕢从臾聲・高尚曰貴・

| 楷 | 甲文 | 金文 |
| --- | --- | --- |

費 音芾 ㄈㄟˋ

（形聲）（會意）甲文金文費字从貝弗聲本義作「散財用」解（見說文許箸）乃耗散財貨之意故从貝又以弗本作「矯」解乃矯正箭幹之器使其不直者得直散財用在滿足心之所欲以求其得直故費从弗聲。財曰費。資用曰費。車費辦公費、

貯 音褚 ㄓㄨˇ

（會意）（形聲）甲文貯羅振玉氏以爲「象內（納）貝于宁中形」宁貯古爲一字說文于宁訓「辨積物」『積』初非二誼也」金文貯从貝宁聲本義作「積」解（見說文校錄）乃積珍貴物之意貝示財貨故貯从貝从宁聲。待等待通「佇」。

貸 音代 ㄉㄞˋ 音態 ㄊㄞˋ 音忒 ㄊㄜˋ

（形聲）甲文貸金文貸从貝代聲本義作「施」解（見說文許箸）乃以財貨施人之意故从貝。借曰貸：「今君胡不多賁田地賤貰貸以自汙上心乃安」（史記。蕭相國世家）。寬假曰貸。差貸：失誤之稱。假寬免。貸其一死嚴懲不貸。

貿 音茂 ㄇㄠˋ

（形聲）（會意）甲文貿金文貿字略同从貝丣聲本義作「易財」解（見說文許箸）乃以器物易錢財之意故从貝又以丣音有正韻以「闢戶爲丣」因有兩相比合意以物易財必求兩得其平而比合之故貿从丣聲。貿易：買賣曰貿易即物交易

賀 何去聲 ㄏㄜˋ

（形聲）（會意）甲文金文賀字从貝加聲本義作「以禮物相奉慶」解（見說文許箸）乃奉財貨以相慶之意故从貝又以加有增益之義賀爲奉禮以增益人故从加聲。吉慶之禮曰賀。奉賀致賀。錫曰賀。朝拜。受天之祜四方來賀朝賀也。

貶 音窆 ㄅㄧㄢˇ

（形聲）（會意）甲文金文貶字从貝乏聲本義作「損」解（見說文許箸）徐灝氏謂「貶蓋謂損其物價」故从貝又以乏有少義貶爲取價少故从乏聲惟徐鍇氏以爲「當言从乏乏亦聲脫誤也」徐說有勝義並引參證。非刺之曰貶。損損抑。

貽 音怡 ㄧˊ

（形聲）（會意）甲文貽金文貽略同从貝台聲本義作「贈遺」解（見說文新附）乃以財貨器物贈人之意故从貝又以台音怡本作「悅」解爲怡字初文以財貨贈人施者得申敬意受者承其厚惠雙方皆悅故貽从台聲。貽厥：子孫之稱。贈貽遺。

賁 音臂 ㄅㄧˋ 音汾 ㄈㄣˊ 音奔 ㄅㄣ

（形聲）（會意）甲文賁金文賁字从賁从攴周禮冬官「賁鼓」釋文「賁本或作鼖」吳大澂氏以此爲古賁字从貝卉聲本義作「飾」解（見說文許箸）乃指裝置物以增華美而言古以貝美可爲飾故从貝从卉聲。虎賁：勇士之稱亦官名。

貺 音況 ㄎㄨㄤˋ

（形聲）（會意）甲文貺金文貺略同从貝兄聲本義作「賜」解（見說文新附）乃以財貨賜人之意故从貝又以兄本音況作「滋益」解與況同其讀凶作兄弟解者爲別義貺在以財貨滋益故从兄聲。禮物曰貺通「況」。恩惠曰貺通「況」。

資 音咨 ㄗ

| 楷 | 甲文 | 金文 | 說明 |
|---|---|---|---|
| | | 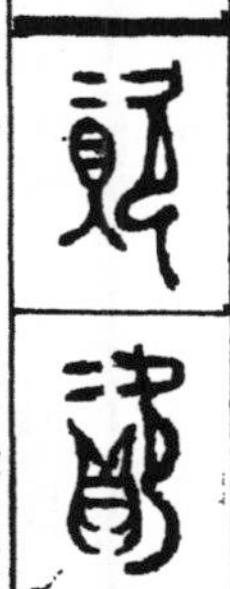 | （形聲）（會意）甲文金文資字从貝次聲本義作「貨」解（見說文許箸）乃財物之稱故从貝又以次有編次一義乃依次排比意 人於財物常編次其用途以便取用故資从次聲・財貨曰資・費用曰資川資茶資診資・天賦之材質性情曰資・ |
| 賊 音則 ㄗㄜˊ |  |  | 字平聲 ㄗˇ<br>（形聲）（會意）甲文賊金文賊字略同 从戈則聲本義作「敗」解（見說文許箸）乃毀壞之意毀壞物因乎利器故从戈又以則爲法典之稱左傳文十八年「毀則爲賊」故賊从則聲・竊盜財物者曰賊・誤國殃民者曰賊・背禮義亂德違法者曰賊・ |
| 貲 音訾 ㄗ |  |  | （形聲）（會意）甲文貲金文貲字从貝此聲本義作「小罰以財自贖」解（見說文許箸）漢制人在七至十四歲時不任徭役出貲錢二十納之於官以其所納者爲財貨故从貝又以此本作「別事詞」解故貲从此聲・家財曰貲 積財之稱・ |
| 賄 音誨 ㄏㄨㄟˇ　音諱 ㄏㄨㄟˋ |  |  | （形聲）（會意）甲文金文賄字从貝有聲本義作「財」解（見說文許箸）乃財帛之通稱故从貝又以有爲無之對賄含此財帛之主權屬我有意故从有聲・金玉曰貨布帛曰賄・行賄相授受之財貨曰賄・賄賂：買通暗致財物行賄以求通・ |
| 賂 音路 ㄌㄨˋ | 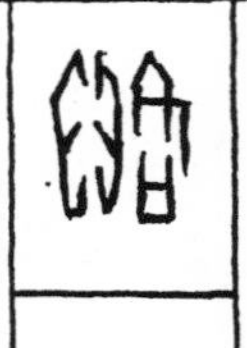 |  | （形聲）（會意）甲文金文賂字从貝各聲本義作「遺」解（見說文許箸）乃遺人財物以相請謁之意故从貝又以各爲逐指事物之詞因有未盡相同之意 故賂从各聲・財貨曰賂・賄賂之事曰賂・行賄相授受之財貨曰賂・吏爭納賂以求美職・ |
| 賑 音軫 ㄓㄣˇ |  |  | （形聲）（會意）甲文金文賑字从貝辰聲本義 作「富」解（見說文許箸）乃資財饒足之意故从貝又以辰 與娠爲同字本作「女子有身（孕）」解有腹部隆起意資財饒足者財物山聚故賑从辰聲・救災之穀物曰賑通「振」・富富饒・ |
| 賢 音弦 ㄒㄧㄢˊ | 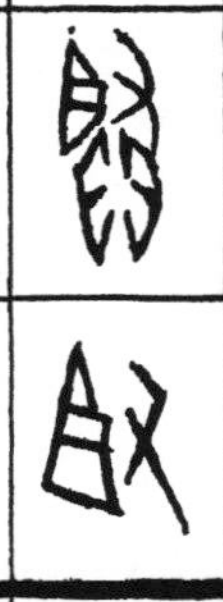 |  | （形聲）（會意）甲文賢金文賢字略同从貝臤聲本義作「多才」解（見說文繫傳）乃多才識才藝者之稱國之於賢欲其用之如貝之行寶之如貝之積 故賢从貝又以臤音坑本作「堅」解志堅忍者爲賢臤爲古文賢字 故从臤聲・亞聖曰賢・ |
| 賜 讀若次 ㄘˋ　思去聲 ㄙˋ | 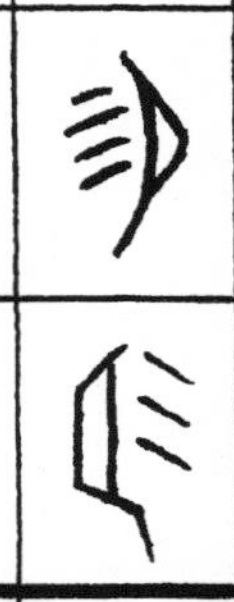 | 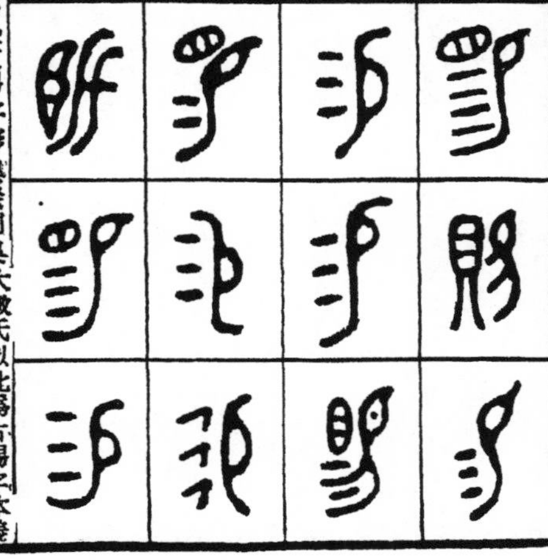 | （形聲）（會意）甲文賜金文賜字形異義同吳大澂氏以此爲古賜字本義作「予」解（見說文許箸）乃以財貨與人意故从貝 又以易有變易之義以財貨與人財貨之所有權隨之轉移有變易意故賜从易聲・恩惠曰賜・盡曰賜 止境之稱・ |

| 楷 | 甲文 | 金文 | 文 |
|---|---|---|---|

**賤** 音餞 ㄐㄧㄢˋ

（形聲）（會意）甲文賤金文字略同从貝戔聲本義作「價少」解（見說文許箸）乃物品價格不多之意貝爲交易之媒介以示貨價故从貝又以戔本作「殘餘」解有細小義價格細小爲賤故賤从戔聲・卑下之地位曰賤・低價之物曰賤・卑微・

**賦** 音付 ㄈㄨˋ

（形聲）（會意）甲文賦金文賦字略同从貝武聲本義作「斂」解（見說文許箸）乃指徵自民間財貨而言故从貝又以武有禁暴戢兵保大定功安民和衆豐財有强制以行之意故賦从武聲・田賦曰賦其起源甚古・丁賦曰賦物稅租稅曰賦・

**賣** 音邁 ㄇㄞˋ

（會意）（形聲）甲文金文賣字从出从貝貝示物貨出物貨於人爲賣其本義作「出物貨」解（見說文許箸）即售出物貨之意惟徐鍇氏以爲「从出買聲」朱駿聲氏以爲「从出从買買亦聲」說亦可通並列參證・賣買：交易曰賣買・賣弄：衒耀

**質** 音桎 ㄓˋ

（會意）（形聲）甲文質金文質字形異義同林義光氏以爲「質从二斤則本義當爲質椹之質貝古作□象椹形二斤並運於上也」从貝从所貝謂財貨所音垠即二斤爲同時並用以斫木之利器本義作「以物相贅」解（見說文許箸）體曰質

**賠** 音培 ㄆㄟˊ

（形聲）（會意）甲文金文賠从貝音聲本義作「本作備備補償也」解（見正字通）乃以財物補償人之意故从貝又以音音剖本作「唾」解因有吐出意賠乃出財物以予人故从音聲・償濟償・虧虧折跌價賠本・補補服：賠禮賠不是・

**賚** 音賴 ㄌㄞˋ

（形聲）（會意）甲文賚金文賚字略同从貝來聲本義作「賜」解（見說文許箸）乃賜予之意賞賜多用財貨故从貝又以丁佛言謂「賚賜也來天所來也天來有天賜之意故賚字或作來」賚爲來之累增字故从來聲・賜曰賚・賚予也・

**賴** 音賴 ㄌㄞˋ

（形聲）（會意）甲文賴金文賴字形異義同金文賴从貝剌聲本義作「贏」解（見說文許箸）即買利之稱率指財貨而言故从貝又以剌音辣本作「戾」解含有急義如朔風剌剌故賴从剌聲・賴子・賴皮：狡猾多詐者之稱・贏贏得贏也・

**購** 音構 ㄍㄡˋ

（形聲）（會意）甲文金文購字从貝冓聲本義作「以財有所求」解（見說文許箸）乃指以財貨求我所欲得而言故从貝又以冓本作「交積材」解因有相對交合意我以財有所求使彼樂於而爲相對交合者故購从冓聲・懸賞曰購・

**賻** 音附 ㄈㄨˋ

（形聲）（會意）甲文賻金文賻字从貝从父丁佛言氏以爲「疑是古賻字」又从貝尃聲本義作「以財助喪」解（見說文新附）乃以財物助人理喪之意故从貝又以尃音扶本作「佈」解賻乃佈施財物助人理喪故从尃聲・以財助喪・

| 楷 | 甲文 | 金文 |
| --- | --- | --- |

**賸** 音勝 ㄕㄥˋ

音孕 ㄩㄣˋ

（形聲）（會意）甲文賸金文賸字略同，从貝朕聲本義作「物相增加」解（見說文許箸）乃以此物加於彼物之意貝示財貨故賸从貝又以朕本作「舟縫」解舟有縫須塡補以防其滲漏是有加物入舟縫意故賸从朕聲・餘餘留，有餘・殘賸賸馥・

**贅** 音綴 ㄓㄨㄟˋ

（會意）甲文贅金文贅字略同，从敖貝，敖謂出遊有始出終還意貝謂錢財人以物來質錢我所放出之錢於彼來贖物時得還爲贅其本義作「以物質錢」解（見說文許箸）乃以物爲質而借貸之意・贅壻：男子就婚於女家謂之贅，贅疣・贅瘤・

**贄** 音至 ㄓˋ

（會意）（形聲）甲文金文贄字从貝執亦从執聲貝謂財物玉帛之屬執謂握持初見而持玉帛爲禮爲贄其本義作「執玉帛也」解（見玉篇）卽初見時所執以贈人爲禮者之稱・初見時執以爲禮之物曰贄亦作「摯」・贄然：不動貌・

**贈** 音繒 ㄗㄥˋ

（形聲）（會意）甲文金文贈字从貝曾聲本義作「以玩好之物相送」解（見說文句讀）乃致財貨珠寶等於人之意故从貝又以曾爲增之省文增本作「益」解爲加多意贈乃以物益人故从曾聲・餽贈曰贈・贈賻：助喪儀之財物曰贈賻・

**贊** 音讚 ㄗㄢˋ

（會意）（形聲）甲文金文贊字从貝从兟，貝謂財貨蓋玉帛雉羔雁之屬兟音銑謂奉以進之進財貨以求謁見爲贊其本義作「見」解（見說文許箸）卽進贄以謁見之意・文體名其體有三：一曰雜贊・二曰哀贊・三曰史贊詞兼褒貶・

**贖** 紓去聲 ㄕㄨˋ

音孰 ㄕㄨˊ

（形聲）（會意）甲文金文贖字从貝賣聲本義作「貿」解（見說文許箸）乃相互交換之意凡交換多指財貨而言故从貝又以賣音育本作「行賣」解乃且行且呼以賣有向人求賣意贖乃求人交換故从賣聲・以財物拔罪曰贖・贖罪・

**赤** 音翅 ㄔˋ

（會意）甲文赤與金文赤略同，金文赤林義光氏以爲「从大火按火大爲赤」大火所現之色與朱略近其本義作「朱色」解（見玉篇）乃與朱色相近而淺之色作赤爲今所行者・「色淺曰赤色深曰朱」・誠曰赤卽赤心之略稱・赤子：卽嬰兒・

**赦** 音舍 ㄕㄜˋ

（形聲）（會意）甲文金文赦字从攴赤聲本義作「置」解（見說文繫傳）乃放置舍置不究論之意攴本作「小擊」解乃擧手作事之義故赦从攴又以赤有空盡義放舍使去則空盡故赦从赤聲・謂曰赦舍置其罪咎不究論之稱，赦舍也・寬免・

**赫** 音黑 ㄏㄜ

讀若賀 ㄏㄜˋ

（會意）甲文赫羅振玉氏以爲「說文解字『赫从二赤』此从大从𤆍（卽二火字）者二火爲一誼（義）已明也」金文赫羅振玉氏以爲「作𤆍者赤𤆍之變形」其取義與甲文赫略同，乃火光强烈赤色盛貌・赫赫：顯命之稱・容儀發揚貌・

| 楷 | 甲文 | 金文 |
|---|---|---|

**赬** 音撐 ㄔㄥ

**（䞓）** 音撐 ㄔㄥ

（形聲）甲文金文赬䞓同字異體赬从赤貞聲本義作「赤色」解（見通訓定聲）乃淺於絳深於紅之色故从赤。䞓从赤巠聲本義作「赤色也」解（見說文許箸）乃淺赤之色故从赤。赤色曰赬。魴魚赬尾王室如燬赬赤也。䞓異著組繫。

**走** 奏上聲 ㄗㄡˇ

（會意）甲文走金文走形異義同金文走林義光氏以為「（上）象人走搖兩手形从止止象其足」意以人搖手投足以進曰走其本義作「趨」解（見說文繫傳）乃向前疾行之意。趨曰走疾行之稱走亦趨也。獸曰走蓋以獸類善走故名。

**赴** 音付 ㄈㄨˋ

（形聲）（會意）甲文金文赴字从走卜聲本義作「趨」解（見說文許箸）乃疾走以往之意故从走又以卜本作「灼剝龜」解為灼龜甲視其裂紋以預判吉凶者亦有裂紋甚疾意赴為疾走故从卜聲。赴謂奔走。告喪曰赴字亦作「訃」。

**起** 音杞 ㄑㄧˇ

（形聲）（會意）甲文起金文起略同从走巳聲本義作「能立」解（見說文許箸）乃舉體而立之意發步以走必先起故起从走又以巳在玉篇訓「起」起謂身起故从巳聲。上揚曰起。舉曰起。量詞計事一次一件曰一起車禍一起盜案二起。

| 楷 | 甲文 | 金文 |
|---|---|---|

**超** 音抄 ㄔㄠ

（形聲）（會意）甲文金文超字从走召聲本義作「跳」解（見說文許箸）乃跳躍而過之意故从走又以召本作「口呼人」解應召者常奮不顧身以赴之超有疾赴意故从召聲。遠曰超。躍躍登其上。越越過其前。超卓。超詣：高妙精湛。

**趁** 音襯 ㄔㄣˋ

（形聲）（會意）甲文金文趁字从走㐱聲本義作「自後及之」解（見說文繫傳）乃自後逐及之意故从走又以㐱音診本作「稠髮」解為鬒字初文有髮密意之乃後追前而密之故趁从㐱聲。逐追逐。趕及時以赴之。趁墟趁集。趁車趁勢。

**越** 音月 ㄩㄝˋ

（形聲）（會意）甲文越金文越字从走戉聲本義作「度」解（見說文許箸）乃由此過彼之意故从走又以戉為鉞字初文本作「斧」解為彰軍威之兵器名因有威儀遠及意越為度遠故从戉聲。國名亦稱於越。種族名其種姓繁雜亦作粵。

**趙** 音兆 ㄓㄠˋ

（形聲）甲文趙金文趙字略同从走肖聲本義作「趍（趨）趙」解（見說文許箸）乃疾行以赴之意故从走。國名：周穆王時造父封於趙城故地在今山西省趙城縣西南韓魏分晉列為諸侯國號趙。姓帝顓頊後周穆王受封以趙為氏。

| 楷 | 甲文 | 金文 |
|---|---|---|
| 趣 音去 ㄑㄩˋ |  | |
| 趠 音卓 ㄓㄨㄛˊ 雜去聲 ㄔㄠˋ |  | |
| 足 租平聲 ㄗㄨˊ | 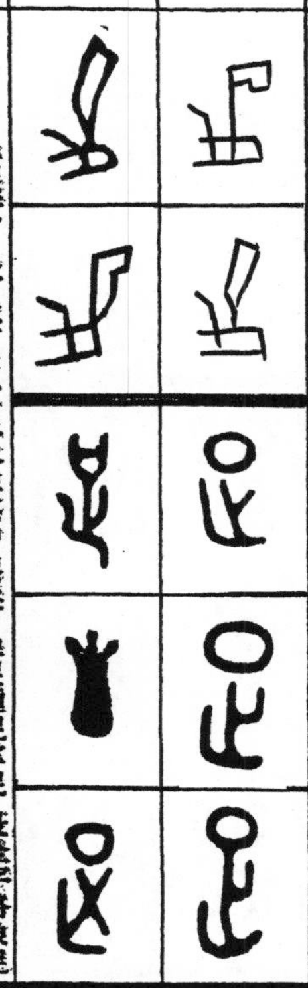 | |
| 趾 音止 ㄓˇ |  | |
| 趺 音膚 ㄈㄨ |  | |

**趣**　（形聲）（會意）甲文趣金文趣字略同，从走取聲本義作「疾」解（見說文許箸）乃迅速赴事之意故从走又以取有選行擇之以入己意趣爲選往故从取聲。志念曰趣．少有高趣．指歸曰趣．意義曰趣．興味曰趣：但得靜中趣勿爲醒者傳．

**趠**　（形聲）（會意）甲文趠金文趠字略同从走卓聲本義作「遠」解（見說文許箸）乃遠走之稱故从走又以劉熙氏謂「趠卓也舉腳有所卓越也」遠走超山水始能至故趠从卓聲．遠曰趠遠走之稱．跳躍同「踔」：欲擬碟然騰趠飛趠．

**足**　（象形）（會意）甲文足上象膝中象脛下象足趾足掌足　趾金字略象足形金文足从止口止謂足　趾口象股脛上起股脛下至足趾曰足其本義作「人之足也，在下」解（見說文繫傳）即司直立行走之下肢名俗稱曰腳．步趨舉止曰足．

**趾**　（象形）（形聲）甲文趾金文趾爲止字重文林義光氏以爲「象人足即趾之本字」从足止亦从止聲爲足之稱其本義作「足也」解（見字林）即俗稱之腳．足曰趾率指人足曰言，鳥獸介蟲之足曰趾．足指曰趾．踪跡曰趾．禮曰趾．禮儀之稱．

| 楷 | 甲文 | 金文 |
|---|---|---|
| 跌 音迭 ㄉㄧㄝˊ |  | |
| 跑 庖上聲 ㄆㄠˇ 音庖 ㄆㄠˊ |  | |
| 距 音巨 ㄐㄩˋ | 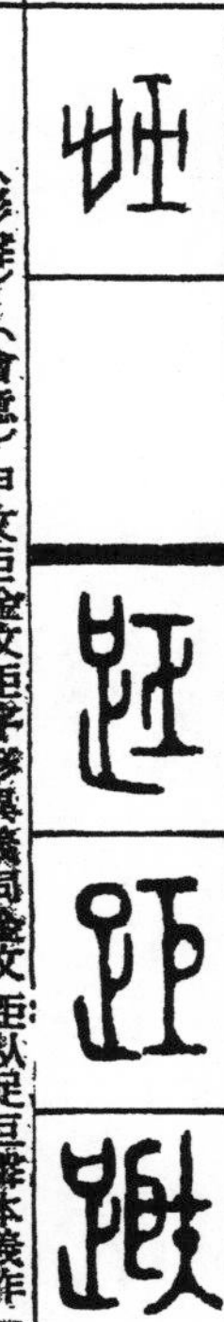 | |
| 跋 音拔 ㄅㄚˊ |  | |

**趺**　（形聲）（會意）甲文金文趺字从足夫聲本義作「足蹠上」解（見玉篇）蹠爲足掌足掌上爲足背即趺故从足又夫爲成年男子之稱其在家操持乾綱有居妻小上意趺爲足背是足之居上部分故从夫聲．腳背曰趺．盤膝而坐略稱趺．

**跌**　（形聲）（會意）甲文金文跌字从足失聲本義作「仆」解（見玉篇）乃失足而顛仆之意故从足又以失爲錯誤之稱跌爲著足錯誤致有失故从失聲．仆曰跌失足摔倒之稱．跌足失履也．過誤差失曰跌．喫飯防噎走路防跌．跌失也．

**跑**　（形聲）（會意）甲文金文跑字从足包聲作「足跑地」解（見廣韻）乃指獸類以足刨地而言故从足又以包爲刨之省文跑爲以足爪刨地故从包聲．疾走曰跑賽跑．獸前足掊地．賽比賽動物速度：跑狗跑馬　二虎跑地作穴泉水涌出．

**距**　（形聲）（會意）甲文距金文距字形異義同金文距从足巨聲本義作「雞距」解（見說文許箸）乃雞足用以相鬬之尖突起　故从足又以巨有大義距爲雞類以鬬擊者此突起蓋較他禽特爲壯大故从巨聲．爪曰距用以鬬擊攫取之利器通稱距．

**跋**　（形聲）（會意）甲文金文跋字同字異體金文跋从足犮聲本義作「仆」解（見通訓定聲）乃失足傾倒之意故从足又以犮音拔本作「犬走皃（貌）」解犮跋同義相承增偏旁故跋从犮聲．文體名即後序系於正文之後者．跋陟：奔走．

楷　甲文　金文

**跛** 播上聲 ㄅㄛˇ

（形聲）（會意）甲文金文跛字从足皮聲本義作「行不正」解（見說文許箸）乃足有疾患而不能平正以行者之稱故从足 又以皮爲獸之生革爲曲屈不平正者跛者行失平正故从皮聲 足偏廢難行之疾曰跛．足有疾患不良於行者之稱

**跎** 音駝 ㄊㄨㄛˊ

（形聲）（會意）甲文金文跎字从足它聲本指「蹉跎」一詞而言蹉跎之本義作「失時也」解（見說文新附）乃遲延不進致時機坐失之意故跎从足又以它爲古蛇字 蛇爲曲行者蹉跎有不能直進卽曲行失時意故跎从它聲．虛耗歲月．

**路** 音鷺 ㄌㄨˋ

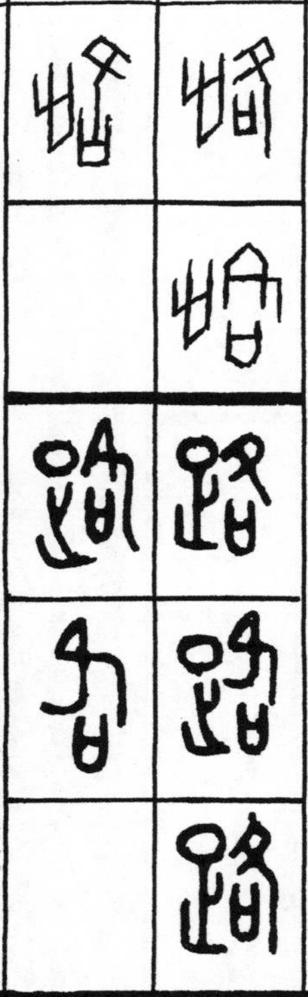

（形聲）（會意）甲文路金文路字略同从足各聲本義作「道也」解（見說文繫傳）乃人所踐蹈而往來之途徑故从足又以各有自適其適之意 按路爲人各有所適者故从各聲．道路曰路卽人馬舟車等通行之途徑．山路水路旱路航路鐵路．

**跡** 音積 ㄐㄧ

（形聲）（會意）甲文金文跡字从足亦聲本義作「步處也」解（見類篇）乃足所著處之稱故从足又以亦爲 腋字初文乃人兩肘著間凹處之稱跡爲兩足著地所現之凹處故从亦聲惟字亦作迹今跡迹並行而音義無殊．足印曰跡．事物之遺痕

**跟** 音根 ㄍㄣ

（形聲）（會意）甲文金文跟字从足艮聲本義作「足踵也」解（見說文許箸）乃足之後部俗稱腳後跟故从足 又以艮爲根之省文跟在足之後部其著地以支持人體一如木之有根故跟从艮聲．跟頭．倒翻身之稱一作筋斗觔斗金斗．

楷　甲文　金文

**跨** 誇去聲 ㄎㄨㄚˋ

（形聲）（會意）甲文金文跨字从足夸聲本義作「渡也」解（見說文許箸）乃擴大兩股間隙舉而以超越之之稱故从足又以夸音誇本作「奢」解爲過大意跨爲張大兩足以過之故从夸聲．兩股之間曰跨通「胯」．騎馬曰跨曰騎．騎乘騎之．

**跪** 音櫃 ㄍㄨㄟˋ

（形聲）（會意）甲文金文跪字从足危聲本義作「拜也」解（見說文許箸）乃拜時屈足使兩膝著地而言 故从足又以劉熙氏謂「跪危也兩膝隱地體危倪也」跪時上體豎直重心難穩定時或前傾後仰因有危意故跪从危聲．足曰跪．

**跫** 音窮 ㄑㄩㄥˊ

（形聲）甲文金文跫字从足巩聲本義作「蹋足聲也」解（見玉篇）乃行時蹋足之聲故从足．跫然：行時足蹋地聲：「聞人足音跫然而喜矣」釋文引崔云「跫然行人之聲也」（莊子徐无鬼）．跫跫：馬足踏地聲．跫跫深徑馬蹄響．

**践** 音餞 ㄐㄧㄢˋ

（形聲）（會意）甲文金文踐字从足戔聲本義作「履也」解（見說文許箸）乃以足蹈踩其上之意故从足又以戔本作「賊」解朱駿聲氏以爲「卽殘之古文」廣雅釋詁「戔傷也」足履物上則物被殘傷故踐从戔聲．所具飲食曰踐通「餞」

**踏** 音榻 ㄊㄚˋ

| 楷 | 甲文 | 金文 |
|---|---|---|

（形聲）（會意）甲文金文踏字从足沓聲本義作「足著地」解（見玉篇）乃足踏地之意故从足又以沓音 踏本作「語多沓沓」解亦有合義足著地爲足與地合故踏从沓聲・用以關足之小爪曰踏 趺踏・足著地踐踏・踏腳踏水車・

**踼** 音梯 ㄊㄧ

（會意）甲文金文踼字从足易聲本義作「以足蹴物」解（見正字通）乃運足蹴物之意故从足又 以易有變易之義蹴物有使物離去是有變易義故从易聲・蹴踼球踼毽子・「把那小和尚的尸首踼在那拐角牆邊」（見女英雄傳・六回）・

**踝** 音化 ㄏㄨㄚˋ 讀若懷 ㄏㄨㄞˊ

（形聲）（會意）甲文金文踝字从足果聲本義 作「足踝」解（見說文段注）乃人足左右隆然凸起之圓骨 其在外者曰外踝在內者曰內踝故从足又以果多圓形踝爲圓形故从果聲・人足兩旁凸起之圓骨曰踝俗稱螺螄骨・跟曰踝足跟之稱

**踣** 音帛 ㄅㄛˊ

（形聲）（會意）甲文金文踣字 从足咅聲本義作「僵」解（見說文許箸）乃足不能立頓仆倒地之意故从足又以咅爲呸之本字本作「相與語唾而不受」於地意踣爲僵仆於地故从咅聲・陳仆屍而陳之踣僵屍也・頓前覆向前倒通「仆」・

**蹄** 音題 ㄊㄧˊ

（形聲）（會意）甲文金文蹄字从足帝聲本義作「獸足」解（見彙經音辨）乃指獸足及其外被之角質而言故从足 又以帝爲蒂字初文爲瓜果居上以連接枝藤之根蒂意在保護瓜果 獸足居外以著地部分亦有保護意故蹄从帝聲・兎脊曰蹄・

**踰** 音俞 ㄩˊ

（形聲）（會意）甲文金文踰字从足俞聲本義作「越」解（見說文許箸）乃度越之意故从足又以俞本作「空中木爲舟」解卽天然舟因有渡人過水意踰爲自此過彼 故从俞聲・越越出限界外通「逾」・超超邁限等之上通「逾」・

| 楷 | 甲文 | 金文 |
|---|---|---|

**踵** 音腫 ㄓㄨㄥˇ

（形聲）（會意）甲文踵金文踵字从足从童丁佛言氏以爲「古文踵重通故从重之字亦从童」遂以此爲古踵字本義作「追」解（見說文許箸）乃接前者足跡而追之之意故从足又以重踐前者所經踵躡急赴之故踵从重聲・履根足跟曰踵・

**蹂** 音柔 ㄖㄡˊ

（形聲）（會意）甲文金文蹂字从足柔聲本義作「獸足蹂地也」解（見說文許箸）乃指獸足踐踏耕地而言故从足又以柔本作「木曲直」解乃往復施力於木使其曲直得當意蹂謂往復踐踏故从柔聲・踐踐踏踐地踐穀類使實落踐穀曰蹂・

**踹** 揣去聲 ㄔㄨㄞˋ

（形聲）（會意）甲文金文 踹字从足耑聲 本義作「足跟」解（見玉篇）卽足踵之異稱故从足又以耑 音端本作「物初生之題」解上象物初生形下象其根因有著地得立得 生意足跟爲人類之著地以立者故踹从耑聲・踹足躡足也・踹營・

**踶** 音第 ㄉㄧˋ 讀如踢 ㄊㄧ 音豸 ㄓˋ

（形聲）甲文金文踶字从足是聲本義作「踢」解（見玉篇）乃指鳥獸以足踢蹢而言故从足・家畜以足擿人曰踶爲家畜之劣疾類篇「牛展足謂之 踶」字亦作「踢」・「雲雀踶蘢而矯首」（左思・魏都賦）・踶齧：足踢人口齧人・

| 楷 | 甲文 | 金文 |
| --- | --- | --- |
| 踽 音矩 ㄐㄩˇ | | |
| | （形聲）（會意）甲文金文踽字从足禹聲本義作「疏行皃（貌）」解（見說文許箸）乃指一無所親無所比之獨行貌而言故从足又以禹爲古代聖君其治水之功後世罕匹踽取其罕與倫比意故从禹聲・踽踽：獨行不進貌・無所親貌・ | |
| 蹈 音導 ㄉㄠˋ | | |
| | （形聲）（會意）甲文金文蹈字从足舀聲本義作「踐」解（見說文許箸）乃以足履之之意故从足又以舀本作「抒臼」解謂運手爪於臼中撥動米穀使受舂是爲不斷引手爪進出臼中者蹈爲足不斷上下以踐履故从舀聲・踐履：赴湯蹈火・ | |
| 踶 音題 ㄊㄧˊ | | |
| | （形聲）甲文金文踶字从足虒聲本義作「足也」解（見說文許箸）乃指獸足及其外被之角質而言故从足又以虒音斯廣韻「虒似虎有角能行水中」因有足在水下意踶爲在足下者故从虒聲・獸類足趾端之角質曰踶牛馬驢騾羊豕皆有之・ | |
| 蹉 音磋 ㄘㄨㄛ | | |
| | （形聲）（會意）甲文金文蹉字从足差聲本義作「跌」解（見廣韻）乃失足頓仆之意故从足又以差本作「不相值也」解頓仆多由足與所著處不相值故蹉从差聲・缺失曰蹉・蹉跎：虛耗歲月坐失良機之稱・蹉跌：意外之失誤曰蹉跌・ | |
| 蹊 音奚 ㄒㄧ | | |

| 楷 | 甲文 | 金文 |
| --- | --- | --- |
| 讀若欺 ㄑㄧ | | |
| | （形聲）（會意）甲文金文蹊字同字異體从足奚聲本義作「徑」解（見玉篇）乃人步行之小道故从足又以奚本女奴之稱後以奴僕爲奚蓋謂供驅使之小人因有小意蹊爲步徑即小道故从奚聲・蹊蹺：足使人驚疑之特殊原因曰蹊蹺・ | |
| 蹌 音鏘 ㄑㄧㄤ | | |
| | （形聲）甲文金文蹌字从足倉聲本義作「動」解（見說文許箸）乃指行動走動之狀而言故从足・蹌：「及享發氣焉盈容衆介北面蹌焉」（儀禮 聘禮）巧趨貌・蹌蹌：舞貌鳥獸蹌蹌立不穩行不正・朝廷之美濟濟蹌蹌有行列貌・ | |
| 蹙 音蹴 ㄘㄨˋ | | |
| | （形聲）（會意）甲文金文蹙字从足戚聲本義作「迫」解（見說文新附）乃迫促之意行愈逼近則勢愈迫促故从足又以戚有親近之義以戚勢親近之乃見迫故蹙从戚聲・「騎將劉弘基追蹙賊不得休」（唐書・劉黑闥傳）・蹙蹙縮小之貌・ | |
| 蹲 音存 ㄘㄨㄣˊ | | |
| 讀若敦 ㄉㄨㄣ 音遵 ㄗㄨㄣ | | |
| | （形聲）（會意）甲文金文蹲字从足尊聲本義作「踞」解（見說文許箸）乃曲足虛坐之意故从足又以尊本酒器爲上下微小而中部稍大者人蹲時中部稍大故蹲从尊聲・蹲蹤：由低躍登高處之功力曰蹲蹤・人屈膝虛坐獸類伸前肢而坐・ | |
| 蹼 音樸 ㄆㄨˊ | | |
| | （形聲）（會意）甲文金文蹼字形異義同金文蹼从足僕省聲（省僕左亻集韻同字作蹼）本義作「鳧雁足下相連爲蹼」解（見集韻）乃鳧雁等水鳥足趾間相連著之皮膜故从足又以蹼供水鳥役以划水前進亦有任煩猥意故从僕省聲・ | |

楷　甲文　金文

**蹻** 音喬 ㄑㄧㄠˊ　音腳 ㄐㄧㄠˇ　讀若敲 ㄑㄧㄠ

（形聲）（會意）甲文金文蹻字从足喬聲本義作「舉足小高」解（見說文段注）乃指人得意時架足使高而言故从足．又以喬本作「曲而高」解蹻爲舉足使高故从喬聲．足蹻下之稱．草履曰蹻「說卽蹻通「屩」」蹻草履也蹻與屩通．

**蹯** 音煩 ㄈㄢˊ

（形聲）（會意）甲文蹯金文蹯字从足番聲本義作「獸足」解（見廣韻）乃指獸類之足部而言故从足．又以番本作「獸足」解番蹯古今字蹯爲番之累增字故从番聲．獸足曰蹯．「猛虎在足則猛虎絕其蹯」（陳琳．檄吳將校部曲文）．

**蹬** 音鄧 ㄉㄥˋ

（形聲）（會義）甲文金文蹬字从足登聲本義作「履」解（見廣雅）乃以足蹬踏之意故从足．又以登在集韻作「履也」解登蹬古今字蹬爲登之累增字故从登聲．履蹬踏．「我不合蹬翻了鶯燕友拆散了鸞鳳交」（元曲．李逵負荊）．

**躇** 音除 ㄔㄨˊ　音著 ㄓㄨˋ　音足 ㄔㄨㄛˋ

（形聲）（會意）甲文金文躇字从足著聲本指「躊躇」一詞而言躊躇之本義作「猶豫」解（見玉篇）乃心有所疑而住足欲進欲退難遽定貌故躇从足．又以著有相附之義爲以此附彼不動者猶豫常欲進欲退難遽止不動故躇从著聲．

**躍** 音籥 ㄩㄝˋ　音惕 ㄊㄧˋ

（形聲）（會意）甲文金文躍字从足翟聲本義作「迅」解（見說文許箸）乃跳時迅速上騰或前躍之意故从足．又以翟本作「雄雉」解雄雉爲善於躍走者故躍从翟聲．跳曰躍向前跳向上跳之通稱．價格上漲曰躍．躍躍：喜悅貌跳躍迅疾．

楷　甲文　金文

**躋** 音笄 ㄐㄧ　音霽 ㄐㄧˋ

（形聲）（會意）甲文躋金文躋字从辵从齊古从足之字間亦从辵王國維氏以此爲古躋字．本義作「登」解（見說文許箸）乃進足以升之意故从足．又以齊有平齊之義躋有升而與在上者平齊意故从齊聲．升．躋升也．躋于九陵．躋彼公堂．

**躊** 音儔 ㄔㄡˊ

（形聲）（會意）甲文金文躊字从足壽聲本指「躊躇」一詞而言躊躇之本義作「猶豫」解（見玉篇）乃心有所疑而住足欲進欲退難遽定貌故躊从足．又以壽爲年高者之稱因猶豫常歷久難決而行動遲緩故躊从壽聲．躊躇：猶豫孤疑難決．

**身** 音申 ㄕㄣ

（象形）（形聲）甲文身金文身林義光氏以爲「㠯象人腹ㄋ卽象身形一地也」本義作「躳（躬）也」解（見通訓定聲）乃人全體之總稱故从人．本象形．人之全體曰身．身也者父母之遺體也．鳥獸魚蟲之軀體曰身．自身之品節曰身．

**躬** 音弓 ㄍㄨㄥ

（象形）（會意）（形聲）甲文躬金文躬字略同林義光氏以爲「象人形前象腹後象脊膂」俗稱脊骨合脊骨與身而言爲躳其本義作「身」解（見說文許箸）蓋人身以呂爲柱此專指人身而言从弓亦聲．身曰躬身體之稱．躬身也．躬行．

| 楷 | 甲文 | 金文 | 楷 | 甲文 | 金文 |
|---|---|---|---|---|---|

**躭** 音耽 ㄉㄢ

（形聲）（會意）甲文金文躭字从身冘聲本義作「樂也」解（見廣韻）乃身有所好而耽之以爲樂之意故从身又以冘音淫亦轉讀如冘本作「行皃（貌）」解乃緩行之狀亦有悠然自得樂之不疲意人於所嗜好者常樂之不疲故躭从冘聲。

**軀** 音區 ㄑㄩ

（形聲）（會意）甲文金文軀字从身區聲本義作「體」解（見說文許箸）乃指身體之全部而言故从身又以區本作「藏隱」解身體乃包藏五臟及筋骨血肉於中者故軀从區聲。體曰軀即身體之稱。肢曰軀四肢之稱。軀殼：身體之稱。

**車** 音居 ㄐㄩ　扯平聲 ㄔㄜ

（象形）甲文車金文車字同字異體羅振玉氏以爲「皆象（車）從前後觀形或有箱或有轅或僅見兩輪得知爲車矣」其本義作「輿輪之總名」解（見說文許箸）爲有輿有輪用以乘載人物者之總稱。具輪旋轉裝載人物以行之交通工具。

**軌** 音癸 ㄍㄨㄟˇ

（會意）甲文金文軌略同从車九聲本義作「車轍」解（見通訓定聲）乃輪所遺留之痕跡故从車又以九有屈曲難究盡意車輪之跡往復交錯亦爲屈曲難盡者故軌从九聲。車轍之迹曰軌。軌車轍迹也。法曰軌法則法度。行星繞日之道曰軌。

**軒** 音宣 ㄒㄩㄢ

（形聲）（會意）甲文金文軒字从車干聲本義作「曲輈藩車」解（見說文許箸）輈爲小車居中以駕之屈木藩謂有屏有帷以爲蔽軒爲曲輈且有車箱車蔽用以乘人之小車故从車又以干有邊沿之義故从干聲。有藩蔽用以乘人之車曰軒。

**軟** 音耎 ㄖㄨㄢˇ

（形聲）（會意）甲文金文軟字从車欠聲本義作「柔」解（見玉篇）本指車之柔和柔弱而言故从車又以欠有不足之義內藴不足者外易顯現懦柔故軟从欠聲。柔曲之人曰軟。酸軟無力。身體柔軟。柔和：軟風軟語軟片軟牀軟骨軟膏。

**軸** 音逐 ㄓㄨˊ　讀若妯 ㄓㄡˋ

（形聲）（會意）甲文金文軸字从車由聲本義作「持輪」解（見說文許箸）乃貫於車輪持輪而轉之橫木或橫鐵故从車又以由爲抽之省文劉熙氏謂「軸抽也入轂中可抽出也」故軸从由聲。貫車轂中持輪而轉之橫柱曰軸。輪轉曰軸。

**軨** 音靈 ㄌㄧㄥˊ

（形聲）（會意）甲文金文軨字从車令聲本義作「車轖間橫木也」解（見說文許箸）即車箱間之橫木故从車又以令有善美之義令聞令望皆其例軨爲軾與車輢皆以木二橫二直爲方格以成者是有美好意故軨从令聲。飛軨窗車之稱。

| 楷 | 甲文 | 金文 | 文 |
|---|---|---|---|

較 音教 ㄐㄧㄠˋ　音絞 ㄐㄧㄠˇ　音覺 ㄐㄩㄝˊ

（形聲）（會意）甲文較金文較字从車爻聲本義作「車輢上曲銅鉤」解（見說文句讀）與前橫木謂之軾與左右兩旁之植木曰輢較爲輢上橫木 故从車又以爻音搖本作「爻」解因有交結意故較从爻聲。略曰較概略之稱 法曰較 較證。

載 音再 ㄗㄞˋ　音宰 ㄗㄞˇ

（形聲）（會意）甲文載與金文載略同 吳大澂氏以爲「古載字从𢦔从食」本義作「乘」解（見說文許箸）乃人就車物置車之意故从車又以𢦔音哉本作「傷」解有兵刃刺入肌膚意故从𢦔聲。歲曰載：「夏曰歲 周曰年 唐虞曰載」。

輔 音府 ㄈㄨˇ

（形聲）（會意）甲文輔金文輔字略同 从車甫聲本義作「木夾車也」解（見通訓定聲）乃以木著車兩傍藉爲防助者 故从車又以甫爲男子之美稱因有堅實壯直意輔常選堅直之木著車兩旁以防傾側故从甫聲。佐天子國君之顯官曰輔。

輕 音卿 ㄑㄧㄥ

輝 音暉 ㄏㄨㄟ

（形聲）（會意）甲文金文輕字 从車巠聲本義 作「輕車也」解（見說文許箸）乃內無所載便於乘人疾馳 之車故从車又以巠音勁本作「地下水脈也」解因有流行疾速意輕車之馳行甚疾速故从巠聲。輕罪曰輕。鐘鼓甚低微之音曰輕。

輩 音背 ㄅㄟˋ

（形聲）（會意）甲文金文輝字从光軍聲本義作「光」解（見廣韻）乃光采之稱故从光又以軍本作「圍圍」解有包合衆車於內意輝乃發光體居中向圍圍外所散射 之光故从軍聲。光曰輝：明輝 春輝 清輝 餘輝。輝煌。輝映。輝赫。

輪 音倫 ㄌㄨㄣˊ

（形聲）（會意）甲文金文輩字从車非聲本義作「車以列分」解（見六書故）乃衆車依次排列得以各居 定位之稱故从車又以非爲排之省文輩爲衆車排比之位次故从非聲。類等曰輩 同等並列之稱。尊卑 長幼之行次曰輩 先輩 平輩 晚輩。

輜 音資 ㄗ

（形聲）（會意）甲文金文輪字从車侖聲本義 作「有輻曰輪無輻曰輇」解（見說文許箸）乃爲有輻內聚 於轂外接於牙之車輪而言故从車又以侖本作「理」解因有條理井然意然然後均勻平實利於行轉 故从侖聲。車輪曰輪中虛以容軸者。

（形聲）（會意）甲文金文輜字从車甾聲本義作「衣車四面皆蔽也」解（見急就篇顏注）乃四面施車衣以爲蔽之故从車又以甾音災謂河川氾濫田畝間成災因有淤泥淹覆禾稼而遍呈黑色意 故輜从甾聲。輜重：行李 軍中之器械曰輜重。

車部．輛輟輦輸輳輶轄轉轍轆

| 楷 | 甲文 | 金文 | 說明 |
|---|---|---|---|
| 輛 音兩 ㄌㄧㄤˇ 讀若諒 ㄌㄧㄤˋ | | | （形聲）（會意）甲文金文輛字从車兩聲本義作「乘」解（見韻會）爲計車數之名車一乘曰一輛故从車又以兩爲相耦之稱有左右相當意車一乘曰一兩言相輪轅兩兩相耦兩輛者今字輛爲兩之累增字故从兩聲．戰馬萬匹車萬輛． |
| 輟 音啜 ㄔㄨㄛˋ | | | （形聲）（會意）甲文金文輟字从車叕聲本義作「車小缺復合」解（見說文許箸）乃車行時列次中斷隨而相續得合之意故从車又以叕音綴象四叉（手）作「聯綴」解輟爲車行時少缺得再聯綴而合故从叕聲．止暫時停止．輟業輟學． |
| 輦 年上聲 ㄋㄧㄢˇ | | | （會意）（形聲）甲文輦金文輦字上从扶下象車从扶在車前扶从二夫與比爲同字本作並行」解二人並行於車前輓之爲輦其本義作「人輓車也」解（見說文句讀）即人輓以行之車从扶在車前會意扶亦聲．人君公卿顯貴所乘之車曰輦 |
| 輸 音書 ㄕㄨ | | | （形聲）（會意）甲文金文輸字从車俞聲本義作「委輸也」解（見通訓定聲）即以車遷貨財之意故从車又以俞本作「空中木爲舟」解乃天然之木舟名因有由此濟彼意車遷貨財在以此濟彼故輸从俞聲．輸贏：負敗曰輸勝曰贏經穴曰輸 |
| 輳 音湊 ㄘㄡˋ | | | （形聲）（會意）甲文金文輳字从車奏聲本義作「輻共轂」解（見廣韻）輻爲輪在轂與牙間之衆木轂爲內以納軸外以接輻者衆輻內聚而同接於轂爲輳故奏爲人臣言事所上章疏之總稱輳爲輻共匯聚於轂故从奏聲 |
| 輶 音由 ㄧㄡˊ 音酉 ㄧㄡˇ 音又 ㄧㄡˋ | | | （形聲）甲文金文輶字从車酋聲本義作「輕車」解（見說文許箸）乃內無積載便於驅馳之車名故从車．輕曰輶：「德輶如毛民鮮克舉之」箋「輶輕也」」（詩．大雅）．輶車：輕車「『輶車鸞鑣載獫歇驕』」（詩．秦風）． |
| 轄 瞎輕聲 ㄒㄧㄚˊ | | | （形聲）（會意）甲文金文轄字从車害聲本義作「鍵」解（見說文許箸）乃豎貫軸頭用以制轂使輪不得脫軸之鐵栓故从車又以害本作「傷」解鐵栓貫軸有傷軸意故轄从害聲．軸端之鍵曰轄．喻管制事物之重要關鍵曰轄．領統領統轄． |
| 轉 音囀 ㄓㄨㄢˇ | | | （形聲）甲文金文轉字从車專聲本義作「運」解（見通訓定聲）乃車旋迴其輪以進之意故从車．迴旋轉動曰轉：「轂者所以利轉也」」（周禮．冬官）．舊詩之第三聯第三句及舊文之第三段曰轉．音聲曰轉．異轉而同樂．遷官曰轉． |
| 轍 音徹 ㄔㄜˋ 讀若折 ㄓㄜˊ | | | （形聲）（會意）甲文金文轍字與徹義同金文从車徹省（省徹左彳）聲本義作「車迹」解（見說文新附）乃車行後車輪地轢地所遺留之痕迹故从車又以徹本作「通」解爲通達意車迹常四達多通故轍从徹聲．途曰轍進道之稱． |
| 轆 音鹿 ㄌㄨˋ | | | |

楷 甲文 金文

（形聲）（會意）甲文金文轆字从車鹿聲本指「轣轆」一詞而言轣轆之本義作「維車趙魏之間謂之轣轆車」解（見方言）乃紡車之稱故轆从車又以鹿獸名字統謂羣鹿角外張形故轆从鹿聲。轆轆：車聲之稱。置軸貫以長轂（滑輪）。

轎 音橋 ㄑㄧㄠˊ 音徼 ㄐㄧㄠˋ

（形聲）（會意）甲文金文轎字从車喬聲本義作「小車」解（見玉篇）乃特見輕小之車名故从車又以喬本作「高而曲」解轎以狹小易見其高又以取材求輕便易見屈曲故从喬聲 小車曰轎一說卽竹輿車 肩輿曰轎略稱轎顯官貴人用

轔 音鄰 ㄌㄧㄣˊ

（形聲）（會意）甲文金文轔字从車粦聲本義作「車聲」解（見說文新附）乃衆車行進時所發之雜音故从車又以粦爲燐字初文俗稱鬼火因有忽明忽暗而仍相續不斷意轔之爲聲乃忽高忽低而相續不斷者故从粦聲。殷轔：盛多之稱。

轟 音烘 ㄏㄨㄥ

（會意）（形聲）甲文金文轟字从三車三車示羣車羣車同進卽轟轟羣馬聲轟轟盈耳故其本義作「轟轟羣車聲」解（見說文段注）乃羣車同進時之嘈雜聲。水發轟轟聲。衝擊砲轟：駭浪幾轟岩破、喧鬧雷轟。轟轟：車馬衆多聲烈烈轟轟。

辛 音新 ㄒㄧㄣ

楷 甲文 金文

（會意）（象形）甲文辛金文父辛鼎辛字與此略同李敬齋氏以爲「艱苦也从倒立會意」金文辛林義光氏以爲「𢆉卽屰（逆）字」引伸爲罪」借爲辛苦字也」故其本義作「重大罪愆之稱」。西方曰辛。天干名十干之第八位曰辛。

辟 音璧 ㄅㄧˋ

（會意）（形聲）甲文辟羅振玉氏以爲「从辛人辟法也人有辛（罪）則加以法也古金文作辟（盂鼎）增○乃璧之本字金文辟林義光氏以爲「从○不从口○束也从人从辛以○束之」卽國家禁律之稱。法曰辟。罪曰辟。刑曰辟。辟誅也、

辣 音剌 ㄌㄚˋ

（形聲）（會意）甲文金文辣字从辛剌省（省剌右刀）聲本義作「辛辣」解（見玉篇）乃指猛烈之辛味而言故从辛又以束爲剌之省剌本作「戾」解爲舛逆之意辣味入口如灼有剌戾意故辣从剌省聲。狠毒。辛辣毒辣潑辣。辣椒番椒。

辦 音辯 ㄅㄧㄢˋ

（形聲）（會意）甲文辦金文辦从力辡聲本義作「致力」解（見說文新附）乃傾其全力赴事之意故从力又以辡音辯本作「罪人相訟」解因有全力爲己脫罪意辦爲全力赴事故从辡聲。治理事務曰辦。買辦總辦。具置備。置備曰辦。治理。

楷　甲文　金文

辭　音詞　ㄘˊ

（會意）（形聲）甲文辭金文辭从𤔔同字異體金文从𠶷王國維氏以爲「𠶷與辛同意」辭从𤔔辛𤔔音亂爲治理意辛謂罪辜理罪辜而推究其實以分治之爲辭其本義作「訟」解（見說文許箸）。言之成文者曰辭。文體名韻文之一種。

辯　音辨　ㄅㄧㄢˋ

（會意）（形聲）甲文金文辯字从言在辡中亦从辡聲言謂究問論斷辡音皮爲「罪人相訟」意究問罪人相訟之實而論斷之爲辯其本義作「治」解（見通訓定聲）乃治理之使得平正之意。爭論是非曰辯。文體名論斷其是非眞僞之文曰辯。

辰　音晨　ㄔㄣˊ

（指事）（象形）（形聲）甲文辰李敬齋氏以爲「陣（陳）也佃也象大兩手操石（厂）形」蓋从人操石以指陣佃之事金文辰林義光氏以爲「實脣之古文象上下脣及齒形」本義作「震也」解（見說文許箸）。十二屬以辰爲龍辰龍也。

辱　音辱　ㄖㄨˋ

（會意）甲文金文辱字从寸在辰下寸謂法度辰謂農時農失耕時則戮依法度施刑爲辱其本義作「恥」解（見說文許箸）乃施刑戮以彰其怠忽之失意。恥曰辱：「士以進死爲榮退生爲辱矣」（吳子・圖國）。恥使之蒙恥。敬稱人所賜曰辱。

農　音濃　ㄋㄨㄥˊ

（會意）（形聲）甲文農从林从辰林謂林野辰爲夜將旦始出之星力田者見辰星出而之林野耕作爲農金文農字林義光氏以爲从「囟象持物入肘與晨同意」从晨囟聲本義作「耕」解（見說文許箸）乃用力耕種之意。農稱：農事之稱

酉　音有　ㄧㄡˇ

（象形）甲文酉與金文酉略同金文酉吳大澂氏以爲「古文酒與酉同」林義光氏以爲「古酒字皆作酉本義即爲酒象釀器形酒所容也」酉醴之通名也象酒在缸甕中」解（見六書故）即酒醴之通稱亦爲酒之古字。十二屬以酉爲雞。

酉部·酋酊配酌酎酖酗酥酢酤

| 楷 | 甲文 | 金文 |
| --- | --- | --- |

**酋** 音求 ㄑㄧㄡˊ

（指事）（形聲）甲文酋高鴻縉氏以爲「酉爲盛酒之器，此倚酉畫點滴形，由物形『八』『彡』生意，故爲點滴之酒，周禮『酋人』即酒人」。金文酋，林義光氏以爲「酋酉音近古當爲一字」。从酉从酋，與酉同字。酋長：魁帥曰酋。酋臘：毒酒。

**酊** 音頂 ㄉㄧㄥˇ 讀若丁 ㄉㄧㄥ

（形聲）（會意）甲文金文酊字从酉丁聲，本指「酩酊」一詞而言，酩酊之本義作「醉甚」解（見玉篇），乃大醉不省人事之狀，酉爲古酒字，故酊从酉；又以丁爲釘字初文，醉甚者，如攤瘓頹類，釘之入物不易拔動，故酊从丁聲。酩酊：大醉貌。

**配** 音佩 ㄆㄟˋ

（會意）（形聲）甲文配金文配字，吳大澂氏以爲「从酉从卩（〔ㄐ〕）」。林義光氏以爲「配當與肥同字，从人（〔ㄐ〕）在酒旁，與肥在肉旁同意，肥配古同音，亦同字」。本義作「酒色」解（見說文繫傳），乃酒之色澤，酉爲古酒字，故从酉。妻曰配，元耦配。

**酌** 音灼 ㄓㄨㄛˊ

（會意）（形聲）甲文酌从勺酉，象以勺入酉取酒形，此即爲酌，金文酌字从酉勺聲，本義作「盛酒行觴」解（見說文許箸），乃盛酒於器以讀人飲之意，酉爲古酒字，故从酉。酒肴曰酌，非酌曰酌，飲曰酌，飲酒之稱，酒升曰酌，酒食酌醑之稱。

**酎** 音宙 ㄓㄡˋ

（會意）（形聲）甲文酎金文酎，吳大澂氏以爲「阮相國（元）說『从酉从彡，古酎字』，許氏說『酎，三重醇酒也』，古文取三重酒之義，故从彡」。本義作「三重醇酒也」解（見說文段注），乃經三釀，味特醇厚之酒，酉爲古酒字，故从酉。酎金。

**酖** 音耽 ㄉㄢ 音鴆 ㄓㄣˋ

（形聲）（會意）甲文金文酖字从酉冘聲，本義作「樂酒」解（見說文許箸），乃所樂在酒，即嗜酒之意，酉爲古酒字，故从酉；又以冘音淫，本作「冘冘行兒（貌）」解，有樂之而往意，酖爲樂酒不疲而莫之止者，故从冘聲。酖毒：樂酒之至毒者。

**酗** 音煦 ㄒㄩˋ

（形聲）（會意）甲文酗金文酗，左从酉，右文音義闕，吳大澂氏以此爲古酗字（見玉篇），乃酒醉而逞兇之意，酉爲古酒字，故从酉；又以句本作「曲」解，醉者以酒爲兇，緣於所思之曲，所見之曲，終致所行之曲，故酗从句聲。醉後發怒，因醉逞凶，酗酒。

**酥** 音蘇 ㄙㄨ

（形聲）（會意）甲文金文酥字从酉穌省（省穌左魚）聲，本義作「酪」解（見玉篇），乃煎酪時居上之油脂，以其類濁酒，酉爲古酒字，故从酉；以穌音蘇，本作「把取禾若」解，酥乃煎酪而取之，故从穌聲。煎牛羊乳而得之油脂曰酥。酥醾：酒名。

**酢** 音醋 ㄘㄨˋ

（形聲）（會意）甲文酢金文酢略同，从酉乍聲，本義作「醶」解（見通訓定聲），乃大酸之名，亦名曰醶，由酒製者，酉爲古酒字，故从酉；又以乍本作「暫」解，乃爲時甚暫意，酢味甚酸，但歷時稍久酸味漸失，故从乍聲。大酸曰酢，今字作「醋」。

**酤** 音姑 ㄍㄨ 音顧 ㄍㄨˋ

（形聲）（會意）甲文金文酤字从酉古聲，本義作「一宿酒」解（見說文繫傳），即造之一宿而成之酒，酉爲古酒字，故从酉；又以古本作「故」解，爲陳舊意，酤爲一宿酒，即陳酒，故从古聲。酒曰酤，買酒曰酤，字亦作「沽」。酤酒，酤木酤鐵。

| 楷 | 甲文 | 金文 |
| --- | --- | --- |
| 酡 音駝 ㄊㄨㄛˊ | | |
| （形聲）甲文金文酡金文酡字从酉它聲本聲作「飲酒朱顏貌」解（見玉篇）乃飲酒醉時面著赤色之意酉爲古酒字故从酉．酒醉面著赤色．半酡微酡．「美人既醉朱顏酡些」注「酡著也言美女飲啗醉面著赤色而鮮好也」（宋玉．招魂）． | | |
| 酬 音讎 ㄔㄡˊ | | |
| （形聲）（會意）甲文酬字金文酬从酉州聲吳大澂氏以此爲酬字異文本義作「主人進客也」解（見說文許箸）乃主人以酒勸客再飲之 自飲而酌與賓曰酬賓之不善飲者可止息謝飲 故酬从州聲．酬酢：應對．酬對．酬成：對答．酬恩． | | |
| 酪 音落 ㄌㄨㄛˋ　讀若澇 ㄌㄠˋ | | |
| （形聲）（會意）甲文金文酪字从酉各聲本義作「乳漿」解（見說文新附）乃乳汁之稱以其與類濁酒酉爲古酒字故从酉 又以各有互不相合意乳漿或出自牛馬羊等爲互不相同者故酪从各聲．乳漿曰酪 味酸之漿曰酪 喻粹美大品曰酪． | | |
| 酩 音名 ㄇㄧㄥˊ　名上聲 ㄇㄧㄥˇ | | |
| （形聲）甲文金文酩字从酉名聲本指「酩酊」一詞而言酩酊之本義作「醉甚」解（見玉篇）乃大醉不省人事之狀酉爲古酒字故酩从酉．酩酊：大醉之稱．酩子裏：暗地裏之稱．酩酊：醉倒．「退酒即酩酊君知我是誰」（韓愈．醉贈張城詩）． | | |
| 酸 音狻 ㄙㄨㄢ | | |
| （形聲）（會意）甲文金文酸字从酉夋聲本義作「酢」解（見說文許箸）酢即今之醋俗以酸醋通稱關東稱醋爲酸多爲酒變味而成者 酉爲古酒字故从酉又以夋音裙本作「行貌」解有攢心刺骨之意故从夋聲．酸辛悲痛 酸楚：悲苦之稱 | | |
| 酷 音嚳 ㄎㄨˋ | | |
| （形聲）（會意）甲文酷金文酷字略同从酉告聲本義作「酒原味也」解（見說文許箸）乃指酒味之特厚嚴烈而言酉爲古酒字 故从酉又以告本作「牛觸人角箸橫木所以告人」解厚味之酒嚴 烈之氣觸鼻易使人知其酷故酷从告聲． | | |
| 醉 嘴去聲 ㄗㄨㄟˋ | | |
| （會意）（形聲）甲文金文醉字从酉卒亦从卒 聲酉爲古酒字卒有竭盡之義飲酒者各竭盡其量以飲爲醉其本義作「酒卒也各卒其度量不至於亂也」解（見說文句讀）乃飲酒盡量不及亂之意．飲酒曰醉．飲酒過量伐德喪儀曰醉． | | |
| 醃 音淹 ㄧㄢ | | |
| （形聲）（會意）甲文金文醃字从酉奄聲本義作「漬藏物」解（見集韻）乃施鹽漬藏食物之意鹽水如酒酉爲古酒字故从酉又以奄本作「覆」解漬藏物必待說以鹽水覆沒之故醃从奄聲．以鹽漬藏 經施鹽漬藏者：醃肉醃菜醃魚． | | |
| 醒 星上聲 ㄒㄧㄥˇ | | |
| （形聲）（會意）甲文金文醒字 从酉星聲本義作「醉解」解（見說文新附）乃醉後酒解之意酉爲古酒字 故从酉又以星本作「天上列星」解因有明亮閃灼意醉者神 志昏迷醒則神志清明故从星聲．覺夢覺由迷而悟．衆人皆醉我獨醒． | | |
| 醍 音題 ㄊㄧˊ　音體 ㄊㄧˇ | | |
| （形聲）（會意）甲文金文醍字从酉是聲本義作「清酒」解（見說文新附）清酒古爲祭祀之酒醍乃清酒之一種酉古酒字故醍从酉又以是爲緹之省文緹本作「帛丹黃色」解醍爲赤紅色酒故从是聲．醍醐：酪之精者曰醍醐．清酒名． | | |

| 楷 | 讀音 | 說明 |
|---|---|---|
| 醜 | 音丑 ㄔㄡˇ | （形聲）（會意）甲文金文醜字从鬼酉聲本義作「可惡」解（見說文許箸）乃指人或物之狀貌頗爲陋劣惹人厭憎而言鬼頭物大面目可憎故从鬼又以酉爲古酒字酒入口咽之皆蹙（通蹙）人飲酒則面蹙醜陋故醜从酉聲・惡事惡名曰醜。 |
| 醫 | 音咿 ㄧ | （會意）（形聲）甲文醫字（省酉殳）金文醫从殹从酉殹音翳本謂「擊中聲」酉爲古酒字酒可以治病者工於運酒以擊中人病者曰醫其本義作「治病工」解（見說文許箸）即工於治病者之稱今謂之醫生・醫本酒名故从酉殹聲・行醫治病・ |
| 醬 | 漿去聲 ㄐㄧㄤˋ | （形聲）（會意）甲文金文醬字略同从肉从酉爿聲本義作「醢也」解（見說文段注）即以酒和肉及麥麵米豆等並拌鹽而成之半流體之和味或以之配食其用甚廣酉爲古酒字故从肉从酉・食物之搗碎如泥如糊者曰醬芥醬梅醬蝦醬蟹醬 |
| 醮 | 音醮 ㄐㄧㄠˋ | （形聲）（會意）甲文金文醮字从酉焦聲本義作「酌而無酬酢曰醮」解（見通訓定聲）即酌之酒而不須對方回敬酒己亦不再重復敬酒之意 酉爲古酒字故从酉又以焦本作「火所傷」解率不相拒故从焦聲・嫁曰醮・僧道設壇祈禱曰醮， |
| 醰 | 音覃 ㄊㄢˊ | （形聲）（會意）甲文醰金文醰字从肉从覃丁佛言氏以爲「醰或从肉集韻『醰肥貌又厚味也』」从酉覃聲本義作「酒味長也」解（見說文段注）乃酒之美味歷久不失意故从酉醰乃酒味長故从覃聲・醰粹：醇厚貌猶醇厚也・味厚・ |
| 醴 | 音禮 ㄌㄧˇ | （形聲）（會意）甲文醴爲豊字重文古以豊通醴金文醴从酉豊聲本義作「酒一宿孰（熟）也」解（見說文許箸） 乃釀一宿而熟之酒徐鍇氏以爲「醴甜酒」爲酒名酉乃古酒字又以豊爲禮之省文故从酉从豊聲 甘泉曰醴 甘氣曰醴 |
| 醵 | 音遽 ㄐㄩˋ | （形聲）（會意）甲文醵金文醵字吳大澂氏引盂鼎「無致醵」文以此爲古醵字从酉豦聲本義作「會飲酒也」解（見說文繫傳） 乃衆人聚錢以飲酒之意以豦音遽本作「豕相鬬不解」解有糾合衆人同飲之意故从豦聲・合錢飲酒曰醵・ |
| 醳 | 音繹 ㄧˋ；音釋 ㄕˋ | （形聲）（會意）甲文金文醳字从酉睪聲本義作「醇酒也」解（見集韻）乃味醇厚之酒酉爲古酒字故从酉又以睪音繹本作「司視也今吏將目捕罪人也」解因有長遠窺伺及嚴正捕取意醇酒爲餘味甚長而本味甚正者故醳从睪聲・醳醳：光盛貌・ |
| 釀 | 娘去聲 ㄋㄧㄤˋ | |

| 楷 | 甲文 | 金文 | 文 |
|---|---|---|---|

（形聲）（會意）甲文金文釀字从酉襄聲本義作「作酒曰釀」解（見說文許箸）乃施麴蘖製酒之意酉爲古酒字故从酉又以襄本作「解衣而耕」解釀酒作酒原料生高溫發酵出酒汁後僅餘外殼成酒渣溫度隨之降低故釀从襄聲・醞製酒・

## 釆　音辨　ㄅㄧㄢˋ

（象形）甲文釆金文釆字略同象獸掌（象獸爪爲獸指爪分明可見之形因此指爪可推定其確爲何獸其本義作「辨別也」解（見說文義證）乃分辨明確之意釆字當以獸爪爲正義・辨別今字作「辨」古因形似而譌誤、釆中筆不斷中斷爲采

## 釉　音柚　ㄧㄡˋ

（形聲）（會意）甲文金文釉从釆由聲本義作「物有光」解（見集韻）乃器物外有光彩之意器物有光彩則顯明易辨別故从釆又以由爲油之省文 器物有光亠如外表被油脂之滑潤耀目故釉从由聲・釉藥塗於陶器坯上燒成外被光澤稱釉

## 釋　音適　ㄕˋ

（形聲）（會意）甲文金文釋字从釆睪聲本義作「解也」解（見說文許箸）乃使其脫散之意釆謂分別物故从釆又以睪音釋本作「司（伺）視也」解謂分別有罪而執捕使無罪者得脫散意故釋从睪聲・釋文曰釋・文體名解之別稱・

## 里　音理　ㄌㄧˇ

（會意）甲文里金文里宅从田从土田謂樹穀之處土謂土地人民度居每選近於樹穀之土地構建以求便於墾殖其本義作「居」解（見說文許箸）乃人民居所之稱・民戶聚居之處而有定制者曰里・面積名縱橫各三百步之面積曰里・

## 重　中去聲　ㄓㄨㄥˋ

（形聲）甲文重金文重字略同从壬東聲本義作「厚也」解（見說文繫傳）乃不薄之意壬音挺从人土象人挺立地上形人在土上知有土厚意故从壬重物曰重・重車曰重・重任曰重・輜重曰重・宮聲別稱曰重・重刑曰重死刑之稱重死刑也・

## 量　音亮　ㄌㄧㄤˋ

## 量　音良　ㄌㄧㄤˊ

（會意）（形聲）甲文量金文量字同字異體林義光氏以爲「从重省良（古作㫰）省聲」按㫰象量形即量之古文 王筠氏以爲「上形下聲字⊙象斗中有米形㫰即聲也」本義作「稱輕重」解・量物多少之器曰量斗斛之類均屬之。度考量・

## 野　音也　ㄧㄝˇ

楷 甲文 金文 楷 甲文 金文

(會意)(形聲)甲文野與金文野略同从林从土 古文作壄玉篇壄埜並爲古文野蓋取林土爲野意 金文野从里予聲本義作「郊外」解(見說 文段注)距國百里曰郊郊外曰野故从里 野者壄之古字也壄者野之古音也・廣平之地域曰野・

**釐** 音離 ㄌㄧˊ

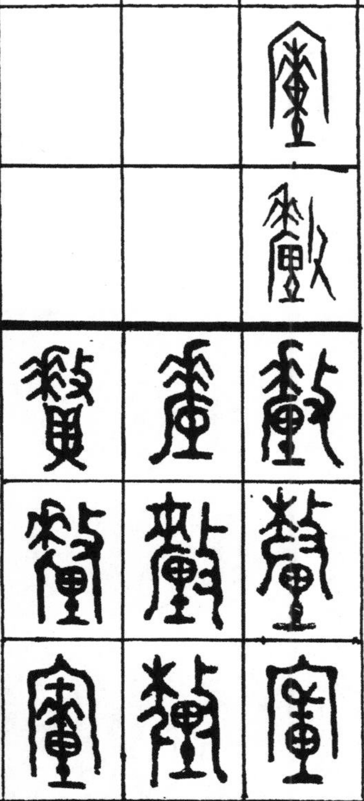

(形聲)(會意)甲文釐金文釐字略同从里𠩺聲本義作「治邑理邑爲釐」解(見通訓定聲)乃治理邑里之意故从里又以𠩺音持在集韻作「釐作治理也」解釐爲治理邑里故从𠩺聲・度名十毫爲釐即尺之千分之一・地積名即畝之百分之一・

**金** 音今 ㄐㄧㄣ

(象形)(形聲)(指事)甲文金金文金字同字異體 金文金林義光氏以爲「象金在地中形今省聲」从土右左注象金在土中形今聲本義作「五色金也」解(見說文段注)乃白金青金赤金黑金黃金等 五金之通名・因生於土故从土・

**釘** 音丁 ㄉㄧㄥ

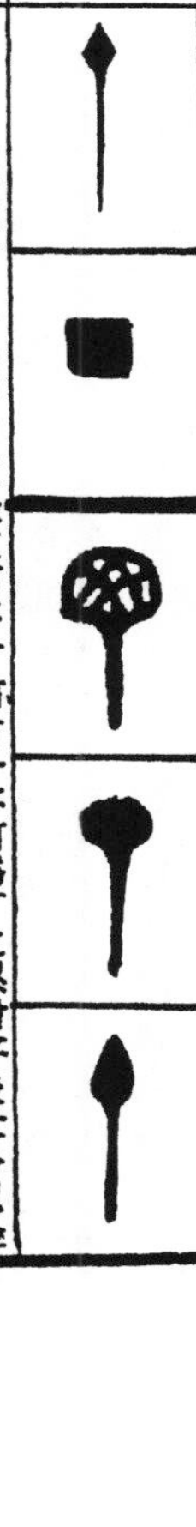

(形聲)(會意)甲文金文釘字丁釘古今字釘爲丁之累增字後世多以金爲之故相承增偏旁 本義作「鍊餅(餅)黃金也」解(見說文段注)乃鍊治黃金使匾如餅之意故从金又以丁本作「萬物皆丁實」解故釘从丁聲・丁爲今之釘字・

**針** 音斟 ㄓㄣ

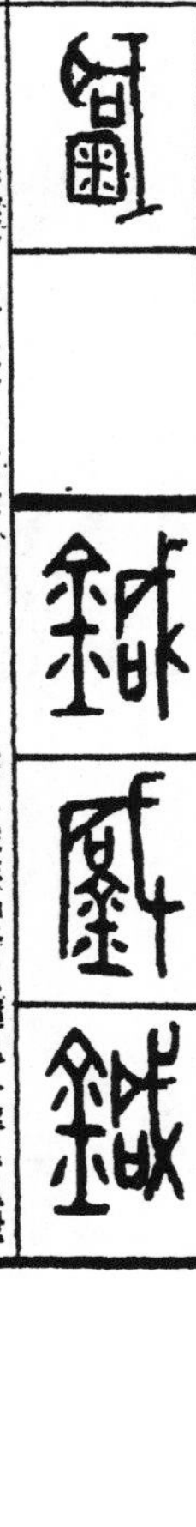

(形聲)(會意)甲文金文針字从金咸聲本義作「所以縫也」解(見說文許箸)即體細長端尖銳尾有孔穿線以縫之金屬器故从金又以咸本作「皆」解因有咬合之意針在縫衣物而合之故从咸聲・針黹一作鍼黹女紅之通稱・鬭乎鍼灸・

**釣** 音弔 ㄉㄧㄠˋ

(形聲)(會意)甲文金文釣字从金勺聲本義作「鉤魚」解(見說文許箸)乃以金屬鉤穿餌置水中鉤魚之意故从金又以勺爲挹取酒漿之器 釣爲挹取魚於水者故从勺聲・鉤魚之事曰釣 釣事也・釣具曰釣 釣竿・釣綸曰釣・莊周垂釣於濠・

**鈍** 音頓 ㄉㄨㄣˋ

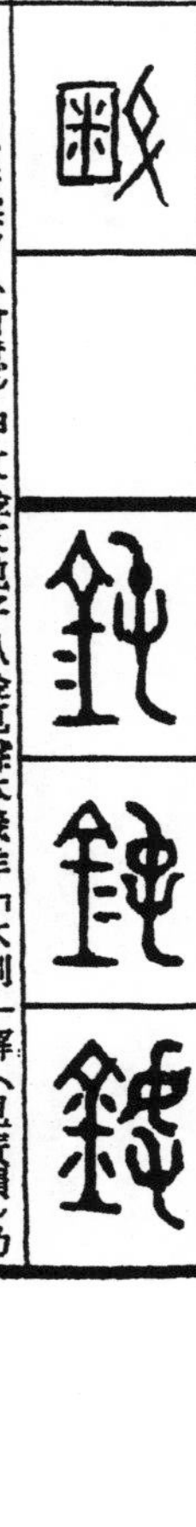

(形聲)(會意)甲文金文鈍字从金屯聲本義作「不利」解(見廣韻)乃指刀劍等 不銳利而言故从金又以屯本作「難」解有前進艱滯意刀劍不銳利則砍刺難入故从屯聲・鋒刃不利曰鈍・愚昧曰鈍・燕娟駑鈍攘除姦凶・壞損折運「頓」・

**鈔** 音抄 ㄔㄠ

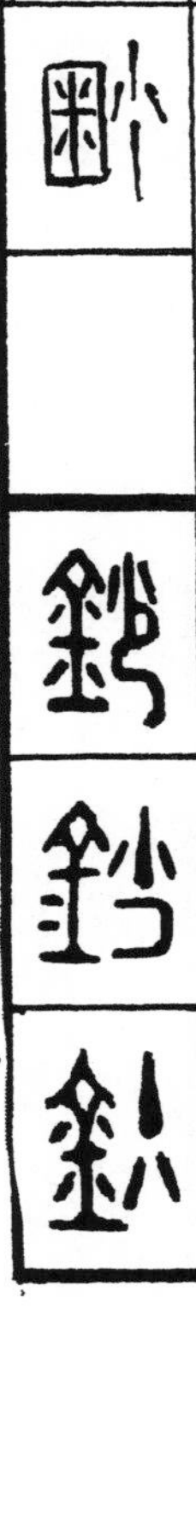

| 楷 | 甲文 | 金文 | 楷 | 甲文 | 金文 |
|---|---|---|---|---|---|

**鈔**

（形聲）甲文金文鈔字从金少聲本義作「强取」解（見玉篇）乃掠兵刃刼掠之意故从金。刼掠曰鈔字亦作「抄」：「遣吳漢等擊之經歲無功而匈奴鈔暴日增」（後漢書．南匈奴傳）。襲攻曰鈔包鈔後路之稱字亦作「抄」。錢曰鈔。

**鈞** 音均 ㄐㄩㄣ

（形聲）（會意）甲文鈞金文鈞字从金勻聲本義作「三十斤」解（見說文許箸）爲重三十斤之稱鈞从金又以勻有平分均一之義鈞者均也故鈞从勻聲。製陶器所用之轉輪曰鈞。旋轉政教之樞要曰鈞。天曰鈞造物之稱。等相並相等。

**鈐** 音箝 ㄑㄧㄢ

（形聲）（會意）甲文金文鈐字从金今聲本指「鈐鏽」一詞而言鈐鏽之本義作「大犂」解（見說文許箸）乃前端具尖鐵用以起土之農器故鈐从金又以今有變未來少止故鈐從今聲。車轄曰鈐。炙茶之具曰鈐。鈐記：印之一種刻木爲之。

**鈕** 音杻 ㄋㄧㄡˇ

（形聲）（會意）甲文金文鈕字从金丑聲本義作「印鼻」解（見說文許箸）乃指印上爲便於執用突出如鼻之部分而言漢代食祿四百石以上官吏各有金銀銅印故从金又以丑有扭紋意鈕爲扭紋於印上之鼻故从丑聲。印鼻曰鈕。衣鈕。

**鈇** 音夫 ㄈㄨ

（形聲）（會意）甲文金文鈇字从金夫聲本義作「莝斫刀也」解（見通訓定聲）乃用以斷獨之一刀以其爲金屬製成故从金又以夫爲七尺成人男子之稱因有長大意鈇爲長刀故从夫聲。莝斫刀曰鈇。刑具名古時酷刑斬腰之具曰鈇。

**鉅** 矩去聲 ㄐㄩˋ

（形聲）（會意）甲文鉅金文鉅字从金巨聲本義作「大剛」解（見說文許箸）乃特別堅硬之意物之堅硬者莫如鋼鐵故从金又以巨有大義巨室巨富巨蠹皆其例鉅爲大剛故从巨聲。剛鐵曰鉅今謂之「鋼」。鉤曰鉅鉅鉤也。岂通「詎」。

**鈴** 音齡 ㄌㄧㄥˊ

（形聲）（會意）甲文金文鈴字从金令聲本義作「鈴似鐘而小」解（見廣韻）爲形似小鐘中有舌動以發音之金屬器故从金又以令有美好之義令名令聞皆其例鈴聲清脆悅耳有美好意故从令聲。鈴鐺略稱鈴。鈴鈴然：聲聲不絕貌。

**鉤** 音溝 ㄍㄡ

（會意）（形聲）甲文金文鉤字从句亦从句聲金示器物之質句意爲曲形曲之金屬物曰鉤其本義作「曲鉤」解（見說文段注）乃金屬形曲物如吳鉤帶鉤釣鉤簾鉤等之通名。兵器名似劍而曲之兵曰鉤以鉤殺人也。帶鉤曰鉤。釣鉤曰鉤。

**鉗** 音箝 ㄑㄧㄢˊ

（形聲）（會意）甲文金文鉗字从金甘聲本義作「以鐵有所刼束也」解（見說文許箸）乃施鐵物以脅制束縛人之意故从金又以甘从口含一有包合於中之意以鐵有所刼束爲强施鐵物於外以制縛之故鉗从甘聲。鉗制：脅制。鑷曰鉗。

# 金部、鉋鉢鈿鈺鈸鉞鈷銀銅銓

**鉋** 音庖 ㄆㄠˊ 讀如報 ㄅㄠˋ

（形聲）（會意）甲文金文鉋字从金包聲本義作「平木器」解（見玉篇）乃中有鏟狀鐵刃推以平木之器 故从金又以包有裹合之義 鉋裹鏟狀鐵刃於中反覆推於木上木片自刃前橫孔入器旣滿而溢出器外是有裹合意故从包聲・俗稱鉋子・

**鉢** 音撥 ㄅㄛ

（形聲）甲文金文鉢字 从金本聲本義作「食器」解（見韻會）乃盛食物之圓器古器皿字或从木或从金與从皿相若故鉢从金 世遂多以鉢爲僧食器之稱・僧之食盂曰鉢 托鉢 捧鉢・廬山僧懷璉……上賜龍腦鉢・盛酒之盂曰鉢・缽（鉢同字）・

**鈿** 音田 ㄊㄧㄢˊ 音甸 ㄉㄧㄢˋ

（形聲）（會意）甲文金文鈿字 从金田聲本義作「金華（花）」解（見說文新附）乃以金片製成花狀之 首飾名故从金又以田爲種植五穀瓜果處因有種植意鈿爲往時婦女植髮間以爲美飾者故从田聲・嵌有金寶之美飾曰鈿・翠鈿・

**鈺** 音玉 ㄩˋ

（形聲）（會意）甲文金文鈺字 从金玉聲本義作「堅金」解（見玉篇）乃指質地堅實之金屬而言故从金 又以玉爲石之堅而美者鈺取其堅美之意故从玉聲・堅金曰鈺・寶曰玉・

**鈸** 音跋 ㄅㄚˊ 讀若勃 ㄅㄛˊ

（形聲）（會意）甲文金文鈸字从金犮聲本義作「鈸亦謂之銅盤……今亦用之以節樂」解（見正字通）乃形圓似盤之銅質樂器名故从金又以犮爲拔之省文鈸有兩片相擊發聲其擊時一若上下拔左右拔者故鈸从犮聲・銅製樂器名俗稱鐃鈸・

**鉞** 音越 ㄩㄝˋ

（形聲）甲文金文鉞字形異義同 金文鉞从金戉聲本義作「車鑾聲」解（見說文許箸）乃車鑾和鳴之聲鑾卽鈴以金爲之故 鉞从金・大斧曰鉞字亦作「戉」・星名：「東井爲水事其西曲星曰鉞」（史記・天官書）鉞鉞：車鑾和鳴聲

**鈷** 音古 ㄍㄨˇ

（形聲）甲文金文鈷字从金古聲本指「鈷鉧」一詞而言 鈷鉧之本義作「釜」解（見玉篇）乃以用以烹煑之金屬器故鈷从金・鈷爲金屬元素之一種常用於電鍍可使受鍍之物外表美觀堅硬不易氧化・鈷鉧：熨斗之稱・鈷鉧溫器・

**銀** 音寅 ㄧㄣˊ

（形聲）（會意）甲文金文銀字 从金艮聲本義 作「白金」解（見說文許箸）乃指僅次於黃金之白色金屬而言故从金又以艮音梗本作「很」解乃怒目相覷爾不相下之意在古金銀並稱銀又別稱白金故从艮聲 金錢曰銀 界限曰銀通「垠」

**銅** 音同 ㄊㄨㄥˊ

（形聲）（會意）甲文金文銅字从金同聲本義作「赤金」解（見說文許箸）乃赤色之金屬名俗稱赤銅紅銅故从金又以同本作「合會」解有彼此一致意銅性柔和易與其他金屬相合而成合金故从同聲・銅爲金屬元素之一色赤有明亮光澤・

**銓** 音詮 ㄑㄩㄢˊ

（形聲）（會意）甲文金文銓字 从金全聲本義作「衡」解（見說文許箸）乃權物輕重之具其鉤錘皆以鐵爲之故从金又以全有完美無缺意權物在求準確其器必完美無缺而後可故銓从全聲・權衡曰銓・銓敍：量才選授官職之稱・

| 楷 | 甲文 | 文 | 金文 |
|---|---|---|---|

**銘** 音冥 ㄇㄧㄥˊ

（形聲）（會意）甲文金文銘字从金名聲本義作「題勒」解（見字林）乃題勒文字於金石垂後之意故从金又劉熙氏謂「銘名也名其功也」銘以稱揚功勳爲多故从名聲・文體名 體要有二 曰警戒 一曰祝頌：石門銘戒壇銘劍閣銘・

**銑** 音跣 ㄒㄧㄢ

（形聲）（會意）甲文金文銑字从金先聲本義作「金之澤者」解（見說文段注）乃光澤盛美之金屬名故从金又以先有居前之義 銑之光澤盛美耀人眼目有居前遠及意故从先聲・光澤盛美之金曰銑・鐘之兩角曰銑・以金爲飾之弓曰銑・

**銃** 沖去聲 ㄔㄨㄥˋ

（形聲）（會意）甲文金文銃字 从金充聲本義 作「斧穿」解（見集韻）卽斧受柄之處以斧爲鐵器故从金又以充有塡實一義斧受柄處有納柄以實之之意故銃从充聲・火器名略似鎗自前口入藥及彈 明代以爲軍器・銃銃：神志模糊不淸貌・

**銖** 音殊 ㄕㄨ 讀若朱 ㄓㄨ

（形聲）甲文銖金文銖字从金朱聲本義作「權十二分黍之重也」解（見說文句讀）十二粟（黍）爲一分以重十二分之黍施之於權其重量卽銖以權卽稱錘故从金・古衡名其重量無定：百四十四粟（黍）之重爲銖・鈍不快利兵戈無刃

**鉻** 音落 ㄌㄨㄛˋ 讀如各 ㄍㄜˋ 音格 ㄍㄜˊ

（形聲）（會意）甲文金文鉻字从金各聲本義 作「鬎」解（見說文許箸）乃運刀鬎除髮之意故从金又以 各有去而難合之意 髮鬎除則不可合故鉻从合聲・鉤曰鉻玉篇「鉻鉤也」鉻・原子序爲二四、爲金屬元素之一可溶於鹽酸硫酸・

**鋒** 音蜂 ㄈㄥ

（形聲）（會意）甲文金文鋒字从金逢聲本義作「兵耑（端）」解（見說文許箸）乃兵器尖端之稱故从金又以逢本作「遇」解有迎而與合之意兵器尖端旨在迎敵而合之故鋒从逢聲・兵器之尖端曰鋒 刀鋒劍鋒・軍隊之前列曰鋒・

**鋪** 普平聲 ㄆㄨ

（形聲）（會意）甲文金文鋪字从金甫聲本義 作「箸門鋪首」解（見說文段注）乃附著門上略似螺形而 銜環之金屬物故从金又以甫爲男子之美稱因有美好意鋪爲高貴門第之美飾故从甫聲・盛黍稷之祭器 曰鋪形如簠而外圓・

**鋤** 音除 ㄔㄨˊ

（形聲）（會意）甲文金文鋤字从金助聲本義 作「立薅所用也」解（見集韻）乃供立以去草之長柄鐵器 故从金又劉熙氏以爲 「鋤助也去穢助苗長也」故鋤从助聲 農器名除草鬆土之木柄鐵器曰鋤 興理荒穢帶月荷鋤歸」（陶潛詩）

**鋁** 讀如呂 ㄌㄩˇ

（形聲）（會意）甲文鋁 金文鋁字 从金呂聲玉篇以鋁鑢同字 吳大澂氏以此爲古鑢字 从金慮聲本義作「錯銅鐵也」解（見說文繫傳）乃磨治銅鐵使平之意故从金又 以慮本作「謀思」解 故鑢从慮聲 鋁爲金屬元素之一用益廣

**銼** 音剉 ㄘㄨㄛˋ

| 楷 | 甲文 | 金文 |
| --- | --- | --- |

（形聲）（會意）甲文金文銼字从金坐聲本義作「鍑」解（見說文許箸）即小釜之稱以其爲鐵器故从金又以坐有安置穩妥意釜類宜安置穩妥故銼从坐聲．小釜曰銼一說大口之釜曰銼．銼刀用以磨擦他物使平滑之鋼製器略稱銼．

## 鋼 音剛 ㄍㄤ

（形聲）（會意）甲文金文鋼字从金岡聲本義作「鍊鐵」解（見玉篇）已鍛鍊之鐵曰鋼故从金又以岡爲剛之省文剛有堅硬義鋼爲堅硬之鐵故从岡聲．精鍊而不含磷硫矽等雜質之鐵曰鋼眞鋼不鏽鋼鍛鐵韌性甚强可增加硬度及彈性者．

## 錢 音前 ㄑㄧㄢˊ

（形聲）（會意）甲文金文錢字古作泉後轉曰錢从金戔聲本義作「銚」解（見說文許箸）古以銚爲大鋤惟承培元氏謂「即今俗之鍪插（鍤）也」爲插地起土之鐵器名故从金又以戔从二戈以會剗傷之意故錢从戔聲．金錢曰錢錢財

## 錯 音厝 ㄘㄨㄛˋ

（形聲）（會意）甲文錯金文錯字形異義同金文錯右爲古昔字从金昔聲本義作「金涂（塗）」解（見通訓定聲）乃以金塗物爲美飾之意意與鍍同故从金又以昔爲措之省文措有布施之義錯爲以金銀布施物外故从昔聲．差誤曰錯．

## 錄 音綠 ㄌㄨˋ

（形聲）（會意）甲文金文錄字从金彔聲本義作「金色」解（見說文徐箋）乃黃金光華閃爍之色故从金又以彔爲綠之省文俞樾氏以爲「綠从糸爲帛青黃色故錄从金爲金色金色亦在青黃之間也」故錄从彔聲．第曰錄次第等第之稱．

## 錦 今上聲 ㄐㄧㄣˇ

（形聲）（會意）甲文金文錦字从帛金聲本義作「襄邑織文」解（見說文許箸）乃指漢時河南襄邑所織之錦綺而言以其爲美帛故从帛又以金有貿量甚重價亦昂貴意錦金也故錦从金聲．有文彩之絲織物曰錦．喻豔美之花事曰錦．

## 錫 音析 ㄒㄧˊ

（象形）（形聲）（會意）甲文錫金文錫李敬齋氏以爲「易金元素之易鎔者象形𠃌象錫塊彡象其鎔液變作𠃌作易作易作易借爲難易字因增金旁作錫」爲易字重文金文錫从金从賜爲古錫字錫乃質軟如鉛易變易故从易聲．錫杖曰錫

## 錐 ㄓㄨㄟ

（形聲）（會意）甲文金文錐字从金隹聲本義作「銳」解（見說文許箸）乃用以刺入之銳器名以金爲之故从金又以隹本作「短尾鳥」解有尾末漸細銳意錐形似隹故从隹聲．用以刺鑽之利器曰錐利錐鋼錐其形如錐之器物曰錐角錐圓錐．

楷 · 甲文 · 金文

**錘** 音鎚 ㄔㄨㄟˊ

（形聲）甲文金文錘字从金垂聲本義作「八銖」解（見說文許箸）爲當八百黍之重量名量輕重以與金屬相比等爲準確故从金·古衡名八銖曰錘惟通俗文「銖六則錘」·「六兩曰錙倍錙曰錘」·稱錘曰錘錘謂之權·錘擊之具曰錘·鐵錘·

**鋸** 音據 ㄐㄩˋ

（形聲）（會意）甲文鋸金文鋸同字異體从金居聲本義作「解器」解（見正字通）乃鐵葉有齒以解木石之具故从金又以居爲倨之省文倨本作「不遜」解以鋸解物必往復拉動以入物因有不遜意故鋸从居聲·古代刑具名用以施斷截之刑者·

**錠** 音定 ㄉㄧㄥˋ

（形聲）（會意）甲文金文錠字从金定聲本義作「豆有足曰錠」解（見廣韻）乃薦熟食有足之金屬器故从金又以定有穩固之義錠有足則穩固故从定聲·薦熟食器之有足者曰錠·紡絲用之竹管紡棉供旋轉以纏線縷之小竹木枝曰錠·

**錚** 音爭 ㄓㄥ

（形聲）甲文金文錚字从金爭聲本義作「金聲」解（見說文許箸）乃金屬器相擊聲故从金·鉦曰錚古樂器名·錚錚：本謂金因以喻人之堅卓剛正者·錚錚金也·錚錚：玉礮擊發聲·錚錚：堅卓剛正如金·錚錚：琵琶奏鳴聲·錚錚然·

**錧** 音管 ㄍㄨㄢˇ

（形聲）（會意）甲文金文錧字从金官聲爲錧同字本義作「轂耑（端）錔也」解（見通訓定聲）乃包轂外車軸端之鐵套頭故从金又以官爲管字省文轂端錔內圓如管用以套合軸端故錧从官聲·錧鎋：喻最重要之關鍵曰錧鎋犂刀曰錧·

**錞** 音除 ㄉㄨㄟˋ　音純 ㄔㄨㄣˊ

（形聲）甲文錞金文錞同字異體錞爲器名吳大澂氏以爲「即敦之異文」金文錞从金享聲本義作「矛戟柲（音祕柄也）下銅鐏」解（見說文許箸）乃矛戟等兵器柄下著地之平底咸以銅爲之故从金·矛戟柲下銅鐏曰錞字亦作鐓·

**鍾** 音鐘 ㄓㄨㄥ

（形聲）（會意）甲文鍾金文鍾从金重聲本義作「酒器」解（見說文段注）乃古代形體甚大之貯酒器多由金屬製成故从金又以重爲輕之對鍾爲體積大貯酒多之金屬製器是有重意故从重聲·酒卮曰鍾俗稱酒盅·量器名鍾容六斛四斗

**鐶** 音環 ㄏㄨㄢˊ

（形聲）（會意）甲文鐶羅振玉氏以爲「（此）殆即从金之鍰鍰爲重量之名誼（義）亦爲罰金古者周而有錢至秦廢貝行泉故从貝从金一也」金文鍰實爲寽爰字古文鋝鍰爲一字寽爰通鍰故鍰从爰聲·贖罪者納以贖罪之金錢曰鍰·

# 金部．鎗鎮鎬鎛鏘鐘鐵鐸鐫

| 楷 | 甲文 | 金文 |
|---|---|---|

**鎗** 音槍 ㄑㄧㄤ　音琤 ㄓㄥ

（形聲）（會意）甲文鎗金文鎗字爲倉字重文古以倉通鎗 吳大澂氏以此爲古鎗字又从金倉聲本義作「鐘聲」解（見說文繫傳）乃鐘被擊撞時所發聲故从金又以倉爲儲積穀類之處 故鎗从倉聲・三足之溫酒器曰鎗俗作「鐺」・

**鎮** 音震 ㄓㄣˋ

（形聲）（會意）甲文金文鎮字从金眞聲本義作「壓」解（見玉篇）乃置重物於上以壓制之之意重物以金爲最故从金又以眞爲僞之反爲實在不虛者壓制必以實重之物置之故鎮从眞聲・鎮撫一地使安固之將吏曰鎮・市集之大者曰鎮

**鎬** 音晧 ㄏㄠˋ

（形聲）甲文金文鎬字从金高聲本義作「溫器」解（見說文許箸）乃用以爰熱食物之金屬器故从金惟此本義古罕見用今所行者爲別義・古地名武王所都之處其故地在今陝西省西安市西南・古時朔方地方曰鎬今寧夏省靈武縣 即其故地・

**鎛** 音博 ㄅㄛˊ

（形聲）（會意）甲文鎛金文鎛字从金尃聲本義作「鎛鱗也鐘上橫木之金華也」解（見說文許箸）乃鐘筍上飾以金華作龍蛇狀藉以增美者以其飾金華故从金又以尃本作「布」解爲敷字初文故从尃聲・鋤田器名・樂器名大鐘曰鎛・

**鏘** 音瑲 ㄑㄧㄤ

（形聲）甲文金文鏘字从金从將省（省將爲爿）聲本指「鏗鏘」一詞而言鏗鏘之本義作「金石聲」解（見玉篇）乃金石相擊聲故鏘从金・鏘鏘：高聳之稱、擊射之發聲・鏘鏘：盛貌、玉鳴聲、鸞鈴聲一作「將將」「瑲瑲」「鶬鶬」・

**鐘** 音鍾 ㄓㄨㄥ

（形聲）（會意）甲文鐘金文鐘字略同从金童聲本義作「樂金」解（見通訓定聲）乃擊以發音之金屬樂器名故从金又童本作「男有罪曰奴奴曰童」解因有不時受責打意鐘爲時受敲擊發音者故从童聲・樂器名・計時器名通稱時鐘・

**鐵** 貼上聲去 ㄊㄧㄝˇ

（形聲）（會意）甲文鐵金文鐵左从金右爲戴字省文 本義作「黑金」解（見說文許箸）乃黑色之金屬名故从金又以戴音秩本作「盛」 解爲盛多意鐵爲粗劣易得的金屬因有盛多意故从戴聲・金屬元素之一色銀白富展性延性用途極廣

**鐸** 躲陽平 ㄉㄨㄛˊ

（形聲）（會意）甲文鐸金文鐸从金睪聲本義作「大鈴」解（見說文許箸）乃中有舌振以警衆之鈴故从金又以睪音釋本作「司（伺）視也今吏將目捕罪人也」解因有以法令爲限捜故鐸从睪聲・凡鈴皆曰鐸繫懸之受擊盪以發聲者・

**鐫** 音娟 ㄐㄩㄢ

（形聲）甲文金文鐫字同字異體金文鐫从金雋聲本義作「破木鐫」解（見說文段注）即破木之金屬器廣雅集韻並謂「鐫鑿也」故从金・鑿刻曰鐫・鑿鑴猶鑿也・鐫汰：削裁閒冗：「范覺民論崇觀以來官曹混亂宜從鐫汰」・

楷　甲文　金文　楷　甲文　金文

**鐻** 音巨 ㄐㄩˋ

（形聲）（會意）甲文鐻金文鐻林義光氏以爲「𠙵象虡上飾䇟如鋸齒之形虡聲虡（虡鐻同字）古音當與虡同」爲虡字重文从金豦聲本義作「鐘鼓之柎也飾爲猛獸」解（見說文許箸）乃懸鐘鼓之架或鐻金爲之故从金金銀食器曰鐻

**鑑** 音監 ㄐㄧㄢˋ

（形聲）（會意）甲文金文鑑字从金監聲本義作「大盆」解（見說文許箸）乃用以盛物圜器古多以金爲之故从金又以監本作「臨下」解鑑爲盛器有置物其中供人臨取意故从監聲・盛物圜器曰鑑・可爲法戒者曰鑑帝鑑龜鑑前車之鑑

**鑄** 音注 ㄓㄨˋ

（會意）（形聲）甲文鑄金文鑄字吳大澂氏以爲「象手持器形下象爐火中二爲金以火銷金曰鑄」亦象金銷皿中形从金壽聲本義作「銷金」解（見說文許箸）乃鎔化金屬以範成某種器物之意傳之久遠意故鑄从壽聲・銷金爲錢曰鑄・

**鑊** 音穫 ㄏㄨㄛˋ

（形聲）甲文鑊商承祚氏以爲「此字从鬲隻（即蒦字）聲殆即許書之鑊字从金爲後起之字」金文鑊字从金蒦聲本義作「鑴」解（見說文許箸）乃狀類大盆用以煮魚肉之器以其爲金屬製成者故从金・刑具名施酷刑時烹人之器・

**鑪** 音盧 ㄌㄨˊ

（形聲）甲文鑪與金文鑪略同而省金音義同　金文鑪从金从膚王國維氏以此爲古鑪字本義作「方鑪」解（見說文許箸）乃金屬製成用以盛火之器故从金又以盧本作「飯器」解盧鑪古今字鑪爲盧之累增字故从盧聲・行火銷鐵之器曰鑪

**鑰** 音月 ㄩㄝˋ　讀若躍 一ㄠˋ

（形聲）（會意）甲文金文鑰字从金龠聲本義作「關下牡」解（見集韻）關爲門後緊閉門之橫木牡卽貫此橫木下插入地使其不得移動之直木爲鎖閉門戶之具後以金爲之故从金又龠爲管樂吹合他樂者鑰爲貫其孔以緊合門故从龠聲

**鑽** 纂去聲 ㄗㄨㄢˋ

（象形）（形聲）（會意）甲文鑽中𠁥幹上爲鑽頭下爲鑽尾中之口爲位幹中以助鑽旋轉者全字略象鑽形金文鑽字从金贊聲本義作「所以穿也」解（見說文許箸）穿孔之金屬器曰鑽鋼鑽電鑽手搖鑽・刑具名用以穿骨之具曰鑽・

**鑾** 音鸞 ㄌㄨㄢˊ

（形聲）（會意）甲文鑾金文鑾字从金䜌聲本義作「人君乘車四馬四鑣八鑾鈴」解（見通訓定聲）乃繫鑣左右之鈴故从金又以䜌音鸞本作「繫」解亦作「不斷」解鑾繫於鑣馬行時其鳴聲不絕故从䜌聲・天子車駕曰鑾迴鑾停鑾

楷　甲文　金文

長 音場 ㄔㄤˊ

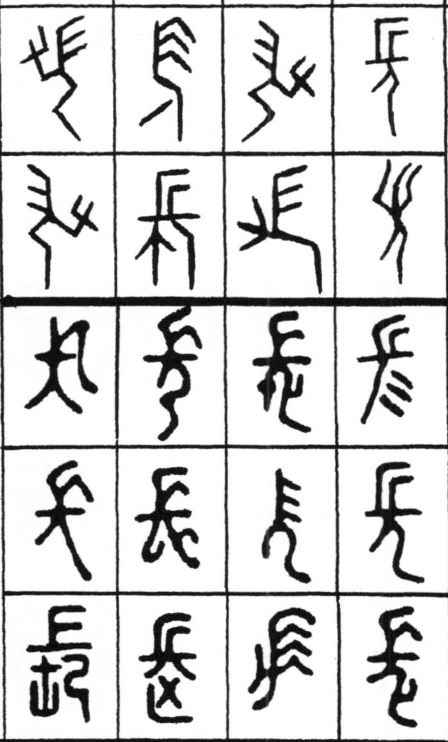

（象形）（會意）（形聲）甲文長金文長𨱗形同義丁佛言氏以爲「此字與古耑字篆同義亦相近古或爲一字當寫作象形如𠑷」从兀从匕亾聲本義作「久遠也」解（見說文許箸）乃時間久距離遠之稱・長度曰長・久曰長悠久之稱・

門 音捫 ㄇㄣˊ

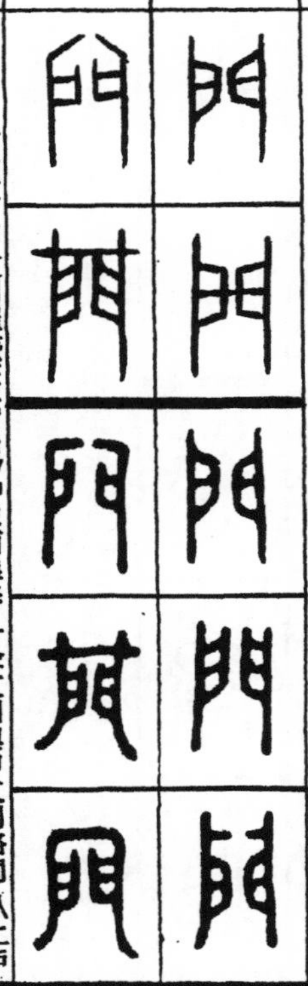

（象形）甲文門羅振玉氏以爲「象兩扉形」金文門與甲文門略同从二戶相對此兩戶原兩扉可同時開闔以供人出入者此即門其本義作「人所出入也」解（見玉篇）卽人出則開入則闔之設置及其所在通謂之門・屋舍墻垣出入者曰門・

閂 讀如拴 ㄕㄨㄢ

（指事）甲文金文閂字从門一一指門內橫以爲關之木其本義作「門橫關」解（見字彙補）卽施以緊閉門戶之橫閂・門橫關曰閂卽拴門戶之橫木・・「王大……被嚴貢生的幾個兒子拿了拴門的閂趕麪的杖打了一個臭死」（儒林外史）・

楷　甲文　金文

閃 音陝 ㄕㄢˇ

（會意）甲文金文閃字从人在門中閃爲出入處人現於門中有自內向外窺覷或自外向內窺覷意其本義作「闚（窺）頭門中」解（見說文許箸）乃探頭窺覷之意・挫曰閃挫折之稱・覘覷探頭偷看・躲側身躲避・撥開門閃身入去・

問 聞去聲 ㄨㄣˋ

（形聲）（會意）甲文問金文問略同从口門聲本義作「訊」解（見說文許箸）乃究詢以通其情實之意故从口又以門爲人所出入處因有通意訊在求通於人故問从門聲・咨詢曰問・不恥下問好問則裕・訊囚曰問・命曰問・善問者如攻堅木・

閉 音壁 ㄅㄧˋ

（象形）（會意）甲文閉金文閉从門从才略同世鍼釋此爲閉・陽冰氏謂「才象木斫伐之餘」所以歫門者門關合後加木以歫之使定止爲閉其本義作「闔門」解（見說文繫傳）卽關合門之意・以木挺歫門爲閉・不解之結曰閉・門牝曰閉・

閈 音翰 ㄏㄢˋ

（形聲）（會意）甲文閈金文閈略同从門干聲本義作「閭」解（見說文段注）乃里門之稱故从門又以干爲扞之省文風俗通「閈扞也言爲入藩屏以扞難也」故閈从干聲・閭曰閈里門之稱・里曰閈廣雅「閈里也」垣曰閈蒼頡篇「閈垣也」・

開 楷平聲 ㄎㄞ

（形聲）（會意）甲文金文開字王筠氏以爲仿古文（𨳍）𢍏之形而變之・・一象扃兩手䇂扃以開之金文開从門幵聲本義作「張」解（見說文繫傳）乃張開之意門爲常張以通出入者故从門・張曰開・啓啓開・開幕開葷・關開拓・開彌・

| 楷 | 甲文 | 金文 |
|---|---|---|

**閒**（間）音艱 ㄐㄧㄢ

（會意）甲文閒金文閒字與大徵氏以爲「隙也从門見月門有隙也」閒从門月門有縫而月光射入此月光自門射入之處爲閒其本義作「隙」解（見說文段注）即兩門扉閉合處罅隙之稱惟字亦作間今閒間並行其音同者義亦無殊・

**悶** 音懣 ㄇㄣˋ

（形聲）（會意）甲文金文悶字从心門聲本義作「懣」解（見說文許箸）乃心中煩懣不快之意故从心又以門爲閉鎖屋舍而禁制出入相通者悶有心意不得暢通意故从門聲・懣曰悶煩憂不暢快之稱・悶悶：憤懣之稱渾噩無所斷制意・

**閏** 音潤 ㄖㄨㄣˋ

（會意）甲文金文閏字从王在門中乃王居門中天子月居一室以聽政至閏月則闔明堂左扉止於其中此月即閏其本義作「餘分之月五歲再閏也」解（見說文段注）陽曆（西曆）定曆法積四年餘一日二月末成二十九日故無閏月之稱・

**閑** 音嫺 ㄒㄧㄢˊ

（會意）甲文閑金文閑字略同从門中有木木置門中乃以木歫門所以防自內逸出及自外闌入者其本義作「闌」解（見說文許箸）乃遮止之意・廄曰閑：「『天子十有二閑』注『每廄爲一閑』」（周禮・夏官）・宂職曰閑通「閒」・

**閔** 音敏 ㄇㄧㄣˇ

（形聲）（會意）甲文閔金文閔字略同从門文聲本義作「弔者在門」解（見說文許箸）乃遭喪亡大故親友臨門弔唁之意故从門又以文謂義理禮器先王之立禮也弔唁乃基於義理而行之禮故閔从文聲・憂曰閔憂患之稱字亦作「憫」

**閘** 讀如劄 ㄓㄚˊ

（形聲）（會意）甲文閘金文閘字與大徵氏以爲「从門从甲當即閘」本義作「開閉門」解（見說文句讀）即今可蓄可洩時開時閉用以制水之門故从門又以甲爲孚甲因有堅實意閘時開時閉必堅實而後可故从甲聲・制水之壩曰閘・

**聞** 音文 ㄨㄣˊ

（象形）（形聲）甲文聞高鴻縉氏以爲「倚耳畫人掩口屏息靜聽之狀由文『耳』生意故託以寄聽聞之聞意」金文聞字與甲文聞略同金文聞第二字从耳門聲本義作「知聲」解（見說文繫傳）聲入於耳門始能審知其實故聞从門聲・

**閣** 音各 ㄍㄜˊ

（形聲）（會意）甲文金文閣字从門各聲本義作「所以止扉也」解（見說文句讀）乃門開後兩旁地下有孔插入其中以止兩扉使不動之橛故从門又以各爲逐指事物之詞止門扉之橛制止其扉者故閣从各聲・閨閣女子居室之稱略稱閣、

**閩** 音珉 ㄇㄧㄣˊ

音敏 ㄇㄧㄣˇ

（形聲）甲文金文閩字从虫門聲本義作「東南越蛇種」解（見說文許箸）乃東越之別稱亦南蠻之一類相傳其人爲蛇種故从虫・種族名 又稱七閩居今福建省及浙江省東部一部分之地・『閩蠻之別也七所服國數也』・福建省簡稱閩・

| 楷 | 甲文 | 金文 |
|---|---|---|

**閡** 音礙 ㄞˋ；音亥 ㄏㄞˊ

（形聲）（會意）甲文閡金文閡略同从門亥聲本義作「外閉」解（見說文許箸）乃自外關合之意故从門又以亥即豕爲不潔而喜外突者人每圂以畜之閡爲外閉故从亥聲・障礙曰閡・蒙昧曰閡・天曰閡通「垓」「陔」・隔塞也閡限也・

**閤** 音合 ㄏㄜˊ；音各 ㄍㄜˊ

（形聲）（會意）甲文金文閤字从門合聲本義作「門旁戶」解（見說文許箸）即大門旁之小門於大門關閉用以通出入者故从門又以合有不離意閤爲不離大門之小門故从合聲・全滿通「闔」「合」・閤府清泰閤第光臨閤境安謐・

**閱** 音悅 ㄩㄝˋ

（形聲）（會意）甲文金文閱字从門兌聲本義作「具數於門中」解（見說文許箸）乃具計其實於門中之意故从門又以兌本作「說（悅）」解悅則喜笑顏開因有開意具計其實每宜分開數算故閱从兌聲・長椽曰閱・閥閱鉅室之稱稱閱・

**閹** 音掩 ㄧㄢ；音掩 ㄧㄢˇ

（形聲）（會意）甲文金文閹字从門奄聲本義作「門豎」解（見說文段注）乃宮中宦人之司閽者故从門又以奄本作「覆」解有掩覆意門豎乃居門際任掩門者故閹从奄聲・內豎曰閹廣韻「男無勢稱閹者」通「奄」・除男子勢・

**閻** 音鹽 ㄧㄢˊ；音豔 ㄧㄢˋ

（形聲）（會意）甲文金文閻字从門臽聲本義作「里中門」解（見說文許箸）後世巷口柵欄即閻遺意乃里中巷門故从門又以臽音陷本作「小阱」解里中門亦容居衆於內者故从臽聲・巷曰閻・美色曰閻通豔五音集韻「閻美色也」・

**閽** 音昏 ㄏㄨㄣ

（會意）（形聲）甲文金文閽字从門从昏亦从昏聲日黃昏時當閉門此司閉門之役者爲閽其本義作「常以昏閉門隸也」解（見說文許箸）即昏時閉門之役人亦即守門者之通稱・閽寺：官名閽人寺人之省稱・守門隸曰閽俗稱門子・

**闊** 音擴 ㄎㄨㄛˋ

（形聲）（會意）甲文金文闊字从門活聲本義作「疏」解（見說文許箸）乃疏鬆不密緻之意因有通義故从門又以活本作「水流聲」解水聲爲擴及廣遠以逝而不能持聚者因有疏散意故闊从活聲・寬廣曰闊・契闊遠隔之稱略稱闊・

**闌** 音欄 ㄌㄢˊ

（形聲）（會意）甲文闌金文闌字略同从門柬聲本義作「門遮」解（見說文許箸）即門之遮蔽俗謂之櫳檻亦即門外木柵故从門又以柬本作「分別簡之也」解即分別選擇意以愼出入者故闌从柬聲・門遮曰闌同「欄」・闌干：「欄杆」・

**闇** 音暗 ㄢˋ

（形聲）（會意）甲文金文闇字从門音聲本義作「閉門」解（見說文許箸）乃掩合門之意故从門又以音爲暗之省文門既掩閉光不能入則幽暗故闇从暗省聲・愚昧曰闇・不明曰闇・冥曰闇闇冥也・愚昧之人曰闇・日月蝕曰闇・闇日月食也・

楷　甲文　金文

闖　窗上聲 ㄔㄨㄤˇ　陳去聲 ㄔㄣˋ

（會意）甲文金文闖字从馬在門中門爲人畜出入處馬以馳走爲能今馬在門中必不能中止於門以阻人出入是有出門意其本義作「馬出門皃（貌）」解（見說文許箸）乃指馬向門外馳出之狀而言。闖然：出頭貌。碰撞突然而入不期相遇

闕　音卻 ㄑㄩㄝˋ

（形聲）（會意）甲文金文闕字从門欮聲本義作「門觀（音貫）」解（說文許箸）古時爲二臺於門外人君作樓觀於其上上圓下方以其闕然爲道卽空其中央以通行故謂之闕以其上可觀遠謂之觀闕缺也在門兩旁中央缺然爲道也門曰闕

闔　音合 ㄏㄜˊ

（闔）

（形聲）（會意）甲文金文闔字从門盍聲本義作「門扉」解（見說文許箸）乃合木而成之門扇故从門又以盇本作「覆」解有閉合意門扇所以閉合以遮絕內外者故闔从盇聲。門扉曰闔。所以操禁固之權者曰闔。用木曰闔用竹葦曰扇。

闓　音開 ㄎㄞ　音愷 ㄎㄞˇ

（形聲）（會意）甲文金文闓字从門豈聲本義作「開」解（見說文許箸）乃啓開之意故从門又以豈爲凱之本字本作「還師振旅樂」解有樂聲開放而奏意闓謂啓開故从豈聲。決曰闓古射具名決猶闓也以象骨爲之。闓懌。闓澤：樂喜悅

關　音鰥 ㄍㄨㄢ

（形聲）（會意）甲文關金文關从門从廾从門丱聲吳大澂氏以此爲古關字本義作「以木橫持門戶」解（見說文許箸）卽橫木於門後使門緊閉之意故从門又以丱音鰥本作「織絹以糸貫杼」解故从丱聲。關塞門也。山海關。雁門關。

楷　甲文　金文

闡　音產 ㄔㄢˇ

（形聲）（會意）甲文金文闡字从門單聲本義作「開」解（見說文許箸）乃張開之意門爲常開以通出入者故从門又以單有大義聲類謂「闡大開也」故从單聲。大張開而大之。闡大也。明著明闡明也。布展布。闡揚：闡明而宣揚之。

闞　音瞰 ㄎㄢˋ　音砍 ㄎㄢˇ　音喊 ㄏㄢˇ

（形聲）（會意）甲文金文闞字从門敢聲本義作「望」解（見說文許箸）乃瞻視之意望或倚門倚閭故从門又以敢本作「進取」解徐鍇氏謂「闞進取望也」故从敢聲。望視字亦作「瞰」。闞然：虓豁貌闞或讀喊。闞闞。軍旅勇猛貌

闢　音僻 ㄆㄧˋ

（象形）（會意）（形聲）甲文闢金文闢字與說文所引闢字古文略同吳大澂以爲「象兩手闢門形」又从門辟聲本義作「開」解（見說文許箸）乃啓開門扉之意故从門又以辟有分別兩造曲直以解獄訟意故从辟聲。啓啓發。駁斥。

隹　音錐 ㄓㄨㄟ　音崔 ㄘㄨㄟ　音堆 ㄉㄨㄟ

（象形）甲文隹金文隹略同象頭身足並具之鳥形羅振玉氏以爲「卜辭中語詞之惟唯諾之唯與短尾之隹同爲一字籀文从鳥蓋隹鳥古本一字本義作「鳥之短尾總名也」解（見說文許箸）四橫相等爲隹四橫二短二長爲隹形似音義迥別

楷　甲文　金文　楷　甲文　金文

隻　音知　ㄓ

（會意）甲文隻金文隻略同 从又持隹又謂手隹卽鳥手持一鳥爲隻其本義作「鳥一枚也」解（見說文許箸）乃單獨一鳥之稱・量詞器具生物一件曰一隻・單變成隻・獨孤獨：「兩世一身形單影隻」（韓愈・祭十二郎文）・賜羊千隻・

隼　音筍　ㄙㄨㄣˇ

（指事）（形聲）（會意）甲文隼金文隼从隹从一林義光氏以爲「隼有爪芒一名題肩御覽引春秋考異郵云『陰陽貪故題肩擊』本義作「鷙鳥」解（見六書故）乃飛行甚疾之猛禽名 又名鶻上嘴鉤・隼鶻屬也齊人謂之擊征或謂雀鷹・

雀　缺去聲　ㄑㄩㄝˋ

音爵　ㄐㄩㄝˊ

（會意）（形聲）甲文雀金文雀字略同 从小隹隹爲短尾禽短尾禽之小者爲雀其本義作「依人小鳥也」解（見說文許箸）乃常棲止家屋附近不甚避人而節節足足以鳴之小鳥亦卽今日通稱之麻雀 鳴禽類體長 三寸許啄食穀粒爲害農家

雄　音熊　ㄒㄩㄥˊ

（形聲）（會意）甲文金文雄字 从隹厷聲本義 作「鳥父」解（見說文許箸）乃陽性鳥之稱隹鳥古一字故 从隹又以厷音洪本作「臂上」解爲肱字初文因孔武有力 意雄鳥較之雌鳥率皆勇健故雄从厷聲・勢盛才高者曰雄通稱英雄・

集　音輯　ㄐㄧˊ

（會意）甲文集羅振玉氏以爲「說文解字『雧羣鳥在木上从雥从木或省作集』毛公鼎作𩀃从隹在木上與此同」金文集與甲文集略同・其本義作「羣鳥在木上也」解（見說文 許箸）乃衆鳥齊止木上之意・衆曰集廣韻「集衆也」・

雅　音啞　一ㄚˇ

音丫　一ㄚ

（形聲）甲文金文雅字从隹牙聲本義作「楚烏也一名鸒一名卑居秦謂之雅」解（見說文許箸）乃烏之一種爲與烏相似形體略小而腹部色白之鳥故从隹惟字亦作鴉今雅鴉並行一義相通而餘義有別雅烏：卽鴉烏又稱烏鴉爲鴉之別稱

雉　讀若稚　ㄓ

（指事）（形事）甲文雉金文雉字同字異體羅振玉氏以爲 古文作𩁹从弟今以卜辭考之乃从𡴎蓋象以繩繫矢而射 陳邦懷氏以爲「𡴎从矢所由出與」金文雉略同从隹矢聲・雉鴙雉鷩雉秩秩海雉翟山雉翰雉卓雉・鶉雞類習性與雞略似

雎　音疽　ㄐㄩ

音蛆　ㄑㄩ

（形聲）甲文雎金文雎略同 从隹且聲本義作「雎雎鳩鳥」解（見廣韻）乃大小如鴟而深目之 鳥古隹鳥一字故从隹　雎鳩鳥名略稱雎參閱「雎鳩」條・雎鳩：一名王雎水鳥名生有定偶者・雎左作 且不作目作目爲雎雎雎形似而音義迥別・

雌　音疵　ㄘ

音詞　ㄘˊ

（形聲）（會意）甲文金文雌字从隹此聲本義 作「鳥母」解（見說文許箸）乃陰性鳥之稱隹鳥古一字故 从隹又以此本作「止」解爲止息意母鳥產卵孵卵育雛止息 巢中之時間每較公鳥爲多故雌从此聲・女子聲音曰雌・牝獸牲獸之稱・

楷 | 甲文 | 金文 | 楷 | 甲文 | 金文

雕 音貂 ㄉㄧㄠ

（形聲）（會意）甲文金文雕字从隹周聲本義作「鷲也」解（見玉篇）乃色蒼黑或土黃之鷙鳥名故从隹又以周本作「密」解有細緻不疎漏意爾雅翼謂「雕土黃色健飛擊沙漠中空中盤旋無細不覩」故雕从周聲。雕刻雕亦作「彫」。

雖 音綏 ㄙㄨㄟ

音隨 ㄙㄨㄟ

（形聲）（會意）甲文雖金文雖略同从虫唯聲本義作「雖蟲也似蜥蜴而大有文」解（見通訓定聲）乃形似蜥蜴稍大有文之爬蟲名故从虫又以唯本作「諾」解爲闔呼即應之意故雖从唯聲。豈表反詰。擬推拓以起下文。獨同「唯」。

雞 音稽 ㄐㄧ

（象形）（形聲）（會意）甲文雞字羅振玉氏以爲「象雞形高冠修尾一見可別於他禽」金文雞與甲文雞字略同从隹奚聲本義作「知時畜也」解（見說文許箸）乃知時之禽故从隹雞常係縛之鳥也故雞鳴聲如奚又从奚聲火雞錦雞

雙 音霜 ㄕㄨㄤ

（會意）甲文金文雙字从二隹从又二隹謂兩鳥又即手以手持兩鳥爲雙其本義作「隹二枚也」解（見說文許箸）古隹鳥一字雙即兩鳥之稱。匹曰雙雙匹也。量詞兩隻曰雙瀛俗耕作一日之程曰一雙。雙聲：凡字之發聲同類者爲雙聲

雜 音砸 ㄗㄚˊ

（形聲）（會意）甲文金文雜字从衣集聲本義作「五采相合」解（見說文段注）乃施五色以作服之意故从衣又以集本作「羣鳥在木上」解因有聚合義襍爲合五采而成衣故从集聲。居中相間者曰雜。瑣碎曰雜。週匝曰雜通「帀」。

雛 音芻 ㄔㄨˊ

（形聲）（會意）甲文雛左隹右芻與金文雛字略同从隹芻聲本義作「雞子」解（見說文許箸）乃小雞之稱故从隹又以芻音芻本作「刈草」解乃已割斷供飼牛馬之短草因有細小意雛爲雞子故从芻聲。兒女之幼小者曰雛。獸子曰雛。

離 音梨 ㄌㄧˊ

（形聲）甲文金文離字从隹离聲本指「離黃」一詞而言離黃之本義作「倉庚」解（見通訓定聲）乃色黧黑而黃之鳴禽名故離从隹。分離曰離常與聚合會相對。位次之別曰離位次之別也。隨稻生長形與稻似之草曰離。日月曰離。

難 音南 ㄋㄢˊ

（形聲）（會意）甲文難金文難略同从隹嘆省（省嘆左日）聲本義作「難鳥」解（見通訓定聲）乃鳥之一種故从隹難鳥究爲何鳥說文解字無說王紹蘭氏以爲「難金翅鳥也」。艱鉅曰難易之對參閱「難易」條。人所忌憚者曰難。

雨 音羽 ㄩˇ

楷 甲文 金文 | 楷 甲文 金文

（象形）（指事）甲文雨葉玉森氏以爲「⺀爲初文⿵爲準初文从一象天丨狀之小直線或平列或上下兩層或三層當同狀一物變爲⿵又變爲⿵⿵復譌變爲帀金文雨與甲文雨字略同本義作「水從雲下也」解（見說文許箸）・雨露

雪 薛去聲 ㄒㄩㄝˋ

雪 穴上聲 ㄒㄩㄝˇ

（象形）（會意）（形聲）甲文雪字葉玉森氏以爲「雪之初文疑爲羽⺀象雪片凝華形」亦从雨从又商承祚氏以爲「雪爲凝雨得以手取之」金文雪从水从彗省从水與从雨意同此爲古雪字・本義作「凝雨說物者也」解（見說文繫傳）・

雩 音于 ㄩˊ

（形聲）（會意）甲文雩與象雨滴形仍與金文雩略同从雨亏聲本義作「夏祭樂於赤帝以祈甘雨也」解（見說文許箸）乃夏季天旱時祈雨之祭故从雨又以亏卽于有吁嗟意亢旱而期雨每興吁嗟故雩从亏聲・求雨之祭其得雨者謂之雩・

雲 音云 ㄩㄣˊ

（象形）甲文雲金文雲略同實爲云字高鴻縉氏以爲「云雲之初文象雲舒卷之形周秦間乃加雨爲意符作雲於是云與雲分化爲二云非雲省雨而雲實云字加雨也」本義作「山川气也」解（見說文許箸）乃山川間混然如霧每降雨之濕氣・

雷 音壘 ㄌㄟˊ

（指事）（象形）甲文雷高鴻縉氏以爲「⺀電字古文⺀之意象也周人或加雨爲意符作⿱」金文雷字林義光氏以爲「⺀象雲氣 ⊕象鼓鼓在雷中靁从雨从畾强光鉅響爲雷其本義作「陰陽薄動生物者也」解（見韻會）乃震霆電三者・

電 音殿 ㄉㄧㄢˋ

（象形）（會意）（形聲）甲文電葉玉森氏以爲「此⺀（卽申字）象電燿屈折形乃初文電字許書虹字下出籒文蚺謂『申電也』」金文電从雨从申申爲電字初文象雲中閃電形閃耀之强光爲電本義作「陰陽激耀也」解（見說文繫傳）

零 音靈 ㄌㄧㄥˊ

（形聲）（會意）甲文零金文零字从雨令聲又有霝字異體本義作「徐雨」解（見說文段注）乃徐徐降落之雨故从雨又以令有美好之義令聞令望令譽皆其例徐雨降落澤潤萬物急雨驟雨傷物妨農故零从令聲・零丁：孤弱之稱孤單無依・

雹 讀若包 ㄅㄠ

（形聲）（會意）甲文雹金文雹字葉玉森氏以爲「⺀卽申象電燿屈折形⺀象冰點⋯⋯釋雹無疑」本義作「雨冰」解（見說文義證）乃天所降落之冰雪塊故从雨又以包有裹義雹爲冰雪自相裹合而成之塊故从包聲・降雹之聲曰雹・

楷　甲文　金文

**霝** 音須 ㄒㄩ

（形聲）（會意）甲文金文霝字从雨而聲本義作「須（今字作須）也」解（見說文許箸）乃遇雨不進止而少須卽少待之意故从雨 又以而本象人鬚形又因有緩意需爲緩進暫止故从而聲・遲疑曰需需疑也・給用曰需用物用費等之合稱

**震** 音振 ㄓㄣˋ

（形聲）（會意）甲文金文震字从雨辰聲本義作「霹之裂者」解（見通訓定聲）乃放强光發鉅聲足以破 物之疾雷雨爲雷省故从雨又以辰本作「震」解爲雷電振動意故从辰聲・雷曰震・震與霆皆霹靂也・喻威武如雷之震者曰震・

**霆** 音庭 ㄊㄧㄥˊ 音挺 ㄊㄧㄥˇ

（形聲）（會意）甲文金文霆字从雨廷聲本義作「雷餘聲也鈴鈴然所以挺出萬物」解（見通訓定聲）乃震雷所發之餘聲雨爲雷省故从雨又以廷爲挺之省文春雷震則餘聲挺隆而萬物挺出故霆从廷聲・疾雷曰霆廣韻「霆疾雷也」・

**霄** 音宵 ㄒㄧㄠ

（形聲）（會意）甲文金文霄字从雨肖聲本義作「雨霰爲霄」解（見說文段注）乃水雪雜下意雨爲霰省故从雨又以肖爲消省韻會「霄消雪（ ）著物卽消」故霄从消聲・雲曰霄霄散雲也・氣曰霄玉篇「霄雲氣也」・夜曰霄通「宵」・

**霖** 音林 ㄌㄧㄣˊ

（形聲）（會意）甲文霖與金文霖字略同从雨林聲本義作「凡雨三日已往爲霖」解（見說文段注）乃連降三日以上之久雨故从雨又以林爲叢木因有衆多意連續三日以上降雨雨亦豐多故霖从林聲・久雨爲霖又稱淫雨霪雨・甘霖・

**霍** 音藿 ㄏㄨㄛˋ

（會意）甲文霍與金文霍字略同从雨下三隹林義光氏以爲「象羣隹在雨中其飛加疾故聲霍然以此爲古霍字金文霍从雨下雙雨中雙隹並飛則飛行甚速聲亦霍然其本義作「飛聲」解（見說文許箸）・霍亂：傳染病名・虎列拉・絞腸痧・

**霎** 音翣 ㄕㄚˋ 音接 ㄐㄧㄝ

（形聲）（會意）甲文金文霎字从雨妾聲本義作「小雨」解（見說文新附）乃落點甚微細之雨故从雨又 以世稱妾爲小妻因有小意霎爲小雨故从妾聲惟此本義古罕見用今所行者爲別義・極短之時間・霎霎：雨聲貌・紅杏開時一霎・

**霓** 音倪 ㄋㄧˊ 音齧 ㄋㄧㄝˋ

（形聲）甲文金文霓字从雨兒聲本義作「屈虹靑赤或白色」解（見說文段注）乃虹之外環亦爲虹之靑赤色或白色者以其多在雨後出現故从雨・虹之外環曰霓通稱虹霓曰虹而稱虹之內環曰正虹雄虹外環曰副虹雌虹・蜺（霓同字）・

**霜** 音孀 ㄕㄨㄤ

（指事）（形聲）甲文霜葉玉森氏以爲「从雨从禾象木 受霜剝落形或卽古文霜」金文霜字从雨相聲本義 作「露所凝也」解（見通訓定聲）乃露遇冷凝結而成之白色微細顆粒以其本爲地面上水氣故从雨・白露凝戾爲霜・冰霜寒霜・

| 楷 | 甲文 | 金文 |
|---|---|---|

**霞** 音遐 ㄒㄧㄚˊ

（形聲）（會意）甲文金文霞字从雨叚聲本義作「赤雲气」解（見說文新附）乃赤色雲之光采雨爲雲省故从雨又以凡从叚之字多有赤義瑕蝦皆其例雲氣受日光照射而映現之赤色光采爲霞故霞从叚聲。彩雲曰霞．青霞蒼霞翠霞錦霞。

**霧** 音務 ㄨˋ

（形聲）甲文金文霧字从雨敄聲本義作「溼氣所蒸」解（見通訓定聲）乃溼氣上蒸遇冷凝聚而成之微細水點以其類濛濛雨故从雨惟俗从雨務聲作霧爲今所行者．水蒸氣遇冷凝聚而成瀰漫低空間之極小水點曰霧．密霧輕霧濃霧薄霧。

**露** 音路 ㄌㄨˋ

（形聲）甲文露與金文露略同上从雨下从路省與大徵氏以此爲古露字本義作「天之津液下所潤萬物也」解（見玉篇）乃地面水蒸氣遇冷附著於草木土石等易散熱物體而凝成之小水滴顯而易見故从路聲．露者天所以潤萬物．朝露曉露

**霸** 音壩 ㄅㄚˋ

（西朝）

（形聲）甲文霸金文霸字略同从月䨣聲本義作「月始生霸然也」解（見說文許箸）乃月初生之微光以其爲月之微光故从月惟增韻「月體黑者謂之霸」徐灝氏以爲「月體渾圓隨天旋轉受日而成光其黑體謂之霸」方伯之職分功業曰霸

**霹** 音劈 ㄆㄧ 音僻 ㄆㄧˋ

（形聲）（會意）甲文金文霹字从雨辟聲本指「霹靂」一詞而言霹靂之本義作「雷之激急者」解（見集韻）乃聲音激越之雷雨爲雷省故从雷又以埤雅「震又曰辟歷辟折也所歷皆破折也」辟霹古今字霹爲辟之累增字故从辟聲。

**霽** 音濟 ㄐㄧˋ

（形聲）（會意）甲文金文霽字从雨齊聲本義作「雨止」解（見說文許箸）乃雨停止之意故从雨又以齊本作「禾麥吐穗上平」解因有禾麥穗已長成及至此而止意霽爲雨止故从齊聲．雨晴時曰霽雨止也．雰霧霜雪不霽．霽止也。

**霾** 音埋 ㄇㄞˊ

（形聲）甲文霾朱芳圃氏以爲「此字於雨下作一獸形如貓決爲霾字無疑」金文霾字从雨貍聲本義作「風雨土」解（見說文許箸）乃大風揚塵土從上下降如雨之意故从雨．大風揚塵土所致之昏闇曰霾．晦色曰霾釋名釋天「霾晦也」。

**靈** 音零 ㄌㄧㄥˊ

（形聲）甲文靈金文靈爲靈字異文彡形義同亦从巫霝聲本義作「神也」解（見說文段注）．神曰靈風俗通「靈者神也」天神曰靈．天性聰明者曰靈一說神之精明者之稱：「惟人萬物之靈」（書．泰誓）．神化通廣韻「靈神也」。

楷 甲文 金文

霸 音矮 ㄞˇ

音遏 ㄜˋ

（形聲）（會意）甲文金文霸字从雨藹省（省藹上艸）聲本義作「雲皃（貌）」解（見說文新附）乃雲氣糾集貌雨爲雲省故从雨文以藹在韻會作「草叢雜貌」解雲氣糾集有叢雜意故霸从藹省聲。雲氣曰霸。山霸林霸朝霸暮霸。

青 音輕 ㄑㄧㄥ

（形聲）（會意）甲文青金文青林義光氏以爲「从生草木之生其色青也井聲其本義作「東方色也」解（見說文許箸）五色之一草木生成之色曰青 从生丹白丹青丹 是也蓋丹爲總名故青从丹生聲。青樓：青色高樓豪家高樓金城人也。

靚 音淨 ㄐㄧㄥˋ

（形聲）（會意）甲文金文靚字从見靑聲本義作「召」解（見說文許箸）乃呼其來見或應呼往見意故从見又以青爲草木生時之色因有本來面貌意召則將見彼此之本來面貌故靚从青聲。沈靜曰靚通「靜」。靚粧：粉脂之妝飾。靚妝。

靜 音淨 ㄐㄧㄥˋ

音阱 ㄐㄧㄥˇ

楷 甲文 金文

靛 音電 ㄉㄧㄢˋ

（形聲）（會意）甲文靜金文靜字吳大澂氏以爲「不爭也从爭从清省古爭从ᒧ上以爪按其力下以手承之象三人相爭形」靜从青靜聲本義作「寀」解（見說文許箸）乃詳明得宜之意 故靜从爭聲。安定曰靜增韻「靜動之對也」。

（形聲）（會意）甲文金文靛字从靑定聲本義 作「以藍染也」解（見集韻）乃以藍艸汁染物之意故从艸 又以定有止而不變意以藍艸汁染成之色多止而不變故靛从定聲。藍色染料名又稱靛靑靛藍。本草綱目：澱滓澄殿在下也俗作靛

非 音飛 ㄈㄟ

（象形）（指事）（會意）甲文非字周伯琦以爲『與飛同字』當從之」金文非林義光氏 以爲「說文云『非韋（違）也从飛下狘（翅）取其相背也 張兩翅相背之形」本義作「違（韋）也」解（見部首訂）。飛與非爲」字而兩用也。

靠 音犒 ㄎㄠˋ

（形聲）（會意）甲文金文靠字 从非告聲本義作「相違」解（見說文許箸）乃兩兩相背之意故从非又以告有明示義如詩大雅之「告成」周禮春官之「告朔」故靠从告聲段玉裁氏以爲「今俗謂相依曰靠依傍曰靠」憑藉倚仗之稱。

尚 音上 ㄕㄤˋ

（會意）（形聲）甲文尙金文尙字林義光氏以爲「尙 爲賞之古文以物分人也从口（口象物形即物）从八宀與曾同意宀爲宅所以分人也本義作「曾也」解（見說文許箸）乃人所有之物故曾（古屬字增字）。貴曰尙酒醴之美也。

楷 | 甲文 | 金文

## 常 音裳 ㄔㄤˊ

（會意）（形聲）甲文常金文常字實爲裳字吳大澂氏以爲「从㞢从屯屯古純字色不雜也裳之言障㞢所以障體也」許氏說文以常裳二字甲文金文當同字異體 本義作「旗」解（見通訓定聲）常爲天子及諸侯諸尊貴者所建旗故从尚聲・

## 堂 音唐 ㄊㄤˊ

（形聲）（會意）甲文堂金文堂字略同从土尚聲本義作「殿」解（見說文許箸）乃基地高面南向位居中形方正而高之大屋以其爲積土累石而成者故从土又以尚有貴義屋之最崇高最寬大者故从尚聲・堂當也當正向陽之宇也・官署曰堂・

## 掌 音仉 ㄓㄤˇ

（形聲）（會意）甲文掌金文掌上爲尚字省文从手尚聲本義作「手中」解（見說文許箸）乃手面手心之稱故从手又以尚有尊貴之義禮檀弓「夏后氏尚黑殷人尚白周人尚赤」掌爲指本有較手指手背爲尚意故从尚聲・手心曰掌・熊掌

## 棠 音唐 ㄊㄤˊ

（形聲）（會意）甲文金文棠略同从木尚聲本義作「梨木」解（見玉篇）乃棠梨爲結小實可食之亞喬木名故从木又以尚有配義尚主卽配公主是其例世以棠木接梨結實極美是棠有配義故从尚聲・棠梨木名略稱棠・車兩旁橫木曰棠・

## 當 音襠 ㄉㄤ

（形聲）（會意）甲文當金文當字爲尙字重文古以尙通當本義作「田相值」解（見說文許箸）乃田與田相抵相持之意故从田又以尚有合義兩田之高低大小約略相等合意故當从尚聲・古代射時護胸背之衣曰當通「襠」・相等曰當・

## 嘗 音常 ㄔㄤˊ

（形聲）（會意）甲文嘗金文嘗字略同从旨尚聲本義作「口味之也」解（見說文許箸）乃以口試味之甘旨與否故从旨又以尚有加義禮中庸「衣錦尚絅」是其例嘗有加舌於食物以味之之意故从尚聲・宗廟之祭春曰祠夏曰禴秋曰嘗・

## 裳 音常 ㄔㄤˊ

（指事）（形聲）（會意）甲文金文裳字吳大澂氏以爲「从㞢从屯屯古純字色不雜也裳之言障㞢所以障體也」意指藉以障體之純色下帬爲裳遂以此爲古裳衣尚聲本義作「下帬（裙）」解（見說文許箸）乃障蔽下體之衣故从衣从尚聲・

## 賞 商上聲 ㄕㄤˇ

（形聲）（會意）甲文金文賞字同字異體金文賞从貝从尙省（省尙下口）从貝尚聲本義作「賜有功」解（見說文許箸）乃獎勸有功而有所賜予之意故从貝又以尚有尊崇義故賞从尚聲・賜曰賞因報功旌善而頒賜之爵祿土地財貨皆曰賞

**黨** 音讜 ㄉㄤˇ

（形聲）甲文金文黨字从黑尙聲本義作「不鮮」解（見說文許箸）乃不明好卽色澤黝暗之意故从黑惟此本義爲其累增字黨字所專黨今所行者爲別義．古代地方組織名正字通「二百五十家爲黨」親族姻戚曰黨．朋輩曰黨 相親者之稱．

**乾** 音虔 ㄑㄧㄢˊ

（形聲）（會意）甲文金文乾字从乙倝聲本義作「上出」解（見說文許箸）乃艸木出土上達之意乙象屮木宛曲而出故乾从乙又以倝音幹本作「日始出光倝倝」解乾爲艸木上出故从倝聲．天曰乾．君曰乾．父曰乾．乾乾：健强不息貌．

**朝** 音昭 ㄓㄠ

（會意）（形聲）甲文朝羅振玉氏以爲「此朝暮之朝字日已出茻中而月猶未沒是朝也古金文从𠦝後世篆文从倝舟聲 林義光氏以爲「象日在艸水旁有水形與淖（潮）形合汐之專字引申爲朝廟字」本義作「旦也」解乃日始出時之稱

**榦** 音幹 ㄍㄢˋ

（形聲）（會意）甲文金文榦字丁佛言氏以爲「从木从倝省」从木倝聲本義作「築牆耑（端）木也」解（見說文許箸）乃築牆時直立牆兩頭以正牆之木故从木又以倝音幹爲日初出時陽光向上直射貌故从倝聲．木正出之莖曰榦

**斡** 音臥 ㄨㄛˋ

（形聲）（會意）甲文金文斡字从斗倝聲本義作「蠡柄」解（見說文許箸）蠡爲挹取水漿之瓢斡卽此瓢之柄供執以運轉挹取水漿者以蠡形如斗故从斗又以倝音幹本作「日始出光倝倝」解斡爲執以運轉蠡者故从倝聲 斡旋：圓轉之稱

**翰** 音旱 ㄏㄢˋ

（形聲）（會意）甲文金文翰字从羽倝聲本義作「羽之彊者曰翰」解（見六書故）乃長而勁直之羽毛故从羽又以倝音幹本作「日始出光倝倝」解乃日光四射貌內有直進意翰爲勁直之羽毛故从倝聲．文才曰翰．喩衆中之豪俊曰翰．

**韓** 音寒 ㄏㄢˊ

（形聲）（會意）甲文韓金文韓字略同从韋倝聲本義作「井垣」解（見說文繫傳）乃繞合井上之木欄用以防人畜闖陷於以井者韋爲可以繞合之柔皮故从韋又以倝音幹本作「日始出光倝倝」解故从倝聲 井垣曰韓卽繞井上之木欄

**革** 音隔 ㄍㄜˊ

（象形）甲文金文革字林義光氏以爲「𠦝象獸頭角足尾之形與皮从𠬪形近𦥑卽𦥑象手治之」象治獸皮之形殺獸平伸其體以治去其毛而取其皮此皮曰革其本義作「獸皮治去其毛曰革」解（見說文徐箋）乃去毛之獸皮．䳘首曰革．

# 革部、靳靴鞅靺靼鞍鞋巩革鞠鞞

| 楷 | 甲文 | 金文 | 說明 |
| --- | --- | --- | --- |
| 靳 音近 ㄐㄧㄣˋ | | | (形聲)甲文金文靳字从革斤聲本義作「當膺」解(見說文許箸)乃服馬當胸之革故从革。當膺曰靳即服馬當胸之帶亦謂之游環當胸。靳是當胸之皮也。姓戰國時楚有大夫靳尚漢初有汾陽侯靳彊。吝吝惜。靳固惜之也。譏而相恥曰靳。 |
| 靴 薛陰平 ㄒㄩㄝ | | | (形聲)(會意)甲文金文靴字从革化聲本義作「履也」解(見玉篇)乃治革而成之鞋故从革又以化有變易之義靴爲便於戎事所著蓋由鞋變易而來故从化聲亦作鞾今靴鞾並行而音義無殊。履之有脛衣者曰靴。長曰靴短曰鞋。靴履也。 |
| 鞅 音央 ㄧㄤ | | | (形聲)(會意)甲文金文鞅字从革央聲本義作「頸靼」解(見說文許箸)乃繫於馬頸之軛革故从革又以央本作「中」解馬頸所繫革必須前後適中左右適中故鞅从央聲。馬頸革曰鞅。羈絆曰鞅世鞅。鞅鞅：意不滿足貌同「怏怏」。 |
| 靺 音末 ㄇㄛˋ | | | (形聲)甲文金文靺字从革末聲本指「靺鞨」一詞而言靺鞨之本義作「北狄別種」解(見集韻)乃通古斯族之一種古稱肅愼氏以其在長白山及其東北之嚴冷地帶多浯皮革爲衣故靺从革靺鞨距離華夏甚遠故靺从末聲。喻櫻桃曰靺鞨。 |
| 靼 音怛 ㄊㄚˊ | | | (形聲)(會意)甲文金文靼字从革旦聲本義作「柔革」解(見說文許箸)乃質地柔輭之皮革故从革又以旦本作「日初出」解因有日光柔和意靼爲柔皮故从旦聲惟此本義古罕見用今所行者爲別義。韃靼：種族名亦國名。 |
| 鞍 音安 ㄢ | | | (形聲)(會意)甲文金文鞍字从革安聲本義作「馬鞁具」解(見說文許箸)乃置馬背上供人乘騎之具以其爲治革而成故从革又顏師古氏以爲「鞍所以被馬取其安也」蓋乃使人在馬上得安者故从安聲。置馬背上便人乘騎之墊。 |
| 鞋 音諧 ㄒㄧㄝˊ | | | (形聲)(會意)甲文金文鞋字从革圭聲本義作「履」解(見廣韻)乃著足上藉便於行及防塵防寒暑者古多治革爲之故从革又以圭爲上圜下方之美玉鞋之爲式常前微圓而後近方故从圭聲。履曰鞋。皮鞋麻鞋草鞋紫絲鞋長鞠靴金縷鞋。 |
| 巩革 音拱 ㄍㄨㄥˇ | | | (形聲)(會意)甲文金文鞏字从革巩聲本義作「以韋束也」解(見說文許箸)乃施韋革以束物之意故从革又以巩音拱本作「抱」解以革束物有施革抱合於物外以束之之意故鞏从巩聲。固曰鞏堅固。藐藐昊天無不克鞏。鞏鞏：拘攣貌。 |
| 鞠 音菊 ㄐㄩˊ | | | (形聲)(會意)甲文金文鞠字从革匊聲本義作「毛丸可蹴戲者」解(見通訓定聲)乃供蹴踢之毬古時治革爲圓囊中實以毛者爲鞠故从革又以匊从勹(包)米會意爲掬字初文本作「兩手捧米」解故从匊聲。皮毬曰鞠。毛丸謂之鞠。 |
| 鞞 音卑 ㄅㄧ 音挺 ㄊㄧㄥˇ | | | (形聲)(會意)甲文金文鞞字略同从革卑聲本義作「刀室」解(見說文許箸)乃納刀於中之匣古多治皮爲之故从革又以卑爲裨之省文裨有副佐之義以納刀爲所以保護刀者故从卑聲。刀室曰鞞即刀鞘容刀之鞞也。刀室上飾曰鞞。 |

## 鞭 音編 ㄅㄧㄢ

（指事）（形聲）（會意）甲文金文鞭林義光氏以爲「象持鞭箸馬尻形」蓋以亼象馬尻屮象馬策下从叉謂手以手持策著馬尻使進之事爲鞭从革便聲本義作「驅」解（見說文許箸）乃施猶進馬之意故鞭从便聲。撻罪人之刑具曰鞭。

## 鞦 音秋 ㄑㄧㄡ

（形聲）（會意）甲文金文鞦字从革秋聲本指「鞦韆」一詞而言鞦韆之本義作「繩戲」解（見玉篇）乃植架懸繩立人於上以盪之戲以革較繩強韌故鞦从革又以鞦韆本作秋千故鞦从秋聲。絡於牛馬驢騾等股後之革帶曰鞦字亦作緧。

## 鞠 音菊 ㄐㄩˊ

（形聲）甲文金文鞠字略近似丁佛言氏以此爲古鞫字本義作「窮理辠（罪）人也」解（見說文段注）乃審訊罪犯之意推究罪人之言使其具口供於前而另具勘語擬罪於後使罰當其罪此即鞫。審判曰鞫。水厓之曲曰鞫通「淗」「隩」。

## 鞶 音盤 ㄆㄢˊ

（形聲）（會意）甲文金文鞶字从革般聲本義作「大帶」解（見說文許箸）乃以革製成之大帶故从革又以般有大義孟子公孫丑篇「般樂怠敖」「般大也」鞶爲大帶故从般聲。大帶曰鞶亦稱鞶帶爲革製之大帶。馬腹帶亦曰鞶。鞶小囊。

## 韃 音闥 ㄊㄚˋ 大平聲 ㄉㄚ

（形聲）甲文金文韃字从革達聲本指「韃靼」一詞而言韃靼之本義作「沙陀別種」解（見正字通）乃早時蒙古族之稱以其爲游牧民族廣殖牛羊衣履寢具多以革爲之故韃从革又以達爲道路大通意故韃从達聲。韃靼：種類名契丹族。

## 韋 音違 ㄨㄟˊ

（形聲）甲文金文韋字林義光氏以爲「ㄖ即ㄖ之變ㄖㄖ象二物相違形口聲」从舛口聲本義作「相背」解（見說文許箸）乃兩相違背之意故从舛。柔皮曰韋字林「韋柔皮也」。柔皮繩索曰韋。古國名夏少康封顓頊後所建之國。

## 韌 音刃 ㄖㄣˋ

（形聲）甲文金文韌字从韋刃聲本義作「柔而固」解（見說文新附）乃柔韌而堅固之意韋爲柔革故从韋又刃在說文作「刃堅」解韌有堅意故从刃聲。柔韌而堅固：「『無折我樹檀』傳『檀彊韌之木』」（詩．鄭風）韧（韌同字）。

## 韔 音暢 ㄔㄤˋ

（形聲）甲文金文韔字从韋長聲本義作「弓衣」解（見說文許箸）乃納弓於中之弓套多以柔革爲之故从韋又詩商頌長發「長發其祥」長作久解韔乃弓衣保護弓能久用故从長聲。弓衣曰韔又稱弓室俗稱弓套韔弓室也。韜藏弓於韔。

## 韜 音滔 ㄊㄠ

（形聲）（會意）甲文金文韜字从韋舀聲本義作「劍衣」解（見說文許箸）乃藏劍於中之套多以柔皮爲之故从韋又以舀音咬本作「抒臼」解有手不斷出入於臼中意韜乃劍不斷出入於中者故从舀聲。韜略：兵法曰韜軍事謀策之稱。

楷　甲文　金文　｜　楷　甲文　金文

**韠** 音必 ㄅㄧˋ

（形聲）甲文金文韠字从韋畢聲本義作「韍」解（見說文許箸）乃古代朝服之用以蔽膝者多以柔皮爲之故从韋。朝服之蔽前者曰韠又稱蔽膝以韋爲之釋名釋衣服「『韍韠也韠蔽膝也所以蔽膝前也』他服稱韠祭服稱紱」。韠也舜之制也。

**韤** 音襪 ㄨㄚˋ

（形聲）（會意）甲文金文韤字从韋蔑聲本義作「足衣」解（見說文許箸）乃套合足上如衣者古多以柔　必不可少之上衣下裳有被輕視意故从蔑聲惟字亦作襪今韤襪並行而音義無殊。足衣曰韤俗稱韤子顧炎武氏謂「古人以皮爲之」。

**音** 音陰 ㄧㄣ

（會意）（指事）甲文金文音字略同从言含一言示所發之聲一示道道立於一聲之倫理有條不紊能合於道者爲音其本義作「聲生於心有節於外謂之音」解（見部首訂）即和合衆聲而有條理成章之合聲曰音。凡聲皆曰音。字之讀音曰音。

**韶** 音軺 ㄕㄠˊ

（形聲）（會意）甲文金文韶字从音召聲本義作「虞舜樂」解（見說文許箸）乃虞舜時之樂故从音又以召爲紹字省文漢書禮樂志「韶紹也言能紹堯之道也」舜樂以紹堯道故韶从召聲。虞舜樂曰韶　韶光。韶景。韶華：春光之稱。

**韻** 音運 ㄩㄣˋ

（形聲）（會意）甲文金文韻字从音員聲本義作「聲音和也」解（見玉篇）乃聲音和諧之意故从音又以員古通圓孟子離婁「規矩方員之至也」是其例聲音之圓潤者爲韻故韻从員聲。和諧之音響曰韻。韻文如詩詞歌賦等協韻曰韻。

**頁** 音首 ㄕㄡˇ　音葉 ㄧㄝˋ

（象形）甲文頁與金文頁略同丁佛言氏以爲「此爲頁字之最古者象人身體全部。以全身而訓爲頭或即隨俗定義不欲非今返古其本義作「頭」解（見說文許箸）乃頭之別稱頁即首字。凡頭顛顛頂頹額之類俱从頁。張曰頁書冊紙張之稱。

**頂** 音鼎 ㄉㄧㄥˇ

（形聲）（會意）甲文金文頂字从頁丁聲本義作「顛」解（見說文許箸）乃指頭之最上部而言故从頁又以丁象釘形爲釘字初文其特顯者爲居上之釘蓋因爲上部明顯可見意頂爲居上之明顯易見者故从丁聲。凡在最上者皆曰頂山頂屋頂。

**頃** 音傾 ㄑㄧㄥ

（會意）甲文金文頃字从匕从頁匕同比有所比附意頁謂頭頭有所比附爲頃其本義作「頭不正」解（見說文繫傳）乃頭傾仄不正之意惟徐灝氏以爲「匕从反人有傾仄之義頃傾古今字」。斯須曰頃即少頃極短時刻之稱。覆敗曰頃。

**項** 音象 ㄒㄧㄤˋ

楷 甲文 金文　楷 甲文 金文

## 順 循去聲 ㄕㄨㄣˋ

（形聲）甲文金文項字从頁工聲本義作「頸後」解（見玉篇）乃頸後與脊椎骨上端相連之部分故从頁又以工象上下相連通形項有頭與上軀相連通意故从工聲·頸後曰項率指人頸而言·魚鼈鳥獸等之頸曰項·冠之結纓曰項·網領曰項·

（會意）（形聲）甲文金文順字略同从頁从川亦从川聲頁卽面爲七情最易表現之部位川謂水流有脈絡井然可循而下意人面所現和同之文理爲順其本義作「理」解（見通訓定聲）乃指人面文理之順而言·順循也循其理也·從曰順·

## 須 音需 ㄒㄩ

（象形）（會意）甲文須與金文須略同金文須林義光氏以爲「象面有鬚形」从頁彡頁示人首彡象毛飾之文人面部下垂之毛曰須其本義作「頤下毛」解（見說文段注）卽生於口下之毛·頤下毛曰須卽人面頰之毛在頤曰須在頰曰髯·

## 預 音譽 ㄩˋ

（形聲）甲文金文預字从頁予聲本義作「先辦也逆爲之具故曰預」解（見蒼頡篇）乃先事習備之意此宜運用頭腦早爲之計故从頁·預備：預行準備之稱同「豫備」·干參與通（與）事前通「豫」·無困在於預備·先早通「豫」預知·

## 頌 音誦 ㄙㄨㄥˋ

## 頑 刪平聲 ㄨㄢˊ

（形聲）（會意）甲文金文頌字略同从頁公聲本義作「皃（貌）」解（見說文許箸）乃容貌之稱容貌由頭面可見故从頁又以公本作「無私」解有公開平正意容貌乃公開可見者亦以平正爲貴故頌从公聲·文體名褒功業述美德之文曰頌

（形聲）甲文金文頑字从頁元聲本義作「鈍」解（見玉篇）乃頭惱反應遲緩之意故从頁·渾淪之人曰頑·「豈惜戰鬬死爲君掃兇頑」（李白·豫章行）·蠻夷戎狄曰頑·愚魯曰頑·貴賤在命不在智愚貧富在祿不在頑慧·專橫曰頑貪婪·

## 煩 音樊 ㄈㄢˊ

（會意）甲文金文煩字从頁从火頁謂頭火謂熱頭遇熱不適爲煩其本義作「熱頭痛也」解（見說文許箸）乃因炎熱而頭痛之意林義光氏以爲象人爲火灼之形·躁悶曰煩煩謂煩躁·煩苛：紛雜擾民之政令曰煩刻轢殃民之刑法曰苛·

## 頓 敦去聲 ㄉㄨㄣˋ

（形聲）（會意）甲文金文頓字从頁屯聲本義作「下首」解（見說文許箸）乃頭叩地之意故从頁又以屯象艸木初生曲屈難出形本義作「難」解因有曲屈難進意下首則身曲屈而止步不進故頓从屯聲·頓首：古九拜之一·貯備曰頓·

## 頒 音班 ㄅㄢ

（形聲）甲文金文頒字从頁分聲本義作「大頭」解（見說文許箸）乃頭部特大之意故从頁·賜曰頒集韻「頒賜也」通「班」·頒犒·頒賚：賜賞頒通「班」·布公布小爾雅廣言「頒布也」通「班」·頒白：老人頭半白黑半白頒·

| 楷 | 甲文 | 金文 |
| --- | --- | --- |

## 項 音旭 ㄒㄩˋ

（象形）（形聲）甲文金文項字林義光氏以爲「象奉玉謹愨見於顏面之形白虎通云『顳項者寒縮也』奉玉顳謹有戰慄之意故得引伸爲寒縮」項从頁玉聲本義作「頭項項謹皃（貌）」解（見說文許箸）乃頭謹敬貌故从頁，自失貌。

## 領 音嶺 ㄌㄧㄥˇ

（形聲）（會意）甲文金文領字从頁令聲本義作「頸」解（見說文段注）乃指肩上頭下之部分而言故从頁又以令有美好義令聞令望是其例人頸以美好爲貴故領从令聲。頸曰領，衣之護頸部分曰領，首長曰領統率人者之稱，才能曰領本領。

## 頗 音叵 ㄆㄛˇ

（形聲）甲文金文頗字从頁皮聲本義作「頭偏」解（見說文許箸）乃頭傾向一側之意故从頁。少略約略廣雅釋詁「頗少也」表性態。甚很表性態：「書本頗有錯簡」（朱熹．中庸章句），偏曰頗不平不正之稱，頗僻：偏頗邪僻不平不公也。

## 頡 音纈 ㄒㄧㄝˊ 讀若詰 ㄐㄧㄝˊ

（形聲）（會意）甲文金文頡字略同从頁吉聲本義作「直項」解（見說文許箸）乃頸項直正之稱故从頁又以吉本作「善」解爲嘉美意直項則頭端正而體軀端美故頡从吉聲。獸名如青狗之獸曰頡，頡頏：强項之稱，歸鳥頡頏上下翻飛。

## 頭 音投 ㄊㄡˊ

（形聲）（會意）甲文金文頭字从首从豆省吳大澂氏以此爲古頭字从頁豆聲本義作「首」解（見說文許箸）乃人首之稱故从頁又以豆爲古代祭器名頭形似豆故从豆聲。人首曰頭頭者首之總名也，人衆中之首領曰頭，器物之端曰頭。

## 頸 音景 ㄐㄧㄥˇ

（形聲）（會意）甲文金文頸字丁佛言氏以爲「从古巠」遂以此爲古頸字从頁巠聲本義作「頭莖」解（見說文許箸）乃頭下肩上之部分以其上承於頭故从頁又以巠爲徑之省文頸徑也故頸从巠聲。人項之前曰頸：頸在前項在後。

## 頻 音貧 ㄆㄧㄣˊ

（會意）甲文金文頻字从頁从涉省（省涉爲步）頁謂頭示人涉謂徒行渡水人臨渡水處思渡而蹙頞不前爲頻其本義作「水厓也人所賓附頻蹙不前而止」解（見通訓定聲）乃水涯之稱字本作瀕說文古本考「頻爲瀕之省濱乃瀕之別體字」。

## 頤 音拾 ㄧˊ

（象形）（形聲）甲文金文頤字林義光氏以爲「古作𦣝象形中象褒理或作𦣞中加點者猶口或作曰非別有所象也」金文頤字爲𦣝之變形左之圓者爲頤右之突者爲頰旁之高起者如新月之紋俗呼酒窩本義作「𦣝（頷）也」解面頰之稱。

## 頷 音含 ㄏㄢˋ 音汗 ㄏㄢˋ

（形聲）（會意）甲文金文頷字从頁含聲本義作「面黃」解（見說文許箸）乃食不飽而面現黃色之意故从頁又以含本作「嗛」解謂口銜物不吐不茹食不从問眞聲本色雖不太明顯但隱約可見故頷从含聲。下頷曰頤本作「顉」。

楷 甲文 金文 楷 甲文 金文

**穎** 音潁 一ㄥˇ

（形聲）（會意）甲文金文穎字从禾頃聲本義作「禾末」解（見說文許箸）乃禾穀稈末梢部分之稱故从禾又以頃本作「頭不正」解禾穀長成則穗豐實而穎垂是有不正意故穎从頃聲·草木花等之小苞曰穎·喻秀發之士曰穎·穗重而穎垂·

**題** 音啼 ㄊㄧˊ

（形聲）（會意）甲文金文題字略同从頁是聲本義作「頟（額）」解（見說文許箸）乃指人面之髮下眉上部分而言故从頁又以是有平正意人額以平正爲貴故題从是聲·獸額曰題·書套曰題·試題曰題考試時命受試人據以作答者·

**顏** 眼平聲 一ㄢˊ

（形聲）（會意）甲文金文顏字从頁从彥聲本義作「眉目之間也」解（見說文許箸）乃眉與目間之部位名以眉目位於頭故从頁又以彥本作「美士」解顏以眉目清秀爲美故从彥聲·顏頟（額）顙也·顏色面頰間之容色略稱顏·顏面·

**額** 音客 ㄜˊ

（形聲）甲文金文額字从頁客聲本義作「顙」解（見集韻）乃人面上眉髮間之部位名故从頁·人額曰額髮下眉上之部位名·獸及魚龍等面部居上之部位曰額·虎額龍額·橫匾曰額·門額廟額·器物橫如額者曰額·制定之數曰額·頟額同字·

**顓** 音專 ㄓㄨㄢ

**願** 音愿 ㄩㄢˋ

（形聲）（會意）甲文金文願字从頁原聲本義作「欲」解（見廣韻）乃有所望得而稽首求之於人之意故从頁又以原本作「高平曰原人所登」解人之所望得每在高出己上者期一躋而與之平故願从原聲·欲望曰願期望之稱·慕羨慕·

**類** 音淚 ㄌㄟˋ

（形聲）（會意）甲文金文類字从犬頪聲本義作「種類」解（見玉篇）乃形性相同或相近似者之通稱以犬之相似爲最故从犬又以頪音耒有「鮮白貌」一義相近似有鮮白意故類从頪聲·種曰類藉以繼先傳後者之稱·善曰類·類善也·

**顛** 音巔 ㄉㄧㄢ

（指事）（形聲）甲文金文顛字形異義同金文顛吳大澂氏爲「古顛字仆也从頁从𠤎象顛沛之形」蓋从𠤎以指事从頁眞聲本義作「頂」解（見說文許箸）乃頭頂之稱故从頁人之頭頂曰顛·顙額曰顛小爾雅「顛額也」·本末曰顛·

**顙** 音磉 ㄙㄤˇ

音桑 ㄙㄤ

（形聲）甲文金文顙字从頁桑聲本義作「頟（額）」解（見說文許箸）乃人面上眉髮間之部分故从頁·人額曰顙髮下眉上之部位名方顙大顙闊顙：「其於人也爲寡髮爲廣顙」（易·說卦）·頭曰顙·頰曰顙·獸額曰顙·叩頭即稽顙·

**顧** 音故 ㄍㄨˋ

**顓**（附）

（形聲）（會意）甲文金文顓字从頁耑聲本義作「頭顓顓謹皃（貌）」解（見說文許箸）乃頭謹敬貌故从頁又以耑音端本作「物初生之題也」解物之初生多直正上出因有端謹意顓爲頭謹敬貌故从耑聲·顓顓：蠢愚無知貌與禽獸無異·

楷　甲文　金文

顥　音皓　ㄏㄠˋ

（形聲）（會意）甲文金文顧字从頁雇聲本義作「還視」解（見說文許箸）乃迴首以視之意故从頁又以九雇爲九種候鳥名古時農夫每視其至而興農事顧爲還視故从雇聲・迴首曰顧：「一顧傾人城再顧傾人國」・以德行引人者曰顧・

顫　音戰　ㄓㄢˋ

（會意）（形聲）甲文金文顥字从頁从景景謂日月之光因有白意頭如日光之白爲顥其本義作「白皃（貌）」解（見說文許箸）乃頭白之貌引伸爲老人頭白又引伸爲凡白之稱・天曰顥顥天：西方之天・顥顥：光明貌・博大貌・皜顥同字・

產去聲　ㄔㄢˋ　音羶　ㄕㄢ

（形聲）（會意）甲文金文顫字从頁亶聲本義作「頭不定也」解（見說文段注）乃頭搖動不定意故从頁又以亶音俾本作「多穀」解因有多義顫爲頭多動貌故从亶聲・肢體抖動曰顫・肢體發抖寒顫懼者亦顫・審於氣臭曰顫・鼻徹爲顫・

顯　音䌺　ㄒㄧㄢˇ

音憲　ㄒㄧㄢˋ

（形聲）（會意）甲文金文顯字略同从頁㬎聲本義作「頭明飾」解（見說文許箸）乃頭部妝飾明顯之意故从頁・又以㬎音蜆从日中視絲因有明意顯爲頭飾之明故从㬎聲・榮達曰顯・光明之道曰顯・光大：「揚名於後世以顯父母」（孝・）・

顱　音盧　ㄌㄨˊ

（形聲）（會意）甲文金文顱字从頁盧聲本義作「頭顱」解（見廣韻）乃頭之別稱故从頁又以盧爲柳條所製之飯器爲色黑而形圓長者人頭略似盧故顱从盧聲・人頭曰顱・鳥獸等之頭曰顱顱頭也・額曰顱顱額也・頭骨曰顱顱頭骨也・

楷　甲文　金文

顴　音權　ㄑㄩㄢˊ

（形聲）（會意）甲文金文顴字从頁雚聲本義作「輔骨曰顴」解（見集韻）乃人面部兩輔之骨故从頁又以雚爲權之省文顴夾面如權之在衡故顴从雚聲・顴骨面頰骨略稱顴人顏面形成頰部之骨曰顴骨・相術家謂顴骨主終身權勢・

風　音楓　ㄈㄥ

（形聲）（象形）甲文金文風字同字異體本義作「八風也東方曰明庶風東南曰清明風南方曰景風西南曰涼風西方曰閶闔風西北曰不周風北方曰廣漠風東北曰融風風動蟲生故蟲八日而化」解（見說文許箸）空氣之流動曰風亦稱氣流

颭　沾上聲　ㄓㄢˇ

（形聲）甲文金文颭字从風占聲本義「風吹浪動」解（見說文新附）乃浪受風翻動之意故从風・動吹動：「既爲菱浪颭亦爲蓮泥膠」（皮日休・詠罼詩）・搖搖曳・颭颭：風動搖貌・颭灩：水波動搖貌・「弄水亭前溪颭灩翠綃舞」・

颶　音具　ㄐㄩˋ

| 楷 | 甲文 | 金文 | 文 |
| --- | --- | --- | --- |

**颺** 音揚 一尤ˊ

（形聲）（會意）甲文金文颶字从風具聲本義作「海中大風」解（見韻會）乃起於熱帶海上之大風故从風又以颶風爲劇烈之旋風每四方皆具集韻「越人謂具四方之風曰颶」故颶从具聲。颶風海中大風略稱颶。颶風：又稱颱風。

音漾 一尤ˋ

（形聲）（會意）甲文金文颺字从風易聲本義作「風所飛揚」解乃風吹物使飛揚之意故从風又以易爲揚之省文風起吹物則物飛揚故颺从易聲。揚飛揚。「游說之徒風颺電激」（漢書・敘傳）。盪盪漾。顯揚。颺颺：飛翔貌同「翩翩」。

**飄** 音漂 ㄆ一ㄠ

（形聲）（會意）甲文金文飄字从風票聲本義作「回風」解（見說文許箸）乃盤旋而起之風又名旋風故从風又以票本作「火飛」解有火星向周圍飄散意飄風進行甚速一如火星向周圍飄散故飄从票聲。飄風：回風又名迴風旋風。

**飆** 音標 ㄅ一ㄠ

（形聲）（會意）甲文金文飆字从風猋聲本義作「扶搖風」解（見說文許箸）乃自下急上之暴風故从風又以猋音標本作「犬走貌」解因有疾意飆爲疾風故从猋聲。暴風曰飆。飆回風也扶搖風也。風曰飆廣韻「飆風也」涼飆清飆寒飆。

**飛** 音非 ㄈㄟ

（象形）（指事）甲文飛象鳥振翼上飛之形金文飛左下象鳥兩翼右象鳥身與尾略似鳥飛時側視之形鳥身下之𠃧示鳥張兩翼以翱翔空中爲飛其本義作「鳥翥」解（見說文許箸）乃鳥類飛翔之意飛爲象形字。翥曰飛疾奔如飛之馬曰飛。

| 楷 | 甲文 | 金文 | 文 |
| --- | --- | --- | --- |

**飜** 音旛 ㄈㄢ

（形聲）（會意）甲文金文飜字从羽番聲本義作「飛」解（見說文新附）乃鳥類振羽飛行之意鳥飛必振羽故从羽又以番爲計數之詞一番數番皆其例鳥飛必不斷亦即多番振羽故飜从番聲。飜騰曰飜。水之溢洄曰飜。飜覆：變動不定。

**食** 音蝕 ㄕˊ

（象形）（會意）甲文食與金文食略同金文食林義光氏以爲从A（倒口）在皀上皀薦熟物器也象食之形「變作𠊊」生香氣之熟米即飯爲食其本義作「六穀之飯曰食」解（見通訓定聲）乃熟稌黍稷粱麥苽等米而成之飯。養生之食物。

**飲** 音上聲 一ㄣˇ

（象形）（形聲）甲文飲葉玉森氏以爲「从㱃㱃並象戴冑之人俯首向下形从酉即酒从𠙴乃別構小點象酒滴形金文飲林義光氏以爲「㱃象水入人口形从酉轉注或作歙从人旁有酒从欠」本義作「歠也」解（見說文許箸）乃咽水之意。

楷　甲文　金文

## 飯 ㄈㄢˋ 音販　ㄈㄢˇ 音返

（形聲）（會意）甲文金文飯字从食反聲本義作「食」解（見說文段注）乃納食物入口而食之故从食又 以反爲返之省文返有往復來同意飯俗謂之喫爲納食物於口中而往復咀嚼始嚥者故从反聲。穀類之蒸熟者曰飯。每日定時食品曰飯。

## 飭 ㄔˋ 音敕

（形聲）甲文金文飭字从人力食聲本義作「致堅」解（見說文許箸）乃竭盡人力以致堅緻牢密之意故从人力从力飤聲。修飾曰飭通「飾」：「雖非市朝而寒暑均和雖是築構而飭朴兩逝」（謝靈運．山居賦）。命令上級對下級用飭。

## 飫 ㄩˋ 音裕

（形聲）（會意）甲文金文飫字从食芺聲本義作「燕食」解（見說文段注）燕食同晏食即安食爲無事之食故从食。宴食曰飫不脫屨升堂之食．立以就食之禮宴曰飫。飫宴：宴飲之稱立食曰飫坐食曰宴。飽食曰飫。飫於肥甘蒸彼糠糜。

## 飩 ㄊㄨㄣˊ 音豚

（形聲）（會意）甲文金文飩字从食屯聲本指「餛飩」一詞而言餛飩之本義作「餀餌別名」解（見正字通）乃以麥粉輾成薄皮裹餡於中煮以供食之食品名故飩从食。餛飩裹餡於中故飩从屯聲。餛飩以薄麵皮裹餡之食品名略稱餛。

## 飽 ㄅㄠˇ 包上聲

（形聲）（會意）甲文金文飽字从食包聲本義作「猒（饜）」解（見說文許箸）乃食得滿足之意故从食又以包象人裹胎之形本作「妊」解因有裹意飽爲腹裹食物實滿故从包聲。饜曰飽食得滿足之稱：既醉以酒既飽以德（詩大雅）

## 飼 ㄙˋ 音寺

（形聲）（會意）甲文金文飼字从食司聲本義作「食」解（見玉篇）乃供給食品使其就食之意故从食又以司通伺爲察視意漢書灌夫傳「太后亦已使人候司」是其例以食食人或畜須先察視故飼从司聲。食曰飼供食之稱以食食獸鳥。

## 飾 ㄕˋ 音識

（形聲）甲文金文飾字略同从巾从人食聲本義作刷也」解（見說文許箸）乃持巾刷治使潔之意故从巾从人飤聲。服裝曰飾：「子皙盛飾入布幣而出」（左昭元年）。袖緣曰飾飾緣袖也。妝飾曰飾。飾玩：裝飾品與玩具之稱。修修飾。

## 養 ㄧㄤˇ 音痒

（形聲）（會意）甲文金文養字从攴省（省攴爲又）羊聲本義作「供養」解（見說文許箸）乃造食物供奉之意故从食又以羊性馴順因有善美意以食物奉人必彼此相善而出於一己之美意故養从羊聲。育曰養。衣食足曰養。保保養。

## 餉 ㄒㄧㄤˇ 音享　ㄒㄧㄤˋ 音向

（形聲）（會意）甲文金文餉字从食向聲本義作「饋」解（見說文段注）乃以食物贈人之意故从食又以 向有面與之對之意餉爲奉食物向人而與之故从向聲。饁曰餉野饁之稱。糧食曰餉。餉遺：饋贈。軍糧曰餉正字通「今俗軍糧曰餉」。

| 楷 | 甲文 | 金文 |
|---|---|---|
| 蝕 音食 ㄕˊ | | |
| 餌 音耳 ㄦˇ | | |
| 餂 音忝 ㄊㄧㄢˇ | | |
| 餈 音慈 ㄘˊ | | |
| 餐 音驂 ㄘㄢ | | |

**蝕** 音食 ㄕˊ

（形聲）（會意）甲文金文蝕字从虫飤聲本義作「敗創」解（見通訓定聲）乃爲蟲類齧毀之意故从虫又以飤音寺與飼爲同字蝕爲受虫侵害亦有虫以物爲飼致是物敗創意故蝕从飤聲。虧敗曰蝕。日蝕月蝕日月有謫蝕之變。喻侵害曰蝕。

**餌** 音耳 ㄦˇ

（形聲）（會意）甲文金文餌字从食耳聲本義作「粉餅」解（見說文許箸）乃治米麥粉而成之餅以其爲供人食用者故从食又以耳爲珥之省文徐鍇氏以爲「餌之言珥也 其堅潔而滑也」故餌从耳聲。粉餅曰餌治米麥粉而成之餅。

**餂** 音忝 ㄊㄧㄢˇ

（形聲）（會意）甲文金文餂字从食舌聲本義作「句（勾）取」解（見韻會）乃引之歸己之意民以食爲天每引食歸己故从食又以舌爲易蒸食物入口者有易鉤取意餂謂鉤取故从舌聲。『士未可以言而言是以言餂之也』（孟・盡心）

**餈** 音慈 ㄘˊ

（形聲）（會意）甲文金文餈字从食次聲本義作「稻餅」解（見說文許箸）乃不屑米蒸後所製成之餅狀食品名故从食又以次本作「不前不精」解餈乃蒸米成飯擣合而成其飯粒或整或碎故从次聲。稻餅曰餈謂之餈團亦稱曰餈粑。

**餐** 音驂 ㄘㄢ

（形聲）（會意）甲文金文餐字實爲湌字古湌餐一字亦从食𣦼聲本義作「吞」解（見說文許箸）乃口納食物而嚥下之意故从食又以𣦼音堪本作「殘穿」解人常必先以齒牙殘穿食物然後吞嚥故餐从𣦼聲。食曰餐用食之稱早晚餐。

| 楷 | 甲文 | 金文 |
|---|---|---|
| 餓 我去聲 ㄜˋ | | |
| 餘 音余 ㄩˊ | | |
| 餒 音餧 ㄋㄟˇ | | |
| 餔 音逋 ㄅㄨ 音步 ㄅㄨˋ 音布 ㄅㄨˋ | | |

**餓** 我去聲 ㄜˋ

（形聲）（會意）甲文金文餓字从食我聲本義作「飢」解（見說文許箸）乃不足於食之意故从食又以我爲自稱之辭不足於食而飢惟我自己始知故餓从我聲。飢曰餓不足於食之稱飢甚爲餓。飢人曰餓。餓莩：餓死之屍體莩通「殍」。

**餘** 音余 ㄩˊ

（形聲）（會意）甲文金文餘字从食余聲本義作「饒」解（見說文許箸）乃足食得飽之意故从食又以余本作「詞之舒也」解因有向外張開意食飽則腹張故餘从余聲。饒足曰餘過度之稱餘饒也。多曰餘多餘之稱。殘曰餘賸餘之稱。

**餒** 音餧 ㄋㄟˇ

（形聲）甲文金文餒字从食妥聲本義作「飢也」解（見說文段注）乃不足於食之意故从食。餓曰餒飢餓之稱：「『君子謀道不謀食耕也餒 在其中矣學也祿在其中矣』鄭注『餒餓也』」（論・衞靈公）。飢人曰餒受飢餓者之稱。

**餔** 音逋 ㄅㄨ 音步 ㄅㄨˋ 音布 ㄅㄨˋ

（形聲）（會意）甲文金文餔字从食甫聲本義作「申時食也」解（見說文段注）乃日垂暮時用食之意故从食又以甫爲男子之美稱因有美意日垂暮當息止田事既畢乃就食食後入夜安宿爲美故餔从甫聲。賜曰餔 夕時曰餔通「晡」。

楷　甲文　金文

**餗** 音速 ㄙㄨˋ

（形聲）甲文餗左从食右略同東商承祚氏以此與餗同金文餗林義光氏以爲「从鬲東聲鬲鼎也東與朿古同字又作餗（姚戌器）从鬲省朿聲 餗爲鬻之同字从食朿聲本義作「鼎實」解（見說文句讀）乃實於鼎中之食物故从食・餗粥也・

**館** 音管 ㄍㄨㄢˇ　音貫 ㄍㄨㄢˋ

（形聲）（會意）甲文金文館字从食官聲本義作「客舍」解（見說文許箸）乃古時官設以接待他國朝聘者之舍以其兼供食宿故从食又以館爲官設之客舍故从官聲・官設之客舍曰館・私設之客舍曰館，昔時官署慕僚之辦公室曰館・

**餠** 音丙 ㄅㄧㄥˇ

（形聲）（會意）甲文金文餠字从食并聲本義作「麵餈」解（見說文許箸）乃治麥粉而成之圓形食品故「餠并也溲麵使合并也」从食又以劉熙氏謂餠乃以水調麵揉合而熟之者故从并聲・麵餈曰餺圓形之麵食名喻物之圓扁者曰餠・

**餞** 音賤 ㄐㄧㄢˋ

（形聲）（會意）甲文金文餞字从食戔聲本義作「送去食」解（見說文段注）乃送別之酒食名故从食又以戔音箋戔小也水之小者曰淺金之小者曰錢歹而小者曰殘貝之小者曰賤餞爲送別時之酒食互在傷別飲用亦少是有小意故从戔聲

**餡** 音陷 ㄒㄧㄢˋ

（形聲）（會意）甲文金文餡字从食召聲本義作「凡米麵食物坎其中實以雜味曰餡」解（見正字通）乃裹於米麵食中之雜味故从食又以召音陷本作「小阱」解餡實食物中如入小阱故从召聲・嵌於米麵食物中之雜味曰餡餃餡月餠・

**飻** 音鐵 ㄊㄧㄝˇ

（形聲）（會意）甲文金文飻字从食㐱聲本義作「貪食」解（見玉篇）乃貪嗜飲食之意故从食又以㐱音忝本作「盡」解貪食者常盡所食之果物亦盡腹之大以受食故飻从㐱聲・饕飻：惡獸名亦蠻夷名又以之喻凶人貪財貪食者・

**餳** 音唐 ㄊㄤˊ

（形聲）（會意）甲文金文餳字从食昜聲本義作「飴和饊者」解（見說文許箸）乃以糖漿和饊而成之食品名故从食又以昜爲陽字初文有開放意劉熙氏謂「餳洋也米消爛洋洋然也」故餳从昜聲・飴曰餳以麥芽或穀芽等熬成之糖液・

**饉** 音饉 ㄐㄧㄣˇ　金上聲 ㄐㄧㄣˇ

（形聲）（會意）甲文金文饉字略同从食堇聲本義作「蔬不熟爲饉」解（見說文繫傳）乃蔬菜歉收不足供食之意故从食又以堇爲僅字省文僅有少義僅有僅見皆其例蔬不熟有蔬甚少意故饉从堇聲・饑曰饉穀不熟之稱・蔬不熟曰饉・

**饅** 音瞞 ㄇㄢˊ

（形聲）（會意）甲文金文饅字从食曼聲本義作「饅饅頭餠也」解（見集韻）乃以麵製成之食品古以餠泛稱不需水之麵食故謂饅頭爲餠而饅从食又以曼本作「引」解饅頭乃治麵引合而成者故饅从曼聲・饅頭：屑麵發酵蒸食曰饅頭

楷　甲文　金文　楷　甲文　金文

**饑** 音機 ㄐㄧ

（形聲）（會意）甲文金文饑字从食幾聲本義作「穀不孰（熟）爲饑」解（見說文許箸）乃五穀歉收民食不足之稱故从食又以幾本作「殆」解乃危殆意五穀不熟則民生危殆故饑从幾聲。饑饉：歲荒之稱穀不熟曰饑蔬不熟曰饉。

**饒** 音堯 ㄖㄠˊ

（形聲）（會意）甲文金文饒字从食堯聲本義作「餘」解（見說文句讀）乃食物豐足有餘之稱故从食又以堯本作「高」解物豐足則積累而易見其高故饒从堯聲。豐足飽滿曰饒。寬恕曰饒求饒告饒。憐惜曰饒。古地名戰國時趙邑。

**饋** 音匱 ㄎㄨㄟˋ

（形聲）（會意）甲文金文饋字从食貴聲本義作「餉」解（見說文許箸）乃進食物於人之意故从食又以貴有愛義荀子正論「下安則貴上」是其例進食於人有致愛意故饋从貴聲。凡進食物於尊者之事曰饋。饋食之禮曰饋。送餽送。

**饎** 音熾 ㄔˋ

（形聲）甲文饎从米其取義闕金文饎从食从𠁁省从食喜聲本義作「酒食」解（見說文許箸）乃可飲之酒與可餐之食故从食又以喜本作「樂」解人每以得飲食爲樂事故饎从喜聲。酒食曰饎。黍稷曰饎。饎爨：黍稷之爨曰饎爨。

**饗** 音響 ㄒㄧㄤˇ

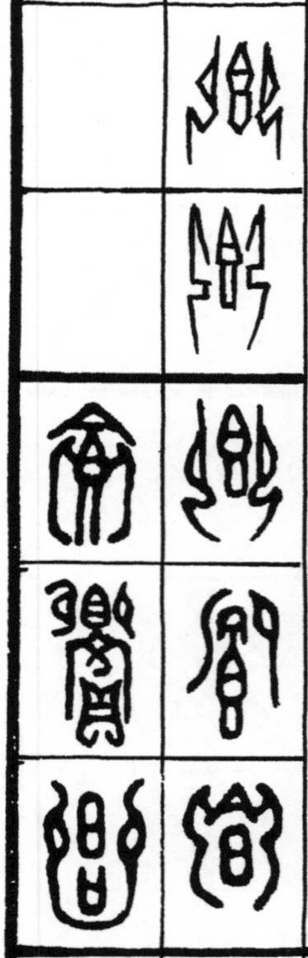

（象形）（會意）（形聲）甲文金文饗爲卿字重文羅振玉氏以爲「卿象兩人相向就食之形公卿之卿鄉黨之鄉饗食之饗皆爲一字」其本義作「鄉人飲酒」解（見說文許箸）乃鄉人相聚飲酒之意。獻曰饗：以共皇天上帝社稷之饗，

**饔** 音邕 ㄩㄥ

（形聲）（會意）甲文金文饔字从食雍聲本義作「孰（熟）食」解（見說文許箸）乃已熟之食故从食又以雍有融和義周禮天官疏「饔熟食須調和故號曰饔」故饔从雍聲。熟食曰饔。朝食曰饔晨餐之稱。朝食曰饔夕食曰飧。

**首** 音手 ㄕㄡˇ

楷 · 甲文 · 金文

（象形）甲文金文首字同字異體金文首上象人髮下象人面眉目形本作「頭」解人頭而具髮更易辨識爲首頁音手其本義作「頭」解（見廣韻）即人頭之稱惟徐灝氏以爲「頁與首百本一字」。頭曰首人頭之稱。居前之人曰首。

**馗** 音葵 ㄎㄨㄟˊ

（會意）（形聲）甲文金文馗字从九从首九謂九方面首即向意向九方即多方面通行之道曰馗其本義作「九達道也」解（見說文許箸）乃多方面可通之道路惟徐鍇氏以爲「一道爲一首」意以九道相通之道爲馗通行九方之大道曰馗

**香** 音鄉 ㄒㄧㄤ

（會意）甲文香上从黍省（省黍爲禾）下从口與从甘相若與金文香略同从黍从甘黍爲五穀中氣味之最芳馥者甘爲美好芳馥醇美之氣味曰香其本義作「芳」解（見說文許箸）乃芬芳氣味之稱。香氣曰香各類香氣皆稱之。松香檀香。

**馥** 音伏 ㄈㄨˋ

（形聲）（會意）甲文金文馥字从香复聲本義作「香气芬馥也」解（見說文新附）乃香氣濃郁之意故从香又以复爲復字初文即往復意香氣四溢而往復不止爲馥故馥从复聲。香氣曰馥。嘉名令聞曰馥喻其如花之有香氣。香氣濃郁。

**馨** 音心 ㄒㄧㄣ

（形聲）（會意）甲文金文馨字从香殸聲本義作「香之遠聞者也」解（見通訓定聲）乃播溢甚遠之芳香故从香又以殸即古文磬爲可發聲聞遠者馨爲可以聞遠之香故从殸聲。香曰馨芳香之通稱。功德聲聞曰馨。「化盛隆周垂馨千祀」

楷 · 甲文 · 金文

**馬** 音碼 ㄇㄚˇ

（象形）甲文馬金文馬頭髦軀體四肢及尾咸備均一望而知其爲馬本義作「武獸」解（見玉篇）乃極健壯甚有威武可供武事乘曳之獸馬家畜名哺乳類奇蹄類頭小面長有鬣尾叢生長毛爲總狀。不正常之結合曰馬男女情慾交往之稱。

**馭** 音禦 ㄩˋ

（指事）（會意）甲文馭羅振玉氏以爲「从彳从𢁒𠂤與午字同形殆象馬策人持策于道中是御（馭）也」蓋从彳从𢁒指事金文馭林義光氏以爲「从夋馬夋古鞭字」蓋以鞭馬爲馭其本義作「使馬」解（見說文許箸）乃鞭馬从人之意

**馳** 音池 ㄔˊ

（形聲）（會意）甲文金文馳字从馬也聲本義作「大驅」解（見說文許箸）乃馬盡力疾奔之意故从馬又也爲弛省（省左弓）而弛在爾雅釋詁注作「放」解馬須放而後馳故馳从也聲。馳馬曰馳馬使疾奔之稱。馳騁。馳馬之稱馳馮也。

楷　甲文　金文

**馴** 音巡 ㄒㄩㄣˊ

（形聲）（會意）甲文金文馴字从馬川聲本義作「貫穿通流水」解因有通意馴乃教養馬使通人意而順人故从川聲。柔順之雉曰馴。擾豢養而調教之。馬先馴而後求良。（見說文許箸）乃馬能順從人意之意故从馬又以川本作

**馱** 音駝 ㄊㄨㄛˊ

（形聲）（會意）甲文金文馱字从馬大聲本義作「負物」解（見說文新附）乃牲畜載負物者而言故从馬又以大有壯實意載負物之牲畜貴壯實故从大聲。「蒲萄酒金叵羅吳姬十五細馬馱」（李白・對酒詩）。牲畜背上所負之物曰馱。

**駁** 音剝 ㄅㄛˊ

（形聲）（指事）甲文金文駁字从馬爻聲本義作「馬色不純」解（見說文許箸）乃馬色淆雜不純一之意故从馬惟徐鉉氏以爲「爻非聲疑象駁文」是从爻以指「馬色不純」之事說亦可通並引參證。獸名狀如馬而食虎豹之獸曰駁。

**駐** 音注 ㄓㄨˋ

（形聲）（會意）甲文金文駐字从馬主聲本義作「馬立」解（見說文許箸）乃馬站立暫止不進意故从馬又以主本作「燈中火主」解即燈頭火必止而不動始易發燭照駐取其止而不動意故从主聲。立而不進曰駐。柴屯柴凝凝聚不散動。

**駕** 音架 ㄐㄧㄚˋ

（形聲）（會意）甲文金文駕字略同从馬加聲本義作「馬在軛下」解（見通訓定聲）乃置軛於馬頸上之意故从馬又以加本作「語相增加」解駕乃加軛於馬故从加聲。車乘之總稱天子及臣庶之車乘皆曰駕天子居曰衙行曰駕。見駕。

楷　甲文　金文

**駛** 音史 ㄕˇ　音試 ㄕˋ

（形聲）（會意）甲文金文駛字从馬吏聲本義作「疾」解（見說文新附）乃馳馬疾行之意故从馬又以吏本作「治人者」解馳馬疾行係於人之治馬故駛从吏聲惟今字作駛。疾馳曰駛。航行：海上行舟風小固不能駛風過大亦不能駛。

**駟** 音四 ㄙˋ

（會意）（形聲）甲文金文駟字略同从馬从四亦从四聲古以駕四馬引一車此四馬爲一乘故其本義作「馬一乘也」解（見通訓定聲）即四馬之稱。四馬一乘曰駟。馬馳曰駟。星名房星曰駟又稱天駟。四人相共通「四」表數量。駕駕御。

**駒** 音拘 ㄐㄩ

（形聲）（會意）甲文金文駒字略同从馬句聲本義作「馬二歲曰駒」解（見說文許箸）乃二歲幼馬之稱故从馬又以句本作「曲」解幼馬肢體尚在長成中因有軟弱而現曲句之意故駒从句聲。小馬曰駒：二歲曰駒，三歲曰駣。駿馬曰駒。

**駝** 音佗 ㄊㄨㄛˊ

（形聲）（會意）甲文金文从馬它聲本義作「駝橐駝匈奴奇獸」解（見集韻）即駱駝以其類馬故从馬又以它爲佗字省文橐駝又稱沙漠舟爲沙漠行旅者任負佗之家畜故駝从它聲。駱駝即橐駝性溫順態負重背有肉峯之奇畜略稱駝。

| 楷 | 甲文 | 金文 | 文 |
|---|---|---|---|

**駑** 音奴 ㄋㄨˊ

（形聲）（會意）甲文金文駑字从馬奴聲本義作「最下馬」解（見玉篇）乃最頓劣不堪馳騁之馬故从馬又以奴爲人之最賤下者駑取其最賤下意 故从奴聲・最下馬曰駑・人之鈍劣者曰駑謂才下如駑馬者也・駑駘：馬甕劣者之稱・駑鈍・

**駙** 音附 ㄈㄨˋ

（形聲）（會意）甲文金文駙字从馬付聲本義作「副馬」解（見說文許箸）乃駕副車之馬故从馬又以付本作「與」解相與有近意 副車馬與正車馬爲甚近邇者故駙从付聲・箭外之立木承重較者通「輔」・君主之壻例拜駙馬都尉・

**駘** 音臺 ㄊㄞˊ

（形聲）（會意）甲文金文駘字从馬台聲本義作「馬銜脫也」解（見說文許箸）乃脫除馬銜之意故从馬又以台爲怡字初文本作「悅」解人怡悅則解顏爲笑而笑口常開因有解開意馬銜脫即馬銜解開故駘从台聲・下劣之馬曰駘駑馬也・

**駭** 孩去聲 ㄏㄞˋ　音蟹 ㄒ一ㄝˋ

（形聲）（會意）甲文金文駭字从馬亥聲本義 作「驚」解（見說文許箸）乃馬驟遇疑懼而惶怖之意故从馬又以亥本作「豕」解豕性易驚駭故駭从亥聲・擾動曰駭駭動也・豕四蹄皆白曰駭通「豥」四蹄皆白曰駭・受驚駭馬駭於輿中・

**駱** 音洛 ㄌㄨㄛˋ

（形聲）甲文金文駱字从馬各聲本義作「馬白色黑鬣尾也」解（見說文許箸）乃通體色白惟尾色黑之馬故从馬・古種族名居今越南之地者有甌駱居今滇黔桂之駱・駱駝：動物名一作橐駝以其能負重行沙漠中故又有沙漠舟之稱・

| 楷 | 甲文 | 金文 | 文 |
|---|---|---|---|

**駿** 音俊 ㄐㄩㄣˋ

（形聲）（會意）甲文金文駿字从馬夋聲本義 作「馬之良材也」解（見通訓定聲）乃性和善體壯美走矯捷之馬故从馬 又以夋音俊本作「行夋夋」解爲逡巡意馬之良材以能逡巡爲貴故駿从夋聲・英才曰駿通「俊」・駿與俊同・

**騁** 音逞 ㄔㄥˇ

（形聲）甲文金文騁字 从馬甹聲本義作「直馳」解（見說文許箸）乃馬逕向目標奔趨之意故从馬・馳直馳：「林楚怒馬及衢而騁」（左・定八年）・通暢：「獻以詠言文以騁志」（曹植・學宮頌）・極・「騁極也」」（詩・小雅）・恣恣放・

**騂** 音猩 ㄒ一ㄥ

（形聲）（會意）甲文騂从羊牛羅振玉氏以爲「說文解字角部『觲用角低昂也从牛羊角』金文騂與甲文略同又从馬觲省（省觲左角）聲本義作「馬赤色」解（見說文新附）乃赤色馬之稱故从馬・赤色牛曰騂通「牸」・赤黃曰騂・

**騎** 音奇 ㄑ一ˊ

（形聲）（會意）甲文金文騎字略同从馬奇聲本義作「跨馬」解（見說文許箸）乃人以兩髀跨馬背之意故从馬又以奇爲倚之省文騎有人倚馬以行意故 从奇聲・跨馬兩髀跨之跨於其上曰騎・騎射：騎馬射箭・馬曰騎量詞騎士一人曰一騎・

# 馬部、騏騅駒騙騠騷驅騾驕

楷　甲文　金文

**騏** 音其 ㄑㄧˊ

（形聲）（會意）甲文金文騏字从馬其聲本義作「馬青驪文如博棊」解（見說文許箸）乃毛色青黑相交錯之馬故从馬又以其爲棊之省文馬有青驪如棊者爲騏故騏从其聲．青黑色如棊文之駿馬曰騏．騏驥：駿馬之稱能歷險乘危．

**騅** 音錐 ㄓㄨㄟ

（形聲）（會意）甲文金文騅字从馬隹聲本義作「馬蒼黑雜毛」解（見說文許箸）乃蒼毛黑毛相雜之馬故从馬又以隹音追本作「短尾禽之總名」解飛禽以蒼黑色者爲多騅爲蒼黑色馬故从隹聲　蒼白色而雜黑色之馬曰騅烏騅斑騅

**駒** 音陶 ㄊㄠˊ

（形聲）甲文金文駒字从馬匋聲本指「駒駼」一詞而言駒駼之本義作「北野之良馬」解（見說文許箸）乃產於北狄之良馬故駒从馬．駒駼：北狄良馬名．「『駃野馬駒駼』王先謙補注引字林『駒駼北狄良馬也』」．乃野馬名．

**騙** 偏去聲 ㄆㄧㄢˋ

（形聲）（會意）甲文金文騙字从馬扁聲本義作「上馬」解（見玉篇）乃躍上馬背之意故从馬又以扁爲偏之省文偏本作「旁側」解上馬必自一側故騙从扁聲．詐欺曰騙行騙受騙．騙馬：馬戲之一種以身下馬復上之稱．掀欺哄誑取．

**騠** 音題 ㄊㄧˊ

（形聲）甲文金文騠字从馬是聲本指「駃騠」一詞而言駃騠之本義作「馬父驢母贏（騾）也」解（見說文段注）乃牡馬牝驢相交所生之騾以其爲類馬之牲畜故騠从馬．駃騠：騾名又北翟良馬名駿馬名良馬肉名參閱「駃」字下．

楷　甲文　金文

**騷** 音搔 ㄙㄠ

（形聲）（會意）甲文金文騷字从馬蚤聲本義作「馬擾動」解（見通訓定聲）乃指馬羣聚時相互擾動之狀而言故从馬又以蚤爲性喜跳動而齧人之小蟲騷取其跳動不止意故从蚤聲．文體曰騷屈原作離騷其體裁自成一家亦稱爲騷體．

**驅** 音區 ㄑㄩ

（會意）（形聲）甲文馭金文驅从馬从攴攴謂小擊乃擊馬使進之意又从馬區聲本義作「驅馬」解（見說文許箸）乃鞭策馬使速進之意故从馬．軍前鋒曰驅：「伯也執殳爲王前驅」（詩．衞風）．田獵曰驅．驅馳：馬馳騁之稱．馳騁．

**騾** 音螺 ㄌㄨㄛˊ

（形聲）甲文騾字同騾形金文騾从馬贏聲本義作「驢父馬母」解（見說文許箸）乃牡驢牝馬相交而生且頗類馬之牲畜故从馬又以贏音羅象形本作「㬪名」解字林㬪作「㽞」乃家畜名．騾爲驢與馬相交之雜種僅生一代不能孳育．

**驕** 音嬌 ㄐㄧㄠ

（形聲）（會意）甲文金文驕字略同从馬喬聲本義作「馬高六尺爲驕」解（見說文許箸）乃其體甚高之馬故从馬又以喬本作「高而曲」解六尺馬亦爲高馬故驕从喬聲．高六尺之馬曰驕．驕傲：倨簡曰驕侮慢曰傲恃己凌物之稱．

| 楷 | 甲文 | 金文 | 文 |
|---|---|---|---|
| 驚 音京 ㄐㄧㄥ | | | （形聲）甲文金文驚字从馬敬聲本義作「馬駭」解（見說文許箸）乃馬驟遇疑懼而駭異之意故从馬．震懼曰驚：「龍子閒而息驚象王閒而止怯」（法苑珠林）．驚敕使懼曰驚．昏沉如夢曰驚通「夢」．驚駭：竦懼．遑遽之稱．怖使之駭怖． |
| 驗 音彥 ㄧㄢˋ | | | （形聲）甲文金文驗字从馬僉聲本義作「馬名」解（見說文許箸）乃馬之一種故从馬．佐證曰驗．設例爲徵曰驗．功效曰驗：「『驗在近而求之遠故弗得也』注『驗效也』」．徵兆曰驗：夜之早晚以星爲驗．驗信也．考驗之法曰驗．審覈． |
| 驛 音繹 ㄧˋ | | | （形聲）（會意）甲文金文驛字从馬睪聲本義作「置騎」解（見說文許箸）乃古時爲傳達公文而置備之官馬故从馬又以睪本作「伺視」解驛必視所需要之多寡緩急而預爲之備故从睪聲．傳舍曰驛驛站所設供人宿食及停車之屋舍． |
| 驟 音奏 ㄗㄡˋ | | | （形聲）（會意）甲文金文驟字从馬聚聲本義作「馬疾步也」解（見說文許箸）乃馬疾奔以赴之意故从馬又徐灝氏以爲「驟之言聚也馬聚足急行也」故驟从聚聲．急進曰驟．馳騁曰驟．奔廣雅「驟犇（奔）也」．暴急疾急． |
| 驢 音閭 ㄌㄩˊ | | | （形聲）（會意）甲文驢字同驢形也與金文略同从馬盧聲本義作「似馬長耳」解（見說文許箸）乃形類馬而耳特長之牲畜故从馬又以盧本作「飯器」解乃色暗淡而質粗陋之盛飯器故从盧聲．驢．動物名哺乳類耳長鬣短可供騎乘． |
| 驥 音冀 ㄐㄧˋ | | | （形聲）（會意）甲文金文驥字从馬冀聲本義作「千里馬」解（見說文許箸）乃其行甚速日及千里之良馬名故从馬又朱駿聲氏以爲「左傳『冀之北土馬之所生』」是冀亦兼會意故驥从冀聲．千里馬曰驥一日千里．喻才德出衆者曰驥． |
| 驤 音襄 ㄒㄧㄤ | | | （形聲）（會意）甲文金文驤字从馬襄聲本義作「馬之低仰也」解（見說文句讀）乃指馬疾馳騰躍時其身起落之狀而言故从馬又以襄本作「解衣而耕」解因有肆力之意馬肆力奔騰始見其低仰即低昂之狀故驤从襄聲．奮翅而騰驤． |
| 驪 音離 ㄌㄧˊ | | | （形聲）（會意）甲文驪羅振玉氏以爲「从馬利聲殆是許書之驪字蒼頡『黧同驪』」金文驪字从馬麗聲本義作「馬深黑色」解（見說文許箸）乃毛色純黑之馬故从馬又以麗有美好義深黑色馬爲罕少之良馬故驪从麗聲．驪駒：黑色駒 |
| 驩 音歡 ㄏㄨㄢ | | | （形聲）甲文金文驩字从馬雚聲本義作「馬名」解（見說文許箸）乃馬之一種故从馬惟經籍於驩之體狀毛色無釋文此本義古亦罕用今所行者爲別義．喜樂曰驩通「歡」．安逸曰驩通「歡」．驩然：欣喜貌．驩兜：唐堯時四凶之一． |
| 骨 音汩 ㄍㄨˇ | | | （會意）（象形）甲文金文骨字同字異體金文骨从冎有肉冎音寡剮人肉置其骨肉尚有肉相裹合裹合在肉中其質堅實如果核者爲骨其本義作「肉中覈（同核）也」解（見通訓定聲）乃人體中骨骼之稱．歸土之屍體曰骨骨鯁：正直之稱 |

| 楷 | 甲文 | 金文 |
|---|---|---|

**骭** 音幹 ㄍㄢˋ 音莧 ㄒㄧㄢˋ

（形聲）（會意）甲文金文骭字从骨干聲本義作「脛骨」解（見廣韻）乃膝下踝上之骨故从骨又以干古通竿旗竿亦作旗干是其例干因有直而細長意脛骨直而細長故骭从干聲。脛骨曰骭即小腿前面之長骨。脅曰骭廣韻：「骭脅也」。

**骷** 音枯 ㄎㄨ

（形聲）（會意）甲文金文骷字从骨枯省（省枯爲古）聲本義作「枯骨四骷」解（見通雅）乃無肉附著之殘骨故从骨又以枯本作「槀木」解因有乾意枯骨爲外無血肉內無髓脂之乾骨故骷从枯聲。骷髏：無肉之屍體曰骷髏。

**骸** 音諧 ㄒㄧㄝˊ

（形聲）（會意）甲文金文骸字从骨亥聲本義作「脛骨」解（見說文許箸）乃自膝至踝間之骨故从骨又以段玉裁謂「字从亥者亥荄也荄根也」脛骨使人得立一如草木之賴根得立故骸从亥聲。骸骨枯骨曰骸六書故「骸骨之合名」。

**骼** 音格 ㄍㄜˊ

（形聲）（會意）甲文金文骼字从骨各聲本義作「禽獸之骨曰骼」解（見說文許箸）乃鳥獸骨之泛稱故从骨又以各本作「異詞」解因有互不盡同意禽獸骨繁多難盡同故骼从各聲。骨枯曰骼。人骨曰骼死者枯骨之稱。格格殺通「挌」。

**髀** 音俾 ㄅㄧˇ 音陛 ㄅㄧˋ

（形聲）（會意）甲文金文髀字从骨卑聲本義作「股外」解（見說文段注）乃兩髈居外之部位名以其合骨肉而言故从骨又以劉熙氏謂「髀卑也在下稱也」髀在人體下部故从卑聲。人體股之外側曰髀亦爲股之別稱。鳥獸蟲之股曰髀。

**髏** 音樓 ㄌㄡˊ

（形聲）（會意）甲文金文髏字从骨婁聲本指「髑髏」一詞而言髑髏之本義作「頭骨」解（見玉篇）即頭顱骨故髏从骨又以婁本作「空」解死者頭之皮肉皆化去而獨餘之空殼即頭骨爲髑髏故髏从婁聲。骷髏：無肉之屍首曰骷髏。

**髓** 隨上聲 ㄙㄨㄟˇ

（形聲）（會意）甲文金文髓字从骨隓聲本義作「骨中脂」解（見說文許箸）乃骨中之膏脂故从骨又以隓爲墮字初文有下落意骨中膏脂當隨骨滴落故髓从隓聲。人體骨中之膏脂曰髓。鳥獸骨中之膏脂曰髓。物質內凝結如脂者曰髓。

**髒** 音駔 ㄗㄤˇ 讀若臧 ㄗㄤ

（形聲）甲文金文髒字从骨葬聲本指「骯髒」一詞而言骯髒之本義作「體胖」解（見集韻）乃骨骼高大肌肉肥滿之意故髒从骨。汚穢齷齪。「店主人說：『客人你別咱一來是爲行好二來也怕髒了我的店眞要死了……』」（兒女英雄傳）。

**髟** 音標 ㄅㄧㄠ

（會意）甲文金文髟字从彡彡音衫謂毛髮長髮下垂之狀爲髟其本義作「長髮髟髟」解（校玉篇）乃長髮披垂之貌。長髦曰髟。髟髟：毛髮長貌：「髮種種而逾短眉髟髟而競長」（庾信．竹杖賦）。髮垂貌表性態。屋翼曰髟髟屋翼也。

**髡** 音坤 ㄎㄨㄣ

（形聲）（會意）甲文金文髡字从髟兀聲本義作「鬄髮」解（見說文許箸）乃鬄髮使落去之意故从髟又以兀本作「高而上平」解髮鬄去則頭禿而平故髡从兀聲。古刑名去髮之刑曰髡。受去髮之刑者曰髡。髡鉗：古刑名去髮曰髡。

| 楷 | 甲文 | 金文 | 文 |
| --- | --- | --- | --- |

| 楷 | 甲文 | 金文 | 文 |
| --- | --- | --- | --- |

髢 音替 ㄊㄧˋ

音第 ㄉㄧˋ

（形聲）甲文金文髢字从髟也聲本義作「髲也」解（見說文許箸）乃假他人髮以飾髻之稱故从髟。髲曰髢髮少時所加之髮儀禮少牢饋食 鄭注「古者或剔賤者刑者之髮以被婦人之紒髢髲也。飾益髮以飾言人髮少聚他人髮益之。

髦 音毛 ㄇㄠˊ

（會意）（形聲）甲文金文髦字从髟从毛亦从毛聲 髟爲髮長垂貌毛謂毛髮毛髮中之長者曰髦其本義作「髮中毫者也」解（見說文句讀）乃髮中長出者之稱。毛中之長毫曰髦。豪豬陝洛江東諸山中並有之髦間有豪如箭。喻俊曰髦。

髣 音紡 ㄈㄤˇ

（形聲）（會意）甲文金文髣字 从髟方聲本義 作「相似也」解 （見集韻）乃彼此相似之意毛髮纖細相似難別故髣从髟又以方爲仿之省文仿本作「相似」解仿髣古 今字髣爲仿之累增字故从仿省聲。髣髴：形貌曰髣髴 謂形貌也。

髮 發上聲 ㄈㄚˇ

（形聲）（會意）甲文金文髮字从首犮聲朱駿聲氏 謂「髮或从首犮聲」又从髟犮聲本義作「頭上毛」解 （見說文段注）乃生於頭上之毛故从髟又以犮爲拔之省文 髮拔也。人頭上毛曰髮白髮華髮。髮妻：世稱元配夫妻爲結髮夫妻。

髫 音條 ㄊㄧㄠˊ

（形聲）（會意）甲文金文髫字 从髟召聲本義作「小兒髮」解（見玉篇）乃兒童所垂髮故从髟又以召爲喻童幼髫爲小兒髮即童幼髮故从齠省聲。齠之省文齠本作「毀齒」解乃男童八歲換乳齒時之稱。髫髻：本言小兒垂髻曰髫。

髴 音拂 ㄈㄨˊ

（形聲）（會意）甲文金文髴字 从髟弗聲本義作「若似」解（見說文繫傳）乃彼此相似之意毛髮髴髴然相似難別故从髟又以赤爲佛之省文佛本作「見不審」解物 之相似者每難審辨故髴从弗聲。婦人首飾曰髴。髣髴：相類似之稱。

髯 冉平聲 ㄖㄢˊ

音染 ㄖㄢˇ

（形聲）（會意）甲文金文髯字从須从冉亦以冉聲須即頾冉本「毛冉冉」解爲毛之柔弱貌人面頰上柔弱之鬚曰髯其本義作「頰須」解（見說文許箸）乃生於面頰之鬚。頰鬚曰髯即生面頰上之鬚毛。稱多鬚髯之人曰髯。奮髯抗几。

髻 音計 ㄐㄧˋ

（形聲）（會意）甲文金文髻字从髟吉聲本義作「總髮」解（見說文新附）乃挽髮而束之於頂之意故从 髟又以吉爲結之省文總髮即結髮玉篇「髻髮結」蓋以髮之束結者爲髻故髻从吉聲。挽髮而束於頂之結曰髻古時男女皆挽髻。

髭 音貲 ㄗ

（形聲）甲文金文髭字 从髟此聲本義作「口上 須」解（見說文許箸）乃生於口上之鬚須爲鬚之本字故从須。口上鬚曰髭 白髭美髭霜髭。「佛陀耶舍爲人赤髭喜解毗婆沙時人號曰赤髭毗耶沙」（高僧傳）。髭鬚：口上毛與口下毛之稱。

鬆 音松 ㄙㄨㄥ

（形聲）甲文金文鬆字 从髟公聲本義作「亂髮皃（貌）」解（見玉篇）乃狀髮亂蓬鬆之詞故从髟惟字亦作鬆。鬅散曰鬆非實非緊之稱俗以爲實之對緊之反也。圍棋棋法名鬆慢也。以瘦肉焙乾之纖維狀肉絲曰鬆肉鬆魚鬆雞鬆。開寬解。

| 楷 | 甲文 | 金文 |
|---|---|---|

**鬚** 音須 ㄒㄩ

（象形）（會意）甲文鬚與金文鬚略同，金文鬚林義光氏以爲「象面有鬚形」須字从頁从彡頁示人首彡象毛飾之文人面部下垂之毛曰須其本義作「頤下毛」解（見說文段注）乃生於口下之毛字亦作鬚。人頤下之毛曰鬚俗稱鬍子。

**鬘** 音蠻 ㄇㄢˊ

（形聲）（會意）甲文金文鬘字从髟曼聲本義作「髮美貌」解（見類篇）乃狀髮美好之詞故从髟又以曼有美義鬘爲髮美故从曼聲惟此本義古罕見用今所行者爲引義。貫之以飾首或飾身之花朵曰鬘通稱華鬘。鬘華：茉莉花之別稱。

**鬢** 音殯 ㄅㄧㄣˋ

（形聲）（會義）甲文金文鬢字从髟賓聲本義作「頰髮」解（見說文許箸）乃髮之在面頰旁者故从髟又以賓爲儐友乃位主左右以任輔佐者儀禮士冠禮「主人戒賓」是其例鬢乃生於面頰之髮故从賓聲。鬢髮：鬢頰際之髮髮頂上之毛。

**鬥** 音鬭 ㄉㄡˋ

（象形）（指事）甲文金文鬥字羅振玉以爲「皆象二人徒手相搏謂之鬥」其本義作「對爭」解（見部首訂）即兩者相對爭鬥之意按說文許箸「鬥兩士相對兵仗在後象鬥之意」。爭。鬥口鬥氣。戰鬥。爭者鬥者二人各持一物曳之敵之

**鬧** 音淖 ㄋㄠˋ

（會意）甲文金文鬧字从市門市謂買賣場所門謂兩者對爭兩者對爭於買賣場所大聲吵嚷喧擾異常此即鬧其本義作「不靜」解（見說文新附）乃喧嚷爭擾之稱 擾嚷不靜曰鬧廣韻「鬧擾也」 爭曰鬧爭執之稱 鬧市：喧囂之市境

**鬨** 音哄 ㄏㄨㄥˋ

（形聲）（會意）甲文金文鬨字从鬥共聲本義作「鬥也」解（見說文段注）乃構兵對爭之意故从鬥又以共本作「同」解有互合意鬨乃彼此接戰故从共聲。鬥曰鬨：「若萬軍屯鬨」（名山記）。鬧喧擾。鬨然：盛出貌。不禁鬨然秀發。

**鬩** 音析 ㄒㄧˋ

（會意）甲文金文鬩字从鬥从兒亦从兒聲鬥謂對爭兒爲善訟好訟者如小兒之不斷爭訟爲鬩其本義作「恆訟」解（見說文段注）即時常爭訟之意惟桂馥氏以爲「恆當爲相釋言鬩恨也」：「周文王之詩曰『兄弟鬩於牆外禦其侮』」。

**鬮** 音鳩 ㄐㄧㄡ 音鉤 ㄍㄡ

（形聲）（會意）甲文金文鬮字从鬥龜聲本義作「鬭取」解乃今之拈鬮即遇某取某以其有爭勝意故从鬥又以龜爲古代用以卜吉凶者拈鬮有以鬮定勝負意故鬮从龜聲。暗中書就之紙捲曰鬮供拈以取決分配財物或處理事務者稱鬮。

**鬯** 音暢 ㄔㄤˋ

（象形）（會意）（指事）（形聲）甲文鬯與金文鬯略同，吳大澂氏以爲「象米在器中」林義光氏以爲「☓象鬱艸：象秬在其中」乃合秬與鬱於器而釀成之香酒 其本義作「釀黑黍爲酒曰鬯」解（見通訓通聲）。香草曰鬯即鬱金草。

楷　甲文　金文　楷　甲文　金文

鬱　音苑　ㄩˋ

（形聲）（會意）甲文金文鬱字从林鬱省（省鬱上臼）聲本義作「木叢生者」解（見說文繫傳）乃叢生之木故从林又以鬱音聿本作「芳艸」解乃貫其衆葉築合以釀香酒者因有叢聚意鬱爲叢生木故从鬱聲・氣曰鬱・香草名卽鬱金・

鬲　音歷　ㄌㄧˋ

鬲　音隔　ㄍㄜˊ

鬲象侈口大腹三足如鼎之器形　金文鬲上之一象口中之H象頸下之ᗑ象其大　从三足鼎之腹在三足上鬲之腹在三足間故形與鼎似而小異其本義作「鼎屬」（見部首訂）乃與鼎略似腹用以烹飪之金屬器・鬲閉・鬲塞・

融　音容　ㄖㄨㄥˊ

（形聲）（會意）甲文金文融字从鬲蟲省（省蟲爲虫）聲本義作「炊气上出也」解（見說文許箸）乃炊爨時火氣上出融散之意鬲爲鼎屬炊爨器故从鬲又以蟲爲動物之通名・盛明曰融・祝融火神名略稱融融祝融也・通暢通・銷曰融・

鬻　音祝　ㄓㄨˋ

音育　ㄩˋ

（會意）（形聲）甲文金文鬻字从䰜（鬲古文　从米以鬲煮米而成之餬狀食物曰鬻其本義作「健（饘）也」解（見通訓定聲）乃稀飡俗爲稀飯之稱字亦省作粥今鬻粥並行而音義無殊・饘之稀者曰鬻今俗稱爲稀飯字亦作「粥」

鬼　音詭　ㄍㄨㄟˇ

（象形）（會意）甲文金文鬼字略同象跽人而頭特大之形金文鬼林義光氏以爲「由象其頭大不从厶鬼害人不得云私」其本義作「人所歸爲鬼」解（見說文許箸）乃人死後脫離軀體無所依歸之陰滯之氣謂之靈魂・陰險作惡之人曰鬼、

魂　音渾　ㄏㄨㄣˊ

（形聲）（會義）甲文金文魂字从鬼云聲本義作「陽氣」解（見說文許箸）乃指人之精神能離形體而存　在者之稱故从鬼又以云爲雲字初文云爲離山川上升之氣魂爲離形體而存在之精神故从云聲・魂魄：精神與靈性之稱心靈曰魂・

魁　音奎　ㄎㄨㄟˊ

（形聲）（會義）甲文金文魁字略同从斗鬼聲本義作「羹斗」解（見說文許箸）乃古代用以取羹之長柄大勺勺卽斗故从斗又以鬼本作「人所歸爲鬼」解魁爲羹斗則柄長而勺特大故从鬼聲・斗曰魁大酒器名・帥曰魁首曰魁首領之稱・

| 楷 | 甲文 | 金文 |
|---|---|---|

**魅** 音媚 ㄇㄟˋ

（會意）（形聲）甲文金文魅字略同从鬼从二从鬼彡彡象鬼毛物形如鬼而附鬼毛者爲鬽其本義作「老物精」解（見說文許箸）乃物之老而能爲精怪者之稱・老物精曰魅凡物之老而能爲人害者皆稱之・妖怪曰魅作祟禍人者之稱・

**巍** 音僞 ㄨㄟˊ

（形聲）甲文金文魏字略同从嵬委聲本義作「高」解（見說文許箸）乃山之高聳貌故从山惟或省嵬爲鬼作魏今魏巍歧爲二字本義相通而餘義有別・天子所居之宮闕曰魏是以來儀集羽族於觀魏來儀鳳也・國名：戰國時七雄之一・

**魍** 音罔 ㄨㄤˇ

（形聲）（會意）甲文金文魍字从虫网聲本指「蝄蜽」一詞而言蝄蜽之本義作「山川之精物也」解（見說文許箸）乃山川間由物老而成之精怪以其類虫故蝄从虫又以网象網形爲網字初文故蝄从网聲・魍魅：山川木石之精謂之魍魅

**魎** 音兩 ㄌㄧㄤˇ

（形聲）甲文金文蜽字从虫兩聲本指「蝄蜽」一詞而言蝄蜽之本義作「山川之精物也」解（見說文許箸）乃山川間由物老而成之精怪以其類虫故蜽从虫惟字亦作魎今魍魎並行而音義無殊・魍魎：水神名又木石之怪精物皆稱魍魎・

**魋** 音頹 ㄊㄨㄟˊ　音椎 ㄓㄨㄟ

（形聲）甲文金文魋字从鬼隹聲本義作「神獸」解（見說文新附）乃形貌頗與鬼相類而實似小熊之獸故从鬼・赤熊曰魋魋如小熊竊毛而黃・姓春秋時宋有司馬桓魋・魋結：束髮爲形如椎之髻魋通「椎」結同「髻」・魋顏：額出貌・

**魑** 音摛 ㄔ

（會意）（形聲）甲文金文魑字从鬼从离亦从离聲离本作「山神獸」解（見說文新附）乃山澤之鬼神名、鬼怪曰魑・魑魅：魑謂山神魅謂老物精・師古注『魑山神也魅老物精也』山澤之神・

**鼎** 音頂 ㄉㄧㄥˇ

（象形）甲文鼎與古金文同羅振玉氏以爲「象兩耳腹足之形」林義光氏以爲「上象兩耳及鼎下象足形」其本義作「三足兩耳和五味之寶器也」解（見說文許箸）即用以烹飪之古器・三足兩耳之古器以金屬鑄成夏商周以帝位傳承之寶器

**鼐** 音耐 ㄋㄞˋ　音乃 ㄋㄞˇ

（形聲）（會意）甲文金字鼐字从鼎乃聲本義作「鼎之絕大者」解（見說文許箸）即特大之鼎故从鼎又段玉裁氏謂「乃者詞之難也故从乃爲大」鼐爲大鼎故从乃聲・大鼎曰鼐爾雅釋器「鼎絕大者爲鼐」・小鼎謂之鼒・

楷　甲文　金文

**鼏** 音密 ㄇㄧˋ

(會意)(形聲)甲文金文鼏字从鼎冖亦从冖聲冖音密作覆解覆之於鼎者爲鼏其本義作「鼎覆」解(見說文段注)即加諸鼎上而覆之之巾說文解字有鼏無鼏爲扛鼎之鼏从鼎冖聲‧鼎蓋曰鼏玉篇「鼏鼎蓋也」‧覆樽之巾曰鼏‧

**鼒** 音才 ㄘㄞˊ
音兹 ㄗ

(形聲)甲文金文鼒字从鼎才聲本義作「鼎之圜掩上者」解(見說文許箸)乃形圜斂上而小口之鼎故从鼎其同字作鎡今鼒鎡並行而義迥別‧小鼎曰鼒「『鼐鼎及鼒兕觥其觩』傳「大鼎謂之鼐小鼎謂之鼒」鼎斂而小口者謂之鼒‧

**魚** 音漁 ㄩˊ

(象形)甲文魚與金文魚略同金文魚上象魚頭中象鰭鱗下象其尾略象魚側視之形其本義作「水蟲」解(見說文許箸)乃有鱗有鰭以鰓呼吸之水生動物名‧魚水生動物名脊椎動物之生活水中者以鰓呼吸藉鰾沈浮分爲淡水魚海水魚‧

**魛** 音刀 ㄉㄠ

(會意)(形聲)甲文金文魛字从刀魚亦从刀聲魚之形長而薄似刀者曰魛其本義作「魚也飲而不食」解(見集韻)即刀魚又稱鮆魚鱭魚爲鱗細色白取食甚少形薄長似刀之魚‧魛魚名又名鮆魚鱭魚鮤鱴刀通稱刀魚時珍曰鱭魚‧

**魴** 音房 ㄈㄤˊ

(形聲)(會意)甲文金文魴字从魚方聲本義作「赤尾魚」解(見說文許箸)乃形薄鱗白尾赤而肥之魚名故从魚又以方爲肪字省文魴魚闊腹而肥內富油脂故从方聲一說魴魚之形方故魴从方聲‧鯿之別稱江東呼魴魚爲鯿青鯿也‧

**魦** 音沙 ㄕㄚ

(形聲)(會意)甲文金文魦字略同从魚沙省(省沙爲少)聲本義作「魚名出樂浪潘國」解(見說文許箸)乃產遼東北之大海魚故从魚又戴侗氏謂「魦海中所產以其皮如沙而得名」故魦从沙聲‧魦鮫魚海中所產其皮如沙而得名‧

**鮑** 音抱 ㄅㄠˋ

(形聲)(會意)甲文金文鮑字从魚包聲本義作「饐魚」解(見說文許箸)饐謂飯傷溼亦有臭敗意鮑即醃魚之溼而有臭氣者故从魚又以包有蒙覆意鮑爲鹽滷所蒙覆而成者故从包聲‧經醃製去內臟之乾魚曰鮑亦稱鮑魚即今醃魚‧

**穌** 音蘇 ㄙㄨ

| 楷 | 甲文 | 金文 |
|---|---|---|
| | (形聲)甲文金文穌字略同 从木魚聲林義光氏以爲「凡蘇字从木」蓋古从禾之字間亦从木 从禾魚聲本義作「把取禾若」解(見說文許箸)乃採取禾稈之意故从禾 穌聲・寤醒同「穌」・取草同「穌」・甦死而復生同「穌」穌舒暢・ | |
| 鮮 音仙 ㄒㄧㄢ | | (會意)(形聲)甲文金文鮮字略同 从魚从羊 魚爲味之美者羊爲物之善者羹羞之美而善者曰 鮮其本義作「新鮮」解(見說文染指)即食品美善之稱 魚與羊皆味之最鮮美者 即呼曰鮮・生魚曰鮮 鳥獸魚鼈之新殺者曰鮮・野獸曰鮮・ |
| 鮪 音洧 ㄨㄟˇ | | (形聲)甲文金文鮪字从魚有聲本義作「鮥」解(見說文許箸)乃與鱣相類之魚名故从魚・鮪魚名形似鱣一說即鱏 鮪似鱣大者名王鮪小者名叔鮪 色靑黑頭小而尖似鐵兜鍪口亦在頷下 鮪即鱏也・鱏之別種曰鮪：黑鮪短鮪黃鰭鮪・ |
| 鮭 音圭 ㄍㄨㄟ | | |
| 音鞋 ㄒㄧㄝˊ 音蛙 ㄨㄚ | | (形聲)(會意)甲文金文鮭字从魚圭聲本義 作「河豚善怒故謂之鮭」解(見廣雅疏證)乃河豚魚之別 稱故从魚又以圭爲恚字省文恚有怒意河豚以物觸之即鼓腹如怒故鮭从圭聲・河豚魚之別稱即鯸・鮭菜魚菜之總稱略稱鮭・ |
| 鮚 音結 ㄐㄧㄝˊ | | |
| 音姞 ㄐㄧˊ | | (形聲)(會意)甲文金文鮚字从魚吉聲本義作「蚌」解(見說文許箸)乃長約寸許之蚌水中介蟲或从 魚故鮚从魚又以吉本作「善」解有美好意鮚殼多美觀故从吉聲・蚌曰鮚腹中有小蟹之蚌名 鮚音結蚌也・鮚醬：治鮚而成之醬・ |
| 鮆 音薺 ㄐㄧˋ | | (形聲)甲文金文鮆字从魚此聲本義作「刀魚也歓(飲)而不食」解(見說文許箸)乃體狹長如刀而食極少之魚故从魚惟字亦作鱭今鮆鱭並行而音義無殊・鮆即鱭又名刀魚鮆魚 鮆與鱭同刀魚也・鮻鮆順時而往還 鮆魚：即鱭名刀魚・ |
| 鯉 音里 ㄌㄧˇ | | (形聲)甲文金文鯉字略 从魚里聲本義作「鱣」解(見說文許箸)爲形與鱣相似而小之魚 爾雅郭注釋作「今赤鯉魚」與許說異桂馥氏以爲「鯉本鱣屬今之鯉魚謂之赤鯉」・鯉・魚名喉鰾類體側扁呈紡錘形金黃色・ |
| 鯨 音京 ㄐㄧㄥ | | (形聲)(會意)甲文金文鯨字从魚京聲本義 作「海大魚」解(見說文許箸)乃指海中形體最大胎生之魚而言故从魚又以京本作「人爲高丘」解有高大意 常露出海面噴水如 高丘故从京聲・鯨動物名哺乳類大 者長六七丈肉可食・ |
| 鱷 | | |
| 鯧 音昌 ㄔㄤ | | (形聲)(會意)甲文金文鯧字从魚昌聲本義 作「魚名」解(見玉篇)乃形與鯿魚略似之海魚名故从魚又以昌有壯美」義詩鄭風「子之昌兮」是其例 鯧體扁肉厚質細味美故从昌聲・鯧・魚名硬鰭類形略似鯿肉 厚質細爲魚中佳品・ |

| 楷 | 甲文 | 金文 |
|---|---|---|

**鯤** 音昆 ㄎㄨㄣ

（形聲）（會意）甲文金文鯤字从魚昆聲本義作「魚子」解（見玉篇）乃魚卵之稱故从魚又以昆有衆多義夏小正「『昆小蟲』戴傳『昆者衆也』」是其例魚所產卵為數每夥故鯤从昆聲・大魚曰鯤亦稱鯤魚・鯤鮞：魚子之稱小魚・

**鯛** 音貂 ㄉㄧㄠ

（形聲）甲文金文鯛字从魚周聲本義作「小魚」解（見說文繫傳）乃形體甚小之魚名故从魚惟此本義古罕見用今所行者為別義・鯛・海魚名又名赤鯛棘鬣魚俗稱銅盆魚硬鰭類幼魚有淡赤色之橫帶若干條俱美為食用魚類之佳品・

**鯪** 音陵 ㄌㄧㄥˊ

（形聲）（會意）甲文金文鯪字从魚夌聲本指「鯪鯉」一詞而言鯪鯉之本義作「獸名」解（見集韻）卽穿山甲為頭甚尖身被硬甲與鯉魚之鱗相若故鯪从魚又以夌音陵本作「越」解鯪鯉爬行甚速善穿越溝穴故鯪从夌聲・鯪鯉獸名・

**鯗** 音想 ㄒㄧㄤˇ

（會意）（形聲）甲文金文鯗字从魚从美省（省美為𦍌）美此味美之乾魚曰鯗其本義作「魚腊」解（見集韻）卽魚乾之稱按鯗从魚養省（省養下良）聲說亦可通集韻以鯗鱶為同字類篇謂鯗或作鱶並引參證・魚腊曰鯗卽魚乾之稱・

**鯽** 音積 ㄐㄧˋ

（形聲）（會意）甲文金文鯽字从魚卽聲本義作「鰿」解（見玉篇）乃略似鯉而色黑之魚名故从魚又以陸佃氏謂「此魚好旅行以相卽謂之鯽」故鯽从卽聲・鯽、魚名卽鰿硬鰾類體側扁呈紡錘形與鯉形似而無鬚觸棲淡水池沼河中・

| 楷 | 甲文 | 金文 |
|---|---|---|

**鰕** 音蝦 ㄒㄧㄚ　音遐 ㄒㄧㄚˊ

（形聲）（會意）甲文金文鰕字从魚叚聲本義作「魵」解（見說文許箸）乃斑皮魚之稱故从魚又以叚為瑕之省文瑕本作「玉小赤」解乃白玉而雜赤色小點之稱鰕為斑皮卽皮有小赤點之故从叚聲・魵曰鰕斑皮魚之稱．大鯢曰鰕・

**鰌** 音秋 ㄑㄧㄡ

（形聲）（會意）甲文金文鰌字从魚酋聲本義作「鰼」解（見說文許箸）乃體圓長多黏液似鱔而短小習居泥中之魚名故从魚又以酋有健勁之義爾雅正義「鰌性酋健」當其偶失水猶能屈泥中以自全故从酋聲・淡水魚名俗稱泥鰌・

**鰐** 音咢 ㄜˋ

（形聲）（會意）甲文金文鰐字从魚咢聲本義作「魚名似蜴蜥長一丈」解（見集韻）乃性兇惡體被硬皮厚鱗有四肢形似蜴蜥而大之爬蟲名以其如魚棲河流池沼間故从魚咢亦作愕卽鱷魚貌醜陋性兇惡食人使人見而驚愕故从咢聲・

**鰥** 音關 ㄍㄨㄢ

（形聲）甲文金文鰥字略同从魚眔聲本義作「鰥魚」解（見說文許箸）乃大魚之稱故从魚惟朱駿聲氏以為當從「昆鰥（昆弟之昆）省聲」嚴可均氏以為「鰥鰥亦當从鰥聲」鰥字亦作鯤・比目魚曰鰥・老而無妻曰鰥・鰥處獨居・

**鰩** 音遙 ㄧㄠˊ

（形聲）（會意）甲文金文鰩字从魚䍃聲本義作「文鰩魚名」解（見說文新附）為胸鰭特大能飛掠之海魚名故从魚又以䍃為遙之省文遙本作「遠」解文鰩魚亦稱飛魚能飛掠水面數尺之遠故鰩从䍃聲・鰩．文鰩魚又名飛魚喉鰾類・

楷　甲文　金文

鰻　音瞞　ㄇㄢˊ
音曼　ㄇㄢˋ

（形聲）（會意）甲文金文鰻字从魚曼聲本義作「鰻魚」解（見說文許箸）即鰻鱺爲體圓長之魚故从魚又以曼本作「引」解因有長意鰻體圓長故从曼聲・鰻鱺體圓長之魚名略稱鰻指淡水鰻鱺而言背有黃脈者曰金絲鰻桂林有石鰻・

鰹　音堅　ㄐㄧㄢ

（形聲）（會意）甲文金文鰹字从魚堅聲本義作「大鮦」解（見玉篇）鮦即鱧俗稱黑魚七星魚鰹爲大黑魚故从魚又以堅有剛固之義鰹之頭部微扁頭蓋从堅聲・大鱧曰鰹俗稱黑魚又名七星魚・鰹・海魚名硬鰭類大者長約二尺許・

鱈　讀如雪　ㄒㄩㄝˇ

（會意）（形聲）甲文金文鱈从魚从雪亦从雪聲其肉白如雪之魚曰鱈其本義作「肉白如雪之海魚」解（本字典新增）乃口大鱗細肉質雪白之魚名・鱈・魚名又稱大口魚𩶱鰭類大者長三尺許體長而側扁肉深白如雪可以供食・

鱒　音撙　ㄗㄨㄣˇ

（形聲）（會意）甲文金文鱒字从魚尊聲本義作「赤目魚也」解（見說文許箸）乃形與鯇似而目赤體大爲腹部特隆出之魚因有腹高意故从尊聲・鱒魚・魚名喉鰾類長二三尺體側扁紡錘形略似鮭・

鱏　音尋　ㄒㄧㄣˊ

（形聲）（會意）甲文金文鱏字从魚覃聲本義作「長鼻魚也大者長七八尺」解（見字林）乃鼻特長之大魚名故从魚又以覃本作「味長」解因有長意鱏爲大魚其體甚長而鼻特長故从覃聲・長鼻大魚名即鱘鰉魚之稱亦稱鱘魚・

鱭　音齊　ㄐㄧˋ

（形聲）甲文金文鱭字从魚齊聲本義作「刀魚」解（見通訓定聲）乃體狹長形如刀之魚故从魚又以齊本作「禾麥吐穗上平」解因有平齊意鱭扁平腹面有硬角刺列如鋸齒甚見整齊故从齊聲・鱭・同鮆即魛亦名刀魚喉鰾類稱刀鱭・

鱯　音護　ㄏㄨˋ
音話　ㄏㄨㄚˋ
音擭　ㄏㄨㄛˋ

（形聲）（會意）甲文金文鱯字从魚蒦聲本義作「鱯似鮎而大」解（見玉篇）乃形與鮎似色白而大之魚故从魚又以蒦爲鑊（鍋）之省文因有大口意廣志「鱯魚似鮎大口大口故名爲鱯」故鱯从蒦聲・鱯魚名即鮰魚鮠魚即鮰魚・

鱸　音盧　ㄌㄨˊ

（形聲）（會意）甲文金文鱸字从魚盧聲本義作「魚名」解（見玉篇）乃巨口細鱗色銀白之魚名故从魚又以盧本作「飯器」解初用柳條編成爲色蒼黑者鱸魚色蒼黑故从盧聲・鱸・魚名硬鰭類頭尖口闊下顎稍突出質味甚美・

鳥　音嫋　ㄋㄧㄠˇ

鳥部、鳩鳲鴉鴇鳷鴆鴨鴛鴣鴦

楷 甲文 金文 楷 甲文 金文

(象形)甲文鳥略象鳥形蓋飛禽之總名初無長尾短尾之分金文鳥與甲文鳥略同其本義作「長尾禽總名也」解(見說文許箸)乃長尾飛禽之總稱惟饒炯氏以為「鳥與隹皆禽之總名从鳥之字多从隹也」能飛翔之脊椎動物曰鳥·

鳩 九平聲 ㄐㄧㄡ

(形聲)(會意)甲文金文鳩字从鳥九聲本義作『五鳩之總名』解(見說文段注)乃祝鳩鳲鳩鶻鳩爽鳩鶻鳩之共名以其皆為鳥故从鳥又以九為數之多者因有多意鳩之種類甚多為數亦夥故从九聲·鳩鳥名為鴿類鳲鳩即布穀之稱·

鳲 音尸 ㄕ

(形聲)甲文金文鳲字从鳥尸聲本指「鳲鳩」一詞而言鳲鳩之本義作「鳥名布穀也」解(見集韻)乃形似杜鵑而略大之鳥故从鳥·鳲鳩:鳥名即布穀又有尸鳩卜姑步姑勃姑全身灰色胸腹部之黑色橫紋較細而尾較粗每穀雨後始鳴·

鴉 音丫 一ㄚ

(形聲)甲文金文鴉字从鳥牙聲本義作「烏別名」解(見廣韻)為色黑之鳴禽通言之則烏與鴉無殊廣雅謂「純黑反哺者謂之烏小而腹下白不反哺者謂之鴉」以其為鳥故从鳥又以牙為呀之省文鴉喜鳴每吱吱呀呀不止故从牙聲·

鴇 音寶 ㄅㄠˇ

(形聲)(會意)甲文金文鴇字从鳥𠦒聲本義作「鴇鳥」解(見說文許箸)乃似雁而大之鳥故从鳥又以𠦒音保从匕(同比)十會意十為數之多者比乃敘其先後之序因作「相次」解·鴇性喜羣故从𠦒聲·鴇性最淫逢鳥類與之交·

鳷 音支 ㄓ

(形聲)(會意)甲文金文鳷字从鳥支聲本義作「鳥名」解(見玉篇)即鳷鵲為善鳴之鳥故从鳥又以支為吱之省文鳷喜鳴為吱吱喳喳不休故从支聲鳷鵲古謂大鳥之善解人語者名略稱鳷形似烏體長七八寸頭上有冠毛善鳴噪

鴆 珍去聲 ㄓㄣˋ

(形聲)(會意)甲文金文鴆字从鳥冘聲本義作「毒鳥」解(見說文許箸)乃狀如鶚紫黃色食毒蛇致羽毛亦具毒質之鳥名故从鳥又以冘為沈字省文以鴆羽沈之於酒酒有劇毒足以斃人故鴆从冘聲·毒日鴆即鴆羽供入酒以毒人者·

鴨 音押 一ㄚ

(形聲)甲文金文鴨字从鳥甲聲本義作「鶩」解(見說文新附)乃家飼之水鳥名故从鳥可以鴨之鳴聲呷呷故从甲聲·鶩曰鴨亦稱家鴨參閱「鶩」字下土鴨紅嘴鴨·凫曰鴨亦稱野鴨亦閱「凫」字下江鴨湖鴨·鴨形物曰鴨舊時香爐火爐·

鴛 音寃 ㄩㄢ

(形聲)(會意)甲文金文鴛字从鳥夗聲本指雄曰鴛雌曰鴦止則相耦飛則成雙之水鳥名故鴛从鳥又以夗音遠本作「轉臥」解鴛鴦常雌雄交頸轉臥故鴛从夗聲·鴛鴦雌雄喜聚一處之鳥名略稱鴛·鴛鴦:鳥名游禽類嘴紅色有長冠毛·

鴣 音姑 ㄍㄨ

(形聲)(會意)甲文金文鴣字从鳥姑省(省姑為古)聲本指「鷓鴣」一詞而言鷓鴣之本義作「鳥似雉南飛」解(見廣韻)乃形與雉似而小性畏寒喜南居之鳥故鴣从鳥·鷓鴣初作遮姑故鴣从姑省聲·鷓鴣鳥名略稱鴣鵓鴣鳥名·

鴦 音央 一ㄤ

楷　甲文　金文

（形聲）（會意）甲文金文鴦字从鳥央聲本指「鴛鴦」一詞而言鴛鴦之本義作「匹鳥」解（見玉篇）乃雄曰鴛雌曰鴦止則相耦飛則覓雙之水鳥名故鴦从鳥又以央本作「中」解故鴦从央聲。鴛鴦鳥名。「瓦弄寒螿鴦映月」蘇軾詩。

## 鴒　音靈　ㄌㄧㄥˊ

（形聲）（會意）甲文金文鴒字从鳥令聲本指「鶺鴒」一詞而言鶺鴒之本義作「雀屬也飛則鳴行則搖」解（見集韻）乃善鳴之小鳥故从鳥又以令本作「發號」解因有以聲相白以行相示意故鴒从令聲。鶺鴒：鳥名飛則鳴行則搖之鳥

## 鴞　音囂　ㄒㄧㄠ

（形聲）（會意）甲文金文鴞字从鳥号聲本指「鴟鴞」一詞而言鴟鴞之本義作「寧鴂」解（見說文許箸）乃似黃雀而小之鳥名故鴞从鳥又以号本作「痛聲」解鴟鴞常以巢覆子死卵破而有痛聲故鴞从号聲。貪惡之鳥曰鴞一名鵩。

## 鴟　音蚩　ㄔ

（形聲）（會意）甲文金文鴟字从鳥氐聲本義作「雖」解（見說文許箸）卽俗稱之鷂鷹常盤旋空中攫取雞雛以食者故从鳥又以氐本作「本」解乃直根之稱自高空疾下有逆入直及意故从氐聲。鴟鵂又稱茅鴟怪鴟晝伏夜出世稱惡鳥。

## 鴻　音洪　ㄏㄨㄥˊ

楷　甲文　金文

（形聲）甲文金文鴻字从鳥江聲本義作「鴻鵠」解（見說文許箸）卽天鵝乃色白之大水鳥故从鳥又江有長大之意味鴻乃大鳥而又能長飛故鴻从江聲。鴻：鳥名游禽類爲雁之最大者高二尺許長亦略等。鵠曰鴻卽天鵝亦稱鴻鵠。

## 鴿　音閣　ㄍㄜˊ

（形聲）（會意）甲文金文鴿字从鳥合聲本義作「鳩屬」解（見通訓定聲）乃形似鳩而大之鳥故从鳥又以合有兩相並意鴿爲雌雄兩兩相配而罕雜交者故从合聲。鴿　鳥名俗稱鵓鴿鳩鴿類類鳩而大可分兩類一類爲野鴿一類爲家鴿。

## 鴽　音如　ㄖㄨˊ

（形聲）甲文金文鴽字从鳥如聲本義作「牟（鵪）毋」解（見說文義證）卽鵪乃形體與鶉相似而略大之鳥故从鳥。鵪曰鴽形似雞而小之鳥一說鶉鵪之屬參閱「鵪」字下。「『田鼠化爲鴽』蔡邕章句『鴽爲鶉鷃（鵪）之屬』」。

## 鵑　音涓　ㄐㄩㄢ

（形聲）（會意）甲文金文鵑字从鳥肙聲本義作「杜鵑鳥」解（見廣韻）爲鳴聲淒厲之攀禽名故从鳥又以肙爲涓之省文涓本作「小流」解因有水流不斷作響意杜鵑常徹夜啼鳴不止故鵑从肙聲。鵑鳥名通稱杜鵑又名子規又稱思歸。

## 鵝　音峨　ㄜˊ

（形聲）（會意）甲文金文鵝字从鳥我聲本義作「鴚鵝」解（見玉篇）乃與鴚鵝爲類而實有別之水鳥故从鳥又以野曰雁家曰鵝鵝常昂首似傲故从我聲。鵝：鳥名游禽類形似雁而大長二尺許頸長頂有小突起如豼陣名緩進之陣曰鵝。

楷 | 甲文 | 金文

鵠 音梏 ㄍㄨˇ　音斛 ㄏㄨˊ　音浩 ㄏㄠˋ

（形聲）（會意）甲文金文鵠字从鳥告聲本義作「黃鵠」解（見說文許箸）乃形似鶴而色黃之鳥故从鳥又以告本作「報知」解因有明示意鵠色蒼黃，兩眼黝黑乃一望而知其爲鵠者故鵠从告聲。鳥名即天鵝游禽類。習射之的即射靶。

鵓 音勃 ㄅㄛˊ

（形聲）甲文金文鵓字从鳥孛聲本義作「斑鳩 差小者」解（見六書故）乃頸有白點斑聲如布穀之鳥故从鳥 鵓鴣：鳥名即鴃鳩祝鳩 又名勃姑鵓鴣鵓鳩俗稱水鵓鴣水鴣鴣 天將雨鳴聲甚急而如勃姑因以爲名 鵓鴣：鳥名鵓鳩 鵓鴣、

鵲 音雀 ㄑㄩㄝˋ　讀如巧 ㄑㄧㄠˇ

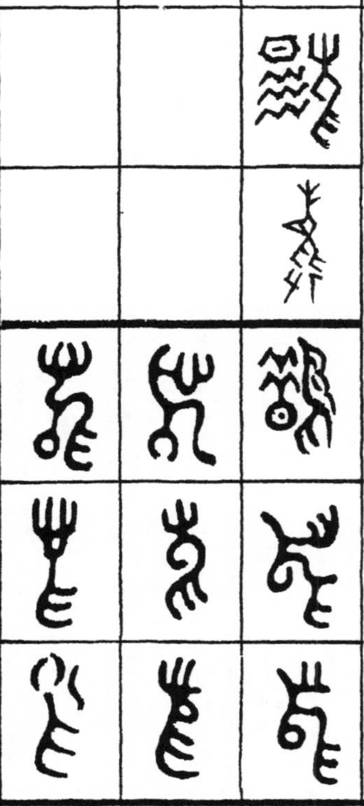

（形聲）甲文金文鵲字从鳥昔聲本義作「鳥名 喜鵲也」解（見韻會）形略如烏而尾特長之鳥名故从鳥又以昔爲唶之省文本草綱目謂「鵲……其鳴唶唶故鵲从昔聲。（字亦形異義同）。鵲：鳥名即喜鵲又名乾鵲 形略似烏而尾特長。

鵬 音朋 ㄆㄥˊ

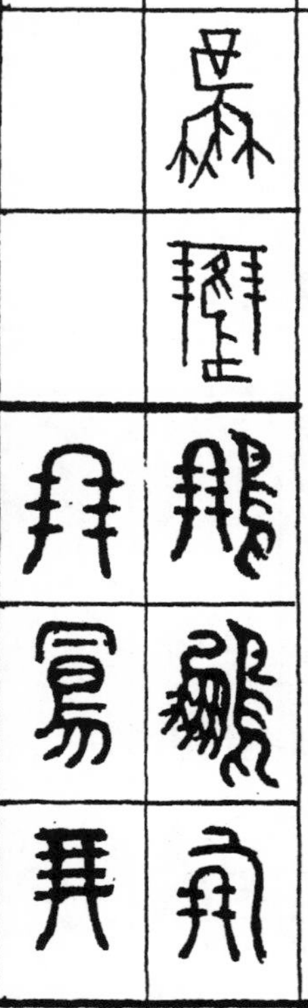

（會意）（形聲）甲文金文鵬字爲鳳之古文从鳥从朋亦从朋聲朋亦古文鳳字鳳鳥曰鵬其本義作「神鳥」解（見說文許箸）即通稱之鳳凰鳥按說文解字以鳳爲神鳥而以朋爲古文鳳後世別鳳朋鵬爲三字。大鳥名爲鳥中之至大者、

鶉 音純 ㄔㄨㄣˊ

（形聲）（會意）甲文鶉字从隹从享與金文鶉略同从鳥𦎫（即享）聲本義作「鶕（鵪）屬」解（見集韻）乃與鵪同類而較鵪略小之短尾鳥故从鳥又以享爲淳之省文此鳥性淳遇草即旋行避之故曰鶉鶉因从享聲。美曰鶉純美之稱。

鵡 音武 ㄨˇ

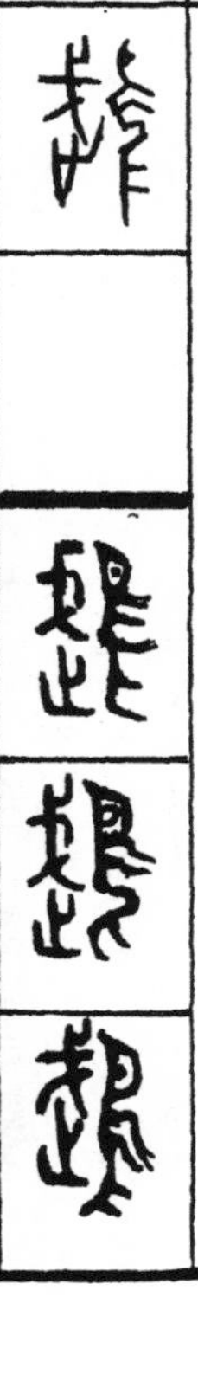

（形聲）甲文金文鵡字从鳥武聲本指「鸚鵡」一詞而言鸚鵡之本義作「鳥名能言」解（見廣韻）乃善學人言之鳥本作「女子頸飾」解因有美豔奪目意鸚鵡即鸚鵡以五色者爲多羽光美豔每奪人目故鵡从鳥。鸚鵡：鳥名能學人言之鳥

鵪 音庵 ㄢ

（形聲）甲文金文鵪字从鳥酓聲本義作「鶉屬」解（見通訓定聲）爲與鶉相類而較鶉略大之短尾鳥故从鳥惟字亦作鵪今鶕鵪並行而鵪字更爲習用。鵪：鳥名即鷃鶉雞類形體與鶉相似而略大稍長。鵪鶉：本二鳥名但世則以鶉稱鵪鶉、

鵰 音刁 ㄉㄧㄠ

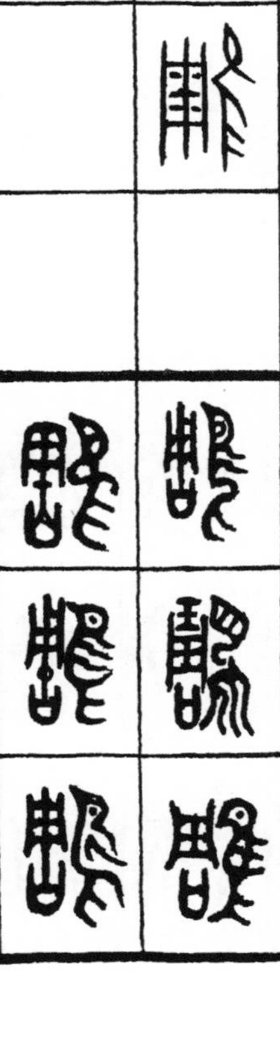

（形聲）甲文金文鵰字从鳥周聲爲鵰字籀文本義作「鷲」解（見玉篇）乃色深褐嘴强大脚爪銳利之鷙鳥故从鳥。鵰鳥名即鷲爲捕食野兎山羊等之猛禽本草集解「鵰虛曰『鵰一名鷲』」似鷹而大尾長翅短鷙悍多力盤旋空中無細不覩。

| 楷 | 甲文 | 金文 |
|---|---|---|

**鶊** 音庚 ㄍㄥ

（形聲）（會意）甲文金文鶊字从鳥庚聲本指「鶬鶊」一詞而言鶬鶊之本義作「鳥名鵹黃也」解（見集韻）即黃鸝又名黃鶯爲黃色黑章之小鳥名故鶊古作倉庚庚鶊古今字鶊爲庚之累增字故从庚聲。鶬鶊鳥名即黃鶯黃鸝本名倉庚。

**鶩** 音務 ㄨˋ　音木 ㄇㄨˋ

（形聲）（會意）甲文金文鶩字从鳥敄聲本義作「舒鳧」解（見說文許箸）乃飛行甚舒遲之水鳥名即今之鴨爲家禽之一種故从鳥又以敄音務本作「強」解鶩雖行進遲緩但嚴寒酷暑之地均能適應因有強意故从敄聲。家鴨古稱舒鳧。

**鶯** 音罌 ㄧㄥ

（形聲）（會意）甲文金文鶯字从鳥熒省（省熒下火）聲本義作「鳥文」解（見通訓定聲）乃指鳥羽之光華文采而言故从鳥又以熒本作「屋燈燭光」解因有照耀意鶯爲光采耀目之鳥文故从熒省聲。鳥名鳴禽類體小流鶯新鶯百轉鶯。

**鶴** 音赫 ㄏㄜˋ　讀若豪 ㄏㄠˊ

（形聲）（會意）甲文金文鶴字从鳥隺聲本義作「水鳥也似鵠長喙」解（見說文句讀）乃善鳴之水鳥名故从鳥又以隺音鶴从隹出冂（卽坰）以會高至之意因作「高至」解鶴爲能高飛之鳥故从隺聲。鶴：鳥名一名丹頂鶴涉禽類。

**鷙** 音至 ㄓˋ

（形聲）（會意）甲文金文鷙字从鳥執聲本義作「擊殺鳥」解（見說文許箸）乃能擊殺他鳥之猛鳥名故从鳥又以執本作「捕罪人」解鷙善執服衆鳥故从執聲 猛鳥之一種曰鷙。猛悍行爲曰鷙鷙蟲猛鳥猛獸也程量也不量勇力堪之否。

**鷲** 音就 ㄐㄧㄡˋ

（形聲）（會意）甲文金文鷲字从鳥就聲本義作「鳥黑色多子」解（見說文許箸）乃色黑之鷲鳥名故从鳥又以就爲蹴之省文鷲性兇猛爪極犀利善蹴擊以取食故从就聲。鷲：鳥名猛禽類體長三尺許貌雄偉具强銳之鉤爪亦名雕鷲。

**鷺** 音路 ㄌㄨˋ

（形聲）（會意）甲文金文鷺字从鳥路聲本義作「白鳥」解（見通訓定聲）乃色潔白之水鳥名故从鳥又釋名「路露也」鷺立野田色白而顯露易見故鷺从路聲。鷺鷥鳥名略稱鷺又稱雪鷺。靈鷺者蓋沿襲其名略稱鷺。鷺鷥：鳥名。白鷺。

**鸛** 音貫 ㄍㄨㄢˋ

（形聲）甲文金文鸛字从鳥雚聲本義作「鸛專畐蹂如鵲短尾射之銜矢射人」解（見說文許箸）卽鸛鶉鳥又名畐蹂爲形如鵲而極捷勁之鳥故从鳥。鸛鶉小鳥名略稱鸛 鸛：鳥名亦名鸛雀又名冠雀水鸛涉禽類高三尺許形似鶴亦類鷺。

**鹿** 音祿 ㄌㄨˋ

（象形）甲文鹿象鹿側立形金文鹿上象角中象頭下象四足爲角歧出之山獸名本義作「山獸」解（見通訓定聲）爲性馴善走牡者有角之野獸名。鹿：獸名哺乳類反芻類偶蹄類體長四尺餘牡者有角牝者無角性溫順聽覺嗅覺極銳敏

鹿部．麂麈麃麇麋麐麗麒

| 楷 | 甲文 | 金文 |
| --- | --- | --- |
| 麂 音几 ㄐㄧˇ | | |

（形聲）甲文金文麂字从鹿几聲本義作「大麋」解（見說文段注）乃與麞相類而大之獸故从鹿．麂：獸名哺乳類反芻偶蹄類形略似麞眼斜方形口具長牙毛黃黑色脚細而健善於跳躍行亦甚速牡者有短角皮極細輭可造皮鞋肉美可食

| 楷 | 甲文 | 金文 |
| --- | --- | --- |
| 麈 音陳 ㄔㄣˊ | | |

（會意）甲文金文塵字从塵从土示鹿疾走則埃土飛揚此所揚之埃土卽塵本義作「鹿行揚土也」解（見說文許著）卽塵埃之稱揚散之灰土曰塵沙塵埃塵．跡曰塵流風餘韻皆謂之塵．塵埃：因風飛揚之灰土曰塵埃塵邈：久遠塵通陳

| 楷 | 甲文 | 金文 |
| --- | --- | --- |
| 麃 音庖 ㄆㄠˊ 音鑣 ㄅㄧㄠ | | |

（形聲）甲文金文麃字从鹿㶾（卽票）（省爲火）聲本義作「麞（麋）屬」解（見說文繫傳）乃與鹿相類之獸故從鹿．獸名類鹿之獸曰麃玉篇「麃獸似鹿」爾雅釋獸郭注「麃卽麞黑色耳」．莓曰麃通「藨」．變羽毛變易通「𤚩」．

| 楷 | 甲文 | 金文 |
| --- | --- | --- |
| 麇 音君 ㄐㄩㄣ 音羣 ㄑㄩㄣˊ 音梱 ㄎㄨㄣˇ | | |

（形聲）甲文麇羅振玉氏以爲「說文解字『麇从鹿囷省聲籀文从囷不省』今卜辭从𢊁不从鹿然則麇殆似鹿而無角者」金文麇上象鹿正面見其頭角形下从囷省聲本義作「麞也」解（見說文許箸）卽麞之別稱故从鹿獸名麞曰麇．

| 楷 | 甲文 | 金文 |
| --- | --- | --- |
| 麋 音眉 ㄇㄟˊ | | |

（象形）（形聲）（會意）甲文麋孫海波氏以爲「古麋字從眉」象麋獸側面形金文麋與甲文略同从鹿米聲本義作「鹿屬」解（見說文許箸）乃類鹿而大之獸故从鹿又以米爲迷之省文麋性迷惑故麋從米聲．獸名或稱沙鹿哺乳類

| 楷 | 甲文 | 金文 |
| --- | --- | --- |
| 麐 音鄰 ㄌㄧㄣˊ | | |

（形聲）甲文麐羅振玉氏以爲「此字从卅似鹿而角異从吝省聲殆卽麐字」金文麐字與甲文略同从鹿吝聲本義作「仁獸」解（見玉篇）爲麟之同字卽麒麟爲似鹿而大之獸故从鹿又以吝謂愛吝不踐生草不食生物故麐从吝聲．麐大畜、

| 楷 | 甲文 | 金文 |
| --- | --- | --- |
| 麗 音戾 ㄌㄧˋ | | |

（會意）（形聲）甲文麗象兩獸並比麗附而引之之形以此會兩相麗附意金文麗第一字林義光氏以爲「象兩兩相附之形方言『兩耦也』此當爲兩之本義金文麗本義當爲華麗从鹿者取其毛色麗爾也、美好曰麗、耦曰麗通「儷」、華靡、

| 楷 | 甲文 | 金文 |
| --- | --- | --- |
| 麒 音其 ㄑㄧˊ | | |

（形聲）甲文金文麒字从鹿其聲本指「麒麟」一詞而言麒麟之本義作「仁獸也」解（見說文段注）乃形如麕一角戴肉設武備而不爲害之獸故麒从鹿春秋以前單名麟戰國以後始變名麒麟而麟又別立專字作麐．無角之麟曰麒狼題肉角．

| 楷 | 甲文 | 金文 |
|---|---|---|

麓 音祿 ㄌㄨˋ

(形聲)(會意)甲文金文麓略同从林鹿聲本義作「守山林吏也」解(見說文許箸)乃守山林之官名故从林又段玉裁氏謂「此亦形聲包會意守山林之吏如鹿之在山也」故麓从鹿聲。麓主君苑囿之官曰麓山足曰麓。麓者林之大者也。

麑 音迷 ㄇㄧˊ　音倪 ㄋㄧˊ

(象形)(形聲)甲文麑羅振玉氏以爲「象鹿子隨母形說文解字訓麑爲狻麑而別有麛字訓鹿子然麑之爲字明明从鹿會合鹿兒之誼(義)正是鹿子矣」金文麑字从鹿兒聲本指「狻麑」一詞而言本義作「獸」解(見說文許箸)。

麝 音射 ㄕㄜˋ

(形聲)(會意)甲文金文麝字从鹿射聲本義作「如小麋臍有香」解(見說文許箸)乃似麋而小無角臍有異香之獸故从鹿又以射有激發使及遠之義注射噴射皆其例故麝从射聲。麝。獸名一名麝香鹿陰囊近旁有香腺香氣甚烈。

麟 音鄰 ㄌㄧㄣˊ

(象形)(形聲)(會意)甲文麟李敬齋氏以爲「長頸大牡鹿也身有紋如鱗故謂之麟」金文麟字从鹿粦聲本義作「大牝鹿」解(見說文段注)乃大牝鹿之稱故从鹿又以粦爲鱗之省文麟身有紋如鱗故从粦聲。仁獸名麟者仁獸也。

麤 音粗 ㄘㄨ

(會意)甲文麤从二鹿商承祚氏以爲「从二鹿與从三鹿同」以此爲古麤字其本義作「行超遠也」解(見說文段注)乃越高履遠以行之意惟此本義古罕見用今所行者爲別義。不精曰麤。不精之衣曰麤。用器之不精緻者曰麤。

麥 音脈 ㄇㄞˋ　讀若賣 ㄇㄞˋ

(會意)甲文麥羅振玉氏以爲「此與麥爲一字許君分爲二字誤也來象麥形此从夂(降字从之殆即古降字)象自天降下示天降之誼來麰之瑞金文麥吳大澂氏以爲「象手(右)打麥(左來)形本義作「芒穀」解(見說文許箸)。

麪 音眄 ㄇㄧㄢˋ

(形聲)(會意)甲文金文麪字从麥丏聲本義作「麥屑末也」解(見說文許箸)乃麥實磨成之細粉末故从麥又以丏音免象壅蔽形本作「不見」解麪易壅蔽他物且以其粉末極細微爲甚易散失不見者故从丏聲。麥末曰麪俗稱麪麥。

麩 音膚 ㄈㄨ

(形聲)甲文金文麩字从麥夫聲本義作「小麥屑皮也」解(見說文許箸)乃磨小麥實成粉屑時所餘麥實之碎皮故从麥。小麥屑皮曰麩段玉裁氏謂「屑小麥則其皮可飤豬大麥皮不可食用」今人通稱麩子麩皮。碎薄如麩之片狀物曰麩。

麴 音麴 ㄑㄩˊ

| 楷 | 甲文 | 金文 |
|---|---|---|

（形聲）（會意）甲文金文麴字从麥曲聲爲麯之俗字本義作「米麥櫱總名」解（見玉篇）卽酒母乃米麥釀酒時和入其中使發酵釀造者故从麥又以曲卽苗本作「蠶薄」解乃居育蠶於上者多以萑葦爲之製麴故麴以曲聲。酒母曰麴

**麻** 音蟆 ㄇㄚˊ

（形聲）（會意）甲文金文麻从林義光氏以爲「厂者ヨ之省」人之反文从林从厂林音派卽葩枲類之總稱厂音儼謂室屋人於室屋所治之枲卽麻其本義作「枲已緝者」解（見通訓定聲）卽已漚就可緝縷之枲。麻類之字曰麻胡麻卽芝麻。

**麼** 音磨 ㄇㄛˊ　讀若嗎 ㄇㄚ˙　讀若蟆 ㄇㄚˊ

（形聲）（會意）甲文金文麼字从幺麻聲本義作「細也」解（見說文新附）乃細小之意幺俗作么蓋謂小故麼从幺麻本有細小義。故麼从麻聲。細小。這麼那麼之略指示形容詞。位句末助疑問語氣。去麼來麼。幹麼：爲什麼。甚麼。

**摩** 音磨 ㄇㄛˊ

（形聲）（會意）甲文金文摩字从手麻聲本義作「䃺也」解（見說文段注）乃「兩手相切摩」之意切摩必以手故摩从手又以兩手相切摩每發麻麻之聲故摩从麻聲。合曰摩居外迎合之稱。相互切磋之稱。切兩相切摩。琢摩相觀而善之。

**麾** 音撝 ㄏㄨㄟ

（形聲）（會意）甲文金文麾字从手靡聲本義作「旌旗所以指麾也」解（見說文義證）乃軍中執以指揮之旌旗故从手又以靡本作「披靡」解軍之所指敵每披靡故从靡聲惟字亦作麾爲今所行者。用以指揮之旌旗曰麾 反戰皆用之

**磨** 摩去聲 ㄇㄛˋ

（形聲）（會意）甲文金文䃺字从石靡聲本義作「石磑」解（見說文許箸）乃研破穀麥之石器故从石又以靡有分散一義䃺在碎穀麥因有分散意故从靡聲惟字亦省作磨爲今所行者。磨磑：研米爲粉之農具曰磨破穀出米者曰磑

**靡** 音弭 ㄇㄧˇ

（形聲）（會意）甲文金文靡字从非麻聲本義作「披靡（卽披靡）」解（見說文段注）乃「分散下垂之皃（貌）」分散下垂有相違意故从非又以麻有細微義春秋題詞「麻之爲言微也」物分散則細微故靡从麻聲。罪曰靡罪累之稱。

**魔** 音磨 ㄇㄛˊ

（形聲）（會意）甲文金文魔字从鬼麻聲本義作「鬼」解（見說文新附）乃鬼怪之稱故从鬼又以麻本作「枲」解其本甚小漚以取皮績而成縷亦甚微細因有細小義魔鬼每自細小處迷惑人故魔从麻聲。魔鬼：妖魔鬼怪之合稱。

**黑** 赫去聲 ㄏㄜˋ　嘿上聲 ㄏㄟˇ

（會意）甲文金文黑字略同从炎上出囪囪古窗字在屋上者爲窗今俗謂竈突爲烟囪炎謂火烟火 烟經烟囪而出其所熏之色曰黑其本義作「火所熏之色」解（見說文許箸）卽烟熏而成最深暗之色。深暗如墨之色曰黑。邪惡曰黑。黍曰黑。

**默** 音墨 ㄇㄛˋ

（形聲）（會意）甲文金文默字从犬黑聲本義作「犬暫以逐人」解（見說文許箸）乃犬不吠而逐人故从犬又黑有幽靜茫昧之意犬不吠而逐人每於幽靜茫昧中行之故默从黑聲。沈靜曰默。默默：寂無人聲之稱。默然：沈靜不語貌。

# 黑部、黔黕點黛黜黝黠黥黯黶



| 楷 | 音 | 甲文 | 金文 | 文 |
| --- | --- | --- | --- | --- |
| 黔 | 音箝 ㄑㄧㄢˊ；音琴 ㄑㄧㄣˊ |  |  | （形聲）甲文金文黔字略同从黑今聲本義作「黎」解（見說文繫傳）乃淺黑帶黃之色故从黑．黑色者曰黔．黔首卽黎民略稱黔參閱「黔首」條．貴州省簡稱黔以其東部地爲黔中郡得名．黔首：民曰黔首凡人以黑巾覆頭故謂之黔首． |
| 黕 | 音膽 ㄉㄢˇ；音枕 ㄓㄣˇ |  |  | （形聲）（會意）甲文金文黕字略同从黑冘聲本義作「滓垢」解（見說文許箸）乃沈澱在下之黑色汚垢故作黑又以冘音淫本作「冘冘行貌」解滓垢乃汚垢逐漸下沈積累而成者因有行行意故黕从冘聲．黑籠罩而黑．黕點：沈積滓垢． |
| 點 | 音典 ㄉㄧㄢˇ |  |  | （形聲）（會意）甲文金文點字略同从黑又以占本作「灼龜以卜吉凶」解其灼處甚小且有黑痕點爲小黑故从占聲 細小之黑色痕跡曰點 水珠曰點淚點．書法上之丶曰點．審識文辭章句之丶曰點標點．文辭塗改處曰點．瓣曰點花瓣． |
| 黛 | 音代 ㄉㄞˋ |  |  | （形聲）（會意）甲文金文黛字从黑代聲本義作「畫眉墨」解（見韻會）乃女子用以畫眉增美之靑黑色墨故从黑又以劉熙氏「黛代也滅眉毛去之以此畫代其處也」故黛从代聲．靑黑色顏料曰黛古時婦女用以畫眉者．稱美女曰黛． |
| 黜 | 音怵 ㄔㄨˋ |  |  | （形聲）（會意）甲文金文黜字从黑出聲本義作「貶下也」解（見說文許箸）乃貶而下之有由明轉闇之意故从黑又以出爲入之對黜乃自內而外故从出聲．貶斥曰黜．黜陟：退進人材之稱黜退也．「柳下惠爲士師三黜」（論語 微子） |
| 黝 | 音友 ㄧㄡˇ；音幽 ㄧㄡ |  | 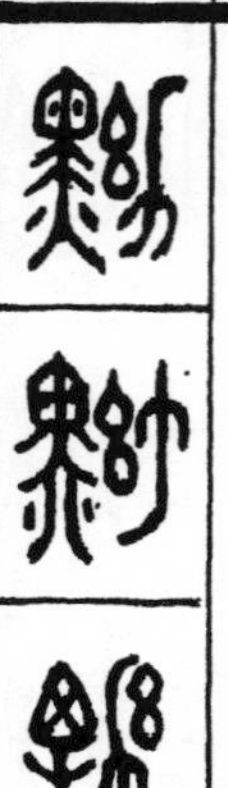 | （形聲）（會意）甲文金文黝字从黑幼聲本義作「微靑黑色」解（見說文許箸）乃微有靑色之黑色故从黑又以幼本作「稚」解因有嫩淺意戴侗氏謂「黑色深黝」則黝爲微有靑色之黑色亦卽淺黑色故从幼聲．黝黑柱也堊白壁也． |
| 黠 | 音結 ㄐㄧㄝˊ；霞入聲 ㄒㄧㄚˊ |  | 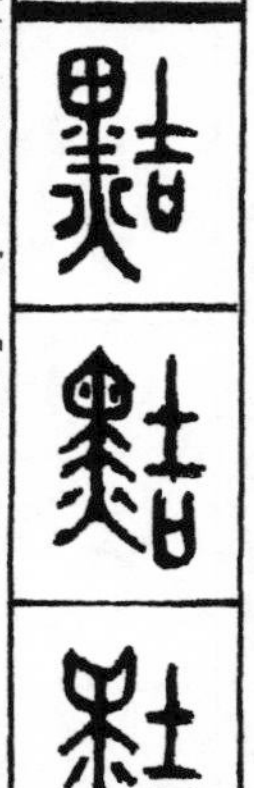 | （形聲）（會意）甲文金文黠字从黑吉聲本義作「堅黑也」解（見說文許箸）乃堅而黑之稱故从黑又以吉爲黠之省「黠石堅也」石堅則現黑色故黠从吉聲．慧曰黠聰敏之稱．狡獪之性曰黠卽不歸正之慧亦謂之鬼．狡獪之人曰黠． |
| 黥 | 音擎 ㄑㄧㄥˊ | 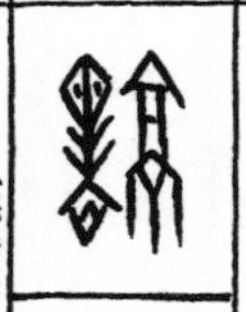 |  | （形聲）（會意）甲文金文黥字从黑京聲本義作「墨刑在面也」解（見說文許箸）乃先刻罪者面而以墨窒之使不消滅之刑故从黑又以京本作「人爲高丘」解施黥刑於面則其刻處四周每微凸而如丘故黥从京聲．施黥刑 墨刑曰黥． |
| 黯 | 音闇 ㄢˋ；烟上聲 ㄧㄢˇ | 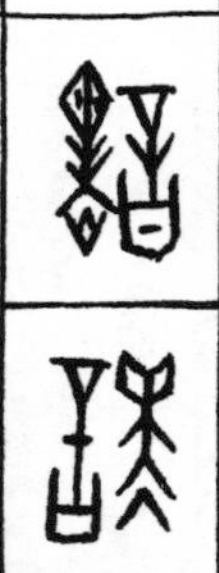 |  | （形聲）（會意）甲文金文黯字从黑音聲本義作「深黑也」解（見說文許箸）乃濃深之黑色故从黑又左傳文十七年「鹿死不擇音」杜注「音所茠蔭之處」正韻「音與蔭通」凡蔭處必黯而無光故黯从音聲．黯黮：黑暗不明之稱． |
| 黶 | 音魘 ㄧㄢˇ |  |  | （形聲）（會意）甲文金文黶字从黑厭聲本義作「面中黑子」解（見說文句讀）卽痣之通稱其小者爲黶以其色黑故黶从黑又以厭本作「笮」解徐灝氏謂「笮鎭也壓也一曰伏也」黶卽痣乃伏人皮膚上之黑色斑點故从厭聲．痣曰黶． |

| 楷 | 甲文 | 金文 |
|---|---|---|

**黷** 音瀆 ㄉㄨˊ

（形聲）（會意）甲文金文黷字从黑賣聲本義作「握持垢」解（見說文許箸）乃執持垢穢意垢穢色黑故从黑又賣作「出物貨」解握持垢意在拋棄而與賣同故黷从賣聲。垢曰黷汙穢之稱。黷武：用兵無度濫行攻伐之謂。褻慢通「瀆」「嬻」。

**黹** 音止 ㄓˇ

（象形）（會意）甲文黹與金文黹略同金文黹林義光氏以為「黹……古作𫸩……象形凵𠙵皆針鉄處」「縷端也」敗衣音泥乃叢生之草敗衣而以鍼線縫衣織其刺文一如叢草本義作「鍼縷所紩衣也」解（見說文段注）即以鍼貫線縫衣

**黻** 音弗 ㄈㄨˊ

（形聲）（會意）甲文黻王國維氏謂「此殆是黻字所謂兩己相背者形當如此」金文黻从黹犮聲本義作「黑與青相次文也」解（見說文許箸）乃古代官服所畫黑與青相次之文故从黹又以犮音拔本作「犬走貌」解故黻从犮聲

**黼** 音甫 ㄈㄨˇ

（形聲）（會意）甲文黼象兩斧並舉形徐鍇氏謂「黼其畫形作斧取其武斷也」金文黼字从黹甫聲本義作「白與黑相次文」解（見說文許箸）乃古代官服上所繡黑白與黑相次之文曰黼。絺衣曰黼黼黻謂絺衣古禮服上繡飾之文。

**黽** 音敏 ㄇㄧㄣˇ　音猛 ㄇㄥˇ

（象形）甲文黽王國維氏以為「說文解字『黽鼃黽也从它象形籀文作黽』與此略近即今之蛙也」金文黽字上象其頭中象其大腹下向右出之斜筆象其尾其本義作「鼃（蛙）黽」解（見說文句讀）。蛙曰黽蛙之一種似青蛙而大腹。

**黿** 音元 ㄩㄢˊ

（形聲）（會意）甲文金文黿字从黽元聲本義作「大鼈」解（見說文許箸）乃鼈之絕大者以其大腹如黽故从黽又以元有大義元后元聖元德元龜皆其例黿為大鼈故从元聲。大鼈曰黿江海間皆有之。蚖蜴曰黿通「蚖」。黿似鼈而大。

**鼂** 音潮 ㄔㄠˊ　音朝 ㄓㄠ

（會意）甲文金文鼂字从黽从旦黽謂其腹大如黽旦蓋至旦而鳴聲止乃形圓扁肉可食多油膏之海魚其本義作「匽鼂」解（見說文許箸）即蝴蝶之別稱按匽鼂古多歧說孔廣居氏以為「匽鼂似蠅蠪（即蝴龜）夜鳴旦止義與朝通」。

**鼃** 音蛙 ㄨㄚ

（形聲）（會意）甲文金文鼃字从黽圭聲本義作「蝦蟆屬……今南人所謂水雞亦曰田雞」解（見說文段注）乃口闊腹大喜坐之水蟲名以其與黽為類一說即黽故从黽又以圭本作「瑞玉」解鼃背形頗似圭且色澤如玉故从圭聲。

楷　甲文　金文　楷　甲文　金文

鼈　音別　ㄅㄧㄝ

（形聲）（會意）甲文金文鼈字从黽敝聲本義作「甲蟲」解（見說文許箸）乃形略似龜外被輭殼如甲之水蟲俗名甲魚以其大腹如黽故从黽又以敝本作「攴」解，鼈甲殼邊緣麗附肉裙頗類巾，故从敝聲。鼈：又名團魚俗名甲魚腳魚。

鼉　音陀　ㄊㄨㄛˊ

（形聲）（會意）甲文金文鼉略同商承祚氏以爲「單字古金文作單與此（𠁣）形近邵鐘作鼉與此同」本義作「水蟲似蜥易（蜴）長大」解（見說文許箸）乃形與蜥蜴相似但較長大之水蟲名以其具四足如黽故从黽單聲。鼉魚名。

鼎　音頂　ㄉㄧㄥˇ

鼎　音[illegible]

（象形）甲文金文鼎羅振玉氏以爲「象兩耳腹足之形與古金文同」林義光氏以爲「上象兩耳及鼎下象足形」其本義作「三足兩耳和五味之寶器也」解（見說文許箸）即用以烹飪之古器三足兩耳之古器以金屬鑄成亦有以玉石製成者。

鼐　音乃　ㄋㄞˋ

（形聲）（會意）甲文金字鼐字从鼎乃聲本義作「鼎之絕大者」解（見說文許箸）乃特大之鼎故从鼎又段玉裁氏謂「乃者詞之難也故从乃爲大」鼐爲大鼎故从乃聲。大鼎曰鼐爾雅釋器「鼎絕大者爲鼐」大鼎謂之鼐小鼎謂之鼒。

鼏　音密　ㄇㄧˋ

（會意）（形聲）甲文金文鼏字从鼎冖亦从冖聲冖音密作覆解覆之於鼎者爲鼏其本義作「鼎覆」解（見說文段注）即加諸鼎上而覆之之巾徐灝氏以爲「扛鼎之鼏从鼎冖聲。鼎蓋曰鼏玉篇「鼏鼎蓋也」覆樽之巾曰鼏鼏覆樽巾也。

鼒　音才　ㄗㄞ

（形聲）甲文金文鼒字从鼎才聲本義作「鼎之圜掩上者」解（見說文許箸）乃形圜斂上而小口之鼎故从鼎其同字作鎡今鼒鎡並行而義迥別。小鼎曰鼒。爾雅「鼐鼎及鼒」兒就其餘」傳「大鼎謂之鼐小鼎謂之鼒」疏「圜弇上謂之鼒」。

鼐　音耐　ㄋㄞˋ

鼓　音古　ㄍㄨˇ

楷 甲文 金文

鼓

（象形）（會意）（形聲）甲文金文鼓字略同多形義同左之壴即鼓之象形字右之支从又即手持棒以擊而發聲之樂器曰鼓其本義作「陳樂立而上見也」解（見說文繫傳）乃置樂立於架上之意 樂器名。多以木爲匡如圓桶擊以發聲者

鼕 音多 ㄉㄨㄥ

（形聲）甲文金文鼕字从鼓冬聲本義作「鼓聲」解（見廣韻）乃鼓被擊時所發聲故从鼓。鼕鼕鼓：即街鼓爲鼕鼕鼓：「馬周上言令金吾每街隅懸鼓夜擊以止行李備竊盜時人遂呼爲鼕鼕鼓」（靈異小錄）。鼕鼕：鼓聲南北村鼓鼕鼕。

音同 ㄊㄨㄥˊ

鼙 音皮 ㄆㄧˊ

（形聲）（會意）甲文金文鼙字从鼓卑聲本義作「騎鼓」解（見說文許箸）即漢時騎兵所用之鼓故从鼓又以卑有低微義卑人卑職皆其例軍中置鼓以令士衆而鼙僅用之於騎兵有較鼓低微意故从卑聲。小鼓曰鼙騎鼓曰鼙又名鼙婁。

鼛 音臯 ㄍㄠ

（形聲）甲文金文鼛字从鼓咎聲本義作「大鼓」解（見說文許箸）乃用於役事之大鼓故从鼓。鼛鼓大鼓名略稱鼛參閱「鼛鼓」條。「『鼓鐘伐鼛淮有三洲』釋文『鼛大鼓』」（詩．小雅）。鼛鼓：一作臯鼓又作咎鼓太鼓名。

鼠 音暑 ㄕㄨˇ

（象形）甲文鼠橫視之略象鼠頭身足尾並見之形上之∴象殘土鼠性好穴故頭常著土 金文鼠字上象齒下之𠃌象腹爪尾以其好齧物故特箸其齒亦有與甲文略同者其本義作「穴蟲之總名也」解（見說文許箸）水鼠田鼠地鼠飛鼠。

楷 甲文 金文

鼢 音憤 ㄈㄣˊ

（形聲）（會意）甲文金文鼢字从鼠分聲本義作「地中行鼠」解（見說文許箸）乃行於地中色灰褐之鼠故从鼠又分本作「𠔁」解有剖判意鼢鼠常掘土以捕食昆蟲及齧農作物之根∴如犂土又名犂鼠故鼢从分聲。鼢鼠：鼠名。地鼠。

音汾 ㄈㄣˊ

鼬 音柚 ㄧㄡˋ

（形聲）（會意）甲文金文鼬字从鼠由聲本義作「如鼠赤黃色尾大食鼠者」解（見說文許箸）即黃鼠狼乃與貂（貂）鼠爲類而又以捕他鼠爲食之小獸故从鼠又以由有因緣一義鼬因緣常鼠爲食而生故从由聲。鼬即鼬鼠又名地猴。

鼨 音終 ㄓㄨㄥ

（形聲）甲文金文鼨字从鼠冬聲本義作「豹文鼠」解（見說文許箸）外被豹文似鼪而小之鼠故从鼠又毛際盛氏以爲「冬終也有收斂誼鼪也說文『鼪長也』字取冬鼪爲聲尤合鼨小鼪大之誼」故鼨从冬聲。鼨鼠：豹文鼠名有斑彩。

音彤 ㄊㄨㄥˊ

鼫 音石 ㄕˊ

（形聲）甲文金文鼫字从鼠石聲本義作「五技鼠也能飛不能過屋能緣不能窮木能游不能渡谷能穴不能掩身能走不能先人」解（見說文許箸）乃技多但皆不精之鼠故从鼠 鼫即五技鼠亦稱鼫鼠 鼫鼠：五技鼠曰鼫鼠 田鼠之一種

鼪 音生 ㄕㄥ

| 楷 | 甲文 | 金文 | 文 |
| --- | --- | --- | --- |
| 音性 ㄒㄧㄥ | | | （形聲）甲文金文鼪字从鼠生聲本義作「飛生鼠」解（見正韻）即鼯鼠又稱飛鼠故从鼠按鼪在廣韻集韻均以「鼬鼠爲鼪」而爾雅釋獸郭注亦以鼬爲鼪鼯鼠有肉翅能飛躍樹間亦名「飛生」字又作䴎是鼪鼯實爲一鼠之兩名並可參證． |
| 鼯 音吾 ㄨˊ | | | （形聲）甲文金文鼯字从鼠吾聲本義作「鼠名 狀如小狐似蝙蝠肉翅亦謂之飛生」解（見集韻）乃形似松鼠之鼠名故从鼠又以吾如梧之省文梧有大意鼯鼠較常鼠特大故鼯从吾聲．鼯鼠曰鼯山鼯飛鼯一名夷由又名飛鼠飛生哺乳類 |
| 鼷 音偃 ㄧㄢˇ | | | （形聲）甲文金文鼷字从鼠晏聲正字通以之爲鼹之同字鼹之本義作「鼠名」解（見集韻）即鼢鼠爲田鼠之一種故从鼠今鼹鼷並行而鼹爲世所常用者．鼹鼠：鼠名一名鼢鼠又名犂鼠鼴鼠偃鼠地鼠田鼠哺乳類食蟲類聽覺嗅覺敏銳． |
| 鼻 音筆 ㄅㄧˊ | | | （象形）（形聲）（會意）甲文鼻爲自字重文說文「自 鼻也象形」金文鼻从自畀聲本義作「主臭者也」解（見通訓定聲）乃自行出納氣之器官名故从自又鼻畀音近爲付與意鼻有引氣以自與意故从畀聲．呼吸器官名亦兼司嗅覺者． |
| 鼾 音頇 ㄏㄢ | | | |
| 音汗 ㄏㄢˋ | | | （形聲）（會意）甲文金文鼾字从鼻干聲本義作「臥息聲」解（見說文句讀）乃臥時鼻呼吸所發聲故从鼻又以干本作「犯」解因有不順意鼾爲睡時呼氣吸氣不順暢所發之聲故从干聲．臥息聲曰鼾打鼾、爛醉就臥鼻鼾如雷． |
| 齒 音恥 ㄔˇ | | | （象形）（形聲）甲文齒商承祚氏以爲「此與說文解字古文齒作𠚕相近象張口見齒之形」金文齒从象齒一象上下齒間之虛縫凵象口張形止聲口張時所見齊列於口上下脣內之骨曰齒其本義作「口斷骨」解（見說文許箸）．年曰齒． |
| 齔 音櫬 ㄔㄣˋ | | | （會意）甲文金文齔字从齒匕匕古化字即變化意男八歲女七歲毀乳齒生新齒爲齔其本義作「毀齒」解（見說文許箸）即舊齒變爲新齒之稱．齒落復生也齔爲匕聲．童年之稱：男子八月生齒八歲而齔女子七月生齒七歲而齔．齔年． |
| 齕 音紇 ㄏㄜˊ | | | （形聲）（會意）甲文金文齕字从齒气聲本義作「齧也」解（見說文許箸）乃以齒斷物故从齒又以乞即气爲雲氣有時合時散而不斷變動意齧物則上下齒時張時合而不斷變動故齕从气聲．齧噬以齒斷之．食其肉而齕其骨也． |
| 齗 音根 ㄧㄣˊ | | | （形聲）（會意）甲文金文齗字从齒斤聲本義作「齒本」解（見說文許箸）乃齒根之稱故从齒又以斤本作「斫木斧」解爲一端鈍厚一端銳薄者齒本之斧鈍厚之端故从斤聲．齗齗：爭訟貌：朝臣齗齗．齗齗：爭辯貌見齒本貌． |

齒部、齡齟齩齪齲、龍部、龍襲聾

楷 甲文 金文

**齡** 音靈 ㄌㄧㄥˊ

甲文 

金文 

（形聲）（會意）甲文金文齡字从齒令聲本義作「年」解（見說文新附）即年歲年齡之稱戴侗氏謂「以齒察年之少長」故从齒又以令有善義人聞令望皆其例齡本指善年而言故从令聲。年曰齡年紀之稱。善曰齡通「令」令善也。

**齟** 音咀 ㄐㄩˇ 音阻 ㄗㄨˇ 音渣 ㄓㄚ

甲文 

金文 

（形聲）甲文金文齟字从齒且聲本義作「齒不平正」解（見通訓定聲）乃齒凸凹歪斜貌故从齒惟字亦作齟爲今所行者 齟齬：與人意見不合之稱 不通時事而與世多齟齬 鋸齒出入之稱鋸 齒出入亦曰齟齬 令壺齟老柏塗齟齒不正也

**齩** 音咬 ㄧㄠˇ

甲文 

金文 

（形聲）（會意）甲文金文齩字从齒交聲本義作「齧骨」解（見說文許箸）乃運齒齧骨斷骨之意故从齒又以交有兩相密合義齩爲上下齒相密合故从交聲。齧。「罷夫羸老易子而齩其骨」（漢書．食貨志）。人常齩得菜根則百事可作。

**齪** 音鏃 ㄗㄨˊ 音綽 ㄔㄨㄛˋ

甲文 

金文 

（形聲）（會意）甲文金文齪字从齒足聲本義作「齒相近聲」解（見玉篇）乃齒相切摩相蘊合之聲故从齒又以足爲促之省文促本作「迫」解爲迫近意齪爲齒相迫近所發之聲故从足聲。齷齪：小廉曲謹之貌。齪齪：不整潔局狹。

**齲** 音取 ㄑㄩˇ

甲文 

金文 

（指事）（形聲）（會意）甲文齲上之乚象齧齒之蟲中爲人下爲齒 人齒受牙蟲所蛀爲齲義與金文略同从齒禹聲本義作「齒蠹」解（見說文許箸）乃齒爲牙蟲所蛀故从齒从禹聲。齒．蠹曰齲即齒爲牙蟲蛀食致生缺隙之病亦蠹曰齲

楷 甲文 金文

**龍** 音籠 ㄌㄨㄥˊ

甲文 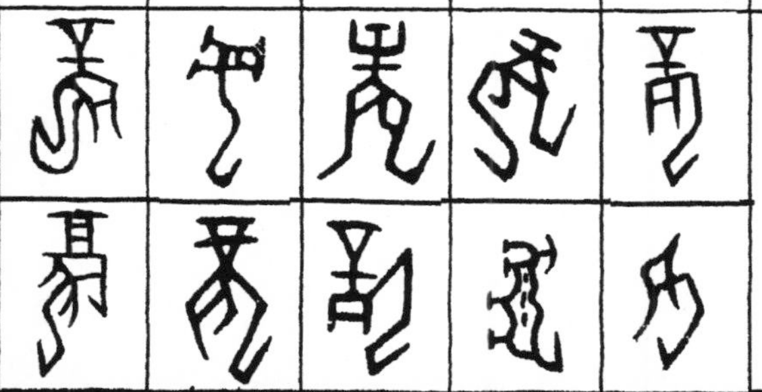

金文 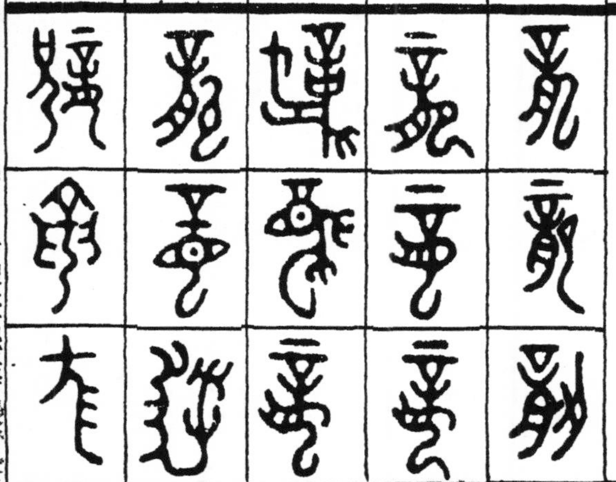

（象形）（形聲）甲文龍約十餘形葉玉森氏以爲「近世地質學者考驗化石乃決定龍爲古代之爬行動物種類孔繁 吾國古以龍爲四靈之一 金文龍與甲文龍略同本義作「鱗蟲之長能幽能明能細能巨能短能長」解（見說文許箸）。

**襲** 音習 ㄒㄧˊ

甲文 

金文 

（形聲）甲文襲象人曳兵仗於右後面左向有趨左掩襲意 爲掩襲之襲之本字金文襲字从衣龖省（省龖爲龍）聲本義作「重衣也」解（見說文句讀）乃加於裼衣上之衣故从衣。掩攻左傳莊廿九年「凡師有鐘鼓曰伐無曰侵輕曰襲」。

**聾** 音籠 ㄌㄨㄥˊ

甲文 

金文 

（形聲）（會意）甲文 金文聾字略同从耳龍聲本義作「無聞也」解（見說文許箸）乃耳不能聞聲音之意故从耳又以龍爲籠之省文劉熙氏謂「聾籠也如在蒙籠之內聽不察也」故聾从龍聲。耳不聞聲之疾曰聾 不能感受聲浪俗稱聾子

| 楷 | 甲文 | 金文 |
|---|---|---|
| 龕（音堪 ㄎㄢ） |  |  |

（形聲）甲文金文龕字从龍合聲本義作「龍皃（貌）」解（見文說繫傳）乃指龍之蜿蟬行藏諸狀而言故从龍玉篇作「龕从龍合聲」說文校錄依汲古本說文作「龕龍皃从龍合聲」・搭曰龕一說搭于室曰龕廣韻「龕搭也」、銀龕・

| 楷 | 甲文 | 金文 |
|---|---|---|
| 讋（音摺 ㄓㄜˊ） |  |  |

（形聲）甲文金文讋字从言龖省（省龖爲龍）聲本義作「失氣」解（見說文義證）乃奪氣悚懼之意人於奪氣時或囁嚅難言或期期艾艾未能暢言故从言・懼恐懼・奪迫而奪之・「雖復承利劍臨沸鼎不足以讋其慮」（周書 晉蕩公傳）

| 楷 | 甲文 | 金文 |
|---|---|---|
| 龜（音規 ㄍㄨㄟ） | 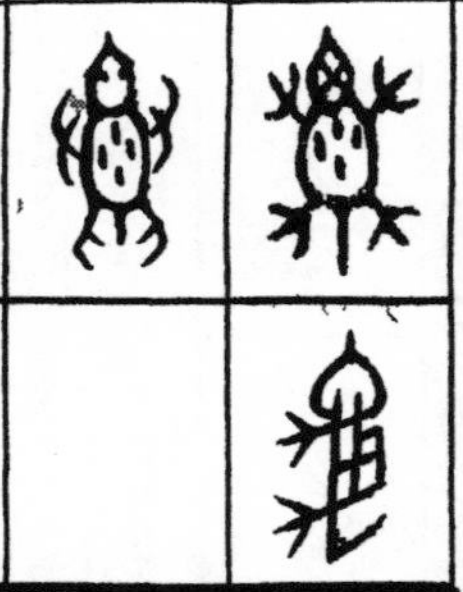 | 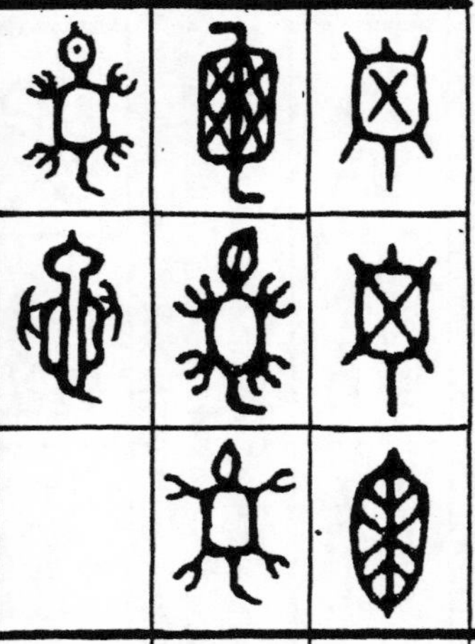 |

（象形）甲文龜字羅振玉氏以爲「象昂首被甲短尾之形」金文龜象首足甲與甲文略同頭與它（蛇）頭相 類左爲側視所見之兩足 右爲隆起之甲右下爲短尾其本義作「外骨內肉者也」解（見說文許箸）即腹背有甲藏體於中 之水中爬蟲名一名水龜俗名烏龜爬蟲類頭似蛇眼小口大無齒體形圓扁背部隆起背腹皆被堅甲或烏暗或深綠由鱗片合成背甲六角形 性遲鈍耐饑渴壽在百歲以上：「十龜一神龜二靈龜三攝龜四寶龜五文龜六筮龜七山龜八澤龜九水龜十火龜」（爾雅・釋魚）。